Dr. Michael Merz ist Diplom-Informatiker und Diplom-Betriebswirt. Er leitet als Geschäftsführer das Unternehmen Ponton Consulting, eine strategische Technologieberatung mit Schwerpunkt im Bereich Electronic Commerce und Internet. Außerdem ist er für verschiedene Forschungs- und Beratungsprojekte in diesem Umfeld verantwortlich und hat mehrere Bücher zu »Electronic Commerce« geschrieben. Darüber hinaus organisiert er Seminare und Workshops zu diesem Thema und hält Vorlesungen an der Universität Hamburg.

Michael Merz

E-Commerce und E-Business

Marktmodelle, Anwendungen und Technologien

2., aktualisierte und erweiterte Auflage

 dpunkt.verlag

Michael Merz
Ponton Consulting
Stresemannstr. 163
22769 Hamburg
merz@ponton-hamburg.de
www.e-merz.de

Lektorat: Christa Preisendanz
Copy-Editing: Ursula Zimpfer, Herrenberg
Herstellung: Birgit Dinter
Umschlaggestaltung: Helmut Kraus, Düsseldorf
Druck und Bindung: Koninklijke Wöhrmann B.V., Zutphen, Niederlande

Die Deutsche Bibliothek - CIP-Einheitsaufnahme
Merz, Michael:
E-Commerce und E-Business : Marktmodelle, Anwendungen und Technologien / Michael Merz. -
2., aktualisierte und erw. Aufl.. - Heidelberg : dpunkt-Verl., 2002
    1. Aufl. u.d.T.: Merz, Michael: Electronic commerce
    ISBN 3-89864-123-6

2. Auflage 2002
Copyright © 2002 dpunkt.verlag GmbH
Ringstraße 19
69115 Heidelberg

*Für die unzähligen Entwickler auf dieser Welt,
die Werke schaffen, welche denen Leonardo da Vincis
in nichts nachstehen, aber dennoch niemals
deren Sichtbarkeit und Bewunderung erlangen werden,
da Programmieren eine Kunst im Verborgenen ist.*

Prolog im Jahre 2010

Bob ist Avatar-Designer und hat sein Gewerbe auf Mauritius angemeldet. Er ist Mitglied der »Gilde der Avatar-Designer™«. Als zünftiger E-Lancer arbeitet er an wechselnden Orten in der Welt und befindet sich gerade auf dem Flug nach London, um seine Freundin zu besuchen. Sein Hauptgeschäft besteht im Abarbeiten von Aufträgen zur Spieleentwicklung, die sporadisch von wechselnden Produktionsunternehmen eintreffen. Er steht in Kontakt mit einigen Kollegen, mit denen er sich »per Knopfdruck« zu einem virtuellen Designer-Verbund zusammenschließen kann. Einige sind auf die 3D-Modellierung spezialisiert, andere auf die Bitmaps, die als »Skin« – die Oberflächen-Bitmap des Avatars – auf ihn projiziert werden. Jeder Experte ist bei einem Broker mit seinen besonderen Fähigkeiten eingetragen. Dazu zählen auch seine Security-Präferenzen, die bevorzugte Währung sowie Zertifikate und Auszeichnungen. Bob rechnet in Cayman-Cash ab, bevorzugt verschlüsselte Kommunikation, hat sich aber ansonsten für die von der Cayman Virtual Bank betriebene »Low-Cost Economy« entschieden. Dies hilft, unnötige Kosten bei der Kooperation mit Geschäftspartnern einzusparen. Hin und wieder kommt es jedoch zu Problemen mit unseriösen Partnern, die Bob jedoch bereit ist, in Kauf zu nehmen.

E-Lancer wickeln von jedem Ort der Welt aus ihre Geschäfte per Laptop und Handy ab.

Seitdem sich einige Softwarehersteller auf Standards für branchenspezifische Komponenten geeinigt hatten, die Soft-Good-Anbieter wie Bob nutzen können, besteht für ihn jetzt jederzeit die Möglichkeit, vollständige Aufträge ad hoc über das Internet abzuwickeln. Ein Designer, der Vakanzen für einen nachgefragten Zeitraum besitzt, kann nun sogar die Entscheidung, einen Kontrakt zu akzeptieren, an seinen elektronischen Verhandlungsagenten delegieren. Bob akzeptiert beispielsweise nur Aufträge ab 300 Euro pro Tag. Wenn allerdings ein Auftrag für mehr als 15 Tage angeboten wird, ist er verhandlungsbereit und lässt sich von seinem Agenten in den Vertragsprozess einbeziehen. So auch beim aktuellen Auftrag:

Soft-Goods sind elektronisch lieferbare Güter

Anhand der Auftragsspezifikation ist zu erkennen, dass 25 Avatare innerhalb von 10 Tagen zu entwickeln sind. Dazu muss Bob einige Kollegen einbeziehen, da er allein pro Avatar zwei ganze Tage benötigen würde – also zu viel, um diesen Auftrag alleine zu erledigen. Bob erkennt außerdem, dass eine gemischte Expertise aus 3D- und Oberflächendesign erforderlich ist. Kürzlich war für ein anderes Projekt eine ähnliche Kombination notwendig. Bob wählt mit Hilfe seiner »Electronic Contracting«-Software den alten Vertrag aus und ersetzt per »Drag & Drop« die alte Spezifikation durch die aktuellen Vorgaben der Softwarefirma. Er ändert die Dauer der Auftragsbearbeitung von zehn in acht Tage, um noch Luft für Nachzügler und die Qualitätskontrolle zu gewinnen. Außerdem reduziert er den Tagessatz auf 250 Euro. Pro Avatar kalkuliert er jeweils einen Personentag für das 3D-Modell sowie einen für die Oberfläche. Diese Daten trägt er in die Spezifikation für Unterauftragnehmer ein.

Broker vermitteln Anbieter und Kunden anhand von Profilen

Mit Hilfe eines Brokers werden 105 Anbieter ermittelt, die jeweils Kapazität für bis zu drei Avatare besitzen. Eine Softwarekomponente für das Unternehmens-Ranking, die Bob für einen Euro pro Benutzung einsetzt, hilft ihm, die Angebote nach Tagessatz, zertifizierter Qualität und nachgewiesenen Berufsjahren einzuordnen. Bob konfiguriert das Bewertungssystem nach Qualität (70 %) und Tagessatz (30 %). Dabei lassen sich mit den 14 besten Designern bereits 21 Avatare abdecken. Da er das Risiko für kalkulierbar hält, lässt er die restlichen vier per Auktion ausschreiben. Als Ergebnis wird ein international bekannter Avatar-Designer mit einem Tagessatz von 500 Euro anhand einer umgekehrten holländischen Auktion vermittelt. Er koppelt den Untervertrag mit den ermittelten Designern an sein eigenes Angebot gegenüber der Softwarefirma und gibt dieses zur Notarisierung frei. Wenige Sekunden später wird dieses Vertragsangebot an das Produktionsunternehmen geleitet, das es anschließend elektronisch gegenzeichnet und dadurch den Auftrag erteilt. Bob hat damit Glück gehabt, da sich kurze Zeit später herausstellt, dass noch vier weitere Konsortien an der Formierung eines virtuellen Unternehmens für diesen Auftrag arbeiteten – unter anderem auch einige der Subauftragnehmer, die bei ihm mitarbeiten.

Bei dieser Auktion wird der Preis so lange erhöht, bis der Erste den Auftrag annimmt.

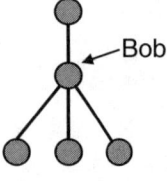

Aus dem abgeschlossenen, früheren Vertrag übernimmt er die bereits existierende Workflow-Definition, die ein zweistufiges Vorgehen zur Abwicklung des Auftrags vorsieht: In der ersten Phase werden am ersten Tag die Aufträge zugeteilt, indem Bob die (vom Kunden erhaltenen) schriftlichen Spezifikationen der Charaktere an alle Auftragnehmer weiterleitet. Zwei Tage später erwartet Bob die Resultate zurück. Dabei stellt die Vertragsspezifikation sicher, dass 3D- und

Oberflächendesigner, die jeweils am gleichen Modell arbeiten, über einen gemeinsamen »Workspace« Daten austauschen können. Wenn ein Resultat von einem Auftragnehmer zurückgeliefert wird, kommentiert Bob das Ergebnis. Die Workflow-Software kümmert sich um die Weiterleitung des Kommentars an den Designer. Dies erfolgt jedoch erst, wenn alle Entwürfe eingetroffen sind und kommentiert wurden. Jeder Designer erhält am fünften Tag alle Entwürfe und kann diese sowie Bobs Kommentar für die Überarbeitung seines eigenen Entwurfs berücksichtigen. Am 8. Tag liegen die endgültigen Resultate bei Bob vor, der abschließend noch einzelne Korrekturen vornimmt. Am neunten Tag liefert er das Ergebnis an die Softwarefirma.

Laut Vertrag war der Zahlungstermin auf 5 Tage nach Lieferung festgelegt. Damit erhält Bob die Zahlung am 14. Tag fristgemäß. Aufgrund der vertraglich fixierten Tagessatzvereinbarungen kann Bobs Software die korrespondierenden Teilzahlungen unmittelbar an die Auftragnehmer weiterleiten. Eine Konvertierung der Beträge von »Cayman-Cash« in die jeweiligen bevorzugten Währungen der anderen erfolgt automatisch zum fixierten Kurs zum Zeitpunkt des Vertragsschlusses. Am selben Tag noch wird die Transaktion damit vollständig abgeschlossen.

Bob lehnt sich entspannt zurück – er ist gerade wieder auf dem Rückflug nach Mauritius.

Das Gegenstück zu Bob findet sich im Epilog

Inhaltsverzeichnis

1 Vorwort

Willkommen zur »zweiten Auflage« meines Buches *E-Commerce –
Marktmodelle, Anwendungen und Technologien*, das im September
1999 erstmalig erschien. Die Anführungszeichen sollen verdeutlichen,
dass die zweite Auflage eigentlich ein eigenständiges Buch ist, da ungefähr 500 Seiten des Textes komplett neu sind und der Rest vollständig
überarbeitet und aktualisiert wurde. Sie haben also ein neues Buch
vorliegen, bei einem Thema wie »E-Commerce« ist dies auch selbstverständlich nach immerhin zwei Jahren.

Dieser Zeitraum war für viele Menschen wahrscheinlich turbulen-
ter, als alles was sie in ihrem bisherigen Berufsleben erfahren hatten:
Im September 1999 sowie in den Monaten danach wurden noch Börsengänge zelebriert, die mit Rekord-Überzeichnungen in die Geschichte
eingingen. Der Arbeitsmarkt für gute Entwickler war bereits leergefegt
und das Wired-Magazin kam auf bis zu 70(!) Seiten Dotcom-Wer-
bung, bevor man endlich das Inhaltsverzeichnis erblickte.

In dieser Zeit trat allerdings auch schon die letzte Gründer-Gene-
ration der Hype-Welle an: Dies waren meistens keine IT- oder Ver-
triebsexperten. In der Regel waren es Menschen, die zwischen
Geschäftsidee und Börsengang einen zwingenden Zusammenhang und
eine zeitliche Distanz von weniger als sechs Monaten vermuteten. So
wurden Dotcoms kreiert für die Unterstützung von Umzügen, den Börsengang anderer Unternehmen, die Lieferung von Essen nach Hause
oder das zwanzigste Online-Magazin für E-Commerce-Themen.

In-Themen waren in der Öffentlichkeit Communities, Portale,
B2C, Online-Shops, elektronische Zahlungsverfahren, Bonussysteme
und Banner-Werbung. Technologische Treiber waren Entwickler
monolithischer Produkte wie Intershop 4, Broadvision, Commerce
One oder Ariba. Bei allen waren möglichst viele Cs zu kombinieren:
Commerce, Community, Content, Collaboration, Coordination, Capi-
tal, Creativity, ...

Im März 2000 sahen wir dann endlich die Wende: Alle wussten natürlich, dass die Börse überhitzt war – seriöse Investoren gingen davon aus, dass sich Nasdaq und NEMAX bei Kursen vom Herbst 1999 wieder stabilisieren würden. Bis zum Ende 2000 akzeptierte man den kontinuierlichen Fall der Kurse. »Für die Branche ist es gesund, dass sich die Spreu vom Weizen trennt« – dies war das Hauptargument. Außerdem verschob sich der Fokus auf neue In-Themen: B2B war plötzlich sehr viel interessanter, obwohl hier der Markteintritt für einen Neuling fast unmöglich war. B2B-Marktplätze waren noch bis zum Herbst 2000 ein Hoffnungsträger, doch dann häufte sich der Niedergang von Gründungen aus der Zeit vor 1999: Efdex, eine europäische Agrarbörse, verschwand im Frühjahr als Erstes, dann folgten aus allen Branchen weitere B2B-Marktplätze. Ein Katalysator war hier die Studie von Berlecon Research, die auch für breitere Kreise den zu erwartenden Niedergang transparent machte.

B2B-Marktplätze als Hoffnungsträger

Seitdem Anfang 2001 fast *alle* ehemaligen Protagonisten der New Economy wie Commerce One, Amazon, Brokat, Intershop, Icon Media Lab, Pixelpark und Kabel New Media zu Penny-Stocks oder gleich ganz zahlungsunfähig wurden, breitete sich sofort Zynismus seitens der Old Economy aus: Nun erteile der Markt seine gerechte Strafe für das sinnlose Verbrennen von Geld. Dabei haben die meisten Mitspieler konsequent danach gehandelt, was Berater (z.B. Hagec & Armstrong mit ihrem Buch NetGain [HaAr97]) und Investoren geraten haben: Schnell wachsen, um sich den ersten Platz zu sichern. Das Ranking der Plätze basierte dabei auf der Währung »Anzahl Community-Members«.

Die 1000:100:10:1-Regel

Die 1000:100:10:1-Regel, die ich am Ende des ersten Buches aufstellte, hatten die meisten jedoch übersehen. Sie lautet:

> *»Wenn Du eine innovative Idee hast, gehe davon aus, dass weltweit 1000 Personen dieselbe Idee genau jetzt haben. Einhundert arbeiten bereits aktiv an ihrer Umsetzung und haben bereits Start-ups gegründet. Zehn davon sind bereits mit ihren Produkten online, man muss nur intensiv genug suchen, um sie zu finden. Schließlich hat einer bereits sein Unternehmen verkauft und macht sich über neue Innovationen Gedanken.«*

Konkret bedeutet dies, dass immer zehn Lotto-Sites am Markt waren, zehn Online-Shops für Spielzeug oder Lebensmittel, hundert Webagenturen in einem Stadtteil und zehn Börsengänge. Anstatt sich um die Umsetzung der Innovation zu kümmern, war es in dieser Situation notwendig, die Wettbewerber durch Marketingmaßnahmen und kostenlose Dienstleistungen abzuschütteln. Dies galt reihum für alle Beteiligten: Online-Shops, B2B-Marktplätze und deren Entwickler, die durch

Aktienpakete bezahlt wurden. Die Marktteilnehmer hatten also das Prinzip »Markt« vergessen. Ich hatte im Rahmen meiner Beratungsarbeit selbst mit verschiedenen Firmen zu tun, die sofort nach ihrer AG-Gründung feststellten, dass links und rechts andere genau zum gleichen Zeitpunkt genau das Gleiche vorhatten.

Dennoch steigt die Nutzung von Internet und Online-Shops weiterhin wie auch die B2B-Integration kontinuierlich voranschreitet – nur bei erheblich höherer Konzentration auf der Anbieterseite. Dieses Prinzip lautet »Winner takes all«, ist seit Jahren bekannt und insbesondere für Internet-Dienstleistungen und -Anwendungen berüchtigt. Aus dieser Perspektive ist es interessant, das erste Buch aus dem Jahre 1999 (und natürlich generell die E-Commerce-Literatur aus dieser Zeit) Revue passieren zu lassen: Es wurden ökonomische Mechanismen deutlich aufgezeigt und makroökonomisch wurden sie auch verstanden. Mikroökonomisch, also auf der Ebene des Unternehmens, war das Blickfeld jedoch oft so eingeengt, dass man vor lauter Praxis die Theorie aus den Augen verlor.

»Winner takes all«

Aus diesem Grunde ist es umso wichtiger, sich mit Themen wie »E-Commerce« und »E-Business« zu beschäftigen – nicht als Vergangenheitsbewältigung, sondern weil der technische Fortschritt im Bereich der Kommunikations- und Informationstechnologien auch in Zukunft als Motor für die Evolution der Markt- und Geschäftsmodelle dient. E-Commerce- und E-Business-Anwendungen sind dabei der Transmissionsriemen, der die technische Innovation in die organisatorische Umsetzung führt.

Technischer Fortschritt

Einordnung und Inhalt des Buches

Dieses Buch wurde geschrieben, um einen Brückenschlag zu leisten zwischen den Grundlagen des Electronic Commerce im technologischen und im ökonomischen Bereich. Dabei werden Entwicklungen einer durch das Internet geprägten Ökonomie dem technologischen State-of-the-Art gegenübergestellt. Das Buch soll dabei nicht nur als Überblick dienen, sondern insbesondere als roter Faden durch unterschiedliche Facetten der »E-Themen«. Diesem Faden zu folgen soll vor allem auch Lesespaß bereiten. Dann erst liegt der Mehrwert eines solchen Buches in der Erstellung eines einheitlichen Bezugsrahmens, der fernab des täglichen Internet-Rauschens im Zusammenhang gelesen und – hoffentlich – auch verdaut werden kann. Dieses Buch soll schließlich auch inspirieren und den Leser zur eigenen Nutzung oder Entwicklung von EC-Strategien und -Technologien anregen.

Erst Ökonomie und Technologie, dann Anwendungen und Produkte

Das Buch deckt eine große Ansammlung von »E-Themen« zusammen mit ihren technischen Grundlagen ab. Um die Übersichtlichkeit zu wahren, habe ich es als eine Zusammenstellung von vier Teilwerken entworfen. Jeder Teil kann dabei als separates Werk gelesen werden:

Ökonomische Perspektive

- *Teil I* befasst sich mit E-Commerce und E-Business aus der Vogelperspektive. Wir definieren Begriffe und klassifizieren Technologien und Anwendungen, die mit dem Thema in Verbindung stehen. Prognosen für die Entwicklung der E-Commerce-Nutzung über die nächsten zwei bis zehn Jahre finden sich in Kapitel 4. Anschließend befassen wir uns mit regulatorischen Rahmenbedingungen sowie ökonomischen Einflussfaktoren und Effekten. Dieser Teil liefert den Input, den wir benötigen, um Marktmodelle, Anwendungen und Technologien in den Bereichen B2C und B2B besser einzuschätzen.

Technische Perspektive

- *Teil II – Technische Grundlagen.* Dies sind zum einen Grundlagen der sicheren Kommunikation, von Trust-Centern und Smart Cards. Anschließend finden wir eine Einführung in XML und verwandte Standards. XML wird uns bei allen erdenklichen Anwendungen und Protokollen wieder begegnen. In Kapitel 8 konzentrieren wir uns auf Portaltechnologien, die als »Motor« von Web-Anwendungen wie Online-Shops, Marktplätzen und der Anwendungsintegration dienen. Dies sind insbesondere Application Server, Template-Sprachen, CORBA, UML und Content-Management-Systeme. Schließlich finden wir einen Überblick zu den Kommunikationstechnologien, die uns in den nächsten Jahren einen mobilen, breitbandigen oder flexibleren Zugang zum Internet bieten.

B2C

- *Teil III – B2C-Commerce*: Schwerpunktthemen sind hier Online-Shops und Malls mit ihren Komponenten und Prozessen sowie Internet-Zahlungsverfahren. Spezialthemen wie Profil- und Datenschutzfragen, Personalisierung, Publikations- und Syndikationsdienste runden das Bild ab zusammen mit der Vielzahl an Diensten, die von Dritten für Shop-Betreiber zur Verfügung stehen (Banner-Management, Vertrauensdienste etc.). Ein Schlüsselkriterium stellt dabei das Fulfilment dar, denn wenn die Waren nicht zu akzeptablen Preisen und Lieferzeiten beim Kunden eintreffen, brechen Business-Pläne wie Kartenhäuser zusammen.

E-Business

- *Teil IV – E-Business*: Dies ist der vielseitigste und umfassendste Teil. Hier geht es um die direkte Integration von ERP-Systemen (Enterprise Application Integration), Marktplätze und andere Preisfindungsmechanismen, Web-Services und Verzeichnisdienste sowie Standards in den Bereichen EDI, Artikelcodes, Produktkatalogen usw. Besonders interessant ist es, jenseits der technologischen Ebene die technischen Möglichkeiten mit den geschäftlichen Gewohnheiten und Notwendigkeiten zu vergleichen, um festzustellen, warum einige der Betreibermodelle bisher scheiterten und welche Lösungsmöglichkeiten es gibt, um die EDI-Integration der Unternehmen voranzutreiben.

Ziel des Buches

Das Interessanteste an einem Thema wie Electronic Commerce ist seine Vielfalt. Es kann der Online-Shop nicht ohne Wirtschaftlichkeitsrechnung und Berücksichtigung der gesetzlichen Rahmenbedingungen diskutiert werden – umgekehrt müssen die Regulierer zumeist die ökonomische und technische Realität verstehen, damit sie »gute« und »richtige« Rahmenbedingungen schaffen. Gleiches gilt für die Forschung, die sich leicht in Details verliert, die für das »große Bild« häufig belanglos sind. Andererseits kann sie jedoch wichtige Beiträge liefern, die etliche Stolpersteine der Praxis vermeiden helfen.

Es ist daher mein Interesse, mit diesem Buch den Informatiker *Leserkreis* etwas über ökonomische Rahmenbedingungen lesen zu lassen, den Blick des strategischen Beraters ein wenig auf die Welt der Softwaretechnologie zu lenken sowie den Juristen über die technologische Umsetzung seiner abstrakten Konzepte zu informieren. Nur wenn andere Sichtweisen verstanden werden, kann auch eine Diskussion Mehrwerte generieren.

Dieses Buch zielt darauf ab, *horizontal* zu wirken – also Themen *Horizontal meint* wie Kryptografie, Softwaretechnologie, Online-Shops etc. im Zusam- *integrieren – vertikal* menhang zu betrachten. »Horizontal« bedeutet daher auch, die Dis- *spezialisieren* kussion anzuregen, Meinungen zusammenzuführen und schlicht Informationen aus Bereichen zu vermitteln, die vielleicht nicht im Fokus der täglichen Arbeit des Lesers liegen.

Umgekehrt richtet sich dieses Buch explizit *nicht* an Hardcore-Ent- *Dieses Buch ist keine* wickler, die sich tief in ein Thema wie »Intershop Enfinity« oder *Programmierbibel* Marktplatzsoftware von Commerce One einarbeiten wollen. Obwohl im Buch ein paar Java-Quellcodes aufgezeigt werden, ist es nicht unbedingt für Leser geeignet, die ein »Hands-on«-Programmierhandbuch suchen.

In diesem Zusammenhang noch ein Wort zur »Entschuldigung«: Dieses Buch ist aufgrund der Schnelllebigkeit des Themas in sehr kurzer Zeit geschrieben worden. Dies hat den Vorteil der Aktualität und der größeren Breite, aber auch zwei Nachteile: Erstens habe ich mit Literaturreferenzen gegeizt, da das Buch aus meiner praktischen Arbeit heraus für Praktiker geschrieben wurde und nicht als Dissertation. Als Trost bieten sich zu den jeweiligen Stichwörtern die heutigen Suchmaschinen an, über die Sie aktuelles Material noch sehr viel effizienter finden als über Literaturverweise. Zweitens lege ich nicht jeden Ansatz und jede Aussage auf die Waagschale: Viele Betrachtungen und Aussagen, die über den Status quo hinausgehen, sollen vor allem auch helfen, die Diskussion anzuregen. Bei einigen Einschätzungen und Zukunftprognosen konnte ich daher meiner ungebremsten Phantasie freien Lauf lassen, ohne in Beweisnot geraten zu müssen...

»Konsequent Beta«   Ich halte es hier ganz mit Gunter Dueck [Duec00], der sein Buch *Wild Duck* als »konsequent Beta« bezeichnet: Es lohnt sich gar nicht, auf die letzen 5% an Schliff 50% der Arbeitszeit zu verwenden. Stattdessen sollte die Zeit lieber verwendet werden, ein Buch inhaltlich schlüssig und vollständig zu gestalten, den Rest kann man sich ja immer noch für die Habilitation aufsparen ...

Obwohl die erste Auflage dieses Buches eigentlich nicht als Lehrbuch geplant war, wurde es bei vielen Lehrstühlen als Prüfungsgrundlage der BWL, Wirtschaftsinformatik und Informatik eingesetzt. Dies war natürlich ein zusätzlicher Ansporn, die zweite Auflage um so aktueller und vollständiger zu gestalten.

Der begleitende   Schließlich möchte ich auf den Web-Server des TRANSACT-Pro-
Web-Service   jekts hinweisen, der als Informationsportal zum Thema E-Commerce und E-Business einiges an Web-Links und Artikeln bereithält. Der Server dient der Europäischen E-Commerce-Forschungsgemeinde als Informationsquelle über alle erdenklichen Facetten der »E-Themen«. Nachfolgend ist die Homepage des TRANSACT-Informationsportals dargestellt (siehe Abb. 1–1 oder *www.eu-commerce.org*).

Als Einstiegsadresse sei auch die Homepage des Buches beim dpunkt.verlag empfohlen:

http://www.dpunkt.de/buch/ecommerce.html

Bevor es richtig losgeht ...

... noch einige Worte zur Entstehung: An einem Buch sind mehr Personen beteiligt als nur der Autor, in diesem Fall ist es nicht anders. Ich möchte daher allen danken, die an seiner Entstehung, Korrektur und Fertigstellung mitgeholfen haben. Meine Arbeit als Geschäftsführer und Berater bei Ponton Consulting versetzte mich über die letzten zwei Jahre in die Lage, im Rahmen vieler IT- und Beratungsprojekte mit ganz unterschiedlichen Menschen an hochinteressanten Themen gearbeitet zu haben. Mein Dank gilt daher Mitarbeitern, Kollegen, Kunden und Partnern. Insbesondere der tägliche Wechsel der zu lösenden Pro-

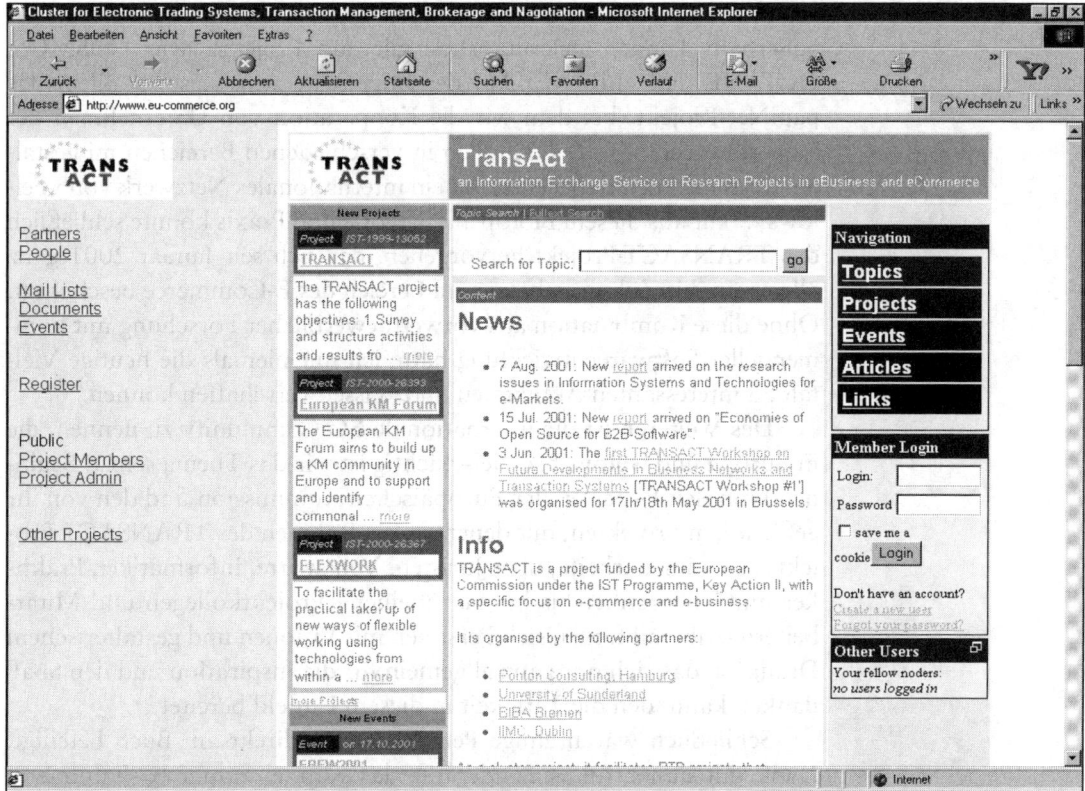

Abb. 1-1
Homepage des TRANSACT-Portals

bleme im Spannungsfeld von »XML und Java« bis zur Geschäftsentwicklung von Kunden half, IT-Anwendungen aus allen Perspektiven einzuschätzen und zwischen Technik und Management zu vermitteln. In einigen Fällen bestand sogar die Möglichkeit, komplette Marktprozesse mitzugestalten. Ich möchte daher nur einzelne Personen als »Primi inter Pares« erwähnen.

Mit Kai-Christian Claus zu arbeiten macht nicht nur Spaß, sondern ist auch in jeder Beziehung ein Gewinn. Salvatore Vanasco ist bereits seit langem für viele Menschen ein »Großinspirator« – mit ihm zu philosophieren ist ein knappes und kostbares Gut. Frank Matthäi repräsentiert kreatives Unternehmertum und blieb dabei doch immer ein »Kumpel« für lange Gespräche über Business-Pläne und die Welt der Finanzen. Und vor Tilo Zimmermanns messerscharfer Kritik gibt es schließlich kein Entrinnen – es bleibt nur ein Ausweg: beim nächsten Versuch schärfer nachzudenken ...

Wesentliches Merkmal meiner Arbeit bei Ponton war immer die Kombination aus Theorie und Praxis. Dies erstreckte sich einerseits über eine Kette internationaler Forschungsprojekte seit 1996. Dabei hatte ich ebenfalls inspirierende Partner und Freunde an der Uni, bei Ponton und außerhalb kennen gelernt. Dies gilt für Projekte wie COSMOS, OCTANE und eLEGAL. Auf der Praxisseite war dies vor allem das papiNet-Projekt, bei dem wir die Kooperation von Unternehmen der Papierbranche mit ihren Kunden in verschiedenen Bereichen mitgestalten durften. Auch dabei entstand ein internationales Netzwerk von »Fellows«. Nur aus diesem Biotop aus Theorie und Praxis konnte schließlich das TRANSACT-Projekt hervorgehen, das sich seit Januar 2001 ganz allgemein mit Zukunftsthemen im Bereich des E-Commerce beschäftigt. Ohne diese Kombination aus vorwettbewerblicher Forschung mit kommerzieller Softwareentwicklung hätte ich mir niemals die heutige Vielfalt an interessanten Aktivitäten und Wissen verschaffen können.

Des Weiteren ist die internationale EC-Community zu nennen, die in Europa und weltweit so vielschichtig ist wie das Thema selbst. Beginnend mit den Experten der Europäischen Kommission und den von ihr geförderten Projekten, mit denen ich im Rahmen des TRANSACT-Projekts zusammenarbeite, über Juristen, Volkswirte, Informatiker, Praktiker und Theoretiker bis hin zu »meinen« Projektkollegen und Mitarbeitern – überall finden sich Personen mit Visionen und gestalterischem Drang, so dass ich nur ganz allgemein für die Inspiration und den Spaß danken kann, den die Tätigkeit in diesem Umfeld bereitet.

Schließlich waren einige Personen auch direkt am Buch beteiligt. Dank gilt daher Julius Bender für das Kapitel zum B2C-Fulfilment, Angela Schlösser für das Kapitel zum regulatorischen Rahmen, Fritz-Jörg Harzer für die Aktualisierung des Statistik-Kapitels, Yves Hilpisch für die Darstellung der Marktplatzsysteme Covisint und Elemica, Marita Balks, Martin Raepple und Robert Tolksdorf für eine Vielzahl fachlicher Korrekturen (sorry Marita, ich habe die volkswirtschaftlichen Phantasien doch drin gelassen) sowie dem ganzen papiNet-Team und allen anderen Mitarbeitern der Ponton Group.

Die sanften, aber bestimmte Anregungen meiner Lektorin Christa Preisendanz, doch bald den Endspurt zur Fertigstellung des Buches anzutreten, haben schließlich geholfen, dass ich seit August 2001 wieder freie Sonntage habe ;-). Last, but not least, danke ich Joanna dafür, dass ich diese unzähligen Sonntage zum Schreiben nutzen konnte – ja wir werden jetzt wieder öfter an die Ostsee fahren! Meinem Laptop danke ich schließlich für die treuen Dienste und die moderate Anzahl an Abstürzen. Ein kurzes Stoßgebet noch an Bill: Mach, dass in Zukunft auch 800-seitige Texte sicher bearbeitet werden können, sonst werde ich auf meine alten Tage doch noch auf TeX umsteigen...

2   Einleitung

In der kurzen Geschichte der Informationstechnik trafen wir immer wieder auf Vorhersagen und Trends, von denen wir technische Innovationen oder mehr Komfort für unser tägliches Lebens erwartet hatten. Managementinformationssysteme, Expertensysteme, universelle Telekommunikationsdiensteplattformen – all dies sind Beispiele dafür. In der Regel hatten diese Entwicklungen nur marginale Auswirkungen auf das tägliche Leben – und wenn doch mehr, dann hat ihre Durchdringung sehr viel länger gedauert, als von den geistigen Vätern erwartet. Erst heute kann man beispielsweise von Data-Warehouse-Anwendungen hilfreiche Informationen zur Unternehmensanalyse und -steuerung erwarten. In der 30-jährigen Geschichte der Managementinformationssysteme, Unternehmenslagezentren, Executive Information Systems, Data Warehouses und CRMs etc. scheiterte die Umsetzung immer wieder an mangelnder Standardisierung und zu hohen Hardware- und Softwarekosten bei zu geringer Leistungsfähigkeit.

Wird damit auch Electronic Commerce (EC) eine 30-jährige Entwicklung benötigen? Sind die Wachstumsprognosen von Analysten wie Forrester Research, Ovum & Co also maßlos übertrieben, so dass auch hier erst in 30 Jahren das versprochene Marktvolumen erreicht wird? Wird Electronic Commerce oder E-Business deswegen an uns vorüberziehen, ohne dass wir es im täglichen Leben spüren? Sicherlich nicht, denn einerseits gibt es Electronic Commerce bereits seit vielen Jahren, andererseits setzen sich neue EC-Technologien und -Geschäftsmodelle so schnell durch, dass Analysten sie gar nicht mehrere Jahre im Voraus exakt prognostizieren können. Vor allem durch das Internet und die anstehende Konvergenz aus Fernsehen, Telefonie und Datenkommunikation ergeben sich permanent neue, sich gegenseitig beschleunigende Entwicklungen, so dass der Zeithorizont für genaue Prognosen nur bei wenigen Monaten bis Jahren liegen kann.

Forrester Research prognostizierte für die USA ein EC-Volumen von über 1,3 Mrd. USD für das Jahr 2003 gegenüber 43 Mio. in 1998

Dabei entstand der elektronische Handel bereits zaghaft und hoffnungsvoll in den späten 70er Jahren durch die Einführung von EDI-Systemen (Electronic Data Interchange). Die Vision war, alle Handelsunternehmen miteinander über standardisierte Dokumentenformate interoperabel zu machen. Sie entwickelte sich jedoch bisher für die meisten Unternehmen lediglich zum Albtraum: Wie auf einer römischen Galeere rudern Hundertschaften von Consultants, Entwicklern und Analytiker gleichzeitig an der Realisierung einzelner, gigantischer EDI-Transaktionssysteme, nur um für ein individuelles Großunternehmen eine individuelle Lösung zu schaffen, die natürlich nicht kompatibel ist mit der ebenfalls individuellen Lösung eines anderen. Ein ähnlicher Aufwand kann nochmals für die Gesamtheit aller EDI-Systeme der meist kleineren Geschäftspartner erwartet werden. Dass Electronic Commerce jedoch naturgemäß unternehmensübergreifend stattfindet und daher technische und inhaltliche Interoperabilität zwischen Geschäftspartnern erfordert, wird vom individuellen Unternehmen im Eifer des Wettbewerbs schnell vernachlässigt: Der kurzfristige Vorteil der schnellen Lösung setzt sich somit in der Praxis immer gegenüber dem größeren, langfristigen der Interoperabilität durch. Die Ursache liegt – zumindest im EDI-Bereich – nicht zuletzt an der Fehlinterpretation der Marktkräfte sowie in unrealistischen Erwartungen an den Standardisierungsprozess selbst: Die Festlegung der Semantik und des Geschäftsvokabulars kann nicht im Verlauf mehrerer Jahre erfolgen, wenn die Unternehmen binnen weniger Monate Geschäftsdaten austauschen wollen oder müssen.

Der EDI-Marktplatz entwickelte sich folglich zunehmend zu einem Boxkampf, dessen Spielregeln eher von den Schwergewichten als vom Ringrichter bestimmt werden. Erst seit der breiten Nutzung des Internets entzerrte sich dieses Bild und Electronic Commerce wurde tatsächlich zu einem »Massenmarkt« mit Chance auf Effizienz, Evolution und Fairness.

*Das Internet hilft, starre
Strukturen wie beim EDI
aufzubrechen*

Im Kontext des Internets ist Electronic Commerce ein Phänomen, das erst aus dem Zusammenspiel unterschiedlicher Technologien entstehen konnte: Ohne das Zusammentreffen von Internet, World Wide Web, preiswerter Hardware und Software sowie dem Wettbewerbsdruck auf Unternehmen, ihre Geschäftsprozesse mit anderen zu integrieren, hätte es nicht zu der heutigen Auffächerung unterschiedlicher Electronic-Commerce-Schwerpunkte kommen können. Die Standardisierung der grundlegenden Internet-Protokolle, welche durch die Übernahme lange im akademischen Umfeld gereifter Technologien und Dienste zur Verfügung standen, verschaffte den Unternehmen unmittelbare Interoperabilität. Dies schlug sich nieder in der raschen Umsetzung von Internet-Technologien in Intra- und Extranets. Nur durch diese Rahmenbedingungen konnten sich auch Kleinunternehmen gegenüber den Großen emanzipieren, da sie im Kontext der Internet-Ökonomie als flexiblere Einheiten Innovationen angesichts drastisch reduzierter Investitions- und Betriebskosten meist schneller durchsetzen können.

Vor diesem Hintergrund einer sich rasant entwickelnden, sich aber auch selbst kannibalisierenden Internet-Ökonomie befassen wir uns heute mit einer Vielzahl von Technologien, die es den Unternehmen zunehmend erschweren, zum richtigen Zeitpunkt die richtige Entscheidung zu treffen: Permanent entstehen neue elektronische Zahlungsverfahren wie eCash, CyberCash, SET oder PayBox (siehe Kapitel 12).

Dazu einige Beispiele zu aktuellen Entwicklungen im Bereich des Electronic Business:

- Pharmakonzerne nutzen Data-Mining-Software, mit der der Verlauf eines Grippevirus als Wolke anhand von Arzneiverkäufen visualisiert werden kann. Der Grippevirus kann damit wie ein Wetterbericht für einzelne Regionen vorhergesagt werden. Dabei lassen sich wertvolle Informationen darüber gewinnen, wie am folgenden Tag Auslieferungslager und Apotheken optimal zu beschicken sind – Information gewinnt somit immer mehr an Bedeutung als zusätzlicher, elementarer Wirtschaftsfaktor.
- In Finnland können Personen mit Herzproblemen einen Dienst nutzen, der mit Hilfe des Handys (das man sich auf die Brust hält) den Herzschlag verfolgt. Auf der anderen Seite werten Analysegeräte diese Daten aus und alarmieren im Notfall den Arzt. Ebenfalls in Finnland gibt es einen Service namens »Smogo«, den Raucher benutzen können, um sich das Rauchen abzugewöhnen: Sie liefern ihr Alltagsprofil ab (wann erfolgt das Frühstück, wann fahre ich in die Firma, wann sitze ich vor dem Fernseher) und werden im Anschluss durch ein individuelles Programm an SMS-Nachrichten daran erinnert, doch auf keinen Fall eine Zigarette anzufassen.
- Logistik-Unternehmen statten ihre Container und Verpackungen mit Transpondern und GPS-Empfängern aus, um exakt verfolgen zu können, wo sich die Ware aktuell befindet und ob die erforderliche Temperatur und Luftfeuchtigkeit eingehalten wurde.
- Aus der Konvergenz von Fernsehen, Internet und Mobilfunknetzen werden in der Zukunft eine Reihe von Sicherheitsdiensten entstehen. Was heute noch als Extrem empfunden wird, kann bald tägliche Praxis sein: So überwacht die Stadt Tampa in Florida bereits ihr Zentrum lückenlos mit Videokameras und der Software

»FaceIt«, die automatisch Gesichter erkennt und registrierte Kriminelle herausfiltert. Ähnliches gilt für London, hier existiert ein Überwachungsring um das Stadtzentrum, mit dem gesuchte Personen beim Betreten oder Verlassen der Stadt automatisch identifiziert werden können. Ist dies nun E-Government oder E-Orvell?

Auch trotz zeitweiliger Flauten im Bereich der »New Economy« wird kräftig an der Nutzung des Internets für kommerzielle Anwendungen weiterentwickelt. So lagen die E-Business-Budgets großer Konzerne im Jahre 2000 bei einigen hundert Millionen Euro: Metro und Bertelsmann investierten jeweils mindestens 250 Millionen Euro, die Deutsche Bank sogar 500 Millionen und ein Ende ist nicht abzusehen, auch wenn die Budgets über einige Zeit vielleicht auf die Hälfte reduziert werden, in Zukunft gibt es noch viel zu tun:

- *Auktionssysteme* werden überall dort eingesetzt, wo Güter mit einfacher Produktspezifikation gehandelt werden: Büromaterial, Mineralöl, Kommunikationsbandbreiten oder Flugtickets. Als Handelspartner treten hierbei Konsumenten und Konzerne gleichermaßen auf.
- Ein *Notar* wird sich als Folge des Signaturgesetzes in Zukunft möglicherweise mit allen denkbaren Anwendungen rechtskräftiger elektronischer Unterschriften beschäftigen müssen. So besteht die Möglichkeit, dass auch elektronisch verfasste und signierte Verträge auf elektronischem Wege automatisch beurkundet werden können.

Heute sind über 50 Mio.
Geldkarten im Umlauf –
und werden kaum genutzt

- In den *Feldtests der Banken* wurde mit mehr oder weniger Erfolg versucht, elektronische Zahlungsmittel einzuführen. Diese Feldtests erstreckten sich häufig über Jahre und lassen sich nur als langfristige Investition rechtfertigen, da die Umstellung auf elektronische Zahlungsverfahren die Banken heute noch dreistellige Millionenbeträge kostet. Und dennoch kann beispielsweise die Verschmelzung aus Internet, Fernsehen und Spielekonsolen kurzfristig und unerwartet zu völlig neuen Situationen führen: Man stelle sich vor, Sega, Nintendo oder Sony führen innerhalb weniger Monate für 100 Millionen Spielekonsolen einen geschlossenen, virtuellen Marktplatz im Internet mit eigener Privatwährung ein – durch solche Systeme würden die meisten Versuche, elektronische Zahlungsmittel zu etablieren, vollständig an Relevanz verlieren.

Oder was passiert eigentlich, wenn sich eine Offshore-Bank entschließt, ganz allgemein und frei konvertierbar *privates elektronisches Bargeld* international in Umlauf zu bringen? Auch hier konkurriert plötzlich privatwirtschaftliches mit nationalem Notenbankgeld. Ist dies ein Horrorszenario? Oder können Privatwährungen als Regulativ dienen, das andere Volkswirtschaften über die Wechselkurse und durch »Abstimmung mit den Füßen« im Zaum hält? Die heutige Zuordnung von »Nationalstaat« und »Währung« wäre in diesem Bereich aufgehoben.

Privates Geld könnten Microsoft, die Telekom, Banken im In- und Ausland oder sogar Privatpersonen herausgeben

Der Bereich des *Datenschutzes* wurde lange Zeit vernachlässigt. Hier konnten Anbieter von Shops und Online-Diensten – zumindest in den USA – Kundendaten beliebig verarbeiten und kommerziell verwerten. Andererseits wurden jedoch Protokolle entwickelt, mit denen persönliche Daten nur kontrolliert und gegen Vorlage einer zertifizierten Datenschutz-Policy an Online-Betreiber herausgegeben werden können. Adresseninformation wird damit erstmals auch für den Kunden ein handelbares Gut. Umgekehrt basiert Microsofts *Passport*-Technologie auf dieser Idee, nur dass der Teilnehmer seinen Profil-Tresor nicht mehr selbst verwaltet, sondern der »Große Bruder Bill«.

Diese Beispiele bieten nur einen kurzen, schillernden Überblick. Dabei lassen sich bereits unterschiedliche Perspektiven und gesellschaftliche Rollen im Zusammenhang mit dem Electronic Commerce unterscheiden:

»Wer liefert was« beim EC?

Juristen sind gefragt, Phänomene des EC so in einem justiziablen Rahmen zu fassen, dass für Konsumenten, Anbieter und Mittler Rechtsverbindlichkeit und Rechtssicherheit gewährleistet werden kann.

Regierungen sind gefragt, einen regulatorischen Rahmen zu schaffen, der die freie und faire Entfaltung des elektronischen Marktes weder behindert noch ihn zum »Wilden Westen« ausarten lässt.

Volkswirte interessiert z.B. die Auswirkung elektronischen Geldes sowie die zunehmende Mobilität der Wirtschaftsfaktoren Arbeit, Kapital und Information im Rahmen einer durch das Internet beschleunigten Wirtschaft.

Das *Unternehmensmanagement* ist dank moderner Netzwerk- und Softwaretechnologie mit verfeinertem Rüstzeug zur betrieblichen Organisation ausgestattet. Damit lassen sich sehr viel exaktere Marktanalysen, neue Geschäftsmodelle oder erfolgreichere Kooperationsformen verwirklichen. Gerade die Möglichkeit, aufgrund der sinkenden IT-Kosten auch kleinste Güter und Dienstleistungen wirtschaftlich anbieten und abrechnen zu können, lässt beispielsweise virtuelle Unternehmen realistisch erscheinen.

■ Schließlich obliegt die Realisierung von Electronic-Commerce-Systemen den *Spezialisten der Informationstechnologie*, die sich mit technischen Fragen der Kommunikation, der Informationsverarbeitung sowie der Kollaboration zwischen Menschen und Maschinen beschäftigen.

Electronic Commerce findet damit in einem technischen und gesellschaftlichen Kontext der *Konvergenz* statt: Grenzen zwischen ehemals isolierten Fachgebieten verwischen. Rollen sind nicht mehr konstant zuzuordnen, Medien verschwimmen zu einem integrierten Multimedium. Wettbewerber sind nur noch Mausklicks voneinander entfernt. Diesen Prozess beschreiben die Autoren Davis und Meyer sehr treffend in ihrem Buch »Blur« – was so viel heißt wie *verwischen* [DaMe98]:

In der »Blur-Wirtschaft«

Jeder treibt mit jedem Handel

■ verwischen die Grenzen zwischen Käufer und Verkäufer: Es tritt der Lebensmittelkonzern als Kunde seines Händlers auf, um Regalfläche anzumieten,

■ wird über das Internet ferngesehen und mit dem Fernseher Zeitung gelesen,

■ verwischen die Grenzen zwischen Organisationen und Personen: Individuen schließen sich ad hoc zu *virtuellen Unternehmen* zusammen und das Individuum tritt zunehmend aus der Organisation hervor,

Strom und Kommunikationsbandbreiten werden heute gehandelt wie Aktien

■ werden Handelsmechanismen des Finanzmarktes für den Einkauf von Dienstleistungen eingesetzt und Finanzdienstleistungen lassen sich wie ein Automobil konfigurieren,

■ verwischen geographische, nationalstaatliche und organisatorische Grenzen,

■ verwischen Ausbildung und berufliche Praxis – wir lernen, lehren und beraten fast jeden Tag gleichzeitig,

■ verwischen schließlich Freizeit und Beruf: An jedem Ort der Welt kann man in den Arbeitsprozess eingebunden sein, gleichzeitig aber auch auf das Unterhaltungsangebot des Internets am Arbeitsplatz zugreifen.

Über EC-Anwendungen und mögliche Effekte dieser Verwischungen lesen wir täglich in der Presse. In diesem Buch werden Entwicklungen und Beispiele zu diesem Prozess aufgezeigt.

Electronic Commerce – cui bono?

Es ist heute noch nicht generell abzusehen, wer eigentlich Nutznießer des Electronic Commerce sein wird: Sind es Kunden und Konsumenten, die günstigere Einkaufskonditionen vorfinden? Sind es Banken und Handelsmittler, die an einem erhöhten Aufkommen von Internet-Handelstransaktionen mitverdienen? Sind es vielleicht nur ganz wenige Internet-Start-up-Unternehmen, die sich über ihre Softwarelizenzen die Effizienzsteigerung des Marktes auszahlen lassen? Sind es die USA, wo der Löwenanteil EC-relevanter Hardware und Software produziert wird und wo sich dieses in vergleichsweise höherem Wirtschaftswachstum niederschlägt, oder vielleicht eher Schwellenländer, die nun zu Billigkonditionen Produkte und Dienstleistungen online anbieten und abrechnen können? Oder ist es am Ende doch die »Old Economy«, die nach der Experimentalphase für sich entdeckt hat, wie sie ihre traditionellen Prozesse nun weiter optimieren kann?

Wem nützt Electronic Commerce eigentlich?

Exaktes kann heute niemand sagen – die Rahmenbedingungen verändern sich quartalsweise. Jedenfalls blieben vielerlei Spekulationen den Beweis ihrer Wirtschaftlichkeit schuldig: Beispielsweise haben manche elektronische Zahlungsverfahren Forschungslabors und Feldtests nie verlassen können. Wie auch, wenn eine Bezahlung im Werte von drei Cent zwanzig Cent Transaktionskosten mit sich bringt. Auch 95% aller Online-Shops waren bereits im Jahre 1999 unrentabel und wurden eher aus dem Marketing- als aus dem Vertriebs-Budget finanziert (das wollte damals nur niemand wissen ...). Dies liegt weniger am Preis der Technik als an dem der Integration und Administration sowie am inadäquaten Geschäftsmodell. Die 1000:100:10:1-Regel versetzt dem Shop dann schließlich den Todesstoß.

Es ist seit einigen Jahren klar erkennbar: Nachdem seit Mitte der 90er Jahre *technologisch* der Weg zum elektronischen Handel grundsätzlich geebnet wurde, ist die Frage nach der *organisatorischen Integration* erst seit dem Jahr 2000 wirklich ernst genommen worden. Dies gilt nicht nur für die Integration traditionell kooperierender Partner, sondern auch für solche, die sich »online« zum ersten Mal begegnen. Dringend erforderlich ist daher eine *Vertrauensinfrastruktur* im Bereich des Electronic Commerce: Der Fehlschlag einer Kreditkartenbezahlung könnte beispielsweise toleriert werden, wenn der Händler, die Bank oder eine Versicherung die Kosten trägt. In diesem Bereich gilt in Europa eine recht strikte Gesetzgebung zum Verbraucherschutz. Sehr viel komplexer ist das Schaffen von Vertrauen zwischen Unternehmen beim globalen Handel. Die gegebene Vertrauensinfrastruktur würde auch einem unbekannten Hersteller größere Chancen auf

Technik schafft die Möglichkeiten – aber durch organisatorische Maßnahmen wird EC erst profitabel

Kundschaft bieten, wenn er z.B. mit einer Bank als Vertrauens- und Aufmerksamkeitsspender kooperiert und diese das Transaktionsrisiko trägt (der international von Geschäftsbanken initiierte Standard Identrus ist ein Beispiel für einen solchen Mechanismus). Natürlich wird sich die Bank dieses Vertrauen vom Hersteller vergüten lassen – Vertrauen ist damit auch online ein handelbares Gut geworden. Damit dürfte auch der technische und kommerzielle Umgang mit Vertrauen noch längerfristig ein aktuelles Thema für die Erforschung und Entwicklung zukünftiger Geschäftsmodelle sein.

Die organisatorische Unterstützung des Electronic Commerce reicht jedoch noch sehr viel weiter: Gerade beim Handel zwischen Unternehmen steht noch die tatsächliche Standardisierung des erforderlichen Geschäftsvokabulars aus. Ist dies einmal gegeben, stellt sich die Frage, ob Standardabläufe wie z.B. die Bestellung sich nicht durch sog. *Business Frameworks* (also Software-Rahmenwerke, die ein gewisses Korsett an Rollen, Regeln und Prozessen vorschreiben) vereinheitlichen lassen, so dass sich zwei Handelspartner schrittweise durch die Auswahl eines Verfahrens aus mehreren möglichen aufeinander zu bewegen können (siehe hierzu auch Kapitel 17 im B2B-Teil). Dies könnte sich dann unmittelbar in der entsprechenden Softwarekonfiguration niederschlagen.

Aus diesen Anforderungen ist vor allem zu folgern, dass Electronic-Commerce-Software nur unter Berücksichtigung ökonomischer, juristischer und sozialer Randbedingungen realisiert werden kann. Eine technikverliebte Perfektionierung von Sicherheitsmechanismen nützt nichts, wenn diese Sicherheit nicht auch vom Benutzer wahrgenommen wird. Dies bedeutet wiederum, dass eine Behandlung des Themas »Electronic Commerce« unbedingt ganzheitlich erfolgen sollte, um diese Randbedingungen bewusst zu machen.

EC fördert und erfordert den »Blur«!

Somit kann ein ausschließlich technischer Überblick über Entwicklungen im Electronic Commerce nur als Teilaspekt verstanden werden. Da dieses Gebiet im Spannungsfeld aus Politik, Ökonomie und Informationstechnologie mit unterschiedlichsten Anforderungen und Potenzialen konfrontiert ist, wird sich an diesem Zustand auch in den nächsten Jahren nicht allzu viel ändern. Vielmehr werden durch die Vermischungen unterschiedlicher Technologien (z.B. Internet und TV), Rollen (Käufer/Verkäufer) und Organisationsformen (Unternehmen/Einzelperson) spontan immer wieder neue Marktmodelle und Nutzungsformen entstehen.

Teil I

Electronic Commerce im Überblick

Der Titel des Buches lautet »E-Commerce und E-Business – Marktmodelle, Anwendungen und Technologien«. Entsprechend dieser Reihenfolge wollen wir mit den Marktmodellen anfangen bzw. die beiden Themen E-Commerce und E-Business aus der »Vogelperspektive« betrachten:

- In Kapitel 3 finden wir zunächst eine Definition dieser Begriffe sowie eine Klassifikation von Themengebieten. Der Schwerpunkt liegt dabei beim E-Commerce, da dem E-Business der gesamte vierte Teil gewidmet ist. Dort werden wir diese Klassifikation weiter vertiefen.
- Stand und Entwicklung der E-Commerce-Nutzung sind in Kapitel 4 dargestellt. Hierbei soll das aktuelle Nutzungsvolumen durch Zahlenmaterial untermauert sowie eine Wachstumsprognose für Entwicklungen der nächsten Jahre erstellt werden.
- Das Kapitel 5 ist sehr weit gefasst: Zunächst konzentriert es sich auf den regulatorischen Rahmen, innerhalb dessen E-Commerce zwischen Unternehmen oder Privatpersonen stattfinden kann. Anschließend finden wir eine Vielzahl an ökonomischen Phänomenen, denen die Teilnehmer einer Internet-basierten Wirtschaft ausgesetzt sind.

3 Was ist Electronic Commerce?

Wenn wir ein Buch online bestellen, wenn ein mobiler Agent zum Suchen und Bezahlen von CDs ausgesendet wird, wenn die Lufthansa Flugtickets über das Internet versteigert, wenn Apotheken nicht mehr beim Großhändler, sondern direkt beim Hersteller ihre Arzneimittel bestellen, wenn Softwarekomponenten verschiedener Unternehmen sich automatisch auf Produktspezifikationen einigen, wenn eine komplexe Dienstleistung von einem virtuellen Verbund aus 15 Kleinunternehmen in Ad-hoc-Kooperation erbracht wird, wenn elektronische Notare Online-Verträge beglaubigen, wenn sich die Bundesbank Gedanken macht über die Folgen einer Einführung elektronischen Geldes, wenn sich Regierungen mit einer Internet-Besteuerung befassen, so hat dies alles mit Electronic Commerce zu tun. Es ist damit unschwer zu erkennen, dass dieses Thema nicht nur aufgrund seiner Interdisziplinarität besonders komplex ist, sondern auch wegen der rasanten Entwicklung des Internets und seiner EC-Anwendungen.

Neben Begriffen wie »Electronic Commerce« finden wir heute etliche weitere, die entweder synonym (elektronischer Handel), weiter gefasst (E-Business) oder spezialisierter sind (Online-Kataloge, Online-Shops, elektronische Märkte und viele andere mehr). Während sich E-Business – ein Begriff, der ursprünglich im Jahre 1998 von IBM geprägt wurde – über alle Geschäftsprozesse *innerhalb und außerhalb* des Unternehmens erstreckt, hat EC sehr viel direkter mit kommerziellen Aktivitäten zu tun, die sich *zwischen* Marktteilnehmern abspielen. Wie wir jedoch sehen werden, sind die Grenzen zwischen »drinnen« und »draußen« so fließend, dass EC genauso innerhalb der Organisation stattfinden kann, wie zunehmend auch zwischen Unternehmen für eine gewisse Zeit ein gemeinsames »Innen« eingerichtet wird.

Electronic Commerce und E-Business

Electronic Commerce findet also immer dann statt, wenn zwischen autonomen Organisationseinheiten kommerzieller Austausch stattfindet. Dies bedeutet wiederum, dass sich häufig die technisch und organisatorisch interessanten Probleme im Bereich des EC finden. Hierbei geht es meistens darum, flexible Mechanismen zu entwickeln, mit denen ein schnelles Anpassen an Kundenwünsche, an die IT-Infrastruktur des Kooperationspartners oder an selbst auferlegte Regeln und Verfahren möglich ist.

Electronic Commerce geht damit einher mit der maximalen Flexibilität, die die jeweilige Technik leisten kann. Dies kann im Bereich der Online-Shops die Auswahl von Werbebannern sein, beim EDI die Anpassung an das Austauschformat des Partnerunternehmens oder beim virtuellen Auktionshaus das Auswählen des passenden Auktionsverfahrens für die unterschiedlichen Angebotskategorien.

Die Wirkung ist häufig von außen nach innen: Durch rascheren Wandel im Umfeld des Unternehmens ist eine Anpassungsfähigkeit der internen Prozesse erforderlich, so dass man sagen kann, dass der externe Electronic Commerce nur bei adäquatem internen E-Business erfolgreich sein kann. Im Rahmen dieses Buches werden wir uns daher vorwiegend mit der externen Koordination von Marktteilnehmern über Handelstransaktionen beschäftigen.

Definition »Electronic Commerce«

Der Begriff des »Electronic Commerce« kann über seine allgemeine *Intention* oder auch anhand seiner Anwendungsfelder definiert werden: Im ersten Fall würde die Definition etwa

> *»Die Unterstützung von Handelsaktivitäten über Kommuni-kationsnetze«*

»Intensional« – Beschreibung des Prinzips

»Extensional« – Aufzählen der möglichen Ausprägungen

lauten. Unterschiedliche Anwendungsbereiche wie »Elektronische Zahlungsverfahren«, »Shopping-Malls«, »Electronic Data Interchange« könnte man daraus ableiten. Die intensionale Definition ist allerdings sehr abstrakt und damit kaum greifbar. Eine *extensionale* Definition würde entsprechend versuchen, Electronic Commerce über die Summe seiner Marktmodelle, Anwendungen und Technologien zu definieren. Hier besteht damit das Problem, nicht alle Aspekte erfassen zu können. Versuchen wir es dennoch mit einer solchen Definition, erhalten wir fast schon ein Inhaltsverzeichnis für dieses Buch. Daher hat eine derartige Aufzählung lediglich für den Verfasser eines EC-Buches gewissen Wert, kann jedoch darüber hinaus nicht als Definition dienen:

> *»Electronic Commerce ist der Einsatz von Kommunikations-protokollen, Sicherheitsinfrastrukturen, digitalem Geld, Elec-tronic Shopping-Malls, elektronischem Datenaustausch,*

Smart Cards, mobilen und/oder intelligenten Agenten, Verhandlungsprotokollen und -strategien, elektronischen Notaren, Zertifizierungsautoritäten, interorganisationalem Workflow Management, elektronischen Verträgen und vielen weiteren Technologien zur Anbahnung und Durchführung von Handelstransaktionen im Internet.«

Da die intensionale Definition zu abstrakt und damit zu unhandlich ist, wollen wir uns der möglichen Klassifikationen für EC-Systeme bedienen, um das Thema durch ein leichter verdauliches Koordinatensystem zu analysieren. Dazu verwenden wir im Wesentlichen folgende Kriterien (Abb. 3-1):

1. *Akteure* einer Handelstransaktion. Hierbei werden aus den Rollen, in denen Akteure am Handel beteiligt sind, unterschiedliche Transaktionsmuster abgeleitet.
2. *Phasen* einer Handelstransaktion. Diese Sichtweise zerlegt die Handelstransaktion chronologisch in ihre Hauptphasen der Information, Verhandlung und Abwicklung.
3. *Volumen* einer Handelstransaktion. Diese Perspektive konzentriert sich auf die Art und Weise, wie Zahlungstransaktionen bei unterschiedlichen Transaktionsvolumen durchgeführt werden.
4. *Anwendungsnähe der EC-Technologie.* Schließlich steht bei dieser Perspektive die Organisation von Softwarebausteinen und -anwendungen im Vordergrund. In Form eines Schichtenmodells lassen sich dabei unterschiedliche Spezialisierungsstufen unterscheiden, die mit entsprechenden Technologien in Beziehung stehen.

Abb. 3–1

Die vier Dimensionen des Electronic Commerce

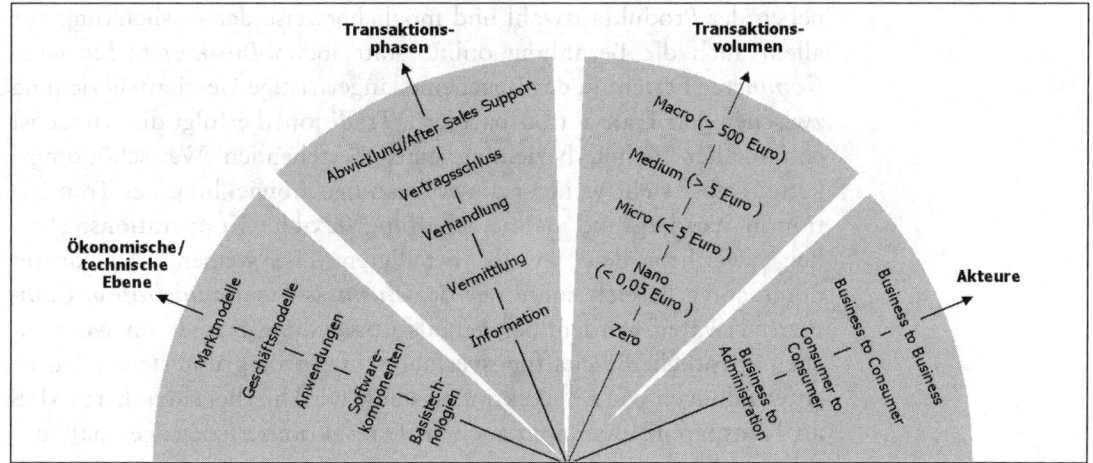

3.1 Klassifikationen

3.1.1 Akteure und Rollen beim Internet-Handel

Als EC-Akteure treten üblicherweise Marktteilnehmer auf, die im Allgemeinen in zwei Rollen agieren:

- *Kunde*, auch Käufer oder Konsument genannt.
- *Anbieter*, auch Händler (engl. *Merchant*) genannt.

Diese Rollen können von Geschäft zu Geschäft wechseln. Wir können dabei Akteure als juristische Personen auffassen, die sich wiederum in natürliche Personen (also Menschen) und Organisationen (Unternehmen, Vereine, staatliche Körperschaften etc.) unterteilen. Je nachdem, welcher dieser Ausprägungen die beiden Geschäftspartner angehören, kann es zu unterschiedlichen Formen einer solchen Zweierbeziehung führen:

- Business-to-Business-Commerce (B2B)
- Business-to-Consumer-Commerce (B2C)
- Business-to-Administration-Commerce (B2A)
- Consumer-to-Consumer-Commerce (C2C)
- Administration-to-Consumer-Commerce (A2C)
- Administration-to-Administration-Commerce (A2A)

C = Person

B = Unternehmen

A = Öffentliche Verwaltung

Nur einige dieser Ausprägungen sind von praktischer Relevanz; daher werden im Folgenden vor allem die Bereiche B2B, B2C und B2A erläutert. Der Bereich des *Business-to-Consumer-Commerce* zielt dabei auf den Online-Handel zwischen Händlern und *Personen* ab. Dabei sind solche Handelstransaktionen durch Spontaneität und eher mittlere bis kleine Transaktionsvolumina gekennzeichnet. Üblicherweise findet neben der Produktauswahl und möglicherweise der Auslieferung vor allem auch die Bezahlung online statt. Beim *Business-to-Business-Commerce* besteht in der Regel eine längerfristige Geschäftsbeziehung zwischen den Transaktionspartnern. Traditionell erfolgt dies zunächst entlang der Zulieferbeziehung einer bestehenden Wertschöpfungskette. Dabei steht weniger die vollständige Abwicklung der Transaktion im Vordergrund als die Schaffung flexibler Kooperationstechniken zwischen den jeweils beteiligten IT-Systemen. Als dritter dominanter Bereich sollte der des *Business-to-Administration-Commerce* erwähnt werden, bei dem als Anwendungsbereich im Wesentlichen öffentliche Beschaffungsverfahren im Vordergrund stehen. Durch Anwendungen wie z.B. Auktionssysteme wird hierbei ein höheres Maß an Transparenz und damit auch an Transaktionseffizienz geschaffen.

Daneben haben sich über die letzten Jahre weitere Beziehungstypen der Form X2Y-Commerce herausgebildet: »B2E« steht dabei für *Business-to-Employee-Commerce*: Hier geht es darum, den Mitarbeiter eines Unternehmens in den »Handelsprozess« einzubeziehen. Hauptsächlich geschieht dies beim Einkaufsprozess, den der Mitarbeiter anstößt. Darüber hinaus steht ihm ein Beschaffungskatalog zur Verfügung, welcher die Grundlage für Bestellaktivitäten darstellt. Bestellt wird meistens jedoch nur intern, d.h. bei der Einkaufsabteilung, die ihrerseits die Bestellung, gebündelt mit anderen, an einen Lieferanten weiterleitet. B2E schließt sich hier nahtlos an B2B an, daher ist auch bereits die Abkürzung B2B2E aufgetreten.

Auch interessant ist der *M2M-Commerce*: Die Ms stehen hier für »Marktplatz«, d.h. Geschäftsbeziehungen zwischen Marktplätzen. Dies kann in unterschiedlicher Form erfolgen: Entweder handelt es sich um entlang der Wertschöpfungskette angrenzende Marktplätze (z.B. Chemieindustrie und Papierhersteller) oder die auf einem Marktplatz gehandelten Güter ergänzen die des anderen, das klassische Beispiel ist hier die Logistik-Branche (Speditionen, Lagerhäuser), die andere Industrien durch Transportdienstleistungen unterstützt. Wenn auf beiden Seiten elektronische Marktplätze vorherrschen, würde das Fehlen einer M2M-Verbindung einen unnötigen Medienbruch darstellen!

Und schließlich: B2B2C! Die Besonderheit liegt hier in der Anbindung von Online-Shops an eine ganze Reihe von »Back-Ends«, also die ERP-Software des Shop-Anbieters, Lieferanten der Produkte, Spediteure und Kuriere, welche die Ware liefern, etc. B2B2C konzentriert sich also auf die Besonderheiten, die ein Online-Shop-Betreiber in seinen B2B-Geschäftsbeziehungen zu beachten hat.

Zu beachten ist jedoch auch, dass eine beliebige Vermischung der genannten Rollen und Beziehungen die Regel bestätigt: Auch bei Unternehmen ist die Nutzung von Online-Shops üblich, wie z.B. der Einkauf von Literatur über Amazon zeigt. Umgekehrt besteht für Konsumenten die Möglichkeit, Produkte über Auktionssysteme zu erwerben (z.B. Lufthansa Info-Flyway) oder als Einzelunternehmung etablierte Geschäftsbeziehungen zu einem festen Stamm von Geschäftspartnern online zu pflegen. Somit kann die Trennung zwischen B2C und B2B folgendermaßen vorgenommen werden: Während beim B2C-Commerce ein einfach strukturierter Kaufprozess unter Beteiligung des menschlichen Benutzers als vorherrschendes Muster dient, steht beim B2B eher die flexible Organisation von Regeln, Rollen, Abläufen und Kommunikationstechnologien zwischen kooperierenden Softwaresystemen im Vordergrund. Abbildung 3-2 illustriert noch einmal die wesentlichen Beziehungstypen. A2A und A2C wurden dabei ausgespart, da sie nicht in den Bereich des EC fallen.

Die Grenzen zwischen »Personen« und »Unternehmen« verwischen zunehmend

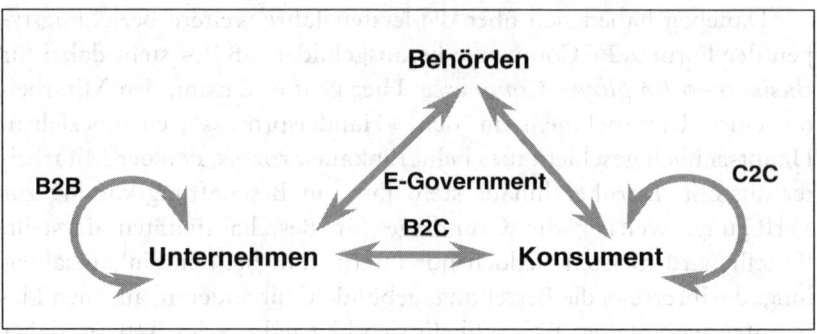

3.1.2   Business-to-Business

B2B-Commerce findet zwischen Unternehmen statt. Dabei muss man sich vergegenwärtigen, dass Handel nicht zwischen einer Gruppe von Anbietern und einer Gruppe von Nachfragern stattfindet, sondern entlang komplexer Wertschöpfungsketten. Je nach Markt tritt ein Unternehmen dann in der Rolle des Anbieters oder Nachfragers auf. B2B-Commerce bedeutet zunächst, dass überhaupt »Handel« zwischen Unternehmen stattfindet. Dies ist eher nur in Ausnahmefällen so: Wenn ein Zulieferer z.B. mit einem Automobilhersteller über mehrere Jahre einen Rahmenvertrag schließt, so findet »Handel« nur einmal statt, der Rest ist Abwicklung, Kommunikation, Transport – also *E-Business*. B2B-Commerce hilft, den Handel bei der Kooperation zwischen Unternehmen in den Vordergrund zu stellen. Dies kann einerseits die Rationalisierung der herkömmlichen Herangehensweise sein oder aber auch die Schaffung neuartiger Geschäfts- oder Marktmodelle.

Die B2B-Integration findet im Wesentlichen zwischen Softwaresystemen statt. Der Mensch tritt dabei eher in der Rolle des Konfigurators auf – z.B. wenn eine elektronische Bestellung als Dokument verloren gegangen ist und vom Administrator als Stecknadel im Heuhaufen wiedergefunden werden muss …

In Ausnahmefällen kann auch eine Entscheidung, die nicht im Regelwerk der Software verankerbar ist, durch den Menschen gefällt werden. Beispielsweise wenn die Produktionsstätte A gerade bestreikt wird und alle Bestellungen auf B umgeleitet werden müssen.

B2B-Transaktionen sind weniger schematisch als beim B2C

Typische aktuelle Anwendungen im B2B-Bereich sind jede Form von Extranet-Integration zwischen Unternehmen (für den Austausch von Bestellungen, Rechnungen, Vertriebsinformation, Preislisten, AGBs etc.) sowie Kollaborationsanwendungen, die zwei oder mehr

Unternehmen online zusammenschließen. Das Ziel besteht dabei im gemeinsamen Produktdesign oder in der Abwicklung von Projekten.

Extranets dienen dabei als Kooperationsgrundlage zwischen Geschäftspartnern, die sich gegenseitig Zutritt zu einem Teil ihrer Daten und Online-Dienstleistungen verschaffen (siehe Kapitel 17.4). Traditionell werden Value-Added-Network-Dienste (VAN) eingesetzt, um Geschäftsnachrichten auszutauschen. Hierbei stand bisher der elektronische Datenaustausch (EDI) im Vordergrund. Seit der Verbreitung des Internets stehen jedoch neuere Technologien wie Web-Services und der XML-basierte Datenaustausch als Kandidaten zur Ablösung des EDI bereit (siehe Kapitel 17.3). Extranet- und WWW-Anwendungen werden heute von einzelnen Unternehmen in proprietärer Form vorangetrieben. Daher ist der B2B-Bereich noch durch eine Fragmentierung von Märkten und individuellen Kooperationen charakterisiert. Die mangelnde Standardisierung und Ad-hoc-Nutzbarkeit allgemeiner Schablonen für Geschäftsprozesse behindert viele Unternehmen durch die hohen Kosten, die zur Kooperation mit anderen erforderlich sind. Zusätzlich ist auch der B2B-Bereich durch Rechtsunsicherheit bei Abschlüssen von Online-Geschäften charakterisiert: 59% aller Teilnehmer einer Umfrage der EU-Kommission sahen sich mit erheblichen Beratungskosten im Bereich von Online-Vertragsabschlüssen konfrontiert (vgl. EU-Studie [EU98]). Der Studie zufolge betrug der durchschnittliche Aufwand der juristischen Beratung von Online-Anbietern aufgrund der Rechtsunsicherheit 50 Stunden pro Monat bzw. 35.000 Euro im Jahr [EU98]. Dies gilt vor allem auch für kleinere Unternehmen und für solche, die über Extranets im B2B-Bereich Handel treiben. Diverse Technologien und Anwendungen finden Sie vor allem in den Kapiteln 17 und 18.

3.1.3 Business-to-Consumer

Beim B2C-Commerce steht vor allem der Bestell- und Verkaufsprozess eines Anbieters gegenüber einer großen, wechselnden Zahl an Kunden im Vordergrund. Zumeist ist das Transaktionsvolumen niedrig und die Bindung zwischen den Transaktionsparteien eher locker. Als Kunde tritt zumeist eine einzelne Person auf. Folglich sind EC-Systeme für den B2C-Bereich Web-basierte Katalog- und Buchungsanwendungen, mit deren Hilfe die interaktive Suche nach Produkten unterstützt wird.

B2C-Transaktionen wiederholen sich zigtausendfach nach dem gleichen Schema

Der wesentliche Unterschied zum B2B-Commerce ist das Fehlen entsprechender Anwendungssoftware auf der Kundenseite (nur Web-Browser) und die Konfiguration einer Handelsbeziehung nach den individuellen Handelspraktiken der beteiligten Unternehmen. Natürlich kommt es auch zu Berührungspunkten zum B2B-Commerce, und zwar gerade dann, wenn ein Unternehmen sporadisch durch Browsing einen Online-Shop benutzt. Dies ist der Fall, wenn Mitarbeiter Bücher bei Amazon bestellen oder wenn Büroartikel individuell beschafft werden.

Eigentlich könnte der B2C-Commerce daher auch »B2P« genannt werden (Business-to-Person), da bei B2C immer eine Person mit Web-Browser erwartet wird. B2P würde allerdings auch den B2E-Bereich mit einschließen (wo der Mitarbeiter eines größeren Unternehmens Ware bestellt). Der Unterschied besteht hier allerdings in der Trennung der beiden Rollen »Besteller« (dies ist der Mitarbeiter) und »Kunde« (dies ist das beschaffende Unternehmen). B2C setzt also das Individuum voraus, das als Besteller *und* Kunde gegenüber dem Online-Shop agiert. Dies sind entweder wir selbst als Privatperson oder ein sehr kleines Unternehmen, für das langfristige Rahmenvereinbarungen sinnlos wären.

Der B2C-Bereich ist im Wesentlichen durch mittlere bis niedrige Transaktionsvolumen bis ca. 250 Euro charakterisiert und Transaktionen werden kurzfristig abgeschlossen, d.h., Bezahlung und Lieferung werden unmittelbar nach der Buchung eingeleitet. Im B2C-Bereich dominiert somit nach dem unten beschriebenen Transaktionsphasenmodell neben dem Kauf vor allem die Abwicklungsphase. Die Informationsphase wird bestenfalls durch Suchmaschinen und das Browsen des Käufers bei unterschiedlichen Anbietern unterstützt. Eine Verhandlung findet üblicherweise nicht statt, zum Beispiel würde das individuelle Aushandeln eines Rabattes für Amazon heute untragbare Kosten verursachen.

Aktuelle B2C-Themen:
Virtueller Supermarkt und
Datenschutzfragen

Von erheblicher Relevanz ist beim B2C bereits heute der Umgang mit Kundendaten. Etliche Anwendungen konzentrieren sich inzwischen auf Möglichkeiten, Marketing- und Vertriebsinformationen aus Profilen herauszuextrahieren. In engem Zusammenhang stehen Fragen des Datenschutzes, Verbraucherschutzes, der Vertragsabschlüsse über das Internet (entspricht dies der »Haustür«?) sowie regulatorische Rahmenbedingungen für den Web-Auftritt eines Anbieters. Weitere Details hierzu finden sich auch in Kapitel 5.1.

3.1.4 E-Government bzw. Business-to-Administration

▌ E-Government als Business-to-Administration

Mit B2A meint man
vor allem das
Beschaffungswesen

Der Staat (bzw. die öffentliche Verwaltung) ist verpflichtet, Beschaffungsmaßnahmen gewisser Größenordnung nach einem vorgegebenen, sehr formalisierten Ausschreibungsmuster durchzuführen. Bei einer öffentlichen Ausschreibung werden Aufträge in Form von Leistungsbeschreibungen spezifiziert und publiziert. Innerhalb gegebener Fristen können Unternehmen nun Angebote unterbreiten, die nach vorgegebenen Kriterien zu vergleichen und bewerten sind. Diese Prozedur lässt sich durchaus automatisieren, indem Publikations- und Einreichungskanäle durch entsprechende EC-Software realisiert werden.

B2A-Commerce ist somit heute sehr stark am Beschaffungswesen orientiert und beschränkt sich damit zumeist auf die Unterstützung der Informations- und Verhandlungsphase. Die Ausführungsphase ist im Bereich der Ausschreibung sowohl bezüglich der Prozedur als auch der Produktspezifikation noch zu komplex, um automatisiert werden zu können. Hier eignen sich Kollaborationsportale und Ausschreibungssysteme, wie sie in Kapitel 18 beschrieben sind.

Weitere B2A-Aktivitäten des Staates liegen im Bereich der Finanzämter, die in Zukunft sehr viel direkteren Online-Zugriff auf Unternehmensdaten haben werden. Amtsgerichte könnten als Verwalter des Handelsregisters die Rolle eines Firmeninformationsdienstes übernehmen und über Prokura und andere Informationen zur Zeichnungsberechtigung Auskunft erteilen. In Verbindung mit anderen Informationsdiensten kann hier ein wichtiger Beitrag zur Errichtung einer Vertrauensinfrastruktur geleistet werden.

E-Government als Administration-to-Consumer

Es ist durchaus sinnvoll, Kunden über das Internet den Zugang zur öffentlichen Verwaltung zu ermöglichen. Dennoch hat die A2C-Beziehung wenig kommerziellen Charakter. Der Staat hat seinen individuellen Bürgern wenig zu »verkaufen«, und das Gleiche gilt umgekehrt. Jenseits des »Commerce« sind allerdings hochinteressante Anwendungen denkbar, die auf neuen Internet-Technologien beruhen, wie z.B. die heute bereits in einigen Bundesländern praktizierte elektronische Steuererklärung (als Anwendung elektronischer Signaturen), Broker-Anwendungen zur Vermittlung Arbeitssuchender, Mechanismen zur Bürgerbeteiligung (elektronische Wahlen, marktbasierte Prognosetechniken etc.). Die elektronische Steuererklärung ist für manche Finanzämter in Deutschland schon ein etabliertes Verfahren. Allerdings kann man vermuten, dass sich ihr »elektronischer« Charakter nur auf die Datenübertragung beschränkt, die vollautomatische Verarbeitung, bei der das Dokument in einem Standardformat vorliegt, wird wahrscheinlich noch ein paar Jahre brauchen (wie wär's mit *XustvaML* für »Exensible Umsatzsteuervoranmeldungs Markup Language«?).

Ebenfalls »alte Hüte« sind Pilotversuche im Bereich von »E-Ortsämtern«, die es online ermöglichen, Umzüge zu registrieren, Hundesteuer anzumelden oder sich arbeitslos zu melden. In allen Fällen ist

Zwischen Staat und Bürger besteht kaum ein Anlass, Handel zu treiben

jedoch eine signaturgesetzkonforme Verwendung von Smart Cards erforderlich, um die Identität der Teilnehmer sicherzustellen.

Eine wichtige Rolle kann der Staat jedoch als vertrauenswürdiger Dritter bei der Unterstützung des Bürgers im B2C-Commerce spielen: Er kann dem Konsumenten bei der Auswahl des Angebots helfen, indem Produktdaten veröffentlicht, schwarze Listen für kriminelle oder unzuverlässige Unternehmen geführt oder einfach aus der neutralen Rolle des Staates heraus Qualitätsmerkmale von Unternehmen festgestellt und publiziert werden. In diesem Bereich besteht mit der heutigen Zertifizierungstechnologie und modernen Standardisierungsverfahren die Möglichkeit, den Bürger erheblich präziser bei der Auswahl eines Anbieters zu unterstützen, als es früher durch Verbraucherzentralen möglich gewesen wäre.

3.1.5   Weitere Beziehungsformen

▨ Consumer-to-Consumer

Setzt man ein Szenario voraus, bei dem die gesamte Bevölkerung über einen Internet-Zugang und Möglichkeiten zur effizienten Online-Bezahlung verfügt, ist es nur natürlich, dass Privatpersonen im Internet direkten Handel treiben. Dies kann weit über Online-Dienste für den Autohandel oder zur Wohnungsvermittlung hinausgehen. Stellt man sich vor, dass alle denkbaren Soft-Goods, wie Musikaufnahmen, Urlaubsvideos, Gedichte oder Lösungen für Mathematik-Klausuren handelbar werden, kann man annehmen, dass ein beträchtliches Volumen in diesem Segment erreicht werden kann. Wenn weltweit 100 Mio. Verbraucher durch unmittelbaren C2C-Handel jeweils nur 100 Euro jährlich ausgeben, ist bereits ein Volumen erreicht, bei dem es sich lohnt, über spezielle Systeme zur Unterstützung des C2C-Marktes nachzudenken.

So richtig spannend wird es jedoch erst, wenn geschlossene Benutzergruppen entstehen, für die eine C2C-Infrastruktur bereitgestellt werden kann, ohne dass »offizielles Geld« fließt. Dies mag konspirativ klingen, ist jedoch recht banal. Nehmen wir an, ein Online-Dienst wie AOL hat im Jahre 2005 50 Millionen Mitglieder. Was wäre, wenn innerhalb dieser Gruppe der AOL-Taler als Verrechnungseinheit eingesetzt werden könnte? Dann »tauschen« alle Teilnehmer Dienste, Waren und AOL-Taler gegeneinander aus, ohne dass am Ende auch nur ein Euro für das Finanzamt anfällt.

In steigendem Maße wird bereits heute C2C-Commerce betrieben, indem beispielsweise Privatanwender für einander Werbung treiben (Banner-Tauschringe) oder indem so etwas wie Nachbarschaftshilfe mit einem Bonussystem online realisiert wird. Im Internet bieten C2C-Systeme wie z.B. eBay (*www.ebay.com*) Privatpersonen die Möglichkeit, Produkte einander direkt anzubieten und einen Online-Verkauf auf der Basis von Auktionen auszuhandeln und abzuschließen. Weitere C2C-Anwendungen sind »Meinungsmärkte« wie ePinions.com oder Ciao.de: Hier verkaufen Einzelne ihr Wissen, indem sie es veröffentlichen und bei jedem Abruf ihres Artikels belohnt werden. Auch Napster und andere Peer-to-Peer-Netze können eine Grundlage für den C2C-Commerce darstellen.

Der Trend geht zur Unterstützung von Einzelpersonen als Handelspartner

Noch wichtiger als für den B2C-Bereich ist beim C2C die Schaffung einer Vertrauensinfrastruktur, da sich einander unbekannte Einzelpersonen noch weniger trauen als Unternehmen.

▨ Administration-to-Administration

Zwischen Staaten findet ebenfalls kaum »Handel« in einer Form statt, die durch EC-Systeme unterstützt werden könnte. Denkbar wären höchstens Auktionssysteme, über die Rechte erworben werden können – beispielsweise zur Emission gewisser Mengen von Kohlendioxyd oder FCKWs, den Einschlag von Tropenholz oder Walfangquoten.

Aber auch Zollbehörden und andere öffentliche Einrichtungen lassen sich in B2A- und B2B-Systeme integrieren. Bei den letzteren Beispielen erfolgt jedoch kein originärer Handel zwischen öffentlichen Verwaltungen. Stattdessen nehmen etwa Zollämter eine unterstützende Funktion des internationalen B2B-Handels wahr. Eine solche Unterstützung wäre beispielsweise die Standardisierung von Firmeninformationen, die seitens der Amtsgerichte oder auch über Handelskammern als vertrauenswürdige Parteien bereitgestellt werden könnten. Wenn kleine Unternehmen über das Netz internationale Kooperationen eingehen, ließen sich diese Informationen automatisch zur Unterstützung und Überprüfung von Vertragsabschlüssen nutzen.

A2A reduziert sich auf die Unterstützung von Unternehmen beim internationalen Handel

Wie in Kapitel 5.2 ausführlicher beschrieben, erlaubt der technologische Fortschritt eine immer weiter fortschreitende Zergliederung operativer unternehmerischer Einheiten. Damit stellt sich zunehmend die Frage, wann »C« gleich »B« wird – wann also das Unternehmen nicht mehr Akteur, sondern Rolle ist. Wenn Bob, der Avatar-Designer, beispielsweise einen Auftrag koordiniert, schlüpft er in die Rolle des Unternehmens. Wenn er online eine Jeans bestellt, ist er Privatperson.

Ist Bob, der Avatar-Designer, eher »B« oder »C«?

3.2 Phasen der Handelstransaktion

Jede kommerzielle Handelstransaktion, die über organisatorische Grenzen hinweg abgewickelt wird, führt direkt oder indirekt zu einem Vertrag, der zwischen den beteiligten Parteien geschlossen wird. Dieser Vertrag hält deren Verpflichtungen fest, die dort definierten Leistungen zu erfüllen. Gleichzeitig definiert er die jeweiligen Rechte, die den Parteien daraus erwachsen. Die austauschbaren Leistungen sind dabei Rechte auf Dienstleistung, an Gütern oder auf Zahlungen.

In der Literatur werden für eine derartige Transaktion drei Phasen unterschieden [Schm+95]:

Informations- und Verhandlungsphase werden auch Pre-Sales-Bereich genannt

- In der *Informationsphase* beobachten Teilnehmer den Markt und unterbreiten möglichen Partnern Angebote. Während der Produktsuche werden dabei Produktspezifikationen – also Preise, Qualitätsmerkmale etc. – zur Evaluation herangezogen.

- In der *Verhandlungsphase* treten potenzielle Partner zunächst in Verbindung, um über Angebote und Gegenangebote diese Spezifikationen iterativ anzupassen. Dieser Verhandlungsprozess führt entweder zu einem Zustand der Einigung oder er wird abgebrochen.

Die Abwicklung erfolgt im After-Sales-Bereich

- Schließlich stellt der Vertragsschluss den Übergang zur *Abwicklungsphase* dar. Diese Phase kann zeitlich zwischen wenigen Sekunden und mehreren Jahren dauern.

Abb. 3–3
Phasen einer Handelstransaktion

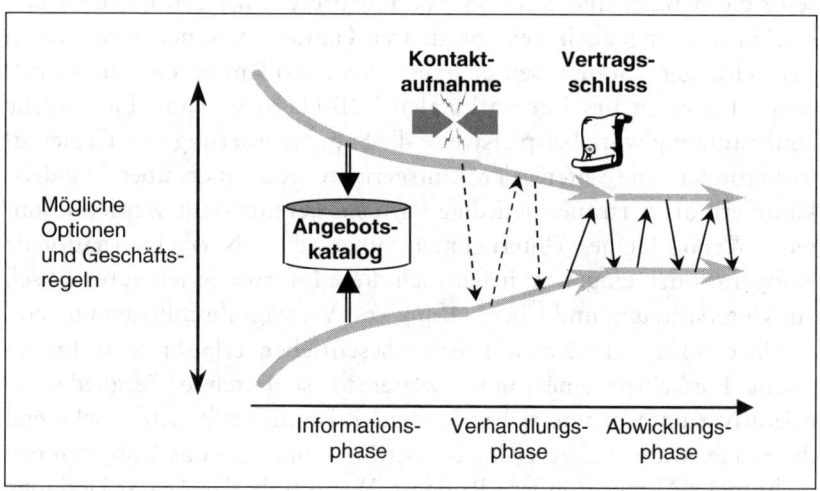

Anhand von B2B- und B2C-Beispielen lässt sich die unterschiedliche Ausprägung beider Anwendungsfelder sehr gut nachvollziehen: Während beim Online-Shopping die Informationsphase mit dem Durchstö-

bern von Katalogen verbracht wird und immer direkt zum Kauf über-
leitet, schließt sich beim B2B-Commerce an diese Phase meistens eine
Verhandlung an: Anhand von Händlerverzeichnissen und Web-Auf-
tritten werden die wesentlichen Lieferanten identifiziert und anschließend dominiert ein langer Verhandlungsprozess, der entweder offline
geführt wird oder auf der Basis komplexer Ausschreibungsprozeduren.
Während beim B2C nach dem Vertragsschluss und der Warenlieferung
die Transaktion beendet ist, beginnt sie beim B2B erst richtig: Der Vertrag kann sich häufig auf eine mehrjährige Abwicklungsphase erstrecken, innerhalb derer eine Vielzahl von Kommunikations- und Liefer-
aktivitäten stattfindet. Eine B2B-Transaktion ist damit im Extremfall
nur zu 10% E-Commerce und zu 90% E-Business, da nur noch nach
vorher festgelegten Richtlinien (Termine, Preise, Mengen) abgewickelt
wird.

3.3 Transaktionsvolumen

Gerade im B2C-Bereich werden Transaktionen häufig nach ihrem
Volumen unterschieden. Dies erfolgt nicht willkürlich, sondern insbesondere wegen der damit verbundenen unterschiedlichen Geschäftsmodelle und technischen Verfahren der Zahlungsabwicklung. Es
besteht keine allgemeine Einigkeit über die Grenzwerte zwischen den
unterschiedlichen Ausprägungen dieser Klassifikation. Folgendes
Schema kommt der »herrschenden Meinung« wohl am nächsten:

- Macropayments (>> 1.000 Euro)
- Medium Payments (5–1.000 Euro)
- Micropayments (0,1–5 Euro)
- Nanopayments (0,001–0,1 Euro)

Die Klassifikation von Zahlungsverfahren steht eng mit existierenden Technologien im Zusammenhang

Diese Aufteilung orientiert sich stark an den zugrunde liegenden
Geschäftsbeziehungen und den dafür eingesetzten Zahlungsverfahren.

- Dabei wird angenommen, dass bei *Macropayments* eine wohletab-
  lierte Beziehung zwischen den Transaktionspartnern existiert. Es
  handelt sich beispielsweise um den Kauf und Transport einer
  Ladung PCs oder um ein Softwareprojekt. Hierbei tritt die
  Abwicklung der Zahlungstransaktion hinter diversen anderen Ver-
  einbarungsprozessen zurück. Insbesondere findet die Vertrauensbildung zwischen Personen und Unternehmen zumeist »offline«
  statt. Aufgrund des Volumens sind die hohen Transaktionskosten
  internationaler Zahlungsabwicklungen eher tolerierbar und können nur schwer durch Internet-Zahlungsverfahren ersetzt werden.

■ *Medium Payments* liegen in dem Bereich, der heute durch Kreditkarten und Schecks abgedeckt werden kann. Es ist keine etablierte
Vertrauensbeziehung auf persönlicher Ebene erforderlich, vielmehr
werden Dritte als Vertrauensträger involviert (Banken, Kreditkartengesellschaften). Diese Zahlungsverfahren haben die größten
Chancen, *das* Standardinstrument zur Bezahlung im Internet zu
werden. Dies liegt nicht nur an der bereits heute befriedigend gelös-
ten technischen Umsetzung mit Unterstützung verschiedener kryptografischer Verfahren, sondern auch an der einfachen Übertragbarkeit der Vertrauensverhältnisse: Es ist die Kreditkartengesellschaft,
die dem Händler mitteilt, dass ein Kunde finanziell in der Lage ist,
eine Zahlung durchzuführen. Gerade in diesem Segment spielen
vertrauenswürdige Dritte aus dem Finanzsektor eine tragende
Rolle für Online-Transaktionen.

■ Bei *Micropayments* sieht die Situation anders aus. Hier bleibt in
der klassischen Welt nur das Bargeld als Zahlungsmittel. Es ist flexibel handhabbar und es ist keine Bank zur Verifikation erforderlich, wenn der Kunde auf dem Flohmarkt als Wechselgeld 15 Cent
erhält. Schon die hierzu benötigten Eigenschaften wie Offline-Nut-
zung und Anonymität sind nach bisherigen Erkenntnissen für viele
Verfahren bereits K.-o.-Kriterien für die Internet-Umsetzung als
»Elektronisches Geld« (siehe auch Kapitel 12). Dennoch wäre es
schade, wenn sich die Lücke der Micropayments zwischen etwa
0,1 und 5 Euro nicht schließen ließe; gerade hier wären sonst interessante Geschäftspotenziale im B2C- oder C2C-Commerce ausgeschlossen.

*Nanopayments sind mit
heutigen Verfahren erst
recht unwirtschaftlich*

■ Am unteren Ende der Skala liegen *Nanopayments*. Diese Bezeichnung sollte man einführen, damit ein Segment benennbar wird, für
das sich selbst der Aufwand eines Micropayment-Verfahrens für
niemanden rechnet. Hier gibt es zwei Lösungen: Entweder werden
Güter ohne Bezahlung abgegeben – das Geschäftsmodell sieht hier
andere Einnahmequellen wie Banner-Werbung vor –oder es werden
Verfahren eingesetzt, die so leichtgewichtig sind, dass sie nicht
durch komplexe Kommunikation und kryptografische Verfahren
gebremst werden. Für Nanopayment muss man davon ausgehen
können, dass das Transaktionsvolumen so niedrig ist, dass die
Transaktionspartner es sogar tolerieren müssen, wenn Zahlungsmittel mangels transaktionaler Unterstützung hin und wieder verloren gehen können. Das Vertrauen in die Beteiligten (Käufer, Verkäufer und Herausgeber des Zahlungsmittels) muss folglich nicht
dem entsprechen, das heutzutage gegenüber Banken oder Kreditkartengesellschaften gilt. Dafür sind die Transaktionskosten bei

Nanopayments so gering, dass diese Unsicherheit in Kauf genommen werden kann.

Electronic Commerce kann auch ohne Bezahlung stattfinden, wenn zum Beispiel zwei Unternehmen sich gegenseitig durch Verwendung ihrer Werbebanner referenzieren. Dabei fließt zwar kein Geld, dennoch findet eine ökonomische Transaktion statt. Diesen Austausch nichtmonetärer Güter müsste man folglich als *Zeropayment* bezeichnen, da er nicht monetär zu erfassen ist.

EC-Anwendungen sind bei allen Größenordnungen realisierbar. Es lassen sich dabei natürlich auch Macropayment-Verfahren für Beträge weniger Cent einsetzen und umgekehrt Micropayment-Verfahren für hohe. Hierbei ist lediglich das Verhältnis aus Transaktionsvolumen, -kosten und -sicherheit stark verzerrt.

Wichtig ist darüber hinaus festzustellen, dass im Bereich der Micro- und Nanopayments der Erfolg neuer Geschäftsmodelle immer spekulativer wird – und damit vielleicht auch interessanter (siehe Kapitel 12.5).

3.4 Anwendungsnähe der EC-Technologie

Unabhängig von den genannten Modellen stellt die Anwendungsnähe einer EC-Technologie eine weitere Dimension dar, bei der eine Klassifikation nach *architekturellen Ebenen* vorgenommen werden kann:

Basistechnologien und Standards (Enabling Technologies). Diese realisieren grundlegende Mechanismen und Standards wie z.B. für Smart Cards, Kommunikationsprotokolle (TCP/IP, HTTP, WML), Konvergenztechnologien (Digital Video Broadcasting oder Technologien im Bereich der Mobilkommunikation wie iMode oder UMTS), Verschlüsselungsalgorithmen, Programmiersprachen (Java oder Skriptsprachen) oder Auszeichnungsstandards wie HTML, SGML oder XML. Basistechnologien sind in keiner Weise auf den EC-Einsatz beschränkt, stellen jedoch den wesentlichen Treiber für die rasante Entwicklung seit Mitte der 90er Jahre dar. Während einige Basistechnologien sich bereits stabilisiert haben (TCP/IP, GSM), entwickeln sich andere zurzeit noch so rasant, dass es für viele Unternehmen ein zu hohes Risiko ist, jetzt auf einen fahrenden Zug aufzuspringen, von dem noch nicht bekannt ist, in welche Richtung er sich bewegen wird (z.B. XML-Standards für den B2B-Datenaustausch, UMTS-basierte Dienste etc.).

TCP/IP und Smart Cards sind Basistechnologien

Middleware. Als »Middleware« bezeichnet man Softwareplattformen, die einen Werkzeugkasten aus kombinierbaren Komponenten und Technologien zur Verfügung stellen. Diese sind jedoch noch nicht für einen bestimmten Anwendungszweck einsetzbar. Middleware implementiert also noch kein Anwendungswissen. Als Beispiele seien Softwarekomponenten für Public-Key-Infrastrukturen, Zahlungsverfahren, Benutzerprofile, Softwarearchitekturen wie z.B. die Java-2-Plattform oder Suchmaschinen genannt. Im Gegensatz zur Basistechnologie zeichnet sich Middleware durch die Kombinierbarkeit seiner Bestandteile aus: CORBA verdeckt die Heterogenität seiner Implementierungen durch eine einheitliche Abbildung auf gemeinsame Protokolle und Schnittstellenkonventionen. Gleiches gilt für das Distributed Computing Environment (DCE) oder Java-basierte Middleware. Heute stellen Application Server, Content-Management-Systeme, Enterprise-JavaBeans-Container etc. solche Middleware dar (siehe Kapitel 8).

EC-Frameworks (Rahmenwerke). Ein EC-Framework fasst verschiedene Middleware-Komponenten zusammen. Im Gegensatz zur Anwendung bietet das Framework nur ein Gerüst für den Softwareentwickler, das anwendungsspezifische Prozesse, Datenstrukturen und Schnittstellen vorgibt. Für eine spezifische Anwendung kann der Programmierer dann das Rahmenwerk mit Leben füllen. Frameworks sind ein relativ junger Ansatz, um komplexe Softwaresysteme beherrschbar zu machen. Gerade im Bereich des EC sind sie jedoch besonders vorteilhaft: Grundlegende Strukturen lassen sich vom Anbieter des Frameworks vordefinieren, so dass der Anwender sich nur noch mit individuellen Erweiterungen auseinander setzen muss. Beispiele sind Softwarelösungen für Online-Shops und Marktplätze wie z.B. von Intershops Enfinity, Commerce Ones Market Site, abaXXs E-Business-Suite oder IBMs San Francisco Framework. Diese Produkte integrieren Funktionskomponenten wie Produktkatalog, Benutzerschnittstelle, Zahlungs-Gateway, Auktionsmodul, XML-Messaging, Einkaufskorb oder Profildatenbank in einheitlicher Form.

EC-Anwendungen. Egal, welche Basistechnologie oder Middleware verwendet wurde, die Anwendung stellt eine technische Realisierung dar, die von einem oder mehreren Akteuren eingesetzt und für diesen Einsatz spezialisiert wurde. Ein Online-Shop, über den Modeartikel verkauft werden, ist damit eine Anwendung, die Middleware-Komponenten aus den Bereichen Katalog, Zahlungsabwicklung, Lager- und Versandlogistik und Grafikdesign verbindet. Auch ein Meinungsportal wie ePinions oder ein B2B-Marktplatz wie Elemica sind EC-Anwendungen. Üblicherweise werden zu diesem Zweck unterschiedliche Frameworks zusammengeschlossen, da ein allgemeines Electronic-Commerce-Framework jenseits von Marketing-Prospekten heute noch nicht existiert... Die EC-Anwendung ergibt sich jedoch nicht nur aus dem technischen Potenzial der EC-Frameworks, sondern wird vor allem auch durch die Geschäfts- und Marktmodelle in eine bestimmte Ausrichtung gezwungen. Die EC-Anwendung ist also das Resultat, welches sich aus dem Zusammentreffen von Geschäftsmodell und Softwaretechnologie ergibt. Sie schließt auch den individuellen Teil der Entwicklung ein, der sich von grafischen Gestaltungsprozessen über die Individualprogrammierung bis hin zum täglichen Operating erstreckt.

Geschäfts- und Marktmodelle. Ein Geschäftsmodell bezieht sich auf das einzelne Unternehmen, das am Markt agiert, während das Marktmodell die Koordination ökonomischer Einzelaktivitäten der Teilnehmer definiert. Früher war es nur wenigen Teilnehmern vorbehalten, ein Marktmodell zu entwickeln und zu betreiben, meistens war dies der Staat. Heute vermischen sich die Begriffe »Geschäftsmodell« und »Marktmodell«, wenn ein Unternehmen als Marktplatzbetreiber agiert. Beide Modelle werden spezifisch für eine bestimmte Branche oder Funktion entwickelt. Zunächst steht die technologische Umsetzung dabei im Hintergrund, viel wichtiger ist die Rollen- und Prozessmodellierung als Ausgangspunkt der Entwicklung von EC-Systemen. Dies bezieht sich auf Rollen am Markt und innerhalb der Unternehmung. Erst anschließend erfolgt eine Spezifikation der Anwendungen im technischen Sinne. Beispiele sind Börsensysteme, über die Energieversorger oder Telekom-Provider Kilowattstunden oder Bandbreiten handeln. Viele Geschäftsmodelle, die wir in diesem Buch kennen lernen werden, sind andererseits durch technische Entwicklungen inspiriert worden (z.B. Meinungsmärkte, Online-Shops, Mobilfunk-basierte Zahlungsverfahren oder auch die Datenschutzdienste). Aus diesem Potenzial ist zunächst rein betriebswirtschaftlich ein Geschäftsmodell sowie ein Geschäftsplan zu entwickeln, um diesen anschließend wieder gegen die verfügbaren EC-Frameworks zu testen. Aus diesem Wechselspiel zwischen zukünftig erwarteten Basistechnologien, den sich daraus ergebenden Geschäftsmodellen und Softwareinfrastrukturen lassen sich schließlich die EC-Anwendungen der Zukunft ableiten.

Online-Auktionen sind Markt- und Geschäftsmodelle

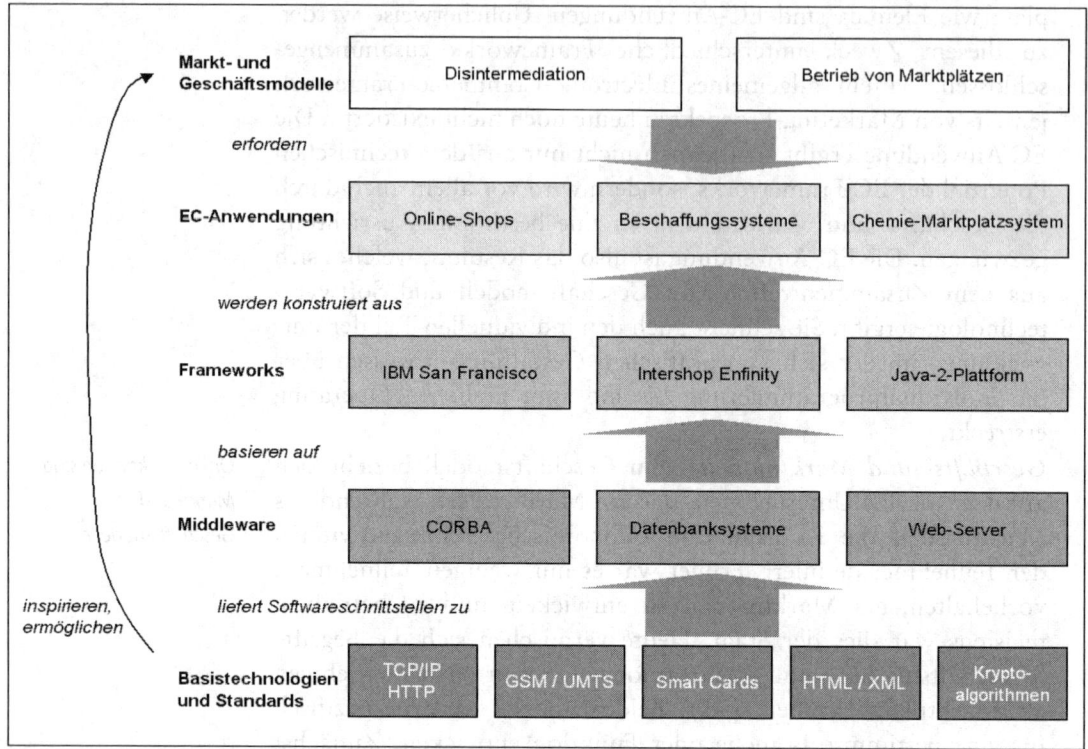

Abb. 3–4
Architekturelle Ebenen
von EC-Systemen

Wenn wir die vier Dimensionen »Rollen«, »Phasen«, »Volumen« und »Ebene« im Kontext analysieren, lassen sich folgende Zusammenhänge ableiten:

- B2C konzentriert sich in der Regel auf kleine Transaktionsvolumen und B2B auf große. Natürlich kann auch ein Auto online bestellt, aber nicht über ein Verfahren bezahlt werden, das über die üblichen Möglichkeiten des Homebanking hinausgeht.
- B2B konzentriert sich eher auf das Verhandeln und Abwickeln, während beim B2C gerade die Informationsphase und der Vertragsschluss mit Bezahlung online unterstützt werden.
- Während früher dedizierte Anwendungen vorherrschten (Online-Shops, Content-Management-Systeme, EDI-Software), die als »Paketlösungen« entwickelt wurden, basieren moderne EC-Anwendungen zunehmend über alle Anwendungsfelder hinweg auf einheitlichen Software-Frameworks wie zum Beispiel die Java-2-Plattform. Der Anteil der Individualprogrammierung schwindet damit zugunsten von Standardschnittstellen und -funktionen.
- Gleichzeitig haben sich Geschäfts- und Marktmodelle über die Zeit verfeinert, so dass die Zahl der individuellen Anwendungen pro-

portional zunahm. Heute gibt es Content-Management-Systeme für Redaktionen großer Verlage, für Wiederverwerter von Informationen, ASP-Lösungen für kleine Unternehmen, Frameworkbasierte, die sich mit anderen Funktionen kombinieren lassen, Unternehmensportale, die Zugang für Mitarbeiter und Geschäftspartner mit individueller Auswahl von Funktionen bieten, Cross-Media-Publishing-Systeme, die neben HTML auch WML oder PDF als Output-Format generieren, usw.

Abb. 3–5
Themenschwerpunkte des Buches

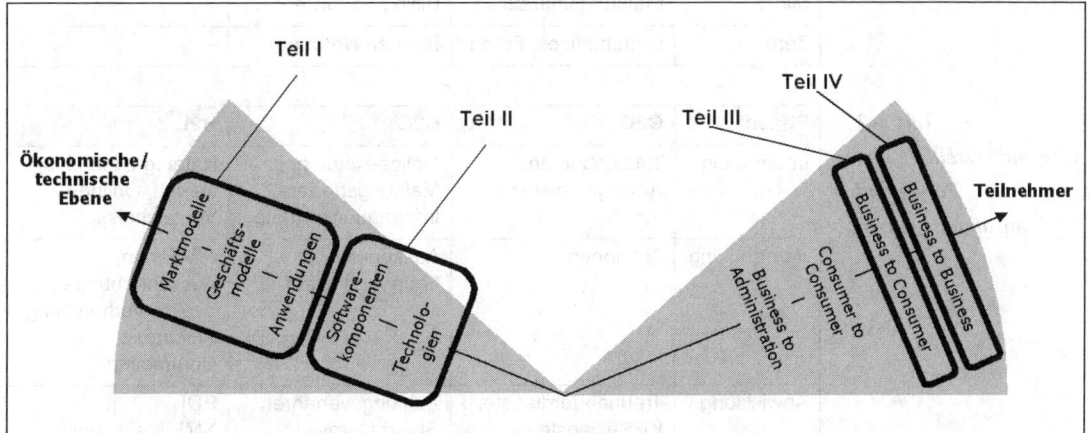

Im Buch behandelte Themen

Aus den Schnittpunkten der zuvor dargestellten Dimensionen ergeben sich diverse Themenschwerpunkte, die in den Hauptkapiteln des Buches erläutert werden sollen. Dies sind im Wesentlichen:

- *Teil I*, der sich mit Markt- und Geschäftsmodellen sowie deren ökonomischen Rahmenbedingungen befasst.
- *Teil II* mit einem breiten Überblick zu technischen Grundlagen. Er deckt vor allem die Bereiche der Sicherheitsinfrastrukturen, der Server-Architekturen sowie XML ab.
- *Teil III* konzentriert sich auf Aspekte des B2C-Commerce. Hier stehen Online-Shops, Zahlungsverfahren, Personalisierung, der Umgang mit Profildaten sowie die Integration von Shops mit Zusatzdiensten im Vordergrund.
- *Teil IV* behandelt diverse Aspekte des B2B-Commerce, also Marktmodelle, Beschaffungskataloge, den elektronischen Datenaustausch auf der Basis von XML, ASP und Prozessportale usw.

Die folgenden Tabellen sollen dabei helfen, diese Themen in die vier Dimensionen einzuordnen:

Tab. 3–1

Gegenüberstellung von Rollen und Transaktionsvolumen

Volumen	C2C	B2C	B2B
Makro	–	–	Ausschreibungs- / Auktionsverfahren, Beschaffung
Medium	Auktionen	Online-Shops, Logistik	Katalogbestellung
Micro	Meinungsmärkte	Billing-Verfahren	–
Zero	Communities, Foren	Banner-Werbung	–

Tab. 3–2

Gegenüberstellung von Rollen und Transaktionsphasen

Phase	C2C	B2C	B2B
Information	Tauschbörsen, Anzeigensysteme	Online-Kataloge, Meinungsportale, Informationsportale	Katalog-Datenaustausch, Online-Verzeichnisse
Verhandlung	Auktionen	Auktionen, Gruppeneinkauf	Auktionen, Ausschreibungen, direkte Verhandlung, Electronic Contracting
Abwicklung	Treuhänderdienste, KEP-Dienste (Kurier-/Express-/Paketdienste)	Zahlungsverfahren, Smart Cards, Lagerung, KEP-Dienste	EDI, XML-Messaging, virtuelle Unternehmen, Supply-Chain-Integration, Kontrakt-Logistik

Tab. 3–3

Gegenüberstellung von Rollen und Ebenen

Ebene	C2C	B2C	B2B
Marktmodell/ Geschäftsmodell	Portale, Marktplätze, Tauschbörsen, Auktionen, Treuhänderdienste	Gruppeneinkauf, Auktionen, Online-Malls	Virtuelle Unternehmen
EC-Anwendungen	Shop-Software, Community-Software, Ad-Server	Shop-Software, Ad-Server	B2B-Marktplätze, Prozessportale, Beschaffungssysteme, ASPs
Frameworks	Application Server, Java-2-Plattform	Application Server, Java-2-Plattform	XML-Messaging, Collaborative Commerce Software, Workflow-Systeme, Application Server, Java-2-Plattform
Basistechnologien	WWW, XML, HTML, UMTS, Smart Cards, Kryptografie, ...		

Der zuletzt gezeigte Zusammenhang zwischen Rollen und Ebenen ist in der Abbildung 3-6 anhand einiger Beispiele verdeutlicht. Hierbei sind oben die Teilnehmer und unten die Betreiber der jeweiligen Märkte aufgezeigt. Auf der Betreiberebene finden sich nicht nur die unmittelbar beteiligten Organisatoren des Marktes, sondern auch Zusatzdienste, die als Zertifizierer, Treuhänder oder Komponentenentwickler beteiligt sind.

Abb. 3–6

Rollen der Beteiligten am E-Commerce

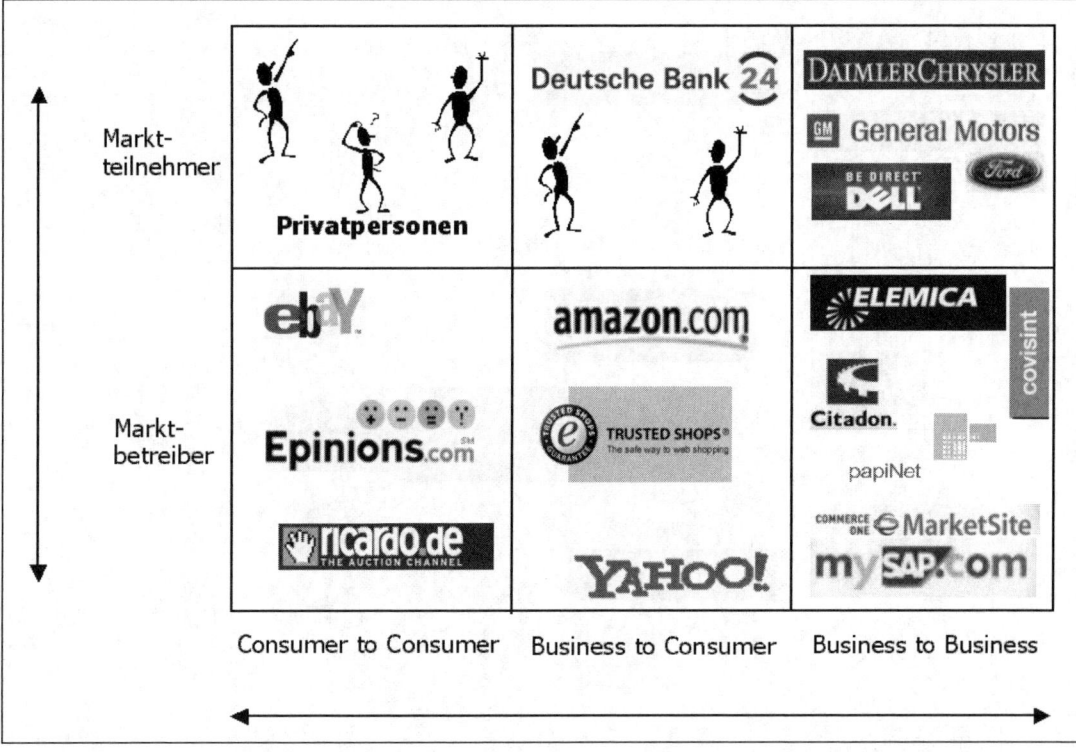

4 Electronic Commerce und die Statistik

Dieses vorab ...

Kein EC-Buch, kein Artikel, kein einschlägiger Vortrag, keine Presse-mitteilung, die nicht die üblichen Wachstumsprognosen und Statistiken zum Thema EC zitiert. Dabei wissen wir alle, dass diese Statistiken nicht nur aufgrund ihrer mangelhaften *empirischen Basis*, sondern auch wegen *diffuser Definitionen und Abgrenzungen* sowie nicht zuletzt wegen der *inhärenten Dynamik* dieses Themas nur ganz allge-meine Aussagen im Sinne von Allgemeinplätzen machen können:

»Ich glaube keiner Statistik, die ich nicht selbst gefälscht habe.« W. Churchill

▦ *Zur empirischen Basis*: Nach einer Studie von Forrester Research aus dem Jahre 2001 werden im Jahre 2004 8,6% aller weltweiten Verkäufe online getätigt. Dabei werden in 12 Ländern 85% des EC-Handels abgewickelt. In Zahlen bedeutet dies, dass in den USA insgesamt 3,2 Billionen USD über das Internet im Jahre 2004 umgesetzt werden, Westeuropa wird dagegen bei 1,5 Billionen USD liegen. Diese Wachstumsprognosen für einen solch »jungen« Markt zu geben, erscheint kühn, andererseits ist durchaus nicht zu bestreiten, dass dieses Volumen erreicht werden kann – es ist nur meist besonders schwierig herauszufinden, welche konkreten EC-Technologien und -Anwendungen einer solchen Prognose zugrunde gelegt werden.

▦ *Zur Definition und Abgrenzung*: Ist es bereits EC, wenn ein Geschäft per E-Mail abgeschlossen wird? Damit wären zum Bei-spiel viele Seminare und Workshops, die ein Dozent per E-Mail organisiert, bereits ein Mosaiksteinchen im EC-Marktvolumen, da sie zumeist per E-Mail vereinbart und abgeschlossen werden. Wie sieht es beim Fax aus? Ein erheblicher Teil aller Handelstransaktio-nen wird per Fax vereinbart. Wenn nun Fax (oder gar Telefonie!) über das Internet abgewickelt wird, ist dies dann EC, bloß weil sich aus einem Telefonat ein Geschäftsabschluss ergibt? Wie sieht es aus

Fällt ein Kauf per E-Mail bereits unter Electronic Commerce?

mit EC über Value-Added Networks? Dieser findet bereits seit einigen Jahren statt (EDI), wird jedoch von einigen Statistiken nicht erfasst. Eine Migration in Richtung Internet hätte somit lediglich Substitutionscharakter. Es hängt also ganz eindeutig von der technologischen Abgrenzung ab, welche Anwendung als EC-relevant hervorgehoben werden kann und welche nicht. Basisdienste und »Enabling Technologies« fallen hier definitiv heraus. Folglich sollten nur Handelstransaktionen berücksichtigt werden, die eindeutig über EC-*Anwendungen* abgewickelt werden.

Zur inhärenten Dynamik: Für das Internet lassen sich nicht immer technische oder ökonomische Pauschalurteile fällen. Noch nie zuvor war wahrscheinlich die Hebelwirkung einer neuen Technologie größer als im Internet. Web-Browser und -Server haben binnen weniger Jahre die Art und Weise, sich zu informieren, zu kaufen und zu kooperieren oder die Freizeit zu verbringen, vollständig verändert. Niemand konnte dies bis zum Jahre 1992, als die ersten Browser im Bereich der Forschung entwickelt wurden, vorhersagen. So erlebte das Internet-Musikformat MP3 einen wahrhaften Siegeszug, laut einer Cahners-Studie werden allein die Verkäufe von MP3-Playern von 126 Millionen Dollar im Jahre 1999 eine Größe von 1,25 Billionen Dollar Ende 2002 erreichen. Ohne das MP3-Format hätte es wiederum eine Erfolgsgeschichte wie Napster nie gegeben. Shawn Fenning programmierte im Januar 1999 Software, die es ihm erlauben sollte, MP3-Clips mit anderen zu tauschen. Die Plattform wurde weltweit so beliebt, dass Bertelsmann im November 2000 mit 50 Mio. USD in das Unternehmen einstieg. Man kann an diesem Beispiel ablesen, wie ein Format eine Software ermöglichte, die wiederum einen völlig neuen Markt eröffnete, der den etablierten Musikmarkt und den Markt der Unterhaltungselektronik verändern wird. Umgekehrt wurde der Push-Technologie etwa im Jahre 1995 eine ähnliche revolutionäre Entwicklung vorhergesagt. Unternehmen wie Marimba oder Pointcast, die ankündigten, Push-orientierte Java-Middleware zu entwickeln, wurden heiß gehandelt. Dennoch besitzen Push-Technologien heute im Vergleich zum »Pull« ein geringeres Volumen. Ähnliches gilt für Technologien wie intelligente oder mobile Agenten: So reizvoll diese Technologie sein mag, das »Marktvolumen« lässt sich auch heute immer noch lediglich in der Zahl akademischer Veröffentlichungen messen. Ganz anders sieht es hingegen z.B. in speziellen Branchen wie dem Internet-Banking aus. Einige Unternehmen entwickelten hier zum richtigen Zeitpunkt die richtige Software für den Markt der Finanzdienstleister, so dass dort binnen weniger Jahre Hunderte

Napster vs. Marimba

europäischer Banken fähig für das Internet-Banking gemacht werden konnten. Ein Wachstum, auf das weniger durch irgendeine Extrapolation historischer Daten geschlossen werden kann, sondern das insbesondere von der geschäftlichen Cleverness und den technischen Finessen einiger Produktinnovationen abhängt. Hätte man das Wachstum im Bereich der PDAs bis 1997 aus dem des Apple Newton hochgerechnet, würde man sicherlich für das Jahr 2005 auf ein anderes Volumen schließen als zum heutigen Zeitpunkt, zu dem sich durch neue Produkte (Palm Pilot, Windows CE, Nokia Communicator, Satellitennavigation etc.) die Perspektiven drastisch geändert haben.

Wie wird sich z.B. der Markt für PDAs entwickeln?

Wachstum erfolgt heute also nicht nur quantitativ, sondern vor allem auch qualitativ. Anstatt das Volumen *eines* Marktes zu messen (und dabei eventuelle Nachbar- oder Offspring-Märkte aus den Augen zu verlieren), gilt es heute eher, die »Geburtenrate« zukünftiger, neuer Märkte zu schätzen. Da dies von Faktoren wie politischer Regulation, ökonomischen Rahmenbedingungen, wie z.B. Netzzugangskosten, der Ausbildung und Risikobereitschaft einer Gesellschaft und letztlich von der Entwicklung der technologischen Infrastruktur abhängt, ist heute entweder auf der Makroebene nur eine aggregierte Grobschätzung zulässig oder auf der Mikroebene das Kreieren eines Marktes, dessen Volumen der Statistiker oder Analyst erst ein Jahr später präzise messen kann.

Dazu noch ein Beispiel: Im März 1996 diskutierte ich mit dem IT-Leiter eines größeren deutschen Verlagshauses, wann sich elektronisches Geld in Deutschland durchsetzen würde. Er ging von sechs Monaten aus, da sich einige Unternehmen bereits dieser Sache angenommen hatten (damals befand sich die Deutsche Bank bereits mitten in der Vorbereitung ihres eCash-Feldtests). Dem war zu entgegnen, dass eCash 1996 technologisch bereits seit vielen Jahren im Internet erprobt wurde und dass das eigentliche Problem daher in der organisatorischen Umsetzung läge. Heute wissen wir, dass trotz der internationalen Begeisterung für eCash seitens der Verbraucher, einiger Banken sowie sogar der Notenbanken (die es zumindest nicht grundsätzlich ablehnen) dieses Verfahren erfolglos blieb.

Und jetzt ein Beispiel, das aus heutiger Sicht einen ähnlich unwägbaren Ausgang nehmen kann: Das Beraterhaus Yankee-Group hat eine Prognose für das Jahr 2001 im Dezember 2000 veröffentlicht, demnach werden nur 10% aller US-amerikanischen WAP-Handybesitzer Wap-Dienste nutzen. Und dies, nachdem WAP als erstes Konvergenz-Produkt gefeiert wurde und man ihm eine große Zukunft prophezeite. Wahrscheinlich werden sie aber Recht behalten, WAP wird auch nach 18

Die Zukunft der Geldkarte liegt irgendwo zwischen »Killer-Anwendung« und »Ladenhüter«

Wird UMTS ein zweites
WAP oder wie GSM?

Monaten immer noch nur marginal genutzt. Nun wurden die UMTS-Lizenzen für 50 Mrd. Euro allein in Deutschland versteigert. Jetzt die Frage an den Marktforscher: Entspricht die Entwicklung der UMTS-Dienste eher der Entwicklung der WAP-Dienste oder der des WWW? Wird dieser Markt explodieren und neue Add-on-Produkte generieren? Oder wird man feststellen, dass sich das Business-Modell »UMTS« eigentlich gar nicht rechnet, weil es für irgend jemanden der Beteiligten zu teuer sein könnte? Dieser Markt steht und fällt insgesamt mit der Cleverness derer, die ihn heute vorbereiten, derer, die ihn regulieren, und dem langen Atem derer, die die Anfangsinvestitionen zu tragen haben. Anerkennung gilt dem Analysten, der diese unwägbaren Faktoren kennt, sie richtig gewichtet und dann auch noch korrekt extrapoliert.

Dies also vorab. Wenden wir uns nun dem Zahlenmaterial zu. Aufgrund der Streuung der Prognosen möge der Leser folglich immer die Möglichkeit einer teilweise drastischen Abweichung von der tatsächlichen Entwicklung im Hinterkopf behalten ...

4.1 Demographisches aus der Internet-Gemeinde

Der Ausgangspunkt vieler Prognosen ist die Schätzung des Marktvolumens, der möglichen Marktdurchdringung für ein zu entwickelndes Produkt sowie einiger weiterer Randbedingungen, die bei Fehleinschätzung das geplante EC-Vorhaben wie ein Kartenhaus zusammenbrechen lassen können.

Wer ist überhaupt online?

Der Ausgangspunkt der Analyse sollte dabei die Klärung des »Wer« sein – mit wem hat man es auf der Käuferseite oder hinsichtlich der Geschäftspartner zu tun. Diese Frage lässt sich demographisch, geographisch, technologisch und nach Branchen weiter untergliedern. Nach diesem Muster soll auch das im Folgenden dargestellte Zahlenmaterial verstanden werden. Daher wenden wir uns zunächst der Internet-Demographie zu:

In Asien und Europa
wächst die Online-
Gemeinde am schnellsten

Am Ende des Jahres 2000 waren laut NUA Internet Surveys weltweit 407,1 Millionen Menschen online. Dabei ist der Anteil der weltweiten Internet-Gemeinde sehr unterschiedlich verteilt. In Afrika sind insgesamt 3,11 Mio. mit dem Internet verbunden und davon allein 1,8 Mio. in Südafrika. 2,4 Mio. User sind im Mittleren Osten online, wobei Israel allein 1 Mio. User aufweist. In Lateinamerika sind es 16,45 Mio. User, wobei Brasilien mit 9,84 Mio. die größte Gemeinde stellt. Der asiatisch-pazifische Raum weist 104,88 Millionen User auf, wobei Japan 38,64 Mio. User verzeichnet, das sind dort 30% der Bevölkerung. Die zweitgrößte Internet-Region bildet Europa mit 113,14 Mio., 20,1 Mio. davon in Deutschland, das entspricht 24,28% der Bevölkerung. In Europa befindet sich auch das Land mit der größten Durchdringung, nämlich Schweden, dort sind 56,6% der gesamten Bevölkerung online. Die mit Abstand größte Gruppe der Online-Nutzer befindet sich in Nordamerika mit insgesamt 167,12 Mio. Nutzern, neben den 13,3 Mio. in Kanada gibt es 153,84 Mio. in den USA, das sind 55,8% der US-Bevölkerung.

Eine Studie von Angus Reid aus dem Jahr 2000 prognostiziert für das Jahr 2003 502 Millionen und im Jahr 2005 1 Milliarde Online-User.

Einer Forsa-Studie vom Februar 2001 zufolge sind 22,3 Millionen Deutsche online und bis zum Ende 2001 gehen weitere 5 Millionen online.

Rang	Land	Internet-Benutzer (in Millionen)	% der Bevölkerung	Land	Rang
1	USA	153,8	56,36	Schweden	1
2	Japan	38,6	55,83	USA	2
3	Deutschland	20,1	52,6	Norwegen	3
4	Groß-britannien	19,9	52,11	Island	4
5	China	16,9	48,69	Hongkong	5
6	Südkorea	16,4	48,37	Dänemark	6
7	Italien	13,4	45,82	Niederlande	7
8	Kanada	13,3	44,58	Singapur	8
9	Brasilien	9,84	43,94	Australien	9
10	Russland	9,2	43,93	Finnland	10
11	Frankreich	9,0	42,8	Kanada	11
12	Australien	8,4	39,03	Neuseeland	12
13	Niederlande	7,3	36,9	Österreich	13
14	Spanien	5,5	34,55	Südkorea	14
15	Schweden	5,0	33,58	Groß-britannien	15
Top-15-Staaten		346,64	45,27		Top-15-Staaten
Europa		113,14	17,53		Europa
Welt-weit		407,1	6,71		Welt-weit

Tab. 4–1
Die 15 Länder mit der höchsten Internet-Benutzerzahl und Durchdringung Ende 2000

Quelle: NUA Internet Surveys Jan 01

Europa und Deutschland

Aktuelle Informationen zur Internet-Host- und DNS-Domänenstatistik finden sich beim RIPE Network Coordination Centre (*www.ripe.net*). RIPE ist die RIR (Regional Internet Registry) für Europa und benachbarte Regionen. Dabei werden Internet-Statistiken, die LIRs (Local Internet Registry), der einzelnen Länder aggregiert. Hier finden sich die Rohdaten für Statistiken über die Anzahl von Internet-Domänen, die durchschnittliche Größe über das Web abgerufener Dateien, die Verteilung des Internet-Verkehrs pro Tag, Woche und Monat – und dies tagesaktuell.

Laut der ARD/ZDF-Online-Studie 2000 betrug die Zuwachsrate der Online-Nutzer von 1997 auf 1998 61%, von 1998 auf 1999 70% und von 1999 auf 2000 63%. Diejenigen Nutzer, die nur vom Arbeitsplatz, von der Schule oder Uni Zugang haben, sank von 59% im Jahr 1997 auf 22% im Jahre 2000, gleichzeitig wuchs der Anteil derjenigen, die nur von zu Hause aus Zugang haben, von 27% auf 43%. Die Zahl derjenigen, die sowohl als auch online gehen konnten, hat sich mehr als verdoppelt – im Jahre 1997 waren es 14%, im Jahre 2000 bereits 33%, d.h., über ein Drittel der deutschen Nutzer könnten theoretisch jederzeit ins Internet.

Tab. 4–2
Entwicklung der Nutzerzahlen in Deutschland

Quelle: NUA Internet Surveys Jan 01

Jahr	Nutzer (in Millionen)	In % der Bevölkerung
Sept. 97	4	4,7
März 98	6,1	7,3
Okt. 98	7,3	8,7
März 99	8,4	10
Sept. 99	9,9	12,06
März 00	15,9	19,37
Aug. 00	18	21,74
Nov. 00	20,1	24,28

Während die Studie EITO 1999 die Nutzerzahl in Deutschland im Jahre 2001 bei 16,3 Mio. prognostizierte, ermittelte @facts im November 2000 bereits 20,1 Mio und Reuters im Juli 2001 27,6 Millionen. Die höchsten Zuwachsraten gehen von den Frauen und den älteren Bevölkerungsgruppen aus. Die ARD/ZDF-Studie kommt zum gleichen Ergebnis: Frauen machen damit 39 Prozent der Online-Nutzer aus. Bei den Über-50-Jährigen hat sich die Zahl der Internet-Anwender um mehr als den Faktor 8 vervielfacht.

40% aller Internet-Nutzer sind bald Frauen

Nach einer Studie der MMXI Europe (2000) schwankt der Frauen-anteil bei den Internet-Nutzern innerhalb Europas, so liegt der Anteil in Spanien bei 29%, während er in Schweden bei 44 % liegt. In einer gemeinsamen Studie vom August des Jahres 2000 von MediaMetrix und Jupiter Communications wurde konstatiert, dass bereits 50,4% aller US-Web-User weiblich sind.

Die 11. Studie des Marktforschungsunternehmens W3B (2000), in der insgesamt 69.655 europäische Nutzer Ende 2000 befragt wurden, stellte folgende Altersverteilung unter den Usern fest: 13,9% sind 50 oder älter, 20% sind zwischen 40 und 49, 31,9% zwischen 30 und 39, 28,1% zwischen 20 und 29 und 5,9% sind 19 Jahre oder jünger. Dies zeigt, dass das Internet mittlerweile in allen Altergruppen genutzt wird. Nielsen-NetRating hat im November 2000 folgendes Verhalten des deutschen Durchschnittsbenutzers festgestellt: Online-Sitzung pro Monat: 16; besuchte Sites pro Monat: 25; Online-Zeit pro Monat: 8,05 Stunden; Online-Zeit pro Sitzung: 30,01 Min.; Zeit pro HTML-Seite: 0,37 Min.; Besuchsdauer einer Site: 19,19 Min.

Bildungsstand

Hier die wichtigsten demographischen Daten der deutschen Internet-Gemeinde aus dem Jahr 2000: Nach ARD/ZDF-Studie besitzen 79,2% aller Internet-Nutzer das Abitur. Nach derselben Studie befindet sich die größte Gruppe der Internet-User mit 58,5% in der beruflichen Aus-bildung, 38,4% sind berufstätig und 6,8% sind Rentner oder nicht berufstätig. Nach Ausbildung verteilt sich die Nutzergemeinde folgen-dermaßen:

Knapp 2/3 aller deutschen Netizens sind Abiturienten

Höchster absolvierter Berufsabschluss	Anteil in Prozent
Keiner	16,0
Lehre / Ausbildung	33,3
Berufsakademie	6,0
Fachhochschulabschluss	14,6
Universitätsabschluss	19,2
Promotion	4,3
Sonstiges	6,5

Tab. 4–3
Im Internet vertretene Berufsgruppen in Deutschland

Quelle:
W3B, 10. Umfrage 2000

Ein etwas anderes Bild ergibt sich für den Bildungsstand der europäi-schen Internet-Nutzer, die im Rahmen der W3B-Studie befragt wur-den. Das Abitur oder einen vergleichbaren Schulabschluss besitzen in den Niederlanden, der Schweiz, Dänemark und Österreich jeweils nur

In Europa divergiert der Bildungsstand drastisch

etwa 47 bis 58 Prozent. Im Mittelfeld liegen Belgien, Luxemburg und Norwegen, bei denen zwischen 63 und 65 Prozent einen dem Abitur vergleichbaren Abschluss besitzen. In Deutschland, Großbritannien/Irland, Schweden und Italien liegt der Anteil bei 71 bis 83 Prozent. Die französischen Web-Nutzer haben mit 94 Prozent den höchsten Bildungsstand. Hierzulande beträgt der Anteil der Studenten 20 Prozent – dies ist der höchste in Europa, gefolgt von Österreich mit 18 Prozent. Ein Grund für den hohen französischen Anteil kann in der immer noch vorherrschenden Nutzung des Minitel-Systems liegen, das alle wesentlichen Informations- und Transaktionsangebote umfasst. Nur wer aus beruflichen oder privaten Gründen international kommuniziert, müsste das vergleichsweise weniger populäre Internet verwenden.

Internet-Zugang

Tab. 4–4
Die wichtigsten Internet-Zugänge nach der 11. W3B-Umfrage 2000 (Mehrfachnennungen möglich)

Prozent	Internet-Zugänge
56,2	Online-Dienst (AOL, T-Online etc.)
36,1	Arbeitgeber, (eigene) Firma
25,6	Internet by Call
17,2	Internet-Anbieter
15,4	Schule/Universität
15,4	Internet-Pauschaltarif (Flatrate)
5,7	Internet-Zugang Freunde/Bekannte
5,7	Internet-Zugang Familie/Verwandte
5,7	Internet-Cafe
3,5	sonstige

Jeder Zweite loggt sich über einen Online-Dienst ein

Nach der W3B-Studie wählen sich mehr als die Hälfte aller User über einen privat abonnierten Online-Dienst ein. 1999 lag dieser Wert noch bei 47,6%. Die reinen Internet-Anbieter (ISP) verloren deutlich an Marktanteil (1999: 25,3%). Daraus ist zu schließen, dass neue User Online-Dienste den Internet-Anbietern vorziehen und erfahrene User auf Flatrate-Dienste umgestiegen sind. Der Stellenwert der Schulen und Universitäten als Zugangsmöglichkeit nimmt ab (1999 bei 16,4%), wahrscheinlich ist diese Tendenz ebenfalls den Flatrates zuzuschreiben und den gesunkenen Gebühren für die Telefon-Einheiten. Durch die gewachsene Zahl der privaten Zugänge haben die Arbeitgeber und Firmen an Bedeutung verloren, 1999 loggten sich noch 41,1% ausschließlich an ihrem Arbeitsplatz ein.

Nutzungsstatistik auf Anwendungsebene

Eine jährliche Erhebung der Burda Medienforschung (*www.tdwi.com*) lässt auch einen Schluss auf die Nutzung von Online-Angeboten zu. Grundlage dieser Statistik sind alle Internet-Nutzer, die mindestens einen Online-Dienst mit Internet-Zugang verwenden – also etwa 4,7% der von dieser Studie erfassten deutschen Wohnbevölkerung über 14 Jahre.

Prozent	Nutzung
72,8	E-Mails versenden
52,8	Informations-Recherchen, Suchmaschinen
45,7	Online-Banking, Internet-Banking
37,2	Aktuelle Wirtschaftsinformationen, Börseninformationen
37,2	Fahrplan oder Flugplanauskunft
33,6	Produkt- bzw. Dienstleistungsangebote von Firmen
33,5	Online-Shopping, (ein)kaufen
32,9	Shareware, Software auf PC laden, Updates
32,3	Nachrichten aus der Politik
23,8	Veranstaltungskalender für Theater, Kino etc.
23,6	Lokales/Nachrichten aus der Region
23,4	Sportnachrichten
21,5	Mit anderen unterhalten, Newsgroups
19,7	Unterhaltungsangebote
19,3	Jobsuche, Stellen- oder Wohnungsmarkt, Kfz-Markt
12,5	Online spielen mit anderen Nutzern
9,5	Erotikangebote

Tab. 4–5

Nutzung der Online-Angebote in Deutschland (in Prozent, Mehrfachnennungen möglich)

Quelle: Burda Medienforschung 2001

Electronic Commerce im Konvergenzbereich

Wie in Kapitel 9 dargestellt, ist zu erwarten, dass im gesamten Mediensektor die heutige Isolation zwischen Fernsehen, Telefonie und Datennetzen verwischt. Damit werden wesentliche der in Abbildung 4-1 illustrierten Teilmärkte, deren Gesamtvolumen in Europa bei 923 Milliarden Euro im Jahre 1997 lag, langfristig verschmelzen. Die meisten der heute erbrachten Dienstleistungen und Produkte im Media/IT-Bereich sind dann über ein einheitliches, integriertes Medium handelbar. Im Einzelnen sind dies:

- *Office*: Schreibmaschinen, Taschenrechner, Kopierer und andere Geräte.

■ *Unterhaltungselektronik*: Fernsehgeräte, Videorecorder, Radios, Kassettenrecorder, Uhren etc.

■ *Media & Publishing*: Filme, TV-Programme, Videos, CDs, Schallplatten und Bänder.

■ *Computersysteme und Dienstleistungen*: Hardware, Standardsoftware, Dienstleistungen.

■ *Marketing und Werbung*: Online-Datenbanken, Online-Shops, Bestellkataloge, Werbung, Direktmarketing, andere geschäftliche Dienstleistungen.

■ *Distribution*: Rundfunk, Telex/Fax, Post, Paketversand, Kurierdienste.

■ *Telekommunikation*: Telefonnetze, Datennetze, Kundengeräte, Dienstleistungsausrüstung, Installation & Wartung.

Die unterschiedliche Dichte der Verbreitung von Kommunikationstechnik in Europa wird eine Auswirkung auf die weitere Entwicklung der technischen Online-Zugänge mit sich bringen. Die skandinavischen Länder haben beispielsweise sowohl eine hohe PC- als auch Mobilfunk-Dichte, dieser Markt ist daher sehr Konvergenz-affin. Spanien und Frankreich, die eine eher geringe PC und Mobilfunk-Dichte haben, sind wiederum sehr IDTV-affin (Interactive Digital TV). Die folgende Abbildung macht das deutlich:

Abb. 4–1

Gruppierung europäischer Länder nach Mobilfunk- und Online-Affinität

Quelle:
CIA, Nokia, Jupiter Communication & Roland Berger

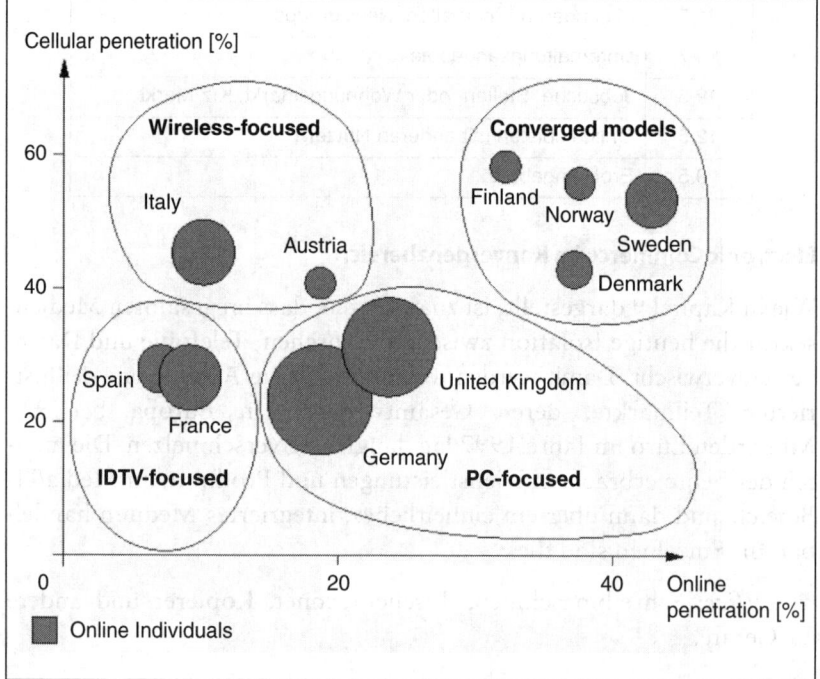

Die internationalen Internet-Zugangswünsche der Online-Konsumenten hat IDC in einem ePanel im Jahre 2000 abgefragt, so haben momentan 8% einen Zugang via Handy – gewünscht wird dieser Weg von 41%; über TV haben 3% Zugang – gewünscht wird es von 41% der Online-Konsumenten.

Basierend auf einer Untersuchung von A. T. Kearney aus dem Jahre 2000 lassen sich folgende Zugangsalternativen und die jeweiligen Benutzerpräferenzen ablesen:

Zugang heute in Prozent	Land	Gewünschter Zugang in Prozent
5	Großbritannien	49
2	USA	42
5	Frankreich	19
3	Deutschland	44
1	Schweden	63
0	Japan	22

Tab. 4–6

Internet-Zugang via TV

Zugang heute in Prozent	Land	Gewünschter Zugang in Prozent
4	Großbritannien	37
4	USA	35
5	Frankreich	31
10	Deutschland	21
4	Schweden	60
22	Japan	43

Tab. 4–7

Internet-Zugang via Handy

Zugang heute in Prozent	Land	Gewünschter Zugang in Prozent
1	Großbritannien	20
1	USA	31
4	Frankreich	16
6	Deutschland	8
2	Schweden	38
4	Japan	20

Tab. 4–8

Internet-Zugang via PDA

4.2 Statistiken zum Electronic Commerce

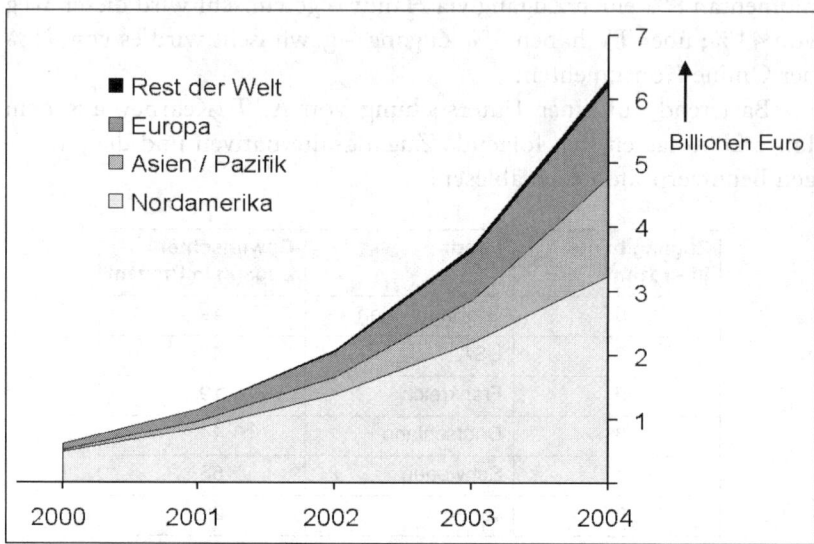

Abb. 4–2
Entwicklung des weltweiten Online-Handels nach Forrester Research (2001)

Die Jungen gehen surfen, die Älteren einkaufen ...

Electronic Commerce findet bereits heute mit großem Volumen statt und wächst weiter rapide. Abgesehen von einigen typischen Branchen, die frühzeitig das Internet nutzten (Buchhandel, Reisebuchungen, CDs, Computer), befindet sich die heutige Internet-Ökonomie mitten im Wandel von der reinen Marketing-Nutzung hin zum Verkaufen. Das Online-Verkaufen wird von allen Akteuren mit großem Rationalisierungspotenzial nach wie vor sehr positiv eingeschätzt.

Für das Jahr 2001 erwartet Deloitte Research einen weltweiten E-Commerce Umsatz von 717 Milliarden Dollar und für 2002 ein weltweites Volumen von 1,3 Billionen Dollar. Für Europa sind folgende Zahlen von Deloitte prognostiziert.

Tab. 4–9
Umsätze in Europa in Milliarden Euro

Jahr	E-Commerce Umsatz total	Umsatz B2B	Umsatz B2C
2000	83	74	9
2001	186	164	22
2002	412	357	55
2003	850	727	123
2004	1550	1318	232

Land	Umsatz in Milliarden Euro
Spanien	48
Schweden	65
Schweiz	65
Niederlande	101
Italien	147
Frankreich	206
Großbritannien	282
Deutschland	406

Tab. 4–10
EC-Umsätze nach ausgewählten Ländern in 2004 (B2C und B2B), nach Forrester Research

Das Shopping-Verhalten

Der Online-Einzelhandel wird in Europa bis zum Jahr 2006 auf ein Volumen von 152 Milliarden Euro anwachsen, so eine Forrester-Studie vom Juli 2001. Forrester erwartet ein Wachstum der potenziellen Bruttogewinne von 3,9 Milliarden Euro im Jahr 2001 auf 35 Milliarden Euro in 2006. Daraus ergibt sich ein kumulierter Bruttogewinn bis zum Jahr 2006 von insgesamt 103 Milliarden Euro. Ein Vergleich der europäischen Länder zeigt, dass das Nord-Süd-Gefälle auch beim B2C-Commerce weiterhin erhalten bleibt. Während der Online-Umsatz in der Schweiz, Deutschland, Großbritannien und Skandinavien im Jahr 2006 mehr als 8 Prozent des Einzelhandelsumsatzes im jeweiligen Land ausmacht, liegt der über das Internet erzielte Umsatz in Österreich, Frankreich, Irland, Finnland und den Beneluxländern nur zwischen 4 und 8 Prozent. Verbraucher im Süden Europas zeigen sich noch zurückhaltender im Online-Shopping, so dass jeweils weniger als 4 Prozent der Einzelhandelsumsätze im Jahr 2006 in Portugal, Spanien, Italien und Griechenland online erzielt würden.

Steigende Gewinne aus dem Online-Handel

ActivMedia erwartete für das Jahr 2000 einen B2C-Umsatz von 56 Milliarden USD, was ein Wachstum gegenüber 1999 von 103% bedeutet. Für das Jahr 2010 prognostiziert ActivMedia Research einen Umsatz von 1,1 Billionen USD weltweit für den B2C-Markt. Jupiter Research gibt für den B2C-Bereich in Europa für das Jahr 2003 einen Umsatz von 19,7 Milliarden USD und für Deutschland 7,3 Milliarden USD an. Laut Jupiter werden im Jahre 2003 die drei führenden Warengruppen Reisen (2,7 Mrd. USD), Bücher (1,2 Mrd. USD) und PC-Hardware (1,1 Mrd. USD) sein.

Dass sich diese Zahlen in der realen Geschäftswelt niederschlagen, verdeutlicht das folgende Zitat von Golem Network News Anfang 2001: »Im vergangenen Jahr gingen bei der Quelle AG Online-Bestellungen im Wert von 330 Millionen Euro ein und somit 80 Millionen Euro mehr als ursprünglich geplant. Damit erwirtschaftet Quelle, eine Tochter der KarstadtQuelle AG, inzwischen nahezu jede 10. Umsatzmark, genauer gesagt neun Prozent des reinen Versandumsatzes online.« Laut Nielsen NetRatings besuchten 51% aller Deutschen mit Internet-Anschluss im Dezember 2000 mindestens ein E-Commerce-Angebot.

Höchste Umsätze zu
Weihnachten ...

Im Weihnachtsgeschäft 2000 gaben die US-Amerikaner nach einer Studie von Alexa Research 50% mehr im Internet aus als im Jahre zuvor. Im vierten Quartal des Jahres 2000 hatten die Top-30-US-E-Commerce-Sites 18,5 Milliarden Page-Impressions, wobei eBay und Amazon zusammen einen Anteil von 61% daran hatten.

... aber auch die meisten
Retouren

Allerdings sollte man bei B2C-Marktzahlen immer vorsichtig sein, so hat die Yankee-Group festgestellt, dass im Weihnachtsgeschäft 2000 Waren im Wert von einer Milliarden USD an die Online-Händler retourniert wurden, die Yankee Group nimmt an, dass diese hohe Zahl u.a. durch die parallele Bestellung bei mehreren Shops entstanden ist.

Profitabilität von Online-Shops

Bereits in einer Studie der Giga-Group vom 4. Januar 1999 wurde die Aussage getroffen, dass nur 5% aller Online-Unternehmen profitabel seien (*www.gigaweb.com*). Im Jahre 2000 bewahrheitete sich dieses auf dramatische Weise: Schließlich wurden viele große E-Commerce-Vorhaben aufgegeben: boo.com und ToySmart im Mai, petstore.com im Juni, living.com im August, pop.com (das nicht mal seinen Launch erlebte) im September, eve.com im Oktober und pets.com, motherna-ture.com und garden.com im November. In der sechswöchigen Phase zwischen Oktober und November 2000 wurde nahezu täglich ein Dot-com geschlossen (E-Commerce Times 2000). Laut einer Studie von Webmergers.com wurden von den Dotcoms im Jahre 2000 in den USA mehr als 1,5 Mrd. Euro Kapital vernichtet und etwa 15.000 Menschen arbeitslos (davon wiederum profitierten die Jobsites, deren Verkehr von Dezember 2000 auf Januar 2001, Alexa Research zufolge, um 47,7% anstieg, und monster.com alleine 615 Mio. Page-Impressions im Januar 2001 verzeichnete).

32,4 % der Online-Zeit
über AOL

Auf der anderen Seite erreicht Yahoo pro Monat 165 Millionen Menschen und AOL wuchs von einem ISP zu einer Größe heran, dass es Time Warner erwerben konnte, mit allem was dazu gehört von Bugs Bunny bis CNN (New York Times 2000). Einer Studie des Marktfor-schungsunternehmens Jupiter Media Metrix zufolge wurden im Januar 2001 32,4% aller US-amerikanischen Online-Minuten über AOL versurft – Tendenz steigend.

Der eigentliche Vorteil der Web-Präsenz wird nach wie vor zunächst in der Optimierung der Kundenbeziehung liegen. Allerdings ist EC auch auf der Kundenseite nicht immer erfolgreich: Zona Research zufolge scheitert ein Drittel aller potenziellen Kunden beim Versuch, Waren online zu bestellen. 62 Prozent gaben an, mindestens einmal bei der Suche nach einem Produkt aufgegeben zu haben. Laut A. T. Kearny lag 2000 die Prozentzahl der gescheiterten Versuche bei 82%, die Gründe für den Abbruch einer E-Commerce-Transaktion sind folgende:

Prozent des Abbruchs	Grund des Abbruchs
52	Zu viele Informationen müssen eingegeben werden
46	Detaillierte Informationen zur Kreditkarte wurden verlangt
42	Nichtfunktionieren der Webseite
40	Das Produkt konnte nicht gefunden werden
24	Das Produkt konnte nicht spezifiziert werden
16	Ein Telefongespräch musste getätigt werden
16	Konditionen der Rückgabe waren nicht akzeptabel

Tab. 4–11
Ursachen für den Abbruch eines Online-Kaufvorgangs (Mehrfachnennungen möglich)

»Electronic commerce will play an increasing role in business, but even the best-known startups aren't profitable yet and only a few Fortune 100 companies have profitable Internet commerce operations,« heißt es seitens der Giga-Group. Erst wenn Markenartikler beginnen, einen signifikanten Teil ihres Vertriebs auf das Internet umzustellen, wird Electronic Commerce mit dem »Classic Commerce« konkurrieren können. In der Zwischenzeit wird es nur eher kleinen und flexiblen Frühadoptern gelingen, mit Hilfe neuester Technologie profitabel im Netz zu verkaufen. Nur durch das Besetzen neuer Marktplätze können Einsteiger dann erreichen, rentabel zu wirtschaften.

Kaum ein Online-Shop ist heute profitabel

Ein Indiz dafür, dass sich der E-Commerce-Markt den Gegebenheiten der normalen Geschäftstätigkeit angleichen muss, wird deutlich an den zwei diametralen Online-Seiten einer Branche. Sowohl der extrem artifizielle Shop boo.com als auch die etablierte Brick&Mortar-Marke cunda.de schlossen im zweiten Halbjahr 2000 ihre Online-Pforten, wegen mangelnder Rentabilität.

In der sechsten Untersuchungswelle 2000 der GfK wurden auch die Online-Kaufpräferenzen der deutschen User abgefragt.

Tab. 4–12
Online-Kaufpräferenzen
der Konsumenten

Dienstleistung	Nutzung/ Kauf durch die Kunden
Eintrittskarten	19%
Hotelbuchung	16%
Reisebuchung	15%
Wertpapier-Verkauf	15%
Online-Auktionen	14%
Produkte	
Bücher	41%
CDs	26%
Software	21%
Hardware	18%
Kleidung, Schuhe	18%

Aufteilung des B2B-Kuchens

Zukünftige Umsätze im B2B-Segment werden sehr unterschiedlich eingeschätzt: AMR Research sieht im Jahr 2002 die Billionen-Dollar-Grenze erreicht. Die Gartner Group prognostiziert für 2002 bereits einen Umsatz von 2,2 Billionen USD. IDC kann für 2002 lediglich 800 Milliarden USD vorhersagen. Diese Unterschiede rühren daher, dass zum einen die Definition von B2B unterschiedlich ist und zum anderen die Höhe des Umsatzes davon abhängig ist, ob Unternehmen, Konzerne oder gar ganze Branchen ihre Transaktionen ins Internet verlegen. Wie stark das Wachstum des B2B-Segments eingeschätzt wird, verdeutlicht eine Prognose des B2C-Marktes. Für das B2C-Segment prognostizierte IDC im Jahre 2000 einen Anteil von 22 Prozent am gesamten E-Commerce-Markt und dieser sinkt bis 2004 auf 12.

Reisen und Versicherungen werden zum Renner

Der Bereich des B2B-Commerce wird unterschiedliche Wachstumsraten auf verschiedenen Märkten aufweisen. Das Marktforschungsinstitut IDC prognostizierte, dass der Großteil (52,4%) des B2B-Umsatzes im Jahre 2000 über Vertriebsseiten der Lieferanten erzielt wurde, während die Procurement-Seiten 40,1% des Umsatzes ausmachten. Die Marktplätze nahmen nur einen Anteil von 7,5% ein.

Im Jahre 2004 wird das Segment der Vertriebsseiten auf eine Größe von 21,4% abschmelzen, während Procurement-Umsätze auf 23,6% anwachsen. Den Löwenanteil an den B2B-Umsätzen sollen jedoch die Marktplätze ausmachen und 56% des Gesamtvolumens erreichen.

Jupiter Media Metrix schätzt den europäischen B2B-Markt im Jahre 2004 auf ein Volumen von 1,8 Billionen Euro. Marktplätze mit guten Überlebenschancen sind: Acequote (Material für kleine und

mittlere Unternehmen), Band-X (Telekom- und Internet-Kapazitäten),
Build Online (Bauindustrie), eumediX (medical supply), eu-sup-
ply.com (Bauindustrie), Goodex (Industrieausstattungen), Ingredients-
Net.com (Handel mit Catering-Gütern), mondus (Material für kleine
und mittlere Unternehmen), PEFA.com (Fischhandel) and Phonetrade
(Mobiltelefone).

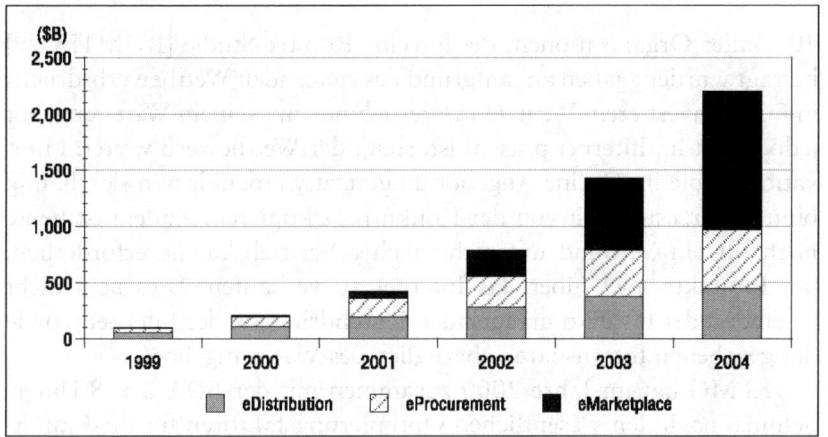

Abb. 4–3
*Entwicklung des
weltweiten Umsatzes im
B2B-Bereich in Billionen
Dollar*

*Quelle:
IDC, 2000*

Berlecon Research gab im Jahr 2000 für das Wachstum im B2B-Seg-
ment in Deutschland eine optimistische und eine konservative Schätzung ab: Im Jahre 2004 wird demnach das deutsche Handelsvolumen
des B2B-E-Commerce nach konservativer Einschätzung 240 Milliarden Euro und nach optimistischer Schätzung 350 Milliarden Euro ausmachen. Die wichtigsten weltweiten B2B-Marktplatzbranchen sind
laut Berlecon Research 2000:

B2B-Volumen

Anzahl der Marktplätze	Branchen
96	Allgemeine Beschaffung
66	Land- und Forstwirtschaft, Fischerei, Blumen
63	Logistik
62	Medizinischer Bedarf, Gesundheitswesen
62	Elektronik, Elektrik, Ausrüstung, Komponenten
61	Lebens- und Genussmittel
53	Groß- und Einzelhandel, Import und Export
47	Bau
45	Produzierende und verarbeitende Anlagen, Komponenten
40	Finanz- und Versicherungsdienstleistungen

Tab. 4–13
*Anzahl der Marktplätze im
Jahre 2002*

Anzahl der Marktplätze	Branchen
36	Überschuss, Ausschuss, Liquidation
30	Energie, Kohle, Gas, Öl
30	Büroausstattung, C- bzw. MRO-Artikel, Nebenbedarf
29	Chemie

Online-Angebote sind mit Risiken behaftet

40% aller Organisationen, die für eine Romtec-Studie [ROMTEC99] befragt wurden, gaben an, aufgrund des steigenden Wettbewerbsdrucks in EC zu investieren. Wenn ein Unternehmen mit seinem Warenangebot jedoch erst im Internet präsent ist, steigt der Wettbewerb weiter: Innovationen, die im Online-Angebot umgesetzt werden, lassen sich häufig binnen kürzester Zeit von der Konkurrenz kopieren. Zudem ist heute noch oft ein Verbund unterschiedlicher Vertriebskanäle erforderlich, um Produkte auch über das Internet zu verkaufen. Dies liegt nicht zuletzt an der bis dato mangelnden Durchdringung des Internets sowie der gegebenen Intransparenz bezüglich des Warenangebots.

KPMG hat im Jahre 2000 zusammen mit der BDA 2.558 Unternehmen nach den wesentlichen Optimierungsfaktoren für die Einführung von EC befragt: Effizienzsteigerung der Geschäftsprozesse (68%), Imagegewinn (57%), Erweiterung des Beschaffungsmarktes (56%), Erhöhung der Kundenbindung (50%), Senkung der Transaktionskosten (51%), Differenzierung von Mitbewerbern (42%). Die Top-Hinderungsfaktoren sind derselben Studie nach: Einführungskosten (48%), Sicherheit der Transaktionen (45%), Anbindung an bestehende Systeme (41%), Qualifikation auf Sachbearbeiterebene (40%) und Qualifikation auf Entscheidungsebene (36%).

Kostenreduktion durch Electronic Commerce

Kostenreduktion durch E-Procurement

▪ Web-basierte Auftragsabwicklung

Die Verwendung eines Auftragssystems erlaubt im Internet die Prüfung des Lagerbestands eines Lieferanten, die Auftragserteilung sowie die Verfolgung der Produktion und Lieferung. US-Anbieter berichten einer Giga-Studie zufolge von einer maximalen Reduktion der Kosten zur Auftragsbearbeitung von 8-25 Dollar auf unter einen Dollar (siehe zum Thema »Elektronische Beschaffung« auch Kapitel 18.7).

Bain & Company haben in einer Studie die Kosten für Suche und Auswahl für drei Produkte jeweils online und offline zusammengestellt. Für einen Hardcover-Roman, der 28 Dollar kostet, würden 6 Dollar Kosten oder 23% des Preises anfallen, während eine Online-Suche und Auswahl 2 Dollar kosten würde und eine Einsparung von

67% gegenüber offline bedeutet. Bei einem Traktor im Werte von 35.000 Dollar würde hingegen die Offline-Suche und Auswahl 1.000 Dollar und online 700 Dollar kosten – eine Einsparung von 30%.

▨ Inkasso

Im Jahr 2000 gingen in den USA 600-700 Millionen Rechnungen elektronisch zu und wurden ebenfalls elektronisch beglichen. Durch die Reduktion von Druckkosten, Porto, Versandbearbeitung etc. ist eine Reduktion um 60-70% der Transaktionskosten zu erwarten. In Europa ist dies aus rechtlichen Gründen immer noch nicht möglich. Durch eine neue EU-Richtlinie sollen die Rahmenbedingungen für das Versenden elektronischer Rechnungen allerdings vereinheitlicht werden, so dass diese Kostenreduktion auch hier zum Tragen kommen kann.

Das Online-Inkasso expandiert stark in den USA und in UK

▨ Kundendienst

Hier wird kurzfristig nicht mit Kostenreduktionen nach der Einführung einer Web-basierten Lösung gerechnet, sondern eher mit zusätzlichen Kosten durch den gleichzeitigen Betrieb einer Online- und Telefon-basierten Infrastruktur. Mittelfristig (nach etwa 3 Jahren) wird jedoch eine Reduktion um 10-40 Prozent erwartet. Erste Ansätze zum Online-Kundendienst finden sich allerdings bereits im Aufbau (z.B. von der Tadoro AG).

Electronic Commerce in Deutschland

In Deutschland steht der Einzelhandel bereits unter sehr hohem Wettbewerbsdruck. Seit Jahren sinken die realen Umsätze. Der Einzelhandel in Deutschland hat im März 2000 nach vorläufigen Berechnungen in jeweiligen Preisen (nominal) 4% und in real 4,9% weniger umgesetzt als im Vergleichsmonat des Vorjahres. Eine Kompensation dieses Rückgangs kann man also von einigen hundert Millionen Euro Online-Umsatz kaum erwarten (ca. 0,2 bis 0,3 Prozent Anteil am Gesamtumsatz). Erwartet wird jedoch laut ECO-Forum (einem industriellen Interessenverband zum EC) eine Steigerung auf 20 Mrd. Euro im Jahre 2003 (*www.eco.de*). Diebold ging bereits für das Jahr 2000 von diesem Volumen aus (ca. 15-25 Mrd. Euro).

Laut @facts hatten im März 2000 35% aller deutschen Online-Nutzer einen Online-Kauf in den letzten 12 Monaten getätigt, das entspricht ungefähr 5,6 Mio. Personen. Im Januar 2001 haben dies 40% aller deutschen User getan, das entspricht 8,9 Mio. Personen. Bei einer Umfrage des Internet Shopping Report 2000 wurde gefragt, welche Zahlungsarten die Online-Nutzer akzeptieren, wobei Mehrfachnennungen möglich waren.

Stark wachsendes Volumen auf niedrigem Niveau

▦ 91% per Rechnung (d.h. Überweisung oder Scheck)

▦ 36% per Nachname

▦ 31% per Lastschrift

▦ 30% per verschlüsselter Kreditkarte online

▦ 12% per E-Cash, Cyber-Cash u.Ä.

▦ 7% per Kreditkarte via Telefon, Fax u.Ä.

▦ 4% per Vorausscheck

▦ 2% per unverschlüsselter Kreditkarte online

4.3 Ausgewählte Branchenstatistiken

Die Entwicklung des elektronischen Handels wurde für einige Branchen in einer Studie von Forrester Research für den US-Markt untersucht. Spitzenreiter sind dabei der Handel mit Computern und elektronischen Komponenten. Die bekanntesten Vertreter sind beispielsweise Dell (*www.dell.com*) und Cisco.

Dell generierte im Jahr 2000 annähernd 50% seiner Umsätze über das Internet, das bedeutet, dass Dell im Jahre 2000 pro Tag Waren im Wert von 40 Mio. USD über das Internet absetzte. Dabei sind Einsparungen beim Vertrieb nur ein Beitrag zur Kostenreduktion. Ein anderer besteht vor allem in der Automatisierung des Support-Bereichs: Cisco hat nach eigener Aussage allein durch seine Online-Präsenz im Jahre 2000 30 Mio. USD in der Kundenbetreuung eingespart, 40 Mio. USD durch Online-Publikationen und 250 Mio. USD durch Software-Downloads (65.000 pro Woche).

Werden bald elektronische Marktplätze gegenüber Online-Shops dominieren?

In Deutschland betreibt heute fast jeder deutsche Großhändler von Standardhardware ebenfalls einen eigenen Online-Shop. Der Markt ist daher noch sehr stark durch Einzelshops geprägt. Der nächste »Quantensprung« ist in diesem Bereich zu erwarten, wenn der Übergang von Einzelshops zum Marktplatzmodell vollzogen wird. Erste Ansätze finden sich z.B. beim Online-Auktionsdienst eBay (*www.ebay.com*) oder auch bei QXL (*www.qxl.com*).

Weiter stark wachsen wird auch der Handel mit Fahrzeugen, d.h. Gebraucht- und Neuwagen (siehe Tabelle 4-14). Hierbei ist jedoch nicht eindeutig erkennbar, inwieweit die Online-Unterstützung über die Informationsphase hinausgeht (vgl. z.B. *www.mobile.de*). Petrochemische Güter werden heute bereits im B2B-Bereich elektronisch gehandelt, z.B. auf den Spotmärkten, aber auch zwischen Mineralölkonzernen und Tankstellen.

Besonders interessant ist der Bereich der Versorgungsunternehmen, die vorwiegend Strom anbieten und handeln. Es geht hierbei um ein Produkt, das sich ausschließlich durch zwei Merkmale beschreiben lässt – Kilowattstunden und Preis. Daher bietet es sich ideal als Produkt an, das auf Online-Börsen gehandelt werden kann. Aus diesem Grund wird auch nachvollziehbar, warum sich Versorgungsunternehmen in den Jahren bis 2001 auf Platz zwei befinden. Erst nachdem in anderen Branchen die nötige Infrastruktur und Standardisierung geschaffen wurde, besteht die Möglichkeit, aufzuholen. Diese Fragestellungen werden uns vor allem noch im B2B-Teil beschäftigen.

Während die bisher genannten Kategorien üblicherweise leicht spezifizierbare Güter umfassen (Strom, PCs mit »Standardoptionen«, Autos mit vorgegebenen Konfigurationsmöglichkeiten und Mineralöle mit wenigen Qualitätsparametern zur Produktspezifikation), wird die Produktspezifikation mit jeder weiteren Zeile der Tabelle 4-14 komplexer. Aus diesem Grunde ist auch die Handelbarkeit auf einem elektronischen Markt eingeschränkter. Der Bau eines Gebäudes kann nicht mit 10-20 Ausstattungsmerkmalen spezifiziert werden wie beispielsweise ein Auto. Folglich fällt auch die Prognose etwas bescheidener aus und der wesentliche Wachstumsschub ist erst später zu erwarten, wenn die erforderliche Standardisierung greift.

Je einfacher die Spezifikation, desto besser ist ein Produkt online handelbar

Gesamt	1998	1999	2000	2001	2002	2003
Computer & Elektronik	19,7	50,4	121,4	229,1	319,1	395,3
Autos	3,7	9,3	22,7	53,2	114,3	212,9
Petrochemische Industrie	4,7	10,3	22,6	48,0	96,8	178,3
Versorgungs-unternehmen	7,1	15,4	32,2	62,9	110,6	169,5
Papier und Büromaterial	1,3	2,9	6,4	14,3	31,1	65,2
Lager- und Transportwesen	1,2	2,9	6,8	15,4	32,7	61,6
Lebensmittel & Agrarprodukte	0,3	3,0	6,3	13,1	26,7	53,6
Konsumgüter	1,4	2,9	6,1	12,7	26,0	51,9
Pharma- und Medizinprodukte	0,6	1,4	3,5	8,5	20,0	44,1
Luftfahrt & Verteidigung	2,5	6,6	14,8	25,6	34,0	38,2
Bauindustrie	0,4	1,6	3,4	7,0	14,2	28,6
Schwerindustrie	0,1	1,3	2,5	4,7	8,7	15,8
Industrielle Ausrüstung	0,1	1,3	2,4	4,5	8,5	15,8
Summe	43,1	109,3	251,1	499,0	842,7	1.330,8

Tab. 4–14

EC-Branchenumsatz in den USA in Mrd. USD

Quelle: Forrester Research

Buchhandel

Der sechsten Welle des GfK Online-Monitors vom August 2000 zufolge, liegt der Buchhandel im B2C-Segment an erster Stelle. Jupiter Research prognostizierte im Jahre 2000, dass der Markt der Bücher in Deutschland auf 1,2 Milliarden USD im Jahre 2003 anwächst. Legt man die Zahlen von Jupiter zugrunde, so wächst der E-Commerce-Markt der Bücher um durchschnittlich 56% pro Jahr.

In Deutschland werden im traditionellen Handel annähernd 900.000 Bücher angeboten. Allein für ein CD-Verzeichnis dieser Bücher waren bis vor einigen Jahren noch mehrere Tausend Euro zu bezahlen. Heute steht es allen kostenlos unter *www.buchhandel.de* zur Verfügung. Diese Maßnahme macht nicht nur die Online-Bestellung schmackhaft, sondern lädt auch ein zum Recherchieren von Referenzen für Diplomarbeiten. Das Gesamtvolumen des Buchhandels lag 1999 bei ca. 9 Mrd. Euro, davon entfielen etwa. 2,3 Mrd. Euro (also ca. 25%) auf den traditionellen Versandhandel. Dieser Anteil nimmt eine Spitzenposition im Versandhandel ein und erklärt, warum sich Bücher so einfach über das Web verkaufen lassen – die Kunden sind es gewohnt, aus dem Katalog zu bestellen.

Über 1.500
Online-Buchhändler

Laut Börsenverein gab es Anfang 2000 bereits 1.533 deutsche Unternehmen, die Bücher über das Internet anboten, die Zahl hatte sich im Laufe eines einzigen Jahres verdoppelt. Der Gesamtumsatz von Büchern via Internet wuchs von 12,5 Mio. Euro im Jahr 97 auf über 80 Mio. Euro im Jahre 1999. Bezogen auf den Buchmarkt bedeutete dies einen Anteil von 1%. Die 80 Mio. Euro wurden zu 58% von reinen Internet-Buchläden umgesetzt. Der größte Online-Buchhändler, Amazon, hat im Jahre 2000 weltweit 2,76 Mrd. USD umgesetzt.

Amazon baut nicht nur seine Marktposition immer weiter aus, sondern scheint sich langsam als einer der wenigen Online-Händler der Gewinnzone zu nähern – und das, obwohl die Umsatzerwartungen für das gesamte Geschäftsjahr 2001 korrigiert werden mussten. Der Umsatz stieg im zweiten Quartal 2001 gegenüber dem Vorjahr um 16 Prozent auf 668 Millionen USD mit 2,6 Millionen neuen Kunden.

Werbung

Mit der Vergrößerung der
Online-Ladenfläche
wächst auch der
Werbeetat

Im Bereich der Online-Werbung wird der Online-Weltumsatz für 2000 auf 4,8 Milliarden Dollar geschätzt und laut Forrester steigen in den Jahren 2001 die Online-Werbeeinnahmen auf 7,1 Milliarden USD. Um ein derartiges Wachstum zu erzielen, ist jedoch eine bessere Fokussierung auf Kundengruppen erforderlich sowie auf Werbetechniken, mit denen diese besser erreicht werden können. Ansonsten ist nicht zu erwarten, dass sich die Steigerung von Investitionen in Online-Werbung rechnen wird.

Nach einer Prognos-Studie lag der Markt der Online-Werbeeinnahmen 1999 in Deutschland bei ungefähr 75 Mio. Euro und erreichte im Jahre 2000 ein Volumen von 220 Mio. Er soll stetig weiterwachsen, bis er im Jahre 2010 ein Volumen von über 2 Milliarden Euro erreicht – also ungefähr so viel wie der Weltmarkt für Online-Werbung im Jahr 1999. Wenn man dagegen hält, dass allein die RTL-Gruppe im Jahre 2000 1,3 Mrd. Euro Netto-TV-Erlöse erzielte (IP Deutschland), so wird deutlich, dass der Online-Bereich in den nächsten Jahren ein ernst zu nehmendes Segment darstellen kann.

Online-Werbung ist noch ein kleines Segment

Reisebuchungen

Der Verkauf von Flugtickets und kompletten Reisen erfreut sich in den USA steigender Beliebtheit. Zu diesem Ergebnis kommt die Studie von PhoCosWright zum Online-Reisemarktplatz bis 2003. Demnach haben bisher 20 Millionen Amerikaner online Flüge gebucht oder im Web andere Reisevorbereitungen getroffen. Nach Angaben der Studie hat sich die Reisebranche damit zum erfolgreichsten Handelsmodell im Web entwickelt.

Allein die Hälfte dieser 20 Millionen US-Bürger, die online ihre Reise vorbereiteten, hatten im Jahr 2000 zum ersten Mal ihre Reise im Internet gebucht. Der Reisebranche brachte dies 14,5 Milliarden USD ein. Auch zukünftig soll sich dieser Trend trotz der vielen Start-up-Pleiten fortsetzen. Man kann davon ausgehen, dass die Amerikaner im Jahr 2003 mehr als 40 Milliarden USD für den Kauf von Flugtickets im Web ausgeben werden. Dies würde einen Anteil von 17 Prozent (!) an der gesamten US-Reisebranche ausmachen. Von dem Online-Boom würden vor allem die Verkäufer von Flugtickets profitieren, heißt es in der Studie. Diese Händler erwirtschaften demnach 62 Prozent des Gesamtumsatzes.

Online-Reisebuchungen expandieren stark

Allgemeiner Versandhandel

Nach einem Ranking der Marktforschung MMXI hat sich quelle.de auf Platz 3 der erfolgreichsten deutschen E-Commerce-Seiten geschoben (nach Amazon und BOL), während otto.de Platz 6 (nach Amazon und handy.de), Tchibo Platz 7 und Neckermann Platz 9 belegt (nach letsbuyit.com). Dies zeigt, dass der klassische Versandhandel im Online-Markt eine bedeutende Größe einnimmt. Auch andere Sparten forcieren ihre Online-Aktivitäten, so gab die Beate Uhse AG 1998 eine weitreichende Expansion ihrer Online-Aktivitäten bekannt, bevor sie

1999 an die Börse ging. Handy.de wurde nach demselben Ranking von MMXI Europe zum »Newcomer des Jahres 2000« gewählt, da das Portal im April 2000 gestartet wurde und bereits im Dezember 2000 Platz 5 der Top 10 erreichte.

Alle größeren Versandhandelsunternehmen wie Otto, Quelle, Karstadt sind seit einigen Jahren im Internet präsent. Allerdings wird kaum verlautbart, ob der Online-Handel inzwischen rentabel ist oder weiterhin noch Anschubfinanzierungen erforderlich sind. Es hat sich jedoch herauskristallisiert, dass das Internet kaum Zusatzerlöse generiert, sondern lediglich einen neuen Vertriebskanal darstellt.

Genaue Kennzahlen werden von Mall-Anbietern ungern veröffentlicht ...

Ob der Internet-Handel boomt oder erst in den Startlöchern steht, ob es in erster Linie die klassischen Versandhandelsprodukte sind oder die digitalen Güter und Dienstleistungen, die im Internet gefragt und verkauft werden – darüber streiten sich noch die Geister. Jedoch lässt sich feststellen, dass die klassischen Versandhäuser von ihren E-Commerce-Aktivitäten langfristig profitieren, allein dadurch, dass mit der Verbindung zwischen Front-End auf Kundenseite und Warenwirtschaftssystem auf Versandhandelsseite Kosten eingespart werden. Anbieter lassen sich nur ungern in die Karten schauen und repräsentative Markterhebungen sind ebenfalls rar. Zu einigen größeren Anbietern von Shopping-Malls bzw. Internet-Kaufhäusern werden hier einige Daten zusammengetragen. Den folgenden Daten liegen allerdings (nur) Presseerklärungen der jeweiligen Anbieter sowie Daten ihrer Websites zugrunde:

- *Netzmarkt* (*www.netzmarkt.de*) gilt als der Pionier unter den Shopping-Malls in Deutschland. Bereits im Dezember 1995 ging man ins Internet. Der Betreiber ist die Medienagentur Zeutschner in Erlangen. Netzmarkt war 1998 der einzige große »Electronic Commerce«-Anbieter im Internet, der seine Nutzungszahlen durch den IVW überprüfen lässt. Die Zahlen vom Januar 2001 zeigen 970.144 Nutzungen (»Visits«) und über 3,9 Mio. Page-Impressions (siehe zur Terminologie auch Kapitel 13). Das ist innerhalb von drei Jahren in etwa eine Vervierfachung. Laut »Business Online« ist Netzmarkt der meistbesuchte Internet-Shop in Deutschland. Zur wirtschaftlichen Situation sagt der Betreiber, dass man von Anfang an schwarze Zahlen geschrieben habe. Umsatzzahlen werden allerdings für den gesamten Bereich des Netzmarktes nicht genannt. Laut Handelsblatt bieten drei Dutzend Händler 5 Millionen Produkte auf Netzmarkt an. Einige der Kunden sind: Dell, Viag Interkom und Tchibo.

Von der Mall zu Einzelportalen

KarstadtQuelle (*www.karstadt.de*, *www.karstadtsport.de*, *www.quelle.de*). MyWorld war die Shopping-Mall des Karstadt-Konzerns, die im Oktober 1996 ins Internet ging, der Umsatz war allerdings anfangs sehr bescheiden: 1999 erreichte das Portal lediglich 7,5 Mio. Euro. Um konkurrenzfähiger aufzutreten, gab Karstadt im Juni 2000 bekannt, in den nächsten fünf Jahren 200 Mio. Euro in die E-Commerce-Aktivitäten zu investieren. Nach 440 Mio. Euro im Jahre 2000 erwartet KarstadtQuelle nun einen Online-Umsatz von 650.000 Euro im Jahre 2001. Für diese Forcierung und strategische Neuausrichtung wurde MyWorld vom Netz genommen, da man die Konsumenten nicht mit einer generellen Plattform ansprechen wollte, sondern mit themenfokussierten Erlebniswelten. Für die Internet-Aktivitäten sollen mehrere Plattformen parallel betrieben werden: Als Dach dient das Portal karstadt.de, für die Sportaktivitäten wurde karstadtsport.de ins Internet gestellt. Für WOM wurde *wom.de* gegründet und ging im Sommer 2000 online. Nach Auskunft von WOM wurden in den ersten sechs Monaten Artikel im Wert von mehr als 500.000 Euro nachgefragt – zwei Millionen User besuchten die Sites monatlich. Die Unternehmensbereiche Quelle und Neckermann betreiben ihre eigenen Internet-Auftritte.

Das Versandhaus *Quelle* (*www.quelle.de*), das mit Karstadt im Jahre 1999 fusionierte, ist im Bereich der »neuen Medien« schon immer aktiv gewesen. Im BTX-System wurden 1995 immerhin 35 Millionen Euro umgesetzt. Auch in verschiedenen Projekten des TV-Shopping war und ist man aktiv. Im Bereich des Internets sieht man sich heute nach eigenen Angaben als Marktführer. Laut MMXI ist Quelle im Jahre 2001 auf dem dritten Rang aller deutscher E-Commerce-Shops. Quelle erwirtschaftet im Internet einen Umsatz von 320 Mio. Euro, der somit weit über dem Wert lag, den das Unternehmen für möglich hielt. Im November 2000 wurden erstmals über 1 Mio. monatlicher Visits registriert. Es wird geschätzt, dass Quelle via Internet einen Neukundenanteil von 15%, die nicht zum bisherigen Kundenstamm zählen, generieren konnte. Der Erfolg des Internets führte damit zum Aus der Quelle-CD-ROM, die im September 1998 zum letzten Mal in einer Auflage von 500.000 Stück erschien.

Relativ spät erst, im Oktober 1997, startete der *Otto-Versand* mit einer eigenen Mall im Internet unter dem Namen *Shopping24* (*www.shopping24.de*). Im September 2000 prognostizierte Michael Otto die Internet-Umsätze für das Geschäftsjahr (März 00 bis Februar 01) allein für den Otto-Versand von 150 Mio. Euro in

Deutschland und für die gesamte Otto-Gruppe 600 Mio. Otto erwartet, dass das Internet innerhalb von zehn Jahren 20% des Umsatzes von Otto und 10% des gesamten Einzelhandelsumsatzes erreiche.

5 Die Ökonomie des Electronic Commerce

Volkswirtschaftliche Fragestellungen abstrahieren von den Interessen, Entscheidungen und Randbedingungen einzelner sog. *Wirtschaftssubjekte* – also Privatpersonen und Unternehmen. Das Interesse des Ökonomen gilt im Wesentlichen hochaggregierten Kennzahlen und den Mechanismen, die diese Zahlen beeinflussen. Volkswirtschaftlich motivierte Interessenschwerpunkte des Electronic Commerce sind daher vor allem

EC verändert die Rollenverteilung

- die Rolle des Staates als Regulierer der ökonomischen Rahmenbedingungen,
- spezifische Wirtschaftsformen und Marktmodelle, die sich aus der Nutzung des Internets ergeben, sowie
- der verstärkte Einfluss des internationalisierten Handels auf das lokale ökonomische Gefüge einer Volkswirtschaft.

Zunächst gilt das Augenmerk den regulatorischen Rahmenbedingungen, denen alle rechtsrelevanten Aktivitäten auf dem elektronischen Markt unterliegen. Aus diesem Grunde werden im Folgenden einige Maßnahmen untersucht, die heute und in Zukunft auf staatlicher und zwischenstaatlicher Ebene den Spielraum für alle Marktakteure festlegen. Hierbei stehen insbesondere solche Erweiterungen der Gesetzgebung im Vordergrund, die speziell auf die Schaffung eines Rechtsrahmens für den Electronic Commerce abzielen.

5.1 Regulatorische Rahmenbedingungen

Nicht ohne Grund gilt die Juristerei als einer der Klassiker unter den gesellschaftswissenschaftlichen Disziplinen. Sie durchdringt fast jede soziale Interaktion, die sich außerhalb der Privatsphäre ereignet, und versucht, in Jahrhunderte langer Tradition diese Interaktion mit Hilfe stark abstrahierender Modellierungswerkzeuge zu beschreiben und zu

Die Gesetzgebung als klassisches »Framework« der Wirtschaft

normieren. Wenn wir uns also mit Fragestellungen des Electronic Commerce beschäftigen wollen, ist es sinnvoll, das Rahmenwerk zu beleuchten, welches den elementaren Handelsprozessen der traditionellen Ökonomie zugrunde liegt. Dabei können nur die besonders relevanten Bereiche des Vertragsrechts, des Datenschutzes sowie einiger anderer Schwerpunkte behandelt werden. Diese Bereiche korrespondieren jeweils mit technischen Lösungen, die in späteren Kapiteln im Buch illustriert werden.[1]

5.1.1 Rahmenbedingungen der EU und ihre nationale Umsetzung

EU-Richtlinien

Die Entwicklung im Bereich der elektronischen Medien führt zwangsläufig zu einem rapiden Anstieg der Kommunikation und Interaktion über die nationalen Grenzen hinaus. Der Europäischen Kommission fällt die Aufgabe zu, über das Instrument der Richtlinie diese Entwicklung zu harmonisieren und die ungehinderte Weiterentwicklung der Kommunikation und Interaktion im Sinne der Gemeinschaft zu fördern. Bereits sehr früh hat die Kommission dementsprechend den Datenschutz geregelt. Es folgte die Regelung des Verbraucherschutzes, dem die Europäische Union mit der 1997 verabschiedeten Fernabsatz-Richtlinie Rechnung getragen hat. Darüber hinaus sah die Kommission im Wesentlichen in drei Bereichen Handlungsbedarf:

- elektronische Signaturen,
- elektronischer Geschäftsverkehr und
- elektronisches Geld.

Die Richtlinien sind weitestgehend technologieneutral formuliert und folgen zunehmend den Prinzipien von Selbstregulierung und Selbstkontrolle.

Deutsche Gesetze

Der deutsche Gesetzgeber hat mit Erlass des *Informations- und Kommunikationsdienstegesetzes* (IuKDG) und dem *Mediendienste-Staatsvertrag* (MDStV) den Regelungsbedarf im Bereich der Multimediadienste sehr frühzeitig erkannt und breit geregelt. Das IuKDG führte bereits 1997 drei neue Gesetze ein, das *Teledienstedatengesetz*, das *Teledienstedatenschutzgesetz* und das *Signaturgesetz*. Diese Gesetze dienen heute als Basis für eine rasche Umsetzung der EU-Richtlinien und Aktualisierungen aufgrund eigener Evaluierung.

Mit dem neuerdings vorgelegten Gesamtpaket an Regelungen für die Informations- und Kommunikationsdienste ist die Bundesregie-

---

1. Insbesondere die Verfahren zur Unterstützung von Datenschutzmaßnahmen (Kapitel 13.5) und zum elektronischen Vertragsschluss (Kapitel 18.9).

rung ihrer Pflicht zur Umsetzung der EU-Richtlinien zügig nachgekommen. Hierzu gehört das neue Signaturgesetz, ein Gesetz zur Anpassung der Formvorschriften des Privatrechts an den modernen Rechtsgeschäftsverkehr und der Gesetzentwurf über die rechtlichen Rahmenbedingungen für den elektronischen Geschäftsverkehr.

Die nachfolgende Darstellung soll einen Überblick über die wesentlichen EU-Regelungen und den Stand der nationalen Umsetzung bieten. Es wird erkennbar, dass sich die nationale Umsetzung schon heute auf Bereiche des materiellen Rechts (Rabattgesetz, BGB, ZPO) erstreckt und in diesen Bereichen Auslegungsfragen aufwirft (s. allgemeines Vertragsrecht).

Die elektronische Signatur

Die elektronische Signatur ist ein wichtiger Schritt in Richtung Sicherheit im »elektronischen Rechtsverkehr«. Sie soll die wesentlichen Anforderungen an eine sichere Kommunikation gewährleisten: Identität des Absenders (Authentizität), Integrität der ausgetauschten Daten und Vertraulichkeit der Kommunikation.

An dieser Stelle befassen wir uns ausschließlich mit Fragen der Gesetzgebung; technische Details zur elektronischen Signatur, der erforderlichen Public-Key-Infrastruktur und einigen Trust-Centern sind in Kapitel 6.4 zu finden.

Signatur-Richtlinie

Was die Regelung elektronischer Signaturen betrifft, so ist Europa erst lange nach dem Inkrafttreten des Deutschen Signaturgesetzes tätig geworden. Mit der am 13.12.1999 verabschiedeten europäischen Richtlinie 1999/93/EG wurden die gemeinschaftlichen Rahmenbedingungen für elektronische Signaturen einheitlich geregelt.

Die im Januar 2000 in Kraft getretene Richtlinie unterscheidet zwischen elektronischen Signaturen zur Authentifizierung, ohne besondere Anforderungen, und *fortgeschrittenen* elektronischen Signaturen. Nur letztere, die auf einem *qualifizierten Zertifikat* beruhen und mit einer sicheren Signaturerstellungseinheit (Smart Card) erzeugt wurden, entfalten unmittelbare Rechtswirkungen: Sie sind von den Mitgliedsstaaten

Fortgeschrittene Signatur und qualifizierte Zertifikate

▦ der handschriftlichen Unterschrift gleichzustellen (bei Schriftformerfordernis)
▦ und im Gerichtsverfahren als Beweismittel zuzulassen.

Anforderungen an das Signaturverfahren selbst werden nur in den Anhängen der Richtlinie geregelt.

Mit der Richtlinie ist die Europäische Kommission in drei wesentlichen Punkten vom deutschen Signaturgesetz 97 abgewichen:

- Das Angebot von Zertifizierungsdiensten darf nicht von einem Zulassungsverfahren abhängig gemacht werden.
- Die Rechtswirksamkeit elektronischer Signaturen wird unmittelbar bestimmt.
- Die Mitgliedsstaaten sind angehalten, die Mindesthaftung für Zertifizierungsdiensteanbieter zu regeln.

Akkreditierung von CAs   Nicht zuletzt auf Betreiben von Deutschland gewährt die EU-Richtlinie den Mitgliedsstaaten darüber hinaus Entscheidungsfreiheit bei der Frage der *Akkreditierung von Zertifizierungsdiensteanbietern* (Trust-Center bzw. Certification Authorities). Die Mitgliedsstaaten können freiwillige Akkreditierungssysteme einführen bzw. beibehalten, welche höherwertige Zertifizierungsdienste definieren. Außerdem kann die Verwendung elektronischer Signatur im öffentlichen Bereich von zusätzlichen Anforderungen abhängig gemacht werden.

Das deutsche Signaturgesetz

Der deutsche Gesetzgeber hat auf den damit entstandenen Umsetzungsbedarf zeitnah reagiert und am 15.02.2001 das neue Signaturgesetz im Bundestag beschlossen. Das neue Signaturgesetz löst damit das Signaturgesetz von 1997 ab.

Kern des Gesetzes ist die Regelung der Anforderungen für elektronische Signaturen, die der eigenhändigen Unterschrift gleichgestellt werden. Der deutsche Gesetzgeber führt dabei den Begriff der *qualifizierten elektronischen Signatur* ein, der dem Artikel 5 (1) EU-Richtlinie entspricht, und unterscheidet generell zwischen drei Stufen von Signaturen:

- Die Verwendung *beliebiger* (auch fortgeschrittener) *elektronischer Signaturen* bleibt freigestellt. Diese Signaturen haben keine spezifische Rechtsfolge. Es obliegt den Geschäftspartnern, sich gemeinsam auf ein Verständnis bzgl. des rechtlichen Charakters der Signatur zu einigen. Dies kann beispielsweise in einem Rahmenvertrag erfolgen, in dem festgelegt wird, auf welche Weise Signierschlüssel beantragt und verwendet werden.
- *Fortgeschrittene* elektronische Signaturen, die den Anforderungen des Artikels 5 (1) EU-Richtlinie entsprechen, sollen nach der Novellierung der Formvorschriften des Privatrechts der Schrift-

form gleichgestellt werden. Außerdem wird für sie nach §292a ZPO ein Anscheinsbeweis angeordnet. Ob es sich tatsächlich um eine qualifizierte elektronische Signatur im Sinne des Gesetzes handelt, wird allerdings erst im Streitfall geprüft.

▦ Qualifizierte elektronische Signaturen mit *Anbieter-Akkreditierung* erzeugen besondere Wirkungen. Im Akkreditierungsverfahren wird der Zertifizierungsdiensteanbieter von der zuständigen Behörde einer umfassenden Prüfung auf technische und administrative Sicherheit unterzogen und darf sich im Rechts- und Geschäftsverkehr daher auf die nachgewiesene Sicherheit berufen. Außerdem darf der Anbieter mit einem Gütezeichen werben. Das freiwillige Akkreditierungsverfahren entspricht dem bisherigen Genehmigungsverfahren, das damit beibehalten werden kann.

Qualifizierte elektronische Signaturen (§2 Nummer 3 Signaturgesetz) sind im Gesetzentwurf legal definiert als fortgeschrittene elektronische Signaturen nach Nummer 2 des Gesetzes, die auf einem gültigen qualifizierten Zertifikat beruhen und mit einer sicheren Signaturerstellungseinheit erzeugt werden. Eine fortgeschrittene elektronische Signatur ist ausschließlich dem Signaturschlüsselinhaber zugeordnet und ermöglicht seine Identifizierung. Sie ist mit Mitteln erzeugt, die der Schlüsselinhaber unter alleiniger Kontrolle halten kann, und mit den Daten, auf die sie sich bezieht, so verknüpft, dass eine nachträgliche Veränderung der Daten erkannt werden kann.

Nicht akkreditierte Zertifizierungsstellen, die in den Regelbereich des Gesetzes fallen, müssen der Regulierungsbehörde die Aufnahme des Betriebes anzeigen und müssen erklären, dass sie die Anforderungen des Gesetzes erfüllen. Die Anforderungen an genehmigungsfrei arbeitende Zertifizierungsstellen sollen in der neuen Signaturverordnung geregelt werden. Verletzt ein Anbieter die Anforderungen des Gesetzes oder der Rechtsverordnung haftet er Dritten gegenüber, die auf die Angaben eines qualifizierten Zertifikates vertraut haben. Die Haftung setzt Verschulden voraus.

Das nicht zustimmungspflichtige Gesetz wurde vom Bundesrat verabschiedet und trat Ende Mai 2001 als Gesetz in Kraft. Parallel zum Signaturgesetz wurde eine neue Signaturverordnung vorbereitet, die im August 2001 in Kraft trat. Gleichzeitig wird an der europaweiten Anpassung der Sicherheitsstandards gearbeitet.

Ergänzt wird die Neufassung des Signaturgesetzes durch den Regierungsentwurf zur Anpassung der Formvorschriften des Privatrechts an den modernen Geschäftsverkehr, der derzeit im Bundestag beraten wird. Dieser Gesetzentwurf regelt die Rechtswirksamkeit elektronischer Signaturen. Zu diesem Zweck wird § 126 BGB (gesetzliche Schriftform) um zwei neue Vorschriften ergänzt:

- §126a Abs.1: Soll die gesetzlich vorgeschriebene Schriftform durch die elektronische Form ersetzt werden, so muss der Aussteller der Erklärung dieser seinen Namen hinzufügen und das elektronische Dokument mit einer qualifizierten Signatur nach dem Signaturgesetz versehen. Abs. 2: Bei einem Vertrag müssen die Parteien jeweils ein gleich lautendes Dokument in der in Absatz 1 bezeichneten Weise elektronisch signieren.
- §126b regelt die Textform.
- §292a ZPO soll die gesetzliche Beweisvermutung des §292 um die elektronische Signatur ergänzen.

Die Rahmenbedingung für die Verwendung der elektronischen Signatur regelt damit §126 des Bürgerlichen Gesetzbuches. Bisher war für den Fall, dass ein Gesetz die Erstellung einer Urkunde oder eines Vertrags vorschrieb (Schriftformerfordernis), die eigenhändige Unterschrift unerlässlich. Nun kann »die schriftliche Form (...) durch die elektronische Form ersetzt werden, wenn sich nicht aus dem Gesetz ein anderes ergibt«. Ausdrücklich ausgeschlossen ist die elektronische Form bei Erteilung eines Zeugnisses, Kündigung eines Arbeitsvertrags, Erteilung einer Bürgschaftserklärung und in einigen weiteren Sonderfällen.

In starkem Maße betrifft die Anpassung der Formvorschriften auch die Zivilprozessordnung (ZPO). Beispielsweise können ab jetzt Schriftsätze, Gutachten oder Erklärungen Dritter bei Gericht als elektronisches Dokument, versehen mit einer nach dem Signaturgesetz qualifizierten elektronischen Signatur, eingereicht werden. Als »Haken« führen Kritiker der neuen Gesetzgebung allerdings die so genannte Beweislastumkehr an. Paragraph 292a der ZPO regelt den »Anscheinsbeweis bei qualifizierter elektronischer Signatur« und setzt voraus, dass durch qualifizierte elektronische Signaturen für einen Empfänger der Anschein der Echtheit einer vorliegenden Willenserklärung gegeben ist. Das Risiko im Fall einer Manipulation liegt demnach auf Seiten des Signaturinhabers, es sei denn, er kann beweisen, dass es einem anderen möglich war, die Signatur zu fälschen. Dieser Beweis ist jedoch mit hoher Wahrscheinlichkeit nicht zu erbringen, man denke etwa an einen Angriff durch trojanische Pferde.

Beweislastumkehr

Neben BGB und Zivilprozessordnung wurden bis August 2001 weitere 36 Gesetze und Verordnungen angepasst. Für E-Commerce-Anwendungen erhoffen sich Gesetzgeber und Unternehmer durch die elektronische Signatur rechtssicheres und beweissicheres Handeln.

Weitere technische Informationen zur elektronischen Signatur finden sich im Kapitel 6.4.

Ausblick zur elektronischen Signatur

Elektronische Signaturen sind bisher im deutschen und auch internationalen Markt noch wenig verbreitet, obschon das Thema bereits seit mehreren Jahren diskutiert wird. So haben bis zum Frühjahr 2001 nur zwei Anbieter von elektronischen Signaturen von der Regulierungsbehörde für Telekommunikation und Post (RegTP) ihre Genehmigung erhalten: Telekom/Telesec und die Deutsche Post/SignTrust. Die Dienste beruhen auf vergleichbaren Technologien, sind aber nicht interoperabel. Betreiber, wie die D-Trust GmbH aus Berlin, die DATEV eG, die Münchener Gelddrucker Giesecke & Devrient sowie eine internationale Initiative von Banken (Identrus, siehe auch Kapitel 6.4), haben Aktivitäten in diesem Markt angekündigt bzw. bereits begonnen.

Die Verbreitung der elektronischen Signatur ist nach wie vor schleppend

Eine Standardisierung und die Sicherstellung der Interoperabilität auf Anwenderseite werden die nächsten Schritte zur Verbreitung der elektronischen Signatur sein. Hierher gehören auch die auf Konformität getesteten Anforderungen an Chipkarten und deren Betriebssysteme.

Mit der Genehmigungsfreiheit auf Anbieterseite und der Gleichstellung der qualifizierten elektronischen Signatur und der Schriftform ist jedenfalls die rechtliche Basis für eine breitere Anwendung geschaffen. Ob das neue Gesetz in der Praxis die gewünschte Rechtssicherheit bringt, wenn die Frage der qualifizierten Signatur eines nicht akkreditierten Anbieters erst im Falle eines Rechtsstreites geprüft wird, bleibt abzuwarten.

5.1.2 Elektronischer Geschäftsverkehr

Mit der sog. *E-Commerce-Richtlinie*, d.h. der »Richtlinie 2000/31/EG des Europäischen Parlamentes und des Rates vom 08. Juni 2000 über bestimmte Aspekte der Dienste der Informationsgesellschaft, insbesondere des elektronischen Geschäftsverkehrs, im Binnenmarkt«, versucht die EU-Kommission weitere Regelungen des nationalen Rechtes gemeinschaftsweit zu harmonisieren. Erklärtes Ziel der Richtlinie ist der Abbau von rechtlichen Hindernissen des elektronischen Waren- und Dienstleistungsverkehrs, die Unterstützung der Wettbewerbsfähigkeit der Wirtschaft und die Stärkung berechtigter Verbraucherinteressen durch mehr Markttransparenz und Akzeptanz.

Die E-Commerce-Richtlinie

Gegenstand der Regelung sind auf Abruf im Fernabsatz und auf elektronischem Weg angebotene und erbrachte Dienstleistungen. Die Richtlinie ist von den Mitgliedsstaaten bis Januar 2002 in nationales Recht umzusetzen.

Herkunftslandprinzip

Die zentrale Regelung der Richtlinie liegt im so genannten »Herkunftslandprinzip«, das bestimmt, welches nationale Recht Anwendung findet. Ein Dienst der Informationsgesellschaft fällt danach grundsätzlich unter das Rechtssystem des Landes, in dem der Diensteanbieter niedergelassen ist, und zwar unabhängig vom Standort seines Servers. Bietet ein in den Niederlanden ansässiger Unternehmer seine Dienste über das Internet in Deutschland an, muss er sich beispielsweise nicht an deutschem, sondern niederländischem Wettbewerbsrecht messen lassen. Anderseits untersteht ein deutscher Anbieter, egal wo er seine Waren anbietet, dem ihm bekannten deutschen Recht. Die Rechtsunsicherheit im Hinblick auf die Geltung unterschiedlicher nationaler Gesetze wird damit beseitigt.

Von der Anwendung des Herkunftslandprinzips sind jedoch zahlreiche Regelungsbereiche ausgenommen, wie Verbraucherverträge, Immobiliengeschäfte, Zulässigkeit von Werbe-E-Mails, Urheberrecht/gewerbliche Schutzrechte, elektronisches Geld, Schutz der öffentlichen Ordnung, Sicherheit und Gesundheit u.a.

Elektronische Verträge

Neben dem Herkunftslandprinzip legt die Richtlinie fest, dass die Mitgliedsstaaten ihre Rechtsvorschriften derart anzupassen haben, dass sie den Abschluss elektronischer Verträge ermöglichen (Art 9 Abs. 1). Ausgenommen hiervon sind Verträge, welche die Mitwirkung eines Notars und die Eintragung in ein öffentliches Register erfordern. Gleiches gilt für Verträge des Familien- und Erbrechts.

Spam-Regelung

Neu geregelt wurde der Umgang mit Werbe-E-Mail (»Spam-Regelung«). Werbe-E-Mails müssen als solche klar zu erkennen sein. Der Nutzer soll die Möglichkeit haben, sich in »Opt-Out-Register« eintragen zu lassen, mit der Folge, dass Verwender ihm keine Werbung schicken dürfen. Die Mitgliedsstaaten können die Regelung auch verschärfen, indem sie »Opt-In-Register« einrichten, die für die Zulässigkeit des E-Mail-Versandes eine ausdrückliche Zustimmung des Nutzers vorsehen.

Schließlich wird die Provider-Haftung für »Caching« und »Hosting« fremder Inhalte EU-weit einheitlich geregelt. Provider tragen grundsätzlich keine Verantwortung für fremde Online-Inhalte.

Gesetz für den elektronischen Geschäftsverkehr (EGG)

Die Normierung des Herkunftslandprinzips lässt die Unterschiede in den rechtlichen Schutzstandards zwischen den Mitgliedsstaaten klar zu Tage treten. Damit stand Deutschland vor der Wahl, die Richtlinie zügig und nahezu unverändert umzusetzen oder gleichzeitig mit dem EGG alle anderen Regelungen zu ändern, die Inländer gegenüber ausländischen Wettbewerbern diskriminieren könnten.

Deutschland hat sich für die schnelle, unveränderte Umsetzung entschieden und als einer der ersten Mitgliedsstaaten einen Gesetzentwurf zur Anpassung der nationalen Gesetze in die parlamentarische Beratung eingebracht.

Am 14.02.2001 hat das Bundeskabinett den Gesetzentwurf über »die rechtlichen Rahmenbedingungen für den elektronischen Geschäftsverkehr«, kurz EGG, beschlossen. Mit dem EGG wird die E-Commerce-Richtlinie durch Änderung des Teledienstegesetzes (TDG) und der Zivilprozessordnung in nationales Recht umgesetzt. Die Länder bereiten zurzeit einen wortgleichen Änderungsvertrag zum Mediendienste-Staatsvertrag (MDStV) vor, der zeitgleich mit dem EGG in Kraft treten soll. Der EGG-Entwurf wird als Kernstück eines neuen Rechtsrahmens für die Internet-Wirtschaft betrachtet.

Regelungsbereiche des beschlossenen Gesetzentwurfs sind:

- *Herkunftslandprinzip.* Anwendung der für Internet-Dienste im Staat ihrer Niederlassung geltenden Vorschriften.
- *Uneingeschränkte Zulassungsfreiheit für Anbieter von Telediensten.* Die zur Identifizierung des Anbieters erforderlichen Angaben müssen für den Nutzer allerdings leicht, unmittelbar und ständig verfügbar sein.
- Bußgeldbewehrte, allgemeine *Transparenzpflichten* zum Schutze der Nutzer von Telediensten und besondere Informationspflichten bei kommerzieller Kommunikation. Hierzu gehören sämtliche Formen der Werbung, des Direktmarketings, des Sponsorings, der Verkaufsförderung und der Öffentlichkeitsarbeit.
- Einheitliche Regelung der *Verantwortlichkeit von Providern*, die fremde Informationen übermitteln oder speichern innerhalb der EU.

Einen Großteil der Regelungen der EU-Richtlinie – insbesondere das Herkunftslandprinzip mit seinen Ausnahmen – übernimmt der EGG-Entwurf fast wörtlich. Eine Ausnahme bildet die »Spam-Regelung«. Unverlangte E-Mail-Werbung ist nach §1 UWG ohnehin verboten, so dass es einer diesbezüglichen Bestimmung nicht bedurfte. Auch der

Grundsatz der Zulassungsfreiheit für Teledienstanbieter ergibt sich bereits aus geltendem deutschem Recht.

Nach dem Gesetzentwurf soll zukünftig auch der Abschluss von Schiedsvereinbarungen – sogar mit Verbrauchern – auf elektronischem Wege erfolgen können. Ermöglicht wird das durch die Einführung der qualifizierten elektronischen Signatur.

Die neuen Regelungen zum Vertragsschluss im elektronischen Rechtsverkehr werden nicht im Teledienstegesetz, sondern durch den Entwurf eines »Gesetzes zur Anpassung der Formvorschriften des Privatrechtes« in Verbindung mit dem neuen Signaturgesetz im BGB und in der ZPO geregelt (§§ 126a und b, 305b BGB, 292a ZPO). Die Anforderungen an eine elektronische Bestellung ergeben sich aus einem neuen § 305b BGB.

Modernisierung des Teledienstedatenschutzgesetzes

Gleichzeitig mit dem EGG sollen die Erkenntnisse aus der Evaluierung des IuKDG zum Datenschutz durch entsprechende Änderungen des Teledienstedatenschutzgesetzes berücksichtigt werden.

Datenschutz   Der Datenschutz in den neuen Diensten soll anwenderfreundlicher werden und das Vertrauen der Verbraucher in die Nutzung elektronischer Informations- und Kommunikationsdienste soll gestärkt werden. Personenbezogene Daten, die der Diensteanbieter ohne ausdrückliche Einwilligung des Nutzers erheben und verarbeiten darf, werden eindeutig festgelegt. Gleiches gilt für die Pflichten, die den Diensteanbieter bei der Erhebung und Verarbeitung treffen. Die wirtschaftliche Verwendung personenbezogener Daten, die über die gesetzlich zulässige Datenverarbeitung hinausgeht, wird durch eine detailliertere und zugleich breitere Anwendung der elektronischen Einwilligung erleichtert. Der Grundsatz der Datenvermeidung gilt dabei unverändert. Durch die Einführung von Bußgeldvorschriften wird den Vorschriften größerer Nachdruck verliehen.

5.1.3   Aufhebung von Rabattgesetz und Zugabeverordnung

Mit dem Rabattgesetz und der Zugabeverordnung waren zunehmend Nachteile für deutsche Unternehmen verbunden. Aktueller Handlungsbedarf wurde aber insbesondere durch das in der E-Commerce-Richtlinie normierte Herkunftslandprinzip erzeugt. Danach sind ausländische Anbieter beim Vertrieb über das Internet nicht mehr an deutsches Recht gebunden und dürfen nahezu unbegrenzt Rabatte gewähren. Mit dem Inkrafttreten des EGG, das die E-Commerce-Richtlinie umsetzt, wurden daher die Regelungen aus den 30er Jahren abgeschafft.

Das Rabattgesetz verbot dem Verkäufer nicht nur allgemein Rabatte, sondern auch das Verlangen von mehr als einem Preis für eine Ware oder Dienstleistung. Zulässig waren nur ein 3%ige Barzahlungsrabatt, Mengenrabatte und Personalrabatte. Kundenbindungsprogramme, die auf einer differenzierten Preisstruktur für Stammkunden, »Premiumkunden« usw. beruhen, scheiterten bisher an dem Verbot des Ausweises mehrerer Preise. Mit ersatzloser Abschaffung des Rabattgesetzes und der Zugabeverordnung im August 2001 sind nun alle Arten von Preisnachlässen, Warenrabatte (3 für 2), Geld- oder Warengutscheine, Nachfragesteuerung durch kurzfristige Sonderrabattankündigungen etc. erlaubt – wahrscheinlich kam diese Regelung jedoch etwas spät für die meisten B2C-Start-ups wie z.B. *Lets-BuyIt.com.*

Heute können auch online beliebige Rabatte gewährt werden

Eine Grenze setzen die Regeln des Gesetzes über unlauteren Wettbewerb (UWG), die nach Ansicht der Bundesregierung ausreichend Schutz gegen ruinösen Wettbewerb bieten.

5.1.4 E-Geld

Elektronischer Geschäftsverkehr verlangt nach elektronischen Zahlungsverfahren. Dies können entweder die bekannten Verfahren wie Lastschrift oder Kreditkarte sein oder aber die Bezahlung mit elektronischem Geld über im Voraus bezahlte Karten oder »Netzgeld«. Diese elektronischen Zahlungsverfahren verfügen über das Potenzial, *langfristig* einen erheblichen Teil der Barzahlungen zu ersetzen (siehe auch Kapitel 12.5).

E-Geld-Richtlinie

Im Bereich des elektronischen Zahlungsverkehrs sah die Europäische Kommission Harmonisierungs- und damit Handlungsbedarf im Hinblick auf die Stabilität des Finanzwesens und die verlässliche Funktionsweise der Zahlungssysteme. Mit dem Ziel, die Risiken zu bekämpfen und gleichzeitig die Verbreitung elektronischen Geldes zu fördern, wurde bereits 1998 der erste Entwurf für eine E-Geld-Richtlinie vorgelegt.

Mit der Richtlinie 2000/46/EG des Europäischen Parlamentes und des Rates vom 18.09.2000 ist nunmehr die Aufnahme, Ausübung und Beaufsichtigung der Tätigkeit von »E-Geld-Instituten« geregelt. Durch die Harmonisierung von Mindestvorschriften soll sichergestellt wer-

»E-Banken«

den, dass die finanzielle Integrität von »E-Geld« emittierenden Instituten gesichert ist. Darüber hinaus sollen gleiche Wettbewerbsbedingungen zwischen den traditionellen Instituten und den »E-Instituten« gewährleistet werden.

Die E-Geld-Richtlinie wird ergänzt durch eine Änderung der Bankrechts-Kodifizierungsrichtlinie (durch Richtlinie 2000/28/EG) vom 18.09.2000. Auch E-Geld-Institute werden dort zu den Euro-Kreditinstituten gezählt.

> *Ein E-Geld-Institut ist laut Richtlinie ein Unternehmen, das kein Kreditinstitut im Sinne der ersten Bankrechts-Koordinierungsrichtlinie (77/780/EWG) ist und das Zahlungsmittel in Form von elektronischem Geld ausgibt sowie Gelder entgegennehmen und anlegen kann. Elektronisches Geld ist dabei der Geldwert, in Form einer Forderung gegen den Emittenten, der beispielsweise auf einer Chipkarte (»Pre-Paid-Karte«, »elektronische Geldbörse«) oder auf einem Computer gespeichert ist (»Netzgeld« oder »Softwaregeld«) und der als Zahlungsmittel nicht nur vom Emittenten, sondern auch von Dritten anerkannt wird.*

Rechte und Pflichten von
E-Geld-Instituten

Beispiele für E-Geld finden sich im Kapitel 12.5 – so sind die Herausgeber bzw. Betreiber von Geldkarte, e-Cash, CyberCoin oder auch PayBox im Sinne der Richtlinie E-Geld-Institute. Nach der »E-Geld-Richtlinie« können Unternehmen, die bisher keine Kreditinstitute sind, elektronisches Geld ausgeben. Sie werden als Kreditinstitute anerkannt, ohne alle bisher an Kreditinstitute gestellten Anforderungen erfüllen zu müssen. Das Anfangskapital muss beispielsweise nur 0,5 Mio. statt 2,5 Mio. Euro betragen.

»E-Geld-Institute« sind strikt auf die Ausgabe von elektronischem Geld beschränkt. Für diese Tätigkeit besteht eine Zulassungspflicht. Wird die Zulassung in einem Mitgliedsstaat erteilt, berechtigt sie zu Geschäften in allen anderen Mitgliedsstaaten. Restriktionen bestehen für »E-Geld-Institute« im Hinblick auf ihre Anlagen. Sie haben dafür Sorge zu tragen, dass ihre Finanzverbindlichkeiten aus dem im Umlauf befindlichen Geld jederzeit durch hochliquide Aktiva mit niedrigem Risiko gedeckt sind.

Außer E-Geld-Instituten dürfen nur Kreditinstitute die Emission von elektronischem Geld gewerbsmäßig betreiben. Das ergibt sich für Kreditinstitute bereits aus der Bankrechts-Kodifizierungsrichtlinie vom März 2000.

Die Europäische Zentralbank (EZB) führt gemeinsam mit den zuständigen Behörden des Herkunftslandes die Aufsicht über die »E-

Geld-Institute«. Die EZB und die zuständigen Behörden können die Systemdaten, die sie für die Gestaltung der Währungspolitik für notwendig erachten, von den Emittenten abverlangen. Da man erwartet, dass die öffentliche Akzeptanz des E-Geldes viele Jahre in Anspruch nehmen wird, droht nach Ansicht des Europäischen Parlamentes währungspolitisch keine unmittelbare Gefährdung der liquiden Mittel und der Münzgewinne der EZB.

Das Parlament geht weiter davon aus, dass elektronische Geldbörsen zukünftig mit Personalausweisen, Sozialversicherungsausweisen oder Führerschein kombiniert werden und auf diese Weise Betrügereien, Steuerhinterziehung und Geldwäsche wirkungsvoll vorgebeugt werden kann. Damit würde elektronisches Geld seine Anonymität verlieren. Eine Entwicklung, die sicher kritisch zu beleuchten ist.

Der Personalausweis als elektronisches Portemonnaie

Die Richtlinie ist bis April 2002 in nationales Recht umzusetzen.

E-Geld in Deutschland

Das Kreditwesengesetz (KWG) hat bereits in seiner 6. Novelle das Netzgeldgeschäft den Bankgeschäften zugeordnet. Das Bundesaufsichtsamt für Kreditwesen ist ermächtigt, Freistellungen von bestimmten Vorschriften des KWG zu erteilen. Kreditinstituten, die zum 1.1.1998 über eine Erlaubnis als Einlagekreditinstitut verfügten, dürfen nach KWG auch Netzgeldgeschäfte betreiben.

Bei der bis April 2002 gebotenen Umsetzung ist daher kein großer Anpassungsbedarf ersichtlich.

Welche Unternehmen zukünftig in das »E-Geld-Geschäft« einsteigen, bleibt abzuwarten. Online-Dienste, wie AOL, haben ein Engagement ausdrücklich verworfen. Andere haben sich eher abwartend geäußert. Fest steht, dass seit vielen Monaten Projekte zu mobilen Zahlverfahren laufen, die das Handy zur drahtlosen Geldbörse machen sollen. So hat kürzlich Mobilcom als erstes Mobilfunkunternehmen die Errichtung einer eigenen Bank geprüft, sich dann aber für eine Kooperation mit der Landesbank Baden-Württemberg entschieden.

5.1.5   Fernabsatz

Die Fernabsatz-Richtlinie

Um den Verbraucher rechtlich besser zu schützen, hat das europäische Parlament bereits am 20.05.1997 die Richtlinie 97/7/EG über den Verbraucherschutz bei Vertragsschlüssen im Fernabsatz erlassen.

Die Fernabsatz-Richtlinie sieht weitgehende Informationspflichten des Unternehmers vor. Darüber hinaus werden Regeln über die Vertragsdurchführung und den Schutz des Verbrauchers aufgestellt. So muss der Verbraucher rechtzeitig vor Vertragsschluss über die Identität des Lieferers, wesentliche Eigenschaften der Ware, Preis, Zahlungsmodalitäten etc. informiert werden. Ob hierfür E-Mail ausreicht, ist fraglich.

Die Fernabsatz-Richtlinie stellt eine wichtige Errungenschaft für den Verbraucherschutz im Bereich des Vertragsrechts dar. Sie gilt voll und ganz für die Dienste der Informationsgesellschaft. Durch die neuere E-Commerce-Richtlinie wird der normierte Verbraucherschutz, beispielsweise in Hinblick auf Informationserfordernisse, lediglich ergänzt.

Das Fernabsatzgesetz

Der deutsche Gesetzgeber hat die EU-Richtlinie durch das seit 01.07.2000 geltende Fernabsatzgesetz – teilweise über die Vorgaben der EU hinausgehend – umgesetzt.

Verträge an der Online-Haustür

Fernabsatzverträge sind danach solche Verträge, die unter Verwendung von Fernkommunikationsmitteln geschlossen werden. Hierunter fällt der elektronische Geschäftsverkehr, aber auch Verträge, die per Telefon, Brief, Fax oder Katalog geschlossen werden.

Das Widerrufsrecht des Verbrauchers beginnt nach dem Fernabsatzgesetz erst, wenn der Verkäufer seinen umfangreichen Informationspflichten nachgekommen ist. Hierzu zählen Angaben zum kommerziellen Charakter der Fernkommunikation, der Identität des Anbieters sowie weitere wesentliche Informationen über den Anbieter, das Angebot und das Bestehen des Widerrufs und Rückgaberechts. Alle Informationen müssen dem Verbraucher dabei auf einem dauerhaften Datenträger zur Verfügung gestellt werden, damit er im Streitfall darauf zurückgreifen kann. Der Widerruf kann ohne Angabe von Gründen und ohne Strafzahlung erfolgen. Im Gegensatz zu der EU-Richtlinie beträgt die Frist für den Widerruf zwei Wochen statt sieben Werktage.

Das gesetzliche Widerrufs- oder Rückgaberecht wird für das gesamte Zivilrecht vereinheitlicht und im BGB in §§ 361a und b neu geregelt.

Die Regelungen des Fernabsatzgesetzes können nicht zu Lasten des Verbrauchers abgeändert werden, insbesondere nicht im Rahmen von AGBs.

5.1.6 Allgemeines Vertragsrecht und Internet

Neben all den neuen spezifischen Regelungen zum elektronischen Geschäftsverkehr stellt sich häufig die einfache Vorfrage, wann überhaupt eine Willenserklärung vorliegt und wann ein Vertrag typischerweise in diesem neuen Medium zustande kommt. *Willenserklärung und Vertrag*

Wird das Internet zu Zwecken des Vertragsschlusses eingesetzt, steht der Dienst »E-Mail« im Vordergrund.

E-Mails werden entweder unmittelbar vom Nutzer verfasst und als solche versendet oder aber als automatisierte Erklärungen, die aufgrund einer entsprechenden Programmierung durch den Rechner erstellt und übermittelt werden.

Dass die E-Mail eine Willenserklärung verkörpern kann, dürfte als unstreitig gelten. Einer genaueren Betrachtung bedarf allerdings die Frage nach ihrem Zugang.

Eine Erklärung gilt als abgegeben, wenn der Erklärende diese willentlich auf den »elektronischen Weg bringt«, was sich regelmäßig durch den »Mausklick« auf den Befehl »Senden« vollzieht. Wie jede Willenserklärung wird die auf elektronischem Weg abgegebene Erklärung mit Zugang wirksam (§ 130 BGB). Zugegangen ist sie, wenn Sie derart in den Verfügungsbereich des Empfängers gelangt ist, dass diesem eine Kenntnisnahme möglich ist. Das ist bei einer elektronische Erklärung dann der Fall, wenn die E-Mail eine Vorrichtung erreicht, die typischerweise für den Empfang von Willenserklärungen vorgesehen ist, die Mailbox. Der elektronische Briefkasten erfüllt diese Voraussetzung jedoch nur, wenn ein Geschäftspartner seine E-Mail-Adresse im Geschäftsverkehr offiziell angibt. Der Zugang wird bei Kaufleuten allerdings nur während der üblichen Geschäftszeiten angenommen. Eine während der Geschäftszeiten eingetroffene Nachricht gilt spätestens mit Ablauf desselben Geschäftstages als zugegangen. *Zugang von Willenserklärungen*

Ob der Empfänger die Willenserklärung tatsächlich zur Kenntnis nimmt, ist unerheblich. Entscheidend ist allein die Möglichkeit des Abrufs. Ist ein Provider dazwischengeschaltet, der die Nachricht zum Abruf bereithält, ist dies für den Zugang ausreichend.

Das Risiko, dass Nachrichten verloren gehen oder unleserlich sind, trägt bis zum Zugang der Absender, danach der Empfänger.

Geht es um Vertragsschlüsse im Internet, so bedarf es – wie in der realen Welt – zweier korrespondierender Willenserklärungen, dem Angebot und der Annahme.

Viele Waren- oder Dienstleistungsangebote im Internet sind noch nicht als Angebot zu qualifizieren, da der Anbieter sich die Bonitätsprüfung oder die Prüfung der Verfügbarkeit vorbehalten möchte. Sie

Angebot und Annahme fordern, vergleichbar mit Versandkatalogen, vielmehr zur Abgabe eines Angebots auf (invitatio ad offerendum). Das eigentliche Angebot liegt erst in der Bestellung des Kunden.

Letztlich ist es für die Qualität der Offerte im Einzelfall entscheidend, ob der Nutzer davon ausgehen durfte, dass es sich um ein verbindliches Angebot handeln sollte (Empfängerhorizont).

Auch die Erklärung der Annahme ist häufig auslegungsbedürftig. Wird nach der Verkehrssitte eine ausdrückliche Annahme nicht erwartet oder hat der Antragende auf sie verzichtet, gilt der Vertrag auch ohne eine solche als geschlossen (§151 BGB). In der Auslieferung der Ware liegt dann die Annahme durch konkludentes Verhalten.

Mit anderen Worten: Das Angebot liegt häufig erst in der »Online-Bestellung« durch den Nutzer. Die Annahme erfolgt entweder mit einer ausdrücklichen Bestätigungs-E-Mail oder mit Auslieferung der Ware.

5.1.7 Weitere EU-Richtlinien / Ausblick

Der Regulierungsbedarf auf Seiten der EU wird noch zahlreiche weitere Richtlinien hervorbringen.

- *Transparenzrichtlinie von 1998.* Diese Richtlinie sieht vor, dass die Mitgliedsstaaten die EU über jede Regelung, die Dienstleistungen der Informationsgesellschaft betreffen, informieren und ein dreimonatiges Prüfungs- und Konsultationsverfahren abwarten.
- *Telekom-Richtlinien.* Am 12.07.2000 hat die Kommission ein Telekom-Paket aus fünf Richtlinien und einer Verordnung beschlossen, mit dem das Telekommunikationsrecht umfassend modernisiert und noch wettbewerbsfähiger werden soll.
- *Mehrwertsteuerrichtlinie.* Diese Richtlinie soll die europäische Mehrwertsteuerregelung an den elektronischen Geschäftsverkehr anpassen.
- *Richtlinie über den Fernabsatz von Finanzdienstleistungen.* Damit soll der Verbraucherschutz auch in diesem Bereich geregelt werden.

Nationale Alleingänge Für den nationalen Gesetzgeber wird es auch in Zukunft nicht ausrei-
sind bei der Regulierung chen, spezifische Regelungen für das Internet umzusetzen oder zu
des E-Commerce sinnlos schaffen. Regelungen wie das Herkunftslandprinzip beispielsweise machen eine weitgehende Anpassung des materiellen Rechts erforderlich, will man effektiv Wettbewerbsnachteile vermeiden.

Die Harmonisierung der europäischen Rechtsordnung hat erst begonnen. Das Internet ist hierfür ein wesentlicher Katalysator.

5.1.8   Regulierung – die Rolle des Staates

Der Staat ist der wichtigste Mitspieler auf dem nationalen Markt. In Deutschland beträgt die Staatsquote beispielsweise ca. 48 Prozent, d.h., je nach Berechnungsform tritt er in dieser Größenordnung als Nachfrager oder Anbieter auf.[2] Neben dieser Rolle als Teilnehmer ist er jedoch auch Organisator des Marktes. Natürlich nicht im Sinne einer Planwirtschaft (obwohl die hohe Staatsquote in Deutschland dies fast vermuten lässt), sondern als jene Instanz, welche die Spielregeln für die Marktteilnehmer definiert.

Der Staat ist gleichzeitig Mitspieler und Organisator

Als Gesetzgeber gewährt sich der Staat das Recht, bestimmte Strukturen und Prozesse der marktwirtschaftlichen Koordination durch Gesetze zu regulieren, so dass der Erhalt von Werten gewährleistet bleibt, die über solche der ökonomischen Effizienz gestellt werden. Zu diesem Zweck ist es Aufgabe des Staates, Konsumenten und ihre Privatsphäre zu sichern, die intellektuellen und kommerziellen Rechte der Marktteilnehmer zu schützen und die Gesellschaft vor politischen oder ökonomischen Verzerrungen zu bewahren. Gleichzeitig tritt der Staat als Sponsor von Dienstleistungen und Gütern auf, die für einzelne Marktteilnehmer zu kostspielig wären oder nicht in unabhängiger, neutraler Form erbracht werden könnten (Ausbildung, Gesundheitswesen, Straßennetz, kulturelle Unterhaltung etc.).

Der Staat als Provider einer »Policy-Community«

Eines der wichtigsten Güter, die ein Staat produzieren kann, ist jedoch *Vertrauen*. Nur bei genügend hohem Vertrauen in das Gemeinwesen kann eine Handelstransaktion ohne permanente Absicherung gegen Betrug und ähnliche Risiken durchgeführt werden. Eine Arbeitslosenversicherung wäre nichts wert, wenn man dem Staat nicht zutrauen würde, einen auch noch in zwanzig Jahren gegen das Risiko des Arbeitsplatzverlustes zu versichern. Gleiches gilt für die Rechtsprechung und die innere Sicherheit. Der Staat kann auch als Qualitätsanker auftreten, z.B. wenn er einen Mindestanteil an Wortbeiträgen für Radiosender fordert oder selbst mit privaten Anbietern in Konkurrenz tritt, wie etwa im Rundfunkbereich.

Das Angebot des Staates: Sicherheit und Vertrauen

Der Staat existiert jedoch nicht isoliert, sondern selbst im Wettbewerb mit anderen Staaten. Auch ohne Internet besteht beispielsweise seit Jahrzehnten der Wettbewerb zwischen den Regionen Nordamerika, Europa und Asien. Die beteiligten Staaten stehen unter dem Druck, ihre Marktplattformen so effizient wie möglich zu gestalten,

---

2.   In den meisten europäischen Ländern finden wir eine ähnliche Größenordnung zwischen 45% und 55%. Nur die Schweiz und Irland liegen mit 38% bzw. 31% weit darunter. Auch Japan liegt bei 38%, die Industriestaaten werden jedoch angeführt von den USA mit unter 30%!

um einen ökonomischen Vorteil gegenüber dem Wettbewerb zu erzielen. Dies gilt beispielsweise für die Bereiche Bildung, Zölle, Bauverordnungen und vor allem für die Steuergesetzgebung.

In der Vor-Internet-Zeit war es im globalen Maßstab lediglich das Kapital, das als Wirtschaftsfaktor für Investitionen oder Anlagen mobil eingesetzt werden konnte. In der Internet-Ökonomie sind vor allem die Faktoren Arbeit und Information hinzugekommen, die zusammen mit der nochmals beschleunigten Mobilität des Kapitals international angeboten und nachgefragt werden.

Auf dem Weg von einer aktiven zur reaktiven Rolle?

Wenn nun über das Internet Dienstleistungen gehandelt werden, die in Irland 100 Euro und in Deutschland 200 Euro kosten würden (wie z.B. das Übersetzen eines Artikels vom Deutschen ins Englische), so kann dies im Internet zu einer virtuellen Migration von Arbeitskräften führen, die nicht der Regulation des Ziellandes unterworfen sind. Folglich gerät die Regierung des »teuren« Staates unter Druck, die Kostenstruktur der eigenen Marktanbieter besser zu stellen, was international zu weiterem Wettbewerb führt. Dies muss natürlich nicht in den Zustand des ruinösen Wettbewerbs entarten, da kulturelle und ökonomische Faktoren wie Ausbildung und (Rechts-)Sicherheit eine wichtige Rolle bei der Wahl des Geschäftspartners spielen.

Staaten als Ware

Dennoch werden Staaten nach wie vor selbst zu einer Ware, deren Nutzen am Markt für Standorte bewertet wird. Als Makler tritt dabei beispielsweise die Weltbank auf, die entscheidet, ob ein Staat besser als andere eine nachhaltige Entwicklung, die Reduzierung der Armut oder eine Anpassung an den wirtschaftlichen Wandel erzielt hat.

Globale Märkte sind keineswegs Systeme, die nach objektiv feststellbaren Mechanismen funktionieren. Die subjektive Bewertung eines Staates gleicht eher einer Wette, die auf seinen Erfolg abgeschlossen wird. Aus der Aggregation aller Wetten ergibt sich jedoch ein repräsentatives Bild, das die Einschätzung der Weltöffentlichkeit widerspiegelt. Wie schon im Zusammenhang mit Unternehmen diskutiert, spielt dabei die Glaubwürdigkeit eine zentrale Rolle, da sie selbst drastische Unterschiede im Preisniveau rechtfertigt.

Ein Bericht der Weltbank (»Rethinking the State«) aus dem Jahre 1997 [Weltbank97] analysiert die Rolle des Staates angesichts einer zunehmenden Globalisierung, die vor allem durch die Internet-Ökonomie gefördert wird. Er kommt zu dem Schluss, dass »Märkte und Regierungen komplementär« seien. Die Beschaffenheit des Staates und seiner institutionellen Organisationen ist ein entscheidender Faktor für die Wettbewerbsfähigkeit seines Standortes. Die Glaubwürdigkeit der Regierung, gemessen in der Vorhersagbarkeit ihrer Entscheidungen und ihrer Politik sowie in der Konsistenz ihrer Umsetzung, kann für private Investoren ebenso wichtig sein wie deren Inhalt.

Folglich ist die Rolle des Staates als Qualitäts- und Stabilitätsanker nicht nur national, sondern auch international zu verstehen. Dem Weltbank-Bericht zufolge liegt diese Rolle in einer Partnerschaft mit Wirtschaft und Gesellschaft. Florian Rötzer kommentiert den Bericht folgendermaßen [Rötz97]:

Der Staat als »Stabilitätsanker«

> »*Als Grundlage [des Staates, Anm. d. Verfassers] gilt daher, von manchen als ›Terror der Ökonomie‹ gebrandmarkt, schlechterdings die Wirtschaft, der sich die Politik anzupassen habe, aber man hält deutlich fest, dass die (National)Staaten weiterhin eine zentrale Rolle spielen und dass ihre Stabilität entscheidend für die wirtschaftliche Entwicklung ist. Im Dienste der globalen Ökonomie erscheint der Staat als entscheidender Sicherheitsfaktor, der Recht und Ordnung aufrecht erhält und extreme Ungleichheiten abmildert, die den globalen Markt gefährden, vor allem aber ihn selbst zu einem unattraktiven Standort werden lassen könnten. Explizit wird festgestellt, dass der Staat – und damit die territorial gebundenen demokratischen Repräsentanten eines Volkes – kein Souverän mehr ist, dass es keine Volkswirtschaften mehr gibt, was eben auch heißt, dass die Menschen keine Souveräne im Sinne des Ideals ›Wir sind der Staat‹ mehr sind, sondern nur noch als ›Partner, Katalysatoren und Fördernde‹ eines schicksalhaften Prozesses fungieren.*«

Was für Electronic Commerce zwischen Unternehmen zutrifft, kann damit allgemein auch für den Wettbewerb zwischen Staaten gelten: Genauso wie das Individuum aus der Unternehmung hervortritt, tritt diese aus dem Staat hervor. Angesicht einer solchen Entwicklung ist nur schwer abzuschätzen, welche sozialen und ökonomischen Auswirkungen politische Entscheidungen haben und wie stark sich die höhere Umlaufgeschwindigkeit der Wirtschaft auf eine höhere Umlaufgeschwindigkeit des Staates auswirkt.

Bob tritt aus der Organisation heraus und das Unternehmen verlässt den Staat

Nachdem die Rolle des Staates bisher nur abstrakt angesichts einer sich wandelnden Weltwirtschaft skizziert werden konnte, sollen im Folgenden einige wenige Beispiele zeigen, in welcher Weise der Staat mit speziellen Randeffekten des Electronic Commerce konfrontiert ist.

5.1.9   Notenbanken in einer bargeldlosen Wirtschaft

Zu viel E-Geld mindert den Notenbankgewinn

Eine der Aufgaben einer Notenbank liegt in der *Geldpolitik*, d.h. insbesondere in der Steuerung der Geldmenge sowie in der Festlegung des Zinsniveaus. Die Geldmenge wird üblicherweise im Bargeldumlauf sowie in Form von Girokonten und kurzfristigen Sichteinlagen gemessen. »Eigentümer« des im Umlauf befindlichen Bargeldes bleibt die Notenbank, wir sind lediglich Besitzer der Scheine und Münzen mit dem Recht auf Umtausch, z.B. in eine andere Währung.

Da die Notenbank das im Umlauf befindliche Bargeld nicht verzinst, andererseits jedoch diesen Betrag zinsbringend verleihen kann, erzielt sie in der Regel einen Gewinn – die sog. *Seignorage*. Einen Teil dieses Gewinnes schüttet sie an den Staat aus. Wenn nun für die Zukunft zu erwarten ist, dass anstelle des Bargeldes zunehmend elektronische Zahlungsverfahren eingesetzt werden, hat dies zwei Effekte: Erstens wird die Nachfrage nach Bargeld reduziert und zweitens verliert die Notenbank an Einfluss bei der Steuerung des Bargeldumlaufs.

Profiteure sind die Geschäftsbanken

Durch die Reduktion der Bargeldnachfrage wird sich nun auch das Volumen an Bargeld reduzieren, d.h., der Notenbankgewinn wird vermindert. Bei verringerter Bargeldnachfrage bietet sich für die Konsumenten normalerweise als Alternative die Anlage in verzinslicher Form an, damit sollte eigentlich zu erwarten sein, dass sich der Gewinn von der Notenbank zum Konsumenten hin verschiebt. Dies ist jedoch nicht der Fall, da durch die Herausgabe von Zahlungssystemen, wie z.B. der Geldkarte, die Verzinsung des Kartenbetrags nicht für den Konsumenten erfolgt (für ihn ist die Karte nur eine Verlängerung des Girokontos), sondern für den Kartenherausgeber (die Bank), der von der zinslosen Anlage des Girokontos profitiert.

Wenn nun dieser Bargeldumlauf ein Volumen annimmt, das nicht mehr durch die Geldpolitik der Notenbank steuerbar ist, verliert der Staat ein wichtiges volkswirtschaftliches Steuerinstrument, über das heute wirtschaftspolitische Zielsetzungen, wie z.B. die Inflation, innerhalb gewisser Grenzen durchgesetzt werden können.

Auf absehbare Zeit ist privates E-Geld jedoch keine Konkurrenz für den Staat

Die Realität wird sich nicht so drastisch entwickeln, wie diese Perspektive vermuten lässt, da zum einen der Gesetzgeber die Möglichkeit hat, durch regulatorische Maßnahmen eventuelle negative Entwicklungen zu verhindern, und zum anderen wird der Einsatz elektronischen Geldes nur allmählich und in geringem Maße erfolgen.

Die Europäische Zentralbank (EZB) forderte allerdings im August 1998 in ihrem »Report on Electronic Money« eine Regulierung des elektronischen Geldes, da man zu der Überzeugung gekommen ist, dass elektronisches Geld in Zukunft für die Geldpolitik relevant werden kann. Dabei wurden folgende Mindestanforderungen gestellt:

- Eine angemessene Überwachung der Herausgeber elektronischen Geldes,
- klare Regelungen der rechtlichen Beziehungen,
- Gewährleistung technischer Sicherheit,
- Schutz gegen kriminellen Missbrauch,
- Informationspflichten gegenüber der Zentralbank,
- Umtauschbarkeit von elektronischem Geld in Zentralbankgeld und
- die Option, elektronisches Geld mit einer Mindestreserve zu belegen.

Diese Anforderung schlagen sich in der EU-Richtlinie nieder

Darüber hinaus werden die Interoperabilität der Systeme und der Schutz gegen das Risiko des Geldverlustes (durch Verfahren wie sie zur Einlagensicherung heute üblich sind) angestrebt. Die EZB hat sich zudem grundsätzlich das Recht vorbehalten, selbst elektronisches Geld zu emittieren. Die Implementierung elektronischen Geldes auf der Basis der genannten Forderungen dürfte allerdings noch ein wenig auf sich warten lassen, da heute lediglich die technische Sicherheit gewährleistet werden kann. Alle bisherigen E-Geld-Versuche sind an mangelnder Akzeptanz gescheitert (siehe auch Kapitel 12.8).

5.1.10 Zoll und Steuern

1998 veröffentlichte das Information Society Project Office (ISPO) der EU-Kommission einen Bericht, in dem vorgeschlagen wurde, für alle Daten, die über private und öffentliche Netze fließen, eine »Bitsteuer« zu erheben. In der Industrie und bei Privatkunden stieß dieser Vorschlag natürlich auf entschiedene Ablehnung. Heute hat sich diese Diskussion abgekühlt; sicherlich auch, weil für den Staat bzw. die EU-Kommission deutlich wurde, dass eine derartige Maßnahme auch bisher unbesteuerte Telefonate treffen würde, da diese zukünftig immer häufiger über das Internet geführt werden. Damit würde diese Beschneidung weit über den Electronic Commerce hinaus auch die Kommunikation von Privatpersonen treffen und somit der heute allgemein gewünschten Deregulierung im Telekommunikationsbereich entgegenwirken.

Keine Internet-Steuer, bis auf weiteres …

Zu bedenken ist hierbei, dass die EU-Kommission bereits seit einiger Zeit nach Möglichkeiten sucht, mit Hilfe neuer Eigenmittel finanzielle Autonomie zu erreichen. Auch aus diesem Grunde sowie wegen der Ablehnung der Bitsteuer arbeiten die Regierungen der Mitgliedstaaten andere Pläne aus, um neue Besteuerungsmöglichkeiten zu

Hin- und wieder wird mit der »Bitsteuer« geliebäugelt

Die »Bitsteuer«

erschließen: Eine deshalb in Europa verfolgte Alternative liegt in der indirekten »Bitsteuer« im Energiesektor. In einem 1998 verabschiedeten Beschluss schlug die Europäische Kommission eine Regelung vor, die ein allgemeines Steuersystem auf Energie in der EU einführt. Eine solche Art der allgemeinen Besteuerung von Energieproduktion und Konsumtion könnte zu einem späteren Zeitpunkt möglicherweise als Schablone für einen neuen Anlauf zur Bitsteuer verwendet werden.

Elektronische Steuereintreiber

Abgesehen von der Bitsteuer wird über das automatische Abführen der Mehrwertsteuer nachgedacht, wie 1998 vorgelegte Pläne von Ira Magaziner, der Senior-Beraterin der damaligen Clinton-Administration in Sachen Internet, zeigten.[3] Diesem Vorschlag zufolge sollen Electronic-Commerce-Teilnehmer sog. »Resident Cards« zum Bezahlen benutzen, mit deren Hilfe Händler feststellen könnten, in welchem Land sich ein Kunde befindet und welche Steuer anzuwenden ist. Abgesehen von der Landeskennung würden keine weiteren Personendaten an den Händler herausgegeben werden. Mit Hilfe privatwirtschaftlicher Steueragenturen (*Tax Agents*) würden Verbrauchssteuern gesammelt und an die Steuerbehörde des betreffenden Landes überwiesen werden. Auf diese Weise würden Staaten schneller zu ihren Steuereinnahmen gelangen.

Es bleibt abzuwarten, ob die Staaten hier teilnehmen und ob die Verteilung des Steueraufkommens zwischen den Staaten in naher Zukunft etabliert werden kann. Auch in der Europäischen Union wird über solche Verfahren nachgedacht.

5.2 Ökonomischer Rahmen des E-Commerce

An dieser Stelle sollen keine volkswirtschaftstheoretischen Grundlagen wiederholt werden, die bereits durch Lehrbücher wie [Vari99, BöIB97] abgedeckt wurden. Vielmehr wollen wir uns direkt dem Electronic Commerce zuwenden und Entwicklungen über die Experimentier- und Adaptionsphase der letzten Jahre hinaus extrapolieren. Letztere war noch durch hohe Kosten und teilweise unrentable Produkt- oder Prozessentscheidungen geprägt, da der technisch-organisatorische Lernprozess bezüglich neuer Geschäftsmodelle erst langsam in Gang kommen konnte. Niemandem ist heute beispielsweise klar, wie viele Wettbewerber der nationale Telekommunikationsmarkt verträgt, wie viele Anbieter von Software für Online-Shops sich langfristig halten können (viele generieren als börsennotierte Investmentmodelle heute immer noch Verluste) etc. Daher wollen wir uns im Folgenden einige

---

3. Wall Street Journal vom 11. September 1998.

Phänomene und Randerscheinungen des Electronic Commerce ansehen.

5.2.1 Technischer Fortschritt und seine Wirkungskette

Electronic Commerce und E-Business sind vor allem Reaktionen auf den technischen Fortschritt der letzen zehn Jahre: Ohne das Internet und ohne die stark zurückgegangenen Kosten für Hardware, Software und Bandbreite würde heute immer noch kein Mensch über E-Commerce nachdenken! Als ich im Alter von zehn Jahren »Raumschiff Enterprise« gesehen habe, war ein »Handy« pure Science-Fiction, Gleiches gilt für einen PDA oder für Digitalkameras. Ganz zu schweigen vom Internet als solchem und der schieren Rechenleistung eines modernen Prozessors. »Doom« und »Quake« markierten Quantensprünge in der Grafikleistung für jedermann, so wie »Tron«, »Toy Story« und »Final Fantasy« dasselbe im Kino bewirkten. Aber auch Brick&Mortar-Filme wie »Titanic« sind durchsetzt mit Computergrafik-Effekten, die nur noch das Expertenauge wahrnimmt. Im Kino finden wir in diesem Sinne also bereits die Idee des »unsichtbaren Computers« verwirklicht – eine Entwicklung, die wir in den nächsten zehn Jahren möglicherweise auch im realen Umfeld sehen werden: Wir kommunizieren und arbeiten, ohne bewusst einen Computer einzusetzen.

Ähnlich unsichtbar beeinflusst Technologie inzwischen auch ökonomische Prozesse, daher wollen wir uns in diesem Kapitel die Kette von Einflussfaktoren und Reaktionen, die durch den technischen Fortschritt hervorgerufen werden, anschauen. Die Wirkungskette ist dabei etwa wie folgt:

Der technische Fortschritt ist Motor für etliche Effekte

- Die *Standardisierung* auf der Infrastrukturebene – also von Protokollen wie TCP/IP, HTTP, SMTP und Dokumentenformaten wie HTML bzw. auf der Ebene von XML – führt zu einer technischen »Lingua franca«, die über 500 Millionen Menschen verbindet. Sie stellt den gemeinsamen Nenner dar für E-Mails, Chatten, den Versand von EDI-Nachrichten oder die Integration von Softwareanwendungen.
- Standardisierung führt über einen *härteren Wettbewerb* der Hersteller rasch zur *Kostenreduktion* auf der Kundenseite, so dass die Kommunikation und Rechenleistung sich weiter verbilligt.
- *Informationstransparenz.* Durch die Reichweite einer Information wird sie prinzipiell jedermann zugänglich, es gibt nur Informati-

onsbarrieren, wenn sie gewünscht sind oder wenn bislang Standards für die Datenrepräsentation fehlen.

■ Dies erlaubt wiederum allen Teilnehmern (Forschung, Unternehmen, Privatpersonen), die höhere *Verbreitungsgeschwindigkeit von Information* für sich selbst zu nutzen (aktiv durch einen Web-Server oder passiv durch Suchen und Browsen).

■ Durch die Standardisierung, die hohe Zahl an Teilnehmern sowie die Informationstransparenz entstehen *Netzwerkeffekte*, die nicht nur für das Netz als Ganzes, sondern auch für beliebig kleine Gruppen gelten. Somit können sich zu jedem erdenklichen Thema der Welt Menschen zu Online-Communities zusammenfinden.

■ Standardisierung und Kostenreduktion führen zur *Atomisierung*, der Reduzierung kleinster ökonomisch sinnvoller Einheiten. Während in der traditionellen Marktforschung eine Kundenbefragung noch ca. 20-25 Euro kostete, so sind diese Informationen heute – dank der zusätzlichen Netzwerkeffekte – für wenige Cent zu erlangen. Dennoch verbleibt die Differenz nicht als Gewinn – eher versucht man nun noch kleinere Informationseinheiten zu erhalten wie z.B. lediglich das Alter des Kunden.

■ Diese Faktoren bewirken eine fortschreitende *Digitalisierung* im Medien- und Informationsbereich, aber auch bei der Kommunikation zwischen Unternehmen.

■ Im Bereich des Handels sorgen Netzwerkeffekte wiederum für *Reduktionen von Zugangs-, Transaktions- und Wechselkosten*. Der Katalog eines Unternehmens muss nur noch einmal als XML-Dokument produziert werden, danach ist es preislich unrelevant, ob ihn einer oder zehntausend Kunden erhalten. Die aus der Digitalisierung entstehende Vermeidung von Medienbrüchen sowie die Standardisierung und Transparenz sorgen vor allem für *verminderte Transaktionskosten*: Wenn diese vor zehn Jahren beim Wertpapierhandel im Bereich von einem Prozent lagen, zahlt ein normaler Privatinvestor nur noch ein Fixum von 10 Euro für eine Transaktion, dies kann ein Zehntel der früheren Transaktionskosten sein. Dies wiederum führte an der Börse in den letzten Jahren zu einer Vielzahl privater Day-Trader, die innerhalb eines Tages mehrere Transaktionen durchführen.

■ Aus der Informationstransparenz und Standardisierung entsteht jedoch auch *Preistransparenz* und allgemein *Markttransparenz*: Ein neuer Anbieter ist sofort sichtbar und erreichbar – aber auch vergleichbar, im Extremfall sogar automatisch.

■ Die Standardisierung und Markttransparenz führt zur *Commoditization*, d.h. der Vereinheitlichung zuvor komplexer Produkte zu

Standardprodukten, was für den Anbieter Preis- und Gewinnminderung bedeutet. Der Wettbewerb wird also härter.

- Dies wirkt prinzipiell *deflationär*, da ursprüngliche Gewinne, die aus der Intransparenz resultierten, nicht mehr erzielt werden können.

- *Globalisierung*. Insbesondere durch die Digitalisierung wird der Markt auch globaler. Sind Dienstleistungen oder Produkte digital, lassen sie sich zunehmend an sehr viel preiswerteren Orten der Welt herstellen.

Globalisierung

- *Aufmerksamkeitsökonomie*. Die Informationsfülle im Internet und allgemein auf dem Markt führt zu höheren Marketingkosten der Neueinsteiger, aber auch der Traditionsmarken. Aufmerksamkeit wird zum Türöffner für Folgegeschäfte, Aufmerksamkeit ist jedoch knapp und wird daher ebenfalls zum handelbaren Gut.

- *Free Economy*: Daraus entsteht der Trend, sich Aufmerksamkeit durch kostenlose »Teaser« zu erkaufen, dies wäre ein ganz normales Vorgehen, auch ohne Internet, wenn es nicht die Netzwerkökonomie gäbe: Ein einmal entwickelter Teaser lässt sich beliebig und fast ohne Kosten replizieren; wenn es sich dabei um ein Musikstück handelt und eine Band dadurch international bekannt wird, reicht ihr vielleicht der Gewinn aus Live-Konzerten, während die Online-Musik auch langfristig kostenlos bleibt.

- Daraus entsteht die Möglichkeit, immer schneller mit immer entfernteren und immer schneller entstehenden und vergehenden Geschäftspartnern zusammenzuarbeiten. *Vertrauensschaffende Maßnahmen* sind also an die Geschwindigkeit des Internets anzupassen. Eine zuverlässige, aber preiswerte Vertrauensinfrastruktur ist also erforderlich.

- *Disintermediation*. Transparenz, Digitalisierung, härterer Wettbewerb und reduzierte Wechselkosten verlocken Hersteller, ihre Lieferkette zu umgehen und direkt den Endkunden zu beliefern, z.B. im Musikgeschäft. Dies führt wiederum zu härterem Wettbewerb.

- *Mega-Unternehmen und Micro-Enterprises*. Die Standardisierung und Kostensenkung bei der Kommunikation führt auch zur Optimierung der Koordination – sowohl innerhalb von Unternehmen als auch über ihre Grenzen hinaus: Das heißt, Ad-hoc-Verbünde, *virtuelle Unternehmen*, aber auch noch größere *internationale Konzerne* sind als Folge denkbar.

Einflüsse auf die Unternehmensgröße

- *Coopetition* ist eine Folge aus dem Entstehen spezialisierter Unternehmen, die prinzipiell Wettbewerber sind, jedoch projektbedingt kooperieren (müssen).

▨ Aus der Atomisierung und dem Wettbewerbsdruck entsteht die Möglichkeit, Kunden *individualisierte bzw. personalisierte Dienste und Produkte* anzubieten. Ein Unternehmen kompensiert durch diesen Wettbewerbsvorteil lediglich den entgangenen Gewinn, der früher aufgrund der Intransparenz erzielt werden konnte.

Einflüsse auf die Softwareentwicklung

▨ Transparenz und Netzwerkeffekte führten zunächst privat zur *Open-Source*-Bewegung, der es zuerst um das Teilen eigener Softwareentwicklungen ging. Heute stellt dieser Ansatz jedoch auch ökonomisch eine Alternative zur kommerziellen Entwicklung dar. In diesem Fall spielt der härtere Wettbewerb, die Aufmerksamkeitsökonomie und die Standardisierung eine zusätzliche Rolle.

▨ Diese vielen Faktoren bedeuten im Wesentlichen eines: Ein Unternehmen muss versuchen, ein *Monopol* zu erreichen, entweder permanent wie im Fall von Microsoft oder zeitlich befristet wie im Fall von Netscape, Napster, Brokat oder Rio, dem ersten Anbieter eines MP3-Players. Für einen Neueinsteiger ist daher die meistgenutzte Marktlücke innovationsbedingt.

▨ *»Sheldrake-Effekt«.* Dieser Effekt bezeichnet das Phänomen, dass Entdeckungen, Entwicklungen oder Erfindungen zwar von einer Person oder Gruppe zuerst gemacht werden, zumeist aber weitere zehn auch »kurz davor standen«. Es steht also eng im Zusammenhang mit der 1000:100:10:1-Regel. Die Folge: Wagen Sie es gar nicht erst, ein Portal für brasilianische Kurzfilme der 50er Jahre zu errichten – dies haben bereits zehn andere schon getan ...

Diese Faktoren und Effekte fügen sich in ihrem Wechselspiel meist erst im Nachhinein zu einem durchschaubaren Muster zusammen. So war die gesamte New-Economy-Misere prinzipiell lediglich aufgrund der 1000:100:10:1-Regel vorhersehbar: *Ein* Ciao.de oder dooyoo.de hätte als Monopolist sehr profitabel arbeiten können. Im Wettbewerb mit fünf bis zehn anderen und einhundert noch nicht etablierten, die versuchen, noch innovativer und preiswerter zu sein, kostet dies Marktanteile, ein entsprechend erhöhtes Marketingbudget, kostenlose Teaser und andere Beigaben, so dass eine Investition schnell unrentabel wird.

Hoher Wettbewerb unter den Start-ups

Die gesamte Start-up-Szene der letzten Jahre litt unter diesem Druck, dies gilt für Brokat und Netlife genauso wie für Intershop und Openshop, Amazon und BOL, Consors und Moneyshelf, Commerce One und Ariba, nur nicht für SAP und Microsoft ... Wenn dann noch die Rechnung ohne den Kunden und insbesondere seinem Beharrungsvermögen gemacht wird, dann kostet eine Verzögerung um 6 Monate einem Start-up sofort Kopf und Kragen.

Im Folgenden wollen wir uns einige der zuvor aufgelisteten Effekte nun im Detail ansehen.

5.2.2   Folgen der Atomisierung

Neben dem verfeinerten Instrumentarium zur Informationsgewinnung liegen weitere Einflussfaktoren in der Standardisierung und Vernetzung von Unternehmen. Nur wenn Amazon Millionen von Kunden bedient und Hunderttausende von Büchern im Vorrat hält, wird es profitabel, Profilinformation zu verarbeiten und daraus Kaufvorschläge für den nächsten Kunden abzuleiten. Betriebskosten reduzieren sich sehr stark, so wie auch *Grenzkosten* – also die Kosten, die ein weiterer Kunde oder der Verkauf eines weiteren Artikels verursachen.

Einen eGroups-Server einzurichten kostet gewissen Aufwand, sein Betrieb kann jedoch automatisch und damit fast kostenlos erfolgen. Auch das Aufsetzen neuer Gruppen und die Aufnahme neuer Mitglieder in ein Forum verursacht keine Kosten. Wenn nun auch noch die Telekommunikationskosten gegen null tendieren und gleichzeitig das Potenzial besteht, weltweit ein Millionenheer von Nutzern zu bedienen, so »rechnet« sich der Betrieb des Systems sogar bei minimalem Deckungsbeitrag je verkaufter Einheit.[4] Wenn also die Kosten, einen Teilnehmer einzubinden und zu verwalten, bei 0,01 Euro liegen, lohnt sich die Teilnahme bereits für den Betreiber, wenn dem Teilnehmer regelmäßig Werbebanner auf HTML-Seiten gezeigt werden.

Schließlich hilft die Standardisierung im Bereich der Kommunikation (TCP/IP, HTTP), der Darstellung (HTML, XML/XSL) geschäftlicher Anwendungen (EDI, SAP) sowie bei der zukünftigen Sicherheits- und Vertrauensinfrastruktur (elektronische Signatur, Zertifizierungsautoritäten), kostspielige Hindernisse im Geschäftsverkehr aus dem Weg zu räumen. Ansonsten behindern Konvertieraktivitäten oder unüberwindbare Inkompatibilitäten mögliche Geschäftsverbindungen von Beginn an.

Als bewusst übertriebene *Extrapolation* kann man sich die Welt von morgen demnach so vorstellen: Zum Nulltarif steht beliebig lang und bei (fast) beliebiger Bandbreite jede bereitgestellte Information weltweit in einheitlicher und verarbeitbarer Form zur Verfügung. Die Speicherung und Verarbeitung dieser Information erfolgt quasi kostenlos. Damit kann eine Optimierung von Geschäftsprozessen – sobald sie

B2B erfordert eine Minimierung der Anpassungskosten ...

... B2C vor allem eine der variablen Kosten

---

4.   Der Deckungsbeitrag ist der Anteil am Verkaufspreis, der verbleibt, nachdem die Stückkosten abgezogen wurden – ist er positiv, hilft er, die noch verbleibenden Gemeinkosten eines Unternehmens zu reduzieren.

erkannt wurde – mit minimalem Aufwand durchgeführt werden. Allein die Investition in den veränderten Prozess (Softwareentwicklungs- und -Installationsaufwand) spielt für diese Entscheidung eine Rolle. Diese Prozessveränderung ist, unabhängig von der Anzahl betroffener Transaktionen, immer nur mit den Kosten der Umstellung verbunden. Das heißt, dass das Modifizieren und Umstellen auf der Ebene der Softwaresysteme jederzeit bei minimalen Kosten durchführbar sein muss.

Zusammengenommen helfen diese Parameter, die Umlaufgeschwindigkeit und die Granularität der Information zu verbessern. Die Wahrnehmung der Welt durch das Medium der Informationstechnologie ist damit sehr viel feinkörniger geworden. In einer solchen Welt »rechnen« sich damit Maßnahmen, die traditionell als absurd oder zumindest unrentabel abgetan worden wären:

- Regalfläche im Supermarkt erlangt unmittelbaren Wert und kann meterweise den Herstellern von Lebensmitteln vermietet werden. Traditionell wäre die softwaretechnische Verwaltung dieser Daten bereits zu kostspielig gewesen. Auch die Berücksichtigung von Preisdifferenzen, die für diese Mietfläche vielleicht nur im Bereich von Cent liegen, war zuvor durch zu hohe Verarbeitungskosten der IT-Infrastruktur unrentabel.

Die feinkörnige Wahrnehmung von Information hilft, Kosten zu senken

- Seit einigen Jahren setzt der Metro-Konzern in seinen Zentren LCD-Displays zur flexiblen Kennzeichnung der Artikelpreise ein. Diese Technik ermöglicht es theoretisch, Preise nachfragegesteuert anzupassen: Wenn Käufer sich zu Spitzenzeiten an den Kassen drängen und entsprechend viel Personal erforderlich ist, könnte diese Spitzenlast durch Zuschläge oder Rabatte auf Uhrzeiten verteilt werden, zu denen die meisten Kassen leer stehen. Ein anderes Beispiel ist die U-Bahn in Washington D.C. Hier hängt der Fahrpreis von der Tageszeit ab. Neuerdings werden daher Guthabenkarten eingeführt, von denen der aktuelle Preis flexibel abgebucht werden kann. Damit lässt sich dieses System jederzeit zentral anpassen, ohne dass die Fahrkartenautomaten oder die Karten selbst zu aktualisieren wären. Somit ist auch hier eine maximale Flexibilität zur Kosten- und Lastverteilung in Abhängigkeit von der tageszeitbedingten Nachfrage möglich.

- Marktinformation wird aus Kundenprofilen abgeleitet. Diese Daten liegen damit von Beginn an in strukturierter und damit leicht verarbeitbarer Form vor. Somit lassen sich nicht nur »grobkörnige« Informationen wie z.B. Firmenadressen veräußern, sondern auch stark verfeinerte Daten wie z.B. Verhaltensmuster bei

Flugbuchungen, nachgefragte Produktkonstellationen oder auch Interessenprofile auf der Basis von »AdClicks« – also den angeklickten Werbebannern. Durch die Standardisierung solcher Informationen werden diese erstmals auch zwischen Unternehmen übertragbar (siehe dazu Kapitel 13.5 und 13.6). Wenn diese nicht im Wettbewerb stehen, können Profilinformationen von Kooperationspartnern quasi in Echtzeit für die Markt- und Kundenanalyse eingesetzt werden.

Schließlich ist es auch für Online-User denkbar, dass sie sich mit Hilfe moderner Datenschutztechnologien, wie z.B. P3P (siehe dazu auch Abschnitt 13.5.3), die Weiterverarbeitung persönlicher Daten vom Online-Anbieter in Form von Rabatten auszahlen lassen. Auch hierbei handelt es sich möglicherweise um Cent-Beträge, die jedoch erst durch die preiswerte IT-Infrastruktur effizient verarbeitbar werden.

Niedrige IT-Kosten helfen auch Konsumenten, als Verkäufer auftreten zu können

Aus diesen Beispielen ist zu entnehmen, dass aus den unterschiedlichen Rationalisierungspotenzialen im logischen und im physikalischen Bereich Optimierungsmöglichkeiten entstehen. Noch drastischer wirken sich jedoch die neuen Parameter in einer reinen Ökonomie der digitalen Güter (»Soft-Goods«) aus: Für ein solches Gut ist ein einmaliger Herstellungsaufwand zu kalkulieren, während der Vertrieb fast zum Nulltarif erfolgen kann. Insbesondere bei Soft-Goods können Standardisierung, Vernetzung und Preisverfall ebenfalls zur Erstellung, Kombination und Distribution dieser Güter genutzt werden.

Auch wenn festgestellt werden kann, dass Electronic Commerce die Granularität ökonomisch handelbarer Einheiten drastisch verringert, rüttelt dies nicht grundsätzlich an der Basis marktwirtschaftlicher Prozesse. Immer noch optimiert jeder Marktteilnehmer an seinem Produktions- oder Dienstleistungsapparat, um am Ende den Gewinn zu maximieren. Es sind lediglich die Auflösung seiner Messinstrumente sowie seine Steuerungsmöglichkeiten durch Standardisierung und Preisverfall verbessert worden.

»Streaming« ist das Laden und sofortige Abspielen zeitbehafteter Inhalte

»Haptisch« bedeutet greifbar bzw. fühlbar

Ein wesentlicher Fehler, der in den letzten Jahren begangen wurde, war die fatale Unterschätzung der Kosten für die Errichtung der IT-Infrastruktur: Es ist müßig, über minimale technische Grenzkosten zu diskutieren, wenn die Investitionskosten im Bereich mehrerer Millionen Euro liegen und die Belegschaft des Unternehmens die Kalkulation mit ebenso hohen Personalkosten jährlich belastet: Ein Rechenexempel aus dem Bereich der kostenlosen Portale (z.B. eGroups) soll dies belegen. Nehmen wir eine Investition von 5 Millionen Euro an sowie jährliche Kosten im Bereich von zwei Millionen. Pro Kunde nehmen wir einen jährlichen Banner-Umsatz von 10 Euro an, dies sind ca. 600 Seiten mit jeweils einem Banner (also durchschnittlich knapp zwei pro Tag). Schreiben wir die Investition auf drei Jahre ab, sind dies pro Jahr 3,6 Millionen Euro, d.h., 360.000 Nutzer sind erforderlich, damit sich der Betrieb rechnet. Dies klingt nach wenigen angesichts der 500 Mio. Internet-Nutzer, es ist aber auch die schwierigste erste Phase, über die fast kein Start-up hinauskommt. Wenn nun nach einem Jahr die gesamte Technologie aufgrund des rasenden Fortschritts wieder abgeschrieben wird, kann man entweder aufgeben oder muss mit sehr viel effizienteren Wettbewerbern konkurrieren.

5.2.3 Netzwerkexternalitäten

Externalitäten sind »Abfallprodukte« von Handelstransaktionen, die nicht in der Buchführung der beteiligten Unternehmen erfasst sind [Hofm01]. So ist die Umweltbelastung einer Chemiefabrik ein externer Effekt oder der Parkplatz am Einkaufszentrum, der anderen am Wochenende kostenlos für Flohmärkte zur Verfügung steht.

Wie steigt der Wert meiner Textverarbeitung, wenn andere das gleiche Produkt benutzen?

Eine (positive) Netzwerkexternalität ist dann gegeben, wenn eine Transaktion nicht nur den unmittelbar Beteiligten zugute kommt, sondern nebenbei eine Gemeinschaft erweitert, die von ihrer zunehmenden Größe profitiert. Als Paradebeispiel wird meistens die Einführung von Faxgeräten angeführt: Die ersten beiden Fax-Benutzer nützten noch niemandem außer sich selbst (der erste sogar nicht einmal sich selbst!). Sobald jedoch weitere Mitglieder zur Gemeinschaft der Fax-Nutzer hinzukamen, wurde das Medium Fax auch für alle existierenden Nutzer immer attraktiver. Das Gleiche gilt für das Internet, das WWW, Microsoft Word, SAP usw.

Netzwerkökonomie = höherer Betreibergewinn?

Auch das Austauschen von Wissen ist ein gesamtgesellschaftlicher Effekt, der erst durch das Internet in radikaler Weise vorangetrieben werden konnte. Innerhalb der gesamten Internet-Gemeinde versuchen nun Anbieter, Netzwerkexternalitäten für sich zu nutzen, indem sie die Attraktivität der von ihnen verwalteten Community steigern und ebenso ihre Werbeeinnahmen. Damit wird auch dieser sonst nicht erfasste externe Effekt ein kommerzialisierbares Gut. Diese Aussicht auf Gewinn hat letztlich ein völlig neues Marktsegment der *Virtual Community Manager* begünstigt (siehe dazu auch Abschnitt 5.2.16).

5.2.4 Commoditization

Commoditization beschreibt die Wandlung vormals komplexer Güter, die nur von wenigen spezifiziert oder benutzt werden können, zu allgemein verfügbaren und einfach anwendbaren Gütern. Beispiele sind Reisen in Verbindung mit Flugreservierungssystemen, Internet-Tools, PCs etc. Am Anfang ihrer Entwicklung waren diese Produkte komplex, sie besaßen eine unhandliche Benutzerschnittstelle und nur Experten konnten sie bedienen. Entsprechend waren dies keine Produkte, die für den Massenmarkt entwickelt wurden. Aufgrund ihrer begrenzten Stückzahl wurden sie (oder ihre Nutzung) zu einem hohen Preis angeboten.

Klassische Commodities sind Wasser, Strom, Heizöl, ...

... moderne sind PCs oder Mallorca-Reisen

Als »Commodities« stehen diese Produkte heute jedem zur Verfügung, ihre Komplexität ist minimal – zumindest was die Spezifikation ihrer grundlegenden Produkteigenschaften betrifft. Während der Prozess der Commoditization früher Jahre bis Jahrzehnte erforderte, besteht heute die Möglichkeit, aufgrund der schnellen Verbreitung von Information und der Verwendung vorgefertigter Standardkomponenten eine Idee zum Gebrauchsgut binnen weniger Monate zu entwickeln. Man denke z.B. auch hier an den Umgang mit MP3-Audioclips.

Auch hier haben sich unterschiedliche EC-Anwendungen herausgebildet, mit deren Hilfe speziell Commodities effizient gehandelt werden können. Insbesondere sind dies Online-Auktionen und -Produktkataloge. Beide setzen voraus, dass die gehandelten Güter mit wenigen Attributen spezifiziert werden können. Im Falle des Katalogs müssen Suchanfragen nach den wesentlichen Attributen effizient beantwortet werden können. Ist dies der Fall, lassen sich Angebote mehrerer Wettbewerber in der gleichen Kategorie des Katalogs registrieren, so dass sich die Angebote bei sonst gleicher Ausprägung der Produkteigenschaften nur noch über den Preis unterscheiden können. Auch bei Online-Auktionen (Lufthansa-Flüge, Automobile, Computer) liegt jeweils eine evtl. komplexe, aber allgemein verständliche Spezifikation des Gegenstandes vor. Durch die große Anzahl an Internet-Nutzern dürfte sich jedoch in der Zukunft selbst für das exotischste Gut eine hinreichend große Bieter-Community ergeben, die einerseits anhand der Spezifikation eine klare Vorstellung vom Gegenstand hat und andererseits das nötige Kaufinteresse mitbringt, um an der Auktion teilzunehmen.

Softwareentwickler als Commodities?

5.2.5 Das Gesetz des einzigen Preises

Der Volkswirt spricht hier vom »vollständigen Konkurrenzgleichgewicht«

Die Transparenz auf dem elektronischen Markt führt im Extremfall zur vollständigen Information aller Beteiligten über den Preis, den ein Anbieter aufgrund seiner Kostenstruktur fordern kann. Bereits heute kann ein Importeur von PC-Komponenten vom Preis eines Komplett-PC schließen, welche Komponenten zu welchem Preis verwendet wurden und in welcher Höhe die Gewinnspanne liegt. Ein Abweichen von diesem Wert nach oben ist sofort für versierte Kunden erkennbar und damit für den Anbieter nicht realisierbar. Gleiches gilt für Hypothekenkredite, Aktienkurse an unterschiedlichen Börsenplätzen, Flug- oder Autopreise etc.

Arbitrageure leben von Kauf und Verkauf auf unterschiedlichen Marktplätzen

Der Ökonom spricht hier von Symmetrie bezüglich der Produktinformation, d.h., es gibt keine verborgenen Informationen des Anbieters, die es ihm erlauben, einen höheren Preis zu verlangen. Dies sind natürlich schlechte Nachrichten für Händler und Arbitrageure, die von Asymmetrien und Intransparenzen profitieren. In Verbindung mit der Commoditization sowie der Standardisierung von Produktbeschreibungen sind auch Computer zunehmend in der Lage, Preisunterschiede zu erkennen.

Dies gilt nicht nur für Commodities, sondern auch für komplexe Produkte wie z.B. Content-Management-Systeme: Heute muss ein Anbieter sehr gute Argumente vorbringen, wenn er sein CMS für mehr als 25.000 Euro verkaufen möchte. Die Standardfunktionen und ihr Zusammenspiel ist inzwischen allgemein bekannt oder nachlesbar, so dass zunehmend Anbieter- und Preistransparenz besteht. Bis zum Jahr 2003 ist daher zu erwarten, dass Standardprodukte in diesem Bereich nur noch maximal 5.000 Euro kosten und die Anzahl der Anbieter sich weltweit von heute ca. 500 auf ein Zehntel reduzieren wird.

Das Refugium der Arbitrageure wird konsequenterweise der Bereich bleiben, in dem einseitiges Wissen aufgrund komplexer Produktbeschreibungen erforderlich ist – also alle Dienstleistungen, die eher in Projektform erbracht werden, oder Produkte, bei denen aufgrund ihres geringen Marktvolumens nur eine verzerrte Marktpreisbildung erfolgen kann.

Die »Zahnpasta-Tube« oder niemand wird langfristig gewinnen ...

Dies ist eine harte Aussage: EC bietet keinen langfristigen Gewinn, nur kurzfristige Monopole: Kurzfristig profitiert ein Innovations-Monopolist, mittelfristig der Konsument und langfristig sehen wir entweder eine Deflation oder eine kontinuierliche Qualitätssteigerung.

Schauen wir uns dazu folgende Wertschöpfungssituation der »New Economy« an: Zunächst bleibt im Kern der Bedarf an einem Produkt – Rasierapparate, Zeitschriften oder Autos. Was kann uns eine fortgeschrittene B2B-Integration hier bieten? Sie kann erstens eine effizientere Integration entlang der Wertschöpfungskette zwischen Herstellern und Kunden herbeiführen. Online-Shops und -Malls können zweitens die Markttransparenz beim B2C-Commerce erhöhen. Wenn wir jetzt voraussetzen, dass die IT-Industrie es verstanden hat, E-Business *zu industrialisieren*, d.h., jede Maßnahme nicht als einmaliges Projekt aufzufassen, sondern aus einem Werkzeugkasten an Bausteinen preiswert die passende Lösung zu entwickeln, dann besteht an jedem Zipfel dieser Wertschöpfungsstruktur höhere Standardisierung, Effizienz, Transparenz und somit auch ein höherer Preisdruck:

- Die IT-Dienstleister werden preiswerter,
- Lizenzkosten für SW-Produkte sinken (evtl. bis auf null, siehe auch Abschnitt 5.2.14 und Kapitel 19.1),
- die Einführung von E-Business wird standardisiert und damit preiswerter,
- diese Maßnahme führt zu Preis- und Prozesskostenreduktion,
- die Anbieterseite muss weiter optimieren, um in der Situation höherer Transparenz profitabel zu bleiben,
- aber auch die Nachfragerseite ist gleichzeitig Anbieter, d.h., das gleiche Stück spielt sich auch hier vor anderem Auditorium wieder ab. Der Automobilhersteller kann sein Auto günstiger anbieten, da er seine Teile preiswerter einkauft.
- Am Ende setzt sich diese Entwicklung bis zum Konsumenten fort, der niemandem etwas zu verkaufen hat und folglich der lachende N-te ist. Niemandem? Er verkauft natürlich seine Arbeitskraft an die N Unternehmen der Wertschöpfungskette und genau diese müssen rationalisieren ... Der Konsument ist also langfristig ebenfalls gezwungen, seine Einkaufsvorteile an seinen »Kunden« weiterzugeben.
- Jetzt beginnt das Spiel wieder von vorne ...

Dazu einige Anmerkungen: Je digitaler diese Wertschöpfungsbeziehung ist, desto schneller werden wir den betreffenden Effekt erleben. Es wird zu Verwerfungen kommen, da nicht alle Unternehmen, nicht alle Branchen und erst recht nicht alle Konsumenten sich gleich schnell anpassen können. Am Ende wirkt der »E-Effekt« jedoch zum größten Teil nur beschleunigend in Richtung des vollkommenen Konkurrenzgleichgewichts, wie es der puristische Ökonom nennt. Dazu mehr in Kapitel 19.3 und auch im Epilog.

5.2.6   The Winner takes all ...

Neben der euphorischen Einschätzung, dass das Volumen des Electronic Commerce sich auch in den nächsten Jahren explosionsartig ausweiten werde, weisen kritische Stimmen darauf hin, dass das größere Volumen nicht zwangsläufig zu einer Vergrößerung der Zahl an Online-Anbietern führt. Der einfache Grund liegt in der begrenzten Aufnahmefähigkeit der Benutzer. Abgesehen davon, dass das Internet selbst mit anderen Medien wie Fernsehen und Printprodukten konkurriert, ist die Aufmerksamkeit für eine beliebige Anzahl Anbieter in einem bestimmten Marktsegment begrenzt: Alle kennen Amazon, einige kennen vielleicht noch Barnes and Noble und BOL. Wer aber benutzt Libri.de oder Buch.de? Und all die anderen über 1.400 Online-Buchhändler, die ich selbst nicht kenne, daher hier auch nicht auflisten kann? Und wer hat jemals mehr als ein, maximal zwei Online-Bookshops benutzt? Ich selbst nur Amazon.

Für einen zweiten Online-Buchhändler gibt es also fast schon keinen Platz mehr, spätestens der dritte kann nur überleben, wenn er subventioniert wird. Grob geschätzt gilt dieses Verhältnis langfristig für alle Märkte – Autos, Immobilien, Portal-Sites, Suchmaschinen etc.

Wie viele Online-Anbieter kennen Sie für Bücher?

Das Modell dahinter kann als »The-winner-takes-all-Ökonomie« charakterisiert werden. Nur ein Mitspieler – oft der früheste am Markt – ist in der Lage, durch einen Zeitvorsprung von oft nur wenigen Monaten, seine Online-Gemeinde und sein Angebot soweit zu vergrößern, dass er jederzeit im Vergleich zum zweiten bei weitem attraktiver wirkt. Unternehmen wie Intershop, Brokat, Amazon oder Yahoo hatten lange Zeit nur ein kurzfristiges Ziel: einen wenigstens konstanten Marktanteil bei explodierendem Marktvolumen zu halten. Darum muss mehr als der Gewinn hergibt in die erforderliche Expansion investiert werden. Hätte Intershop sich 1999 plötzlich entschieden, nicht mehr den konstanten Marktanteil zu halten, wäre das Unternehmen rasch in die Gewinnzone gerückt. Da jedoch international nur die ganz wenigen Großen einer Branche langfristig Überlebenschancen haben, investieren sie unvorstellbare Summen, nur um ein Wachstum zu sichern, das mindestens dem des Marktes entspricht. So hatten sich AOL und Sun den Erwerb von Netscape über vier Milliarden Dollar kosten lassen. Yahoo zahlte ebenfalls mehrere Milliarden Dollar für die Akquisition von GeoCities und mehrere hundert Millionen für BroadCast.

Unternehmen wie Brokat und Intershop haben jedoch in der Phase höchster Geschwindigkeit Fehler gemacht: Sie kauften zu teuer ein oder leisteten sich ein ineffizientes Vorgehen beim Marketing und Vertrieb. Übrig blieben solche Unternehmen, deren Investitionen sinnvoller angelegt waren (z.B. auf dem Girokonto der Sparkasse ;-). Folglich kann nach dem Jahr der Merger und Akquisitionen das Jahr 2001 als das der Abschreibungen in Milliardenhöhe bezeichnet werden.

2001 ist das Jahr der Abschreibungsverluste

Ähnliches ist festzustellen bei der Bestimmung des Wertes von Online-Kunden – auch hier ist maßlos übertrieben worden: So bewertete T-Online einen einzelnen Kunden mit 4.000 Euro zur Zeit des Börsengangs! Dieser Kunde zahlt jedoch nur durchschnittlich 200 Euro im Jahr an Gebühren.

Was bedeutet diese Entwicklung nun langfristig? Es kann passieren, dass in gewissen Märkten, nach der Bereinigung und Akquisitionswelle, eine neue globale Monopolisierung stattfindet, d.h., nur wenige große Anbieter werden ihren jeweiligen Markt beherrschen. Wir sehen dies heute bereits bei Amazon und AOL.

5.2.7 Aufmerksamkeitsökonomie

Vertreter der Aufmerksamkeitsökonomie, wie z.B. Goldhaber [Gold98] oder Franck [Fran98], sehen in der Aufmerksamkeit ein dem Geld ähnliches Zahlungsmittel, welches im Austausch gegen Dienstleistungen, Geld oder Aufmerksamkeit selbst »gehandelt« werden kann. Aufmerksamkeit wird zum knappen Gut, wenn der Alltag des Menschen bereits durch die gegebene Informationsflut ausgefüllt ist. Zudem löst eine auf Aufmerksamkeit basierende Ökonomie die Geldökonomie ab, wenn eine materiell vollständige Absicherung bei den Teilnehmern des »Aufmerksamkeitsmarktes« bereits gegeben ist. In diesem Augenblick treten andere Bedürfnisse in den Vordergrund, die durch Geld nicht unmittelbar befriedigt werden können (z.B. Präsenz in den Massenmedien). Das Internet erzeugt dabei eine Hebelwirkung, die über die Emanzipierung des E-Lancers gegenüber Großunternehmen einer weitaus größeren Zahl von Teilnehmern hilft, internationale Aufmerksamkeit zu erhalten. Goldhaber schreibt hierzu:

Aufmerksamkeit ist eine Währung

> *»Das wirkliche Versprechen des Webs, des Netzes und ähnlicher Dinge ist, auch wenn es niemals gänzlich eingelöst werden kann, dass sie einem helfen, das immer stärker werdende Bedürfnis nach Aufmerksamkeit zu befriedigen. Um Aufmerksamkeit zu erhalten, muss man das aussenden, was man technisch mit Information gleichsetzen kann. Genauso muss Information, um irgendeinen Wert zu besitzen, Aufmerksamkeit erlangen. Daher ist die Informationstechnologie auch eine Aufmerksamkeitstechnologie oder, um es anders zu sagen,*

wird eine Informationsübertragung nur dann erfolgreich sein, wenn es auch eine Aufmerksamkeitsübertragung in der entgegengesetzten Richtung gibt.«

Aufmerksamkeit kann man gegen Geld, Information oder Aufmerksamkeit tauschen

Mit Aufmerksamkeit wird folglich zwischen den Teilnehmern der Internet-Ökonomie bezahlt. Sie kann untereinander vermittelt werden, z.B. mit Hilfe von Banner-Tauschprogrammen, bei denen nicht im Wettbewerb stehende Teilnehmer jeweils Werbebanner der anderen auf ihrer Homepage einblenden, sie kann erworben und auf Konten der Aufmerksamen »gebookmarked« und schließlich wieder in materielle Güter gewandelt werden – wenn z.B. der Linux-Entwickler sie durch einen »fetten Auftrag« versilbert.

Musik gegen Geld oder Aufmerksamkeit verkaufen?

Goldhaber geht jedoch sogar so weit, dass er die Aufmerksamkeitsökonomie vollständig von der materiellen Ökonomie abkoppelt, sie sogar als inkompatibel empfindet. Dies zeigt sich am brennendsten beim geistigen Eigentum an immateriellen Gütern (Musik, Literatur). Dadurch, dass die Nutzung des Werkes durch die Hürde des Lizenzerwerbs begrenzt wird, steht hier die Aufmerksamkeit im Widerspruch zum materiellen Gewinn. Geistiges Eigentum heißt, dass niemand darauf aufmerksam sein darf, der dafür kein Geld bezahlt. Selbst wenn die Menschen das Geld hätten, wird ihnen dieses Problem, vor allem im Internet, zu schwierig sein, und sie werden ihre Aufmerksamkeit auf das richten, was weniger kompliziert und frei verfügbar ist.

Für ein Buch wie dieses bedeutet es beispielsweise, dass es frei im Web verfügbar gemacht werden sollte – es ist leichter mit Suchmaschinen zu finden und lenkt die Aufmerksamkeit von weitaus mehr potenziellen Lesern auf Autor und Betreiber des Web-Servers als die reine Buchproduktion. Das »Kauf-Buch« wird dann in gebundener Form im Wesentlichen wegen seines höheren Lesekomforts bezahlt. Warten wir mal ab, ob eine entsprechende Einigung mit dem Verlag erreicht werden kann ;-). Notfalls schlagen wir im Kapitel zur Free Economy nach, demzufolge das Buch als Teaser frei herausgegeben werden sollte.

In der Wissenschaft gilt »Ruhm und Ehre« als Zahlungsmittel

Die Aufmerksamkeitsökonomie kann damit als Erweiterung der »Free Economy« aufgefasst werden: Bei der Letzteren tritt Aufmerksamkeit nur als Vehikel zur späteren Erlangung materiellen Gewinns auf. Erstere sieht im Extremfall sogar eine Entkopplung von der traditionellen Ökonomie vor. Dies ist heute am ehesten im Bereich der wissenschaftlichen Publikation gegeben, die außer der Buchung auf einem Aufmerksamkeitskonto zunächst keinen materiellen Rückfluss einfordert. Als »Gewinnfunktion« dient hier so etwas wie der *Science Citation Index* (SCI), ein Zitationsindex, der die Anzahl von Referenzen wissenschaftlicher Literatur sammelt und damit als Messlatte für Aufmerksamkeit dient. Im Gegenzug zur Aufmerksamkeit liefert der Autor Information, deren Qualität durch die Anzahl an Zitaten ausgedrückt wird.

Auch wenn es die Ökonomie der Aufmerksamkeit bereits so lange gibt, wie Werbung betrieben wird, im Internet kann sie jedoch auf Mikroeinheiten heruntergebrochen werden. In diesem Bereich denke man an Effekte wie Personalisierung und Atomisierung von Werbeinformation. Folglich sind Informationen und Werkzeuge, die zum richtigen Zeitpunkt bei den richtigen Personen Aufmerksamkeit wecken oder erhalten, heiß begehrt. Zu diesen Werkzeugen zählen beispielsweise Kundenprofile und Software, die zur Verfeinerung dieser Profile eingesetzt werden kann (siehe auch Kapitel 13.6).

Über Profildaten kann man sich Aufmerksamkeit erkaufen

»Information« kostet heute weniger

5.2.8 Vertrauensökonomie

Wie weiter hinten im Kapitel über Internet-Zahlungsverfahren angedeutet, kann man Faktoren wie »Sicherheit« und »Vertrauen« einen Wert beimessen, der in einem gesunden Verhältnis zum Transaktionsvolumen stehen sollte. Es macht keinen Sinn, einem Notar 200 Euro zu zahlen, nur um den Kauf eines Paars Socken zu beurkunden. Umgekehrt lässt man sich den Zahlungstransfer eines Kunden aus einem finanziell instabilen Land durch komplizierte Akkreditivverfahren etwas mehr kosten, wenn dadurch sichergestellt ist, dass die unwiderruflich versendeten Güter nicht zum Ruin der Firma führen. Moderne Infrastrukturen wie Identrus und der Service *TrustAct* der SWIFT-Organisation setzen solche Mechanismen bereits heute online um (Kapitel 6.4).

Vertrauen ist gut, Kontrolle besser?

Vertrauensökonomie bedeutet auch, dass sich Bürger eines Weichwährungslandes »harte Dollars« zulegen, um mögliche Abwertungsrisiken zu vermeiden. Die Mehrkosten des erforderlichen Devisenumtausches nehmen sie dabei in Kauf.

Im Internet kann eine mangelnde Vertrauensinfrastruktur (bis heute glücklicherweise nur theoretisch) zu Micropayment-Raubrittertum führen, wenn sich nämlich ein Mitarbeiter eines Online-Anbieters wie Amazon plötzlich entscheidet, nur die einfließenden Millionenbeträge eines einzigen Tages auf die Cayman-Islands zu überweisen und selbst gleich hinterher zu fliegen. Dies wäre die negative Seite des Netzwerkeffekts.

Raubrittertum als potenzielles Risiko?

Heute ist noch unklar, ob sich das Rad des Zahlungs- und Warenumschlags bei der Internet-Ökonomie einfach nur schneller drehen wird oder ob es zu qualitativ neuartigen Prozessen kommen kann, die heute noch nicht zu extrapolieren sind.

Jedenfalls kann aus der Erfahrung mit der Beschäftigung rund um den Electronic Commerce nur konstatiert werden, dass im praktischen Einsatz Fragen auftreten wie: »An wen kann sich XXX wenden, wenn YYY passiert«, »Woher nimmt AAA die Sicherheit, BBB zu tun«, »Wie bekommen wir möglichst viele MMMs ins Boot, damit wir unseren NNNs glaubhaft machen können, dass wir OOO sind« usw. Nicht weniger drängend ist die danach zu klärende technische Umsetzung des Ganzen.

Wie sieht ein Marmorportal im Internet aus?

Da uns die technische Infrastruktur des Internets eine weitreichende Formalisierung von Dingen aufzwingt, die wir vorher eher auf die »weiche« Art lösen konnten, stehen wir vor neuen Problemen. Vorher signalisierte uns das 20 Meter hohe Marmorportal der Bank, dass es ihr finanziell eigentlich gar nicht schlecht gehen kann. Oder der weißbekittelte Arzt mit dem grauen Haaransatz, der sonoren Stimme und dem beruhigenden Titel suggerierte uns, dass er eigentlich kein Kurpfuscher sein kann (und in diesem Glauben werden wir wohl auch umso gesünder ;-). Aber ach, im Internet ist alles auf 1024x768 Pixel normalisiert. Dort befindet sich das ach so dominante Pornoprogramm direkt neben unserem Gesundheitsberater und beide sind über die *www.cybermall.tv* erreichbar, die mit der *www.blackmoney.tm* (die beiden mögen mir dies verzeihen, wenn sie kurz nach Druck des Buches frisch gegründet wurden ...). Weder wissen wir, wo sich der Firmensitz dieser Unternehmen noch der ihrer ISPs befindet. Einzig erkennbar ist, dass die Top-Level-Domains in Tuvalu, respektive Turkmenistan liegen.

Alles hat seinen Preis – auch Vertrauen

In der synthetisierten Welt des Internet-Marktes besteht also sehr wohl ein nachvollziehbarer Bedarf an vertrauenschaffenden Maßnahmen. Leider kostet dies Geld. Daher wird es wohl zukünftig eine Vertrauens- und Risikomatrix geben, deren Spektrum von

<Vertrauen=0 UND Risikobereitschaft=0>

bis zu

<Vertrauen=max. UND Risikobereitschaft=max.>

beliebig ausgefüllt werden kann. Dieses Kontinuum ist begleitet von wachsenden Kosten hin zur ersten Ausprägung (links unten in Abb. 5-1). Diese Ausprägung könnte man als »Virtuelles Cocooning« bezeichnen: man mag das Risiko einer Transaktion nicht eingehen, da man gleichzeitig kein Vertrauen in die Infrastruktur und in den Transaktionspartner hat. Das andere Extrem kann man als den »Naiven Investor« bezeichnen: vertrauensselig ist er bereit, ein hohes Risiko einzugehen, das Ergebnis besitzt eine große Hebelwirkung: Mit niedrigen Kosten der Risikoabsicherung kann er einen hohen Gewinn erzielen, allerdings droht auch ein hoher Verlust, wenn er übers Ohr gehauen wurde. Diese beiden Ausprägungen lassen sich nur schlecht technisch unterstützen und sollten es im zweiten Fall wohl auch nicht. Dennoch gibt es die Diagonale, die sich von »hohes Vertrauen, wenig Risikobereitschaft« bis zu »wenig Vertrauen, hohe Risikobereitschaft« erstreckt.

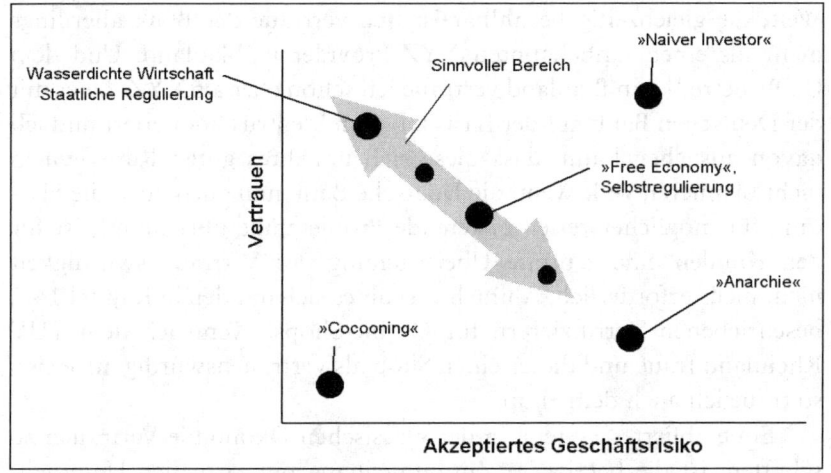

Abb. 5–1
Risiko- und Vertrauensmatrix

Die Quantifizierung dieses Kontinuums erinnert einen an die erste Frage des Sparkassen-Mitarbeiters bei der Anlageberatung, ob man an einer spekulativen oder konservativen Anlageform interessiert ist. Damit wird in seinem Kopf zunächst erst einmal ein großer Schalter betätigt, der eine von drei Kategorien festlegt. Alles Weitere ergibt sich dann innerhalb der gewählten Kategorie aus den Anlageempfehlungen des Computers.

Eine derartige Formalisierungsstufe ist im Internet heute nicht gegeben. Immerhin existieren einige freiwillige Bestrebungen zum Selbst-Rating (siehe auch Kapitel 13), das heute jedoch weder interoperabel noch verbindlich und damit »einklagbar« ist. Auch in der B2B-Welt entstehen Standards wie z.B. Identrus, mit denen Banken eine internationale Policy für die Verwendung einer Vertrauensinfrastruktur für elektronische Signaturen im Geschäftsverkehr definieren.

Nur wenn dem Banker nachgewiesen werden kann, dass ein Kunde eine konservative Anlagestrategie verfolgte und ihm dennoch

Kann man Vertrauen im Internet handelbar machen?

eine Ramschanleihe verkauft wurde, besteht überhaupt ein juristischer Ansatzpunkt. Und nur wenn eine Bank sich zu den Identrus-Policies bekennt, kann davon ausgegangen werden, dass sie auch die erforderlichen Sicherungsmaßnahmen getroffen hat und dass sie für deren Einhaltung haftet.

Es ist also nicht anzunehmen, dass ein offiziell autorisierter »Großer Bruder« für das Internet-Rating viel mehr nützen wird als die Übertragung des heutigen Vertrauens in real existierende Institutionen auf die Ebene des Netzes. Wenn die Deutsche Bank eine Online-Mall betreibt, dann vertrauen ihr die Geschäftspartner genauso, wie es in der klassischen Ökonomie der Fall ist. Es gibt niemals eine risikofreie Welt, die gleichzeitig bezahlbar ist. Ich vertraue der Bank allerdings mehr als einem unbekannten XYZ-Provider in Blauland. Und dem UVW-Betreiber in Blauland vertraue ich schon eher als XYZ, da er mit der Deutschen Bank auf der Basis z.B. von Identrus kooperiert und ich davon ausgehen kann, dass diese sich um ihres guten Rufes willen nicht blamieren will. Wenn die Deutsche Bank nun auch noch die Haftung für möglicherweise auftretende Problemfälle übernimmt, ist für den Kunden eine zentrale Überwachung der Vertrauenswürdigkeit nicht mehr erforderlich. Ähnlich verhält es sich mit den in Kapitel 14.2 beschriebenen Zertifizierern für Online-Shops. Wenn ich dem TÜV Rheinland traue und dieser einen Shop als vertrauenswürdig ausweist, so traue ich auch dem Shop.

Die Marke schafft Sichtbarkeit und Vertrauen

Ein etabliertes System, in der klassischen Ökonomie Vertrauen zu schaffen, ist die bereits im Zusammenhang mit virtuellen Unternehmen diskutierte *Marke*. Markennamen sind im Internet als vertrauensbildender Faktor ein Leuchtfeuer für Konsumenten, die durch das Dickicht unbekannter Webseiten stochern. Markennamen verschaffen einem Unternehmen gleichzeitig die Möglichkeit, sich ein wenig aus einem Wettbewerb herauszuhalten, der ausschließlich über den Preis geführt wird. Eine Marke besitzt daher einen nur schwer quantifizierbaren Wert, der sich aus einer Tradition der Zuverlässigkeit aufbaut. Die schwierigste Aufgabe für den Neustart eines Unternehmens im Internet ist folglich die rasche Einführung und Etablierung eines Markenzeichens. Aus diesem Grunde ergeben sich üblicherweise Allianzen aus Reputationsspendern und -empfängern, bei denen sich nicht präzise quantifizieren lässt, zu welchem Preis Vertrauen angeboten und bezahlt wird.

Marken als Reputationsspender

Eines ist jedoch sicher: »Vertrauen schaffen im Internet« ist bereits heute ein Geschäft. Mögliche Akteure sind hierbei »elektronisch verlängerte« Notare, Rating-Agenturen und alle Unternehmen, die in der realen Welt einen hohen Vertrauensvorschuss genießen, aber auch

Nationalstaaten und nichtkommerzielle Institutionen, für die dieses gilt. Neben diesen »optimistisch motivierten« Institutionen sind umgekehrt allerdings auch Institutionen denkbar, die in Erscheinung treten, nachdem es zum Delikt kam: Rechtsanwälte, Gerichte, Detektive. Wie diese im Internet agieren können, sei der Phantasie des Lesers überlassen. Zumindest sind Online-Schiedsgerichte heute keine Seltenheit mehr (z.B. *http://www.intellicourt.com* oder das Arbitration and Mediation Center der World Intellectual Property Organisation: *http://arbiter.wipo.int/asp/disputes/index.html*). Handelskammern und andere Institutionen arbeiten an einer entsprechenden Infrastruktur, die es erlaubt, einen rechtlichen Streitfall online außergerichtlich zu schlichten. Dies wird sich möglicherweise in Zukunft auch auf Privatpersonen erstrecken. Als Grundlage ist jedoch die Verwendbarkeit von »E-Beweismaterial« erforderlich ...

Ebenso wie Ökonomen argumentieren, dass in einem globalisierten Markt mit freier Mobilität der Wirtschaftsfaktoren die Rolle des Nationalstaates sich in der Schaffung und Erhaltung allgemeiner »Sicherheit« konzentriert, so kann dies auch für Organisationen gelten. Heute vertrauen wir auch kleinsten Organisationen, dass sie *ihre spezielle* Aufgabe korrekt leisten: Die Object Management Group (OMG), eine Organisation mit rund zwanzig Mitarbeitern, erarbeitet Standards wie die Common Object Request Broker Architecture (CORBA) oder die Unified Modeling Language (UML). Dies kann nur erfolgen, wenn die über 600 Mitgliedsorganisationen auf diese Fähigkeit zur erfolgreichen Koordination vertrauen. Wird dieses Vertrauen zerstört, dürfte eine solche Organisation über Nacht aufhören zu existieren. Gleiches gilt für Unternehmens-Rating-Agenturen wie Moody's und Standard & Poors, die Stiftung Warentest oder den Universitätsprofessor, der zu Gutachtertätigkeiten herangezogen wird.

CORBA ist ein Markenzeichen, das von wenigen Personen geprägt wurde

Ein Beispiel für das Modell »Vertrauen in eine respektierte Organisation« ist das Kreditkartensystem. Die Mitarbeiter der beteiligten Organisationen oder Dritte *könnten* Transaktionen zu eigenen Gunsten im Namen und auf Rechnung von Kunden durchführen, aber im Falle einer Marke wäre der Vertrauensverlust so groß, dass entsprechende Anstrengungen zur Absicherung des Systems unternommen werden und dass sich somit kaum ein Kunde Sorgen darüber machen muss. Jeder Beteiligte rechnet das eigene Risiko und Vertrauen in »seinen« Preis hinein: Das Kreditkartenunternehmen kalkuliert dies in ihren Gebühren und der Kunde in seinem Zeitbudget – evtl. muss er sich einmal im Monat 10 Minuten Zeit nehmen, um den seltenen Fall aufzudecken, dass ein nicht autorisierter Betrag abgebucht wurde. Im internationalen Zahlungsverkehr ist diese Lösung trotz eines gewissen

Betrugspotenzials immer noch die preiswerteste, zumal die Kreditkartengesellschaft die Haftung für Betrugsfälle übernimmt. Im Allgemeinen gilt diese Balance aus Vertrauen und Preis jedoch nur unter folgenden Voraussetzungen:

1. Jeder Beteiligte ist sich seines Risikos quantitativ bewusst.
2. Im Falle eines Fehlers muss die Beweislast definiert und eindeutig nachzuweisen sein.
3. Die Verteilung von Rechten und Pflichten muss fair sein.

Risiko- und Kostentransparenz

Wenn diese Voraussetzungen (und verschiedene daraus ableitbare) nicht bei allen Geschäftsbeziehungen erfüllt sind, kann nicht von einem »fairen« Risiko ausgegangen werden. Es kann gemäß der Anlage-Metapher dem Kunden die Einhaltung der konservativen Anlagestrategie nicht mehr zugesichert werden. Vielmehr ginge das »Business-Modell« von einem Pionier-Unternehmer mit Goldgräber-Mentalität aus – dies passt jedoch nicht zu den meisten Marktteilnehmern. Infolgedessen scheint hier ein dosierter, aber wirkungsvoller staatlicher Eingriff in den elektronischen Markt durchaus berechtigt, der im Idealfall dem Marktteilnehmer einerseits Wahlfreiheit bezüglich der Infrastruktur lässt, gleichzeitig aber festschreibt, welche Risiken mit diesen Optionen einhergehen. Eine solche Meta-Regulierung lässt den Innovatoren die Freiheit, schnell neue Systeme anzubieten, ohne den Schwächeren am Markt in eine Situation zu drängen, die durch Intransparenz und Zwang geprägt ist. Die zwei Extreme der Wahlmöglichkeit werden im Folgenden charakterisiert.

5.2.9   Vollkasko-Wirtschaft vs. Free Economy

Die Vollkaskoversicherung kommt naturgemäß am teuersten

Zwei unterschiedliche Entwicklungen sind entsprechend der Abbildung 5-1 (Seite 105) unterscheidbar: Die »wasserdichte« Ökonomie und die »Laissez-faire-Ökonomie«. Die wasserdichte ist vollständig reguliert, es wird mit nicht anonymen Geldkarten bezahlt, die einerseits Banken die Erstellung eines Bewegungs- und Kaufprofils erlauben, andererseits jedoch die Wiederherstellung des elektronischen Portemonnaies ihrer Kunden im Verlustfall. In der wasserdichten Wirtschaft sind alle Rechtssituationen beim elektronischen Handel eindeutig bekannt und supranational harmonisiert. Die wasserdichte Ökonomie ist teuer, aber sicher: Überall fallen Buchungen und Belege an, die gesetzesmäßig auf Jahre zu archivieren sind; es existiert nur die eine von der Notenbank herausgegebene Währung, und strenge Daten- und Verbraucherschutz-Regelungen definieren exakt, in welchen Fällen welche Informationen zwischen wem ausgetauscht werden können. Handelstransaktionen erlangen nur Gültigkeit, wenn sie elektronisch signiert wurden, mit SET bezahlt und sich in einem archivierbaren Vertrag niederschlagen. Die nationale Notenbank ist ausschließlich für den Umlauf und die Steuerung einer einzig zulässigen Währung verantwortlich. Die wasserdichte Ökonomie schafft also hohes Vertrauen für risikoscheue Marktteilnehmer.

Die Free Economy hingegen ist billiger, riskanter, aber auch flexibler: Transaktionskosten fallen so gut wie gar nicht an, da keine Verpflichtung zu kostspieligen Buchungsvorgängen besteht. Stattdessen helfen kryptografische Verfahren, wie sie beispielsweise bei eCash angewendet werden, zur Sicherung des Bargelds gegen Fälschung. Geschäfte durchzuführen ist in der Free Economy grundsätzlich riskanter, aber das Risiko wird durch die niedrigen Transaktionskosten ausgeglichen. Mehrere Währungen stehen im Wettbewerb und diese werden von Nicht-Notenbanken herausgegeben. Im Währungswettbewerb konkurriert der »Gates-Gulden« mit dem »T-Online-Taler« und ihr Wechselkurs kann sich täglich ändern. Er drückt das Vertrauen in den Herausgeber aus, d.h., nur extrem vertrauenswürdige Organisationen werden von den Wirtschaftssubjekten überhaupt als »Notenbank« akzeptiert. Auch Banken beliebiger dritter Staaten können sich am Privatwährungswettbewerb beteiligen, dagegen kann in Ländern mit verordneter wasserdichter Wirtschaft zunächst niemand etwas ausrichten. In der Free Economy kann jeder Teilnehmer zu jedem Zeitpunkt einen Shop, eine Bank oder sogar eine Notenbank eröffnen. Markttransparenz wird durch privatwirtschaftliche Dienste geschaffen, die als Rating- oder Suchmaschinen von jedem genutzt werden können. Die Free Economy setzt keine Verordnungen zur Steigerung der Sicherheit voraus: Mehr technische Sicherheit kostet nur mehr Geld und verzögert geplante Aktivitäten (einen Kauf, die Einrichtung eines Shops oder einer Bank). In der Free Economy existieren kaum Markteintrittsbarrieren – jeder darf alles. Allerdings wird der drohende Verlust an Reputation, die ein Teilnehmer am Markt gewonnen hat, jeden motivieren, unsichere oder gar kriminelle Verhaltensweisen zu vermeiden. Anstelle der staatlichen und technischen Kontrolle tritt die soziale bzw. extrem deregulierte marktwirtschaftliche.

In der Free Economy ist alles billiger, nur das Risiko nicht

Beide Ökonomien können natürlich parallel existieren, sogar im Wettbewerb stehen. Daher muss man sich als Marktteilnehmer entscheiden, welches Geschäft man in welchem Kontext abwickeln will. Die Wahl der Internet-Ökonomie entspricht damit dem Gang zum Anlageberater bei der Bank: Bevor man eine Anlageempfehlung erhält, erfolgt zunächst eine Klassifikation der eigenen Anlagestrategie. Ist diese konservativ (wasserdichte Wirtschaft), liefert der Sparkassen-

Ist es eigentlich Zufall: »Vollkasko-Wirtschaft« auf deutsch, »Free Economy« auf englisch?

computer eine Reihe risikoloser, sicherer, aber auch wenig rentabler Anlageempfehlungen. Im anderen Fall will sich der spekulative Anleger auf eher waghalsige Werkzeuge einlassen (z.B. Zahlungsinstrumente, Online-Kaufabschlüsse, vertrauenswürdige Dritte).

Ein interessantes Stichwort zur Free Economy ist die *soziale Kontrolle*: Nur wenn für jeden Marktteilnehmer ein Anreiz besteht, sich fair zu verhalten und dieses Verhalten Voraussetzung für profitable Geschäfte ist, kann sie florieren. Die Bank wird es sich genauso wenig leisten wollen und können, aufgrund unzuverlässiger Online-Shops, die von Dritten über die bankeigene Mall betrieben werden, beim Kunden in Misskredit zu geraten. Folglich wird die Bank im Rahmen des Möglichen versuchen, solche Fälle auszuschließen und ein geeignetes Frühwarnsystem zu installieren. Entsprechend der Abbildung 5-1 sind sich die Teilnehmer der Free Economy bewusst, dass sie ein höheres Risiko eingehen.

Vollkasko-Wirtschaft und Free Economy sind keine Gegensätze

Welches der beiden dargestellten Modelle sich am Ende durchsetzen wird, ist in keiner Weise abzusehen. Einige Zeit dürfte der aktuelle noch vorherrschende Zustand der Rechtsunklarheit in einigen Bereichen und Regionen wohl noch anhalten. Bereits jetzt ist allerdings abzusehen, wie der Rollout einer Vertrauensinfrastruktur über die nächsten Jahre vorbereitet wird und wie die Einführung der wasserdichten Wirtschaft Schritt um Schritt voranschreitet. Gleichzeitig jedoch kann sich möglicherweise durch eine Graswurzelbewegung die Free Economy Raum verschaffen, ohne den regulatorischen Einflussbereich der wasserdichten Wirtschaft zu umgehen oder ihm zu widersprechen. Dies macht sich bereits auf einigen Märkten für Soft-Goods bemerkbar: »Open-Source-Musikstücke« werden heute bereits im Internet ohne Einbindung nationaler Organisationen für Rechteverwertung und Vertrieb international angeboten.

Langfristig wird sicherlich die wasserdichte Wirtschaft dominieren und klassische Wirtschaftsbeziehungen im Internet lediglich repräsentieren; für interessanter (weil innovativer und flexibler) halte ich persönlich jedoch die Free Economy, da hier sehr viel schneller neue kommerzielle Interaktionsformen entstehen können, die zu einem späteren Zeitpunkt auch von der wasserdichten Wirtschaft übernommen werden, wenn man sie besser verstanden hat. Also liebe Regulierer, wünschenswert ist folglich ein Rahmenwerk, das beide Daseinsformen zulässt und auch jederzeit den Wechsel zwischen den Welten.

5.2.10 Geistiges Eigentum

Die Gesellschaft hat über Jahrhunderte Mechanismen herausgebildet, die es dem Eigentümer geistiger Rechte erlaubt, diese geltend zu machen. National und international werden Register und Verzeichnisse für Patente, Copyrights und Warenzeichen verwaltet. Ideen werden dadurch über Lizenzen zu handelbaren »Soft-Goods«. Der dahinter stehende gesetzliche Rahmen versucht, den Interessen aller Beteiligten gerecht zu werden: Auf der einen Seite fordern Innovatoren, Autoren und Urheber, die eine formale Handhabbarkeit ihres geistigen Gutes benötigen, eine strengere Kontrolle über die Verwendung dieser Resultate. Alle anderen fordern hingegen eine Lockerung, damit der kommerzielle Nutzen der Innovation rasch allen zur Verfügung steht.

Patente und Copyrights als Kompromiss

Der Einfluss des Internets begünstigt erst einmal beide Parteien: Der Innovator kann seine Resultate einer hohen Anzahl Interessenten schnell zur Verfügung stellen, jedoch ist die Kontrolle über die korrekte Behandlung schwach, da Ideen in Form international zugreifbarer, digitaler Güter noch schneller kopiert werden können. MP3 und Napster dienen wieder einmal als typisches Beispiel. In allen Industriestaaten wird daher die Behandlung geistigen Eigentums extrem kontrovers diskutiert. Während die »Traditionalisten« die Gültigkeit der bestehenden Gesetzgebung im Internet fordern (was sicherlich juristisch schnell belegt werden kann), vertreten einige andere die Gegenposition, dass in der Internet-Ökonomie andere Mechanismen vorherrschen, die eine Verlagerung des Nutzens bewirken. Dass sich über das Internet eine weitaus größere Anzahl Nutzer direkt kontaktieren lässt, kann die Auswirkung einer freien Herausgabe von Werken, Wissen oder ähnlicher Werte über die Steigerung der Aufmerksamkeit zur kommerziellen Ausnutzung im »Folgegeschäft« führen. Eine andere Argumentationslinie führt die Idee des *Kulturguts* an, welches öffentlich ist und kostenlos genutzt werden kann.

Diese zweite Position lässt sich dem Konzept der Free Economy zuordnen, während sich die erste der Vollkasko-Wirtschaft subsumieren lässt. Entsprechend aufwendig wäre im Falle der Vollkasko-Wirtschaft auch die Infrastruktur: Die Sammlung und Verwaltung von Rechten müsste durch entsprechende Online-Datenbanken erfolgen, die in Form von Trust-Centern Zertifikate verwalten, die den Besitz einer Lizenz oder die Urheberschaft belegen. Der Handel solcher Rechte würde ebenfalls immer eine Datenbank-Aktualisierung bei solchen Trusted-Third-Parties erfordern.

Auch hier wieder: Vollkasko-Wirtschaft und Free Economy

*Die
Aufmerksamkeitsökonomie
vertauscht die Rollen des
Anbieters und
Nachfragers*

Eine prominente Vertreterin des Free-Economy-Ansatzes ist *Esther Dyson* – Journalistin, Unternehmerin und Beraterin sowie visionäre Akteurin bei der Entwicklung neuer Internet-Anwendungen und High-Tech-Produkte. Ihre Argumentation ist etwa folgendermaßen: Da die Aufmerksamkeit das eigentlich knappe Gut seitens des Käufers ist, besteht das höchste Ziel eines Anbieters, Autors und allgemein des Content-Erzeugers in der Gewinnung einiger Minuten dieser knappen Ressource. Da Inhalte die Aufmerksamkeit von Individuen binden, schreibt dieser Handel eine ganz neue Rollenverteilung vor: Der *Anbieter* ist der Konsument oder der potenzielle Nutzer des geistigen Gutes. Als Nachfrager nach eben dieser Aufmerksamkeit setzt er das geistige Gut als Zahlungsmittel ein, um den Interessenten für seine Aufmerksamkeit zu entlohnen. Dieses Geschäftsmodell ist beispielsweise beim Privatfernsehen etabliert, wo der Zuschauer für das Ansehen der Werbespots mit Inhalten bezahlt wird. Esther Dyson unterscheidet dabei folgende grundlegende Geschäftsmodelle, zwischen denen ein fließender Übergang besteht und die eng mit bereits beschriebenen Merkmalen der Internet-Ökonomie korrespondieren [Dyso97]:

- *Abonnements.* Hierbei wird ein kostenloser »Teaser« lediglich zum Wecken des Interesses genutzt, eine Dienstleistung zu abonnieren. Dabei liegt der ökonomische Nutzen in der Höherwertigkeit der Produkte, die nur zahlenden Mitgliedern zur Verfügung stehen. »Höherwertig« bedeutet z.B. vollständig (Musikstücke), qualitativ besser (höhere Bitmap-Auflösung) oder aktueller (5 Minuten Verzögerung der Börseninformation, während 10 Minuten bereits kostenlos sind).
- *Auftritte*, d.h. kostenlose Bereitstellung des MP3-Clips auf dem Internet, während der Live-Auftritt der Band allerdings Gage kostet. Gleiches gilt auch für den Ausbildungsbereich.
- *Intellektuelle Dienstleistungen.* Beispielsweise Unternehmensberatungen, die Fallbeispiele aus der Vergangenheit veröffentlichen. Diese Herausgabe von Know-how motiviert Interessenten, ihnen einen Auftrag zu vergeben.
- *Elektronische intellektuelle Dienstleistungen.* Ein Übersetzer könnte einen automatischen Übersetzungsdienst betreiben. Zur Steigerung der Qualität würde er die Korrektur solcher Rohfassung vollständig über das Internet anbieten können. Gleiches gilt für Software-Updates und Ferninstallationen.

▓ *Mitgliedschaften.* Ähnlich dem Abonnentenmodell bietet die Mitgliedschaft eine Möglichkeit, innerhalb einer geschlossenen Benutzergruppe qualitativ hochwertige Informationen auszutauschen, ohne Gefahr, dass diese kurzfristig an die Öffentlichkeit gelangen. Im Gegensatz zum Abonnement ist die Mitgliedschaft ein symmetrisches Modell, bei dem jeder aufgefordert ist, Inhalte zu liefern.

Beispiel:
Das TRANSACT-Portal zu
diesem Buch

▓ *Konferenzen mit persönlich anwesenden Teilnehmern.* Während das Ausliefern von Inhalten per Download kaum Kosten verursacht, ist die Inanspruchnahme eines Experten kostspielig. Ein Online-Beratungsgespräch im Sinne eines Call-Centers oder ein multimediales Online-Seminar ist daher ein typisches Folgegeschäft, nachdem Inhalte kostenlos zur Verfügung gestellt wurden.

▓ *Kundendienste.* Die Wartung einer frei herausgegebenen Software ist die Grundlage aller Shareware. Hier erhält man die Version n+1 häufig nur gegen Bezahlung.

▓ *Koppelprodukte.* Auch hierbei werden Produkte aufgeteilt in freie und preisbehaftete. Dabei ist das elektronische Portemonnaie von Brokat oder CyberCash nur bei Installation eines zu bezahlenden Payment Servers auf der Händlerseite einsetzbar.

▓ *Werbung.* Yahoo lebt – eher schlecht als recht – fast ausschließlich von Banner-Werbung (Bis auf einige Lizenzumsätze und Premium-Dienste) Dabei sind die angebotenen Dienstleistungen kostenlos, um die Anzahl der potenziellen Kunden zu maximieren. Das gleiche Geschäftsmodell gilt für fast alle Online-Services, die über eine hinreichend große Community verfügen. Die Größe der Community lässt sich dabei anhand präziser Kennzahlen messen.

▓ *Sponsoren.* Hierbei erfolgt die Produktion von Inhalten aufgrund der Alimentation durch Dritte. Dies könnte etwa der Staat sein, der Universitätsprofessoren, Filmproduktionen oder öffentliche Konzerte sponsert. Ein Inhalteanbieter könnte aber auch als eigener Sponsor auftreten, indem er einen Web-Server zu seinem Hobby-Thema aufsetzt. Er sponsert diesen Inhalt mit seiner entgangenen Arbeitszeit. Insbesondere die Entwicklung freier Open-Source-Software erfordert in der Regel Sponsoren, um eine langfristige Wartung und Pflege zu garantieren (siehe dazu auch Kapitel 19.1 im B2B-Teil).

Bei jedem dieser Ansätze dient die Herausgabe freier Inhalte als ein Schlüsselelement, welches gleichzeitig den Übergang von der Free Economy zur klassischen motiviert. In der Letzteren werden schließlich die Rechte an »grobkörnigen« Gütern wie Seminarveranstaltungen oder Koppelprodukten in traditioneller Weise gehandelt. Es erfolgt damit ein stetiger Wechsel zwischen den Marktmodellen, ohne dass man es als Teilnehmer bemerkt.

Auch für diesen Bereich gilt damit die gleiche Anforderung wie bei der Wahl der Ökonomie: Dem einzelnen Teilnehmer muss transparent sein, mit welchen Marktmechanismen er bei welcher Ökonomie konfrontiert ist, damit eine bewusste Entscheidung für das Agieren getroffen werden kann. Jeder muss selbst entscheiden, ob er sein Buch ohne Anspruch auf Copyright im Internet zur Verfügung stellt oder ob es auf dem traditionellen, aber beschwerlicheren Wege veröffentlicht werden soll.

5.2.11 Organisatorische Auswirkungen des Electronic Commerce

Warum werden im Zusammenhang mit Electronic Commerce eigentlich so viele »neue Geschäftsmodelle« diskutiert? Worin besteht der Unterschied zum bisherigen Ansatz, was verändert sich? Bekannt ist ja bereits, dass die Gewinnung und Verarbeitung von Information billiger geworden ist und nach wie vor weiter sinkt. Dies gilt sowohl für den außerbetrieblichen als auch für den innerbetrieblichen Bereich. Unterschiedlichste Technologien helfen heute nicht nur, ein Vielfaches an Daten zu speichern, sondern ihnen auch zusätzliche Information abzuringen.

■ *EC egalisiert*

Bob ist es egal, ob er in Warschau oder auf Mauritius arbeitet

In der klassischen Ökonomie herrschten verschiedene Umstände vor, die Marktteilnehmer in unterschiedlicher Weise privilegierten oder ausgrenzten. In der Internet-Ökonomie besteht nun, unabhängig von der geographischen Lage, für alle Marktteilnehmer ein gleichartiger Zugang zum elektronischen Markt. Damit verlieren physische Einflussfaktoren wie die Distanz zum Arbeitsplatz oder Kunden an Bedeutung. Dies kann sich schließlich auf Kostenstrukturen der realen Welt auswirken, indem sich z.B. Lebenshaltungskosten auf dem Lande und in der Stadt angleichen. EC egalisiert aber auch international: Deutsche Unternehmen arbeiten mit portugiesischen, polnischen und indischen Softwareunternehmen zusammen. Je besser und preiswerter das Internet die internationale Telekooperation unterstützt, desto niedriger sind die Kommunikationsbarrieren, die heute eine gemeinsame Produktion verhindern. Schließlich egalisiert EC auch zwischen Unternehmen und Einzelpersonen – also letztlich der Organisationsgröße. Während ein permanenter Zugang zum Internet oder sogar der Betrieb eines Online-Shops sich zuvor nur für Unternehmen rechnete, die durch ein hohes Transaktionsvolumen diese Investitions- und Betriebskosten decken konnten, ist dies heute fast zum Nulltarif und damit für jede Privatperson möglich. Wir kehren dabei zurück zum Begriff der Volkswirtschaft, bei dem der einzelne Bewohner als gleichberechtigtes Wirtschaftssubjekt auftreten kann – als Anbieter oder Nachfrager. Der elektronische Marktplatz entspricht somit einer »Agora« der griechischen Antike, d.h. dem öffentlichen Raum des Marktplatzes, der von seinen Teilnehmern kostenlos betreten werden kann, der nicht nach ihrer Zugehörigkeit oder Herkunft unterscheidet und der als Pflaster eine einheitliche Infrastruktur bietet. Durch die Verfügbarkeit dieser Technologien über das Internet sind es nicht mehr nur die großen Unternehmen, die sich solche Softwaresysteme leisten können. Zunehmend stehen diese auch kleinen Unternehmen online zur Verfügung. »Software« verschiebt sich damit vom Produkt immer mehr zur Dienstleistung, die nach Nutzung oder monatlicher Gebühr abgerechnet wird.

▨ EC führt zur Hollywood-Ökonomie

Jeder hat nur einen Schuss ...

Eine Filmproduktion erweist sich erst dann als Erfolg oder Misserfolg, wenn der Produzent keinen Einfluss mehr auf das Produkt nehmen kann. Es besteht weder die Möglichkeit, eine verbesserte und fehlerfreie Version 1.1 nachzuliefern, noch die zur Rückrufaktion und Reparatur. Sehr ähnlich verhält es sich heute mit der Produktion von Computerspielen oder CD-ROMs im Edutainment-Bereich. Ein wenig kann der Erfolg des Produkts durch Marketing- und Werbemaßnahmen beeinflusst werden, aber am Weltmarkt wird es nur bestehen, wenn es durch seine inhärenten Merkmale besticht. Gleiches gilt zunehmend für die Softwareproduktion: Ein neuer Web-Browser, ein HTML-Editor, eine betriebswirtschaftlich spezialisierte Softwarekomponente muss technisch und preislich noch mehr überzeugen als früher, damit sie gekauft wird, ansonsten wird mit der Maus abgestimmt und bei der Konkurrenz gekauft. Diese Extrapolation ist natürlich überspitzt, zeigt jedoch einen Trend auf, der sich aus der Standardisierung und Globalisierung ergibt. Für den einzelnen Anbieter bedeutet »Hollywood-Ökonomie«, dass er 3-4 Flops durch einen Kassenschlager finanzieren muss, für den Käufer die Freiheit der Wahl. Hollywood-Ökonomie zeigt sich aber auch in anderen Branchen: Wagniskapital wird beispielsweise ebenfalls nach dem Schema »drei Flops, ein Erfolg« investiert. Die Antiutopie im Epilog zeichnet beispielsweise eine solche Entwicklung auf.

Drei Flops, ein Erfolg

Monopole dieser Art beschrieb der Nationalökonom Schumpeter bereits 1926 zum ersten Mal

▨ *Monopolisten ohne Zigarre*

Traditionell suggeriert der Begriff des Monopolisten das Image des bösen Raubkapitalisten, dessen Großkonzern jedem ernst zu nehmenden Wettbewerber durch Übernahme oder andere Mechanismen Marktanteile entreißt. Von dieser Art Monopol ist jedoch im Folgenden nicht die Rede: Interessanterweise ist das Monopol in der Internet-Ökonomie ein erstrebenswerter Zustand, wenn es nicht von Dauer ist und keine langfristigen Marktzutrittsbarrieren für Wettbewerber etabliert. In einer Ökonomie, die ihren Anbietern aufgrund radikalen Wettbewerbs nur kostendeckende Erträge erlaubt, verbleibt sogar häufig im kurzfristigen Monopol die einzige Chance, Gewinn zu generieren. Dies hat bereits vor einhundert Jahren der österreichische Nationalökonom Joseph A. Schumpeter erkannt, seitdem wird ein Innovations-Umsetzer auch als Schumpeter'scher Unternehmer bezeichnet. Net-

Netscape: In 4 Jahren vom Monopol zum Ausverkauf

scape war beispielsweise ein in diesem Sinne »guter« Monopolist, da sein gegenüber dem »Mosaic« von der NCSA technisch verbesserter Web-Browser seinerzeit der einzige mit diesen Qualitäten war. Nach einiger Zeit wurde diese Monopolstellung durch das Auftreten des Internet-Explorers von Microsoft erfolgreich angegriffen. Die kurze Monopolphase etwa um 1995/96 erlaubte es Netscape, die Rendite für die erfolgreiche Produktion und Vermarktung eines Web-Browsers zu generieren. Allgemein gesagt kann eine Innovation somit zu einem zeitlich befristeten Monopol führen. Die Internet-Ökonomie ist folglich charakterisiert durch eine Vielzahl von Versuchen, von denen nur wenige erfolgreich enden und noch viel weniger sich zu Börsenerfolgen wie Yahoo oder Brokat entwickeln.

Während weiter oben die Deflation als ein Effekt des E-Commerce angeführt wurde, so können wir dies jetzt ein wenig relativieren: Sowohl die Hollywood-Ökonomie als auch der stärkere Innovationsdruck führen keinesfalls zu einer »Deflation der Arbeit« – sie ist nur sehr viel redundanter geworden! Während man früher ein Pflichtenheft für die Entwicklung von Software vorlegte und darauf eine Auswahlentscheidung basierte, so ist heute häufig ein Teil der Software bereits im Vorwege zu entwickeln, auch wenn dies vergeblich ist.

Blur – oder das Verwischen bis in den Wärmetod ...

Eine weitere Wirkung ist, dass alles verwischt: Rollen, Größenordnungen, Technologien, Medien, Menschen und Maschinen. Käufer verkaufen persönliche Daten, Lebensmittelhersteller kaufen Regalfläche im Supermarkt. Das Fernsehen dient als Träger von Web-Daten (URLs) und der PC wird als Internet-Fernseher genutzt. Spielekonsolen, die früher nur beschränkt als Universalrechner einsetzbar waren, könnten sich zum Killer entwickeln, wenn sie beim gleichen Leistungsumfang zu einem Bruchteil des PC-Preises angeboten werden. Dinge, die man früher mit Geld bezahlte, werden kostenlos angeboten, wie z.B. Handys, bei deren Benutzung der »Käufer« personalisierte Werbung über sich ergehen lassen muss. Dinge, die früher kostenlos waren, müssen zukünftig bezahlt werden, wie z.B. Profilinformation von Online-Teilnehmern. Unternehmen, die früher über tiefe Hierarchien und Fertigungsstufen verfügten, sind heute stolz auf die Auslagerung von so elementaren Funktionen wie Lagerhaltung, IT-Betrieb oder verzichten sogar auf wesentliche Bestandteile der Vertriebskette. Unternehmen atomisieren sich bis hinunter zur Einzelperson oder sie behalten ihr traditionelles Gefüge bei und schaffen interne Marktstrukturen durch das Forcieren von Profit-Centern, Gruppenentlohnung und internen Ausschreibungsverfahren. Das Unternehmen bildet dann eine juristische Hülle, innerhalb derer sich die externen Mechanismen des Marktes unverändert wiederfinden. Begriffe wie »Person« und »Unternehmen« verschmelzen. Schließlich stehen sich nicht mehr nur Menschen im Web gegenüber (E-Mail, Chat) oder Maschinen (elektronischer Datenaustausch), sondern ein beliebiges Gemisch: Menschen kaufen bei Online-Shops, Softwaresysteme bestellen Ware beim Zulieferer und intelligente Agenten verhandeln mit Personen elektronische Verträge.

Beim Neandertaler lag die Sippengröße bei etwa 20 Personen

Stan Davis und Christopher Meyer haben diesem Thema ein ganzes Buch mit dem Namen »Blur« gewidmet [DaMe98]. Nimmt man die Fülle der Beispiele für diesen Blur als Ausgangspunkt einer Entwicklung, so kann man sich das Resultat etwa so vorstellen:

Vermischung organisatorischer Grenzen

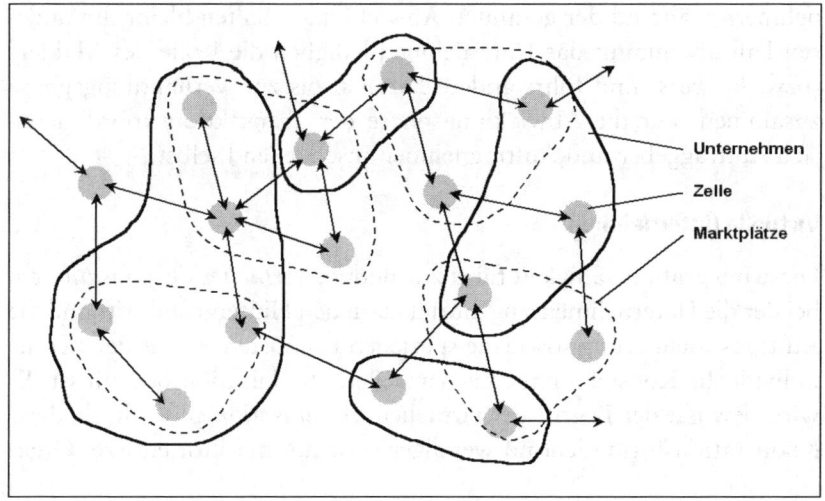

Abb. 5–2

Zelluläres Modell der Unternehmenskooperation

Jeder mit jedem oder jeder gegen jeden?

Millionen kleiner Zellen mit wenigen Mitarbeitern stellen jeweils eine operative, funktionale Einheit dar. Diese Zellen können sich leicht mit anderen konfigurieren. Einige dieser Zellen gehören der gleichen Organisation an; sie bilden ein Unternehmen, während sich andere Unternehmen nur aus einer Zelle zusammensetzen. Die Zugehörigkeit zu einem Unternehmen beschränkt sich meistens auf juristische, finanzielle und Marketingaspekte, jedoch nicht auf die Aufbau- und Ablauforganisation. Das heißt, welche Zelle mit welchen anderen kooperiert, bleibt ihre autonome Entscheidung. Je nach Auftrag können sich dabei Ad-hoc-Zusammenschlüsse von Zellen ergeben. Ein solcher Zusammenschluss erfolgt unabhängig von der Unternehmenszugehörigkeit. Insbesondere auf der Ebene der Informationstechnologie ist das schnelle Herstellen von Interoperabilität und Kohärenz für diese flexible Kooperation erforderlich. Kooperierende Softwaresysteme müssen ad hoc konfiguriert werden können und Daten miteinander austauschen, die sie in gleicher Weise interpretieren.

Am Ende lässt sich die Unterscheidung »Unternehmen – Markt« nicht mehr aufrechterhalten: Bereits heute werden innerhalb der Organisation Profit-Center gebildet, um mehr Entscheidungsautonomie in die Zellen zu verlagern. Eine Zelle entscheidet selbst, ob sie beispielsweise die Designabteilung des Unternehmens oder eine externe beauftragt. Damit steht die Designabteilung unmittelbar im Wettbewerb mit externen Unternehmen. Ist ein Auftrag auszuführen, tritt eine Zelle als Koordinator ein: Sie verteilt entweder den Auftrag an mehrere Subauftragnehmer und behält die Rolle des Koordinators bei oder führt lediglich Auftraggeber und Auftragnehmer zusammen. Im ersten Fall spielt diese Zelle die Rolle einer Generalunternehmerschaft, bei der eine dreistufige Hierarchie zwischen Auftraggeber, Generalunternehmer und Subunternehmern während der gesamten Abwicklung erhalten bleibt. Im anderen Fall übernimmt das Unternehmen lediglich die Rolle des Maklers (bzw. *Brokers*) und führt andere Parteien bis zur Verhandlungsphase zusammen. Für die Abwicklungsphase der Transaktion koordinieren sich Auftraggeber und Auftragnehmer anschließend selbst.

Broker vermitteln ...

... Generalunternehmen sind selbst beteiligt

Virtuelle Unternehmen

Diese Integrationsfähigkeit führt zur Bildung *virtueller Organisationen*, bei der die Unternehmenszugehörigkeit in den Hintergrund tritt und die Auftragsorientierung sowie die speziellen Kompetenzen der Partner die individuelle Konstellation einer virtuellen Organisation beeinflusst. Es wird bewusst der Begriff der virtuellen *Organisation* gewählt, da diese Kooperationsform nicht notwendigerweise nur marktorientierte Organisationseinheiten betreffen muss [ApBe98]. Auch im universitären Forschungsbereich oder zwischen Behörden kann es prinzipiell zu einer solchen aufgabenorientierten Kooperation kommen – hierbei entfällt dann allerdings der Charakter einer Handelsorientierung, der die Grundlage für ein *virtuelles Unternehmen* (VU) bildet [ByBP93].

Arnold et al. definieren ein virtuelles Unternehmen als »eine Kooperationsform rechtlich unabhängiger Unternehmen, Institutionen und/oder Einzelpersonen, die eine Leistung auf der Basis eines gemeinsamen Geschäftsverständnisses erbringen. Die kooperierenden Einheiten beteiligen sich an der Zusammenarbeit vorrangig mit ihren Kernkompetenzen und wirken bei der Leistungserstellung gegenüber Dritten wie ein einheitliches Unternehmen. Dabei wird auf die Institutionalisierung zentraler Managementfunktionen zur Gestaltung, Lenkung und Entwicklung des VU durch die Nutzung geeigneter Informations- und Kommunikationstechnologien weitgehend verzichtet« [AFHS95].

Folgende Kriterien werden als Voraussetzung für virtuelle Unternehmen angeführt:

- Das VU ist eine Kooperation von Unternehmen. Diese können allerdings zwischen Einzelpersonen und Großunternehmen variieren.
- Die involvierten Unternehmen behalten ihre ökonomische und juristische Selbstständigkeit bei. VUs sind damit keine Joint Ventures, eher Gesellschaften Bürgerlichen Rechts (BGB-Gesellschaften). Damit können sich verschiedene Probleme bei internationalen VUs ergeben (z.B. die Frage des Gerichtstands).
- Der Zweck des VU liegt in der optimalen Nutzung von Kombinationsmöglichkeiten und Ressourcen, die intern nicht zur Verfügung stehen.
- Ein VU ist für beliebige Unternehmen offen, die eine erforderliche Ressource zur Verfügung stellen können.
- VUs werden aufgelöst, sobald der Zusammenschluss nicht mehr erforderlich ist (z.B. nach Ablauf eines Projekts).
- VUs können sowohl horizontale als auch vertikale Kooperation erfordern (mehrere Unternehmen innerhalb einer oder mehrerer Branchen).
- VUs besitzen keine hierarchische Struktur. Es existiert kein weisungsbefugter Partner oder Subauftragnehmer.[5]
- Vertrauen gilt als das wichtigste Bindungsmerkmal zwischen den Partnern des VU.

Bob, der Avatar-Designer organisiert virtuelle Unternehmen

---

5. Dies ist ein sehr strenges Kriterium, das abgeschwächt werden sollte, indem auch die Generalunternehmerschaft zugelassen wird.

Abbildung 5-3 zeigt die Teilnehmer eines virtuellen Unternehmens am Beispiel einer Buchpublikation. Hierbei stehen Dienstleister wie Werbeagenturen, Korrekturleser, Titelbild-Designer, Bibliotheken, Druckereien usw. bereit, um einen Teil des gesamten Publikationsprozesses zu übernehmen. Der Autor fungiert hierbei (im Gegensatz zum herkömmlichen Modell) als Auftraggeber. Da die Koordination aller erforderlichen Dienstleistungen für den Autor selbst zu komplex ist, beauftragt er einen Experten (den Publikationsagenten), der diese Tätigkeit so oft ausübt, dass er nicht nur in der Lage ist, die notwendigen Services zu koordinieren, sondern auch die für diesen Auftrag speziell geeigneten zu ermitteln. Gegenüber dem Auftraggeber bietet der Publikationsagent eine einheitliche Schnittstelle, über die eine Auftragsvergabe erfolgt sowie der Austausch des Manuskripts.

Abb. 5–3
Beispiel für ein virtuelles Unternehmen

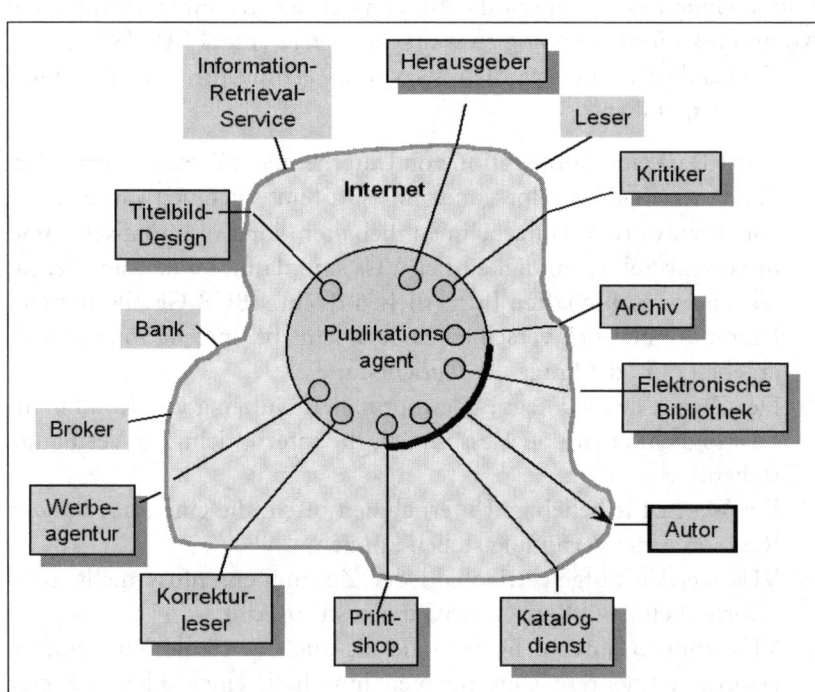

Auch dieses Buch ist das Produkt eines VUs

Neben der Aufbauorganisation kümmert sich der Generalunternehmer um die Ablauforganisation. Dabei werden einzelne Prozesse der Partner so miteinander integriert, dass der Gesamtauftrag unter Berücksichtigung der Abhängigkeiten einzelner Aktivitäten in kürzester Zeit abgewickelt werden kann. Dies führt zu einem *organisationsübergreifenden Workflow*, dessen prinzipielles Schema mit immer wieder neuen Partnern angewendet werden kann. So können wir annehmen, dass der Agent nach Vertragsabschluss mit dem Autor dessen Manuskript erhält und dieses weiterleitet an den Korrekturleser und den Titelbild-Designer. Er selbst erstellt eine Zusammenfassung, die für den Katalogdienst, aber auch als Grundlage für die Werbeagentur verwendet wird. Das Manuskript wird nach der Korrektur an den Autor zurückgeliefert. Evtl. kann sich der Korrekturzyklus mehrfach wiederholen. Schließlich wird jedoch die endgültige Fassung an den Printshop geliefert und gedruckt.

In der Praxis wird eine solche Vorgehensweise bereits heute bei projektorientierten Unternehmen wie in der Baubranche, bei Werbeagenturen oder auch Softwarefirmen praktiziert [Sieb98]. Bei größeren Unternehmen ist meist ein erheblich höheres Auftragsvolumen erforderlich, bis es »sich rechnet«, sich in dieser Form in einen Verbund zu integrieren – es sei denn, kleinere flexible Einheiten, die autonome Entscheidungen treffen können, werden aus dem Großunternehmen in die virtuelle Organisation einbezogen, dann finden wir wieder die oben illustrierte Zellenorganisation vor.

... bis in den Wärmetod?

Der zweite Hauptsatz der Thermodynamik besagt, dass – in kosmischen Größenordnungen gemessen – jegliche Materie langfristig zu einer diffusen, strukturlosen Masse mit maximaler Entropie (Unordnung bzw. Strukturlosigkeit) tendiert, deren Bestandteile keinerlei Energiedifferenz und damit auch keinerlei Information besitzen. Überträgt man diese Situation metaphorisch auf den elektronischen Markt, würden alle Teilnehmer in dieser Situation ihre Alleinstellungsmerkmale verlieren und damit die Möglichkeit, die eigenen Produkte mit einem Markennamen zu verbinden.

»Wärmetod« ist weniger morbid als es klingt ...

Angewendet auf die Zellenorganisation bedeutet dies, dass ein Unternehmen befürchten muss, sein spezielles Profil zu verlieren, wenn seine Bestandteile vergleichbar werden mit denen seiner Wettbewerber. Ohne Profil droht die Zelle und das Unternehmen jedoch in einem Meer vergleichbarer Zwillingsbrüder unterzugehen. Folglich ist ein Vehikel erforderlich, das nicht nur Aufmerksamkeit bei Geschäftspartnern oder Konsumenten erzeugt, sondern bestimmte Qualitäten markiert. Dieses Vehikel ist üblicherweise der Markenname, hinter dem alle Zellen des Unternehmens organisiert werden können. Ein Softwareunternehmen, das als Tochter eines internationalen Konzerns den Namen der Muttergesellschaft tragen darf, erhält im Ausland bereits einen Aufmerksamkeitsbonus. Gleiches gilt für Banken, Automobilhersteller, Lebensmittelkonzerne und andere Markenartikler. Von

»Porsche Software Production« vs. »Programmiererei Schulze«

einem Unternehmen »Porsche Software Design« würde man beispielsweise hohe Ansprüche an Qualität und Design erwarten. Gerade die
Marke bietet in der Internet-Ökonomie die Möglichkeit, im Rauschen
der Homepages und Web-Links einen Fixpunkt zu setzen.

Metaorganisationen und ihre Softwareinfrastrukturen

Beim Aldi-PC wurden fünf Hersteller für je 50.000 PCs beauftragt

Durch die steigende Dominanz des Marktprinzips gegenüber dem Pla-
nungsprinzip gewinnt das Chaos und verliert die Struktur. Damit
erhöht sich die Geschwindigkeit, mit der eine Struktur etabliert werden und auch wieder zerfallen kann. Die Komponierbarkeit dieser
Struktur hängt jedoch stark von der Verfügbarkeit ihrer Bestandteile
ab: Während eben früher ein PC weitgehend von einem Unternehmen
geplant, gefertigt und montiert werden konnte, bestand die Übergangsphase in der Beauftragung von Zulieferern zur Herstellung der
Komponenten. Heute besteht ein derartig hohes Standardisierungsni-
veau, dass Komponenten und deren Montage auf hochtransparenten
Märkten bei nahezu gewinnlosen Margen von wechselnden Herstellern eingekauft werden können.

Unternehmen, die in der Internet-Ökonomie bestehen wollen, sind
also auf neue, netzartige Strukturen angewiesen. Um eine solche Struktur zu realisieren, muss sich das Management einerseits traditioneller
Instrumente wie Fusionen, Übernahmen und Joint Ventures bedienen,
andererseits kommen neue Formen der Kooperation mit bestehenden
Unternehmen sowie jungen Start-ups hinzu, die mit Hilfe von Risiko-
kapital übernommen werden. Viele Unternehmen wie beispielsweise
GFT, die Plenum AG oder Nokia leben zum größten Teil davon, dass
sie das (teilweise durch Aktienemissionen) verfügbare Kapital in
Unternehmensaufkäufe investieren, um aus der möglichen Synergie
der Beteiligungen einen Mehrwert zu schöpfen. Solche Unternehmen
sind bereits heute hochvernetzte Strukturen, die nicht mehr auf der
Basis einer autokratischen Führungshierarchie, sondern durch Einflussnahme und Überzeugung geführt werden müssen. Ein Unternehmer ist damit nicht mehr nur Architekt eines spezifischen Aufbau- und
Ablaufmodells seiner Organisation, sondern »Meta-Architekt«: Er
muss eine Infrastruktur schaffen, die ihrerseits das Aufbauen und
Ingangsetzen der Zellen erleichtert. Diese Meta-Architektur erstreckt
sich von der Organisation bis hin zur IT-Infrastruktur. Auf beiden Ebenen gilt es, schnelle Verbindungen zu knüpfen, neue Zellen rasch etablieren oder auch terminieren zu können und dies 1:1 durch Softwarekomponenten zu reflektieren.

Meta ist »in«

Zu unterscheiden ist speziell im Hinblick auf virtuelle Organisationen die Kooperation auf rein organisatorischer Ebene (heute bereits der Fall) und die Integration der beteiligten IT-Systeme. Im letzteren Fall ist eine Reihe von Anforderungen zu erfüllen:[6]

1. *Interoperabilität.* Diese elementare Anforderung zielt auf die technische Integration der beteiligten Kommunikationsdienste ab. Dabei sind Verfahren erforderlich, die den Transfer von Daten zwischen Rechnern auf der Basis standardisierter Protokolle unterstützen und für die Lokalisierung von Softwarekomponenten die korrekte Bindung der jeweils erforderlichen Komponenten sorgen. Diese Anforderungen werden von Middleware-Systemen wie Application Server, Content-Management-Systeme oder Messaging-Systeme für den Austausch von Geschäftsdokumenten erfüllt.

   Interoperabilität = gleiches Datenformat, Kohärenz = gleiche Bedeutung

2. *Kohärenz von Daten.* Hierbei geht es nicht nur darum, Datenwerte entsprechend ihrer Typen korrekt zu übertragen, sondern ihre einheitliche Interpretation zu forcieren. Erforderlich ist dazu die Standardisierung von *Semantik*: Das heißt »RENR« ist nicht nur eine natürliche Zahl, sondern als Rechnungsnummer zu interpretieren. Bereits seit Jahrzehnten werden solche Informationen für den elektronischen Datenaustausch im Rahmen von EDI-Standards normiert, jedoch ergeben sich immer wieder organisatorische Schwierigkeiten beim Standardisierungsprozess, so dass in der Realität die meisten EDI-Nachrichten inkompatibel sind und nur mit hohem Aufwand konvertiert werden können.

3. *Prozesse.* Isolierte Informationstransfers sind im Zusammenhang von Geschäftsprozessen zu koordinieren. Die Reihenfolge solcher Nachrichten, Verzögerungen und Fristen, Ausnahmesituationen und Regeln sowie die hierarchische Zusammenfassung einzelner Prozesse zu verdichteten Abläufen sind die Aufgaben von Workflow-Management-Systemen. Nur wenn ein solcher Prozess beschrieben werden kann, besteht auch die Chance, in der virtuellen Organisation eine sinnvolle Verteilung der Subaufträge vorzunehmen.

4. *Juristische Vereinbarung und Absicherung der Leistungen.* Da bei jeder Kooperation zwischen dem Publikationsagenten und einem Geschäftspartner ein Austausch von Leistungen steht, in

---

6. Auf diese Anforderungen kommen wir im B2B-Teil zurück, wenn es um die dazu erforderliche Technologie zur B2B-Integration geht (Enterprise Application Integration).

den beide Parteien eingewilligt haben, liegt jeweils ein Vertrag vor. Dieser könnte abstrakt als mündliche Vereinbarung existieren oder als elektronisches Dokument. Zur beweisfähigen juristischen Absicherung der Leistung ist jedoch der Einsatz elektronischer Signaturen sowie die Sicherung des Dokuments erforderlich. Diese Thematik wird in Kapitel 18.9 unter dem Thema »Electronic Contracting« behandelt.

5. *Datenschutz.* Diese Form des Datenschutzes betrifft im Falle virtueller Organisationen vor allem lokale Informationen eines Partnerunternehmens, die vor dem unautorisierten Zugriff der Geschäftspartner gesichert werden sollen. Beispielsweise gilt für Verträge, die der Publikationsagent mit seinen Geschäftspartnern geschlossen hat, dass weder die Subauftragnehmer Einblick in den Vertrag mit dem Autor gewinnen sollen noch umgekehrt.

6. *Komponentenbasierte Softwaretechnologie.* Wenn Partner dabei immer neue Kooperationen eingehen, so erfordert dies flexible IT-Systeme zur schnellen Anpassung. Dazu sind Systeme mit standardisierten Softwareschnittstellen notwendig, die sich ad hoc zusammenschalten lassen. Verändert ein Unternehmen seine Kooperationsbeziehungen, muss es möglich sein, diese Beziehung auf der Softwareebene unmittelbar nachzuführen. Um diesem hohen Anspruch gerecht zu werden, ist es erforderlich, moderne Softwaretechnologien wie Komponenten, Frameworks und Business Objects einzusetzen (siehe dazu Kapitel 8).

Abb. 5–4

Organisatorische und technische Ebene der Integration zweier Unternehmen

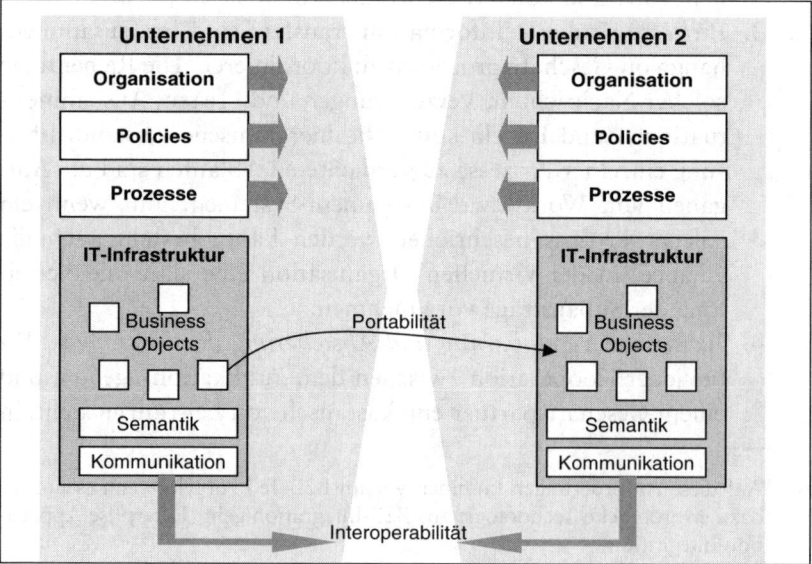

Mega-Unternehmen oder Micro-Enterprises?

Die 200 größten weltweit agierenden Unternehmen erzielen bereits einen Umsatz, der höher als ein Viertel des gesamten Welthandels ist, und sind größer als die meisten Volkswirtschaften; sie beschäftigen dabei allerdings nicht einmal ein Prozent der arbeitsfähigen Menschen. Philip Morris etwa ist bezüglich des »Umsatzes« größer als Neuseeland, Mitsubishi ist größer als Indonesien, General Motors größer als Dänemark oder Toyota größer als Norwegen. 51 der hundert größten Wirtschaften sind Unternehmen. Wenn man von den neun größten Volkswirtschaften absieht (USA, Japan, Deutschland, Frankreich, Italien, Großbritannien, Brasilien, Kanada und China), übertrifft der Umsatz der 200 größten Unternehmen weltweit das gemeinsame Bruttosozialprodukt aller verbleibenden 182 Länder.

Gibt es auch einen »Blur« zwischen Staat und Unternehmen?

Folglich muss man sich fragen, ob für ein Unternehmen in Zukunft die schiere Größe oder die flexible Zelle anzustreben ist. Im Prinzip schließen sich diese Ansätze nicht aus, denn die meisten Großunternehmen werden heute als dezentralisierte Bündel relativ autonomer Zellen geführt. Durch Instrumente wie Profit-Center oder Unternehmensbeteiligungen wird die unternehmerische Verantwortung bis in einzelne Arbeitsgruppen hinein verlagert. Dies gilt beispielsweise für Unternehmen wie Bertelsmann oder PREUSSAG. Jede dieser Zellen kann im Extremfall frei entscheiden, ob erforderliche Dienstleistungen aus der Organisation oder von Dritten bezogen werden sollen. Am Ende erscheint die Trennlinie zwischen dem Mega-Unternehmen und dem Micro-Enterprise so dünn wie die Linie der Unternehmensgrenze in Abbildung 5-2 (Seite 117).

Das Prinzip »Markt« wird unabhängig von innen und außen

Anfang dieses Jahrhunderts war die Ford Motors Company quasi ein »Staat im Staate«, d.h., jede der erforderlichen Ressourcen und Lieferanten waren Bestandteil der Konzernorganisation: Kautschuk wurde in Kolumbien angebaut, durch Ford-eigene Transportorganisationen zum Zentralwerk geliefert und dort zur Produktion der Ford-Autoreifen eingesetzt, die wiederum nur für Ford-Automobile verwendet wurden. Diese Wertschöpfungskette war hinsichtlich Aufbau und Ablauf zentral und tief organisiert. Im Laufe der Jahrzehnte wandelte sich der organisatorische Zusammenhang dieser Kette in Richtung immer kürzerer Glieder, die jeweils anderen Unternehmen zugeordnet waren. Ursache waren zum einen die Standardisierung von Produkten, Prozessen und Daten, zum anderen jedoch auch die Fähigkeit spezialisierter Unternehmen, schneller auf Marktveränderungen zu reagieren als ein Konzern.

Heute ist nun diese Standardisierung so weit fortgeschritten, dass aus organisatorischer Sicht ein integriertes und gleichzeitig hochflexibles Gebilde aus Funktionseinheiten Güter und Dienstleistungen erstellt. Es wird damit quasi zur Nebensache, welcher Organisation die jeweiligen Funktionseinheiten ökonomisch und juristisch zugeordnet sind.

Gleichzeitig besteht jedoch gerade wegen der Standardisierung und Flexibilität auch die Möglichkeit, jederzeit das externe Angebot für die Funktion eines Gliedes gegen ein internes – als »Make or Buy«-Entscheidung – zu prüfen, so dass weniger die sachliche Zugehörigkeit einer Funktionseinheit zum Unternehmen als Entscheidungsgrundlage für die »Buy«-Option gilt als vielmehr ihre Rentabilität.

Aus dieser Situation des »Stöpselns und Konfigurierens« heraus ist die zunehmend wichtigere organisatorische Anforderung an die Informationstechnologie im Unternehmen erkennbar. Diese schlägt sich in der Nutzung so banaler Dienste wie E-Mail nieder und erstreckt sich über die Standardisierung des elektronischen Datenaustauschs (EDI, Kapitel 17.3) bis hin zur Integration hochflexibler Softwarekomponenten als sog. Business Objects (Kapitel 8.12).

5.2.12 Überleben in der Free Economy: Kein Umsatz ohne »Teaser«

Ein »Teaser« ist ein kostenloser Appetithappen für Kunden

Im Internet verliert digitalisierter Inhalt an Wert. Egal ob im Musik-, Software- oder im Textbereich – Kopieren ist immer noch am billigsten. De facto muss man davon ausgehen, dass die Dunkelziffer im Bereich von PC-Standardsoftware in einigen Ländern beim bis zu Fünffachen des offiziellen Absatzes eines Herstellers liegt. Eine ähnliche Entwicklung findet heute bereits im Musikbereich statt: Im Jahre 1998 wurden 193 Mio. Musik-CDs verkauft. Man kann sich vorstellen, dass die Absatzentwicklung der CD-Brenner (weltweit 2001 52 Mio., für 2002 erwartet man 57 Mio.) nicht nur dem erhöhten Backup-Bedarf dient ...

Einige Soft-Goods können freie Güter werden

Schlimmer noch: Wenn es allgemein um Inhalt geht (Spiele, Filme, Werbung, Prosa), der die Portale zu füllen hat, so kommt es nicht auf ein bestimmtes Werk an. Inhalt ist in diesem Sinne auch austauschbar und unterliegt genau dem gleichen Wettbewerbsdruck.

Wenn es erst die Möglichkeit gibt, Bücher elektronisch zu vertreiben, wird sich diese Entwicklung erneut wiederholen. Es sind ohnehin genug Anbieter im Netz, die auch für hochqualitative Inhalte nichts berechnen. Für einige besteht die Hoffnung, damit Aufmerksamkeit auf ihre Lyrik oder Fotos lenken zu können, für die meisten anderen spielt das kostenlose Internet-Angebot die Rolle eines Appetithäppchens, mit dem ein potenzieller Kunde geworben werden soll. Dabei handelt es sich nicht nur um Produktfragmente wie z.B. Inhaltsverzeichnisse von Büchern (z.B. *http://www.dpunkt.de/produkte/ecommerce.html*), sondern um vollwertige und funktionsfähige Produkte.

Mit dem Teaser-Angebot werden natürlich trotz allem ökonomische Ziele verfolgt: Zunächst dient es der Kundenbindung. Dies ist auch in der Brick&Mortar-Welt ganz normal. Wichtig ist es, einen *Lock-in* zu erreichen, um dem Kunden anschließend höherwertige Güter anzudienen. Dies gilt insbesondere für Microsofts Windows XP, das man befristet kostenlos nutzen kann, aber noch viel mehr für Open-Source-Produkte, die man in der »Community Edition« kostenlos nutzt, aber für Mehrwerte dann die »Professional« oder »Enterprise« Edition zu bezahlen hat.

Wieder »Blur«: Monetäre Werte und Aufmerksamkeit verwischen

Ein weiteres Ziel ist jedoch das Erreichen von Aufmerksamkeit für den Anbieter. Jemand, der als Entwickler eines Linux-Treibers Ruhm und Ehre erlangt, wird eher von Auftraggebern nachgefragt, als ein »unbeschriebenes Blatt«. Im Gegensatz zum »Inhouse-Entwickler« beim Softwareunternehmen erzielt der »Linux-Entwickler« unmittelbare Sichtbarkeit am Markt. Damit sind wir wieder bei der E-Lance-Ökonomie angekommen, die durch frei handelnde Einzelpersonen geprägt ist. Um jedoch nicht in einem Heer der Einzelkämpfer unterzugehen, muss Aufmerksamkeit erlangt werden. Dies ist jedoch nicht mit »Reklame« gleichzusetzen, da sich der Aufmerksamkeitsmechanismus der Free Economy auf der inhaltlichen Ebene abspielt: Das Softwareprodukt wird kostenlos angeboten, um möglicherweise am »Customizing« zu verdienen. Da die Zahl der kostenlosen Produkte wächst, entsteht zusätzlicher Preisdruck auf die traditionellen Softwareanbieter. Und schließlich ist die Netzwerkökonomie von Industriestandards ein weiterer Grund für die Herausgabe freier Software: Nur wenn eine signifikante Anzahl von Benutzern den Acrobat Reader von Adobe einsetzt, werden ihre Geschäftspartner diese Software ebenfalls installieren; mit jedem weiteren Nutzer dieser Software wächst auch ihre Interoperabilität. Der gleiche Mechanismus gilt natürlich auch für Betriebssysteme, Mobilkommunikation, Standards für den Dokumentenaustausch, Java, Datenbanken oder den kostenlosen Starwriter 5.0 von StarDivision.

Freie Software

Es hängt insbesondere auch von der Reife einer Produktkategorie ab, wann lizenzbehaftete Software durch freie »angegriffen« wird. Denken Sie beispielsweise an Intershop.

1. In den Jahren 1994 bis 1998 hatte Intershop den Markt für Online-Shop-Systeme »definiert«. Als Quasi-Monopolist hätte

das Unternehmen profitabel sein können, wenn es nicht dramatisch expandiert wäre.

2. Während es im Jahre 1998 noch etwa zwanzig Shop-Produkte gab, stieg diese Zahl auf über 500 Wettbewerber weltweit (inkl. diverser CMS-Anbieter), die einen ungeheuren Preis- und Innovationsdruck verursachen. Umsätze durch Lizenzeinnahmen konnten jetzt in vielen Fällen nicht einmal mehr die Vertriebs- und Marketingkosten decken.

3. Open Source plus Consulting. Heute ist beispielsweise das Thema »Online-Shop« allgemeiner Stand der Open-Source-Entwicklung. Um nur einige zu nennen: Die Firma dev/consulting hat ihren PHP4-basierten Shop nach der Gnu Public License zur Verfügung gestellt. IntraDat bietet ebenfalls seine Software als Open Source an mit über 1.800 weltweiten Installationen. Auch Open-Source-Entwicklungen zu CMS bieten hier Konkurrenz, vor allem das System ZOPE, Slashdot und Everything (*www.everydevel.com*), aber auch die Produkte kleiner Anbieter wie der österreichischen Software-Schmiede (*www.sw-schmiede.at*).

Open Source vs. klassische Softwareentwicklung

Der Shareware- und Freeware-Markt für Software spielte hier eine Vorreiterrolle. Heute kann ein Neuanbieter seinen zukünftigen Erfolg nur durch freies Verfügbarmachen seines Produkts für Frühnutzer (early adoptors) sichern. Die Folge ist, dass es zukünftig zwei extreme Varianten der Produktneuentwicklung geben wird: entweder das »Linux-Modell« oder das »klassische Modell«.

- Im ersten Fall wird bei minimalen Kosten (im Wesentlichen Freizeit) eine kleine Komponente als Baustein komplexerer Software entwickelt. Dabei fallen weder Marketing- noch Verwaltungskosten an. Der Entwickler kann seine Komponente im Überblick behalten, so dass der übliche Koordinations-Overhead eines Softwareprojekts entfällt. Die Zielsetzung ist meist klar definiert (Linux-Treiber, Buchhaltungssoftware, GUI-Komponente).

- Dem zweiten Modell liegt ein kostspieliger Geschäftsplan zugrunde: Eine Produktentwicklung, die möglicherweise nicht viel komplexer als die Shareware-Buchhaltung ist, erfordert mindestens einige Millionen Euro an Investitionsaufwand, damit Kosten der Entwicklung, Verwaltung und Vermarktung gedeckt werden können. Das Unternehmen kann sich nicht darauf verlassen, dass die Entwickler »bei der Stange« bleiben, daher ist ein erheblicher Mehraufwand für die Softwareproduktion zu kalkulieren. Die somit erlangte Berechenbarkeit hat jedoch einen hohen Preis. Die

Spirale aus hohen Entwicklungskosten, hohem erforderlichen Break-Even-Point für den Umsatz, hohem Vertriebsaufwand treibt letzten Endes die Kosten der Koordination in die Höhe, die ihrerseits wieder die Entwicklungsgeschwindigkeit hemmt. Die meisten Start-ups der New-Economy-Welle verhielten sich nach diesem Muster und scheiterten unter anderem am zu hohen Koordinationsaufwand.

In beiden Fällen ist der kommerzielle Erfolg nicht garantiert, jedoch ist der potenzielle Verlust im zweiten Fall erheblich höher. Weiter oben wurden die Vollkasko-Wirtschaft und die Free Economy bezüglich des Sicherheitsrisikos unterschieden. In ähnlicher Weise lassen sich hinsichtlich der unternehmerischen Herangehensweise das Linux-Modell und die klassische Softwareentwicklung unterscheiden – mit dem Unterschied, dass hier nicht die Transaktionskosten, sondern die Höhe der Investition das wesentliche Unterscheidungskriterium ausmachen. Auch hier stehen im Prinzip beide Welten für ein Softwareprojekt offen: In der Linux-Variante wird begrenztes Kapital eingesetzt (das Zeitbudget der Freizeit), um eventuell als begabter Entwickler Aufmerksamkeit zu erlangen, während in der zweiten zunächst ein Investor zu begeistern und im Anschluss eine komplexere Entwicklungsorganisation in Bewegung zu setzen ist.

Auch bei der Softwareentwicklung gibt es die Vollkasko-Wirtschaft und die Free Economy

5.2.13 Basar oder Kathedrale?

Vieles spricht dafür, dass sich der in der Linux-Gemeinde entstandene Trend des »Open Source« – also die kostenlose, frühzeitige Herausgabe von Software an andere Entwickler und Anwender – als fundamental für die zukünftige Entwicklung komplexer Softwareprodukte herausstellt. Lesenswert ist zu diesem Thema die Abhandlung von Eric S. Raymond [Raym99]. Er stellt Ansätzen der Vollkasko-Wirtschaft die des Linux-Modells gegenüber und beschreibt, wie wenige, hoch motivierte und frei agierende Entwickler es mit vielfach größeren Teams innerhalb von Unternehmen aufnehmen können. Unter anderem müssen dazu jedoch folgende Voraussetzungen erfüllt sein:

Open Source als Form der Free Economy in der Softwareentwicklung

- Frühzeitige Herausgabe der Quellen an andere Entwickler und Benutzer. Der einzelne Entwickler kann seine Präzision und Einschätzung durch die Beteiligung anderer erheblich verstärken.
- Softwareentwicklungen sollten besonders dann vorgenommen werden, wenn man selbst der eigene Kunde ist. Dies gilt natürlich idealerweise im Falle von Linux für die Gemeinde der Softwareentwickler.

■ Es muss ein Anreiz innerhalb einer »Community« gegeben sein, die Entwicklung kostenlos und in der Freizeit vorzunehmen. Für viele ist dieser Anreiz jedoch selbst in Zeiten maximaler Tagessätze in Form von Aufmerksamkeit gegeben.

Ruhm und Ehre durch die Entwicklung freier Software

Raymond vergleicht die Kosten- und Nutzenfunktionen der klassischen Softwareentwicklung mit dem Linux-Modell:

> »*The ›utility function‹ Linux hackers are maximizing is not classically economic, but is the intangible of their own ego satisfaction and reputation among other hackers. (One may call their motivation ›altruistic‹, but this ignores the fact that altruism is itself a form of ego satisfaction for the altruist).*«

Man erkennt, dass sich das Anreizsystem für den einzelnen Entwickler vom gut bezahlten »Tagelöhner« zur Erlangung von Signifikanz verschieben kann. Nur wenn also eine ganze Reihe immaterieller Bedürfnisse befriedigt sind, kann das Linux-Modell funktionieren.

Wenn jedoch die Voraussetzungen zur Entwicklung nach dem Linux-Modell gegeben sind, dann kann nach einem weitaus effizienteren Verfahren gearbeitet werden. Die Innovation liegt bei Linux somit gar nicht im Gegenstand der Entwicklung, sondern vielmehr in ihrer Organisation.

Wir sind hierbei wieder bei der Frage der Metaorganisation angekommen: Wie schaffen es die Mikro-Unternehmen (d.h. vor allem auch Einzelpersonen), sich so zu organisieren, dass in hocheffizienter Weise ein wertvolles Gut entsteht? Im Falle der Linux-Community ist dies offensichtlich: Hier besteht die erforderliche Kenntnis zur Nutzung der Werkzeuge, die für die Selbstkoordination erforderlich sind. Dies beginnt bei Anwendungen wie Versionskontrollsystemen für Quellcode und endet bei einer informellen, gemeinsamen Auffassung dessen, was als Produkt zu entwickeln ist. Raymond dazu:

Die Innovation von Linux ist vor allem sein »Geschäftsmodell«

> »*In fact, I think Linus [Torvald's] cleverest and most consequential hack was not the construction of the Linux kernel itself, but rather his invention of the Linux development model.*«

Die Anforderung an die Internet-Ökonomie liegt wiederum in der Schaffung analoger Werkzeuge für andere Branchen – also einer Marktinfrastruktur, die es allen Beteiligten erlaubt, in beiden Varianten Produktentwicklungen zu koordinieren. Beides ist heute bereits in verschiedenen Branchen gegeben: Sowohl das gegenseitige Auffinden von Programmierern über das Internet als auch die Organisation komplexer Produktionsstrukturen im Bereich der Filmindustrie und der Werbebranche dienen als Beispiele.

Free Economy bedeutet hier, dass im Rahmen der Linux-Welt Erfahrungen gesammelt und Sichtbarkeit erlangt wird, die nach der Teaser-Phase kommerzialisiert werden kann. Auch der flexible Übergang zwischen diesen Welten ist möglich und wird mit kommerziellem Interesse moderiert: Manager von Risikokapital-Fonds oder Privatinvestoren (sog. *Business Angels*) haben immer ein offenes Ohr für Produktideen und sind nach wie vor zahlreich im Internet vertreten.[7] Ebenso sind Shareware-Entwickler mit ihren Produkten auf eigenen »Marktplätzen« zu finden (z.B. auf der *Linux Software Map*: *www.execpc.com/lsm/* oder unter *www.download.com*). Der Markt für Ideen und Softwareentwicklungen muss jedoch angemessen organisiert sein, damit eine Integration dieser unterschiedlichen Anforderungen und Ziele und somit ein fairer Tausch zwischen den Teilnehmern erreicht wird.

Als weiteres Beispiel kann die Gentleware AG (*www.gentleware.com*) genannt werden, ein kleines Softwareunternehmen, das ein Werkzeug zur UML-Modellierung entwickelt hat und kostenlos anbietet (als »Community Edition«). Daneben existiert eine kommerzielle Produktvariante, die gewartet wird und dem Unternehmen Lizenzerträge einbringt. Das wichtigste Schlüsselelement dieser Strategie sind jedoch nicht Lizenzerträge, sondern Aufmerksamkeit: Der Kontakt zu über 100.000 »Kunden«, welche die Community-Edition heruntergeladen haben, erschließt für die zukünftige Kommerzialisierung auch die potenziellen Kunden. Diese kaufen dann nicht nur die Software, sondern auch flankierende Dienstleistungen (Support, Beratung, Training, Modellierungs-Coaching).

Marketing durch kostenlose Teaser

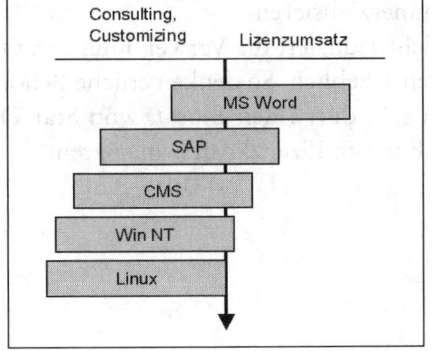

Abb. 5–5

Trend vom Lizenz- zum Dienstleistungsgeschäft

---

7. Z.B. BusinessFinance (*http://www.businessfinance.com*), BAND (*http://www.business-angels.de*) etc.

Abbildung 5-5 zeigt, welche Art von Umsatz unterschiedliche Produktkategorien für die beteiligten Unternehmen generieren. Während eine Commodity-Software wie MS Word von jedem Nutzer selbst installiert werden kann und nur in den seltensten Fällen Dienstleistungen erfordert, sieht dies bei Content-Management-Systemen bereits ganz anders aus: Hier steht einem Lizenzumsatz des Herstellers von ca. 20.000 Euro ein Consulting- und Customizing-Umsatz von bis zu einigen 100.000 Euro gegenüber (Design, Organisationsberatung, Anwendungsprogrammierung, Redaktion etc.). Ganz extrem ist dies im Linux-Bereich, wo keine Lizenzeinnahmen fließen. Zu beachten ist allerdings, dass viele Open-Source-Projekte öffentlich oder durch Unternehmen wie IBM und Sun gefördert werden.

5.2.14   Open Source – Folklore und Fakten

Als »Buzzword« wurde »Open Source« bekannt im Zusammenhang mit der Entwicklung von Linux Anfang der neunziger Jahre. Seitdem assoziiert man mit »Open Source« die kostenlose Verfügbarkeit der Software, Standardkonformität und hohe Qualität der Software aufgrund ihrer öffentlichen Überprüfbarkeit.

Auch wenn es eine unübersichtliche Anzahl von Lizenzmodellen gibt, von denen bei weitem nicht alle eine kostenlose Nutzung der Software vorsehen, so wird doch allgemein (so auch in diesem Buch) unter Open Source »freie Software« verstanden.

Aus der Sicht eines Entwicklers bietet Open Source den Zugriff auf eine globale Gemeinschaft, die die Bereitstellung von Softwarekomponenten ihrerseits mit ähnlichen Beiträgen belohnt. Für den engagierten Entwickler steigert die Beteiligung nicht nur dessen Reputation, sondern auch die Chancen, sein Wissen in Beratungs- und Customizing-Projekten zu kommerzialisieren.

Aus Nutzersicht reduziert die Verwendung von Open-Source-Software die IT-Kosten erheblich. So denken etliche Behörden und Verwaltungen darüber nach, durch den Einsatz von Star Office oder Linux einige Millionen Euro an Lizenzkosten zu sparen.

Vorteile	Nachteile
Keine Lizenzkosten	Die Entwicklung kann in unterschiedliche Strömungen (Threads) divergieren
Hohe Zuverlässigkeit durch öffentliche Code-Evaluation	Nur erfolgreich, wenn der Entwickler auch gleichzeitig potenzieller Nutzer ist
Große Zahl an Softwarekomponenten, die sich für den kommerziellen Einsatz eignen	Diverse Lizenzmodelle
	»Leadership«: Erfolgreiche Projekte erfordern einen »Guru« als Anführer
Höheres Maß an Standardkonformität	
Möglichkeiten zur Kommerzialisierung sind offensichtlich: Unternehmen können Open-Source-Software lizenzieren und dafür Wartung, Pflege und Haftung übernehmen.	Nicht alle Anwendungsbereiche werden von Open-Source-Produkten abgedeckt
	Langfristig erfolgreiche Open-Source-Projekte erfordern häufig einen Sponsor (z.B. IBM für Apache)

Tab. 5–1
Vor- und Nachteile des Open-Source-Modells

Am Ende des B2B-Teils werden wir das Open-Source-Thema wieder aufgreifen und schauen, in welcher Form dieses Entwicklungsmodell auch für Softwareanwendungen zur B2B-Integration übernommen werden kann.

5.2.15 Disintermediation: Vom Händler zum Makler

Neben der Flexibilisierung von Wertschöpfungsketten hin zur Marktöffnung ist durch den Einfluss von Internet-Standards auch eine Veränderung ihrer Zusammensetzung erkennbar: Während heute noch der Vertrieb physischer und ideeller Güter über eine klassische Kette aus Hersteller, Exporteur, Importeur, Großmarkt und Einzelhandel zum Kunden gelangt, beginnen in vielen Branchen immer mehr Glieder wegzubrechen.

Wegfall von Stufen der Wertschöpfungskette

Im Bereich der Versicherungen erobern Online-Direktversicherungen einen zunehmenden Marktanteil. Waren dies im Jahre 1999 noch 2% der Verträge, so gehen Direktversicherer für das Jahr 2004 von 8,4 Prozent aus.

Apotheken werden bisher von Grossisten beliefert, deren besonderer Service es ist, mehrmals täglich »on-demand« auch kleine Arzneimittelmengen an jede einzelne Apotheke zu liefern. Zu diesem Zweck besitzen diese ein proprietäres Terminal, mit dem über Modemverbindungen Bestellungen veranlasst werden. Grossisten wiederum bestellen ihrerseits bei Pharmaherstellern, wie z.B. Bayer, Aventis oder Glaxo Wellcome. Für einen solchen Hersteller stellt sich heute durchaus die Frage, ob nicht aufgrund der effizienten Internet-Logistik das Bestellwesen und die damit verbundene Warenwirtschaft internalisiert und für die Auslieferung mit Kurierdiensten kooperiert werden sollte.

Dabei entfällt die Funktion des Wiederverkäufers, welche durch die des Lieferdienstes ersetzt wird. Letzterer spielt jedoch nur eine sekundäre Rolle in der Wertschöpfungskette.

Die Verkürzung der Wertschöpfungskette wirkt bei Soft-Goods noch dramatischer

Bücher online anzubieten ist seit Amazon ein alter Hut. Bücher als digitale Güter stellen jedoch auch heute noch eine Herausforderung dar: Wenn der Lesekomfort eines traditionellen Buches erreicht werden kann (durch dedizierte Lesegeräte wie etwa NuvoMedias Rocket eBook (*www.nuvomedia.com*) oder das SoftBook von SoftBook-Press) und alle haptischen Eigenschaften und Möglichkeiten nachempfunden werden können (Eselsohren, Anmerkungen), dürften auch elektronische Bücher den Weg aller Soft-Goods gehen: Einmal geschrieben, lassen sie sich als elektronische Dokumente für einen Bruchteil des Ladenpreises online anbieten. Als Option können Leser sich ihr Exemplar direkt beim Printshop »um die Ecke« ausdrucken und binden lassen, so dass der Text am Ende als Buch wieder in der Hand liegen kann. Auch dieser Prozess dürfte die üblichen Kopierkosten von 5-8 Euro nicht überschreiten, so dass ein gebundenes Fachbuch zu einem Preis von 10-15 Euro am Ende jeden (noch) am Handel Beteiligten befriedigen kann. Aus dem »alten Modell«

Autor → Verlag → Großhandel → Buchhandlung → Leser

dürfte sich dann das Modell:

Autor → Leser

ergeben, bei dem sehr viele unterstützende Dienstleistungen beiden Parteien helfen, die Transaktion zustande zu bringen (Banken, Werbeagenturen, Publikationsdienste, Online-Verzeichnisse, Reputationsträger etc.).

Noch drastischer wird die Situation bei immateriellen Gütern. Greifen wir hier einmal das Musikgeschäft heraus. Eine Band nimmt einige Songs auf CD auf und bietet ihr Œuvre einem Musikverlag zur Publikation an. Dieser schließt mit den Künstlern einen Vertrag zur Vermarktung des Produkts und preist es seinerseits wiederum Produzenten, Plattenunternehmen etc. an. Eventuell kooperiert dieser Musikverlag mit ausländischen Partnern, da dies für eine landesgerechte Vermarktung sowie hinsichtlich der unterschiedlichen Verwertungsgesellschaften (GEMA etc.) vorteilhaft ist. Schließlich wird ein geringer Bestandteil der bereitgestellten Inhalte vom Schallplattenunternehmen produziert, gepresst, vermarktet und über Handelsketten vertrieben. Je nach Definition erstreckt sich dabei die Wertschöpfungskette über 5-8 Stufen. Dabei könnte heute alles so einfach sein: Die Band nimmt ihr Stück auf, generiert eine MP3-Audiodatei und bietet sie für einen halben Euro über ihren Web-Server an. Sie verdient dabei pro Musikstück mehr als im klassischen Modell. Der Endkunde bezahlt weniger und muss nicht auch noch diverse uninteressante Stücke bezahlen, die aus Gründen der Vollständigkeit auf die CD produziert wurden. Die Wertschöpfungskette besteht nur noch aus zwei Stufen – Hersteller und Endkunde. Alle weiteren Beteiligten sind Sekundärdienste, wie Telekom-Provider, Internet Service Provider, Banken und evtl. Marketingunternehmen zur Promotion des Produkts.

Bietet der Musiker das Stück zu dem Preis an, den er als Honorar vom Verlag erhalten würde, und setzen wir voraus, dass der Absatz in traditionellen Stückzahlen erfolgt, sollte ein einzelnes Musikstück für weniger als 0,20 Euro zu erwerben sein. Nun kann jedoch angenommen werden, dass das Kaufverhalten bei diesen Preisen durchaus anders ist als bei CD-Preisen jenseits von 10 Euro. Spekulative Käufe werden zunehmen. Andererseits ist der Verdrängungswettbewerb um die Aufmerksamkeit der Käufer aufgrund der Markttransparenz und des Wettbewerbs weitaus härter. Mit MP3 wurde ein Audio-Kompressionsverfahren entwickelt, das es Besitzern einer ISDN-Verbindung ermöglicht, für einige Cent Verbindungsgebühren ein Musikstück online zu laden oder per Streaming abzuspielen. Seit einiger Zeit entstehen daher bereits Grau- und Schwarzmärkte im Internet. Für die Musikbranche droht diese Entwicklung zu einer Neudefinition der gesamten Wertschöpfungskette zu führen: CD-Produktion und Vertrieb werden überflüssig, Musikverlage als Verwalter der Verwertungsrechte am Werk werden immense Schwierigkeiten bekommen, den Absatz und Konsum dieser Produkte zu kontrollieren, und auch für Verwertungsgesellschaften wie die GEMA nehmen die Schwierigkeiten bei der Kontrolle von Verkauf und Aufführung zu. Im Musikbereich werden sich daher wohl als Erstes neue Marktmodelle durchsetzen.

An den Beispielen ist zu erkennen, in welchem Ausmaß sich der Weg vom Hersteller zum Endkunden von der Handelskette wegbewegt hin zu einer beliebigen Anzahl an Maklern.

Dieser Prozess wird aufgrund der Verkürzung der Kette um ihre mittleren Glieder *Disintermediation* genannt. Dabei kommt dem Makler (engl. Broker) eine wachsende Bedeutung zu: Er registriert und kategorisiert Angebote und Anfragen von Marktteilnehmern, er vermittelt aktiv Kooperationspartner, indem diesen die Adressen der Gegenparteien übermittelt werden, und er lässt sich auf verschiedene Weise nutzen, um anhand komplexer Spezifikationen ganze Konsortien zur gemeinsamen Herstellung oder Abnahme eines Produkts zu formieren.

Von der Dis- zur Reintermediation

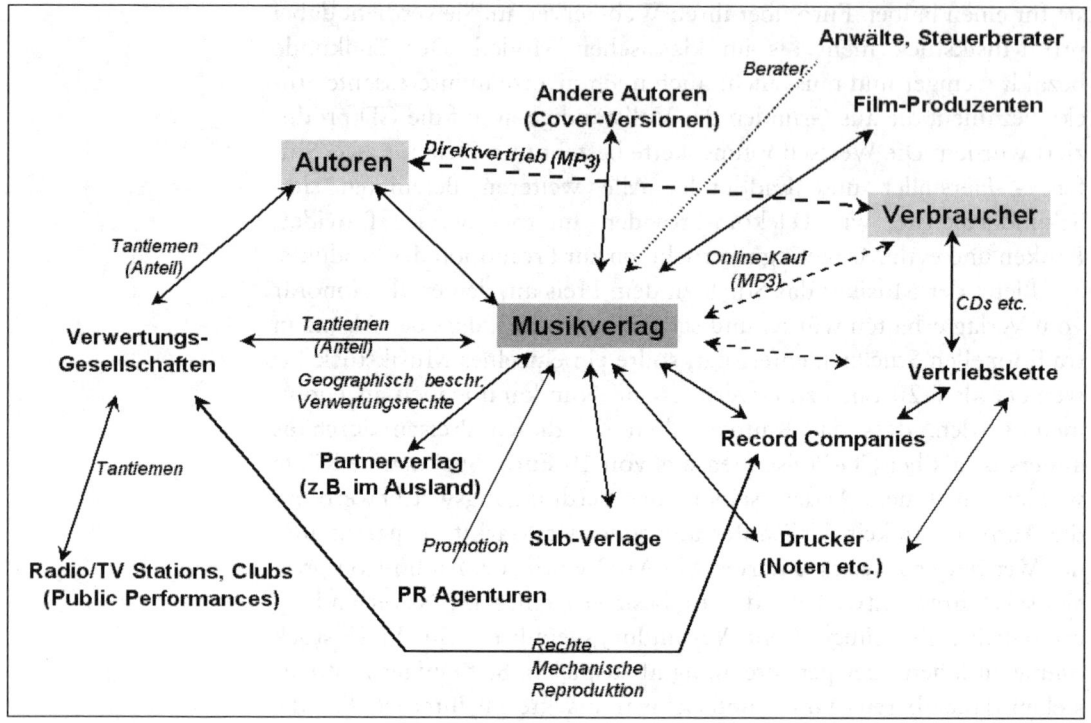

Abb. 5–6

Disintermediation und optionale Mittler in der Musikbranche

5.2.16   Virtual Communities

Virtual Communities entstehen aus gemeinsamen Interessen: In der physischen Welt bilden sich Gruppen durch langfristige Bindungen wie z.B. innerhalb der Familie, der Schulklasse, des eigenen Stadtteils oder am Arbeitsplatz. Innerhalb dieser Gruppen werden auch Gedanken zu Themen ausgetauscht, die nicht unmittelbar mit dem Gruppenziel in Verbindung stehen. Folglich kennen sich die Mitglieder entsprechend lange und gut. Durch die Zufälligkeit ihrer Beziehung haben die Mitglieder der Gruppe unterschiedlichste Neigungen, Erfahrungen und Interessen – entsprechend geht man davon aus, dass sich die Mitglieder in allen möglichen Beziehungen unterscheiden. Bei virtuellen Communities ist dies grundlegend anders. Hier trifft sich eine beliebige Anzahl Mitglieder ad hoc und meist zu einem vordefinierten Thema. Bei einer virtuellen Community werden Mitglieder durch ihr gemeinsames Interesse zusammengehalten. Ähnlich dem Konzept der »One-Product-Company« kann eine virtuelle Community als »One-Interest-Community« verstanden werden.

»One-Interest-Communities«

Beispiele für virtuelle Communities sind Online-Fangemeinden, Online-Skatspieler, Kunden eines Softwareherstellers, die sich als Interessengruppe formieren, Interessengruppen zu einem technischen oder gesellschaftlichen Thema oder auch die klassischen Communities wie Stadtteile, Schulklassen oder Projektgruppen im Unternehmen, die »virtuell« effizienter kommunizieren können [HaAr97].

Der Vorteil einer virtuellen Community liegt in ihrer Effizienz: In einer Mailingliste zum Thema »Standardisierung elektronischer Signaturen auf der Basis von XML« treffen sich internationale Experten; es ist keine Mühe zur Auffindung oder Ausbildung des Gesprächspartners erforderlich und die Kosten der Community sind – verglichen mit regelmäßigen Konferenzreisen – drastisch niedriger.

Virtual Communities entstehen und vergehen

Systeme, die wie eGroups, Ciao.de oder ePinions virtuelle Communities unterstützen, können daher als effiziente Marktplätze für Ideen definiert werden: Die Zutrittsbarrieren sind minimal, der »Handel« kostet lediglich Zeit und durch ihre Internationalität kann jede noch so spezialisierte Gruppe durchaus einige hundert Mitglieder umfassen.

Virtuelle Communities schenken fokussierte Aufmerksamkeit

Durch die niedrigen »Investitions- und Transaktionskosten« in virtuellen Communities sind Lebensdauer, Signifikanz und Sichtbarkeit einer Community beliebig gering. Sie stehen damit im Wettbewerb um Aufmerksamkeit ihrer Mitglieder. Wird eine AOL-Chatgruppe langweilig, verlassen Neuzugänge sie binnen weniger Sekunden. Das Gleiche ist aber auch bei professionellen Gruppen der Fall, wenn auch vielleicht die Hürde des »subscribe« und »unsubscribe« etwas höher gehängt ist.

In den letzten Jahren war eine spiralförmige Entwicklung zu beobachten, die zu einer weiteren Explosion virtueller Communities in den nächsten Jahren führen dürfte:

Virtuelle Communities für Online-Shops sind »in«...

1. Immer mehr Menschen nutzen das Internet.
2. Damit entstehen immer weiter spezialisierte Interessenausprägungen sowie der Bedarf nach Transparenz.
3. Es wird attraktiver, für Softwareentwickler Werkzeuge herzustellen, mit denen das Einrichten und Verwalten virtueller Communities drastisch vereinfacht wird. Häufig überlässt man es einfach der Öffentlichkeit, das System selbst zu verwalten (eGroups bzw. Yahoo Groups) und profitiert nur noch von der Banner-Werbung.
4. Diese Senkung der Eintrittsbarriere bewegt viele weitere Teilnehmer, in eine Community einzutreten, und damit wird das Internet für zusätzliche Nutzer attraktiv.

Stand der Entwicklung ist die natürliche Integration von »Electronic Commerce« im Sinne des Online-Verkaufs über Shopping-Malls mit

... da sie ungefilterte Profilinformation bieten

der Verwaltung von Online-Communities. Der Online-Kauf kann sich beispielsweise als zusätzliche Aktivität in der Community ergeben. Gleichzeitig dient die Community zur Produktinformation, Beratung und dem Support nach dem Kauf. Dadurch ist ein weitaus engerer Kontakt zu Interessenten und Käufern möglich, der im nächsten Schritt zur Verfeinerung des Produkts genutzt werden kann. Für Online-Anbieter besteht ein großes Interesse an einem unverfälschten Feedback-Kanal.

5.2.17 Coopetition

Coopetition bedeutet, gleichzeitig zu kooperieren und im Wettbewerb zu stehen

Coopetition – die Kooperation zwischen Wettbewerbern – hat verschiedene Gründe: Einer ist die Zwangssituation, aufgrund der eigenen begrenzten Ressourcen einen Auftrag zusammen mit der Konkurrenz abwickeln zu müssen, ein anderer die Spezialisierung der Kooperationspartner. Auch die Vermeidung von Risiken kann zur Coopetition führen. So kann eine virtuelle Bank alle erforderlichen Funktionen direkt von der Konkurrenz anmieten und damit ein vollständiges Sortiment an Bankdienstleistungen anbieten (vgl. [MM99]). Für die virtuelle Bank lohnt es sich, da sie ihre Fixkosten minimieren kann, und die »Zulieferer« von Dienstleistungen wie Kontoführung oder Wertpapiertransaktionen können Überkapazitäten sinnvoll nutzen. Hersteller von Mikrochips befinden sich bereits seit Jahren im Zustand der Coopetition: Sie müssen ihre Ressourcen vereinigen, auch wenn sie nach der Fertigstellung des Produkts sofort wieder in den Wettbewerb eintreten.

Ein Ein-Produkt-Unternehmen muss kooperieren

Es ist ebenfalls zu berücksichtigen, dass unser heutiges Klassifikationssystem für Branchen und Geschäftsbereiche zu grobkörnig geworden ist: Unternehmen wie Intershop und Brokat sind auf den ersten Blick Softwareunternehmen – also Konkurrenten –, die bei der Entwicklung von Shop-Software konkurrieren müssten. Verfolgt man die Spezialisierung der letzten Jahre hin zum Ein-Produkt- oder Single-Service-Unternehmen, erkennt man, dass die Kooperation sogar zwingend erforderlich ist. So sind an der Entwicklung eines komplexen Online-Shops Unternehmen bzw. Softwarelizenzen mit den folgenden Spezialisierungen erforderlich: Softwareintegration, Anwendungsentwicklung, grafisches Design, redaktionelle Betreuung, Web-Design, Übersetzungen, Zahlungsfunktion, Katalogfunktion, Datenbank, Auktionsmodul, Abrechnungsdienste, Zertifizierungsdienste, Messdienste für Nutzungsraten, Online-Werbeagenturen, Profilverwaltung, Verwaltung von Inhalten etc.

Ein Beispiel für diese Coopetition ist die Hamburger TIN-Factory, ein Verbund aus zwölf eigenständigen Unternehmen, die ihrer Spezialisierung entsprechende Projekte durchführen, aber sich nach dem »Piranha-Prinzip« bei Bedarf zusammenschließen können. Die Expertisen stammen aus den Bereichen Werbung, Multimedia, Softwareentwicklung und Marketing. Auch eine solche Coopetition erfordert die Ad-hoc-Integration zu einem virtuellen Unternehmen. Folglich besteht auch hier eine zunehmende Anforderung an eine flexible Metaorganisation, um ohne Verzögerung zwei Organisationen für eine Weile zu verschmelzen – jedoch ohne einen Schritt zu weit zu gehen.

5.2.18 Individualisierung

»The Market of You« nannte das Wired-Magazin den Effekt der Individualisierung in der »Encyclopedia of the New Economy« [Wire98]. Angesichts einer zunehmenden Vereinfachung der Produktspezifikation (siehe: »Commoditization«) stehen Anbieter unter dem Druck, Alleinstellungsmerkmale herauszubilden, die Kaufanreize beim Kunden bewirken. Ein Weg ist hierbei die Individualisierung. In der physischen Welt wird dies bei Produkten wie Jeans, Einbauküchen oder Autos praktiziert. Hier konnten die Kosten der Individualisierung so stark reduziert werden, dass sie gegenüber der Massenware preislich kaum wahrnehmbar sind.

Nichts geht ohne Profilinformation

Im Internet besteht nun die Möglichkeit, mit einer Einmal-Investition in ein Profilmanagementsystem Kunden ein individuelles Angebot zu unterbreiten. Dies rechnet sich insbesondere bei Soft-Goods, die bereits in feinkörniger Struktur vorliegen und deren Klassifikation automatisierbar ist. Software zur Klassifikation von Inhalten und zur Generierung von Metadaten wird beispielsweise eingesetzt, um Informationen so reichhaltig zu kennzeichnen, dass sie automatisch zum richtigen Zeitpunkt an den richtigen Adressaten vermittelt werden können. Suchmaschinen nutzen entsprechende Metadaten-Technologien in Verbindung mit Kundenprofilen und Stichwortkatalogen, um Web-Ressourcen in der eigenen Datenbank zu verwalten. In ähnlicher Form sind Nachrichtenagenturen die Ersten gewesen, die individualisierte Presseinformationen einer Kunden-Community anbieten konnten, ohne dass die Individualisierung zusätzliche Betriebskosten verursacht.

Von der Individualisierung zur Monokultur

Über das Internet können damit Inhalte preiswert, persönlich und automatisiert angeboten werden. Allerdings sind der Individualisierung Grenzen gesetzt, denn nur wer sich selbst klassifizieren kann, kann auch Produkte wählen. Ein Service, der es erlaubt, sich CD-

ROMs mit Musikstücken brennen zu lassen, nützt wenig, wenn man nicht weiß, welche Produkte man auswählen soll. Viele klassische Dienstleistungen leben davon, Bekanntes und Gewünschtes mit unbekanntem und vielleicht auch unerwünschtem Inhalt zu koppeln. Nur selten kauft man eine Zeitschrift nur wegen eines einzelnen Artikels – noch seltener liest man nur diesen Artikel, wenn man sie gekauft hat. Es sind die anderen 95 % des Inhalts, die das Bedürfnis nach Information befriedigen. Eine Individualisierung für die Massen kann folglich zu einer Herausbildung von monothematischen Interessen und damit einer reduzierten Kommunikationsfähigkeit über die eigene One-Interest-Community hinaus führen.

5.2.19   Geschäftsmodelle des Electronic Commerce

Abschließend zur Auflistung ökonomischer Randbedingungen und Effekte ist es sinnvoll, die Muster, die den gängigen EC-Geschäftsmodellen zugrunde liegen, zu untersuchen:

Das Ganze ist mehr als die Summe seiner Teile

1. *Informativer Mehrwert.* Durch Standardisierung und Preisverfall sinkt der Preis der Information und damit auch die Kosten, Informationen anzubieten. Geschäftsmodelle mit informativem Mehrwert liefern zusätzlich zu einem gegebenen Produkt weitere Daten, die mit ihm in Verbindung stehen. Dies können die Buchrezensionen von Amazon sein oder die redaktionelle Integration von Online-Malls. In jedem Fall wird eine Geschäftsbeziehung dadurch intensiviert, dass mehr Information zu einem sichereren Kauf führt (beispielsweise wegen der Buchrezension) oder dadurch, dass mit einem Kauf zusätzliche Information erworben wird (z.B. durch den Eintritt in eine Online-Community nach einem Bücherkauf). Informativer Mehrwert kostet den Anbieter im Extremfall nichts. Wenn eine Mindestgröße der Community erreicht ist, emergiert aus den Benutzerprofilen genug Information, die automatisch für das Feedback zurück in das System genutzt werden kann. Implizite »Trampelpfade«, die sich bei der Navigation durch das Web-Angebot bilden, können beispielsweise durch eine entsprechende Server-Software expliziert werden. Diese Zusatzinformation hilft dem Anbieter wiederum, Verkaufsangebote besser zu individualisieren.

EC würfelt die Rollen der Teilnehmer durcheinander

2. *Wechsel von Geschäftsbeziehungen.* »Wechsel« ist hier in unterschiedlicher Weise zu interpretieren. Zunächst ist der Wechsel zwischen Geschäftspartnern gemeint. Dies wird z.B. durch Auktions- oder Ausschreibungssysteme unterstützt. Ferner ist

mit »Wechsel« die Geschwindigkeit verbunden, in der Geschäftsbeziehungen wechseln. Früher hat ein Kunde kaum die Automobilmarke gewechselt, entweder war man BMW-, Mercedes- oder Opelfahrer. Heute ist fast jeder Fahrer bereit, den Hersteller zu wechseln, wenn ein neues Auto gekauft werden soll. Gleiches gilt für Tankstellen, Banken, PC-Hersteller. Durch die Standardisierung der Kommunikation sowie juristischer und geschäftlicher Beziehungen ist ein Wechsel kalkulierbarer und profitabler geworden. Schließlich kann sich der »Wechsel« auch auf das Rollengefüge einer Geschäftsbeziehung auswirken: Wenn der Händler zum Makler wird oder der Privatkunde dem Online-Dienst sein Profil verkauft, dann bedeutet dies eine Reorganisation von Rollen sowie Zahlungs- und Güterströmen.

3. *Customization*. Dieses Modell lebt vom Angebot maßgeschneiderter Produktvarianten. »Customizing« berührt die Ebene der Kauftransaktion genauso wie die der Fertigung. Während üblicherweise eine individuelle Produktspezifikation auf den Kunden abgewälzt wird, ist für den Produktions- und Logistikbereich Software erforderlich, die mit hohem numerischen Aufwand die Fertigung und Auslieferung so steuert, dass für den Kunden optimale Losgrößen erzielt werden, ohne gleichzeitig die Produktionskosten wesentlich zu erhöhen.

4. *Internet-Demographie*. Während in den ersten Jahren der Internet-Popularität der junge, männliche Web-Surfer mit Universitätsabschluss als Kunde dominierte, ist in den folgenden Jahren der Anteil der Dreißig- bis Sechzigjährigen sowie der der Frauen drastisch gestiegen. Sogar Fünf- bis Zehnjährige sind inzwischen als Zielgruppe im Internet identifizierbar. Mit diesem Zuwachs neuer Teilnehmer eröffnen sich den betreffenden Anbietern immer wieder neue Möglichkeiten, als Erster diese Zielgruppe zu bedienen. Dies gilt auch für Online-Communities, die sich aus Schülern, Frauen oder Älteren zusammensetzen können. Für diesen Bereich hat beispielsweise das vom früheren Bundespräsidenten Dr. Herzog initiierte Projekt »Ein Leben lang lernen« beachtliche Anschubleistung geliefert. So zielt das Teilprojekt *Fit für das Informationszeitalter* auf die Communities der arbeitslosen Jugendlichen und der Senioren ab.

Online-Communities für plattdeutsch sprechende Tätowierer?

5. *Neue Informationskanäle*. Die Infrastruktur des EC liefert eine weitere Ursache für den Wandel der Geschäftsmodelle: Die Nutzung des Internets erlaubt es Geschäftspartnern, in qualitativ neuartiger Weise zu kooperieren. Kommunikation findet

Und wieder: Meta ist »in«

nicht mehr 1:1 oder 1:N statt, sondern ohne nennenswerten Mehraufwand N:M. Banner-Tauschringe, Eintrags- und Pressemitteilungsdienste dienen hierbei als Beschleuniger der Kommunikation. Hierbei ist es umgekehrt ein Anreiz, in der möglichen Nachrichtenflut die Information herauszuselektieren, die für den betreffenden Teilnehmer von Bedeutung ist. Auch in diesem Umfeld tummeln sich Unternehmen, die Filteranwendungen oder Content-Management-Systeme anbieten, mit deren Hilfe Metainformation genutzt wird, um dem Empfänger eine »intelligente« Vorauswahl anzubieten.

Timestamping-Services helfen, Nachrichten beweisbar mit einer Uhrzeit zu versehen

6. *Rechtliche Rahmenbedingungen.* Der Handelsverkehr erfolgt nicht ohne Regeln, so dass in der Zukunft des Electronic Commerce Technologien erforderlich werden, mit deren Hilfe der Handel mit dem regulatorischen Rahmen abgestimmt werden kann. Shop-Software muss beispielsweise die Steuergesetzgebung beachten, wenn international verkauft wird. Weitere Software ist erforderlich, um Online-Vertragsabschlüsse verbindlich zu machen, damit eine Online-Flugbuchung nicht hinterher vom Anbieter oder Kunden abgestritten werden kann. Wie bereits weiter vorne erwähnt, sind Datenschutz-, Verbraucherschutz- und Signaturgesetze zu berücksichtigen, die jedoch den Anbietern entsprechender Softwaresysteme neue Chancen eröffnen. Da noch nicht abzusehen ist, wann und wie diese Regulierungsmaßnahmen abgeschlossen werden, ist alles offen bezüglich entsprechend angepasster Geschäftsmodelle. Man beachte hierbei auch die grundsätzlichen Unterschiede der Free Economy oder der Vollkasko-Wirtschaft.

Und wieder: MP3

7. *Technologische Innovationen.* Dies ist der treibende Faktor, der z.T. unerwartete Verzerrungen im Markt verursachen kann. Die Verfügbarkeit eines MP3-Players sowie die zunehmende Verbreitung legaler Audioclips im Internet greifen das komplette Musikgeschäft an. Für das Jahre 2003 kann prognostiziert werden, dass MP3-Player für weniger als 20 Euro angeboten werden. Diese Geräte besitzen dann eine Speicherkapazität von bis zu 3 Stunden Spieldauer. Neue Audioclips können über ADSL geladen werden. Dabei beträgt die Ladezeit zwanzig bis dreißig Sekunden. Vor diesem Hintergrund erscheint die heutige Musikbranche antiquiert. Wozu benötigen wir noch den Vertrieb von CDs? Oder Produzenten und Musikverlage? Während die EC-induzierten Verzerrungen im Musikbereich sicherlich zu den dramatischsten gehören, werden sich technologische Innovationen in anderen Branchen eben-

falls so auswirken, dass das gesamte Beziehungsgeflecht der Geschäftspartner ins Wanken geraten kann.

Wie auch immer, ein EC-Geschäftsmodell muss immer festlegen, wer der Kunde ist und auf welche Weise das Unternehmen Umsatz und Gewinn generieren soll. Was wird verkauft und was wird kostenlos zur Verfügung gestellt? Soll das Unternehmen der Vollkasko-Wirtschaft oder der Free Economy folgen? Handelt es sich um ein vollständig neues Marktsegment (etwa: Handel mit Kundenprofilen, siehe Kapitel 13) oder um eine Optimierung oder Umgestaltung des bestehenden?

Beim Electronic Commerce ist dies nur selten von Beginn an klar. Fast nie kann ein Break-Even-Point vorausbestimmt werden. BOL hat über 150 Millionen Euro investiert, um gegen Amazon anzutreten – wie viele Bücher müssen verkauft werden, um daraus ein rentables Vorhaben zu machen? Mit welchen Tricks wird Amazon diesen Angriff parieren? Und wie ist der kommerzielle Wert einer »Community« zu berechnen? Kann BOL Amazon die Leser-Community abwerben? Oder behalten am Ende diejenigen Recht, die von der »The-Winner-takes-all-Economy« sprechen, also einer Monopolisierung in hoch spezialisierten Märkten.

Diese Fragen können nicht generell beantwortet werden. Es lassen sich bestenfalls für ein gegebenes Unternehmen wirtschaftliche und technologische Perspektiven aufzeigen. Aus diesem Grunde werden am Ende der Kapitel zum B2C- und B2B-Commerce einige Geschäftsmodelle angeführt werden. Diese sind jedoch nur Schnappschüsse einer Weltwirtschaft auf dem Wege zur Internet-Ökonomie.

5.2.20   Soziale Auswirkungen

Soziale Auswirkungen des EC sind zum heutigen Zeitpunkt nur schwer quantifizierbar – weder hinsichtlich des zeitlichen Verlaufs zukünftiger Entwicklungen noch hinsichtlich ihrer konkreten Effekte. Im Folgenden sollen daher nur exemplarische Bereiche erwähnt werden.

Computerkriminalität

Die wesentlichen Bedrohungen im Bereich des EC lassen sich unter den folgenden Begriffen subsumieren:

- Kreditkartenbetrug
- Erpressung
- Geldwäsche

◾ Diebstahl
◾ Raubrittertum
◾ Etikettenschwindel
◾ Spionage und andere klassische Angriffsszenarien

Die ersten drei sind im Bereich elektronischer Zahlungsverfahren anzusiedeln. Diese werden als Werkzeug krimineller Aktivitäten eingesetzt. Diebstahl steht nicht nur mit EC im Zusammenhang, denn er kann auch erfolgen, ohne dass Parteien Handel treiben. Anders verhält es sich beim Diebstahl elektronischen Geldes. Unter Raubrittertum ist das kurzfristige Öffnen eines Online-Shops zu verstehen, der nur dem Zweck dient, Zahlungen einzuziehen, ohne die Ware zu liefern. Nach einer Woche wird der Shop wieder geschlossen und die Konten des Händlers aufgelöst. Etikettenschwindel steht für die Vortäuschung einer Markenzugehörigkeit oder eines nicht gegebenen Qualitätsniveaus.

Bisher konnte der Kreditkartenmissbrauch reduziert werden – und zukünftig?

Laut [BöRi98] nimmt beim Bargeld der Anteil von Zahlungen mit Falschgeld einen verschwindend geringen Anteil ein: Bei einem Kaufhauskonzern mit Milliardenumsätzen fallen Falschgeldzahlungen in Höhe von wenigen tausend Euro an. Hier liegt die Betrugsrate bei Kreditkarten bereits um den Faktor 10 höher. Expertenaussagen zufolge konnten die Kosten des Kreditkartenbetrugs in den letzten Jahren allerdings von 0,5 Prozent auf ca. 0,1 Prozent gesenkt werden. Sogar im sog. MoTo-Bereich (Mail-Order, Telephone-Order), bei dem weder physische Nähe noch das Leisten einer Unterschrift erforderlich ist, erwarten die Experten keine wesentlichen Bedrohungen im Zusammenhang mit dem Electronic Commerce. Eine Veränderung dieser Daten aufgrund der häufigeren Verwendung von Kreditkarten im Internet kann noch nicht festgestellt werden.

Der Internet-Diebstahl erfolgt unerkannt, viel schneller und international

Trotzdem ist zu berücksichtigen, dass ein erfolgreicher Angriff im Bereich der elektronischen Zahlungsverfahren erheblich gravierender sein kann als herkömmliche Geldwäsche oder Betrugsszenarien: Für den Fälscher bieten sich ideale »Economies of Scale«. Kopierte oder mit gestohlenen Schlüsseln signierte Geldeinheiten lassen sich nahezu beliebig herstellen und vervielfältigen. Außerdem sind gefälschte elektronische Münzen nicht erkennbar. Ähnlich verhält es sich beispielsweise bei einem Online-Buchhandel, dessen Jahresumsatz im Bereich einiger hundert Millionen liegt und der seinen Umsatz von zwei Wochen auf ein Nummernkonto überweist. Nun ist die Internet-Öffentlichkeit beispielsweise bei Amazon hinreichend sensibilisiert – das Unternehmen steht jeden Tag im Rampenlicht, aber ein unbekanntes Online-Unternehmen, das eine Woche lang in Form von Kleinbeträgen 100.000 Euro einzieht, ohne die Ware zu liefern, dies ist durchaus denkbar und in der Praxis bereits vorgekommen:

Vor einigen Jahren inserierte ein deutsches Unternehmen in gängigen Computer-Zeitschriften mit Produktpreisen, die mindestens 10-20 Prozent unter dem üblichen Marktpreis lagen. Hunderte von Bestellern wurden geprellt, als der Unternehmer sich nach wenigen Wochen einschließlich seines »Umsatzes« absetzte. Letztlich war es der Gemeinschaft aus den Verlagen, seriösen Anbietern und kritischen Lesern zu verdanken, dass dieser Betrug schnell auffliegen konnte. Das sichergestellte Geld reichte jedoch nicht zur Schadenerstattung aller Besteller. Es ist fraglich, ob eine solche Situation sich im Internet ähnlich abspielen könnte: Entweder kann es leichter fallen, solche Straftaten zu begehen, da andere sich aufgrund der höheren Anonymität nicht um den Übeltäter kümmern. Andererseits hilft das Internet, Nachrichten über solche Unternehmen schneller zu verbreiten. Hier wäre ein Schwarze-Listen-Service, der regelmäßig von Browsern kontaktiert wird, sicherlich sehr hilfreich.

Folglich gilt auch für den Herausgeber elektronischen Geldes, dass eine Sicherheits- und Vertrauensinfrastruktur aufzubauen ist, die hilft, alle Beteiligten vor einem »E-Geld-GAU« zu schützen. Hierbei kann es beispielsweise gefährlich sein, elektronisches Geld mit einem einzigen Signierschlüssel zu »prägen«. Wenn jemand diesen einen Schlüssel stiehlt, besteht im schlimmsten Fall[8] die Möglichkeit, eine beliebige Geldmenge zu fälschen.

Der E-Geld-GAU

Erpressung ist theoretisch nur dann möglich, wenn im Internet ein vollständiges Äquivalent zum Bargeld existiert, das anonyme Bezahlungen ohne Verzögerung auf Workstations an jedem Ende der Welt erlaubt. Durch eine technische Limitierung des Maximalbetrags auf wenige hundert Euro lässt sich dieser Gefahr jedoch schnell begegnen. Außerdem ist ein System wie z.B. eCash darauf angewiesen, dass der Zahlungsempfänger sein elektronisches Geld über einen zentralen Server verifizieren lässt. Da dies nicht anonym erfolgt, kann er mit Hilfe von Fangschaltungen und aufgrund des hohen Geldbetrags ermittelt werden.

Elektronisches Lösegeld?

Geldwäsche ist ein weiteres Delikt, das prinzipiell über das Internet ausgeübt werden könnte. Zur Geldwäsche ist jedoch immer Bargeld erforderlich, um ein Aufspüren von Kontenbewegungen zu vermeiden. Eine häufige Erscheinungsform ist dabei das Fingieren von Verkäufen über Ladengeschäfte. Dies ist natürlich auch auf der Ebene von Micropayments denkbar, jedoch würde es hier schwer fallen, das

Geldwäsche

---

8. Bei naiver Entwicklung der Software.

zur Geldwäsche erforderlich Volumen unerkannt zu erzielen. Außerdem besteht auch bei elektronischem Geld immer die Möglichkeit, Bewegungsprofile zu erstellen, so dass größere Geldbewegungen ermittelt werden können. Letztlich bietet die Limitierung von Transaktionsvolumen auch bei der Geldwäsche eine einfache Handhabe, um die Attraktivität des Mediums zu senken.

Mobilität der Märkte

Wenn den neuen, kleinen, schnellen, jungen Start-ups der Markt der Zukunft gehört, was bedeutet dies für die Lebensdauer dieser Unternehmen? Netscape war auch mal jung und klein, genauso wie Microsoft. Heute existiert von den beiden nur noch Microsoft als unabhängiges Unternehmen mit signifikantem Marktanteil. Wie »alt« darf ein Unternehmen also maximal werden, bevor es sich regenerieren oder kaufen lassen muss? Kann man sich ein Unternehmen zukünftig als Reptil vorstellen, welches zwar wachsen kann, aber dabei (und dafür!) regelmäßig einen Teil seines Körpers abstreifen muss?

Wo es mir gut geht, da melde ich mein Gewerbe an

Wie sieht es dabei mit einem Land wie Deutschland aus, in dem der Altersdurchschnitt der Bevölkerung erheblich höher liegt als in unmittelbarer Nachbarschaft (Polen), wo eine gut ausgebildete, junge und unternehmerische Generation antritt? *Mobilität* definiert der Volkswirt hinsichtlich unterschiedlichster Wirtschaftsfaktoren: Mobilität des Faktors »Arbeit« bedeutet: »Ubi bene – ibi patria«, man folgt dem besten Gehaltsangebot – und wenn dies in Frankfurt, London oder San Francisco liegt. Über Mobilität des Kapitals lesen wir täglich in der Zeitung: Start-up-Unternehmen werden schnell fallengelassen, wenn sich am Kapitalmarkt rentablere Investitionsmöglichkeiten ergeben. Gleiches gilt für den internationalen Wettbewerb um Kapital. Investiert wird, wo die Rendite am höchsten ist. Dies trifft vor allem in der virtuellen Weltwirtschaft zu, bei der der Tante-Emma-Laden am anderen Ende des Globus eingerichtet werden kann (wegen des günstigen Investitionsklimas) und doch nur ein, zwei Mausklicks entfernt liegt.

Verhindern, dass schwarze Schafe von der Mobilität profitieren

Mobilität im weiteren Sinne bedeutet auch die der Geschäftsbeziehungen: In wenigen Jahren werden wir nicht nur für Telefonverbindungen Least-Cost-Router einsetzen, sondern auch für alle anderen Resultate der Commoditization: Lebensmittel, Autos, Reisen, Hypothekenkredite, Personal, CDs. Werden sich Geschäftsbeziehungen durch wachsende »Promiskuität« und Beliebigkeit auszeichnen? Wird es Alternativen geben zum heutigen Modell des »Vertrauen durch langfristige Beziehungen« – etwa durch Vertrauensnetzwerke oder ein perfektioniertes Rating-Verfahren für Unternehmen? Eine solche Dienstleistung könnte helfen, die mangelnde gemeinsame Erfahrung zwischen Handelspartnern durch die Nutzung vertrauenswürdiger Dritter zu ersetzen. Vielleicht wird man eines Tages jedoch auch feststellen, dass langfristige Beziehungen doch von höherem Wert sind als die unmittelbar messbaren Vorteile des Least-Cost-Routing. Nicht immer bedeutet »mehr Markt« gleichzeitig auch mehr Qualität – dies hängt ganz wesentlich von den regulatorischen Randbedingungen des Gesetzgebers ab.

Es ist heute niemandem klar, ob die Auswirkungen des beschleunigten Wirtschaftskreislaufes positive oder negative Effekte auf das soziale und ökonomische Leben eines jeden Einzelnen haben werden. Einige mögliche Folgen seien abschließend noch dargestellt:

▨ Lebenslanges Lernen – oder die Evolution frisst ihre Kinder.

Historisch haben sich Entwicklungen wie das Schwarzpulver, die Dampfmaschine, die Eisenbahn oder auch gesellschaftliche Konzeptionen wie »Demokratie« und »Staat« in Perioden entwickelt, die sich über ein Vielfaches einzelner Generationen erstreckten. Der einzelne Mensch wurde damit in einen statischen Zusammenhang aus Bildung, Arbeit und Gesellschaft geboren und starb meistens, ohne drastische Veränderungen seiner gesellschaftlichen Umwelt erlebt zu haben. Umgekehrt konnte eine neue Generation »mühelos« eine Entwicklung repräsentieren und realisieren.

Auch ohne Internet begann jedoch die Halbwertzeit des Wissens seit einigen Jahrzehnten auf Bruchteile der Zeitspanne einer Generation zu schmelzen, so dass »lebenslanges Lernen« und Massenarbeitslosigkeit zu üblichen Begleiterscheinungen moderner Gesellschaften geworden sind. Wer repräsentiert also heute die »Internet-Generation«? Sind es die 40-Jährigen, die an der technischen Realisierung des Internets arbeiteten, oder die 30-Jährigen, die die ersten Gehversuche mit dem WWW machten, oder die 20-Jährigen, die mit Handy und Online-Zugang intellektuell in das Internet »hineingeboren« werden? Möglicherweise sind es auch die heute erst 10-Jährigen, für die Electronic Commerce eine gesellschaftlich-ökonomische Realität sein wird. Jedenfalls lassen sich »Generationen« heute an technischen Entwicklungen festmachen, die sich binnen weniger Jahre immer wieder umwälzen. Ein Generalist wird auf seiner Abstraktionsebene noch in der Lage sein, bei dieser Entwicklung »auf der Höhe« zu bleiben, während der Spezialist immer schneller gezwungen sein wird, sein Spezialgebiet zu wechseln.

Im Informatik-Bereich ist die Entwicklung zum Spezialistentum – umgekehrt proportional zum Alter – am drastischsten zu beobachten: Der 25-Jährige ist eher in der Lage, ein technisches Problem vor dem Hintergrund aktueller Internet-Entwicklungen einzuschätzen als der 40-Jährige. IT-Technik ist heute jedoch für viele Unternehmen »kriegsentscheidend« geworden. Als Fortsetzung der Technik und der durch sie induzierten Reduktion der ökonomischen Granularität beginnen heute auch die Geschäftsmodelle, sich entsprechend umzuwälzen. Auch hier ist auf organisatorischer Ebene ein »lebenslanges Lernen« gefragt. Die Konnektivität des Internets spielt dabei die Rolle eines Katalysators.

Arbeitslosigkeit oder ...

In ihrem Buch »Die Globalisierungsfalle« skizzieren Hans-Peter Martin und Harald Schumann [MaSc96] mögliche zukünftige Gesellschaftsformen mit Arbeitslosenquoten von 30-40 Prozent und mehr – jedenfalls nach unserer heutigen Definition. Eine wesentliche Einflussgröße liegt hierbei in der schwindenden Fähigkeit des Einzelnen, sich auf dem immer schneller rotierenden Wissenskarussell zu halten. Gleiches gilt auch für Organisationen: Immer schneller vermögen daher »intelligente« Strukturen alte und verkrustete im Wettbewerb auszuhebeln.

Wenn aber durch das Internet der Wirtschaftsprozess noch weiter rationalisiert wird (z.B. durch Standardisierung, Prozessintegration, Online-Shops), wird sich die Rolle des Menschen weiterhin weg vom Teil des Produktionsapparates hin zum Designer entwickeln. Dafür werden nach unserem heutigen Wirtschaftsmodell jedoch nur wenige benötigt: »Wirtschaft« wird zum eigenständig rotierenden Automatismus, in den der Schumpeter'sche Unternehmer nur zur Kurskorrektur und Beschleunigung eingreift. »Der Mensch« entspricht hierbei aber vielleicht nur einem Fünftel der Bevölkerung. Vielleicht werden weitere zwei Fünftel für den Betrieb der physischen Ökonomie heutiger Prägung erforderlich sein; es kann aber durchaus passieren, dass die verbleibenden zwei Fünftel durch mangelnde Wissensanpassung aus dem ökonomischen Prozess herausdequalifiziert werden.

Nach heutiger Definition bedeutet dies Massenarbeitslosigkeit. Seit einigen Jahren befassen sich politische und gesellschaftliche Kreise, wie z.B. der Club of Rome [GiLi98], mit diesem potenziellen Phänomen und versuchen, Gesellschaftsmodelle zu entwickeln, die eine gerechte Verteilung von »Arbeit« anstreben. Andererseits wäre es kontraproduktiv, gerade jene intellektuellen Leistungsträger, die volkswirtschaftlich einen signifikanten Beitrag zum Bruttosozialprodukt leisten, durch Verteilungsmaßnahmen zu beschneiden. Es ist aber andererseits auch zu beobachten, dass eben diese gut ausgebildeten Personen sich zunehmend einen »Sabatical«, also eine befristete »Auszeit«, aus dem Arbeitsleben genehmigen, um sich ein grundlegend neues Thema zu erarbeiten. Nicht selten wird aus dieser Ruhephase heraus der Grundstein für eine neue Produktidee oder Firmengründung gelegt.

▓ ... oder »Paradise now«?

Zu beobachten ist bei der Internet-Ökonomie eine Abnahme der Bedeutung von Geld. Viele Dienstleistungen und Informationen stehen immer preiswerter zur Verfügung – finanziert durch Werbung und drastisch reduzierte Produktionskosten. Auch die Zugangskosten zum Netz tendieren gegen null: PCs werden bereits kostenlos angeboten, wenn der Käufer akzeptiert, stark personalisierte Werbeseiten anzusehen. Heutige ISPs bieten einen nahezu kostenlosen Internet-Zugang an – rechnen Sie einmal nach: Bei einer Flatrate für 100 Euro erhalten Sie 720 Stunden im Monat, das sind sieben Cent pro Stunde! In den USA wird der lokale Netzzugang aus Einnahmen im Fernvermittlungsbereich subventioniert. In Skandinavien können Kunden von Mobilfunk-Providern kostenlos telefonieren, wenn sie in Kauf nehmen, dass auf ihrem Handy Werbebanner angezeigt werden.

Wenn zudem auch noch im Internet Vertriebskosten wegfallen und durch effiziente Allokationsmechanismen wie Handels- oder Auktionssysteme Profitmargen minimiert werden, ist zu erwarten, dass auch Preise klassischer Produkte wie Automobile, Reisen und möglicherweise sogar Immobilien deflationieren. Technischer Fortschritt führt z.B. im Bereich der Unterhaltungselektronik seit Jahrzehnten zu kontinuierlichen Preisreduktionen. Der technische Fortschritt des Electronic Commerce spiegelt sich in Geschäftsmodellen wider, die auch in anderen Branchen zu drastischen Kosten- und Preisreduktionen führen können (siehe etwa die Beispiele weiter oben). Gesamtwirtschaftlich kann dies bedeuten, dass bei reduziertem Bruttosozialprodukt der Wohlstand dennoch wächst. Extrapoliert man diese Entwicklung, nähert man sich dem Zustand eines »Paradieses« mit kostenlosen Dienstleistungen und Produkten, aber 100% Arbeitslosigkeit [GiLi98].

Teil *II*

Technologische Grundlagen des Electronic Commerce

Am Anfang des Buches, bei der Klassifikation des E-Commerce in Abbildung 3-1 (Seite 21), gibt es eine Dimension, die E-Commerce-Bausteine nach ihrer ökonomischen bzw. technischen Ebene unterscheidet. Ganz unten finden wir dort Basistechnologien wie XML und das Internet, deren eingehende Betrachtung den Rahmen dieses Buches sprengen würde. Gleich darüber sind jedoch Softwarekomponenten und Frameworks angesiedelt, aus denen E-Commerce-Anwendungen entwickelt werden. Genau diesen Weg wollen wir auch über die nächsten Kapitel hinweg »bottom-up« beschreiten. In diesem zweiten Teil des Buches treffen wir daher auf folgende Schwerpunktbereiche:

- Mechanismen und Dienste, die *Sicherheit und Vertrauen* im Internet schaffen (Kapitel 6). Als weitere Literatur zu diesem Thema seien [Schm01] und [Raepp01] empfohlen.
- *XML* als Grundlage für eine einheitliche Repräsentation von Daten sowie für den Datenaustausch (Kapitel 7).
- *Technologische Grundlagen* für moderne Portalarchitekturen und Web-Services auf der Basis von Application Servern, Content-Management-Systemen und CORBA (Kapitel 8).
- Heutige und zukünftige *Zugangstechnologien* für eine mobile und breitbandige Nutzung des Internets sowie *Konvergenztechnologien*, aus denen sich zukünftige Geschäftsmodelle entwickeln können. Hierzu zählt unter anderem auch der *Mobile Commerce* (Kapitel 9).

Diese Technologien finden sowohl beim B2C- als auch beim B2B-Commerce ihren Einsatz, sie sind also sozusagen »vor die Klammer gesetzt«, so dass Redundanz im dritten und vierten Teil entsprechend vermieden werden kann.

6 Sicherheit und Vertrauen

Unabhängig von EC-Anwendungen, empfinden Internet-Nutzer ganz allgemein ein besonderes Bedürfnis, sich bei ihrer Kommunikation vor möglichen Angriffen Dritter zu schützen. Speziell im Bereich des EC gilt dies neben dem Schutz der Privatsphäre vor allem auch zur Sicherung von Werten in Form von Geld oder Gütern. Aus diesem Grunde ist die Forderung nach Sicherheit und Vertrauen beim Online-Handel so grundlegend, dass sie bei allen EC-Umgebungen und -Produkten bereits auf einer der untersten Architekturebenen behandelt wird. Erst wenn »weiter unten«, auf der Ebene der Basistechnologien und der Middleware, ein Mindestmaß an Sicherheit und Vertrauenswürdigkeit erfüllt ist, setzen weitere Funktionen wie Zahlungsmechanismen, Online-Kataloge oder Broker-Systeme architekturell auf.

Während sich Fragen der Sicherheit leicht in einige wenige Anforderungen und dazugehörige technische Mechanismen zerlegen lassen, ist die Schaffung von Vertrauen nicht ohne weiteres allein technisch zu erreichen. Hier ist immer die erfolgreiche Integration technischer und organisatorischer Maßnahmen erforderlich. *Worin unterscheiden sich Sicherheit und Vertrauen?*

Der Begriff der Sicherheit umfasst im Deutschen nicht nur Fragestellungen, die unter dem englischen Begriff der »Security« zu subsumieren sind (Autorisierung, Vertraulichkeit, Authentisierung, Integrität und Nichtabstreitbarkeit), sondern auch solche der Zuverlässigkeit, Robustheit und Ausfallsicherheit. Im Folgenden werden wir uns jedoch auf Fragen der »Security« beschränken, die allein bereits Bände füllend sein können ... *Sicherheit*

Die Schaffung von Vertrauen zielt auf die Vermeidung oder Abwendung möglicher Schäden der Benutzer durch den Betreiber des Marktes oder Dritte ab. Dabei soll ein Marktteilnehmer so agieren können, als ob er sich in einer vollständig vertrauenswürdigen Umgebung befindet – entweder indem für ihn ein potenzieller Schaden technisch nachvollziehbar ausgeschlossen wird oder indem ein anderer *Vertrauen*

Teilnehmer im Schadensfall die Haftung trägt. Im Gegensatz zur Sicherheitsinfrastruktur besteht hinsichtlich dieser beiden Anforderungen weder in der internationalen Gemeinde von Geschäftspartnern noch im Internet selbst eine vollständig »wasserdichte« Infrastruktur. Auch beim traditionellen internationalen Handel kommt es regelmäßig zu Betrugsfällen – auch wenn diese durch politische, juristische und organisatorische Maßnahmen auf erträglichem Niveau gehalten werden können. Ähnlich verhält es sich mit »vertrauensvollem Electronic Commerce« – ein Restrisiko ist wahrscheinlich nie auszuschließen. Doch beginnen wir zunächst mit Fragen der Sicherheit.

6.1　Autorisierung

Genauso wenig wie es Personen erlaubt ist, ohne weitere Berechtigung Privaträume anderer zu betreten, besteht im Internet wie auch innerhalb einer Organisation kein pauschales Recht, auf beliebige Ressourcen zuzugreifen. Da in der einen wie in der anderen Welt der alleinige Hinweis auf diesen Sachverhalt weder zufälliges noch böswilliges Eindringen vermeiden hilft, wurden Barrieren errichtet, durch die nur berechtigte Personen passieren dürfen. Zum Überwinden dieser Barrieren muss dem System ein Berechtigungsnachweis vorgelegt werden. Alternativ kann dies auch implizit durch Zugehörigkeit zu einer berechtigten Gruppe erfolgen. Sicherheitshalber wird zumeist der Berechtigungsnachweis vom System selbst verwaltet, so dass die Gefahr, durch Fälschung eine Berechtigung zu erschleichen, von vornherein vermieden werden kann.

Autorisierung bei Betriebssystemen　Betriebssysteme verwalten daher Listen zur Zugriffskontrolle zu Ressourcen wie Dateien, Verzeichnisse, Kommunikationsports, Geräte oder ausführbarer Software. Zur Optimierung der Verwaltung werden Benutzer des Systems zu Gruppen zusammengefasst, Rechte auf eine überschaubare Menge beschränkt (z.B. Lesen, Schreiben, Ausführen) und eine entsprechende Kombination dieser Informationen einer Ressource zugeordnet. Für eine Datei kann damit beispielsweise festgelegt werden, welchem Benutzer und welcher Gruppe (der er angehört) welche Operationen erlaubt sind.

Die Verfahrensregel zur Modifikation dieser Informationen ist wiederum auf der Betriebssystemebene »hard-coded«: Nur wer ein Schreibrecht auf die Ressource besitzt, kann auch die Autorisierung ändern. Die Rechte eines Nutzers können mit der Zugehörigkeit zu anderen Gruppen erweitert werden. Folglich stellt diese Information selbst eine sensible Ressource dar, auf die nur Benutzer-Administratoren Zugriff haben können.

Im Bereich von Betriebssystemen sind Fragen der Autorisierung weitgehend geklärt. Dies liegt nicht zuletzt an der relativ einfachen Handhabbarkeit der Zugriffsrechte, wenn der Verwalter der Ressource und diese selbst einer Organisation angehören. Der Netzwerk-Administrator der Firma verwaltet schließlich den Zugriff auf Hardware und Software, die innerhalb der Organisation installiert sind. Damit kann eine Überprüfung einer Berechtigung innerhalb der Organisation erfolgen.

Schwieriger ist eine Autorisierung verwaltbar, wenn die Rechte vergebende Instanz von der Ressource getrennt wird. Dann nämlich muss der Benutzer durch Vorlage eines Zertifikates nachweisen, dass er zur Durchführung einer Handlung berechtigt ist. Als Beispiel sei hier auf die Vorlage einer Vollmacht verwiesen, wenn eine Person durch eine Vertragspartei autorisiert wird, im Namen der Partei zu unterschreiben. Auf der betreffenden Ressource (dem Vertrag) wird eine Handlung durchgeführt (das Unterschreiben), ohne dass sich Ressource und Vertragspartei innerhalb einer organisatorischen Domäne befinden. Durch das Zertifikat wird stattdessen eine unabhängige – möglicherweise unbekannte – Kontrollinstanz in die Lage versetzt, die Autorisierung zu überprüfen. Eine solche Instanz ist im täglichen Leben beispielsweise ein Notar.

Autorisierung in offenen Systemen

Wir werden die zweite Form der Autorisierung wieder aufgreifen, nachdem weiter unten die Funktionsweise von Zertifikaten und Mechanismen zu ihrer Verwaltung erläutert wurden.

6.2 Verschlüsselung

Die wohl intuitiv am ehesten mit »Security« verbundene Sicherheitsfunktion ist die Verschlüsselung. Hier wird angenommen, dass zwischen zwei oder mehreren Parteien Daten auszutauschen sind, die zwar vom Empfänger, nicht jedoch von potenziellen Angreifern eingesehen werden können. Folglich ist das Dokument in eine Form zu überführen, aus der ein Angreifer ohne Wissen oder Besitz eines speziellen Schlüssels das Originaldokument nicht wieder rekonstruieren kann. Dieser Schlüssel kann entweder der gleiche sein, der zum Verschlüsseln des Dokuments verwendet wurde (symmetrische Verfahren), oder ein anderer, der zusammen mit jenem zur Verschlüsselung erzeugt wurde (asymmetrische Verfahren). Im zweiten Fall ist die Verwendung der beiden Schlüssel hinsichtlich der Ver- oder Entschlüsselung nicht vorgeschrieben. Wurde jedoch der eine einmal zur Verschlüsselung eingesetzt, kann die Entschlüsselung nur mit dem anderen erfolgen.

Symmetrische und asymmetrische Verfahren

Beim symmetrischen Verfahren kann jeder, der sich den einen Schlüssel kopiert, das Dokument lesen. Somit ist hierbei besonders darauf zu achten, dass dieser Schlüssel auf einem sicheren Weg an den Kommunikationspartner transportiert werden kann – man spricht *Sicherer Kanal* hierbei von einem *sicheren Kanal*, der konkret den persönlichen Transport und die Ablieferung per Diskette bedeuten kann. Die einzige Alternative besteht im verschlüsselten Transfer durch einen zweiten, bereits vorher verteilten Schlüssel. Das Problem der Verteilung ist damit jedoch nur verlagert. Symmetrische Verfahren werden daher auch »Private-Key-Verfahren« genannt, da der Schlüssel niemals in unberechtigte Hände gelangen darf.

Aus diesem Grunde hat sich im Internet auch das asymmetrische Verfahren durchgesetzt, bei dem vom generierten Schlüsselpaar einer ausgewählt und fortan als *öffentlicher* und der andere als *privater* *Öffentliche und private* Schlüssel bezeichnet wird. Der private wird – ähnlich dem symmetri-*Schlüssel* schen Verfahren – ebenfalls nicht herausgegeben, auch nicht an andere Kommunikationspartner! Andererseits sollte hingegen der zweite Schlüssel allen anderen bewusst zugänglich gemacht, also *veröffent-licht* werden. Tauschen nun zwei Kommunikationspartner verschlüsselte Nachrichten aus, so verwenden sie jeweils den öffentlichen Schlüssel des Empfängers zur Verschlüsselung. Dieser kann beispielsweise seiner Homepage oder seinen E-Mails entnommen werden. Sendet der Empfänger nun das Dokument zurück, verwendet er den öffentlichen Schlüssel des ursprünglichen Senders. Da in beiden Fällen nur der Empfänger über den korrespondierenden privaten Schlüssel verfügt, kann niemand anderes das Dokument entschlüsseln. Natürlich wird hierbei angenommen, dass der private Schlüssel niemals in andere Hände als die des Eigentümers gelangt.

Dokumenten- Es ist wichtig, die Aufgabe, ein *Dokument* als Sequenz von Bytes zu *verschlüsselung und* verschlüsseln, von der *Kanalverschlüsselung* zu unterscheiden. Im ersten *Kanalverschlüsselung* Fall kann das Dokument (z.B. die Kreditkartennummer) in verschlüsselter Form auch auf der Festplatte des Empfängers abgelegt werden, während im zweiten nur bei der Übertragung im Netz Sicherheit gegenüber Angreifern gewährleistet wird. Verfahren wie z.B. SSL dienen einer Kanal- (d.h. Ende-zu-Ende-)-Verschlüsselung [Netscape98b].

Gängige Verfahren

Heute existiert eine Vielzahl symmetrischer und asymmetrischer Verfahren. Dabei finden beide ihre Berechtigung in unterschiedlichen Nischen: Symmetrische Verfahren sind in der Regel mit weniger Rechenaufwand durchzuführen, andererseits allerdings auch leichter mit Verfahren der Kryptoanalyse zu brechen. Asymmetrische erfordern erheblich höheren Rechenaufwand – sowohl bei der Generierung als auch bei der Ver- und Entschlüsselung und erst recht beim Brechen der Verschlüsselung. Aus diesem Grunde werden symmetrische und asymmetrische Verfahren häufig kombiniert, um ihre jeweiligen Vorteile zu nutzen: Das asymmetrische dient dabei als Vehikel für den sicheren Transport eines symmetrischen Schlüssels zum Empfänger. Wurde dieser in der vertrauenswürdigen Umgebung des Empfängers gespeichert, kann er anschließend zur weniger aufwendigen Verschlüsselung eingesetzt werden. Um zu verhindern, dass er binnen kurzer Zeit durch einen Angreifer ermittelt werden kann, sollte er in ausreichend kurzen Abständen gewechselt werden. Üblicherweise sind diese Abstände in der Größenordnung einiger Minuten bis Stunden jedoch länger als eine durchschnittliche Sitzung z.B. mit einem Online-Shop.

Kombination von symmetrischen und asymmetrischen Verfahren

DES

DES (*Data Encryption Standard*) ist ein symmetrisches Verschlüsselungsverfahren, das 1975 veröffentlicht wurde und im Wesentlichen als Forschungsergebnis von IBM betrachtet werden kann. Auch nach über 25 Jahren kryptoanalytischer Durchleuchtung findet es im Bereich der schwachen Kryptografie heute und in Zukunft seine Einsatzbereiche. DES wurde speziell zur Implementierung in Silizium entwickelt. Eine ausführliche Diskussion des Algorithmus findet sich im Buch von Schneier [Schn95]. Die hauptsächliche Schwachstelle ist die noch häufig verwendete Schlüssellänge von maximal 56 Bit. Mit einem Brute-Force-Entschlüsselungsversuch sollte es heute möglich sein, durch Spezialhardware im Werte von weit weniger als 1 Mio. Dollar einen 40-Bit-DES-Schlüssel in wenigen Sekunden zu ermitteln.

Als Erweiterung des Verfahrens wurde *Triple-DES* (oder auch DESede) entwickelt, das mit Hilfe von drei DES-Schlüsseln (deren Aneinanderreihung eine Länge von 168 Bit ergibt) den Verschlüsselungsvorgang dreimal durchführt: Einmal unter Verwendung des ersten Schlüssels in die Richtung zum Verschlüsseln, dann mit dem zweiten zurück (also eine »falsche« Entschlüsselung) und schließlich wieder mit dem dritten hin zum zweiten Verschlüsseln.

Triple-DES

AES

AES steht für *Advanced Encryption Standard*, einem Verfahren, das als Nachfolger von DES seit Ende 2000 als Standardverschlüsselung in den USA verwendet wird. AES basiert auf dem belgischen Rijndael-Algorithmus, der von den Kryptografie-Spezialisten Joan Daemen und

AES wurde erst im Jahre 2000 standardisiert

Vincent Rijmen entwickelt wurde. Der AES-Standard soll Daten der US-Behörden schützen, die als vertraulich, aber nicht geheim gelten. Es wird erwartet, dass er auch im privaten Sektor Verwendung findet.

RSA

RSA ist eines der bekanntesten und nachvollziehbarsten Verschlüsselungsverfahren, das nicht mehr aus der Praxis wegzudenken ist. Es ist benannt nach seinen Entwicklern, Ron Rivest, Adi Shamir und Leonard Adleman, und wurde 1978 veröffentlicht. Der Patentschutz für RSA lief am 20. September 2000 ab.

RSA ist seit über 25 Jahren eine »Waffe«

Im Vergleich zu symmetrischen Verfahren ist die Chance, eine RSA-verschlüsselte Nachricht mit dem gleichen Aufwand zu dechiffrieren, so extrem unwahrscheinlich, dass die US-Sicherheitsbehörde lange Zeit erhebliche Exportrestriktionen für diesen Algorithmus festlegte. Zulässig war außerhalb der USA ursprünglich nur das Signieren von Daten (siehe unten), jedoch nicht die Verwendung zum Verschlüsseln. Der Algorithmus wird von der National Security Agency (NSA) nach wie vor als »Waffe« klassifiziert. Je nach Anwendung und Sicherheitsbedürfnis sind Schlüssellängen von bis zu 2048 Bit gängig. Die folgenden Schlüssellängen werden für die entsprechenden Anwendungen eingesetzt:

- Sichere Länge: 768 Bit (eingesetzt bei eCash)
- Praktisch nicht mehr angreifbare Länge: 1024 Bit (Standardlänge bei PGP)
- Weit jenseits heutiger Angriffsmöglichkeiten: 2048 Bit (z.B. Wurzel-CA für SET)

Das RSA-Verfahren kann man im ersten Informatik-Semester programmieren ...

Das wesentliche Merkmal von RSA ist die Verwendung von Schlüsselpaaren, so dass der Algorithmus im Bereich der Public-Key-Kryptografie eingesetzt wird. Technisch beruht RSA auf der Schwierigkeit, große Zahlen zu faktorisieren, d.h. eine Ansammlung von Primzahlen zu finden, aus denen sich die Zahl wieder als Produkt ergibt. Im Falle von RSA sind dies zwei Primzahlen. Im Folgenden ist der Algorithmus zum Nachrechnen kurz an einem Beispiel skizziert:

1. Wähle 2 große Primzahlen p und q
2. Berechne n = p * q und z = (p-1) * (q-1)
3. Wähle eine Zahl d, die relativ prim ist zu z (d.h. sie besitzt keinen gemeinsamen Teiler außer 1)
4. Wähle eine Zahl e (den Chiffrierschlüssel), für die gilt:
   e * d = x | x mod z = 1

5. Teile die Nachricht in Blöcke, so dass die Länge jedes Blocks
   <= n

6. Um N zu verschlüsseln, berechne C = N^e mod n

7. Um C zu entschlüsseln, berechne N = C^d mod n

Resultat:

- e und n bilden den öffentlichen Schlüssel,
- d ist der private Schlüssel,
- p und q werden verworfen (und dürfen nicht veröffentlicht werden!).

Dieses Verfahren wird an folgendem trivialen Beispiel nachvollziehbar:
Die zu verschlüsselnde Nachricht lautet 6882326879666683. Dies
könnte beispielsweise der Bit-String einer E-Mail-Nachricht sein.

1. Wir wählen p = 3 und q = 11

2. Dann ist n = p*q = 33 und z = (p-1)(q-1) = 20

3. Sei d = 7. 7 ist relativ prim zu 20, da kein gemeinsamer Teiler
   außer 1 besteht.

4. Um e zu finden, ist folgende Gleichung nach x aufzulösen:
   7e = x wobei x mod 20 = 1
   Dies gilt z.B. für e = 3

5. Damit kann ver- und entschlüsselt werden. Wir nehmen eine
   Blocklänge von 1 Ziffer an, da durch zwei Ziffern Werte > 33
   ausgedrückt werden können, also: 6,8,8,2 ...

6. Verschlüsselung:
   C = N^3 mod 33
   6^3 mod 33 = 216 mod 33 = 18
   Der verschlüsselte Nachrichtenblock hat damit den Wert 18.

7. Entschlüsselung:
   N = C^7 mod 33
   18^7 mod 33 = 612220032 mod 33 = 6
   Damit wurde die Nachricht im Klartext wiederhergestellt.

Aus diesem einfachen Beispiel lässt sich erahnen, welcher Aufwand
erforderlich ist, um die Nachricht N zu entschlüsseln, wenn anstelle
von e=3, d=7 Zahlen in der Größenordnung von bis zu 2048 Bit Länge
verwendet werden. Auch die Umkehrung von n = p*q = 3 * 11 – d.h.
die Primfaktorzerlegung von 33 – ist bei entsprechenden Schlüssellängen nur mit horrendem Aufwand erreichbar.

Die Verschlüsselung mit RSA erfordert ebenfalls erheblich höheren
Aufwand. Nach Schneier [Schn95] benötigen die schnellsten Hard-
ware-Implementierungen des Jahres 1995 ca. 1 Sekunde zur Verschlüs-

selung von 1 Megabit. In der Praxis erfordern Softwarelösungen für Sicherheitssysteme ca. 1 Sekunde zur Verschlüsselung kleiner Nachrichten von einigen KB Länge. Dies gilt für einen 850 MHz Pentium III.

IDEA

IDEA ist ein symmetrisches Verfahren

IDEA (*International Data Encryption Standard*) wurde Anfang der 90er in mehreren Schritten entwickelt und verbessert. Es gilt neben RSA als eines der stärksten Verfahren und unterliegt keinen US-Exportbeschränkungen, da es außerhalb der USA entwickelt wurde. Aus diesem Grunde wird es von unterschiedlichen europäischen Anbietern von Kryptosoftware eingesetzt. Die Patentrechte hält die Firma Ascom AG in der Schweiz. Für nichtkommerzielle Zwecke kann IDEA jedoch kostenlos eingesetzt werden.

IDEA ist ein symmetrisches Verfahren, das mit 128 Bit Schlüssellänge arbeitet. Der Algorithmus ist bei [Schn95] sehr anschaulich beschrieben. IDEA ist ein schnelleres Verfahren als DES, mit einem Pentium III sollte der Durchsatz bei 850 MHz im Bereich von 10 MB/s liegen. Mit Hardware-Unterstützung sind über 100 MB/s zu erwarten.

Diffie-Hellman

Diffie-Hellman löst elegant das Problem der Schlüsselverteilung

Das Problem der Schlüsselverteilung wurde bereits als Achillesferse symmetrischer Verfahren erläutert. Es gibt jedoch einen Ausweg; Daher wollen wir noch einen Blick auf den Algorithmus von Diffie und Hellman werfen, da dieser heute im Bereich von SSL häufig für den Aufbau einer sicheren Kommunikationsverbindung zwischen Web-Browser und -Server eingesetzt wird. Gerade die Möglichkeit, zwei Kommunikationspartnern einen Sitzungsschlüssel vereinbaren zu lassen, ohne dass auf beiden Seiten Vorwissen über gemeinsame Parameter zur Generierung besteht, ist besonders interessant für die Ad-hoc-Kommunikation im Internet. Auch wenn ein Angreifer permanent die Kommunikation abhört, besteht für ihn dabei keine Möglichkeit, an den Wert des Schlüssels zu gelangen. Diffie-Hellman wurde 1976 zum ersten Mal veröffentlicht und leitete die Entwicklung der Public-Key-Kryptografie ein. Da 1997 der Patentschutz aufgehoben wurde, ist der Algorithmus jetzt frei verwendbar. Das Verfahren ist fast trivial:

Beide Kommunikationspartner einigen sich auf zwei Werte, n und g. Diese Werte können frei im Netz vereinbart werden, sie können sogar in einer größeren Gruppe von Benutzern vorab festgelegt sein (z.B. durch die Verwendung des gleichen Software-Tools). Einzige

Bedingung: n ist eine Primzahl, zu der g modulo n prim ist. Dann werden folgende Berechnungen durchgeführt:

1. Partner A wählt eine beliebige, große Zahl x und sendet an Partner B die Zahl X, wobei $X = g^x \bmod n$.
2. Partner B wählt eine beliebige, große Zahl y und sendet an Partner A die Zahl Y, wobei $Y = g^y \bmod n$.
3. A berechnet seinen Schlüssel: $k = Y^x \bmod n$
4. Entsprechend berechnet B seinen Schlüssel $k' = X^y \bmod n$
5. Für beide Schlüssel gilt: k und k´ sind gleich $g^{xy} \bmod n$.

Niemand, der die Kommunikation verfolgt, kann die Werte k und k´ herausfinden, auch wenn g, n, X und Y bekannt sind.

Beispiel:

Für dieses Beispiel verwenden wir der Nachvollziehbarkeit halber wieder simple Werte. Für n und g werden die Zahlen 7 und 31 gewählt.

1. $X = g^x \bmod n$. Für x wählen wir 5, d.h. $X = 31^5 \bmod 7$, also $X = 5$
2. $Y = g^y \bmod n$. Für y wählen wir 7, d.h. $Y = 31^7 \bmod 7$, also $Y = 3$
3. $k = 3^5 \bmod n = 5$
4. $k' = 5^7 \bmod n = 5$
5. Es gilt: $k = k' = 31^{5*7} \bmod 7 = 5$

Die Schlüssel k bzw. k´ können nun zur Ver- und Entschlüsselung verwendet werden. Dieser Algorithmus kann sogar auf mehrere Parteien erweitert werden, so dass drei, vier oder allgemein N Parteien ihre X-, Y- und Z-Werte so lange im Kreis weiterleiten und berechnen, dass am Ende (nach N-1 Weitergaben eines jeden Zwischenwertes) allen der gleiche Schlüssel k zur Verfügung steht. Etwas mehr Magie zu diesem Thema ist wiederum bei [Schn95] zu finden.

Diffie Hellman gibt's auch für mehr als zwei Partner

Kombination von starker und schwacher Kryptografie

Die Erläuterung der Verfahren hat gezeigt, dass symmetrische und asymmetrische Verfahren mit unterschiedlichen Vor- und Nachteilen behaftet sind. So erfordert RSA etwa die tausendfache Rechenzeit bei der Verwendung der Schlüssel. Dieser Nachteil wird aber durch eine erheblich höhere Sicherheit gegen Angriffe wettgemacht. Die Verwendung von DES dient recht häufig für kurze Phasen, z.B. bei zeitlich begrenzten WWW-Sitzungen, oder zur Vereinbarung symmetrischer Schlüssel für stärkere Verfahren wie z.B. IDEA. Daher findet in der

Der Mix macht's erst möglich

Praxis üblicherweise ein Mix der Verfahren statt. Einige Internet-Banking-Produkte verwenden z.B. DES für den Aufbau einer schwach gesicherten SSL-Verbindung, um auf dieser Basis mit Hilfe von IDEA ein zusätzliches, starkes Verfahren einzubetten. In anderen Fällen wird bevorzugt RSA verwendet, um einen DES-Sitzungsschlüssel sicher auszutauschen. Dieser Schlüssel wird dann so lange benutzt, wie sichergestellt ist, dass ein Angreifer ihn nicht ermitteln kann (wenige Minuten bis Stunden). Innerhalb dieser Zeit kann ein größeres Datenvolumen mit wenig Rechenaufwand verschlüsselt und übertragen werden.

6.3   Datenintegrität

Ein Angreifer könnte zwischen anderen Teilnehmern übertragene Daten ändern wollen – z.B. Preise, Termine, Namen oder Kontonummern. Daher ist ein Verfahren erforderlich, welches den Kommunikationspartnern die Möglichkeit gibt festzustellen, ob ihre Daten unversehrt beim Empfänger eingetroffen sind. Zu diesem Zweck werden Hash-Algorithmen eingesetzt:

Hash-Algorithmen

Der Hash-Wert ist ein Fingerabdruck für Dokumente

Hash-Funktionen dienen dazu, zu einer beliebig großen Datenmenge (ausgedrückt durch einen String von Bytes) einen sog. Hash-Wert zu ermitteln, der folgende Eigenschaften erfüllt:

- Er ist in seiner Länge auf eine vorgegebene Anzahl Bytes festgelegt (üblicherweise bis zu 160 Bit). Da diese Länge meist sehr viel kürzer ist als die Originaldaten, können mehrere unterschiedliche Originaldaten zum gleichen Hash-Wert führen – dies nennt man eine Kollision.
- Man kann nicht vom Hash-Wert wieder auf die Originaldaten schließen (daher auch die Bezeichnung »Einweg-Hash-Funktion«).
- Jede auch noch so minimale Änderung des Original-Strings führt zu einem unterschiedlichen Hash-Wert.

Daher ist es äußerst unwahrscheinlich, die Originaldaten so verändern (d.h. fälschen) zu können, dass wieder der gleiche Hash-Wert erreicht wird. Hash-Werte werden meist auch »Message Digest« genannt – im Deutschen auch »Fingerabdruck« einer Nachricht. Produkte wie PGP oder andere Kryptobibliotheken verfügen über unterschiedliche Hash-Funktionen, von denen MD5 und SHA die gängigsten sind:

MD5 wurde 1991 von Ronald Rivest entwickelt. Es ist eine Weiterentwicklung von MD4, einer früheren Version. MD5 produziert 128 Bit lange Hash-Werte. Es wurde festgestellt, dass MD5 unter bestimmten Bedingungen nicht sehr kollisionsresistent ist, d.h., mit gewissem Aufwand können alternative Input-Nachrichten ermittelt werden, die den gleichen Hash-Wert liefern.

MD5 ist ein älteres Hash-Verfahren

Der Secure Hash Algorithm (SHA) wurde von dem NIST (National Institute of Standards and Technology) der USA in Verbindung mit der NSA (National Security Agency) entwickelt. Wie MD5 ist auch SHA eine Weiterentwicklung von MD4. Die Verbesserungen sind jedoch weitreichender als beim MD5: Hash-Werte haben eine Länge von 160 Bit, was das Risiko einer Kollisionsattacke reduzieren hilft. Es wird empfohlen, wenn möglich SHA als Ablösung des MD5 einzusetzen.

SHA führt zu weniger Kollisionen

Zur Verifikation der Integrität eines Dokuments ist es erforderlich, den Hash-Wert auf einem sicheren Kanal zum Empfänger zu transportieren. Dies erfolgt üblicherweise unter Zuhilfenahme der oben genannten Verschlüsselungsverfahren, so dass ein Angreifer seinen modifizierten Hash-Wert nicht mit dem vom Empfänger erwarteten Schlüssel chiffrieren kann. Zu diesem Zweck könnte jedes beliebige, genannte Verfahren eingesetzt werden. Eine Besonderheit ist jedoch bei asymmetrischen gegeben: Die Verschlüsselung des Hash-Wertes kann als »Unterschrift« des Senders verwendet werden, wenn dieser dazu seinen privaten Schlüssel benutzt. Damit sind wir beim Thema der »elektronischen Unterschrift« angekommen.

Der Hash-Wert ist die Grundlage der elektronischen Signatur

6.4   Authentisierung

Allgemein bedeutet »Authentisierung« nachzuweisen, dass eine Nachricht von dem Sender kommt, von dem sie zu sein vorgibt. Der zu vermeidende Angriffsfall ist also ein bösartiger Dritter, der eine Nachricht an einen Empfänger sendet und sich dabei als ein anderer als er selbst ausgibt. Ein klassisches Beispiel ist die Bestellung von 200 Büchern bei Amazon, um den vorgetäuschten Besteller finanziell zu schädigen. Erforderlich ist also für Amazon die Möglichkeit, die Authentizität dieser Bestellung zu verifizieren. Im normalen Leben würde die Bankangestellte oder Kassiererin im Supermarkt die Unterschrift des Kunden z.B. bei einer Kartenzahlung überprüfen. Im Hochsicherheitstrakt des Verteidigungsministeriums oder eines Kernkraftwerkes werden zusätzlich noch weitaus sicherere (und kostspieligere) *biometrische* Verfahren eingesetzt. Diese Verfahren beruhen auf der Erkennung natürlicher menschlicher Identifikationsmerkmale wie z.B. einem Fingerabdruck oder einem Bild der Netzhaut. Auch die Analyse des Bewegungsablaufes eines Stiftes beim Leisten der Unterschrift, z.B. auf einem Eingabetableau, zählt zu den biometrischen Verfahren.

Solange diese Verfahren jedoch noch nicht allgemein Verwendung gefunden haben, muss auf andere Techniken zurückgegriffen werden. Am bekanntesten waren bisher Magnet- oder Chipkarten zum Nachweis der Authentizität. Auf diesen befindet sich – im primitivsten Fall – ein Code, über den man nur durch Besitz der Karte verfügen kann. Andere Karten, wie z.B. die Kundenkarten der Banken, erfordern zusätzlich die Eingabe eines PIN-Codes, der in Verbindung mit der Karte den Kunden identifiziert. Auch hierbei handelt es sich immer noch um Magnetkarten, die durch einfach herzustellende Geräte ausgelesen oder manipuliert werden können. Nur die weiter unten beschriebenen Smart Cards sind in der Lage, aufgrund ihres eigenen Prozessors und einer sicheren Betriebssystemarchitektur solchen Angriffen zu widerstehen.

Passwort, Smart Card oder biometrische Verfahren?

Insgesamt kann also die Authentizität eines Teilnehmers durch verschiedene Merkmalsbereiche nachgewiesen werden:

- Durch den *Besitz* eines Gegenstands (engl. *Token*), der die erforderliche Information enthält (dies entspricht etwa einem »individuellen Türschlüssel«).
- Durch *Wissen*, über das nur die betreffende Person verfügen kann (ein Passwort oder PIN-Code).
- Durch *Eigenschaften*, die die Person besitzt (biometrische Merkmale).

Da ein Gegenstand gestohlen werden kann und auch Wissen transferierbar ist, finden sich häufig Kombinationen der genannten Merkmale, z.B. bei Smart Cards mit PIN-Nummer.

Im Internet haben sich heute elektronische Signaturen auf der Basis asymmetrischer Verfahren, konkret RSA, etabliert. Dabei setzt das Verfahren auf die bereits diskutierten Verschlüsselungs- und Hash-Verfahren auf.

Signaturverfahren

Signaturen sind verschlüsselte Hash-Werte

Die Verwendung von RSA zur Authentisierung von Dokumenten oder Kommunikationskanälen ist in vielerlei Hinsicht komplementär zur Verschlüsselung. Während dies nur der Kodierung des Dokuments dient, belässt die elektronische Unterschrift das Dokument im Klartext (wie man es auch von einem unterschriebenen Schriftstück auf Papier erwarten würde). Zusätzlich wird jedoch mit dem Dokument die

Unterschrift des Senders übertragen. Dabei wird vom Dokument ein Hash-Wert erzeugt und mit dem privaten Schlüssel des Dokuments verschlüsselt. Dadurch sind zwei Eigenschaften sichergestellt:

1. Das Dokument kann nur von einer einzigen Person stammen, da nur diese über ihren eigenen privaten Schlüssel verfügt. Der Hash-Code ist damit fälschungssicher verschlüsselt.
2. Das Dokument kann von niemand anderem verfälscht worden sein, da dies anhand des privaten Schlüssels der Person erfolgen müsste.

Da der private Schlüssel des Senders mit seinem öffentlichen korrespondiert, kann jeder, der über letzteren verfügt, verifizieren, von wem das Dokument stammt. Technisch erfolgt dies durch Entschlüsseln des Hash-Wertes mit dem öffentlichen Schlüssel und durch erneutes Anwenden der Hash-Funktion. Sind beide auf diese Weise ermittelten Hash-Werte identisch, ist nachgewiesen, dass das Dokument so wie ursprünglich beim Sender vorliegt.

Abb. 6–1

Verwendung von Hash-Werten zur Integritätskontrolle und für elektronische Signaturen

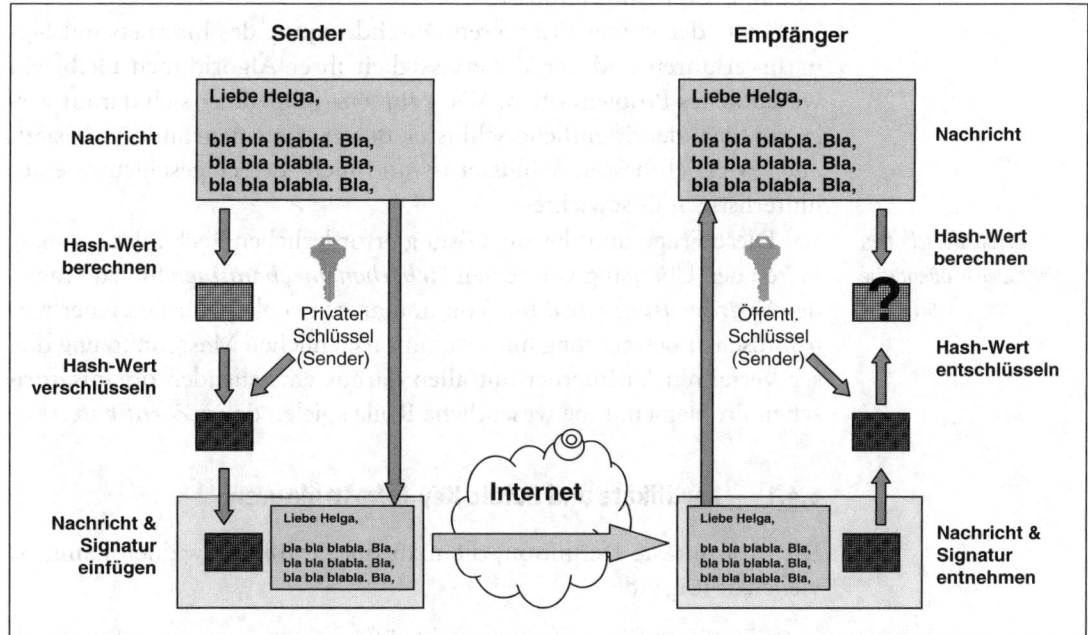

Wichtig ist hierbei noch einmal der Hinweis, dass für die Verschlüsselung und für das elektronische Signieren jeweils unterschiedliche Schlüssel eingesetzt werden:

■ zum *Verschlüsseln* der öffentliche Schlüssel des Empfängers (entspricht dem privaten Schlüssel in Abb. 6-1) und

■ zum Unterschreiben der private Schlüssel des Senders (entspricht dem öffentlichen Schlüssel).

Die anderen beiden der möglichen vier Kombinationen sind jedoch nutzlos.

Programmierbibliotheken

Die Möglichkeiten, mit den bisher genannten Verfahren zu spielen, und die sich daraus ergebenden Kombinationen finden sich überall im Internet wieder. Krypto-Programmierbibliotheken, wie z.B. in der Standardbibliothek von Java, bieten eine Fülle von Kombinationsmöglichkeiten und Verfahren. Alle gängigen E-Mail-Anwendungen stellen heute einfache Benutzerschnittstellen zur Generierung und Verwaltung von Schlüsseln bereit. Besonders PGP (Pretty Good Privacy) von Phil Zimmerman hat hier Berühmtheit erlangt, da es erstmals RSA in einer weltweit öffentlichen Form und mit unzulässiger Schlüssellänge implementierte. Entsprechend verärgert waren denn auch die NSA und das FBI, so dass Phil Zimmerman aus diesem Grund einige Zeit im Gefängnis verbringen musste.

Trotz der immer rasanteren Durchdringung des Internets mit Signaturverfahren und der Zuverlässigkeit ihrer Algorithmen bleibt ein wesentliches Problem offen: Wie kann ein Teilnehmer sich darauf verlassen, dass der öffentliche Schlüssel, den er von einem anderen besitzt, auch wirklich dessen Schlüssel ist und nicht der eingeschleuste eines hinterlistigen Bösewichtes?

Zertifikate schaffen Vertrauen in öffentliche Schlüssel

Diese Frage und die zur Lösung erforderlichen Technologien markieren den Übergang von reinen *Sicherheitsmechanismen* hin zu Fragen der *Vertrauensinfrastruktur*. Von nun an schwenken wir von einer rein technischen Betrachtung hinüber zur tatsächlichen Massennutzung dieser Verfahren im Internet mit allen daraus entstehenden organisatorischen Problemen. Eine wesentliche Rolle spielen dabei *Zertifikate*.

6.4.1 Zertifikate und Public-Key-Infrastrukturen

Die abstrakteste Definition, die man für Zertifikate wählen kann, ist vielleicht folgende:

> »*Ein Zertifikat ist eine nachprüfbare Aussage einer Person über einen Sachverhalt*«.

Herausgeber, Besitzer und Prüfer von Zertifikaten

Hierbei sind verschiedene Variationen vorstellbar, von denen wir einige hervorheben wollen: Die *Person* ist nicht nur eine natürliche, sondern in den meisten Fällen eine juristische Person, d.h. ein Unternehmen oder eine Behörde. Diese Person spielt die Rolle des *Herausgebers* oder *Erstellers*. Die Aussage beschreibt üblicherweise einen Zustand, ein Besitzverhältnis oder eine andere Eigenschaft Dritter. Dieser beschriebene Sachverhalt muss in einer standardisierten Form repräsentiert sein, so dass der Prüfer dem Zertifikat eine Bedeutung beimessen kann. Ein Bewerber, der beispielsweise ein Zeugnis vorlegt, kann aufgrund des normierten Zensurensystems beurteilt werden. Schließlich bedeutet *nachprüfbar*, dass die Aussage nicht mündlich ausgesprochen wurde, sondern aufgrund der Schriftform durch Unterschriften, Stempel, Wasserzeichen, Siegel, Materialeigenschaften etc. verifizierbar ist. Gleiches gilt für Zertifikate in elektronischer Form. In jedem Fall ist ein Zertifikat leicht transportierbar und durch andere Personen verifizierbar. Dabei sind die weiteren Rollen definiert: Der *Besitzer* des Zertifikats ist meistens auch Nutznießer der im Zertifikat enthaltenen Aussage, während der *Prüfer* es verifiziert. Prüfer und Herausgeber können die gleiche Person sein. Wichtig ist ferner, dass ein Zertifikat auch außerhalb des »Dunstkreises« des Herausgebers – also in dessen Abwesenheit – leicht verifizierbar sein muss. Unter den Begriff des Zertifikats wollen wir ebenfalls Gutscheine subsumieren. Einige werden nur einmal beim Prüfer eingelöst und anschließend entwertet, während andere über längere Perioden hinweg oder sogar ewig Gültigkeit besitzen und beliebig oft vorgelegt werden können.

Im täglichen Leben lassen sich beliebig viele konkrete Beispiele finden: Angefangen beim Verzehrgutschein eines Fast-Food-Restaurants oder dem Geschenkgutschein über Theatertickets, die Urkunde der Handwerkskammer zur bestandenen Gesellenprüfung bis hin zu Geldscheinen oder Grundbucheinträgen haben wir es immer wieder mit Zertifikaten zu tun. In der Online-Welt finden wir Zertifikate für den Authentizitätsnachweis öffentlicher Schlüssel (heute die häufigste Anwendung) oder auch ansatzweise im Bereich von Qualitätszertifikaten (»Best Home Page«, »Cool Java Applet« etc.). In diesem Bereich besteht jedoch weder eine Standardisierung der Attribute noch eine auf öffentlichen Schlüsseln basierende Infrastruktur.

Bereits am hier gezeigten Spektrum kann man erkennen, dass die Eigenschaften »Wert des Gegenstands«, »Aufwand zur Fälschungssicherung«, »Vertrauenswürdigkeit des Herausgebers« nicht beliebig sein können. Während das Theaterticket vielleicht noch mit einem Farbkopierer gefälscht werden kann, ist dies bei Geldscheinen oder Urkunden aufgrund der zusätzlichen physikalischen Eigenschaften nicht möglich.

Herausgeber, Besitzer und Prüfer von Zertifikaten

Es lassen sich nicht nur öffentliche Schlüssel zertifizieren

PKI – Public Key Infrastructure

Im Internet werden elektronische Zertifikate heute für den Nachweis der Zugehörigkeit eines öffentlichen Schlüssels zu einer Person verwendet. Diese Sicherung ist von grundlegender Bedeutung, da zunächst keine Anhaltspunkte existieren, anhand derer man erkennen kann, dass der öffentliche Schlüssel einer anderen Person auch wirklich ihrer ist. Er könnte ja von einem Angreifer zugespielt worden sein, so dass alle Nachrichten, die dem eigentlichen Adressaten gesendet werden, vom Angreifer abgefangen und entschlüsselt werden (und nur von diesem). Natürlich könnte unser Kommunikationspartner uns per Post oder per Telefon seinen öffentlichen Schlüssel übermitteln, dies würde allerdings die Transaktionskosten unnötig erhöhen.

CAs bzw. Trust-Center   Die Internet-Lösung besteht daher im Einsatz einer vertrauenswürdigen dritten Partei (engl. Trusted Third Party, TTP). Im Internet hat sich bei der Verwaltung von Zertifikaten für öffentliche Schlüssel der Begriff der *Zertifizierungsautorität* bzw. *Trust-Center* durchgesetzt (engl. *Certificate Authority*, CA). Diese genießt so hohes Vertrauen, dass ihre Aussagen von allen Nutzern als gültig angenommen werden können. Eine Aussage der CA kann damit also sein: »Dieser öffentliche Schlüssel gehört Michael Merz«. Wird diese Aussage noch von der CA unterschrieben, liegen bereits die wesentlichen Merkmale eines elektronischen Zertifikats vor.

Die Aufgaben der CA bestehen dabei in der Verwaltung von Zertifikaten. Dazu zählen folgende Funktionen:

- Einrichtung von Prozeduren zur Registrierung einer Person und ihres öffentlichen Schlüssels,
- Schaffung eines Online-Dienstes zur automatischen Publikation öffentlicher Schlüssel und die
- Verwaltung von Sperrlisten für ungültige Zertifikate.

Bei der ersten Funktion ist es Aufgabe der CA, die Zugehörigkeit des Schlüssels zur Person sicherzustellen. Dies kann unterschiedliche drastische Maßnahmen erfordern, angefangen bei der Überprüfung der korrekten E-Mail-Adresse (Zertifikate auf diesem Niveau haben fast keinen praktischen Wert und sind in der Regel kostenlose »Köderangebote« großer CAs). Die nächstsichere Stufe ist das persönliche Einreichen des öffentlichen Schlüssels auf Diskette (dabei ist ein Personalausweis vorzulegen) bis hin zur Zusammenarbeit mit Wirtschaftsinformationsdiensten, die den Lebenslauf, familiäre und berufliche Beziehungen, Sozialversicherungsnummern sowie Vermögensverhältnisse etc. recherchieren.

Für die Registrierung ist die Identifikation der Person erforderlich

Zertifikate nach dem X.509v3-Standard

Nachdem wir nun Zertifikate aus der Perspektive des Benutzers untersucht haben, wollen wir einen Blick auf ihre technische Realisierung
werfen. Dabei stehen drei Aspekte im Vordergrund: die Datenstruktur
eines Zertifikats, seine Verwaltung seitens der CA sowie die Kommunikation zwischen Benutzer und CA.

Im Wesentlichen dient ein bereits etwas betagter CCITT/ISO-Stan-   *Verzeichnisdienste nach*
dard als Grundlage zur Verwaltung von Zertifikaten: der X.500-Ver-   *X.500*
zeichnisdienst. Dieser wurde Ende der 80er Jahre entwickelt (also
lange vor dem WWW), um Teilnehmerinformationen in einheitlicher
Weise online zu verwalten und für andere Benutzer oder Anwendungen zugänglich zu machen. Dabei waren die folgenden Elemente die
wesentlichen Bestandteile des X.500-Standards:

- Ein *einheitlicher, globaler Namensraum* für Verzeichnisse und
  Datenobjekte. Hierbei war der X.500-Standard losgelöst von der
  heute im Internet gegebenen Namenshierarchie für Domänen und
  Rechner. Stattdessen wurde ein Schema definiert, welches festlegt,
  nach welchen Regeln Einträge für Länder, Organisationen, Unter-
  organisationen etc. im globalen Namensraum erfolgen konnten.
  Die dafür verwendete Syntax entstammt dem X.400-Standard der
  CCITT für E-Mails, der angesichts der Dominanz von TCP/IP-
  basierten Standards heute keine praktische Bedeutung mehr hat.
  Sein Schema zur Benennung von X.500-Objekten lebt jedoch fort.
  Beispielsweise würde mein Name im X.500-Verzeichnis etwa fol-
  gendermaßen abgelegt werden können: »C=DE, O=Ponton,
  OU=Consulting, CN=Merz«. Dabei legen die Kürzel C, O, OU,
  CN entlang der Verzeichnishierarchie die Knotentypen fest (Coun-
  try, Organization, Organizational Unit, Common Name). Das
  X.500-Namensschema erlaubt hier beispielsweise eine beliebige
  Hierarchie von OU-Komponenten, so dass auch größere Organisationen ihre Struktur über mehrere Hierarchieebenen abbilden können.
- Ein *einheitliches (d.h. standardisiertes) Attributschema* für Einträge in dieser Verzeichnisstruktur. Unabhängig von der Verzeichnisstruktur können den Knoten dieser Hierarchie Objekte zugeordnet werden. Diese Objekte setzen sich aus beliebig vielen
  Teilobjekten oder elementaren Datentypen zusammen und sind
  hinsichtlich ihres Typs ebenfalls zentral standardisiert. Allerdings
  kann ein Teilnehmer über die standardisierten Typen hinaus beliebige eigene definieren, die dann natürlich nicht von X.500-konfor-
  men Anwendungen interpretiert werden können (z.B. zur Visuali-

sierung). Typische Objekttypen sind Benutzernamen, -adressen, Kommunikationspräferenzen sowie beliebige andere Profilinformationen. Unter anderem zählen dazu auch öffentliche Schlüssel und deren Zertifikate. Heute hat sich die Bedeutung von X.500 im Wesentlichen reduziert auf standardisierte Zertifikate nach dem Teilstandard X.509.

▪ Festlegung eines *einheitlichen Protokolls* zur Kommunikation zwischen Benutzern und X.500-Verzeichnisdienst sowie zwischen Verzeichnis-Servern. Das globale Verzeichnis kann aus Gründen der Skalierbarkeit nicht von einem einzelnen Rechner verwaltet werden. Folglich war eine Aufteilung nach Teilbäumen des Verzeichnisses auf beliebig viele Rechner erforderlich, ohne jedoch dem Benutzer Einblick zu gewähren, mit welchem tatsächlichen Server er kommuniziert. Während er beim WWW immer informiert ist, zu welchem Server die aktuelle Verbindung besteht, reicht beim X.500 die Verteilungstransparenz erheblich weiter. Hierbei bestand die Anforderung, die möglicherweise komplexen Kommunikationsbeziehungen zwischen X.500-Browser und -Server zu verbergen. Dazu wurden insbesondere zwei Protokolle eingesetzt: DAP (*Directory Access Protocol*) und DSP (*Directory Service Protocol*).

Das X.509-Format für Zertifikate

X.509 besitzt drei Versionen

Von der gesamten Mächtigkeit des X.500-Standards ist immerhin auch noch X.509 (ISO Authentication Framework, [CCITT89]) in die Praxis eingeflossen: Dieser liegt in drei Versionen vor, von denen die letzte insbesondere für Zertifizierungsaufgaben, die über öffentliche Schlüssel hinausgehen, relevant ist. Ein X.509-Zertifikat setzt sich aus folgenden Komponenten zusammen:

Tab. 6–1
Aufbau eines X.509-Zertifikats

Komponente	Beschreibung
Versionsnummer	1 bis 3
Seriennummer des Zertifikats	Eindeutig für jede CA
Algorithmus-ID	Verwendeter Algorithmus für die Signatur, z.B. DSA
X.500-Name der CA (Issuer Name)	Z.B. »C=US, O=VeriSign«
Gültigkeit (Validity)	Beginn (»Not before <Date>«) und Ablauf (»Not after <Date>«) der Gültigkeit
Gegenstand (Subject)	Der Benutzername
Subject Public Key Information	Algorithmus, Parameter und der öffentliche Schlüssel selbst

Komponente	Beschreibung
Signatur der CA	Die Unterschrift des öffentlichen Schlüssels durch die CA
Issuer's Unique Identifier (seit Version 2)	Eindeutige Kennung der CA (inkl. WWW-Adresse)
Subject Unique Identifier (seit Version 2)	Im Falle anderer Aufgaben als öffentliche Schlüssel zu zertifizieren, wird hiermit festgelegt, um welche Art von Zertifikat es sich hierbei handelt.
Extensions (seit Version 3)	Zertifikate können mit Einschränkungen und Bedingungen versehen werden. Dafür erforderliche zusätzliche Informationen können in dieser Komponente abgelegt werden.

Der PKCS-Industriestandard

Der Public Key Cryptography Standard (PKCS) wurde in Kollaboration mit Industriepartnern vom Unternehmen RSA entwickelt. Er setzt sich aus einigen Standarddokumenten zusammen, von denen im Folgenden die wichtigsten aufgelistet sind:

PKCS ist der Industriestandard für PKIs

- *PKCS #1*: RSA Encryption Standard. Spezifiziert das RSA-Verschlüsselungsverfahren. Hier werden Datenformate für Schlüssel und Hash-Algorithmen festgelegt.
- *PKCS #3*: Spezifiziert das Verfahren nach Diffie-Hellman zur Implementierung des Schlüsseltausches. Auch die hierfür erforderlichen Datenformate sind festgelegt.
- *PKCS #5*: Spezifiziert ein Verfahren zur Verschlüsselung auf der Basis von DES. Der Schlüssel wird dabei von einem Passwort abgeleitet.
- *PKCS #6*: Die hier definierte *Extended-Certificate Syntax* legt die Syntax fest, die bei der Erweiterung von Zertifikaten (X.509v3) verwendet werden sollte.
- *PKCS #7*: Beschreibt das Format für verschlüsselte Daten.
- *PKCS #8:* Legt das Datenformat für geheime Schlüssel fest.
- *PKCS #9*: Spezifiziert bestimmte Attributtypen, die für Zertifikatserweiterungen verwendet werden können.
- *PKCS #10*: Legt die Syntax für die Abfrage von Zertifikaten bei der CA fest (Certificate Request).
- *PKCS #11*: Spezifiziert eine Schnittstelle für Hardwaremodule zur Verschlüsselung.
- *PKCS #12*: Legt fest, auf welche Weise öffentliche und geheime Schlüssel gespeichert werden sollen.

▨ *PKCS #13:* Wurde noch nicht beendet. Hier sollen Datenformate standardisiert werden, die für neuere Verschlüsselungsverfahren verwendet werden sollen, die auf elliptischen Kurven basieren.

▨ *PKCS #15:* »*Cryptographic Token Information Format Standard.* Hierbei geht es um die Interoperabilität, Herstellerunabhängigkeit von Smart Cards sowie um die Portabilität von Smart-Card-Anwendungen.

Die PKCS-Standards können online vom RSA-Web-Server abgerufen werden (*www.rsa.com* bzw. *www.pkcs.org*).

Management von Zertifikaten

Wenn nun das Kommunikationsprotokoll für die Registrierung von Zertifikaten sowie deren Struktur festgelegt sind, fehlt noch eine wesentliche Komponente: Wie können zwei Kommunikationspartner ihre jeweiligen Zertifikate verifizieren, wenn sie vorher noch nie etwas voneinander gehört hatten und evtl. sogar ihre jeweiligen CAs einander unbekannt sind?

Drei Modelle der gegenseitigen Zertifizierung von CAs

Theoretisch gibt es im Wesentlichen drei Modelle, nach denen CAs oder auch Personen sich untereinander zertifizieren können, so dass durch das Verfolgen dieser Vertrauensbeziehungen von einer Instanz auf die nächste geschlossen werden kann:

▨ *Trust Network.* Hierbei zertifizieren sich die Besitzer öffentlicher Schlüssel gegenseitig. Jeder Besitzer kann sich dabei beliebig viele Zertifikate befreundeter Personen erstellen lassen. Die Annahme ist, dass sich bei einer hinreichenden Durchdringung aller Personen immer ein Pfad zwischen zwei beliebigen ermitteln lässt. Es hängt letztlich von der Vertrauenswürdigkeit vieler einzelner Personen ab, ob man den öffentlichen Schlüssel eines Unbekannten als zugehörig erachtet oder nicht. Dabei ist die Länge der Vertrauenskette nicht kontrollierbar. Außerdem kann in der Praxis nicht sichergestellt werden, dass es immer einen Pfad zwischen zwei Personen gibt. Schließlich existieren bei Realisierungen dieses Ansatzes wie z.B. PGP weder normierte Verfahrensregeln, nach denen die Identität einer Person überprüft wird (z.B. Überprüfung der Personalausweisnummer), noch besteht ein gesetzliches Rahmenwerk, das mögliche Verstöße justiziabel macht.

▨ *Reine Hierarchie.* Hierbei wird angenommen, dass weltweit eine einzige Wurzel-CA andere CAs, z.B. nationale Wurzel-CAs, zertifiziert. Diese wiederum können untergeordnete CAs zertifizieren, so dass sich eine beliebige tiefe Hierarchie ergeben kann. Tritt man

mit einem Benutzer in Verbindung, kann entlang dieser Zertifizierungshierarchie – notfalls bis zur Wurzel-CA – ermittelt werden,
ob die jeweiligen Zertifikate gültig sind. Der Vorteil besteht hier in
der – im Gegensatz zum Trust Network – sehr statischen Struktur,
da mindestens die oberen 2-3 Ebenen sich im Laufe der Jahre kaum
ändern werden. Damit sind diese CAs wesentlich besser kontrollierbar. Dies gilt sowohl hinsichtlich der Einhaltung von Sicherheitsmaßnahmen bei der Etablierung einer CA als auch für den laufenden Betrieb der Zertifizierung. Der Nachteil besteht jedoch in
der reduzierten Autonomie nationaler Gesetzgebungen sowie in
einer möglicherweise zu tiefen Hierarchie, die eine zu hohe Last
durch die häufiger erforderlichen Verifikationsprozeduren bewirkt.

In der Realität wird es kaum mehr als zwei Ebenen geben

Wald. Hier existiert keine einzelne Wurzel-CA, sondern beliebig
viele – auch national. Dabei könnten die oberen 2 Hierarchieebenen durch eine gegenseitige Zertifizierung der CAs verkürzt werden. Während eine CA des reinen Hierarchiemodells nur untergeordnete zertifiziert, gilt dies beim Wald auch für »Schwester-CAs«.
Dieses Modell ist wesentlich praktikabler, da es die Autonomie von
CAs erhöht, sowohl bezüglich der Etablierung einer CA als auch
hinsichtlich ihrer Querbeziehungen. Dieses Modell erlaubt ferner
auch die Entwicklung unabhängiger, nationaler Regulierungen, so
dass sich im Wettbewerb dieser organisatorisch-juristischen Rahmenwerke »erfolgreiche« Modelle besser durchsetzen können.

CA-Software steht heute als Produkt bei verschiedenen Anbietern zur
Verfügung:

Hersteller- & Produkt-bezeichnung	Software-Technologie & -Plattform	Implementierte Dienste & Schnittstellen	URL
Entrust/PKI 6.0 by Entrust	Java	CA, RA, TimeStamp, Key&Certificate Mgmt., Directory, Policy Manager	www.entrust.com
Conclusive TrustLogic	J2EE	CA, OCSP, LDAP, MS CAPI, Policy-Manager, Directory etc.	www.conclusive.com
Entegrity Assure Access, TSP	Windows NT Server	Single-Sign-on, Identrus-Tools	www.entegrity.com
Baltimore Unicert	C++-Bibliothek	CA, RA, Directory	www.baltimore.com
PHAOS Centuris PKI	Java	CA, OCSP, LDAP, ...	www.phaos.com

Tab. 6–2
Produktübersicht für den Bereich »Security Management«

Hersteller- & Produkt- bezeichnung	Software- Technologie & -Plattform	Implementierte Dienste & Schnittstellen	URL
VeriSign OnSite 4.0	C, C++	CA, RA, Directory	*www.verisign.com/ onsite*
Cryptomathic	C-, Java API	CA, RA, TimeStamp, LDAP etc.	*www.cryptomathic.dk*
iPlanet Certificate Management System	C++, Java	CA, Directory	*home.iplanet.com*
TU Graz IAIK JCE	Java	JCE-Implementation, XML Signature	*Jcewww.iaik.at*

Beispiel zum hierarchischen Modell

Stellen wir uns vor, dass Sie mit mir ein Geschäft durchführen wollen (z.B. ein Buch kaufen). Sie (L=Leser) sind bei Thawte (*www.thawte.com*) zertifiziert und ich (M) bei der CA des DFN (*www.pca.dfn.de*). Ihre Software muss auf irgendeine Weise meinen öffentlichen Schlüssel verifizieren können. Dazu findet folgende Kommunikation statt:

1. L fragt Ms Zertifikat nach, um auf dessen öffentlichen Schlüssel zuzugreifen.
2. M liefert sein von »DFN« herausgegebenes Zertifikat an L.
3. Ls Software prüft, ob sie die betreffende CA »kennt«, d.h. ihren öffentlichen Schlüssel besitzt (dieser ist zur Verifikation von Ms Zertifikat erforderlich). Dies ist jedoch nicht der Fall.
4. Da Ms Zertifikat die WWW-Adresse der DFN-CA enthält, wendet sich Ls Software im nächsten Schritt an diese CA und lädt ihren öffentlichen Schlüssel, mit dem sie die Gültigkeit von Ms öffentlichen Schlüssel verifiziert.
5. Allerdings ist auch die DFN-CA gegenüber Ls Software noch unbekannt und damit zunächst noch nicht vertrauenswürdig, folglich beginnt das Spiel bei Schritt 1 von vorne. Dabei wird eine Hierarchie nach oben verfolgt, bis eine für Ls Software wohlbekannte CA erreicht wird. Diese CA ist nach dem rein hierarchischen Modell die Wurzel des minimalen Teilbaums, der beide Teilnehmer enthält.

Abbildung 6-2 verdeutlicht noch einmal das Verfolgen von Zertifikaten vom Benutzer »Michael Merz« über zwei CAs bis hin zu VeriSign. MAZ, DFN und VeriSign könnten sich dabei auch gegenseitig zertifiziert haben.

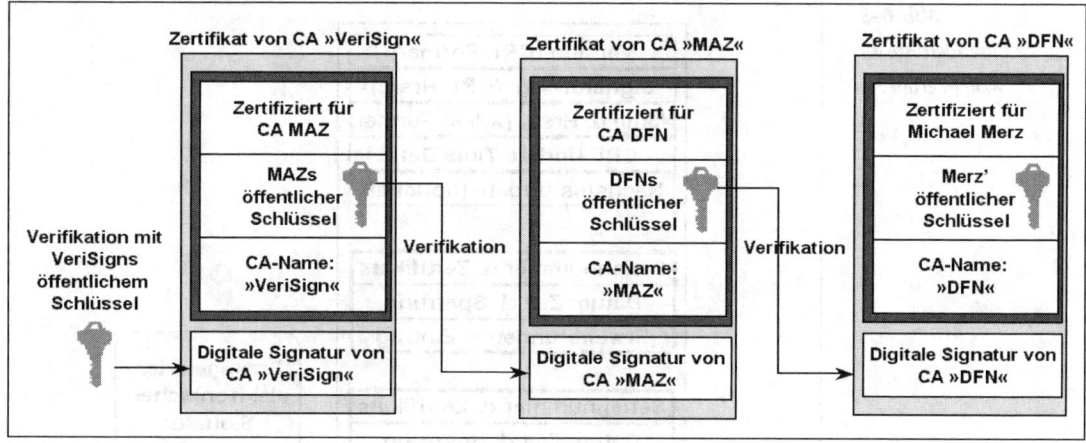

Schwarze Listen

Abb. 6–2
Zertifizierungshierarchie

Leider kann es trotz aller Sicherheitsvorkehrungen schnell passieren, dass ein Teilnehmer die Smart Card mit seinem Signaturschlüssel verliert oder sich ein Angreifer bei schwächeren Schutzverfahren Zugang zum privaten Schlüssel verschafft. Dies erfolgt üblicherweise lange vor dem Ablauf der Gültigkeit des Zertifikats, so dass dem Angreifer Tür und Tor offen stehen, die Authentizität des anderen Teilnehmers vorzutäuschen.

Diese Angriffsszenarien können heute nicht a priori vermieden werden; daher liegt der Schwerpunkt der technologischen Unterstützung bei der Erkennung solcher Fälle und der Schaffung eines Informationssystems, das entsprechende Zwischenfälle schnell anderen Teilnehmern meldet. Diesem Zweck dienen *Sperrlisten* bzw. *Certificate Revocation Lists (CRLs)*. CRLs werden von jeder CA für die von ihr zertifizierten Teilnehmer vorgehalten. Wenn der Fall eintritt, dass ein Teilnehmer seinen öffentlichen Schlüssel als ungültig erklärt, wird dessen Seriennummer zusammen mit einem Zeitstempel und weiteren Informationen in die CRL eingetragen. Die gesamte CRL wird selbst regelmäßig von der CA unterschrieben, so dass für andere Teilnehmer erkennbar ist, dass sie nicht von Betrügern eingespielt worden sein kann. Abbildung 6-3 zeigt die Struktur einer CRL.

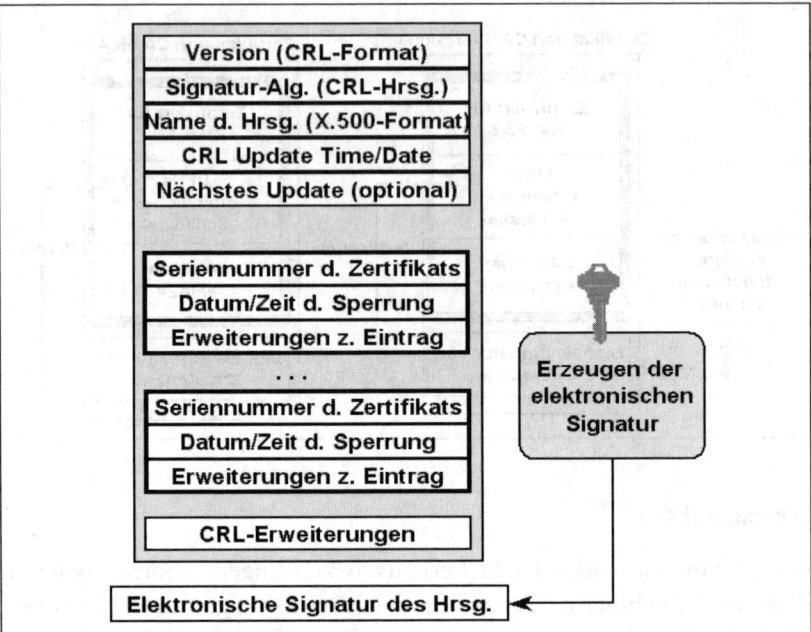

Die Existenz einer
Sperrliste bietet noch
keine maximale Sicherheit

Das grundsätzliche Problem bei CRLs liegt in der Verzögerung zwischen dem Vorfall (z.B. Verlust des privaten Schlüssels) und der tatsächlichen Verfügbarkeit der CRL-Einträge. Die Gesamtverzögerung setzt sich aus folgenden Phasen zusammen:

- *Bekannt werden des Vorfalls durch den Teilnehmer selbst.* Vom Kreditkartenverlust her weiß man, dass Stunden bis Tage vergehen können, bis dieser entdeckt wird. Schlimmer noch: Wenn der private Schlüssel auf elektronischem Wege gestohlen wurde, ist dies gar nicht erkennbar!
- *Meldung des Verlusts* (Revocation Request). Nicht immer ist der Teilnehmer online oder verfügt über die nötige Information zur Meldung des Verlusts. Dies bewirkt eine weitere Verzögerung.
- *Eintragung in die CRL* (Revocation Publication). Auch hier kann noch eine gewisse Verzögerung seitens der CA auftreten, bis die Verlustmeldung publiziert wird.
- *Abruf der CRL-Einträge durch andere Teilnehmer* (CRL Download). Dies erfolgt eher im Tagesrhythmus als stündlich. Folglich kann die weitere Verzögerung zu fast einem Tag führen, wenn die Veröffentlichung kurz nach dem letzten Abruf stattfindet.

Ein Schlüsseldieb weiß,
dass er schnell handeln
muss ...

Insgesamt hängt die Gesamtverzögerung von verschiedenen Einstellungen und Parametern der beteiligten Softwaresysteme ab. Tatsächlich sollte man sie jedoch eher in Tagen als in Stunden messen. Da dies im Falle eines Diebstahls dem Angreifer durchaus bewusst sein dürfte, wird er versuchen, möglichst schnell Schaden anzurichten. Vermutlich wird er dazu – bei geeigneter Vorbildung – nicht länger als ein paar Minuten benötigen. Schon dies spricht für ein anderes Modell als das der CRL. Nimmt man noch zusätzlich an, dass im Rahmen des CRL-Modells zur Reduzierung von Schäden alle 10 Minuten der Download erfolgt, kann es durchaus sein, dass der Aufwand niedriger ist, wenn bei jeder Kommunikationssitzung mit einem Partner dessen Zertifikat erneut von der CA abgerufen wird. Wenn eine solche Kommunikation alle 10 Minuten erfolgt, mag zwar der Rhythmus der gleiche sein, jedoch erfordert ein einzelnes Zertifikat weniger Rechen- und Kommunikationsaufwand als eine komplette CRL.

Dieser Ansatz wird im Allgemeinen *Instant Certificates* genannt, d.h., immer dann, wenn der öffentliche Schlüssel eines Partners verwendet wird, erfolgt ein Zugriff auf die CA. Für die CA ergibt sich dabei das Problem, dass jedes Mal eine neue Signatur erstellt werden muss. Dies erfordert auf einem schnellen Pentium IV nur Sekundenbruchteile. Geht man davon aus, dass durch eine CA 100.000 Personen zertifiziert sind und diese um 11.00 Uhr vormittags sich auf dem Höhepunkt ihrer Kommunikationsaktivität befinden (d.h., 10% kommunizieren so, dass 1x pro Minute ihr Zertifikat abgerufen wird), erfordert dies 1.000 Sekunden pro Minute Rechenzeit – also über 16 Pentium IV. Glücklicherweise kann dies durch Kryptohardware etwa um den Faktor 300 beschleunigt werden, was jedoch bedeutet, dass jede CA sich schon aus technischen Gründen (abgesehen von regulatorischen) eine entsprechende Hardware anschaffen sollte. Entsprechende Systeme werden heute als Steckkarten für den PCI-Bus angeboten oder zukünftig auch als PC-Card.

Instant Certificates gibt's nur einmal

Es bleibt jedoch festzuhalten, dass damit noch nicht dem Schlüsseldiebstahl als solchem vorgebeugt werden kann. Dazu sind weitere Verfahrensregeln erforderlich, die einen Verlust durch Diebstahl verhindern oder zumindest reduzieren helfen. Eine der wesentlichen Anforderungen ist die Voraussetzung hardwarebasierter Sicherheitstechnik, wie z.B. Smart Cards mit PIN-Nummer für die Benutzung.

Das Online Certificate Status Protocol – OCSP

Das OCSP dient der Online-Statusabfrage von Zertifikaten. Bei der Verwendung von OCSP zur Zertifikatsstatusprüfung schickt der Zertifikatsprüfer bei der Validierung eines Zertifikats eine Anfrage (OCSP-Request) an einen OCSP-Responder. Dieser OCSP-Responder muss zur Auskunft über den aktuellen Zertifikatsstatus autorisiert sein.

OCSP ist der »State-of-the-Art« bei der Kommunikation mit CAs

OCSP ist unabhängig vom Transportprotokoll (z.B. http). Die Anfrage setzt sich im Wesentlichen aus den folgenden Elementen zusammen:

- Protokollversion
- Liste von Zertifikats-IDs
- Name und Signatur des Anfragenden (optional)
- Erweiterungen, die jedoch vom OCSP-Responder nicht interpretiert werden müssen (optional).

Ein reguläre Antwort enthält folgende Komponenten:

- Version und Art der Antwort
- Name des OCSP-Responders
- Liste mit Statusinformationen: Jede Zertifikats-ID wird mit »good«, »revoked« oder »unknown« gekennzeichnet.
- Zeitstempel zur Überprüfung der Aktualität
- optionale Erweiterungen
- Signatur des OCSP-Responders. Zusätzlich zur Signatur kann auch das Zertifikat des Responders geliefert werden.

Das Protokoll regelt nicht, wie der OCSP-Responder seine Statusinformationen bezieht. Das OCSP bietet damit eine Alternative zu Certificate Revocation Lists.

Die meisten Hersteller von PKI-Infrastrukturen haben dieses Protokoll inzwischen implementiert. Für die Zukunft ist jedoch zu erwarten, dass die Erweiterungsmöglichkeiten im Zuge von OCSP 2.0 mit standardisierten Informationen genutzt werden.

Timestamping-Dienste

Was ist ein Zertifikat wert, wenn es als Zeitstempel einen Wert enthält, der von der lokalen Systemuhr eines PCs abgerufen wird? Die meines PCs geht beispielsweise 15 Minuten vor ...

Auch das Nennen der Uhrzeit muss vertrauenswürdig sein

Da ein Zertifikat ohne zuverlässigen Zeitstempel keinen Wert hat, wird davon ausgegangen, dass CAs hochpräzise Systemuhren verwenden, so dass sowohl Zertifikate als auch Sperrlisten mit diesen Zeitstempeln versehen werden können. Darüber hinaus ist es auch für andere elektronische Dokumente von Bedeutung, einen Zeitstempel durch Dritte zu erlangen: Stellen Sie sich vor, Sie wollen einen Auftrag an einen Lieferanten senden und lassen sich diesen Auftrag bestätigen. Das signierte Dokument enthält möglicherweise keinen Zeitstempel, so dass Sie verlangen, dass die Signatur von einem Trust-Center mit Zeitstempel gegengezeichnet wird, bevor diese zusammen mit der Bestätigung an Sie zurückübertragen wird.

Als Ergebnis verfügen Sie nicht nur über den Beweis, dass die Bestätigung vom Lieferanten kommt, sondern auch *wann* dies der Fall war.

Registrierungsstellen (RAs – Registration Authorities)

Die Zertifizierung eines Teilnehmers ist im Kern ein technischer Prozess, dem die Antragsdaten der Person zugrunde liegen. Auch wenn dieser Prozess technisch »wasserdicht« ist – d.h., es kann auf keinen privater Schlüssel zugegriffen werden – so kann in Betrugsfällen doch der tatsächliche Antragsteller vom vorgegebenen abweichen. Die Registrierung ist daher ein sehr empfindlicher Schritt im gesamten Geschäftsmodell einer CA. Aus diesem Grunde besteht in der Praxis die Möglichkeit, Aufgaben der Zertifizierung von solchen der Registrierung organisatorisch zu trennen. Dieses Geschäftsmodell liegt einigen CAs zugrunde, die sehr modulare Dienste anbieten, bei denen ihre Kunden selbst als »virtuelle« CA auftreten, dabei jedoch einige oder alle Dienste auf eine andere CA auslagern (siehe Beispiel »SignTrust« auf Seite 182).

Keine CA ohne RA

6.4.2 Zertifikate in der Praxis

Rein technisch könnte eine CA natürlich auch von der Mafia betrieben werden. Ihre Vertreter verfügen über (mindestens ;-) eine Personalausweisnummer und weitere Informationen, die sie zum Betrieb einer CA qualifizieren können. Um diesem Fall vorzubeugen, sind sehr restriktive Auflagen durch den Gesetzgeber und die an der Umsetzung beteiligten Instanzen ausgearbeitet worden.

Die Terminologie nach dem Signaturgesetz

Nachdem wir uns mit den sicherheitstechnischen Grundlagen zur Schaffung einer Vertrauensinfrastruktur beschäftigt haben, soll abschließend noch das deutsche Signaturgesetz beleuchtet werden. Dort werden zunächst einige Begriffe definiert, die wir teilweise bereits unter anderem Namen kennen, die allerdings in ihrer Bedeutung zu präzisieren waren. §2 definiert dazu in der gestelzten Ausdrucksweise des Gesetzgebers:

Fast wie bei US-Gesetzen: Erst einmal viele Definitionen

> »*Im Sinne dieses Gesetzes sind*
>
> 1. ›*Elektronische Signaturen‹ Daten in elektronischer Form, die anderen elektronischen Daten beigefügt oder logisch mit ihnen verknüpft sind und die zur Authentifizierung dienen,*

2. ›Fortgeschrittene elektronische Signaturen‹ elektronische Signaturen, die

    a) ausschließlich dem Signaturschlüssel-Inhaber zugeordnet sind,

    b) die Identifizierung des Signaturschlüssel-Inhabers ermöglichen,

    c) mit Mitteln erzeugt wurden, die der Signaturschlüssel-Inhaber unter seiner alleinigen Kontrolle halten kann, und

    d) mit Daten, auf die sie sich beziehen, so verknüpft sind, dass eine nachträgliche Veränderung der Daten erkannt werden kann,

3. ›Qualifizierte elektronische Signaturen‹ elektronische Signaturen nach Nummer 2, die

    a) auf einem zum Zeitpunkt ihrer Erstellung gültigen Zertifikat beruhen und

    b) mit einer sicheren Signaturerstellungseinheit erzeugt werden,

4. ›Signaturschlüssel‹ einmalige elektronische Daten, wie private kryptografische Schlüssel, die zur Erstellung einer elektronischen Signatur verwendet werden,

5. ›Signaturprüfschlüssel‹ elektronische Daten wie öffentliche kryptografische Schlüssel, die zur Überprüfung elektronischer Signaturen verwendet werden,

6. ›Zertifikate‹ elektronische Bescheinigungen, mit denen Signaturprüfschlüssel einer Person zugeordnet werden und die Identität dieser Person bestätigt wird,

7. ›qualifiziertes Zertifikate‹ elektronische Bescheinigungen nach Nummer 6 für natürliche Personen, die [...] von Zertifizierungsdiensteanbietern ausgestellt werden [...],

8. ›Zertifizierungsdiensteanbieter‹ natürliche oder juristische Personen, die qualifizierte Zertifikate oder qualifizierte Zeitstempel ausstellen,

9. ›Signaturschlüssel-Inhaber‹ natürliche Personen, die Signierschlüssel besitzen und denen die zugehörigen Signaturprüfschlüssel durch qualifizierte Zertifikate zugeordnet sind,

10. ›Sichere Signaturerstellungseinheiten‹ Software- oder Hardwareeinheiten zur Speicherung und Anwendung des jeweiligen Signaturschlüssels [...], die für qualifizierte Signaturen bestimmt sind,

11. ›Signaturanwendungskomponenten‹ Software- und Hard-
    wareprodukte, die dazu bestimmt sind,
    a) Daten dem Prozess der Erzeugung oder Prüfung qualifi-
       zierter elektronischer Signaturen zuzuführen oder
    b) qualifizierte elektronische Signaturen zu prüfen oder qua-
       lifizierte Zertifikate nachzuprüfen und die Ergebnisse an-
       zuzeigen,
12. ›technische Komponenten für Zertifizierungsdienste‹ Soft-
    ware- und Hardwareprodukte, die dazu bestimmt sind,
    a) Signaturschlüssel zu erzeugen und in eine sichere Signatur-
       erstellungseinrichtung zu übertragen,
    b) Qualifizierte Zertifikate öffentlich nachprüfbar und gege-
       benenfalls abrufbar zu halten oder
    c) Qualifizierte Zeitstempel zu erzeugen,
13. ›Produkte für qualifizierte elektronische Signaturen‹ sichere
    Signaturerstellungseinheiten, Signaturanwendungskomponenten
    und technische Komponenten für Zertifizierungsdienste,
14. ›Qualifizierte Zeitstempel‹ elektronische Bescheinigungen ei-
    nes Zertifizierungsdiensteanbieters [...] darüber, dass ihm be-
    stimmte elektronische Daten zu einem bestimmten Zeitpunkt
    vorgelegen haben,
15. ›freiwillige Akkreditierung‹ Verfahren zur Erteilung einer
    Erlaubnis für den Betrieb eines Zertifizierungsdienstes, mit
    dem besondere Rechte und Pflichten verbunden sind.«

Im Wesentlichen kennen wir die hier beschriebene Technologie, allein
die Verfahrensregeln, die einen »akkreditierten Zertifizierungsdiensteanbieter« und eine »qualifizierte Signatur« ausmachen, sind noch
nicht erkennbar. Die Details regeln daher weitere Paragraphen des Signaturgesetzes. Dies sind z.B. Vorschriften, welche Daten ein Zertifikat
oder ein Attributzertifikat enthalten muss, Haftungsregelungen für
CAs, Datenschutzaspekte sowie Regelungen zur freiwilligen Akkreditierung. Hierbei belegt die zuständige Behörde (RegTP), dass die CA
zusätzliche Auflagen erfüllt. Dieser Beleg ist wiederum als qualifiziertes Zertifikat der Behörde repräsentiert. Wir erhalten somit eine zwei-
stufige Hierarchie zwischen der Behörde und akkreditierten CAs.

Freiwillige Akkreditierung von CAs

Des Weiteren wird definiert, welche technischen Eigenschaften
eine Signaturerstellungseinheit haben muss. Diese lassen de facto nur
die Verwendung von Smart Cards oder ähnlicher Hardwareeinheiten
zu.

Auswirkungen des Signaturgesetzes

Wie viel bezahlen wir für
wie viel Vertrauen?

Die Deutsche Telekom AG bot als erstes deutsches Unternehmen Chip-karten an, die den Vorgaben der deutschen Signaturverordnung entsprechen. Damit können Kunden auf elektronischen Daten rechts-verbindliche elektronische Signaturen leisten. Als Registrierungsagen-turen werden die ca. 500 »T-Punkte« der Telekom eingesetzt. Zurzeit liegt der einmalige Kaufpreis einer Karte bei ca. 25 Euro und der Jah-resbeitrag für die Trust-Center-Dienstleistung bei 50 Euro. Zusätzlich wird noch ein Kartenlesegerät benötigt, das die Telekom im Verbund mit weiteren Sicherheitskomponenten unter dem Namen »Security First« für 150 Euro vertreibt.

SignTrust der Post AG

Als weitere akkreditierte CA ist seit einiger Zeit das Unternehmen *SignTrust* der Post AG tätig. Das Trust-Center von SignTrust ist in sei-nen Komponenten und Diensten modular angelegt. Dies eröffnet die Möglichkeit, die SignTrust-Dienste in unterschiedlichen Abstufungen anbieten zu können. Für alle Abstufungen gilt, dass die Inhalte der Zertifikate sowie die Anzahl und Auswahl der Schlüssel individuell für den Kunden als eigenes Produkt im System angelegt und verwaltet werden. Allen Kunden steht der Verzeichnisdienst, der Zeitstempel-dienst und Sperrdienst von SignTrust zur Verfügung.

1. In Stufe 1 erhält der Kunde Karten und Zertifikate von Sign-Trust, wobei die Karten das Layout des Kunden tragen. Bei dieser Alternative werden die Aufgaben der Registrierung, ein-schließlich Identifizierung und Unterrichtung, durch SignTrust wahrgenommen.

2. Stufe 2: Eine erweiterte Alternative besteht in der Beantragung eines eigenen CA-Schlüssels für den Kunden bei der Regulie-rungsbehörde für Telekommunikation und Post (RegTP). Der Kunde, der selbst Zertifizierungsstelle ist, übernimmt dann die Aufgabe der Identifizierung, ansonsten wird die Registrie-rungsstelle (RA) von SignTrust verwendet. Anfragen beim Zeitstempeldienst oder dem Verzeichnisdienst für die Zertifi-katsabfrage werden der jeweiligen CA zugeordnet

3. Stufe 3: Der Kunde tritt als Zertifizierungsstelle auf und erhält auf Basis eines Sicherheitskonzepts von SignTrust, ergänzt um die Erweiterung für die Registrierungsstellen in den Räumen des Kunden, einen eigenen CA-Schlüssel der RegTP. Die Erwei-terung der RA bedeutet, dass Arbeitsplätze in den Räumen des Kunden des virtuellen Trust-Centers eingerichtet werden. Die dort tätigen, besonders geschulten Mitarbeiter können über eine Client-Applikation die für die Erstellung der Zertifikate

notwendigen Eingaben vornehmen. Entsprechend dem Stand der Eingabe wird zeitnah im Trust-Center die Signaturkarte personalisiert, das Zertifikat in den Verzeichnisdienst eingestellt und im Anschluss daran die Karte und PIN an den entsprechenden Antragsteller versandt. Auch die Sperrung von Haupt- oder Attributzertifikaten ist von diesen Arbeitsplätzen aus möglich.

Der Betrieb akkreditierter CAs wird in Deutschland von der *Regulierungsbehörde* überwacht (*www.regtp.de*). Diese Organisation ist das, was vom Bundesministerium für Post und Telekommunikation übrig geblieben ist, nachdem die Deutsche Telekom AG als privatwirtschaftliches Unternehmen gegründet wurde. Die Regulierungsbehörde wurde durch das Signaturgesetz als Kontrollinstanz autorisiert, d.h., sie genehmigt Anträge potenzieller CA-Betreiber, wenn deren Sicherheits- und Betriebskonzept positiv bewertet wurde. Auch während des laufenden Betriebs ist es Recht der Behörde, die Einhaltung von Sicherheitsauflagen zu überwachen. Sie ist sogar berechtigt, einer CA, die diesen Auflagen nicht mehr gerecht wird, die Lizenz zu entziehen und eine Einstellung des Betriebs zu bewirken. Die Regulierungsbehörde agiert darüber hinaus als einzige Wurzel-CA, die akkreditierte Signaturgesetz-konforme CAs zertifizieren darf.

Über allem thront die RegTP

Ein Beispiel: VeriSign

VeriSign, eine der bekanntesten CAs in den USA, gibt beispielsweise Zertifikate unterschiedlicher Klassen heraus. Jede Klasse ist dabei mit einem anderen Zuverlässigkeits- und Haftungsniveau verbunden:

Zertifikats-klasse	Client/Server	Kosten für den Zertifizierten	Haftung seitens VeriSign
Klasse 1:	Client	0	100 USD
Klasse 2:	Client	19,95 USD p.a.	5.000 USD
Klasse 3:	Client	290 USD 1. Jahr, 75 danach	100.000 USD
Klasse 4:	Server	290 USD 1. Jahr, 75 danach	100.000 USD

Tab. 6–3
Zertifikatsklassen von VeriSign

Zertifikate können online erstellt und erworben werden. Dabei basiert die Authentisierung des Antragstellers lediglich auf der E-Mail-Adresse. Es ist wichtig, nochmals darauf hinzuweisen, dass Zertifikate der Klasse 1 damit kaum praktischen Wert haben – im Gegenteil, sie suggerieren dem unbedarften Teilnehmer eher eine Sicherheit, die mangels Verifizierbarkeit gar nicht gegeben sein kann. Aus diesem Grund ist die Schaffung eines Mindeststandards für die Verfahrensre-

Nicht jedes Zertifikat ist das Kilobyte wert, in dem es gespeichert ist ...

geln der Zertifizierung von elementarer Bedeutung. Zu diesem Zweck wurde in Deutschland das Signaturgesetz (SigG) verabschiedet, welches über die nachgeschaltete Signaturverordnung einen rechtlichen Rahmen zur Einhaltung des erforderlichen Sicherheitsstandards schafft (siehe dazu auch Kapitel 5.1). Ähnliches gilt auch für die EU-Direktive zur elektronischen Signatur.

Weitere Zertifizierungsstellen

- *DFN-PCA* (Policy Certification Authority, *www.cert.dfn.de*). Diese CA wird an der Uni Hamburg für das Deutsche Forschungsnetz betrieben. Sie erstellt Zertifikate für organisationseigene CAs und ist bei deren Aufbau unterstützend tätig. Darüber hinaus können auch persönliche Zertifikate für DFN-Teilnehmer vergeben werden, deren Organisation noch keine eigene CA betreibt. Die PCA des DFN gibt PGP- und X.509-Zertifikate heraus. PGP wird üblicherweise zur Zertifizierung persönlicher, öffentlicher Schlüssel benutzt, während X.509-basierte Zertifikate vorwiegend für Server eingesetzt werden, die SSL verwenden.
- *TC TrustCenter* (*www.trustcenter.de*). Diese CA wurde ursprünglich am Mikroelektronik Anwendungszentrum (MAZ) in Hamburg gegründet und gehört seit 1998 der Commerzbank an. Das TC TrustCenter hat bereits einen Antrag bei der Regulierungsbehörde auf Zulassung als SigG-konforme CA gestellt.
- *Heise Verlag* (*www.heise.de/ct/pgpCA*). Die Zeitschrift c't des Heise-Verlags hat anlässlich der CeBIT'97 erstmalig nach Vorlage des Personalausweises Zertifikate für öffentliche Schlüssel erstellt. Dabei verwendet die c't-CA als Verfahren PGP. Im Gegensatz zu vielen CAs, die auf eine Zulassung der Regulierungsbehörde abzielen, verzichtet die c't-CA bewusst auf die Generierung eines Schlüsselpaares. Es wird vom Teilnehmer erwartet, dass er seinen öffentlichen Schlüssel auf Diskette mitbringt. Anlässlich der CeBIT wurde jedoch ein »Gläserner PC« ohne Festplatte bereitgestellt, der zur Schlüsselgenerierung verwendet werden konnte.

Weitere Anwendungen für Zertifikate

Attribut-Zertifikate   Zertifikate wurden bisher nur im Kontext der Public-Key-Infrastrukturen erörtert. In zukünftigen E-Commerce-Anwendungen sind jedoch verschiedene Nutzungsformen denkbar, für die Attribut-Zertifikate verwendet werden können:

■ *Vollmacht.* Nehmen wir an, eine Person, die als Vertragspartei beteiligt ist an der Unterzeichnung eines Vertrags, autorisiert eine zweite, diesen zu unterschreiben. Dies kann ad hoc geschehen oder aber auch bei einer CA für einen längeren Zeitraum hinterlegt sein. Eine solche Vollmacht kann pauschal oder qualifiziert sein. Sie kann sich z.B. nur auf das Unterzeichnen von Verträgen beziehen oder darüber hinaus auch Bedingungen definieren, unter denen die Vollmacht gültig ist. Denkbar ist hier das Unterzeichnen in Verbindung mit einem anderen Bevollmächtigten (Vier-Augen-Prinzip). Prinzipiell ist für jedes Unternehmen eine entsprechende Autorisierung mit Hilfe eines Attribut-Zertifikates erforderlich, wenn zuverlässig und zeitgerecht verifiziert werden soll, ob einer Person Vertretungsbefugnis für ihr Unternehmen erteilt wurde. Solche Zertifikate heißen auch *Rollenzertifikate*.

Rollenzertifikate

■ *Prädikate.* Heute finden wir auf bekannten Webseiten etliche Online-Prädikate der Form »Best Home Page of the Year«, »Cool Java Applet« oder »Computer Magazin Award« etc. Diese Prädikate sind zwar Zertifikate, jedoch mangelt es ihnen an der erforderlichen Präzision und Verifizierbarkeit. Letztlich ist es eine Frage des Vertrauens, ob hier vom Halter des Zertifikats Etikettenschwindel betrieben wird oder der Betreiber tatsächlich Preisträger ist. Unter der Annahme, dass für bestimmte Kategorien eine Stufung von Qualitätsmerkmalen formalisiert werden kann, lassen sich derartige Zertifikate durch Nutzung der »Extensions«-Komponente im X.509-Standard relativ leicht realisieren.

■ *Object Signing.* Java-Applets oder Active-X-Komponenten lassen sich bereits heute signieren. Dafür werden übliche Verfahren der Public-Key-Kryptografie verwendet. Neben dem Authentizitätsnachweis kann ein mitgeliefertes Attribut-Zertifikat jedoch auch noch weitere Eigenschaften attestieren. Beispiele wären etwa: »100% Java Compliant« oder »Compliant with Oracle Cartridge Specification« etc.

■ *Rating-Dienste.* Neben Objekten und Software lassen sich auch Betreiber von Web-Services hinsichtlich verschiedener Qualitätsmerkmale zertifizieren: Beispiele sind auch hier »99.9% Verfügbarkeit« oder »Jugendfreier Web-Server«.

■ *Berufsqualifikationen.* Hier sind Universitätsdiplome, »Microsoft Certified System Engineer«-Zertifikate oder einfach Teilnahmebestätigungen und Schulungsmaßnahmen als Beispiele zu nennen.

Leider ist es mit meiner Kreativität an dieser Stelle zu Ende – sicherlich kennt jeder von Ihnen weitere Situationen im Leben, in denen die

Die Ökonomie der PKI

X.509-Infrastruktur für klassische oder neuartige Zwecke eingesetzt werden könnte. Dabei sind jedoch vor allem zwei Faktoren zu beachten:

1. Wie viel kostet die Infrastruktur, wer bezahlt diese und rechnet sich dies für alle Beteiligten?
2. Standardisierung der Attribute. Wie bereits aus den Beispielen erkennbar, sind jeweils völlig andere Daten und Datentypen zu standardisieren. Insbesondere im Internet stellt die Standardisierung einen internationalen und damit recht trägen Vorgang dar (wenn es ein De-Jure-Standard sein soll). Daher eine kühne Prognose: Die Verwendung standardisierter Attribut-Zertifikate sollten wir nicht vor dem Jahre 2005 erwarten (und schon gar nicht im »Massenbetrieb«).

6.4.3 Identrus – ein globaler Standard für Banken und Unternehmen

Identrus ist die »RegTP« der Banken

Identrus baut ein weltweites Netzwerk auf, um ein Hindernis für den B2B-E-Commerce zu beseitigen: den Mangel an Vertrauen in die Identität des Handelspartners. Auf der Basis von Zertifikaten und elektronischen Signaturen können Unternehmen damit ihre Handelsbeziehungen in elektronischer Form verbindlich und vertraulich abwickeln.

Die Schlüsselrolle in diesem Netz spielen die beteiligten Finanzinstitutionen. Sie geben ihren Geschäftskunden eine global einheitliche Identität und versetzen sie damit in die Lage, über das Internet international Handel zu betreiben – und das weitestgehend unabhängig von nationalen E-Commerce-Regelungen.

Identrus unterstützt den B2B-Commerce

Dabei bietet Identrus nicht nur die Rahmenbedingungen für traditionelle Bankdienstleistungen, wie z.B. Zahlungen, sondern offeriert auch eine sichere Infrastruktur für jegliche Art von EDI-Transaktionen (siehe auch im B2B-Teil). Identrus ist daher unter anderem eine internationale CA.

Das Identrus-System basiert auf einer Infrastruktur, welche durch rechtliche und technische Vorgaben reguliert wird. Das Identrus-Netzwerk stellt insgesamt eine große geschlossene Benutzergruppe dar, die Banken und ihren Geschäftskunden offen steht.

Über 40 Finanzinstitute unterstützen Identrus

Der globale Markt für über Identrus gesicherte Transaktionen ist gewaltig: Die Zahl der von den acht Gründungsmitgliedern repräsentierten Geschäftskunden beläuft sich auf über 6 Millionen Unternehmen weltweit. Die *Identrus LLC* mit Sitz in New York wurde im April 1999 gegründet. Bislang sind über 40 Finanzinstitutionen Mitglied von Identrus.

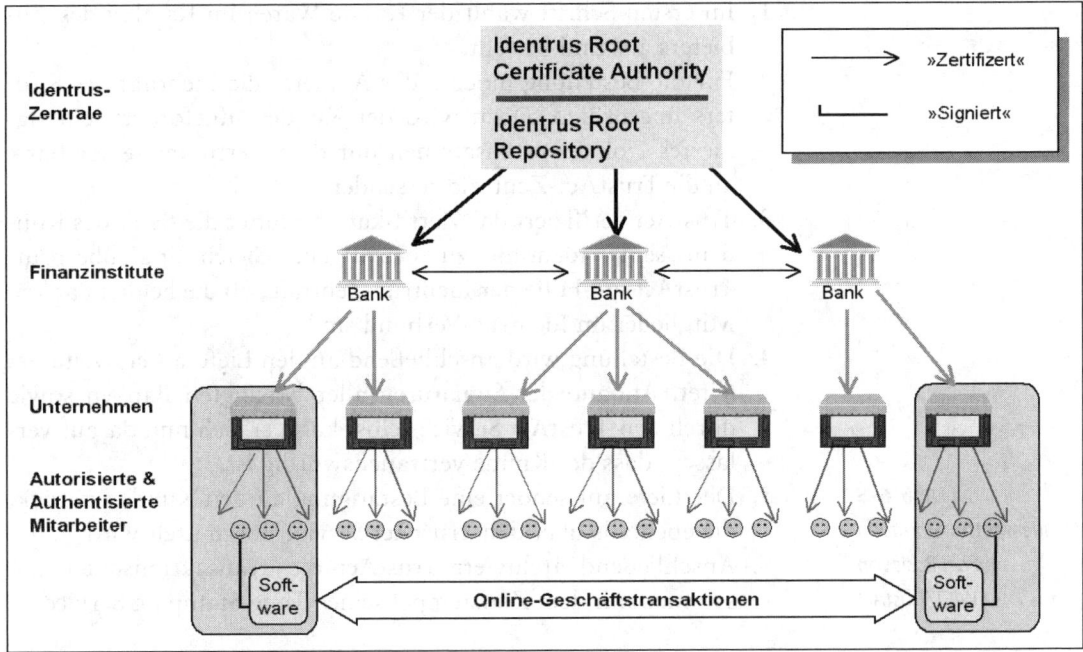

Nach Abbildung 6-4 ist es Aufgabe der Identrus-Organisation, eine einheitliche Policy für Teilnehmerinstitute und deren Zertifizierungsaktivitäten einzuhalten. Dabei zertifiziert Identrus lediglich die Banken, während diese ihre Firmenkunden zertifizieren. Diese können wiederum sicher sein, dass ihre weltweit ausgetauschten Nachrichten sicher und nach einheitlichen Standards signiert werden.

Abb. 6–4
Zertifizierungshierarchie bei Identrus

SWIFT und seine zukünftigen Aufgaben beim B2B-Commerce

Die Society for Worldwide Interbank Financial Telecommunication ist das größte private geschlossene EDI-Netzwerk der Welt mit über 7.000 angeschlossenen Finanzinstituten in 192 Ländern, die im Jahre 2000 über 1,2 Billionen Nachrichten austauschten. Über SWIFT wird der internationale Zahlungstransfer zwischen Banken abgewickelt; im Jahr 1977 wurden erstmals 3,4 Millionen Nachrichten übertragen. E-Commerce ist also bereits 25 Jahre alt!

SWIFT betreibt das internationale EDI-Netz für Banken

Besonders interessant ist daher die Verbindung aus Identrus und SWIFT auf der Basis von TrustAct, einer Messaging-Software für Finanztransaktionen: Hierbei kann das Netz genutzt werden, um bei Zahlungen zusätzliche Sicherheit zu bieten. Abbildung 6-5 zeigt dazu den Protokollverlauf bei einer Online-Bezahlung:

TrustAct

1. Im ersten Schritt wählt der Kunde Waren im Katalog des Anbieters aus und bestellt.
2. Für die Bestellung möchte der Anbieter die Identität des Käufers überprüfen. Dazu wird der Kunde aufgefordert, ein signiertes Dokument zusammen mir dem Zertifikat seiner Bank an die TrustAct-Zentrale zu senden.
3. TrustAct verifiziert das Zertifikat und bittet die Bank des Kunden, seine Identität zu bestätigen. Gleichzeitig überprüft TrustAct mit Hilfe der Identrus-Zentrale, ob die beiden Banken Mitglieder im Identrus-Verbund sind.
4. Die Bestellung wird anschließend an den Lieferanten weitergeleitet. Anhand der Signaturen aller beteiligten Banken sowie durch den TrustAct Service selbst kann er sich nun darauf verlassen, dass der Kunde vertrauenswürdig ist.
5. Der Lieferant sendet eine Bestätigung an den Kunden zurück, die ebenfalls über den TrustAct Service übermittelt wird.
6. Anschließend archiviert TrustAct die Transaktionsdaten zusammen mit dem Zeitstempel seines Time-Stamping Service.

Abb. 6–5
Identitätsüberprüfung
auf der Basis von
SWIFT/TrustAct

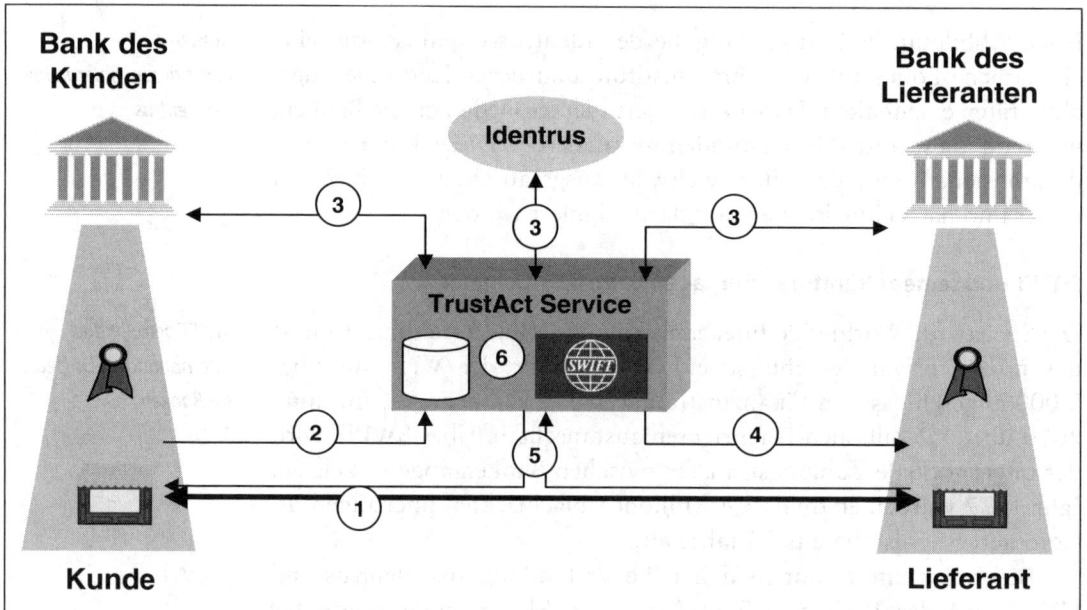

Nichtabstreitbarkeit Über diesen Mechanismus wird erstens eine vertrauenswürdige Kommunikation zwischen den Handelspartnern sichergestellt, zweitens dient TrustAct als Non-Repudiation-Service, d.h., es existiert eine

dritte Instanz, die den Handelsverkehr bezeugen und im Schlichtungs-
fall als Zeuge auftreten kann.

Darüber hinaus hängt es von der Einigung zwischen den Banken
ab, welche zusätzlichen Dienste und Sicherheitsmechanismen sie
anbieten wollen. So ist z.B. denkbar, dass die Banken zusätzlich eine
Garantie übernehmen, falls einer der Handelspartner zahlungs- oder
lieferunfähig werden sollte. Diese Mehrwertdienste werden sich jedoch
erst in den nächsten Jahren durchsetzen.

Und wie so oft im (Wirtschafts-)Leben gibt es auch in diesem
Bereich nicht einen einzelnen, von allen Seiten akzeptierten Standard,
sondern eine Reihe von Vorschlägen. So haben andere Banken in Verbindung mit SunMicrosystems im Rahmen des Projekts »Eleanor«
eine Software entwickelt, die es erlaubt, dezentral die Verifikation von
Signaturen durchzuführen, so dass kein zentraler Knoten erforderlich
ist. Diese Software basiert auf dem XML-Signature-Standard und ist in
Java implementiert.

Die Akzeptanz von Diensten wie TrustAct und Eleanor hängt ganz
wesentlich von zwei Faktoren ab: Preis und Komplexität der Integration. Wenn die Transaktionskosten zu hoch sind (und die 1-3 Prozent
von Marktplatzanbietern werden oft als unverschämt hoch empfunden ...), verfängt sich die Idee wieder im Henne-Ei-Teufelskreis, wie
wir es an anderer Stelle bei Zahlungsverfahren und Marktplätzen
sehen. Wenn darüber hinaus die Integration der technischen Komponenten eine Person mehrere Wochen in Anspruch nimmt, ist die
Lösung ebenfalls prohibitiv teuer.

Zusammenfassung

Wir haben Zertifikate als einen der Grundbausteine für eine sichere
und vor allem vertrauenswürdige Abwicklung von Handelstransaktionen kennen gelernt. Obwohl Zertifikate heute hinsichtlich ihrer technischen Infrastruktur als beherrschbar erscheinen, stellt sich jedoch die
Frage, wie sie in das ökonomische Gefüge des Internets passen. Fasst
man den technischen und organisatorischen Aufwand zusammen, der
für die Verwaltung von Zertifikaten erforderlich ist, kann man erkennen, dass sie zumindest auf absehbare Zeit nicht kostenlos sein werden. Folglich stellt eine Zertifizierungsinfrastruktur, wie sie unter den
strengen Sicherheitsvorkehrungen des SigG zu erwarten ist, nach wie
vor einen Hindernisfaktor dar, dessen Überwindung noch einige Jahre
dauern wird.

*Eine SigG-konforme PKI
leidet am Henne-Ei-
Problem*

6.5   Smart Cards

Alles, wozu Smart Cards eingesetzt werden, lässt sich funktional auch auf andere Weise realisieren, z.B. auf dem PC. Worin liegt dann der Vorteil einer Smart Card? Während ein PC, eine Unix-Workstation oder ein PDA seine Innereien einem Eindringling offen legt, ist dies physikalisch bei Smart Cards unterbunden. Während ein PC- oder Workstation-Betriebssystem nur so sicher ist wie der Schutz vor dem Eindringen und Erschleichen des Administratorenpassworts, kann absolut niemand auf der Ebene der Hardware und des Betriebssystems in das System einer Smart Card eindringen. Nur über eine übersichtliche, wohldefinierte Schnittstelle kann ein Protokoll für den Austausch von Daten abgewickelt werden. Eine Smart Card ähnelt daher einer Workstation im Netzwerk, die durch ein gusseisernes Gehäuse und sicheres Kommunikationsprotokoll geschützt ist. Niemand kann sich einloggen, niemand kann frei auf den Speicher dieser Workstation zugreifen. Wenn dennoch ein physikalischer Angriff versucht wird, zerstört sich die Workstation eher selbst, als dass sie dem Angreifer Informationen preisgibt. Schließlich besitzt diese Workstation eine global eindeutige ID und einen privaten Schlüssel, dessen Geheimschlüssel irgendwo im Inneren der Workstation für immer verborgen bleibt.

Chipkarten   Im Gegensatz zur Smart Card besitzen einfachere *Chipkarten* lediglich einen Speicher mit wahlfreiem Zugriff. So kann jeder, der über das erforderliche Lesegerät verfügt, diese Information auslesen und sogar manipulieren, ohne dass dies hinterher erkennbar ist. Ein Beispiel für eine derartige Chipkarte ist die Krankenversichertenkarte. Die einzige Chance, bei Chipkarten ein gewisses Maß an Sicherheit zu gewähren, ist die Verschlüsselung der Daten mit einem symmetrischen Schlüssel (z.B. DES oder IDEA). Chipkarten erlauben eine Speicherkapazität von bis zu 32 Kilobyte. Schreib-/Lesegeräte sind für sie recht preiswert (<= 20 Euro).

Magnetkarten   Noch weniger Schutz bieten *Magnetkarten*, die ebenfalls frei lesbar und wiederbeschreibbar sind. Zudem lassen sie sich mit einem Magneten auf einfache Weise unbrauchbar machen. Ihr einziger Vorteil liegt im extrem günstigen Preis (weniger als 0,5 Euro).

Im Umlauf sind des Weiteren Chipkarten, deren Speicherzellen gezielt zerstört werden können. Die Telefonkarte folgt diesem Prinzip. Bei Einschieben der Karte in das Lesegerät wird die Anzahl der unzerstörten Einheiten angezeigt. Mit jedem Zeittakt erfolgt dann ein gezieltes Durchbrennen der jeweiligen Feinsicherungen.

Smart Cards sind vollständige Computer   Im Gegensatz dazu besitzt eine Smart Card folgende Eigenschaften, die für den Bereich des Electronic Commerce relevant sind:

◾ Eine Smart Card verfügt über einen eigenen Computer mit CPU, ROM, RAM, Einheiten zur Datenein- und -ausgabe sowie zusätzliche Module, die für kryptografische Verfahren verwendet werden (kryptografischer Koprozessor). Üblich sind heute 4-8 KB RAM, 36-64 KB ROM und bis zu zwei MIPS Rechenleistung. Smart Cards kommunizieren mit ihrer Außenwelt über eine serielle Schnittstelle, die Übertragungsraten bis zu 9.600 Bit/s zulässt. Neuere Entwicklungen sehen sogar eine numerische Eingabetastatur auf der Karte vor.

◾ Eine Smart Card besitzt ein eigenes Betriebssystem, mit dessen Hilfe Programme ausgeführt, Daten und Software persistent in einem Verzeichnis gespeichert und die Kommunikation mit der Außenwelt abgewickelt werden kann. Üblicherweise steht der Karte ein hierarchisches Dateisystem zur Verfügung, mit dem Dateien wie unter einem PC-Betriebssystem verwaltet werden können.

◾ Eine Smart Card ist physikalisch gegen Angreifer geschützt. Weder über ihre Kontaktflächen noch durch Abfräsen der Chipoberfläche können Informationen ausgelesen werden.

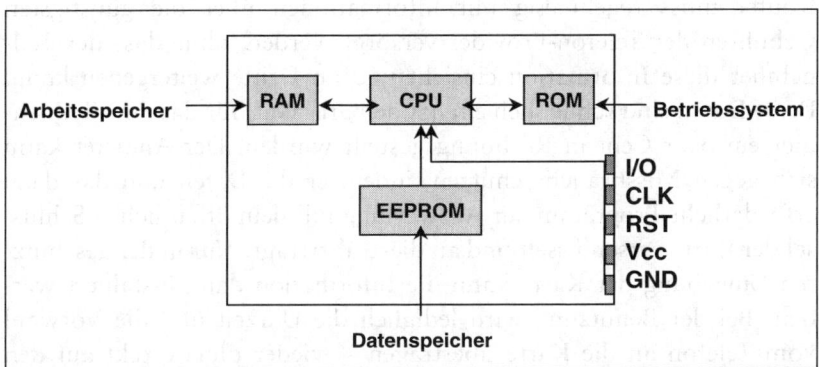

Abb. 6–6
Grundschema einer Smart-Card-Architektur

Das wichtigste Merkmal einer Smart Card ist ihr Geheimschlüssel, mit dem sie ausgeliefert wird. Er wird in der Smart Card zusammen mit dem öffentlichen Schlüssel erzeugt und auf ihn kann daher von niemandem zugegriffen werden. Der kryptografische Koprozessor der Karte erlaubt dabei, RSA-Schlüssel mit bis zu 1024 Bit Länge zu generieren. Nach heutigem Standard gelten diese als fälschungssicher. Der korrespondierende öffentliche Schlüssel wird hingegen an die Außenwelt ausgeliefert. Damit bestehen nun folgende Möglichkeiten:

Smart Cards sind Träger des privaten Schlüssels

◾ Daten und Programme können mit dem öffentlichen Schlüssel der Smart Card verschlüsselt und an diese übertragen werden. Damit ist sichergestellt, dass nur die Karte, für die die Daten vorgesehen waren, auch diese Informationen verarbeiten kann.

▪ Umgekehrt können Daten, die die Karte an Kommunikationspartner sendet, authentifiziert werden, indem die Karte diese mit ihrem Geheimschlüssel signiert.

Signieren mit Smart Cards

Wenn nun zusätzlich sichergestellt werden kann, dass die Karte eindeutig mit einem Besitzer verbunden ist, so ist ein sicheres und einfach handhabbares Mittel zur Authentisierung der Person gegeben. Da sich die Verkettung zwischen Person und Signaturschlüssel durch Zertifizierungsautoritäten sicherstellen lässt, ist jetzt der Kreis geschlossen, der für das Leisten einer elektronischen Signatur erforderlich ist. Da das Signieren nicht außerhalb der Smart Card erfolgen kann (dann wäre ja der geheime Schlüssel kurzfristig sichtbar), müssen die zu signierenden Daten an die Karte übermittelt werden. Dies erfolgt durch Generieren des Hash-Wertes auch außerhalb der Karte, so dass nur dieser zum Verschlüsseln übergeben wird. Außerhalb der Karte kann die Authentizität der Signatur jederzeit verifiziert werden.

Ausführen von Software auf Smart Cards

Auch für das verschlüsselte Übertragen von Daten an die Karte gibt es interessante Anwendungen: Man stelle sich vor, ein Least-Cost-Router muss regelmäßig mit Informationen über die günstigsten Gebühren der Telefon-Provider versorgt werden, ohne dass der Teilnehmer diese Information einsieht und an Dritte weitergeben kann. Diese Daten sind schließlich ein handelbares Gut, für das dem Teilnehmer ein paar Cent in Rechnung gestellt wurden. Der Anbieter kann sich gegen Missbrauch schützen, indem er die Daten und das dazu erforderliche Programm zur Auswertung mit dem öffentlichen Schlüssel der Karte verschlüsselt und an diese überträgt. Nur in der geschützten Umgebung der Karte kann die Information dann installiert werden. Bei der Benutzung wird lediglich die Uhrzeit und die Vorwahl vom Telefon an die Karte übertragen – wieder ohne direkt auf den Speicher zugreifen zu können. Als Antwort sendet die Karte eine Protokolldateneinheit, die die Vorwahl des Providers enthält. Weder Daten noch Algorithmus werden jemals außerhalb der Karte sichtbar sein.

Ringe, Knöpfe und andere Stöpsel

Derartige Smart Cards müssen nicht notwendigerweise im Scheckkartenformat auftreten. Es gibt Smart Cards im kleineren SIM-Format, das bei Mobiltelefonen eingesetzt wird oder auch als Ring (*www.ibutton.com*) am Finger zu tragen ist.

Des Weiteren bietet sich heute der USB (universal Serial Bus) als Schnittstelle für »Smart Cards« an: In diesem Fall gibt es eine Reihe von Vorteilen: Erstens ist der Rechner nicht auf ein Lesegerät angewiesen, man braucht nur den USB-Adapter verwenden, der seit Jahren bei jedem Rechner mitgeliefert wird. Außerdem kann die Bauweise der USB-Einheit sehr viel flexibler sein, man ist nicht darauf angewiesen, die Kartenlogik auf 25 mm² unterzubringen. Damit sind prinzipiell ganz andere Leistungsmerkmale bei Prozessorgeschwindigkeit und Speicherkapazität erreichbar.

Schließlich besteht die Möglichkeit, kontaktlos mit dem Terminal zu kommunizieren. Hierbei dient die induktive Kopplung von Karte und Lesegerät zur Datenübertragung. Dabei lassen sich Entfernungen von bis zu 1,5 Metern überbrücken. Zu beachten ist bei dieser Lösung jedoch, dass ein Angreifer leicht und unerkannt »mithören« kann. Folglich sind Daten zusätzlich zu verschlüsseln. Erste Anwendungen induktiver Smart Cards finden sich heute bei Zugangssystemen, wie z.B. für Skilifte.

Neben dieser Nutzung als »elektronischer Mitgliedsausweis« (Skilift) oder bei der Mitarbeiterkarte werden Smart Cards

- für das Authentisieren (elektronische Signatur),
- für das elektronische Bezahlen (siehe Geldkarte weiter unten),
- zur Zeiterfassung oder
- als Träger persönlicher Profildaten, z.B. für Patientendaten oder bei Kunden von Online-Shops als Interessenprofil, eingesetzt (siehe dazu auch Kapitel 13 zum Profilmanagement).

Standards für Smart Cards

Bei der Standardisierung von Smart Cards lassen sich mehrere Ebenen unterscheiden, die im Laufe der Jahre vereinheitlicht wurden:

1. Auf der *physikalischen Ebene* wurden Abmessungen, Platzierung und Größe der Kontakte, Betriebsspannungen usw. festgelegt. Diese Konventionen finden sich im Standard ISO/IEC 7816 [ISO87].
2. Die nächste Ebene wird ebenfalls vom ISO/IEC 7816 definiert und bezieht sich auf *Übertragungsprotokolle, Nummernsysteme, Datenrepräsentationen, Kommandos* und höherwertige Konstrukte wie SCQL – Structured Card Query Language. Auch die Sicherheitsarchitektur einer Smart Card ist noch Teil dieses Standards.
3. *Standard-APIs*. Erst mit dem Standard der PC/SC-Arbeitsgruppe (PC Smart Card), bestehend aus Bull, GemPlus, Microsoft, IBM, Schlumberger, SNI, Sun Microsystems, Toshiba, Veriphone und anderen, werden geräteunabhängige API-Definitionen festgelegt, so dass eine Interoperabilität unterschiedlicher Karten in unter-

schiedlichen Betriebssystemen garantiert werden kann. Diese API-Definition bezieht sich weniger auf eine Programmierschnittstelle für Software, die in der Smart Card ausgeführt werden soll, sondern vor allem auf die Integration des Smart-Card-Lesegerätes in das Betriebssystem des PCs oder der Workstation. Entsprechende Schnittstellen sind beispielsweise für Windows 2000 bzw. Windows XP vorgesehen.

4. *Java Smart Cards*. Nachdem nun die Integration der Smart Card in den PC sichergestellt ist, liegt der nächste Schritt in der Vereinheitlichung der Ausführungsumgebungen verschiedener Smart-Card-Produkte. Hier spielt *Java* eine wichtige Rolle. Nahezu alle Entwickler (Bull, GemPlus, IBM, Netscape, Sun, Schlumberger, Visa u.a.) sind bestrebt, Smart Cards mit einer eigenen Java Virtual Machine (JVM) zu liefern. Durch die Java-bedingte Abstraktion vom konkreten Betriebssystem und der Hardware ist eine Ebene gegeben, auf der Anwendungsentwickler unabhängig von der Technologie des Kartenherstellers programmieren können. Der von den genannten Unternehmen entwickelte Standard heißt OpenCard (*www.opencard.org*) und setzt auf die Spezifikation der PC/SC-Gruppe auf. Hierbei steht neben einer einheitlichen Schnittstelle der drastisch reduzierten JVM vor allem der Austausch über signierte APDU (Application Protocol Data Units) und die Definition einer High-Level-API beispielsweise für das Signieren oder Dateizugriffe im Vordergrund.

Java Smart Cards

JavaCard

JavaCard ist eine Version der Sprache Java für Smart-Card-Betriebssysteme. Aktuell befindet sich JavaCard in der Version 2.1, die eine Java Virtual Machine (JVM) als Teil des Kartenbetriebssystems vorsieht. Damit steht eine gemeinsame, standardisierte Schnittstelle zur Ausführung von Java-Anwendungen zur Verfügung. Das Unternehmen Visa hat mit einigen anderen zur Weiterentwicklung dieses Standards das JavaCard Forum etabliert (*www.javacardforum.org*), während Mastercard einem anderen Konsortium angehört (*www.multos. com*), das mit MultOS eine weitere nichtproprietäre Plattform entwickelt. Auch Microsoft hat einen eigenen Standard zur Programmierung von Smart Cards angekündigt: Das Smart Card Software Development Kit (SCSDK).

Cardlets sind Applets für Smart Cards

JavaCard stellt nur eine drastisch reduzierte Ausführungsumgebung für Java-Programme zur Verfügung. Funktionen wie Multithreading, Speicherbereinigung oder Ausnahmebehandlung stehen hier nicht zur Verfügung. Ein »Cardlet« – ein auf der Smart Card ausführbares Java-Programm – wird mit Hilfe eines Postprozessors für Java-Klassendateien erzeugt. Dabei wird ein sog. In-Card-Bytecode-Translator eingesetzt, der aus der Java-Klassendatei eine JCBC-Datei erzeugt (JavaCard-Bytecode). Ein solcher Translator wird beispielsweise von Strategic Analysis unter dem Namen »EZFormatter« angeboten. Die Cyberflex-Karte von GemPlus verfügt über eine eigene Virtual Machine für Java, die Cardlets aus dem JCBC-Format in die Maschinensprache der Smart Card übersetzt. Unterstützt wird die JVM vom Kartenbetriebssystem, welches das Nachrichtenmanagement, das Dateisystem und Security-Funktionen unterstützt.

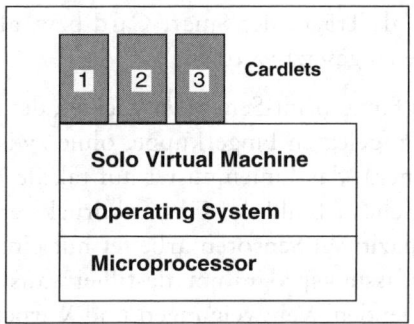

Abb. 6–7
Aufbau einer Java Smart Card von GemPlus

Smart-Card-Lesegeräte

In ihrer einfachsten Form sind sie als Geldkarten-Lesegeräte bekannt, die den Ladebetrag der Karte anzeigen und für etwa 10 Euro zu kaufen sind. Dieser Preis ist realisierbar, da sie in beträchtlicher Stückzahl hergestellt werden und funktional stark reduziert sind. Die wichtigste Entwicklung ist jedoch die Integration von Lesegeräten in den PC. Hier sind verschiedene Entwicklungen möglich:

- Integration in einen 3,5"-Floppy-Disk-Dummy. Bei diesem Verfahren wird eine Smart Card in eine dafür hergestellte Hülle gelegt und in den Diskettenschacht des Laufwerks geschoben. Dieser Adapter setzt die Signale des Schreib-/Lesekopfes in entsprechende Datenprotokolleinheiten der Smart Card um. Dabei erscheint die Karte dem System gegenüber wie eine normale Floppy-Disk. Vorteil dieses Verfahrens ist die Portabilität des Lesegerätes und sein geringer Preis. Fisher International Systems bietet den Disketten-Adapter Smarty an und rechnet bei entsprechenden Stückzahlen mit einem Endpreis von unter 20 Euro.

▩ Externes Lesegeräte über serielle Schnittstelle, Universal Serial Bus oder als PC-Card. Diese Lesegeräte sind in der Regel teurer (25-50 Euro) und belegen einen zusätzlichen Port in der Peripherie des Systems. Der Vorteil einiger Geräte liegt darin, dass PINs direkt am Gerät eingegeben werden können, so dass keine sicherheitsrelevanten Informationen über unsichere Kanäle ausgetauscht werden.

▩ Integration des Lesegerätes in die Tastatur. Diese Systeme erlauben eine Verschlüsselung von Daten wie beispielsweise Passwörtern oder PINs, bevor sie in das Betriebssystem des PCs übergehen. Der Tastatur-Hersteller Cherry bietet multifunktionale Kartenlesetastaturen an, die mit Preisen von unter 50 Euro bald auch für die Massennutzung durch Privatanwender erschwinglich werden.

▩ Schließlich kann erwartet werden, dass zukünftig auch PDAs oder Mobiltelefone als Träger der Smart Card bzw. als vertrauenswürdige Hardware eingesetzt werden.

Smart Cards mit Fingerabdruck-Sensor

Siemens hat einen Fingerprint-Sensor entwickelt, der im unmittelbaren Kontakt bei der aufgelegten Fingerkuppe, ohne zwischengeschalteten Scanner oder Kamera, das Linienmuster auf taktile Weise erfasst und daraus ein elektrisches Abbild des Fingerabdrucks erzeugt. Das Array von 256x256 kapazitiven Sensoren arbeitet mit einer Auflösung von 500 dpi. Das Erfassungsprogramm destilliert aus dem Abbild die Minutien – Linienenden, Verzweigungen und Wirbel, die auch in der Kriminalistik zur zweifelsfreien Identifizierung dienen – heraus und legt sie in einer nur 1 KB großen Datei als Referenzmuster ab. Mit diesem Muster wird dann bei der Zugangsprüfung der aktuell aufgenommene Abdruck verglichen.

Noch mehr Biometrisches ...

Ein solches System kann zusammen mit der Erkennungssoftware auf einem Laptop installiert werden. Die Authentifikation des Benutzers erfolgt dabei innerhalb einer Sekunde. Das System kann beispielsweise zur Zugangssicherung von Laptops oder Mobiltelefonen eingesetzt werden. Ein solches System könnte allerdings auch in die PC-Tastatur eingebaut werden – sogar direkt in die Enter-Taste, um jede Eingabe, die mit »Enter« abgeschlossen wird, mit einem Authentisierungs-Check zu verbinden ...

Die biometrische Prüfung des Fingerabdrucks könnte wohl langfristig den lästigen und für heutige Sicherheitsanforderungen unzureichenden PIN-Schutz der Karten im Zahlungsverkehr ablösen. Gelingt es, den Sensor zusammen mit der Verarbeitungselektronik auf einer Smart Card zu integrieren, könnte die Sicherheitsprüfung auf der Karte abgewickelt werden und müsste nicht im Lesegerät oder Terminal stattfinden. Das würde die datenschutzrechtlichen Bedenken vieler

Benutzer ausräumen, die selbst kontrollieren wollen, was mit ihren Daten geschieht. Erstmals in der Geschichte der Computertechnik wird damit die Speicherung und Verwaltung von persönlichen Daten unabhängig von zentralen Datenbanken und Archiven möglich.

Solche technischen Lösungen werden zwar im Vorgriff auf das Endkundengeschäft entwickelt und stehen heute zur Verfügung, die Mengenvorteile werden jedoch mangels einsatzfähiger Anwendungen noch nicht sofort zum Tragen kommen. Viele Verfahren und Technologien werden wohl noch einige Jahre brauchen, bis sie das Stadium der täglichen Verwendung erreicht haben.

Sicherheitsfragen

Smart Cards sind speziell für sicherheitssensitive Anwendungen entwickelt worden. Daher verfügen sie über entsprechende Schutzmaßnahmen auf unterschiedlichen Ebenen:

- Zugang nur über APIs
- Verwendung abhörsicherer, kryptografischer Kommunikationsprotokolle
- Festlegung eines validierten Kommunikationsmodells zwischen Smart Card und Gegenstelle
- Sicherung der Smart Card gegen physikalische Eingriffe

Der PC/SC-Standard legt einige API-Funktionen fest, mit deren Hilfe sicherheitsrelevante Mechanismen genutzt werden können. So erlaubt beispielsweise der Befehl *Verify*, Daten, die an die Karte übergeben werden, mit dort gespeicherten zu vergleichen. Diese Funktion lässt sich beispielsweise zur Verifikation von PIN-Nummern oder Passwörtern einsetzen. Ein Fehlbedienungszähler auf der Karte ist in der Lage, gescheiterte Versuche zu protokollieren, so dass ein Geheimnis nicht durch beliebiges Ausprobieren der Karte entlockt werden kann.

Der Befehl *External Authenticate* bzw. *Internal Authenticate* erlaubt eine Authentisierung der Karte durch einen Challenge-Response-Mechanismus.[1] Dabei erhält die Karte im ersten Schritt einen Challenge-Wert vom Kommunikationspartner. Anschließend

Programmierschnittstellen

---

1. Bei diesem Verfahren wird das Passwort nicht im Klartext vom Client an den Server übertragen. Stattdessen sendet der Server an den Client einen zufälligen Code (den *Challenge*), den der Client mit Hilfe seines Passworts lokal verschlüsselt und an den Server überträgt. Da dieser ebenfalls über das Passwort des Client verfügt, kann er den Client authentifizieren, indem er mit dem Passwort selbst die Verschlüsselung durchführt und beide Werte vergleicht. Ein Angreifer, der die Kommunikation abhört, ist nicht in der Lage, auf das Passwort zuzugreifen.

sendet die Smart Card den Response-Wert an den Partner zurück. Ist die Verifikation des Wertes erfolgreich, sendet der Partner im zweiten Schritt einen eigenen Response-Wert an die Karte zurück, um in der Karte zu prüfen, ob die Gegenstelle die Karte erkannt hat. Nun erst kann davon ausgegangen werden, dass die Karte authentisiert ist. Ein solcher Zwei-Wege-Handshake erlaubt es dem Kommunikationspartner, für den Rest der Verbindung – je nach Authentisierung – auf die ganze Karte (d.h. das gesamte Dateisystem) oder auch nur auf Teile zuzugreifen.

Wie kann man Smart Cards knacken ...

Angreifern bieten sich bei mangelhafter Implementierung der genannten Schutzmaßnahmen Möglichkeiten, Informationen auszulesen oder gar zu überschreiben. Dabei kann sich ein Hacker Softwarefehler zunutze machen, d.h. Protokollfehler, undefinierte Zustände im Betriebssystem etc. Nur durch einen beweisbar sicheren Entwurf des Betriebssystems und seiner Zustände kann dieses Angriffspotenzial ausgeschlossen werden.

Gleiches gilt für Teilfunktionen der Smart-Card-Software. Wenn beispielsweise der Krypto-Koprozessor so naiv implementiert wird wie vor einiger Zeit die SSL-Sicherung bei Netscape (Verwendung immer wieder gleicher »Zufallszahlen« zur Schlüsselgenerierung), dann wird diese Funktion vorhersagbar. Neuere Smart Cards verfügen zur Vermeidung derartiger Probleme über verlässliche Zufallszahlengeneratoren.

Am 22. Juni 1999 erschien in der New York Times ein Artikel über die Sicherheit von Smart Cards. Anlass war die Veröffentlichung eines Verfahrens, mit dem die geheimen Schlüssel auf Smart Cards entdeckt werden können. Das Verfahren wurde bereits 1997 von Paul Kocher (Cryptography Research, San Francisco) entwickelt und basiert darauf, dass die elektrische Spannung auf aktiven Chipkarten gemessen und mittels statistischer Methoden daraus Rückschlüsse auf den geheimen Schlüssel der Chipkarte gezogen werden können. Das »Differential Power Analysis« genannte Verfahren soll auf alle gängigen Smart Cards anwendbar sein. Der Aufwand zur Durchführung dieses Angriffs wird, wenn das DPA-Verfahren bekannt ist, als nicht sehr groß eingeschätzt. Allerdings setzt die Durchführung des Angriffs natürlich voraus, dass der Angreifer die Smart Card besitzt.

... und sich davor schützen kann

Durch physikalische Eingriffe wie Hardware-Manipulation oder Potenzialdifferenzanalyse ist es in der Vergangenheit gelungen, Speicherinhalte auszulesen. Auch solchen Angriffen sind Smart Cards heute gewachsen, da sie eine Verletzung ihrer Schutzschicht »spüren« können und in solchen Situationen ihre Funktion notfalls einstellen.

Da neuere Smart-Card-Technologien mit einem hohen Sicherheitsniveau entworfen werden, sollte auch nicht mehr erwartet werden,
dass ein einziger globaler Geheimschlüssel existiert, der für Informationen auf allen Karten einer geschlossenen Benutzergruppe einsetzbar
ist (z.B. zur Verschlüsselung der PIN-Nummer).

Bei induktiven Smart Cards ist besonders darauf zu achten, dass
Mithörer die Karte nicht physikalisch verändern müssen. Folglich ist
die Kommunikation zwischen Smart Card und Gegenstelle zusätzlich
zu verschlüsseln. Das Problem liegt hier in der Stromversorgung, die
über Induktionsspulen erfolgt. Häufig reicht sie nicht aus, um Protokolldateneinheiten zu verschlüsseln.

Aktuelle Entwicklungen

Der Markt für Smart Cards expandiert zurzeit rasant, insbesondere *Berge von Patenten ...*
durch regulatorische Einflüsse wie z.B. das Signaturgesetz. Dabei ist
Deutschland einer der weltweit bedeutendsten Standorte im Bereich
der Chipkarten-Innovation: Von 1139 Patentanmeldungen in
Deutschland und Europa zwischen 1990 und Ende 1997 kamen 472
aus der Bundesrepublik. Erst in großem Abstand folgen Japan (191
Patentanmeldungen), die USA (147) und Frankreich (119). Analytiker
von Frost&Sullivan schätzen, dass der Weltmarkt für Chipkarten bis
zum Jahre 2003 ein Volumen von mehr als 5 Mrd. Dollar aufweisen
wird, wobei auf Smart Cards ein Anteil von mehr als 40% entfällt.

Entsprechend optimistisch schätzt man bei Siemens, dem Welt- *Technischer Fortschritt*
marktführer für Smart-Card-Chips, die Umsatzentwicklung für die
nächsten Jahre auf 35% jährlich ein. Es wird erwartet, dass im Jahre
2010 zwischen 20 und 35 Milliarden Chipkarten weltweit im Umlauf
sind.[2] Auch der Markt für Kartenchips entwickelt sich entsprechend
qualitativ und quantitativ weiter. Durch die Fortschritte der Halblei-
tertechnik gewinnen die Systemingenieure erheblich an Design-Flexibi-
lität; der Trend geht vom Chip-on-Card zum System-on-Card. Weil
aus Gründen der mechanischen Stabilität des Siliziumträgers die maximale Grundfläche von Karten-ICs auf 25mm² beschränkt bleibt, zielen
die Hersteller zur Realisierung komplexerer Funktionen bereits auf die
dritte Dimension ab bzw. auf Systeme, die das Chip-Layout »stapeln«.

Es ist zu erwarten, dass in einigen Jahren bis zu 64 MB für das
ROM zur Verfügung stehen. Damit lassen sich vollständige Worksta-
tion-Betriebssysteme mit Java Virtual Machines auf dem Niveau des
heutigen Sprachstandards integrieren.

---

2.   Ulrich Hamann, Leiter des Produktgebiets Chipkarten- und Sicherheits-ICs
bei Siemens, auf der OmniCard 1999.

7 Technologische Grundlagen von XML

Natürlich soll dieses Buch nicht den Umfang der vielen Publikationen zu XML, die sich zurzeit auf dem Markt befinden, abdecken. Ich erhebe daher auch nicht den Anspruch, das aktuelle Weltwissen zu XML, XSL etc. auf fünfzig Seiten zu komprimieren, stattdessen sei auf die aktuelle Literatur verwiesen[1] bzw. auf die einschlägigen Websites (z.B. *www.w3.org, www.xml.org, www.xml.com, xml.apache.org* sowie die entsprechenden XML-Infoseiten bei Herstellern wie Microsoft, Oracle etc.). Ich würde mich vielmehr freuen, wenn der Leser für das Erfassen des Themas »XML« durch dieses Kapitel erheblich weniger Zeit aufwenden muss und sich bei Bedarf anschließend auf die weiterführende Literatur konzentrieren kann.

Um XML zu verstehen, braucht man 10 Bücher...

XML in 10 Sätzen

Fangen wir also mit einem »Executive Summary« an: Was ist nun XML?

Ganz knapp gesagt ist XML ein »Doppelpack«: eine Datenrepräsentationssprache plus Metasprache zur Definition beliebiger Datenrepräsentationssprachen. Je nach Anwendung können die zu repräsentierenden Daten alles Beliebige beinhalten: Geschäftsdokumente, Web-Inhalte, elektronische Signaturen, Preislisten etc. Auf jeden Fall müssen diese Daten jedoch eine beschreibbare Struktur besitzen.

... oder 10 Sätze?

XML steht dabei für eXtensible Markup Language, also eine Auszeichnungssprache für strukturierte Daten. »extensible« heißt, dass diese Sprache nicht auf eine Anwendungsdomäne reduziert ist, sondern erweitert werden kann – durch das Definieren von Grammatiken anwendungsspezifischer Sprachen oder auch durch das Einbetten von Subdokumenten in umschließende Dokumente.

---

1. Klassiker sind dabei: [GoPr00] oder auch [HaMe00] bzw. [Laug01] .

XML soll dabei folgende Anforderungen erfüllen (entsprechend dem Standarddokument unter *www.w3.org/TR/1998/REC-xml-19980210*):

1. XML soll sich im Internet auf einfache Weise nutzen lassen.
2. XML soll ein breites Spektrum von Anwendungen unterstützen.
3. XML soll zu SGML kompatibel sein (Standard Generalized Markup Language).
4. Es soll einfach sein, Programme zu schreiben, die XML-Dokumente verarbeiten.
5. Die Zahl optionaler Merkmale in XML soll minimal sein, idealerweise Null.
6. XML-Dokumente sollten für Menschen lesbar und angemessen verständlich sein.
7. Der XML-Entwurf sollte zügig abgefasst sein.
8. Der Entwurf von XML soll formal und präzise sein.
9. XML-Dokumente sollen leicht zu erstellen sein.
10. Knappheit von XML-Markup ist von minimaler Bedeutung.

Warum XML

Ein Standard für die einheitliche Formatierung von Texten

Schauen wir einmal zurück auf die Welt in der Vor-XML-Zeit (und beginnen in den 70er Jahren): Alle größeren Unternehmen setzten elektronische Datenverarbeitungsmaschinen ein, die in beachtlicher Geschwindigkeit Buchungen abwickeln. Diese Maschinen werden isoliert voneinander betrieben, obwohl doch die Daten, die sie verarbeiten, zu einem großen Teil deckungsgleich sein können – man denke an die Bestellung, in der Adressen, Artikelbeschreibungen etc. auf Anbieter- und Kundenseite zu verarbeiten sind. Folglich wäre es doch geschickt, diese Daten automatisch auszutauschen, z.B. über das Telex-Netz (natürlich gab es damals noch kein Internet). Man begann, sich bilateral auf ein Datenformat zu einigen, z.B. »CSV« (Comma Separated Values). Dabei wurde vereinbart, welches Zeichen als Trenner und welches als Anführungszeichen (»Quote«) einzusetzen ist. Gleiches gilt für Feldlängen und -bedeutungen, Wiederholungsgruppen, Werteinschränkungen, Muss/Kann-Unterscheidungen etc. Natürlich war dies auf Papier zu dokumentieren, so dass der Programmierer »auf der anderen Seite« die empfangenen Daten korrekt verarbeiten konnte. Sobald sich ein Unternehmen daraufhin auf die Kommunikation mit einem weiteren einlassen wollte, ging das Ringen um ein gemeinsames Format wieder von vorne los. Dies mag angesichts des schönen, neuen XML archaisch klingen, ist jedoch auch heute in vielen Branchen noch gängige Praxis.

Aus der Notwendigkeit, Ähnliches immer wieder neu zu vereinbaren, entstanden im Zuge der EDI-Standardisierung (siehe auch Kapitel 17.3), Einheitsformate für übliche Geschäftsdokumente wie Bestellungen, Lieferpapiere, Rechnungen etc. Diese Standards (EDIFACT in Europa bzw. ANSI X.12 in den USA) hatten den Vorteil einer normierten Repräsentation von Datenwerten im ASCII-Dokument, jedoch befand sich ihre Dokumentation immer noch »offline« in Papierform oder bestenfalls Online-Repositories. Außerdem hatten EDI-Standards die Eigenschaft, hochkomplex zu sein bzgl. der Anzahl und Bedeutung der Datenfelder eines Dokuments. Also erlaubte man, sich auch auf Teile des vollen Umfangs an Datenelementen zu einigen (sog. »Subsets«). Da diese Einigung im Extremfall wiederum bilateral war, hatte man wenig gewonnen, jede neue Kommunikationsbeziehung zwischen Unternehmen erforderte wieder individuellen Anpassungsaufwand – die »Switching Costs« bzw. Rüstkosten der Kooperation wurden kaum reduziert. Es bestand weiterhin der Bedarf, dem Dokument selbst alle Informationen zu entnehmen, die erforderlich sind, um es auf Korrektheit zu prüfen. »Meta« wurde damit im B2B-Commerce hoffähig. XML bietet genau diesen Vorteil: Ein XML-Dokument mag gegenüber seinem EDIFACT-Pendent wohl um das 5- bis 10fache größer sein (wir sprechen hier von 20-50 KB), jedoch »schleppt« es haufenweise Metainformation mit sich. Dies beginnt mit »sprechenden Feldbegrenzern«, den sog. Marken (bzw. »Tags« im Englischen) und endet mit einem Verweis auf online abrufbare Dokumententypdefinitionen, aus denen mindestens Informationen über die Dokumentenstruktur, neuerdings jedoch auch über Datentypen, Feldlängen, zulässigen Wertausprägungen etc. entnommen werden können.

Probleme mit dem EDIFACT-Format

Man könnte jetzt vermuten, dass XML als Repräsentationssprache für Dokumente im EDI-Umfeld entwickelt wurde – mitnichten! XML (genauer: sein Vorfahre SGML) ist für hochkomplexe Dokumentationsprojekte entworfen worden. Stellen Sie sich dazu einfach die erste Hälfte der 80er Jahre vor: Kein Windows, generell keine GUIs, Krücken-langsame PCs, etwas leistungsfähigere Hosts – im Wesentlichen von IBM. Gleichzeitig waren aber technische Wartungsunterlagen für Flugzeugträger, NASA-Raketen, Jumbo-Jets oder die Brockhäuser dieser Welt zu erstellen. Was also tun? Grafisch konnte ein solches Dokument nicht am Stück visualisiert werden (so wie mit einem PC für 1.000 Euro heute). Es kann aber mindestens technisch bearbeitet werden, wenn es als Datei strukturierbar ist. Damit war SGML geboren. Es half, Dokumente in einheitlichem Format zu speichern, Bestandteile wie Überschriften, Referenzen, Hervorhebungen etc. einheitlich zu kennzeichnen und die korrekte Formatierung von

SGML war der Vorläufer von XML

Substrukturen zu überprüfen. SGML war also insbesondere auf die Bearbeitung von *Textdokumenten* ausgerichtet. Wenn wir weiter unten XML – vor allem auch unter dem Gesichtspunkt des elektronischen Datenaustausches – genauer sezieren, dann treffen wir immer wieder auf textorientierte Relikte der SGML-Begriffswelt, die im Zusammenhang von EDI-Anwendungen nicht immer nur für Klarheit sorgen.

Die Väter von XML

XML hat mehrere Väter, die meisten von ihnen waren alte SGML-Hasen, so z.B. Charles Goldfarb, Paul Prescod, James Tauber, Robin Cover. Der Hauptvater ist jedoch Tim Bray, der Mitte der Neunziger die Encyclopaedia Britannica in SGML auszeichnete. Über das W3C (das World-Wide-Web-Konsortium) erfolgte dann die Standardisierung von XML, unter enger Zusammenarbeit mit Tim Berners-Lee, der bekanntermaßen Hauptvater des WWW ist.

Das World-Wide-Web-Konsortium

Das World-Wide-Web-Konsortium mit Sitz am MIT in Boston ist die oberste Instanz zur Entwicklung von »Recommendations«, den Empfehlungen zur Implementierung von HTML, XML und weiteren grundlegenden Web-Technologien.

Obwohl XML also, historisch betrachtet, seine Wurzeln in der Welt der Wartungsunterlagen und Wörterbücher hat, wird es heute jedoch in allen denkbaren Anwendungsbereichen verwendet – mit gewissen Folgen: Zum Strukturieren von Textdokumenten benötigen wir keine Integers, Datumsfelder oder Fließkommazahlen, sondern immer nur Text und nichts als Text. Diese Einschränkung zeigt sich auch heute noch bei XML: Wir können keine »vernünftigen« Datentypen (geschweige denn Feldlängen) im Standard-XML definieren! Dies ist schlecht. Angesichts dieser Einschränkung kann man manchmal staunen, wie viel Berge zu versetzen »Hype« in der Lage ist. Andererseits ist XML nun einmal da und kaum mehr wegzuoptimieren, dessen kann man sich ebenfalls sicher sein. Aber gerade deswegen waren und sind noch eine ganze Reihe von Verbesserungen erforderlich, bevor XML auch den Puristen unter den theoretischen Informatikern begeistern könnte. In den folgenden Kapiteln wollen wir XML jedoch zunächst »Werk-immanent« betrachten, also ganz ohne Kritik am Kontext seiner Entwicklung und auch fern der Anwendung. Anschließend werde ich ein wenig die Vor- und Nachteile von XML beleuchten, um danach verschiedene aufsetzende Standards zu illustrieren (diese stellen heute den »Hot Spot« der Entwicklung dar, sind also für die nächsten Jahre besonders relevant). Solange diese Standards und Technologien noch anwendungsneutral sind, werden sie in diesem Kapitel erläutert, ansonsten in den jeweiligen Teilen zum B2C- und B2B-Commerce.

HTML

Seit einigen Jahren besteht nun mit HTML eine weiterer »Nachrichtenstandard«, der von jedem Internet-Surfer eingesetzt wird. HTML-Dokumente stellen im WWW die »Nutzlast« der http-Aufrufe dar. Sie werden individuell vom Anbieter einer Website gestaltet und mit Inhalt gefüllt. Dabei existiert für die Semantik einer »HTML-Nachricht« keinerlei Vorschrift, lediglich ihre Darstellung ist über die Standardisierung der Auszeichnungssyntax durch das W3-Konsortium festgelegt. Auch wenn es hierbei hin und wieder zu abweichenden Implementierungen kommt, ist dennoch der gemeinsame Nenner aller »HTML-Implementierungen« (im Sinne von Web-Browsern) im Vergleich zum EDI beachtlich hoch. Bezogen auf das Standardisierungsziel, eine einheitliche Auszeichnungssprache zu definieren, war damit HTML nicht nur erheblich erfolgreicher als EDI, sondern sicherlich neben der technischen Vernetzung des Internets einer der Hauptfaktoren für dessen explosives Wachstum seit 1990. Es ist durchaus denkbar, dass sich auch EDI ähnlich hätte entwickeln können, wenn dem »Expertenteam« entsprechende Zeit und »Exklusivität« zur Einigung gewährt worden wäre.

HTML wurde in SGML spezifiziert

Natürlich hinkt der Vergleich zwischen EDI und HTML ein wenig, da es sich um völlig unterschiedliche Anwendungsbereiche handelt: EDI standardisiert Struktur und Semantik von Nachrichten, jedoch keine Präsentation, während HTML Struktur und Präsentation, jedoch keine Semantik von Inhalten standardisiert.

Sieht man sich jedoch heutige Websites im Internet an, fällt auf, dass neben der Präsentation in hohem Maße strukturierter, dynamischer Inhalt zu finden ist. Dies gilt nicht nur für Produktkataloge, sondern fast für den gesamten redaktionellen Inhalt einer Website (aktuelle Nachrichten, White Papers, Projektinformationen). Während man vor zwei bis drei Jahren noch den Inhalt einer geplanten Website eher visuell beschrieb, werden heute zunehmend Werkzeuge zur Datenmodellierung der Inhalte eingesetzt. Früher waren es statische HTML-Seiten, die von der Festplatte des Servers unverändert an den Browser transportiert wurden; heute dient HTML als dünne, dynamisch generierte Präsentationsschicht, die die äußerste, für den Anwender sichtbare Schicht einer komplexen Softwarekonfiguration ausmacht.

Mit dieser Entwicklung besteht nun zunehmend die Anforderung, Web-Inhalte erstens auch semantisch zu strukturieren und zweitens diese Struktur nach Möglichkeit zu standardisieren, was der Zielsetzung des EDI entgegenkommen würde. Da diese inhaltliche Struktur jedoch unabhängig ist von ihrer Darstellung (man kann eine Produktinformation sowohl als »flaches« HTML-Dokument präsentieren als auch als hierarchisch strukturiertes, editierbares Datenobjekt), ergeben sich folgende Probleme: Wie lassen sich aktuelle Innovationen in den Bereichen »Präsentation«, »Auszeichnungssyntax« und »Semantik« gleichzeitig standardisieren, ohne eine

- gegenseitige Beeinflussung der Standards,
- eine »Balkanisierung« im Bereich der jeweiligen Standardisierung und
- untragbare Verzögerungen

hinzunehmen?

XML hilft, Syntax, Semantik und Präsentation zu trennen

Die aktuelle Lösung lautet »divide et impera«: Teile die drei Schwerpunkte *Syntax*, *Semantik* und *Präsentation* in unabhängige Ebenen, erlaube deren unabhängige Standardisierung, aber erzwinge ein Minimum an Einheitlichkeit, welches ein Optimum im Trade-off zwischen der Maximierung standardisierter Elemente auf der einen Seite und der Standardisierungsgeschwindigkeit andererseits zulässt. Wieder einmal ist es die Höhe des gemeinsamen Nenners, von der der Gesamterfolg der Standardisierung abhängt. Bei HTML ist dieser gemeinsame Nenner sehr hoch, da eben die Präsentation, Syntax und Semantik im Standard verankert ist und nur zentral erweitert werden kann. Einen flexibleren Weg gehen hierbei Ansätze, bei denen dieser Nenner erheblich niedriger liegt: Ansätze wie SGML und XML sehen jeweils eine Basissprache zur Auszeichnung von Dokumenten vor, auf deren Grundlage anschließend individuelle Erweiterungen durch dezentrale Standardisierungsgremien vorgenommen werden können.

SGML

SGML entstand im Zeitalter der »Teletypes«

An dieser Stelle tritt ein weiterer Standard auf die Bühne: *SGML* (Standard Generalised Markup Language) als eine von der ISO standardisierte, verallgemeinerte Auszeichnungssprache. Diese Sprache wurde in den 70er Jahren von Charles F. Goldfarb entwickelt und fand ihren Einsatz bisher hauptsächlich im Bereich von Redaktions- und Dokumentationssystemen sowie komplexen technischen Dokumenten wie z.B. Wartungsunterlagen. SGML erlaubt die Definition von Grammatiken für strukturierte Dokumente. Diese gliedert sich in zwei Ebenen, die *Dokumententypdefinition* (DTD) und die eigentliche Auszeichnung des Dokuments:

1. Die *DTD* legt die Syntax fest, also die Regeln, nach denen ein zu ihr konformes Dokument konstruiert werden muss. Ein Dokument, welches eine Abteilung repräsentiert, könnte also konstruiert sein aus einem Element für den Leiter (mit dessen Angestellteninformation), der Adresse der Abteilung sowie einer Liste von Angestellteninformationen für alle weiteren Mitarbeiter. Eine Angestellteninformation setzt sich ihrerseits wieder aus einer vorgeschriebenen Menge an Datenelementen zusammen. Auf der Ebene des SGML-Standards wird einheitlich die Syntax für diese Konstruktionsregel in Form von DTDs definiert. Damit sind SGML-konforme Softwarekomponenten in der Lage, unterschiedliche DTDs zu verarbeiten. Darüber hinaus kann jeder Anwender eigene DTDs festlegen. Da eigentlich erst mit Hilfe der DTD die Syntax eines Dokumententyps festgelegt wird, spricht man bei SGML auch von einer *Metasprache*, also einer Sprache, die zur Definition von Sprachen dient.

2. Für die *Auszeichnung des Dokuments* selbst werden – wie von HTML gewohnt – *Marken* verwendet. Im Gegensatz zu HTML haben SGML-Marken jedoch keine festgelegte Bedeutung (bei HTML steuern sie speziell die Darstellung von Dokumenten im Web-Browser). Eine SGML-Marke dient lediglich zur Kennzeichnung einer Instanz des in der DTD definierten Typs. Aus der Verbindung zwischen DTD im konkreten SGML-Dokument kann nun mit Hilfe eines *validierenden Parsers* abgeleitet werden, ob das Dokument *gültig* ist, d.h. mit seinen Elementen den Syntaxregeln der DTD entspricht. Wie bei der DTD reduziert sich der eigentliche Standard von SGML auf die Syntax der Marken, von denen erwartet wird, dass sie sich aus einem Klammerpaar »<« und »>«, einem Markennamen sowie einer optionalen Liste von Attributen zusammensetzen. Marken sind als öffnende und schließende Klammern paarweise gruppiert und schachtelbar. Diese Regel gilt für jedes SGML-Dokument, unabhängig von seiner Bedeutung und den verwendeten Namen.

3. Als dritte Komponente eines SGML-Dokuments kann eine entkoppelte Präsentationsebene verstanden werden, welche die gegenüber HTML verlorene Festlegung der Dokumentenvisualisierung ermöglicht. Als Co-Standard zu SGML wurde daher *DSSSL* (Document Style Semantics and Specification Language, sprich: »Dissel«) entwickelt. DSSSL ist eine algorithmisch vollständige Skriptsprache, anhand derer für jeden SGML-Elementtyp eine Regel festgelegt werden kann, die ihre Visualisierung steuert.

Ein SGML-Beispiel: »Mini-HTML«

Im Folgenden ist eine winzige Untermenge des HTML-Standards in SGML spezifiziert. Die genaue Bedeutung der Sprachelemente wird nachfolgend im Zusammenhang mit XML genauer erläutert. In unserem Beispiel legt eine Dokumententypdefinition zunächst die Syntax der Sprache »MiniHTML« fest:

SGML-Schema...

```
<!DOCTYPE MiniHTML [
<!ELEMENT MiniHTML O O (H1|P)* >
<!ELEMENT (H1|P) - - (#PCDATA|Hervor|Betont)* >
<!ELEMENT (Hervor|Betont) - - (#PCDATA)>
]>
```

Gemäß dieser Syntaxdefinition besteht ein MiniHTML-Dokument aus einem Wurzelelement vom Typ »MiniHTML«, das als Kinder Elemente der Typen »H1« und »P« in beliebiger Kombination besitzt. Diese wiederum bestehen entweder aus einer Abfolge von Fließtext (#PCDATA bedeutet *Parsed Character Data*) oder *hervorgehobenem* bzw. *betontem* Text. Diese letzen beiden Möglichkeiten (HERVOR und BETONT) legen lediglich fest, dass der betreffende Teil des Dokuments eine andere Bedeutung hat als der »normale« Text, der unter PCDATA steht. Welche Bedeutung dies hat, wird jedoch nicht durch die DTD definiert.

und Instanz...

Im Folgenden ist eine gültige Dokumenteninstanz dargestellt, die anhand der MiniHTML-DTD konstruiert wurde. Dabei besteht – gemäß der Syntax – die Möglichkeit, sowohl bei Ps wie auch bei H1s Text einzubetten, der HERVORs und BETONTs enthalten kann:

```
<MiniHTML>
    <H1>Dies ist die Überschrift</H1>
    <P>Dies ist Text</P>
    <P>Dies ist <Hervor>hervorgehoben</Hervor></P>
    <P>Dies ist <Betont>fett gedruckt</Betont></P>
</MiniHTML>
```

sowie ein Stylesheet

Wie der Text schließlich zu visualisieren ist, schreibt das DSSSL-Stylesheet vor. Hierbei werden Regeln für jeden Elementtyp festgelegt. Die Regeln bestehen aus einem Bedingungteil (sinngemäß: »Wenn Elementtyp gleich X«) und einem Aktionsteil, in dem deklariert wird, wie die Darstellung für das jeweilige Element zu erfolgen hat. Die Überschriften werden dabei beispielsweise in 20-Punkt-Schrift dargestellt, während für den normalen Fließtext 12-Punkt-Schrift definiert wurde. Wichtig ist hierbei, dass das DSSSL-Dokument selbst auf einer SGML-Dokumententypdefinition »stylesheet.dtd« basiert.

```
<!DOCTYPE style-sheet system "stylesheet.dtd" >
<MiniHTML>
   <H1>Dies ist die Überschrift</H1>
   ...
```

Die referenzierte Datei »stylesheet.dtd« hat dabei folgenden Inhalt:

```
(element MiniHTML (make simple-page-sequence))

(element H1
   (make paragraph
      font-family-name: "Times New Roman"
      font-weight: 'bold
      font-size: 20pt
      line-spacing: 22pt
      space-before: 15pt
      space-after: 10pt
      start-indent: 6pt
      first-line-start-indent: -6pt
      quadding: 'center
      keep-with-next?: #t))

(element P (make paragraph
      font-family-name: "Times New Roman"
         font-size: 12pt
   line-spacing: 13.2pt
   space-before: 6pt
   start-indent: 6pt
quadding: 'start))

(element Hervor (make sequence
         font-posture: 'italic))

(element Betont (make sequence
         font-weight: 'bold))
```

Dieses Beispiel zeigt lediglich einen minimalen Ausschnitt der Möglichkeiten, die SGML und DSSSL bieten. Aufgrund der Komplexität
des vollständigen Umfangs von SGML bestand folglich die Bestrebung, die Sprachen so »abzuspecken«, dass sie in einer leichtgewichti-
geren Version im Internet einsetzbar sind. Daraus entstanden schließlich XML und XSL (Extensible Stylesheet Language, siehe Kapitel 7.1).

Von HTML zu XML

HTML wurde 1989 von Tim Berners-Lee entwickelt

Ein spezieller SGML-Anwender am CERN in der Schweiz hatte nun das Problem, mit anderen Fachkollegen Informationen im Bereich der Teilchenphysik auszutauschen, die jeder für sich im Internet zur Verfügung stellen sollte und die gleichzeitig in flexibler Form miteinander als verteiltes Hypertextsystem über das Internet verbunden werden konnten. Dieser Tim Berners-Lee entwickelte eine SGML-DTD, welche als erste Version von HTML im Jahre 1989 das Licht der Welt erblickte. HTML ist also nichts anderes als ein in SGML definierter Dokumententyp. Und als anwendungsspezifischer Typ besitzen seine Marken auch entsprechende Bedeutung, wie wir sie von allen HTML-Dokumenten her gewohnt sind. Mit diesem Schritt wurde der gemeinsame Nenner der Standardisierung erheblich höher gesetzt als bei SGML: Jetzt ist nicht mehr nur die Markensyntax, sondern auch die Semantik der Marken sowie die Präsentation vorgeschrieben. Dies war zunächst nicht grundsätzlich schlimm, da HTML gerade die einheitliche Präsentation zum Ziel hatte. Im Gegenteil, anstelle der teuren und komplizierten SGML-Umgebungen zur Dokumentenerstellung und -visualisierung konnten nun einfache, leicht installierbare Werkzeuge entwickelt werden, die auf die Darstellung eines einzigen Dokumententyps reduziert waren – dies war die Geburtsstunde der HTML-Browser.

HTML stößt an seine Grenzen

Als HTML jedoch in den letzten Jahren immer weniger der Aufgabe gerecht werden konnte, auch *Inhalte* jenseits der Dokumentenvisualisierung in einheitlicher Form zu repräsentieren, betraten zunehmend neue Standards die Bühne. Dabei sind zwei Strömungen zu erkennen:

- Ad-hoc-Standards, die im Rahmen des eingeschränkten Korsetts von HTML versuchen, zusätzliche Semantik unterzubringen.
- Die eXtensible Markup Language, von der sich die Gemeinschaft der Web-Designer, der Tool-Entwickler und letztlich auch der Electronic-Commerce- und EDI-Anwender ein hohes Maß an Synergie versprechen.

Als Vertreter der ersten Kategorie ist beispielsweise die <META>-Marke im HTML zu nennen, die als »Hintertür« zur Unterbringung von Metainformation zum Dokument dient. Damit bleibt der Inhalt dieser Marke spezialisierten Gremien überlassen, die sich z.B. mit Fragen zur Dokumentenklassifikation oder der Bewertung von Websites (wie z.B. PICS [PICS99-1, PICS99-2]) beschäftigen. Diese Standards sind eher pragmatischer Natur – es ging primär um die rasche Nutzbarmachung dieser Zusatzinformation. Eine HTML- oder SGML-ähnliche Syntax wurde häufig nicht unterstützt, so dass entsprechende Dokumente selbst für einen HTML-versierten Leser nicht mehr interpretierbar waren.

Die zweite Kategorie neuerer Standards basiert auf der Rückbesinnung auf SGML: Nachdem nun die Öffentlichkeit sowie Softwareentwickler genügend für Auszeichnungssprachen sensibilisiert waren, konnte ein »halber« Schritt zurück in Richtung SGML gewagt werden – zu einer Sprache, die es – ähnlich generisch wie SGML – erlaubt, beliebige Dokumententypen zu definieren und zu visualisieren, dabei jedoch im Umgang ähnlich einfach ist wie HTML.

In der folgenden Abbildung 7-1 finden wir die bereits erwähnte Unterteilung in »Präsentationsebene«, »Auszeichnungssprache«, »Semantik« sowie »Metasprache« wieder:

XML ist wie SGML eine Metasprache

- Die *Metasprache* wird verwendet, um *alle* XML- bzw. SGML-Dokumententypen einheitlich zu definieren. Die Syntax und Semantik der Metasprache selbst wird also nur einmal festgelegt und in allen XML-Werkzeugen einheitlich verarbeitet. Die Ebene der Metasprache ist im Dokument selbst nur indirekt über eine Referenz auf die Dokumententypdefinition erkennbar. Dabei können beliebig viele Dokumente auf dieselbe DTD verweisen.
- Die Ebene der *Auszeichnungssprache* korrespondiert z.B. mit der speziellen Sprache »HTML«. Hier wurde anhand der DTD eine Sprache definiert, gegen die die Syntax einzelner Dokumente überprüft werden kann. Mit XML als Metasprache definieren wir folglich beliebig viele Auszeichnungssprachen, in denen wiederum beliebig viele Dokumente vorliegen können.
- Weder aus der Auszeichnungssprache noch aus XML können wir Informationen über die *Bedeutung* von Dokumenten gewinnen. D.h., ob es sich um eine Pressemitteilung handelt oder um eine private Homepage, ob ein Element numerisch ist oder ein String, ob ein Dokument zu beantworten ist oder Teile davon als Signatur zu interpretieren sind – all dies kann XML nicht festlegen und die Auszeichnungssprache auch nur strukturieren. Die Bedeutung des Dokuments muss heute größtenteils zwischen Menschen vereinbart werden und als Standard möglichst präzise verschriftlicht werden.
- Schließlich ist die *Visualisierung*, wenn gewünscht, eine weitere Ebene, die weder von der Metasprache noch von der Auszeichnungssprache noch von der Dokumentation der Bedeutung festgelegt wird. Eine Tabelle kann schließlich als HTML-Tabelle oder als Chart visualisiert werden, ein numerischer Wert als String oder als

Farbkodierung, ein Vertrag als Hypertext-Dokument oder als PDF oder als Courier-Text etc.

XML vs. HTML =
Äpfel vs. Birnen!

Einigen ist es sicherlich schon aufgefallen, wir vergleichen hier Äpfel mit Birnen! Wir haben zwei Äpfel (XML und SGML) und eine Birne: Während die ersten Metasprachen sind und folglich keine Chance haben, sich auf die Ebene der Präsentation, Semantik und Auszeichnungssprache herabzulassen, ist die Birne ein »Rundum-Sorglos-Standard«, d.h., es wurden alle vier Ebenen in einem Guss vereinbart und dokumentiert. HTML schreibt schließlich vor, dass <BODY> innerhalb von <HTML> zu erscheinen hat, dass BGCOLOR einen Binärwert bis zu 2^{24} besitzt, dass Überschriften der Sorte <H1> 20-Punkt-Schrift des Typs »Times« besitzen etc. Dennoch zeigt die Abbildung 7-1 recht gut, wo sich die jeweiligen Baustellen der Standards befinden: Für HTML ist es besonders schwierig, Spracherweiterungen zu definieren, da es nicht über die erforderliche Metasprache verfügt, während es im XML-Umfeld einiges an Aufwand bedeutet, die gegenüber HTML vernachlässigte Visualisierung durch die Hintertür (d.h. durch eigene XML-Sprachstandards) wieder einzuführen.

Abb. 7–1
Vergleich von SGML,
HTML und XML

	HTML	XML	SGML
Präsentations-ebene	standardisiert	offen	offen
Semantik	standardisiert	offen	offen
Auszeichnungs-sprache	standardisiert	offen	offen
Metasprache	nicht vorhanden	standardisiert	erweiterbar

XML – drei Schritte
zurück und wieder vor

Vom Ausgangspunkt HTML gehen wir also tatsächlich drei Schritte zurück (keine Visualisierung, keine Semantik, keine HTML-Syntax), werden damit einige Stufen allgemeiner, gehen dann jeweils wieder einen Schritt nach vorne, indem wir die Visualisierung von Dokumenten in XML ausdrücken (siehe XSLT weiter hinten), die Bedeutung von Datenelementen weiter präzisieren (siehe XML-Schema weiter hinten) sowie HTML gegenüber SGML jetzt in XML redefinieren (siehe XHTML noch weiter hinten). Wenn alle Schritte gleich groß waren, sind wir in der Summe wieder an der gleichen Stelle – was ist also gewonnen??? Der Gewinn liegt in der größeren Allgemeinheit unserer Werkzeuge: Wie gewohnt, werden wir auch jetzt wieder unseren Browser starten und durch das Web surfen, idealerweise sollte sich nichts geändert haben. Bis auf die Tatsache, dass unser Browser kein Web-Browser mehr ist, sondern ein Multidokumententyp-Visualisierungssystem. Während zuvor eine 1:1-Synchronisation zwischen dem HTML-Standard des W3C und einer passenden Browser-Implementierung erforderlich war, reicht jetzt unser Super-Browser, in dem er ad hoc mit der erforderlichen Information parametrisiert wird (diese Argumentation kann beliebig auf andere Anwendungsbereiche übertragen werden: EDI, Publikationssysteme etc.).

7.1 XML – technisch gesehen

Wie bereits erwähnt, spielt sich das Leben einer Website immer weniger auf der Präsentationsebene ab. Stattdessen stehen Fragen der Datenbankanbindung und der redaktionellen Unterstützung und Integration in das Unternehmen im Vordergrund. Die Problemstellung lässt sich dabei wie folgt zusammenfassen: Gefragt ist die Einfachheit von HTML mit der Mächtigkeit von SGML, jedoch ohne die Einschränkung der Ersten und die Komplexität der Letzteren.

XML (eXtensible Markup Language) kann hier als Kompromiss verstanden werden. Es ist eine Untermenge von SGML, insbesondere blieb die Möglichkeit der Syntaxdefinition in Form von DTDs erhalten. Es kann – von HTML ausgehend – als Verallgemeinerung aufgefasst werden, da – wie bei SGML – z.B. den ausgezeichneten Elementen eines Dokuments keine Visualisierung vorgeschrieben wird. Gleichzeitig entsteht durch diese Lücke gegenüber HTML der Bedarf nach einem DSSSL entsprechenden Co-Standard zu XML. Dieser Standard existiert unter dem Namen *XSL* (eXtensible Stylesheet Language). Ebenso wie beim DSSSL wird die Visualisierung von XML-Dokumenten über Regeln festgelegt. XSL ist gegenüber DSSSL hinsichtlich ihrer Mächtigkeit ein wenig reduziert, mit dem Vorteil, dass es leichter implementierbar und im WWW schneller einsetzbar ist. Die Skriptsprache basiert auf ECMAScript, der standardisierten Form von Netscapes JavaScript.

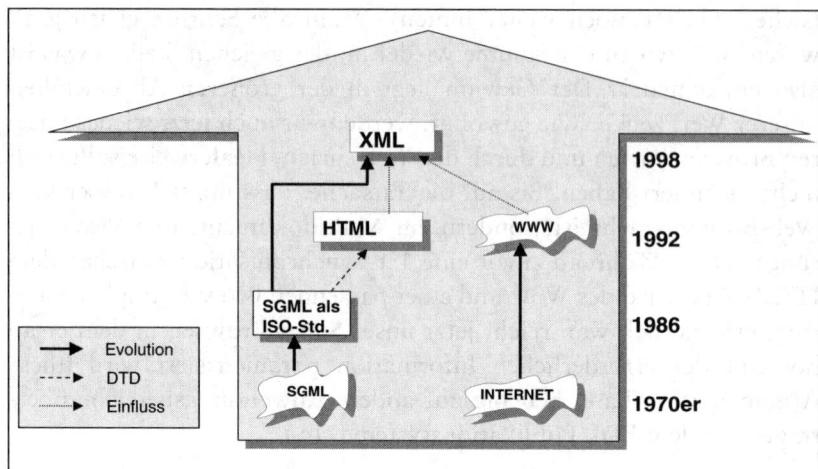

Die Standardisierung von XML und XSL spiegelt den Status quo im Bereich der Auszeichnungssprachen wieder. Etliche Hersteller bieten inzwischen Redaktionswerkzeuge und Datenbanken (z.B. Tamino von der Software AG, Poets Content Management Suite, Oracles Internet File System), Programmierbibliotheken (z.B. DOM, SAX, JAXP), Import/Export-Bibliotheken und sonstige Werkzeuge für XML an. XML wird heute bereits von fast jedem Softwareanbieter unterstützt. Gleichzeitig findet sich eine Vielzahl von Projekten bei Anwendern, die XML nicht mehr nur in Verbindung mit dem WWW einsetzen, sondern für den internen Datenaustausch *im* und zunehmend auch *zwischen* Unternehmen. Genau an dieser Stelle befinden wir uns also wieder auf dem Weg zurück zum Ausgangspunkt des Themas »Datenaustausch beim Electronic Commerce«: dem EDI. Auch bei XML ist die Anzahl solcher Standardisierungsaktivitäten kaum mehr zu überschauen:

▨ Profilinformationen für Benutzer werden so standardisiert, dass sie zwischen Anbietern austauschbar sind und – quasi im »Kollektiv« – vollständigere Information aus diesen Daten ermittelt werden kann (Open Profiling Standard, P3P, CPExchange, vgl. Kapitel 13.5).

▨ Bibliotheken nutzen XML-Erweiterungen zur Klassifikation von Literatur und allen über das WWW zugänglich gemachten Informationsressourcen. Im Rahmen des *Dublin-Core*-Standards wurden dabei Attribute festgelegt, mit deren Hilfe sich Literaturdokumente katalogisieren lassen. Ähnlich P3P wurde auch hier das Resource Description Framework (RDF) zur Repräsentation solcher Metainformation verwendet.

▨ Innerhalb des Web-Konsortiums (W3C) wird ein Standard definiert, welcher erlaubt, eine Qualitätsbewertung von Websites und HTML-Seiten in einheitlicher Form vorzunehmen – also eine XML-basierte Neuauflage von PICS.

▨ Schließlich ist die Integration von XML und EDI zu nennen, die zurzeit das größte Standardisierungspotenzial für den B2B-Bereich birgt. Hierbei ist die Abbildung von EDI-Nachrichtentypen auf DTDs sicherlich der einfachere Teil der Aufgabe. Der lukrativere liegt jedoch in der Entschlackung von EDI durch Nutzung preiswerter und flexibel konfigurierbarer XML-Werkzeuge. Dabei ist zu erwarten, dass gegenüber EDI langfristig die finanzielle Eintrittsschwelle zur Nutzung und zur Anpassung zwischen Unternehmen gesenkt wird. In Verbindung mit einer weiteren Standardisierung von Austauschprozessen für Geschäftsdokumente (vgl. z.B. xCBL – Common Business Language, ebXML – Electronic Business XML, OFX – Open Financial Exchange oder das OTP – Open Trading Protocol) könnte sich im internationalen Handel genau das vollziehen, was bisher im WWW bzgl. der Informationssuche stark optimiert wurde: eine weitere Annäherung an den Zustand der vollständigen Markttransparenz. Damit kann XML und seine Verwendung beim elektronischen Datenaustausch als ein Mittel zur weiteren Annäherung an das ökonomische Modell des vollständigen Konkurrenzgleichgewichts aufgefasst werden. Dass dies in der praktischen Umsetzung dennoch etliche Probleme bereitet, wird im B2B-Teil genauer erläutert.

Der Aufbau von XML-Dokumenten

Ganz ähnlich zu Dokumenteninstanzen bei SGML setzt sich ein XML-Dokument aus Elementen zusammen, die ihrerseits Subelemente und Attribute enthalten können. Die Syntax eines Dokuments, d.h. in welcher Form Elemente unterschiedlichen Typs verschachtelt und welche Attribute einem Elementtyp zugewiesen werden können, ist in der DTD festgelegt. Die DTD selbst kann Teil des XML-Dokuments sein oder von diesem extern referenziert werden.

Dokumenteninstanzen...

Elemente können einen Inhalt besitzen (d.h. untergeordnete Elemente oder Fließtext) und/oder Attribute. Es ist eine Entscheidung des DTD-Designers, ob gewisse Information in Elementen oder in Attributen abgelegt wird. Als Beispiel für diese Alternativen dienen die folgenden Variationen einer Adressinformation:

```
...
<Adresse>
    <Strasse> ABC-Strasse 61 </Strasse>
    <PLZ>20144</PLZ>
    <Ort>Hamburg</Ort>
</Adresse>
<Naechstes-element> ...
```

und:

```
...
<Adresse  strasse="ABC-Strasse 61" plz="20144" ort="Hamburg"/>
<Naechstes-element> ...
```

... und ihre Dokumententyp- definitionen

Im zweiten Fall haben wir es mit einem leeren Element vom Typ »Adresse« zu tun. Es enthält weder untergeordneten Text noch weitere Elemente. Aus diesem Grunde reicht eine Marke <Adresse ...>, die mit »/>« abgeschlossen wird, um diesen Sachverhalt zu kennzeichnen. Die korrespondierenden DTDs der beiden Beispiele würden folgendermaßen aussehen:

```
<!DOCTYPE Blabla [
...

<!ELEMENT Adresse  (Strasse, PLZ, Ort) >
<!ELEMENT Strasse  (#PCDATA) >
<!ELEMENT PLZ      (#PCDATA) >
<!ELEMENT Ort      (#PCDATA) >
...

]>
```

und:

```
<!DOCTYPE Blabla [
...

<!ELEMENT Adresse  EMPTY >
<!ATTLIST Adresse  id       ID     #REQUIRED
                   strasse  CDATA  #REQUIRED
                   plz      CDATA  #REQUIRED
                   ort      CDATA  #REQUIRED >
...

]>
```

Am Beispiel der DTDs ist zu erkennen, dass im ersten Fall eine Liste *Strasse, PLZ, Ort* als Inhalt des Elements *Adresse* vorliegt, während diese Daten im zweiten als Attribute des Elements definiert werden.

Dabei lassen sich zu den Adressfeldern zusätzliche Metainformationen hinzufügen, wenn sie als Attribute deklariert werden. Das Attribut »id« im zweiten Beispiel ist ein Standardattribut, welches automatisch dem betreffenden Element (hier vom Typ »Adresse«) eine eindeutige ID zuweist.

Wohlgeformte XML-Dokumente

Ein XML-Dokument heißt *wohlgeformt* (engl. *well-formed*), wenn folgende vier Regeln erfüllt werden:

- Alle Elemente, die einen Inhalt besitzen, müssen sowohl ein Start-Tag als auch ein End-Tag haben.
- Alle Attributwerte müssen in Anführungszeichen stehen.
- Jedes leere Element (z.B. <IMG>) muss entweder mit »/>« enden oder man muss ein reguläres Ende-Tag verwenden (z.B. <IMG></IMG>).
- Elemente müssen ohne Überlappung geschachtelt werden.

Um wohlgeformt zu sein, ist für eine XML-Instanz keine DTD erforderlich.

Wohlgeformte Dokumente erfordern keine DTD

Beispiel:

```
<?XML Version = "1.0"  ?>
<Gespraech sprache="Deutsch">
        <Gruss> Hallo </Gruss>
        <Antwort> Gleichfalls </Antwort>
</Gespraech>
```

Gültige XML-Dokumente

Ein XML-Dokument wird darüber hinaus als *gültig* (engl. *valid*) bezeichnet, wenn es sich an die in der DTD formulierten Beschränkungen hält.

```
<!ELEMENT Gespraech (Gruss, Antwort)>
<!ATTLIST Gespraech sprache CDATA #IMPLIED>
<!ELEMENT Gruss (#PCDATA)>
<!ELEMENT Antwort (#PCDATA)>
```

Ein Parser, der gültige Dokumente gegen ihre DTD validiert, wird entsprechend *validierender Parser* genannt. Beim Zugriff auf ein gültiges XML-Dokument muss daher für den Parser bekannt sein, wo sich die DTD befindet. Hier gibt es vier Möglichkeiten:

Validierende Parser

- Die DTD befindet sich im Dokument selbst. Dieser Fall ist der einfachste. Hier ist die Gefahr gering, dass die XML-Instanz und die DTD entkoppelt oder inkonsistent werden. Allerdings ist diese Variante bei einer hohen Anzahl von Dokumenten sehr redundant, da immer wieder eine Kopie der gleichen DTD verwendet wird.

▓ Die DTD befindet sich lokal auf dem Rechner. Sie befindet sich als separate Datei außerhalb der XML-Instanz. Eine spezielle Instruktion in der XML-Instanz verweist auf die DTD-Datei:

```
<!DOCTYPE Gespraech SYSTEM "gespraech.dtd" >
```

▓ Die DTD wird vom Netz geladen. Hierbei besteht die Gefahr, dass aufgrund eines Netzwerkfehlers kein Zugriff mehr auf die Datei möglich ist. Andererseits ist diese Variante auch die bei weitem flexibelste, da hier jeder, der einen Web-Server betreibt, »seine« DTD veröffentlichen kann. Es reicht also völlig aus, zu jedem Standard oder allgemein zu jeder DTD, die weltweit existiert, nur eine »offizielle« Datei über das Web verfügbar zu machen.

```
<!DOCTYPE gespraech SYSTEM "http://www.merz.com/dtds/
gespraech.dtd">
```

▓ Die DTD ist im Browser integriert. Für allgemein gültige Standard-DTDs wie zum Beispiel XHTML (eine in XML/XSL definierte DTD bzw. Stylesheet, das HTML-Dokumente interpretieren und darstellen kann) ist eine feste Integration in den lokalen Browser sinnvoll.

Inhaltsmodelle

Dass XML aus dem Bereich der Dokumentenverwaltung stammt, ist erkennbar an dem Begriff des »Inhaltsmodells« (engl. *Content Model*), das für jedes Element in der DTD definiert ist. Es legt fest, ob Subelemente oder Text einem betrachteten Element gemäß DTD-Vorschrift untergeordnet werden dürfen. Es lassen sich dabei die folgenden Inhaltsmodelle unterscheiden:

1. *Text*. Hier ist Text als Inhalt des Elements erlaubt, dabei darf dieser Text auch weitere Marken enthalten, die jedoch eine wohlgeformte Substruktur ergeben müssen. Ein Beispiel ist <Nachname>Merz</Nachname>. In der DTD würde das Inhaltsmodell folgendermaßen definiert werden: <!ELEMENT Nachname (#PCDATA)>. #PCDATA steht hier für »Parsed Character Data«, d.h., eventuell enthaltene XML-Strukturen werden dabei analysiert.

2. *Nur Elemente*. Hierbei sind ausschließlich die in der DTD als Kinder spezifizierten Elemente zulässig. Dies gilt vor allem auch für deren Reihenfolge. Durch Kennzeichen wie »*«, »+«, »?«, »|«bzw. »,« wird definiert, ob das betreffende Subelement beliebig oft, mindestens einmal, optional, als eine Alternative

bzw. in einer Sequenz auftreten kann. Die Reihenfolge der Interpretation kann darüber hinaus durch Klammerpaare gesteuert werden. Das folgende Beispiel soll dies verdeutlichen: <!ELEMENT Rechnung (Datum, Nummer, Kunde, (Lieferant | Vertrieb), Lieferadresse?, Position+)>. Hierbei müssen die Subelemente – wenn sie verwendet werden – in der genannten Reihenfolge auftreten. Dabei sind »Lieferant« und »Vertrieb« Alternativen, »Lieferadresse« ist optional und »Position« muss mindestens einmal auftreten.

3. *Leer.* Es ist kein Fehler, wenn ein Element vom Typ #PCDATA keinen Inhalt enthält, dann würde es folgendermaßen im Dokument aussehen: <WichtigeMitteilung></WichtigeMitteilung> oder <WichtigeMitteilung/>, dies haben wir im Beispiel oben bereits gesehen. Dass ein Element jedoch auch nur Attribute enthalten darf, kann durch das Inhaltsmodell EMPTY forciert werden. Zwischen der öffnenden und der schließenden Marke *darf* in diesem Fall kein Inhalt stehen, daher wählt man hier immer die verkürzende Schreibweise. Aus <Gewicht Einheit="KG" Wert="82"></Gewicht> wird also: <Gewicht Einheit="KG" Wert="82"/>. Falls vom XML-Parser doch Inhalt gefunden wird, liefert er eine Fehlermeldung, da das Dokument nicht gültig ist.

4. *Mixed.* Hier wird Fließtext à la #PCDATA kombiniert mit zulässigen Subelementen, die in beliebiger Folge auftreten können. Ein »klassisches« Beispiel ist hierbei HTML, bei dem z.B. innerhalb des Elementtyps <Body> alle möglichen Kombinationen aus <b>, <i>, <H1>...<H6>, <Table> u.v.a.m. auftreten können[2]. Da die betreffenden Marken beliebig von Fließtext umschlossen sein können, wird das Inhaltsmodell folgendermaßen definiert: <!ELEMENT Body (#PCDATA, <b>, <i>, <H1>, <H2>, <H3>, <Table>)*>. »Mixed« heißt also, dass nur Text (#PCDATA), nur Subelemente oder auch eine Mischung beider zulässig ist, also z.B.:

```
<Body>Hier beginnt ein Text mit <b>Fettdruck</b> und
<i>Kursivschrift</i> und einer <H1>Überschrift der Ebene
1</H1></Body>
```

5. *Any.* Denken Sie an eine Bestellung, die als Artikelbeschreibung hochkomplexe Produktspezifikationen enthalten kann. Alle denkbaren Ausprägungen sind jedoch für den Designer

---

2. Die Bedeutung der Marken ist in der Reihenfolge ihres Auftretens: Fettdruck (bold), Kursivschrift (italic), Überschrift, Ebene 1 bis 6, Tabelle.

der Bestell-DTD nicht antizipierbar, er möchte sich daher eine Hintertür offenhalten, durch die beliebige Substrukturen in der XML-Instanz eingeführt werden können. Das Inhaltsmodell ANY erlaubt hier das Einbetten von Substrukturen, die zum Zeitpunkt des DTD-Entwurfs noch gar nicht bekannt sind. Beispiel: <!ELEMENT ProduktSpezifikation ANY>.

Anhand der Inhaltsmodelle ist zu erkennen, wie stark dokumentenorientiert XML tatsächlich ist: Wir können beispielsweise keine N:M-Beziehungen definieren, sondern nur Konstruktionsregeln für hierarchische Anordnungen.

Beispiel für einen XML-Editor

Die folgende Abbildung zeigt *XML Instance*, einen Editor für XML-Instanzen, der gegen die DTD validiert und das Einfügen bzw. Modifizieren von Elementen oder Attributen nur entsprechend der DTD erlaubt.

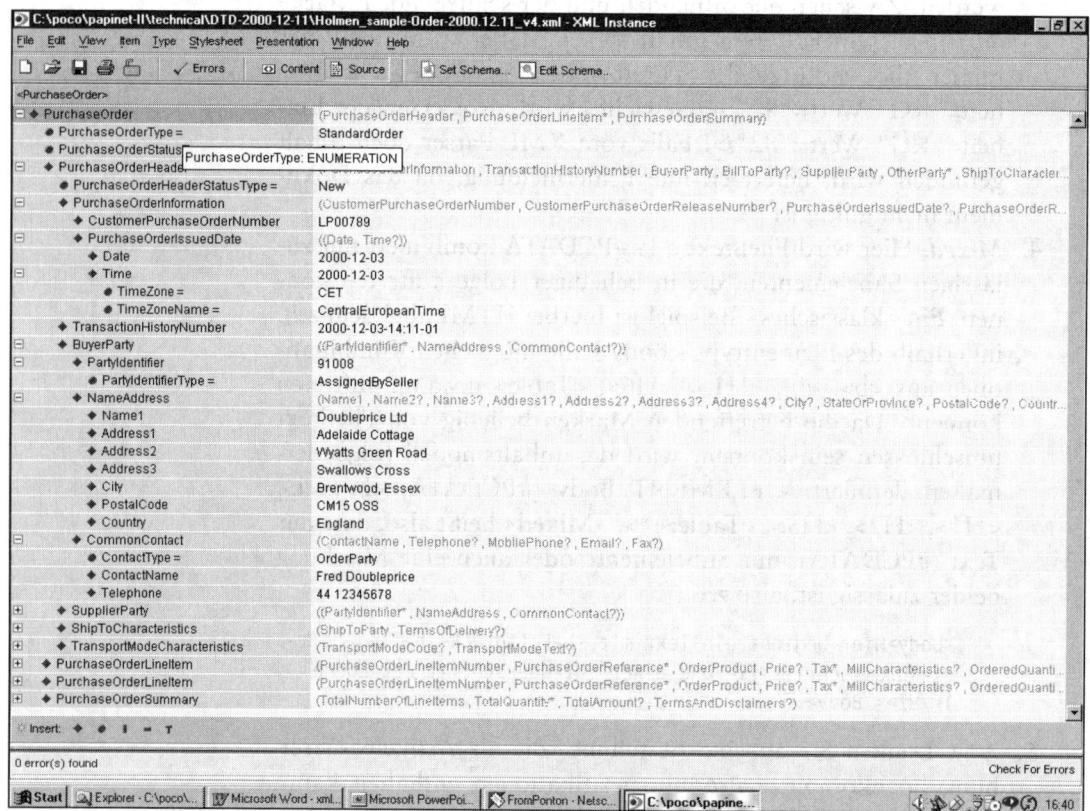

Abb. 7–3

Editieren der Dokumenteninstanz

Das Typsystem von XML

Beim Begriff Typsystem denken wir zunächst an Programmiersprachen wie Java oder C++ und deren Möglichkeiten, aus elementaren Datentypen komplexe, strukturierte Typen zu konstruieren. Diese wiederum werden anschließend im Zusammenhang mit programmiersprachlichen Konstrukten (Objekte) instanziiert. Ähnlich verhält es sich bei der Datenmodellierung für Datenbanken, die es erlaubt, mit Hilfe von Schemadefinitionssprachen beliebig komplexe Datentypen (Schemata) zu konstruieren.

XML hat eigentlich kein Typsystem

Hier ist XML vergleichsweise sehr schwach: Wir sind sowohl bei den elementaren Datentypen als auch bei der Konstruktionsfähigkeit eingeschränkt. Als »normaler« Attributtyp ist lediglich Text (CDATA) zulässig, alle anderen Typen sind XML-spezifisch (identifizierende Attribute für Elemente, Referenzen, Mehrfachreferenzen etc.). Auf numerische Typen oder »Datum« bzw. »Zeit« wird vollständig verzichtet – dies ist ja auch bei der Strukturierung von Flugzeugträger-Wartungsunterlagen nicht erforderlich gewesen (es geht ja bei einer Auszeichnungssprache *nicht* darum, den Elementinhalten Bedeutungen beizumessen).

Attribute

Auch Attribute lassen sich mit Gültigkeitsbeschränkungen versehen, d.h. mit Information über die Art ihrer Verwendung. So muss ein Attribut, das als #REQUIRED gekennzeichnet ist, immer auftreten, während ein #IMPLIED-Attribut optional ist. Man beachte auch die völlig unterschiedliche Kennzeichnung auf Element- und Attributebene – warum #IMPLIED und nicht »?«, wie wir es von Elementen gewohnt sind? Der Aufzählungstyp ist hingegen nur bei Attributen einsetzbar, mit ihm lassen sich zulässige Attributwerte vorgeben, und falls erforderlich, ein Default-Wert festlegen. In diesem Fall muss das Attribut nicht in der Dokumenteninstanz auftreten, da der Default-Wert der DTD entnommen werden kann (siehe »FOB« im Beispiel unten).

Typkennungen sind bei XML inkonsistent

```
<!ATTLIST Rechnung Nummer      ID            #REQUIRED
                   Datum       CDATA         #IMPLIED
                   DocType     CDATA         #FIXED    "INVOICE">
<!ATTLIST Lieferbedingungen
                   Incoterms   (FOB|CIF|other)         "FOB">
```

In Abbildung 7-4 ist die hierarchische Struktur von Bestellungen angezeigt (das verwendete Tool ist »XML Authority« von Tibco/Extensibility). Attribute sind in dieser Darstellung umrandet gezeichnet.

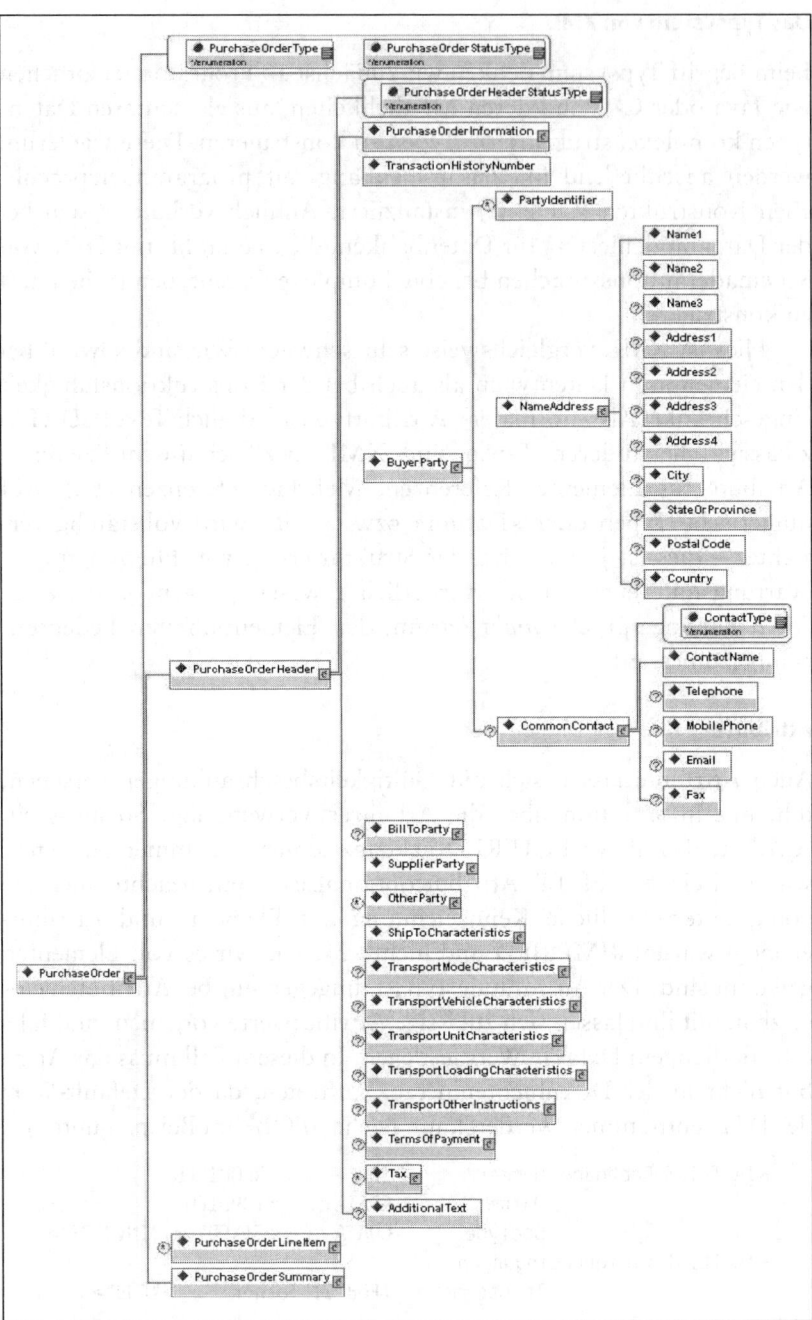

Abb. 7–4
Schema-Diagramm
für Bestellungen

Über das DTD-Typsystem zu reden, bedeutet im Wesentlichen einen Anforderungskatalog zu erstellen, was in Zukunft zu verbessern ist. Neben den bereits erwähnten Unzulänglichkeiten ist es daher sinnvoll, bereits deklarierte Datentypen aus anderen Dateien zu importieren, Unterbereichsbeschränkungen auch für Elementwerte zuzulassen oder das Auftreten von Elementen in Wiederholungsgruppen einzuschränken (um z.B. festzulegen, dass mindestens 4 und maximal 8 Artikel pro Palette zu transportieren sind).

Last not least stellen wir im Zusammenhang mit XML-DTDs fest, dass ein validierender Parser eigentlich Dokumente *zweier* Sprachen verarbeiten muss: Die XML-Syntax ist schließlich eine ganz andere als die der DTD! Im Nachhinein kann man somit feststellen, dass XML durchaus als Schnellschuss bezeichnet werden kann, der zwar nicht die Komplexität von SGML besitzt, aber dennoch einen großen Teil ihrer etwas antiquierten Syntax geerbt hat.

XML besteht aus zwei Sprachen

Aus diesem Grunde entstanden bereits seit 1998 erste sog. *Schemasprachen*, die XML-Dokumententypen beschreiben, jedoch selbst als XML-Dokument vorliegen. Zumindest der Parser-Entwickler braucht sich jetzt nur um die Syntax von XML kümmern. Weiter unten wird XML-Schema als die bedeutendste dieser Schemasprachen kurz eingeführt.

Die Rettung: XML-Schema (siehe Abschnitt 7.5.4)

Namensräume bei XML

Überall in der Welt begegnen wir Namensräumen: Wenn Sie mir einen Brief schreiben wollen, so würde »Michael Merz« als Adressat wenig nützen, zuverlässiger wäre es schon »Ponton Consulting«, »Stresemannstr. 163« und »22769 Hamburg« voranzustellen, um zu vermeiden, dass mein Namensvetter Michael Merz an der Uni Ulm den Brief erhält. Gleiches gilt für E-Mail-Adressen, Web-Adressen, die eindeutige Kennzeichnung von Java-Klassen, von Artikelnummern, Büchern etc. Immer wieder wäre nur ein Name entweder nicht eindeutig genug (dann dürfte niemand mehr Michael Merz heißen) oder zu kompliziert (Michael MerzinderStresemannstrasse163in22769HamburgD). Also liegt die Lösung mal wieder im Prinzip »Teile und herrsche«, d.h., es gibt verschiedene Zuständigkeitsbereiche für die Namensvergabe (meine Eltern, die Stadtverwaltung, die Post?, die ISO usw.). Jeder kümmert sich um seinen Teil, hat also lokale Freiheiten (es gibt keinen zweiten Michael unter meinen potenziellen Brüdern) und hat die Namenswahl der anderen zu berücksichtigen. Noch stringenter zeigt sich dies bei Internet-Domänen, wo ICANN, Unternehmen, lokale

Namensräume, Verzeichnisse und Identifikation

Auch beim
Standardisieren gilt:
Divide et impera!

Administratoren und DHCP-Server[3] auf ihrer jeweiligen Ebene für die Namensvergabe zuständig sind.

Warum benötigen wir nun eindeutige Namen bei XML? Weil es keinen »Olymp der Standardisierung« im Sinne des W3C oder z.B. der ISO mehr gibt! Jedenfalls nicht für die Wahl von Elementnamen in XML-Dokumenten. Sie und ich können in Kooperation oder jeder für sich XML-DTDs schreiben und vergeben dafür permanent Namen, die an anderen Stellen dieser Welt genau jetzt auch von jemandem vergeben werden (»Address«, »Name«, »Title«, »PurchaseOrderHeader-StatusText«, ...). In 99,9% aller Fälle werden Dokumente mit diesen Elementen nicht miteinander zu tun haben, aber ausgeschlossen ist dies nicht – XML unterstützt ja gerade das Verzahnen von Dokumenten. Mein Lieblingsbeispiel ist das Element <Titel>:

```
<Buch>
    <Titel>Electronic Commerce</Titel>
    <Autor>
        <NameAdresse>
            <Name>Merz</Name>
            <Vorname>Michael</Vorname>
            <Titel>Dr.</Titel>
        </NameAdresse>
    </Autor>
    ...
</Buch>
```

Es kommt oft auf den
Kontext an

An zwei Stellen treffen wir auf das Element <Titel>, jedoch mit ganz unterschiedlichen Bedeutungen. Diese Konstruktion kann sich z.B. daraus ergeben haben, dass wir die Substruktur <Autor>...</Autor> in das Dokument mit dem Element <Buch> eingefügt haben. Dieses Verzahnen macht gerade den Reiz von XML aus – wir können Bestellungen mit Produktbeschreibungen kombinieren, Kataloge mit redaktionellen Inhalten wie z.B. Bilder, HTML-Text mit Formelsatz usw. Bei jeder Vermischung müssen wir darauf achten, dass Elementtypen »ihrer« DTD richtig zugeordnet werden können (Michael aus Hamburg, Michael aus Ulm).

Wenn diese unterschiedlichen <Titel>-Elemente von einem XML-Prozessor geladen werden, wird er intern eine Liste von Elementtypdefinitionen verwalten. Sobald aus einer DTD (bzw. Schemadefinition) eine Definition für ein Element geladen wird, dessen Name bereits eine vorherige Definition verwendet, wird deren Definition überschrieben. Um dies zu verhindern, kann ein XML-Autor verwendete Elemente

---

3. Distributed Host Configuration Protocol. Es weist dem einzelnen Rechner beim Anmelden im Netz eine temporäre IP-Adresse zu.

durch Namenszusätze so qualifizieren, dass Elementnamen eindeutig zugeordnet werden können. Dazu als Beispiel:

```
...
<book:Buch
   xmlns:book="http://www.w3.org/books/">
   xmlns:addr="http://www.iso.org/address/">
      <book:Titel>Electronic Commerce</book:Titel>
      <book:Autor>
         <book:NameAdresse>
         <address:Name>Merz</address:Name>
         <address:Vorname>Michael</address:Vorname>
         <address:Titel>Dr.</address:Titel>
      <book:NameAdresse>
      ...
   </book:Autor>
   ...
</book:Buch>
```

Hierbei werden Elemente, die nach der Syntax eines XML-Standards *address* organisiert sind, in ein anderes Element vom Typ *book:Autor* eingebettet, dessen Schema von einer anderen Organisation festgelegt wurde. Weiter unten lernen wir XSL – die eXtensible Stylesheet Language – kennen, bei der zu jedem Elementtyp eine individuelle Regel zur Darstellung des Inhalts definiert werden kann. Ein Stylesheet-Prozessor würde reichlich wirres Zeug produzieren, wenn er an beliebigen Stellen Elemente mit gleichen Namen, aber unterschiedlichen Bedeutungen verarbeiten würde (das Prinzip lautet: »Garbage in, Garbage out« ;-).

Also, liebe Standardisierer unter den Lesern, vergessen Sie nicht, Ihren DTDs eine Namensraum-Deklaration zuzuordnen, so dass andere Benutzer Ihre Dokumente problemlos einbetten können. Das Standarddokument zum Thema »XML Name Spaces« kann man unter (*www.w3.org/TR/REC-xml-names*) finden.

Namensraum-Deklaration nicht vergessen!

Ein ganz wichtiger Punkt ist dabei die Unterscheidung von Namensräumen und DTDs: Wenn auch die Verwendung von URIs suggeriert, dass es sich hierbei um Web-Adressen handelt, von denen irgendetwas heruntergeladen werden kann, so ist dies ein falscher Schluss. So wie es eindeutige Top-Level-Domänen im Internet gibt (.com, .de, .tv, ...), so stellt das Namensraum-Präfix lediglich einen global eindeutigen String dar, um im zweiten Schritt alle Elementnamen einer DTD ebenfalls global eindeutig zu benennen. Der in der URI verwendete Domänen- und Dokumentname dient lediglich der globalen Eindeutigkeit und mehr nicht. Stellen Sie sich vor, Sie wollten eine DTD definieren, deren Elementnamen keiner außer Ihnen verwenden

Namensräume sind keine URIs

Namensraum-Deklarationen sind keine DTDs

würde, wenn er die gleiche Konvention einhält. Dann wählen Sie einfach die Organisation, in der Sie tätig sind, als Namenspräfix. Falls Ihre Organisation z.B. IBM oder W3C lautet, ist es leicht möglich, dass noch viele hundert andere DTDs in Ihrem Hause definiert werden, Sie sollten sich also ein Subschema für die weitere Unterscheidung dieser und generell aller folgenden DTDs einfallen lassen. Die Struktur dieses Schemas ist jedoch Ihnen selbst überlassen (denken Sie an die Stadtverwaltung bei der Benennung von Hausnummern innerhalb der »Stresemannstraße«, die einen machen's abwechselnd links und rechts, die anderen umlaufend). Lange Rede – kurzer Sinn, die Verwendung von URIs ist ein erprobtes Mittel zur Schaffung von UUID (universally unique IDs), wenn Sie wollen, können Sie also auch noch einen Zeitstempel in Millisekunden anhängen sowie die IP-Adresse ihres PCs, dann ist die URI wasserdicht.

Noch einmal: Obwohl Namensraum-Deklarationen suggerieren, dass wir es hier mit Verweisen auf mehrere DTDs zu tun haben, ist die nicht der Fall! Dies wäre jedoch wunderschön, da wir nicht nur XML-Dokumente auf Instanzebene verzahnen könnten (siehe Beispiel oben), sondern auch auf Dokumententypebene. Stellen Sie sich vor, Sie könnten innerhalb von <NameAdresse> eine nur lokal gültige DTD anwenden. Dies wäre großartig, mein Lieblingsbeispiel ist immer die Bestellung, deren Bestell-DTD sich nicht auf die Definition einzelner Artikel erstreckt (ansonsten müssten alle Artikeltypen dieser Welt in der Bestell-DTD vorweggenommen werden und jede Erweiterung würde horrenden Änderungsaufwand verursachen). Stattdessen könnte jeder Artikel (Zahnpasta, Rollenoffset-Papier, eine Transportdienstleistung per Schiff) seine individuelle DTD in seinem Wurzelelement tragen. Ein entsprechend sensitiver Partner könnte diese DTD »on the fly« laden und alles, was an Produktdaten eingebettet ist, validieren, ohne dass die Bestell-DTD jemals etwas davon spüren würde. Aber dies sind nur Träume und ein wenig Ärger, dass XML im Sinne der 20/80-Regel (und nicht 22/81) festgelegt wurde. Es gibt halt nur eine DTD je Dokument und damit basta! Für alle jetzt noch Traurigen findet sich der Trost bei XML-Schema weiter unten ...

XML-Entities

Entities sind Textersetzungen

Bisher haben wir uns nur mit logischen Strukturen eines XML-Dokuments beschäftigt, also Elementen und Attributen. Davon werden »physikalische« Bestandteile des Dokuments unterschieden, die sich auf rein textueller Ebene finden – die *Entities*.

Entities sind Textersetzungen, die sich auf einzelne Zeichen (z.B. Sonderzeichen wie Umlaute oder das Euro-Symbol), Textabschnitte innerhalb eines Dokuments oder dokumentenweite Einbettungen beziehen. Entities werden im XML-Dokument im Rahmen einer Entity-Deklaration definiert und an anderer Stelle (bei der Entity-Referenz) eingesetzt.

An dieser Stelle nur zwei kurze Beispiele zur Erläuterung: Im ersten Beispiel befinden wir uns in der Datei »PurchaseOrder.dtd«, die den Dokumententyp einer Bestellung definiert. In dieser Datei selbst werden jedoch nur wenige, Order-spezifische Elemente definiert, die meisten (ca. 90%) sind in die gemeinsam mit anderen Dokumententypdefinitionen genutzte Datei »papinet-common-definitions.dtd« ausgelagert. Der Inhalt dieser Datei wird in der ersten Zeile des Beispiels komplett als Inhalt der Entity namens »papinet-common-definitions« festgelegt. An jeder Stelle, an der diese Entity referenziert wird, erfolgt die Einsetzung des Textes.

Entity-Deklaration und -Referenz

Diese Nutzung von Entities ermöglicht in der Praxis die zentrale Zusammenfassung gemeinsam genutzter Elemente in einer DTD-Datei (diese Elemente nennt man daher auch *Reusables*, da sie nicht nur von der PurchaseOrder-Definition, sondern ebenfalls von einer Reihe anderer benutzt werden).

```
<!ENTITY %  papinet-common-definitions
     SYSTEM "papinet-common-definitions.dtd">
%papinet-common-definitions;

<!ELEMENT PurchaseOrder   (PurchaseOrderHeader ,
                           PurchaseOrderLineItem+ ,
                           Summary )>

<!ELEMENT Header   (PurchaseOrderType ,
                    PurchaseOrderInformation ,
                    BuyerParty , BillToParty? ,
                    SupplierParty , OtherParty* ,
                    ShipToCharacteristics ,
                    TransportModeCharacteristics ,
                    TransportVehicleCharacteristics ,
                    TransportUnitCharacteristics ,
                    TransportLoadingCharacteristics ,
                    TransportOtherInstructions ,
                    TermsOfPayment? , Tax* )>
...
```

Nur lokal im selben Dokument erfolgt eine textuelle Ersetzung der folgenden Form:

```
<!ENTITY % refTypes "CustomerID | SupplierID | VATNumber">
...

<!ELEMENT   Customer (...)>
<!ATTRIBUTE Customer Reference (%refTypes;) #REQUIRED)
... >

<!ELEMENT   Supplier (...)>
<!ATTRIBUTE Supplier Reference (%refTypes;) #REQUIRED)
... >
```

Die Auswahlliste »CustomerID | SupplierID | VATNumber« braucht nicht bei jeder Definition von Parteien wie Kunde, Lieferant, Rechnungsempfänger etc. immer wieder neu definiert werden, sondern wird, wie im Beispiel, einmal als Textkonstante am Anfang des Dokuments festgelegt und später immer an mehreren Stellen eingesetzt.

7.2   Vorteile von XML

Wenn XML nicht von grundlegender Bedeutung für das E-Business wäre, hätte ich diesen Teil sicherlich nicht für die aktuelle Auflage des Buches so sehr erweitert. Bevor wir uns jedoch weiteren Standards der XML-Familie und ihren Anwendungen zuwenden, sollten jedoch die Vor- und Nachteile von XML noch einmal gegenübergestellt werden.

- XML *vereinheitlicht die Repräsentation von Dokumenten*. Dies ist sicherlich DER Hauptvorteil von XML: Alle Dokumente basieren auf der gleichen Syntax für Marken. Damit kann jedes allgemeine XML-Werkzeug automatisch jedes XML-Dokument für seinen Zweck verarbeiten (Parser, Visualisierungs-Tools, Editoren). XML hat sich daher mit ein wenig Hilfe durch den allgemeinen Internet-Hype in nur zwei Jahren als Standardformat durchgesetzt. Jeder, der heute Formate für strukturierte Dokumente (neu) entwickelt, macht dies auf der Basis von XML.
- XML ist *verständlich für den Leser*. Hiermit ist der Anwender gemeint, der versucht, aus einem vorliegenden XML-Dokument schlau zu werden. Im Gegensatz zu Flat-File- oder EDIFACT-Dokumenten lässt sich dank sprechender Bezeichner leicht nachvollziehen, worum es sich beim Dokument und bei den Substrukturen handelt. Die Lesbarkeit ist ein nicht zu vernachlässigender Faktor bei der Diskussion von Dokumententypen mit den Anwendern. Es war beim papiNet-Projekt (siehe Kapitel 16.3) von immensem

Vorteil, dass Anwender, die erst im Projekt zum ersten Mal mit XML in Berührung kamen, sich dank DTD-Editoren wie XML Authority in kürzester Zeit den Umgang mit XML aneignen konnten.

- XML *erlaubt das Verzahnen von Dokumenten*. Dies ist das »X« in XML. Obwohl wir gemäß einer DTD ein Dokument definiert haben, können wir Hintertüren formulieren, die eine spätere Erweiterung zulassen. Ein Beispiel ist das Einbetten von Adress-Substrukturen in die Buch-DTD aus dem oben genannten Beispiel. Die Vision des XML-Propheten liegt folglich in einem Web höherer Qualität, bei dem alle Informationsressourcen in XML repräsentiert sind und durch Referenzen oder Einbettungen so miteinander verzahnt sind, dass sie das Weltwissen als geschlossenes Ganzes repräsentieren, aber gleichzeitig gültig gegenüber ihren jeweiligen DTDs bleiben. Heute sind wir bereits froh, wenn wir in einem Content-Management-System strukturierte Inhalte (aus der Datenbank) und unstrukturierte (redaktionelle) verzahnen können – und dies auch nur im eigenen Hause. Das Verzahnen des Weltwissens wird noch ein paar Tage dauern, aber Tim Berners-Lee und sein Team arbeiten dran!

- XML *fördert die Automatisierung der Dokumentenverarbeitung*. Wenn dank DTDs und Schemasprachen ein erheblicher Teil der Dokumentenvalidierung durch den Parser oder systemnahe Anwendungen geleistet werden kann, dann entlastet dies den Programmierer, der sich in der Praxis bereits seit zehn Jahren mit dem Anpassen und immer wieder Validieren von Flat-File- und EDI-Dokumenten beschäftigen musste.

- XML *ist einfach*. Ich hoffe, ich kann XML im Wesentlichen auf den Seiten dieses Kapitels so weit erklären, dass Sie in der Lage sind, mit einem ersten Dokumentenentwurf loszulegen. Die Gefahr besteht bei XML allerdings auch nicht im Missverstehen seiner Bausteine, sondern darin, den Überblick im Dschungel der Standards, Pseudo-Standards und Marketing-Hypes zu behalten. NB: Zu einfach darf dies natürlich nicht sein, sonst hätte ich ja keine Teilnehmer in meinen XML-Seminaren mehr ;-).

- XML-Tools *sind preiswert und allgemein verfügbar*. Diese Aussage gilt vor allem gegenüber den Anbietern von EDI-Werkzeugen. Zumindest Parser, Editoren, XSL-Prozessoren und -Design-Tools, Datenbank-Integrationswerkzeuge etc. sind im Preisbereich zwischen 0 und 200 Euro zu bekommen (schauen Sie mal nach unter *www.xml.org*, *www.xmlsoftware.com*). Von hoher Qualität und wachsender Breite sind Open-Source-Entwicklungen um Apache aber auch seitens der Hersteller wie Sun, IBM, Oracle und Microsoft. Zu unterscheiden ist allerdings zwischen Tools (Adressaten: Softwareentwickler) und Anwendungen (Adressaten: Anwender ;-): Letztere stehen preislich der »Alten Welt« nichts nach (siehe Lizenzpreise von Commerce One, Ariba, Excelon etc.). Hier liegen wir ohne weiteres bei 100.000 —1 Mio. Euro.

- XML *besitzt eine weltweit aktive Entwickler-Community.* Wie häufig bei Open-Source-Communities ist die Entwicklung im XML-Umfeld schlichtweg rasant. Mit jedem Quartal wächst die Anzahl und Qualität der Tools, und die Anzahl der XML-Verständigen wächst überproportional (je Qualitätsverbesserung am Tool ver-X-facht sich die Zahl der Personen, die damit kompetent umgehen können).

- XML *ist redundant.* Redundanz ist von Vorteil bei XML: Neben dem Dokumenteninhalt als »Nutzlast« befinden sich Marken, die Elemente begrenzen, Strukturen und Wiederholungen ausdrücken und über diese Wohlgeformtheit hinaus über die DTD das Dokument validierbar machen. Dies erkauft man sich üblicherweise mit einem Vielfachen an Dokumentenumfang in Kilobytes.

- XML *ist ein effizienter Standard*: »Effizient« heißt mit minimalem Aufwand maximalen Nutzen bieten, also gemäß der 80:20-Regel mit 30 Seiten Standarddokument eine Vielzahl Entwickler und Dokumenten-Architekten befähigen, beliebige, jedoch immer miteinander verzahnbare Dokumente zu definieren. Ein vergleichsweise schlechter Standard ist beispielsweise SGML (500 Seiten, bis auf wenige »Gurus« gibt es kaum Verständige).

- XML *ist ein unabhängiger Standard.* Das W3C ist der Treiber im technischen Bereich der XML-Entwicklung, gleichzeitig sitzen jedoch relevante Spieler wie Microsoft und IBM mit am Tisch, so dass als Ergebnis häufig ein Standard im Konsens herauskommt. Darüber hinaus erfolgt die Standardisierung dezentral, indem eine große Zahl an Beteiligten branchen- oder fachspezifische Dokumententypen definiert.

7.3   Nachteile von XML

- XML *war lange Zeit »overhyped«.* Was dem einen zu Vorteil gereicht, führt bei dem anderen rasch zu Enttäuschungen: Von XML wird häufig zu viel erwartet. Eigentlich beginnt eine Softwareentwicklung nicht mit XML, sondert endet mit ihr, d.h., nachdem Geschäftsprozesse analysiert sind, nachdem eine übergreifende Softwarearchitektur entworfen wurde, nachdem diese in operative Komponenten und Schnittstellen zerlegt wurde und nachdem Datentypen definiert wurden, gilt es *am Schluss,* diese in eine Form zu gießen. Häufig werden heute »XML-Architekturen«, »XML-enabled Enterprise Information Portals« oder »Content-Management-Systeme mit voller Unterstützung von XML« angepriesen. Aber damit ist noch kein Erfolg errungen – denken Sie an die ersten Online-Shops, bei denen eine Bestellung über das Web zunächst ausgedruckt wurde, um anschließend von Mitarbeitern in das Bestellsystem eingegeben zu werden. Dies ist genauso suboptimal wie nach außen XML zu unterstützen und intern wiederum alles in Flat Files oder EDIFACT zu konvertieren, »weil wir dies mit allen Lieferanten so machen«. Grundsätzlich kann XML seine Vorteile nur ausspielen, wenn die darunter liegende Architektur der Unternehmenssoftware entsprechend flexibel ist. Dies wird in der Regel teuer. XML ist somit nur ein Mosaiksteinchen im ganzheitlichen Entwurf einer IT-Strategie.

- XML *ist NUR ein Austauschformat* und keine Anwendungsarchitektur. Nochmals, mit XML definieren wir Datenformate, nicht mehr aber auch nicht weniger als auf der Basis einer einheitlichen Repräsentation von Datenelementen.

- XML *liefert kaum einen Beitrag zur Prozessdefinition und -abwicklung.* Da XML naturgemäß für den Austausch von Daten eingesetzt wird, liegen hier häufig Mitspieler unterschiedlicher Organisationen vor (Content-Producer vs. Portal-Betreiber, Anbieter vs. Kunden beim B2B-Commerce etc.). Da hierbei häufig mehrstufige Geschäftsprozesse abzuwickeln sind, ist eine Formalisierung von Prozessen hilfreich. Dieses erfolgt jedoch weitab von der Ebene der Datenstrukturierung und hat somit bestenfalls indirekt mit XML zu tun – also bitte den ersten Schritt vor dem zweiten tun und erst die Prozesse festlegen.

- XML ist *kein Standard auf Anwendungsebene.* Mit Anwendungsebene ist hier die Domäne gemeint, für die eine konkrete DTD definiert wird, also z.B. Bestellungen, Katalogdaten, Ergebnisse der Literaturrecherche einer Bibliothek. Meistens liegt man daher falsch, wenn man erwartet, dass beim W3C ein Standard für das eigene Spezialgebiet vorliegt, entweder muss man woanders schauen und findet 5-6 proprietäre Vorschläge oder selbst Hand anlegen. XML selbst beschränkt sich als Standard nur auf die Metasprache.

- Die *XML-Standardisierung wird mit zunehmender Anwendungsnähe träger.* Am Anfang war alles leicht – man brauchte keine Rücksicht auf »Legacy« oder Parallelentwicklungen nehmen, sondern konnte auf der »grünen Wiese« bauen. Heute treten zunehmend Probleme auf (siehe diese Liste). Der Standard für elektronische Signaturen zieht sich beispielsweise seit Frühjahr 1999 bis heute (Herbst 2001) hin, obwohl die DTD eigentlich recht übersichtlich ist. Durch das Berücksichtigen von Parallelentwicklungen (kanonisches XML, IETF-Standards, Standards für Zertifikate und Signaturalgorithmen) kommt das Gremium trotz heller Köpfe nur im Schneckentempo voran. Und das Endziel – ein offizieller Standard für Geschäftsdokumente – ist erst recht noch nicht erreicht.

- XML *ist ein Schnellschuss mit allen Vor- und Nachteilen.* Die Nachteile zeigen sich zunehmend (mangelndes Typsystem, zu starke Dokumentenorientierung). Andererseits lässt sich beliebig lange streiten, ob mehr Vollständigkeit oder Präzision zu einem besseren Ergebnis geführt hätten (vielleicht im Jahre 2005), auch hier gilt »Geschwindigkeit vor Präzision«.

- XML *ist langsam.* Man stelle sich vor, eine Bestellung mit 1000 Elementen, also etwa 150 KB, »mal eben« zu verarbeiten, d.h. aus der Datenbank herauszuextrahieren, evtl. zu validieren, zu serialisieren und als signiertes und verschlüsseltes Attachment zu versenden. Am anderen Ende erfolgt die Verarbeitung dann in umgekehrter Richtung. Dieser Prozess hängt stark von der Implementierungsqualität der XML-Tools ab, er kann bis in den Bereich von 10-30 Sekunden dauern. Nun stelle man sich vor, ein Unternehmen wie die Deutsche Post möchte bis zu 150.000 EDI-Transaktionen für Buchungen im Cargo-Bereich pro Stunde verarbeiten, dafür wären dann tausende Rechner im Parallelbetrieb erforderlich :-(! Die (berechtigte) Ausrede der XML-Seite liegt natürlich im Verweis auf alle anderen als die »Global 2000« dieser Welt, die wahrscheinlich weniger als 10.000 EDI-Transaktionen pro Tag zu verarbeiten haben.[4] Um ärgerliche Überraschungen zu vermeiden, muss man jedoch wissen, wo die Grenzen von XML und seinen Implementierungen liegen.

- XML *ist stark durch sein Erbe als dokumentenorientierte Metasprache geprägt.* Wir sprechen vom *Inhalts*modell und weniger vom *Daten*modell. Wir finden in der DTD Typen wie #PCDATA, was bei EDI-Anwendungen nur in den seltensten Fällen erforderlich ist. Wir haben keine Chance, Datentypen von Dokumententypen zu trennen, und diese können auch nur hierarchisch sein – wir denken also bei XML in serialisierten Bäumen, was manchmal den

---

4. Über 99% aller Unternehmen in der EU sind beispielsweise kleine und mittlere Unternehmen mit weniger als 250 Mitarbeitern. Extrem kostspielige, hochperformante EDI-Systeme sind hier unrentabel.

Blick auf die Realität verschleiert (siehe dazu die Diskussion Peer-to-Peer vs. Portal in Kapitel 19.1). Nur durch posthumes Kurieren kann XML von der starken Dokumentenorientierung ein wenig zurückgebogen werden (siehe z.B. unter XML-Schema).

XML *hat ein zu schwaches Typsystem.* Dieses Argument schlägt in die gleiche Kerbe wie das der Dokumentenorientierung. Für das Flugzeugträger-Wartungshandbuch ist es nach Strukturierungsgesichtspunkten unerheblich, ob der Elementinhalt eine Fixpunktzahl mit drei Nachkommastellen ist. Für das Feld »Wechselkurs« in einer Bestellung ist die Nachprüfbarkeit dieses Sachverhalts jedoch eine große Hilfe. XML bringt von Hause aus nur Datentypen wie #PCDATA, CDATA, ID, IDREF, IDREFS etc. mit. Diese sind jedoch bei datenorientierten Anwendungen ziemlich unbedeutend. Erst seit Einführung von XML-Schema als standardisierte Schemasprache hat sich dies geändert.

Die vielen kleinen, ärgerlichen Fehler der Tools (Stand 2001). So geht der Xerces-Parser von Apache manchmal recht lax mit der Reihenfolge von Elementen um, viele XML-Werkzeuge waren lange Zeit nicht in der Lage, Entity-Referenzen aufzulösen, so dass die DTD zwischenzeitlich als »Workaround« dem Tool angepasst werden musste. Gleiches gilt auch für die Konvertersoftware vieler Anbieter von EDI-Lösungen auf der Basis von XML. Natürlich werden diese Fehler mit Erscheinen des Buches behoben sein, aber es schleichen sich immer wieder neue Fehler ein, da die Geschwindigkeit der Standardisierung neuer Dokumententypen und Bausteine mit gleich bleibend hoher Geschwindigkeit weiterläuft.

Einschränkungen von XML

Nicht wirklich Nachteile, sondern Einschränkungen lassen sich ebenfalls zuhauf aufzählen. An dieser Stelle sollen nur zwei genannt werden:

XML *ist nicht objektorientiert.* Schön wär's, wenn wir Vererbungsbeziehungen zwischen Dokumententypen definieren könnten, so wie es bei OO-Sprachen zwischen Klassen geht: »Meine DTD ›RollenpapierBestellung‹ erbt von *www.oasis-open.org/GeneralPurchaseOrder* und bettet auf der Ebene der Bestellzeilen Produktspezifikationen von *www.cepi.org/ReelPaperProductSpec* ein«. Jeder könnte sich auf den Zuständigkeitsbereich beschränken, bei dem er die wertvollsten Beiträge leisten kann und im Extremfall einfach nur einen bestehenden DTD-Typ erben. Geht aber nicht bei XML-DTDs, war bei XML auch nicht vorgesehen. Schade! Hier kann erst mit XML-Schema Abhilfe geschaffen werden.

XML *ist keine Modellierungssprache* (à la UML). Bitte nicht falsch verstehen, es gibt eine Menge Tools (z.B. Rational Rose, TogehterJ oder Poseidon), die auf die eine oder andere Weise mit XML in Verbindung stehen (Modell in XML exportieren, Parameter bzw. Austauschdokumente per DTD definieren). Dennoch besitzt XML nicht die Universalität von Modellierungssprachen.

7.4   XML-basierte technische Standards

Wenn wir von XML sprechen, so meint jeder etwas anderes:

Der *Softwareentwickler* bezieht sich häufig auf das »Datenformat XML«, in dem ausgetauschte Dokumente vorliegen. Diese Sicht konzentriert sich vor allem auf den XML-Basisstandard, wie er seit Februar 1998 als »Recommendation« desW3C vorliegt.

Personen, die mit der *Standardisierung* von Dokumententypen beschäftigt sind, differenzieren in der Regel zwischen XML als Metasprache und der speziellen Auszeichnungssprache, die sie gerade entwickeln.

Vertriebsleute von Softwareprodukten sagen: »Unser Produkt ist XML-kompatibel« – nicht wissend, oder verschweigend, dass es sich hierbei meistens um *irgendeinen* proprietären Dokumententyp handelt.

Um in diesem Begriffswirrwarr ein wenig Klarheit zu schaffen, unterscheide ich im Folgenden zwischen dem Basisstandard, technischen Kernstandards, horizontalen Standards für Anwendungen sowie vertikalen Standards. Die bilateral vereinbarte Sprache sowie die produktspezifische Sprache eines einzelnen Herstellers ist dabei der Standardisierung am fernsten und in der umgekehrten Pyramide in Abbildung 7-5 ganz oben angesiedelt.

XML-Basisstandard. Dies ist das 30-Seiten-Dokument, in dem XML als Metasprache definiert wurde (*http://www.w3.org/TR/ 1998/REC-xml-19980210*).

Technische Kernstandards. Neben dem Basisstandard wurden in den letzten Jahren verschiedene Ergänzungen entwickelt, die diesen technisch erweitern, ohne dabei eine Einschränkung auf bestimmte Anwendungsbereiche vorzunehmen. Typische Vertreter sind z.B.: XPath für die Formulierung von Abfragen an XML-Dokumente, XLink für das Definieren komplexer Verknüpfungen zwischen Dokumenten, DOM (Document Object Model) als Standard-Programmierschnittstelle auf in den Hauptspeicher geladenen XML-

Bäumen, XML-Schema als Standard-Schemasprache, d.h. als DTD-Ersatz, XSLT als Sprache zur Definition von Regeln, um Elemente eines Dokumententyps in die eines anderen zu transformieren. Die Entwicklung von technischen Kernstandards wird über das W3C koordiniert. Hierbei ist zu unterscheiden zwischen unterschiedlichen »Reifegraden« eines Standards:

- Eine *Technical Note* ist ein Dokument, das von interessierter Stelle beim W3C eingereicht und von diesem zur Publikation akzeptiert wurde. Damit ist jedoch noch keinerlei aktive Unterstützung durch das W3C verbunden. Viele Unternehmen haben solche Notes eingereicht und nutzen dies als Marketinginstrument (»Unsere Software ist konform zum XYZ-Standard«).

- Ein *Working Draft* fasst Zwischenergebnisse einer Standardisierungsgruppe zusammen, um diese als zusammenhängendes Dokument einer breiteren Öffentlichkeit zur Diskussion zu unterbreiten. Zu diesem Zeitpunkt kann man durchaus noch über ein Jahr von der Recommendation entfernt sein ...

- Eine *Proposed Recommendation* kann hingegen als der letzte Aufruf für Änderungswünsche verstanden werden. Meistens erfolgt dies ca. 3-4 Monate vor der endgültigen Verabschiedung des Standards.

- *Candidate Reommendations* stellen die letzte Vorstufe der Recommendations dar, die noch abschließend öffentlich kommentiert werden kann.

- *Recommendation*. Dies ist schließlich das Ergebnis von (im Extremfall) mehreren Jahren Arbeit am Dokument. »Berühmte« Recommendations des W3C sind z.B. HTML 4.0, XML, DOM und XHTML.

Horizontale Standards. Diese Kategorie von XML-Standards ist einerseits branchenunabhängig (daher horizontal), andererseits anwendungsspezifisch. Die Anwendungen können wiederum alle denkbaren technischen und geschäftlichen sein: Die Darstellung von Vektorgrafiken, die in XML repräsentiert sind (der entsprechende Standard lautet hier SVG – Scalable Vector Graphics), die Verwendung von XML als Datenformat für Hypertexte bei WAP-Anwendungen (WML – Wireless Markup Langauge), aber auch E-Commerce-relevante Standards wie xCBL, ebXML, cXML etc., mit denen wir uns im B2B-Kapitel noch genauer beschäftigen werden.

▦ *Vertikale Standards.* Diese Standards sind schließlich branchenspezifisch, finden also nur Anwendung in Spezialbereichen wie der Logistik-, der Chemiebranche oder z.B. zwischen Papierherstellern und ihren Kunden.

Abb. 7–5
XML-Kernstandards und
Vokabulare

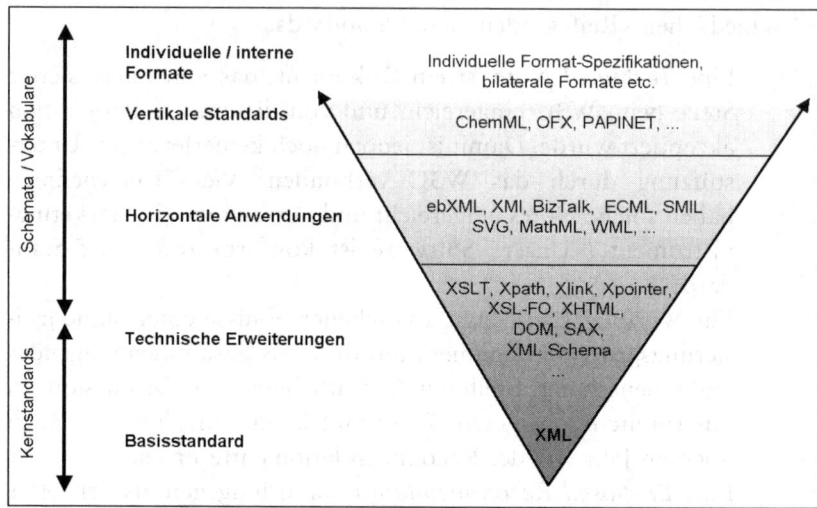

Ohne Vokabulare kein
Standard

Je anwendungsnäher ein Standard ist, desto häufiger finden wir Begriffe wie »Schemata« oder »Vokabulare«. Vokabular bedeutet hier die einheitliche Festlegung von Begriffen, die durch XML-Wertausprägungen repräsentiert sind. So sind beispielsweise die INCO-Terms, die Lieferkonditionen mit den jeweiligen Rechten und Pflichten für alle Beteiligten weltweit normieren, kodiert in Form von Kürzeln wie »FOB« oder »CIF«. Als solche können sie nun im Rahmen von XML-Dokumenten verwendet werden, wobei davon ausgegangen wird, dass die kommunizierenden Anwendungen diese Kürzel korrekt interpretieren. In ähnlicher Weise ist für alle denkbaren Anwendungsdomänen, für die wir XML-DTDs definieren, die genau Bedeutung zu normieren. Diese Menge normierter Bedeutungen, die auf XML-Elemente und Attribute heruntergebrochen werden, bezeichnen wir als *Vokabular*. Obwohl dieser Prozess technisch nichts mit XML zu tun hat (INCO-Terms gibt es schon sehr viel länger), tritt häufig die Normierung von Vokabularen direkt im Zusammenhang mit der Einigung auf DTDs auf, so dass bei entsprechender Anwendungsnähe DTDs auch als Vokabulare bezeichnet werden (auch wenn das Verhältnis von DTD-Umfang zu dem der Dokumentation sehr schnell 1:50 betragen kann). Als Beispiel lässt sich der Standard P3P (siehe Kapitel 13.5) anführen, bei dem juristisch bedeutungsvolle Sachverhalte (wie z.B. die Verwendung von Benutzerdaten) auf individuelle Attribut- oder Elementwerte heruntergebrochen werden. Ein zweites Beispiel ist der Standard XML-Signature (siehe Abschnitt 7.7.2), bei dem Verschlüsselungs-, Hash- und Signaturalgorithmen durch entsprechende Codes identifiziert werden.

In den folgenden Kapiteln wollen wir uns nun einige der technischen Kernstandards anschauen.

7.5 XML-Kernstandards

7.5.1 XPath, XPointer und XLink

Diese drei Standards werden häufig im Zusammenhang genannt, da sie technisch nah am XML-Basisstandard liegen und insofern von vielen Softwarekomponenten genutzt werden, die aufsetzende Standards implementieren.

▓ XPath

Dies ist eine Syntax zur Formulierung von Referenzen auf einzelne Elemente oder Elementmengen in der Knotenhierarchie eines Dokuments. Es liegt eine besonders hohe Vereinfachung in der Standardisierung von Pfadausdrücken, über die XML-Daten zugegriffen werden können. XPath-Ausdrücke kann man als »Datenbankanfragen« an ein XML-Dokument auffassen. Sie liefern Werte einzelner Attribute, Elemente oder eines spezifizierten Bereichs. So liefert die XPath-Anfrage »/Order/Header/BuyerParty/NameAddress/Name1« den Namen des Käufers, der im Kopfteil einer Bestellung vorliegt. Attribute werden dabei durch Voranstellen eines »@« referenziert: »Order/@CreationDate«. Hier besitzt das »Order«-Element ein Attribut »CreationDate«. Listen von Elementen lassen sich durch Referenzieren von Wiederholungsgruppen liefern: »/Order/Items/Item« – hierbei liegen Elemente vom Typ »Item« mehrfach vor. Auf das dritte »Item«-Element kann dabei durch »/Order/Items/Item[3]« zugegriffen werden. Durch weitere syntaktische Erweiterungen dieser Pfadausdrücke lassen sich komplexe Anfragen an Dokumente formulieren. In der Regel finden wir diese XPath-Abfragen tief verborgen in XML-Systemen wie z.B. Stylesheet-Prozessoren oder XML-Application-Servern.

XPath ist eine Abfragesprache für Dokumente

■ *XPointer*

XPointer wird eingesetzt zur Identifikation von einzelnen Knoten oder Bereichen innerhalb eines XML-Dokuments. Es basiert auf XPath und ergänzt dieses um die Möglichkeit, Zugriffe innerhalb von Elementen bis zu einzelnen Buchstaben vorzunehmen, das Matching von Texten für die Suche nach Knoten zu verwenden, Textbereiche über mehrere Knoten hinweg zu definieren, Sprungstellen innerhalb von Dokumenten zu kennzeichnen (so wie eine Anker-Definiton <A name="Abschnitt1"> bei HTML durch ein Verweis <A HREF="document.html#Abschnitt1"> referenziert wird). »Anwender« von XPointer sind insbesondere Suchmaschinen und Dokumentenmanagementsysteme, die Volltextsuche unterstützen. In Verbindung mit XPath sind folgende Konstruktionen möglich:

<a href="www.w3c.org/xpointer.xml#xpointer(book/chapter[3])">.

Hierbei wird der XPath-Ausdruck verwendet, um auch auf Knoten zeigen zu können, für die kein Anker definiert wurde.

■ *XLink*

Referenzen einfügen, ohne das Dokument zu modifizieren

Dieser Standard baut wiederum auf XPath und XPointer auf. Während XPointer eher dem Zielknoten und seinen Eigenschaften zugewendet ist, steht bei XLink die Repräsentation der Referenz auf der Seite des Ausgangsdokuments im Vordergrund. Referenzen können dabei uni- und bidirektional und vor allem auch außerhalb eines Dokuments definiert sein. Ohne eine bestehende Dokumentenstruktur zu verletzen, würde der XLink aus diesem Dokument heraus auf einen anderen Knoten zeigen. Typische Anwendungen sind in diesem Bereich elektronische Bücher, die es erlauben, Anmerkungen an einen Text zu »heften«. Der XLink würde dann vom Absatz des Originaldokuments zu einem zweiten Dokument mit Annotationen verweisen. XLink definiert ferner weitere Attribute wie z.B. »show« oder »actuate«, über die gesteuert werden kann, wie eine Referenz im Browser optisch dargestellt werden soll. Beispiel: <xlink:simple href="*www.w3c.org/xlink.xml*" show="replace" actuate="onrequest">.

7.5.2 Die Visualisierung von XML-Dokumenten mit XSL

Bei HTML ist das Leben leicht (aber unflexibel): Für jede Marke ist neben der *Syntax* nicht nur qua Standard festgeschrieben, auf welche Weise der markierte Bereich zu interpretieren ist (*Semantik*), sondern auch, wie er zu visualisieren ist (*Präsentation*). Ein HTML-Programmierer lernt z.B. nur einmal das Tag <H1> kennen, um Überschriften zu markieren, und weiß dabei genau, wie die Überschrift dargestellt wird. Dies gilt im Übrigen für alle Web-Browser.

Im Gegensatz zu HTML spielt die Formatierung eines XML-Dokuments bei der Ausgabe auf dem Drucker oder dem Bildschirm keine Rolle, da die Präsentation der Daten nicht Gegenstand des XML-Standards ist. Es gibt folglich keinen generellen XML-Browser, der Dokumente in einheitlicher Form darstellen kann – höchstens als navigierbarer Baum wie beim Internet Explorer seit Version 5.0. Die Funktion der Präsentation wurde also aus XML ausgelagert und in *XSL* definiert – der *Extensible Stylesheet Language*, einem weiteren Standard der XML-Familie. Analog zum Verhältnis SGML – XML ist XSL der »kleine Bruder« von DSSSL – funktional weniger mächtig, dafür jedoch erheblich vereinfacht und dennoch in der Lage, komplexe Darstellungsfunktionen zu implementieren.

XSL ist der »kleine Bruder« von DSSSL

Da XML über den Bereich des Web-Browsing hinausgeht (z.B. beim Datenaustausch mit XML/EDI), kann es sein, dass mit den unterschiedlichen Anwendungskontexten auch unterschiedliche Visualisierungen einhergehen. Man denke beispielsweise an Redaktionssysteme: Im Unternehmen erstellt ein Redakteur einen Text zur Unternehmenspräsentation. Im Texteditor möchte er sich dabei nicht mit der grafischen Positionierung des Textes zur Corporate Identity des Unternehmens oder anderen gestalterischen Fragen auseinander setzen. Er benötigt lediglich die Tags <Abstract>, <Überschrift>, <Kunden>, <Projekte> und <Kontaktinformation>. Eine eigene DTD »Unternehmensdarstellung« wird für das Textdokument verwendet. Der Texteditor unterstützt dabei den Redakteur, indem beispielsweise Kunden, Projekte und die Kontaktinformation als hierarchisch eingerückte Elemente im fließenden Text editiert werden.

Wenn nun dieser XML-Text über den Web-Server veröffentlicht wird, bestehen andere Anforderungen: Kunden, Projekte und Kontaktinformation sind in einem HTML-Frame darzustellen, jeweils mit eigenen Farbtönen unterlegt. Zudem verfügt der Web-Server über eine Komponente, die aus jedem Dokument einen Extrakt entnimmt und diesen in die Datenbasis der lokalen Suchmaschine einträgt. Zu diesem Zweck wird wiederum auf den mit <Abstract> markierten Bereich zugegriffen.

Die Anforderung ist also, das gleiche XML-Dokument in unterschiedlichen Anwendungskontexten unterschiedlich darzustellen. Genau diesem Zweck dient XSL. Es wird vorwiegend zur Transformation von XML-Dokumenten in andere Syntaxen sowie anders benannte und organisierte Strukturierungselemente eingesetzt. Eine

Ein Dokument mit mehreren Visualisierungen

Standardanwendung ist dabei die Transformation in HTML, denkbar sind jedoch beliebige andere Formate (RTF, PDF, ASCII-Text oder das Format von EDI-Nachrichten).

Im April 1999 wurde XSL in zwei Teilstandards aufgeteilt – die Transformation des XML-Dokuments und das standardisierte Vokabular der Zielsprache. XSLT (XSL-Transformation) beschränkt sich dabei auf die Übersetzungsregeln für XML-Dokumente. Ob als Zielsprache dann HTML, RTF (Rich Text Format) oder die Nachrichtensyntax von EDI verwendet wird, ist damit von XSLT unabhängig.

XSLT transformiert Bäume

Grundsätzlich wird mit XSLT lediglich die Transformation eines Quellbaums in einen Zielbaum geleistet. Dabei werden Regeln definiert, die Muster mit Schablonen (*Templates*) assoziiert: Das Muster identifiziert Elemente des Quellbaums und die Schablone erzeugt das korrespondierende Element des Zielbaums. Alle Funktionen zur Manipulation der Reihenfolge von Elementen des Quellbaums sowie weitere Filterfunktionen und Regeln sind Bestandteil von XSLT.

So lässt sich XSLT beispielsweise einsetzen, um Dokumente unterschiedlichster Formate in ein einheitliches »kanonisches« Format zu transformieren, um anschließend eine weitere Transformation in unterschiedliche Darstellungsformen durchzuführen. Das Zwischenformat könnte beispielsweise mit Metainformation versehen sein, während zur Visualisierung anschließend in HTML konvertiert wird.

Auch XSLT benutzt XML-Namensräume, um zu unterscheiden, ob es sich bei einem XSLT-Element um eine Instruktion für den XSLT-Prozessor handelt oder um eine Schablone für den Zielbaum. Als Sprache ist XSLT erweiterbar, wobei die entsprechenden Transformationsregeln ebenfalls auf der Basis von Namensräumen als XML-Dokumente referenziert werden.

Durch diesen Einsatz von XML und XSL besteht die Möglichkeit, sehr flexibel Geschäftsnachrichten zu definieren und zu transformieren, ohne dass dies immer wieder für jede individuelle Kommunikationsbeziehung neu zu programmieren ist.

XSL-Transformation

Dies ist eine Sprache zur Transformation von XML-Dokumenten. Transformiert werden kann dabei zwischen beliebigen Dokumententypen, wenn eine Abbildbarkeit zwischen Elementtypen gegeben ist. XSLT hält dabei folgende Entwurfsregeln ein:

■ Unterschiedliche Verarbeitungsmodi wie Browsen, Drucken, interaktives Editieren sowie das Konvertieren von Dokumenten zwischen unterschiedlichen »XML-Dialekten« können durch XSL-

Stylesheets gesteuert werden. Dabei geht man vom »Model-View-Controller«-Paradigma aus: Als Modell dient dabei das XML-Dokument als Träger von Inhalten bzw. Datenobjekten. Unabhängig davon ist die »View«, d.h. die Präsentation der Inhalte (HTML, PDF etc.), die durch XSL-Transformation dargestellt werden.

- XSLT ist eine deklarative Sprache. Anhand von Regeln wird für einzelne Elemente eines XML-Dokuments festgelegt, wie sie zu verarbeiten sind. Dabei wird jedoch kein Programmablauf vorgegeben.

- XSLT wurde optimiert für die bequeme Formatierung einfacher, häufig auftretender Strukturen (z.B. Adressen und Produktbeschreibungen in Bestellungen, Absätze und Überschriften in Dokumentationen etc.). Dabei steht es jedoch dem Stylesheet-Entwickler offen, beliebig komplexe Abbildungsregeln zu definieren. XSL unterliegt dabei keinen algorithmischen Einschränkungen bei der Produktion von Ausgabedokumenten, da es zusätzlich über algorithmische Bestandteile wie Schleifen und Fallunterscheidungen verfügt.

- XSLT spielt dabei mit anderen Web-Standards so zusammen, dass Redundanzen weitgehend vermieden werden konnten. Diese Standards sind im Speziellen: XML, XPath, DOM, HTML und ECMA-Script.

- Dabei lassen sich XSL-Stylesheets selbst in XML repräsentieren. Entsprechend steht eine standardisierte XSL-DTD zur Verfügung. Dies hilft, bereits auf dem Markt verfügbare Werkzeuge zur Erstellung und Verarbeitung von XSL-Dokumenten einzusetzen.

Zur Verarbeitung von XML-Dokumenten ist eine XSL-Engine erforderlich, die zunächst das XML-Quelldokument einliest und anhand der Stylesheet-Deklaration erkennt, welche XSL-Transformationsvorschrift anzuwenden ist. Wenn in dieser Vorschrift keine Regeln definiert sind, wird automatisch die Standardregel angewendet, nach der der Elementinhalt textuell im Zieldokument auszugeben ist. Dabei wird das XML-Dokument als Baum von Elementen durchwandert (siehe Abb. 7-6 links). Eine komplexe Bestellung mit hunderten von Elementen würde zunächst zu einem sehr langen ACSII-Datenstrom führen. Falls jedoch eine Regel definiert ist, wird diese ausgewertet. Im Beispiel aus Abbildung 7-6 gilt dies für den Knoten »PurchaseOrder«. In dieser Regel werden zum einen Textausgaben festgelegt (<table> bzw. </table>) und zum anderen Verzweigungen definiert. Generell generiert die XSL-Engine im Zieldokument alles als statischen Text,

Zu jedem Elementtyp ein Stylesheet

was nicht als Element der XSL-Sprache erkannt wird. Alle XSL-Kommandos sind dabei mit dem Namespace-Präfix »xsl« versehen.

Traversieren und transformieren

Das Kommando *xsl:apply-templates* erzwingt – abweichend von der Standardreihenfolge – die Fortsetzung des Traversierens beim benannten Element (im Beispiel: »Header/Parties« bzw. »Positions«). Diese Referenzen sind XPath-Ausdrücke, mit deren Hilfe der Stylesheet-Prozessor auf die richtige Knotenadresse im DOM-Baum für die weitere Verarbeitung verwiesen wird.

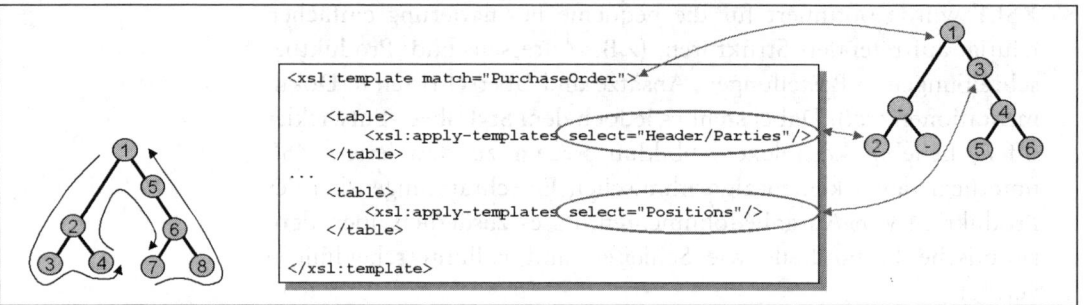

Abb. 7–6
Standardreihenfolge vs. Anwendung der Transformationsregel

Im Beispiel ist dazu eine Regel definiert, die innerhalb der generierten Tabellenstruktur für die weitere Ausgabe direkt zu einem Enkel-Element verzweigt (Knoten Nr. 2 in Abb. 7-6 rechts). Wenn dieser und alle seine Subelemente besucht wurden, kehrt die Kontrolle wieder direkt zum obersten Knoten (PurchaseOrder) zurück. Die so definierte Regel führt folglich dazu, dass nur ein Teil der »Header«-Substruktur besucht wurde. Anschließend verzweigt die Regel zum »Positions«-Knoten. Eine solche Verzweigung erfolgt durch das XSL-Kommando »apply-templates«, das als Parameter einen XPath-Ausdruck für den Einstieg beim richtigen Knoten erhält.

Nachdem für ein XML-Element die betreffende Regel identifiziert wurde, wendet der XSL-Prozessor die Schablone (engl.: *Template*) dieser Regel an. Sie enthält Textkonstanten, Resultatelemente oder Instruktionen, um unterliegende Teile des Resultatbaums (in der DOM-Repräsentation) zu erzeugen.

Ähnlich dem gezeigten Stylesheet lassen sich weitere definieren, die eine anwendungsspezifische Datenstruktur wie die folgende in ein Präsentationsformat wie beispielsweise HTML abbilden. Dazu verwenden wir als Beispiel eine Kundenliste, die in XML ausgezeichnet ist:

```
<customers>
    <customer>
        <name>...</name>
        <order>...</order>
        <order>...</order>
    </customer>
    <customer>
        <name>...</name>
        <order>...</order>
        <order>...</order>
    </customer>
</customers>
```

Diese XML-Dokumenteninstanz kann in eine HTML-Tabelle transformiert werden, wenn die folgende XSL-Regel verwendet wird:

Am Ende steht meistens HTML

```
<xsl:template match="/">
    <HTML>
        <HEAD>
            <TITLE><xsl:value-of "/"/></TITLE>
        </HEAD>
        <BODY>
            <TABLE>
                <TBODY>
                    <xsl:for-each select="customers/customer">
                        <TR>
                            <TH>
                                <xsl:apply-templates select="name"/>
                            </TH>
                            <xsl:for-each select="order">
                                <TD>
                                    <xsl: apply-templates/>
                                </TD>
                            </xsl:for-each>
                        </TR>
                    </xsl:for-each>
                </TBODY>
            </TABLE>
        </BODY>
    </HTML>
</xsl:template>
```

Entlang der Schachtelung *Customers-Customer-Order* generiert der Prozessor zunächst den Dokumententitel <TITLE>, in den als Wert der Elementwert des Wurzelknotens eingefügt wird (»xsl:value-of«, »/« bezeichnet dabei die Dokumentenwurzel). Innerhalb des HTML-Tabellenrahmens (TABLE und TBODY) iteriert die XSL-Engine anschließend über jedes einzelne Kind-Element von *Customers* mit »xsl:for-each«. Dazu legt sie für jeden Kunden ein Tabellenkopf mit dem Kundennamen an (<TH>...</TH>) und bettet die Aufträge des betreffenden Kunden ein.

Kombination mehrerer Stylesheets

XSL erlaubt die Kombination mehrerer externer Stylesheets durch Überschreiben, Einschließen oder Einbetten:

- Beim *Überschreiben* wird ein zuvor existierendes Stylesheet von einem nachträglich definierten über das Tag »xsl:import« importiert. Alle importierten Stylesheets müssen zu Beginn benannt werden. Wurden Regeln unter gleichem Namen in zuvor importierten Stylesheets definiert, werden sie durch die Regeln des später importierten überschrieben.
- Beim *Einschließen* wird das referenzierte XSL-Dokument textuell an der Stelle eingesetzt, an der im übergeordneten Dokument das »xsl:include«-Tag steht. Alle im eingeschlossenen Dokument importierten Elemente überschreiben wiederum die zuvor definierten, wenn ihre Namen übereinstimmen.
- *Einbetten.* Schließlich kann an beliebiger Stelle in einem XML-Dokument ein Stylesheet definiert werden, das sich nur auf untergeordnete Elemente des Dokuments bezieht. Da XML-Dokumente selbst wieder externe Dokumente referenzieren können, ist die Integration beliebiger autonomer Stylesheets der externen Quellen möglich. Man denke beispielsweise an Nachweise für Lieferquellen eines Produkts, die es den jeweiligen Firmen erlauben, ihre eingebetteten Daten der eigenen Corporate Identity entsprechend zu formatieren. Dies wird im folgenden Beispiel kurz illustriert.

Diese Integration kann in einer XML-Instanz erfolgen. Dabei lässt sich folglich ein XML-Dokument entsprechend durch extern vom Web bezogener Stylesheets visualisieren.

```
<?xml version="1.0"?>
<?xml:stylesheet type="text/xsl" href="#id(style1)"?>
<!DOCTYPE katalog SYSTEM "katalog.dtd">
    <doc>
        <firmenprofil>
```

```
            <xsl:stylesheet id="style1"
                xmlns:xsl="http://www.w3.org/TR/WD-xsl">
                <xsl:import href="http://www.profiles.org/doc.xsl"/>
                <xsl:template match="id(foo)">
                    <table>
                        <xsl:apply-templates/>
                    </table>
                </xsl:template>
            </xsl:stylesheet>
```

```
        <beschreibung>
```

```
        <absatz id="foo">
            Dies ist der Text des Absatzes ...
        </absatz>
      </beschreibung>
    </firmenprofil>
  </doc>
```

Das bereits oben verwendete Beispiel für die Bestellung (Purchase Order) wird im Folgenden unter Verwendung eines Stylesheet in HTML-Output konvertiert. Zum Entwickeln von Stylesheets stehen inzwischen einige Tools zur Verfügung (z.B. Stylus von Excelon oder der XSL-Editor von IBM). In der folgenden Abbildung (Stylus) lässt sich zum Quellcode im linken Fenster der korrespondierende Output im rechten darstellen. Einzelne Regeln sind im unteren Fenster abgebildet und können direkt modifiziert werden.

Die Stylesheet-Entwicklung ist ein visueller Design-Prozess

Abb. 7–7
Design von Stylesheets

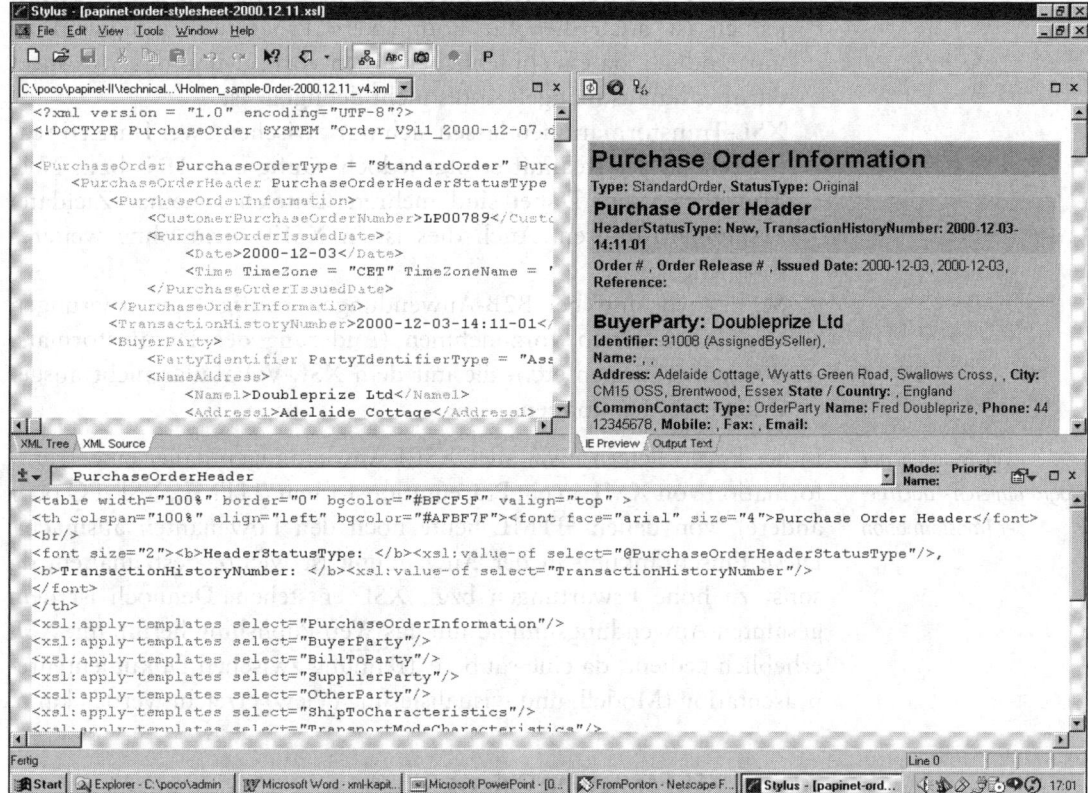

Grenzen von XSLT

Häufig geraten Leute ins Schwärmen, wenn von den Möglichkeiten von XSL gesprochen wird. Die Realität ist hier etwas nüchterner: Eigentlich ist das Transformieren nur für einfache Visualisierungszwecke interessant, da eine zu hohe Komplexität bei der Transformation nicht befriedigend bewältigt werden kann:

- Die Sprache XSLT ist zwar algorithmisch vollständig, d.h., man kann alle Konstrukte der strukturierten Programmierung (Schleifen, Fallunterscheidungen, Sequenzen) für das Generieren von Output-Text festlegen, jedoch ist dies sprachlich sehr redundant und damit umständlich. Das einfache »if« einer Programmiersprache wird bei XSLT zum <xsl:if>...</xsl:if>, Gleiches gilt für Schleifen.
- Einen »Fluchtweg« bietet hier die Einbindung von ECMAScript, jedoch ist auch dies für komplexere Programmieraufgaben zu umständlich, da ein sprachlicher Bruch vorliegt und das Stylesheet darüber hinaus mangels Tools nicht debugbar ist.
- XSL-Transformationen lassen sich nur zwischen zwei Dateien realisieren. In der Realität erfolgt jedoch häufig eine 1:N- bzw. N:1-Transformation: Dabei sind mehrere Dateien zu einer Zieldatei zusammenzuführen. Auch dies ist in XSLT nicht ohne weiteres möglich.
- Schließlich sind bei B2B-Anwendungen häufig Konvertierungen von Datenwerten vorzunehmen (Änderung des Datumsformats, Stringoperationen etc.), die mit dem XSL-Vokabular nicht ausgedrückt werden können.

Am Ende hilft nur Programmieren – auch bei der Transformation

In der Praxis liefern 99% aller XSLT-Anwendungen daher eine Transformation von XML in ein Präsentationsformat (HTML, XSL-FO oder andere), von denen HTML heute noch den Löwenanteil ausmacht. Diese Einschränkung in der Anwendung ist wichtig festzuhalten, da sonst zu hohe Erwartungen bzgl. XSL entstehen. Dennoch ist dem gesamten Anwendungsumfeld um das Web-Publishing herum mit XSL erheblich gedient, da eine saubere Trennung zwischen Dokumentenrepräsentation (Modell) und -visualisierung (View) erreicht werden kann.

7.5.3   XSL Formatting Objects

Neben LaTeX, RTF & Co.: Formatting Objects

Wie gesagt, der XSL-Standard zerfällt in zwei Komponenten: XSLT als Sprache zur Transformation von XML-Dokumenten und XSL-FO als einem standardisierten Vokabular, mit dem die Formatierung des Ausgabedokuments festgelegt wird (gemäß einer Zielsprache). Häufig wird HTML als direkte Zielsprache von Transformationen verwendet, so dass XML-Inhalte unmittelbar durch XSL auf HTML abgebildet werden. Hierbei sind jedoch keine Seitenformatierungsbefehle erforderlich wie sie Sprachen wie PostScript, LaTeX, RTF oder Datenformate wie PDF vorsehen. Als neutrales Seitenbeschreibungsformat auf der Basis von XML wurde daher FO (Formatting Objects) definiert. Diese Sprache dient als Zwischenrepräsentation einer Verarbeitungspipeline, die mit dem ursprünglichen XML-Dokument beginnt und einem Ausgabeformat wie z.B. PDF endet. Natürlich ist für jedes zu unterstützende Ausgabeformat wiederum ein individueller Transformationsprozessor erforderlich.

```
<xsl:stylesheet
     xmlns:xsl="http://www.w3.org/TR/WD-xsl"
     xmlns:fo="http://www.w3.org/TR/WD-xsl/FO"
     result-ns="fo">

  <xsl:template match="/">
     <fo:page-sequence font-family="serif">
        <xsl:process-children/>
     </fo:page-sequence>
  </xsl:template>

  <xsl:template match="chapter/title">
     <fo:rule-graphic/>
        <fo:block space-before="2pt">
           <xsl:text>Chapter </xsl:text>
           <xsl:number/>
           <xsl:text>: </xsl:text>
           <xsl:process-children/>
        </fo:block>
     <fo:rule-graphic/>
  </xsl:template>

  <xsl:template match="para">
     <fo:block font-size="10pt" space-before="12pt">
        <xsl:process-children/>
     </fo:block>
  </xsl:template>
</xsl:stylesheet>
```

Das Attribut *result-ns="fo"* zeigt an, dass ein Baum generiert wird, für den das referenzierte Vokabular verwendet wird. Für das Wurzelobjekt »/« wird eine Seitensequenz mit Serifenfonts festgelegt. <para>-Elemente transformiert die XSL-Maschine in Elemente des Typs <Block>. Der enthaltene Text wird in 10-Punkt-Schrift mit 12 Punkt Zwischenraum vor dem betreffenden Absatz dargestellt.

Das xsl:stylesheet-Element kann weitere Stylesheet-Definitionen enthalten, die mit Hilfe von URIs referenziert werden, Makros und globale Konstanten definieren und über das WWW geladen werden können. Mit »match« wird der Elementtyp identifiziert, für den die Regel anzuwenden ist. Im Beispiel wurden Formatierungsanweisungen aus dem »fo«-Vokabular verwendet. Da sich die XSL-Regeln auf Knoten einer Hierarchie beziehen, ist noch festzulegen, an welcher Stelle die Verarbeitung der Kind-Elemente fortzusetzen ist. Dies erfolgt durch <xsl:process-children/>.

Die Standardisierung von FO wird erst im Jahr 2001 abgeschlossen, so dass konforme Tools erst mit einer gewissen Verzögerung auf dem Markt verfügbar sein dürften.

7.5.4 XML-Schema

XML-Schema ist mächtiger als DTDs

Schemasprachen spielen zukünftig die Rolle der DTD und ersetzen diese vollständig. Sicherlich werden DTDs in der Praxis noch einige Jahre gebräuchlich sein, jedoch ist zu erwarten, dass XML-Schema sich langfristig – auch aufgrund zunehmend besserer Werkzeuge – als Basis zur Definition von Dokumententypen durchsetzen wird.

XML-Schema ist weitaus ausdrucksstärker als DTDs, viele Einschränkungen und Unzulänglichkeiten sind damit behoben. Insbesondere verschafft XML-Schema erstmalig die Möglichkeit, ad hoc beliebig vermaschte Netze aus Dokumententypdefinitionen und -instanzen so über das Internet zu verteilen, dass im Bereich des B2B-Datenaustausches der Anpassungsaufwand bei der Integration zwischen kooperierenden Unternehmen erheblich reduziert werden kann – entsprechende Software-Tools natürlich vorausgesetzt!

Die wesentlichen Unterschiede zwischen XML-Schema und DTDs sind folgende:

- *XML-Schema ist selbst eine XML-Sprache*, d.h., alle Softwarekomponenten, die XML verarbeiten können, sind auch auf Schemadefinitionen anwendbar. Damit werden Schemata selbst XML-validierbar, per XSL visualisierbar und sehr viel besser verarbeitbar, z.B. indem sie in Datenbanken gespeichert oder über Anfrageschnittstellen wie XML Query abgerufen werden.
- XML-Schema erlaubt die Definition *einer Vielzahl elementarer Datentypen*, insbesondere andere als nur Text. Für einzelne Datentypen lassen sich darüber hinaus Einschränkungen auf dem Wertebereich (Constraints) definieren. Ein numerischer Wert kann dabei

genauso auf einen Unterbereich eingeschränkt werden wie ein String einem vorgegebenem Muster folgen kann.

- Mit Hilfe von XML-Schema lassen sich *komplexe Datentypen* definieren, die anschließend zur Definition eines Dokumententyps verwendet werden. Bei DTDs erfolgt diese »Typdefinition« implizit. Auch bezüglich der Subelemente sind flexible Einschränkungen hinsichtlich ihres Auftretens definierbar.

- XML-Schema sieht Elemente zur Einstreuung von *Annotationen* zu den jeweiligen Datentypendefinitionen vor. Dies ist von großem Nutzen für die Austauschbarkeit von Schemadefinitionen zwischen Software-Tools unterschiedlicher Hersteller. Es ist zu erwarten, dass in Zukunft die Entwickler von XML-Tools eine weitaus bessere Unterstützung von Dokumentationsfunktionen bieten, so dass Schemadefinitionen als Ansammlung von Hypertexten durch den Web-Browser navigiert werden können (wie im Bereich von Java-Klassen bereits seit langem durch JavaDoc gewohnt).

Integrierte Dokumentation von Schemata

- *Verteilte Schemata.* Ohne DTD-Entities zu verwenden, lassen sich Teile der Schemadefinition auf mehrere (im Web) verteilte Dateien mit separaten Typedefinitionen zerlegen. Dabei helfen individuell definierte Namensräume für publizierte Schemata, Namenskonflikte zu vermeiden.

- *Vererbung* ist zwischen Typdefinitionen möglich: Durch Verwendung eines <Extension>-Elements kann bei der Definition eines abgeleiteten Typs auf den Basistyp verwiesen werden. Auf diese Weise lassen sich immer wieder auftretende Substrukturen integrieren, ohne die XML-Entities zu verwenden. Vererbung kann auch durch Restriktionen der Basistypen erfolgen: Hierbei lassen sich beispielsweise Unterbereiche einschränken (aus minOccurs="0" wird z.B. minOccurs="1") oder optionale Elemente/Attribute beim abgeleiteten Elementtyp eliminieren. Jeder Wert des abgeleiteten Elementtyps bleibt damit überall einsetzbar, wo der Basistyp gefordert ist.

- Für Substrukturen eines Dokumententyps können *Schlüssel für den Zugriff und zur Sortierung* verwendet werden. Dies erlaubt einem validierenden Parser zu überprüfen, ob z.B. Nummern von Bestellpositionen eindeutig sind, und vereinfacht den Transfer zwischen Datenbanken und XML-Dokumenten. Aus diesem Grunde ist zu erwarten, dass eine Vielfalt XML-basierter Datenbank-Tools in den nächsten Jahren angeboten werden, die es dem Entwickler erlauben, auf sehr abstraktem Niveau die Kommunikation, Speicherung und Visualisierung in integrierter Form mit Hilfe von XML-Schema zu definieren.

XML-Schema vereinfacht die Datenbankintegration

■ Es besteht die Möglichkeit, aus einzelnen Elementen der Dokumenteninstanz heraus festzulegen, welches Inhaltsmodell bzw. welcher Datentyp zur Validierung der Substruktur zu verwenden ist.

Schema »on-demand« Die letzte Eigenschaft ist äußerst innovativ gegenüber der »alten Welt« der DTDs: Sie ermöglicht dem Erzeuger einer Bestellung für die verwendete Spezifikation eines Produkts (z.B. Rollenpapier) das dafür publizierte Schema »on-the-fly« anzuwenden. Dies war bisher nicht möglich und erlaubt einen überaus flexiblen Umgang mit Schemata und Dokumenten.

Im Folgenden sollen – wenn auch sehr knapp gehalten – einige dieser Merkmale anhand von Beispielen erläutert werden. Weiterführende Informationen finden sich auf dem Web-Server des W3C (*www.w3.org/XML/Schema*).

Zunächst schauen wir uns einmal eine einfache Bestellung als XML-Instanz an:

```xml
<?xml version="1.0"?>
<Bestellung Datum="15.04.2001">
    <Lieferadresse Land="DE">
        <Name>Michael Merz</Name>
        <Strasse>Stresemannstr. 163</Strasse>
        <Stadt>Hamburg</Stadt>
        <PLZ>22769</PLZ>
    </Lieferadresse>
    <Zahlungsadresse Land="DE">
        <Name>Ponton Consulting GmbH & Co. KG</Name>
        <Strasse>Stresemannstr. 163</Strasse>
        <Stadt>Hamburg</Stadt>
        <PLZ>22769</PLZ>
    </Zahlungsadresse>
    <Kommentar>Bitte schnell, mir geht der Toner aus!!!
    </Kommentar>
    <Positionen>
        <Position ArtNum="872-ST">
            <ProduktName>SuperToner</ProduktName>
            <BestMenge>1</BestMenge>
            <Preis>89,50</Preis>
            <Kommentar>Bitte per E-Mail bestaetigen</Kommentar>
        </Position>
        < Position ArtNum ="926-BP">
            <ProduktName>Buettenpapier</ProduktName>
            <BestMenge>5</BestMenge>
            <Preis>89,50</Preis>
            <Kommentar>Lieferung vor dem 20.04.2001</Kommentar>
        </Position>
    </Positionen>
</Bestellung>
```

Diese XML-Instanz soll nun auf der Basis von XML-Schema definiert werden. Dabei besteht der äußere Rahmen aus einem Wurzelelement <xsd:schema>, in dem sich die einzelnen Element- und Typdefinitionen befinden.

```
<xsd:schema xmlns:xsd="http://www.w3.org/2000/08/XMLSchema">
...
</xsd:schema>
```

Ein einzelnes Element wird durch seinen Namen und Datentyp definiert. Im Falle elementarer Datentypen ist dies ein Standardtyp wie z.B. »string«, »byte«, »int« oder »nonPositiveInteger«. Im Falle des Elements »Kommentar« sieht die Definition dann folgendermaßen aus:

Endlich Datentypen!

```
<xsd:element name="Kommentar" type="xsd:string"/>
```

Komplexe Datentypen wie z.B. die Lieferadresse setzen sich aus derartigen elementaren Typen zusammen:

```
<xsd:complexType   name="Adresse">
   <xsd:sequence>
      <xsd:element name="Name"      type="xsd:string"/>
      <xsd:element name="Strasse"   type="xsd:string"/>
      <xsd:element name="Stadt"     type="xsd:string"/>
      <xsd:element name="PLZ"       type="xsd:decimal"/>
   </xsd:sequence>
   <xsd:attribute   name="Land"     type="xsd:string"
                    use="optional"  value="DE"/>
</xsd:complexType>
```

Hierbei kann man erkennen, wie sich Elemente und Attribute jetzt in einheitlicher Form definieren lassen. Der Datentyp »Adresse« wird im nächsten Schritt zur Datentypdefinition von »Bestellung« eingesetzt:

```
<xsd:complexType   name="BestellungType">
   <xsd:sequence>
      <xsd:element name="Lieferadresse" type="Adresse"/>
      <xsd:element name="Zahlungsadresse" type="Adresse"/>
      <xsd:element ref="Kommentar" minOccurs="0"/>
      <xsd:element name="Positionen" type="PositionenType"/>
   </xsd:sequence>
   <xsd:attribute   name="Datum" type="xsd:date"/>
</xsd:complexType>
```

An dieser Stelle werden die zuvor definierten elementaren und komplexen Datentypen zum weiteren Typ »BestellungType« aggregiert. Es wird ebenfalls festgelegt, welche Bestandteile der Sequenz optional sind und das Attribute »Datum« wird als xsd:date deklariert. Erst jetzt

wollen wir den entstandenen Datentyp einem Elementtyp »Bestellung«
zuordnen:

```
<xsd:element name="Bestellung" type="BestellungType"/>
```

Damit ist das Wurzelelement definiert. Die vollständige Schemadefinition lautet nun:

```
<xsd:schema xmlns:xsd="http://www.w3.org/2000/08/XMLSchema">

    <xsd:annotation>
        <xsd:documentation>
            XML-Schema-Definition der XYZ AG.
            Copyright 2001 xyz.com. Alle Rechte vorbehalten.
        </xsd:documentation>
    </xsd:annotation>

    <xsd:element name="Bestellung" type="BestellungType"/>

        <xsd:element name="Kommentar" type="xsd:string"/>

    <xsd:complexType    name="BestellungType">
        <xsd:sequence>
            <xsd:element name="Lieferadresse" type="Adresse"/>
            <xsd:element name="Zahlungsadresse" type="Adresse"/>
            <xsd:element ref="Kommentar" minOccurs="0"/>
            <xsd:element name="Positionen"  type="PositionenType"/>
        </xsd:sequence>
        <xsd:attribute name="Datum" type="xsd:date"/>
    </xsd:complexType>

<xsd:complexType    name="Adresse">
    <xsd:sequence>
        <xsd:element name="Name"      type="xsd:string"/>
        <xsd:element name="Strasse"   type="xsd:string"/>
        <xsd:element name="Stadt"     type="xsd:string"/>
        <xsd:element name="PLZ"       type="xsd:decimal"/>
    </xsd:sequence>
    <xsd:attribute    name="Land"     type="xsd:string"
                      use="optional"  value="DE"/>
</xsd:complexType>

<xsd:complexType    name="PositionenType">
    <xsd:sequence>
        <xsd:element name="Position" minOccurs="0"
                     maxOccurs="unbounded">
            <xsd:complexType>
                <xsd:sequence>
                    <xsd:element name="ProduktName" type="xsd:string"/>
                    <xsd:element name="BestMenge">
                        <xsd:simpleType>
                            <xsd:restriction base="xsd:positiveInteger">
                                <xsd:maxExclusive value="100"/>
```

```
                    </xsd:restriction>
                </xsd:simpleType>
            </xsd:element>
            <xsd:element name="Preis" type="xsd:decimal"/>
            <xsd:element ref="Kommentar" minOccurs="0"/>
            <xsd:element name="LiefDat" type="xsd:date"
                                        minOccurs="0"/>
        </xsd:sequence>
        <xsd:attribute name="ArtNum" type="ArtikelType"/>
    </xsd:complexType>
  </xsd:element>
 </xsd:sequence>
</xsd:complexType>

<!--Artikelnummern folgen einem Muster -->
<xsd:simpleType name="ArtikelType">
  <xsd:restriction base="xsd:string">
     <xsd:pattern value="\d{3}-[A-Z]{2}"/>
  </xsd:restriction>
</xsd:simpleType>

</xsd:schema>
```

An weiterer Typinformation ist in dem Schema kodiert, dass nur maximal 100 Artikel bestellt werden können, dass Artikelnummern sich
aus drei Ziffern, einem Bindestrich sowie zwei Zeichen zusammensetzen müssen, dass das Lieferdatum ein optionales Element ist etc.

Einschränkungen mit XML-Schema

Im Gegensatz zu DTDs ist bei XML-Schema die Möglichkeit,
Schemadefinitionen netzwerkartig über die Welt zu verteilen, besonders reizvoll. Mechanismen wie <include> und <import> erlauben – in
gleicher Weise wie bei XSL-Stylesheets – die Einbeziehung von Schemata, die an anderer Stelle definiert wurden. Dies kann entweder über
das Netz oder aus externen Dateien der lokalen Festplatte erfolgen.

Schema »on demand«

Im Falle von XML 1.0 lässt sich nur eine DTD pro Dokumenteninstanz referenzieren und dies auch nur am Anfang des Dokuments, d.h.
mit Gültigkeit für sein Wurzelelement. Wie bereits erwähnt, ist mit
XML-Schema die Möglichkeit gegeben, aus jedem beliebigen Element
heraus über das Attribut »xsi:type« ein Schema zu benennen, das für
das aktuelle Element zur Validierung angewendet werden soll. Im Folgenden ist ein Beispiel gegeben, wie dies sinnvollerweise erfolgen kann.
Zunächst benutzen wir wieder das Schema für die Bestellung, jedoch
mit einem weiteren Element für die Produktspezifikation:

```
<xsd:schema xmlns:xsd="http://www.w3.org/2000/08/XMLSchema">

...

  <xsd:complexType name="PositionenType">
    <xsd:sequence>
      <xsd:element name="Position" minOccurs="0"
                   maxOccurs="unbounded">
        <xsd:complexType>
          <xsd:sequence>
            <xsd:element name="ProduktName"
                                        type="xsd:string"/>

            ...

            <xsd:element name="ProdSpez" type="xsd:anyType"
                         minOccurs="0"/>
          </xsd:sequence>
          <xsd:attribute name="ArtNum" type="ArtikelType"/>
        </xsd:complexType>
      </xsd:element>
    </xsd:sequence>
  </xsd:complexType>

...

</xsd:schema>
```

Elemente zeigen auf ihr Schema

Bei dieser Schemadefinition wurde ein neues Element vom Typ »any-Type« in die Liste der Subelemente der »Position« eingefügt. Wie »ANY« in der DTD erlaubt dieser Typ beliebige Substrukturen, die wohlgeformt sein müssen. Soweit entspricht dies noch der Mächtigkeit einer DTD-basierten Definition. Als »Hintertür« können hier beliebige wohlgeformte Substrukturen eingebettet sein. Was jedoch bei XML 1.0 nicht möglich war, ist im folgenden Fragment dargestellt:

```
<?xml version="1.0"?>
<ipo:purchaseOrder
orderDate="1999-12-01">
<Bestellung
   xmlns:xsi="http://www.w3.org/1999/XMLSchema-instance"
   xmlns:tps="http://www.example.com/TPS"
   xmlns:pps="http://www.example.com/PPS"
   Datum="15.04.2001">
     <Lieferadresse Land="DE">...</Lieferadresse>
     <Zahlungsadresse Land="DE">...</Zahlungsadresse>
     <Kommentar>...</Kommentar>
     <Positionen>
       <Position ArtNum="872-ST">
         <ProduktName>SuperToner</ProduktName>
         <BestMenge>1</BestMenge>
         <Preis>89,50</Preis>
         <Kommentar>Bitte per E-Mail bestaetigen</Kommentar>
         <ProdSpez xsi:type="tps:Produkt"
```

```
xsi:schemaLocation="http://www.xyz.com/Toner.xsd>"
            <Koernung>0,001</Koernung>
            <Gewicht>250</Gewicht>
            <AnzahlA4Seiten>5000</AnzahlA4Seiten>
        </ProdSpez>
    </Position>
    < Position ArtNum ="926-BP">
        <ProduktName>Buettenpapier</ProduktName>
        <BestMenge>5</BestMenge>
        <Preis>89,50</Preis>
        <Kommentar>Lieferung vor dem 20.04.2001</Kommentar>
        <ProdSpez xsi:type="pps:Produkt"

xsi:schemaLocation="http://www.xyz.com/Paper.xsd>"
            <GrammM2>120</ GrammM2>
            <Ton>Mattweiss</Ton>
            <Groesse>A5</Groesse>
        </ProdSpez>
    </Position>
  </Positionen>
</Bestellung>
```

Die gegebenen Produktspezifikationen lassen sich nun jeweils gegen die benannten Schemata für »Produkt« validieren. Da es sich hierbei um zwei unterschiedliche Dateien handelt, werden Namenskonflikte vermieden.

In den letzten Jahren sind aufgrund der Einschränkungen von XML 1.0 DTDs verschiedene Schemasprachen entwickelt worden. Zwei der bekanntesten sind (außer XML-Schema) SOX und XDR, die vor der Standardisierung noch von Bedeutung waren:

SOX und XDR haben heute keine Bedeutung mehr

- *SOX – Schema for Object-Oriented XML.* Diese Schemasprache zeichnete sich bisher dadurch aus, dass nur bei ihr Vererbung zwischen Datentypen möglich war. Erst nachträglich wurde diese Eigenschaft auch in XML-Schema übernommen. SOX wurde im Wesentlichen von Commerce One zur Definition der xCBL (Common Business Library) eingesetzt, einem Baukasten von XML-Dokumententypen, mit deren Hilfe komplexe Dokumententypen für EDI-Nachrichten konstruiert werden können. Commerce One hat sich jedoch entschlossen, XML-Schema als Basis für xCBL und alle weiteren Produkte einzusetzen, sobald dieses als W3C Recommendation vorliegt.
- *XDR – XML Data Reduced.* Für diese Schemasprache gilt Ähnliches, sie wurde von Microsoft entwickelt und insbesondere im Zusammenhang mit dem BizTalk-Framework eingesetzt. Die wesentlichen Eigenschaften von XDR sind inzwischen ebenfalls

durch XML-Schema übernommen worden, so dass auch hier kein technischer Grund mehr besteht, XDR weiterhin einzusetzen.

Zusammenfassung

Mit der Einführung von XML-Schema werden diverse Probleme des B2B-Commerce lösbar, die heute noch sehr viel »Handarbeit« erfordern. Insbesondere kann aufgrund der detaillierten Spezifikation von Dokumententypen und Inhaltsmodellen ein großer Teil der Dokumentenverarbeitung automatisiert werden.

Führt dezentrale Standardisierung zur »Balkanisierung«?

Nicht nur auf der inhaltlichen Ebene können Dokumente jetzt vernetzt werden – das Gleiche gilt für Schemastandards selbst! Die Folge ist mit Sicherheit eine weitergehende Entfesselung von »Standardisierungsenergie«, denn nun kann sich jede Anwendergemeinde ihr eigenes Schema selbst definieren und zur Wiederverwendung durch andere publizieren. Einer der Hauptgründe, warum sich XML-Schema insbesondere als Darstellungsstandard für EDI eignet, ist gerade die damit gewonnene Dezentralisierung der Standardisierung. Sie herrscht zwar heute auch bei DTD-definierten Dokumententypen vor (mit der bekannten Folge der »Balkanisierung«), jedoch ist hier die technische Unterstützung einer Schema-Vernetzung nicht mit den genannten Möglichkeiten von XML-Schema vergleichbar, wie z.B. in Abbildung 7-8 gezeigt.

Abb. 7–8
Vernetzung von XML-Schema-Definitionen

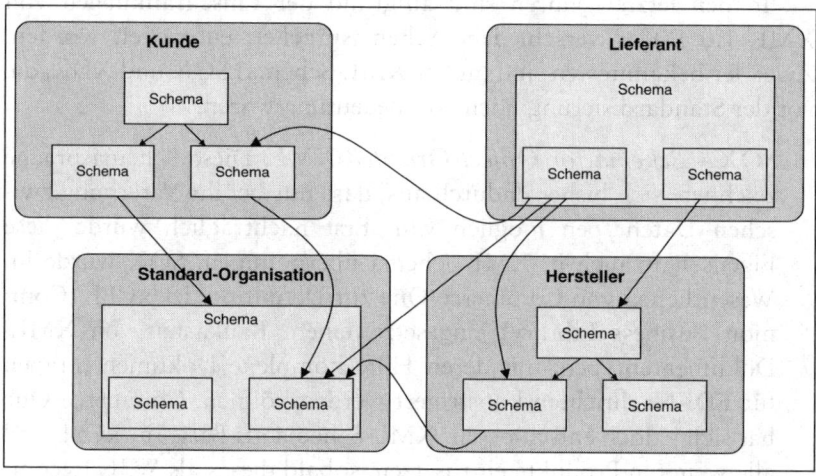

Das Verzahnen von Teilstandards wird eine harte Aufgabe...

Mit XML-Schema lassen sich durch Teilen und Vereinfachen komplexe EDI-Strukturen in einfach standardisierbare Typdefinitionen zerlegen. Die Anwendung dieses Prinzips bedeutet konkret, dass sich auf der einen Seite Gruppen der EDI-Standardisierer mit horizontalen Fragestellungen wie Adressen und Allgemeinen Geschäftsbedingungen von Verträgen beschäftigen können (siehe Beispiel »Bestellung«), während für die anderen die Möglichkeit besteht, sich auf branchenspezifische Fragestellungen, z.B. im Bereich Transport, Versicherungen oder Produktspezifikation (siehe Beispiel »Toner«), zu konzentrieren.

7.6   Die Programmierschnittstellen DOM und SAX

Das Document Object Model (DOM) ist eine Programmierschnittstelle für HTML- und XML-Dokumente. Es definiert die logische Struktur einer Knotenhierarchie, die durch den Parser aus der Datei in den Hauptspeicher geladen wurde, sowie Zugriffs- und Navigationsmöglichkeiten auf den Knoten. Die DOM-Schnittstelle ist mit der programmiersprachenunabhängigen Schnittstellendefinitionssprache IDL spezifiziert worden. Daher stehen verschiedene Implementierungen in C++ oder Java zur Verfügung, die jeweils die gleiche API unterstützen. Auch in beliebigen anderen Programmiersprachen lässt sich die DOM-Bibliothek implementieren, solange die spezifizierte Standardschnittstelle unterstützt wird. Die meisten XML-Softwarewerkzeuge setzen auf der DOM-Schnittstelle auf, um XML-Dokumente zu bearbeiten (Parser, Transformatoren, XML-Datenbankschnittstellen etc.).

DOM und SAX erlauben die Zugriff auf XML-Knoten

Dies versetzt einen Anwendungsprogrammierer in die Lage, beliebige XML-Dokumente über beliebige DOM-Implementierungen zu bearbeiten. Über die DOM-API kann das Anwendungsprogramm in einheitlicher Weise Elemente (Knoten) erzeugen, zugreifen, ändern oder löschen. Von einem spezifischen DOM-Knoten ausgehend, lassen sich die Wurzel, Vater-, Nachbar- oder Kind-Knoten über Standardmethoden erreichen, wie z.B. von dem markierten Knoten in Abbildung 7-9. Insbesondere, wenn serverseitig Transformationen zwischen Dokumenten vorgenommen oder Teile von Dokumenten zu größeren Strukturen zusammengefügt werden, erfolgt dies am effizientesten »on the fly« direkt im Hauptspeicher, d.h., wenn sich die beteiligten Softwarekomponenten lediglich Referenzen auf die jeweiligen Wurzelknoten weitergeben.

Im Gegensatz zu den logischen Strukturen eines XML-Dokuments sind Entities bereits durch den Parser beim Einlesen des Dokuments aufgelöst worden, so dass Entities des Quelldokuments im resultierenden DOM-Baum nicht mehr erkennbar sind.

Entities sind für DOM nicht mehr sichtbar

Abb. 7–9
DOM-Objektbaum

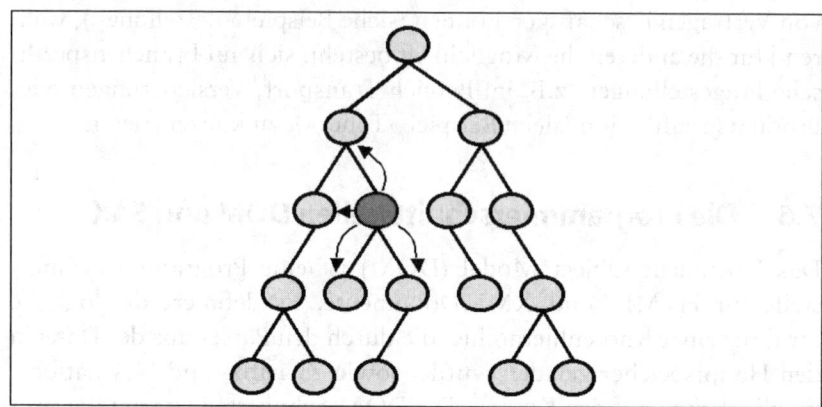

Ein Nachteil besteht bei DOM in der Notwendigkeit, den kompletten Baum in den Hauptspeicher laden zu müssen, auch wenn nur der Inhalt eines Elements ausgelesen werden soll. Dies kann bei umfangreichen EDI-Dokumenten zur Verzögerungen führen, wenn die Anzahl der Elemente im Bereich einiger tausend liegt (z.B. bei Katalogdaten) und hiervon wiederum mehrere Dokumente gleichzeitig vom Katalog zu liefern sind.

SAX – Simple API for XML   Aus diesem Grund hat sich neben DOM mit SAX (Simple API for XML) eine zweite Schnittstelle als Standard etabliert, die einen ereignisorientierten Zugriff auf XML-Elemente erlaubt. Dabei abonniert das Anwendungsprogramm bestimmte Elementtypen, die für die Anwendung relevant sind. Immer, wenn beim Einlesen ein Element des betreffenden Typs vorliegt, wird das Anwendungsprogramm informiert, so dass auf diesen speziellen Fall reagiert werden kann. Wenn beispielsweise Katalogdaten empfangen werden, von denen nur der Elementtyp »Artikelnummer« mit dem Wert »4711« interessant ist, so lässt sich die Geschwindigkeit der Anwendung erheblich erhöhen und der Hauptspeicherbedarf senken, da alle anderen Knoten sofort verworfen werden.

Mit SAX lassen sich folglich auch kontinuierliche Datenströme verarbeiten, z.B. Kursinformationen für Wertpapiere, die ohne Unterbrechung aktualisiert werden. Gleichzeitig bedeutet dies aber auch, dass eine SAX-Komponente niemals ein Objektbaum erzeugen kann und insofern auch das Manipulieren von Objekten nicht möglich ist.

DOM und SAX in der Kombination   DOM und SAX stellen daher komplementäre Techniken dar, die sinnvollerweise in Kombination implementiert werden sollten. Genau dies erfolgte bei den neueren Parsern wie z.B. Xerxes (siehe unter xml.apache.org) oder dem XML-Parser von Sun (siehe »Project X« unter java.sun.com).

Ökonomisch betrachtet, reicht heute ein kleine Gruppe von DOM-Entwicklern aus, um Millionen von Anwendungsprogrammierern vom erheblichen Arbeitsaufwand des XML-Parsens zu entlasten. Besonders rechnet sich dies für den Anwendungsprogrammierer, wenn die DOM-Bibliotheken im Zuge der Open-Source-Entwicklung kostenlos zur Verfügung stehen.

7.7 Horizontale XML-Anwendungsstandards

Mit den bisher dargestellten Standards ist erst das Fundament gelegt für XML-Anwendungen. Programmierer sind jetzt in der Lage, XML-Anwendungen zu entwickeln. Im nächsten Schritt sehen wir nun weitere Standards, die auf die technischen aufsetzen, dabei jedoch noch nicht Branchen- oder anwendungsspezifisch sind.

7.7.1 XHTML

Hierbei handelt es sich »nur« um eine Redefinition von HTML – mit dem Unterschied, dass sie jetzt in XML und nicht mehr in SGML erfolgt. Dies sollte eigentlich nur zu geringfügigen Änderungen an der HTML-Dokumenteninstanz führen. Da jedoch seitens der Browser-Entwickler zum Validieren der HTML-Dokumente keine SGML-Parser verwendet wurden, sondern die Validation von HTML »per Hand« ausprogrammiert ist, haben sich im Laufe der Zeit etliche Bequemlichkeiten eingeschlichen. Insbesondere brauchen Elemente wie <p>, <H1>...<H6> etc. nicht mit einer schließenden Marke beendet werden, wenn aus dem Kontext zu erkennen ist, dass ein neues Element begonnen hat, welches das vorherige ablöst. Im folgenden Beispiel fehlen etwa die abschließenden Marken zur Auszeichnung von Listenelementen (</LI>):

»HTML ist tot – es lebe HTML!«

```
<OL>
    <LI>Erstes Element der Liste
    <LI>Zweites Element
</OL>
```

In XHTML ist der HTML-Dokumententyp per Schemadefinition ganz analog definiert, nur mit dem Unterschied, dass die Elemente im Beispiel nicht zu einem gültigen Dokument führen. Folglich erfordert die Einführung von XHTML entweder auf der Browser-Seite die Fähigkeit, XML in Verbindung mit dem XHTML-Stylesheet zu verarbeiten, um den gleichen Output eines Web-Browsers zu erzeugen, oder der HTML-Output wird bereits auf der Server-Seite generiert, so dass auch

Standard-HTML-Browser den Output verarbeiten können (die gängige Variante).

XHTML ist erweiterbar in dem Sinne, dass die Bestandteile des Standards in Gruppen unterteilt sind (Tabellenelemente, Textauszeichnung, Referenzen etc.) und auch nachträglich um beliebige weitere Gruppen erweitert werden können, so dass sich beispielsweise Formelsatz oder EDI-Dokumente nahtlos in das HTML-Dokument einbetten lassen.

XHTML-Basic

Darüber hinaus adressiert XHTML auch den Einsatz im Bereich der Mobilkommunikation, indem nur ein reduzierter Satz an Elementen im Rahmen von XHTML-Basic erwartet wird. Setzt man voraus, dass Handy- oder PDA-Hersteller die Darstellung von *XHTML-Basic* für ihre Geräte implementieren, ist somit ein weiterer Schritt in Richtung Medienkonvergenz geschafft, da aus dem gleichen XML-Input relativ einfach nach dem technischen Profil des Browsers entweder XHTML oder XHTML-Basic-Output generiert werden kann.

7.7.2 XML-Signature

Elektronische Signaturen und Zertifikate eignen sich hervorragend, um in XML dargestellt zu werden: Erstens stellen sie strukturierte Dateneinheiten dar, d.h., es sollte nicht schwer fallen, Signaturen als Sammlung von XML-Elementen zu spezifizieren, zweitens ist eine Standardisierung zwingend erforderlich, da sie als Datenstruktur regelmäßig und vor allem zwischen einander unbekannten Parteien ausgetauscht werden. Dies kann schließlich nur erfolgreich sein, wenn die Repräsentation der Daten standardisiert ist. Ein solcher Standard wird zurzeit ebenfalls bei W3C entwickelt (*www.w3.org/TR/xmldsig-core*).

Enveloping bzw. Enveloped Signatures

Neben den genannten Gründen, die prinzipiell für die Repräsentation von Signaturen in XML sprechen, ergeben sich jedoch noch interessante weitere Eigenschaften, wenn die zu signierenden Daten selbst in XML vorliegen, dann nämlich kann die Signatur beispielsweise in das signierte Dokument eingebettet werden (»Enveloped Signature«), selbst das Dokument einbetten (»Enveloping Signature«) oder unabhängig sein vom Dokument (Detached), z.B. wenn Signatur und Unterzeichnetes nebeneinander in ein Dokument eingebettet sind. Die Signatur kann sich somit auf Teile eines Dokuments beziehen (ein per XPath referenziertes Element) oder auch mehrere Teildokumente verketten, so dass eine Signatur über alle Bestandteile hinweg erzeugt wird.

Für den Einsatz elektronischer Signaturen in XML sind also kaum Grenzen gesetzt, sofern alle Informationen in XML ausgedrückt sind. Im Folgenden ist ein Beispiel für eine einfache XML-Signatur:

Bestandteile einer XML-Signatur

```
<Signature   Id="MyFirstSignature"
             xmlns="http://www.w3.org/2000/09/xmldsig#">
  <SignedInfo>
      <CanonicalizationMethod Algorithm="http://..."/>
      <SignatureMethod Algorithm="http://..."/>
      <Reference URI="http://.../">
        <Transforms>
            <Transform Algorithm="http://..."/>
        </Transforms>
        <DigestMethod
            Algorithm="http://www.w3.org/2000/09/xmldsig#sha1"/>
        <DigestValue>j6lwx3rvEPO0vKtMup4NbeVu8nk=</DigestValue>
      </Reference>
  </SignedInfo>
  <SignatureValue>MC0CFFrVLtRlk=...</SignatureValue>
  <KeyInfo>
      <KeyValue>
        <DSAKeyValue>
            <P>...</P><Q>...</Q><G>...</G><Y>...</Y>
        </DSAKeyValue>
      </KeyValue>
  </KeyInfo>
</Signature>
```

Die Hauptbestandteile einer Signatur sind die drei Elemente <Signed-Info>, <SignatureValue> und <KeyInfo>.

- *SignedInfo* enthält alle Informationen, die erforderlich sind, um die Signatur zu verifizieren, also insbesondere mit <Reference> einen Verweis auf das zu signierende Dokument (bzw. Element).
- *Canonicalization* steht für die Repräsentation eines XML-Dokuments in normalisierter Form bzgl. der Leerzeichen. Wenn das Dokument nicht in eine kanonische Form überführt werden würde, hätte eine unterschiedliche Anzahl an Leerzeichen fatale Auswirkungen, da die generierte Signatur einen anderen Wert annehmen würde.
- *SignatureMethod* beschreibt den verwendeten Signieralgorithmus (hier DSA).
- Für die *Transformation* wird gerade das festgelegte kanonische Format als Ziel eingesetzt.
- *DigestMethod* legt den Algorithmus für das Generieren des Hash-Wertes fest (hier: SHA1).

    ▨ *DigestValue* ist das Ergebnis der Anwendung des Hash-Algorithmus und

    ▨ *SignatureValue* das des Signieralgorithmus.

    ▨ *KeyInfo* enthält Informationen über den verwendeten Schlüssel, z.B. ein X.509-Zertifikat mit seinem korrespondierenden öffentlichen Schlüssel oder Informationen, wo dieses online gefunden werden kann.

E-Checks als Anwendung für XML-Signaturen

Sobald Softwarelösungen für die Verarbeitung von XML-Signaturen zur Verfügung stehen, sind recht interessante Anwendungen denkbar: Entfernte XML-Dokumente lassen sich signieren, Gruppen von Dokumenten oder Elementen (aus unterschiedlichen Dokumenten) lassen sich als zusammenhängender Komplex signieren oder Signaturen können selbst gegengezeichnet werden, wie es beispielsweise bei elektronischen Schecks erforderlich wäre:

    ▨ Zunächst signiert die Bank des Kunden den Scheck, wenn er ausgestellt wird,

    ▨ anschließend trägt der Kunde den Betrag und Empfänger ein und signiert beides zusammen mit dem Scheck und der bereits bestehenden Signatur seiner Bank,

    ▨ im nächsten Schritt reicht der Empfänger (Händler) den Scheck bei seiner Bank ein und signiert ihn seinerseits,

    ▨ und abschließend reicht die Bank des Empfängers den Scheck bei der des Kunden ein, um die Übertragung des Betrags zu veranlassen. Auch hierbei wird eine weitere Signatur angehängt.

Trotz allem ist sicherlich noch einige Zeit (bis ca. 2003?) zu warten, bis sich XML als Infrastruktur-Technologie soweit durchgesetzt hat, dass auch das Signieren auf der Basis von XML in weiten Anwendungsbereichen erfolgen kann.

7.7.3 SOAP

Ein Standard-Umschlag für den Transport von XML-Dokumenten

SOAP steht für Simple Object Access Protocol und wurde von Microsoft als Standardrepräsentation für Parameter und Resultate von entfernten Prozeduraufrufen (engl. *Remote Procedure Call, RPC*) entwickelt. Es ist eine der Basistechnologien für Microsofts BizTalk-Server und die .NET-Architektur. Darüber hinaus liegt SOAP als Veröffentlichung beim W3C vor (*www.w3.org/TR/SOAP*) und wurde bisher von Microsoft (mdsn.microsoft.com/soap) und als Open Source implementiert (*xml.apache.org/soap*).

Warum wird eine derart systemnahe Technologie hier in einem E-Commerce-Buch erwähnt? Der Grund liegt in der noch fehlenden Verbindung von XML als Strukturierungsformat für Inhalte auf der einen Seite und den relativ grundlegenden Internet-Kommunikationsprotokollen »SMTP/E-Mail«, HTTP und FTP auf der anderen Seite. Schließlich sind EDI-Nachrichten wie Bestellungen, Rechnungen etc. in irgendeiner Form in diese Transportprotokolle einzubinden. Es ist bereits angesichts der erwähnten Balkanisierung von Standards und Substandards schwierig, sich überhaupt auf ein einheitliches Dokumentenformat zu einigen. Wenn davon unabhängig auch die Einbettung in die Standardprotokolle produktspezifisch erfolgt, besteht kaum Chance auf Interoperabilität und reduzierte »Switching Costs«.

Entwickler, die sich mit Plattformen zur verteilten Programmierung auskennen (z.B. CORBA, DCE, Java RMI etc.), sind es gewohnt, einen Methodenaufruf, der zwischen zwei unabhängigen Prozessen durchgeführt wird, durch so genannte »Stubs« zu leiten. Diese Stubs (engl. für »Stumpf«) repräsentieren clientseitig die Serverschnittstelle als Objekt mit aufrufbaren Methoden und serverseitig den Client, der die tatsächlichen Methoden des Server-Objekts aufruft. Ein Stub nimmt folglich Parameter oder Resultate entgegen, »verpackt« diese in einer Standardkodierung in serialisierter Form (»Wire-Format«) und rekonstruiert aus diesem Datenstrom die Parameter- und Resultatwerte auf der Empfängerseite (Abb. 7-10). Da die Aufgabe der Stubs lediglich in der Serialisierung bzw. Deserialisierung der Daten liegt, die als Parameter auf der Serverschnittstelle definiert sind, ist es möglich, Stubs aus der Schnittstellendefinition automatisch zu generieren, daher besitzt jede Plattform ihre eigene Schnittstellendefinitionssprache sowie Stub-Generator.

SOAP ist nichts Neues

Abb. 7–10
Komponenten eines
SOAP-RPC

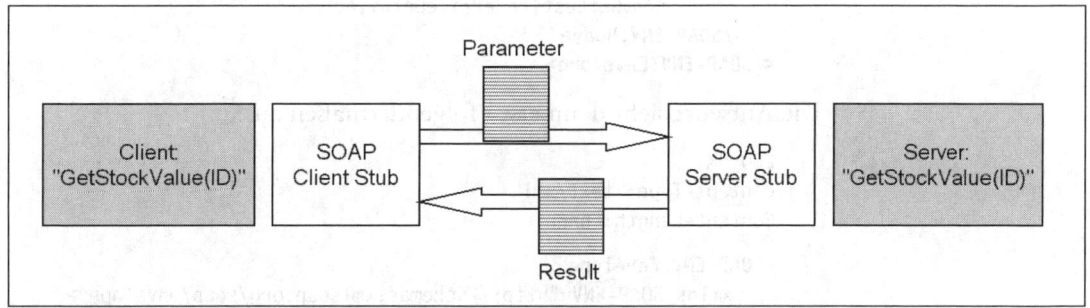

Diese Technik besteht bereits seit Mitte der achtziger Jahre, jedoch gab es immer plattformspezifische Kodierungen der Daten, so dass CORBA nur mit viel Aufwand interoperabel war mit DCE oder Java mit Microsoft Active-X-Komponenten. In diesem Sinne ist es nur konsequent, mit XML eine existierende Standardrepräsentation für Datenwerte zu nutzen und die erforderlichen Stubs als Java- / Active-X- oder CORBA-Komponenten zur Verfügung zu stellen.

SOAP konzentriert sich also auf die üblichen zwei Aufgaben für RPC-Dienste, die Standardisierung der Parameterrepräsentation und die Definition von Schnittstellen und Komponenten für die Integration heterogener Softwarekomponenten.

Standardrepräsentation für Datenwerte

SOAP vereinheitlicht die Datenrepräsentation

Der SOAP-1.1-Standard definiert zwei Schemata (in XML-Schema): »Envelope« und »SOAP Encoding«. Der Envelope definiert den »Umschlag«, in den Nachrichten eingebettet werden. Dabei kann der Umschlag selbst wiederum als MIME-Attachment an HTTP/POST-Requests oder auch E-Mails angehängt werden (der MIME-Type ist dabei text/xml). Im Kern besitzt der SOAP-Envelope drei wesentliche Elemente: Envelope, Header und Body. Das folgende Beispiel zeigt einen SOAP-Envelope, der für die Methode »GetLastTradePriceDetailed« einen Parameter »Stock-ID« mit dem Wert »DEF« überträgt.

```
POST /StockQuote HTTP/1.1
Host: www.stockquoteserver.com
Content-Type: text/xml; charset="utf-8"
Content-Length: 4329
SOAPAction: "Some-URI"

<SOAP-ENV:Envelope
    xmlns:SOAP-ENV="http://schemas.xmlsoap.org/soap/envelope">
  <SOAP-ENV:Body>
      <m:GetLastTradePriceDetailed xmlns:m="m-URI">
         <Stock-ID>DEF</Stock-ID>
      </m:GetLastTradePriceDetailed>
  </SOAP-ENV:Body>
</SOAP-ENV:Envelope>
```

Die Antwort sieht dann etwa folgendermaßen aus:

```
200 OK
Content-Type: text/xml
Content-Length: nnnn

<SOAP-ENV:Envelope
    xmlns:SOAP-ENV="http://schemas.xmlsoap.org/soap/envelope">
  <SOAP-ENV:Body>
     <m:GetLastTradePriceDetailedResponse>
        <Value>77.2</Value>
     </m:GetLastTradePriceDetailedResponse>
  </SOAP-ENV:Body>
</SOAP-ENV:Envelope>
```

Es ist leicht vorstellbar, dass Bestellungen oder Rechnungen in ähnlicher Weise eingebettet werden. Dabei ist jedoch zwischen dem SOAP-Envelope und dem eigentlichen Dokument noch einiges an Standardisierungsarbeit zu leisten, damit die zur korrekten Interpretation des Dokuments erforderliche Metainformation ebenfalls einheitlich verwendet wird. Diese Metainformation kann sich z.B. auf folgende Punkte beziehen:

- Die technischen Adressen von Sender und Empfänger (z.B. URIs)
- Information zur Verschlüsselung des Inhalts
- Informationen zum Transport des Inhalts (z.B. »Bestätigung gefordert«)
- Informationen zur Software, die das Dokument generiert hat, sowie zur eingesetzten Schemaversion

Die damit noch fehlende Lücke versuchen aktuelle Entwicklungen wie BizTalk oder ebXML zu schließen (siehe die entsprechenden Abschnitte in Kapitel 17).

Die Kodierregeln von SOAP (SOAP Encoding) legen im Wesentlichen ein einheitliches Typsystem für Parameter und Resultate fest. Für jede Programmiersprache ist nun eine Abbildung zwischen Parameterobjekten und SOAP-Kodierung zu definieren. Wenn dieses vollständig implementiert ist, besteht eine Möglichkeit, die Microsoft- und die Java-Welt auf elegante Weise miteinander zu verbinden.

7.7.4   XML und Datenbanken

Das grundsätzliche Problem von XML ist seine Herkunft als Auszeichnungssprache für Dokumente und eben nicht zur Modellierung von Datenbankschemata. Aus diesem Grund kann es sehr »dokumentenlastige« Ausprägungen von XML-Instanzen geben (man denke mal wieder an die Flugzeugträger-Wartungsunterlagen) und andererseits eher datenlastige (hier sind EDI-Nachrichten typische Beispiele). Während die datenlastigen XML-Instanzen meistens also aus einer relationalen Datenbank stammen, sind dokumentenlastige häufig redaktionell entstanden. Wesentliche Unterschiede sind dabei:

»Dokumentenlastig« vs. »datenlastig«

- Bei datenlastigen Instanzen spielt die Reihenfolge der Elemente keine Rolle (dies wird in der Datenbank über Schlüssel gesteuert), während sie bei Dokumenten von essenzieller Bedeutung ist, da sonst z.B. Absätze in der Datenbank beliebig in der Reihenfolge verändert werden würden.

▓ Bei Dokumenten herrscht Fließtext nach dem »Mixed Content Model« vor, d.h., in unvorhersehbarer Weise sind Marken in den Fließtext eingestreut.

Strukturierte Speicherung vs. Text

Die Lösung dieses Problems liegt darin, entweder auf dokumentenlastige Bestandteile von vorneherein zu verzichten (dies bereitet bei den meisten Softwareanwendungen keine Probleme) oder die Fließtext-Elemente als uninterpretiertes ASCII-BLOB zu speichern. Des Weiteren ist noch denkbar, dass anhand der Auszeichnungsmarken für den Fließtext Zusatzinformation extrahiert und gesondert in der Datenbank abgelegt wird. Und schließlich stellt jedes XML-Dokument einen DOM-Baum dar, d.h., jedes Element korrespondiert mit einem DOM-Knoten. Wenn Knoten des DOM-Baums nun 1:1 auf Datenbankobjekte abgebildet werden, lassen sich alle Informationen speichern und wieder rekonstruieren, ohne dass Strukturinformation verloren geht.

Es hängt also sehr stark von der Anwendung ab, welche Datenbank und vor allem, welche Art der Speicherung vorzuziehen ist.

Relationale Datenbanken

Es gibt eine ganze Reihe XML-Technologien, die bei der Überwindung des »Impedance Mismatch« zwischen XML-Dokumenten und relationalen Datenbanksystemen behilflich sind. Diese Technologien lassen sich in die folgenden Klassen unterteilen:

1. Datenbank-Mapping »rein und raus«

Mapping von Bäumen auf Tabellen und zurück

Beim Mapping geht es um die Transformation von XML-Dokumenten in eine Datenbank bzw. in umgekehrter Richtung. Dabei werden üblicherweise Abbildungsregeln definiert, die jedem Element des XML-Dokuments »seinen« Attributtyp in einer Datenbanktabelle zuweisen. Zu diesem Zweck gibt es eine Reihe von Werkzeugen, die meistens von EDI-Softwareanbietern geliefert werden (z.B. Data Junction, Seeburger, Mercator etc.). Wichtig ist, sowohl beim Schreiben in die Datenbank als auch beim Auslesen des Dokuments, dass die referenzielle Integrität des Dokuments in der Datenbank gewahrt wird, d.h., dass die 1:N-Beziehungen zwischen Elementen und ihren Kindern auf Fremdschlüssel-Beziehungen abgebildet werden. Theoretisch kann sogar aus dem XML-Schema automatisch ein (kanonisches) Datenbankschema abgeleitet und generiert werden (vgl. hierzu z.B. die Arbeiten von Ronald Bourret (*www.informatik.tu-darmstadt.de/ DVS1/staff/bourret/bourret.htm*). In der Praxis ist jedoch zumindest eine Anpassung der Mapping-Regeln an das vorhandene Datenbankschema erforderlich.

Im Folgenden ist ein Beispiel für ein Bestellung in XML gegeben. Sie setzt sich aus den Hauptkomponenten SalesOrder mit Customer und OrderDate als Kopfteil und einer Liste von »Line«-Elementen zusammen.

```
<?xml version="1.0" ?>
<SalesOrder SONumber="123">
    <Customer CustNumber = "543">
        <CustName>ABC Industries</CustName>
        <Street>123 Main St.</Street>
        <City>Chicago</City>
        <State>IL</State>
        <PostCode>60609</PostCode>
    </Customer>
    <OrderDate>02.01.99</OrderDate>
    <Line LineNumber="1">
        <Part PartNumber="123">
            <Description>
                <P><B>Turkey wrench</B><BR />
                Stainless steel, one-piece construction,
                lifetime guarantee.</P>
            </Description>
            <Price>9.95</Price>
        </Part>
        <Quantity>10</Quantity>
    </Line>
    <Line LineNumber="2">
        <Part PartNumber="ab-c">
            <Description>
                <P><B>Stuffing separator</B><BR />
                Aluminum, one-year guarantee.</P>
            </Description>
            <Price>13.27</Price>
        </Part>
        <Quantity>5</Quantity>
    </Line>
</SalesOrder>
```

Aus dem für dieses Dokument zugrunde liegenden Schema lassen sich automatisch Mapping-Regeln generieren, die jedem Element sein korrespondierendes Attribut in der Datenbank zuordnen:

```
<?xml version="1.0" ?>
<!DOCTYPE XMLToDBMS SYSTEM "../xmldbms.dtd">
<XMLToDBMS Version="1.0">
    <Maps>
        <ClassMap>
            <ElementType Name="SalesOrder"/>
            <ToClassTable>
                <Table Name="Sales"/>
```

```
        </ToClassTable>
        <PropertyMap>
            <Attribute Name="SONumber"/>
            <ToColumn>
                <Column Name="Number"/>
            </ToColumn>
        </PropertyMap>
        <RelatedClass KeyInParentTable="Candidate">
            <ElementType Name="Line"/>
            <CandidateKey Generate="No">
                <Column Name="Number"/>
            </CandidateKey>
            <ForeignKey>
                <Column Name="SONumber"/>
            </ForeignKey>
            <OrderColumn Name="Number" Generate="No"/>
        </RelatedClass>
        ...
    </ClassMap>
    <ClassMap>
        <ElementType Name="Line"/>
        <ToClassTable>
            <Table Name="Lines"/>
        </ToClassTable>
        <PropertyMap>
            <Attribute Name="LineNumber"/>
            <ToColumn>
                <Column Name="Number"/>
            </ToColumn>
        </PropertyMap>
        <PropertyMap>
            <ElementType Name="Quantity"/>
            <ToColumn>
                <Column Name="Quantity"/>
            </ToColumn>
        </PropertyMap>
        ...
    </ClassMap>
  </Maps>
</XMLToDBMS>
```

Diese Mapping-Regeln führen dazu, dass Elemente zu Klassen zusammengefasst und als solche auf Tabellen abgebildet werden. Wichtig ist dabei, die richtigen Primär- bzw. Fremdschlüssel zu erzeugen, so dass die Hierarchie des Dokuments sich in der Beziehung zwischen den Klassen wiederfindet. Der Mapping-Algorithmus von Bourret behandelt Elemente mit Mixed Content Model so, dass diese in einer eigenen

Tabelle abgelegt werden und damit für Recherchen nur bedingt zur Verfügung stehen.

2. Datenbank-Mapping »Nur rein«

Folgendes Dokument kombiniert daten- und dokumentenlastige Bestandteile. Nützlich ist hier, die Hervorhebungen im Bereich des Elements »Schadensbericht« als Schlüsselwörter für Recherchen zu verwenden. Hierbei sollte neben der Tabelle »Schadensmeldung«, die 1:1 mit dem #PCDATA-Fließtext der »Schadensmeldung« verknüpft ist, auch noch eine Tabelle »Keywords« existieren, in die der Typ des Schlüsselworts (*Ursache*, *Opfer* oder *Motiv*), sein Wert (z.B. »Feuer«, »12« oder »Brandstiftung«) eingetragen wird, sowie die Schadensmeldungsnummer (12345). Auf diese Weise lassen sich die in der Datenbank gespeicherten Meldungen leicht wiederfinden.

Speichern von XML-Dokumenten in der Datenbank

```
<?xml version="1.0"?>
    <Schadensmeldung>
        < SM-Nr>12345</SM-Nr>
        <Kategorie>7</ Kategorie>
        <Regulierung>
            <Zahlung>
                <Empfänger>Blabla Grundstücksverwaltung</ Empfänger >
                <Date>12.10.1998</Date>
                <Betrag>200000</Betrag>
                <Währung>EUR</Währung>
                < Sachverständiger>MM</Sachverständiger>
            </Zahlung>
        </Regulierung>
        < Schadensbericht>
        Ein wildes <Ursache>Feuer</Ursache> hat das Gebäude
        bis auf die Grundmauern ramponiert.
        <Opfer>12</Opfer> Personen wurden getötet.
        Erste Untersuchungen ergaben, dass
        <Motiv>Brandstiftung</Motiv> nicht ausgeschlossen
        werden kann.
        </Schadensbericht>
        ...
    </ Schadensmeldung>
```

3. Datenbank-Mapping »Nur raus«

Fast alle Datenbankanbieter entwickeln Abfragetechniken, die SQL-Anfrageresultate in XML transformieren. Dies ist im Prinzip die einfachste Transformation, da die Resultate in Tabellenform vorliegen. So erweitert beispielsweise Microsoft mit MSXML die Sprache SQL (SQL Server 2000), indem zusätzliche Statements an eine SQL-Abfrage

XML-Abfragen beim Microsoft SQL Server

angefügt werden können, die den Output als XML-Dokument formatieren. So führt die folgende Abfrage

```
SELECT CustomerID, OrderID
FROM Customers, Orders
WHERE Customers.CustomerID = Orders.CustomerID
FOR XML raw
```

beispielsweise zu diesem Ergebnis:

```
<row CustomerID="ALFKI" OrderID="10643">
<row CustomerID="ALFKI" OrderID="10644">
<row CustomerID="ANATR" OrderID="10308">
...
<row CustomerID="MAISD" OrderID="11004">
```

Der verwendete »raw«-Modus liefert dazu eine direkte Abbildung der
Tabelle in eine Liste von Zeilen, die in XML ausgezeichnet sind. In
Gegensatz dazu interpretiert die Software im »Auto«-Modus die
Schachtelung der Tabellen, welche in der »from«-Klausel benannt
wurden, und generiert ein hierarchisches XML-Dokument, bei dem
Tabellennamen auf Elementtypen und Datenbankattribute auf XML-
Attribute abgebildet werden:

```
SELECT CustomerID, OrderID
FROM Customers, Orders
WHERE Customers.CustomerID = Orders.CustomerID
FOR XML auto
```

Durch obige Abfrage erhält man beispielsweise dieses Ergebnis:

```
<Customers CustomerID="ALFKI">
   <Orders OrderID="10643">
   <Orders OrderID="10644">
</Customers>
<Customers CustomerID="ANATR">
   <Orders OrderID="10308">
</Customers>
```

Schließlich lassen sich XML-basierte Sichten definieren, indem ein
XDR-Schema zur Formatierung eingesetzt wird. Der Datenbank-Out-
put wird dabei automatisch in den gewünschten XML-Dokumen-
tentyp transformiert. Mit Hilfe der Klausel »FOR XML explicit« lassen sich dazu mehrere SQL-Abfragen kombinieren und zu einem
einzelnen XML-Dokument als Resultat kombinieren. Auf diese Weise
lässt sich beispielsweise eine Rechnung aus der ERP-Datenbank extrahieren und der Envelope aus einer zweiten (die Information über Kommunikationsverbindungen zum Empfänger sind häufig an einem ande-

ren Ort abgelegt). Hier sind bereits Berührungspunkte zum BizTalk-Framework erkennbar (siehe Kapitel 17.5).

XML bei Oracle9i

Oracle9i kann mit XML-Dokumenten auf dreierlei Weise umgehen:

1. Auf der Basis des *iFS* (Internet File System). iFS erlaubt die Festlegung mehrerer Mappings zwischen Datenbankinhalten und XML-Dokumenten. Dabei besteht die Möglichkeit, aus XML-DTDs heraus DB-Schemata zu generieren und die Dokumente anschließend in die Datenbank zu transformieren. Außerdem bietet iFS eine DOM-basierte Schnittstelle zu Datenbankinhalten sowie die Möglichkeit zur Versionierung und Nebenläufigkeitskontrolle.

   Diese Funktionen bietet heute fast jedes Datenbank-Produkt

2. Mit Hilfe des *XML SQL Utility for Java*. Diese Software unterstützt den Transfer zwischen einer objektorientierten Datensicht (auf der Basis von SQL3) und XML (als DOM-Baum).

3. *Speicherung des XML-Dokuments als BLOB* unter Verwendung des Intermedia XML Search für Zwecke des Information Retrieval.

Schließlich ist der XML Class Generator ein hilfreiches Tool, das eingesetzt werden kann, um aus einem Schema eine Java-Package zu generieren, das es ermöglicht, ein XML-Dokument über eine anwendungsnahe API zu erzeugen. Anstatt also »Knoten« auf der DOM-Ebene zu erzeugen, erlauben die generierten Klassen die Erzeugung des Baums durch Instanziieren von Objekten wie »Bestellung«, »BestelldatumDatum«, »KundenAdresse« etc. Dies reduziert den Programmieraufwand erheblich.

Generieren von Java-Klassen aus XML

Reine XML-Datenbanken und objektorientierte Datenbanken

Obwohl sich angesichts der hierarchischen Struktur von XML-Dokumenten rasch der Gedanke aufdrängt, eine OODB als Persistenzmechanismus für XML einzusetzen, stehen diese Systeme nicht immer im Mittelpunkt des Interesses. Unternehmen wie POET stellen die eigene OODB sogar in den Hintergrund gegenüber ihren Anwendungskomponenten (z.B. POETs e-Catalog Suite). So finden sich die meisten OODB/XML-Komponenten eher im Bereich der Middleware-Umgebungen, bei denen weniger der Endanwender oder der Anwendungsprogrammierer, sondern der Entwickler von XML-Application-Servern, Content-Management-Systemen oder Portal-Software im Vordergrund steht.

Beispiele für den Einsatz von OODBs finden sich etwa bei X-Hive/DB, einer reinen XML-Datenbank, die als Objektspeicher Objectivity einsetzt (*www.xhive.com*). Auch Tamino von der Software AG (*www.softwareag.de*) ist ein reines XML-Datenbanksystem, das über DOM das Erzeugen und Lesen persistenter XML-Dokumente erlaubt. Zudem können XML-Dokumente über die Anfragesprache XQL (siehe unten) abgerufen werden (Weiteres findet sich bei [KlMe02]).

XML – Was steckt hinter dem Hype?

Kaum Transparenz bei Produkten und Standards

XML ist eines der seltenen Beispiele für eine positive selbsterfüllende Prophezeiung: Obwohl anfänglich kaum geeignet für die B2B-Integration, sind mit der Zeit die erforderlichen Werkzeuge entstanden: Vom DTD-Design über XML-Editoren, Stylesheet-Designern und Mapper für Geschäftsnachrichten bis hin zu Marktplatzsoftware und Messaging-Frameworks wie Microsofts BizTalk-Server ist die Anzahl und Vielfalt der Softwareprodukte mittlerweile unübersichtlich hoch geworden. Aber denken wir zurück – nur zwei Jahre: Im Jahre 1998 gab es keines dieser Produkte, man konnte lediglich XML-Dokumente in das damalige XML-Notepad von Microsoft laden und als hierarchische Knotenstruktur anzeigen. Darüber hinaus standen lediglich Programmbibliotheken wie DOM-Parser zur Verfügung.

Zusammenfassung

Robin Cover – der XML-Chronist im Internet

Wer sich auf den Robin Cover Pages unter *www.oasis-open.org/cover* im Bereich »XML und Datenbanken« umschaut, kann schnell feststellen, dass dieses Segment technologisch, hinsichtlich der Standardisierung und der Anwendungsbereiche noch erheblich in Bewegung ist. Insofern kann diese knappe Übersicht nur einen geringen Ausschnitt der Produktwelt aufzeigen – allein für die Recherche der richtigen XML-Datenbank-Software sollte daher genügend Aufwand kalkuliert werden ...

7.8 Die Standardisierung von XML-Dokumenten

Unzählig viele Projekte beschäftigen sich weltweit mit der Festlegung von Schemata für XML-Dokumententypen. Dabei geht die Definition von Nachrichten immer einher mit einer Vereinheitlichung von Prozessen. Wird beispielsweise ein spezieller Elementtyp in einer XML-Nachricht gefordert, müssen alle Applikationen, die miteinander kommunizieren, Elemente dieses Typs verstehen, um interoperabel zu sein. Ein Dokumententypentwurf ist also eng verzahnt mit dem Softwareentwurf.

Weiter hinten, in Kapitel 16.3, ist daher das papiNet-Projekt beschrieben, bei dem innerhalb von fünf Monaten ein internationaler Branchenstandard für XML-Nachrichten in der Papierindustrie entwickelt wurde. Dieser Standard umfasst sowohl Geschäftsprozesse als auch DTDs. An dieser Stelle sind einige Erfahrungen aus der DTD-Entwicklung festgehalten, die sich auch auf andere Standardisierungsvorhaben übertragen lassen.

Erfahrungen aus dem papiNet-Projekt

Eine DTD ist kein monolithischer Block aus Element- und Attributdefinitionen, so wie er in vielen kleinen Lehrbuchbeispielen zu erkennen ist. Bei papiNet benötigten wir beispielsweise fünf DTDs für die einzelnen Dokumente (Bestellung, Bestätigung, Warenabruf, Lieferpapiere, Rechnung). Dabei zeigt sich schnell, dass ein ganz wesentlicher Teil der Daten »Stammdatencharakter« hat, also nur einmal definiert zu werden braucht und so oft wie nötig in anderen DTDs wiederverwendet werden kann. Typische Beispiele hierfür sind Parteien (Parties), von denen beliebig viele immer wieder in den DTDs Verwendung finden: Besteller, Anbieter, Rechnungsadresse, Lieferadresse, Spediteur, Produktionsstandort (d.h. Papiermühle), externes Lagerhaus etc. Diese sog. »Reusables« lassen sich bis zu einem gewissen Grade in eine gemeinsame Datei herausfaktorisieren, d.h. »vor die Klammer setzen«. Nun liegt das Hauptproblem nicht in den Parteien, sondern in den vielen kleinen Komponenten wie »TransportEquipment«, Produktspezifikationen, Lieferbedingungen etc. Was kann noch als Reusable anerkannt werden, was ist hingegen definitiv zu spezifisch für Bestellungen oder Rechnungen? Wird von einem Reusable möglicherweise alles für die Bestellung, aber nur die Hälfte der Elemente in der Rechnung benötigt, laufen wir in einen Konflikt hinein (siehe Abb. 7-11).

Vom Umgang mit »Reusables«

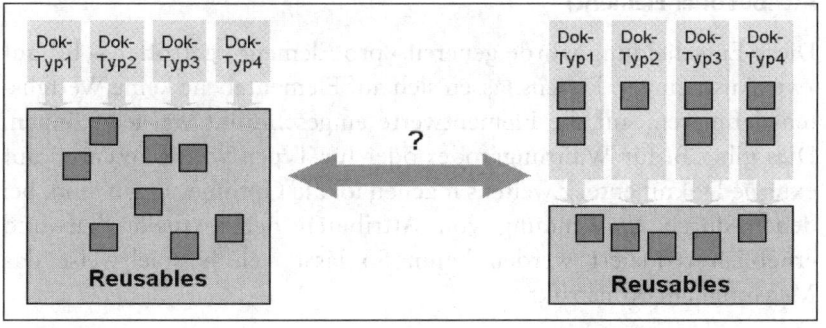

Abb. 7–11
Entscheidung:
Viele gemeinsame
Elemente vs. wenige

Redundanzfreiheit vs. Interpretationsspielraum

Falls wir »ein Auge zudrücken« und das betreffende Element in die Liste der Reusables aufnehmen, müssen wir häufig seine Subelemente (zumindest einen Teil davon) als optional deklarieren, damit diese nicht in allen Dokumenten verwendet werden müssen. Im Zweifel steigt mit zunehmender Dokumentenzahl auch die Anzahl an Anforderungen: In einigen Dokumententypen sind gewisse Elemente und Attribute optional, während sie in anderen zwingend erforderlich sind. Im Zweifel wird also bei einer defensiven Vorgehensweise alles als optional gekennzeichnet, so dass eine spezifische Interpretation im Kontext des jeweiligen Dokumententyps erforderlich ist. Das Problem ist dabei, dass diese Interpretation selbst nicht in XML ausgedrückt werden kann. Formal kann also eine Rechnung alle Felder enthalten, die auch bei Bestellungen zulässig sind, auch wenn dies keinen Sinn macht. Das gegenteilige Extrem wäre eine vollständige Vermeidung von Reusables, was zu erheblichen Redundanzen führen würde: Fügt man dem Adress-Element (welches bei allen Parteien benutzt wird) ein neues Unterelement hinzu, so ist dies in vielen Dokumenten parallel mitzuführen – ein logistisches Ärgernis zum Zeitpunkt der DTD-Definition, jedoch höhere Präzision zum Zeitpunkt der Nutzung. Bei papiNet endete das Verhältnis aus Reusables zu spezifischen DTDs bei ca. 10:1. Damit hat man bewusst in Kauf genommen, dass beim Einrichten von Kommunikationsverbindungen die korrekte Auswahl der Elemente durch den Programmierer erfolgen muss. Lohn dieser Entscheidung ist jedoch eine zügigere Umsetzung von Softwarefunktionen, die Nachrichten auf semantischer Ebene zu bearbeiten haben und für die Reusables nur einmal implementiert werden müssen.

Attribut oder Element?

Eine Stilfrage oder Notwendigkeit?

Diese Entscheidung wurde generell »pro Element« getroffen – bis auf zwei Ausnahmen: Erstens lassen sich auf Elementebene keine Wertelisten definieren, auf die Elementwerte eingeschränkt werden können. Dies gilt z.B. für Währungscodes oder für Typen von Referenzen auf externe Dokumente. Zweitens machen lokale Optimierungen Sinn, bei denen durch Verwendung von Attributen der textuelle Aufwand erheblich reduziert werden kann. So lässt sich beispielsweise das Measurement-Konstrukt

```
<Measurement>
    <MeasurementValue>1000</MeasurementValue>
    <MeasurementUOM>MetricTon</MeasurementUOM>
    <MeasurementRangeMin>900</MeasurementRangeMin>
    <MeasurementRangeMax>1100</MeasurementRangeMax>
</Measurement>
```

durch Umformen in die Attribut-Variante erheblich vereinfachen und im Hinblick auf die Maßeinheit präzisieren (in der DTD sind dazu die zulässigen Werte aufgezählt):

```
<Measurement UOM="MetricTon" RangeMin="900" RangeMax="1100">
    1000
</Measurement>
```

Erst der Geschäftsprozess, dann die DTD

Auf diesen Punkt hatte ich schon weiter oben hingewiesen: Bevor man sich über die DTD den Kopf zerbricht, sollte man zunächst die Geschäftsprozesse analysieren und verstehen, welche Information an welcher Stelle erwartet bzw. bereitgestellt wird. Dies kann tief verzahnt sein mit den betreffenden DTDs. Man stelle sich vor, dass Lieferungen kundenseitig an verschiedene Produktionsstandorte erfolgen sollen. Dann bestehen eine ganze Reihe von Alternativen, wo die Lieferadresse in der DTD angeordnet werden kann: Erfolgt sie auf der Header-Ebene, kann eine Bestellung nur für jeweils eine Adresse erfolgen, liegt sie als Bestandteil einzelner Positionen vor, lässt sich dieses individuell regeln. Die zweite Variante erscheint zunächst flexibler, jedoch ist auch zu berücksichtigen, in welchem Verhältnis in der Branche Einadress-Besteller zu Mehradress-Besteller vorliegen. Wenn es zu 90% Einadress-Besteller sind, ist absehbar, wie die Argumentation erfolgt: Mehradress-Besteller müssen N Bestellungen jeweils für eine Adresse tätigen, während im anderen Fall die 90% Einadress-Besteller in jeder Bestellzeile redundant die gleiche Adresse mitführen müssten. Zudem ist der Entwicklungsaufwand beim Konvertieren der Nachrichten in das ERP-System höher, wenn dieses Schwierigkeiten mit der Abbildung des betreffenden Datenmodells hat.

Natürlich lassen sich auch Kompromisse finden, diese lassen sich jedoch meistens nicht in der Präzision dokumentieren wie eine DTD auf Parser-Ebene ungültige Dokumente »verbietet«. Ein solcher Kompromiss lautet bei papiNet: »Wenn eine Adresse reicht, dann muss sie auf Header-Ebene verwendet werden. Wenn dies nicht der Fall ist, kann der Sender zusätzlich eine Adresse auf der Positionsebene verwenden. Diese überlagert dann für die betreffende Position die im Header definierte Adresse.« Es geht sicherlich auch noch komplizierter ...

Nicht das Pferd von hinten aufzäumen

Wie gesagt, die zugrunde liegende DTD kann damit nur noch ein Behälter sein, in den sich ein Dokument einfügt, das nicht nur nach XML-Vorschriften geformt ist. Im B2B-Teil werden wir uns einige Vorgehensmodelle ansehen, die im Zusammenhang mit Open EDI, Universal EDI, RosettaNet oder auch ebXML vorgeschlagen werden.

Es mangelt heute noch an guten Koordinationswerkzeugen

Wenn 30 Personen an einer DTD arbeiten und diese auch noch über den halben Globus verteilt sind, kommt es zu Koordinationsproblemen. Das Standardisierungsprojekt wird schnell zu 90% zur Managementaufgabe und nur zu 10% technischer Entwurf. Updates auf der gemeinsamen DTD müssen synchronisiert werden, Informationsprozesse müssen aufgesetzt werden, damit die anderen 29 Personen erfahren, was von der einen gerade geändert wurde. Was Open-Source-Entwickler bereits seit Jahren kennen, fehlt XML noch ganz: Ein zentrales Versionsverwaltungs-Tools, das es beliebig vielen Teilnehmern erlaubt, Änderungen an der DTD vorzunehmen und dabei anderen so lange das Änderungsrecht verweigert, bis das betreffende Element wieder freigegeben wird. Erste Entwicklungen dieser Art entstehen heute z.B. in Form des Produkts XML Canon von Tibco/Extensibility (*www.tibco.com*).

Versionsverwaltung und Dokumentation

Dieser Modifikationsprozess ist eng verzahnt mit dem Dokumentationsprozess: Zu jedem beliebigen Zeitpunkt wollen die Projektteilnehmer wissen, in welchen übergeordneten Elementen das Element »Measurement« definiert ist. Oder es sollen alle Reusable bis zur Tiefe 3 angezeigt werden oder die »PurchaseOrder« in vollem Umfang. Zu jedem Element soll ein Glossareintrag erfolgen, den man online mit dem Web-Browser abrufen kann etc. Diese enge Verzahnung aus DTD-Repository, Versionsverwaltung und Dokumentationskomponente existierte bis zum Sommer 2001 noch nicht, gemäß der 1000/100/10/1-Regel ist jedoch sehr bald damit zu rechnen. Ein solches System würde sicherlich die Standardisierungskosten halbieren (rechnen Sie mal selbst: 30 Personen, die über fünf Monate 50% ihrer Zeit dem Projekt widmen ...).

Wie häufig sollte man sich treffen und auf welche Weise?

Die größte Schwierigkeit liegt bei der Festlegung der DTD darin, einen äußerst heterogenen Personenkreis aus Softwareentwicklern, Branchenexperten und Beratern mit jeweils unterschiedlichen Know-how-Ausprägungen so zu organisieren, dass jeder entsprechend seiner Fähigkeiten und Kenntnisse sinnvoll eingesetzt werden kann.

Die Erfahrung aus dem papiNet-Projekt zeigt, dass zu häufige Treffen genauso schädlich sind wie zu wenige oder zu kurze. Als die Meeting-Frequenz bei 14-tägig und die Meeting-Dauer bei drei Tagen lag, konnte zwischen den Meetings kaum zu Hause am Projekt gearbeitet werden, da jeder in der zweiten Woche etliche Dinge nach- oder vorarbeiten musste. Drei Tage erscheint für ein Meeting eher lang, jedoch zeigte sich bei einem viertägigen Meeting, dass erheblich mehr »On-site« beim Meeting, aber in kleineren Gruppen oder teilweise in Klausur »vom Tisch kam«. Zudem ist die »Synchronisation im Denken« in der Anfangsphase sehr wichtig: Die Teilnehmer lernen voneinander unterschiedliche Geschäftsmodelle und sind sehr viel besser in der Lage, die neutrale Lösung nachzuvollziehen, als wenn sie sie nur aus dem Blickwinkel des eigenen Unternehmens betrachten. Zu kurze Meetings helfen ebenfalls wenig, da etwa ein Tag an Rüstzeit anfällt: Reports über den aktuellen Stand, Verteilen von Aufgaben, Fine-Tuning der Agenda, am Ende wieder Verteilen von Aufgaben für die Offline-Zeit etc.

Natürlich ist für jede Projekt-Charakterisik eine individuelle Herangehensweise erforderlich, aber als Daumenregel sollte man Folgendes planen:

- Drei- bis viertägige Meetings mit vorheriger Agendaplanung und Aufteilung in Fachgruppen.
- Meetings höchstens alle drei bis vier Wochen abhalten.
- Gleich von Anfang an die Dokumentationsprozesse festlegen und einüben, ansonsten diskutiert man noch beim 7. Meeting über »alte Kamellen«.
- Eine gute Mischung aus fachlichen und technischen Experten zusammenstellen. Hierbei ist zudem die Mischung von Top-down- und Bottom-up-Teams besonders sinnvoll. Während die Geschäftsprozess-Modellierer Begriffe und Prozesse verfeinern, beginnen die IT-Experten mit einem ersten »Guerilla-Entwurf«. In weiteren Schritten werden diese Entwicklungen aufeinander zugeführt. Dabei jedoch darauf achten, dass die normative Kraft des Faktischen die große Runde nicht überrumpelt.
- Weitreichende Dokumentation nach der Standardisierung. Hierbei sind vor allem auch Geschäftsprozesse zu dokumentieren, damit die Verbindung der Dokumentenstrukturen zu den Prozessen erkennbar sind.

8 Software-Frameworks und Portaltechnologien

In einer vernetzten Volkswirtschaft verwischen Grenzen zwischen Unternehmen: Historisch bedeutsame Kernbestandteile einer Unternehmung – wie z.B. das Lager – können schon seit langem an Kooperationspartner »outgesourct« werden. Virtuelle Unternehmen zielen sogar darauf ab, für einzelne Aufträge die Konfiguration aller erforderlichen Dienstleistungs- und Fertigungsprozesse ad hoc einzurichten (vgl. Abschnitt 5.2.11). Diese Flexibilität ist über Branchen und Wertschöpfungsstufen hinweg denkbar, aber auch zwischen Unternehmen im Wettbewerb.

Vernetzte Software für vernetzte Unternehmen

Eine solche organisatorische Integration erfordert eine begleitende informationstechnische Vernetzung, so dass die beteiligten Softwaresysteme entsprechend der virtuellen Organisation konfiguriert und abwickelt werden können.

Auch ohne einen solchen Verbund gleich »virtuell« nennen zu müssen, begegnen wir heute einer Reihe von Integrationsformen. Rekapitulieren wir also, durch welche Merkmale sich der B2B-Commerce auszeichnet:

- Es sind vorwiegend *Softwarekomponenten* bei Handelstransaktionen beteiligt. Der Mensch tritt dabei nur noch als Konfigurator bzw. Überwacher automatisierter Prozesse in Erscheinung.
- Die unterschiedlichen *Geschäftsregeln* wechselnder Partner bestimmen die Art und Weise, wie gegenseitige Leistungen auszutauschen sind. Dabei besteht an die EC-Software die Anforderung, bei wechselnden Geschäftspartnern entsprechend rasch Kompromisse hinsichtlich der neuen Randbedingungen zu treffen.
- Eine *Standardisierung* ist nicht nur auf der Ebene der Kommunikation erforderlich, sondern vor allem auch im Bereich der Geschäftsprozesse sowie des gemeinsam verwendeten Vokabulars der beteiligten Softwaresysteme.

Produkte und Standards

Verschiedene Produkte und Standards stehen heute zur Verfügung, um komplexe Anwendungen aus Business Objects zu konstruieren:

- *JavaBeans*. Dieses Komponentenmodell erlaubt eine erste, rudimentäre Realisierung von Softwarekomponenten als gekapselte, dynamisch installierbare Einheiten.
- *Application Server und Enterprise JavaBeans Container*. Hier wird Wert auf die Integration in die serverseitige IT-Infrastruktur eines Unternehmens gelegt. Folglich erleichtern Enterprise JavaBeans den Zugriff externer Clients auf Serverprozesse. Diese Technologien sind wiederum Bestandteil der J2EE (Java 2 Extended Edition).
- *Content-Management-Systeme*. Diese bilden die Schnittstelle zwischen der Anwendungssoftware eines Unternehmens, seinen Dokumenten (XML, HTML oder andere Formate wie PDF, Word usw.) sowie dem Web, über das Kunden, Mitarbeiter oder die allgemeine Öffentlichkeit auf Daten und Dokumente zugreifen.
- CORBA. Die *Common Object Request Broker Architecture* ist die Standardarchitektur für verteilte, objektorientierte Client/Server-Systeme. Sie bildet die Grundlage für die Business Object Component Architecture in Kapitel 8.12.
- Ganz ähnlich zu CORBA ist das Thema *Web-Services*: Hier geht es darum, auf der Basis von SOAP, UDDI und WSDL[1] das gleiche Ziel zu erreichen: eine sprachunabhängige Integration von Business Objects über entfernte Methodenaufrufe im Internet.

Die folgende Abbildung spiegelt die Entwicklung dieser Technologien in den letzten Jahren wider. Am Anfang stand auf programmiersprachlicher Ebene der RPC (Remote Procedure Call), mit dem Anwendungen im Internet integriert wurden. Über viele Entwicklungsschritte entstanden schließlich J2EE-kompatible Application Server, die es erlauben, anwendungsspezifische Business Objects kommerziell anzubieten.

---

1. SOAP: Simple Object Access Protocol; UDDI: Universal Description, Discovery and Integration; WSDL: Web Service Description Language

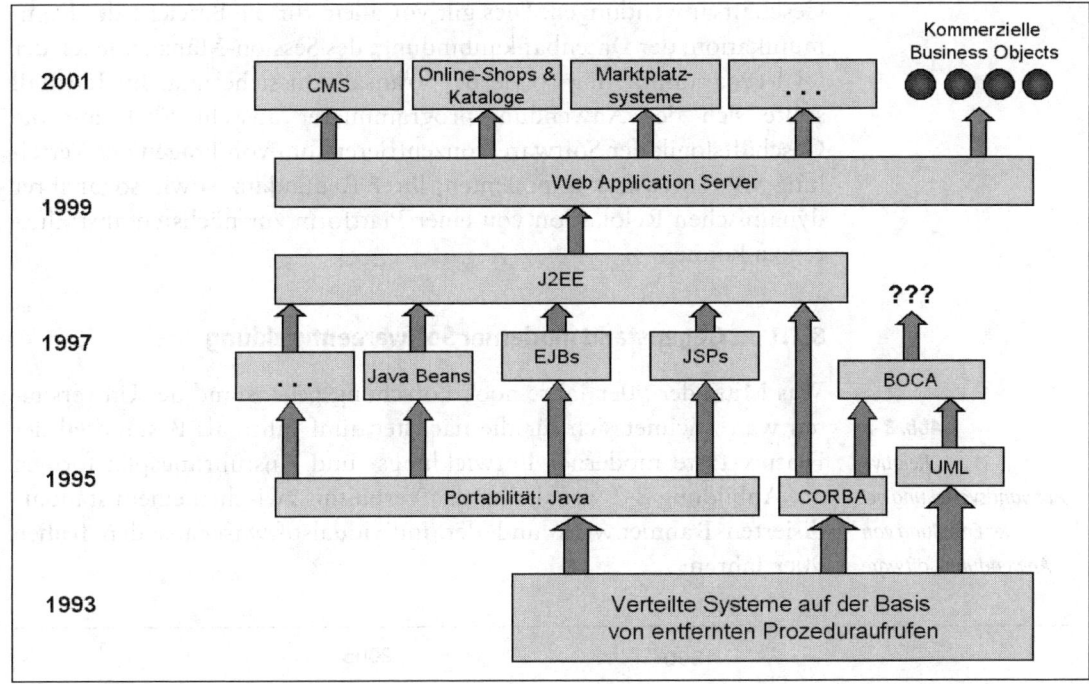

Abb. 8–1 Entwicklung von Software- und Portaltechnologien

In den folgenden Kapiteln wollen wir uns diese Technologien etwas genauer ansehen. Dabei werden wir mit Basistechnologien wie Java und Enterprise JavaBeans beginnen, um anschließend zu untersuchen, wie deren Eigenschaften bei Middleware-Plattformen wie Application Servern oder Anwendungen wie Content-Management-Systemen genutzt werden.

Neben dem Security- und XML-Kapitel ist auch dieses Kapitel sehr technisch. Wer sich nicht allzu sehr für Details im Bereich Java und CORBA interessiert, dem sei empfohlen, »querzulesen« oder gleich zum nächsten Kapitel über Medienkonvergenz weiterzublättern.

Warnung: Dieses Kapitel ist sehr technisch!

8.1 The big picture ...

Eine Reihe von Trends bestimmen seit einigen Jahren die Entwicklung von technischen EC-Systemen. Während sich früher der Level der Standardisierung gerade bis zur Transportebene (TCP/IP) erstreckte und anschließend alle weiteren Anwendungen auf der recht primitiven API von *Sockets* aufzusetzen hatten, so stehen heute Frameworks und dazu passende Entwicklungsumgebungen zur Verfügung, mit denen wesentliche Teile der Programmierung erspart bleiben – zumindest bei

Der Aufwand der Softwareentwicklung verlagert sich

Geschäftsanwendungen. Dies gilt vor allem für die Bereiche der Kommunikation, der Datenbankanbindung, des Session-Managements, der GUI-Programmierung sowie der Transaktionssicherung. Im Idealfall sollte sich der Anwendungsprogrammierer ausschließlich auf die Geschäftslogik der Software konzentrieren, um von Fragen der Verteilung von Softwarekomponenten, ihrer Redundanz sowie sogar ihrer dynamischen Relokation von einer Plattform zur nächsten abstrahieren zu können.

8.1.1 Gegenstand moderner Softwareentwicklung

Abb. 8–2
Relative
Aufwandsverteilung bei
der Erstellung von
Anwendungssoftware

Was Mitte der 90er Jahre noch Forschungsgegenstand der Universitäten war, zeichnet sich für die nächsten fünf Jahre als Bestandteil der Feature-Liste moderner Entwicklungs- und Ausführungsplattformen ab. Abbildung 8-2 visualisiert das Verhältnis zwischen einem standardisierten Rahmenwerk und der Individualsoftware aus den frühen 90er Jahren:

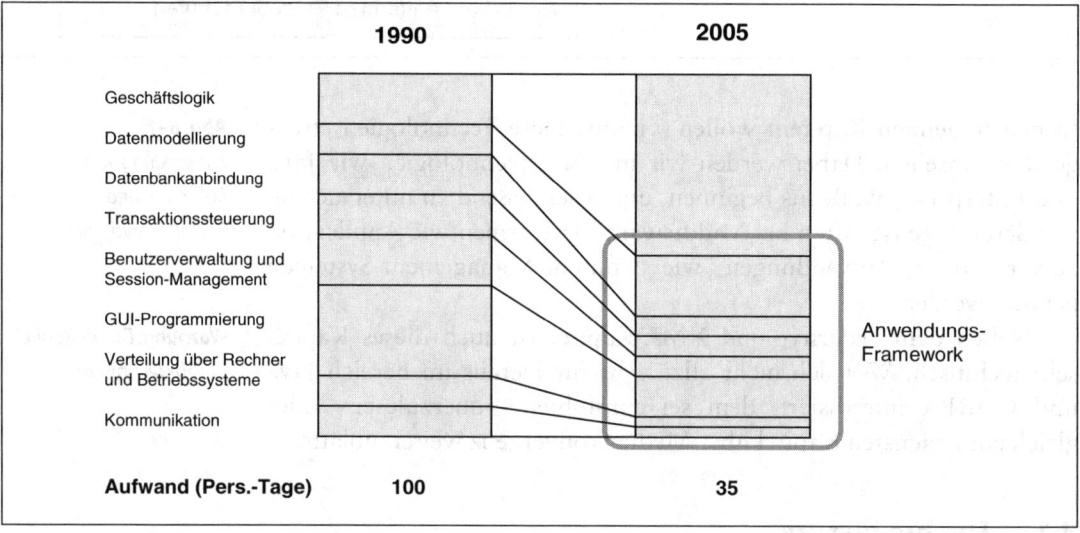

Mächtigere Werkzeuge
helfen, mehr Komplexität
zu beherrschen

Während sich der Gesamtaufwand einer Anwendungsentwicklung drastisch reduziert, bleibt die Definition der eigentlichen Geschäftslogik in etwa gleich: Regeln, Bedingungen, Prozesse und Rollen lassen sich von einem bestimmten Punkt an nicht mehr automatisieren. Dennoch ist es das Bestreben der Tool-Entwickler, auch den Kernbereich der Geschäftslogik immer weiter herauszuschälen, so dass auch anhand von Workflow-Systemen Prozesse definiert und ausgeführt, durch Regelsprachen Bedingungen an Ereignisse geknüpft werden können und durch die Integration mit Modellierungswerkzeugen ein direktes Abbilden von Rollen auf Personalisierungssoftware stattfinden kann.

In den folgenden Absätzen wollen wir uns erst einmal einen Überblick verschaffen, wie sich der Stand der Technik in den unterschiedlichen Bereichen des Rahmenwerks entwickelt hat. Wir konzentrieren uns hierbei vor allem auf die Java-Welt.

Kommunikation und verteilte Systeme

Heute stehen mit CORBA IIOP (Internet Inter-ORB Protocol, siehe Kapitel 8.6), Java RMI (Remote Method Invocation) und vor allem auch SOAP (Simple Object Access Protocol) verschiedene Middleware-Komponenten für die Client/Server-Kommunikation zwischen Anwendungen zur Verfügung, um verteilte Softwarekomponenten zu integrieren. Entwicklungswerkzeuge bieten die Möglichkeit, transparent diese Kommunikation über Rechnergrenzen hinweg zu unterstützen. Zur Zeit der »Client/Server«-Euphorie in den neunziger Jahren war die Kommunikation zwischen Client und Server auf Anwendungsebene zu bewerkstelligen: Beide Seiten hatten dabei einen komplexen Kommunikationskontext zu berücksichtigen. Dies gilt nicht für HTTP: Hier erfolgt der Sprung von Webseite zu Webseite für den Browser ohne Wissen um einen Anwendungszustand, dieser wird vollständig auf der Server-Seite verwaltet. Der Server muss also lediglich wissen, welcher Browserinstanz ein HTTP-Request zuzuordnen ist, um das sitzungsbedingt richtige Ergebnis an den Benutzer zu liefern. Jede weitere Kommunikation erfolgt entweder gar nicht (zentralisierter Server) oder sehr kontrolliert zwischen Server-Komponenten – in jedem Fall erspart man sich die Installation und Pflege komplexer Client-Anwendungen.

Erst herrschte das Client/Server-Paradigma vor ...

dann das Web ...

und in Zukunft das Beste der beiden Ansätze

GUI-Programmierung

Anfang der 90er Jahre standen mit den ersten GUI-Schnittstellen nur primitive Programmierschnittstellen zur Verfügung, über die Dialogboxen und das Interaktionsverhalten von Anwendungen definiert wurden. Dies war häufig langwierige Detailarbeit, welche die Software lediglich auf einer Plattform (OS/2, Windows, SunOS etc.) nutzbar machten. Bei einer Portierung der Software war allein das Umstellen des GUI eine Tätigkeit, die häufig in Mann-Monaten zu kalkulieren war. Unternehmen wie StarDivision profitierten von dieser Situation beispielsweise durch Entwicklung von plattformunabhängigen GUI-

Von der Win API und StarView zu Java und JSPs

Thin Client

Werkzeugen wie z.B. StarView. Heute würde man Anwendungssoftware aus verschiedenen Gründen nur noch mit Web-Zugang entwickeln: Der Web-Browser als »Thin Client« ist plattformunabhängig, erfordert keinen speziellen Installations-Support und wird auch von allen Kunden eingesetzt, so dass die Anwendung problemlos auch extern zugänglich gemacht werden kann, wenn dies sinnvoll ist – undenkbar in den 90ern![2]

Neue Anforderungen an das GUI liegen heute vielmehr in einer flexiblen Abbildung unterschiedlicher Komponenten der Anwendungslogik auf Web-Designs sowie in einer weitgehenden Automatisierung dieses Prozesses. Wenn dieser Schritt vollzogen ist, kann eine ERP-Software des Unternehmens flexibel als Enterprise-Portal unterschiedlichen Benutzern zur Verfügung gestellt werden. Hier treten Technologien wie Content-Management-Systeme und Template-Sprachen wie Java Server Pages (JSP) auf den Plan.

Datenmodellierung und Datenbankanbindung

Von Codd & Date zu CASE & UML

Seit den 80er Jahren standen zwar CASE-Tools zur Verfügung, mit deren Hilfe Datenbankschemata definiert werden konnten, jedoch endete die Entwicklung in der Regel nach dem Generieren der Tabellen. Mangels plattformunabhängiger Programmiersprachen wie Java und ebenso portablen Bibliotheken ließen sich bis Ende der neunziger Jahre noch keine Anwendungsklassen und Datenbankinhalte »in einem Guss« erzeugen oder modifizieren. Heute steht auf der Basis von Enterprise JavaBeans ein Standard zur Verfügung, der es – zugegebenermaßen mit noch erforderlicher weiterer Standardisierung – erlaubt, Anwendungsobjekte nur noch als Java-Objekte ohne Wissen um ihre Datenbankrepräsentation benutzen zu können. Die Frage nach der Datenbankanbindung erübrigt sich dann fast, da zugrunde liegende Protokolle wie ODBC vom Designtool automatisch ausgewählt und konfiguriert werden. Dieser Teil war früher nur in Einzelschritten durch Formulieren von SQL-Kommandos im Anwendungscode realisierbar. Es mussten folglich immer Quellcode und Datenbankinhalt synchronisiert werden – eine beliebte Fehlerquelle.

---

2. Natürlich ist diese Aussage etwas idealisiert, da selbst Browser desselben Herstellers auf unterschiedlichen Plattformen und in unterschiedlichen Versionen nicht immer kompatibel sind. Hoffnung besteht jedoch durch strikt standardkonforme Entwicklungen wie z.B. den Opera-Browser.

Transaktionssteuerung

Transaktionen im technischen Sinne dienen der Aufrechterhaltung der   *ACID-Eigenschaften*
sog. ACID-Eigenschaften:

- *Atomarität*. Die Ausführung einer Transaktion soll aus Sicht des Benutzers »en bloc« verlaufen, so dass sie entweder vollständig oder gar nicht ausgeführt wird. Dies bezieht sich vor allem auf die im Rahmen der Transaktion auszuführenden Änderungen der Datenbank. Tritt während der Ausführung einer Transaktion ein Fehler auf, der eine geplante Aktivität verhindert, werden seitens des Datenbanksystems sämtliche bereits erfolgten Änderungen der Transaktion zurückgesetzt.
- *Konsistenz* (Consistency). Die Transaktion dient der Einhaltung der Datenbankkonsistenz. Dies bedeutet, dass sie die Datenbank von einem konsistenten in einen wiederum konsistenten (nicht notwendigerweise unterschiedlichen) Zustand überführt.
- *Isolation*. Datenbanksysteme unterstützen typischerweise eine große Anzahl von Benutzern, die gleichzeitig auf die Datenbank zugreifen können. Trotz dieses Mehrbenutzerbetriebs wird garantiert, dass dadurch keine unerwünschten Nebenwirkungen eintreten, wie z.B. das gegenseitige Überschreiben desselben Datenbankobjekts. Vielmehr bietet die Datenbank jedem Benutzer und Anwendungsprogramm einen »logischen Einbenutzerbetrieb«, so dass parallele Datenbankzugriffe anderer Benutzer unsichtbar bleiben.
- *Dauerhaftigkeit*. Das DBS garantiert die Dauerhaftigkeit bzw. Persistenz erfolgreicher Transaktionen, deren Operationen vollständig ausgeführt wurden. Dies bedeutet, dass Änderungen dieser Transaktionen alle künftigen Fehler überleben, insbesondere auch Systemabstürze oder Externspeicherausfälle.

Wer in den neunziger Jahren Anwendungssoftware entwickelte, musste sich selbst darum kümmern, modifizierte Daten der Anwendung durch ein »Commit« in der Datenbank zu *persistieren*, d.h. dauerhaft dort abzuspeichern. Heutige Technologien wie Enterprise Java-Beans (EJBs) erlauben es jedoch, Standardoperationen wie z.B. das Aktualisieren von Stammdaten in einer Methode des Anwendungsobjekts zu kapseln und das Persistieren und die Konsistenzüberwachung der Ausführungsumgebung zu überlassen.

Benutzerverwaltung und Session-Management

Die Frage der Benutzerverwaltung ergab sich traditionell gar nicht auf Applikationsebene: Entweder konnte der Anwender eine Client-Software starten oder eben nicht. Entweder hatte er auf *Betriebssystemebene* Zugang zum Server oder nicht. Damit war es auch weniger wichtig, wer gerade der aktuelle Benutzer innerhalb einer Session ist, Hauptsache er hat sich Anfangs einmal authentifiziert.

Heute besteht die Anforderung, innerhalb einer Verwaltungsdomäne Benutzer einmal zu authentifizieren und sie anschließend durch ein Objekt im System zu repräsentieren. Bei jedem Zugriff auf den Server wird eine Referenz auf dieses Objekt mitgeführt, so dass jederzeit überprüfbar ist, *wer* gerade zugreift und *was* diese Person darf. Diese Information muss dabei über alle Server-Systeme hinweg einheitlich verwaltet werden können, damit der gleiche Benutzer auch auf andere Server in der Verwaltungsdomäne zugreifen kann.

Single-Sign-on   Dank PKI, LDAP-Benutzerverwaltung und Application Servern ist dieses Single-Sign-on heute realisierbar.

Geschäftslogik

Business Objects ...   Wenn es möglich ist, alle Bestandteile eines Softwaresystems herauszufiltern, die nichts mit seiner Anwendungslogik zu tun haben, dann verbleibt am Ende die reine Geschäftslogik. Heute und in Zukunft gilt es daher, Personen, Rollen, Prozesse, Datenobjekte usw. einheitlich zu definieren und flexibel zu konfigurieren, so dass eine Anwendungssoftware leichter gewartet und an neue Randbedingungen angepasst werden kann.

... und Business Object Frameworks   Die technologische Antwort auf diese Anforderung kann in der aktuellen Entwicklung von *Business Object Frameworks* liegen, die hersteller-, plattform- und unternehmensübergreifende Integrationen erlauben. Auf dieser Basis entwickelte Business Objects zeichnen sich durch folgende Eigenschaften aus:

- *Sie repräsentieren geschäftliche Funktionen im Softwaresystem.* Dies ist z.B. eine Wechselkurstabelle, ein Katalog, das Lager, eine Rechnung oder auch ein Mitarbeiter.
- Sie sind ein *Objekt*. Im Sinne der Objektorientierung bedeutet dies, Daten zu kapseln, Zugriffs- und Verarbeitungslogik in Form von Methoden zu repräsentieren und anderen Objekten zugänglich zu machen sowie durch ein für alle Objekte der gleichen Art gültiges Konzept – die Klasse – gemeinsame Datentypen und Methoden zu definieren.

- *Sie abstrahieren von technologischen Plattformen*, d.h., Business Objects sind unabhängig sowohl von der Hardware-, der Betriebssystemumgebung, vom Application Server und im Extremfall sogar von ihrer eigenen Programmiersprache (siehe unten die CORBA Business Object Component Architecture). Im Idealfall ist das gesamt Framework sogar von Programmiersprachen unabhängig, so dass auch bestehende Softwarebausteine gekapselt und eingebunden werden können.
- *Sie sind beliebig verteilbar.* Neben der Plattformunabhängigkeit steht hier die *Verteilungstransparenz* im Vordergrund. Dies bedeutet, dass eine Konfiguration von Business Objects in beliebiger Weise auf unterschiedliche Rechner innerhalb von oder zwischen Organisationen verteilt werden kann, ohne dass der Anwender einen Unterschied wahrnimmt. In der Realität ist diese Anforderung insbesondere dann gegeben, wenn Geschäftsprozesse über Unternehmensgrenzen hinweg zu integrieren sind. »Integrieren« heißt hier: verteilte Business Objects miteinander zu konfigurieren.
- Sie stellen eine *Komponente* dar. Im Sinne der *Componentware* ist eine Komponente definiert als abgeschlossenes Softwareobjekt, das über die Delegation von Methodenaufrufen mit anderen Komponenten integriert werden kann. Damit werden Softwarekomponenten in Form einer einzelnen Datei geliefert. Eine Komponente trägt Metainformation mit sich, so dass sie vom Softwareentwickler bezüglich ihrer Funktion und Einsetzbarkeit inspiziert werden kann. Durch die genannten Eigenschaften kann eine Komponente im laufenden Betrieb sofort getestet und eingesetzt werden.

  Componentware

- *Standardisierung.* Schließlich erfordert die Konfiguration von Business Objects die bereits erwähnte Standardisierung der Ausführungsumgebung, von Schnittstellen zwischen Softwaremodulen und des verwendeten Begriffsapparates.

In Kapitel 8.12 werden wir uns das CORBA BOCA Framework (Business Object Component Architecture) genauer ansehen als einen früheren »Prototyp« für E-Business-Rahmenwerke zur Definition von Geschäftslogiken.

In den folgenden Kapiteln wollen wir nun Technologien genauer betrachten, die es ermöglichen, moderne Portalanwendungen zu entwickeln. Dabei geht es wiederum nicht um Details oder aktuelle Entwicklungen, sondern um grundlegende Prinzipien und Entwicklungstrends. Ziel ist immer das »Szenario 2005«.

8.1.2   Was ist ein Portal?

Für den Begriff des Portals gibt es so viele Definitionen wie »Definierer«. Es ist wie mit dem E-Commerce: Entweder wählt man die »generischste« Definition à la

> »Ein Portal zentralisiert den themenspezifischen Zugang zu Web-Ressourcen«

oder man zählt auf:

> »Informationsportal, Wissensportal, Enterprise-Portal, Shop-Portal, Community-Portal, Prozessportal, Kollaborationsportal, Publikationsportal, konfigurierbares Portal mit Personalisierung, Portal mit Web-Zugang, Portal mit Messaging-Schnittstelle, Portal mit WAP-Zugang und so weiter ...«

Wenn Ihnen diese Definitionen nicht gefallen, benutzen Sie doch einfach folgende: Nail et al. definieren in ([NBCA+99], S. 6) Portale als

> »hochfrequente Einstiegsseiten ins Web, die Anwendern, die sich von der Informationsflut überfordert fühlen, eine kostenlose Einstiegs- und Orientierungshilfe bieten.«

In der ComputerWorld fand man einmal die Definition:

> »A portal combines different information from the Web, corporate databases and applications into a single point of access using Web browsers and search technology«.

Im E-Business-Teil werde ich sogar spaßeshalber von einem »Nortal« reden, d.h. einem Non-Portal ;-) (Kapitel 16.3).

Ein White Paper der Delphi Group hält sich dagegen sehr allgemein:

> »the concept of portals can be used to describe almost any sort of desktop with network access«

Bezieht man nun noch die acht Funktionen mit ein, welche die Marktforscher von Ovum in ihrer Studie »Enterprise Portals: New Strategies for Information Delivery« [Ovum00] für Portale beschrieben – nämlich Navigation, Datenintegration, Personalisierung, Notifikation, Wissensmanagement, Workflow, Anwendungsintegration und Infrastrukturdienste –, so hat man eine erste Ahnung von der Komplexität »unter der Haube«.

Die Nachfrage nach Portalen ist entsprechend unterschiedlich, insgesamt aber sehr groß: So gehen Analysten des Marktforschungsunternehmens Summit Strategies davon aus, dass das Marktvolumen für Enterprise-Portale bis zum Jahr 2003 weltweit etwa 14 Milliarden Dollar betragen wird. IDC erwartet, dass 2002 etwa 54,3 % aller Firmen, egal welcher Größe, Portale betreiben werden und dass 85% aller Organisationen in den nächsten fünf Jahren im Schnitt 500.000 USD in Portale investieren werden. Ein Grund für den aktuellen Portal-Boom ist sicherlich auch die geänderte Sichtweise der Unternehmensleitung: »... Manager sehen Portale nicht mehr nur als Informationsschnittstelle, sondern vielmehr als eine Plattform, auf der ihre E-Business-Strategie aufsetzt«, so der Director of Research der Delphi Group.

Portalanwendungen

Angesichts der Flexibilität von Portalsoftware ist eine Vielzahl von Anwendungen denkbar, die durch Kombination von EJB-Komponenten realisiert werden kann:

1. *Informationsportale.* Hier geht es um die Veröffentlichung zumeist von Dokumenten (Pressetexten, Veranstaltungen, Wetterberichten, Börsenkursen etc.). Auch Yahoo, about.com und Heise.de zählen zu dieser Kategorie.
2. *Transaktionsportale bzw. Online-Shops.* Hier geht es um die Kombination von Komponenten zur Verwaltung von Katalogen, Transaktionsmodulen, Benutzern und statischen Dokumentenbestandteilen.
3. *Dedizierte Redaktionssysteme.* Auch wenn es nicht um die Unterstützung von Online-Käufen geht, so doch zumindest um die Auswahl, Personalisierung und Aufbereitung von redaktionellen Inhalten, für die Softwarekomponenten erforderlich sind, die statische Webseiten geschickt mit dynamischen Inhalten kombinieren.
4. *Enterprise-Portale.* Diese Systeme kapseln ERP-Software, Intranet-Funktionen und unternehmensinterne Dokumente und stellen sie über eine einheitliche Schnittstelle dem Nutzer dar. Auch hier stehen Content-Management-Funktionen in enger Verbindung mit Anwendungsobjekten, die auf Module des ERP-Systems zugreifen.

Die aktuelle Entwicklung in diesen Bereichen zeigt drei Trends:

1. *ASP-Hosting* für kleine Anwender. Hierbei wird die Anwendungsfunktionalität entfernt genutzt, man denke an Mietshops oder CM4all, ein Content-Management-System, das über eine

Web-Schnittstelle administriert und benutzt werden kann. Auch eGroups ist ein Beispiel für das Outsourcing von Anwendungslogik durch kleine oder sporadisch auftretende Nutzergruppen.

2. *Out-of-the-Box-Systeme* für mittlere Anwender. Seit Mitte der 90er Jahre stehen spezialisierte Softwarelösungen wie z.B. Intershop für Online-Shops oder RedDot für das Content-Management zur Verfügung. Die Nutzung dieser Systeme erfordert kaum Programmierkenntnisse und kann somit auch durch technisch versierte Anwender erfolgen. Falls jedoch die Anforderungen den Funktionsumfang dieser Systeme übertreffen, ist ein verhältnismäßig hoher Aufwand für die Erweiterung zu kalkulieren.

3. *Application-Server-basierte Portalanwendungen* für große Anwender. Hier zielt der Application Server als Basissoftware zunächst gar nicht auf E-Commerce-spezifische Funktionen ab, da er grundlegende Dienste wie EJB-Container, Benutzerverwaltung, Datenbank- und CORBA-Integration anbietet. Dafür ist allerdings die Integration von Einzellösungen unterschiedlicher Hersteller und Funktionsbereiche überhaupt erst sinnvoll lösbar. So ist eine nahtlosen Kopplung von Shop-Systemen mit Auktionsmodulen und Content-Management-Funktionen teilweise gar nicht möglich, ohne wesentliche Bestandteile der Systeme über Programmierschnittstellen anzubinden.

Anforderungen an Portalsoftware

Moderne Portalsoftware muss eine Vielzahl an Business Objects, Daten und Seitenlayouts verwalten und gleichzeitig flexibel in der Konfiguration bleiben. Die Trennung von Anwendungsebenen wie Benutzerverwaltung, GUI, Content-Management, Logik und Datenhaltung nach dem MVC-Prinzip[3] ist dabei von besonderer Bedeutung. Diese unterschiedlichen Ebenen sind dabei im Einzelnen:

▪ Verwendung von *Web-Servern und -Browsern* auf der Basis von HTTP und HTML für den Benutzerzugang und für die GUI-Ebene. Dem Benutzer wird dabei vollständig verborgen, ob die HTML-Seiten, die er abruft, statisch sind, aus Einzelfragmenten zusam-

---

3. Model – View – Controller: Dahinter verbirgt sich die Trennung in Anwendungslogik (Modell), Softwarekomponenten zur Visualisierung von Daten (View) und Komponenten für den Update von Daten. Eine saubere Trennung dieser Aspekte erhöht die Modularisierung und Wartbarkeit der Software.

mengesetzt oder vollständig dynamisch vom Server generiert werden. Die Aufgabe des Web-Servers liegt dabei lediglich im Laden der Seiten bzw. im Aufrufen von serverseitigen Softwarekomponenten, welche die Seiten generieren. Der Web-Browser nimmt also nur HTML-Seiten wahr.

- *Content-Management.* Eine Stufe hinter dem Web-Server entscheidet sich im Falle dynamischer Seiten, wie diese generiert werden. Es kann sich um ein Skript handeln, das auf eine Datenbank zugreift und aus dem Anfrageergebnis direkt HTML generiert. Diese Variante finden wir bei Sprachen wie Perl oder PHP. Es kann aber auch ein XML-Dokument sein, das über XSLT in HTML transformiert wurde. Dies erlaubt, das »Look and Feel« der Webseite über ein Stylesheet zu steuern, so dass auch nach der Server-Konfiguration einzelne Stylesheets modifiziert werden können, ohne das restliche System zu verändern. Zum Content-Management zählt ebenfalls die *Kombination* von statischen und dynamischen Seitenbestandteilen. Dies kann auf XML- oder HTML-Ebene erfolgen.

- Integration von *Business Objects.* Die Anwendungslogik ist in der Java-Welt beispielsweise gekapselt als Enterprise JavaBeans oder als Active-X-Komponenten bei Microsoft. Einige dieser Komponenten dienen der Kapselung von Logik, während andere Datenobjekte der Datenbank repräsentieren. Viele von ihnen haben die Funktion, bei Aufruf als Resultat ein XML- oder HTML-Fragment zu liefern, das als Bestandteil in komplexere Dokumente einfließt. Es hängt danach von der Content-Management-Ebene ab, wie diese Kombination erfolgt.

- *Datenhaltung.* Eine Portalsoftware greift auf Daten im Back-End entweder direkt über ODBC oder JDBC zu, insbesondere wenn es sich um Skriptsprachen handelt. Bei EJBs kann der Datenbankzugriff vollständig hinter einem Objekt verborgen werden, welches die Datenbank verbirgt (Entity Bean).

8.1.3 Eine Referenzarchitektur für Portale

Abbildung 8-3 zeigt das Zusammenspiel dieser unterschiedlichen Ebenen. Ein HTTP-Aufruf des Browsers aktiviert hierbei zunächst über den Web-Server ein Java-Servlet. Dieses lädt ein HTML-oder XML-Template und wertet Skripteinträge im Dokument aus. Für jeden Eintrag erfolgt ein Aufruf der korrespondierenden Logik, die in der Abbildung in der rechten Hälfte des Application Servers gezeigt ist. Ein Methodenaufruf bei einem solchen Objekt führt wiederum zur Berechnung des Resultats, entweder als Datenbankabfrage, als lokale Berech-

Abb. 8–3

Zusammenspiel von
Softwaretechnologien
bei Portalen

nung oder als entfernter Aufruf einer anderen Softwarekomponente. In jedem Fall liefert das Anwendungsobjekt ein XML-Fragment zurück, das seinerseits eingefügt wird in komplexere Dokumente. Diese werden anschließend transformiert in das HTML-Dokument, welches der Web-Server an den Browser ausliefert.

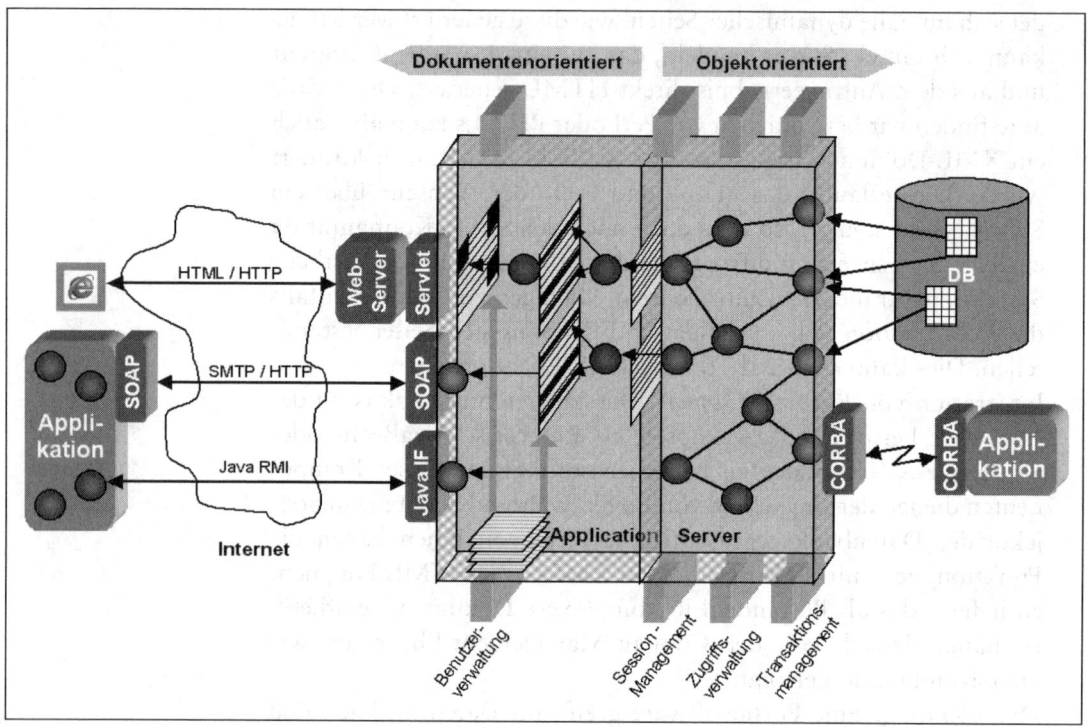

Es geht auch im
Spaghetti-Modus ...

Von der in Abbildung 8-3 dargestellten »Pipeline« zwischen den Datenbankobjekten und der HTML-Seite können aus Performance-Gründen auch einige Transformationen ausgelassen werden. Dies kann jedoch die Flexibilität des Systems stark einschränken:

- Die Kapselung von Datenbankobjekten kann reduziert werden durch explizites Formulieren von Datenbankanfragen, die dann auf der Anwendungsebene zur verarbeiten sind.
- Das Zusammenführen von XML-Fragmenten zu vollständigen XML-Seiten ist eine aufwendige Operation auf den beteiligten Knoten. Stattdessen kann das resultierende Dokument auch direkt aus den SQL-Anfragen heraus erzeugt werden. Aber auch hier verletzen wir um der Performance willen eine saubere Trennung der Ebenen.

▨ Schließlich kann man auf die Transformation von XML in HTML verzichten und gleich die Abfrageresultate in HTML-Seiten einfügen (z.B. auch über Template-Sprachen).

Wenn sich der Entwickler allerdings zu diesen drei Optimierungen entschließt, sollte er sich überlegen, ob ein Ansatz auf der Basis von Skriptsprachen wie PHP oder Perl nicht angemessener wäre. Angesichts heutiger Prozessorleistung und der möglichen Verteilung von Servern im Netz sprechen eigentlich keine Gründe gegen eine hochflexible Softwarearchitektur für Portale.

8.1.4   Ein Beispiel

Ein Beispiel soll dies verdeutlichen: Ein Kunde möchte auf eine Rechnung zugreifen, die der Anbieter (d.h. der Betreiber des Portals) für ihn generiert. Dabei loggt sich der Kunde auf dem Portal ein und wählt die Rechnung Nr. 4711 aus (diese befindet sich unter »Meine Rechnungen« auf der für ihn generierten Kundenseite). Der Mausklick führt entsprechend der Abbildung 8-3 über mehrere Stufen zu verschiedenen Datenbankzugriffen, die folgende Elemente der Rechnung zusammenstellen:

▨ Aus der Kundendatenbank lädt das System die Stammdaten des Kunden (z.B. über das Datenbankzugriffsprotokoll JDBC oder über SOAP)
▨ Die Rechnungsdatenbank enthält die einzelnen Positionen der Rechnung
▨ Die Auftragsdatenbank liefert die genaue Produktspezifikation dessen, was der Kunde bestellt hat

Zusammengenommen sind die folgenden Informationen vorhanden:

Tabelle: Kunden

KundenNr:	KundenName:	KundenStr:	KundenPLZ:	KundenOrt:	...
1234	Weizenkeim AG	Unter den Linden 34	D-10001	Berlin	...

Tabelle: Rechnungen

RechNummer:	KundenNr:	RechDatum:	RechWert:	RechWährung:	RechAnzPos:	...
4711	1234	01.06.2001	1,000	EUR	2	...

Tabelle: Rechnungspositionen

RechPosNr:	RechNr.	RechPosAnzahl:	RechPosEinzel:	RechPosRabatt:	RechPosProdNr:	...
1	4711	5	100	0	222	...
2	4711	5	100	0	333	...

Tabelle: Rollenpapier

ProdNr:	Diameter:	Width:	ActionType:	WindingDirection:	...
222	1000	796	Special	1	...

Tabelle: FlugInfo

ProdNr:	ProdName:	ProdBeschr:	ProdPreis:	...
333	FlugMallorca	Nur Flug, ohne Schwimmweste, stehender Transport	100	...

Diese Daten werden von ihren jeweiligen EJB-Komponenten in XML-Fragmente transformiert, die folgendermaßen aussehen:

Kunde.xml

```xml
<Kunde xsi:type="tps:Kunde"
    xsi:schemaLocation="http://www.xcbl.org/Kunde.xsd">
    <KundenNr>1234</KundenNr>
    <KundenName>Weizenkeim AG</KundenName>
    <KundenStr>Unter den Linden 34</KundenStr>
    <KundenPLZ>D-10001</KundenPLZ>
    <KundenOrt>Berlin</KundenOrt>
    ...
</Kunde>
```

Rechnung.xml

```xml
<Rechnung xsi:type="tps:Rechnung"
    xsi:schemaLocation="http://www.xcbl.org/Rechnung.xsd">
    <RechNummer>4711</RechNummer>
    <RechDatum>01.06.2001</RechDatum>
    <RechWert>1,000</RechWert>
    <RechWährung>EUR</RechWährung>
    <RechAnzPos>2</RechWährung>
</Rechnung>
```

Rechnungspositionen.xml

```
<RechPositionen xsi:type="tps:Positionen"
    xsi:schemaLocation="http://www.xcbl.org/Positionen.xsd">
    <Position>
        <RechPosNr>1</RechPosNr>
        <RechPosAnzahl>5</RechPosAnzahl>
        <RechPosEinzel>100</RechPosEinzel>
        <RechPosRabatt>0</RechPosRabatt>
        <RechPosProdNr>222</RechPosProdNr>
    </Position>
    <Position>
        <RechPosNr>2</RechPosNr>
        <RechPosAnzahl>5</RechPosAnzahl>
        <RechPosEinzel>100</RechPosEinzel>
        <RechPosRabatt>0</RechPosRabatt>
        <RechPosProdNr>333</RechPosProdNr>
    </Position>
</RechPositionen>
```

ProdInfo-Papier.xml

```
<ProduktInfo xsi:type="tps:ReelPaper"
    xsi:schemaLocation="http://www.papinet.org/ReelPaper.xsd">
    <Produkt>
        <ProdNr>222</ProdNr>
        <Reel>
            <ReelConversionCharacteristics WindingDirection = "WireSideOut">
                <ReelWidth>
                    <MeasurementValue UOM = "Millimeter" NumberOfDecimals = "0">
                        796
                    </MeasurementValue>
                </ReelWidth>
                <ReelDiameter>
                    <MeasurementValue UOM = "Millimeter" NumberOfDecimals = "0">
                        1000
                    </MeasurementValue>
                    <MeasurementRangeMin>1000</MeasurementRangeMin>
                    <MeasurementRangeMax>1000</MeasurementRangeMax>
                </ReelDiameter>
            </ReelConversionCharacteristics>
            <ReelPackagingCharacteristics ActionType = "Special"/>
        </Reel>
    </Produkt>
<ProduktInfo>
```

ProdInfo-Reise.xml

```
<ProduktInfo xsi:type="tps:TravelService"
    xsi:schemaLocation="http://www.reise.org/ProdInfo.xsd">
    <Produkt>
        <ProdNr>333</ProdNr>
        <ProdName>FlugMallorca<ProdName>
        <ProdBeschr>Nur Flug, ohne Schwimmweste, stehender Transport</ProdBeschr>
        <ProdPreis>100</ProdPreis>
    </Produkt>
<ProduktInfo>
```

Zu beachten ist bei den XML-Fragmenten, dass jedes bereits eine Referenz auf sein XML-Schema mit sich führt. Damit kann es von jeder Anwendungskomponente validiert werden, bevor es zu einem komplexen Gesamtdokument zusammengefügt wird. Schließlich liefert die Zusammenführung der einzelnen Fragmente ein vollständiges Rechnungsdokument:

Rechnung.xml

```
<Rechnung xsi:type="tps:Rechnung"
    xsi:schemaLocation="http://www.xcbl.org/Rechnung.xsd >
    <RechNummer>4711</RechNummer>
    <RechDatum>01.06.2001</RechDatum>
    <Kunde xsi:type="tps:Kunde" xsi:schemaLocation="http://www.xcbl.org/Kunde.xsd>
        <KundenNr>1234</KundenNr>
        <KundenName>Weizenkeim AG</KundenName>
        <KundenStr>Unter den Linden 34</KundenStr>
        <KundenPLZ>D-10001</KundenPLZ>
        <KundenOrt>Berlin</KundenOrt>
        ...
    </Kunde>
    <RechWert>1,000</RechWert>
    <RechWährung>EUR</RechWährung>
    <RechAnzPos>2</RechAnzPos>
    <RechPositionen  xsi:type="tps:Positionen"
                     xsi:schemaLocation="http://www.xcbl.org/Positionen.xsd>
        <Position>
            <RechPosNr>1</RechPosNr>
            <RechPosAnzahl>5</RechPosAnzahl>
            <RechPosEinzel>100</RechPosEinzel>
            <RechPosRabatt>0</RechPosRabatt>
            <RechPosProdNr>222</RechPosProdNr>
            <ProduktInfo xsi:type="tps:ReelPaper"
                xsi:schemaLocation="http://www.papinet.org/ReelPaper.xsd">
                <Produkt>
                    <ProdNr>222</ProdNr>
                    <Reel>
```

```
                    <ReelConversionCharacteristics WindingDirection = "WireSideOut">
                        <ReelWidth>
                            <MeasurementValue UOM="Millimeter" NumberOfDecimals="0">
                                796
                            </MeasurementValue>
                        </ReelWidth>
                        <ReelDiameter>
                            <MeasurementValue UOM="Millimeter" NumberOfDecimals="0">
                                1000
                            </MeasurementValue>
                            <MeasurementRangeMin>1000</MeasurementRangeMin>
                            <MeasurementRangeMax>1000</MeasurementRangeMax>
                        </ReelDiameter>
                    </ReelConversionCharacteristics>
                    <ReelPackagingCharacteristics ActionType = "Special"/>
                </Reel>
            </Produkt>
        </ProduktInfo>
    </Position>
    <Position>
        <RechPosNr>2</RechPosNr>
        <RechPosAnzahl>5</RechPosAnzahl>
        <RechPosEinzel>100</RechPosEinzel>
        <RechPosRabatt>0</RechPosRabatt>
        <RechPosProdNr>333</RechPosProdNr>
        <ProduktInfo xsi:type="tps:TravelService"
            xsi:schemaLocation="http://www.reise.org/ProdInfo.xsd">
            <Produkt>
                <ProdNr>333</ProdNr>
                <ProdName>FlugMallorca<ProdName>
                <ProdBeschr>
                    Nur Flug, ohne Schwimmweste, stehender Transport
                </ProdBeschr>
                <ProdPreis>100</ProdPreis>
            </Produkt>
        </ProduktInfo>
    </Position>
</RechPositionen>
</Rechnung>
```

Auch das hieraus resultierende, zusammengesetzte Rechnungsdokument erlaubt eine dezentrale Validierung seiner Einzelfragmente im
Stadium ihrer Generierung. Genau hier liegt also die Content-Manage-
ment-Funktion des Portals: Anhand von Template-Definitionen werden korrespondierende Objekte der Portalanwendung aufgerufen und
deren Resultate als XML-Dokument richtig zusammengesetzt.
Anschließend kann eine Transformation in HTML erfolgen, so dass

der Benutzer von den komplexen Transformationsprozessen nichts bemerkt.

Abbildung 8-3 zeigt allerdings auch weitere Szenarien, die Transformationen weglassen bzw. hinzufügen können:

■ Die Rechnung muss beispielsweise nicht in HTML transformiert werden, wenn sie einem Kunden per HTTP-Request direkt zugestellt wird. Dabei baut eine Messenger-Komponente des Portals eine Verbindung zur gegenüberliegenden Komponente des Kunden auf und überträgt das Dokument im XML-Format. Bei Kunden angekommen, wird das Dokument direkt vom ERP-System weiter verarbeitet. Als Kommunikationsprotokoll kann hier SOAP eingesetzt werden, um das Rechnungsdokument direkt als XML-Parameter einzubetten. Damit könnte der Kunde beispielsweise auch eine Active-X-Anwendung einsetzen.

■ Alternativ kann eine Client-Software des Kunden auch direkt auf EJB-Komponenten unseres Portals zugreifen, indem beispielsweise ein direkter Methodenaufruf über CORBA IIOP oder Java RMI erfolgt. Hierbei könnte sogar auf XML verzichtet werden, da sich diese Kommunikationsmechanismen um die richtige Konvertierung der Parameter kümmern.

■ Schließlich muss auch auf der Server-Seite kein direkter Datenbankzugriff erfolgen, wenn die gewünschten Daten von einer Server-Anwendung geliefert werden können – denken Sie an einen Logistik-Partner im Back-End, der über z.B. CORBA-Schnittstellen eine Funktion zum Abfragen des Lieferzustandes bereitstellt.

Für eine »industrialisierte« Entwicklung derartiger Portalsysteme müssen zukünftige Software-Entwicklungsumgebungen die Integration der gezeigten Bestandteile sehr viel besser unterstützen. Diese Integration ist heute jedoch noch sehr lückenhaft: Zwar verfügen wir über leistungsfähige HTML-Designwerkzeuge wie z.B. Macromedias Dreamweaver oder Adobes Pagemill. Wir verfügen ebenfalls über UML-Modellierungswerkzeuge wie Rational Rose, Together J oder Poseidon (ein Open-Source-UML-Modellierungswerkzeug der Gentleware AG, *www.gentleware.com*), mit denen Anwendungsklassen, Aktivitäten und Benutzerrollen definiert werden können. Schließlich stehen XML-Werkzeuge zur Definition von Dokumententypen zur Verfügung – aber eine *Integration* dieser drei Welten besteht heute jedoch noch nicht. Idealerweise sollte ein solches Tool eine einheitliche Sicht auf Anwendungsobjekte, deren XML-Output sowie dessen Transformation in HTML liefern. Diese Tools sind sicherlich für die nächsten Jahre zu erwarten.

Wenn serverseitige Logik entsprechend der Abbildung 8-3 über Schnittstellen wie SOAP (vgl. Kapitel 7.8.3) bereitsteht und durch Verzeichnisdienste wie UDDI (vgl. Kapitel 17.7) oder Schnittstellenbeschreibungssprachen wie WSDL (vgl. Kapitel 8.7) spezifiziert wird, ist nach heutiger Terminologie von einem *Web-Service* die Rede. Wir werden im Laufe der nächsten Kapitel feststellen, was eigentlich neu ist an Web-Services und in welchen Bereichen Daten durch die Verwendung von XML lediglich »moderner« repräsentiert werden.

Web-Services

Wir haben in dieser Übersicht einige Schlüsseltechnologien kennen gelernt, die wir den folgenden Kapiteln genauer untersuchen wollen:

- *JavaBeans* als einfachste Kapselung von Anwendungskomponenten,
- *Enterprise JavaBeans* als Kapselung von serverseitiger Anwendungslogik,
- Template-Sprachen wie *Java Server Pages*, welche die Schnittstelle zwischen Server-Logik und Präsentationsebene darstellen, und darauf aufsetzende Content-Management-Systeme sowie
- *CORBA* als Mechanismus für die Programmiersprachen-unabhängige Integration von Anwendungsmodulen.
- *WSDL* als alternativer Mechanismus zu CORBA zur ebenfalls Programmiersprachen-unabhängigen Softwareintegration mit einer Schnittstellendefinitionssprache, die auf XML basiert.

In den folgenden Kapiteln sollen daher diese Bereiche technisch weiter vertieft werden. Später im Buch greifen wir dann auf dieses gemeinsame Basiswissen wieder zurück. Dabei schauen wir uns einen Ausschnitt der heute verfügbaren Technologie an, der möglichst vollständig ist im Sinne der Funktionskomponenten. Natürlich gibt es auch in der »Parallelwelt« von Microsoft vergleichbare Architekturen, die jedoch funktional nicht über das hier Betrachtete hinausgehen.

8.2 JavaBeans

JavaBeans übernehmen zum größten Teil Konzepte der Programmiersprache Java, die heute nicht mehr im Detail erläutert zu werden braucht. Damit sollte es sich auch erübrigen, erneut über alle Vorteile und Eigenschaften von Java als Programmiersprache, Java als Rahmenwerk von Softwaremodulen oder Java als Protestinstrument angesichts einer monopolistisch geprägten Welt zu sprechen. Somit nur Folgendes in Kürze:

Plain Java

Die Java Virtual Machine

Java ist objektorientiert und plattformunabhängig. Java-Anwendungen können ohne Modifikation auf Plattformen von Smart Cards und Handys über eingebettete Controller, Personal Digital Assistants, Set-Top-Boxen, PCs, Workstations bis zu Mainframes ausgeführt werden, da das erforderliche Laufzeitsystem – die *Java Virtual Machine (JVM)* – inzwischen für alle Umgebungen zur Verfügung steht. Zum ersten Mal ist damit eine tatsächlich allgegenwärtige, einheitliche und skalierbare Ausführungsumgebung für eine einzelne Programmiersprache gegeben. Dabei können Java-Module dynamisch geladen und ausgeführt werden.

Java wird in Form von Bytecode ausgeführt, d.h., der Compiler generiert keinen unmittelbaren Maschinencode, sondern eine Zwischenversion, die mit Hilfe von Interpretern während der Ausführung in den tatsächlichen lokalen Code umgesetzt wird. Dies führte natürlich zu Verzögerungen gegenüber »nativ« kompiliertem C-Code und somit auch zu einem früher signifikanten Nachteil von Java: Ohne die direkte Umsetzung in Maschinencode ist die Ausführung sehr langsam. Seit der Version 1.3 des Java Development Kit stehen virtuelle Maschinen zur Verfügung, welche die Ausführung durch Kompilation in Maschinencode so stark beschleunigen, dass die Ausführungsgeschwindigkeit mit nativer Software vergleichbar wird.

Auch komplexe Java-Anwendungen sind heute performant

In der Tat ist die Ausführung von Java-Software jetzt erheblich schneller, so dass selbst Grafik-intensive Anwendungen wie zum Beispiel das XML-Schema-Designwerkzeug *XML Authority*, *Forté* (Java-Entwicklungswerkzeug) oder *Poseidon for UML* großen Erfolg bei ihren Anwendern finden. Nur ein Ärgernis wurde jetzt durch die Hintertür eingeführt: Das Vorkompilieren bei Start dauert jetzt so lange, dass man bei Vorträgen, zu denen man eine Demo auf der Basis solcher Software zeigen möchte, schon mal eine halbe Minute vorab dieselbe starten sollte. Anyway, dies ist weniger beschwerlich für die Server-Seite, bei der die Software hoffentlich nicht allzu oft neu zu starten sein sollte.

Dem Entwickler stellt sich Java als mehrschichtige Architektur dar, die aus dem Java Runtime Environment (JRE) und dazu aus weiteren Werkzeugen besteht, die Sun als Bestandteil des Software Development Kit (SDK) beigelegt hat. Die Bibliotheken des JRE sind bei allen Entwicklungsumgebungen enthalten.

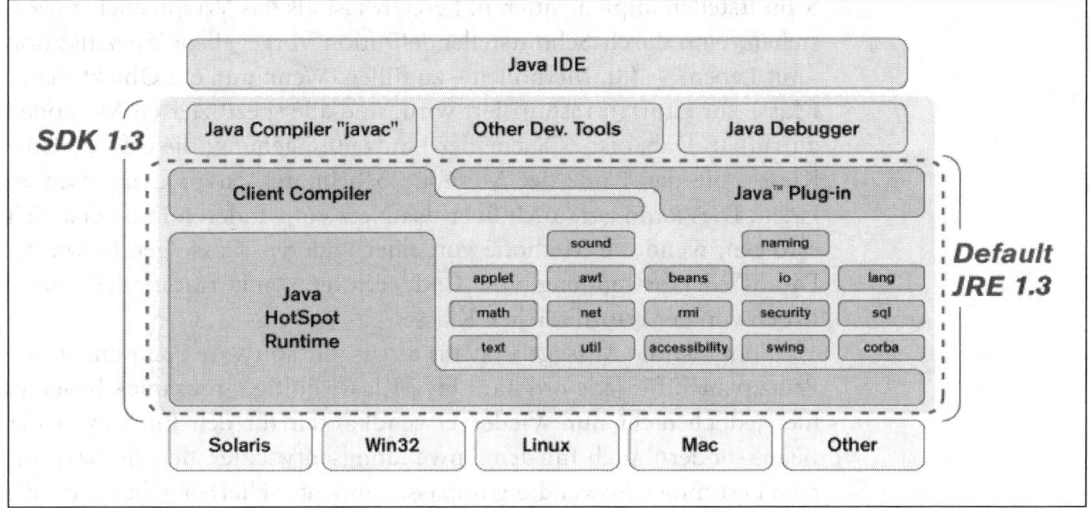

Den Dreh- und Angelpunkt dieser Architektur stellt die virtuelle Maschine dar, also der Prozessor, der Java-Bytecode ausführt. Darunter und darüber zerfällt die Architektur in mehrere Alternative: Um unterschiedliche Hardware- und Betriebssystemumgebungen mit variierendem Funktionsumfang abzubilden, wurden verschiedene Adapter entwickelt. Oberhalb der JVM stehen unterschiedliche *Packages* zur Verfügung, die als Klassenbibliotheken vorgefertigte Java-Klassen enthalten. Einige dieser Packages werden als Bestandteil einer jeden Java-Umgebung vorausgesetzt (Java Base), während andere zwar standardisiert sind, jedoch nicht notwendigerweise bei jeder JVM erwartet werden können. Beispiele für Java Base sind Klassen für die Netzwerkkommunikation, GUI-Funktionen oder auch JavaBeans. Letztere enthalten z.B. CORBA-, Telefon- und Multimedia-Erweiterungen.

Abb. 8–4
Die Architektur von Java

Java Packages

JavaBeans

JavaBeans ist eines von vielen Packages der Kernumgebung von Java. Was ist nun eine JavaBean? Die Dokumentation sagt:

> »*A Java Bean is a reusable software component that can be visually manipulated in builder tools.*«

Zur genaueren Klärung dieser Aussage müssen wir jedoch zunächst verstehen, worin der Unterschied zwischen JavaBeans und »normalen« Java-Klassen liegt: Eine Java-Klasse zeichnet sich durch eine Anzahl von Methoden und Attributen aus, die anderen Objekten durch Methodenaufrufe zugänglich gemacht werden können. Außerdem kann eine Klasse von einer weiteren erben und verschiedene

Schnittstellen implementieren. Letzteres ist als das Versprechen zu verstehen, eine durch Schnittstellendefinition vorgegebene Spezifikation »mit Leben« – d.h. Methoden – zu füllen. Wenn nun ein Objekt dieser Klasse zur Laufzeit instanziiert wird, sind alle spezifizierten Methoden aufrufbar. Dabei ist es Sache der Laufzeitumgebung, die erforderliche Klasse, die den Code der Methode beheimatet, zuvor dynamisch zu laden. Dies kann ggf. auch über das Netz vom anderen Ende der Welt erfolgen, wenn die Methode von einer anderen Klasse geerbt wurde. Die Wiederverwendung von Code erfolgt somit traditionell durch Erben von der erforderlichen Klasse.

Somit ist die Aussage »Java is a reusable software component« im Prinzip auch für jede ordinäre Java-Klasse gültig. »reusable« bedeutet hier jedoch nicht nur Wiederverwendbarkeit für den Entwickler der Bean, sondern auch für den Anwendungsentwickler, der die Bean für eine bestimmte Anwendung anpassen möchte. Hierbei geht es um die Einbettung in einen anderen Kontext aus »benachbarten« Beans, aber auch um die Festlegung von Konfigurationsparametern (Adressen, Farben etc.).

Introspektion zur Laufzeit   Eine andere, oben erwähnte Eigenschaft von Komponenten ist die Möglichkeit, sie zur Laufzeit zu inspizieren, d.h. Informationen über die Funktion und Eigenschaft einer Komponente auszulesen. Auch dies ist bereits beim »plain Java« möglich: Seit der Version 1.1 des Java Development Kit stehen Methoden zur »Reflexion« zur Verfügung. Unter Reflexion wird die Möglichkeit verstanden, dass Software sich selbst »beobachten« kann: Mit Hilfe von Iterator-Methoden können zu einem Objekt, das sich in Ausführung befindet, Informationen über seine zugehörigen Klassen, Interfaces, Attribute, Methoden, Parameter etc. erlangt werden. Wird also z.B. eine neue Klasse über das Internet geladen und ein Objekt instanziiert, so kann diese Information dem Benutzer angezeigt werden. Damit erfüllen Standard-Java-Objekte bereits grundlegende Komponenteneigenschaften.

Wiederverwendung   Ein wesentlicher Unterschied besteht jedoch im Prinzip der Wiederverwendung: Durch das Erben von anderen Klassen erfolgt die Wiederverwendung existierenden Codes immer zur Entwicklungszeit, denn die Klasse, von der geerbt wird, ist im Quellcode festzulegen. Dies ist jedoch ein schwerwiegendes Hindernis, wenn Module zur Laufzeit konfiguriert und eingebunden werden sollen. Aus diesem Grunde wird für Komponenten das Prinzip der *Delegation* verfolgt. Hierbei werden Methoden, die eine Komponente nicht selbst bearbeiten kann, an eine andere weitergeleitet. Diese Weiterleitung kann zur Laufzeit festgelegt werden, da der Programmierer aufgrund der

Inspektion erkennen kann, welche Methoden lokal und welche bei fremden Komponenten zur Verfügung stehen.

JavaBeans als Entwurfsmuster

Eine JavaBean ist nun eine normale Java-Klasse, die einem standardisierten Entwurfsmuster folgt und über zusätzliche Klassen verfügt, die Metainformation über die Bean beinhalten. Beans werden zusammen mit dieser Metainformation als Ansammlung von Java-Klassen gebündelt. Dies erfolgt üblicherweise durch Archive, die mit dem Kompressionsformat der Software WinZip kompatibel sind. Bei Java heißen diese Archive JAR-Dateien (*Java Archive*). Eine Bean kann neben der eigentlichen Bean-Klasse weitere Klassen besitzen, die mit ihr zusammen als Teil der JAR-Datei ausgeliefert werden, die Bean sollte jedoch von keiner Anwendungsklasse außerhalb dieser Klassen erben, da sonst eine statische Bindung zu externem Code bestehen würde.

Beans kommunizieren über eine *Event/Methoden-Kopplung*. Dabei wird bei einer Bean ein Event ausgelöst, z.B. durch eine Benutzerinteraktion oder das Eintreffen einer Aktualisierung des Börsenkurses. Eine andere Bean, die auf dieses Event reagiert, verarbeitet die betreffende Information. Dabei können beliebig viele Beans auf Events beliebig vieler anderer reagieren.

Schließlich ist die Bereitstellung einer Bean wenig erfolgreich, wenn sie nicht sinnvoll in Entwicklungsumgebungen integriert wird. Diese sollte eine neue Bean dynamisch laden und in einem Auswahlmenü zur Verfügung stellen. Ferner sollte sie das Instanziieren und Integrieren einer Bean vereinfachen. Die Mutter aller Bean-Werkzeuge, die *Bean-Box* des Bean Development Kit von JavaSoft, erlaubt erstmalig die Komposition von Anwendungen nach dem Prinzip des »Drag & Drop«. Beans können hierbei aus einem Menü auf die Desktop-Oberfläche der BeanBox gezogen werden. Dadurch werden sie unmittelbar ausgeführt, d.h., eine Unterscheidung zwischen Entwicklungs- und Testmodus entfällt. Ebenfalls im laufenden Betrieb können Beans durch Editoren ihrer Attributwerte konfiguriert werden. Die Abbildung zwischen Events und Methoden erfolgt durch das Auswählen des Events aus einem Kontextmenü der Ausgangs-Bean und anschließendes Ziehen einer Verbindung zur Ziel-Bean, bei der wiederum über ein Kontextmenü die korrekte Zielmethode auszuwählen ist. Als Ergebnis kann die Kommunikation sofort im Ausführungsmodus getestet werden.

Heute hat sich bereits ein Bean-Komponentenmarkt etabliert, der zwar vom Volumen her noch nicht mit dem OCX-Markt im Bereich des Active-X vergleichbar ist, aber dennoch eine entsprechende Reife der

Komponentenmarkt für Beans

Produkte entwickelt hat (siehe z.B. *www.jars.com* oder *www.gamelan.com*).

Bedeutung von JavaBeans im B2B-Commerce

Als minimale Grundlage bietet Java bereits die Möglichkeit, Software verteilt zu entwickeln und gemeinsam ad hoc zu nutzen: Unternehmen stellen ihre jeweiligen Softwaresysteme anderen Geschäftspartner als Packages zur Verfügung, so dass deren Programmierer in die Lage versetzt werden, Systeme beider Unternehmen zu integrieren. Ökonomisch kann dies nur sinnvoll sein, wenn die »Economies-of-Scale« dies rechtfertigen – also nur bei Aufwiegen des hohen Entwicklungsaufwands durch hohe Nutzungsintensität.

Verbinden von Beans zur Laufzeit

JavaBeans helfen, einen Schritt weiter in Richtung der »Adhocracy« zu gehen. Hier ist es nicht mehr der Java-Programmierer, der die Softwaresysteme integriert, sondern der Benutzer von Konfigurationswerkzeugen. Das Abonnieren eines Ausschreibungsdienstes wird damit reduziert zum »Verdrahten« von Events und Methoden der beteiligten Beans. Neue Kunden lassen sich rasch abonnieren, neue Verarbeitungsformen für diese Events müssen nicht mehr in Eigenregie entwickelt, sondern können von externen Bean-Entwicklern hinzugekauft werden. Dies spart Entwicklungsressourcen und »Time-to-Market«.

Aber einige wichtige Voraussetzungen wurden bei der technischen Betrachtung zuvor vernachlässigt:

- Events und Methoden müssen syntaktisch und semantisch abbildbar sein.
- Ein Geschäft besteht nicht nur aus der Kommunikation von Events. Auch die Regeln und Rollen, in denen ein Unternehmen Beziehungen zu anderen eingeht, sind so vielfältig, dass sie nicht durch das »Strippenziehen« zwischen Geschäftspartnern abgedeckt werden können.
- Es fehlt noch an Designwerkzeugen, die existierende Komponenten so integrieren, dass daraus ein vollständiger, sinnvoller und an individuelle Belange anpassbarer Geschäftsprozess entsteht.
- Schließlich besteht die Welt noch nicht ausschließlich aus JavaBeans. Die Integration von Legacy-Systemen, die in C, COBOL, Fortran etc. entwickelt wurden, wird sich auch in der näheren Zukunft nicht durch Neuentwicklung vermeiden lassen. Hier dient CORBA als Integrations-Middleware.

8.3   Die Java-2-Plattform, Enterprise Edition

Die Java-2-Plattform, Enterprise Edition (J2EE, sprich »dschäi tuh ieh«) ist ein Framework für die serverseitige Entwicklung und Bereitstellung von Anwendungskomponenten. J2EE baut auf der Java-2-Plattform (Standard Edition) auf. Die J2EE-Spezifikation sieht folgende Bausteine vor, die komplett von Drittherstellern zu entwickeln sind, wenn diese ein Kompatibilitäts-Zertifikat von Sun erhalten wollen:

- *Enterprise JavaBeans* (EJB). Diese Spezifikation legt nicht nur die Schnittstellen und Basisklassen von Anwendungskomponenten fest, sondern beschreibt das Zusammenspiel unterschiedlicher Rollen beim Prozess der Softwareentwicklung und -bereitstellung. Die EJB-Architektur ist im folgenden Kapitel beschrieben.
- *Java-Servlets* werden vom Web-Server aufgerufen, wenn ein HTTP-Request an sie gerichtet ist. Dazu muss in den Web-Server eine *Servlet-Engine* integriert sein, welche die Schnittstelle zwischen beliebigen Web-Servern und der Java-Anwendung realisiert. Eine andere Alternative ist eine Servlet-Engine, welche direkt HTTP-Requests entgegennehmen kann wie z.B. die Open-Source-Software *Tomcat* von der Apache Group (jakarta.apache.org/tomcat).
- *Java Server Pages* (JSP). Diese Spezifikation definiert eine Spracheinbettung für HTML bzw. XML, die es erlaubt, anhand von Variablen und Codefragmenten Servlets zu generieren, mit deren Hilfe eine Anbindung von serverseitigem Java-Code erfolgt, der das umschließende Dokument mit dynamischen Inhalt füllt. Weitere Details finden sich weiter unten.
- Das *Java Naming and Directory Interface* (JNDI) definiert Standardschnittstellen für das Aufsuchen in Verzeichnisdiensten, z.B. über das LDAP-Protokoll (Lightweight Directory Access Protocol). Ein Verzeichnisdienst verwaltet in hierarchischer Form Informationen über Anwender (Adressen, Kontaktinformationen), Anwendungen (Ort der Installation im Betriebssystem) und Systemdienste (z.B. Zugangsberechtigungen von Benutzern und Prozessen).
- Die *Java Transaction API* (JTA). Hier werden unterschiedliche Funktionen eines verteilten Transaktionsmonitors über die einheitliche JTA-API gekapselt.
- *CORBA*. Die Common Object Request Broker Architecture ist ein Industriestandard zur Rechner- und Programmiersprachen-übergreifenden Kommunikation zwischen Softwareanwendungen. CORBA ist weiter unten in Kapitel 8.6 beschrieben.

■ *Java Database Connectivity (JDBC)*. Schließlich dient JDBC als einheitliche Schnittstelle zum Datenbanksystem. Über JDBC lassen sich SQL-Anfragen formulieren und in herstellerneutraler Form verarbeiten. Wichtig ist, dass JDBC nur den Transport von SQL-Statements und ihrer Ergebnisse vereinheitlicht. Die Abfragen selbst müssen u.U. in dem SQL-Dialekt der jeweiligen Datenbank formuliert werden.

Der Haupteffekt der Vereinheitlichung solcher Schnittstellen liegt in der Standardisierung und damit Austauschbarkeit von Softwareinfrastrukturen. Bereits heute sind etliche Anbieter von Application Servern und Ausführungsumgebungen (den sog. EJB-Containern) zertifiziert, d.h., sie implementieren die oben genannten Schnittstellen vollständig. Mit dieser *Schnittstellenkompatibilität* ist jedoch noch keine *Portabilität* gegeben. Diese kann nur getestet werden, indem J2EE-Referenzapplikationen unverändert auf unterschiedlichen EJB-Containern ausgeführt werden.

In den folgenden Kapiteln schauen wir uns einige dieser Technologien – Enterprise JavaBeans, Java Server Pages und CORBA – genauer an, da sowohl komplexe B2C- als auch B2B-Anwendungen immer wieder auf diesen Umgebungen basieren.

8.4   Enterprise JavaBeans

Business Objects in Java

Gehen wir einmal vom Beispiel des Enterprise-Portals aus: Hier stellt ein Unternehmen für seine Mitarbeiter z.B. einen Terminkalender zur Verfügung. Die Kalendereinträge liegen serverseitig in Datenbanken vor. Einzelne Objekte wie Termine und Personen sollen nun so verwaltet werden, dass die Operationen auf dem Terminkalender nur noch als fachliche Methoden implementiert sind. D.h., unsere Kalender-Objekte sollen lediglich Methoden wie »TerminEinfügen«, »Person-Hinzufügen« oder »TerminLöschen« enthalten. Dabei wollen wir sowohl von der Datenbank abstrahieren als auch von der Art und Weise, wie diese Objekte verwaltet und aufgefunden werden. Gerade in diesen Bereichen lassen sich Verwaltungsfunktionen für unzählige Anwendungen immer wieder in gleicher Weise nutzen, so dass ein Framework hilfreich wäre, um solche Funktionen aus dem Anwendungsprogramm herauszufaktorisieren. Genau hier liegt der Vorteil der Enterprise JavaBeans.

Enterprise JavaBeans (EJB) ist ein Industriestandard, der von Sun unter maßgeblicher Beteiligung von IBM, Oracle und anderen im März 1998 erstmalig als Spezifikation verabschiedet wurde. EJBs

»existieren« im Gegensatz zu Java-Applets auf der Server-Seite und werden dort in einer speziellen Laufzeitumgebung, dem EJB-Container, verwaltet. EJBs lassen sich – ähnlich den so genannten »Stored Procedures« bei SQL – auf den Server hochladen und ausführen. Die Ausführungsumgebung umfasst einen Transaktionsmonitor, der die Atomarität, Konsistenz, Isolation und Dauerhaftigkeit der Ausführung von EJBs sicherstellt. Dies bezieht sich vor allem auch auf die Daten, auf die EJBs zugreifen. Folglich ist es nur natürlich, dass Datenbankhersteller wie IBM und Oracle EJB-Container anbieten. Weitere Eigenschaften der EJB-Ausführungsumgebung sind Nebenläufigkeitskontrolle und eine Sicherheitsunterstützung, die EJBs entsprechend ihren Rechten und Authentisierungen in der Ausführung beschränken kann. EJB bietet CORBA-Interoperabilität auf der Basis des IIOP[4], so dass eine standardisierte Kommunikation mit Anwendungen außerhalb der EJB-Ausführungsumgebung gesichert ist.

Damit wurden wesentliche Funktionen, die für einen großen Teil aller Geschäftsanwendungen erforderlich sind, in einheitlicher, produktunabhängiger Form ausgelagert. Der Anwendungsentwickler kann sich damit auf die Geschäftslogik seiner Anwendung konzentrieren.

Enterprise JavaBeans sind speziell für die Nutzungsform auf der Server-Seite zugeschnitten: Hier steht nicht die grafische Darstellung der Bean im Vordergrund und damit auch nicht ihr Konfigurieren über die GUI-Schnittstelle. Stattdessen ist die EJB ein Dienstleister, der auf Methodenaufrufe der Clients reagiert. Die EJB-Umgebung bietet dem Entwickler Transaktionsunterstützung, Persistenz, einen Verzeichnisdienst und verschiedene andere Dienste für EJBs.

Daher ist eine EJB mit zusätzlicher Metainformation versehen, die nach der EJB-Spezifikation als *Vertrag* (Contract) bezeichnet wird. Der Vertrag liegt als XML-Dokument vor und legt fest, welche Standardschnittstellen die EJB implementiert und welche Funktionalität von der Ausführungsumgebung (dem EJB-Container) erwartet wird. Diese Schnittstellen betreffen beispielsweise das Session-Management, die Aktivierung einer EJB über sog. Factory-Objekte oder Sicherheitsanforderungen, wie z.B. die Authentisierung zugreifender Clients. Nur wenn Container und EJB im Sinne des Vertrags kompatibel sind, wird die Installation vorgenommen.

Verträge zwischen Containern und EJBs

---

4. Internet Inter-ORB Protocol, siehe auch Kapitel 8.6.

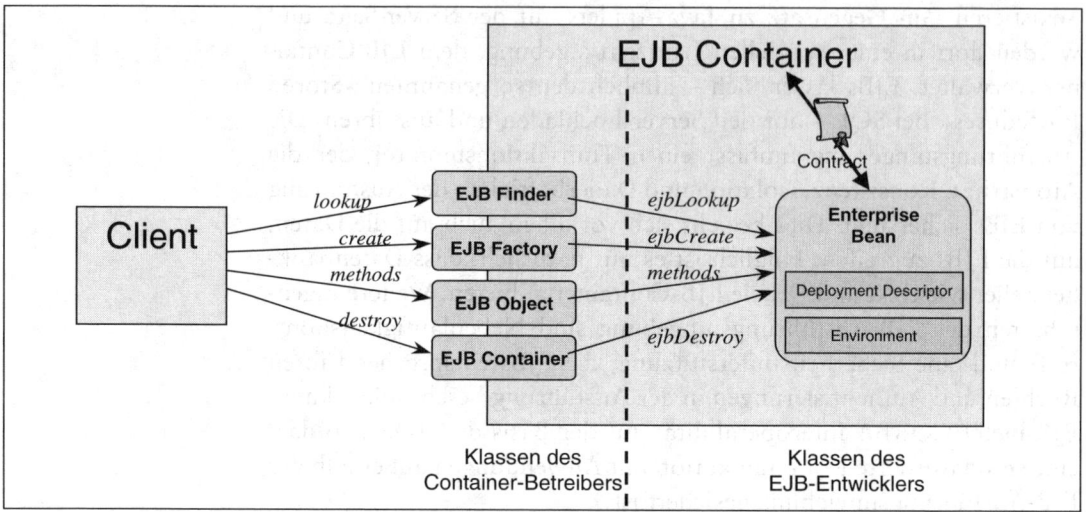

Klassen des
Container-Betreibers

Klassen des
EJB-Entwicklers

Abb. 8–5

*Integration von Enterprise
JavaBeans in die
Ausführungsumgebung
des Containers*

Das organisatorische Modell für die Entwicklung und den Betrieb von EJBs sieht folgende Rollen vor:

- *Entwickler von EJBs.* Diese Rolle nimmt ein Softwareunternehmen oder der Anwender selbst ein. EJBs können im Auftrag entwickelt oder als Produkt auf dem Komponentenmarkt angeboten werden.
- *EJB-Installateur.* Diese Rolle entspricht dem SAP-Berater, der die bestehende EJB an die Umgebung des Container-Betreibers anpasst und einbindet und für andere Anwendungen bereitstellt.
- *Container-Anbieter.* Diese Rolle nehmen Unternehmen ein, die die EJB-Ausführungsumgebung in ihre Produkte integrieren. Beispiele sind Oracle und IBM mit entsprechenden Erweiterungen ihrer Datenbanksysteme.
- *Betreiber von EJB-Servern.* Der Server-Anbieter lässt EJBs so vom Installateur zusammenstellen, dass sie in einem sinnvollen Kontext benutzt werden können. Je nach Geschäftsmodell kann er auch Dritten zur Verfügung stehen, so dass sie seinen Server zur Bereitstellung ihrer EJBs nutzen.
- *Anwendungsentwickler.* Der Anwendungsentwickler programmiert Client-Anwendungen für EJBs. Dabei kann dies ein Java-Applet sein, das vom Benutzer geladen wird, oder eine weitere Server-Anwendung, auf die ihrerseits durch andere Clients zugegriffen wird.
- *Persistence Manager Provider.* Der Persistence Manager ist die relationale oder objektorientierte Datenbank. Ihr Provider ist der Datenbankhersteller, also z.B. Oracle, IBM, Sybase oder andere. In der Regel entspricht der Persistence Manager Provider dem Container-Anbieter.

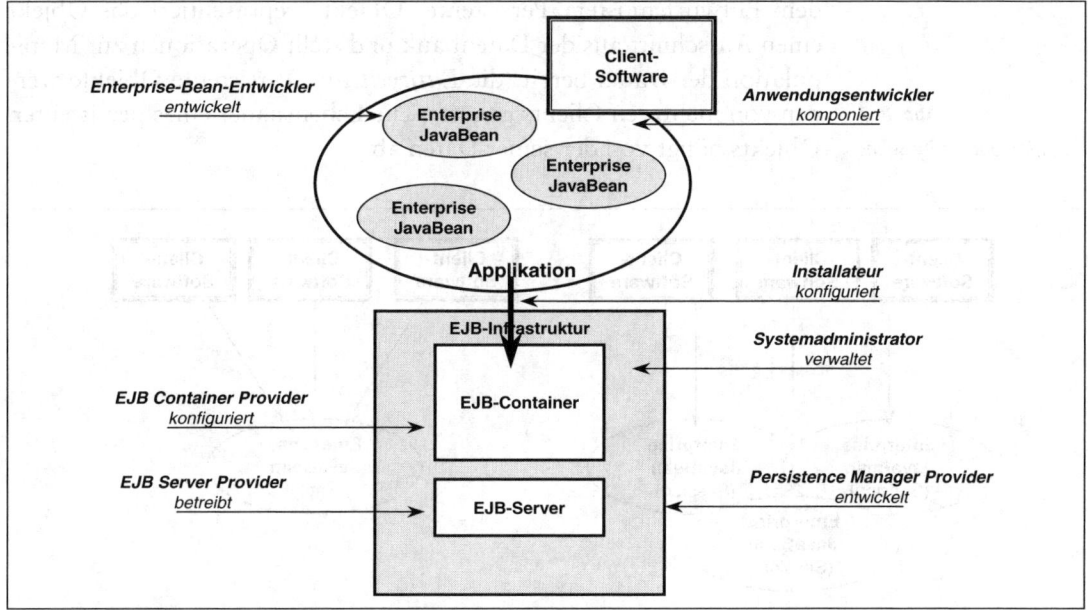

Abb. 8–6
Organisatorisches Modell bei Enterprise JavaBeans

Abbildung 8-6 illustriert den Zusammenhang zwischen verschiedenen EJB-Komponenten, die von Teilnehmern in unterschiedlichen Rollen beigetragen werden. Ein »traditioneller« Anwendungsentwickler wird jetzt zum Enterprise-Bean-Entwickler. Hier findet Programmierung in Java statt. Ein Anwendungsentwickler selektiert EJBs und komponiert sie zu komplexeren Anwendungen. Diese Konfiguration findet als Definition von Geschäftslogik und Verfahrensregeln für die EJB statt. Dabei sind Aufgaben der Datenspeicherung, der Nebenläufigkeitskontrolle und Transaktionalität ausgespart – diese werden durch die EJB-Infrastruktur des Anwenders in einheitlicher Form bereitgestellt.

Bei EJBs soll die Komponierbarkeit durch vordefinierte Entwurfsmuster und Namenskonventionen erreicht werden. Dies schränkt zwar die Freiheit der Anwendungsarchitektur einer Software ein, erlaubt aber andererseits dem Entwickler, einheitliche Annahmen bezüglich der Infrastruktur und ihrer Anwendungen zu machen.

Zwei wesentliche Entwurfsmuster lassen sich bei EJBs unterscheiden, um verteilte, objektorientierte Anwendungen zu entwickeln: der *sitzungsbasierte* Ansatz und *persistente Objekte*. Im ersten Fall wird für jeden Client ein dediziertes Objekt (die *Session Bean*) erzeugt, das als Stellvertreter des Clients gegenüber der EJB agiert. Die Lebensdauer des Sitzungsobjekts wird durch den EJB-Server determiniert und endet in der Regel mit dem Ende einer Client/Server-Sitzung. Nach

Session Beans und Entity Beans

dem Entwurfsmuster »Persistentes Objekt« repräsentiert das Objekt einen Ausschnitt aus der Datenbank und stellt Operationen zur Manipulation der Daten bereit (die *Entity Bean*). Persistente Objekte werden von mehreren Clients genutzt. Die Lebensdauer eines persistenten Objekts hängt von der seiner Daten ab.

Abb. 8–7
Session und Entity Beans

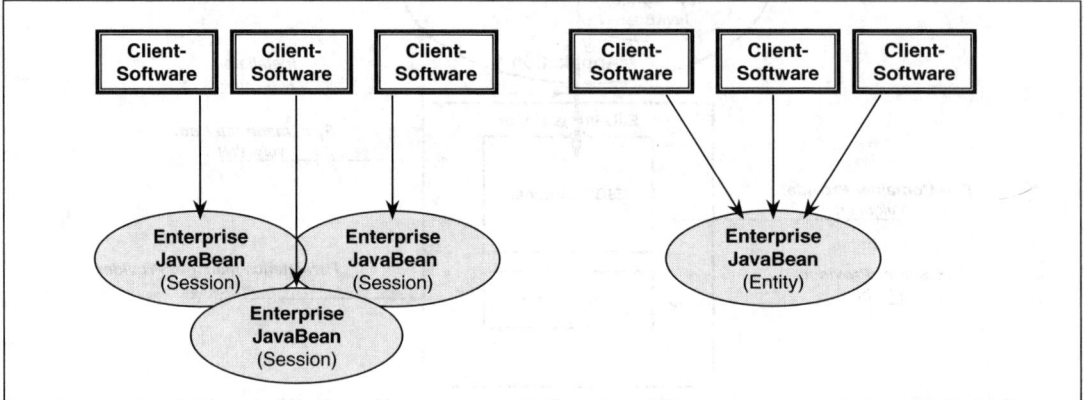

Seit Sommer 2000 befindet sich die Spezifikation von EJBs in der Version 2.0, in der weitere Eigenschaften von EJBs und des Containers festgelegt wurden. Einige von diesen sind:

- *Message Driven Beans.* Hierbei geht es um die Anbindung einer EJB als Kommunikationsendpunkt, der über einen Messaging-Service (JMS – Java Messaging Service) mit der Außenwelt kommuniziert.
- Verbesserte Spezifikation von *Container Managed Persistence* (CMP) bzw. *Bean Managed Persistence* (BMP). Hierbei wurde die Rolle des Persistence Manager Providers definiert, der seinerseits Persistenzmanagement-Mechanismen beiträgt, die vom Anbieter der EJB-Umgebung genutzt werden. Die Verwaltung von Entity Beans, deren Attributen und Relationen sowie von diesen abhängigen Objekten werden im Falle der CMP vollständig ausgelagert, so dass sich der Anwendungsprogrammierer darum nicht mehr kümmern muss – er programmiert also keine Datenbankzugriffe mehr! Diese Entwicklung wird langfristig zu einer »Pluggable Persistence Architecture« führen, die ein einfaches Einbinden und Wechseln der Datenbankkomponente erlaubt. Dies ist jedoch in einer späteren Spezifikation noch festzulegen.
- *Portabilität.* In einer EJB-Umgebung lassen sich nun auch Container mehrerer Hersteller einsetzen.

▓ *Connector Architecture.* Dies ist eigentlich eine eigenständige Komponente der J2EE. Sie hilft, existierende Software wie ERP-Systeme hinter einer einheitlichen Schnittstelle zu verbergen, so dass beispielsweise Aufrufe an das SAP-System über Methoden des in der Connector Architecture spezifizierten Common Client Interface (CCI) erfolgen. Diese Schnittstelle erlaubt das Kapseln der ERP-Module sowie die Verbindung mit EJBs. CCI kann man also als eine verallgemeinerte Schnittstelle zu ERP-Systemen auffassen, so wie JDBC als Verallgemeinerung für den Zugriff auf relationale Datenbanken steht.

▓ Die Definition einer *Anfragesprache EJB QL* für Entity Beans: Hiermit lassen sich gegenüber der Entity Bean Ausdrücke wie "SELECT Name FROM Customers WHERE Customers.Country = ?1" formulieren. »?1« steht hier für den ersten Parameter, der übergeben wird. Der Persistence Manager muss nun die Entity Beans generieren, die dieser Ausdruck als Resultat liefert. Die Definition der Query ist in XML definiert:

```
<query>
    <query-method>
        <method-name>findCustomersInCountry</method-name>C
        <method-params>
            <method-param>String</method-param>
        </method-params>
    </query-method>
    <ejb-ql>
        <![CDATA[SELECT Name FROM Customers WHERE Customers.Country=?1]]>
    </ejb-ql>
</query>
```

In Zukunft werden weitere Merkmale definiert werden, die EJBs besser in existierende Infrastrukturen einbinden helfen: So gibt es heute noch keine Möglichkeit, Interceptions durchzuführen, also vor oder nach dem Bean-Aufruf auf Parameter oder Resultate zuzugreifen.

Durch die enge Verzahnung der EJB-Spezifikation mit der Connector Architecture eignen sich EJBs insbesondere für die Integration von Anwendungskomponenten im Unternehmen oder auch über Unternehmensgrenzen hinweg. So kann eine EJB Einzelschnittstellen zu SAP-Modulen kapseln und mit anderen EJBs kommunizieren, die das Gleiche gegenüber anderen Softwarekomponenten leisten. Entweder durch Methodenaufrufe oder über den Java Messaging Server erfolgt dann die Integration der Module.

EJBs in der Praxis

Suns Deployathon fühlt der Standardkonformität auf den Zahn

Zurzeit gilt es noch eine wesentliche Hürde zu überwinden – die Zusammenarbeit verschiedener Container. Dabei ist es vor allem ohne zusätzlichen Programmieraufwand weder möglich, dass sich EJBs zwischen Containern gegenseitig aufrufen lassen (Interoperabilität), noch können sie zwischen Containern verschoben werden (Portabilität). Aus diesem Grund hat Sun das Projekt »Deployathon« ins Leben gerufen, das die Portabilität der Hersteller in aller Öffentlichkeit gegenüberstellt, so dass Hersteller durch öffentlichen Druck gezwungen sind, interoperabel und portabel zu werden.

EJB-Anwendungen greifen auf ganz unterschiedliche Komponenten und Produkte zurück, die sich alle hinter einer einheitlichen Spezifikation bzw. API »verstecken« müssen:

■ Transaktionsmonitore, wie z.B. IBM TXSeries (CICS und Encina, *www.software.ibm.com/ts/cics* und *www.software.ibm.com/ts/encina*).

■ Component Transaction Server, wie z.B. Sybase Jaguar CTS (*www.sybase.com/products/easerver*) oder Microsoft Transaction Server (*www.microsoft.com/NTServer/AppService/exec/overview/trans_overview.asp*).

■ CORBA-Plattformen, z.B. der Application Server von Inprises: VisiBroker/ITS (*www.inprise.com/its*) oder Ionas Orbix/OTM (*www.iona.com/products/orbixenter/orbixotm*).

■ Relationale Datenbanksysteme wie Oracle9i (*www.oracle.com/database*) oder IBM DB2 (*www.software.ibm.com/data/db2*).

■ Web-Server, wie z.B. Apache (*www.apache.org/httpd*), Microsofts IIS (*www.microsoft.com/NTServer/web*), Suns Java Web Server (*www.sun.com/software/jwebserver*), Netscapes Enterprise Server (home.netscape.com/enterprise) oder Oracles Web Application Server (*www.oracle.com/appserver*).

Fast alle Hersteller bieten heute EJB-Umgebungen in der Version 2.0 an.

8.5 Java Server Pages

JSP ist ein Template-Standard für HTML und XML

Wir betrachten im Folgenden Java Server Pages als weiterer Bestandteil der J2EE und als ein Beispiel für die vielen, ansonsten meist proprietären Template-Sprachen dieser Welt. Bei diesen Sprachen geht es um die Einbettung von Datenzugriffscode in HTML- oder XML-Dokumente. Diese Skripte helfen, die dynamischen Bestandteile eines Dokuments zu generieren und werden daher erst beim Aufruf des Templates ausgeführt. JSP ist eine herstellerneutrale Technik, die es erlaubt, dynamische Web-Inhalte auf der Basis von Java-Code zu realisieren (ausführliche Darstellungen gibt es z.B. bei [Tura01, TuSS01]).

Historisch betrachtet ist JSP die Antwort der Java-Community auf Microsofts ASP (Active Server Pages). In beiden Fällen finden sich Einbettungen von Funktionsaufrufen in HTML-Seiten. Diese Aufrufe werden serverseitig abgearbeitet, z.B., wenn das vom Browser nachgefragte Dokument geladen und von einer JSP-Engine auf relevante Elemente durchsucht wird.

Eine JSP ist ein spezielles Servlet (also ein Java-Objekt, das direkt von der Servlet-Engine aufgerufen wird). Dieses Servlet wird von der sog. *JSP-Engine* erzeugt. Die JSP-Engine ist in der Lage, aus der JSP ein Servlet im Quellcode zu generieren und anschließend zu übersetzen. Danach startet die Engine das Servlet und wartet auf seinen Output. Eine JSP muss folglich alle Informationen enthalten, die zur Erzeugung des Servlets erforderlich sind. Dabei lassen sich diese Servlets sogar schachteln, d.h., der Output eines inneren Servlet lässt sich in den eines äußeren einbetten. Beim ersten Aufruf dieser Seite erfolgt die Kompilation, anschließend wird lediglich die vorkompilierte Klasse geladen.

Ist dies der Fall, wertet die Engine die Bereiche aus, die im JSP-Template mit Java-Code versehen sind, und setzt auf dieser Basis einen Aufruf an serverseitige Java-Objekte ab. Das Ergebnis dieser Aufrufe ist wiederum ein HTML-Fragment bzw. ein Datenelement, das genau an der Stelle eingesetzt wird, an der sich das JSP-Element im Original-Template befand. Auf diese Weise lassen sich dynamische Inhalte (Datenbankabfragen, Uhrzeit, ...) direkt in das Dokument hinein generieren. In der Microsoft-Welt ist das Verfahren ganz ähnlich, nur dass Visual Basic als Skriptsprache für den Aufruf von Back-End-Services dient.

Servlets und JSPs

Abb. 8–8
Die JSP-Engine als Schnittstelle zur Anwendungslogik

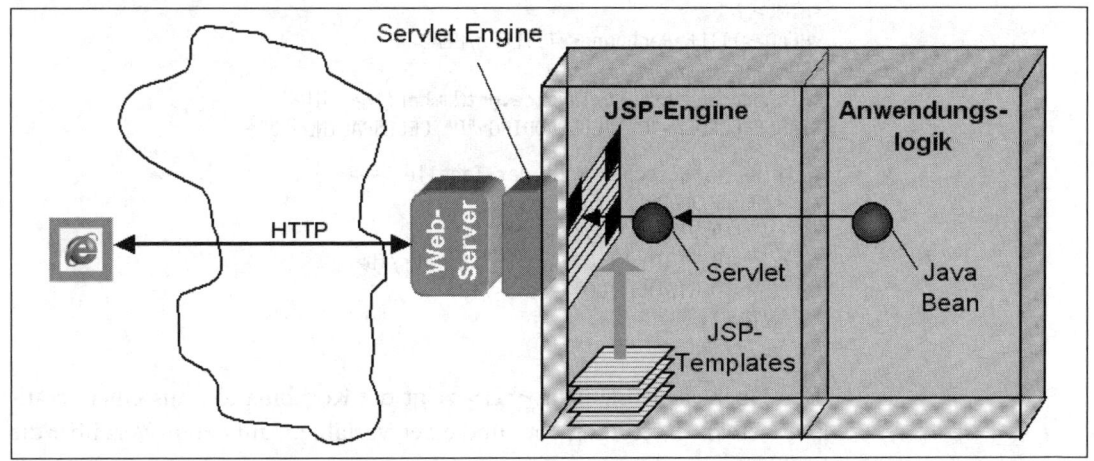

Wie auch viele andere Template-Sprachen erlauben JSPs prinzipiell die Trennung in Design und Programmlogik: Während sich der Designer mit dem Entwurf der HTML-Seiten beschäftigen kann, ist es Aufgabe des Entwicklers, Java-Objekte herzustellen, die an einigen Stellen der Seite Inhalte einfügen, welche vom entwickelten Objekt zurückgeliefert werden. Allerdings gibt es auch Berührungspunkte zwischen Design und Logik, so dass in der Praxis erst einmal der HTML-Entwurf mit Dummy-Inhalten abgeschlossen wird, bevor die Java-Entwickler die erforderlichen JSP-Templates erstellen. Im Beispiel unten werden wir sehen, dass die Vermischung von HTML- und Java-Code nicht immer elegant ist ...

Beispiel: Anzeigen der Positionen einer Rechnung

Zunächst ist es für die eingebetteten JSPs erforderlich, Klassen oder Java Packages zu importieren, die zur Kompilation unserer JSP-Klasse »Invoice« notwendig sind. Dies wird einmalig am Anfang der HTML-Datei definiert:

```
<%-- invoice.jsp --%>

<%-- Setting up an error page --%>
<%@ page errorPage="/jspInvoice/errorpage.html" %>

<%-- import needed java classes --%>
<%@ page import="java.util.*" %>
```

Ausgabe von Rechnungspositionen

Der folgende Code zeigt die Rechnungsnummer an sowie eine Tabelle, deren Kopfzeile statisch definiert ist:

```
<jsp:useBean id="invoice" scope="session" class="com.ponton.Invoice"/>
<HTML>
<HEAD><TITLE>Rechnung</TITLE></HEAD>
<BODY>
<H1>Rechnung Nr. <%=invoice.getNumber()%></H1>
<TABLE BORDER="0" CELLPADDING="0" CELLSPACING="0">

    <!-- Statischer Kopf der Tabelle  -->
    <TR BGCOLOR="#406E6E">
        <TD WIDTH="150">Name</TD>
        <TD WIDTH="150">Artikelnummer</TD>
        <TD WIDTH="100">Preis</TD>
    </TR>
    ...
```

Das Überschrift-Element <H1> zeigt die Kombination aus einem statischen Text »Rechnung Nr.« und einer Variablen, auf deren Wert über die

Methode »invoice.getNumber()« zugegriffen wird. Das Resultat konvertiert die Engine in den Typ String und fügt es in den HTML-Output ein.

Weiter unten im Template findet eine Vermischung aus HTML- und Java-Code statt. Dabei dienen die vier Zeilen Java-Code dem Zugriff auf die Liste aller Positionen einer Rechnung (Invoice.getItems()). Anschließend ist eine Schleife definiert, die so oft durchlaufen wird, wie Rechnungspositionen vorhanden sind.

```
...
<!-- Ausgabe aller Rechnungspositionen -->

<%
    Set itemSet = invoice.getItems();
    for (Iterator iter = itemSet.iterator(); iter.hasNext();) {
        Map.Entry entry = (Map.Entry)iter.next();
        InvoiceItem item = (InvoiceItem)entry.getValue();
%>

    <TR>
        <TD>Name: <%=item.getName()%></TD>
        <TD>Number: <%=item.getNumber()%></TD>
        <TD>Price: EUR <%=item.getBasePrice()%></TD>
    </TR>
<%
    }
%>
</TABLE>
</BODY>
</HTML>
```

Der Körper des wiederholten Blocks erstreckt sich dabei bis zur abschließenden geschweiften Klammer, die einige Zeilen später, hinter dem HTML-Code, steht. Durch diesen Einschluss in die Schleife des Java-Programms wird auch der HTML-Code so oft statisch ausgegeben, wie die Schleife durchlaufen wird.

Im HTML-Code selbst befinden sich weitere Einbettungen der Form: <%=item.getName()%>. Hier liefert die Java-Methode ein Resultat, das sich als String in den HTML-Code einfügen lässt.

Nachdem das Servlet ausgeführt wurde, steht folgende Seite als Ergebnis des HTTP-Requests zur Verfügung (als Grundlage wurde die oben erläuterte Rechnung verwendet):

```
<HTML>
<HEAD><TITLE>Rechnung</TITLE></HEAD>
<BODY>
<H1>Rechnung Nr. 1111</H1>
<TABLE BORDER="0" CELLPADDING="0" CELLSPACING="0">
```

```
<!-- Statischer Kopf der Tabelle -->
<TR BGCOLOR="#406E6E">
    <TD WIDTH="150">Name</TD>
    <TD WIDTH="150">Artikelnummer</TD>
    <TD WIDTH="100">Preis</TD>
</TR>
<!-- Ausgabe aller Rechnungspositionen -->
<TR>
    <TD>Name: EC-Buch</TD>
    <TD>Number: 111</TD>
    <TD>Price: EUR 100</TD>
</TR>
<TR>
    <TD>Name: FlugMallorca</TD>
    <TD>Number: 333</TD>
    <TD>Price: EUR 100</TD>
</TR>
</TABLE>
</BODY>
</HTML>
```

Die meisten JSP-basierten CM-Systeme erlauben wahlweise eine statische oder dynamische Generierung von HTML-Seiten. Im statischen Fall werden die referenzierten Java-Methoden nur einmal aufgerufen und die resultierende HTML-Seite auf dem Web-Server abgelegt. Im dynamischen Fall erfolgt bei jedem Web-Zugriff eine Auswertung der Daten. Nur auf diese Weise lässt sich eine vollständige Personalisierung der Inhalte realisieren.

TagLibs erlauben anwendungsnahe Templates

TagLibs helfen, Code und Präsentation besser zu trennen

Um die Vermischung von Java-Logik mit Präsentationsdaten zu vermeiden, entwickelt sich der Trend zur Reduzierung von JSP-Einstreuungen: Anstatt den HTML-Codes durch Java-Einstreuungen zu »verunreinigen«, helfen TagLibs, Java-Funktionen in XML ohne syntaktische Erweiterungen aufzurufen.

TagLibs sind XML-konforme Erweiterungen der bisherigen Standard-Tags, welche jetzt die Zusammenarbeit zwischen HTML-Designern und Entwicklern vereinfachen. Die wesentliche Motivation für TagLibs ist daher, wenig Java-Code in die JSPs einzubauen und die Designer mit bestimmten Standardfunktionen zu versorgen.

Dabei kann nun einerseits der Entwickler unabhängig seinen Code modifizieren und umgekehrt braucht auch der HTML-Designer keine Rücksicht auf die Einstreuungen von Java-Code mehr zu nehmen.

Im folgenden Beispiel wollen wir auf die Rechnungsnummer zugreifen, die auf der Server-Seite durch ein Servlet zugänglich gemacht wird:

```
<%@ taglib uri="/invoice" prefix="invoice" %>
...
    <H1>Rechnung Nr. <invoice:InvoiceNumber/></H1>
...
```

Der wesentliche Effekt ist dabei, dass das Template jetzt ein gültiges XML-Dokument sein kann und nicht mehr an den Stellen durch XML-fremde Einstreuungen wie »<%« und »%>« verunreinigt wird, an denen dynamische Inhalte eingefügt werden.

Schließlich muss der JSP-Engine mitgeteilt werden, an welcher Stelle sich die Information befindet, die erforderlich ist, um den eigentlichen Java-Code an die verwendeten Tags zu binden. Diese Information verteilt sich auf zwei Komponenten: Der TagLib-Descriptor (vom Dokumententyp »web-app«) liefert allgemeine Daten zur TagLib »Invoice«, die wir im Beispiel verwenden, während anschließend die tatsächlich verwendbaren Tags beschrieben werden:

```
<?xml version="1.0" encoding="ISO-8859-1" ?>
<!DOCTYPE web-app
    PUBLIC "-//Sun Microsystems, Inc.//DTD Web Application 2.2//EN"
    "http://java.sun.com/j2ee/dtds/web-app_2.2.dtd">
<web-app>
    <display-name>Online Invoice Presentation Service</display-name>

    <servlet>
        <servlet-name>JspInvoice</servlet-name>
        <servlet-class>de.Ponton.JspInvoiceServlet</servlet-class>
        <load-on-startup>1<load-on-startup>
    </servlet>

    <taglib>
        <taglib-uri>/invoice</taglib-uri>
        <taglib-location>/WEB-INF/tlds/invoice-1.0.tld</taglib-location>
    </taglib>
</web-app>
```

Hier wird festgelegt, welches Servlet die Anwendungs-Tags implementiert und an welchem Ort es gefunden werden kann. *taglib-location* verweist auf das nächste Dokument, das die einzelnen Tags definiert, so beispielsweise auch unsere Rechnungsnummer:

```
<?xml version="1.0" encoding="ISO-8859-1" ?>
<!DOCTYPE taglib
    PUBLIC "-//Sun Microsystems, Inc.//DTD JSP Tag Library 1.1//EN"
    "http://java.sun.com/j2ee/dtds/web-jsptaglibrary_1_1.dtd">
```

```
<taglib>
  <tlibversion>1.0</tlibversion>
  <jspversion>1.1</jspversion>
  <shortname>jspInvoice</shortname>
  <info>Tags for Invoice Data Access</info>

    <tag>
      <name>InvoiceNumber</name>
      <tagclass>de.Ponton.JspInvoiceServlet.GetNumber</tagclass>
      <bodycontent>EMPTY</bodycontent>
      <info>Get the invoice number</info>
    </tag>
    ...                                    <!-- weitere Tags -->
</taglib>
```

Anhand dieser – zugegebenermaßen – sehr kompakten Darstellung, können wir nun hoffentlich ein Gefühl dafür entwickeln, wie Daten und Dienste der Server-Applikation auf einfache Weise zugänglich gemacht werden können. Dabei werden beide Welten sauber getrennt: die des Programmierers und die des HTML-Designers. Als Kommunikationsmittel zwischen ihnen ist lediglich die Beschreibung der TagLib erforderlich.

8.6   CORBA – die Common Object Request Broker Architecture

Während Application Server in Verbindung mit JSPs auf den Zugriff durch Personen und damit auf das Generieren von HTML-Seiten ausgerichtet sind, lassen sich CORBA-Komponenten für die sprachunabhängige Integration zwischen Applikationen nutzen. Die Common Object Request Broker Architecture (CORBA) hat sich daher heute zur herstellerneutralen Kommunikationsplattform zwischen verteilten Anwendungen entwickelt. In der Literatur ist CORBA Gegenstand etlicher Veröffentlichungen aus dem technischen oder Managementbereich [Sieg96, OrHa97]. Aus diesem Grund sollen die CORBA-Architektur und ihre Basisstandards hier nur am Rande betrachtet werden.

CORBA

CORBA ist eine von der *Object Management Group* (OMG) standardisierte Middleware-Architektur zur Kommunikation zwischen verteilten Objekten. Die wesentlichen Eigenschaften der CORBA sind im Einzelnen:

▦ *Unterstützung sprachunabhängiger Schnittstellendefinitionen.* CORBA erlaubt es, Softwarekomponenten, die in unterschiedlichen Programmiersprachen entwickelt wurden, über einen einheitlichen Kommunikationsmechanismus zu integrieren. Dazu definierte die OMG die Schnittstellendefinitionssprache *Interface Definition Language* (IDL), mit deren Hilfe Objektschnittstellen beschrieben werden können. Eine IDL-Spezifikation kann anschließend über entsprechende Generatoren in Programmcode der jeweiligen Zielsprache transformiert werden. Dabei wird natürlich nicht die Objektfunktionalität erzeugt, sondern nur der Code, der erforderlich ist, Methodenaufrufe vom einen Rechner im Netz zu dem anderen, auf dem sich das Objekt befindet, zu transportieren. Als Zwischeninstanzen treten bei dieser Kommunikation *Object Request Broker* (ORBs) auf, welche die Verbindung zum Server-Objekt herstellen und die Kommunikation unterstützen. Das verwendete Kommunikationsprotokoll *Internet Inter-ORB Protocol* (IIOP) ist dabei sprachunabhängig, so dass beispielsweise das aufrufende Objekt in Java und das Server-Objekt in COBOL programmiert sein kann.

▦ *Transparente Verteilung von Objekten.* Objekte werden durch Objektreferenzen identifiziert, die nicht die Kenntnis des aktuellen Rechners, auf dem sich das Objekt befindet, voraussetzen. Mit Hilfe eines Namensdienstes wird die Auflösung der Objektreferenz durch das CORBA-System durchgeführt.

▦ *Standardisierung unterschiedlicher Objektklassen.* Der ORB wird zur Verbindung zwischen Objekten eingesetzt. Damit ist noch nicht festgelegt, von welchem Typ die kommunizierenden Anwendungsobjekte sind. Diese Objekte können speziell für eine Anwendung entwickelt, für horizontale oder vertikale Einsatzbereiche vorgefertigt sein oder schließlich als fester Bestandteil einer CORBA-Umgebung mitgeliefert worden sein. Diese Unterscheidung geht einher mit der Standardisierung von Anwendungsobjekten gemäß der *Object Management Architecture* (OMA)

Die OMA unterscheidet drei Arten von Objekten (Abbildung 8-9): *Die OMA*

▦ *CORBA Services* sind Standardobjekte, die für allgemeine Zwecke wie der dauerhaften Speicherung von Objekten dienen.

▦ *CORBA Facilities* werden eingesetzt für horizontale, funktionsspezifische (Benutzerschnittstellen, Anwendungs- und Systemmanagement) oder vertikale, branchenspezifische Standards (Gesundheitswesen, Finanzwesen, Telekommunikation).

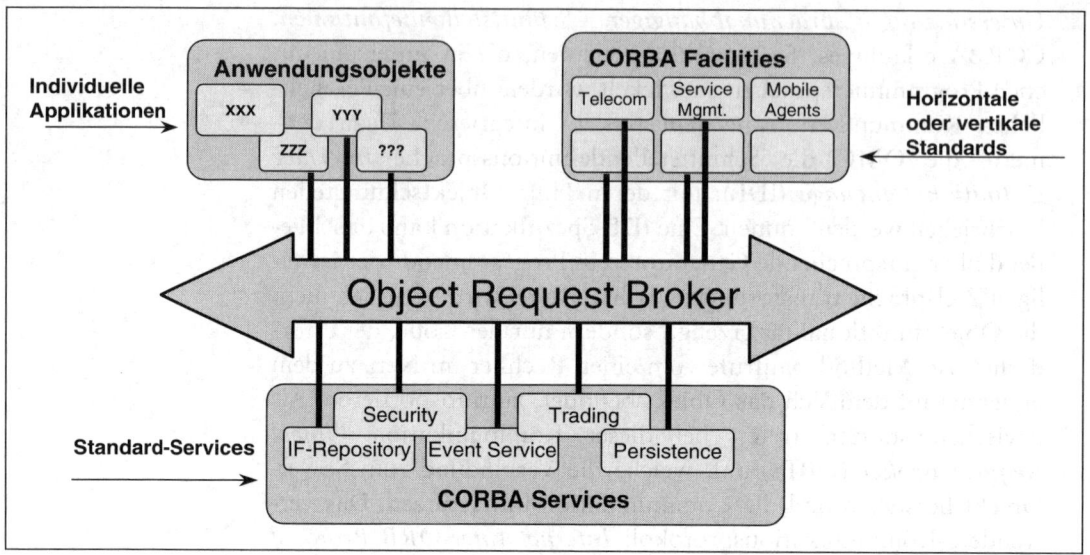

Abb. 8–9
Die Object Management Architecture

▨ Schließlich sind *Application Objects* die Objekte, die der Anwendungsprogrammierer einer CORBA-Anwendung selbst entwickelt.

IDL-Spezifikationen und der Stub-Generator

Eine IDL-Schnittstellendefinition beschreibt Methoden und Attribute eines Objekts. Dabei sind Attribute über Setter- und Getter-Methoden modifizierbar. Anhand von Objektschnittstellen definieren IDL-Spezifikationen die Funktionalität von Objekten. Dabei können Schnittstellen voneinander erben. Ein Objekt, das eine bestimmte IDL-Schnittstelle implementiert, muss daher auch alle von ihr geerbten Schnittstellen implementieren. IDL erlaubt ferner die Schachtelung von Modulen und Schnittstellendefinitionen. Module können dabei neben Attributen weitere Module oder Schnittstellendefinitionen enthalten.

Als Beispiel stelle man sich vor, dass die Schnittstellen »EventSubscriber« und »EventPublisher« von einer Schnittstelle »EventAwareObject« geerbt werden. Ein Objekt, das »EventAwareObject« implementiert, muss auch alle Methoden und Attribute der ersten beiden Schnittstellen implementieren.

Mit Hilfe eines Stub-Compilers werden dazu aus den Spezifikationen einer IDL-Datei Programmfragmente in unterschiedlichen Sprachen generiert. Diese Fragmente helfen einerseits als *Client-Stub*, die Aufrufschnittstelle des entfernten Objekts zu simulieren, und andererseits als *Skeleton*, den Server in den ORB zu integrieren. Wenn ein entfernter Methodenaufruf ausgeführt wird, so bedeutet dies auf der Client-Seite, dass die generierte Methode des Stubs aufgerufen wird. Dieser leitet die Parameter an den lokalen ORB weiter und von dort aus an den Ziel-ORB des Server-Objekts. Hier wird mit Hilfe des Skeletons der eigentliche Methodenaufruf an das Objekt ausgeführt. Nach Beendigung der Methode sendet der Server-ORB das Resultat umgekehrt an den Client zurück. Das folgende Beispiel zeigt IDL-Code für das Bestellen und Abrufen von Ware. Dabei sind für das Modul B2BPortal zwei Schnittstellen zum Bestellen und Abrufen definiert.

```
module B2BPortal {
    interface Ordering {
        OrderConfirmation newOrder(PurchaseOrder); // Eine Bestellung senden
        OrderConfirmation cancelOrder(PurchaseOrder); // Bestellung stornieren
        OrderConfirmation amendOrder(PurchaseOrder); // Bestellung ändern

        readonly attribute int orderStatus;
            // Attribute für den Status der Bestellung
            // IDL-Compiler Generiert nur eine Get-Methode.
    };
    interface CallOff {
        CallOffConfirmation  newCallOff(CallOff); // Warenabruf
        CallOffConfirmation amendCallOff(CallOff); // Warenabruf ändern
        CallOffConfirmation cancelCallOff(CallOff); // Warenabruf stornieren

        readonly attribute int callOffStatus;
        // Attribute für den Status der Bestellung
        // IDL-Compiler Generiert nur eine Get-Methode.
    };
};
```

CORBA Services

CORBA Services sind Module, deren Funktionalität im Gegensatz zu den Facilities und Anwendungsobjekten allgemein von allen ORBs benötigt wird. Im Standard ist definiert, welche Services erforderlich sind.

Ein spezieller CORBA Service ist das *Interface-Repository*. Dieser *Das Interface-Repository* Service erlaubt es, IDL-Spezifikationen online zu repräsentieren, so dass über Methodenaufrufe auf Schnittstellenbeschreibungsobjekte zugegriffen werden kann. Die Navigation durch das Interface-Repository ermöglicht es einer Anwendung, alle Informationen der entsprechenden IDL-Spezifikation abzufragen. Interface-Repository und IDL-Datei sind somit lediglich zwei unterschiedliche Repräsentationsformen für die gleiche Information. Jederzeit kann eine Schnittstellendefinition mit Hilfe geeigneter Werkzeuge von der einen Repräsentationsform in die andere transformiert werden. Die Online-Repräsentation bietet jedoch die Möglichkeit, an einer Stelle im Internet eine aktuelle, konsistente Schnittstellendefinition vorzuhalten. Es kann somit sofort erkannt werden, wenn diese aktualisiert wurde.

Security, Events, Transaktionen und »Trading«
Andere Services sind der Persistenzdienst, hinter dem sich eine Datenbank verbirgt, die genutzt werden kann, um den Zustand von Anwendungsobjekten zu sichern. Der *Security-Service* stellt Authentifikations- und Verschlüsselungsdienste einheitlich in der CORBA-Welt bereit, während der *Event-Service* es erlaubt, Publish/Subscribe-Beziehungen zwischen CORBA-Objekten herzustellen. Schließlich dient der *Trader* einer Vermittlung von CORBA-Objekten anhand von Attributspezifikationen (diesen Mechanismus finden wir auch im E-Business-Teil in Kapitel 18.4 wieder). Der *Transaction-Service* erlaubt eine transaktionale Abwicklung von Anwendungsprozessen, d.h., die Bedingungen der Atomarität, Konsistenz, Integrität und Dauerhaftigkeit solcher Prozesse sind über diesen Dienst sichergestellt. Weitere dieser Basisdienste sind im Rahmen der CORBA-Architektur definiert worden, jedoch in der Praxis eher unrelevant.

8.7   Web Service Definition Language

Web-Services sind grundsätzlich den CORBA-Objekten ganz ähnlich, nur dass sie über Web-Schnittstellen und insbesondere über das Protokoll SOAP (siehe Kapitel 7.8.3) aufgerufen werden können und dass anstelle von Namens- und Verzeichnisdiensten wie JNDS oder X.500 nun UDDI verwendet wird. Da der »Universal Description Discovery and Integration«-Vorschlag sehr anwendungsnah im E-Business-Bereich anzusiedeln ist, finden wir dazu mehr Informationen im Kapitel 17.7.

Neben dem Aufrufprotokoll und dem Verzeichnisdienst ist jedoch im Zusammenhang mit der Web-Service-Technologie noch eine Schnittstellenbeschreibungssprache erforderlich, um Parameter und Resultate Objekttypen zuzuweisen und an Methoden des Servers zu binden.

Wenn wir also ein Unternehmen gefunden haben, mit dem wir Daten austauschen möchten, so sind folgende Informationen wichtig:

- Über welche *URI* ist der Server des Unternehmens zu erreichen? Dies ist in der Regel die Adresse eines Web-Servers und seine Portnummer.
- Welches *Protokoll* ist zu verwenden? Hier stehen z.B. SMTP (E-Mail) und HTTP zur Auswahl.
- Welche *Dokumententypen* sind zu verwenden, wenn Daten übertragen werden? Dokumententypen werden durch Referenzen auf das betreffende XML-Schema festgelegt.

Anhand der WSDL (Web Service Definition Language) lassen sich nun weitere technische Details festlegen, die für die Bindung eines Clients an einen Server erforderlich sind. Im Grunde genommen steht WSDL der IDL von CORBA also in nichts nach – in beiden Fällen werden entfernte Prozeduraufrufe über Schnittstellendefinitionssprachen definiert. WSDL basiert allerdings auf XML, so dass Standardwerkzeuge eingesetzt werden können, um Schnittstellendefinitionen aus einer existierenden Server-Komponente zu generieren, oder auch umgekehrt, um für unterschiedliche Programmiersprachen aus der WSDL-Spezifikation einen *Stub* zu generieren. Dies ist ein softwaretechnisches »Flanschstück«, das beispielsweise SOAP-Aufrufe in Java oder C++ umsetzt.

Schon wieder: Schnittstellenbeschreibungen für Dienste

Stellen wir uns vor, dass eine Bank die Abfrage von Wertpapierkursen online erlaubt. Dazu steht beispielsweise der Dienst *KursabfrageService* zur Verfügung. Er setzt sich zusammen aus Dokumententypen für die Parameter des Aufrufs (WKN) und sein Resultat (AktuellerKurs). Zudem ist festzulegen, welches Protokoll für den Aufruf einzusetzen ist. Zu diesem Zweck erfolgt im Beispiel eine Bindung des Dienstes an das Protokoll SOAP als Übertragungsmechanismus. Schließlich ist die Adresse des Web-Service zu benennen (*http://broker.de/Kursabfrage*). Die Bindung weist also dem generellen Dienst zur Kursabfrage eine Adresse und ein Protokoll zu, über die der Dienst erreichbar ist. Damit erfolgt eine Entkopplung dieser drei Ebenen:

Abb. 8–10
Zusammenhang der Elemente einer WSDL-Definition für Web-Services

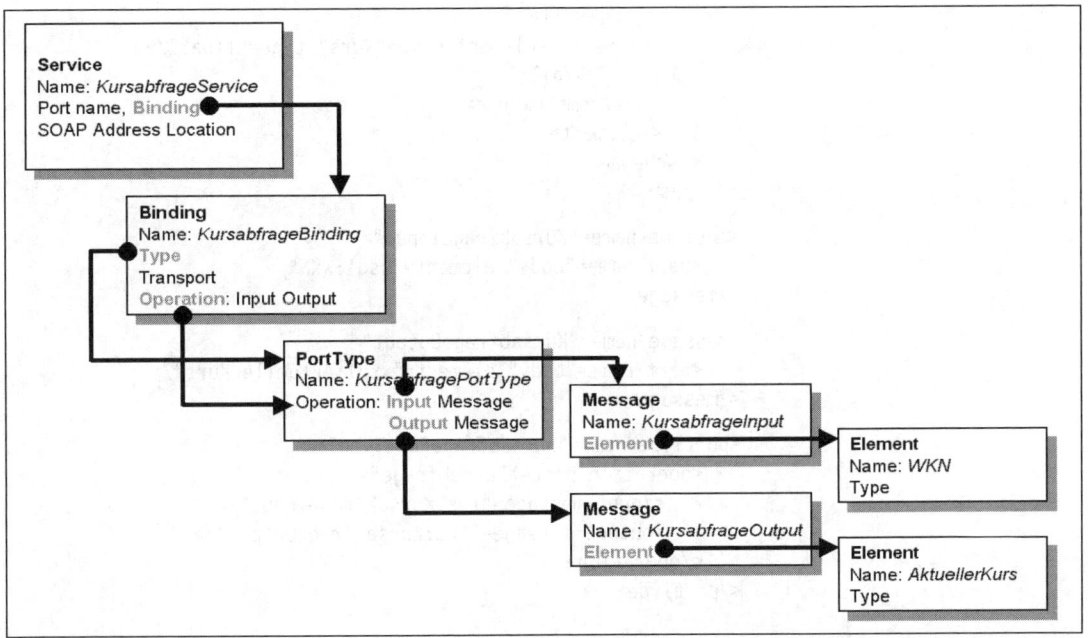

▦ Als Protokolle können beispielsweise SOAP, HTTP oder SMTP eingesetzt werden,

▦ dabei kann die URL beliebig zugewiesen werden sowie

▦ der auf diese Weise erreichbare Dienst.

Im Folgenden ist dazu ein minimales Beispiel als WSDL-Dokument gezeigt:

```
<?xml version="1.0"?>
<definitions name="kursabfrage"

targetNamespace="http://broker.de/kursabfrage.wsdl"
        xmlns:tns="http://broker.de/kursabfrage.wsdl"
        xmlns:xsd1="http://broker.de/kursabfrage.xsd"
        xmlns:soap="http://schemas.xmlsoap.org/wsdl/soap/"
        xmlns="http://schemas.xmlsoap.org/wsdl/">

    <types>
        <schema targetNamespace="http://broker.de/kursabfrage.xsd"
            xmlns="http://www.w3.org/2000/10/XMLSchema">
            <element name="WKN">
                <complexType>
                    <all>
                        <element name="WertpapierKN" type="string"/>
                    </all>
                </complexType>
            </element>
            <element name="AktuellerKurs">
                <complexType>
                    <all>
                        <element name="Kurs" type="float"/>
                    </all>
                </complexType>
            </element>
        </schema>
    </types>

    <message name="KursabfrageInput">
        <part name="body" element="xsd1:WKN"/>
    </message>

    <message name="KursabfrageOutput">
        <part name="body" element="xsd1:AktuellerKurs"/>
    </message>

    <portType name="KursabfragePortType">
        <operation name="Kursabfrage">
            <input message="tns:KursabfrageInput"/>
            <output message="tns:KursabfrageOutput"/>
        </operation>
    </portType>
```

```
<binding name="KursabfrageBinding"
        type="tns: KursabfragePortType">
    <soap:binding style="document"
            transport="http://schemas.xmlsoap.org/soap/http"/>
    <operation name="Kursabfrage">
        <soap:operation soapAction="http://broker.de/Kursabfrage"/>
        <input>
            <soap:body use="literal"/>
        </input>
        <output>
            <soap:body use="literal"/>
        </output>
    </operation>
</binding>

<service name="KursabfrageService">
    <documentation>Hier bekommen Sie alle Kurse!</documentation>
    <port name="KursabfragePort" binding="tns:KursabfrageBinding">
        <soap:address location="http://broker.de/Kursabfrage"/>
    </port>
</service>

</definitions>
```

8.8 Die Unified Modeling Language

Mit der zunehmenden strategischen Bedeutung von Software für viele Unternehmen gewinnen Technologien an Relevanz, welche die Produktion von Software automatisieren und vereinheitlichen und damit die Entwicklungskosten vermindern. Dazu gehören Komponententechnologien wie EJBs, visuelles Programmieren, Standardmuster und -Rahmenwerke. Als verbindendes Element zwischen diesen Aspekten ist jedoch eine Sprache erforderlich, welche die Modellierung und Integration von Softwarekomponenten erlaubt.

Die Unified Modeling Language (UML) ist eine solche Sprache zur objektorientierten Spezifikation, Visualisierung, Konstruktion und Dokumentation ganz verschiedener Dinge wie Geschäftsprozesse, Rollen, Softwarekomponenten und deren Beziehungen. Die UML repräsentiert eine Reihe von Modellierungstechniken, die sich in der täglichen Praxis der Softwareingenieure im Hinblick auf komplexe Systeme als erfolgreich erwiesen haben.

Die UML wurde von der Firma Rational Software und ihren Partnern entwickelt. Sie ist der gemeinsame Nachfolger der zuvor vorherrschenden drei Standardmethoden nach Booch, Jacobson (Object-Oriented Software Engineering, OOSE) und Rumbaugh (Object Modeling

Aus drei mach eins ...

Technique, OMT). Unzählige Unternehmen setzen die UML als Standard ein für ihre Softwareentwicklungsprozesse und -produkte.

Für die Entwicklung von Softwaresystemen ist ein Modell ähnlich wichtig wie ein CAD-Entwurf in der Bauindustrie. Ein gutes Modell lässt sich dabei leicht zwischen den beteiligten Parteien kommunizieren – sowohl zwischen den Personen (gemeinsames Verständnis) als auch zwischen den Softwaresystemen (Interoperabilität).

Eine Modellierungssprache sollte dabei folgende Bestandteile vorsehen:

▨ *Modellierungselemente* – dies sind fundamentale Begriffe und Bedeutungen wie »Klasse«, »Beziehung« oder »Akteur«.

Abb. 8–11

Ein UML-Klassendiagramm, erstellt mit Poseidon for UML

▨ Eine *Notation* – dies ist eine visuelle Darstellung der Modellierungselemente.

▨ *Guidelines* – dieses sind Regeln für den Konstruktionsprozess eines Modells.

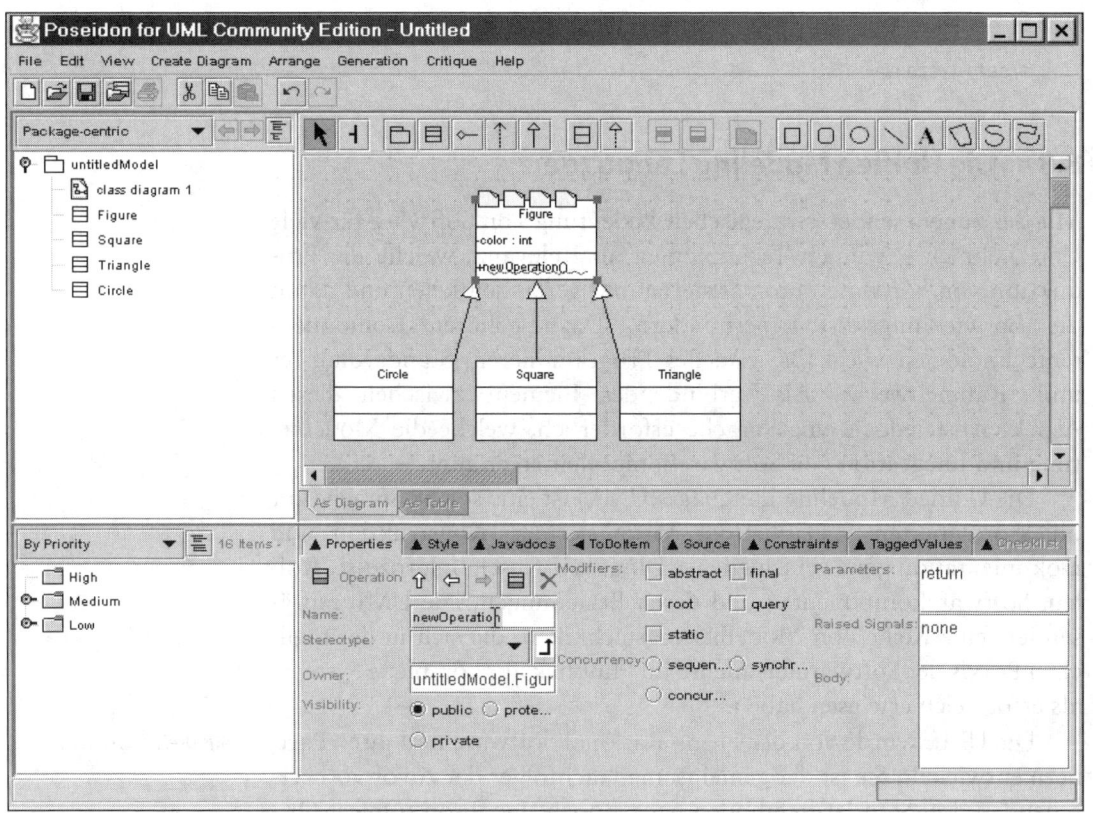

UML besitzt diese Bestandteile: Das Modell existiert dabei als interne Repräsentation eines Modellierungswerkzeugs. Über spezielle UML-Diagramme lassen sich Sichten auf das Modell anlegen. Standardsichten sind beispielsweise:

- Das *Klassendiagramm*. Klassendiagramme sind der zentrale Bestandteil der UML und beschreiben die statische Struktur der Objekte eines Systems und ihre Beziehungen untereinander.
- Das *Sequenzdiagramm*. Das Sequenzdiagramm zeigt, wie einzelne Objekte untereinander Nachrichten austauschen. Damit ist es gut geeignet, *genau einen* möglichen Ablauf eines Anwendungsfalles zu beschreiben und dient als Grundlage der Codegenerierung.
- Das *Anwendungsfalldiagramm* (Use-Case). Anwendungsfälle – auch Use-Cases genannt – beschreiben das zu erstellende System. Sie bilden oft den Ausgangspunkt bei Softwareprojekten, daraus abgeleitet werden dann weitere Diagrammtypen. Zur Erstellung der Anwendungsfälle können Gespräche mit den künftigen Anwendern dienen, die schildern, wie sie das fertige Programm einsetzen wollen. All das wird notiert und kann später neben formaleren Beschreibungen zu den Use-Cases gehören. Use-Cases beschreiben in Text- und Diagrammform, was der Auslöser für diesen Anwendungsfall ist, welche Eingaben und Ausgaben es gibt, welches Verhalten aus den Eingaben die Ausgaben macht, was alles dabei schief laufen kann und was dann zu tun ist.

UML schreibt kein spezielles Vorgehen bei der Modellierung vor. Dieses wird eher von Praktikern oder Tool-Entwicklern vorgeschlagen, wie es z.B. beim Rational Unified Process (RUP) des Unternehmens Rational der Fall ist.

Aufgrund der engen Verzahnung der UML-Standardisierung mit anderen OMG-Standards ist die Entwicklungsperspektive interessant, die sich aus einer Verschmelzung dieser Technologien ergeben kann: Während UML in Verbindung mit einigen weiteren, hier nicht betrachteten Standards (z.B. die MOF – *Meta Object Facility* oder XMI – *Extensible Metadata Interchange*) zu einer immer mächtigeren Modellierungsumgebung heranreift, finden wir auch bei der Repräsentation der zu modellierenden Objekte von E-Business-Anwendungen neue OMG-Standards, die helfen, eine einheitliche, plattform- und herstellerunabhängige Architektur für Geschäftsanwendungen zu erstellen.

8.9   Web Application Server

Ganz unterschiedliche Produkte bieten diverse Hersteller heute als *Web Application Server* oder kurz »Application Server« an. Wesentliche Merkmale sind dabei:

- Back-End-Unterstützung des *Web-Servers*, um statische oder dynamische Inhalte zu liefern. Nahezu alle Produkte lassen sich mit Web-Servern integrieren – sei es, dass sie recht primitiv über CGI-Schnittstellen aufgerufen werden oder über die Java-Servlet-Schnittstelle. Servlets sind dabei serverseitige Java-Objekte, die einen HTTP-Request mitsamt aller Parameter des Methodenaufrufs erhalten und ein HTML-Dokument an den Aufrufer zurückliefern. Der Aufrufer ist dabei der Web-Server selbst, der einen Request direkt an das Servlet durchreicht.
- Unterstützung der gängigen *Komponentenmodelle*, d.h. Integrationsmöglichkeit mit anderen Anwendungen und Programmiersprachen über *CORBA-Protokolle* oder von *Active-X-Komponenten*. Es war ursprünglich eine Kernanforderung an Application Server, einen ORB (CORBA Object Request Broker) zu implementieren, über den Aufrufe anderer CORBA-Anwendungen, die evtl. auf anderen Rechnern laufen, weitergeleitet werden.
- Bereitstellung von Funktionen zur Bearbeitung, Speicherung und Transformation von *XML-Dokumenten*. XML ist auch bei Application Servern nicht mehr wegzudenken. Meistens integrieren sie XML-Standardkomponenten wie XSLT-Engines, XML-Parser und XML-Schema-Unterstützung.
- *Enterprise JavaBeans* (EJB) Container. EJBs wurden bereits weiter oben beschrieben. Sie stellen in der Java-Welt das Standard-Framework zur Integration von Anwendungslogik dar. Fast alle Application-Server-Hersteller bieten EJB-Untersützung an.
- Integration von *Datenbanksystemen* im Back-End. Da der Application Server häufig zwischen dem Web-Server und der Datenbank vermittelt, muss er in beide Richtungen flexibel integriert werden können. Zur Datenbank hin erfolgt diese Integration über Protokolle wie ODBC oder JDBC bzw. herstellerspezifische Schnittstellen. Für den Anwendungsprogrammierer soll die Interaktion mit der Datenbank soweit wie möglich von SQL abstrahieren, so dass er nur noch »in Objekten« zu denken braucht. Zu diesem Zweck ist entweder vom Anbieter des Application Servers oder der Datenbank eine sog. O/R-Mapping-Software erforderlich, die Objekte und ihre Beziehungen abbildet auf Tabellen der Datenbank und (Fremdschlüssel-)Beziehungen zwischen diesen.

▦ Integration eines *Transaktionsmonitors*. Auch dies ist ein Haupt-
merkmal von Application Servern. Es geht dabei nicht nur um die
Transaktionssteuerung der von einer Anwendung genutzten Datenbank, sondern auch um die Integration verschiedener Datenbank-
Server im Rahmen einer verteilten Transaktion.

▦ Bereitstellung von *Werkzeugen zur Anwendungsentwicklung*. Übli-
che Entwicklungswerkzeuge sind UML-Modellierungstools wie
Rational *Rose*, Gentlewares *Poseidon* oder die üblichen Software-
Entwicklungsumgebungen von Herstellern wie IBM (Visual Age),
Sun (Forte), Inprise (JBuilder) oder Microsoft. Um Code effizient
testen zu können, ist es erforderlich, Anwendungen während des
Entwicklungszyklus in einer vereinfachten Umgebung als EJB-,
CORBA- oder Active-X-Komponente auszuführen. Viele Entwick-
lungsumgebungen sind daher eng verzahnt mit eigenen Application
Servern der jeweiligen Anbieter.

▦ Spezielle *Anwendungsfunktionen* als Teil des Lieferumfangs. Dabei
sind alle möglichen Erweiterungen denkbar: Kataloge, Shops und
Malls, Content-Management-Funktionen, Customer-Relationship-
Software, B2B-Integrationskomponenten usw. Hier sind es in der
Regel Anbieter, die sich auf eine Branche spezialisiert haben.

Es gibt daher keine allgemeine Definition, was ein Application Server
ist, bzw. welche der genannten Eigenschaften vorhanden sein müssen,
um das Prädikat »Application Server« zu verdienen. Stattdessen finden
wir heute Web Application Server, XML Application Server, Enterprise
Application Server oder Java Application Server vor.

Es hängt häufig von der Domäne des Hersteller ab, wo der
Schwerpunkt des Application Servers liegt. Bea (Produktname: Weblogic) basiert u.a. beispielsweise auf dem Transaktionsmonitor von
TRANSARC, der es erlaubt, verteilte Transaktionen durchzuführen,
also die Konsistenz mehrerer an einer Transaktion beteiligter Application Server aufrechtzuerhalten. Der iPlanet Application Server hat
seine Wurzeln bei Netscape und Sun Microsystems, aus deren Fusion
das Unternehmen hervorging. Hier wurde im Wesentlichen die Netscape Suite Spot-Umgebung eingebracht, die bereits seit 1996 entwickelt wurde. Inprise ist ein typisches Beispiel für einen Anbieter von
Entwicklungswerkzeugen, der seinen Produktbereich auf Application
Server erweiterte. Diese Werkzeuge sind zum einen der JBuilder von
Borland sowie der CORBA ORB von Visigenic, die zu einem Produkt
verschmolzen wurden.

Schließlich sind auch in der Open-Source-Gemeinde weitere Application Server entwickelt worden, darunter vor allem jBoss, ein voll-

*Sehr viele Application-
Server-Produkte*

wertiger EJB-Server, an dem über 500 Entwickler weltweit arbeiten und der in seiner Version 3.0 auch die Version 2.0 der EJB-Spezifikation unterstützt. Diese Software steht kostenlos zur Verfügung und kann für beliebige kommerzielle Projekte eingesetzt werden.

8.10 Content-Management-Systeme

CMS für Redaktion und Publikation Das Web wurde ursprünglich entwickelt, um den Besitzern von Inhalten die Möglichkeit zu geben, diese in einfacher Form zur Verfügung zu stellen und zu vernetzen. Dabei wurde angenommen, dass jeder Teilnehmer ein überschaubares Quantum an Inhalt zu betreuen habe. »Betreuen« heißt hierbei: Erzeugen, Layouten, Navigationspfade definieren, veröffentlichen und zurückziehen, auf Konsistenz der Links achten etc. ([BTZZ01]).

Im Laufe der Jahre haben sich jedoch bei hochzentralisierten Portalanwendungen die Anforderungen erheblich verschoben, so dass seit etwa 1998 recht zügig ein Industrialisierungsprozess für Web-Inhalte einsetzte. Dabei geht es vor allem darum, den Anteil menschlicher Arbeit am Publikationsprozess im Web zu minimieren. Im Zuge dieser Industrialisierung sind *Web-Content-Management-Systeme* (oder kurz: Content-Management-Systeme, CMS) entstanden, deren Aufgabe in der Kombination aus HTML-Layouts mit deren Inhalten – eben dem *Content* – besteht.

Wir finden also bei Web- und Portal-Projekten immer eine Arbeitsteilung zwischen folgenden Teilnehmern vor:

- *Grafikdesign*: Dies ist der kreative Prozess zur Gestaltung von Teilen des Web-Auftritts. Logos und Layouts einzelner Seiten werden hierbei als statische Designs entwickelt.
- *Navigation bzw. Click-Streams.* Hierbei definiert der Designer den Zusammenhang zwischen einzelnen Webseiten. Diese Tätigkeit steht im engen Zusammenhang mit der des Grafikdesigns und wird in der Regel von der gleichen Person durchgeführt. Am Ende beider Aktivitäten stehen Dummy-Seiten zur Verfügung, auf denen das Klicken von Web-Links simuliert werden kann. Diese Seiten enthalten üblicherweise Dummy-Text, um den optischen Eindruck realistischer zu gestalten.
- *HTML-Umsetzung.* Mit den Möglichkeiten, die HTML oder XHTML als Auszeichnungssprachen bieten, werden nun die Webseiten erstellt. Für diese Tätigkeit stehen eine Reihe von Werkzeugen wie Macromedias Dreamweaver oder Adobes PageMill zur Verfügung. Das Ergebnis dieses Arbeitsschrittes ist eine »clickable

HTML-Demo«, die direkt über den Web-Browser präsentiert werden kann.

- *Content-Erzeugung.* Erst jetzt werden die Seiten mit Inhalt gefüllt, d.h. der Content eingetragen. Dies kann manuell erfolgen oder maschinell (z.B. über eine XML-Katalogdatei). Im zweiten Fall ist ein Content-Management-System erforderlich, das den Prozess der maschinellen Füllung von HTML-Seiten organisiert.

Was ist überhaupt »Content«? Für den einen sind es Artikel, Bilder oder andere Soft-Goods wie Software oder MP3-Clips, für den anderen ist es jede Art von Information, die sich im Web-Browser darstellen lässt – also auch Module von Anwendungssoftware, Funktionen, Masken und Navigationselemente. *Was ist »Content«?*

Es ist dabei eine Frage des Standpunkts: Ist es Inhalt für den Browser oder für den Benutzer? Der Browser verarbeitet alles als Content, was ihm als HTML verpackt geliefert wird, daher auch Dialogschnittstellen zu Anwendungssoftware. Der Benutzer würde eine Erfassungsmaske für Bestellungen wahrscheinlich nicht als »Content« auffassen, dennoch haben beide Recht.

Ein Content-Management-System dient der Bereitstellung der richtigen Inhalte für einen Benutzer zum richtigen Zeitpunkt. Dabei ist es für den Benutzer unwesentlich, auf welche Weise der Content geliefert wird und ob er statisch auf der Festplatte liegt (z.B. als Artikel im PDF-Format) oder ob er dynamisch als Antwort auf eine spezielle Benutzeranfrage generiert wurde. *Der richtige Inhalt für einen Benutzer zum richtigen Zeitpunkt*

Die Aufgabe des CMS liegt dabei in unterschiedlichen Funktionen:

- *Organisation des Erstellungsprozesses von Inhalten.* Im Falle von statischen HTML-Seiten oder in der Datenbank abgelegten Seitenelementen handelt es sich hierbei um einen klassischen Redaktionsprozess, bei dem mehrere Beteiligte Inhalte erstellen und dem CMS liefern. Diese Autoren oder »Content Producers« können intern oder extern tätig sein, wichtig ist lediglich, dass sie Inhalte – meist in Form von Dokumenten oder formatierten Texten – in das System einbringen. In der Praxis trennt man diesen Redaktions- und Freigabeprozess von dem eigentlichen Publikationsprozess.
- *Organisation der Integration von Inhalten.* Nach der Erstellung der Inhalte besteht die nächste Aufgabe in ihrer Integration in die zu veröffentlichenden Webseiten. Die meisten CMS unterstützen dies bereits dadurch, dass der Ersteller einen Content-Typ auswählt (Artikel, Aufmacher, Produktbeschreibung etc.). Vor allem der Zugriff, die Konvertierung und die Integration dynamischer

Inhalte aus Datenbanken, Servern und externen Datenquellen ist Teil der Integration.

Organisation des Zugriffes auf Inhalte. Schließlich hängt es von den Zugriffsrechten auf einzelne Dokumente ab, was für welchen Benutzer sichtbar ist und was nicht. Einige CMS-Produkte lassen nur die Publikation statischer Seiten zu, die in eine Hierarchie von Verzeichnissen auf der Festplatte hinein generiert werden. Wenn es jetzt Zugriffsbeschränkungen auf diese Daten geben soll, dann nur über den Web-Server, der die Eingabe von Benutzername und Passwort für bestimmte Verzeichnisse erfordert, wenn dies vom Administrator festgelegt ist.

Diese Darstellung des Produktions- und Veröffentlichungsprozesses lehnt sich stark an den Redaktionsprozess in einem Verlag an. Dies ist jedoch nur der Anwendungsbereich einiger CMS-Produkte. Andere konzentrieren sich viel mehr auf den Web-Zugang zu Anwendungsmodulen der Unternehmenssoftware, wie bereits in der Abbildung 8-3 beschrieben. Hier liegt der Content als »on-the-fly« generierter Output von Anwendungsobjekten vor. Die Aufgaben des CMS sind:

- Dem Benutzer nur *Zugang* zu den Komponenten zu erlauben, zu denen er auch berechtigt ist. Dies erfolgt durch den Application Server, in den das CMS integriert ist. Jeder Aufruf ist dabei durch einen Security-Kontext verfolgbar, so dass über eine Berechtigungsverwaltung jederzeit überprüft werden kann, ob der aktuelle Benutzer auf die gewünschten Daten zugreifen darf.
- Über Back-End-Schnittstellen *Methodenaufrufe von Objekten zu koordinieren.* Wenn Zugriffsberechtigung besteht, steuert das CMS den Aufruf aller für diesen Aufruf definierten Methoden und nimmt das Ergebnis entgegen.
- Den *Output der Methodenaufrufe wieder zu einem Dokument zusammenzufassen.* Einzelne Resultat-Fragmente fügt das CMS zu einem Gesamtdokument zusammen, so wie im Beispiel eine Rechnung als XML-Dokument generiert wurde.

Obwohl man beide Ansätze als CMS bezeichnen darf, konzentriert sich das erste auf »Content« im Sinne vorgefertigter Dokumente, während das zweite eher ein Web-basiertes Zugangssystem zu Ressourcen aller Art ist – und unter anderem auch zu Dokumenten. Informationsportale, die lediglich der Publikation dienen, fallen eher in die erste Kategorie, während Enterprise-Portale eher zur zweiten gehören, da hier häufig Anwendungssoftware des Unternehmens angesprochen wird.

Dennoch sind beide Ansätze recht ähnlich, wenn man nur den »vorderen«, dem Web-Server zugewandten Bereich betrachtet und einmal davon abstrahiert, wie, von wem und wann die referenzierten Dokumente genau erstellt werden. Im dokumentenorientierten Bereich des Systems (nach Abbildung 8-3) finden wir immer sog. *Templates* vor, die meistens HTML-Dokumente, manchmal auch XML-Dokumente sind. Diese Templates würden 1:1 über den Web-Server an den Browser geliefert werden, wenn in ihnen nicht Bereiche definiert wären, die anstelle von HTML-Marken Datenquellen beschreiben. Diese Einbettungen liegen meistens in einer XML-Sprache vor und werden von einer Erweiterung des Web-Servers interpretiert.

Templates und Template-Sprachen

Beispiele für Template-Sprachen sind ASP (Active Server Pages) bzw. JSP (Java Server Pages). Sie legen fest, welche Objekte mit welchen Parametern aufgerufen werden sollen. Diese Objekte liefern anschließend HTML-oder XML-Code, der an der Stelle der Template-Elemente eingefügt wird.

Abb. 8–12

Transformationsprozess unterschiedlicher Inhalte eines Content-Managemernt-Systems

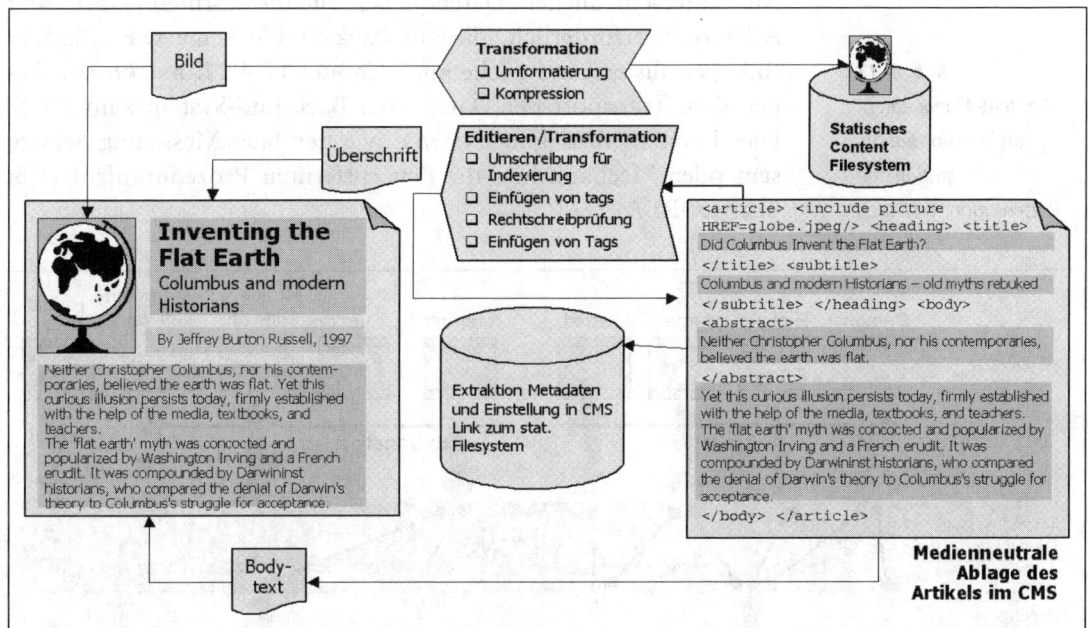

Ausgewählte Komponenten eines CMS

Im Folgenden wollen wir uns auf einige CMS-Komponenten konzentrieren, die im Rahmen zukünftiger Portalanwendungen von Bedeutung sein werden. Redaktionelle Inhalte sind dabei nur ein Inhaltstyp von vielen anderen, da Inhalte unabhängig von ihrer Repräsentation über das CMS einem Benutzer zur Verfügung gestellt werden müssen. Die Abbildung 8-12 zeigt die Rolle des CMS als zentrale Schaltstelle zur Abfrage, Integration und Darstellung von Inhalten auf.

Viele CMS-Systeme erfordern dazu ein eigenes Content-Repository, also einen Ablageort, an dem zu publizierende Inhalte zwischengespeichert werden. Diese Lösung ist sinnvoll im Falle statischer Dokumente, die aus Templates und Inhalten des Redaktionssystems generiert werden können. Bei einem Enterprise-Portal ist jedoch jederzeit der Durchgriff auf die aktuellen Daten des ERP-Systems erforderlich. Entsprechend Abbildung 8-12 bestehen also folgende Anforderungen an das CMS:

- Unterschiedlichen Rollen *Zugriffsrechte* und zugeschnittene *Navigationsmöglichkeiten* anbieten. Diese Rollen sind beispielsweise Mitarbeiter der Fachabteilungen, Lieferanten und Kunden sowie die anonyme Öffentlichkeit. Jede dieser Rollen kann wiederum Abstufungen bzgl. der Benutzerrechte besitzen.

- Aus unterschiedlichen Datenquellen Inhalte abrufen. Dazu sind *Adaptoren* erforderlich, die auf Back-End-Systeme wie z.B. SAP R/3 spezialisiert sind (siehe auch Kapitel 17.4). *Konnektoren* dienen dem Transport der Daten vom Back-End-System zum CMS. Dies können Messaging-Systeme wie der Java Messaging Service sein oder Mechanismen für den entfernten Prozeduraufruf (z.B. über CORBA).

Abb. 8–13
Content-Management als Transformation, Integration und Präsentation von Daten

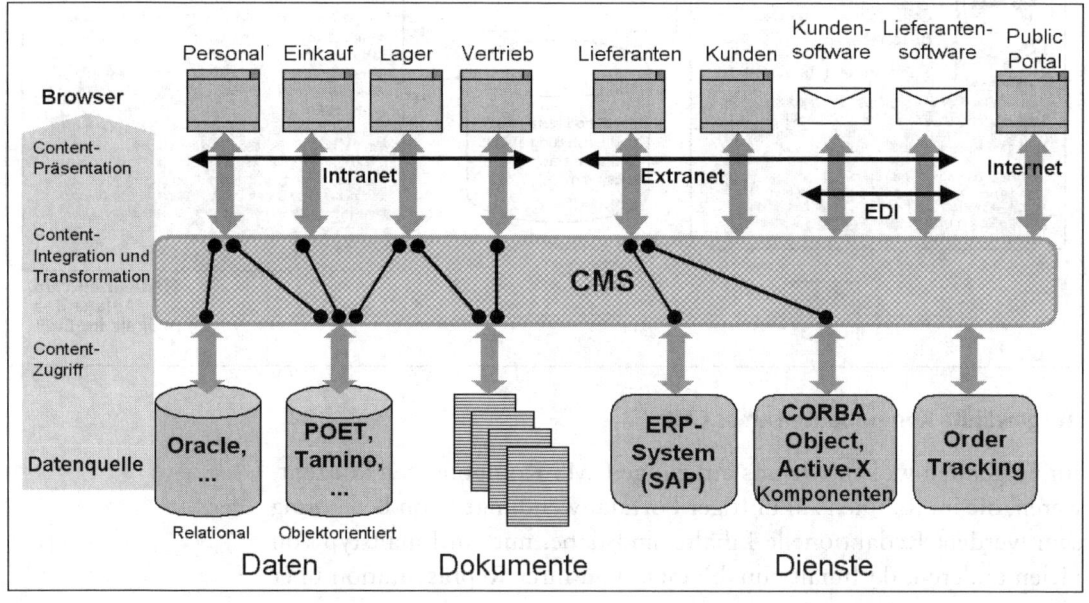

Integration von Inhalten d.h. aus den Content-Fragmenten anhand von Templates XML- oder HTML-Seiten zusammenfügen. Einige der dafür erforderlichen Technologien haben wir bereits in den vorherigen Kapiteln kennen gelernt.

Generieren statischer Informationen. Diese lassen sich häufig periodisch aus den Datenquellen generieren, ohne dass der Inhalt an Aktualität verliert. So lassen sich Telefonverzeichnisse, Kataloge, Projektbeschreibungen etc. nach Bedarf, täglich oder wöchentlich generieren. Wichtig ist dabei jedoch, dass eine enge Verzahnung zwischen statischen und dynamischen Seiten möglich bleiben muss: So müssen beispielsweise Lagerbestandsabfragen als dynamische Inhalte jederzeit mit statischen Katalogseiten integrierbar sein.

Caching von Inhalten. Hierbei lassen sich statische Seiten im CMS vorhalten, so dass nicht bei jedem Zugriff eine Datenbankabfrage oder eine Datentransformation erfolgen muss.

Generieren von Metainformationen. Dieser Prozess lässt sich bei vielen CMS automatisieren, indem automatisch Site Maps generiert und Inhalte indexiert werden.

Verwaltungsfunktionen. Hier geht es um Funktionen wie die Verwaltung von Zugriffsrechten, die Konfiguration von Adaptoren, Cache-Einstellungen, Templates sowie von Redaktionsprozessen.

Personalisierung Hier sind einige Varianten zu unterscheiden (siehe auch Kapitel 13 im B2C-Teil): Die *explizite* Personalisierung basiert auf Konfigurationswünschen des Benutzers oder des Administrators: Ein Beispiel für den ersten Fall wäre eine Liste von Wertpapierkursen, die sich der Benutzer zusammenstellt, während im zweiten Fall die Zugriffsrechte auf Module des ERP-Systems konfiguriert werden. Personalisierung ist in diesem Bereich also eng verzahnt mit der Benutzerverwaltung des Systems. Die *implizite* Personalisierung spielt bei Unternehmensportalen keine tragende Rolle: Im Gegensatz zu Informationsportalen, die durch Dritte betrieben werden, ist es hier sehr viel weniger nötig, automatisch Rückschlüsse auf die Interessen des Teilnehmers zu ziehen und darauf basierend Empfehlungen oder Banner anzuzeigen.

Multilingualität. Bei vielen internationalen Unternehmen ist es erforderlich, Inhalte in mindestens zwei Sprachen zu publizieren. Dies gilt ganz besonders für redaktionsintensive Inhalte – also für Firmeninformationen, Pressemitteilungen, Produktbeschreibungen –, aber auch für den Zugriff auf ERP-Funktionen des Unternehmens, bei denen heute die Menüführung und Bearbeitungsformulare noch einsprachig sind, insbesondere, wenn der Zugriff über ein CMS erfolgt. Dies ist wenig verwunderlich, da es auch kein

Kernbestandteil des CMS mehr ist: Es liefert viel mehr eine Einbettung des ERP-Zugangs in die Navigationsumgebung des Benutzers, die eigentliche Interaktion mit dem Back-End-System wird dann jedoch am CMS vorbei »getunnelt«. Hier wird sich in Zukunft zeigen, ob sich die Multilingualität aus dem ERP-System in das CMS herausfaktorisieren lässt oder ob deren Unterstützung innerhalb des ERP-Systems verbleibt.

- *Cross-Media-Publishing.* Bisher haben wir nur Web-Browser als Clients in Betracht gezogen. Realisierbar ist der Zugang jedoch über eine Vielzahl weiterer Schnittstellen und Formate: So lässt sich die Ausgabe von Inhalten wahlweise auch im PDF-, RTF- oder Post-Script-Format liefern. Hierbei ist die bereits in Kapitel 7.6 kennen gelernte Transformation in FO-Dateien hilfreich. Aber auch bei der Interaktion mit dem Back-End unterstützen heutige CMS das Einbinden von WAP-Zugängen. Auch wenn dies heute in der Praxis nur in Ausnahmefällen sinnvoll ist, sollte ein gutes CMS diese Integration ohne Änderung der Back-End-Integration zulassen.

Mit der wachsenden Verzahnung zwischen dem CMS und diversen Datenquellen und -senken sowie mit der wachsenden Funktionalität stellen wir heute fest, dass CMS und Application Server zunehmend deckungsgleich werden: Funktionen wie die Benutzerverwaltung, die Back-End-Integration, die Transformation von Inhalten, der Web-Zugang und die Administration sind immer wieder ähnlich gelöst.

Daher geht der Trend bei den CMS hin zur Nutzung von Application Servern, um sich erstens auf die noch verbleibenden Kernfunktionen des CMS zu konzentrieren und zweitens Standardtechnologien einzusetzen, die eine herstellerunabhängige Implementierung zulassen. Dadurch wird das Gesamtsystem andererseits natürlich sehr komplex und erfordert besonders erfahrene Administratoren, die in der Lage sind, JSPs, EJBs und Datenbankintegrationen zu verwalten. Gleichzeitig gibt es Einsatzszenarien, bei denen Administrationsfunktionen durch unerfahrene Personen wahrgenommen werden sollen, z.B. in kleinen Unternehmen. Für solche Fälle eignen sich monolithische Systeme besser, die zwar weniger offen sind, jedoch die Komplexität der Content-Verwaltung vor dem Benutzer verbergen. Diese Systeme eignen sich allerdings zumeist nur für redaktionsintensive Anwendungen und weniger für die Back-End-Integration.

8.11 Typische CMS-Produkte

Die folgenden Produkte wurden als Stellvertreter ihrer Kategorie ausgewählt und stellen keine uneingeschränkten Empfehlungen dar. Im
Bereich der CMS ist es ohnehin sehr anwendungsabhängig, welche
Produktkategorie und auch welches Produkt für eine gegebene Aufgabe in Frage kommt. Ein IT-Consultant, der beauftragt wird, ein
CMS für einen Kunden auszuwählen, steht folglich immer wieder vor
der gleichen Aufgabe, anhand einer immer wieder unterschiedlichen
Spezifikation ein System auszuwählen aus einer Liste verfügbarer Produkte, die sich alle sechs Monate derart erneuern, dass immer wieder
neue Systeme verfügbar werden, die bzgl. Preis und Funktionalität eine
neue Bewertung erfordern.

Etwas preiswerter ist es allerdings, auf der Website *www.content-
manager.de* nachzuschauen. Dort sind fast alle gängigen CMS
beschrieben und sogar nach einem detaillierten Klassifikationsschema
vergleichbar gemacht worden. Für die erste Erstellung einer Produktauswahl hilft dieser Dienst bereits einige Schritte weiter.

8.11.1 RedDot Professional von der RedDot AG

Das Produkt RedDot von der RedDot AG ist ein Stellvertreter für einfach bedien- und installierbare Content-Management-Systeme, die
über eine Windows-basierte Administrationsschnittstelle Templates,

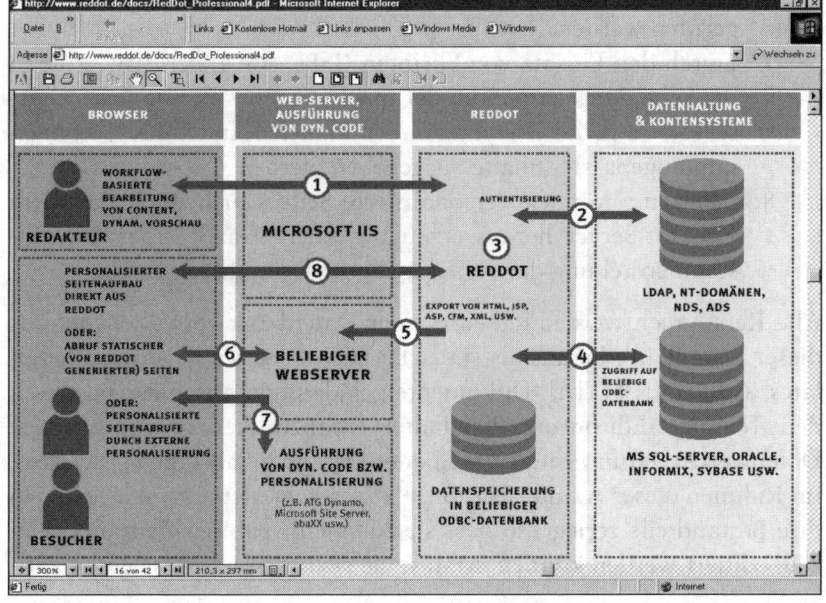

Abb. 8–14
Komponenten und
Prozesse bei der
Benutzung von RedDot

Inhalte, Schlagwörter, Benutzer, Zugriffsrechte, Publikationsprozesse, Link-Management und andere Funktionen verwalten.

Abbildung 8-14 zeigt hierzu den Verlauf einer Redaktionssitzung sowie den Seitenzugriff durch einen Besucher an. Die einzelnen Schritte sind dabei:

1. Der Redakteur navigiert mit seinem Browser durch das Intranet oder die Website, die er bearbeiten möchte, und meldet sich beim RedDot-Server an.

2. Bei der Anmeldung kann die Identität des Benutzers mit Hilfe einer externen Verwaltung (z.B. LDAP) überprüft werden.

3. Der RedDot-Server erstellt logische Verknüpfungen, auf deren Basis die Produktion der Seite stattfindet. Dazu gehören die erstellte oder bearbeitete Seite, das entsprechende Template, die zum Füllen der Platzhalter verwendeten Datenobjekte, die Elemente anderer Seiten, von denen aus diese Seite aufrufbar ist, sowie Links zu anderen Seiten. Die Datenobjekte verwaltet der Server im Dateisystem oder in einer ODBC-Datenbank.

4. Dynamische Inhalte lassen sich mit dem Inhalt von ODBC-Datenquellen füllen. Dazu lässt sich die Selektion parametrisieren.

5. Nach erfolgter Freigabe wird die Seite generiert und per FTP auf einen Live-Server übertragen. Dieser Export erfolgt entweder vom Redakteur oder zeitgesteuert. Bei der Erstellung der Seite führt das System eine Konsistenzprüfung durch, indem alle Links überprüft und aktualisiert werden.

6. Die erstellten Seiten können nun im Intranet oder Internet aufgerufen werden.

7. Durch den Einsatz von Skripten (JSPs, ASPs, Perl usw.), die in die Seite integriert sind, oder mit Hilfe eines Personalisierungsservers (z.B. ATG Dynamo, siehe auch Kapitel 13.4) können nun angepasste Inhalte ausgegeben werden.

8. Alternativ können personalisierte Seiten auch direkt aus dem RedDot-Server heraus erzeugt werden. Dazu erfolgt die Zusammenstellung der Seiten dynamisch durch den Server.

Alle Ressourcen werden dabei in einer Datenbank verwaltet und aus dieser Datenbank heraus als statische HTML-Seiten generiert. Templates werden als HTML-Dokumente geladen und anschließend durch den Template-Editor um Platzhalter ergänzt, die auf vordefinierte Datenwerte (Datum, Uhrzeit etc.) oder Datenbankabfragen verweisen. Im Rahmen dieses Administrationsprozesses werden Content-Seiten in ihre Bestandteile zerlegt, so dass sie zu einem späteren Zeitpunkt einzeln editiert werden können. Man stelle sich beispielsweise einen Artikel vor, der aus einem Bild, einem Datum, der Überschrift sowie einem längeren Text als Inhalt besteht. Diese Bestandteile des Artikels würden in HTML durch Überschrifts-, Absatz- oder Bildelemente ausgezeichnet sein. Dort, wo in HTML jedoch der jeweilige Inhalt stehen würde, trägt der Template-Designer Platzhalter ein, die gleichzeitig in der Datenbank gespeichert werden. Zu jedem Platzhalter lassen sich Attribute wie z.B. Content-Typ (Bild, URL, Text etc.) oder Zugriffsrechte der Redakteure definieren.

Mit dieser Information in der Datenbank erfolgt der eigentliche Redaktionsprozess über die Red-Dot-Schnittstelle – einem Web-Zugang für Mitarbeiter, die interaktiv HTML-Seiten bearbeiten. Hierzu wird beim Erstellen einer Seite zunächst ihr Template geladen und als HTML-Dokument dargestellt – mit leeren Inhalten an den Stellen, an denen Platzhalter definiert sind. In den folgenden Schritten kann der Redakteur nun interaktiv diese Inhalte eintragen. Auch diese Informationen werden in der Datenbank gespeichert.

Abschließend erfolgt der Publikationsprozess, indem aus der Datenbank heraus HTML-Seiten generiert werden. Diese sind statisch, daher lassen sich zuvor eingegebene Informationen wie z.B. die »Lebensdauer« eines Artikels nur durch regelmäßiges Generieren einhalten (beispielsweise einmal täglich).

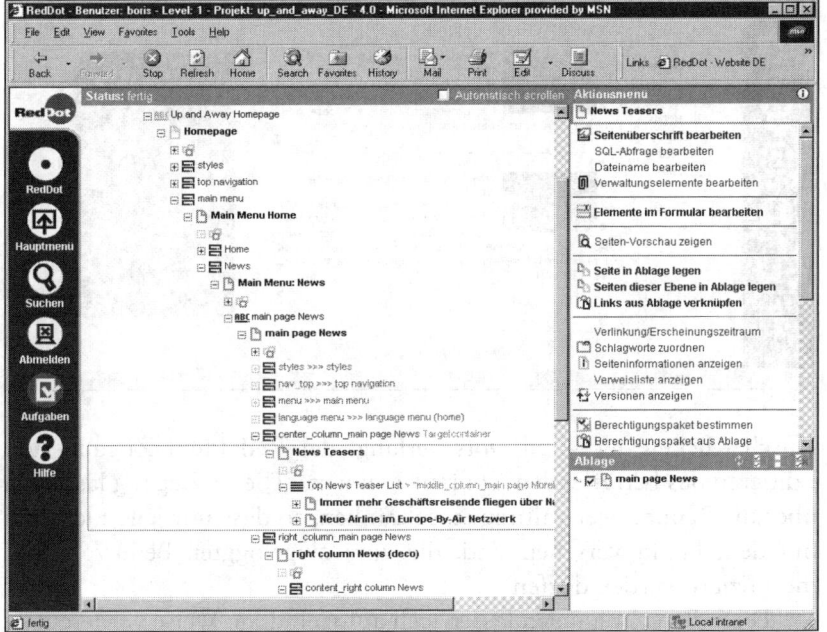

Abb. 8–15

Die Administrationsschnittstelle eines CMS

Für RedDot stehen vier Benutzer-Level zur Verfügung:

▪ Der *Master-Administrator* legt beispielsweise Benutzerrechte fest und kümmert sich um technische Administrationsaufgaben.

▪ Ein *regulärer Administrator* legt Templates und Platzhalter fest. Er bereitet also das System so vor, dass Redakteure über die Red-Dot-Schnittstelle Inhalte eintragen können.

▪ Der *Master-Redakteur* ist berechtigt, Inhalte einzugeben, zu korrigieren und zu publizieren.

▪ Ein *regulärer Redakteur* dagegen darf nur Inhalte über die Web-Schnittstelle eintragen.

Die Verwendung einer intuitiven Browser-Schnittstelle (»Red-Dot«) erlaubt es auch externen Autoren, Inhalte über das Web beizutragen, ohne zuvor eine längere Schulung in Anspruch nehmen zu müssen.

Abb. 8–16
Die »Red-Dot«-Schnittstelle als Zugang für Online-Redakteure

Durch Klicken der »Red Dots« erlangt der Redakteur Zugang zum Editieren des betreffenden Content-Elements. Dieser Zugang lässt sich über die Benutzerverwaltung einschränken, so dass nur jene Elemente mit dem Punkt versehen sind, die vom eingeloggten Benutzer auch modifiziert werden dürfen.

Diese Berechtigungen lassen sich auf vielfältige Weise variieren, so dass das System an lokale Gegebenheiten angepasst werden kann.

Interessant ist dabei die Möglichkeit, nicht nur HTML als Basis für Templates zu verwenden, sondern beliebige Dokumentenformate, da RedDot lediglich die im Template definierten Platzhalter auswertet. So lassen sich beispielsweise WML-Dokumente erstellen oder auch beliebige XML- oder Flat-File-Dialekte.

Der wesentliche Nachteil von solcher »Out-of-the-Box«-Software liegt sicherlich in der schwierigen Einbettbarkeit in Application-Server-Umgebungen, die von Drittherstellern stammen und beispielsweise Personalisierungssoftware, Zahlungsmodule oder ERP-Anbindungen beisteuern. Hier sind einem solchen System klare Grenzen gesetzt, die Situation ist vergleichbar mit Online-Shop-Produkten wie Intershop 4 (siehe Kapitel 10.5), die sich bequem installieren und konfigurieren lassen, aber bei der Integration in komplexe Back-End-Infrastrukturen Schwächen zeigen.

RedDot Enterprise

RedDot Enterprise ist ein Application-Server-basiertes CMS-Produkt des Unternehmens RedDot. Es nutzt die meisten der in diesem Kapitel beschriebenen Möglichkeiten zur stufenweisen Verarbeitung von Datenbankinhalten und XML-Dokumenten.

RedDot Enterprise nimmt eine Trennung in daten- und dokumentenorientierte Funktionen vor: Von der Datenbankseite her liefern sog. *IOlets* die erforderlichen XML-Fragmente, die in Templates eingefügt werden. Der zweite, dokumentenorientierte Schritt wird durch sog. *Weblets* ausgeführt. Dies entspricht im Wesentlichen der Objekt- bzw. Dokumentenorientierung in Abbildung 8-3. An der Schnittstelle zwischen diesen Welten liegen *DynaMents* (Dynamic Documents), also gerade die »Schnipsel«, die ein IOlet produziert und ein Weblet transformiert. Schließlich werden diese – ggf. in personalisierter Form – in ein »Compound Document« transformiert. Von der Application-Server-Umgebung kann dabei ohne weiteres Information über die aktuelle Benutzer-Session abgerufen werden, so dass Authentisierungs-, Autorisierungs- und Profilinformation jederzeit im Zusammenhang mit dem aktuellen Inhalt verarbeitet werden kann. IOlets wurden für unterschiedliche Datenquellen entwickelt (DBMS, LDAP-Server, CORBA-Server) und können für eigene Zwecke erweitert werden.

Der Redakteur wird beim Erzeugen von XML-Dateien durch einen formularbasierten Editor unterstützt, der aus den eingegebenen Daten automatisch das erforderliche XML-Dokument erzeugt.

RedDot Enterprise erlaubt zwischen Template- und Inhaltsdokumenten eine beliebige Referenzierbarkeit, die vom System bzgl. Konsistenz überwacht wird.

Auf der Präsentationsebene transformiert das System anhand von XSL-Regeln die Dokumente in HTML, WML oder andere Auszeichnungssprachen. Entsprechend der Vernetzung der XML-Dokumente ist dabei die Verzahnung der jeweils erforderlichen Stylesheet-Regeln zu verwalten, so dass auch in diesem Bereich die Konsistenz der Dokumente gewahrt bleibt. Gerade in diesem Bereich liegt die Aufgabe des Administrationswerkzeugs darin, dass der Benutzer bei so viel Flexibilität nicht den Überblick verliert.

Abb. 8–17

Architekturschema von
»RedDot Enterprise«

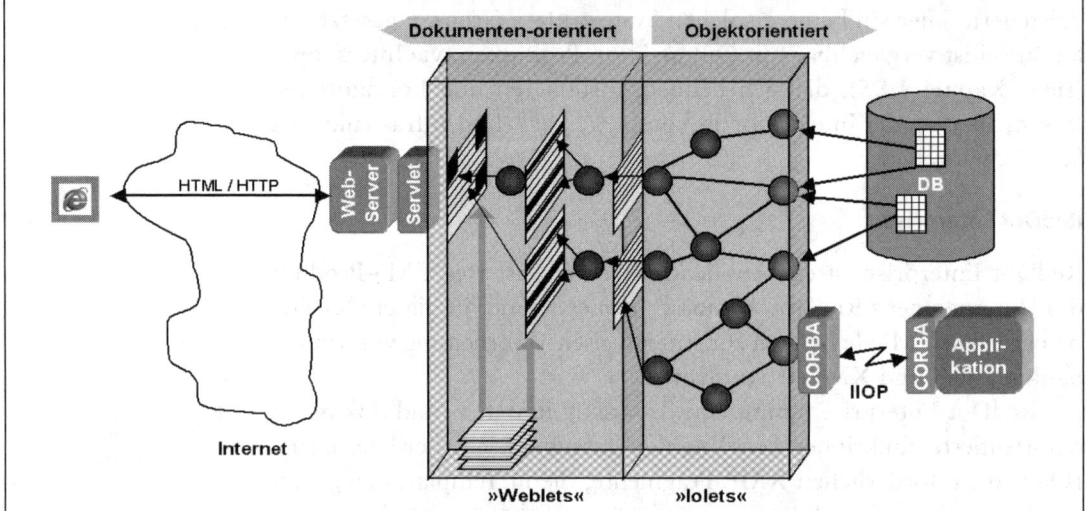

Durch das Zurückgreifen auf den Application Server kann für den Anwendungsentwickler eine sehr abstrakte Ebene des Benutzer-Tracking erreicht werden: Der Benutzer ist im System bekannt mitsamt allen für ihn vergebenen Attributen. Dazu zählen Standardattribute des Systems, aber auch selbst definierte, wie z.B. Interessenschwerpunkte.

Wie die »Enterprise«-Systeme anderer Hersteller, so besitzt auch RedDot Enterprise eine eigene Workflow-Engine, über die Redaktionsprozesse frei definiert werden können. Wie bei einem solchen System üblich, lassen sich Benutzer (bzw. präziser: *Rollen*) mit Aktivitäten und diese wiederum untereinander grafisch modellieren und zuordnen, wobei Sequenzen, Verzweigungen und Verbindungen nebenläufiger Bearbeitungspfade definiert werden können.

8.11.2 CoreMedia Publisher

Das Kernsystem der *CoreMedia Content Application Platform* besteht aus einem Produktions-Server, einem Live-Server und den Redaktionsarbeitsplätzen am CoreMedia Editor.

▓ Der *Produktions-Server* dient der Produktion und Verarbeitung multimedialer Inhalte. Hier können Informationen aus unterschiedlichen Quellen integriert werden. Per Importer werden bestehende Daten automatisiert in das CoreMedia-System übernommen.

▓ Die Inhalte werden dem Zielmedium entsprechend aufbereitet und sofort in das jeweilige Angebot integriert. Der *Publikations-Server* sorgt für die Präsentation der publizierten Inhalte, die Speicherung und Verwaltung multimedialer Inhalte sowie für die transparente Koordination mehrerer Bearbeiter.

Abb. 8–18

Die Systemarchitektur von CoreMedia

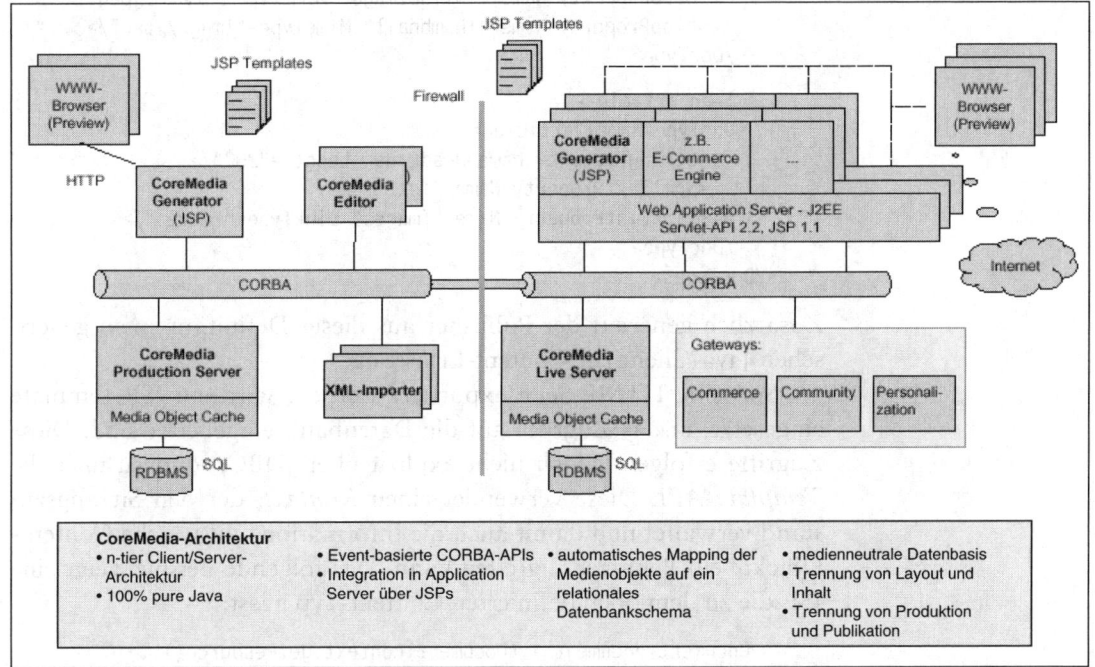

Der Publisher basiert auf Standardtechnologien wie der J2EE und seinen Standardkomponenten JSPs, CORBA etc. Die Kommunikation zwischen den Softwarekomponenten erfolgt über den CORBA Event Service. Dadurch wird die Aktualisierung eines Content-Objekts automatisch an den Produktions-Server weitergemeldet. Auf diese Weise lassen sich statische Seiten sehr selektiv generieren. Da alle Systemkomponenten CORBA-Objekte sind, lassen sie sich beliebig auf verschiedene Rechner verteilen. Durch die Unterstützung von JSPs kann die Software mit J2EE-kompatiblen Application Server gekoppelt werden. Zusätzliche Module wie Kataloge, Shopping-Baskets etc. lassen sich als EJBs integrieren.

Dokumente lassen sich in XML definieren, wobei ihre Speicherung in einer relationalen Datenbank erfolgt, deren Schema aus der XML-Definition abgeleitet wird. So steuert beispielsweise die folgende Definition das Anlegen von zwei Datenbanktabellen für die Inhaltstypen *Image* und *Article*:

```
<DocTypes>
    <!-an image -->
    <DocType Name="image">
        <StringProperty Name=HeadLine" Length="200"/>
        <BlobProperty Name="original" MimeType="image/jpeg"/>
        <BlobProperty Name="onlineImage" MimeType="image/jpeg"/>
        <BlobProperty Name="Thumbnail" MimeType="image/jpeg"/>
    </DocType>

    <!-an article -->
    <DocType Name="article">
        <StringProperty Name=HeadLine" Length="200"/>
        <SgmlTextProperty Name="Text"/>
        <LinkListProperty Name="Images" LinkType="Image "/>
    </DocType>
</DocTypes>
```

Zusätzlich generiert der Publisher aus dieser Definition einen generischen Java-Client zur Content-Erfassung.

Soll eine HTML-Seite exportiert werden, wird ein JSP-Template eingesetzt, in das Zugriffe auf die Datenbank eingebettet sind. Diese Zugriffe erfolgen jedoch nicht explizit über JDBC, sondern über die *Template API*. Diese verwendet einen *Kontext*, der den Sitzungszustand verwaltet und damit auch die Information, auf welche Content-Objekte ein Benutzer zugreifen kann. Das folgende Beispiel zeigt eine JSP, die zu dem oben definierten Content-Typ passt:

```
<% Document document = (Document)context.getResource();%>
<html>
<head>
    <title><%document.getStringProperty("Headline")%></title>
</head>
… HTML-Code …
<% Document bilder[] = document.getLinkListProperty( "Images");
    DomUnparser domUnparser = (DomUnparser)domUnparserPrototype.clone();
    domUnparser.setTarget(out);
    domUnparser.unparseNode(document.getDomProperty)("Text");
%>
...
</html>
```

Im Rahmen eines Projekts sind dabei Content-Typen und Schachtelungen von Dokumentenstrukturen zu definieren. Dieser Anpassungsprozess erfolgt ähnlich einer UML-basierten Modellierung, bevor anhand der JSPs eine Transformation in HTML definiert wird.

CoreMedia ist insbesondere bekannt für sein fortschrittliches Caching-Konzept: Hierbei lassen sich Inhalte auf sehr feinkörniger Ebene als »Non-Cacheable« markieren, so dass der Publisher im Normalfall die Inhalte als XML-DOM-Baum im Hauptspeicher des Servers vorhalten kann. Für das Streaming der Inhalte ist also lediglich die Serialisierung des Inhalts aus dem Hauptspeicher erforderlich. Da auch bei Anwendungen mit hohem Anteil an dynamischen Inhalten immer noch statische Seiten existieren, lassen sich somit die »letzten Reserven« an Durchsatz mobilisieren. Ein Inhalt wird also nur dann neu generiert, wenn sich entweder der Inhalt im Dokumenten-Repository geändert hat, wenn sich das Template geändert hat oder wenn auf das Template noch nicht zugegriffen wurde.

Performantes Caching

Der Editor ist das Front-End für Erfassungsprozesse. Er ist vollständig in Java entwickelt und basiert auf der Swing GUI-Bibliothek. Alle Editoren kommunizieren mit dem Server über das CORBA-Protokoll IIOP. Durch die Integration mit dem CORBA Event Service werden Aktualisierungen des Content-Repositories automatisch an alle Editoren propagiert, so dass für alle nur der aktuelle Datenbankzustand verfügbar ist. Der Editor ist gleichzeitig auch ein Abfragewerkzeug für das Repository.

8.12   Die Business Object Component Architecture

Die Business Object Component Architecture (BOCA) ist als Erweiterung von CORBA zu verstehen [OMG98]. Dies ist eine *Spezialisierung*, d.h., die bestehende Architektur von CORBA wird um zusätzliche Funktionen zur Integration von Business Objects ergänzt.

Die BOCA hatte ihre Hochphase zwischen 1996 und 1999. Mit zunehmender Dominanz durch J2EE und aufgrund der Komplexität der BOCA konzentrierte man sich seitens der OMG jedoch auf die Weiterentwicklung des Komponentenmodells, das im Wesentlichen dem der Java Beans folgte. Diese Entwicklung führte zur *CORBA Components* Spezifikation, die Beans-Eigenschaften wie Introspection, Metainformation und Events auch für andere Programmiersprachen als Java mittels der IDL festlegte. Die Kunst war bei der BOCA, Business Objects unabhängig von ihrer Programmiersprache zu beschreiben und in lauffähigen Code transformieren zu können. Bei der unzureichenden Akzeptanz von CORBA in den 90er Jahren ließ sich dieser Gedanke jedoch noch nicht in die Praxis umsetzen.

Trotzdem ist die BOCA-Spezifikation wegweisend, da sie nicht nur Schnittstellen für Business Objects definiert, sondern auch eine große Zahl zusätzlicher Elemente, die auch in der J2EE-Welt wieder auftreten werden, sobald sich deren Entwicklung fortsetzt (Spezifikation von Prozessen, Triggern, Common Business Objects etc.). Aus diesem Grund hat die BOCA auch heute noch ihre Berechtigung – wenn auch nur zur Inspiration für die zukünftige Entwicklung ...

Abb. 8–19
Die Business Object
Component Architecture
der OMG

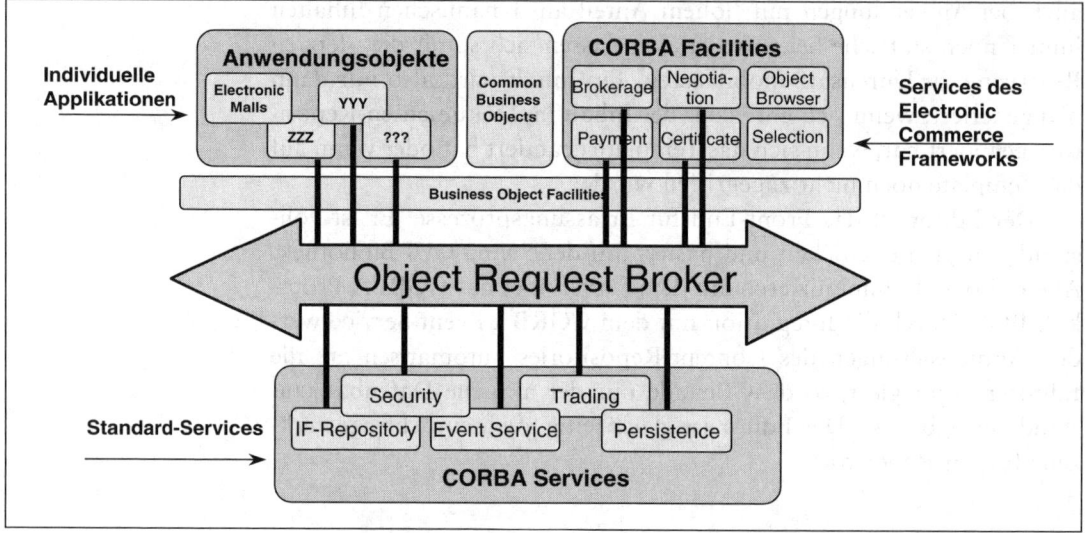

Von CORBA zur BOCA

Mit der BOCA steht damit ein mächtiges, aber auch sehr komplexes Rahmenwerk zur B2B-Integration zur Verfügung. Im Folgenden soll dieser Themenkomplex »bottom-up«, d.h. ausgehend von CORBA über ihre BOCA-Erweiterung, dargestellt werden.

Business Object   *Business Objects* sind CORBA-Objekte und damit über einen ORB über das Netz identifizierbar und nutzbar. Ein Business Object repräsentiert einen Gegenstand oder Prozess eines Geschäftsbereichs. Diese können beispielsweise Aufträge, Kunden, Abteilungen, Produkte oder Projekte sein. Ein Business Object besitzt eine eindeutige ID, mit der es an einem bestimmten Ort gekoppelt ist. Ein Business Object kann damit nicht kopiert, sondern nur verschoben werden, so dass die ID des Objekts nicht dupliziert wird. Anhand der ID kann es persistent in einer Datenbank gespeichert und gesucht werden. Schließlich gehören Business Objects einem Typ an, der festlegt, über welche Attribute, Methoden, Events, Rollen etc. sie verfügen. Business Objects können Eigenschaften und Verhalten von anderen erben.

Basierend auf der Object Management Architecture von CORBA, wird mit der BOCA versucht, ständig wechselnde und sich wandelnde Geschäftsprozesse so abzubilden, dass eine flexible Kooperation über Unternehmensgrenzen hinaus ermöglicht wird. Dabei wurde für diesen Zweck eine spezielle CORBA Facility definiert: Die *Business Object Facility* (BOF), durch die eine Plattform zur Modellierung und Ausführung von Business Objects zur Verfügung steht. Diese Plattform bietet jedoch noch nicht ein einziges »Nutzobjekt« an, sondern lediglich Mechanismen zur Verwaltung und Beschreibung von Business Objects.

Business Object Facility erweitert die CORBA-Plattform

Die eigentlichen Business Objects werden erst für eine spezielle Anwendung konfiguriert. Dabei unterscheidet man generell zwischen *Common Business Objects* (CBOs) und *Specific Business Objects* (SBOs). Erstere werden als Rahmenwerk von Softwareanbietern wie IBM, Oracle etc. bereitgestellt und zusammen mit den Softwareprodukten ausgeliefert. SBOs fertigt der Anwender hingegen nach seinen individuellen Bedürfnissen an. Dabei sind CBOs im Rahmen der BOCA standardisiert, so dass hier noch keine Möglichkeiten zur funktionellen Diversifikation des Gesamtsystems bestehen. Erst im Bereich der SBOs können unternehmensspezifische Anpassungen durch »Customizing« vorgenommen werden. Diese Business Objects sind herstellerspezifisch (IBM, Oracle o.Ä.), funktionsspezifisch (Finanzwesen, Produktion, Dokumentenmanagement) oder kundenspezifisch. In jedem Fall setzen sie jedoch die Anwesenheit der CORBA-Plattform, der BOF sowie der CBOs voraus. Abbildung 8-20 stellt diese Bausteine der BOCA in ihrem architekturellen Zusammenhang dar.

Common und Specific Business Objects

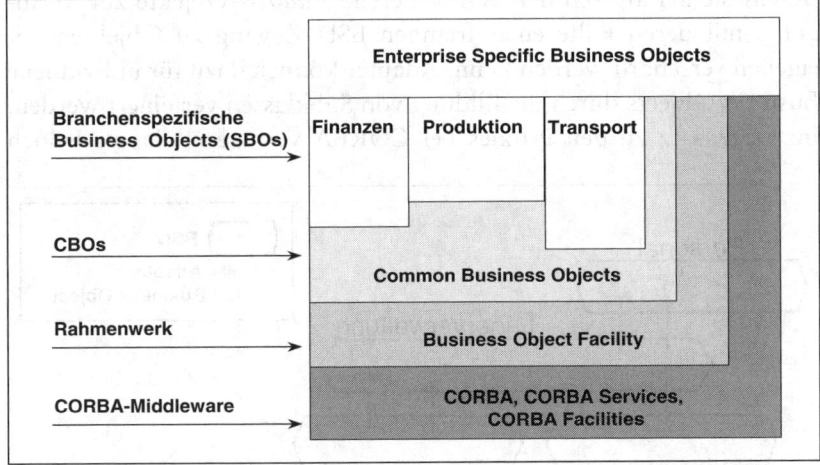

Abb. 8–20

Bausteine der BOCA

Neben solchen statischen Zusammenhängen der BOCA sind etliche weitere Fragen zu klären, bevor ein Unternehmen in die Lage versetzt wird, auf der Basis von Business Objects mit anderen zu kooperieren. Im Wesentlichen sind folgende Probleme zu lösen:

- Wie kann dieses Modell auf die BOF-Infrastruktur abgebildet werden?
- Wie kann das Gesamtwerk der Business Objects für einen speziellen Anwendungsfall modelliert werden?
- Wie können Unternehmen auf der Basis von Business Objects flexibel »zusammengeschaltet« werden?
- Wie kann dabei Technologieunabhängigkeit weitestgehend aufrechterhalten werden?

Antworten auf diese Fragen sollen nun im Einzelnen anhand der BOCA erläutert werden.

Business System Domains

Unter einer *Business System Domain* (BSD) ist bei der BOCA ein verteiltes Objektsystem zu verstehen, das einen Geschäftsbereich repräsentiert und unter seiner Kontrolle ausgeführt wird. Der Geschäftsbereich ist dabei verantwortlich für die zuverlässige, konsistente und robuste Ausführung aller Business Objects seiner BSD. Diese kann ein kleines Unternehmen oder eine Abteilung in einem größeren umfassen.

Adapter-Objekte als »Brückenköpfe« von Business Objects

BSDs können eine Förderation eingehen, d.h., verschiedene Geschäftsbereiche nutzen gegenseitig die Business-Object-Infrastruktur für den gezielten Zusammenschluss ihrer Funktionen. In der BOCA stehen als Teil der BOF generelle *Adapter*-Objekte zur Verfügung, mit deren Hilfe einer fremden BSD Zugang zu Objekten der eigenen verschafft werden kann. Adapter können dazu für individuelle Business Objects durch die Bildung von Subklassen verfeinert werden. Im Gegensatz zu den Proxies bei CORBA verfügen Adapter jedoch

Abb. 8–21
Adapter zwischen Kunden und Lieferanten

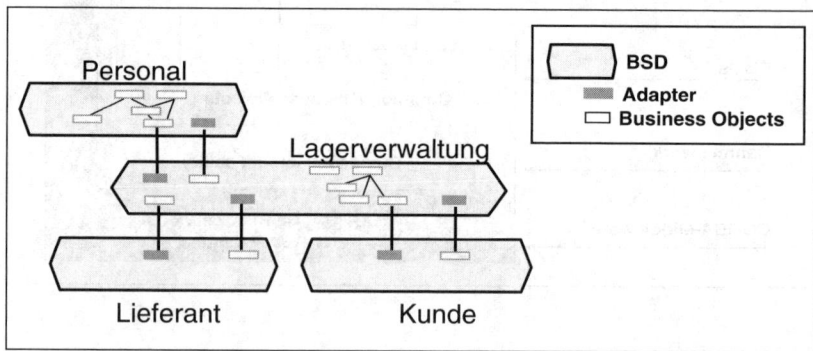

über eigene Logik, so dass sie z.B. zur Plausibilitätsprüfung von Methodenparametern verwendet werden können. Als Beispiel kann man sich ein Business Object *AuftragsErfassung* beim Zulieferer vorstellen, das mit Hilfe eines *AuftragsErfassungAdapter* externen Kunden zugänglich gemacht werden kann. Diese erzeugen sich dazu einen Adapter in ihrer eigenen BSD und können dessen Funktion in ihr lokales Warenwirtschaftssystem integrieren.

Auch bei der BOCA wird ein *Event-Modell* unterstützt, das dem Publish/Subscribe-Prinzip folgt. Es entspricht im Wesentlichen dem Event-Modell von JavaBeans, d.h., eine beliebige Anzahl Abonnenten können sich jeweils bei einer beliebigen Anzahl von Event-Produzenten registrieren. Dieses lässt sich abbilden auf den CORBA Event Service, der als Teil der CORBA-Basisarchitektur zur Verfügung steht. Als Produzenten eines Events dienen die Features von Business Objects (Events, Beziehungen, Attribute, Zustände etc.).

BOCA-Event-Modell

Die Wiederverwendbarkeit von Business Objects ist häufig dadurch eingeschränkt, dass zusätzliche Funktionalität nur durch explizites Programmieren einer Spezialisierung von Standardobjekten hinzugefügt werden kann. In der BOCA dienen *Appliances* als Mechanismus, diese Beschränkung zu umgehen. Ähnlich einem Plug-in können Appliances zur Laufzeit über eine generische Schnittstelle an ein Objekt »angeheftet« werden, so dass die spezielle Funktion der Appliance die des Objekts ergänzt oder modifiziert. Als Beispiel sind Regeln denkbar, die beim Objekt »Lagerbestand« das Event »Mindestbestand unterschritten« auslösen. BOCA definiert daher einige Standard-Appliances, wie z.B. Bedingung/Ereignis-Regeln, Zustandsübergangs-Regeln, Invarianten etc. Es kann aber auch der Objekttyp »Appliance« vom BOCA-Programmierer verwendet werden, um zusätzliche Funktionalität als Ergänzung zu anderen Business Objects bereitzustellen.

Appliances

Im Rahmen der Standardisierungsaktivitäten der OMG beschäftigt sich eine andere Gruppe mit der Festlegung einer Constraint-Sprache für Objekte. Constraints sind Einschränkungen bzw. Regeln, die auf Objekten definiert werden wie z.B. »Der Kontostand darf niemals unter null sinken«, oder »Der Endtermin muss immer nach dem Starttermin liegen«. Die von der OMG definierte Sprache heißt OCL – Object Constraint Language. Mit Hilfe der OCL lassen sich unter anderem *Invarianten* sowie *Vor- und Nachbedingungen* definieren. Invarianten sind Bedingungen, die während der gesamten Lebensdauer eines Objekts gültig sein müssen. Vor- und Nachbedingungen müssen hingegen nur vor oder nach einem Methodenaufruf erfüllt sein.

Object Constraint Language

In folgendem Beispiel wird eine Invariante für den Typ »kleiner_Kunde« angewendet, die sicherstellt, dass der Kontostand >10.000 ist.

Diese Regel wird immer angewendet, wenn ein Commit ausgelöst wurde.

```
entity kleiner_Kunde {
    attribute float KontoStand;
    apply Invariant kleines_Konto {
        guard = (KontoStand > 10000);
        schedule = DO_AFTER_COMMIT;
    };
};
```

Ein anderes Beispiel für die Verwendung von Appliances könnte die Auswahl eines Zahlungsverfahrens sein. Dabei stellt die Appliance sicher, dass für Käufer und Verkäufer nur ein Verfahren aktiviert wird, für das beide über die nötige Software verfügen.

Die Component Definition Language

BOCA-Metamodell und OCL sind zwei Repräsentationen für Business-Object-Modelle

Mit Hilfe der dargestellten Bausteine kann ein Anwendungsentwickler Objektkonfigurationen entwickeln, die im verteilten System die Aufbau- und Ablauforganisation eines Unternehmens widerspiegeln und die durch flexible Konfigurationsmechanismen die Anpassung an neue Anforderungen erleichtern können. Ohne die Möglichkeit, diese Konfiguration abstrakt zu modellieren, ist noch keine ausreichende Rationalisierung des Anpassungsprozesses erreicht.

Aus diesem Grunde wurde das *BOCA-Metamodell* definiert, das zur Spezifikation von Business-Object-Modellen dient. Objekte des Metamodells existieren im Designwerkzeug des Modellierers und lassen sich entweder in Form von Metaobjekten oder in textueller Form austauschen. Als Pendant zur IDL wurde dazu die *Component Defini-*

Abb. 8–22

Zusammenhang zwischen BOCA-Metamodell und Interface-Repository

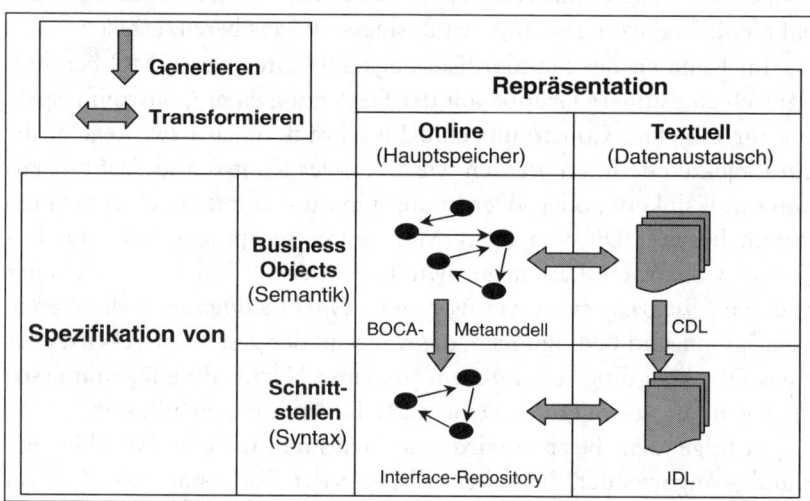

tion Language (CDL) als Austauschformat und Spezifikationssprache für Business Objects definiert. Dabei ist eine isomorphe Abbildung zwischen Objekten des Metamodells und CDL möglich, d.h., Metamodell und CDL sind lediglich zwei unterschiedliche Repräsentationsformen einer Spezifikation von Business-Object-Konfigurationen. Mit Hilfe der CDL können die Bausteine der BOF in einen syntaktisch und semantisch korrekten Zusammenhang gebracht werden.

CDL ist eine erweiterbare, deklarative Spezifikationssprache, die zur Beschreibung von Objektkonfigurationen im Unternehmen eingesetzt werden kann. Eine CDL-Spezifikation definiert dabei Folgendes:

- Schnittstellen von Business Objects
- Strukturelle Beziehungen zwischen Business Objects
- Das kollektive Verhalten von Business Objects

CDL ist eine textuelle Repräsentation des Metamodells für Business Objects. Anwendungsprogramme werden nicht in CDL programmiert, da CDL nur Schnittstellen, Beziehungen und Verhalten spezifiziert. Jedoch kann CDL in gängige Programmiersprachen transformiert werden, so dass ein Gerüst zum Füllen mit der eigentlichen Anwendungsfunktionalität generiert werden kann. Bei der Standardisierung der CDL wurden verschiedene bereits existierende Konzepte anderer Sprachen übernommen:

- Die CDL-Grammatik ist eine Obermenge von IDL. Sie ist um die oben genannten Konzepte erweitert, damit semantische Zusammenhänge spezifiziert werden können.
- CDL wurde in Anlehnung an die Object Definition Language (ODL) der ODMG (Object Database Management Group) entwickelt, um z.B. die Anpassung von Werkzeugen zur Objektmodellierung zu erleichtern.
- Die Syntax zur Definition von Ausdrücken ist an Java angelehnt.
- Schließlich floss OMGs OCL (Object Contraint Language) zur Spezifikation von Bedingungen und Anfrageausdrücken ein.

Die BOCA-Architektur sieht darüber hinaus die Möglichkeit vor, *UML-Modelle* in CDL-Spezifikationen abzubilden. Da nicht alle CDL-Konzepte in UML modellierbar sind, wird das Resultat immer nur einer Untermenge der CDL-Grammatik entsprechen; damit sind Ergänzungen und Verfeinerungen immer durch ein zusätzliches CDL-Werkzeug erforderlich. Allerdings hilft diese Integration mit UML, bereits genutzte Modellierungswerkzeuge wiederzuverwenden.

Modelldatenaustausch zwischen UML und CDL

Am Output-Ende dieser »Spezifikationspipeline« erfolgt die Abbildung nach IDL. Dabei werden unterschiedliche Schnittstellendefinitionen generiert, um die Mächtigkeit von CDL durch entsprechende Standardmethoden in IDL zu repräsentieren.

Mit Hilfe der bisher beschriebenen Komponenten besteht nun die Möglichkeit, Konfigurationen von Business Objects mit der UML zu modellieren und dieses Modell im Sinne der BOCA um zusätzliche Elemente zu verfeinern (Regeln, Appliances etc.). Üblicherweise sind dabei Specific Business Objects der Entwurfsgegenstand, so dass am Ende eine Integration mit dem Business Object Framework und den CBOs erfolgen muss.

Von der UML zum lauffähigen Code

Das Ergebnis der Modellierung kann entweder syntaktisch in Form einer CDL-Spezifikation oder »im Hauptspeicher« in Form von Metamodell-Objekten vorliegen (Schritt 1 in Abbildung 8-23). Anhand dieser Spezifikation kann anschließend zunächst eine IDL-Spezifikation generiert werden (Schritt 2), die ihrerseits als Input eines Stub-Generators von CORBA dient (Schritt 4). Abkürzend kann auch (unter Umgehung der IDL) ein Programmgerüst direkt in der Zielsprache generiert werden (Schritt 3). Zusammen mit dem Anwendungscode des Softwareentwicklers wird das Ergebnis kompiliert (C, C++, COBOL etc.) oder über eine virtuelle Maschine ausgeführt (Java). Dazu ist schließlich die BOCA-spezifische Umgebung notwendig, die u.a. auch die erforderlichen CBOs bereithält. Dieser gesamte Prozess der Softwareentwicklung ist in Abbildung 8-23 beschrieben.

Abb. 8–23
Der Spezifikationsprozess vom UML-Diagramm bis zum lauffähigen Code

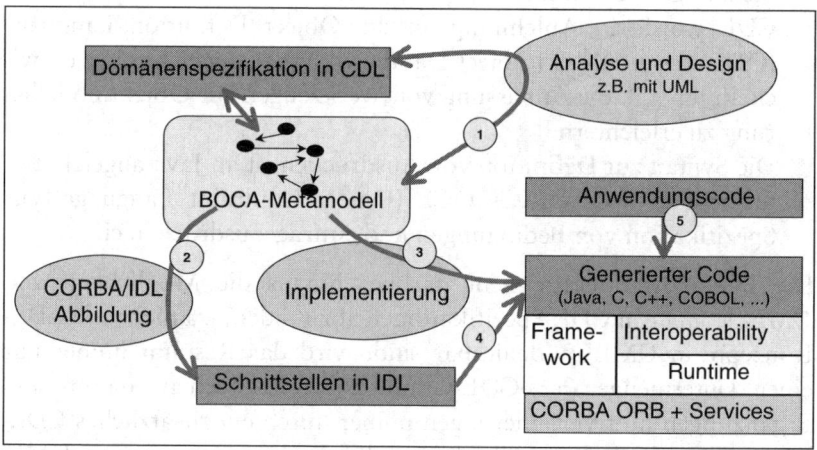

Wenn einmal Milch und Honig fließen ...

Das Beispiel des virtuellen Unternehmens aus Abschnitt 5.2.11 modellierte einen Publikationsagenten, der als Ein-Personen-Unternehmen die Koordination von Zuliefererleistungen durchführte. Eine Umsetzung dieses Beispiels nach BOCA-Art könnte etwa folgendermaßen aussehen:

Mit Hilfe eines UML-Werkzeugs definiert der Agent Geschäftspartner, interne Objekte, Prozessobjekte und allgemeine Bedingungen und Regeln für den Publikationsprozess. Dabei werden auch zur Modellierung von Objekten fremder BSDs Spezifikationen für CBOs und SBOs verwendet, da davon ausgegangen wird, dass in den dortigen Geschäftsbereichen »Druck«, »Layout«, »Autor« etc. standardisierte Objekttypen eingesetzt werden. Im Kern dieser Modellierung befindet sich der Geschäftsprozess zur Publikation, der unterschiedliche interne und externe Objekte involviert. Einige dieser Objekte bestehen bereits, andere sind für jeden einzelnen Prozess zu instanziieren.

Am Ende dieses Spezifikationsprozesses steht eine CDL-Datei (bzw. ein BOCA-Modell) zur Verfügung. Mit einem neuen Publikationsauftrag des Autors wird dieses Modell instanziiert, d.h., es werden u.a.

- ein neues Prozessobjekt erzeugt,
- Verbindungen aufgebaut zu den Geschäftspartnern sowie
- Bedingungen und Regeln für den Prozess und die beteiligten Objekte angepasst.

Dabei ist für die Verbindungen festzulegen, welche Objektreferenzen auf Adapter fremder BSDs zu verwenden sind. Im Bereich der Regeln sind beispielsweise Lieferfristen und Preise anzupassen. Das auf diese Weise festgelegte verteilte Objektsystem umfasst somit nicht nur die Statik der Business Objects und ihrer Beziehungen, sondern auch die Dynamik der Auftragsabwicklung. Das heißt, der Publikationsprozess ist so vollständig beschrieben, dass ein Großteil der Aspekte, die üblicherweise durch einen Vertrag fixiert werden, bereits durch die Konfiguration festgelegt ist.

Zusammenfassung und Bewertung: BOCA

Ziel aller Entwicklungen von Softwarewerkzeugen ist, den Produktionsprozess für Software zu automatisieren. Diese Automatisierung haben wir über die letzten Kapitel aus ganz unterschiedlichen Perspektiven beobachten können: JavaBeans halfen, Code als isoliert installierbare Komponente zu behandeln, EJBs führten diese Idee dahingehend weiter, dass sie noch tiefer eingebettet sind in einen Ausführungs-

Container, der ihnen Aufgaben wie die der Transaktionssteuerung und der Speicherung abnimmt. Auch zur HTML-Schnittstelle hin helfen Template-Sprachen und Content-Management-Systeme, Geschäftslogik zunehmend elegant online zur Verfügung zu stellen. Ebenso dienen Application Server der einheitlichen Integration von Back-End-Systemen in eine Portalumgebung. Schließlich geht die UML als einheitliche, objektorientierte Modellierungssprache einen Schritt weiter in Richtung integrierbarer Softwareanwendungen. Jede dieser Technologien soll helfen, die Entwicklung von Softwareanwendungen immer weiter auf die eigentliche Geschäftslogik zu reduzieren. Der Endzustand ist im Prinzip erreicht, wenn ein Anwender, ohne zu programmieren, seine Daten und Prozesse so definieren kann, dass er von der konkreten Umgebung (Hardware, Betriebssystem, Application Server etc.) vollständig abstrahieren kann.

Auf diesen Endzustand dürften wir jedoch noch etwa zehn bis zwanzig Jahre warten... Dies kann man auch daran erkennen, wie schnell geschäftsnahe Modellierungs- und Integrationsframeworks vorgeschlagen und durch neuere Vorschläge abgelöst werden. Die Welt der Softwareentwickler muss zunächst erst einmal den heutigen Stand der Technik verstanden haben. Gleiches gilt ebenfalls für die Tool-Entwickler.

Wahrscheinlich werden wir über die nächsten fünf Jahre weitere BOCAs sehen, die sich immer weiter einem Konsens der Standardisierer annähern. Einen ähnlichen Prozess durchlief auch die Entwicklung relationaler Datenbanken und die der Modellierungswerkzeuge – warum soll die endgültige Geschäftsmodellierungssprache also schneller sein?

8.13 Entwicklungsperspektiven für Portaltechnologien

Es hat sich gezeigt, dass eine der Voraussetzungen für den effizienten B2B-Commerce in der schnellen Anpassungsfähigkeit der IT-Infrastruktur an wechselnde geschäftliche Rahmenbedingungen liegt. Im Bereich der Forschung und Entwicklung stehen mit XML, J2EE, und CORBA bereits heute Technologien zur Verfügung, die im Gegensatz zu den Altlasten der 90er Jahre und früher dieser Anforderung besser gerecht werden können:

▨ *Java* ist ein Eckpfeiler hochflexibler Softwaresysteme. Die J2EE stellt einen herstellerunabhängigen Eckpfeiler zur Spezifikation von Standardkomponenten und der erforderlichen technischen Infrastruktur dar. Auch in den nächsten Jahren wird diese Entwicklung allerdings Versionssprünge, Modifikationen in der Spezifikation und allgemeine Schwierigkeiten der Portabilität und Interoperabilität zu überwinden haben.

- Die *komponentenorientierte Softwareentwicklung* hilft zusätzlich, Module flexibel zur Laufzeit zu kombinieren und auszutauschen.

- *Business Object Frameworks* bilden die Grundlage, auf der Geschäftsprozesse und verteilte Objektkonfigurationen modelliert und implementiert werden können. Hier stellt die EJB-Technologie die heute relevanteste Entwicklung dar. Eine Vielzahl von Drittherstellern konzentriert sich bereits auf die Entwicklung von EJBs für spezielle Anwendungsbereiche oder auf EJB-Entwicklungstools. Andere wie beispielsweise abaXX stellen komplette Frameworks bereit, die auf Application Server aufsetzen und Bausteine für Anwendungsbereiche wie Online-Shops, Content-Management oder Kollaborationsportale anbieten.

- Auch *Microsoft* bietet mit .NET ein Framework an, das prinzipiell eine ähnliche Funktionalität besitzt wie die Bausteine der J2EE, allerdings bisher nur für eine Betriebssystemplattform und in der Regel nicht kompatibel mit anderen Frameworks, wenn SOAP in diesem Bereich nicht als integrierendes Element dienen kann.

- Wünscht man *Unabhängigkeit von Programmiersprachen*, so steht mit CORBA und Modellierungssprachen wie UML die Möglichkeit zur Verfügung, einen erheblichen Teil der Anwendungssoftware auf dem hohen Abstraktionsniveau der jeweiligen Werkzeuge zu entwickeln. Diese Entwicklung kann allerdings mit der hohen Geschwindigkeit im Java-Umfeld nicht mithalten. Daher folgen CORBA-Standards häufig der Java-Entwicklung mit einem Abstand von einigen Jahren.

Wie geht's weiter?

Mindestes zwei Punkte können auch moderne Portalarchitekturen und Business-Object-Systeme jedoch nicht lösen:

- Erstens ist die *Bedeutung* der ausgetauschten Daten völlig unabhängig vom allgemeinen Rahmenwerk und damit in einer zentralisierten Standardisierungsaktivität festzulegen. Hier kann nur gehofft werden, dass in Zukunft eine intelligente Synthese aus Erfahrungen mit EDI und modernen Standardisierungsverfahren wie Rahmenwerken zu einer allgemeinen Kohärenz von Geschäftsanwendungen führt (dies wird uns über weite Bereiche des E-Business-Teils beschäftigen).

Zweitens ist unter dem Gesichtspunkt der *Ad-hoc-Kooperation* zwischen Unternehmen zu überlegen, wie – nach dem Transaktionsphasenmodell – bereits in der Verhandlungsphase die zukünftige Konfiguration der Business Objects festgelegt und vertraglich vereinbart werden kann. Für diesen Bereich werden bereits erste Systeme entwickelt, die als sog. *Electronic Contracting Services* die Modellierung von Business Objects und die Definition ihrer Ausführung direkt in die elektronische Repräsentation eines Vertrags einbeziehen (siehe auch Kapitel 18.9). Erste Ansätze hierzu sind bei der ebXML-Standardisierung zu finden (siehe auch Kapitel 17.6). Das Modellieren einer Kooperation sowie der beteiligten Rollen und Aktivitäten geht damit direkt mit der Festlegung von Vertragsparteien, Leistungsverpflichtungen, Fristen und sonstigen Klauseln einher.

Arbeitslose Softwareentwickler?

Die aktuellen Trends im Bereich der Anwendungsentwicklung lassen sich auf folgende »Nenner« reduzieren: Bis vor kurzem war ein Softwareentwickler noch darauf angewiesen, wesentliche Teile der Anwendung selbst zu programmieren (Datenbankanbindung, Benutzerverwaltung, Template-Management, Web-Server-Integration, eben alle Bereiche, die in Abbildung 8-3 aufgelistet sind). Seit einigen Jahren entstanden jedoch immer komplexere Frameworks wie z.B. J2EE, die mit der Einführung der ersten Versionen zunächst »im Markt« getestet werden mussten, um anschließend über mehrere Versionsschritte ihrer Spezifikation die erforderliche Verfeinerung zu finden. Ein Zustand der Vollkommenheit ist hierbei kurzfristig noch nicht zu erwarten, was allerdings auch für andere Frameworks gilt.

Weitere Vereinheitlichung von Software-Frameworks

Bis heute hat sich jedoch der Kenntnisstand über Anforderungen und Möglichkeiten im XML- und Java-Umfeld so weit entwickelt, dass man beginnt, die unterschiedlichen Facetten der Standards aufeinander abzustimmen (XSL, XML-Schema, XML, EJB Signature, J2EE-Komponenten, ERP-Integration, ...). Es ist daher zu erwarten, dass eine Stabilisierung der Standards und Implementierungen in diesen Bereichen kurzfristig eintritt.

Daraus ist wiederum zu folgern, dass sich der Wettbewerb in naher Zukunft nicht mehr über die vollständige Software inkl. Infrastruktur ergibt, sondern sich nur noch auf Anwendungskomponenten beschränkt, die mit Hilfe von Modellierungstools zu integrieren sind. Das heißt, ein erheblicher Anteil der geleisteten Arbeit ist mit dem Übergang zu Standard-Plattformen nicht mehr erforderlich.

Wenn bereits heute Application Server, EJB-Container, XML-Prozessoren, Datenbankzugang sowie UML-Modellierungswerkzeuge Teil der Informatik-Allgemeinbildung sind, ist damit der Schritt zum Open Source nicht mehr weit. EJB-Container und XML-Prozessoren stehen also bald als Grundbestandteil von Betriebssystemen zu Verfügung wie heute Internet-Browser oder Viren-Scanner.

Commoditization durch Open Source

Hier kommt also der Effekt der Commoditization zum Tragen: In ein paar Jahren wird sich irgendein Business Object Framework durchgesetzt haben und in einer Weise Grundlage der betrieblichen Tätigkeit sein wie heute MS Windows oder SAP. Application Server sind bereits heute kostenlose Add-ons oder Built-ins von Produkten wie Oracle9i, Intershops Enfinity oder ATGs Dynamo.

Wie viele Menschen werden also im Jahre 2005 beispielsweise mit der Entwicklung von Content-Management-Systemen noch Geld verdienen? Wahrscheinlich nicht mehr als heute Entwickler für Web-Browser erforderlich sind. Dies könnten vielleicht zehn Standard-CMS-Anwendungen sein, evtl. 50 Speziallösungen und eine Hand voll Open-Source-Entwicklungen. Die Ersten und Letzten werden so häufig eingesetzt wie heute Apache und IIS (Internet Information Server) im Bereich der Web-Server. Die Anzahl der CMS-Anbieter dürfte sich daher international von mehreren Hundert stark reduzieren.

Ruinöser Wettbewerb im Middleware-Bereich

Werden Informatiker nun plötzlich arbeitslos? Wahrscheinlich nicht, wenn der Bedarf »eine Etage höher« – in der Anwendungsentwicklung – lange genug bestehen bleibt. Abgesehen davon wird immer eine wesentliche Anzahl »Administratoren« benötigt, die sich mit der Welt der Application Server auch »unter der Haube« auskennen und im Fall des Totalabsturzes darunter schauen können.

Schließlich bleibt auch die Hoffnung, dass es andere Innovationstreiber gibt wie z.B. den Breitbandbereich und den »Mobile Commerce«. Dies werden wir uns als Nächstes ansehen!

9 Die große Konvergenz

Bevor wir uns in den nächsten Kapiteln mit speziellen Fragen des B2C-oder B2B-Commerce befassen, wollen wir sehen, auf welche Weise Teilnehmer in Zukunft in den elektronischen Marktplatz integriert sind. Uns interessiert dabei die Kommunikationstechnologie, die es erlaubt, über ganz unterschiedliche Medien an das Internet angebunden zu sein. Was lange Zeit noch vollständig nach Medien wie Telefon, Internet und Fernsehen getrennt erfolgte, ist bereits seit der Einführung von Technologien wie ADSL, mobiler Datenkommunikation und modernen Set-Top-Box-Systemen zu einem massenweise genutzten und nicht mehr klar trennbaren Informations- und Kommunikationsmedium verschmolzen: Fernsehen erhält einen Rückkanal zur Kommunikation und der Internet-Zugang die nötige Bandbreite, um fernzusehen.

Dabei entkoppelt sich das Medium zunehmend vom Inhalt und auch von der Übertragungstechnik. Während über Jahrzehnte beim Fernsehen lediglich die öffentliche Ausstrahlung (»Broadcast«) die einzige Möglichkeit der Kommunikation blieb, so ließ das Telefonnetz nur eine Punkt-zu-Punkt-Verbindung zu. Das Internet erlaubt hingegen eine beliebige Kombination aus *Broadcast*, *Multicast* (gleichzeitiges Senden an wenige Empfänger) und *Unicast*. Jeder Teilnehmer ist direkt oder indirekt adressierbar – welche konkrete Übertragungstechnologie eingesetzt wird, bleibt hinter dem Zugangssystem verborgen und ist von der Anwendung abhängig. Aus diesem Grund ist es sinnvoll, diese unterschiedlichen Technologien als Bestandteile eines Multimediums zu charakterisieren, das am Ende dieser Entwicklung als Teil der Electronic-Commerce-Infrastruktur zur Verfügung steht.

Broadcast, Multicast, Unicast

Bereits seit einigen Jahren wird die *Konvergenz* als nächster Wachstumsmotor für den Electronic Commerce gehandelt, nachdem das Internet sich als Infrastruktur zur Vernetzung von PCs und Servern etabliert hat. Die Konvergenz bezieht sich auf das Verschmelzen der heute noch separaten Technologien *Internet*, *Fernsehen* und *Telefonie*. Diese drei Infrastrukturen basieren meist noch auf isolierten Netzwerken, Anwendungen und Inhalten. Sie lassen sich etwa folgendermaßen klassifizieren:

Fernsehen. Fernsehen wird nach dem Broadcast-Prinzip betrieben mit wenigen Sendern als »Server« und einer Vielzahl von Empfängern, die spaßeshalber als »Thin Consumer« bezeichnet werden könnten, denn sie besitzen weder die Möglichkeit, lokale Zustände zu speichern noch lokale Software auszuführen (was bei einem »Thin Client« der Fall wäre). Als Übertragungsmedium stehen Kabelnetze, Satelliten oder die terrestrische Ausstrahlung zur Verfügung. Auch beim klassischen Fernsehnetz ist wenig »Intelligenz« für die Übertragung erforderlich. Traditionell spielen Fernsehnetze keine aktive Rolle bei der Ver- und Übermittlung von Inhalten. Investitionen können beim klassischen Fernsehen nur im großen Volumen erfolgen – dies gilt für die Kommunikationsinfrastruktur, für die Produktion von Inhalten (von der Werbesendung über Reportagen bis zur Filmproduktion) sowie für den Handel von Inhalten (Inhalte werden von Filmhändlern meist im Preisbereich zwischen einigen Millionen und mehreren hundert Millionen Euro angeboten). Der Betrieb des Kabelnetzes ist seit 2001 liberalisiert, jedoch dürfte es noch einige Jahre dauern, bis das Kabelnetz zu einer ernst zu nehmenden Zugangsalternative ausgebaut ist. Einige Innovationen des klassischen Fernsehens bieten begrenzte Möglichkeiten der Interaktion, z.B. durch Videotext[1]. Jede weitere Form interaktiven Fernsehens erfordert die Integration eines anderen Netzes (Telefon oder Internet). Diese Integration reicht bis in die 80er Jahre zurück und wurde eindrucksvoll bei der ersten internationalen Interactive-TV-Produktion »Piazza Virtuale« anlässlich der Documenta 1992 demonstriert. Beim Fernsehmedium herrscht heute noch die analoge Übertragungstechnik vor. Es ist allerdings zu erwarten, dass in den nächsten Jahren digitale Techniken wie DVB (Digital Video Broadcasting) dominieren werden. Spätestens im Jahre 2010 wird der Gesetzgeber diese Technologie europaweit vorschreiben. Damit sind für den TV-Bereich langfristig die Weichen zur Konvergenz mit den anderen Kommunikationsnetzen gestellt.

Telefonie. Das Telefonnetz erlaubt traditionell eine 1:1-Kommunikation seiner Teilnehmer. Telefonieren ist eine kleinpreisige Dienst-

Thin Consumer

Bis 2010 ist jegliches Fernsehen digital

---

1.   Auch dies ist nur eine Interaktion zwischen Zuschauer und Fernseher, da letzterer nicht den Sender über das Fernsehnetz erreichen kann.

leistung, zumal die Deregulierung dieses Marktes die Nutzungs-
hürden auch weiterhin abbauen wird. In Deutschland ist das
Vermittlungsnetz vollständig digitalisiert, lediglich die Teilnehmer-
anschlüsse sind zum größten Teil noch analog. Während beim
Fernsehnetz keine Vermittlungstechnik erforderlich war, hat das
Telefonnetz ständig wechselnde Verbindungsanforderungen zu
erfüllen. Traditionell lag die wesentliche Komplexität hier auf der
Seite des Telekom-Providers. Auf der Client-Seite waren lediglich
mit dem Telefon nur wieder »Thin Clients« zu finden. Durch die   *Thin Clients*
frühe Digitalisierung des Telefonnetzes bot sich dem Telekom-Provider die Möglichkeit, dieses rasch auch zur Übertragung digitaler
Inhalte einzusetzen. Damit war die Integration von Fernvermitt-
lungstechnologie als Grundlage zur Vermittlung von Internet-
Inhalten kein großer Schritt mehr. Innovationen im Telefonsektor
(Mobiltelefonie, ADSL, drahtlose Kommunikation) erfolgten bereits
seit einigen Jahren digital und mit der Möglichkeit, unterschiedliche Protokolle zu integrieren.

Internet. Das Internet erfordert zur Kommunikation anspruchsvolle Software- und Hardwaresysteme seitens aller Kommunikationspartner (»Fat Clients«). Diese Systeme waren bis Anfang der   *Fat Clients*
90er Jahre nicht nur kostspielig, sondern auch nur durch Spezialisten zu installieren und zu bedienen. Damit blieb das Internet lange
Zeit nur einem kleinen, elitären Kreis universitärer und industrieller Teilnehmer vorbehalten. In der »Vor-Web-Zeit«, also bis etwa
1994, herrschten ausschließlich E-Mail, FTP, Telnet sowie verein-
zelt Gopher- und X.500-Verzeichnisse als Kommunikationsdienste
vor. Wider Erwarten der Pessimisten nahm trotz (eigentlich aber
wegen) der Kommerzialisierung des Internets die nutzbare Bandbreite erheblich zu, so dass heute der Einsatz des Netzes zur Schal-
tung von Telefonverbindungen oder für das Video-Streaming zum
Alltag gehört.

Bis zum heutigen Zeitpunkt ist der Anteil der »Cross-over-Inhalte« –   *Cross-over-Inhalte*
also nicht originär dem Medium entsprechende Inhalte – jedoch mar-
ginal. Neuere Anwendungen wie z.B. integrierte Call-Center (siehe
unten) sind erst dann für breite Kundenkreise nutzbar, wenn die Tele-
fon- und Datenkommunikation gleichzeitig über einen Anschluss
erfolgen kann. Dies gilt heute nur für Firmenkunden oder Privatkunden mit ISDN-Anschluss. Geschäftsmodelle, die auf einer derartigen
Integration beruhen, müssen folglich berücksichtigen, dass noch einige
Jahre bei den meisten Verbrauchern ein analoger Telefonanschluss
vorherrschen wird.

Dennoch ist durch die digitale Integration der Infrastrukturen ein ähnlicher Wachstumsschub zu erwarten wie derjenige, der durch die Standardisierung von Internet-Kommunikation durch E-Mail und HTTP hervorgerufen wurde. Am Ende dieser Entwicklung steht der breitbandige Kommunikationsanschluss in jedem Unternehmen und jedem Privathaushalt, der zum Preis heutiger Telefongebühren die Unterscheidung von Kommunikationsinfrastrukturen und Inhalten obsolet macht. Heutige, schmalbandige Kommunikation dürfte dann zu niedrigen Pauschaltarifen möglich sein, da sie nur einen Bruchteil der zur Videokommunikation erforderlichen Kosten verursacht. Im Folgenden werden einige aktuelle Entwicklungen beschrieben, welche jeweils die Konvergenz zwischen zwei der drei Infrastrukturen vorantreiben. Zunächst werfen wir dabei einen Blick auf die Zugangstechnologie für das Internet.

Cross-Over-Inhalte und Dienste

Konvergente Anwendungen stehen erst ganz am Anfang ihrer Entwicklung

Als Beispiele seien einige Dienstleistungen genannt, die heute netzübergreifend bzw. »konvergent« zur Verfügung stehen:

- *PayBox* (siehe auch Kapitel 12.7) ist ein Zahlungsverfahren, das durch die Kombination von Internet-Protokollen mit dem Mobilnetz besonders flexibel und sicher ist. Ein Angreifer muss gleichzeitig Zugriff auf Daten beider Netze haben, um eine PayBox-Transaktion fälschen zu können.

- *Filmportale*: Heute stellen Kurzfilme eine Internet-affines Genre dar: Mit Modem oder ISDN-Zugang kann jedermann ohne hohe Kosten Kurzfilme anschauen. Mit zunehmender Durchdringung durch ADSL ist zu erwarten, dass über die nächsten Jahre das Streaming ganzer Kinofilme zur Regel wird. Heute findet man dies zumeist nur in illegaler Form ...

- *WAP* ist – trotz mangelhafter Nutzung – eine typische Integration zwischen dem Mobilfunknetz und dem Internet, hier spielt das WAP-Gateway gegenüber dem Telefon die Rolle einer Gegenstelle und gegenüber dem Web-Server die eines Browsers, der über HTTP URLs aufruft.

- *Online-Spiele* werden in Zukunft über das Mobilnetz gespielt. Dazu kann sich ein Mitspieler mit seinem Handy oder Organizer an einem beliebigen Ort befinden und am mobilen Pendant zu »Ultima Underworld« teilnehmen. Insbesondere die Nutzung von Ortsinformationen liefert hier eine interessante Zusatzkomponente. Online-Spiele werden mit Sicherheit eine »Back-End«-Integration über das Internet besitzen, so dass auf beiden Seiten Spieler teilnehmen können.

9.1 Zugangstechnologien zum Internet

Electronic Commerce findet im Wesentlichen über das Internet oder zumindest über Internet-Protokolle statt. Damit ist jedoch noch nicht festgelegt, wie ein Teilnehmer in das System eingebunden ist. State-of-the-Art ist nach wie vor ein normaler Dial-in über Modems, ISDN-Verbindungen oder Festverbindungen. Auf der Anwendungsebene reicht beim B2C-Commerce auf der Kundenseite lediglich die Installation eines Browsers. Im Idealfall werden alle weiteren Komponenten als HTML-Seite oder Java-Applets geladen. An dieser Stelle sollen einige Alternativen erläutert werden, die einen möglicherweise viel bequemeren Internet-Zugang bieten. Diese sind:

Konvergenz auch beim Zugang

- Set-Top-Boxen – preiswerte Computer, die den Fernseher als Monitor nutzen.
- xDSL – verschiedene Formen der »Digital Subscriber Line«, einem Hochgeschwindigkeitszugang im Mbit/s-Bereich.
- Kabelmodems und das Stromnetz – diese nutzen das Fernsehkabel bzw. die Stromversorgung als Kommunikationsverbindung.
- Mobilkommunikation – hier werden drahtlose und Mobiltelefone als Kommunikationsmittel für den Internet-Zugang eingesetzt.

Alle neuen Zugangstechnologien sind durch die Konvergenz klassisch getrennter Medien gekennzeichnet: Entweder dient das Fernsehen als Trägermedium zur Internet-Kommunikation oder schnelle Internet-Anbindungen via xDSL erlauben hochqualitative Multimedia-Übertragungen.

9.1.1 Set-Top-Boxen

Diese Systeme werden in Verbindung mit dem Fernsehgerät eingesetzt. Eine Set-Top-Box empfängt das Fernsehsignal und leitet es dann an den Fernseher weiter. Sie kann mit einer eigenen Fernbedienung gesteuert werden. Dabei hängt es von der Box ab, welche Funktionalität zur Verfügung steht. Set-Top-Boxen wie die D-Box, die *Met@Box* oder die NetBox besitzen einen eigenen Prozessor und eine Rechenleistung, die zwischen der eines 486er und eines Pentium III variieren kann. Da Festplatte, Monitor, Tastatur und kostspieliges Gehäuse fehlen, liegt der Preis nur noch bei wenig mehr als hundert Euro. Häufig sind Set-Top-Boxen über verschiedene Schnittstellen (SCSI, seriell) an

Set-Top-Boxen sind analog oder digital

die Außenwelt anbindbar. Zu unterscheiden sind Set-Top-Boxen für das analoge Fernsehsignal und solche für digitales Fernsehen.

F.U.N. mit DVB und DAB

Alle Rundfunksender werden bis zum Jahre 2010 auf digitale Datenübertragung nach den Verfahren DVB (Digital Video Broadcasting) bzw. DAB (Digital Audio Broadcasting) umstellen müssen. Diese Standards legen fest, wie Fernseh- und Audiosignale kodiert sind:

Digital Video Broadcasting

- *DVB.* Dieses Verfahren nutzt den MPEG-2-Standard zur Kompression der Fernsehdaten. Man unterscheidet je nach Übertragungsmedium des Fernsehsignals drei Verfahren: DVB-T (terrestrisch), DVB-C (Kabel), DVB-S (Satellit). Bei sog. Free-to-Air-Übertragungen sind diese Daten unverschlüsselt, d.h. öffentlich, zu empfangen. Private Pay-TV-Anbieter verschlüsseln hingegen ihre Daten, so dass der Empfänger zusätzlich eine Entschlüsselungseinheit benötigt. Dieses Verfahren nennt man *Conditional Access* (CA). Die D-Box I war eine solche proprietäre Lösung, die bei verschlüsselten Übertragungen ausschließlich solche von Premiere World dechiffrieren konnte. Seit einiger Zeit haben sich Hersteller von Set-Top-Boxen auf einen Standard geeinigt – das sog. Common Interface (CI) –, mit dem die Entschlüsselung privater Übertragungen auf ein einsteckbares Hardwaremodul ausgelagert ist, das bzgl. seiner Bauform einer PC-Card entspricht. Durch Verwendung von Zusatzmodulen kann ein DVB-Empfänger mit CI für Pay-TV-Anbieter spezialisiert werden.

Digital Audio Broadcasting

- *DAB.* Digital Audio Broadcasting (DAB) nennt sich das Übertragungsverfahren im Radiobereich. In vielen Bundesländern Deutschlands ist DAB bereits in den Regelbetrieb übergegangen und bietet neben den gewohnten Radiostationen viele Zusatzdienste, die man auf einem Display im Auto abrufen kann. Im Kabel und über Satellit werden Radiosender im DVB-Modus übertragen und können ohne Probleme mit der Set-Top-Box, welche das Fernsehprogramm empfängt, hörbar gemacht werden. Bisher gibt es allerdings noch keine Zusatzgeräte, die aus einem UKW-Empfänger ein Digital-Radio machen.

Als Basistechnologie wird bei digitalen Set-Top-Boxen DVB eingesetzt. DVB erlaubt die Übertragung digitaler Daten per Satellit, über das Kabelnetz oder auf terrestrischem Wege (Funk). Ein Satellitenkanal (ein sog. *Transponder*) dient der Übertragung von 38 Mbit/s, die auf mehrere Fernsehkanäle aufgeteilt sind. Üblicherweise liegt die Bandbreite eines solchen Kanals bei 2-8 Mbit/s. Neben Fernsehsendungen

kann diese Kapazität aber auch für den Broadcast von Daten eingesetzt werden.

Das heutige Niveau der Kommerzialisierung von DVB liegt allerdings nur auf der Ebene des Near-Video-on-Demand, d.h., zu vorbe-
stimmten Sendezeiten werden verschlüsselte Filme übertragen, die von
zahlenden Teilnehmern entschlüsselt werden können (Pay-per-View).
Dabei ruft man als Teilnehmer beim Call-Center des Senders an und
gibt seinen Filmwunsch sowie seine Teilnehmerdaten (Kartennummer)
durch. Die Bezahlung erfolgt zusammen mit den monatlichen Gebühren per Lastschrift. Vor der Ausstrahlung des Films wird ein Schlüssel
an alle Empfänger verteilt, der ihnen das Dekodieren der Sendung
erlaubt. Die Set-Top-Box enthält dazu einen Chipkartenleser, in den
die Kundenkarte eingeführt sein muss, wenn der Schlüssel übertragen
und dort gespeichert wird.

Je nach Sendung wird also ein spezieller Sitzungsschlüssel verwen-
det. Die Übertragung des Schlüssels erfolgt über das gewöhnliche
Kabel- oder Satellitennetz. Auf diese Weise wird sogar die Software der
Box von Zeit zu Zeit aktualisiert.

Das Betriebssystem von Set-Top-Boxen

Auch Set-Top-Boxen besitzen ein Betriebssystem. Das bekannteste ist
Open TV, bzw. *Open TV EN* (EN steht für enhanced). Es erlaubt die
Ansteuerung von PC-Cards, über die sich wiederum Telefone, Laptops
oder die oben erwähnten CI-Decryptorkarten anschließen lassen.

Open TV EN

Als gemeinsame Programmiersprache aller Open-TV-Boxen dient
Java. Damit lassen sich hardware- und herstellerunabhängige Anwendungen entwickeln und von den Sendestationen auf die Set-Top-Boxen
übertragen. Auf der Anwendungsebene bieten einige Fernsehsender
elektronische Programmführer, die über einen HTML-Browser abgerufen werden können.

Open TV, das CI und sogar die Java-Kompatibilität sind europäische Normen, so dass sich diese Anwendungen für Zuschauer international distribuieren lassen.

F.U.N., das *Free Universe Network*, ist ein Gremium, das aus TV-
Sendern (vor allem ARD, ZDF und RTL) sowie Hardware- (z.B. Infi-
neon und Galaxis) und Softwareherstellern (z.B. Oracle) besteht. Ziel
des F.U.N.-Gremiums ist die Schaffung von Internet-Rahmenbedin-
gungen für den Fernsehbereich: einheitliche, offene Standards für die
Kommunikation. Ein F.U.N.-kompatibler Universaldecoder kann
dabei entweder in Form einer Set-Top-Box vorliegen oder auch in das
Fernsehgerät integriert sein.

F.U.N. – Free Universe Network

F.U.N. vereinheitlicht
Schnittstellen und Module

Für alle Universaldecoder wird vorausgesetzt, dass bestimmte Standardkomponenten und standardisierte Erweiterungsmöglichkeiten integriert sind, vor allem gilt dies für das Common Interface. Damit soll explizit die Möglichkeit geschaffen werden, zu einem späteren Zeitpunkt neue Dienste, die erweiterte technische Anforderungen haben (z.B. CA für Pay-TV), zu integrieren.

Von einem F.U.N.-Universaldecoder wird daher folgende Ausstattung erwartet:

- DVB-Front-End (DVB-S, DVB-C, später auch DVB-T für Satelliten, Kabel- und terrestrischen Empfang),
- Decoder für MPEG-2 Video, Audio und Teletext (mit Konfigurationsmöglichkeiten für verschiedene Bildformate und Sprachen),
- das DVB Common Interface,
- eine serielle Schnittstelle (RS 232, bis 115 kbit/s),
- eine Modem-Schnittstelle,
- RAM und Flash-Memory für Applikationen und User-Filesystem sowie
- eine Fernbedienung mit definiertem Minimalsatz an Tasten.

Darüber hinaus sind beliebige herstellerspezifische Erweiterungen möglich, solange die Interoperabilität der Plattform gewahrt bleibt. Dies sind beispielsweise:

- parallele Schnittstelle,
- digitale Tonausgänge,
- ein eingebautes CA-Modul,
- ein eingebautes Modem für den Internet-Rückkanal oder
- eine Antennensteuerung für Satellitenschüsseln.

F.U.N. mit Java

Für F.U.N. ist eine DVB-spezifische Programmierschnittstelle vorgesehen, die sich noch in der Standardisierung befindet (DVB-Java). Sobald diese zur Verfügung steht, ist zu erwarten, dass F.U.N.-kompatible Geräte diese unterstützen.

Digital-Boxen

Inzwischen ist auf dem Markt eine Reihe von F.U.N.-kompatiblen Set-Top-Boxen verfügbar, beispielsweise von Herstellern wie Galaxis, Nokia, Panasonic oder Samsung.

Der F.U.N.-Standard verdrängt langsam proprietäre Systeme

Die *D-Box* als erste digitale Set-Top-Box, die für den deutschen Markt von Bedeutung war, ist inzwischen ein wenig betagt und aufgrund ihrer proprietären Technologie in Zukunft wohl auch nicht mehr von Bedeutung. Insbesondere wegen der Möglichkeit, Premiere-

Übertragungen heute auch über einen Universaldecoder zu empfangen, der mit einer CI-Decryptorkarte ausgestattet ist, besteht keine technische Notwendigkeit mehr, eine vollständige Set-Top-Box zu kaufen, die exklusiv von einem einzelnen Programmanbieter vertrieben wird.

Die D-Box wurde in diesem Sinne ursprünglich von Nokia exklusiv für das digitale Fernsehen – DF1 der Kirch-Gruppe – entwickelt. Im Prinzip ist sie im Vergleich zu F.U.N.-kompatiblen Boxen funktional eingeschränkter, da kein Rückkanal besteht und auch keine Client-Software installiert ist.

Analog-Boxen

Analog-Boxen, wie beispielsweise die von NetGem, verwenden die Austastlücke bei der Übertragung des analogen Fernsehsignals. Diese Lücke entsteht, wenn der Elektronenstrahl der Bildröhre nach dem Zeichnen einer Zeile zum Anfang der nächsten Zeile zurückspringt. Da das Fernsehsignal kostenlos empfangen wird, kann ein Sender hier ohne zusätzliche Bandbreite über 100 MB Daten pro Stunde übertragen. Pro Einzelbild sind dies immer noch etwa 1 KB, was für das Übertragen von Daten wie HTML-Seiten oder URLs ausreicht. Dieses Verfahren heißt auch *enhanced TV*. *Enhanced TV*

Die Box von NetGem besitzt einen x86er Prozessor mit ca. 200 MHz Taktfrequenz sowie 8 MB Hauptspeicher. Als Betriebssystem dient ein modifizierter Linux-Kernel. Als Anwendungen stehen ein Web-Browser (HTTP 1.1), E-Mail, Chat, MP3-Streaming und in Zukunft weitere Internet-Clients zur Verfügung. Das besondere Merkmal der Box besteht in einem Modem für den Rückkanal. Die gesamte Box nimmt ungefähr den Raum einer Zigarrenkiste ein und ist damit sehr klein. *NetGems Box*

E-Commerce-Anwendungen werden seit einigen Jahren als Prototypen gezeigt. So demonstrierte die Deutsche Telekom AG beispielsweise bereits auf der CeBIT 1999 anhand eines Whitney-Houston-Videoclips, wie eine CD passend zur Musik online bestellt werden kann. Dabei wird während der Fernsehsendung die URL des Online-Shops übertragen. Startet der Zuschauer den Web-Browser der Box, wird eine Produktseite zur CD eingeblendet. Über die Fernbedienung können Order- und Zahlungsinformationen eingegeben und der Bestellvorgang ausgelöst werden. Eine Weiterentwicklung dieser Integration hat die Deutsche Telekom AG auf der Internationalen Funkausstellung 1999 präsentiert. *Interactive-TV*

Wenn sich eine solche Technologie rasch durchsetzt, können die deutschen Nicht-PC-Haushalte (immerhin noch über 50%) binnen kürzester Zeit und zu geringen Kosten an das Internet angebunden werden. In diesem Segment ist folglich für die Jahre 2002-2005 eine rasante Zuwachsrate zu erwarten. Neben EC-Anwendungen wird es dann viele weitere im Bereich des Interactive-TV geben. Insbesondere der Unterhaltungswert des Fernsehens kann dadurch gesteigert werden, was einen Fernsehsender wiederum kommerziell interessant macht.

Spielekonsolen

Microsofts Spielekonsole ...

Microsofts XBox wird zur Jahreswende 2001/02 auf den Markt gebracht. Diese Spielekonsole besitzt einen 733-MHz-Prozessor vom Typ Pentium III und 64 MB Hauptspeicher. Ihr Preis liegt voraussichtlich bei etwa 400 Euro. Sie enthält eine eigene Festplatte, die jedoch nicht für die vom PC gewohnte Speicherung von Daten und Programmen verwendet werden kann, sondern nur als Daten-Cache für Spiele. Mit Hilfe des DVD-Laufwerks lassen sich auch Videos ansehen. Der Internet-Zugang erfolgt über das lokale Netz per 100-Mbit/s-Ethernet-Karte. Über einen ADSL-Anschluss ist dann eine breitbandige Verbindung möglich. Zudem besitzt sie vier USB-Ports, so dass sich mehrere X-Boxen auch lokal zusammenschließen lassen.

Das System wird als Spielekonsole angepriesen, d.h., eine lokale Nutzung als PC ist nicht vorgesehen – schon aufgrund des stark reduzierten Betriebssystem-Kerns (basierend auf Windows 2000). Dennoch kann man erwarten, dass Microsoft seine unterschiedlichen Geschäftszweige kombinieren wird: Warum z.B. nicht die XBox als ASP-Client auf MSN zugreifen lassen, so dass online oder mit Hilfe einer DVD die erforderliche Office- oder sonstige Anwendungssoftware gestartet werden kann. Die Speicherung der privaten Daten erfolgt dann online auf dem MSN-Netz.

... und mehr

Ohne tiefere Einsichten in die Planung des Herstellers zu besitzen, braucht man jedoch nur »1 und 1 zusammenzählen«, um verschiedene *potenzielle* Geschäftsmodelle nachzuvollziehen. Als Monopolist in den Bereichen »Betriebssystem« und »Office-Anwendung« bzw. als regulärer Mitspieler auf dem ISP-, ASP- und Konsolenmärkten, bieten sich hier zahlreiche Möglichkeiten für Microsoft:

- »MS Office aus der Steckdose«. Hierbei braucht der XBox-Besitzer lediglich eine Tastatur und einen Monitor anzuschließen.
- »Online-Shops über MSN«, die über das ASP- oder ISP-Konto abgerechnet werden.
- Wiederverwendung der *Passport-Technologie*, um für Teilnehmer ein transparentes, d.h. von der Zugangstechnologie unabhängiges Profil zu verwalten.

Aber wie gesagt, dies werden wir in den nächsten Monaten und Jahren genauer erfahren!

Gleiches gilt natürlich auch für die anderen Anbieter wie Sony (Playstation 2), SEGA (Dreamcast) und Nintendo (GameCube). So erkunden Sony und Vodafone die Potenziale, die sich aus dem Zusammenschluss der Playstation mit dem GPRS- und UMTS-Dienst des Mobilfunk-Providers ergeben können.

SEGA, Sony und Nintendo

Alles in allem sehen wir auch hier wieder den »Blur-Effekt« – das Verschmelzen von Technologien und Geschäftsmodellen, bei dem in Zukunft die Karten neu verteilt werden.

9.1.2   xDSL

Bis vor einigen Jahren wurde das Kupferkabel des Telefonanschlusses nur für Bandbreiten von bis zu 144 kbit/s (ISDN) genutzt. Diese setzen sich zusammen aus zwei B-Kanälen mit je 64 kbit/s und einem D-Kanal mit 16 kbit/s zur Übertragung von Steuersignalen. Prinzipiell liegt die maximale Bandbreite jedoch sehr viel höher und ist abhängig von der Länge und Qualität der Verbindung sowie von der Übertragungstechnik. xDSL steht dabei für verschiedene Technologien der *Digital Subscriber Line* – also die digitale Telefonanbindung des Teilnehmers. Es werden folgende Verfahren unterschieden:

- *HDSL* (High data rate Digital Subscriber Line). Dieses Verfahren eignet sich für Distanzen bis zu 4.000 Metern. Die Übertragungskapazität liegt bei 768 kbit/s in beide Richtungen je Kabelpaar.
- *SLDSL* (Single Line Digital Subscriber Line). Hierbei wird die Telefonleitung nur in einer Richtung genutzt. Die Übertragungsrate liegt damit bei bis zu 2,3 Mbit/s. SLDSL eignet sich für Entfernungen von bis zu 3.500 Metern.
- *SDSL* (Symmetric Digital Subscriber Line). Hier wird die Gesamtbandbreite im Gegensatz zum ADSL symmetrisch aufgeteilt. Typische SDSL-Bandbreiten liegen im Bereich von 256 kbit/s bis 2 Mbit/s.
- *ADSL* (Asymmetric Digital Subscriber Line). »Asymmetrisch« bedeutet hier, dass unterschiedliche Übertragungskapazitäten »downstream« und »upstream« (für den Rückkanal) vorliegen. Der Rückkanal erlaubt zwischen 16 und 640 kbit/s, während zum Teilnehmer hin 1,5 bis 9 Mbit/s übertragen werden können. Die Distanz kann dabei zwischen 3.000 und 6.000 Meter liegen. Allerdings lassen sich die höheren Raten nur bei kurzen Verbindungen erreichen.

- *DSL-Lite* erlaubt bis zu 8.000 Meter Distanz bei 384-1.500 kbit/s downstream und 128-384 kbit/s auf dem Rückkanal.
- *CDSL* (Consumer Digital Subscriber Line) überbrückt 4.000-6.000 m bei 1 Mbit/s downstream und 128 kbit/s auf dem Rückkanal.
- *RADSL* (Rate-Adaptive Digital Subscriber Line) passt sich automatisch der Leitungsqualität an und erreicht bis zu 7 Mbit/s in Richtung Teilnehmer und 1 Mbit/s auf dem Rückweg.
- *VDSL* (Very high Digital Subscriber Line) bietet mit 13-52 Mbit/s bzw. 1,5-2,3 Mbit/s schließlich die maximale Rate. Dies ist jedoch nur bei extrem kurzen Verbindungen von bis zu 500-1.500 m möglich.

Von 256 kbit/s bis 2 Mbit/s

Zurzeit bieten die Deutsche Telekom und ihre Wettbewerber diese Technologie bei Bandbreiten zwischen 256 kbit/s und 2 Mbit/s an. Insgesamt ist zu erwarten, dass im Jahre 2002 etwa vier Millionen Haushalte angeschlossen sind, dies wäre eine Durchdringung von etwa zehn Prozent aller Haushalte, jedoch etwa zwanzig Prozent der PC-Haushalte. Da bei den meisten Privatkunden der Download überwiegt, basiert das System auf dem asymmetrischen Verfahren von ADSL. Das Problem liegt dabei in der kontinuierlichen Aufrüstung der Vermittlungsstellen, die mehrere tausend Anschlüsse bedienen und nur Schritt für Schritt um die erforderliche Kapazität erweitert werden können. Aus vertriebspolitischen Gründen werden von der Telekom kurzfristig nur die eher langsamen Varianten angeboten (768 kbit/s), die preislich nicht zu sehr zum herkömmlichen ISDN in Konkurrenz stehen.

Die xDSL-Technik bietet eine ideale Grundlage zur mittelfristigen Konvergenz der zurzeit noch isolierten Fernseh-, Telefon- und Datennetze. In Bezug auf den Electronic Commerce lassen sich die bisher diskutierten Infrastrukturen und Technologien auch auf Multimedia-Inhalte übertragen. Eine MP3-Datei mit 5 MB lässt sich selbst bei DSL-Lite in etwa einer Minute laden bzw. in Echtzeit abspielen. Am oberen Ende des Spektrums von DSL-Lite lassen sich bei 1,5 Mbit/s noch MPEG-2-komprimierte Videos etwa mit heutiger Fernsehqualität übertragen. Dabei werden die Kosten bei weniger als einem Euro pro Stunde liegen. Die Übertragungskosten der Audiodatei (wenige Cent) fallen folglich nicht ins Gewicht.

9.1.3 Mobilkommunikation

Marktteilnehmer sind zunehmend mobil in dem Sinne, dass sie sich an *Mobil vs. drahtlos* wechselnden Orten befinden oder vor allem auch während der Reise Kontakt zum Netz halten möchten. Im Folgenden wird »Mobilkommunikation« von der »drahtlosen Kommunikation« (Ad-hoc-Netze oder Funknetze zur Überbrückung der »letzten Meile«) unterschieden, die nicht notwendigerweise reisende Teilnehmer unterstützt, sondern lediglich vor Ort (Wohnung/Büro) mehr Bewegungsfreiheit erlaubt. Das besondere Problem liegt daher bei der Mobilkommunikation in

- der heute noch reduzierten Bandbreite von Mobilverbindungen,
- in der Möglichkeit für Dritte, die Übertragung abzuhören, sowie
- in der niedrigen Übertragungsqualität.

Der heutige, europäische GSM-Standard für Mobiltelefone erlaubt *UMTS ist ein Verbund von* lediglich eine Übertragungsrate von 9,6 kbit/s. Nach dem Analogstan- *Mobilprotokollen* dard der ersten Generation, der seit 1979 genutzt wird, liegt mit GSM (Global System for Mobile Communications) seit 1990 ein digitaler Standard vor, der im Frequenzbereich von 900 bzw. 1800 MHz eingesetzt wird. Systeme der dritten Generation stehen ab 2002 zur Verfügung und lassen Übertragungsraten von 144 kbit/s auf der Reise und bis zu 2 Mbit/s stationär zu. Darüber hinaus sind sie so entworfen, dass Benutzern integrierte, multimediale Dienste angeboten werden können (Sprache, Daten, Grafik, Video). Der europäische Standard der dritten Generation ist bekannt als *Universal Mobile Telecommunication System* (UMTS). Zukünftig ist zu erwarten, dass dieser Standard in ein weltweites System einfließen wird, das es Benutzern erlaubt, an jedem Ort der Welt mit der aktuell verfügbaren Bandbreite zu kommunizieren. Das Mobilgerät wird sich dann aus dem verfügbaren Angebot die schnellste bzw. preiswerteste Kommunikationsverbindung auswählen. Diese könnten z.B. GSM, UMTS, Satellitenkommunikation oder auch drahtlose, lokale Netze nach dem Wireless LAN, DECT-, Bluetooth- oder IrDA-Standard sein.[2] UMTS wird sowohl Echtzeitkommunikation unterstützen (z.B. für Sprach- und Videoübertragungen) als auch asynchrone Kommunikation (E-Mail, WWW).

UMTS wird in unterschiedlichen Varianten zur Verfügung stehen: *Realistisch sind jedoch* Nur in kleinen sog. »Picozellen« (im Büro oder in der Wohnung) kann *»nur« 144 kbit/s* die maximale Bandbreite von bis zu 2 Mbit/s ausgenutzt werden. Diese Möglichkeit steht heute eigentlich schon mit Wireless LAN zur Verfügung – es besteht nur noch keine Integration der Technologien und

---

2. DECT – Digital Enhanced Cordless Telecommunications, IrDA – Infrared Data Association.

Protokolle. Picozellen werden zu Mikrozellen zusammengefasst, die wenige Quadratkilometer abdecken. Auf diese Zelle greift das Mobilgerät zurück, wenn der Hausbereich verlassen wird. Hier steht eine Übertragungsrate von bis zu 384 kbit/s zur Verfügung. Pico- und Mikrozellen werden wiederum von Makrozellen mit 144 kbit/s abgedeckt, die etwa der Zellengröße des heutigen GSM-Netzes entsprechen.

Tab. 9-1

Aktuelle Standards der Mobilkommunikation

Einige der zukünftigen Kommunikationsprotokolle im Mobilfunkbereich sind in der folgenden Tabelle aufgeführt:

Technologie	Zellengröße	Verzögerung < 10 ms	Abdeckung
TDMA IS-136A (Time-Division Multiple Access)	Makro	Nein	National, Stadtteil, Stadt
CDMA IS-95A Code Division Multiple Access	Makro	Nein	National, Stadtteil, Stadt
GSM (Global System for Mobile Communications)	Makro	Nein	National, Stadtteil, Stadt
PACS (Personal Access Communications System)	Makro	Ja	Stadtteil, Stadt
W-CDMA (Wide-band Code Division Multiple Access)	Makro	Nein	National, Stadtteil, Stadt
AMPS/NAMPS (Advanced Mobile Phone System)	Makro	Ja	National, Stadtteil, Stadt
PHS (Personal Handphone System)	Pico	Nein	Stadt
Satellite	Global	Hoch	Global

940 Millionen Teilnehmer in 2005

Das UMTS-Forum (*www.umts-forum.org*) hat als internationales Standardisierungsgremium für das Jahr 2000 einen Weltmarkt von 426 Millionen Benutzern der Mobilkommunikation vorhergesagt. Von 940 Millionen im Jahr 2005 wird diese Anzahl bis zum Jahre 2010 auf 1,7 Milliarden steigen. Auf Westeuropa entfallen dabei für das Jahr 2005 200 Millionen Benutzer, von denen etwa 32 Millionen mobile Multimedia-Nutzer auf der Basis von UMTS sein werden. Das Marktvolumen für mobile Multimedia-Dienste wird auf 24 Milliarden Euro und 3.800 Millionen Megabyte pro Monat prognostiziert.

GPRS

GPRS – ein Standard der 2,5. Generation

Der *General Packet Radio Service* (GPRS) setzt auf die bestehende GSM-Infrastruktur der zweiten Generation auf und bietet eine Bandbreite zur Datenübertragung von bis zu 53 kbit/s. Der Trick der Bandbreitenerweiterung liegt hier in der paketorientierten Übertragung im Gegensatz zur verbindungsorientierten beim Telefonieren. Auf diese

Weise nutzen mehrere Teilnehmer die gleiche verfügbare Bandbreite, so dass sich die Auslastung durch die Abbildung mehrerer Teilnehmer auf mehrere Kanäle steigern lässt. Aus diesem Grund wird die Datenkommunikation nach Volumen und nicht mehr nach Zeit abgerechnet. Damit kann sich jeder Teilnehmer erlauben, »always on« zu sein. Europäische Netzbetreiber haben die erforderlichen Software-Updates der Netzinfrastruktur in 2001 abgeschlossen, so dass seitdem eine breite Nutzung beginnen konnte.

EDGE

Enhanced Data Rates for GSM Evolution (EDGE) lautet die Weiterentwicklung von GPRS. Dieser Übertragungsstandard erlaubt mit 364 kbit/s eine vielfache Bandbreite im Vergleich zu GPRS. EDGE gilt als Übertragungsstandard der 2,5. Generation, d.h., auch hier kann die bestehende GSM-Infrastruktur ausgenutzt werden, ohne dass neue Sendeeinrichtungen oder Hardwareeinheiten zu installieren sind.

Auch EDGE basiert noch auf dem GSM-Netz

Und noch ein Standard der 2,5. Generation

WAP

Das *Wireless Access Protocol* (WAP) ist in Europa so bekannt, dass es an dieser Stelle eigentlich kaum erwähnt zu werden braucht (9,6 kbit/s GSM, Zahlung nach Verbindungszeit, unkomfortable Benutzung ...). Interessant ist eigentlich nur die Tatsache, dass für WAP-Anwendungen eine eigene Auszeichnungssprache, die WML (Wireless Markup Language), entwickelt wurde, so dass jedes WAP-Handy einen dafür geeigneten Browser besitzt. WML ist eine XML-Sprache und ist an das in den achtziger Jahren von Apple eingeführte HyperCard-Modell angelehnt: Eine WAP-Seite (Card) kann zusammen mit anderen geladen werden, diese bilden gemeinsam einen Stapel (Stack). Cards sind durch URLs miteinander verbunden, so dass der WAP-Browser entsprechend lokal im Stack navigieren kann. Abbildung 9-1 zeigt einen Stack, der zwei Cards enthält. Jede Card setzt sich aus Navigations- und Interaktionselementen zusammen. Mit <DO> wird im Beispiel der Abbildung 9-1 eine andere Card aufgerufen und mit <INPUT> bzw. <SELECT> ein Wert vom Benutzer eingelesen.

WAP – Over-Engineered und Over-Hyped?

Abb. 9–1
Ein WML-Stack

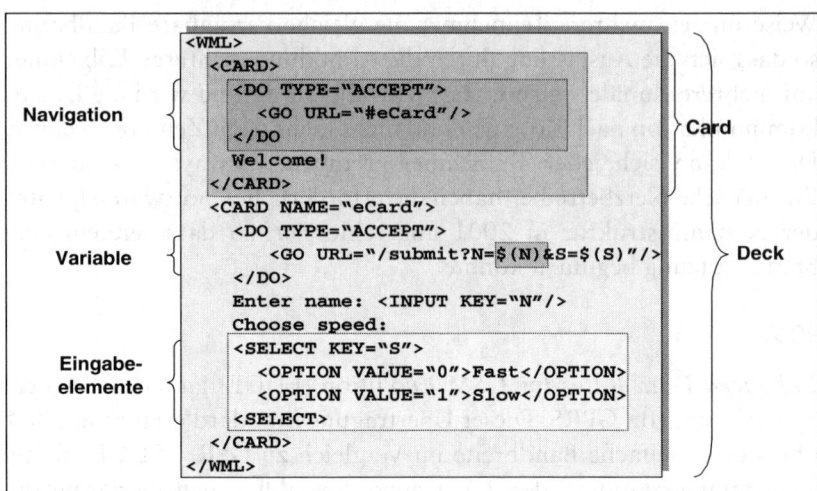

Der Abruf einer WML-Seite erfolgt über ein WAP-Gateway, das beim Mobilfunk-Provider installiert ist und im »Back-End« eine HTTP-Verbindung mit dem WAP-Server im Internet aufbaut. Aus diesem Grund kann ein WAP-Portal bei Einsatz eines flexiblen Content-Management-Systems auch WAP-Teilnehmer mit Inhalt versorgen.

iMode von DoCoMo

iMode – WAP ohne WML und »always on«

Dieser Service wird seit 1999 in Japan betrieben und hat diverse Eigenschaften von GPRS damit zwei Jahre früher als in Europa verfügbar gemacht. Im Wesentlichen gilt dies für die volumenbasierte Abrechnung sowie das »always-on«-Modell. Die Übertragungsrate entspricht mit 9,6 kbit/s auch der in Europa üblichen. Der andere wesentliche Unterschied liegt auf der Ebene der Auszeichnungssprache: Anstelle des trägen und ausdrucksschwachen WAP-Standards nutzt iMode cHTML, eine Untermenge der für HTML 3.0 standardisierten Elementtypen. cHTML reicht jedoch aus für erheblich reichhaltigere Inhalte als WML. Beispiele sind hier animierte, farbige Grafiken oder sehr viel längere und lesbarere Texte als bei WAP.

Standards zur drahtlosen Kommunikation

Zu Hause und im Büro

Obwohl sich die Kapazitäten im Mobilbereich in den nächsten Jahren drastisch ausweiten werden, kann man erwarten, dass der Löwenanteil an Bandbreitennutzung immer noch beim Festnetz liegt. Allerdings muss dies die Mobilität in keiner Weise einschränken: Wenn wir unseren normalen Tagesablauf betrachten, so verbringen wir bei den meisten Berufen im Durchschnitt nicht mehr als 1-2 Stunden außerhalb von

Orten, an denen wir uns stationär aufhalten (zu Hause und im Büro). Ein sehr großes Wachstumspotenzial liegt also bei der drahtlosen Ad-hoc-Anbindung des Laptops oder des PDA an eine Picozelle mit einem Radius von einem bis einhundert Metern.

Die folgenden Standards decken Kommunikationsverfahren im Bereich solcher Picozellen ab:

- *IrDA* ist eine Kommunikationstechnologie über Infrarot-Verbindungen. Sie wird zur Kommunikation in der Regel zwischen PCs und Peripheriegeräten, aber auch für PDAs, Haushaltsgeräte und Unterhaltungselektronik eingesetzt. Die Bandbreite beträgt hier bis zu 4 Mbit/s und es werden Entfernungen von bis zu zwei Meter unterstützt. Die Datenkommunikation ist auf der Ebene des IrDA-Protokolls in keiner Weise abhörsicher.
- *Bluetooth* (*www.bluetooth.com*) fällt in den gleichen Anwendungsbereich, nur dass die Kommunikation im GHz-Frequenzband liegt. Auch dieser Standard dient der Anbindung von Peripheriegeräten – nicht nur bei PCs und Laptops, sondern auch z.B. zwischen Handy und Ohrhörer. Die Bandbreite liegt bei einem Mbit/s und die maximale Reichweite bei 10 Meter. Die Hauptaufgabe von IrDA und Bluetooth ist es, Kabelverbindungen durch Ad-hoc-Vernetzung zu vermeiden, d.h., *Mobilität* ist hier eigentlich gar nicht die Zielsetzung. Interessant ist Bluetooth vor allem wegen der Abmessungen und geringen Leistungsaufnahme der Bauelemente: So entwickelte Nokia bereits Autoreifen, die per Bluetooth mit der Zentrale im Auto kommunizieren und regelmäßig Druck und Vibration melden.[3] Bluetooth nutzt ein Challenge/Response-Verfahren zur Authentifizierung der Kommunikationsverbindung. Die Verschlüsselung erfolgt mit 128 Bit Länge.
- *DECT* ist bekannt als Standard für Mobiltelefone. Seine Bandbreite liegt nur bei 128 kbit/s und die Reichweite bei etwa 100 Meter. DECT war ursprünglich für Sprachanwendungen vorgesehen und wird im Bereich der Mobilkommunikation in Zukunft bzgl. der Bandbreite sicherlich nicht mit WLAN konkurrieren können.
- *Wireless LAN (WLAN)* heißt offiziell *IEEE 802.11b* und reiht sich damit in die Tradition von Ethernet- und Token-Ring-Standards für Netzwerkprotokolle ein. WLAN nutzt genau so wie Bluetooth das Frequenzband bei 2,4 GHz und erlaubt Bandbreiten zwischen einem und 11 Mbit/s über Entfernungen von bis zu 100 Meter. Auch hier erfolgen Authentifikation und Verschlüsselung per Chal-

---

3. Nokia ist übrigens traditionell (seit über einhundert Jahren) Entwickler von Gummistiefeln und später auch Autoreifen.

lenge/Response und 128-Bit-Schlüsseln nach dem RSA-RC4-Verfahren.

- *HiperLAN* ist schließlich die Erweiterung von WLAN mit 54 Mbit/s über bis zu 150 Meter. Es wird voraussichtlich ein Frequenzband im 5-GHz-Bereich nutzen.

9.1.4 Weitere Zugangstechnologien

Kabelmodems

Erst seit 2001 ein ernsthafter Rollout

Kabelmodems bieten eine sichere, asymmetrische Verbindung über das Kabelfernsehnetz. Ein typisches Kabelmodem erlaubt maximale Übertragungsraten von 30 Mbit/s und 2,56 Mbit/s auf dem Rückkanal. Die Übertragungskapazität der Modems trügt jedoch, da das Netz traditionell nur für die Broadcast-Übertragung zum Empfänger ausgelegt und daher zunächst ein erheblicher Aufwand zur Umrüstung der Verteilknoten erforderlich ist. Ebenfalls ist die baumartige Verteilerstruktur der Fernsehkabel problematisch: Hier können sich alle angeschlossenen Empfänger lediglich nur das eine Übertragungskabel teilen, an dem sie partizipieren. Wenn dies einige hundert Haushalte sind, fällt die jeweils verbleibende Bandbreite auf weniger als die des DSL-Lite herab.

Kabelmodems werden heute vorwiegend noch in den USA eingesetzt, aber auch in Österreich gibt es eine wachsende Zahl an Teilnehmern. In Deutschland ist der Verkauf wesentlicher Teile des Kabelnetzes durch die Deutsche Telekom abgeschlossen. Seit September 2001 werden jetzt Internet-Zugänge von Anbietern wie Kabel NRW, Liberty Media oder Callahan angeboten. Kunden sind dann in der Lage, nur noch das Fernsehkabel zu benutzen: Fürs Telefonieren, Fernsehen und Internet – zumindest physikalisch ist die Medienkonvergenz dann erreicht. Bis Ende 2003 kann man erwarten, dass die Umstellung des Netzes für die Nutzung in Deutschland abgeschlossen ist.

NTT betreibt seit August 2001 einen Glasfaser-Breitbanddienst, der Übertragungsraten von bis zu 100 Mbit/s erlaubt. Man kann davon ausgehen, dass dieser Dienst über die nächsten Jahre zu Flatrate-Preisen von unter 200 Euro im Monat angeboten wird. Die japanische Regierung hat dazu im Jahr 2001 das Projekt e-Japan gestartet, in dem bis 2005 mehr als 90 Prozent der japanischen Haushalte mit Breitband-Zugängen ausgestattet werden (2 Mbit/s). Der Plan sieht darüber hinaus vor, 10 Millionen Haushalte über 100 Mbit/s und 30 Millionen über 10 Mbit/s anzuschließen.

Stromnetze und andere Verbindungen

Seit Juli 2001 bietet RWE mit dem Produkt PowerNet einen Internet-Zugang über das Stromnetz an. Möglich sind hier Übertragungsraten bis zu 2 Mbit/s zu Preisen, die denen der ADSL-Anbieter entsprechen. Das Modem ist recht einfach zu installieren: Es wird nur in die Steckdose gesteckt, die Kommunikation mit dem PC erfolgt per USB oder Ethernet. Im Haus ist allerdings noch ein Koppler zu installieren, der die Daten vom Ortsnetz auf das hausinterne Stromnetz überträgt. Die Stromversorger planen bis zum Jahre 2004 bis zu einer Million Anschlüsse, davon plant alleine die RWE, 300.000 Haushalte zu erreichen.

Internet via Satellit

Das Prinzip dieser Zugangsart ist bei den unterschiedlichen Providern immer gleich: Zunächst muss eine »klassische« Verbindung per ISDN oder Modem zum Satelliten-ISP aufgebaut werden. Der einzige Unterschied besteht in der Übertragung der Inhalte, die indirekt über einen Satelliten wie z.B. Astra geleitet werden. Dazu muss der Teilnehmer eine Satellitenschüssel installieren und am HF-Ausgang das Signal mit einem speziellen Empfänger abgreifen.

Wenn xDSL zu langen Leitungen führt ...

Den Anbietern von Satelliten-basiertem Breitband-Internet-Zugang steht ein kräftiges Wachstum ins Haus, so zumindest sieht es eine Studie der Marktforscher von Frost & Sullivan. Demzufolge sollen die jährlichen Umsätze weltweit von derzeit 300 Millionen (in 2001) bis zum Jahr 2007 auf mehr als 1,6 Milliarden US-Dollar anwachsen. Doch auch mit dieser Steigerung wird die Technik ein Nischenprodukt bleiben. Interessant ist die Technik vor allem für jene Surfer, die auf anderem Wege keinen schnellen Internet-Zugang bekommen können, etwa in entlegenen ländlichen Gegenden. Obwohl der direkte Internet-Zugang über einen Satelliten gegenüber kabelbasierten Technologien Vorteile bietet, hat die Branche also weiter stark mit der Konkurrenz anderer Lösungen zu kämpfen. Das entscheidende Argument ist der Preis. In Gebieten mit gut ausgebauter Infrastruktur machen Glasfaserzugänge und drahtlose Breitbandnetze den Satellitenanbietern die Kunden streitig.

Anbindung entlegener Teilnehmer

9.2 Multimedia-Kommunikationsstandards

F.U.N. im Karussell

Der DVB-Technologie liegt als Übertragungsstandard MPEG-2 zugrunde (Moving Pictures Expert Group). MPEG-2 erlaubt die Übertragung komprimierter Video- und Audiodatenströme. Es wird eingesetzt zur Kodierung von DVB-Inhalten sowie für das digitale Fernsehen. Bereits heute existiert die Möglichkeit, neben Multimedia-Daten auch IP-Daten per DVB zu übertragen. Technologien wie Open TV (*www.opentv.com*) erlauben dabei, auf der Seite des Senders einen IP-basierten Kommunikationskanal (Socket) zu öffnen und Daten wie z.B. HTML-Seiten zu übertragen. Jeder Empfänger, der neben dem DVB-Decoder auch über eine Open-TV-Software verfügt, kann diese Information verarbeiten. Open TV ermöglicht somit beispielsweise, zu Fernsehsendungen eine passende Kollektion von HTML-Seiten zu übertragen. Diese können auf der Workstation oder Set-Top-Box des Empfängers gespeichert und mit Hilfe eines Web-Browsers angesehen werden. Ähnlich der Übertragung beim Videotext werden die HTML-Seiten zyklisch ausgelesen, so dass der Empfänger innerhalb einer bestimmten Wartezeit wieder die erste Seite lädt (Karussell-Verfahren).

Abb. 9–2
Übertragung von
Web-Inhalten bei Open TV

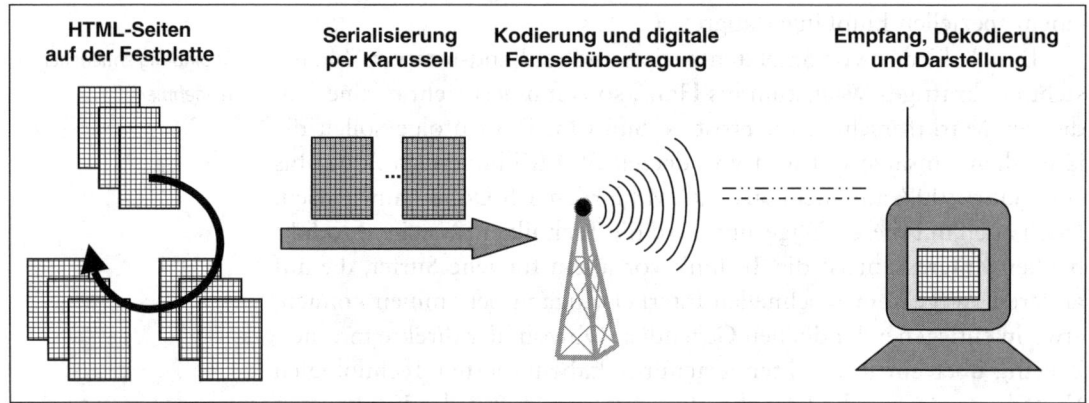

| HTML-Seiten auf der Festplatte | Serialisierung per Karussell | Kodierung und digitale Fernsehübertragung | Empfang, Dekodierung und Darstellung |

MPEG-4: Schneller, breiter, mehr

Als Nachfolger des bereits seit einigen Jahren existierenden MPEG-2-Standards wurde im Dezember 1998 MPEG-4 von der ISO verabschiedet (Details sind unter *www.cselt.it* und *www.iso.ch* zu finden). MPEG-4 wurde entwickelt, um eine nahtlose Integration von Video-, Audio- und Web-Daten bei Rundfunk- und interaktiven Anwendungen zu erreichen. Es kann sowohl beim digitalen Fernsehen als auch im WWW eingesetzt werden.

MPEG-4 erweitert seine Vorgänger MPEG-1 und MPEG-2 um folgende Eigenschaften:

▨ Integration natürlicher und synthetischer Elemente als »Objekte«, die aufgenommene Szenen oder Audiodaten beinhalten oder aus synthetisiertem Material bestehen wie Musik, einem animierten Gesicht oder animierten 3D-Szenen.
▨ Übertragung von 2D- und 3D-Inhalten.
▨ Unterstützung unterschiedlicher Formen der Interaktion.
▨ Kodierungstechnik für schmalbandige und breitbandige Übertragungskanäle (zwischen 2 kbit/s und 64 kbit/s für Audio und zwischen 5 kbit/s und 5 Mbit/s für Video).
▨ Schutz und Verwaltung von Eigentums- und Verwertungsrechten am Inhalt.

MPEG-4 erweitert gleichzeitig Eigenschaften des VRML-Standards (Virtual Reality Markup Language) durch die Einbindung von Echtzeitübertragungen in 3D-Szenen. Video- und Audiodatenquellen werden dabei per URL identifiziert. Multimediale Szenenbeschreibungen sind ebenfalls als Teil des MPEG-4-Datenstroms integriert.

Beispielsweise können über MPEG-4 Lerninhalte übertragen werden, die sich aus folgenden Komponenten zusammensetzen:

Beispiel: Telelearning

▨ Eine Kamera nimmt einen Dozenten in einem virtuellen Studio auf (in der sog. Blue Box). Dabei wird sein Körperumriss aus dem Hintergrund herausgefiltert und in eine synthetische Szene eingeblendet. Der Dozent kommentiert die Lerninhalte in natürlicher Sprache.
▨ Die synthetische Szene beruht auf einem 3D-VRML-Modell, welches auf der Empfängerseite über Steuerdaten der MPEG-4-Übertragung mit der Kameraeinstellung für den Sprecher synchronisiert wird.
▨ Auf einer Leinwand in der 3D-Szene wird beim Empfänger ein synthetisches Video eingeblendet, das mit synthetischer Musik unterlegt ist. Gleiches gilt für den Sprachkanal zur Präsentation. Hierbei können unterschiedliche Sprachen interaktiv vom Empfänger ausgewählt werden. Alternativ lassen sich auch Untertitel einblenden.
▨ Schließlich ist neben der Leinwand ein 3D-Anschauungsmodell in die Szene projiziert, das vom Betrachter interaktiv manipuliert werden kann.
▨ Durch Bedienelemente wie Maus, Tastatur und Spracheingabe kann der Betrachter über einen Rückkanal auf den Inhalt Einfluss nehmen. Dabei wird entweder eine Internet-Verbindung oder das Fernseh-Kabelnetz direkt genutzt.

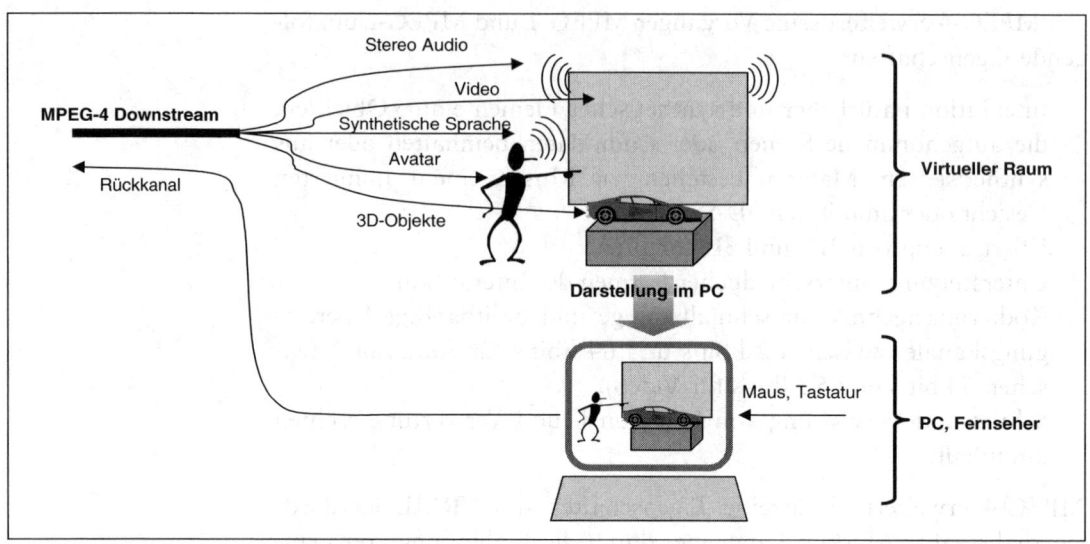

Abb. 9–3
Darstellungs- und Interaktionsmöglichkeiten bei MPEG-4-Übertragungen

Im Hinblick auf E-Commerce-Anwendungen erschließen sich hierbei unterschiedliche Möglichkeiten der Produktion, Integration, Kombination, Personalisierung, Lokalisierung, Verbreitung und Abrechnung kommerzieller Inhalte. Dies kann sowohl beim Distance-Learning, beim Business-TV oder beim kollaborativen Arbeiten wie auch zu Unterhaltungszwecken oder für massiv-interaktive Online-Spiele eingesetzt werden.

Beispiel: Kommerzielle Inhalte

Die Multimedia-Fähigkeit eines Festnetzanschlusses erlaubt einen beliebigen Wechsel zwischen Anwendungen und Personen. Während die meisten Privatpersonen heute noch nicht über den »Call-Me-Button« mangels Leitungen oder Bandbreite eine zusätzliche Telefonverbindung aufbauen können, ist dies angesichts der xDSL-Technologie unproblematisch. Auch Konferenzschaltungen könnten zumindest im Bereich des B2B-Commerce zum Dauerzustand werden. Folglich ist zu erwarten, dass bis zum Jahre 2010 eine weitere Facette des Electronic Commerce in der multimedialen Unterstützung von Geschäftskommunikation zwischen Personen entstehen kann. Virtuelle Treffen, Verhandlungen, Projektbesprechungen etc. lassen sich bei erheblich niedrigeren Kosten durchführen. Experten lassen sich »auf Knopfdruck« konsultieren und der Makler in Spanien kann dem Interessenten mit der Videokamera einen ersten Eindruck der Immobilie verschaffen.

Mobile Körper-Cams

Ein weiteres Beispiel liefert das Pariser Kaufhaus Lafayette, bei dem Kunden sich über das Internet an eine Verkäuferin wenden können, die sich mit einer Web-Cam durch das Kaufhaus dirigieren lässt. Auf diese Weise kann der Kunde Artikel suchen und untersuchen oder anziehen und sich im Spiegel zeigen lassen. Auch wenn dies heute nur ein Marketing-Gag ist, der keiner Rentabilitätsrechnung standhalten würde, so sind hier bereits Vorboten zu erkennen für den allgegenwärtigen, mobilen Einsatz von Web-Cams.

9.3 Mobile Commerce

Kritiker halten »Mobile Commerce« im Wesentlichen nur für einen quantitativen Effekt: Die Kommunikation wird schneller, unabhängiger, preiswerter und flexibler. Ob sich aus dieser Beschleunigung auch ein *qualitativer* Effekt ergibt, steht in den Sternen – dies vorwegzunehmen würde ja eine ganze Kaskade von Geschäftsideen preisgeben, aber das möchte ich lieber jedem selbst überlassen. Aus diesem Grunde soll an dieser Stelle das Thema »Mobile Commerce« nur als Szenario dargestellt werden – die meisten damit verbundenen Technologien haben wir ja bereits in den vorherigen Kapiteln kennen gelernt. An dieser Stelle soll nun ihr Zusammenwirken tiefer erkundet werden.

Ist Mobile Commerce eine eigene »Disziplin«?

Was dient also wirklich als treibende Kraft beim M-Commerce? Eigentlich besitzen nur folgende Einflussfaktoren einen qualitativ neuartigen Charakter:

Was ist neu beim M-Commerce?

- *Ortsabhängigkeit*: Verfolgen der aktuellen Position des Teilnehmers. Hier fließen die geographischen Koordinaten des Teilnehmers in die Personalisierung ein. Ein Portal (Verkehr, Tourismus etc.) kann diese Information dann zusätzlich für die Zusammenstellung des Inhalts verwenden.
- *»Always on«*: Permanentes Aufrechterhalten der Verbindung. Hierbei kann der Rechner eines Teilnehmers jederzeit erreicht werden. Situationsbezogene Dienste wie Auktionen, Sonderangebote, Börsengeschäfte und andere Finanztransaktionen können nun unter der Voraussetzung agieren, dass mit dem persönlichen Rechner jederzeit Kontakt aufgenommen werden kann.
- *Ubiquitous Computing*: Permanente Mobilität der Endgeräte. Hiermit ist es möglich, nicht nur sein Gerät, sondern auch den Teilnehmer selbst jederzeit zu erreichen. Voraussetzung ist ein Mobilgerät, das eine Person permanent begleitet – oder eine Konfiguration, die als virtueller Schatten von Gerät zu Gerät springt, wo auch immer der Teilnehmer sich hinbewegt.

Wir sehen also, dass M-Commerce eigentlich nichts wesentlich Neues an Funktionen oder Diensten liefert. Im Wesentlichen sind es existierende, die im Sinne der Ubiquität und permanenten Erreichbarkeit weiterentwickelt werden. Alles andere (Bestellen, Bezahlen, Telefonieren, Multimedia-Kommunikation, Lesen, Browsen, Authentisieren etc.) kann man – rein technisch betrachtet – auch heute bereits in der stationären Welt.

SMOGO – zum Abgewöhnen!

Als primitiver Vorreiter des Ubiquitous Computing kann heute der SMS-Dienst betrachtet werden: Bereits auf dieser Basis haben sich interessante Geschäftsmodelle entwickelt wie beispielsweise der finnische Dienst SMOGO, den man abonnieren kann, um sich das Rauchen abzugewöhnen. Hier gibt der Teilnehmer sein persönliches Profil für den Tagesablauf ein (wann steht er auf, wann frühstückt er, wann fährt er zur Arbeit etc.). SMOGO sendet dann regelmäßige SMS-Nachrichten mit Hinweisen, dass es doch schade wäre, wenn man jetzt zur Zigarette greifen würde... Dieser Dienst kostet 28 Finnmark pro Tag(!), also ca. 5 Euro. Heute ist es noch zu früh, um abzusehen, ob der Dienst erfolgreich ist.

Herzklopfen im Äther

Ein anderes Beispiel, das einen qualitativen Sprung darstellt, ist ebenfalls ein finnischer Service für Herzkranke, der es erlaubt, den Herzrhythmus eines Patienten durch »Handy-Auflegen« zentral zu verfolgen. Durch Computer-Auswertung der Töne sowie die Übertragung der Ortsinformationen kann ein Überwachungsteam alarmiert werden, das den Patienten unmittelbar aufsucht.

Szenario: Mobilität im Jahre 2010

128 kbit/s auf der Finca und 10 Mbit/s im Büro

Wählen wir also mal wieder das Jahr 2010 als Basis für ein weiteres Szenario: 80 Prozent der Bevölkerung sind permanent an das Internet angebunden und »always on«. »Internet« ist daher weniger als Kommunikationstechnologie, sondern eher als Kanal zur »Weltöffentlichkeit« aufzufassen. Die Kosten der multimedialen Kommunikation sind im Festnetzbereich weit unter das Niveau der heutigen Kommunikationskosten gefallen. Die breitbandige Mobilkommunikation entspricht etwa den heutigen Telefonkosten. Schmalbandige Mobilkommunikation ist fast kostenlos. Der Teilnehmer nimmt nicht mehr wahr, ob er gerade über eine drahtlose LAN-Verbindung oder eine Mikrozelle angebunden ist. Der Laptop wählt automatisch die preiswerteste Verbindung für den erforderlichen Verbindungsmodus aus. Es ist damit belanglos, ob sich der Teilnehmer gerade im Café auf Mallorca, in der Wohnung in Hamburg oder im Taxi auf einer Geschäftsreise in den USA befindet – lediglich die Bandbreite kann zwischen 64 kbit/s und einigen Mbit/s variieren.

Mobile Geräte

Zunächst einmal ist zu erwarten, dass das Mobilgerät kurzfristig mit der heutigen Funktion der Smart Card verschmelzen wird. Genauso wie letztere als physisches Instrument den Besitzer gegenüber dem Provider bzw. dem Kommunikationspartner authentifiziert, kann diese Funktion von einem PDA oder Notebook übernommen werden, in dem die Kryptofunktion fest installiert ist. Datenmissbrauch in Folge eines Diebstahls kann durch biometrische Verfahren zur Aktivierung des Gerätes vermieden werden. Somit befreit ein leistungsfähiges Mobilgerät den Träger von der Notwendigkeit, sich immer wieder neu bei einem Terminal einzuloggen.

Die Smart Card ist das Terminal ...

Wie sieht nun das »MyPad« des Jahres 2010 aus? Treffen wir einfach einmal ein paar Annahmen:

Nehmen wir eine Batterielebensdauer von zehn Stunden bei Vollbetrieb an, das Gerät wiegt etwa 500 Gramm, dafür besitzt es ein Display mit 1024x786 Pixel, jedoch auf einer Fläche, die ungefähr der Hälfte eines 15"-Monitors entspricht. Das Display ist alles, worüber das Gerät an grafischen Eingabe- und Ausgabeschnittstellen verfügt. Jegliche andere Schnittstelle ist drahtlos und setzt sich aus drei Ebenen zusammen: 10 Mbit/s für die Picozelle (Wohnung/Büro), 1 Mbit in öffentlichen Räumen, die mit Mikrozellen ausgestattet sind (Auto, Bahn, Flugzeug, Innenstädte, Bahnhöfe, Palma de Mallorca, ...) sowie 64 kbit/s bei voller geographischer Abdeckung Europas.

Andere Peripheriegeräte (Maus, Tastatur, Festplatte, DVD-Laufwerk lassen sich über Schnittstellen wie »Fire« (meine eigene Kreation: »Wireless FireWire«) anschließen. Die Authentifikation und Verschlüsselung erfolgt transparent, die Systeme haben also eine »automatische Freund/Feind-Erkennung«. Ansonsten wird die Leistungsfähigkeit »nur« einem heutigen Pentium III mit 1 GHz entsprechen, der Speicher wird bei 256 KB bis 1 GB RAM und bei etwa 1-10 GB Polymer-Festkörperspeicher liegen. Festplatten sind nicht mehr erforderlich.

... Nein! Das Terminal ist die Smart Card!

Der Preis eines solchen Gerätes liegt bei ca. 1000 Euro. Diese Summe erscheint hoch für einen PDA, andererseits ersetzt dieser folgende heutige Geräte: PC, Handy, Smart Card plus Leser, Videorecorder, TV-Tuner, DVD-Player, Portemonnaie samt Inhalt, Routennavigator, Stadtplan, Haustür- und Autoschlüssel, Personalausweis, Führerschein, Krankenversicherungskarte, Miles-and-More-Karte usw. Denkbar sind vielleicht noch einige Satellitengeräte wie ein Ohrhöhrer oder eine Fernbedienung am Handgelenk (beides über Bluetooth angebunden).

Für Peripheriegeräte gleicher Art existiert eine einheitliche Spezifikation zur Identifikation des Typs. So steht

`<TV/>` für Fernseher,

`<TV resolution="1024x768"/>` ist selbstsprechend und

`<TV resolution="1024x768"><Brightness Lumen="1000"></TV>` steht für einen Beamer.

Eine Konferenz im Jahre 2010

Stellen Sie sich vor, sie wollen einen Vortrag halten.[4] Im Konferenzzimmer des Hotels ist bereits alles installiert (Beamer, Internet-Zugang). Sie betreten den Raum und Ihr MyPad macht sich mit allem bekannt, was sich an Geräten im Raum tummelt. Binnen Sekundenbruchteilen ist es informiert. Jetzt kann jeder Sprecher per Knopfdruck die »Aufmerksamkeit« der Geräte auf sich ziehen – der Kabelsalat beim Umstöpseln entfällt vollständig! Auch jeder Zuschauer besitzt ein MyPad und kann mit jedem anderen im Raum kommunizieren. Bei 100 Personen bleibt jedem immer noch ein knappes Mbit an Bandbreite, das kostenlos genutzt werden kann. Natürlich ist das Mikrofon des Sprechers über sein MyPad direkt verbunden mit der Sound-Anlage des Seminarraums. Anhand des Benutzerprofils kann man ebenfalls einen Kanal auswählen, der eine Synchronübersetzung überträgt.

Jeder Teilnehmer verwaltet sein Profil, das anderen Teilnehmern zur Verfügung gestellt wird, umgekehrt legt er fest, welches Profil Personen besitzen sollten, die er gerne kennen lernen würde. Wegen der P2P-Kommunikation zwischen den Teilnehmern piept es bei zehn der 99 Anwesenden, wenn der Hundertste den Raum betritt. Die Kommunikation erfolgt dabei immer verschlüsselt und bei Wunsch anonym. Beim »Anbaggern« im Supermarkt will man sich ja auch nicht gleich »outen« ;-).

Bestellen und Bezahlen

Ist diese Funktion der Authentifikation hingegen aktiviert, kann auch die Verwendung von Zahlungsmitteln über das Gerät als »elektronisches Portemonnaie« abgewickelt werden. Damit sind für den B2C-Bereich erheblich bessere Voraussetzungen geschaffen als heute, da das elektronische Portemonnaie jederzeit eine Kommunikation auf Basis ausgewählter Sicherheitsparameter des Besitzers realisiert. Wenn gefordert, werden zwischen dem Gerät und der Außenwelt nur verschlüsselte, signierte und quittierte Nachrichten ausgetauscht. Die heute noch schwierige Handhabung dieser Mechanismen bleibt hinter einer einfachen Benutzerschnittstelle verborgen.

---

4.   Ja, persönliche Nähe wird auch in zehn Jahren immer noch gewünscht.

Besteigt man das Auto oder will man das Haus betreten, so erfolgt dies über das MyPad in Verbindung mit dem Fingerabdruck. Dieser lässt sich nicht speichern, so dass die Person immer wieder anwesend sein muss. Da das MyPad lebenswichtige Daten enthält, erfolgt ein regelmäßiges Total-Backup. Dies kann zu Hause erfolgen auf ein zweites MyPad oder durch Dritte (Notar, ASP, Einwohnermeldeamt). Durch eine Nottaste lässt sich das MyPad auch komplett löschen.

Datendiebe und Identitätsräuber

Im Supermarkt, Einkaufszentrum, Kino und Restaurant bezahlt man mit dem MyPad. Transaktionen zwischen 0,1 und 100 Euro lassen sich darüber abwickeln. Höhere Beträge sind aus Sicherheitsgründen noch nicht zugelassen. Ein Zahlungstransfer erfolgt direkt zwischen zwei MyPads. Bluetooth dient dabei als Protokoll.

Das Auto ist gegenüber dem MyPad lediglich eine Gegenstelle des Typs <Auto>. Natürlich besitzt es unterschiedliche Fähigkeiten (Radio, technische Überwachung etc.), im Wesentlichen bedeutet »Auto« jedoch nur, dass man sich etwas schneller als zu Fuß im Straßenverkehr bewegt. Jede weitere Kommunikation ist unabhängig vom Auto und kann über die erreichbare Mikro- oder Makrozelle abgewickelt werden: Routennavigation, Stauwarnung, Videos über Hotels in der Nähe des aktuellen Standorts ansehen und sie reservieren: Bei Bedarf kann das GPS-System des MyPad aktiviert werden, so dass auch für ortsabhängige Anwendungen kein Zusatzsystem im Auto erforderlich ist. Natürlich hat aber auch das Auto selbst ein eingebettetes MyPad, um seine Position im Falle eines Diebstahls durchzugeben, um die Gerätetreiber des Autos regelmäßig durch den Hersteller zu aktualisieren und um den Status an die Werkstatt des Besitzers zu melden.

On the road …

Für den Urlaub sind ebenfalls Portale denkbar, die Urlauber laufend mit Informationen ausstatten über die nähere Umgebung: Hotels, Sehenswürdigkeiten, Öffnungszeiten, Buchungsmöglichkeiten, Fahrpläne etc. Stellen Sie sich vor, sie besichtigen Venedig und werden als roter Punkt auf dem Stadtplan abgebildet. Dann blinken die Rialto-Brücke, der Dogen-Palast und Harry's Bar in rot und grün. Sie sprechen »Rialto-Brücke« und der virtuelle Reisebegleiter führt Sie über Treppen, Brücken und Kanäle zum richtigen Ort.

»Steigen Sie jetzt in die U-Bahn! Mind the Gap!…«

Jetzt geht's weiter in die Toskana. Sie sitzen am Nachmittag im Café nach stundenlangem Stau auf der Autobahn. Ihre Freundin hat im Stau die Zeit genutzt, sich die Videos einiger Landhäuser anzusehen und Sie suchen sich gemeinsam die »Villa Chiara« aus. Da die gesamte Zimmerbelegung auf dem MyPad des Besitzers, Leonardo Bonomi, läuft, kommunizieren die MyPads direkt miteinander. Sie wählen das Zimmer mit Blick auf San Gimignano aus für 150 Euro pro Nacht und rufen Leonardo an. Das Feilschen war erfolgreich, Sie bekommen das Zimmer für 120 Euro für drei Nächte. Leonardo gibt den Preis ein, Sie bestätigen und die Buchung ist abgeschlossen.

Was lernen wir aus dem Szenario?

Die Treiber zur Erreichung der beschriebenen Situation sind vor allem folgende:

- Ein gewisser *technischer Fortschritt* ist noch erforderlich in den Bereichen der Displaytechnik sowie bei der Reduzierung der Leistungsaufnahme von Prozessoren, Antennen und Speichersystemen.
- Eine einheitliche *Kommunikationsinfrastruktur* ist erforderlich, die einen transparenten Übergang von Bluetooth über WLAN zu EDGE bzw. UMTS erlaubt. Man kann davon ausgehen, dass in zehn Jahren auch Bahnen und Flugzeuge Internet-Zugänge anbieten und dass innerhalb von Städten eine drahtlose Breitbandkommunikation möglich sein wird zu Preisen, die wir heute im ADSL-Segment kennen. Die Abschreibung der Investitionen in diese Infrastruktur wird allerdings noch auf Jahre die Kalkulationen der Provider verzerren.
- Der wichtigste Faktor ist jedoch die notwendige *Standardisierung*! Lesen Sie noch einmal das Szenario durch und zählen sie einmal, wie viele Standards Ihnen auffallen, die dringend erforderlich sind. Ich habe das auch getan und bin auf folgende gekommen: transparenter Übergang zwischen Netzen und Diensten, Authentifikation in beliebigen Bereichen und »Freund/Feind-Erkennung«, Koordinatenübermittlung, Geräte-Codes und -Profile, Teilnehmerprofile, Backup-Richtlinien und gesetzlicher Rahmen dazu, herstellerübergreifende Navigations- und Stauwarnungsstandards, Statusformate des Autos für den Werkstattbericht, Nichtabstreitbarkeit der Hotelzimmer-Buchung, virtuelle Maschinen zur Ausführung portabler Software etc.

Zunächst einmal ist »Mobile Commerce« also nur in Ausnahmen eine funktionale Innovation: In den meisten Fällen kann man darunter stattdessen eine Schnittstellentechnologie verstehen, die es auch mobilen Personen erlaubt, an einer Auktion teilzunehmen, ein Dokument zu signieren etc. Zahlungsverfahren wie PayBox (siehe auch Kapitel 12.7) stellen hier die erste Ausnahme dar, da sie sich Mobilfunknetze zur Erbringung ihrer Funktionalität zunutze machen und nicht einfach nur einen Benutzerzugang beispielsweise zur Eingabe von Kreditkartendaten bieten.

Während sich also in den nächsten Jahren die Technologie einigermaßen kontinuierlich weiterentwickelt, müssen wir uns bei Standards auf Überraschungen vorbereiten: Solche, die wir für 2003 erwarten, können sich möglicherweise verzögern, während andere innerhalb weniger Monate »vom Himmel fallen« – denken Sie an Napster und MP3 oder DoCoMo mit iMode, diese Entwicklung konnte 1999 niemand genau quantifizieren.

Wann kommt der Durchbruch?

Interessant wird es jedoch, darüber nachzudenken, wer in dieser Situation Geld verdienen kann. Man kann sie folgendermaßen charakterisieren: Entweder existiert (noch) kein Standard, dann ist die Anzahl der Interessenten so gering, dass sich kein Teilnehmer aktivieren lässt und damit auch kein Geld verdient werden kann, oder der Standard ist eingeführt, dann ist die Eintrittschwelle so weit herabgesetzt, dass ein ruinöser Wettbewerb droht. Es bleibt also auch im Bereich des mobilen Internet-Zugangs über Jahre noch äußerst spannend!

9.4 Call-Center

Call-Center finden ihren Einsatz bei beratungsintensiven Produkten und Transaktionsphasen. So kann die Aufgabe eines Call-Centers – entlang der Phasen – in der Produktinformation, der Kauf- oder Konfigurationsberatung, dem Abschluss eines Vertrags oder im After-Sales-Bereich liegen. Im letzten Fall kommt die Aktualisierung von Vertragsdaten, die Benutzerhilfe oder der anschließende Buchungsbzw. Bestellvorgang in Frage. Call-Center werden heute in unterschiedlichen B2C- und B2B-Szenarien eingesetzt. Im Folgenden ist eine Auswahl von Branchen und Aufgaben beschrieben:

Konvergenz von Telefonie und Internet

- *Pre-Sales-Support*: Online-Autohändler beraten den Kunden über die verfügbaren Varianten und Zusatzkomponenten. Auch Fragen der Finanzierung und der Kaufabwicklung können online vereinbart werden.
- *Kontoführung bei Online-Banken.* Aufgrund rechtlicher Bestimmungen ist die Eröffnung eines Kontos noch nicht vollständig online möglich, jedoch bieten Online-Banken heute das gesamte Dienstleistungsportfolio zur regulären Kontoführung an.
- *Online-Verkauf von Versicherungspolicen.* Bei einfachen Verträgen wie z.B. bei Hausrat-, Kfz- oder Auslandskrankenversicherungen besteht die Möglichkeit, den Verkauf online über ein Telefongespräch abzuwickeln.
- *After-Sales-Support.* Softwarehersteller bieten in der Regel ihre Support-Dienstleistung über ein Call-Center an.

Auch bei Call-Centern:
Globalisierung,
Standardisierung,
Personalisierung,
Commoditization

Alle diese Leistungen waren natürlich auch schon vor der Welle der Call-Center-Einführung seit Mitte der 90er Jahre möglich. Die wesentlichen Innovationen, die diesen Begriff prägten, lagen dabei in folgenden Rationalisierungseffekten:

- *Geographische Unabhängigkeit*: Viele deutsche Unternehmen verlagern ihr Call-Center ins Ausland. So ist Oracles Helpdesk beispielsweise in Irland ansässig. Auch in Namibia, wo eine deutschsprachige Minderheit lebt, ist der Betrieb von Call-Centern ein lukratives Geschäft. Prinzipiell ist der Einfluss der Telekommunikationskosten inzwischen so gering geworden, dass diese Dienstleistung fast von jedem Ort der Welt aus angeboten werden kann.

- *Softwareintegration*: Call-Center sind nicht nur über das Telefonnetz mit dem Unternehmen integriert, sondern vor allem über ihre Datenbanken. Auch die Integration mit dem Internet ist heute Stand der Technik, so dass Kunde und Agent gemeinsam im Internet browsen können (siehe weiter unten).

- Es kann ein *Kundenprofil* angelegt werden, welches neben den üblichen Daten zur Identifikation auch die Historie früherer Kontakte enthält. Wenn ein Kunde anruft, wird er zunächst identifiziert und anschließend zusammen mit »seinen« Daten an einen geeigneten Agenten weitervermittelt. Dieser verfügt dann über die nötige Hintergrundinformation.

- *Agentenprofile* helfen, den Kunden durch einen versierten Mitarbeiter mit dem passenden Kenntnisprofil zu unterstützen. Hierzu ist wiederum eine enge Integration zwischen dem Telefonnetz und der Call-Center-Software erforderlich.

- *Basisprodukte und -dienstleistungen*. Schließlich braucht die Call-Center-Infrastruktur nicht vollständig neu entwickelt zu werden, da Unternehmen wie z.B. Aspect, Micrologica oder Siemens wesentliche Komponenten als Produkte anbieten. Dennoch ist die erforderliche Investition für das Customizing dieser Technik nicht zu unterschätzen. Sie kann jedoch vermindert werden, wenn die gesamte Call-Center-Dienstleistung an ein Unternehmen ausgelagert wird, das sich als Service-Betreiber für mehrere Auftraggeber gleichzeitig einsetzen lässt.

Der Call-Me-Button und
seine Implementierung

Die Konvergenz von Telefonie, Internet und Softwaresystemen zeigt sich vor allem in der *Architektur* eines modernen Call-Centers (Abbildung 9-4). Hierbei ist folgendes Szenario denkbar: Ein Kunde surft mit seinem Browser im Online-Shop eines Anbieters. Dort findet er beispielsweise das Angebot eines Autohändlers, über das er sich weitere technische Informationen einholen möchte (Schritt 1 in Abbildung 9-4).

Er drückt auf der Seite mit der Produktspezifikation einen »Call-Me«-Button, der auf den Web-Server des Call-Centers verweist. Im nächsten Schritt wird der Web-Server des Call-Centers kontaktiert, der die Informationen an den Server des Call-Centers weiterleitet. Dieser Server wird über die Parameter der URL informiert, an welchem Produkt der Kunde interessiert ist. Auch eine Kunden-ID kann übergeben werden, wenn er sich registriert hat.

Die Web-Call-Center-Software steuert mit dieser Information das ACD-System[5] des Call-Centers an, um eine Telefonverbindung zwischen dem Kunden und einem Agenten zu schalten (Schritt 2). Bereits hier besteht die Möglichkeit, den Kunden mit einem »passenden« Agenten in Verbindung zu bringen, damit seine Anfrage schnell beantwortet werden kann. Hierbei gilt es, das Profil der Produktinfo-Seite mit dem der verfügbaren Agenten abzustimmen. Nachdem eine Telefonverbindung hergestellt wurde, besteht zunächst die Möglichkeit, ein Beratungsgespräch zu führen (Schritt 3). Der Agent im Call-Center erhält dazu die Webseite des Kunden in seinem eigenen Browser. Bei speziellen Fragen, die sich auf die Webseite des Anbieters beziehen, ist es nun erforderlich, dass das Gespräch unter der Integration des Internets weitergeführt wird: Da der Kunde sich für ein spezielles Detail in der technischen Spezifikation interessiert, möchte er mit dem Agenten zusammen auf der Webseite des Anbieters »surfen«. Dazu ist jedoch eine Synchronisation erforderlich, die beiden Parteien die gleiche Webseite zur Verfügung stellt. Dies geschieht, indem Kunde und Agent über den Web-Server des Call-Centers indirekt auf den des Anbieters zugreifen. Zu diesem Zweck wird ein *Web-Agent* eingesetzt, der zwei Browser gleichzeitig mit dem gleichen Inhalt versorgt (Schritt 4). Dabei navigiert einer der beiden durch die Seiten des Anbieters, so dass seitens des Web-Agenten nur ein HTTP-Request abgesetzt wird. Erst wenn diese Seite an den Web-Agenten ausgeliefert wurde, leitet er sie an beide Browser weiter. Dabei können entweder Push-Technologien erforderlich sein (für den passiven »Mitsurfer«) oder er klickt auf die gleichen Links der Seite wie der aktive Surfer, wobei jedoch die verwendeten URLs durch Verweise auf den Web-Server des Call-Centers ersetzt wurden, so dass dort ein Serverprozess angestoßen werden kann, der auf die HTML-Seite des aktiven Surfers wartet.

Web-Agenten

---

5. Automatic Call Distribution – automatische Anrufweiterleitung.

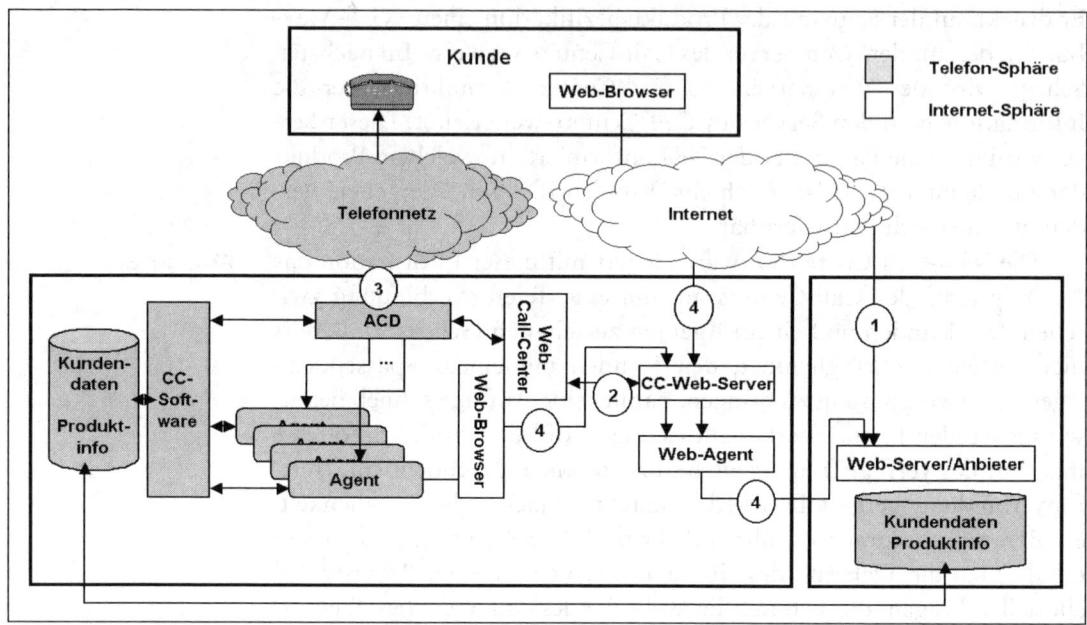

Abb. 9–4
Komponenten eines
Call-Centers

Die beschriebene Integration eignet sich insbesondere für den B2B-Bereich, da hier beim Kunden die Internet-Verbindung unabhängig ist von der Telefonleitung. Bei Privatkunden ist das Problem zu lösen, dass beide Kommunikationsverbindungen die Telefonleitung bereits jeweils exklusiv blockieren (nur ein geringer Teil der Privatkunden verfügt über eine ISDN-Nebenstelle). Einen Ausweg bietet hier die Internet-Telefonie, bei der der Sprachkanal gleichzeitig zur HTTP-Kommunikation aufgebaut werden kann. Diese Lösung erfordert jedoch beim Kunden die nötige Ausstattung zur Sprachkommunikation.

Heute: Konvergente
Endpunkte, divergente
Kanäle

Call-Center sind somit ein typisches Beispiel für den heutigen Stand der Konvergenz: Während die Kommunikationskanäle noch getrennt geschaltet werden, erfolgt bereits ein hohes Maß an Integration seitens der Endpunkte. Schon diese Integrationsstufe hat heute zu einem rasanten Wachstum des Dienstleistungsmarktes im Bereich Call-Center geführt.

Teil *III*

B2C-Commerce

Die Trennlinie zwischen diesem Hauptteil und dem nächsten liegt in der Unterscheidung in B2C- bzw. B2B-Commerce. Zu einem gewissen Grad ist diese Trennung natürlich willkürlich, da Kataloge und Online-Shops genauso einer Geschäftsbeziehung zwischen zwei Unternehmen zugrunde liegen können wie einer konsumentenorientierten Beziehung. Mehrheitlich kommen die im Folgenden dargestellten Themen heute jedoch im B2C-Bereich zur Geltung. Daher stehen neben dem elektronischen Bezahlen vor allem Online-Shops im Vordergrund. Diese sind heute ein komplexes Gebilde aus unterschiedlichsten Komponenten:

- Online-Shops und -Malls (Kapitel 10),
- B2C-Fulfilment (Kapitel 11),
- Transaktionsmodule und Zahlungsverfahren (Kapitel 12),
- Profilmanagement und Personalisierung (Kapitel 13),
- Publikations- und Syndication-Dienste (Kapitel 14),
- Zusatzdienste durch Drittanbieter in den Bereichen »Vertrauensbildung, Transaktionsabwicklung, Logistik« (Kapitel 15)

und viele andere mehr. Zu diesen Themen werden in diesem Kapitel die wichtigsten Eigenschaften und Entwicklungen dargestellt.

10 Online-Shops und -Malls

Wenn Endkunden nennen sollten, welche Arten von Anwendungen sie sich unter »Electronic Commerce« vorstellen können, steht sicherlich das Stichwort »Online-Shops« ganz oben auf der Liste. Das Shop-System ist schließlich die Schnittstelle zwischen Kunde und Händler beim B2C-Commerce. Online-Shops existieren bereits seit einigen Jahren, so dass insbesondere in diesem Bereich etliche Erfahrungen gesammelt werden konnten. Intershop als einer der prominentesten Vertreter wurde bereits 1994 zum ersten Mal ans Netz gebracht. Inzwischen liegt das Geschäft mit den Shops jedoch nicht mehr allein in der Hand spezialisierter Anbieter wie Intershop, Netscape oder iCat – auch IBM, Oracle, Microsoft und viele andere mehr haben eine Shop-Lösung ihren Anwendungsarchitekturen hinzugefügt.

Ein Online-Shop ist jedoch ein weitaus komplexeres Konstrukt als es die Webseiten, die sich dem Benutzer darstellen, erkennen lassen. Bei jeder Navigation durch den Shop ist eine große Anzahl Datenbankzugriffe erforderlich, serverseitige Skripts werden ausgeführt und häufig sind Anwendungsprozesse nötig, die beim Anbieter auf eine große Anzahl an Rechnern zu verteilen sind.

Bevor wir uns nun solche Online-Shop-Systeme genauer anschauen, sollte zunächst geklärt werden, welche Aufgabe ein Shop-System erfüllen sollte.

Was wird verkauft?

Produkte, die heute online erhältlich sind, lassen sich in Hard- und Soft-Goods unterteilen. Im Falle von Hard-Goods ist eine enge Integration der Shop-Systeme in die Warenwirtschaft des Unternehmens erforderlich, da physische Prozesse, wie die Auslieferung, Nachbestellung oder Produktionsaufträge an andere Abteilungen oder externe Partner, veranlasst werden müssen. Aus diesem Grunde beinhalten Systeme wie beispielsweise Intershop gleich eine vollständige Warenwirtschaft, mit der Lagerbestände und damit verbundene Prozesse verwaltet werden können.

Hard-Goods und *Soft-Goods*

Eine völlig andere Kategorie sind Soft-Goods, also nicht materielle Produkte, die sofort online ausgeliefert werden können. Als Beispiele sind hier die Software-Distribution, Audioclips, Schriften oder Dokumente zu nennen. Hier ist natürlich keine Anbindung an irgendeine Lagerbestandsverwaltung erforderlich. Stattdessen ergeben sich andere Klippen, die es zu umschiffen gilt: Es muss beispielsweise sofort die Bezahlung veranlasst werden, während bei Hard-Goods die Zahlungsautorisierung verzögert erfolgen kann. Ergibt diese Prüfung, dass der Kunde nicht liquide ist, kann der Vorgang noch vor Auslieferung des Produkts abgebrochen werden. Wenn eine Zahlungsautorisierung erfolgreich war, kann die eigentliche Abbuchung mit zeitlicher Verzögerung stattfinden. Stellt sich innerhalb dieser Zeit heraus, dass die Liquidität des Kunden erschöpft ist, trägt das Kreditkartenunternehmen das Risiko. Aber nicht nur die sofortige Bezahlung von Soft-Goods wirft Probleme auf, auch der Zugriff auf die gekauften Produkte: Wie soll der Kunde diese laden? Man würde vielleicht vorschlagen, dass der Kunde seine E-Mail-Adresse im Web-Formular einträgt und nach erfolgreicher Bezahlung das Soft-Good erhält. Hier sind allerdings folgende Punkte zu beachten:

- Erstens ist die per Hand eingetragene E-Mail-Adresse in 5-10% aller Fälle fehlerhaft. Das heißt, ein Mitarbeiter muss nun nach der richtigen Adresse recherchieren, was unnötigen Zeitaufwand kostet. Ist die Gewinnspanne bei diesem Produkt niedrig, kann ein solcher Eingriff in 10% aller Fälle bereits spürbare Auswirkungen auf die gesamte Rentabilität des Online-Geschäfts haben. Gehen wir einmal davon aus, dass die Korrektur einer E-Mail-Adresse im Durchschnitt 15 Minuten dauert und dass dieser Aufwand 12,50 Euro kostet, dann sind wir bei einer Gewinnspanne von 5 Euro pro Artikel bereits mit einer Reduktion von 25% konfrontiert, wenn diese Situation bei jeder zehnten Adresse auftritt.

- Zum Zweiten müssen wir trotz aller Stabilität des heutigen Netzes und der Hardware mit Unterbrechungen und Ausfällen rechnen. Daher ist die Bereitstellung einer befristeten Download-Möglichkeit für das Soft-Good eine weitere Voraussetzung für den Online-Handel. Wenn hier nämlich wieder eine E-Mail nicht weitergeleitet werden kann, wird sich der Kunde beschweren, und es ist wieder ein zeitaufwendiger Prozess, nachzuprüfen, ob er als Kunde registriert ist und das Produkt bezahlt hat. Aus diesem Grunde werden üblicherweise flexible Mechanismen zur Steuerung des Download eingesetzt. Zu beachten ist hierbei, dass die kundenindividuelle Konfiguration von Artikeln unter Verwendung der Kundenkennung angezeigt wird, so dass ihm eine Liste von URLs für den Zugriff auf die Produktdateien generiert werden kann. Einige Produkte (z.B. der PublishingXpert von Netscape) unterstützen hier sehr differenzierte Modelle zur Abrechnung von Zugriffen.

Soft-Goods können schließlich auch kontinuierlicher Art sein, also Video- oder Audioclips. Allerdings hat sich die Diskussion um Themen wie etwa Video-on-Demand heute wieder erheblich abgekühlt. Dennoch ist eine Verschiebung weg vom »Business-Modell« der Online-Videothek hin zu Streaming-Anwendungen mit kommerziellem Inhalt – z.B. beim Business-TV – festzustellen. Moderne Verfahren wie etwa Real-Video (*www.real.com*) erlauben bereits die zeitbasierte Abrechnung der Server-Nutzung. Dabei ist ebenfalls ein Bezahlungsmodell zu wählen, welches einerseits die tatsächliche Online-Nutzung exakt bemisst, andererseits allerdings dem Kunden nicht das Gefühl gibt, permanent sein Portemonnaie zu erleichtern. Psychologisch erscheint es einfacher, einem Kunden einen monatlichen Festbetrag von – sagen wir – 25 Euro »abzutrotzen«, auch wenn er nach seiner üblichen Gewohnheit nur 15 Euro verbrauchen würde. Er kann sich aber dafür sicher sein, sein Kostenlimit nicht zu übersteigen. Auch für den Dienstanbieter ist dieses Modell meistens einfacher, da die Abrechnung lediglich auf Subskriptionsbasis erfolgt. Spontane Kunden, die befürchten, am Ende bei unzähligen Shops Abonnent zu sein, schreckt dies allerdings ab, da sie nun auf einer übergreifenden Ebene die Kostenkontrolle verlieren können. Insbesondere für die hier erforderliche »Spontan-Abrechnung« sind Micropayment-Verfahren entwickelt worden (siehe Kapitel 12), die sich jedoch erst seit Anfang 2001 langsam durchsetzen konnten.

Wie wird verkauft?

Der Verkaufsprozess im Online-Shop kann sich auf vielfältige Weise über die in Abbildung 10-1 dargestellten Schritte erstrecken. Dabei ist nicht immer jeder Schritt zwangsläufig erforderlich – so ist eine Bonitätsprüfung in der Regel nur bei Neukunden nötig. Andererseits ist diese Prozesskette nicht zwangsläufig nur von einem Unternehmen zu unterstützen: Weiter hinten in Kapitel 14 ist ein Beispiel angeführt, bei dem Wartungs- und andere Kundendienst-Services von einem zweiten Unternehmen erbracht werden.

Prozesse und Organisationen

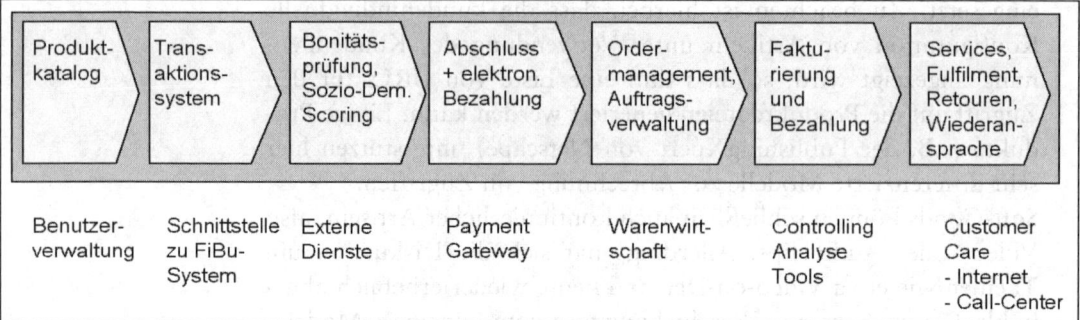

Abb. 10–1
Verkaufs- und
After-Sales-Prozesse
beim Online-Shop

Es folgt daher eine typische Darstellung des Shop-Prozesses aus der Kundensicht. Später konzentrieren wir uns dann auf die einzelnen Schritte sowie die vielen Zusatzfunktionen, die sich dabei einbinden lassen. Beginnen wir also erst einmal mit einem Szenario:

Es ist 3 Uhr nachts und ein Kunde möchte mit einigen Gedichten die noch etwas magere Hochzeitszeitung anreichern, die er bis zum nächsten Tag fertig stellen muss. Er wendet sich an »Poem Online« und hier im ersten Schritt an den Produktkatalog, der über verschiedene Selektionskriterien verfügt. Mögliche Einstiegspunkte in den Katalog sind u.a.:

- Der Name des Dichters
- Die Sprache des Gedichts
- Die literarische Periode
- Die Länge des Gedichts
- Sein Preis

Im Katalog sind 10.000 Gedichte erfasst, so dass eine flexible Navigationsunterstützung zwingend erforderlich ist. Eine Klassifikation nach nur einem Kriterium (Periode oder Dichter) führt zu endlosen Listen von Einträgen oder Unterverzeichnissen. Ideal ist eine flexible Kombinierbarkeit der Suchkriterien (auch als parametrische Suche bekannt), so wie sie beispielsweise für den FontExplorer@Web von Linotype entwickelt wurde (*www.fontexplorer.com*, siehe auch Kapitel 10.4). Standardprodukte für Shop-Systeme bieten in der Regel nur eine einfach strukturierte Kataloghierarchie, welche die Erwartung des Kunden hinsichtlich der Navigation nur unzureichend durch geeignete Produktkategorien befriedigen kann.

Die Produktinformation

Sobald der Kunde zu einer Produktseite im Katalog gelangt ist, werden ihm Metainformationen sowie das Produkt selbst angeboten. Die Metainformationen entsprechen den oben genannten Kriterien, nach denen das Produkt klassifiziert worden ist. Auch weitere Schlüsselwörter für die Volltextrecherche zählen dazu. Als unmittelbare Produktinformation – also nicht auf der Metaebene – dient im Falle der Gedichte das Produkt selbst. Bei Soft-Goods wie Audioclips, Fonts oder online bestellbaren Büchern könnte ohne Probleme als »Teaser« (Appetithäppchen) ein Auszug geboten werden: Dies könnte ein kurzer Ausschnitt des Clips, eine Bitmap des Fonts oder das Inhaltsverzeichnis des Buches sein. Weitere Informationen wie Kommentare anderer Käufer, Empfehlungen, Kontaktmöglichkeiten zum Autor/Künstler oder Editor runden die Möglichkeiten zur Produktinformation ab. Speziell beim Gedicht, das im Extremfall gar nicht auszugsweise dargestellt werden kann, bleibt dem Shop-Betreiber häufig nur die Möglichkeit, per Banner-Werbung seinen Umsatz zu realisieren.

Der Katalog ist das Herz des Shops

Der elektronische Einkaufskorb

Nach der Produktinformation tritt beim nächsten Schritt der *elektronische Einkaufskorb* (*Shopping-Basket*) in den Vordergrund. Zum Einkaufskorb gelangt man, indem auf der Produktseite der entsprechende »add to shopping basket«-Button angeklickt wird. Im Einkaufskorb befinden sich alle auf diese Weise eingetragenen Artikel, deren Anzahl hier meistens noch bestimmt werden kann. Ein Einkaufskorb ist dabei ein zustandsbehafteter »Überbau« auf dem zustandslosen HTTP-Protokoll. Also müssen Mechanismen wie Cookies verwendet werden, um beim nächsten »add to shopping basket« festzustellen, dass bereits andere Produkte hineingelegt wurden. Wenn nun der Benutzer die Verwendung von Cookies verweigert, muss der Shop-Betreiber andere Möglichkeiten nutzen, den Inhalt (bzw. technisch formuliert, den *Zustand*) des Korbs zu bewahren. Üblich ist die Vergabe einer Session-ID bei jedem Eintritt in den Shop. Diese Session-ID wird in die HTML-Seite (egal ob im Katalog, als Produktseite oder woanders) so hineingeneriert, dass beim Klicken auf einen Link oder einen Button, diese wieder an den Shop-Server zurückübertragen wird. Jede relevante Information kann nun in der Shop-Datenbank gespeichert werden. Modernere Shop-Systeme nutzen hingegen die in Kapitel 8.4 im Zusammenhang mit Enterprise JavaBeans erläuterten Möglichkeiten der Zustandsverwaltung.

Verwaltung des Sitzungszustands

Idealerweise sollte ein Shopping-Basket für eine gewisse Zeit persistent sein, damit ein Kunde, der während des Stöberns im Katalog ausschweifende Reisen zu anderen Servern durchführt, am Ende wieder den letzten Inhalt vorfindet. Diese Funktion bieten einige Shop-Systeme, bei denen eine entsprechende Verfallsfrist in Tagen festgelegt werden kann. Ist die Kunden-ID dem Shop-System bekannt, kann der Einkaufskorb auch nach einem Wechsel zu einem anderen Client-Rechner weiter gefüllt werden. Dazu ist jedoch eine Registrierung als Kunde erforderlich.

Kunden-Identifikation

Authentifikation mit Passwort oder Smart Crad

Wenn wir es nicht mit anonymen Payment-Verfahren zu tun haben (und das ist heute fast ausschließlich der Fall), ist meistens beim Kauf die Nennung von Kundendaten erforderlich. Diese umfassen mindestens die Informationen, die für die Kreditkartenzahlung notwendig sind (Name, Kartennummer, Ablaufdatum, evtl. Karteninhaber). Darüber hinaus möchte der Shop-Betreiber natürlich Weiteres über seine Klientel wissen: Adresse, E-Mail, Position etc. Jedes Shop-System verfügt hier über eine entsprechende Kundendatenbank, deren Schema meistens so erweitert werden kann, dass fast jeder Wunsch des Betreibers erfüllt wird. Allerdings ist auch hier abzuwägen, dass ein Kunde den Einkauf verweigert, wenn er zu viele Daten über sich herausgeben muss.

Der »Point-of-no-Return«: Die Bezahlung

Nachdem der Kunde bei unserem Poem-Online-Shop als Nutzer eingetragen wurde, steht er schließlich vor dem »Point-of-no-Return«: Er muss bezahlen. Hier hängt es vom konkreten Anwendungsfall ab, welche Daten er auf seinem Order-Formular findet: Das Mindeste ist der Gesamtpreis aller Artikel, die auf der Liste stehen. Bei Hard-Goods sind üblicherweise noch Lieferkosten zuzuschlagen. Bei allen Gütern ist des Weiteren die Mehrwertsteuer zu berechnen. Bei Großkunden könnten schließlich noch diverse Kunden- oder Artikelrabatte zu berücksichtigen sein. Außerdem sind bei fast jedem Shop-System noch Promotion-Artikel definierbar, die mit einem Sonderpreis behaftet sind. Ist dies der Fall, überlagert er natürlich den Listenpreis und evtl. alle anwendbaren Rabatte. Hier kann die Produkt- und Rabattdefinition des Shop-Betreibers schnell unübersichtlich werden – eben genauso wie beim physischen Händler. Die Datenmodelle der Shop-Systeme sind daher gerade in diesem Bereich sehr komplex. Um jede erdenkliche Eventualität abbilden zu können, sind sie daher in der

Regel noch zu erweitern. Während alle bisherigen HTML-Seiten normalerweise ungesichert übertragen wurden, sollten die Order-Seiten
jedoch über eine SSL-Verbindung geladen werden. Dies gilt insbesondere für die Kommunikation, bei der Kunden- und Kreditkarteninformationen übertragen werden.

Nachdem der Kunde nun mit allen Details seines »elektronischen *Zahlungs- und*
Angebots« zufrieden ist, klickt er den Order-Button, d.h., er hat den *Bestelldaten*
»Point-of-no-Return«-Button erreicht und hofft, dass nach den 20-30
Sekunden Wartezeit der Zahlungsprozess abgeschlossen ist. Es läuft
jetzt in der Tat ein komplexer Clearing-Prozess im Hintergrund ab:
Abhängig vom Zahlungsverfahren (siehe Kapitel 12) werden die
Order-Daten an das Shop-System übertragen. Dieses aktiviert zuerst
eine händlerseitige Softwarekomponente, die ihrerseits anschließend
eine Verbindung zum Payment Gateway aufbaut. In der Regel werden
Händler-Software und Gateway-Software als Produkte von Anbietern
zugekauft, die sich auf das Clearing von Zahlungen spezialisiert
haben. In vielen Fällen ist das Payment Gateway (wie der Name schon
sagt) nur eine Vorstufe zum Server eines Finanzdienstleisters (Kreditkartengesellschaft, Abwickler für Geldkartenzahlungen etc.), der erst
in der Lage ist, Buchungen durchzuführen. Nun ist auch klar, warum
dieser Prozess 30 Sekunden dauern kann: Vom Kunden über den Shop
und das Gateway zum Clearing-Server und zurück sind oft mindestens
vier »organisatorische Hops« erforderlich, zzgl. diverser weiterer in
den Intranets der beteiligten Parteien sowie diverser Datenbankzugriffe. 30 Sekunden wirken da schon fast schnell ...

Da Online-Shops beim B2C-Commerce von Endkunden genutzt *Benutzbarkeit und*
werden, ist die Benutzerfreundlichkeit von besonderer Bedeutung – *Transaktionalität*
insbesondere bei wachsender Online-Konkurrenz, die ja nur einen
Mausklick entfernt liegt. Auch hier sind etliche Zielkonflikte zu lösen:
Die schlichteste Methode (SSL plus HTML-Maske zur Eingabe der
Kreditkartennummer) ist bei Ad-hoc-Käufen häufig auch die ange-
nehmste. Alle weiteren Methoden, welche eine Wallet-Software (elektronisches Portemonnaie auf dem Rechner des Kunden) erfordern, setzen die Zugangsschwelle für Benutzer ohne Wallet herauf. Erst wenn
ein einziger Wallet-Standard sich als Plug-in aller gängigen Web-Browser etabliert hat, ist zu erwarten, dass die Vorteile seiner Benutzung
quasi »aufgezwungen« werden können. Die heute gängige Wallet-Software hat im Wesentlichen zwei Probleme: Entweder ist ein prohibitiver
Installationsprozess erforderlich (z.B. bei SET), der Endkunden eher
veranlasst, zur SSL-basierten Konkurrenz zu gehen, oder die Wallet-
Software wird unmittelbar für den individuellen Kauf vom Shop-Server als Java-Applet geladen (z.B. Produkte von WireCard oder Brokat,

siehe Kapitel 12). In beiden Fällen spricht eine bessere Verschlüsselung und das »Vorbeischleusen« der Zahlungsinformation am Händler für den Einsatz dieser Systeme, die »Usability« leidet jedoch. Und im Eifer des Kaufes (man denke an die späte Hochzeitszeitung – inzwischen ist es bereits halb vier nachts!) zählt der rasche Einkaufsvorgang für den Konsumenten häufig mehr als bis zum Maximum perfektionierte Sicherheit.

Nach dem »Point-of-no-Return« erhält der Kunde eine Auftragsbestätigung, auf der relevante Transaktionsdaten erfasst sind. Dieses HTML-Dokument kann man sich ausdrucken oder auf sonstige Weise in die Finanzbuchhaltung übernehmen (dies ist natürlich ein Medienbruch!). Alternativ können diese Daten auch per E-Mail zugesendet werden; hier kann es jedoch aufgrund von Falscheingaben schnell zu Übermittlungsfehlern kommen. Bei Soft-Goods ist neben der Auftragsbestätigung noch ein Zugang zum Download erforderlich. Natürlich können die betreffenden URLs nicht direkt auf die Produktdatei verweisen – dann könnte die URL direkt allen Freunden zugänglich gemacht werden. Es ist vielmehr sicherzustellen, dass nur dieser Kunde auf »seine« Produkte zugreifen kann und dies evtl. nur für eine begrenzte Zeit. Anbieter von Shop-Systemen unterstützen dies durch verschlüsselte URLs, die beispielsweise auf kundenspezifische Datenbankeinträge verweisen oder ein Server-Skript mit der entsprechenden Information parametrisieren.

After-sales-Support Beim Beispiel des Linotype FontExplorer weiter unten ist es beispielsweise möglich, noch nach Jahren einmal erworbene Produkte nachzuladen. Im Extremfall bedeutet dies, ein lebenslanges Zugriffsrecht zu gewähren. Mit jedem weiteren Kauf verlängert sich also die Liste der Produkte, für die ad hoc eine dynamische Seite mit den entsprechenden URLs zu konfigurieren ist.

Im Falle physischer Güter kann eine Integration mit dem *Tracking-System* für Produktion und Auslieferung erfolgen: Hier wird dem Kunden ein individueller Zugang bereitgestellt, der beispielsweise auf die Produktionsdatenbank zugreift (»Ihrem Wagen wird gerade der Motor eingesetzt«) oder der mit der Logistiksteuerung des Spediteurs kurzgeschaltet ist (»Die Kiste Bananen steht am Kai 17 und wartet auf die Zollabfertigung«). Oder um es mit Amazon zu halten: »Ihr Buch wurde heute versendet per Deutsche Post«.

10.1 Shopping-Malls

Was man bei Buchhaltungssystemen »Mandantenfähigkeit« nennt, findet sein Gegenstück bei Shop-Software im *Mall-System*. Aus der Benutzerperspektive bot ein Mall-System früher im Wesentlichen eine einheitliche Gestaltung der Benutzerschnittstelle (man weiß aufgrund des Layouts, dass die Weinhandlung, in der man sich befindet, zum T-Shop gehört und nicht zum Shop.de). Dieses Merkmal ist heute jedoch vollständig durch den Shop-Anbieter gestaltbar, wenn er überhaupt noch eine Mall nutzt. Während früher (bis vor ca. 2 Jahren) technische Hürden die Anlehnung an eine Corporate Identity der Mall erforderlich machte, ist heute die Einrichtung eines Standard-Shops sehr viel problemloser zu realisieren.

Heute können Einzelshops einer Mall vielmehr durch einen Metakatalog bzw. Anbieterverzeichnis integriert sein oder es steht per Suchfunktion Zugang zu Artikeln aller Shops zur Verfügung. Weitere Merkmale sind eher »haptischer« Natur: Wird die Mall-Metapher wörtlich übernommen, so dass man sie virtuell durchwandern kann, oder wurde von einer räumlichen Ordnung vollständig abstrahiert? Oder wird der Mall ein bestimmtes Motto zugrunde gelegt (z.B. Ecomall, *www.umwelt.de/ecomall*)? Ferner finden Malls durch sprachliche oder geographische Regionen (z.B. Electronic Mall Bodensee, *www.emb.net*), Branchen (Auto, Immobilien, ...) ihr individuelles Alleinstellungsmerkmal. Im Gegensatz zu früher hat sich die sehr grobkörnige Integration ganzer Shops sehr viel mehr verfeinert: Heute reden wir von Nanosites, Affiliate-Shops oder Shop-Portalen, bei denen die Integration kommerzieller Inhalte sehr viel flexibler verwoben werden kann mit redaktionellen Inhalten.

Von der Mall zum Affiliate-Network

Es sind die unterschiedlichen Perspektiven der Shop- und der Mall-Betreiber zu berücksichtigen: Der Shop-Betreiber möchte evtl. die Entwicklungs- und Abrechnungskosten weitestgehend auslagern, weil ihm im Hause die Kapazität nicht zur Verfügung steht. So offeriert ein Autor im Selbstverlag vielleicht nur 5 Bücher, die inklusive Metainformation auf einer HTML-Seite angeboten werden können. Eine Mall bietet hier die Möglichkeit der professionell betriebenen Abrechnung von Verkäufen sowie der »nahtlosen« Integration der Shop-Seite des Autors. Im Falle physischer Güter ging der Trend sogar zur Verwaltung des Auslieferungslagers sowie sämtlicher Logistik-Prozesse durch den Mall-Betreiber. Hier ist Federal Express als Beispiel zu nennen mit ihrem Angebot zur integrierten Bestellabwicklung. Der Shop-Anbieter hat dem Mall-Betreiber eine Lizenzgebühr für die Shop-Nutzung sowie üblicherweise eine zeit- und umsatzabhängige Provision zu entrichten.

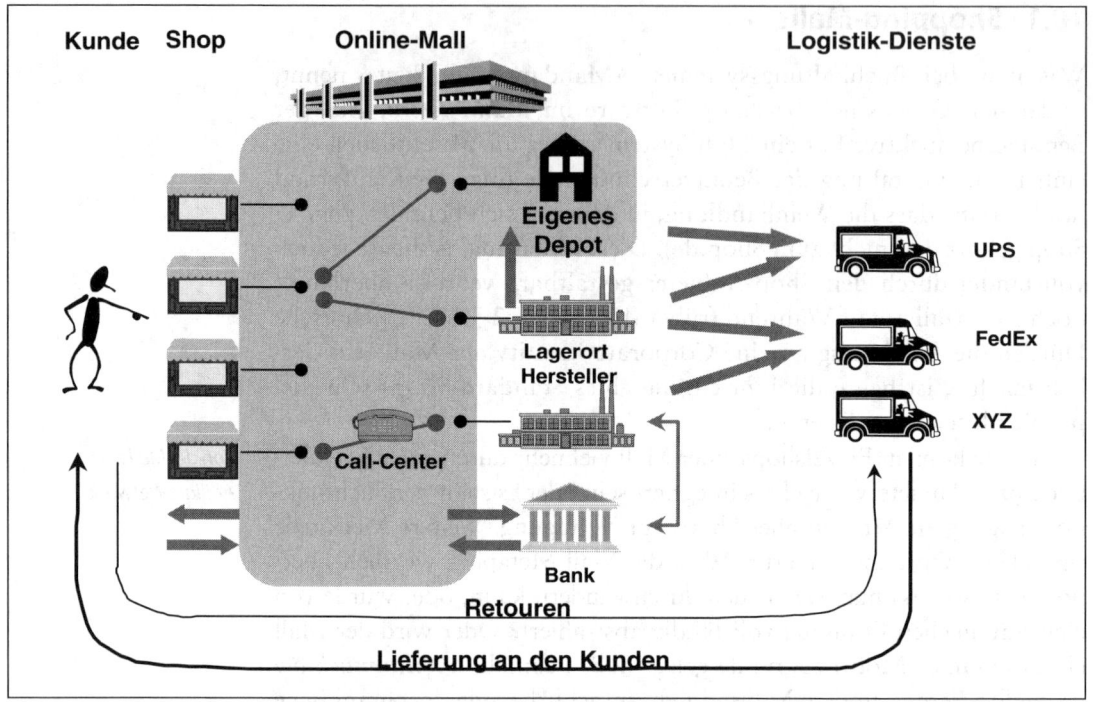

Kunde   Shop   Online-Mall   Logistik-Dienste

Eigenes Depot

UPS

FedEx

XYZ

Lagerort Hersteller

Call-Center

Bank

Retouren

Lieferung an den Kunden

Abb. 10–2
Prozesse und Rollen beim Mall-Betrieb

Gibt es einen Mehrwert der Mall?

Für den Mall-Betreiber liegt das kommerzielle Interesse in der Steigerung der Anzahl und Qualität der Shops und damit in der Steigerung der Besuche und Transaktionen. Nur durch Nachweis dieser Zahlen kann dieser im Weiteren auch Werbekunden gewinnen, die – neben den Lizenzeinnahmen der Shop-Betreiber – zur Umsatzsteigerung führen. Ein essenzieller Mehrwert des Mall-Betreibers ist sicherlich die einheitliche Abwicklung der Bezahlung. Hier kann der gesamte betriebswirtschaftliche Prozess des Clearing und Inkasso zentralisiert werden. Über die reine Zahlungsabwicklung hinaus bieten Mall-Anbieter auch Zusatzdienste, wie Bonitätsprüfungen von Kunden oder Werbeaktionen. Der einzelne Shop-Betreiber erhält lediglich eine monatlich konsolidierte Abrechnung. Auch der gestalterische Prozess kann seitens des Mall-Betreibers zentralisiert werden. Ist der Shop-Betreiber nicht mit der Erstellung ansprechender HTML-Seiten vertraut, kann dies jedoch einige 1.000 Euro kosten.

Malls konnten sich nicht durchsetzen

Dennoch zeigt sich aus einer Rentabilitätsbetrachtung, dass sich Malls nicht in der Breite durchsetzen konnten, wie es noch 1999 erwartet wurde. Dies liegt zum einen an den unterschätzten Gesamtkosten des Online-Auftritts, von denen nur ein Teil durch die Mall-Einbettung erspart wurde, zum anderen wurde der Umsatz erheblich unterschätzt, der diese Maßnahme rechtfertigen würde. Wie weiter hinten erläutert (Kapitel 11), ist auch der Fulfilment-Prozess nach Kaufabschluss nicht immer einheitlich von einem Mall-Anbieter zu bewältigen. Nach einigen Jahren des Experimentierens stellen sich Logistik-Dienstleister zunehmend auf diese Anforderungen ein, so dass auch für einen Einzelshop flexible Dienste für die Lagerung, Auslieferung und IT-Anbindung verfügbar sind. Schließlich liegt die Hauptkomplexität des Shop-Auftritts vor allem in der Integration mit bestehenden Unternehmensfunktionen und -prozessen, die auch ein Mall-Betreiber nicht verbessern kann. Folglich sind Malls heute nur noch in seltenen Fällen zu finden, etwa bei Amazon, bei Yahoo oder bei der Deutschen Post (eVita). In fast allen Fällen kann allerdings davon ausgegangen werden, dass ihr Betrieb nicht rentabel ist.

10.2 Shop-Architekturen und Varianten

Die meisten Shop-Systeme besitzen folgende grundlegenden Softwarekomponenten:

- *Shop-Datenbank mit Produktinformation.* Um Produktinformationen, die zigtausendfach vorliegen können, überhaupt effizient verwaltbar und zugreifbar zu machen, ist eine Produktdatenbank im Back-End unumgänglich. Dabei ist festzulegen, wie Produktinformationen kategorisiert werden, welche Attribute den Produkten zuzuordnen sind, welche Ausprägungen diese Attribute haben können etc. Aber auch flankierende Informationen wie Rabatte, Links auf ähnliche Produkte, Bilder, Beschreibungstexte und Werbeeinstreuungen sind so in der Datenbank zu organisieren, dass erstens eine Aktualisierung der Produktinformation und zweitens ein einheitliches Auslesen ermöglicht werden kann. Zudem hat jeder Shop-Betreiber individuelle Erweiterungswünsche hinsichtlich der Datenbank und ihres Inhalts, so dass bereits eine erschöpfende Definition der Produktdatenbank ein kleines Beratungsprojekt darstellt. Weitere, typische Features der Produktdatenbank sind Staging-Areas (zur internen Simulation eines aktualisierten Shop-Systems, bevor es »life« geschaltet wird).

- *Administrationsdatenbank.* Neben dem Inhalt der Produktdatenbank fallen diverse weitere Verwaltungsinformationen an: Dies beginnt mit der Festlegung des Einstiegspunkts in den Shop, z.B. als URLs für CGI-Skripte, der Festlegung von Parametern für das Payment Gateway, der Datenbankschemata für Kunden-, Lagerbestands- und Transaktionsinformation. Die Administrationsdatenbank lässt sich, genauso wie die Produktdatenbank, über ein Web-

Interface administrieren. Auch hier ist es allgemein üblich, diese Funktionen über unterschiedliche TCP/IP-Portadressen zugänglich zu machen. Dies bietet dem Firewall-Administrator die Möglichkeit, Autorisierungs- und Authentisierungsmechanismen flexibel zu gestalten.

■ *Präsentationssystem.* Wie auch immer die Produkt- oder Verwaltungsdaten tief im Inneren des Shop-Systems abgelegt sind – ihre Darstellung und die Art und Weise, wie diese Information aus den hintersten Winkeln des Systems hervorgeholt werden, ist eine eigenständige Funktionalität. Dabei sind Ausgangspunkt und Endpunkt dieses Prozesses eindeutig: Es gibt die Datenbank, an die SQL-Anfragen abzusetzen sind, und zum anderen die endgültige HTML-Seite, die an den Kunden übermittelt wird. Zwischendurch kann der Weg jedoch sehr beschwerlich sein: Üblicherweise werden HTML-Templates verwendet, welche aus einem HTML-Gerüst bestehen, in das unzählige Template-Variable (z.B. Intershop) oder Server-Side-Includes (z.B. Orcales ICS) eingebaut sind. Letztlich steht hinter jeder dieser Erweiterung ein SQL-Zugriff. Wenn nun auch noch die HTML-Templates selbst in der Datenbank gespeichert werden und erst per SQL-Statement geladen werden können, wird der gesamte Zugriffsprozess recht zäh. Betrachtet man also die Aufteilung des Shop-Servers zwischen Aufgaben der Kommunikation, Datenbankzugriffe und anderen Funktionen, so liegt der Hauptlastanteil eindeutig auf der Seite der Datenbank. Anbieter komplexer Shop-Systeme stellen vor allem in diesem Bereich flexible Konfigurationsmöglichkeiten bereit, indem der Gesamtdatenbestand auf mehrere Server physikalisch verteilt werden kann.

Shop-Systeme erfordern im Wesentlichen CMS-Funktionen

■ *Payment Gateway.* Diese Software wird üblicherweise nicht von den Shop-Anbietern entwickelt, da hier spezialisiertes Know-how erforderlich ist. Sie stellt die Schnittstelle zum Clearing-Server der Kreditkartengesellschaften oder Banken dar und ist bereits in viele der Shop-Systeme »gebundelt«. Dies ist – aufgrund der Dominanz des amerikanischen Marktes – in der Regel das CashRegister von CyberCash. Im europäischen Raum hat sich neben CyberCash vor allem solche Software etablieren können, die neben der Autorisierung von Kreditkartenzahlungen auch das Lastschriftverfahren unterstützt. Die Software X-Pay von Brokat ist ein Beispiel dafür. Payment-Module können zumeist über relativ einfach zu handhabende Command-Line-Schnittstellen in die Shop-Software eingebunden werden.

■ *Werkzeuge.* Da der Online-Shop im Kern die Frage »Wie kommen meine Daten aus der Datenbank in die HTML-Seite« löst, gibt es inzwischen eine große Zahl Anbieter, die hier weiterhelfen. Die entscheidenden Qualitätsmerkmale sind häufig die beiden folgenden:

- Die *Unterstützung des unkundigen Anwenders* beim Einrichten seines Shops. Hier werden unterschiedliche »Wizards« zur Datenübernahme der Produktinformationen, zur Konfiguration der Verwaltungsfunktionen sowie zur interaktiven Gestaltung des Shops im Sinne eines Frage-Antwort-Spiels angeboten. Die damit verbundenen Beispiel-Templates und sonstigen Ressourcen können durchaus eine Produkt-CD zu einem Drittel füllen.

- Die *flexible Erweiterbarkeit* des Shop-Systems für Non-Standard-Anwendungen. Hier trennt sich die Spreu vom Weizen: Nicht alle Shop-Systeme verfügen auch softwaretechnisch über die klare Architektur, die im Hochglanzprospekt visualisiert wird. Eine über Jahre und über wechselnde Kundenanforderungen hinweg gewachsene »Spaghetti-Architektur« verhindert jedoch gerade die flexible Erweiterbarkeit. Hier kann es bei der Anpassung des Systems schnell zu entscheidenden Verzögerungen kommen. Die erforderlichen Tools sind hier also im CORBA- und Active-X-Umfeld zu finden. Auch klar dokumentierte APIs und Java-Klassen zur Programmierung von Erweiterungen helfen dem Shop-Entwickler, das System kundengerecht anzupassen.

Weitere Funktionen eines Online-Shops

Das Shop-System als Kern macht heute nicht mehr das Hauptgeschäft der Anbieter von Shop-Software aus. Vielmehr sind es die Add-ons und Plug-ins, die vom Anbieter, dem Shop-Betreiber oder Dritten entwickelt werden. Angeboten werden daher u.a. folgende Erweiterungen:

- *Statistik- und Data-Mining-Systeme.* Die Datenbasis, die sich mit der Zeit aus Transaktionsinformationen, vor allem aber auch aus aufgezeichneten Besuchspfaden durch die URLs des Shops ergeben, sind für den Shop-Betreiber potenziell eine Goldgrube: Er kann jetzt nicht nur individuelle Kundenvorlieben kennen lernen und auf automatisierte Weise darauf reagieren, sondern auch Zusammenhänge unabhängiger Käufe beliebiger Kunden verfolgen. Auf diese Weise lassen sich Trends schneller erkennen und auch aktuell nachgefragte Produktkombinationen schneller identifizieren. Die Datenbasis des Shop-Betreibers stellt somit selbst ein neuartiges Anlagegut dar, welches in dieser Präzision bisher noch nicht zur Verfügung stehen konnte. Natürlich sind Informationen dieser Datenbank (auch anonymisiert) veräußerlich, so dass hier für den

Shop-Betreiber zusätzlicher Umsatz generiert werden kann. In der Zukunft sind aufgrund der Weiterentwicklung von Data-Warehouse-Anwendungen sowie der Standardisierung (und damit Interoperabilität) der Transaktionsdaten sicherlich noch interessante Produktentwicklungen und Geschäftsmodelle zu erwarten.

- *EDI-Integration.* Da im B2B-Bereich EDI (Electronic Data Interchange) oder ähnliche Verfahren zum Datenaustausch eingesetzt werden, ist eine Integration mit dem Shop-System besonders dann hilfreich, wenn Shop-Prozesse wie etwa das Bezahlen, die Bestellung und die Auslieferung zwischen Shop-Betreiber und Dritten auf dieser Basis betrieben werden. Neben dieser »klassischen« Nutzung von EDI zwischen Händler und Dritten bieten neuere Ansätze zudem die Möglichkeit, durch Plug-ins oder nur HTML, EDI-Nachrichten als Dateneinheiten zwischen dem Web-Browser des Kunden und dem Händler zu versenden. Der Vorteil besteht hier in der unmittelbaren Überführung der eingegebenen Transaktionsdaten des Kunden in die Anwendungssoftware des Händlers. Diese *B2B2C-Commerce* Integration wird häufig mit der Abkürzung B2B2C-Commerce zusammengefasst. Damit ist vor allem die Stellung des Shop-Betreibers als Schnittstelle zwischen Endkunde und Großhandel gekennzeichnet.

- *Customer Relationship Management.* Hierbei handelt es sich um eine Software, die Kundeninformation »auf Knopfdruck« für ein Verkaufs- oder Beratungsgespräch bereithält. Dies setzt ein detailliertes Kundenprofil voraus, das es erlaubt, Ereignisse im Umfeld des Kunden (Geburt eines Kindes, Ablauf eines Hypothekenkredites etc.) in die Kundenverwaltung zu integrieren. Diese Systeme lassen sich intern als Ergänzung zum Shop-System oder extern über einen Dienstleister (siehe Kapitel 13.6) einbinden.

- *Suchmaschine.* Für diese Funktion wird meistens die Shop-Software um Produkte von Herstellern wie Inktomi, Excite oder Fulcrum ergänzt.

- *Integration in die Finanzbuchhaltung und Warenwirtschaft.* Diese Schnittstelle beruht häufig auf der Festlegung eines Datenformats für Buchungsinformationen, die im Shop-System anfallen. Eine direktere Integration der Softwaresysteme auf der Basis von CORBA befindet sich erst in der Entwicklung. Häufig ist auch die Anbindung an das betreffende SAP-Modul vorzufinden: Hier werden üblicherweise SAPs BAPIs (Business Application Programming Interfaces) verwendet.

- *Tax-Systeme.* Die Anwendung des korrekten Mehrwertsteuersatzes sowie der Abwicklung von Steuerbemessungen und -zahlungen im internationalen Handel rechtfertigt häufig dedizierte Plug-ins, die als Gateway zur Finanzbuchhaltung des Shop-Betreibers verstanden werden können. (z.B. Oracles Taxation Cartridge). Finanzämter denken bereits darüber nach, Informationen über anfallende Mehrwertsteuer gleich beim Online-Kauf zu registrieren.

- *Integration mit einem Call-Center.* Wenn erklärungsbedürftige Produkte oder Vertragsprozesse vorliegen, ist es häufig erforderlich, aus den unterschiedlichen Situationen des Online-Kaufes heraus einen Berater hinzuzurufen. Hierbei bietet sich der bereits dargestellte Ansatz des Web-Agenten an.

- *Content-Management-Systeme.* Diese dienen der Integration von Katalogfunktionen mit redaktionellen Inhalten. Ein Online-Katalog ist letztlich auch ein Informationsportal, bei dem mehrere Online-Redakteure in teilweise komplexen Editier- und Freigabeprozessen die Kataloginhalte erstellen, freigeben und versionieren. Vor allem lassen sich unter Nutzung von Personalisierungsfunktionen für den Benutzer passende Inhalte zusammenstellen.

10.3 Allgemeine Architektur für Online-Shops

Wenn man durch die Hamburger Innenstadt schlendert, findet man unzählige Shops und Passagen. Jedes Geschäft besitzt dabei eine individuell gestaltete Präsentationsebene, ein eigenes Lagerhaltungsmodell und wählt nach eigenen Präferenzen die verwendeten Payment-Instrumente aus. Jeder Shop setzt sich folglich aus einer Reihe von Basismodulen zusammen, die nach individuellen Kriterien ausgewählt, konfiguriert und erweitert wurden. Das Gleiche gilt auch für einen Online-Shop. Die zuvor genannten Komponenten können, müssen aber nicht, Teil des Shops sein. Bei besonders spezialisierten oder innovativen Shops kann es sein, dass andere Bausteine hinzukommen, die man nicht als üblichen Bestandteil eines Ladengeschäfts auffassen würde.

Im Folgenden geht es daher weder darum, alle erdenklichen Komponenten eines Online-Shops aufzuzählen noch die Architektur auf ein Mindestmaß zu reduzieren. Im Sinne einer Referenzarchitektur sollen lediglich Zusammenhänge zwischen den wichtigsten Komponenten eines einzelnen Shops illustriert werden. Hierbei tritt die Shop-Software selbst als einzelnes Modul eher in den Hintergrund. Sie wird im Anschluss am Beispiel zweier Produkte in ihre Einzelbestandteile aufgelöst.

Softwarekomponenten

Die Shop-Software bildet den Kern der Architektur, da sie die initiale Anlaufstelle für den Kunden darstellt. Dies gilt sowohl für den chronologischen Verlauf der Handelstransaktion als auch für das Weiterleiten von Anfragen, die der Kunde mit seinem Web-Browser an den

Server absetzt. Das Shop-System setzt sich dabei aus unstrukturierten Inhalten wie Produktinformationen, Anbieterinformationen, redaktionellen Inhalten mit Unterhaltungs- und Informationscharakter sowie geschäftlichen oder juristischen Inhalten (AGBs, Datenschutz-Informationen) zusammen. Die Kunst des Online-Shops besteht also in der Integration solcher Inhalte mit den strukturierten Daten, welche die Shop-Software aus der Datenbank abfragt. Diese sind insbesondere Produktinformationen, Kundendaten, Preise und Rabatte, Sitzungsdaten (z.B. die Verwaltung des Einkaufskorbs) etc. Wenn alle Geschäfte der Hamburger Innenstadt die gleiche Einrichtung besäßen, wäre es langweilig, mehr als eines aufzusuchen. Die redaktionelle Komponente spielt folglich eine wichtige Rolle bei der Individualisierung der immer wieder ähnlich gestalteten Datenbankinhalte eines Herstellers. Die Kunst, einen Online-Shop zu erstellen, endet folglich nicht mit dem Auswählen eines vorgegebenen Layouts vom Hersteller der Shop-Software. Eine flexible und effiziente Integration mit dem redaktionellen Teil des Gesamtsystems ist dringend erforderlich.

Banner-Werbung   Gleiches gilt für die Integration von Werbung, wenn dies gefragt ist. Auch hier lässt sich die operative Schnittstelle zur Einblendung einer Banner-Bitmap serverseitig durch entsprechende Skripting-Technologien erreichen. Komplizierter wird es, wenn eine Personalisierung der Werbung erfolgen soll. Dann ist die Verwendung von Kundenprofilen erforderlich, die über die Shop-Software gewonnen wurden. Neben Kundendaten können jedoch auch noch Katalog- und Produktdaten als Parameter zur Auswahl des passenden Banners verwendet werden. Damit lässt sich sicherstellen, dass in der Rubrik »Finanzen« bevorzugt Banner von Banken, Versicherungen etc. eingestreut werden. Dies bedeutet gleichzeitig, dass auch die Banner zur korrekten Zuordnung klassifiziert werden müssen. Abgesehen von den Empfehlungen, die für einen bestimmten Banner sprechen, sollten noch weitere Aspekte, wie z.B. die der Fairness, bei der Auswahl einfließen. Wenn ein Werbekunde feststellt, dass sein Banner kaum angezeigt wurde (aufgrund der Verdrängung durch einen anderen), wird er zukünftig vom Schalten absehen.

Schließlich sind weitere Inhalte denkbar, die auf dem gleichen Empfehlungsmechanismus des Banner-Managements beruhen können: So ist die Literaturempfehlung von Amazon inzwischen legendär, bei der zu einem selektierten Buch eine Liste weiterer gezeigt wird, die andere Kunden zusammen mit dem angezeigten bestellten. Der Input für den Empfehlungsmechanismus kann entweder direkt aus den Profildaten des Web-Servers ermittelt werden oder indirekt durch das Anlegen eines Data Warehouse.

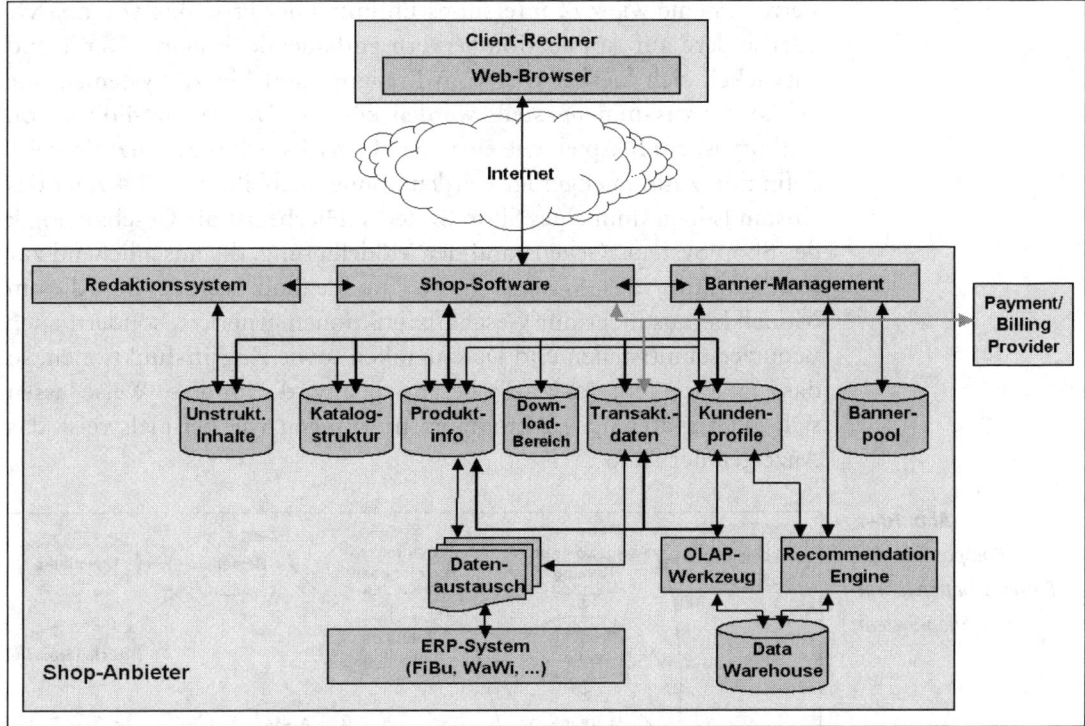

Abb. 10–3
Architekturschema für Online-Shops

Die Shop-Software führt kein isoliertes Dasein. Im »Back-End« muss eine Anbindung an unterschiedliche Server erfolgen. Dies gilt insbesondere für die Anbindung an die Finanzbuchhaltung, die per Batch-Verfahren oder durch direktes Buchen beim Kauf erfolgt. Bei physischen Gütern ist bereits in der Informationsphase ein Zugriff auf den aktuellen Lagerbestand erforderlich. Und im Falle von Soft-Goods muss die Shop-Software die Download-Dateien sicher verwalten können, so dass nur autorisierte Kunden Zugriff erhalten.

Back-End-Integration

Für den Prozess des Bezahlens lässt sich schließlich ein Payment Server einbinden, der von unterschiedlichen Herstellern (Brokat, CyberCash, NetLife etc.) angeboten wird. Hierbei muss sich der Shop-Betreiber genau überlegen, welche Zahlungsverfahren angesichts des Kundenkreises einzubinden sind. Abbildung 10-3 zeigt diese Software-komponenten eines Online-Shops in ihrem funktionalen Zusammenhang.

Früher waren Shop-Systeme hinsichtlich ihrer Software-Architektur sehr monolithisch organisiert, d.h., es stand kein Rahmenwerk zur Verfügung, in das sich Erweiterungsfunktionen einfach einbinden ließen. Heute ist das Angebot an Systemen und Softwarelösungen sehr viel größer, so dass für komplexe Aufgaben auch sehr modular organi-

Modularisierung

sierte Systeme wie z.B. Intershops Enfinity oder Produkte von abaXX oder andere auf Application Servern aufbauende Systeme. Der Trend entwickelt sich hierbei weg vom Fertigprodukt hin zu Systemen, die deklarativ zusammengestellt werden können. Der Pipelet-Editor von Enfinity ist ein Beispiel, wie einzelne »Flanschstücke« zu einer Prozessdefinition zusammengefügt werden können. Abbildung 10-4 zeigt das Zustandsdiagramm eines Shop-Systems. Hierbei ist die Geschäftslogik des Shop-Systems Gegenstand der Modellierung, die anschließend zur Konfiguration des Systems führt. Im Idealfall werden aus diesem Modell heraus nicht nur Geschäftsfunktionen generiert, sondern auch Benutzerschnittstellen und Datenbanken sowie Zugriffsfunktionen, so dass ein Shop rein deklarativ beschrieben wird. Auf diese Weise lassen sich auch später neue Aktivitäten hinzufügen wie beispielsweise das Anzeigen der AGBs.

Abb. 10–4
Komposition von
Prozessschritten für ein
Shop-System

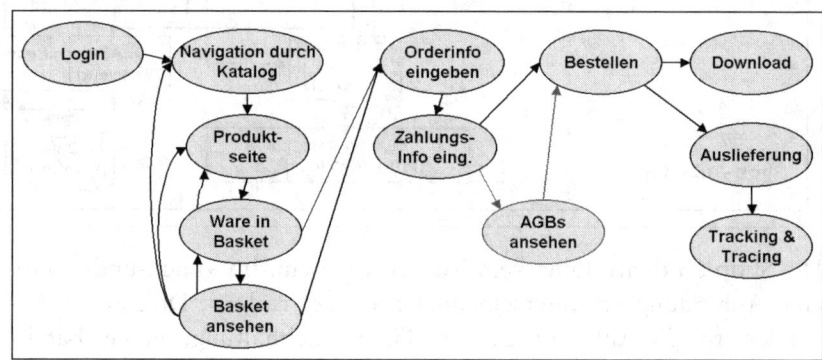

Auch wenn erste Systeme diesen Weg heute bereits einschlagen, sind wir vom Idealzustand einer »Shop-Konfigurationssoftware« noch weit entfernt. Weder die Entwicklung der Modellierungswerkzeuge (zum Beispiel auf der Basis der UML – Unified Modeling Language) noch die Einbindung des resultierenden Systems ist heute fortgeschritten genug, um Prozesse der Softwareentwicklung (Modellierung, Spezifikation, Deployment, Integration, Betrieb, Weiterentwicklung etc.) einheitlich zu integrieren. Also werden wir uns im Folgenden erst einmal mit dem Status quo weiter beschäftigen.

10.3.1 Eine typische Shop-Architektur

Templates und Skripte

Im Wesentlichen setzen sich Systeme wie Intershop aus einer Sammlung von Skripten, Templates und Server-Komponenten zusammen, deren Daten in einem RDBMS z.B. von Sybase, Microsoft oder Oracle, aber auch MySQL oder Access abgelegt sind. Wie bei jedem Shop-System ist die »Middleware« – hier ist die Abbildung von Datenbankinhalten in HTML-Seiten gemeint – technologisch der interessanteste Bereich. Die Systeme unterscheiden sich dabei vor allem in ihren – teils proprietären, teils standardisierten – Skriptsprachen. Bei Intershop lautete diese *Hybrid-HTML* (HHTML), bei Intradats vShop sind es VSL-Skripte (vShop Language). In beiden Fällen ist die Skriptsprache neben den HTML-Tags in Webseiten eingebettet. Proprietäre Variable, Zugriffsfunktionen sowie serverseitige Skripte oder Servlets lassen sich als Teil der HTML-Dokumente definieren. Im Falle von Intershop sind dies sog. TLE-Variable (Intershops proprietäre *Template Language Extension*). Eine TLE-Variable kann beispielsweise das aktuelle Datum enthalten oder die Anzahl der Artikel im Warenkorb. Ferner sind auch einfache Kontrollstrukturen realisierbar, mit deren Hilfe der Programmierer beispielsweise durch die im Warenkorb befindlichen Artikel iterieren kann. In der Regel besteht hierbei eine Trennung in den Web-Server, der über ein Plug-in die Skripte und Templates auswertet, und die eigentliche Anwendungslogik, die in einer separaten Komponente aufgerufen wird. Insgesamt werden solche Architekturen unter Berücksichtigung der Datenbank- und Browser-Ebene als *4-Tier-Architektur* bezeichnet, bei der also 4 Ebenen beteiligt sind. Sie bestehen aus:

1. Browser
2. Web-Server
3. Application Server
4. Datenbank

Abb. 10–5

Vier-Ebenen-Architektur bei Intershop

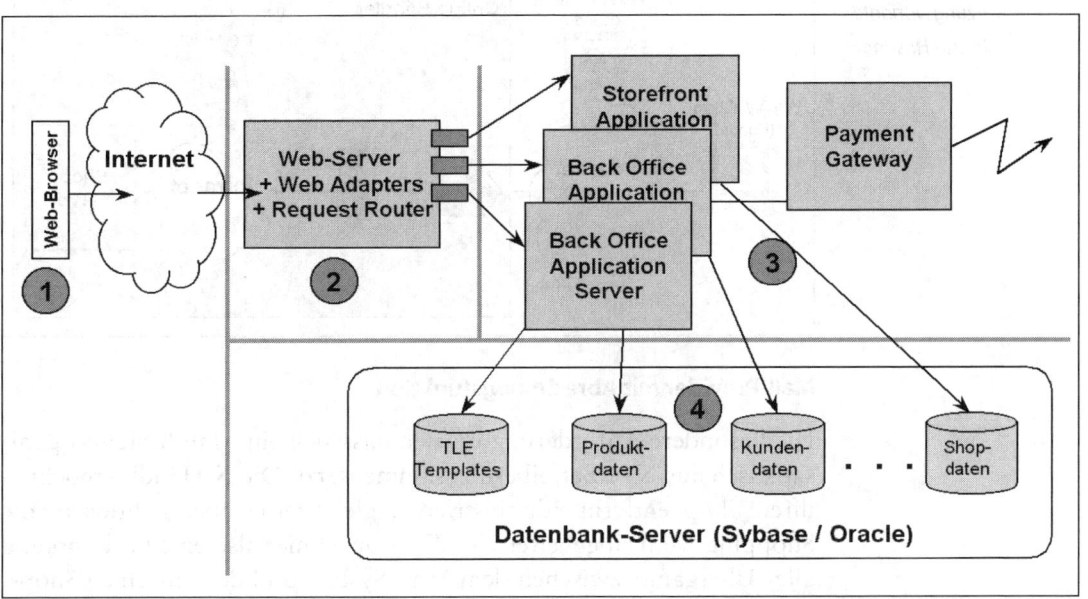

Verteilungskonfiguration   Im Falle von Intershop werden HTTP-Anfragen über das Internet zunächst in Abhängigkeit von ihrer Portnummer an den betreffenden Application Server umgeleitet. Dieser kann auch auf einem separaten Rechner installiert sein. Bei hohen Lastanforderungen ist es zudem möglich, den Web-Server zu replizieren, so dass Shop-Anfragen auf mehrere Rechner verteilt werden können. Eine Administration des Shops ist ebenfalls über das Internet möglich. Entsprechend sind im Folgenden Konfigurationsvarianten dargestellt, die den unterschiedlichen Anforderungsprofilen und Einsatzbereichen gerecht werden. Hierzu sind nachfolgend drei exemplarische Anordnungen beschrieben. Natürlich lassen sich beliebige weitere Variationen und individuelle Anpassungen denken.

Inhouse-Hosting

Bei dieser Variante betreibt und verwaltet der Händler seine Shop-Software im eigenen Unternehmen. Alle Zugriffe von »draußen« werden von der Firewall gefiltert. Sie ist entsprechend konfigurierbar, so dass sie lediglich HTTP-Zugriffe auf den Shop-Rechner und über die dafür konfigurierte Portnummer zulässt. Verwaltungsfunktionen werden ausschließlich über das Intranet realisiert, so dass hier keine Gefahr eines externen Angriffs besteht (Abbildung 10-6).

Abb. 10–6
Nutzungsvariante
»Inhouse-Hosting«

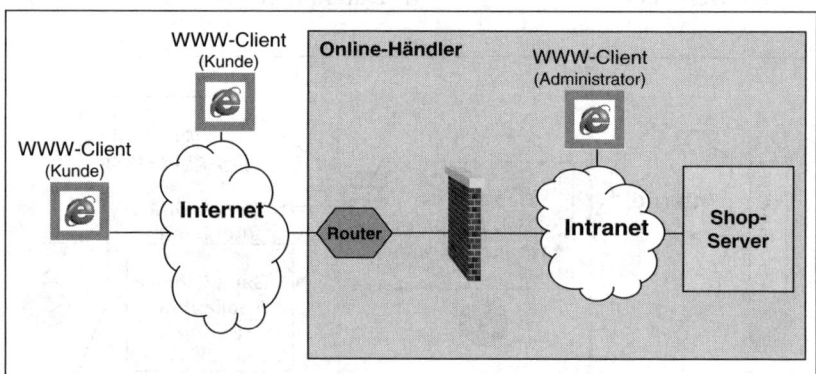

Mall-Provider mit Abrechnungsfunktion

Die besondere Anforderung ist hier, dass sich ein Mall-System organisatorisch aus N+1 Betreibern zusammensetzt. Die N Händler möchten ihren Shop entfernt administrieren, gleichzeitig aber nahtlos in die Shopping-Mall eingebettet sein. Wichtig ist hier also eine Entkopplung aller Übergänge zwischen dem Mall-System und den einzelnen Shops. Dies gilt jedoch nur für die Produktinformation, denn der weitere

Bestellvorgang und die Bezahlung soll schließlich wieder über den Mall-Betreiber abgewickelt werden. (Abbildung 10-7).

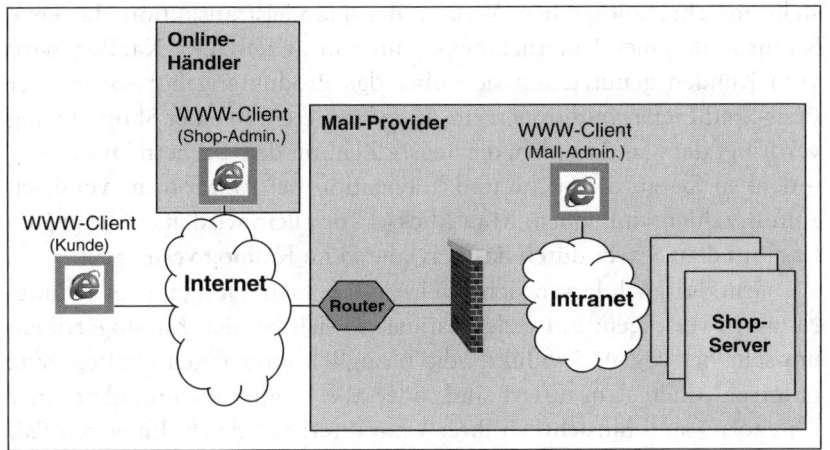

Abb. 10–7

Nutzungsvariante »Mall- und Abrechnungs-Provider«

Nur Mall-Provider mit Transaktionsdaten beim Händler

Im letzen Konfigurationsbeispiel ist die Aufgabe des Mall-Providers auf seine »Verteilerfunktion« reduziert. Hier erfolgt die Auslösung des Zahlungsvorgangs durch den Händler. Abbildung 10-8 zeigt eine Hybridform dieser Konfiguration, bei der die Transaktionsdaten beim Händler gesammelt werden. Dieser kann beispielsweise eine Autorisierung für Kreditkartenzahlung durchführen, während die Auslieferung des Produkts durch den Mall-Betreiber realisiert wird. Dabei wird dem Mall-Betreiber Zugriff auf die Transaktionsdaten des Content-Providers verschafft. Dieser Zugang erfolgt über ein Extranet, d.h., beide Unternehmen verfügen über eine sichere Verbindung, über die bilaterale Kommunikation abgewickelt wird.

Extranet-Integration zwischen Mall und Shop

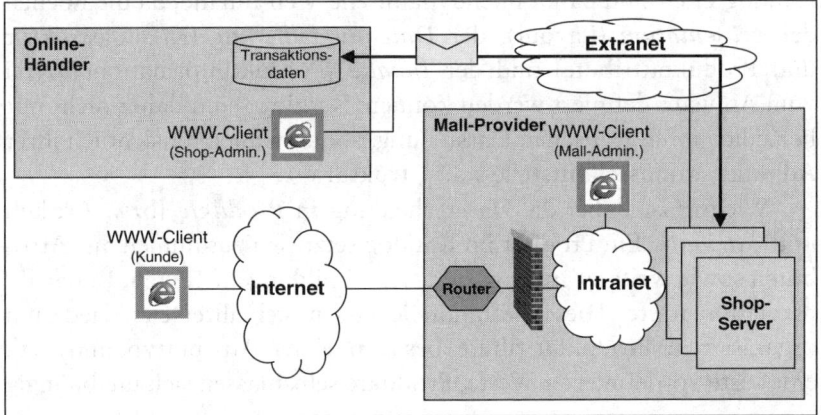

Abb. 10–8

Nutzungsvariante »Nur Mall-Provider«

10.4 Online-Kataloge

Der Online-Katalog, auch *elektronischer Produktkatalog* genannt, stellt im chronologischen Verlauf der Handelstransaktion die erste Schnittstelle eines Unternehmens zum Markt dar. Der Katalog wird vom Kunden genutzt, um sich über das Produktangebot sowie über Preis- und Lieferkonditionen etc. zu informieren. In einer Shop-Sitzung verbringt der Kunde zudem die meiste Zeit mit dem Stöbern im Katalog – denken Sie an die Suche und Navigation bei Amazon im Vergleich zum Bezahlen »mit einem Mausklick«. Vor allem wird auch die größte Last auf dem Server durch das Navigieren im Katalog verursacht.

Navigieren oder parametrische Suche

Grundsätzlich lassen sich zwei Ansätze beim Design eines Online-Katalogs verfolgen: Entweder handelt es sich bei den Katalogartikeln um sehr heterogene Produkte, die bezüglich ihrer Eigenschaften ganz unterschiedlich strukturiert sind, oder alle Produkte (zumindest einer Kategorie) sind hinsichtlich ihrer Charakteristik gleich. Im ersten Fall ist entweder eine Navigation zu der gewünschten Kategorie erforderlich oder die Suche nach Attributwerten. Diese Variante nennt man *hierarchisches Navigieren*. Im zweiten Fall könnte man also schrittweise Eigenschaften festlegen und schauen, wie viele und welche Artikel nach dieser Einschränkung noch übrig bleiben. Diese zweite Variante nennt man *parametrische Suche*.

Bei den meisten Online-Shops steht vor allem die hierarchische Navigation durch den Katalog im Vordergrund. Der Katalog ist im Gegensatz zu Anwendungen im B2B-Commerce hier eher als visuelle Web-Anwendung zu verstehen, während im B2B-Bereich eher der direkte Datenaustausch im Vordergrund steht (»Silent Commerce«).

Model, View, Controller

Ein Katalog ist normalerweise nach Kategorien geordnet und stellt dem Anbieter Werkzeuge zur Definition der Katalogstruktur, der Produktinformationsseiten sowie des grafischen Layouts zur Verfügung. Katalogseiten sind damit hochdynamische Web-Inhalte, da die Ebenen der *Präsentation* (Layout), der *Datenmodellierung* (Katalogstruktur und Produktattribute) und der *Inhalte* (Produktinformationen) frei vom Anbieter definiert werden können. Kataloge sind daher nicht nur bezüglich ihrer grafischen Darstellung, sondern auch hinsichtlich ihrer Administrationsschnittstelle stark strukturiert.

Flexibles Katalogschema

Wichtig ist dabei die Unterscheidung in *Produkte* (bzw. Artikel) und *Attribute*. Ein Produkt im Katalog setzt sich zusammen aus Attributen sowie weiterer Information wie Abbildungen, Texten, Rabattinformationen etc. Diese Bestandteile lassen sich ihrerseits wiederum organisieren: Produktattribute besitzen einen Attributtyp und evtl. eine Liste vordefinierter Werte, Produkte selbst lassen sich unabhängig vom Typ nach Kategorien ordnen, und schließlich sind Produkte eigenen Typen zugeordnet, die Auskunft darüber geben, welche Attributtypen einem Produkt zugeordnet sind. Um diese Informationen flexibel und anwendungsunabhängig im Katalog zu verwalten, haben Anbieter von Online-Katalogen Datenmodelle entwickelt, die etwa dem folgenden ähnlich sind:

Abb. 10–9

Allgemeines Metamodell für Produktkataloge

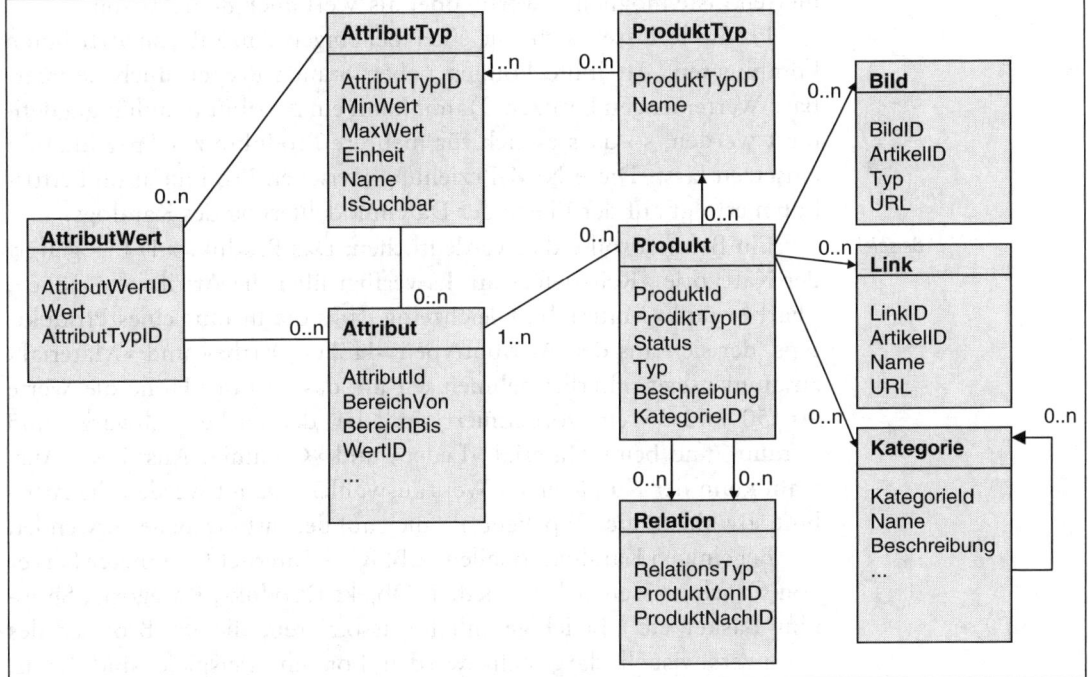

Ein Metamodell wie in Abbildung 10-9 kann zur Repräsentation ganz unterschiedlicher Katalogmodelle eingesetzt werden. So lässt es sich im einen Fall für Bücher und im anderen für Autoersatzteile anpassen. Im Zentrum steht beim Metamodell das Produkt. Es kann einer oder mehreren Kategorien zugeordnet sein. Diese lassen sich wiederum in einer hierarchischen Beziehung anordnen, so dass zu einer Oberkategorie mehrere Unterkategorien, aber auch zu einer Unterkategorie mehrere Oberkategorien definiert werden können. Neben dieser hierarchischen Anordnung können weitere Relationstypen zwischen Produkten definiert werden (»siehe auch«, »Ist Ersatzteil für«, »Kann nur erworben werden in Verbindung mit« etc.).

Produkte und Attribute

Schließlich ist das Produkt eine Instanz des Produkttyps. Hier lassen sich allgemeine Informationen ablegen, die für alle Produkte dieses

Typs gelten. Insbesondere die für diesen Produkttyp definierten Attribute sind über die Beziehung zu den Attributtypen festgelegt. Ein Produkttyp setzt sich dabei in der Regel aus mehreren Attributtypen zusammen. Als Instanz dieser Attributtypen finden sich Attribute, die mit den Produkten (ebenfalls Instanzen) in Beziehung stehen. Schließlich können noch Attributwerte definiert sein, die entweder den Attributtypen zugeordnet sein können (z.B. bei Verwendung einer vordefinierten Liste möglicher Werte) oder als Wert auch dem Attribut.

Produkte lassen sich mit einer beliebigen Anzahl von Attributen kombinieren. Attribute können neben Standardtypen auch definierbare Wertemengen besitzen. Damit kann ein Attribut unabhängig definiert werden, so dass es sich für mehrere Produkte zur Spezifikation einsetzen lässt. Diese N:M-Beziehung zwischen Produkten und Attributen erfolgt auf der Ebene der Datenmodellierung des Katalogs.

Beispiel   Ein Beispiel sollte dies verdeutlichen: Das Produkt »4711« gehört der Kategorie »Reitstiefel« an. Es verfügt über die Attribute »Höhe«, »Farbe« und »Material«. Gleichzeitig ist es die Instanz eines Produkttyps, der sich aus den Attributtypen »Höhe«, Farbe« und »Material« zusammensetzt. Hierbei nehmen wir an, dass bei der Höhe die Werte 40, 50 und 55 cm vordefiniert sind, bei der Farbe »schwarz« und »braun« und beim Material »Leder« und »Gummi«. Aus dieser Auswahl kann der Kunde einen Wert auswählen. Damit werden die Attribute sowohl auf der Typebene als auch auf der Instanzebene verwendet.

Bei einigen Katalogmodellen (z.B. ICS – Internet Commerce Server von Oracle) lassen sich mit jedem Objekt (Produkt, Kategorie, Shopping-Basket etc.) beliebige Inhalte assoziieren, die im Browser des Benutzers visuell dargestellt werden können. Beispiele sind Icons, Logos, Banner, HTML-Templates etc. Aus der Schachtelung der Shop-Objekte vom Store bis hinunter zum Attribut ergibt sich neben der Objekthierarchie gleichzeitig auch die Schachtelungshierarchie der visuellen Darstellung.

Die Katalog-Datenmodelle vieler Shop-Systeme sind sich in wesentlichen Punkten sehr ähnlich: Die meisten unterstützen – wie auch viele Content-Management-Systeme – einen zweistufigen Staging- und Publikationsprozess. Der ICS besitzt zwar eine etwas ältere Architektur (aus dem Jahre 1998), dennoch lassen sich wesentliche Elemente des Datenmodells an seinem Beispiel charakterisieren.

Staging- und Deployment-Datenbank   Der ICS unterstützt das Hosting mehrerer Shops in einer Mall. Entsprechend der Abbildung 10-10 erfolgt der Zugriff auf das Shop-System über Customer- und Merchant-Cartridges. Je nachdem, ob es sich um ein *Staging-* oder *Deployment-System* handelt[1], wird auf unterschiedliche Teile der Shop-Datenbank zugegriffen. Dabei wird jeweils unterschieden in *Static Data Owner* und *Transaction Data Owner*. Beide Bereiche können verschiedenen Organisationen zugeordnet sein, so dass eine aktualisierte Shop-Version zunächst im Hause des Shop-Betreibers auf der Staging-DB entwickelt, getestet und anschließend über ein »refresh« auf das Mall-System (d.h. auf der Deployment-Datenbank) hochgeladen werden kann. Unterschieden werden zudem noch statische und dynamische Daten. Zu den ersten zählt die Katalogstruktur, die Produktdefinition sowie die Gestaltung der HTML-Seiten bzw. die dafür genutzten Skripte. Dynamisch sind hingegen Produkt-, Kunden- und Transaktionsdaten.

Über entsprechende Schnittstellen können Händler und Kunde auf die Staging- bzw. Deployment-Datenbank zugreifen. Dabei erfolgt die Administration in beiden Fällen natürlich nur durch den Händler. Der Kundenzugriff auf die Staging-Datenbank ist ebenfalls nur dem Händler erlaubt, um in der Rolle des Kunden die Konfiguration zu testen. Insgesamt wird über folgende Schnittstellen zugegriffen:

- Aktualisierung der Datenbanken erfolgt per »Batch loading«
- Zugriff durch den Store-Manager des Shop-Administrators über das Web
- Kunden-Schnittstelle über das Web

Abb. 10–10
Beispiele für die Erweiterung des Shop-Systems

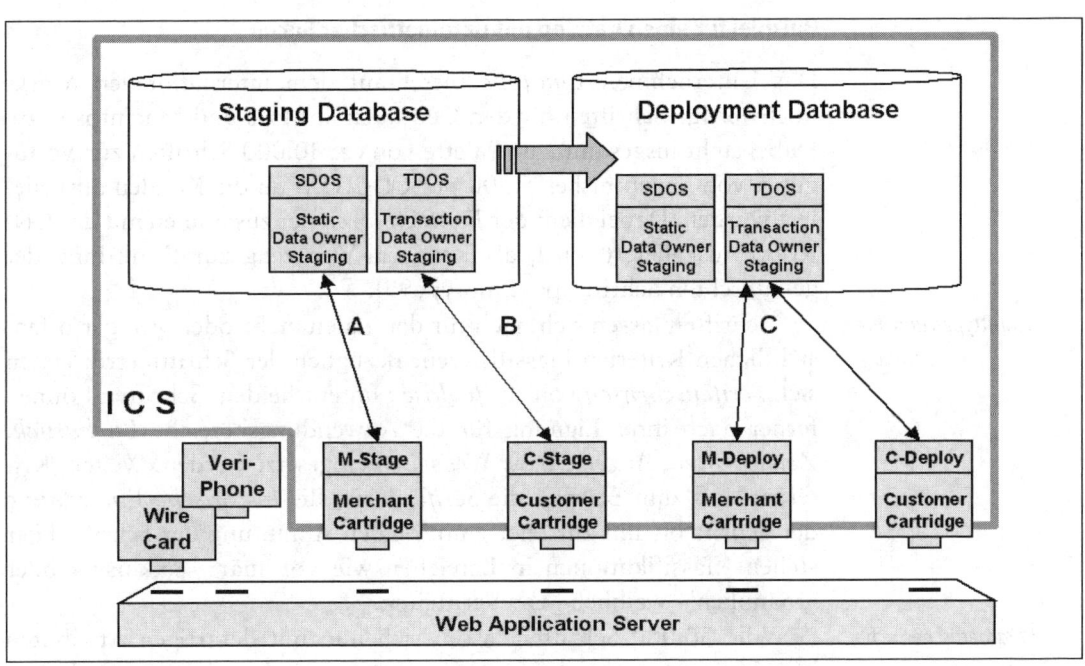

1. Interne Testinstallation bzw. öffentlich zugängliche Online-Installation.

Die Kommunikation zwischen den Modulen erfolgt über den Web Application Server. Hierzu lassen sich unterschiedliche Funktionskomponenten als Cartridge registrieren, so dass diese über ein Inter-Cartridge-Protokoll (Inter-Cartridge Exchange – ICX) in Verbindung treten können. Dahinter steht nichts anderes als das IIOP-Protokoll von CORBA. Infolgedessen sind die unterschiedlichen Cartridges des ICS lediglich CORBA-Objekte, die sich beliebig auf mehrere Rechner verteilen lassen.

Die CORBA-Objekte realisieren das Shop-System daher über folgende Schnittstellen:

- *M-Stage.* Diese Händler-Cartridge erlaubt das Einrichten des Shops über die Store-Manager-Schnittstelle (»A« in Abbildung 10-10).
- *C-Stage.* Diese »Kunden«-Cartridge erlaubt es dem Händler, zu Testzwecken in die Rolle des Kunden zu schlüpfen (»B«).
- *M-Deploy.* Diese Händler-Cartridge wird genutzt, um Reports abzufragen und um auf Auftragsdaten zuzugreifen.
- *C-Deploy.* Diese Kunden-Cartridge bedient die öffentlichen Kundenanfragen an den Shop. Transaktionsdaten entstehen in der Deployment-Datenbank durch Kundenanfragen über diese Schnittstelle (»C«).

Beispiel für einen Katalog mit parametrischer Suche

Das Unternehmen *Linotype* bietet auf dem internationalen Markt hochwertige Schriften für den Gebrauch auf PCs und Macintoshs an. Dabei steht insgesamt eine Palette von ca. 30.000 Schriften zur Verfügung, von denen bisher 5.000 per CD-ROM an die Kunden ausgeliefert wurden. Dabei dient der *FontExplorer*, der zusammen mit der CD-ROM ausgeliefert wird, als Retrieval-Werkzeug zur Ermittlung der gewünschten Schrifttype [Linotype99].

Schrifttypen und ihre Attribute

Schriften lassen sich nach für den Laien mehr oder weniger offensichtlichen Kriterien klassifizieren: Bezüglich der Schriftmetrik lassen sich *Serifenschriften* von *serifenlosen* unterscheiden. Schriften können ferner nach ihrer Eignung für die Anwendungsbereiche *Buchdruck, Zeitschriften, Anzeige* bzw. *Webseiten* eingesetzt werden. Weitere Kriterien sind zum Beispiel die *Serifenform*, die *historische Einordnung* der Schrift bis hin zur eher emotionalen Anmutung der Schrift. Hier stehen Klassifikationen in Bereichen wie »ordinär – exklusiv« oder »männlich – weiblich« zur Verfügung.

Parametrische Suche

Alle 30.000 Schriften lassen sich nun mit derartigen Attributen klassifizieren, wobei keine nennenswerten Abhängigkeiten zwischen ihnen bestehen. Damit sind alle Attribute in beliebiger Kombination für die Selektion aus dem Produktkatalog einsetzbar, was dem Kunden eine hochflexible Möglichkeit bietet, durch sukzessives Festlegen der gewünschten Kriterien, die Menge der passenden Schriften von einigen tausend auf beliebig wenige einzuengen, dieses Verfahren wird auch »parametrisches Suchen« genannt.

Ein Standardkatalog, wie er bei den meisten Shop-Systemen angeboten wird, würde hier nicht weiterhelfen, da das Auf- und Abnavigieren in der Kataloghierarchie nicht der Unabhängigkeit der Attribute gerecht werden würde – es können keine beliebigen, vorab festgelegten Suchkriterien angewendet werden. Auch die Integration einer Suchmaschine würde nicht weiterhelfen, da die Ausprägungen einiger Attribute nur numerisch vorliegen. Schließlich würde das Navigieren durch den hierarchischen Katalog viel zu lange dauern, wenn neben der eigentlichen Attribut- und Produktinformation auch noch eine komplette HTML-Seite geliefert werden müsste.

Folglich wurde für den FontExplorer@Web ein eigener Ansatz gewählt, der durch die Unterstützung eines Applets die Festlegung der Suchattribute radikal vereinfacht und gleichzeitig das Laden der Produktinformationen in kürzester Zeit erlaubt.

Diese hohe Ergonomie und Effizienz bei der Navigation im Katalog ist eines der kritischen Erfolgsfaktoren bei der Einführung eines Online-Katalogs. Weitere Informationen zu diesem Projekt sind unter *www.fontexplorer.com* zu finden. Abbildung 10-11 zeigt eine Bildschirmaufnahme der Benutzerschnittstelle des Linotype-Katalogs.

Ergonomie ist ein kritischer Erfolgsfaktor

In Abbildung 10-11 sind auf der linken Seite die Selektionsmöglichkeiten dargestellt, nach denen die Attributkombination für die Suche nach Schrifttypen frei gewählt werden kann. Im rechten Fenster erscheint als Suchergebnis eine Liste von Artikeln. Im Beispiel wurde links eine historische Periode gewählt (1910) sowie eher »warme« Fonts. Außerdem ist die Auswahl auf solche Fonts eingeschränkt, die sich eher für den Buchdruck eignen. Im Beispiel reduziert diese Auswahl die Gesamtmenge von 5.000 Artikeln auf 9 Exemplare.

Eingebettete Katalogsysteme

Inktomi ist ein Anbieter von Katalogsoftware, welche die Klassifikation von Inhalten unterstützt. Beispielsweise nutzt Yahoo die Katalog-Engine von Inktomi. Sie erlaubt den Aufbau von Kategorien in flexibler Anordnung: Streng hierarchisch oder mit mehreren übergeordneten Kategorien je Kategorie und mit Querbeziehungen (»Siehe auch«). Die Katalog-Engine steht als Server zur Verfügung und liefert als Ergebnis von SQP-Anfragen (Shopping Query Protocol) XML-Dokumente, die vom

Kataloge ohne Browser-Schnittstelle

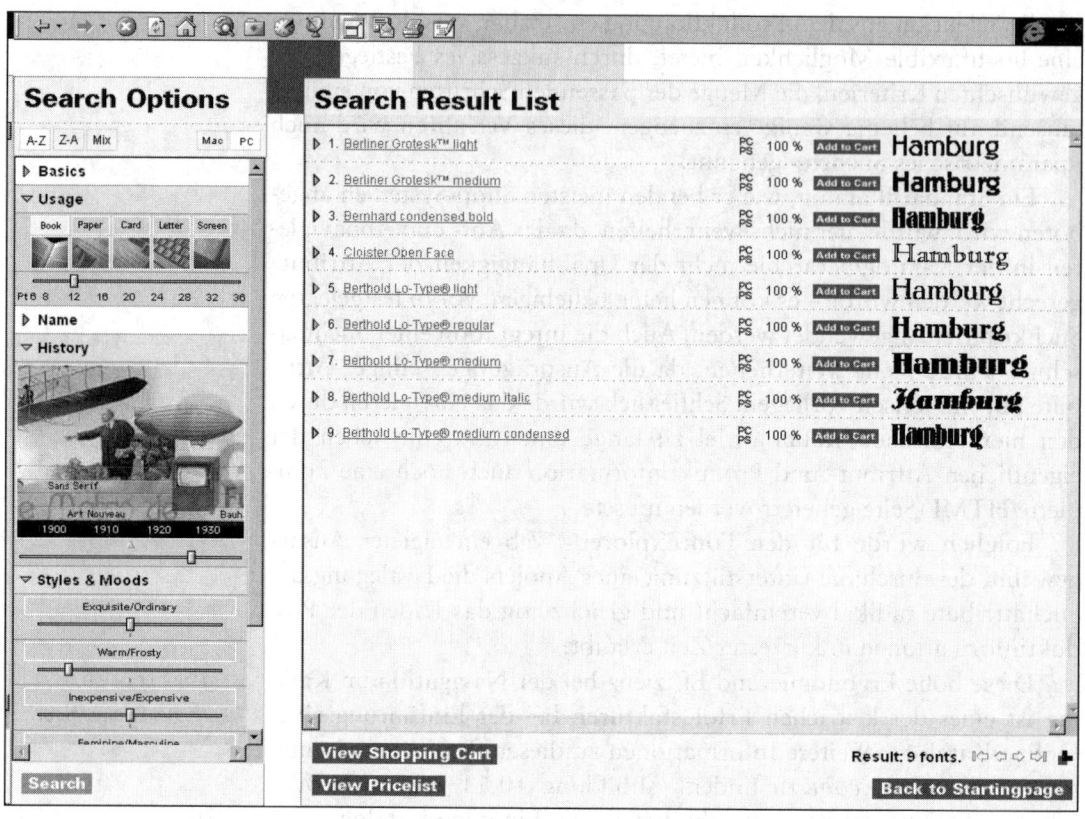

Abb. 10–11
Der FontExplorer@Web
von Linotype

Client zu verarbeiten sind. Die Verbindung zur Katalog-Engine wird über TCP/IP-Sockets aufgebaut. Auf diese Weise lässt er sich in Content-Management-Systeme oder andere Shop-Front-Ends einbinden.

Ein wichtiges Anfrage-Statement ist bei Inktomi das »Shop«-Kommando, über das Informationen über Produkte, Händler, Websites oder die Produkttaxonomie selbst abgerufen werden können. Dabei lassen sich kategorienspezifische Attribute definieren, die in Abfragen verwendet werden können. Vor allem XML-basierte Nachrichten dienen als alternative Schnittstelle zur Kommunikation mit dem Server.

Eingebettete Kataloge wie der von Inktomi lassen sich in Web-Anwendungen bzw. Content-Managment-Systeme integrieren, wobei der Katalog seine eigene Web-Schnittstelle verwaltet. Solche Katalogsysteme sind heute noch sehr kostspielig, dennoch kann man erkennen, dass man bei geeigneter Standardisierung ein Shop-System durchaus aus einer Reihe separat bezogener Basiskomponenten zusammenfügen kann (»Best-of-Breed«-Ansatz).

10.5 Ein Klassiker: Intershop 4

Die Intershop-Software wird seit 1994 von der Intershop AG in Jena entwickelt. Das Unternehmen gilt als eines der am schnellsten wachsenden Internet-Start-ups in Deutschland. Das Produkt Intershop 4 ist in verschiedenen Ausführungen zu erwerben: Die *Merchant Edition* stellt die Standardlösung für einen einzelnen Shop-Betreiber dar. Die *Hosting Edition* ist als Mall-System einsetzbar und damit »mandantenfähig«. Jede Lizenz für einen Shop-Betreiber wird dabei einzeln berechnet. Am oberen Ende der Preis- und Leistungsskala steht die *Enterprise Edition*, die nicht nur eine freie Konfigurierbarkeit der Datenbank erlaubt, sondern auch die Möglichkeit bietet, über serverseitige Plug-ins das Shop-System flexibel zu erweitern. Im Gegensatz zur Enterprise Edition ist dem System bei anderen Versionen nur eine Laufzeitlizenz der Datenbank beigefügt, die keine Änderung am Schema zulässt. Diese drastische Einschränkung spürt jeder, der ein umfangreiches Shop-System bauen will.

Das wesentliche Merkmal von Intershop 4 ist seine leichte Handhabung auch für Programmierunkundige. Mit ein wenig NT- bzw. Unix-Administrationserfahrung lassen sich die Shop-Software, Datenbank und Demo-Software installieren. Einige Beispiel-Shops werden dabei gleich mitinstalliert. Die Definition des eigenen Shops erfolgt interaktiv über den *Store Design Wizard*, mit dem Grafiken und Layout definiert werden können. Dazu gehören auch Versandkostenarten, die Händleradresse sowie etliche Konfigurationsparameter für die Datenbank des Shop-Systems. Nachdem nun die Gestaltung des Front-End abgeschlossen ist, sind in den folgenden Schritten der Katalog und Produktinformationen anzulegen sowie der Datenimport zu definieren. Auch hier stehen entsprechende »Manager« und »Wizards« zur Verfügung. Zuvor definierte Produkte können anschließend in den Katalog aufgenommen werden. Einzelne Produkte können dabei als Sonderangebot gekennzeichnet werden bzw. als Angebot für die Einstiegsseite in den Store. Im Folgenden werden die Verwaltungswerkzeuge kurz erläutert:

Sieben Manager und »Wizards«

- Im *Katalog-Manager* wird die gesamte Artikelstruktur hierarchisch in Katalogen abgebildet. Der Administrator kann hier alle Rubriken eingeben, die dann im Katalog des Anbieters erscheinen (z.B. Wohnzimmereinrichtung → Couchgarnituren + Sessel + Lampen; Lampen → Tischlampen + Wandlampen etc.).
- Im *Produkt-Manager* können neue Artikel angelegt oder bestehende geändert bzw. gelöscht werden. In der Artikelansicht lassen

sich die Artikeleigenschaften und die Art ihrer Präsentation festlegen.

- Einige der zentralen Abläufe der Geschäftsadministration werden im *Store-Manager* verwaltet. Mit den in ihm enthaltenen Funktionen lassen sich Rechnungen und Lieferscheine generieren, die für die Bearbeitung einer Kundenbestellung notwendig sind. Innerhalb der Auftragsbearbeitung als Teil des Store-Managers lässt sich der Status aller eingehenden Aufträge, offenen Rechnungen usw. überwachen.
- Der *Bestellungsmanager* erlaubt, den Warenbestand zu überwachen. Bestellvorschläge werden automatisch generiert, wenn die Lagerbestände zu stark absinken. Der Bestellungsmanager koordiniert sich mit dem Lager-Manager.
- Beim *Lager-Manager* erfolgt die Verbuchung und Aufstellung aller Lagerbewegungen. Dabei werden automatische und manuelle Buchungen unterschieden. Eine Buchung als Lagerabgang wird z.B. automatisch vorgenommen, wenn ein Lieferschein erstellt wird.
- Die Verwaltung der Kunden geschieht im *Kunden-Manager*. Hier kann der Business Operator Kundendaten abrufen, neue Kunden anlegen oder Buchungen auf Kundenkonten vornehmen.
- Der *Service-Manager* bietet Unterstützung bei allgemeinen Administrationsaufgaben und statistischen Aufgaben. Die Bereiche »Konditionen«, »Statistische Auswertungen«, »Produktstatistik«, »Auswahllisten« und »Steuern« sind darin untergebracht.

Wenn ein Kunde einen Auftrag abgibt, druckt ein Sachbearbeiter des Anbieters einfach Rechnung und Lieferschein aus, überprüft die Zahlungsmethode und versendet die Produkte. Die verschiedenen Manager bringen ihre Daten automatisch auf den neuesten Stand. Zu diesem Zweck lassen sich verschiedene E-Mails konfigurieren, die der Shop-Server an den Kunden und den Shop-Betreiber sendet.

Realistischerweise werden Produktdaten nur in den seltensten Fällen manuell eingetragen. Viel wichtiger ist hier eine flexible Unterstützung des automatischen Updates. Zu diesem Zweck steht ein Sybase-ODBC-Treiber zur Verfügung, mit dem ein Massen-Update aus der Produktdatenbank des Unternehmens durchgeführt werden kann.

Intershop eignet sich durch seine benutzerfreundliche Einrichtung und Verwaltung des Online-Shops vor allem für kleine und mittlere Unternehmen, die über ein übersichtliches Produktangebot verfügen, welches sich in ein einfaches Kategoriensystem einordnen lässt. Als Gegenbeispiel lassen sich Produkte nennen, die nicht über ihre Kategorie, sondern über ihre Attributausprägung spezifiziert sind. Man stelle sich den Katalog von Amazon vor, wenn er seinen gesamten Warenbestand nach einer Taxonomie klassifizieren müsste. Hier ist auf jeden Fall die Unterstützung durch eine Suchmaschine sowie ein verfeinertes Taxonomiesystem erforderlich. Ersteres lässt sich durch ein Plug-in (z.B. durch die Fulcrum Search Engine) realisieren, führt aber auch zu zusätzlichen Lizenzkosten.

Intershop wird ebenfalls im Beschaffungswesen eingesetzt, nämlich dann, wenn mehrere Abteilungen eines Unternehmens über eine zentralisierte Einkaufsabteilung ihren regelmäßigen Bedarf decken. Aufgrund des gebündelten Volumens ist die Beschaffungsabteilung nun in der Lage, mit Anbietern Umsatz- und Rabattvereinbarungen zu treffen, die für einzelne andere Abteilungen nicht realisierbar wären (siehe auch Kapitel 18).

Beschaffungskataloge beim E-Procurement

Bewertung: Intershop 4

Als eines der ersten Shop-Systeme zeichnet sich Intershop bereits seit einigen Jahren durch folgende Eigenschaften aus:

- Einfache Handhabbarkeit für einfache Shop-Anwendungen, da alle administrativen Vorgänge vollständig über die HTTP-Schnittstelle durchgeführt werden können.
- Umfangreiche Kundenbasis. Intershop hat als Produkt wie auch als Unternehmen eine so große Eigendynamik erlangt, dass die hohe Installationsbasis und die strategischen Allianzen mit Oracle, IBM, Sun, SAP, Software AG etc. helfen dürften, dem Produkt auch in der Zukunft in Verzahnung mit deren Produkten eine weitere, wachsende Kundenbasis zu erschließen.
- Integration der wesentlichen Zahlungsverfahren. Prinzipiell lassen sich durch Erweiterungsschnittstellen zusätzliche Zahlungsverfahren integrieren.

Nachteilig ist allerdings die Beschränkung auf die reine Katalogfunktion mit »angeschlossener Warenwirtschaft«. Damit besteht eine grundsätzliche Ausrichtung auf physische Güter, d.h., es wird lediglich das Bestellen, jedoch nicht das Online-Ausliefern unterstützt. Für komplexe Shop-Lösungen mit fester Integration in die Anwendungsumgebung eines Unternehmens ist immer eine Verzahnung von Intershop und »Legacy-Software« erforderlich.

Katalog mit angeschlossener Warenwirtschaft

Eine Intershop-Konfiguration wird sehr aufwendig, wenn die Anforderungen des Betreibers über die im Grundprodukt gegebene Funktionalität hinausgehen. Dies beginnt bei erweiterten Datenbankschemata für Kunden- oder Produktdaten, geht über die Einrichtung eines flexiblen Katalogsystems mit beliebigen Einstiegspunkten und endet bei Features wie einer Suchmaschine, die als Add-on-Produkte von Dritten hinzugekauft werden müssen. Für derartige Projekte sind – einschließlich der Softwareentwicklung und der redaktionellen Tätigkeiten – Kosten in Höhe einiger 100.000 Euro zu kalkulieren. Aber auch die reinen Lizenzkosten können je nach Konfiguration einschließlich der erforderlichen Datenbanklizenzen sowie weiterer Subsysteme rasch in dieser Größenordnung liegen.

Des Weiteren ist zu berücksichtigen, dass kurze Antwortzeiten bei der Katalognavigation besonders wichtig sind, damit der Kunde nicht aufgrund zu langer Wartezeiten das Interesse am Kauf verliert. Leider ist jedoch die Kombination von Skriptsprachen mit häufigen Datenbankzugriffen oftmals so langsam, dass ein spielerisches Navigieren und Auswählen schwer fällt. Dieser Nachteil gilt allerdings für alle Shop-Systeme, bei denen pro Zugriff eine dynamische Auswertung der Templates erfolgt.

Für komplexe Aufgaben reicht Intershop 4 nicht mehr aus

Schließlich stellte Intershop seit Mitte der neunziger Jahre eines der ersten Softwareprodukte für Online-Shops dar. Für komplexe Anwendungen war daher eine grundlegende technologische Renovierung erforderlich, welche die Software architekturell und hinsichtlich der Programmierschnittstellen auf den Stand heutiger Technologien für Application Server bringt. Diese wird zum Teil durch Intershop Enfinity geleistet – einer erheblich moderneren Architektur, die ein Rahmenwerk für die Integration weiterer Zusatzmodule bietet. Aufgrund dieser Eigenschaften wurde Enfinity nicht nur für einzelne Shop-Anbieter entwickelt, sondern vor allem auch als Plattform für B2B-Marktplätze.

10.6 Beispiel: Intershop Enfinity

Java und XML...

Als High-End-Lösung für Shop- und Marktplatzsysteme hat Intershop das Produkt Enfinity entwickelt. Diese Software basiert auf der Java-J2EE-Plattform und nutzt XML als Datenaustauschformat zwischen den einzelnen Server-Bausteinen. Hauptsächlich setzt sich das System aus den folgenden Bausteinen zusammen:

- Der *Enfinity Catalog Server* (eCS) ist für Produktinformationen und die Katalogstruktur zuständig sowie für deren Navigation.
- Der *Enfinity Transactivity Server* (eTS) verwaltet den Zustand des Einkaufskorbs sowie von Bestellungen. Hier lassen sich Cartridges zur Abwicklung von Zahlungsprotokollen einfügen.

- *Enfinity Management Center* (eMC). Diese Funktion wird genutzt, um das Gesamtsystem zu konfigurieren. Vor allem dient dazu der Pipelet-Editor, mit dessen Hilfe sich Zugriffsprozesse definieren lassen. Das eMC ist eine Java-Applikation, die über das CORBA-IIOP-Protokoll mit den Servern kommuniziert. Als weitere Bestandteile des eMC steht ein HTML-/ISML-Template-Editor zur Verfügung (Intershop Markup Language).

Diese Server bietet Schnittstellen an, über die mit Hilfe eines vorge-schalteten Web-Servers auf die Funktionen des Katalogs und des Transaktionsmoduls zugegriffen werden kann. Das System generiert dazu HTML-Dokumente auf der Basis der Enfinity-spezifischen ISML (Intershop Markup Language), einem XML-Dialekt, über den Aufrufe von Pipelines erfolgen können (siehe das Beispiel weiter unten). Das Gesamtsystem basiert auf einem durch Intershop entwickelten Web-Application Server, dem Enfinity Application Server. Als Datenbank-system dient Oracle9i, das über das Oracle Call Interface (OCI) einge-bunden ist. Die Daten des Katalogs und des Transaktionsservers kön-nen dabei wahlweise auf unterschiedlichen Servern abgelegt werden.

... aber proprietäre Vokabulare

Der Ablauf einer Web-Interaktion entspricht dem Standardmodell, wie es in Kapitel 8 dargestellt wurde:[2] Im ersten Schritt wird durch den HTTP-Aufruf ein Servlet beim Web-Server aktiviert. Dieses wiederum ruft eine interne Logik des Enfinity-Systems auf (siehe unten) und als Folge eine EJB. Diese repräsentiert ein Datenobjekt auf dem Daten-bankserver, folglich wird die Kontrolle erneut in Form eines JDBC-Aufrufs an den Datenbankserver weitergegeben. Von dort gelangen die Datenobjekte schließlich zurück an die Server-Logik von Enfinity, um auf der Basis von JSPs schließlich an der passenden Stelle in das HTML-Dokument eingefügt zu werden. Dieser Ablauf entspricht in etwa der Abbildung 8-3 (Seite 292) zur Architektur von Application-Servern in Kapitel 8.

Zugriffe auf das Shop-System erfolgen über *Pipelines*. Eine Pipe-line ist dabei die interne Entsprechung eines Geschäftsprozesses, die schrittweise nach einem Aufruf durchlaufen wird. Eine Pipeline setzt sich zusammen aus Kontrollstrukturen (Bedingungen, Verzweigun-gen), sowie *Pipelets*, die Geschäftslogik kapseln. Pipelines können wie-derum andere Pipelines aufrufen, so dass Abläufe aus Einzelkompo-nenten komponiert werden können. Dies lässt sich mit Hilfe eines Pipelet-Editors, dem *Visual Pipelet Manager (VPM)* durchführen. Pipelines treten in drei Kategorien auf:

Pipelets und Pipelet Manager

---

2. Dabei ist es unerheblich, ob der Zugriff auf den Katalog- oder Transaktions-server erfolgt.

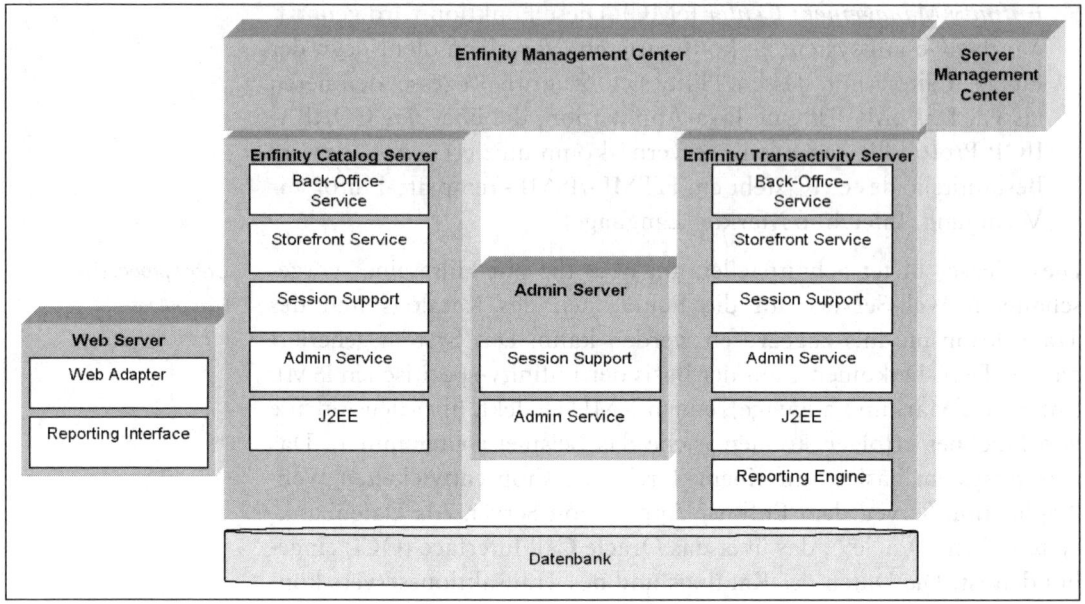

Abb. 10–12
Architektur von
Intershop Enfinity

▨ *Process-Pipelines* führen Verarbeitungsfunktionen aus, wie z.B. die Bearbeitung einer Kreditkartenzahlung.

▨ *View-Pipelines* dienen der Darstellung von Inhalten. Sie werden vor allem bei Katalog-Server eingesetzt.

▨ *Back-Office-Pipelines* stehen für Administrationsfunktionen zur Verfügung. Beispiele sind hier der Import und Export von Katalogdaten oder das Generieren von Reports.

Eine Pipeline zum Erstellen
von Herstellerlisten

Innerhalb einer Pipeline lassen sich Transaktionen visuell mit Hilfe des VPM definieren. An jedem visuellen Element einer Pipeline lassen sich Transaktionseigenschaften setzten (begin, commit, rollback transaction oder savepoint). Der Beginn einer Pipeline entspricht einer URL, so dass die Ausführung der Pipeline über einen Web-Browser initiiert werden kann. Abbildung 10-13 zeigt eine kurze Pipeline, die sich aus einem Startelement, dem Aufruf einer zweiten Pipeline, einem Pipelet sowie dem Endelement zusammensetzt.

Die abgebildete Pipeline soll ein Navigationsmenü anzeigen. Dazu wird über den Aufruf »Navigation Bar« der Rahmen erstellt und durch das Pipelet »DetermineManufacturers« mit einer Liste von Herstellern gefüllt. Diese Liste fragt das Pipelet von der Datenbank ab.

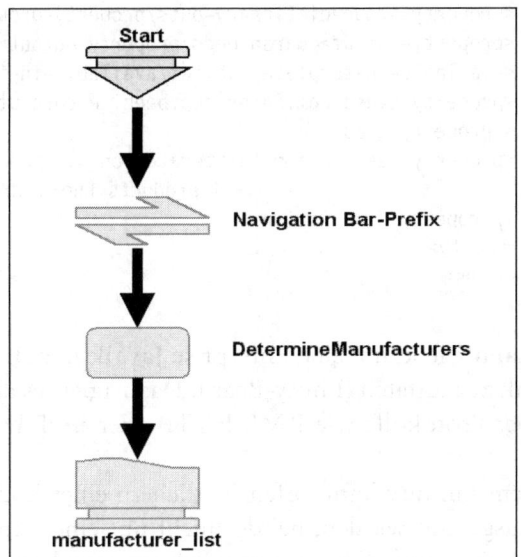

Abb. 10–13
Eine Pipeline bei
Intershop Enfinity

Ein Pipelet ist eine Java-Klasse, die auf dem Server abgelegt ist. Um ein Pipelet als Element einer Pipeline auszuführen, muss der Anwendungsprogrammierer dazu die Methode *execute* implementieren:

```
public int execute(PipelineDictionary pipelineDictionary) {
   ...
}
```

Als Pipelets lassen sich somit Anwendungsfunktionen in das Framework des Shop-Systems integrieren. Um ein Pipelet im System zu installieren, muss es mit Konfigurationsinformation versorgt werden. Diese liegt als XML-Datei vor. Das folgende Beispiel beschreibt den Namen und die Java-Klasse des Pipelets sowie seine Transaktionseigenschaften. Anschließend können Variable (*Properties*) definiert werden, die als Parameter bzw. Resultate dienen und zwischen der Pipeline-Ausführungsumgebung und dem Pipelet ausgetauscht werden.

Die Konfiguration erfolgt per XML

```
<pipelet>
   <name>DetermineManufacturers</name>

<class>com.intershop.beehive.xcs.pipelet.DetermineManufacturers
   </class>
   <description>Provides an iterator on all manufacturers of all
               products known in the system.</description>
   <error-connector>false</error-connector>
   <transaction>supported</transaction>
   <properties>
      <property>
         <property-key>manufacturer</property-key>
```

```
            <property-group>dictionary-out</property-group>
            <property-output>guaranteed</property-output>
            <available-in-template>public</available-in-template>
            <property-class>com.intershop.beehive.core.util.IIterator
            </property-class>
            <property-description>An iterator on all manufacturers of
                                  all products known in the system.
            </property-description>
         </property>
      </properties>
   </pipelet>
```

Das Pipelet kann wiederum eine Enterprise JavaBean aufrufen, um auf
die Datenbank zuzugreifen (Entity-Bean). Dazu agiert es als EJB-Client
und kann über Protokolle wie RMI, HTTP oder IIOP Daten von der
EJB abrufen.

Das System Enfinity kann offensichtlich zu einer hochkomplexen
Serverfarm ausgebaut werden, bei der nicht nur eine Replikation von
Katalog- und Transaktionsserver möglich ist, sondern zudem auch
noch eine Aufteilung in Staging- und Life-System. Durch Cartridges
lassen sich Erweiterungsmodule entwickeln, die beispielsweise die
Anbindung an Payment Gateways oder andere Softwarekomponenten
wie z.B. Personalisierungssysteme erlauben.

Kosten und Nutzen

Enfinity wird von Intershop als High-End-System für Anbieter mit
hohen Zugriffszahlen und komplexer Back-End-Integration angeboten. Preislich liegen die beteiligten Server in der Größenordnung von
60.000 USD für das erste eCS/eTS-Paar sowie 40.000 USD für jedes
weitere. Zusätzlich sind recht hohe Beträge für Erweiterungen in Form
von Cartridges zu bezahlen, z.B. 25.000 USD für die SAP-Integration
bzw. 30.000 USD für ein Modul, welches das ICE-Protokoll unterstützt (siehe Kapitel 14.5). Die Oracle9i-Datenbanklizenz ist nicht eingeschlossen, auch hier ist mit einigen zehntausend Euro zu rechnen.
Eine performante Installation, die Replikation und Staging unterstützt,
kostet somit weit über 100.000 Euro.

Hoher Wettbewerb bei
Standardtechnologien
Angesichts der recht moderaten Nutzung von Online-Shops (abgesehen vielleicht von den fünf bis zehn Spitzenreitern) stellt sich die
Frage, ob nicht auch ein einfacheres und preiswerteres System ausreichen würde. Diese Frage entscheidet sich allerdings nur zum Teil über
die zu erwartenden Web-Zugriffe, vielmehr fällt die Entscheidung pro
Enfinity (oder vergleichbarer Systeme wie z.B. von BEA oder abaXX)
eher über die Vereinfachung der Back-End-Integration. Wenn hier

zehn Personenmonate eingespart werden können, rechnet sich das System durchaus.

Gleichzeitig ist festzustellen, dass die verwendeten Technologien grundsätzlich an die gängigen Standards angelehnt sind: Sowohl EJBs als auch die verwendeten Kommunikationsprotokolle entsprechen den üblichen Java- und CORBA-Standards. Lediglich die ISML ist proprietär, hier würde man bei einer herstellerneutralen Implementation ggf. direkt auf JSPs zurückgreifen.

Interessant ist damit die Frage, wie viel Jahre eine Shop- bzw. Marktplatzarchitektur noch als proprietäres Produkt »aus einem Guss« geliefert wird. Man kann vermuten, dass einer der Anbieter von High-End-Systemen irgendwann seine Server-Plattform als Open Source Software zur Verfügung stellt und sich nur noch auf die Entwicklung von Cartridges bzw. auf die Zusammenstellung qualitätsgesicherter Snapshots konzentriert.

10.7   Web-Marketing und Banner-Werbung

Vor einigen Jahren befürchteten viele Internet-Benutzer noch eine Werbeflut von Banner-Bitmaps, welche die Bandbreite des Internets so stark belasten würden, dass man das gesamte Medium in Frage stellte. Dass sich mit der wachsenden Nutzerzahl auch die Bandbreite der Backbones entsprechend erweitern konnte – mehr Benutzer finanzieren ja auch mehr Bandbreite –, war nicht für jeden verständlich. Heute ist trotz aller »Web-Washer« die Bitmap-Flut größer denn je, aber Gleiches gilt auch für die Internet-Bandbreite im Allgemeinen.

Mit der Banner-Werbung liegt nun eine ganze Industrie von beteiligten Unternehmen und Organisationen vor, die am neuen Werbemechanismus partizipiert:

Betreiber von Web-Servern wie Suchmaschinen, Shareware-Server, Informationsdienste etc. leben teilweise vollständig von den Werbeeinnahmen. Heerscharen von Designern versuchen, eine optimale Kombination aus Banner-Attraktivität und Dateigröße der Bitmap zu erzielen. Die werbetreibende Wirtschaft hat sich rasch auf Konventionen und Metriken geeinigt, um den Erfolg von Werbemaßnahmen messen zu können. Diverse neue Geschäftsideen sind als Randerscheinung der Banner-Werbung entstanden: *Click-Register* protokollieren als vertrauenswürdige Dritte die Anzahl der AdClicks, Eintragungsdienste helfen dem Newcomer bei der Registrierung seiner Website bei den wichtigsten internationalen Suchmaschinen. Schließlich betreiben weitere Unternehmen (häufig als Einzelunternehmen) so genannte Banner-

Click-Register

Tauschprogramme, mit deren Hilfe sich eine Vielzahl an Websites gegenseitig in dem Erlangen von Aufmerksamkeit stützen kann.

Messverfahren der IVW

Die IVW (Informationsgemeinschaft zur Feststellung der Verbreitung von Werbeträgern e.V.) dient als neutrale Messinstanz, die für freiwillig registrierte Online-Anbieter eine monatliche Zugriffsstatistik veröffentlicht. Diese Informationen werden regelmäßig unter der Web-Adresse *www.ivw.de* zur Verfügung gestellt. Die wichtigsten Messkriterien sind dabei die Page-Impressions und die Visits:

- *Page-Impressions.* Diese Kennzahl gibt an, wie häufig Webseiten vom Server abgerufen wurden. Dabei muss sie unabhängig sein von der Seitengestaltung, insbesondere von der Anzahl der Frames und Bitmaps, da diese jeweils einen Hit beim Web-Server – also einen Eintrag in seiner Protokolldatei – verursachen. Aus diesem Grunde werden nur Abrufe der tatsächlichen HTML-Seiten gezählt. Page-Impressions können dennoch nur in Grenzen die tatsächlichen Abrufe reflektieren, da es letztlich von der Frame-Schachtelung der HTML-Seiten sowie der Kombination aus statischen und dynamischen Bestandteilen einer Seite abhängt, wie oft und lange beispielsweise ein Werbebanner für den Kunden sichtbar ist.
- *Visits sind Besuche bzw. Nutzungsvorgänge.* Immer wenn ein Benutzer von einem anderen Web-Server auf den betreffenden wechselt, wird dieser Einstieg als ein Visit protokolliert. Besucher können über ihre Visits hinaus nicht weiter unterschieden werden, da der Zugriff anonym erfolgt. Somit ist nicht messbar, wie oft ein einzelner Benutzer einen Web-Server besucht bzw. wie groß der »Leserkreis« eines Web-Servers ist.
- *Unique Audience.* Hierbei handelt es sich um einzelne Personen, die eine Website innerhalb eines Zeitraums besuchen. Dabei ist es unerheblich, ob die Besuche einmal oder einhundert Mal stattfinden.

Schaut man sich die Statistik der IVW an (vgl. Tabelle 10-1), so stellt man fest, dass pro Visit nur durchschnittlich 3-5 Page-Impressions erfolgen. Dies zeigt in beeindruckender Weise, wie schnelllebig ein Besuch beim Server ist.

Angebot	Homepage-URL	Summe Visits (Nov. '98)	Summe Visits (März '99)	Summe Visits (Feb '01)	Summe Page-Impressions (Feb '01)
Allgemeine Angebote					
Allegra	www.allegra.de	444.239	498.210	785.250	7.199.006
AOL Homepage	www.aol.de	1.946.202	2.279.729	6.361.886	48.345.287
Brigitte-Infoline	www.brigitte.de	268.805	363.916	2.100.554	10.785.363
Cityweb	www.cityweb.de	694.085	837.402		6.902.752
Coupe	www.coupe.de	947.547	1.302.485		95.875.095
DW-online	www.dwelle.de	211.687	453.335	922.333	2.300.051
Elle Online	www.elle.de		217.499	225.293	1.286.596
FOCUS Online	www.focus.de	3.212.521	5.368.068		86.788.466
GEO Explorer	www.geo.de	301.078	430.653	527.594	2.231.850
KABEL 1 Online	www.kabel1.de	100.645	153.528	470.318	2.168.432
praline interaktiv	www.praline.de	1.925.431	4.500.685		57.665.779
ProSieben Online	www.pro-sieben.de	1.449.156	2.543.351		81.290.075
RADIO TELE / FFH – Medien-Server	www.radio-tele-ffh.de	134.881	174.199	882.707	1.366.566
Rhein-Main.Net	www.rhein-main.net	203.741	257.035	464.167	1.874.961
RTL Online	www.rtl.de	1.003.140	2.613.864		210.233.831
RTL2 – Online	www.rtl2.de	313.225	281.359	3.598.417	11.606.219
rtv online	www.rtv.de	78.084	108.042	757.168	2.080.394
SAT.1 ONLINE	www.sat1.de	2.779.394	3.251.460	11.107.440	47.496.043
SPIEGEL online	www.spiegel.de	2.286.701	4.826.111	10.571.959	31.480.468
STERN online	www.stern.de	2.097.808	3.247.663	3.310.136	13.743.481
TV Today Network	www.tvtoday.de	1.935.423	4.466.357		40.301.362
Unicum online	www.unicum.de	188.019	297.013	616.754	2.536.394
WetterOnline	www.wetteronline.de	328.291	825.786	4.223.436	21.465.498
Online-Malls					
NETZMARKT	www.netzmarkt.de	429.940	503.858	970.144	3.874.286
Shop.de	www.shop.de	199.598	96.401	86.520	345.557

Tab. 10–1

Statistik des IVW vom

Februar 2001

Das Wachtum ist
uneinheitlich

Anhand der Nutzungsstatistik ist erkennbar, wie stark bei einigen Anbietern das Wachstum innerhalb von nur vier Monaten in der Zeit zwischen November 1998 und März 1999 verlief. Im Laufe der folgenden zwei Jahre entwickelte sich die Nutzung dann allerdings ganz unterschiedlich: Während früh bekannte Websites wie z.B. Stern online oder Allegra vergleichsweise geringe Zuwächse verzeichneten, konnten andere die Nutzung auf das Fünf- bis Zehnfache erhöhen (z.B. RTL2, Brigitte). Interessant ist ebenfalls das Verhältnis von Page-Impressions zu Visits von etwa 4:1. Intuitiv würde man davon ausgehen, dass eine Person länger als vier Seiten bei einem Server verweilt. Heißt dies, dass alle nur permanent von einem Angebot zum nächsten ziehen, ohne zu verweilen? Zu berücksichtigen ist vielmehr, dass ein Wechseln von einem Anbieter zum nächsten über den Referer-Link gemessen wird. Wenn man also einmal aus einer Sitzung mit einem Server ausbricht, um eine Seite der Konkurrenz anzusehen, und schließlich die Sitzung fortsetzt, so führt dies bereits zu einem zweiten Visit.

International ist das Volumen der Top Ten um Größenordnungen umfangreicher. Hier ist es u.a. das Marktforschungsunternehmen Nielsen, das die wöchentlichen und monatlichen Nutzungsstatistiken veröffentlicht. Unter *www.nielsen-netratings.com* sind diese Daten zu finden. Als Beispiel zeigt Tabelle 10-2 die Statistik der monatlichen Top Ten im Februar 2001 (gemessen nach der Kennzahl *Unique Audience*):

Tab. 10–2

US-Top-Ten-Statistik,
gemessen in »Unique
Audience« (Nielsen-
NetRating, Februar 2001)

Angebot	Summe Unique Audience
1. AOL Time Warner	62.601.573
2. Yahoo!	53.191.893
3. MSN	44.305.531
4. *Excite@Home*	23.772.813
5. Microsoft	23.676.374
6. Lycos Network	21.776.477
7. Walt Disney Internet Group	16.604.395
8. About the Human Internet	13.906.190
9. eBay	13.837.867
10. Amazon	13.633.439

Die AdClick-Rate ist
stark gesunken

Banner-Werbung erweist sich als immer schwächeres Mittel, um Kundenaufmerksamkeit zu erlangen. Trotz aller Präzision bei der Platzierung von Online-Werbung auf Internet-Portalen führen nur die wenigsten Banner zu einem AdClick: Während dies vor ein paar Jahren noch 1-2 Prozent aller angezeigten Banner leisteten, ist die durchschnittliche AdClick-Rate heute mit weiter fallendem Trend auf weniger als 0,5 Prozent gesunken. Damit steht der Shop-Betreiber vor der Wahl, entweder mehr Geld für die präzisere Platzierung zu bezahlen (dies können dann bis zu 5 Cent pro Banner-Kontakt sein) oder andere Wege zu beschreiten.

Abb. 10–14

AdClick-Rate in

unterschiedlichen

Ländern (Quelle:

AdKnowledge System)

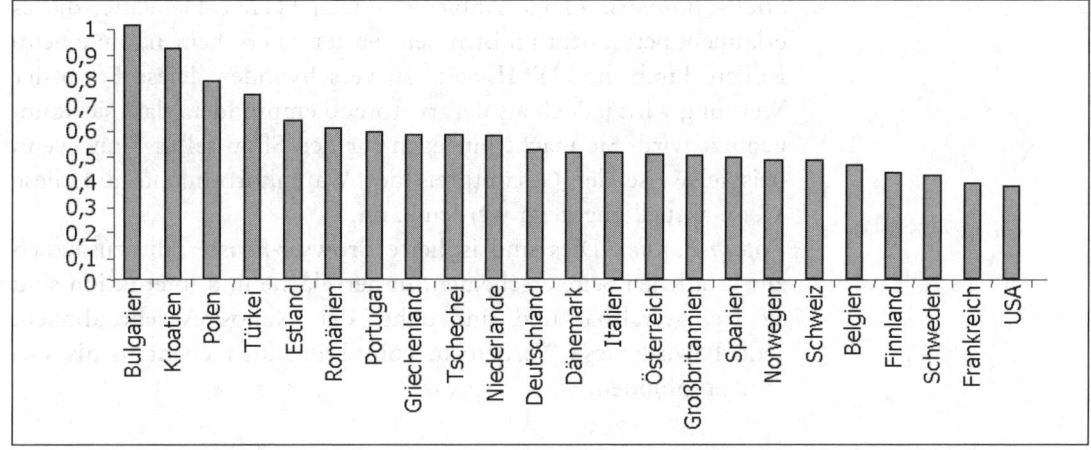

Unterschieden werden bei Werbebannern folgende Kategorien:

- *Statische Banner.* Dies sind einfache GIF-Dateien, die ohne Programmieraufwand entworfen werden. Sie zeichnen sich durch geringen Speicherbedarf und damit auch durch kurze Ladezeiten aus. Andererseits ist ihre Aufmerksamkeitswirkung entsprechend gering und es besteht keine Interaktionsmöglichkeit außer über einen einfachen Hyperlink direkt auf die Seite des Anbieters zu klicken.
- *Animierte Banner.* Im Wesentlichen bestehen diese aus animierten GIF-Dateien oder Flash-Filmen. Der Aufmerksamkeitseffekt ist hier erheblich höher, jedoch auch die Ladezeit. Häufig werden animierte Banner allerdings auch als lästig empfunden, so dass die Anforderungen an die Designqualität zunehmend steigen.
- *HTML-Banner.* Dies sind eingebettete HTML-Elemente, die es erlauben, z.B. mehrere Links einzubetten oder eine Auswahlliste anzuzeigen. Programmieraufwand und Speicherbedarf sind hier erheblich höher als bei reinen Grafiken.
- *Transaktive Banner.* In diesem Fall kann sich eine Interaktion auf dem Banner selbst abspielen, so dass über mehrere Schritte hinweg Informationen zwischen dem Teilnehmer und dem Anbieter ausge-

tauscht werden können. Dabei wird die Webseite des Anbieters nicht durch den Teilnehmer betreten.

- *Nanosite-Banner.* In diesem Fall ist die komplette Funktionalität einer Website in das Wirtssystem eingebettet. Diese Lösung findet sich häufig bei Shop-in-Shop-Systemen. Nanosites haben eigentlich keinen Banner-Charakter mehr, da sie auch durch Frame-Integration des Anbieters realisiert werden könnten.

- *Sticky Banners.* Einige Anbieter nutzen HTML-Elemente, die es erlauben, permanent im Browser-Fenster zu erscheinen, ohne beim Rollen durch die HTML-Seite zu verschwinden. Diese Form der Werbung wird jedoch als derart störend empfunden, dass sie kaum genutzt wird. Sie macht hingegen für den Shop selbst Sinn, wenn beispielsweise der Gesamtpreis des Warenkorb-Inhalts auf diese Weise aktuell angezeigt werden kann.

- *Popup-Banner.* Dies sind isolierte Browser-Fenster, die zusätzlich zur geladenen Seite erscheinen. In der Fläche und Interaktion sind sie frei gestaltbar und sind daher den Nanosites sehr ähnlich. Jedoch wird diese Werbeform vom Teilnehmer ebenfalls als störend empfunden.

10.8 Ad-Server

Ad-Server werden vom Content-Management- bzw. Shop-System aufgerufen, um in die benutzten HTML-Templates Banner einzufügen. Bekannte Produkte sind der Ad-Server von DoubleClick und der Open AdStream-Server von RealMedia.

Targeting   Ihre wichtigste Aufgabe ist die Zuordnung von Bannern zu Webseiten. In der Regel sind in den verwendeten HTML-Templates serverseitige Skripte definiert, die beim Abruf ausgeführt werden und Banner-Dateien liefern. In der Auswahl der richtigen Datei liegt nun die Kunst des Geschäfts: Hier ist ein präzises *Targeting* – die Adressierung der passenden Kundengruppe – zu kombinieren mit einem geeigneten Klassifikationssystem. Dazu fließen Informationen wie Uhrzeit, Domänenname, Browser- und Betriebssystemtyp des Benutzers, Kategorie der abgerufenen Seiten, geographische Daten, Kunden-ID, und Kampagnenstatus in die Entscheidung ein. Über die Managementschnittstelle von Ad-Servern lassen sich diese Informationen flexibel definieren.

Im Folgenden konzentrieren wir uns auf den Open AdStream-Server (OAS) von RealMedia. Der OAS befindet sich im Back-End eines Web-Servers. Er ist über eine Datenbankschnittstelle mit Systemen wie MySQL oder Oracle verbunden, um seine Daten dort abzulegen und zu lesen. Wenn relevante Änderungen (Kampagnendefinition, Kategorisierung) in der Datenbank vorgenommen wurden und diese »life« zu sehen sein sollen, so wird über die Verwaltungsschnittstelle ein Programm angestoßen, welches die wichtigen Daten aus der Datenbank extrahiert und in Dateien ablegt.

Der Web-Server ist um eine sog. Delivery-Engine erweitert, welche diese Daten lädt und an den Web-Browser weiterleitet. In der Delivery-Engine wird aufgrund von Kampagnendaten entschieden, welcher Banner für einen Anwender zur richtigen Zeit übertragen werden soll. Die Delivery-Engine hält ihre Daten im Hauptspeicher ihres Rechners und ist dadurch besonders performant bei der Auslieferung von Bannern. Es ist hierbei kein Zugriff auf die Datenbank von OAS notwendig.

Abb. 10–15
Integration des Ad-Servers mit dem Web-Server

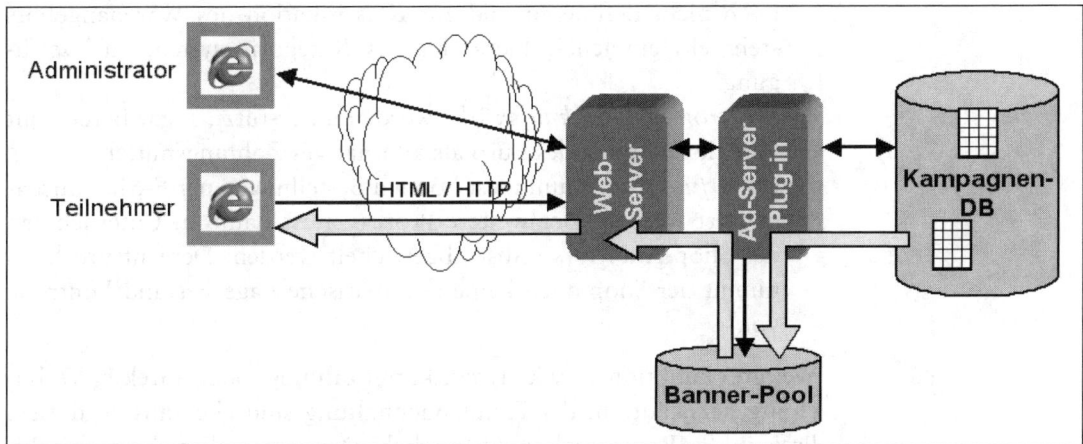

10.9 Shops für jedermann

Wem es reicht, einfach nur mit einem eigenen Shop online zu sein, über den ein einfacher Katalog manuell verwaltet werden soll und der für Kunden zum Bestellen von Waren bereitsteht, der kann einen solchen Service heute bereits zu monatlichen Gebühren zwischen null[3] und 50 Euro mieten. Anbieter wie *www.globuy.de* oder *www.strato.de* bieten die Möglichkeit, vollständig über das Web den eigenen Shop einzurichten. Wer als kleines Unternehmen nur eine überschaubare Menge an Artikel zu pflegen hat, kann die wesentlichen Bestandteile des Shops selbst definieren:

---

3. Wenn man einen E-Mail-Account beim Betreiber besitzt und von einer einmaligen Einrichtungsgebühr absieht.

- *Domain-Name.* Dieser wird meistens im Zusammenhang mit der Einrichtung eines E-Mail-Accounts oder einer Homepage gebucht.
- *Homepage des Unternehmens.* Hierzu stehen Autorensysteme für Web-Inhalte zur Verfügung, die vom Anbieter genutzt werden können. Dabei lassen sich Staging-Varianten auf dem eigenen PC erstellen und anschließend auf den Mall-Server hochladen.
- *Einbindung redaktioneller Multimedia-Inhalte* (Grafiken, RealAudio- und RealVideo-Clips, Animationen und vorgefertigte serverseitige Funktionen).
- *Funktionen zur statistischen Auswertung.* Auch diese Funktionen werden einem Shop-Mieter zur Verfügung gestellt.
- *Online-Katalog.* Der Katalog ist im Vergleich zu den zuvor dargestellten Produkten eher rudimentär. Varianten lassen sich häufig noch nicht definieren und zur Klassifikation des Warenangebots steht ein einfaches, hierarchisches Kategoriensystem zur Verfügung.
- *Elektronische Einkaufskörbe* werden unterstützt, sogar bereits mit Berücksichtigung des Euro als alternatives Zahlungsmittel.
- *Orderfunktion.* Zumindest können Bestellungen per E-Mail durchgeführt werden. Der weitere Prozess muss dann im Unternehmen des Shop-Anbieters selbst abgewickelt werden. Dementsprechend nimmt der Shop auch keine automatische Lagerbestandskontrolle vor.

Weitere Funktionen wie Kreditkartenzahlung oder direkte Verbuchung der Käufe in der Finanzbuchhaltung sind ebenfalls zu diesem Preis in der Regel noch nicht möglich. Dennoch stellen die neuen Billig-Malls eine interessante Möglichkeit für Privatpersonen und kleine Händler dar, die sporadisch Artikel online verkaufen möchten. Da ein solches Mall-System ohne nennenswerte Betriebskosten angeboten werden kann,[4] ist zu erwarten, dass wegen der geringen monatlichen Gebühren bei einigen hundert Shops ein wirtschaftlicher Betrieb möglich ist.

Branchen-Malls und Markttplätze   Ein weiterer neuer Trend sind »Branchen-Malls«, die auf einem gemeinsamen Katalog basieren. Ein solches Beispiel ist Mobile.de. Hier können Autohändler mit minimalem Aufwand ein eigenes Informationsangebot einrichten. Transaktionen werden bei diesen Shops jedoch nicht unterstützt. Dafür kann das System ohne Gebühren für den Händler genutzt werden. Interessant ist bei den homogenen Pro-

---

4.   Bei der nötigen technischen Kenntnis fällt die Installation und Internet-Anbindung eines Cluster von Unix-Servern sowie der Entwicklungsaufwand für die Integration an.

dukten, die in einer Branchen-Mall gehandelt werden, vor allem die Möglichkeit, einen neutralen Produktkatalog einzusetzen. Im Falle von *www.mobile.de* kann der Kunde daher über alle Händler nach einem passenden Angebot suchen. Erst wenn dieses gefunden wurde, geht er auf die Webseiten des betreffenden Händlers. Mit diesem Konzept konnte Mobile.de bis zum Januar 2001 bereits 75 Millionen Page-Impressions generieren.

10.10 Weitere Aspekte beim Betrieb von Online-Shops

Junk-Orders

Junk-Orders sind leider eine Realität. Bei vielen Online-Shops liegt die so genannte Junk-Order-Rate – also der Anteil der Jux-Bestellungen – bei bis zu 30% (Computerzubehör, CD, Bücher bei MyWorld) und sogar bei bis zu 60% in anderen Produktgruppen. Wahrscheinlich sind »Donald Duck« und »Pipi Langstrumpf« weltweite Umsatzspitzenreiter. Aber auch Schuldirektoren, Prominente oder einfach Nachbarn und Verwandte werden immer wieder gern als Opfer eines Junk-Orders eingesetzt. Damit ist verständlich, dass Online-Anbieter versuchen, möglichst an der Quelle derartige Fälle auszumerzen. So verfügt jedes größere Online-Unternehmen über eine nahezu vollständige Adressenliste deutscher Haushalte. Auch besonderes gefährdete Statusgruppen wie eben die Schuldirektoren sind häufig erfasst. Beantragen diese eine Eintragung, erfolgt zunächst ein Rückruf des Anbieters beim »Opfer«. Und natürlich werden Negativlisten geführt, in denen die Ducks, Langstrumpfs und Mouses gespeichert sind. Diese Mechanismen werden auch ohne Internet bei allen Versandanbietern eingesetzt, so dass sie sich relativ leicht auf das Online-Modell anpassen ließen.

Erste Hilfe durch Adressvalidierung

   Die Angabe »normaler« Opfer kann jedoch nicht vorab erkannt werden: Hier hilft zumindest eine E-Mail-Notifikation, falls eine Adresse angegeben wurde. Da es beim Mail-Order bzw. Telefon-Order beim heutigen Service-Niveau üblich ist, einem Verbraucher das Rückgaberecht binnen einer gewissen Frist einzuräumen, besteht seitens der Anbieter bereits eine logistische Infrastruktur zur Behandlung des nicht vermeidbaren Rests an fingierten Falschlieferungen. Erst mit der Einführung zuverlässiger Authentifikationsmechanismen (Signaturen nach dem SigG) kann eine Verbindung zwischen der Identität des tatsächlichen Bestellers und der Lieferadresse hergestellt werden.

10.11 Zusammenfassung

Ein Shop ist zu 90% ein Projekt und nur zu 10% ein Produkt

Es kommt immer darauf an, was man will! Da die Investition zur Einrichtung eines Online-Shops zwischen einem Sonntagnachmittag und mehreren hundert Millionen Euro kosten kann (Bertelsmann hat sich BOL sogar über 300 Millionen Euro kosten lassen!), sind etliche Faktoren abzuwägen: Wer ist der Kundenkreis – Konsumenten oder Unternehmen? Wie sind die eigenen Artikel gestaltet – eher »Commodities« oder sehr variantenreich und erklärungsbedürftig? Erfolgt die Bezahlung eher durch nationale oder durch internationale Kunden? Welcher Online-Umsatz ist zu erwarten? Wie volatil ist die Kundschaft und wie gut kann sie gebunden werden? Welche Bestandteile und Phasen der Kauftransaktion sind zu unterstützen? Wie soll die Integration mit dem »Back-Office« erfolgen?

Diese Fragen lassen sich nicht pauschal oder durch die Definition einiger weniger Modelle beantworten. Hier ist zumindest eine eingehende Untersuchung bestehender Geschäftsabläufe erforderlich, wenn nicht sogar eine Geschäftsfeldanalyse, bei der alle beteiligten Akteure auf dem betreffenden Marktsegment einbezogen werden.

Je nach dem Grad internationaler Aufmerksamkeit und der Attraktivität des Angebots kann es sein, dass der Shop jahrelang im Schneewittchenschlaf liegen wird, aber auch, dass er rasch durch schnellere Server und Datenbanken aufgestockt werden muss, da aufgrund einer Werbemaßnahme plötzlich täglich einige tausend Bestellungen eingehen. Hierbei ist das Zusammenspiel aus Geschäftsmodell, Softwaretechnik, Logistik und Marketing ein Schlüsselfaktor. Bei einem Online-Shop mit schnell wachsendem Umsatz wird sich bald zeigen, wo der nächste Engpass liegt. So musste Amazon einige Zeit leidvoll erfahren, dass das explosive Wachstum seines »Front-Ends« im »Back-End« – also bei der Bestellabwicklung und Auslieferung – nicht eingehalten werden konnte. Software und Hardware skalieren erheblich besser als die Lagerhalle, das Personal und die Lieferwagenkapazität des Kurierdienstes.

Content, Community, Commerce

Erfolgreiche Shops basieren heute nicht mehr nur auf einem klar abgrenzbaren Geschäftsmodell (im Falle des Shops nur auf einem Produktkatalog, Einkaufskorb etc.), sondern sind vielmehr eine Kombination ganz unterschiedlicher Geschäftsmodelle, die häufig Elemente von beispielsweise Online-Communities und Content-Providern vereinen. Beispiel: Eine große Auswahl oder ein benutzerfreundliches Interface bietet nahezu jeder große Buchladen im Netz. Allerdings sind die Online-Rezensionen (Content) der Leser (Community) für viele potenzielle Käufer von großem Interesse und schleusen somit Besucher regelmäßig auf diese Website. Dies hat natürlich auch einen wesentlichen Einfluss auf die System- und Anwendungsarchitektur solcher Websites. Eine zentrale Anforderung an ein Shop-System sind daher offene Schnittstellen, die eine tiefe Integration mit anderen Funktionsmodulen erlauben.

Wie bereits bei der Diskussion der Internet-Ökonomie in Kapitel 5.2 dargestellt, gelten auch für Online-Shops sehr veränderliche Beziehungen zwischen den betriebswirtschaftlichen Einflussfaktoren. Somit ist vor der Einrichtung eines Online-Shops immer eine eingehende Markt- und Technologieanalyse erforderlich. Schließlich ist zu berücksichtigen, dass die Kosten einer hinreichend flexiblen Shop-Lösung (Enfinity von Intershop oder der WebLogic Commerce-Server von Bea) bei mindestens 100.000 Euro liegen. Außerdem sind Kosten für Erweiterungskomponenten und die Hardware zu kalkulieren, die ebenfalls im Bereich einiger 10.000 Euro liegen. In jedem Fall verursacht jedoch die anschließende Softwareentwicklung und Integration den Löwenanteil der Kosten.

Jeder, der einen Online-Shop einrichten will, muss folglich prüfen, ob es sich wirklich lohnt, diese Investition vorzunehmen. Häufig hängt es von der intelligenten Verzahnung des bestehenden Prozesses mit dem Online-Shop ab. In einigen Branchen (hauptsächlich für Soft-Goods) ist es eher sinnvoll, einen Online-Shop »auf der grünen Wiese« zu eröffnen, während bei physischen Gütern eine enge Integration mit der bestehenden Lager- und Lieferlogistik zwingend erforderlich ist.

Eine der Hauptkomponenten ist beim B2C-Commerce die Transaktionsabwicklung, d.h. die Durchführung von Online-Bezahlungen. Diese Komponente besitzt aufgrund der vielfältigen Entwicklungen der letzten Jahre so viel »kritische Masse«, dass ihr ein umfangreicheres Kapitel gewidmet wurde (siehe Kapitel 12).

11 B2C-Fulfilment

Unter Fulfilment verstehen wir die Gesamtheit aller Aktivitäten, die nach dem Vertragsschluss der (meist physischen) Belieferung des Kunden dienen. Das B2C-Fulfilment konzentriert sich dabei auf den Privatkunden, der für den Händler ungeplant bestellt, als Verbraucher mit besonderen Rechten ausgestattet ist und meist einfach handhabbare Güter bestellt, die durch sog. KEP-Dienstleister (Kuriere, Expressdienste, Paketdienste) ausgeliefert werden können.

Seit der öffentlichen Diskussion über die Probleme der Endkundenbelieferung durch Online-Händler im Weihnachtsgeschäft 1999 dürfte es allgemein bekannt sein, dass die Logistik bzw. das gesamte Fulfilment einer der kritischen Erfolgsfaktoren des Electronic Commerce ist. Die Schnelligkeit und Zuverlässigkeit der Lieferung von bestellten Waren entscheidet maßgeblich über die Kundenzufriedenheit und somit über die Retourenbereitschaft und die Kundentreue, d.h. die Bereitschaft, erneut im gleichen Shop Produkte zu bestellen.

11.1 Die Bedeutung des Fulfilments

Die hohe Bedeutung eines qualitativ hochwertigen und gleichzeitig effizienten Fulfilments für den Erfolg von Online-Händlern kann anhand einer Reihe von Marktbeobachtungen und Statistiken gezeigt werden.

So haben sich zum Beispiel die Kundenanforderungen an die Flexibilität und Lieferfähigkeit der Online-Händler in den letzten Jahren zunehmend erhöht. Dies betrifft Lieferzeiten, die Auswahl von Versand- und Zahlungsarten, die Definition von festgelegten Lieferzeitpunkten, Mehrfachlieferungen und die Belieferung von Pick-up oder Abholstationen. Viele potenzielle Kunden geben an, die Bestellung abgebrochen zu haben oder nachträglich storniert zu haben, weil die Lieferzeit zu lang war.[1] Bei der Dauer der Lieferzeiten müssen sich

Online-Händler und deren Fulfilment-Partner an Qualitätsstandards orientieren, die von Marktführern (Best-Practice-Leadern) gesetzt werden. Amazon bietet zum Beispiel die kostenfreie Lieferung von Büchern in 48 Stunden an, während Outpost.com die kostenfreie Lieferung innerhalb 24 Stunden offeriert und somit einen neuen Standard setzt. Zusätzlich werden vermehrt spezielle Lieferdienste angeboten. So hatte BOL im Weihnachtsgeschäft 2000 das Angebot, ausgewählte Artikel in 11 deutschen Städten innerhalb von 4 Stunden auszuliefern. Realisiert wurde dieses Angebot durch die Verlegung des Lagers auf die Straße. Die Lieferwagen dienten als fahrendes Lager und Aufträge wurden per SMS an den Fahrer übermittelt, der per Satellitennavigation den Kunden anfuhr, den Lieferschein im Wagen ausdruckte und die Ware vor Ort kommissionierte. Die Spedition Boes, Osnabrück, zeichnete sich für dieses Angebot verantwortlich.

Hohe Lieferzeiten erhöhen die Retourenquote

Studien zufolge nimmt die Bereitschaft, online gekaufte Produkte wieder zurückzugeben oder umzutauschen, mit zunehmender Lieferzeit zu. So entsteht bei einer Lieferzeit von zwei Stunden ab Bestellung kein Retourenaufkommen, während beispielsweise bei einer Lieferzeit von vier Tagen ab Bestellung das Retourenaufkommen 25% beträgt, d.h., ein Viertel aller bestellten Produkte wird nach Erhalt zurückgesendet. Da durch das Fernabsatzgesetz geregelt ist, dass der Kunde die Ware auf Kosten des Lieferanten bzw. Online-Händlers zurücksenden kann, entsteht somit für den Shop ein zusätzliches Kostenrisiko. Dieses setzt sich nicht nur aus den Kosten für den Paketdienst oder die Spedition zusammen, die noch vergleichsweise gering sind, sondern beinhaltet vor allem die sog. Handlingkosten. Handlingkosten entstehen nach dem Wiedereintreffen der Produkte im Lager durch Auspacken, Dokumentation des Zustandes bzw. möglicher Schäden und der anschließenden Rückführung in den Lagerbestand, der Reparatur oder der Entsorgung (möglich ist auch der Verkauf in Restpostenmärkten). Reparatur und Entsorgung kommen selbstverständlich nicht bei CDs oder Büchern in Frage, sondern bei Produkten aus dem Bereich Consumer Electronics (»braune Ware«), Haushalts- und Küchengeräte (»weiße Ware«), Möbeln etc. aufgrund ihres hohen Warenwertes und der Anfälligkeit für Beschädigungen (Kratzer, Dellen).

Braune Ware und weiße Ware

---

1.   Vgl. Internetshopping Report 2000 und 2001 (*www.symposion.de*)

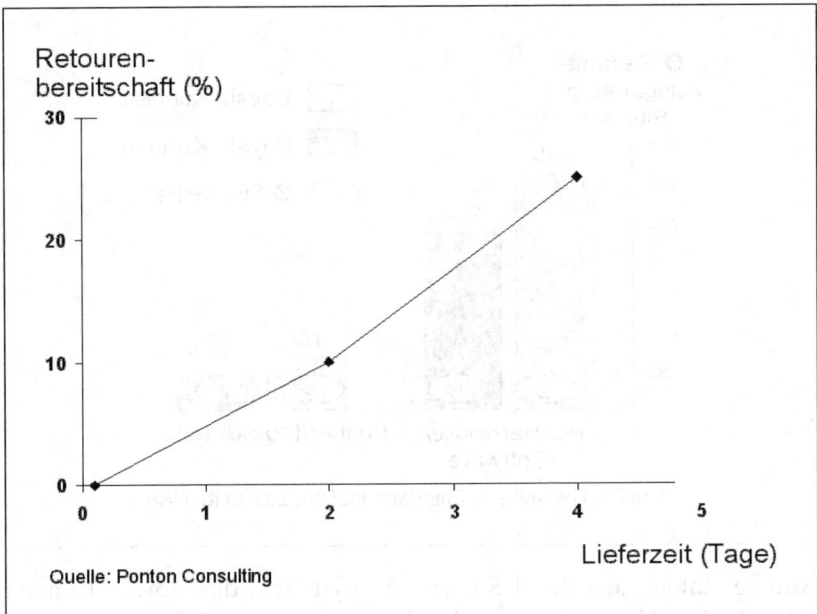

Abb. 11–1

Retourenaufkommen in Abhängigkeit von der Lieferzeit

Neben dem Retourenrisiko besteht für den Online-Händler zusätzlich das Risiko, den Kunden gänzlich zu verlieren. Da Wechselbarrieren im Wesentlichen nicht existieren bzw. nur in dem Ausmaß bestehen, bei einem anderen Händler die Adressdaten neu einzugeben, ist die Konkurrenz tatsächlich nur einen Klick entfernt. Bei ca. 33.400[2] Online-Händlern für materielle Produkte allein in Deutschland (wovon aber nur ca. 100 eine bedeutende Marktpräsenz haben) ist es kaum verwunderlich, dass die Loyalität gering, ja sogar deutlich geringer als im stationären Handel ist. Loyalität wird dabei gemessen an der Bereitschaft zum Mehrkauf, der Bereitschaft zum Weiterempfehlen des Händlers und am Vertrauen in den Händler. In einer Studie der Gesellschaft für Konsumforschung (GfK) aus dem Frühjahr 2001 geht hervor, dass auf der Loyalitätsskala mit dem Maximalwert von 100% Online-Händler im Schnitt bei 50% liegen, während im stationären Handel die Werte bei 60% liegen. Online-Buchhändler schnitten mit 59% am besten ab, Amazon erzielte sogar Loyalitätswerte von 79%.[3]

Amazon erreicht die höchste Online-Loyalität

2.   Vgl. Internet/E-Commerce-Gründungen in Deutschland – Segmentanalyse B2C-Anbieter: *www.e-startup.org*, Stand: 7/2000.
3.   Vgl. GfK Pressemitteilung vom 09.07.2001, *www.gfk.de*.

Abb. 11–2

*Kaufvolumen pro
Kunde und Online-Shop
nach Anbietern*

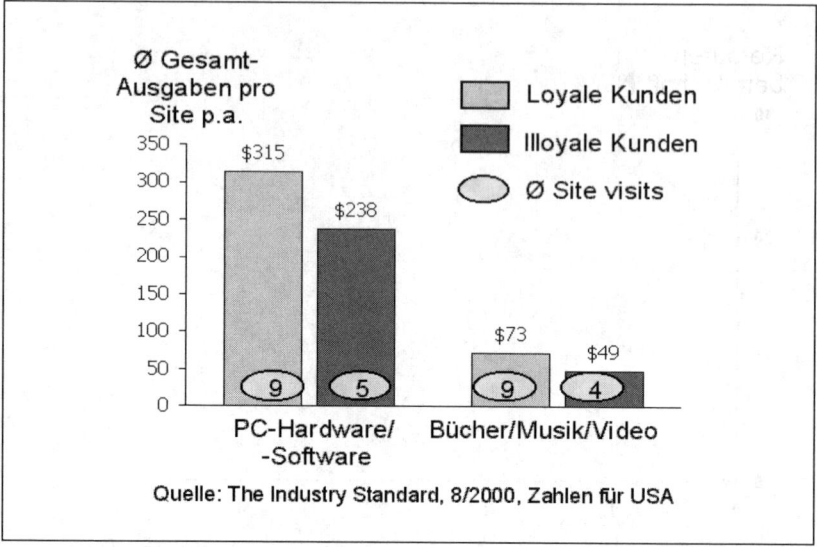

*Loyale Kunden
kaufen mehr*

Andere Zahlen aus den USA zeigen zusätzlich, dass loyale Kunden einen Online-Shop öfter besuchen und auch mehr Geld ausgeben als illoyale Kunden. So liegt beispielsweise der mittlere Bestellwert loyaler Kunden im Bereich Bücher/Musik/Video 24 Dollar über dem illoyaler Kunden.[4] An diesem Beispiel wird die direkte Auswirkung der Loyalität auf den Umsatz und letztendlich auch auf den Deckungsbeitrag deutlich.

*Fulfilment-Kosten können
den Shop unrentabel
werden lassen*

Betrachtet man nämlich die Umsatz- und Kostenstruktur (nur direkte Kosten) von Online-Händlern verschiedener Produkte, stellt man fest, dass neben dem Bestellwert und der Marge die Versand- und Fulfilment-Kosten ein entscheidender Treiber der Rentabilität sind. Während bei Büchersendungen in den USA größtenteils positive Deckungsbeiträge erzielt werden, ist dies insbesondere bei Lebensmitteln nicht der Fall.[5] Das in Abbildung 11-3 dargestellte Beispiel eines Lebensmittelhändlers stammt vom Online-Supermarkt *Webvan*, der im Juli 2001 Gläubigerschutz beantragt hat und seine Aktivitäten einstellen musste. Ein wesentlicher Grund hierfür waren im Vergleich zum Buchhandel hohe Fulfilment- und Versandkosten, verursacht durch eine eigene Fahrzeugflotte und eigene Lagerhäuser. Hieran wird deutlich, dass Fulfilment nicht nur aus Sicht der Sicherung und Steigerung von Umsätzen durch Kundenzufriedenheit und -bindung, sondern besonders entscheidend auch in Form von Kosten für den Erfolg oder Misserfolg eines Online-Shops ist.

---

4. Vgl. The Industry Standard, *www.thestandard.com*, Zahlen für 8/2000.
5. Vgl. McKinsey Quarterly 2000, Number 3, S. 100.

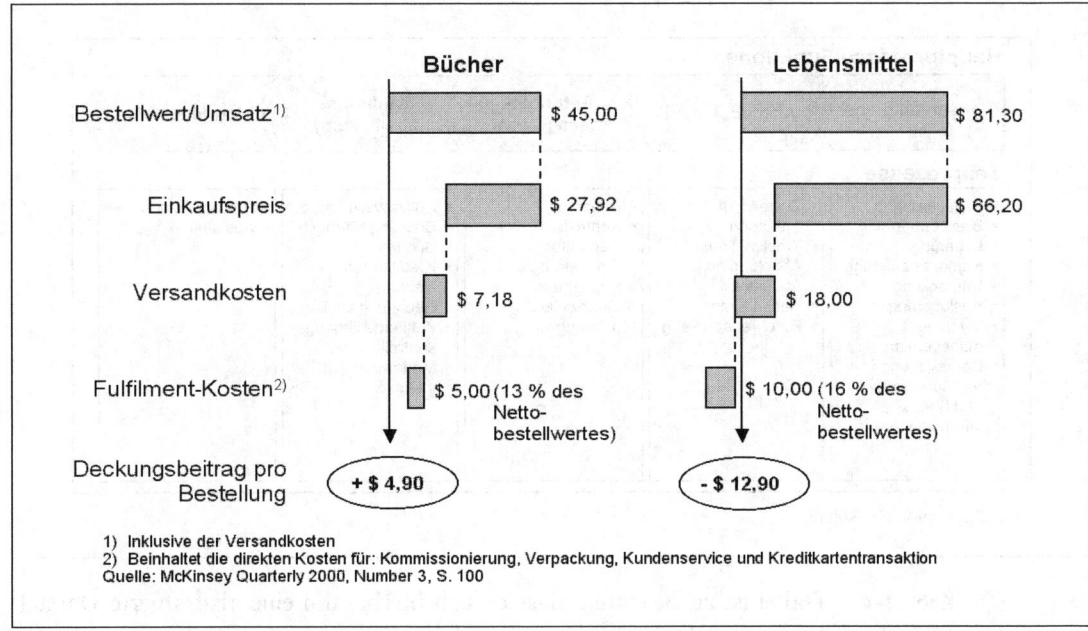

Bücher **Lebensmittel**

Bestellwert/Umsatz[1) .... $ 45,00 .... $ 81,30

Einkaufspreis .... $ 27,92 .... $ 66,20

Versandkosten .... $ 7,18 .... $ 18,00

Fulfilment-Kosten[2) .... $ 5,00 (13 % des Netto-bestellwertes) .... $ 10,00 (16 % des Netto-bestellwertes)

Deckungsbeitrag pro Bestellung .... + $ 4,90 .... - $ 12,90

1) Inklusive der Versandkosten
2) Beinhaltet die direkten Kosten für: Kommissionierung, Verpackung, Kundenservice und Kreditkartentransaktion
Quelle: McKinsey Quarterly 2000, Number 3, S. 100

Abb. 11–3
Branchenspezifische Rentabilität verschiedener Geschäftsmodelle zum Online-Retail

11.2 Die Fulfilment-Prozesse

Um die Bedeutung der Kundenanforderungen an Online-Händler sowie die daraus für Logistikdienstleister resultierenden Anforderungen besser verstehen zu können, ist es zielführend, Fulfilment und die Fulfilment-Prozesse genauer zu definieren. Mit anderen Worten: Was spielt sich im Back-End eines Online-Shops nach der Bestellung ab?

Fulfilment kann definiert werden als die Gesamtheit aller Prozesse und Funktionen, die durchgeführt werden müssen, um die Kundenbestellung schnell, komplett und mit vollständigen Begleitinformationen zum Kunden zu liefern und sie dort bei Bedarf auch wieder abzuholen. Diese Definition beinhaltet

- das Lagermanagement und die Kommissionierung,
- die Zahlungsabwicklung,
- den Transport bzw. die Vertriebslogistik,
- das Retourenmanagement sowie
- den Kundenservice.

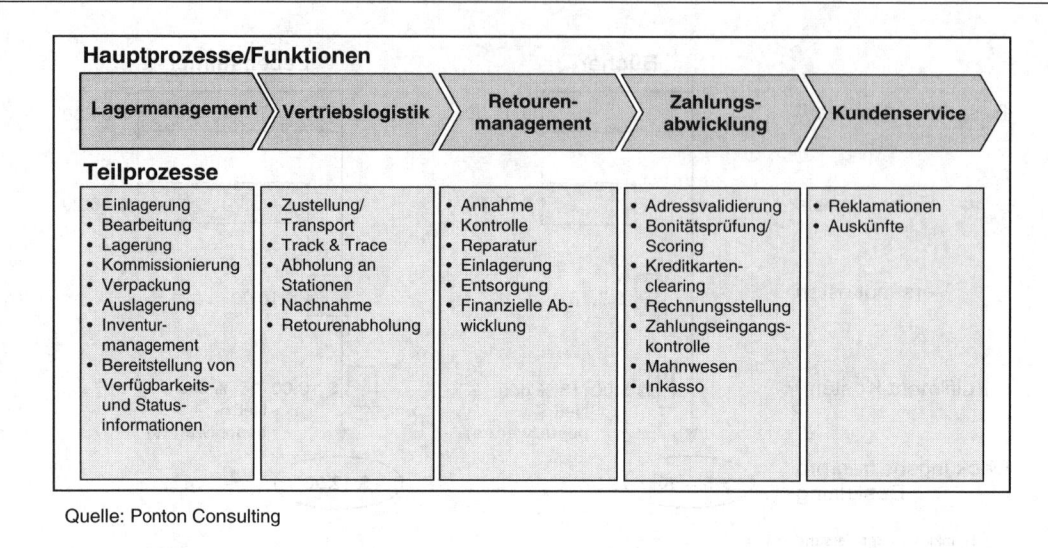

Quelle: Ponton Consulting

Abb. 11–4
Übersicht zu den
Fulfilment-Prozessen
und ihren Teilprozessen

Dabei ist zu beachten, dass es sich hierbei um eine abstrahierte Darstellung handelt. Viele der aufgeführten Prozesse und Teilprozesse laufen natürlich parallel ab, außerdem sind viele dieser Prozesse Logistikprozesse und als solche nicht nur spezifisch für den Online-Vertrieb. Die folgende Darstellung erhebt daher nicht den Anspruch eines Logistiklehrbuchs, sondern soll die grundlegenden Begriffe und Prozesse in ihrer rudimentärsten Form, besonders im Zusammenhang mit E-Commerce, erläutern.

Im Folgenden werden daher die einzelnen Prozesse und ihre Teilprozesse genauer beschrieben:

11.2.1 Lagermanagement

Kommissionieren

Das Lagermanagement beinhaltet alle Prozesse und Aktivitäten, die sich im Lager abspielen. Dabei wird das Lager hier nicht nur in seiner Kernfunktion, nämlich dem Aufbewahren und Bereithalten von Artikeln, definiert, sondern darüber hinaus auch in seiner Zusatzfunktion, dem Kommissionieren. Unter Kommissionieren versteht man das Zusammenstellen von Ware aus einem bereitgestellten Sortiment nach vorgegebenen Aufträgen (vgl. [Gude00]).

Die Beschreibung des nachfolgenden Lager- und Kommissionierungsprozesses basiert auf einem Regallager mit manueller, konventioneller Kommissionierung. Der Hauptprozess des Lagermanagements beginnt mit dem Einlagern der Ware, die im Wareneingang angeliefert wird. Hier werden die Waren auch meistens über einen Barcode im *Lagerverwaltungssystem* (LVS) erfasst und anschließend an einen ebenfalls mit einem Barcode versehenen Lagerplatz eingelagert. Die Erfassung geschieht an so genannten I-Punkten, wo Waren beim Eintritt in einen Leistungsbereich identifiziert und erfasst werden. Beim Austritt aus einem Leistungsbereich und zwischendurch wird an K-Punkten kontrolliert, ob der Auftrag korrekt ausgeführt wurde. Nach dieser Erfassung ist im LVS eindeutig hinterlegt, wo sich die Artikel befinden und wie viele Artikel an einem Lagerplatz vorhanden sind. Die Artikel werden dann im Lager so lange bereitgehalten (gelagert), bis eine Kundenbestellung einen Kommissionierauftrag auslöst. Dieser Auftrag stößt den Kommissionierprozess an, der mit dem Auffinden der Ware im Lager beginnt.

Über einen Algorithmus errechnet das LVS auf Basis von verschiedenen Zielvorgaben, wie beispielsweise einer Wegminimierung, die optimale Kommissionierreihenfolge des Auftrags. Über ein funkgestütztes Datenerfassungsgerät wird dem Kommissionierer mitgeteilt, in welche Regalreihe und welchen Lagerplatz er als Erstes zu gehen/fahren hat. Zur Kontrolle des richtigen Lagerplatzes muss der Barcode des Lagerplatzes gescannt werden, bevor mit der Entnahme der geforderten Menge begonnen werden kann. Auch diese Artikel müssen gescannt werden, um sicherzustellen, dass die richtige Anzahl der richtigen Artikel entnommen wurde. Nach Entnahme der geforderten Menge wird der Kommissionierer zum nächsten Lagerplatz dirigiert. Die entnommenen Artikel kommen entweder gleich in die zum Versand verwendete Verpackung (Pick & Pack) oder werden in einen Sammelbehälter, ein Fördersystem oder auf ein Transportgerät gelegt. Auch hier erfolgt üblicherweise eine Zuordnung von Transportbehälter zu Kommissionierauftrag, um die Position und den Status jedes Auftrags/Artikels nachvollziehen zu können. Ist die Kommissionierung beendet, wird der Transportbehälter entweder direkt zum Versand (Pick & Pack) oder zur Packerei befördert. Teilweise müssen Artikel erst an einem Sammelplatz zusammengeführt werden, von wo sie anschließend in die Packerei zum Verpacken und Beifügen der Lieferpapiere/Rechnung gebracht werden.

Varianten der Kommissionierung

Neben dem oben beschriebenen manuellen, konventionellen Verfahren, auch »Mann zu Ware« genannt, können die beschriebenen Teilprozesse mit verschiedenen Verfahren und Techniken durchgeführt werden, die bis zur Vollautomatisierung reichen.[6] Durch die Echtzeit-Erfassung der Barcodes kann jederzeit ein Statusbericht über den Kommissionierauftrag abgegeben werden.

6. Für die detaillierte Beschreibung von Kommissionierverfahren und -techniken siehe [Gude00, Bd. 2.].

11.2.2   Vertriebslogistik

KEP-Produkte wiegen
unter 31,5 Kilo

Nach der Verpackung werden die Pakete an einen Paketdienst oder eine Spedition übergeben. Dies hängt vom Gewicht und der Größe des Pakets ab. Pakete mit einem Gewicht bis zu 31,5 kg, einer Länge von 175 cm und einem Gurtmaß (Umfang plus längste Seite) von maximal 3 m werden normalerweise von Paketdiensten befördert. Abweichungen dieser Maße von Unternehmen zu Unternehmen sind üblich. Paketdienste werden häufig als *KEP-Dienste* (Kurier-, Express- und Paketdienste) und die so beförderbaren Produkte als KEP-Produkte bezeichnet. Pakete, die obige Maße überschreiten, müssen von einer Spedition befördert werden. Hier ist bei Produkten wie Waschmaschinen und Kühlschränken (weiße Ware) oder Möbeln so genanntes Zwei-Mann-Handling erforderlich. Beim gesamten E-Commerce-Aufkommen überwiegt der Anteil der KEP-Produkte: Schätzungsweise werden 80% der E-Commerce-Sendungen über KEP-Dienste abgewickelt, der Rest geht über Speditionen. Der in Deutschland meistgenutzte Paketdienst ist mit Abstand die Deutsche Post, gefolgt vom DPD, German Parcel, UPS und Trans-o-Flex.[7] Bei den Speditionen ist der Markt sehr viel fragmentierter und inhomogener als bei den Paketdiensten. Neben den großen nationalen Speditionen wie Danzas, Schenker, Dachser, Kühne und Nagel oder Bahntrans/ABX existieren eine Vielzahl von lokal angesiedelten mittelständischen Speditionen, die sich in Kooperationen zusammengeschlossen haben, um nationale 24-Stunden-Sammelladungsverkehre anbieten zu können. Zu solchen großen Kooperationen zählen die IDS Logistik, Fortras, 24Plus Systemverkehre, System Plus oder CargoLine.

Auch bei der Spedition oder dem Paketdienst werden die Pakete in der Regel mit einem Barcode versehen und im System des Transporteurs erfasst. So kann beispielsweise die Zuordnung und Kontrolle nach Postleitzahlgebieten sowie der Status der Pakete in Umschlagterminals leicht erfasst werden. Auch bei der Ablieferung beim Kunden wird über ein mobiles Datenerfassungsgerät die Ablieferung bestätigt und die Unterschrift des Kunden gespeichert. Bei der Online-Ablieferscannung wird der Ablieferstatus aus dem Wagen des Transporteurs sofort an die Zentrale und das dortige System übertragen. Die Statusdaten stehen im Idealfall also sofort zur Verfügung und können beispielsweise online von einem Kunden abgerufen werden. Die gescannten Unterschriften werden erst nach Rückkehr des Wagens am Ende der Tour an das Sys-

---

7.   Bei einer Ponton-Umfrage gaben 75% der Online-Händler an, die Deutsche Post als Paketdienst zu nutzen, 25% nutzten den DPD und 20% German Parcel (Mehrfachnennungen möglich).

tem übermittelt. Bei der Offline-Ablieferscannung erfolgt die Übermittlung aller Daten erst nach Rückkehr des Wagens zur Zentrale. Die Daten haben somit eine Verzögerung von mehreren Stunden.

Insgesamt entsteht im Idealfall ein durchgängiges Datenbild eines Artikels bzw. später eines Auftrags und Pakets von der Einlieferung bis zur Ablieferung beim Kunden. Viele dieser Statusdaten können dem Kunden online zur Verfügung gestellt werden (*Track & Trace*) und erhöhen somit die Transparenz der Bestellung. Voraussetzung hierfür ist allerdings eine Vernetzung aller in der Transportkette beteiligten Akteure und eine Harmonisierung von Barcodeformaten, Datenformaten und Übertragungsstandards.

Tracking & Tracing

Im Rahmen der Endkundenlogistik stehen Online-Anbieter immer wieder vor dem Problem, eine möglichst reibungslose und unkomplizierte Lieferung der Waren zu dem Kunden sicherzustellen. Um in diesem Sinne bei der Auslieferung unabhängig von der Anwesenheit der (meist jungen und tagsüber selten anzutreffenden) Kundschaft zu werden, sind in den vergangenen Jahren verschiedene Konzepte zur Lösung der Auslieferungsproblematik entwickelt worden:

Shopping-Box

Das Konzept der Shopping-Box (z.B. *www.shopping-box.de*) basiert auf der Installation einer Box, in die bei Online-Händlern bestellte Waren von den jeweiligen Logistikpartnern platziert werden. Der Kunde wird nach der Ablieferung über die exakte Box (z.B. Nummer der Box) sowie über die Zugangsmodalitäten informiert und kann auf die Waren dann zugreifen. Die Boxen sind dabei je nach auszuliefernder Warenart z.B. ungekühlt, gekühlt oder sogar tiefgekühlt. Der Zugang erfolgt mit persönlicher PIN oder durch andere Identifikationsmöglichkeiten (EC-Karte, Kreditkarte etc.). Neben der Auslieferung von bestellten Waren werden die Boxen mittlerweile zudem auch umgekehrt von Kunden zur Aufgabe von beispielsweise Kleidungsstücken zur Reinigung, Schuhen zur Besohlung und Ähnlichem verwendet, die von den entsprechenden Dienstleistern dann aus den Boxen entgegengenommen werden.

Im Rahmen der Shopping-Box-Systeme muss zudem noch zwischen verschiedenen Standort-Varianten unterschieden werden:

Zentrale und persönliche Shopping-Boxen

▨ Eine Variante besteht in der persönlichen Shopping-Box am jeweiligen Wohnort des Kunden (z.B. *www.condelsys.de*). Diese steht nur diesem oder dort wohnhaften (z.B. in Appartementhäusern) Kunden zur Verfügung und kann nur durch diese nach der Bestückung geöffnet werden. Der Vorteil liegt sicherlich im leichten

Zugriff der Kunden auf die Boxen – der Nachteil in der notwendig hohen Zahl an Boxen und der damit verbundenen Kosten.

Eine weitere Variante liegt in der räumlichen Konzentration einer Vielzahl von Boxen an gut zugänglichen und/oder hochfrequentierten Orten. Ein Beispiel hierfür sind die Shopping-Boxen im Trianon-Gebäude (Frankfurt a.M.) der Firma Shopping Box GmbH & Co. KG. Der Service richtet sich u.a. an die rund 2.500 im Gebäude arbeitenden Angestellten sowie weitere Service Suchende, die Waren bestellen und diese dann abends nach der Arbeit aus den Shopping-Boxen mitnehmen. Ein weiteres zukunftsweisendes, derzeit aber noch nicht realisiertes Konzept hat das Fraunhofer-Institut für Materialfluss und Logistik vorgestellt. Hierbei handelt es sich um den so genannten »Tower 24«, der das Konzept von einer Vielzahl örtlich konzentrierter Shopping-Boxen aufgreift und erweitert. Im Detail handelt es sich bei dieser Lösung um eine Art Hochregallager, welches sowohl für Lieferanten als auch für Kunden mit Kraftfahrzeugen zugänglich sein soll. Die Ablage der einzelnen Waren erfolgt nicht in Schließfächern, sondern in Regalplätzen, aus denen dann beispielsweise der Kunde über ein Ausgabefach automatisch beliefert wird. Der Zugang erfolgt dabei über ein einfaches, aber sicheres Login.

Auslieferung an Dritte

Pick Points Im Rahmen dieser Konzepte werden bestellte Waren an Dritte geliefert, von diesen gelagert und dann nach der Legitimation der entsprechenden Kunden an diese ausgegeben. Richtungsweisend für diese Art der Endkundenlogistik ist hierbei in Deutschland beispielsweise die Firma PickPoint, die mittlerweile über ein enges Netz an Abgabestellen in Deutschland verfügt. Bei den so genannten Pick Points handelt es sich dabei in der Regel um Geschäfte bzw. Orte, die lange (d.h. über die normalen hinausgehende) Öffnungszeiten aufweisen, beispielsweise Videotheken, Tankstellen, Fitness-Clubs usw. Nach Auslieferung der bestellten Waren an einen vom Kunden benannten Pick Point erhält dieser eine Benachrichtigung per E-Mail oder SMS und hat dann bis zu 10 Tage Zeit, die Waren abzuholen.

Ein zusätzlicher Dienst, den Paketdienste und Speditionen erbringen, ist das Abholen von Waren beim Kunden. Dies ist der Fall, wenn die Ware beschädigt ist oder der Kunde von seinem Umtauschrecht Gebrauch macht.

11.2.3 Retourenmanagement

Das Retourenmanagement beginnt mit der Annahme der zurückgesen- *Abholen, Registrieren,*
deten Waren im Wareneingang. Die retournierten Waren werden meist *Untersuchen, Entsorgen ...*
in einem separaten Bereich gesammelt und dort bearbeitet. Dies
umfasst das Auspacken der Ware, die Feststellung von Schäden sowie
die Dokumentation des Zustandes der Waren für Versicherungs-,
Beweis- und Abrechnungszwecke. Sind die Artikel unbeschädigt, so
können sie möglicherweise wieder eingelagert werden. In vielen Fällen
aber müssen die Waren entsorgt oder repariert werden. Vor allem bei
höherwertigen Waren wie Waschmaschinen, Kühlschränken oder
Fahrrädern lohnt sich die Reparatur und der anschließende Verkauf in
Restpostenmärkten oder als zweite Wahl. Viele Logistikdienstleister,
die Erfahrung im Versandhandel mit großvolumigen Gütern haben
(weiße Ware, Möbel etc.), bieten als Zusatzdienste Retourenmanagement und Reparaturdienstleistungen an. Als Beispiel sei die Firma
Pracht in Haiger erwähnt, die für das Lager- und Retourenmanagement der großvolumigen Güter von Neckermann verantwortlich ist.
Nach der physischen Retourenabwicklung erfolgt nach Austausch der
Daten zwischen Logistikdienstleister und Online-Händler die finanzielle Rückabwicklung des Auftrags.

11.2.4 Zahlungsabwicklung

Die Zahlungsabwicklung ist ein in vielen Bereichen vernachlässigter
Prozess. Oft wird dadurch Betrug sehr einfach gemacht, obwohl einige
wenige und oftmals nicht besonders kostspielige Überprüfungen dies
unwahrscheinlicher machen könnten.

Zur Zahlungsabwicklung im weitesten Sinne gehören folgende
Teilprozesse:

- *Adressvalidierung*: Hier wird überprüft, ob die angegebene
  Adresse existiert und korrekt angegeben wurde. Hierfür wird auf
  Adressdatenbanken, beispielsweise der Deutschen Post oder vom
  Unternehmen Pago, zurückgegriffen (vgl. auch Kapitel 10). Die
  Rechnungs- und Lieferanschrift werden auf ihre postalische Rich-
  tigkeit hin überprüft und falsche Adressen werden nicht zur weite-
  ren Bearbeitung zugelassen. Somit werden Bestellungen mit
  Zufallsadressen gar nicht erst bearbeitet.
- *Scoring*: Das Scoring dient der Prognose des Zahlungsverhaltens
  von Kunden und somit der Risikobewertung. Durch die Auswer-
  tung soziodemographischer Daten wie Alter, Familienstand und
  Wohnsituation sowie des vergangenen Kauf- und Zahlungsverhal-

tens werden mit Hilfe multivarianter Methoden Scoringtabellen erstellt. Je nach Score (Bepunktung) kann der Händler entscheiden, ob er den Kunden annimmt oder ihm nur bestimmte Zahlungsmittel zur Verfügung stehen, um das Ausfallrisiko zu minimieren.

■ *Bonitätsprüfung*: Bei der Bonitätsprüfung werden die persönlichen Daten der potenziellen Käufer mit Bonitätsinformationen aus Schuldnerverzeichnissen der Amtsgerichte und aus Inkassoverfahren abgeglichen. Laut Angaben von InFoScore, einem Anbieter von Zahlungsdienstleistungen, liegt die Trefferquote bei Bonitätsanfragen bei 10,5 % .

■ *Zahlungsabwicklung im engen Sinne*: Während die oben beschriebenen Teilprozesse der Zahlungsabwicklung im weitesten Sinne zu den Präventivmaßnahmen gehören, ist es Aufgabe des Teilprozesses der Zahlungsabwicklung im engen Sinne, die Bestelltransaktionen auch finanziell abzuwickeln. Hierzu gehören die Abwicklung der in Kapitel 12 dargestellten Zahlungsverfahren sowie die Abwicklung von Retouren und Gutschriften. Hierzu sind wiederum eine Reihe von Überprüfungsprozessen notwendig, wie die Validierung von Bankleitzahl und Kontonummern, die Überprüfung von Kreditkartennummern und Gültigkeitsdaten sowie die tatsächliche Abwicklung der finanziellen Transaktion mit den beteiligten Unternehmen bzw. Banken. Teil dieses Prozesses ist dann auch die Rechnungsstellung.

■ *Forderungs- und Debitorenmanagement*: Nach erfolgter Lieferung besteht besonders bei der Zahlung per Rechnung, jedoch auch bei anderen Zahlungsarten, das Problem der Überwachung der Zahlungseingänge, der rechtzeitigen Mahnung sowie bei Bedarf des Inkassos und der Zwangsvollstreckung. Ein straffes Forderungsmanagement ist besonders wichtig, um Liquiditätsengpässe zu vermeiden und wettbewerbsfähig zu bleiben.

Outsourcing der Zahlungsabwicklung

Da die oben beschriebenen Prozesse der Zahlungsabwicklung oftmals sehr spezialisiertes Know-how sowie Anbindung an Banken und Clearingstellen erfordern, werden diese Dienstleistungen oftmals von externen Dienstleistern wie Pago, InFoScore, Wire Card, GZS oder Card-Tech durchgeführt.

11.2.5   Kundenservice

Als integraler Bestandteil der Kundenkommunikation ist der Kundenservice ein wichtiger Prozess im Fulfilment. Neben der Benutzeroberfläche ist der Kundenservice der einzige Kontakt des Online-Händlers mit dem Kunden. Obwohl eine Vielzahl der online verkauften Produkte keiner Erklärung bedürfen, ergeben sich aus dem Bestellprozess heraus eine Reihe von Fragen und Problemen, die vom Kundenservice gehandhabt werden müssen, um eine Transaktion überhaupt erst zustande kommen zu lassen, sie zu Ende zu führen oder aber rückabzuwickeln. Abbildung 11-5 enthält eine Auflistung typischer Fragen und Probleme geordnet nach Transaktionsphasen.

Abb. 11–5
Fulfilment-spezifische
Fragen und Probleme in
den unterschiedlichen
Transaktionsphasen

Transaktions-phasen	Information/ Entscheidung	Kauf	Abwicklung	After-Sales
Typische Fragen an den Kundenservice eines Online-Händlers (Telefonisch, per Fax, E-Mail, oder Web)	❑ Produktfragen ❑ Verfügbarkeiten ❑ Preise ❑ Lieferbedingungen ❑ Zahlungsmöglichkeiten ❑ Sicherheit ❑ Anmeldung ❑ Datenschutz ❑ Site Performance ❑ Technische Probleme	❑ Probleme beim Login ❑ Passwort vergessen ❑ Eingabe mehrerer Adressen ❑ Bestellvorgang funktioniert nicht ❑ Kreditkarte wird nicht akzeptiert ❑ Verfügbarkeit ❑ Versandkosten ❑ Bestellung stornieren ❑ Technische Probleme ❑ Site-Performance	❑ Produkt kommt nicht ❑ Wo ist die Bestellung? ❑ Adresse hat sich geändert/war falsch ❑ Bestellung stornieren	❑ Retouren/ Umtausch/ Reklamationen ❑ Gutschriften ❑ Persönliche Daten ändern

Quelle: Ponton Consulting

Um dem Kunden den größten Komfort zu geben, sollten alle Kommunikationskanäle angeboten werden. Diese sind: Telefon, Fax, E-Mail und Web. Viele der obigen Fragen können durch proaktive Kommunikation, wie beispielsweise E-Mails mit Informationen zum Bestell- und Lieferstatus, vermieden werden. Adressänderungen und Stornierungen können problemlos über entsprechende Bereiche des Online-Shops abgewickelt werden, außerdem werden eine Reihe von Fragen durch übersichtliche und leicht auffindbare FAQs beantwortet. Bei allen Kommunikationskanälen gilt: Sie müssen verfügbar sein und akzeptable Antwortzeiten haben. Besonders der Telefonkanal kann schnell aufwendig werden, wenn ein Call-Center eingerichtet werden muss und Mitarbeiter geschult werden müssen. Besonders wichtig ist im Call-Center die Integration verschiedenster Systeme, um auch auf alle Kunden-, Produkt- und Statusdaten zurückgreifen zu können (vgl. Kapitel 9.4). Besonders wichtig ist hier die Integration der Systeme

Kundenservice online und offline

externer Dienstleister, die beispielsweise Track&Trace-Daten liefern oder die Zahlungsabwicklung durchführen.

11.3 Durchführung der Fulfilment-Prozesse

Nachdem im vorigen Kapitel die Prozesse des Fulfilments detailliert beschrieben wurden, stellen sich für viele Shops die folgenden Fragen:

- Welche dieser Prozesse muss man selbst durchführen, welche kann man outsourcen?
- Ab welcher Größenordnung macht Outsourcing Sinn?
- Macht ein Full-Service-Anbieter Sinn oder kombiniert man lieber mehrere Einzelanbieter?

Diese Fragen sollen im Folgenden beantwortet werden, mit dem Hinweis, dass pauschale Antworten nicht ohne Einschränkungen möglich sind. Die Frage des Outsourcing hängt neben der Größen- und Kostenfrage entscheidend von strategischen Fragestellungen wie der Definition der eigenen Kernkompetenzen, der Erlangung von Wettbewerbsvorteilen, dem Maß an Kontrolle vs. Flexibilität, dem Investitionsrisiko, der »Time-to-Market«, dem Angebot an entsprechenden Dienstleistungen am Markt und vielen anderen ab.

11.3.1 Outsourcing vs. Inhouse

Das entscheidende Kriterium bei der Frage des Outsourcing ist für die meisten der oben beschriebenen Prozesse die Größe des Online-Händlers. Die Größe wird definiert durch die Anzahl der Bestellungen pro Tag – dies ist der entscheidende Treiber der Fulfilment-Kosten und daher ausschlaggebend für das Outsourcing-Verhalten. Im Rahmen einer von Ponton Consulting durchgeführten Studie wurden vier Größenkategorien von Online-Shops definiert, welche die Identifikation, Zuordnung und Analyse von Verhaltensmustern vereinfachen. Die Größenkategorien sind in Abbildung 11-6 dargestellt. Da die Bestellungen pro Tag oftmals nicht vorliegen, wurden zusätzlich weitere Merkmale und deren Grenzen definiert, um eine Zuordnung von Online-Händlern in eine der Gruppen möglich zu machen.[8]

---

8. Die Umsatzzahlen korrelieren mit den Bestellungen pro Tag über den durchschnittlichen Bestellwert. Da dieser je nach Produktkategorie sehr unterschiedlich ist, kann es sein, dass ein Shop mit einem hohen Bestellwert in einer höheren Größenkategorie eingeordnet wird, als dies aufgrund der Anzahl der Bestellungen der Fall wäre. Hier muss auf Fallbasis korrigiert werden. Dies würde die Komplexität der obigen Darstellung jedoch unnötig erhöhen.

	Kleine Shops	Mittlere Shops	Große Shops	Experten
Bestellungen/ Tag	< 100	100 – 1.000	1.000 – 10.000	> 10.000
Umsatz (Mio. Euro)	< 0,75	0,75 - 7,5	7,5 - 75	> 75
Anzahl Mitarbeiter	<10	10 - 50	50 - 100	> 100
Anzahl Artikel- nummern	< 5.000	> 5.000	> 5.000	> 5.000
Anzahl der Kunden (in Tausend)	< 10	10 – 100	100 - 1.000	> 1.000
Professionalität der Website	zum großen Teil unprofessionell	semi-professionell bis professionell	professionell	professionell

Quelle: Ponton Research

Aufgrund der Ergebnisse der Ponton-Studie lassen sich für die Größenkategorien Trends im Outsourcing-Verhalten erkennen. Da für die Experten-Kategorie keine Daten vorlagen, ist sie nicht in Abbildung 11-7 enthalten. Ihr Trend folgt aber vermutlich dem der großen Shops.

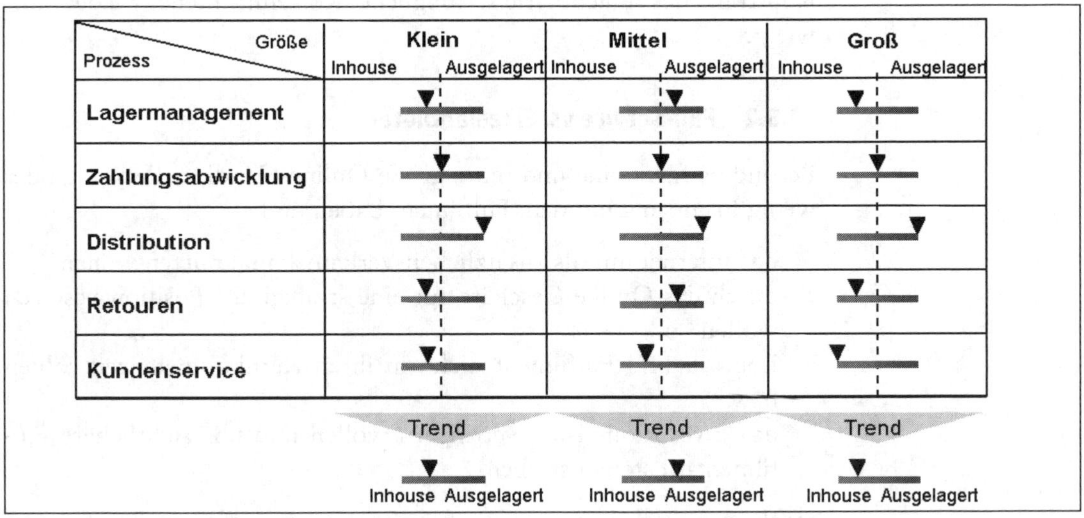

Abb. 11–6

Kategorisierung von Online-Shops

Abb. 11–7

Tendenz zum Outsourcing nach Unternehmensgröße und Prozess

Der generelle Trend zeigt, dass kleine und große Shops ihr Fulfilment tendenziell inhouse durchführen, mittlere Shops dies dagegen eher auslagern. Die einzige Ausnahme bildet natürlich die Distribution, die von allen Größenkategorien an einen Paketdienst oder eine Spedition vergeben wird.

Der Grund für das beobachtete Verhalten liegt in den (Fix-)Kosten und deren Degression über die Anzahl der Bestellungen. Kleine Shops operieren oft aus der eigenen »Garage« oder aus einem bestehenden stationären Ladengeschäft. Sie nutzen daher die bestehende Infrastruktur zum Lager- und Retourenmanagement, bearbeiten Telefonanrufe noch selbst und führen die Zahlungsabwicklung teilweise selbst (Rechnung) oder durch Fremdanbieter (Kreditkarte) durch. Für die geringe Zahl an Bestellungen pro Tag existieren meistens auch keine Angebote von Fremdanbietern für obige Prozesse oder deren Kosten wären einfach zu hoch.

Mit zunehmender Größe und Professionalität reicht meistens der eigene Lagerplatz nicht mehr aus. Da es bei dieser Größenordnung noch nicht rentabel ist, ein eigenes Lager zu bauen und zu betreiben, und es bereits preislich akzeptable Angebote von Dienstleistern gibt, greifen mittlere Shops für das Lager- und Retourenmanagement häufig auch auf externe Dienstleister zurück.

Ab 1000 Bestellungen pro Tag setzen dann zwei Effekte ein: Der Betrieb eines eigenen Lagers fängt unter Umständen an billiger zu sein als die Angebote von externen Dienstleistern (jedoch meistens erst ab 10.000 Bestellungen pro Tag) und die strategische Bedeutung des Fulfilments für den Erfolg des Online-Shops nimmt zu, so dass die hohe Kontrolle des Eigenbetriebs mögliche Kostennachteile wieder aufwiegt.

11.3.2   Full-Service vs. Einzelanbieter

Besonders für kleine und mittelgroße Online-Händler, die keine oder wenig Erfahrung mit dem Fulfilment haben und

- das Internet nur als zusätzlichen Verkaufskanal nutzen wollen,
- durch das Online-Geschäft nur eine strategische Position besetzen wollen,
- Logistik und Fulfilment nicht zu ihren Kernkompetenzen zählen bzw.
- das Investitionsrisiko verringern wollen und übersichtlichere Fulfilment-Kosten anstreben,

macht das Outsourcen der Fulfilment-Prozesse an einen Full-Service-Anbieter Sinn.

Full-Service-Anbieter bieten ein integriertes Fulfilment-Paket an, das vom Shop-Betrieb über das Lagermanagement bis hin zum Kundenservice alle oder die meisten Fulfilment-Prozesse beinhaltet. Ihre

Preise sind meisten vollständig variabilisiert und in Abhängigkeit der Bestellungen pro Tag gestaffelt, wie in Abbildung 11-8 dargestellt.

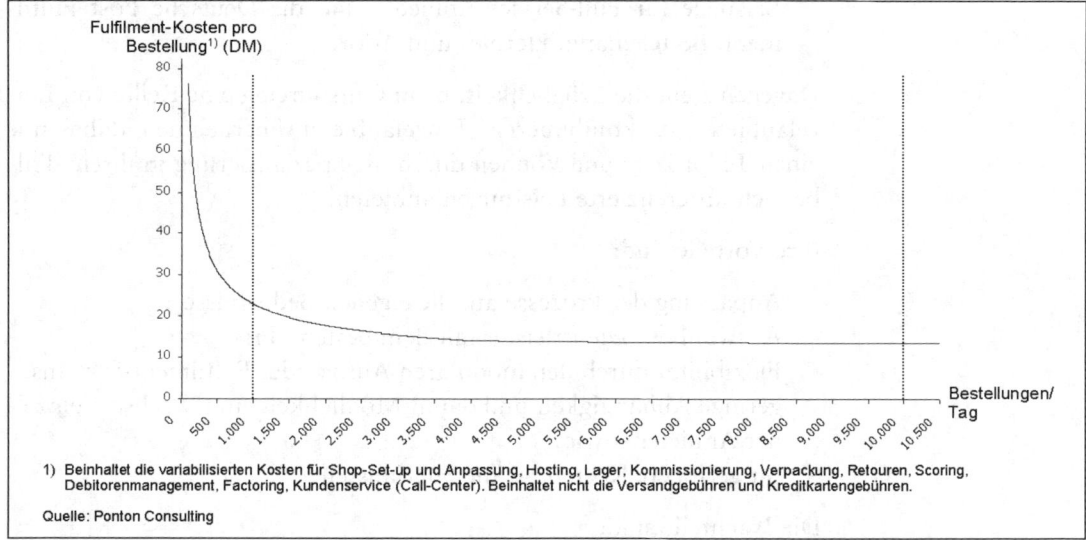

1) Beinhaltet die variabilisierten Kosten für Shop-Set-up und Anpassung, Hosting, Lager, Kommissionierung, Verpackung, Retouren, Scoring, Debitorenmanagement, Factoring, Kundenservice (Call-Center). Beinhaltet nicht die Versandgebühren und Kreditkartengebühren.

Quelle: Ponton Consulting

Oftmals haben Full-Service-Anbieter Erfahrung aus dem Versandhandel und nutzen ihr Know-how im Online-Bereich. Ihre Vorteile sind:[9]

Abb. 11–8
Kosten des Fulfilments in Abhängigkeit von der Anzahl an Bestellungen beim Full-Service-Anbieter

- keine Schnittstellen-Probleme innerhalb der vollintegrierten Lösung zwischen einzelnen Lösungsmodulen,
- keine eigenen Anfangsinvestitionen,
- Ausnutzung von Größenvorteilen,
- einfache Skalierbarkeit,
- Ausnutzung des vorhandenen Know-hows sowie
- geringe Time-to-Market.

Dagegen stehen folgende Nachteile:

- Systemzwänge des Online-Shops können eine sinnvolle Anbindung des Dienstleisters verhindern,
- hochintegrierte Lösungen, deren Standardschnittstellen nicht immer problemlos anzubinden sind, führen zu hohen Wechselbarrieren,
- die heutigen Angebote gehen noch unzureichend auf Kundenwünsche ein (z.B. spezielle Lieferdienstleistungen),

---

9. Vgl. OC&C Strategy Consultants: Strategische Einsichten, E-Fulfilment: Die wirkliche Herausforderung beim E-Shopping, 2000 (*www.occ-strategy.de/ publik/strat/pof/fulfilment.pdf*).

- die Dienstleister bauen ihr Know-how erst auf, daher stellt heute kein Komplettanbieter alle Leistungen in durchgängig hoher Qualität zur Verfügung.
- Beispiele für Full-Service-Anbieter sind die Deutsche Post Fulfilment, Bertelsmann, Hermes und Adori.

Dagegen steht die Möglichkeit, beim Outsourcing eine Reihe von Einzelanbieter zu kombinieren. Einzelanbieter übernehmen dabei nur einen Teilprozess und können durch die Spezialisierung in ihrem Teilbereich differenzierte Leistungen anbieten.

Ihre Vorteile sind:

- Anpassung der Prozesse auf die eigenen Bedürfnisse,
- Auswahl der Dienstleister mit dem besten »Fit«,
- Flexibilität durch den modularen Aufbau des Fulfilment-Systems,
- geringe Abhängigkeit und damit Möglichkeit zum Wechseln einzelner Anbieter sowie
- oft geringere Kosten für die Spezialisten.

Die Nachteile sind:

- hohe Komplexität der Prozesse mit einer Vielzahl von Schnittstellen,
- hoher Koordinationsaufwand bei Integration und Betrieb und
- hohe Implementierungskosten.

Größere Shops greifen beim Outsourcen häufig auf einzelne Spezialanbieter zurück, um diese mit eigenen Lösungen und Prozessen zu kombinieren. Bei größeren Shops ist außerdem mehr Erfahrung vorhanden, so dass höhere Ansprüche an die Dienstleistungen bestehen, die von Komplettanbietern oftmals nicht abgedeckt werden können, und komplexere Lösungen auch umgesetzt und gepflegt werden können.

Letztlich hängt die Entscheidung des Outsourcens und der Frage nach dem oder den richtigen Partner(n) von vielen Faktoren ab, die individuell abgewogen werden müssen. Im Rahmen dieses Kapitels konnte nur versucht werden, Anhaltspunkte zu liefern und auf allgemeiner Ebene Trends und deren Hintergründe zu identifizieren.

12 Online-Zahlungsverfahren

Das elektronische Bezahlen (Electronic Payment) war lange Zeit eines der Lieblingsthemen aller EC-Buchautoren. In der Pionierphase Anfang der Neunziger galt es noch als Mysterium, Geld in elektronischer Form zu handhaben. Recht schnell entwickelten sich dann aber die ersten Prototypen wie NetCash, eCash, NetBill, CyberCash usw. Zudem gesellten sich alsbald weitere Standards und Produkte hinzu, die das neue Medium Internet zum Bezahlen mit »klassischen« Verfahren wie Scheck, Lastschrift und vor allem Kreditkarten vereinten. Irgendwann war die Aufmerksamkeit des geneigten Beobachters für das n+1. System erschöpft, so dass damals noch teilweise hervorragende Diplomarbeiten [Gent97] erforderlich waren, um die steigende Flut transparent zu machen. Im Jahre 1998 schätzte man die Anzahl der relevanten Internet-Zahlungsverfahren auf 35 [Webe98] bis weit über einhundert. Klar, dass diese Welt für eine derartige Masse an Verfahren keine Integrationskraft besitzt, zumal sich viele von diesen als experimentelle Prototypen allein auf die technische Umsetzung beschränkten.

Während in den letzten Jahren noch einige innovative Nachzügler wie z.B. MilliCent die Bühne am einen Ende betraten, brach seit 1998 am anderen bereits der Shoot-out zwischen den Veteranen aus: First-Virtual – technisch schlicht und schlank, dafür aber mit ansprechendem Business-Modell – starb im Sommer 1998 einen schleichenden Tod. Als die Mark-Twain-Bank später schließlich den ersten ernst zu nehmenden Einsatz von eCash aufgab, fuhr ein kalter Wind durch die Fangemeinde. Auch MilliCent selbst konnte bislang noch keine Bank von seiner Profitabilität überzeugen. Seit ihrer Entwicklung verstauben auch Verfahren wie SET oder CyberCash träge in den Verkaufsregalen der Hersteller und Banken. SET mangelt es auch heute noch an der erforderlichen Public-Key-Infrastruktur und CyberCash hat mit der Einstellung von CyberCoin bereits zum partiellen Rückzug geblasen.

Fast alle Anbieter sind gescheitert

Während also Micropayment-Verfahren auf der Stelle treten und sich bemühen, mit unerwartet großzügigen Serviceleistungen seitens der betreibenden Banken potenzielle Händler- und Kunden zu missionieren, teilen sich Verfahren, die die Kreditkartenzahlung unterstützen, den wachsenden Markt im Wesentlichen untereinander auf. Sollte man deswegen vom Glauben an Micropayment-Verfahren abfallen? Auch hier fällt eine Antwort schwer. Internet-Experten wie z.B. Esther Dyson [Dyso97] sprechen Micropayment-Verfahren eine rosige Zukunft ab. Das Hauptargument lautet etwa folgendermaßen: Für Micropayments wird häufig eine Bandbreite in der Größenordnung von wenigen Cent bis zu wenigen Euro definiert. Am unteren Ende sind diese kaum profitabel, vor allem nicht im Vergleich zu Banner-Werbung, die zudem ein sehr viel schlichteres Abrechnungsmodell zulässt. Und am oberen Ende drohen kreditkartenbasierte Verfahren, das Terrain der Micropayment-Systeme zu erobern: Glaubt man den Spekulationen der Kreditkartenunternehmen, ist zu erwarten, dass aufgrund der Rationalisierungseffekte der Online-Verfahren die Transaktionskosten soweit gesenkt werden können, dass auch Beträge unterhalb eines Euro schmerzlos – d.h. für die Banken rentabel – auf der Basis von Kreditkarten bezahlt werden können.

Somit also von zwei Seiten eingeengt, befinden sich Micropayment-Systeme bereits auf dem Rückzug, bevor sie überhaupt ihren Part auf der Bühne der Zahlungssysteme spielen konnten. Warum soll sich ein Finanzinstitut bzw. ein Händler neben Banner-Werbung und Kreditkarten- bzw. Lastschriftverfahren denn noch ein weiteres Verfahren – und damit hohe fixe und variable Kosten – leisten, wenn dies nur für einen schmalen Bereich gilt. Viel besser wäre es doch, Zahlungsaktivitäten in diesem Bereich durch Einnahmen im oberen Segment der Macropayments (zehn bis einige hundert Euro) zu subventionieren? Neben diesen allgemeinen Gründen besteht bei individuellen Verfahren häufig das Problem der mangelnden Integration in die Macropayment-Infrastruktur: Mindestens ist ein zusätzliches elektronisches Portemonnaie (Wallet) erforderlich (welches den Benutzer zusätzlich belastet) oder gar das Eröffnen eines weiteren Girokontos bei der Bank, die das Micropayment-Verfahren in Umlauf bringt. Nun ist nicht jeder Kunde ein Micropayment-Fan um der Sache selbst willen, daher reagiert er im Zweifel mit Zurückhaltung.

Neue Dienste braucht das Land!

Dennoch sind im Zeitraum zwischen Sommer 2000 und Sommer 2001 eine Reihe neuer Verfahren entwickelt worden, die sich durch zwei Eigenschaften gegenüber den bisher genannten auszeichnen: Erstens nutzen sie neue Infrastrukturen wie Mobilfunknetze und deren hohe Durchdringung in der Bevölkerung, zweitens leiten sie nicht das Geschäftsmodell aus kryptografischen Finessen ab, sondern aus betriebswirtschaftlicher Praktikabilität – warum aufwendige Maßnahmen zur Authentifizierung des Kunden auf der Basis von Zertifikaten vornehmen, wenn doch das Zusammenschalten zweier Netze, GSM und Internet, ausreicht, um einen Kunden zu identifizieren? Aus diesem Grund werden wir uns nach den klassischen und Internet-basierten Verfahren vor allem auch mit den neuen, insbesondere PayBox, FirstGate und net900, beschäftigen.

Kommen und gehen...

Zahlungsgewohnheiten

Im Gegensatz zu den USA spielen Kreditkarten in Deutschland eine untergeordnete Rolle: Je 100 Einwohner existieren nur 17 Karten (insgesamt etwa 14 Mio. Karten) und über 45 Millionen Geldkarten. Im Ausland ist dieses Verhältnis fast umgekehrt: In den USA besitzt ein Einwohner durchschnittlich 1,67 Karten, Großbritannien kommt auf 0,53.

Zahlungsart	1994	1996	1997
Bar	78,7	76,5	76,5
Scheck	8,3	6,5	3,5
Rechnung	6,5	6,5	5,0
Kartengestützt (Summe)	6,2	9,9	14,5
EC-Cash	0,8	2,0	2,5
EC-Lastschrift	1,7	4,0	8,0
Kundenkarte	0,4	0,4	0,5
Kreditkarte	3,3	3,5	3,5
Sonstige	0,3	0,5	0,5

Tab. 12–1

Anteile der Zahlungsarten in Prozent bezogen auf den Umsatz des Einzelhandels in Deutschland in Milliarden (1994-1997)

Nach wie vor beeindruckend ist das verschwindend geringe Volumen der Kreditkartenzahlung beim deutschen Einzelhandel, daran haben auch die vier Jahre seit Erstellung der Statistik in Tabelle 12-1 nichts geändert. Diese Information sollte jeder Betreiber eines Online-Shops genau bedenken, wenn an deutsche Konsumenten verkauft werden soll. Im Vergleich zu den USA werden Schecks auch kaum eingesetzt.

In Deutschland werden Kreditkarten kaum benutzt

Neben der ebenfalls in Deutschland stark dominierenden Barzahlung hat sich vor allem EC-Cash und das EC-Lastschriftverfahren durchgesetzt.

Bevor wir nun in einige Beispiele des Electronic Payment abtauchen, sei noch der dezente Hinweis angebracht, dass dieses Thema dissertationsfüllend ist und in verschiedenen Publikationen weiter vertieft wird. Dabei möchte ich natürlich weder mein Erstlingswerk übergehen [Merz96] noch [Merz99], wo grundsätzliche Fragen zu Eigenschaften und Integrationsmöglichkeiten des elektronischen Geldes etwas ausführlicher behandelt werden. Zugegebenermaßen gibt es jedoch noch reichlich weitere Literatur, die dieses Thema behandelt wie z.B. [BöRi98]; Wenn auch etwas älter, so geben auch Furche und Wrightson [FuWr96], Peter Wayner [Wayn97] und andere [OMPT97, ScFE97] einen brauchbaren Überblick über Verfahren, die bis etwa 1997 noch heiß gehandelt wurden.

Online-Information zu den Zahlungsverfahren

Am wärmsten empfehlen möchte ich zu diesem Thema allerdings die Forschungsberichte des Instituts für Technikfolgenabschätzung und Systemanalyse (ITAS) der Universität Karlsruhe. Knud Böhle und Ulrich Riehm hatten dort von 1997 bis 1999 im Rahmen des Projekts »PEZ« – Projekt Elektronische Zahlungssysteme – nicht nur eine Mailliste zu diesem Thema moderiert, sondern auch eine fast tausendköpfige Online-Community zusammengeführt, die EC-Themen wie Online-Handel, Geldkarte, SET, Micropayment-Systeme und vieles mehr in einer sachlichen und erfrischenden Form diskutierten. Als Ergebnis diese Projekts möchte ich daher auf den Bericht »Blütenträume – Über Zahlungssysteminnovationen und Internet-Handel in Deutschland« verweisen, der Ende 1998 erschienen ist [BöRi98].

Für die folgende Betrachtung wurden einige Verfahren aus der Vielzahl von Internet-Zahlungsverfahren ausgewählt, die besonders interessant oder besonders relevant sind. Hierbei geht es nicht um eine erschöpfende Aufbereitung dieses Themas. Vielmehr sollen die Verfahren nach ihren praktischen Einsatzbereichen klassifiziert und im Hinblick auf ihre Eignung im Kontext der Internet-Ökonomie bewertet werden. Die Verfahren sind im Einzelnen:

- *Einfache Varianten*: 0190er-Nummer, SSL-Verschlüsselung für Kreditkarten- und Lastschriftverfahren, kreditkartenbasierte Verfahren: FirstVirtual, CyberCash, SET
- *Kartenbasierte Verfahren*: Geldkarte, PayCard, Mondex, VisaCash ...
- *Elektronisches Bargeld*: eCash von DigiCash

- *Online-Inkasso-Systeme*: Net900 bzw. Kontopass net900, Milli-Cent, eCharge, WebBill etc.
- *Neue Billing-Verfahren*: Paybox, FirstGate, Infin

12.1   Die einfachsten Varianten des Bezahlens

Bevor wir uns die anspruchsvollen Verfahren der elektronischen Bezahlung näher ansehen, sollte festgehalten werden, dass es auch sehr viel einfacher geht, über das Internet gehandelte Produkte abzurechnen.

Ruf an!

Man nehme eine Telefonkarte, rufe eine 0190er-Nummer des Händlers an und lasse sich für einen genügend langen Zeitraum von dessen Werbung berieseln. Wenn nach X Sekunden der Preis erreicht ist – sagen wir 2 Euro –, wird von der Voice-Box noch kurz ein individueller Code mit 20 Zeichen durchgegeben. Für ein paar Sekunden und Cent mehr kann man sich diesen noch einmal wiederholen lassen, bis man sich endgültig sicher ist. Dann setzt man diesen Schlüssel ein, wenn es darum geht, sich schlüpfrige Fotos, Videoclips oder Online-Chats zu Gemüte zu führen. Nach einem Monat verfällt der Schlüssel und das Spiel beginnt wieder von vorne. Dieser Mechanismus ist simpel für alle Beteiligten. Anonymität ist wählbar: Man kann vom Hausanschluss oder von der Telefonzelle aus anrufen. Das einzige Problem liegt in den horrenden Transaktionskosten: Die Telekom zweigt je nach Transaktionsvolumen zwischen 30 und 80(!) Prozent der Umsätze für sich ab. Allerdings liegen auch 0190er-Nummern inzwischen auf dem Opfertisch des Ex-Monopolisten, so dass hier Aussicht auf Entspannung besteht. Die folgende Tabelle zeigt die 0190er-Tarife der Telekom:

Bequem, billig, anonym, traditionell

Tarif	Kosten des Kunden	Anteil des Händlers
0190-[4|6]*	DM 0,81	DM 0,30
0190-[1|2|3|5]*	DM 1,21	DM 0,66
0190-[7|9]*	DM 2,42	DM 1,76
0190-8*	DM 3,63	DM 2,89
0190-0*, TG1	DM 0,30	DM 0,06
0190-0*, TG2	DM 0,49	DM 0,25
0190-0*, TG3	DM 1,00	DM 0,69
0190-0*, TG4	DM 1,50	DM 1,19
0190-0*, TG5	DM 2,50	DM 1,99
0190-0*, TG6	DM 4,00	DM 3,18

Tab. 12–2
Tarife für 0190er-Nummern (Stand: Mai 2001)

*Über 0190-0-Nummern
beliebige Beträge
abbuchen* Neben dem schon seit Jahren verfügbaren Nummernkreis 0190-1 bis 0190-9, dem feste Minutenraten zugeordnet sind, stehen seit 2001 auch 0190-0er Nummern zur Verfügung, die je nach Tarifgruppe die Telefonrechnung mit einem Fixbetrag zwischen 15 Cent und 2 Euro belasten, wenn nur ein kurzer Anruf getätigt wird. Diese Beträge sind von den Telekom-Gesellschaften frei definierbar, es ist nur eine Frage der freiwilligen Selbstkontrolle, welche Beträge welchen Nummern zugeordnet werden.

Es ist zu erwarten, dass ab Ende 2001 zunehmend Dienste auftreten, über die auch höhere Beträge abgerechnet werden können. Dabei muss der Kunde allerdings den automatisch vorgelesenen Betrag mit einer Taste seines Telefons bestätigen. Sobald solche Systeme implementiert sind, lassen sich auch Bücher bei Amazon im Werte von 49 Euro per 0190-0er-Nummer bezahlen. Die Telefonrechnung erhöht sich um den entsprechenden Betrag. Wenn man die oben gezeigte Gebührentabelle bis auf 49 Euro verlängert, kann man sich als Zielkorridor vorstellen, dass nicht mehr als 5 Prozent an Transaktionskosten anfallen dürfen, sonst ist das Verfahren nicht mehr konkurrenzfähig gegenüber Kreditkarten oder dem Lastschriftverfahren.

Interessant ist auch die Feststellung, wie sehr sich die Funktionen »Bank«, »Kreditkartengesellschaft« und »Telekom« überlappen. Nicht ohne Grund kooperieren MobilCom und VodaFone mit einer Bank und integrierten diese als Abrechnungsplattform in ihre Unternehmen. Für Kreditkartengesellschaften kann dies zu einer ernsten Bedrohung werden, zumindest in Deutschland.

Die Moral der Geschichte lautet etwa wie folgt: Während viele Entwickler noch über die 25. Zusatzfunktionalität des bei Verlust wiederherstellbaren, Micropayment-fähigen Multiwährungs-Wallet für anonyme Zahlungen mit Double-Spending-Detection forschten, drehte sich das Rad der Geschichte rastlos weiter und löste dieses Problem auf denkbar einfache Weise. Unter der Annahme, dass zukünftig bei 0190er-Nummern vielleicht für Zahlungen im Bereich weniger Euro nur noch 10-15% vom Provider verlangt werden, besteht für Micropayment-Verfahren auch im Bereich dieses Transaktionsvolumens eine weitere Bedrohung. Warten wir es ab – es bleibt spannend!

Online Browsen, offline Bezahlen

*Und wieder 0190er
Nummern* *www.sperrmüll.de* war 1999 ein Online-Katalog mit Kleinanzeigen. Dieser Katalog kann nach Belieben online und ohne Gebühren durchstöbert werden. Der Katalog enthält jedoch nur Produkt- und keine Anbieterinformationen. Hat der Interessent ein Angebot gefunden,

muss er sich über eine 0190er-Nummer zum Preis von 0,60 Euro/Minute die Telefonnummer des Anbieters besorgen. Auch hier liegen die Transaktionskosten durch den Telekommunikations-Provider bei 50%.

Bekannt geworden ist auch die Masche verschiedener Erotik-Sites, die für den Download von Software ein Active-X Control einschleusen, darüber Modemverbindungen zu einer 0190er-Nummer aufbauen und auf diese Weise die monatliche Telefonrechnung beträchtlich erhöhen. Dies ist zwar ein Zahlungsverfahren, doch wollen wir uns im Folgenden lieber mit seinen legalen Varianten beschäftigen ...

Kreditkartenzahlung und Verschlüsselung mit SSL

Man stelle sich folgende Situation vor: Eine Forschungsgruppe an der Uni Hamburg, die sich mit der Technologie der wesentlichen elektronischen Zahlungsverfahren auskennt, brennt darauf, ein entsprechendes Verfahren für die von ihr veranstaltete EC-Konferenz praktisch einzusetzen (TREC'98, *http://vsys-www.informatik.uni-hamburg.de/trec98*). In Erwägung gezogen wurden damals eCash, SET, CyberCash, X-PAY, FirstVirtual, Electronic Cash. Dennoch war die Enttäuschung groß: Keines dieser Verfahren ließ sich binnen weniger Monate einsetzen! Entweder war das Verfahren nicht international anerkannt (die Teilnehmer mussten sich von überall her registrieren können) oder organisatorische bzw. finanzielle Einschränkungen verhinderten eine rasche Registrierung als »Merchant«. Darüber hinaus waren einige der Verfahren entgegen dem Marketinggetöse zum gegebenen Zeitpunkt noch in keiner Weise einsatzbereit. Schließlich war es damals sogar ein besonderes Glück, bei den Banken einen Mitarbeiter ans Telefon zu bekommen, der überhaupt »eCash« von »Electronic Cash« unterscheiden konnte.

Die Folge dieses »Reality Checks« war letzten Endes die Wahl eines der banalsten Verfahren: Kreditkartenzahlung über HTML-Formulare und SSL als Standard-Verschlüsselungsmechanismus. Da hierbei nur die Übertragung der Daten vertraulich erfolgt, jedoch nicht ihre serverseitige Verarbeitung, mussten wir uns daher selbst um technische und organisatorische Datenschutzmaßnahmen kümmern. Auch heute, drei Jahre später, ist die Situation nicht anders: SSL-basierte Verfahren sind sicher und lassen sich ohne wesentlichen Aufwand integrieren, während »schwergewichtige« Verfahren wie CyberCash oder SET zur Nutzung seitens des Shop-Betreibers immer noch ein Informatikstudium voraussetzen.

Die einfachste Lösung ist häufig die einzig verfügbare...

SSL erlaubt eine authentisierte, vertrauliche Kommunikation durch Erweiterung des allen Internet-Protokollen zugrunde liegenden TCP/IP-Protokolls. Unabhängig von der Anwendung werden hier alle Nachrichten pauschal verschlüsselt. Zu erkennen ist dies an dem Namen des jeweiligen Web-Links, der mit »https://« beginnt.

Die Erzeugung eines Sitzungsschlüssels kann beispielsweise bei SSL nach dem Diffie-Hellman-Protokoll erfolgen. Soll RSA als Verfahren verwendet werden (so dass auch die Authentizität des Servers anhand eines Zertifikats verifiziert werden kann), so ist bei einer Zertifizierungsautorität ein öffentlicher Schlüssel registrieren und zertifizieren zu lassen. Wir taten dies in Verbindung mit Thawte, einer südafrikanischen CA und prompt erhielten wir bzw. der Leiter unserer Arbeitsgruppe einen Anruf seitens der CA, bei dem anhand einiger sehr spezifischer Fragen die Identität von Person und Organisation sichergestellt werden konnte.[1]

Zwei Protokoll-Varienten   Der konkrete Protokollablauf kann auf zwei Weisen erfolgen – die sichere und die unsichere. Bei der unsicheren überträgt der Kunde die Kreditkartendaten an die Software des Händlers, die sie anschließend an den Gateway-Server weiterleitet. Trotz der Kanalverschlüsselung zwischen Kunde und Händler liegen die Daten im Klartext beim Händler vor. Dies ist ein wesentlicher Schwachpunkt, der dazu führt, dass heute fast ausschließlich die sichere Variante eingesetzt wird.

Die unsichere Variante

Die Abbildung 12-1 zeigt den dazugehörigen Ablauf: Zunächst gibt der Kunde auf der Webseite des Online-Shops die nötige Bestell- und Zahlungsinformation ein. Anschließend werden die Zahlungsinformationen zur Kontrolle angezeigt; wenn jetzt keine Korrektur oder kein Abbruch erfolgt, löst das Drücken des »Bestell«-Knopfes die Zahlung aus. Über eine gesicherte Verbindung überträgt das SSL-Modul des Browsers die Daten an den Online-Shop. Dort werden sie entschlüsselt und gespeichert. Im nächsten Schritt kontaktiert das Zahlungsmodul des Shops den Gateway-Server (auch Payment Gateway genannt). An dieser Stelle erfolgt eine Autorisierung der Zahlung, wenn das Konto des Kunden nicht überzogen ist. Anschließend benachrichtigt der Gateway-Server das Zahlungsmodul des Shops, um schließlich dem Kunden die erfolgreiche Buchung anzuzeigen.

---

1.   Für Puristen ist dieses Verfahren noch lange nicht ausreichend, da trotz allem nicht beweisbar sichergestellt werden kann, dass das beantragte Zertifikat sich wirklich auf einen öffentlichen Schlüssel bezieht, der mit dem geheimen der Universität korrespondiert.

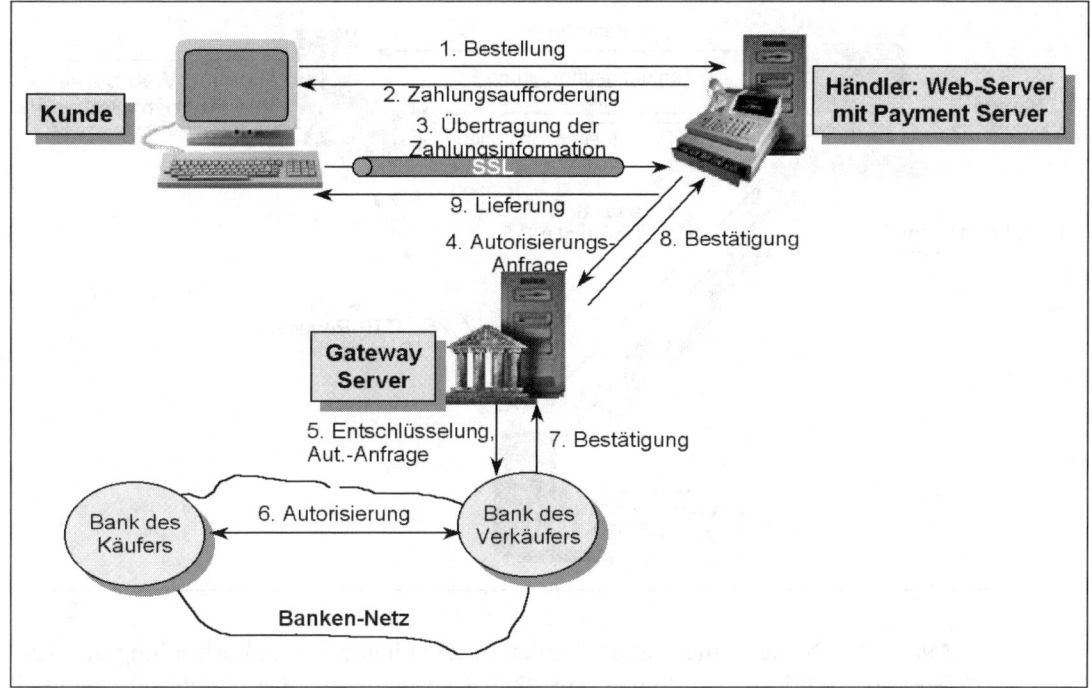

Die sichere Variante

Abb. 12–1

Einreichen der Kreditkartendaten über SSL – Unsichere Variante

Bei der sicheren SSL-Variante werden die Kreditkartendaten nicht mehr an den Händler, sondern über den verschlüsselten Kanal an den Gateway-Server übertragen. Diese Kommunikation wird angestoßen, indem vom Gateway-Server ein in der HTML-Seite des Händlers definiertes Java-Applet geladen wird, das nur eine Verbindung zu dem Rechner aufbauen kann, von dem es geladen wurde, dies ist eine Sicherheitsmaßnahme, die bereits auf der Ebene der Java-Ausführungsumgebungen greift. Auf der Basis der genannten Schlüsselaustauschverfahren stellt das Applet eine sichere Verbindung direkt zum Gateway-Server her und überträgt die Daten.

Es hängt von der Implementation der Softwareanwendung ab, wie das Protokoll von hier an weiter läuft. Eine Variante ist folgende: Anschließend baut der Payment Server eine Verbindung zur Händler-Software auf und liefert das Autorisierungsergebnis dort ab. An das Applet wird ebenfalls diese Information übertragen, so dass es die Ergebnis-Seite dieser Transaktion vom Server des Händlers abruft. Dieser verfügt inzwischen über die Autorisierungsinformation und kann entsprechend eine HTML-Seite mit positivem oder negativem Ergebnis zurücksenden.

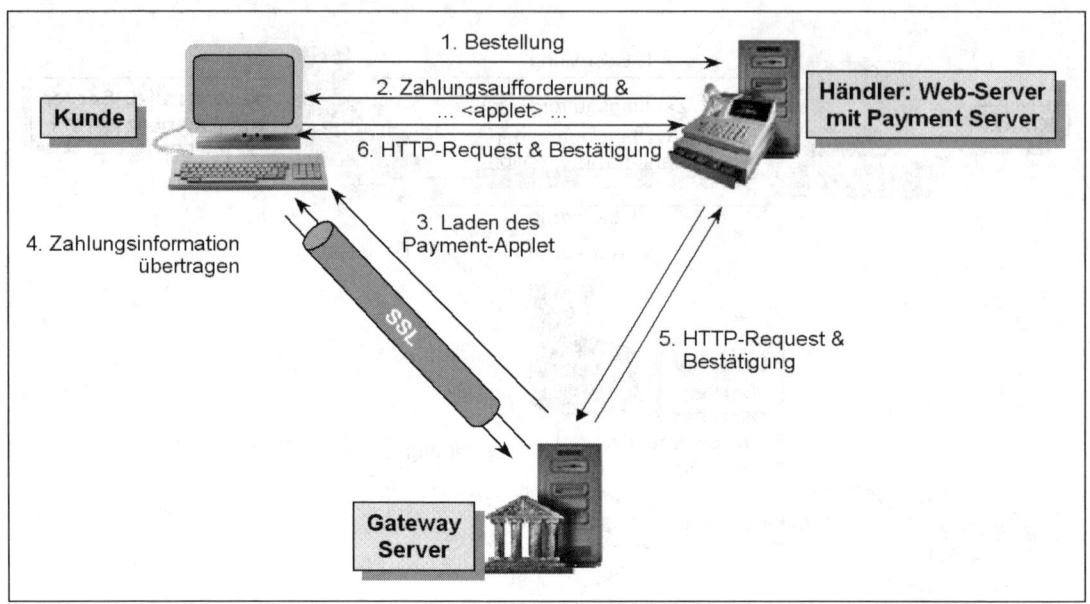

1. Bestellung

2. Zahlungsaufforderung &
... <applet> ...

6. HTTP-Request & Bestätigung

Kunde

Händler: Web-Server
mit Payment Server

4. Zahlungsinformation
übertragen

3. Laden des
Payment-Applet

SSL

5. HTTP-Request &
Bestätigung

Gateway
Server

Abb. 12–2
*Einreichen der
Kreditkartendaten über
SSL – Sichere Variante*

Nahezu alle Online-Anbieter setzen heute SSL in Verbindung mit Kreditkartenzahlungen ein. Dabei ist jedoch weder händlerseitiger noch käuferseitiger Betrug ausgeschlossen. Um dies zu erreichen, müssen sich Verfahren wie z.B. CyberCash (Vermeidung von Betrug durch den Händler) oder SET (Vermeidung von Betrug auf beiden Seiten) durchsetzen.

Der Acquirer

Für den tatsächlichen Inkasso-Prozess ist noch eine Kooperation mit einem sog. *Acquirer*, d.h. einer Organisation, die die Zahlungsaufforderung entgegennimmt und den Geldtransfer zwischen den Bankkonten von Kunde und Händler initiiert, erforderlich. Als Acquirer diente im Falle der Konferenz die GZS (Gesellschaft für Zahlungssysteme), an die über ein beauftragtes Inkassounternehmen die Zahlungsinformationen weitergeleitet wurden.

Die Rolle des Acquirers kann aber auch die Bank des Händlers übernehmen, die den Betrag von der Kreditkartengesellschaft bzw. von der kartenausgebenden Bank einfordert. Anders gesagt, die Bank des Händlers fordert eine bestimmte Geldsumme im Namen des Kreditkartenkunden für eine bestimmte bestellte Ware ein. Es gibt vor allem in den USA ähnliche Konstellationen, in denen die Einziehung der Beträge für den Händler von einer Bank oder einem anderen Dienstleister vorgenommen wird. In Deutschland ist das aber eher unüblich: Der Händler kann direkt von einem Serviceunternehmen (B+S oder GZS) oder Kreditkartenunternehmen (Eurocard, Visa, Diners oder

American Express) die Beträge gutgeschrieben bekommen. Somit ist zumindest in Deutschland die akquirierende Bank nicht die Bank des Händlers.

Zu beachten ist im Übrigen bei SSL-verschlüsselter Kommunikation, dass nicht nur das Formular zur Eingabe der Zahlungsinformation verschlüsselt übertragen werden sollte, sondern vor allem die Übertragung der Daten an den Händler. Im Rahmen unserer Online-Registrierung für die Konferenz hatten wir zunächst nur die Übertragung der Daten verschlüsselt, was beim Ausfüllen des Formulars noch nicht zur Anzeige des SSL-Logos (z.B. vollständiger Schlüssel bei Netscape) führte. Erst nachdem der Käufer den »Send«-Knopf gedrückt hatte, wurde die Übertragung verschlüsselt. Psychologisch ist dieser Ansatz schlecht, da zum Zeitpunkt der Dateneingabe nicht das Gefühl vermittelt wird, dass eine sichere Übertragung vorliegt. Aus diesem Grunde wurde nach einigen Anfragen der Teilnehmer bereits das Formular verschlüsselt. Umgekehrt ist jedoch ein viel schwerwiegenderes Problem gegeben: Obwohl sich der Kunde im Gefühl wiegt, ein sicher übertragenes Formular auszufüllen, kann es dennoch passieren, dass die Übertragung an den Server selbst unverschlüsselt erfolgt, nämlich, wenn im HTML-Dokument für den »Send-Button« nicht Folgendes zu erkennen ist:

Was wird wann verschlüsselt?

```
<FORM METHOD=POST ACTION=https://www.anyshop.com>
```

Vermutlich hat sich noch kein Online-Kunde damit beschäftigt, sich den Quellcode des Formulars anzusehen ...

12.2 Lastschriftverfahren

Für einen Händler, dessen Geschäft durch längeren Betrieb eine angemessene Bonität als Unternehmen erworben hat, besteht die Möglichkeit, per Lastschriftverfahren (LSV) Geldbeträge direkt vom Konto des Kunden abzubuchen. Dieses Verfahren kann im Prinzip ähnlich wie bei der Kreditkartenzahlung eingesetzt werden, indem eine Autorisierung des Händlers erfolgt, den betreffenden Geldbetrag abzubuchen. Im normalen Geschäftsbetrieb ist hierzu jedoch (im Gegensatz zur Kreditkartenzahlung) eine schriftliche Einwilligung des Kunden erforderlich.

Eigentlich ist eine schriftliche Einwilligung erforderlich...

Aus diesem Grunde wird das LSV beim Online-Kauf in der Regel nicht direkt zwischen Händler und Kunde eingesetzt, sondern indirekt über Dritte, die im Auftrage des Händlers die Abbuchung vornehmen. Ein Beispiel für eine solche Lösung ist das EDD-Verfahren (Electronic Direct Debit) von CyberCash (siehe auch weiter unten), bei dem der Server der CyberCash GmbH einen sog. DTA-Satz erstellt (Datenträger-

Austausch). Dieses standardisierte Format wird in Deutschland für die Übermittlung von Zahlungsaufträgen eingesetzt. Beim EDD liefert das CyberCash-Gateway eine Benachrichtigung an den Händler, so dass dieser seine Ware an den Kunden ausliefern kann. Der DTA-Satz wird anschließend an die Bank des Händlers übermittelt und der Kunde erhält eine Bestätigung der Zahlungstransaktion. Eine EDD-Zahlung dauert ca. 15 Sekunden [DrDu98, Schu98].

... aber nicht bei elektronischen Signaturen

Zurzeit wird daran gearbeitet, das Schriftformerfordernis bei der Einwilligung zum LSV durch einen elektronischen Vertrag zu ersetzen. Mit Hilfe des Signaturgesetzes besteht hier die Möglichkeit, eine Gleichstellung der elektronischen Signatur zu bewirken und somit das Zustandekommen einer Einwilligung auf elektronischem Wege zu fördern. Es ist zu erwarten, dass seitens der Banken ein erhebliches Interesse an der raschen Gleichstellung besteht. Dieses Interesse wird gestützt durch die heutige Verfügbarkeit von Software wie CyberCashs EDD.

12.3 Kreditkartenbasierte Verfahren

Ein großer Anteil der heute genutzten Internet-Zahlungsmethoden basiert auf Kreditkarten. Dies liegt zum einen an der hohen Durchdringung, zum anderen an der einfachen Übertragbarkeit von Kreditkartenzahlungen auf das Internet. Heute sind in Deutschland ca. 14 Millionen, in den USA über 460 Millionen und weltweit etwa 1 Milliarde Karten im Umlauf.

Während im SSL-Beispiel weiter oben die Nutzung von Kreditkarteninformationen als verschlüsselte Daten nur eine von beliebig vielen Anwendungen ist, sind die im Folgenden dargestellten Verfahren spezialisiert in der Weise, dass eine dedizierte Organisation bzw. Softwarekomponente zur Verarbeitung der Zahlungsinformation eingesetzt wird.

An einer Kreditkartentransaktion sind die folgenden Akteure beteiligt:

- Der *Karteninhaber* als Kunde.
- Der *Händler bzw. Verkäufer*, bei dem ein Payment Server installiert ist, der die Zahlung gegenüber dem Payment Gateway abwickelt.
- Das *Payment Gateway*. Dieser spezielle Server dient dem Acquirer zur Kommunikation mit dem Händler.
- Der *Kartenherausgeber* (Issuer). Diese Bank (o.a. Finanzdienstleister) hat den Kunden mit einer Kreditkarte ausgestattet. Der Herausgeber sichert dem Händler bei der Autorisierung zu, dass der zu zahlende Betrag zur Verfügung steht.

▨ Der *Acquirer* verarbeitet Zahlungen im Auftrage und für den Händler. Er erhält die Autorisierung dazu vom Herausgeber.

▨ Die *Zertifizierungsautorität*. Hier werden im Falle des SET-Verfahrens Zertifikate für Kunde, Händler und Payment Gateway vergeben und verwaltet. Dies sichert die Authentifizierung aller Beteiligten zusätzlich ab und beugt damit händler- und kundenseitigem Betrug vor.

Im Folgenden wollen wir die Verfahren von FirstVirtual (aus »historischen Gründen«), CyberCash und SET untersuchen. Dabei sollte man die Frage im Hinterkopf behalten, wie das Vertrauen der beteiligten Akteure erlangt wird – organisatorisch, technisch oder durch eine Kombination der beiden Ansätze?

12.3.1   FirstVirtual

FirstVirtual ist das System der 1994 gegründeten FirstVirtual Holding Company, USA. Das verblüffend einfache Konzept war eines der ersten, die tatsächlich funktionierten und angewendet wurden (seit Oktober 1994). Es basiert im Wesentlichen auf der Übertragung einfacher E-Mail-Nachrichten, was nicht weiter verwunderlich ist, wenn man sieht, dass zu seinen Erfindern beispielsweise Nathaniel Borenstein und Einar Stefferud gehören.[2] Während seiner erfolgreichsten Phase umfasste FirstVirtual mehr als 4000 Händler und 240.000 Kunden in 166 Ländern. Bis Mitte 1998 blieben davon nur 2000 Händler und über 60.000 aktive Kunden bei FirstVirtual. Am 20. Juli 1998 gab das Unternehmen bekannt, dass es sich aus dem Markt für Zahlungssysteme zurückzieht und sich in Zukunft ganz auf sichere Nachrichtenübertragung konzentriert. Den Kunden wurde eine Migration zu CyberCash angeboten. FirstVirtual wird hier dennoch kurz beschrieben, da es zum einen zu den erfolgreichsten Produkten im Bereich der Internet-Zahlung zählt, und zum anderen ist es durch seine elegante Schlichtheit und seinen frühen Einsatz von »historischem« Interesse.

Eigentlich war FirstVirtual recht erfolgreich...

Funktionsweise

Ein potenzieller Käufer eröffnet ein Konto bei FirstVirtual per E-Mail, Telnet oder über das WWW. Dabei teilt er FirstVirtual seinen Namen, seine Adresse, ein Kennwort und eine E-Mail-Adresse mit, unter der er erreichbar ist. An diese E-Mail-Adresse sendet FirstVirtual eine Bestä-

---

2.   Stefferud war der Erste, der 1975 eine Mailingliste im Internet schuf; Borenstein war einer der Mitentwickler des MIME-Mail-Standards.

tigung und eine gebührenfreie Telefonnummer, über die der Käufer dann seine Kreditkartennummer (zzt. Visa oder Mastercard) an First-Virtual bekannt gibt.

... und auch nicht Die Kreditkartennummer wird also nicht über das Internet über-
kompliziert... tragen, sondern über das vergleichsweise sichere Telefonnetz. Der Anbieter muss ebenfalls ein Konto bei FirstVirtual eröffnen. Dabei gibt es zwei Modelle, eins eher für kleinere Anbieter, das andere für größere Firmen. Will ein Käufer etwas von einem Anbieter erwerben, so gibt er diesem seine FirstVirtual-Kontonummer. Der Anbieter sendet diese zusammen mit seiner eigenen Kontonummer, dem zu zahlenden Betrag und einer Beschreibung des Handelsgutes an FirstVirtual. FirstVirtual wiederum sendet eine E-Mail an die Adresse, die zu der eingeschickten Kontonummer des Käufers gespeichert ist.

Der Käufer kann dann auf die E-Mail auf eine von drei möglichen Arten antworten: YES, um zu signalisieren, dass der Kauf tatsächlich von ihm ausgegangen ist und vollzogen werden soll. NO, um anzuzeigen, dass er seine Meinung geändert hat und vom Kauf zurücktritt (FirstVirtual behält sich vor, Käufer, bei denen dieses Verhalten häufiger auftritt, vom System auszuschließen). Die letzte mögliche Antwort ist FRAUD, was bedeutet, dass der Käufer diesen Kauf nie initiiert hat. In diesem Fall wird FirstVirtual keine Zahlung vornehmen und den Vorfall näher untersuchen, beispielsweise um festzustellen, ob möglicherweise der Anbieter derjenige ist, der versucht hat, hier einen Betrug zu begehen.

Bestätigt der Käufer den Kauf, belastet FirstVirtual seine Kreditkarte mit dem angegebenen Betrag, schickt dem Anbieter eine Bestätigung der Bezahlung und überweist das Geld nach Abzug der Gebühren auf das Konto des Anbieters (mit unterschiedlich langen Verzögerungsfristen, um sicherzustellen, dass die Kreditkarte auch tatsächlich gedeckt ist).

Kosten

... aber wohl zu teuer! Auf Käuferseite beschränken sich die Kosten auf eine jährliche Gebühr von 10 USD. Bei den Anbietern wird unterschieden zwischen »Pioneer-Sellern« und »Express-Sellern«. Express-Seller können nur solche Anbieter werden, die bereits auf herkömmliche Art und Weise Kreditkarten abgerechnet haben, somit bei den Kreditkartengesellschaften bekannt sind und ihre Vertrauenswürdigkeit unter Beweis gestellt haben. Pioneer-Seller zahlen nur eine jährliche Gebühr von 10 USD, Express-Seller hingegen eine Anmeldegebühr von 350 USD sowie in den Folgejahren jährlich 250 USD zur Verlängerung ihres Vertrags mit

FirstVirtual. Dafür erhalten Express-Seller ihre Gelder von FirstVirtual in einer Frist zwischen 4 und 23 Tagen, Pioneer-Seller hingegen müssen zwischen 91 und 108 Tagen auf ihr Geld warten. Die jeweils längeren Fristen ergeben sich aus Akkumulationsphasen, in denen geringe Beträge möglichst angesammelt werden sollen, um geringe Zahlungen nicht mit zu hohen Gebühren zu belasten.

Beide Anbieter bezahlen je Transaktion, also je Zahlung eines Kunden an einen Anbieter, 2% des zu zahlenden Betrags + 0,29 USD an FirstVirtual. Darüber hinaus fallen pro Überweisung von FirstVirtual an einen Anbieter 1 USD Überweisungsgebühren an. Um den Anteil dieser Überweisungsgebühren an den zu transferierenden Geldern möglichst gering zu halten, wird versucht, in den oben bereits erwähnten Akkumulationsphasen mehrere kleine Zahlungen zusammenzufassen.

Bewertung

Die größte Stärke von FirstVirtual lag zweifelsohne in seinem transparenten Sicherheits- und Geschäftsmodell. Die technischen Voraussetzungen waren sowohl beim Händler als auch beim Endkunden denkbar gering. Zahlungstransaktionen wurden einfach über E-Mail erledigt. Da so gut wie jeder, der im Internet aktiv ist, über einen eigenen E-Mail-Account verfügt, waren die technischen Voraussetzungen somit von jedermann ohne weiteres zu erfüllen. Auch war das System relativ sicher, da keine sensiblen Daten wie Kreditkartennummern über das Internet übertragen wurden. Aus diesem Grund konnte auf aufwendige Verschlüsselungsmechanismen gänzlich verzichtet werden. Vertrauen wurde somit ausschließlich mit Hilfe organisatorischer Mittel geschaffen. Ein Kunde brauchte sich nicht zu fragen, ob sensitive Daten wirklich verschlüsselt werden, wenn er der Betreiber*organisation* FirstVirtual traute.

Als nachteilig erwies sich die Beschränkung auf Händlerseite auf den amerikanischen Markt (genauer gesagt die Notwendigkeit eines amerikanischen Bankkontos). Die Tatsache, dass es FirstVirtual trotz eines relativ großen Händlernetzes mit ca. 2000 an das System angeschlossenen Händlern nicht geschafft hat, wirtschaftlich zu arbeiten, und letztlich diesen Teil seines Geschäftsfeldes aufgeben musste, lässt befürchten, dass auch anderen Anbietern von Zahlungssystemen, die zumeist über wesentlich weniger Händler verfügen, harte Zeiten bevorstehen werden.

12.3.2   CyberCash

CyberCash ist ein Zahlungssystem, das verschiedene Zahlungsmittel (Kreditkarten, digitale Münzen und Lastschriftverfahren) in eine einheitliche Software integriert. Über den eigenen Verschlüsselungsmechanismus hinaus hat CyberCash angekündigt, auch den SET-Standard für kreditkartenbasierte Zahlungen in sein System zu integrieren.

Funktionsweise

Eine komplexe Wallet-Software ist erforderlich

Zur Bezahlung mit CyberCash muss sich der Kunde zuerst ein *Wallet* (elektronisches Portemonnaie) von der CyberCash-Website (*www. cybercash.de*), von einer Bank oder vom Händler auf den eigenen Computer laden. Anschließend sind in einem Setup-Prozess die Kreditkartendaten zu nennen. Dann kann das Wallet für Einkäufe benutzt werden.

Für den Händler ist die Registrierung bei CyberCash ähnlich einfach. Auch er benötigt eine Software, die mit der Software des Kunden sowie dem CyberCash-Server den Zahlungsvorgang abwickelt. Zur Verschlüsselung der Daten nach dem CyberCash-proprietären Verfahren wird SSL eingesetzt. Darüber hinaus wird das SET-System (s.u.) in die CyberCash-Software mitintegriert, so dass Verschlüsselung und Zertifizierung in Zukunft nach dem SET-Standard erfolgen dürften.

Für den Kauf eines Produkts per Kreditkarte löst der Kunde mit einem in die WWW-Seiten des Händlers integrierten »Pay«-Button den Zahlungsvorgang aus (Schritt 1). Von der CyberCash-Software des Händlers erhält das Wallet daraufhin sämtliche Orderdaten (Schritt 2). Das Wallet wird automatisch aktiviert und öffnet ein Fenster, in dem der Kunde nun sein Zahlungsinstrument auswählt und die Zahlung bestätigt. Der Kunde gibt bei der Installation des Wallets seine Kreditkarteninformationen ein, die daraufhin verschlüsselt abgelegt werden und bei weiteren Transaktionen abrufbar sind. Diese Daten werden mit dem RSA-Verfahren (1024-Bit-Schlüssel) im dritten Schritt für den CyberCash Gateway-Server verschlüsselt und an den Händler gesendet. Damit kann der Händler nicht auf die Zahlungsinformation zugreifen (vgl. Abb. 12-3).

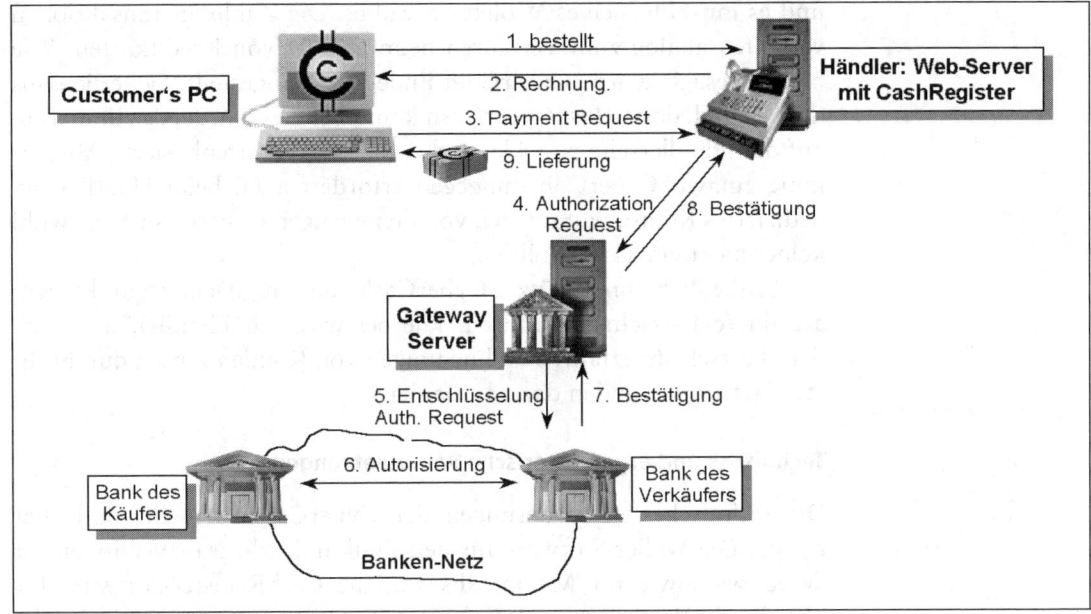

Abb. 12–3
*Zahlungsprotokoll
bei CyberCash*

Komplexer Offline-Prozess

Der Händler fügt seine elektronische Signatur hinzu, ohne die Daten des Kunden einsehen zu können. Die *CashRegister* genannte Software auf der Seite des Händlers nimmt dazu die Daten entgegen, fügt ihnen die Signatur des Händlers hinzu und sendet sie an den CyberCash-Server (Schritt 4). Dieser dekodiert die Daten und verifiziert die enthaltenen Kreditkarten-Informationen mit dem entsprechenden Kartenunternehmen. Fällt diese Überprüfung positiv aus, wird das Kreditkartenkonto des Kunden belastet und eine entsprechende Bestätigung an den Händler zurückgeschickt (Schritte 5–8). Dieser kann dann den Versand der Ware veranlassen oder dem Kunden online den Zugriff auf bestimmte Daten oder eine Download-Möglichkeit, z.B. für Software, zur Verfügung stellen. Eine Verifikation der Bestellung findet zwischen CyberCash-Server und der Wallet-Software des Kunden nicht statt. Sämtliche Schritte werden dabei automatisch ausgeführt, so dass der gesamte Vorgang etwa 20–30 Sekunden dauert.

Neben der Bezahlung mit Kreditkarte sieht CyberCash auch den Einsatz von so genannten CyberCoins vor. Diese dienen für so genannte »Micropayments«, also als Zahlungsmittel für Beträge zwischen 0,25 USD und 10 USD, bei denen die Abrechnung per Kreditkarte wegen der dabei anfallenden Gebühren nicht lohnend wäre. Technisch gesehen handelt es sich bei diesen CyberCoins allerdings nicht um echte digitale Münzen, sondern eher um ein Transaktionssystem, bei dem ein Käufer ein Konto bei einer Bank anlegt, auf das er einen gewissen Betrag bucht und es mit Hilfe seines Wallets verwaltet. Die Zahlungstransaktionen verlaufen analog zum Verfahren beim Einsatz von Kreditkarten. Wie bereits gesagt, wurde CyberCoin Ende 2000 eingestellt. Sicherlich aus dem Grund, dass selbst CyberCash kaum benutzt wurde, das immerhin auf der Händlerseite eine klassische, d.h. kreditkartenbasierte Abrechnung zulässt. CyberCoin hingegen erfordert auch beim Händler ein dediziertes Konto, worauf sich von den wenigen CyberCash-Fans wohl keiner mehr einlassen wollte ...

Schließlich unterstützt CyberCash das in Deutschland recht attraktive Lastschriftverfahren. Hierbei wird ein Händler, der nach dem Lastschriftverfahren Abbuchungen von Kundenkonten durchführen darf, vom Kunden dazu autorisiert.

Technische und organisatorische Voraussetzungen

Die technischen Anforderungen der CyberCash-Software sind eher gering. Die Wallet-Software für den Endkunden liegt in Versionen für Windows sowie für Macintoshs vor, die CashRegister-Software für Händler in Versionen für Windows NT sowie für diverse Unix-Implementationen (darunter Solaris, HP/UX, AIX und Linux).

Anfang 1998 waren nur amerikanische Kreditkarten zur Teilnahme an diesem Verfahren zugelassen. 1998 startete ein Feldtest in Deutschland, bei dem jeder teilnehmen konnte, der sich die Wallet-Software installierte und seine Konto- und Kreditkartendaten mitteilte. Betrieben wird der Feldtest von der CyberCash GmbH, der Dresdner Bank, Sachsen LB, West LB und einigen weiteren. Zu beachten ist jedoch, dass die Einrichtung eines Kunden Ende 1998 noch mehrere Tage dauerte. Das heißt, ein spontaner Kauf konnte nicht durchgeführt werden, auch wenn allgemein akzeptierte Kreditkarten zur Zahlung verwendet werden sollten. Auch hier kommt das Henne-Ei-Problem wieder zum Tragen: Wenn nicht in ausreichendem Umfang Wallet-Software zur Verfügung steht (z.B. durch Bündelung mit Web-Browsern), werden Händler kaum Kunden finden, die per CyberCash bezahlen wollen. Vorteilhaft für die Verbreitung von CyberCash ist die häufig anzutreffende Bündelung mit Shop-Software als Multiplikator.

Auch CyberCash hat Konkurs angemeldet

Auf der amerikanischen Website von CyberCash wurden früher (Dezember 1998) ca. 500 Händler aufgeführt, die CyberCash als Zahlungsmittel akzeptierten. Auf der deutschen Website von CyberCash wurden damals nur 20 Händler genannt, die an Pilotprojekten teilnahmen. Auch danach konnte sich das System nicht mehr weiter durchsetzen, so dass das Unternehmen Anfang 2001 Konkurs anmeldete.

Kosten

Während CyberCash selbst Ende 1997 noch auf seiner Website angab, dass weder für den Käufer noch für den Anbieter Gebühren erhoben werden (da CyberCash die Abwicklung mit den Kreditkarten-Anbietern abrechnet), so hat sich dieses Preismodell mittlerweile geändert. Eine Möglichkeit ist, dass der Händler die Abrechnung mit dem Kreditunternehmen abwickelt, von dem er CyberCash bezogen hat. Sollte er seine Abrechnung direkt mit CyberCash vornehmen, so muss er in den USA pro Transaktion mit einer Gebühr von 0,20 USD bis 0,60 USD rechnen (evtl. zuzüglich einer monatlichen Gebühr).

Diese Gebühren würden Zahlungen im Micropayment-Bereich natürlich ad absurdum führen. So ist für den Einsatz von CyberCoin auch ein anderes Preismodell vorgesehen: Pro stattgefundener Transaktion 0,10 USD plus 4% des zu zahlenden Betrags. Beim kleinstmöglichen Betrag beim Einsatz von CyberCoin (0,25 USD) wären dies Gebühren in Höhe von 0,11 USD, also stattliche 44%! Das Mindestentgelt liegt bei CyberCoin in Deutschland bei monatlich 10 Euro. Darüber hinaus gelten bereits seit Sommer 1998 für CyberCoin und EDD die in den Tabellen 12-3 und 12-4 angeführten Gebühren.

CyberCoin für Micropayments

Umsatz je Transaktion von – bis (in Euro):	Entgelt in v.H. des Umsatzes:
0,02-0,09	30
0,10-0,14	25
0,15-0,24	20
0,25-0,37	15
0,38-0,49	10
0,50-0,62	8
0,63-0,74	7
0,75-1,49	6
1,50-2,49	5
2,50-4,99	4
5,00-25,00	3
Kassenabschluss:	1

Tab. 12–3

Transaktionsgebühren bei CyberCoin

Tab. 12–4
Transaktionsgebühren bei
CyberCash – EDD

Umsatz je Transaktion von – bis (in Euro):	Entgelt in v.H. des Umsatzes:
5,00-7,49	4,00
7,50-9,99	3,00
10,00-12,49	2,75
12,50-14,99	2,50
15,00-24,99	2,00
25,00-34,99	1,75
35,00-49,99	1,50
ab 50,00	1,00

Bewertung

CyberCash versuchte lange Zeit, mit seiner Wallet-Software ein ganzes Portfolio an Zahlungsmitteln anzubieten. Dieser Ansatz ist grundsätzlich sehr nützlich, denn so wie sich bei den konventionellen Zahlungsmitteln unterschiedliche Arten von Transaktionen etabliert haben (Bezahlung mit Bargeld, Lastschriften, Kreditkarten, Überweisungen etc.), so erweisen sich auch im Internet unterschiedliche Zahlungsmechanismen als sinnvoll. Das System bestand allerdings in der Praxis ausschließlich aus der Abrechnungskomponente für Kreditkarten. Der münzbasierte Teil lief nur in Pilotprojekten und die dabei für den Händler anfallenden Gebühren waren gerade bei kleineren Beträgen exorbitant hoch. Auch die Abrechnung mit Lastschriften wird bislang nur in Pilotprojekten realisiert. Die Integration der Abrechnung nach dem SET-Standard in das CyberCash-Wallet war sicherlich eine interessante Entwicklung, aber da CyberCash dieses Verfahren nicht durch zusätzliche Zahlungsarten wie Münzen oder Lastschrift sinnvoll ergänzt, stellte sich die Frage, weshalb Kunden und Händler nicht gleich reine SET-Wallets einsetzen sollten. Anzumerken ist ferner, dass sich in der Praxis der sicheren Zahlung per SSL viele Anbieter für die Nutzung eines Java-Wallets entscheiden, damit ein Kunde nicht von seinem spontanen Kaufentschluss abgehalten wird. Solche Java-Wallets bieten verschiedene Unternehmen (Brokat zusammen mit TeleCash, WireCard etc.) an, die ebenfalls – analog zu CyberCash – immerhin die zwei Verfahren Kreditkarte und Lastschrifteinzug unterstützen.

Sicher, kompliziert und erfolglos

CyberCash war (neben SET) eines der wenigen gängigen Systeme, die einem Betrug durch den Händler vorbeugen. Laut Kriminalitätsstatistiken liegt das höchste Betrugsvolumen gerade auf der Händlerseite. Wird zusätzlich noch verhindert, dass der Kunde mit einer gestohlenen Kreditkarte einkauft, kann die nächste Betrugsmöglichkeit vermieden werden. Dies kann CyberCash jedoch nicht leisten. Aus diesem Grunde hofft die Finanzwelt nach wie vor auf den breiten Einsatz von Systemen, die Zertifikate zur Authentisierung des Kunden verwenden. Das Protokoll SET (Secure Electronic Transaction) hilft, diese Lücke in Form eines standardisierten Protokolls zu schließen.

12.3.3 SET – Secure Electronic Transaction

SET ist ein weiteres Protokoll zur Abwicklung von Zahlungstransaktionen, das vor allem auch für die Übermittlung von Kreditkartennummern über das Internet eingesetzt werden kann. Es befindet sich seit 1997 bei einigen Online-Shops in der Einführungsphase. Heute hört man allerdings keine weiteren Erfolgsmeldungen mehr, das Projekt ist offensichtlich »auf Eis gelegt«, bis die erforderlichen Infrastrukturen bereitstehen. Schauen wir mal, woran dies liegen könnte.

SET wurde gemeinsam entwickelt von einem Konsortium, bestehend aus Visa, Mastercard und einigen IT-Herstellern. Der SET-Standard arbeitet auf der Basis eines asymmetrischen Public-Key-Verfahrens mit digitalen Zertifikaten. Er garantiert so die Authentizität der Marktteilnehmer sowie die Bezahlung und Auslieferung der bestellten Waren. SET ist ein Protokoll, welches allen Teilnehmern (Käufer, Verkäufer, Bank) Informationen über die beteiligten Individuen, den Kaufpreis und Kaufgegenstand sowie Details der Bezahlung zukommen lässt. Lediglich die Kreditkartendaten bleiben dem *Verkäufer* verborgen. Dies wurde explizit beim Entwurf des Protokolls gefordert. Wenn diese Gefahrenquelle erfolgreich vermieden werden kann, ist zu erwarten, dass sich die kriminalitätsbedingten Transaktionskosten erheblich reduzieren und damit auch die gesamten Transaktionskosten, die von der Kreditkartenbenutzung herrühren.

SET wurde von einem Konsortium entwickelt

Protokoll

Die SET-Infrastruktur besteht aus drei technischen Komponenten: Dem *Elektronischen Portemonnaie* (SET-Wallet), welches sich auf dem Rechner des Benutzers befindet, einem *SET-Server*, der auf dem Web-Server des Händlers installiert ist, und dem *SET Payment Server* (auch Payment Gateway) seitens der Bank des Verkäufers.

Um das SET-System zu benutzen, muss der Käufer zunächst die Kreditkartennummer in das Wallet eingeben. Die meisten Implementierungen speichern dabei diese Nummer verschlüsselt auf der Festplatte oder in einer Smart Card. Erst durch Eingabe des Benutzerpasswortes gegenüber dem Wallet kann dieses die Kreditkartennummer verarbeiten. Damit können beliebig viele Benutzer einen einzelnen PC als »SET-Terminal« teilen. Ferner wird ein Schlüsselpaar generiert.

Wenn der Kunde eine Bezahlung veranlasst, wird die Zahlungsinformation verschlüsselt an den Verkäufer gesendet und von diesem unterschrieben an seine Bank weitergeleitet. Dort erfolgt die Entschlüsselung sowie die Verifikation der Unterschrift. Im positiven Fall veranlasst die Bank den Zahlungstransfer. Abschließend wird eine Quittungs-Nachricht an Verkäufer und Käufer zurückgesandt. Ebenso wie bei CyberCash schützt das SET-Protokoll die Kreditkartendaten vor der Einsichtnahme durch den Verkäufer. Dadurch wird das höchste Angriffspotenzial seitens des Verkäufers vermieden.

SET ist hinsichtlich der Vertraulichkeit auf die Übertragung der Kreditkartennummer beschränkt. Eine weiter reichende Unterstützung hätte die Exportmöglichkeiten von SET-Software lange Zeit erheblich eingeschränkt, da RSA als Verfahren eingesetzt wird.

Trennung von Order Information und Payment Information

SET unterscheidet zwischen Informationen, die nur dem Käufer und Verkäufer bekannt sind (die bestellten Produkte bzw. *Order Information, OI*), und solchen, die nur Käufer und Bank teilen (Kreditkartennummer bzw. *Payment Information, PI*).

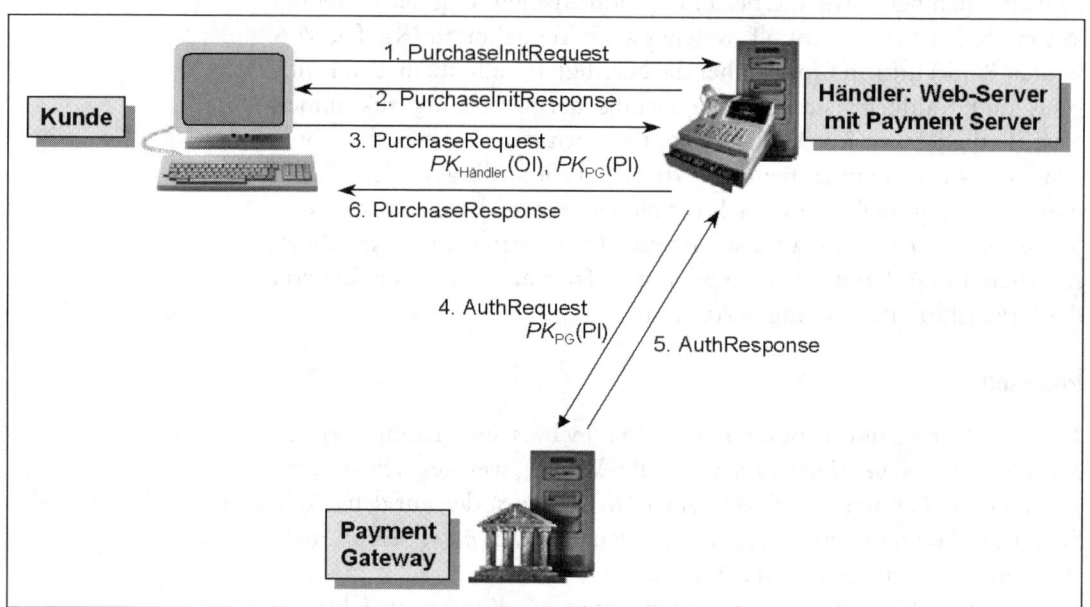

Abb. 12–4 Nachrichtenfluss bei SET

Zahlungsvarianten

Bei der Autorisierung gibt es verschiedene Zahlungsvarianten, die vom Händler gewählt werden können und die auch bei der herkömmlichen Kreditkartenzahlung vorzufinden sind: Entweder wird nur eine Autorisierung der Zahlung durch den Acquirer vom Herausgeber eingeholt

(Authorize Now and Capture Later). In diesem Fall findet noch keine Buchung statt. Diese könnte einmal monatlich oder am Ende des Tages zwischen den Finanzinstituten durchgeführt werden. Im anderen Fall (Authorize and Capture Now) wird der Zahlungsbetrag sofort dem Konto des Händlers gutgeschrieben (wenn er beispielsweise ein Soft-Good sofort und unwiederbringlich liefern muss). Eine weitere übliche Variante ist »Installment or Recurring Use«. Hier werden Daten für Abschlags- oder periodische Zahlungen festgelegt. Der Acquirer ist dann autorisiert, regelmäßig einen Zahlungsbetrag über den Herausgeber beim Kunden abbuchen zu lassen.

»Dual Signature«

Mit Hilfe eines *Dual Signature* genannten Verfahrens werden diese unterschiedlichen Informationen der »Order Information« und der »Payment Information« miteinander in Verbindung gebracht: Eine *SET Purchase Request Message*, wie sie in Abbildung 12-5 vom Wallet des Kunden zum Händler übermittelt wird, besteht aus zwei Komponenten – eine für den Verkäufer (Order Information) und eine für die Bank (Payment Information). Die erste wird verschlüsselt mit dem öffentlichen Schlüssel des Verkäufers und die zweite mit dem der Bank.

Zusätzlich werden Hash-Werte für beide Komponenten erzeugt und aneinander gehängt (MDigest$_1$ und MDigest$_2$ in Abbildung 12-5). Die elektronische Unterschrift der Dual Signature wird schließlich geleistet, indem für die beiden Hash-Werte wiederum ein weiterer erzeugt und mit dem geheimen Schlüssel des Käufers unterschrieben wird.

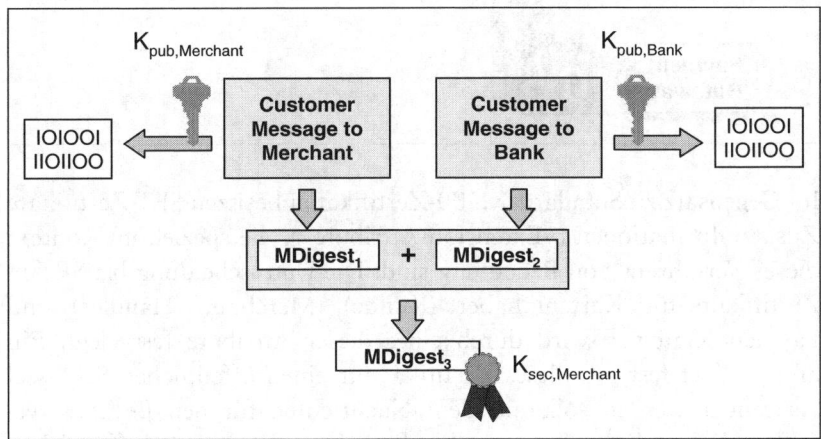

Abb. 12–5

Das Dual-Signature-Verfahren von SET

In einigen Fällen ist es (zur Anbindung von Altlastsystemen) erforderlich, die Software des Verkäufers doch mit der Kreditkartennummer zu versehen. Dies erfolgt indirekt und optional über die Nachricht, die nach der Buchung von der Bank an den Verkäufer zurückgesendet wird.

Verwendung von Zertifikaten für SET

Jeder Teilnehmer ist zertifiziert

SET erfordert für die Authentisierung der beteiligten Parteien die Einbindung einer Zertifizierungsautorität (z.B. VeriSign, TC TrustCenter etc.). Bei dieser sind sowohl Käufer als auch Verkäufer und Payment Gateway registriert. Vor und während des Zahlungsprotokolls werden diese Zertifikate ausgetauscht, so dass je Verifikation eine weitere Kommunikation mit der Zertifizierungsautorität erforderlich ist.

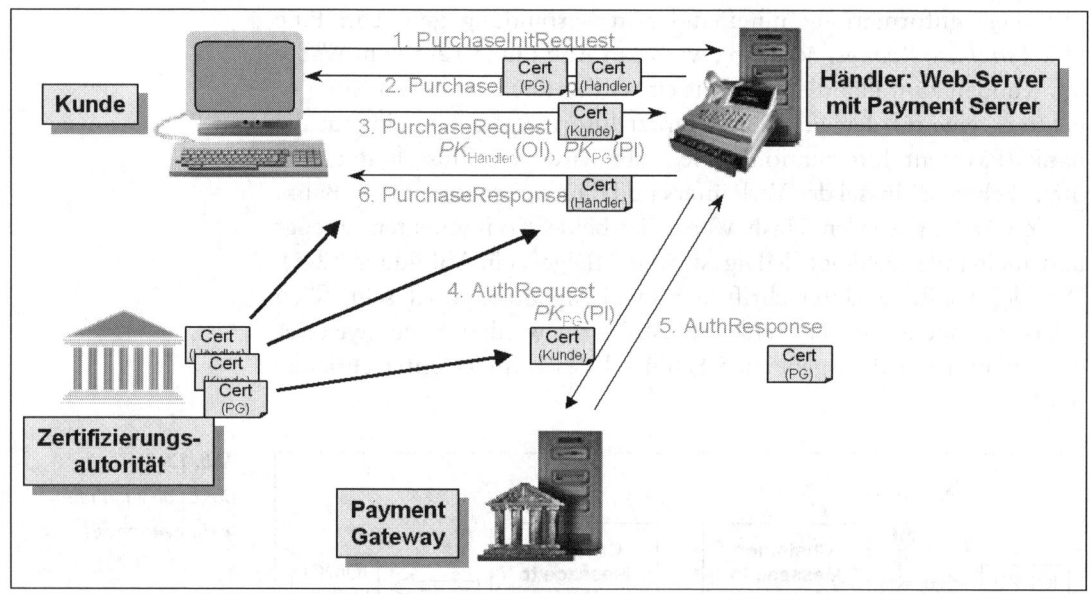

Abb. 12–6
Austausch von Zertifikaten beim SET-Protokoll

Im Gegensatz zu Standard-X.500-Zertifikaten besitzen SET-Zertifikate Zusatzinformationen (»Extension-Attribute«), die speziell im Kontext dieses Verfahrens von Bedeutung sind. Die Unterscheidung bei SET in Zertifikate für Karteninhaber (Kunde), Merchant (Händler) und Payment Gateway wird durch eines dieser Attribute festgelegt. Ein anderes legt fest, ob dieses Zertifikat für einen öffentlichen Schlüssel verwendet werden soll, mit dem Nachrichten für den Besitzer verschlüsselt werden können, oder für einen (anderen!) öffentlichen Schlüssel, mit dem signierte Nachrichten des Senders verifiziert werden können (bei SET können tatsächlich für beide Zwecke unterschiedliche Schlüssel benutzt werden, obwohl dies eigentlich nicht nötig wäre).

Um eine einheitliche und weite Verbreitung des neuen Standards zu gewährleisten, haben die Kreditkartengesellschaften Mastercard und Visa mit der SETCo (*www.setco.org*) eine Zertifizierungsinstanz gegründet. Hierbei handelt es sich nicht um elektronische Zertifikate, sondern um eine Prüfstelle, die eine gültige Implementierung der Software nach dem SET-Standard validiert. Um SET-Software in Umlauf zu bringen, muss ein Anbieter diese von der SETCo zertifizieren lassen. Die SETCo ist das Standardisierungsgremium, welches den Funktionsumfang sowie die Protokolle und Schnittstellen zwischen SET-Komponenten festlegt. Dabei bezieht sich die Zertifizierung auf einen Kompatibilitätstest des SET-Wallets, der Händler-Software sowie des Payment Gateways.

SETCo ist die Root-CA für SET

Einige bereits zertifizierte Produkte, z.B. von GlobeSet, Data Design, Terisa, Trintech und Verifone, haben als erste das SET-Compliance-Zertifikat erhalten. Weitere Informationen finden sich unter *www.setco.org/matrix.html*.

Interessanterweise eignet sich SET auch für Smart-Card-Lösungen. Dieses wurde unter dem Namen C-SET bereits in Frankreich erprobt. Dabei werden sowohl Zertifikate als auch die Verschlüsselungstechnik auf der Karte untergebracht. Der Vorteil liegt darin, dass nicht mehr alle Transaktionen online autorisiert werden müssen. Dadurch lassen sich Kosten sparen und evtl. Transaktionen unterhalb eines Euro noch wirtschaftlich abwickeln. Software für SET-Wallets wird inzwischen von diversen Herstellern angeboten:

- *X-PAY Java Credit Wallet.* Dieses SET-Wallet steht als Applet zur Verfügung und kann unmittelbar beim Kaufvorgang über das Internet geladen werden. Es ist als ein Container für unterschiedliche Zahlungsmethoden konfiguriert worden (SET, Micropayments, EDD, normale Kreditkartenzahlung – *www.brokat.de*).
- *CyberCash Internet Wallet.* Dies ist das übliche CyberCash-Wallet (CyberCash, EDD, CyberCoin), das mit einer SET-Komponente erweitert wurde (*www.cybercash.de*).
- *GlobeSet Wallet.* GlobeSet war einer der ersten Hersteller, dessen vollständiges Sortiment an SET-Komponenten (Wallet, Merchant Server, Payment Gateway) von der SETCo zertifiziert wurde (*www.globeset.com*).
- *IBM Consumer Wallet.* Das Wallet von IBM steht als Browser-Plug-in zur Verfügung (*www.ibm.com/commerce/software/payment/wallet.html*).

Erweiterungen von SET

Smart Cards und Electronic Cash

Die heutige Version des SET-Standards sieht auf der Kundenseite ein installierbares Wallet vor sowie ein Zertifikat, das über das Netz von der CA erhalten wurde. Der Signaturschlüssel des Kunden befindet sich in einer verschlüsselten Datei auf der Festplatte. Zukünftige Versionen bieten Erweiterungen, die sich auf die Verwendung von Smart Cards abstützen, so dass der dort generierte Signaturschlüssel verwendet werden kann. Dies erhöht das Sicherheitsniveau drastisch und erlaubt die Verwendung öffentlicher PC-Terminals, in die die persönliche Smart Card eingeführt wird. Ferner sind Erweiterungen geplant, die die Verwendung von PINs erlauben, damit sich ein Kunde gegenüber seiner Karte authentifizieren kann. Außerdem lassen sich durch diese Maßnahme Electronic-Cash-Transaktionen durchführen, die in Europa neben Kreditkarten als Zahlungsverfahren vorherrschen.

Technische und organisatorische Voraussetzungen

SET ist sicher, aber aufwendig

SET stellt momentan eines der wenigen Internet-Zahlungsverfahren mit großem Nutzungspotenzial *und* »wasserdichter« Sicherheitspolitik dar. Zurzeit befindet es sich in Deutschland jedoch nach wie vor noch in der Erprobungsphase – nur wenige Anbieter nutzen SET, da auf der Kundenseite keine Nutzung der Zertifizierungsinfrastruktur erwartet werden kann.

Ein weiteres aktuelles Problem ist bei SET die notwendige Zertifizierungsinfrastruktur selbst. Kunde und Händler müssen sich bei einer Zertifizierungsautorität mit Kreditkarte sowie weiteren Daten registrieren, um ein Zertifikat zu erhalten, welches für die Verarbeitung mit SET erforderlich ist. Solange weite Kundenkreise diese Zertifizierung noch nicht vorgenommen haben, kann SET nicht oder nur mit gewissem Risiko zum Einsatz kommen. Hier ist jedoch zu erwarten, dass Banken (bzw. Verbände) an der automatischen Zertifizierung ihrer Kunden sowie an der Errichtung der erforderlichen Infrastruktur arbeiten.

Immerhin haben die Sparkassen in Deutschland SET als ihr strategisches Zahlungsprotokoll für das Internet ausgewählt. So betreiben beispielsweise die Rechenzentren in Karlsruhe (zuständig für alle badischen Sparkassen) sowie in Bayern eigene Payment Server (SET-Händlerkassen) und/oder SET-Gateways für Privat- und Firmenkunden.

Langfristig auch Micropaments?

Man kann grundsätzlich davon ausgehen, dass langfristig durch die Einführung von SET die Transaktionskosten für Kartenzahlungen sinken dürften und damit auch das momentane Fixum von ca. 0,25 Euro für Kreditkartentransaktionen. Somit werden sich Kreditkarten grundsätzlich auch für Transaktionsvolumen im Bereich von 2 bis 25 Euro besser eignen.

Grundsätzlich problematisch erscheint die ausschließliche Nutzung von kreditkartenbasierten Verfahren, wenn es sich um ihren lokalen Einsatz in Deutschland handelt, da ein großer Teil der Bevölkerung lediglich über EC-Karten bzw. die Geldkarte verfügt. Hier wäre eine Erweiterung von SET sinnvoll, die speziell für den deutschen Markt entwickelt werden müsste.

12.3.4 Zusammenfassung zu kreditkartenbasierten Verfahren

Electronic Commerce findet idealerweise weltweit statt, daher muss auch die zugrunde liegende Zahlungsmethode weltweit zur Verfügung stehen. Dies ist heute nur bei Kreditkarten der Fall. Diese Präsenz betrifft dabei nicht nur die technische Zahlungsabwicklung, sondern vor allem auch den organisatorisch-juristischen Rahmen: Üblicherweise besteht gegenüber dem Händler und dem Kartenbesitzer eine Zahlungsgarantie durch die Kartenorganisation oder den Acquirer. Diese Garantie wird auf Basis eines privatrechtlichen Vertrags gewährleistet, so dass keine gesetzliche Regulierung erforderlich ist (und vor allem keine internationale). Eine solche organisatorische Infrastruktur ist bereits für den traditionellen Handel gegeben, so dass für den elektronischen keine substanziellen organisatorischen Anpassungen erforderlich sind.

Letztlich kann auch bei Kreditkarten-Zahlungsmethoden die Unterscheidung in Free-Economy (SSL oder gar unverschlüsselte Übertragung) und »Vollkasko-Wirtschaft« (SET) vorgenommen werden: Einen Online-Shop einzurichten ist in der Vollkasko-Gesellschaft mit Beschaffungs- und Einrichtungskosten der SET-Software verbunden und mit der Erlangung eines Händlerzertifikats. Gleichzeitig wird nur bevorzugt mit zertifizierten Kunden Handel getrieben und die »Transaktionskosten« des Downloads eines schwergewichtigen Wallets sind in Kauf zu nehmen. Der SSL-Shop erfordert lediglich das Händlerzertifikat, welches ihn generell als Internet-Teilnehmer, nicht jedoch als spezifischen SET-Händler charakterisiert. Letzteres bietet jedoch einen Nachweis, dass der Händler eine vertragliche Beziehung zu einer Kartengesellschaft eingegangen ist. Der Trade-off heißt also hier: *Sicherheit vs. Flexibilität*.

Ohne PKI (Public Key Infrastructure) keine Zertifikate, ohne diese kein SET

Während bei der SSL-Variante nur ein Händlerzertifikat erforderlich ist, können dies im Extremfall bei SET sogar vier sein:

Bei SET bis zu vier Zertifikaten

Ein Zertifikat ist für den öffentlichen Schlüssel des Händlers zur herkömmlichen *SSL-Sicherung* der Kommunikation notwendig,

- ein weiteres ist erforderlich, um seinen *SET-Händlerstatus* nachzuweisen,

- ein drittes Zertifikat ist nötig, *um den Kunden zu authentisieren* (der ja möglicherweise mit seiner SigG-konformen Smart Card am PC sitzt), und

- schließlich kann noch *die Software selbst zertifiziert sein*, wie es bereits heute bei der Zahlungssoftware von Brokat der Fall ist. Hier geht es darum, Code zu authentisieren und seine Integrität zu sichern.

Während Kreditkarten in der klassischen Welt des Bezahlens bereits auf eine lange Tradition zurückblicken können, ist der Markt der Zahlungsmittel bei den *Guthabenkarten* sehr viel heterogener, dies gilt insbesondere, wenn man Entwicklungen international vergleicht. Im Folgenden soll daher insbesondere auf das in Deutschland dominierende System der Geldkarte eingegangen werden.

12.4 Guthabenkarten

Guthabenkarten werden vor der Kauftransaktion mit einem Geldbetrag aufgeladen. Bei den Transaktionen erfolgt dann ein sukzessives Abbuchen, bis das Guthaben aufgebraucht ist. Im Folgenden soll vor allem die Geldkarte, anschließend aber auch Mondex und einige andere erläutert werden.

12.4.1 Geldkarte

Über 50 Millionen Geldkarten im Umlauf

Die Geldkarte ist das in Deutschland wohl prominenteste Projekt zur elektronischen Bezahlung. Es handelt sich hierbei um eine Smart Card, die mit einem Geldbetrag von bis zu 200 Euro an speziellen Terminals bei Banken und Sparkassen aufgeladen werden kann. Jede Zahlungstransaktion reduziert daraufhin einen internen Zähler auf der Smart Card. Mit der Geldkarte verfügt der Halter somit über einen vorausbezahlten Betrag, der über Händlerterminals und deren Lesegeräte beim Kauf abgebucht werden kann. Das Konzept der Geldkarte ist vom Zentralen Kreditausschuss (ZKA) entwickelt worden. Zurzeit befinden sich über 50 Millionen Geldkarten im Umlauf. Die Geldkarte kann noch nicht über das Internet eingesetzt werden, dies liegt weniger an der Technologie (es sind natürlich Lesegeräte erforderlich), sondern vielmehr an der restriktiven Freigabepolitik des ZKA, der trotz des großen Interesses seitens der Industrie lange Zeit keine Internet-Freigabe erteilte. Inzwischen wurden jedoch Klasse-3-Kartenleser von ZKA freigegeben (siehe auch Kapitel 6.5 zu Smart Cards).

Das Zahlungsprotokoll

Eine Bezahlung mit der Geldkarte involviert etliche beteiligte Akteure, so dass diese zunächst eingeführt werden:

Akteure

- Der *Karteninhaber* bzw. Kunde setzt die Karte ein, um entweder am Ladeterminal Bargeld auf die Karte zu laden oder beim Händler davon einen Betrag wieder abbuchen zu lassen.
- Die *Bank des Kunden* richtet für diesen zusätzlich zum Girokonto ein Verrechnungskonto ein, auf dem der Ladebetrag sowie die Kartenumsätze verbucht werden. Außerdem verwaltet die Kundenbank ein Gebührenkonto, auf dem die Provision gebucht wird, die anfällt, wenn der Kunde eine Bezahlung durchführt.
- Der *Händler* nimmt die Zahlung über sein Händlerterminal entgegen. Er muss sich selbst mit einer Händlerkarte gegenüber dem Terminal authentifizieren.
- Die *Bank des Händlers* ist nur beteiligt, wenn Zahlungen auf das Händlerkonto durchgeführt werden.
- Das *Ladeterminal* muss nicht notwendigerweise bei der Bank des Kunden benutzt werden, daher ist ggf. der Betreiber des Ladeterminals als ein weiterer Mitspieler beteiligt.
- Schließlich stellt die *Börsenevidenzzentrale* eine Schaltstelle dar, über die alle Zahlungstransaktionen gebucht und verfolgt werden.

Denkbar sind noch weitere Rollen wie z.B. die des Kartenherstellers oder die Datensammelstelle, über die Daten beim Laden oder Kauf weitergeleitet werden. Für unser Grundmuster einer Geldkartentransaktion sind diese Rollen jedoch irrelevant.

Im Kern werden zwei Aktivitäten unterschieden: Das *Aufladen* und das *Bezahlen*. Beim Aufladen bucht der Karteninhaber vom Girokonto einen Geldbetrag auf die Karte. Sowohl der dortige Zähler als auch das interne Verrechnungskonto werden entsprechend angepasst. Die Information des Ladebetrags wird zusätzlich an die Börsenevidenzzentrale geleitet, wo ein weiteres Konto (das Schattenkonto) für jede in Umlauf befindliche Geldkarte geführt wird.

Aufladen und Bezahlen

Das Bezahlen erfolgt durch Einführen der Karte in das Händlerterminal. Dazu muss der Kunde eine PIN eingeben, durch die die Karte bei Verlust vor Missbrauch geschützt ist. Der am Terminal eingegebene Zahlungsbetrag wird daraufhin bestätigt. Im Anschluss meldet das Händlerterminal über das Netz des Terminalbetreibers den Betrag an die Börsenevidenzzentrale. Diese reduziert den Saldo des Schattenkontos der Karte und bucht den Betrag vom Verrechnungskonto des Kunden auf das Konto des Händlers bei seiner Bank abzüglich der Provision, die der Händler an die kartenherausgebende Bank abzuführen hat. Die Börsenevidenzzentrale kann dem Händlerterminal ebenfalls melden, ob eine Karte als verloren gemeldet wurde. Nur bei Freigabe der Zahlung wird schließlich der Betrag auf der Karte gebucht.

Abb. 12–7

Abläufe und Instanzen bei Geldkartentransaktionen

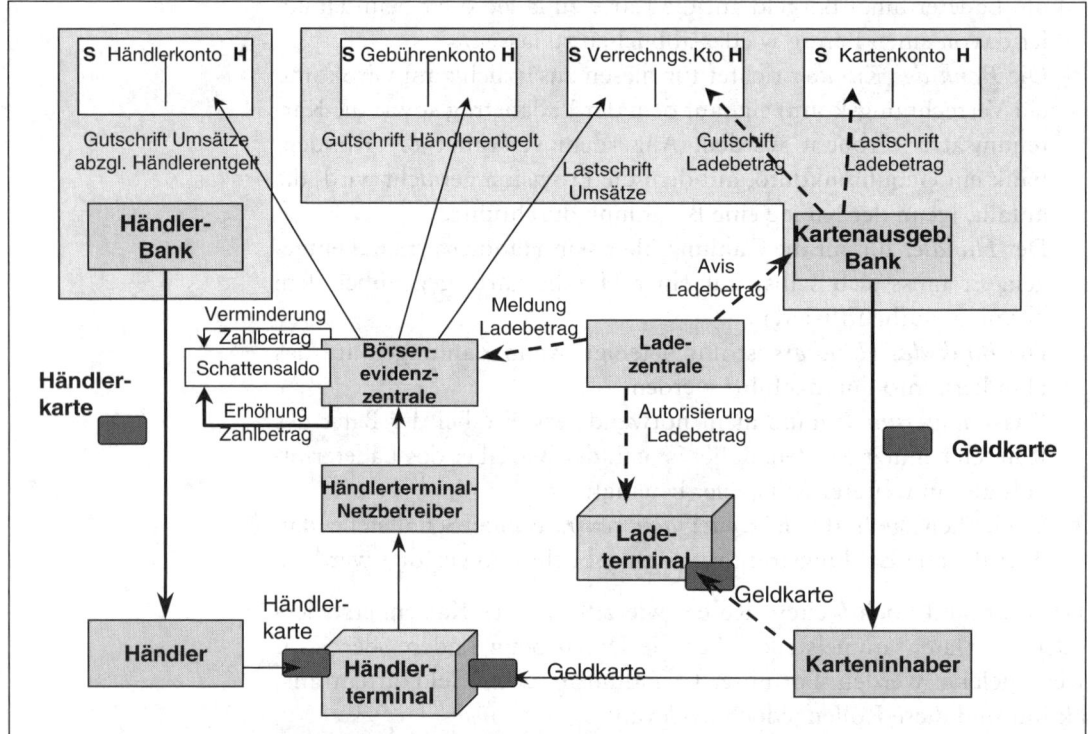

Datenschutz vs. Verbraucherschutz

An der Beteiligung der Börsenevidenzzentrale ist zu erkennen, dass eine zentrale Instanz über Informationen aller Geldkartentransaktionen in Deutschland verfügt. Da dies aus Datenschutzgründen höchst bedenklich ist, dürfen diese Daten nicht ohne weiteres an Dritte weitergegeben werden. Nur in Fällen von Kartenverlust oder Inkonsistenzen können Informationen über Transaktionen und Saldo einzelner Karten an die ausgebende Bank übermittelt werden. Somit ist es prinzipiell möglich, beim Kartenverlust die Karte zu sperren und den Saldobetrag durch die Bank zu ersetzen.

Besonders interessant (und für den Kunden relevant) kann am Beispiel der Geldkarte gezeigt werden, in welchem Zielkonflikt Datenschutz und Verbraucherschutz stehen: Ohne Evidenzzentrale wäre die Wiederherstellung des Kundenkontos nicht möglich, wenn es zu Buchungsfehlern oder Kartendefekten kommt. Diese Möglichkeit stärkt das Vertrauen des Kunden in die Zuverlässigkeit des Systems, so dass er sich als Verbraucher in einer besseren Position befindet. Andererseits würde ohne Evidenzzentrale keine Möglichkeit bestehen, über den gesamten Transaktionsdatenbestand des Geldkartenumlaufs zu verfügen. Die dort abgelegte Information ist besonders attraktiv für Marktanalysen sowie zur Erstellung von Kunden- und Händlerprofilen, so dass besondere Sicherungsmaßnahmen erforderlich sind.

Die Geldkarte erhöht den Verbraucherschutz...

Grundsätzlich kann die Information der Evidenzzentrale natürlich für alle denkbaren Beweissituationen eingesetzt werden, z.B. um einen Täter zu überführen oder als Alibi-Funktion für einen Unschuldigen. Hier liegt ein äußerst sensitiver Bereich vor, bei dem die genaue Rechtslage wahrscheinlich noch nicht vollständig geklärt ist.

Der Bundesbeauftragte für den Datenschutz, Joachim Jacob, warnte folglich im Jahre 1998 die Bürger vor aufladbaren Geldkarten, da ihre Anonymität nicht gewährleistet ist. Kritisiert wurde vor allem, dass die Kreditwirtschaft ihre Kunden nicht darüber informiert, dass sie beim Bezahlen Datenspuren hinterlassen (Zeitpunkt und Ort des Kaufs sowie der ausgegebene Betrag). Die Evidenzzentrale speichert diese Information über einen längeren Zeitraum. Auf Knopfdruck können für jeden Kartennutzer exakte Verhaltens- und Kaufprofile erstellt werden.

... aber mindert den Datenschutz

White Cards

Eine Chance zur Erhöhung des Datenschutzniveaus liegt in der Herausgabe sog. *White Cards* (bzw. kontenunabhängige Geldkarten): Dies sind anonyme Geldkarten, die nicht mit einem Kundenkonto in Verbindung stehen – folglich sind sie auch nicht über eine PIN individualisiert. Aus diesem Grunde sind Ladeterminals erforderlich, mit deren Hilfe Bargeld in Form von Banknoten auf die Karte transferiert wird. Eine solche White Card ist damit anonym, wenn auch ein Bewegungs- und Transaktionsprofil für die betreffende Karten-ID erstellt werden kann.

Die entscheidende Frage ist allerdings in der Praxis, wie man als Kunde eine White Card erhält. In einer auf elektronische Zahlungsverfahren spezialisierten Mailliste [EZI-L] wurde 1998 ein nettes Beispiel gegeben, wie in der Praxis mit Anonymität umgegangen wird: Als

White Cards sind kaum bekannt

Kunde wollte der Autor eine White Card bei seiner Sparkasse erwerben. Dies war nach etwas Aufklärungsarbeit des Leiters der Kundenbetreuung dann auch möglich: Für einen Kaufbetrag von 5 DM wurde die Karte ausgehändigt. Der Haken lag jedoch darin, dass der Kunde dabei eine Überweisung des Betrags mit Angabe der White-Card-Nummer (!) unterschreiben musste ...

Sicherlich lernen die beteiligten Personen seitens der Banken in Zukunft, Begriffe wie »Anonymität«, »Datenschutz« und »Verbraucherschutz« korrekt zu interpretieren. Dieses Beispiel zeigt jedoch, dass teilweise noch sehr viel Weiterbildungsbedarf besteht.

Besonders paranoide Menschen müssten folglich regelmäßig ihr Bargeld-Ladeterminal wechseln, hin und wieder eine andere White Card einsetzen – und dies idealerweise im Tausch mit anderen White-Card-Besitzern – um wirklich sicher zu gehen ...

Das »Business-Modell« der Geldkarte

Wer verdient eigentlich wie viel an und mit der Geldkarte? Gleich vorweg: Dies ist noch nicht geklärt, insbesondere, ob sie wirklich für alle Parteien einen wirtschaftlicheren Umgang bei der Handhabung von Bargeld bietet – insbesondere gilt dies natürlich auch ohne spezielle Betrachtung von Online-Zahlungen. Folgendes Zahlenmaterial soll helfen, den Nebel etwas zu lichten:

1. Händler zahlen Provision an den Kartenherausgeber. Dies sind 0,3 % des Kartenumsatzes, mindestens aber 0,01 Euro.
2. Kunden zahlen Provision, wenn sie ihre Karte bei einem anderen Terminalbetreiber als ihrem Herausgeber aufladen (bis zu 3,50 Euro als Fixum!). Ferner wird eine Ausgabegebühr bei White Cards erhoben.

Minderung der Seignorage der Bundesbank

3. Da das Geldkartenbargeld eigentlich Buchgeld ist – es wird ja auf dem Konto der Bank geführt –, kann diese es gegen Zinszahlungen an Dritte verleihen. Damit tritt folgender Effekt ein: Der Zinsgewinn, den die Bundesbank mit dem im Umlauf befindlichen Bargeld erzielt (die sog. *Seignorage*), wird teilweise an die Banken abgetreten, da die Nachfrage nach Bargeld im Gegensatz zum Buchgeld abnehmen wird. In seiner Arbeit hat Wolfgang Gentz diesen Effekt sehr detailliert ausgeführt [Gent97].
4. Der Händler »verdient« durch einen effizienteren Umgang mit Geld an der Kasse: Die versehentliche Herausgabe von zu viel Wechselgeld wird vermieden und auch der manuelle Umgang mit Bargeld wird vereinfacht. Ferner wird das Diebstahlsrisiko

vermindert, da sich in der Kasse weniger Geldnoten befinden. Der Händler trägt allerdings auch die Provision, die an die Herausgeberbank zu zahlen ist.

5. Ähnliches gilt letztlich auch für den Kunden, der sich nicht mit dem Abzählen von Centbeträgen quälen muss.

Es scheinen also alle an der Geldkarte zu verdienen. Dennoch erfolgt ihre Einführung insbesondere bei den Händlern und Kunden äußerst zäh.

Die Geldkarte in der Praxis

Trotz der über 60 Millionen Exemplare ist die Evidenzzentrale noch nicht allzusehr ausgelastet: Im Oktober 1997 existierten nur 35.000 Händlerterminals. Dies ist recht wenig im Vergleich zu den 162.600 Akzeptanzstellen für Electronic Cash (Stand: 1. Quartal 1998) sowie 260.000 für die Eurocard und 310.000 für Visa. Bei den über 400.000 Einzelhandelsunternehmen in Deutschland (Filialen nicht mitgezählt) ist dies eine Durchdringung von weniger als 10%. Seit 1997 ist die Nutzung jedoch stark gestiegen, wenn auch auf niedrigem Niveau: Während 1997 noch ca. 120.000 Zahlungstransaktionen verzeichnet wurden, waren dies im Jahre 2000 immerhin über zwei Millionen. Andererseits heißt dies auch, dass nur jeder dreißigste Besitzer eine einzige Transaktion im Jahr (!!!) durchführte.

Nur 2% aller Geldkarten sind White Cards. Dies hängt im Wesentlichen von den Herausgebern ab, da in der Bevölkerung noch nicht genügend Bewusstsein über die genauen Eigenschaften der Geldkarte besteht.

Seit Herbst 1999 können Geldkarten auch für öffentliche Telefone eingesetzt werden. Die Händlerkarte ist dabei in das Gerät fest eingebaut. Insgesamt betrifft dies etwa 100.000 öffentliche Telefone.

Die sog. *Geldkarte Typ 1* hat als Basiswährung den Euro und soll inkrementelle Abbuchungen unterstützen (wie z.B. bei zeitbezogenen Gebühren erforderlich). Damit könnte die Geldkarte sogar die Telefonkarte ersetzen. Dieser Kartentyp wird jedoch erst mit dem Euro auf den Markt kommen.

Grundsätzlich kann die Geldkarte für mehr als nur Barzahlungen eingesetzt werden: Sie erlaubt es auch, Rabattsysteme von Händlern zu unterstützen oder Anwendungen wie elektronische Fahrscheine, Telefonkarten oder Guthabensysteme individueller Händler. So wird die Geldkarte an der Universität Trier zur Bezahlung von Dienstleistungen der Universität eingesetzt. Diese Anwendungen liegen außerhalb der Geldkartenfunktionalität, da hier der Buchungsmechanismus der Bör-

Andere Nutzungsformen

senevidenzzentrale nicht eingesetzt wird. In anderen Städten (z.B. Hannover) kann man die Geldkarte zur Bezahlung von Parkscheinen in Parkhäusern benutzen.

In Eichstätt wurde ein regional begrenztes CityCard-Projekt durchgeführt, welches das Bonusmarkensystem des Handels mit der Geldkarte verbindet. Bei 13.000 Einwohnern in Eichstätt und 115.000 im Einzugsgebiet wurden 9.500 CityCards ausgegeben sowie 3.500 Kundenkarten der Banken. 8.500 Kartenbesitzer hatten auf diese Weise für 161.000 DM Bonuspunkte gesammelt. Allerdings wurden nur sieben Prozent der eigentlichen Kauftransaktionen mit der Geldkarte durchgeführt. Dieses Ergebnis ist eher enttäuschend.

Geldkarten für Mitarbeiter der Deutschen Bahn

Die Deutsche Bahn AG stattet ihre 250.000 Mitarbeiter mit Ausweisen aus, die den Geldkarten-Chip tragen. Damit besteht die Möglichkeit, nicht nur Zugangskontrollen mit der Geldkarte durchzuführen, sondern – wie an der Uni Trier – auch interne Dienstleistungen (z.B. Bahnkantine) zu verbuchen.

Auch für die Bezahlung an Automaten besteht immenses Potenzial für die Geldkarte: In Deutschland sind 1,9 Millionen Automaten aufgestellt, die jährlich 11 Milliarden Euro Umsatz generieren. Hier können Probleme des Bargeld-Handling vermieden werden, das heute beträchtlichen Aufwand verursacht: Allein durch die Zigarettenautomaten fallen täglich(!) 46 Tonnen Münzen an. Dadurch, dass Automatenzahlungen in der Regel Micropayments sind (zwischen 0,5 und 2,5 Euro), dürfte sich die Automatenindustrie jedoch erst der Geldkarte zuwenden, wenn die Händlergebühren gesenkt werden.

Internet-Bezahlungen

Da die Geldkarte beim konventionellen Kauf am Kiosk mit dem Bargeld konkurriert, wird sie sich hier nur langfristig durchsetzen können. Industrie und Verbraucher fordern jedoch ein Zahlungsmittel, das sich auch im Internet flexibel einsetzen lässt. Hierbei ist die Geldkarte eine begehrte Lösung, da mit ihr ein Mechanismus zur Verfügung stehen könnte, mit dem auch die beliebten Mikrotransaktionen durchgeführt werden können. Erforderlich sind jedoch im Wesentlichen zwei Bedingungen: Erstens muss der ZKA die Nutzung der Karte im Internet zulassen (die technische Realisierung wurde bereits 1997 demonstriert) und zweitens müssen Internet-Benutzer mit einem Kartenleser ausgestattet sein. Dieser kostet heute jedoch noch zwischen etwa 10 und etwa 100 Euro, je nachdem, welche Funktionen unterstützt werden (Anzeige des Betrags, Abbuchen eines Betrags, Funktionen des Händlerterminals etc.).

Die Zulassung vom ZKA setzt die Möglichkeit voraus, dass der Kunde über einen vertrauenswürdigen Kartenleser verfügt, der neben dem Zahlungsbetrag auch ein Händlerzertifikat verifiziert und anzeigt.

Obwohl dies kein technisches Problem darstellt, verzögert sich die Zulassung der Geldkarte nach wie vor, da die Spezifikation für solche Zertifikate noch fehlt. Da die Software des Händlers im Internet nicht so einfach einsehbar ist wie das Lesegerät am Kiosk, werden zusätzliche Sicherheitsmaßnahmen gefordert:

▨ Auf der Kundenseite muss sichergestellt sein, dass der tatsächliche Zahlungsbetrag angezeigt wird und diese Funktion nicht beeinträchtigt werden kann.

▨ Ähnlich der Nutzung von Zertifikaten beim SET-Protokoll ist die Authentizität des Händlers sicherzustellen.

▨ Schließlich muss gewährleistet werden, dass der Datenaustausch zuverlässig und gegen mögliche Angreifer gesichert durchgeführt werden kann.

Geldkarten in Europa – Konkurrent oder Kooperation?

Neben dem Zentralen Kreditausschuss (ZKA) in Deutschland beschäftigen sich auch in Frankreich, Großbritannien, Belgien und den meisten anderen Ländern entsprechende Organisationen mit der Herausgabe von Geldkarten.

▨ *Europay* hat eine elektronische Geldbörse namens CLIP entwickelt, die zukünftig mit den Spezifikationen des Committee for European Payment Systems (CEPS) und des European Committee for Banking Standards (ECBS) kompatibel sein soll.

▨ *Moneo* ist ein französischer Zusammenschluss, um einen europäischen Standard zu entwickeln.

▨ *SERMEPA* (*https://www.sermepa.es*) ist der spanische Geldkartenherausgeber und arbeitet zusammen mit Europay an einer einheitlichen Spezifikation für Geldbörsen.

▨ Der Standard *CETREL* soll es ermöglichen, dass die Geldkarte, Moneo und miniCASH sich wechselseitig anerkennen.

▨ *Pace* ist eine Initiative der Zahlungssysteme der Länder Deutschland, Frankreich und Luxemburg, durch die eine innovative, multilaterale und offene Geldbörsenlösung in Euro für den europäischen Binnenmarkt entwickelt und gefördert werden soll.

▨ *MiniCash* (*www.minicash.lu/minicash*). Gleiches gilt für Luxemburg; hier wird eine elektronische Geldbörse (mit dem Chip der Geldkarte) unter dem Namen miniCash durch die Luxemburger Banken und Sparkassen seit März 1999 eingeführt. Sie lautet von Anfang an auf Euro und ist zum Telefonieren an allen Kartentelefonen geeignet.

12.4.2   Andere kartenbasierte Zahlungsverfahren

Natürlich steht die Geldkarte trotz aller Marktdurchdringung im Wettbewerb. Dies sind insbesondere die T-Card und PayCard der Telekom sowie das britische Verfahren *Mondex*, das auch in Deutschland eingeführt werden soll und ein weitaus höheres Maß an Anonymität bietet als die Geldkarte (*www.mondex.com*).

T-Card mit PayCard-Service

Wieder ein erfolgloses Verfahren...

Dieses Verfahren der Telekom wurde in Verbindung mit der Deutschen Bahn 1997 als Bargeldlösung angekündigt. Ein weiterer Vorteil wäre gewesen, das Billing-System der Telekom zur Abbuchung der Zahlungen zusammen mit der Telefonrechnung einzusetzen (dann hätte die Karte allerdings keinen Bargeldcharakter mehr). Es sollte zunächst auf den Einsatz in Fahrscheinautomaten sowie (natürlich) als Telefonkarte abzielen. Nachdem diese Karte sich bis Mitte 1998 nicht am Markt durchsetzen konnte (nur etwa 150.000 Exemplare bis April 1998), wurde es sehr still um dieses System. Inzwischen wird dieses System nicht mehr betrieben, auch wenn hier und da noch einige Fahrkartenautomaten T-Cards akzeptieren.

Mondex

... und noch eines...

Das System Mondex existiert bereits seit einigen Jahren in Großbritannien und wurde 1995 in Swindon, UK getestet. Das Besondere an Mondex ist sein dem Bargeld sehr ähnlicher Charakter: Kunden und Händler (eigentlich beliebige Teilnehmer, da alle über die gleichen Kartentypen verfügen) können offline, d.h. durch Zusammenschalten ihrer Lesegeräte, Geldeinheiten übertragen. Das »Wallet« ist hierbei ein kleines Lesegerät, das neben der Karte des Besitzers auch die des Transaktionspartners aufnehmen kann. Über eine Tastatur kann anschließend der Betrag von einer Karte auf die andere übertragen werden. Mondex-Karten lassen sich nicht nur über Bankterminals, sondern auch über Telefone aufladen. Eine technische Voraussetzung ist somit bei Mondex eine fälschungssichere Hardware der Lesegeräte. Seit 1997 ist das Kreditkartenunternehmen Mastercard mehrheitlich an Mondex beteiligt. Auch in Deutschland war lange Zeit die Einführung von Mondex geplant, jedoch hat dies bisher nicht im großen Stil stattgefunden.

VisaCash

Dieses von Visa herausgegebene System wird international erprobt. In Deutschland setzt allein die Bankgesellschaft Berlin dieses System ein. Seit 1998 kündigen Visa und der ZKA die Entwicklung einer eigenen Karte an.

... und noch eines

12.5 Elektronisches Geld

Als *elektronisches Geld* werden speziell Systeme bezeichnet, die dem Bargeldcharakter von Münzen und Scheinen am ehesten gerecht werden (siehe hierzu auch [Merz99]). Dies wird durch Eigenschaften wie Anonymität, Stückelung in Werteinheiten etc. deutlich. Das wohl mit Abstand interessanteste Verfahren ist sicherlich eCash von der Firma DigiCash. Entwickelt wurde es von David Chaum, einem der bekanntesten Krypto-Gurus der achtziger und neunziger Jahre.[3] Im Sommer 1998 musste DigiCash jedoch ebenfalls Konkurs anmelden. Die Gründe liegen weniger in der technischen Realisierung des Protokolls, sondern in der mangelnden Fähigkeit des Unternehmens, dieses System in Kooperationen mit den Banken auf dem Markt durchzusetzen. Häufig wird dies David Chaum selbst zugeschrieben, der strategische Verträge mit Banken und Finanzdienstleistern, die dem System erheblich größere praktische Bedeutung verschafft hätten, in einigen Fällen sprichwörtlich in letzter Minute platzen ließ [NextMag99].

David Chaum ist der Erfinder von eCash

DigiCash bietet mit eCash ein münzbasiertes Verfahren an, das uneingeschränkte Anonymität für den Käufer auf der Basis blind geleisteter Signaturen durch den Bankserver erlaubt [Chau92]. Münzen der jeweiligen Währung werden anhand eines *elektronischen Portemonnaies* verwaltet. Die Stückelung der Münzen entspricht 2er-Potenzen von 0,01. Auf diese Weise sind für die Bezahlung eines beliebigen Betrags B maximal $\lfloor \log_2 B+1 \rfloor$ Münzen erforderlich, was den Kommunikationsaufwand und vor allem den Aufwand für die rechenintensive Generierung und Verifikation von Münzen reduzieren hilft.

In seiner ursprünglichen Form besticht eCash vor allem auch in der symmetrischen Anordnung von Kunden- und Händler-Wallet: Beide können die gleiche Software benutzen, die sowohl das Auszahlen als auch das Einziehen von Münzen steuert. An der Universität Hamburg hatten wir beispielsweise 1996 ein Online-Börsenspiel entwickelt, welches – gekoppelt an die aktuellen Schlusskurse der Frankfurter Börse – allen eCash-Besitzern weltweit die Möglichkeit bot, ihr Spiel-

Eine symmetrische Architektur

---

3. Mit ZZ-Top-Bart, jedoch ohne Schlapphut ;-)

geld für Aktienkäufe einzusetzen. Damit nahmen wir Geld ein. Irgendwann später entschloss sich der Mitspieler dann zum entsprechenden Tageskurs die Aktien wieder zu verkaufen, d.h., wir zahlten den betreffenden Betrag an ihn aus und aktualisierten das Depot. Die damit verbundene Softwareentwicklung war recht übersichtlich – insbesondere auch wegen der einfachen Handhabung der Wallet-Software.

Heute wird eCash nicht mehr angeboten: Die Deutsche Bank betrieb einen Feldtest in DM, während bei EUNet Finland, bei der Bank Austria und der Credit Suisse in der Schweiz jeweils Feldtests in der Landeswährung durchgeführt wurden. eCash unterstützt nur einen geschlossenen Währungsraum, d.h., weder zwischen zwei eCash-Währungsräumen, die an die gleiche reale Währung gekoppelt sind, noch zwischen unterschiedlichen Realwährungen sind eCash-Münzen automatisch konvertierbar.

Das ursprüngliche Protokoll wurde zudem für den Betrieb bei einigen Banken so erweitert, dass z.B. versehentlich gelöschte Münzen wiederhergestellt werden können.

Das eCash-Protokoll

Ein lokaler Münzvorrat des Käufers wird durch das individuelle Prägen von Münzen eingerichtet (Abbildung 12-8). Dieser Prozess besteht zunächst aus der Generierung von »Münzrohlingen« durch den Käufer selbst. Diese enthalten u.a. eine eindeutige Seriennummer. Die durch den privaten Schlüssel des Käufers signierte Münze wird beim Bankserver eingereicht, so dass dieser anhand des öffentlichen Schlüssels die Zugehörigkeit zum Käufer verifizieren kann.

Blinde Signatur   Bevor nun aber diese Münze dem Bankserver übermittelt wird, transformiert der Käufer die Datenstruktur in eine Form, die es dem Bankserver nicht erlaubt, die Seriennummer zu lesen (Schritt 1 in Abbildung 12-8). Aufgrund des kryptografischen Verfahrens der *blinden Signatur* kann die Bank jedoch trotzdem den Münzbetrag und die Seriennummer signieren. Der Bankserver protokolliert den Betrag in seiner Datenbank, um zu einem späteren Zeitpunkt die Münze beim Einlösen zu identifizieren und ihre Echtheit zu verifizieren. Vom eCash-Konto des Käufers wird dabei der entsprechende Geldbetrag abgebucht (Schritt 2). Nachdem der Käufer die Münze vom Bankserver zurückerhalten hat, transformiert er sie wieder in die ursprüngliche Darstellung. Dabei bleiben jedoch Betrag und Zertifikat unverändert (Schritt 3).

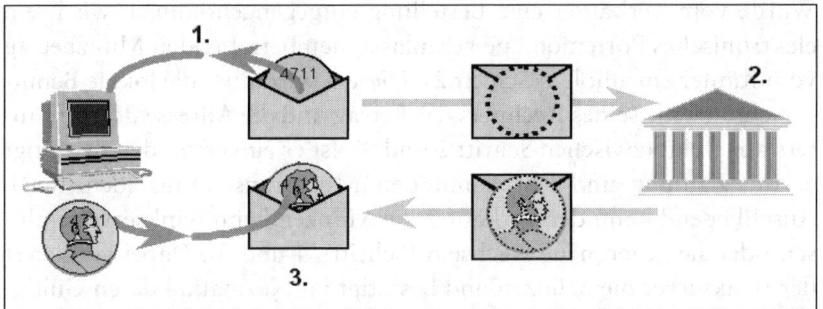

Abb. 12–8
Blind geleistete
Unterschrift der Bank

Die Bank verfügt nun lediglich über die Information, *dass* der Käufer eine Münze abgehoben hat, jedoch nicht *welche*. Auch bei Kooperation der Bank mit dem Verkäufer kann nicht auf die Identität des Käufers geschlossen werden, da die Bank nicht über die jeweiligen Parameter für den Transformationsalgorithmus verfügt. Ein solches Protokoll zur Erzeugung blind geleisteter Unterschriften ist u.a. bei [PfWa95] beschrieben.

Abb. 12–9
Zahlungsprotokoll
bei eCash

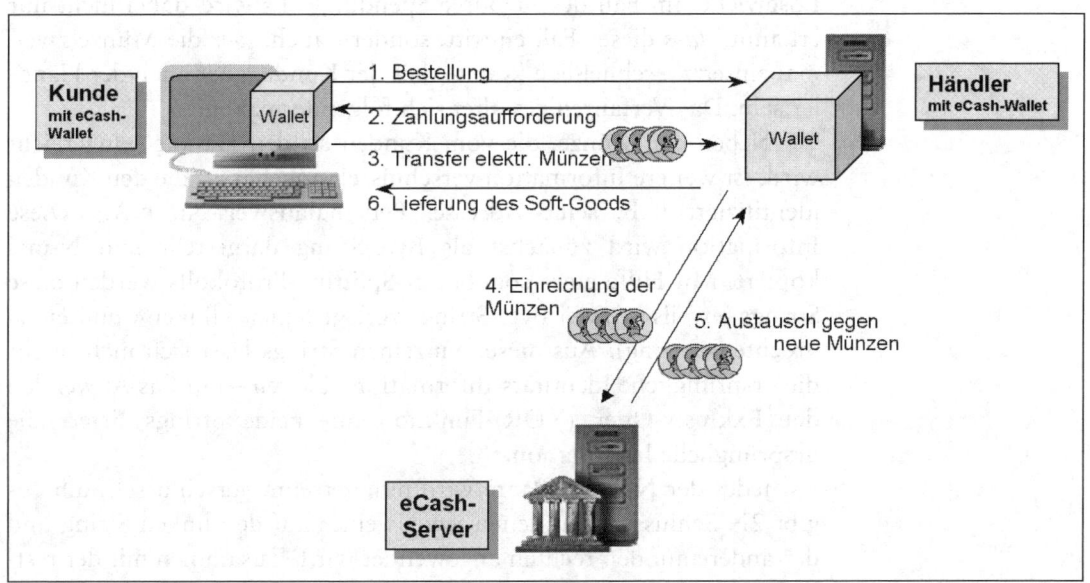

eCash-Transaktionen werden über elektronische Portemonnaies durchgeführt, die in einheitlicher Form beim Käufer und Verkäufer als individuell über Portnummern des Rechners adressierbare Prozesse vorliegen. Die Kommunikation zwischen Anwendungen (üblicherweise WWW-Browser und -Server) und elektronischen Portemonnaies erfolgt über eine Softwareschnittstelle seitens des Verkäufers (vgl. Abb. 12-9).

Direkte Kommunikation
zwischen den Wallets

Wurde vom Verkäufer eine Bestellung entgegengenommen, wird sein elektronisches Portemonnaie veranlasst, den betreffenden Münzbetrag vom Käufer einzuholen (Schritt 2). Diesem wird über die lokale Benutzerschnittstelle seines Rechners der Betrag und die Adresse des Verkäufers angezeigt (zwischen Schritt 2 und 3). Ist er einverstanden, bestätigt er die Zahlung und löst damit den Münztransfer aus (Schritt 3). Anschließend kann der Verkäufer die Münzen beim Bankserver einlösen oder sie gegen neue wechseln (Schritte 4 und 5). Dabei verifiziert der Bankserver die Münzen und bestätigt im Normalfall deren Gültigkeit. Wenn der Verkäufer diese Bestätigung erhalten hat, kann er das Dokument oder die Ware an den Käufer ausliefern.

Hinter den Kulissen ...

»*Double Spending*« *vermeiden*

Was man als Kunde vom eCash-Protokoll wahrnimmt, ist bereits beeindruckend. Noch interessanter ist jedoch der Algorithmus, der sich im Verborgenen abspielt – sozusagen hinter den Kulissen des Wallets. Der kryptografische Leckerbissen liegt in der Aufdeckung des Bösewichts im Fall des »Double Spending«. Es wird dabei nicht nur erkannt, *dass* dieser Fall eintritt, sondern auch, *wer* die Münze zweimal einsetzt – schließlich könnte dies der Kunde, aber auch der Händler sein. Das Verfahren gestaltet sich folgendermaßen:

Neben der Münze, die vom Kunden an den Händler eingereicht wird, ist weitere Information verschlüsselt angehängt, die den Kunden identifiziert (z.B. seine Adresse, Personalausweis-Nr. o.Ä.). Diese Information wird zunächst als Byte-String dargestellt und N-mal kopiert. Mit Hilfe eines sog. Secret-Splitting-Protokolls werden diese Strings jeweils in zwei Byte-Strings zerlegt (einen »linken« und einen »rechten« String). Aus diesen einzelnen Strings lässt sich nicht mehr die ursprüngliche Identitäts-Information ableiten – nur das Anwenden der Exklusiv-Oder (XOR)-Funktion auf beide Strings liefert die ursprüngliche Information.

Jedes der N String-Paare wird nun getrennt verschlüsselt, d.h., es gibt 2N Schlüssel, von denen jeweils einer auf den linken String und der andere auf den rechten angewendet wird. Zusammen mit der restlichen Münzinformation werden alle Strings an den Händler übertragen. Bevor dieser die Münze anschließend bei der Bank verifizieren lässt, fordert er zunächst je String-Paar einen Schlüssel vom Kunden an – entweder den linken oder den rechten. Dies erfolgt zweckmäßigerweise über einen Bit-String, bei dem 1 »linker Schlüssel« und 0 »rechter Schlüssel« bedeutet. Zum Anwenden der XOR-Funktion fehlt also jeweils eine Hälfte der Paare.

Die Münze wird zusammen mit den N halbentzifferten String-Paaren an die Bank weitergeleitet. Diese prüft, ob ihre Signatur gültig ist und ob unter der Seriennummer bereits eine andere Münze eingereicht wurde. Trifft Letzteres nicht zu, liefert sie eine positive Bestätigung an den Händler. Ist es jedoch der Fall, verfügt sie bereits über die Schlüssel der vorherigen Einreichung. Dabei können zwei Situationen unterschieden werden:

1. Alle Schlüssel beider Einreichungen sind gleich verteilt (d.h. die Bit-Strings waren gleich). Dieser Zufall tritt extrem selten ein, nämlich statistisch bei jeder 2^N-ten Vorlage einer bereits verwendeten Münze. Viel wahrscheinlicher ist in dieser Situation hingegen, dass der Händler selbst die Münze zweifach eingereicht hat (er kann ja nicht über die anderen, vom Kunden generierten Schlüssel verfügen).

2. Wenn allerdings die Schlüsselverteilung der beiden Einreichungen nicht identisch ist, gibt es mindestens ein String-Paar, von dem beide Teile entziffert werden können. Ein anschließendes XOR bringt die Identität des Kunden ans Licht. Umgekehrt kann der Händler hier nicht betrogen haben, da er bei einem einmaligen Einsatz der Münze durch den Kunden niemals über beide Schlüssel eines Paares verfügen konnte.

Von hier an setzen organisatorische Maßnahmen ein, die ggf. sofort oder erst nach Häufungen von Betrugsfällen den Täter dingfest machen.

Bewertung

eCash benötigt in seiner aktuellen Implementierung einen zentralen Bankserver – damit sind einer beliebigen Skalierbarkeit Grenzen gesetzt. Andererseits können mehrere eCash-Domänen etabliert werden, so dass zur Verifikation einer »fremden« Münze ein Clearing-Protokoll zwischen Banken denkbar wäre. Einen Nachteil stellt die Notwendigkeit der Verifikation dar, der jedoch für alle münzbasierten Verfahren gegeben ist, da hier immer die Gefahr der Duplikation besteht.

Ein Single Point of Failure

Das eCash-System erlaubt als einziges Verfahren uneingeschränkte Anonymität für den Käufer, d.h., auch bei der Kooperation anderer involvierter Parteien (Netzbetreiber, Bank, Verkäufer) kann dessen Identität nicht aufgedeckt werden. Auf die dadurch entstehenden Gefahren weist z.B. [CaST95] hin.

■ Bei eCash besitzt weder die Bank noch eine andere Instanz außer den Transaktionspartnern Informationen über die Transaktionsdaten. Auch bei eCash ist dem Verkäufer zwar der Inhalt der Transaktion bekannt, er kann ihn jedoch nicht mit der Identität des Käufers in Verbindung bringen.

■ eCash lässt sich ohne Aufwand in eine Infrastruktur für elektronische Märkte integrieren, da elektronische Portemonnaies sowohl für Käufer als auch Verkäufer in gleicher Form als externer Prozess genutzt werden können.

Weitere Einnahmequellen

Für die Bank besitzt eCash den Vorteil, dass trotz des Bargeldcharakters des Systems das Buchgeld de facto immer seitens der Bank erhalten bleibt – und damit auch der Zinsertrag, den die Bank mit dem Guthaben des Kunden (und des Händlers) realisiert. Ein kleines Rechenexempel soll dies verdeutlichen:

Durchschnittliche Bargeldhaltung pro Person:	EUR 125
Anzahl Personen in der Bundesrepublik:	80 Mio.
Geldmenge nach dieser Formel:	EUR 10 Mrd.
Durchdringung mit eCash: 10% =	EUR 1 Mrd.
Auf diesen Betrag entfallen Zinseinnahmen von:	EUR 50 Mio.
	pro Jahr (bei 5% Zinsen)

Diese Rechnung gilt im Übrigen in gleicher Weise für die Geldkarte. Nimmt man an, dass bei einem eingespielten Betrieb die Kosten des Bankservers (oder besser des erforderlichen Rechenzentrums) bei 5 Mio. Euro p.a. liegen sowie weitere fixe und variable Kosten bei 25 Mio. Euro, so verbleibt doch eine recht akzeptable Kapitalrendite. Damit wird auch klar, dass die Nutzung von eCash nicht nur eine Demonstration des Fortschritts ist, sondern eine nüchterne Rentabilitätskalkulation. Während nämlich andere Zahlungsverfahren, die auf Kreditkarten- oder Lastschriftverfahren basieren, lediglich die Benutzung des klassischen Buchgeldsystems rationalisieren, erschließt eCash der Bank ein vollständig neues Zinspotenzial – denn die Bargeldhaltung ihrer Kunden nützt ihr wenig.

eCash-Münzen sind zwischen den Kunden austauschbar. Ein technisches Problem von eCash kann entstehen, wenn zur Verifikation der Münzen ein immenses Datenvolumen (Signaturen, eingereichte Münzen etc.) gespeichert werden muss. Da im Prinzip beliebig viele Kunden teilnehmen können, stellt diese strikte Zentralisierung irgendwann einen Engpass dar.

12.6 eCash-Feldtests der Banken

Da mit eCash ausgegebenes digitales Bargeld anders als etwa die CyberCoins von CyberCash nicht bloß eine Verrechnungseinheit ist, sondern Bargeldcharakter hat, bei dem sicherzustellen ist, dass die Bundesbank nicht die Kontrolle über die Geldmenge verliert, drängt diese darauf, ein solches Instrument auch in den Händen der Banken zu belassen.

eCash wurde daher bislang als Softwarelösung nur an Banken lizenziert. In Deutschland und Österreich waren dies bisher die Deutsche Bank und die Bank Austria. Erstere betreibt bereits seit 1996 einen Pilotversuch (*www.deutsche-bank.de*), der bis zum Jahr 2000 mit etwa 1.500 Kunden lief. Ursprünglich wollte die Bank bis zu ca. 45.000 »aktive« Homebanking-Benutzer sowie etwa 10.000 Bank-24-Kunden einbinden. Es wurde erwartet, dass damit ein Volumen von 5.000 »aktiven« eCash-Benutzern erreicht werden konnte. Tatsächlich waren aber bis Ende 2000 nicht mehr als 12 Händler zu erreichen und nach [BöRi98] auch nicht mehr als 1.000 Kunden.

Seit Ende 2000 verstärkte die Deutsche Bank wieder ihre eCash-Aktivitäten im Zusammenhang mit diversen E-Commerce-Projekten und Diensten.

Für den Transfer zwischen Euro und eCash wurde lange Zeit ein Girokonto der Deutschen Bank benötigt, dies Problem konnte jedoch durch die Multibankenfähigkeit des Systems gelöst werden. Pro Kunde können mehrere eCash-Konten eingerichtet werden (quasi als »Unterkonten«). Auf das eCash-Konto kann per Überweisung oder Einzahlung Geld transferiert werden. Vom jeweiligen eCash-Konto hebt man per Electronic Wallet Münzen ab. Auf der Händlerseite wird das herkömmliche Wallet über CGI-Skripte eingebunden. Der Merchant-Server läuft unter AIX, Solaris, Linux oder NT.

Etwa gleichzeitig mit dem Konkurs von DigiCash hat auch die japanische Nomura-Bank ihren Feldtest Ende 1998 eingestellt.

Probleme bei den Feldtests

- *Henne-Ei-Problem* bezüglich Kunden und Händler. Ohne ein vielfältiges Warenangebot besteht für den Kunden kein Interesse mitzumachen. Gleiches gilt für den Händler, wenn die potenzielle Kundschaft zu begrenzt ist.
- *Homogenität zwischen Kunden- und Händlerinteressen* ist nicht gegeben. Nicht jeder der Kunden ist beispielsweise an den professionellen Textur-Bitmaps interessiert, die beim Feldtest der Deutschen Bank angeboten werden. Ein besserer Ansatz wäre sicherlich,

das »Boot-Strapping« des Feldtests aus einer bereits existierenden
Online-Gemeinde heraus zu entwickeln, z.B. aus dem Telelearning-
oder Musikbereich.

▨ *Archivierung.* Alle(!) Transaktionen müssen mehrere Jahre bankin-
tern gespeichert werden, was für ein wirkliches Micropayment-System illusorisch und kontraproduktiv ist. Eine solche Auflage gilt für
Billing-Systeme wie z.B. MilliCent höchstwahrscheinlich nicht.

Mit einem neuen Konzept hat die Deutsche Bank nun 1999 eine Fortsetzung des Feldtests vorgenommen. Hier werden eigene kleinpreisige
Produkte der Bank (hauseigene Broschüren, Finanzsoftware und Wer-
beartikel wie Spielkarten, Uhren, Sekt etc.) angeboten. Die URL des
Shops lautet: *www.deutsche-bank.de/shop.*

Diese Artikel können mit eCash oder Kreditkarte (SSL) bezahlt
werden. Dabei ist es jetzt auch möglich, Pilotkunde zu werden, ohne
ein Konto bei der Deutschen Bank zu eröffnen.

Weitere Nutzungsformen von eCash

*eCash ist zu mächtig, um
nicht genutzt zu werden*

Ist damit die Idee der Micropayment-Systeme gestorben? Nein! Denn
ihr Einsatzbereich erstreckt sich über weit mehr, als bloß über das
Internet zu bezahlen. Es ist ein intellektueller Spaß für den geneigten
Krypto-Fan, bei einer geselligen Kaminrunde einmal zu überlegen, wie
sich beispielsweise eCash für weitere Bereiche des täglichen Lebens
einsetzen ließe. Dabei handelt es sich in den meisten Fällen um
begrenzte geschlossene Benutzergruppen, für die das System mit ebenfalls begrenztem Aufwand eingeführt werden kann. Hier ein paar
Kostproben:

▨ *Bibliotheken.* Hier könnte man sich denken, dass jeden Monat das
Leih-Budget der Bibliotheksbenutzer auf einen einheitlichen Maximalwert aufgefrischt wird. Mit diesem Budget kann ein bestimmtes
Bücherkontingent ausgeliehen werden. Jedem Buch kann dabei ein
Preis zugewiesen werden, der sich ggf. sogar abhängig von der Vor-
bestellung verändern kann. Schreibt ein Student gerade seine
Diplomarbeit, kann er von seinen Kommilitonen eCash leihen und
es ggf. im nächsten Monat »zurückzahlen«. Man könnte sich auch
vorstellen, dass zusätzliche Leih-Kontingente gegen Bezahlung in
realer Währung nachgekauft werden können. Diese Anwendungs-
form von eCash setzt genau dort an, wofür elektronisches Bargeld
entworfen wurde – der Realisierung eines abgeschlossenen Wäh-
rungsraums. Über diesen Mechanismus wird eine schlichte Markt-
ökonomie aufgespannt, die hilft, Spitzenlast zu glätten und eine

faire Lastverteilung über Perioden, Personalressourcen und Bücher sicherzustellen.

- *Rechenzeit/Lastverteilung.* Als Generalisierung des Bibliotheksbeispiels lässt sich das Verfahren natürlich auf alle denkbaren Situationen der Lastbalancierung innerhalb geschlossener Benutzergruppen anwenden. Interessant ist hier die Verteilung von Informationen auf verteilte Datenbanken in Abhängigkeit von der Nachfrage, vgl. z.B. das System Mariposa [SDKL+94].

- *Theater-Tickets.* Elektronische Münzen sind im Kern nichts anderes als Tickets. Sie werden von einem Veranstalter herausgegeben (der Betreiberbank), über eine Theaterkasse erworben (der Bank »um die Ecke«); sie sind anonym und werden vom Veranstalter beim Eintritt so entwertet, dass weder Fälschen noch anderer Betrug möglich ist. Insbesondere dem Fälschen wird in der Realität vor allem durch Hologramme o.ä. Maßnahmen vorgebeugt. Spielt man dieses Modell in eCash-Terminologie durch, lassen sich erstaunlich wenige Abweichungen finden. Allein die Handhabbarkeit der elektronischen Münze ist bei mobilen Anwendungen z.B. durch Nutzung von Smart Cards zu gewährleisten. Damit eignet sich dieses Verfahren eher für Stammkunden, bei denen sich die Verwendung einer Smart Card schneller bezahlt macht. Schließlich bietet eCash wegen der Erkennung des »Double Spending« zudem noch den Vorteil, Betrugsversuche zu entlarven.

- *Elektronische Briefmarken.* Postunternehmen setzen heute zunehmend kryptografische Verfahren ein, um elektronische Briefmarken zur Verfügung zu stellen, die dann als Barcode ausgedruckt werden können. Worin besteht nun der Unterschied zwischen einer elektronischen Münze und der Briefmarke? Erstere muss lediglich noch ausgedruckt werden. Dies ist jedoch ein Leichtes für den geneigten Softwareentwickler.

- *Elektronische Wahlen.* Jeder Wähler lässt sich einen der Strings »CDU«, »SPD«, »FDP«, »Grüne« etc. zusammen mit einer eindeutigen Seriennummer vom Wahlleiter blind unterschreiben. Der Wahlleiter erhält Informationen über jeden Wähler auf eine Weise, dass er ihn identifizieren kann, wenn dieser versucht, eine zweite Stimme abzugeben. Anschließend reicht der Wähler den String über einen anonymen Kanal beim Wahlleiter ein. Dieser verifiziert die »Münze« in üblicher Weise. Ein Double Spending kann nach dem gleichen Verfahren erkannt werden, wie es unter »eCash« beschrieben ist. Am Ende des Tages wird die Anzahl der Münzen mit gleichem »Wert« (d.h. dem Namen der Partei) gezählt.

Rechtlicher Rahmen für
eCash

Nachdem wir nun elektronisches Geld als Allheilmittel fast wieder rehabilitieren konnten, stellt sich allerdings die Frage, ob nicht vielleicht die Juristen noch ihre Chance wittern, dieses Meisterstück kryptografischer Ingenieurskunst zu Fall zu bringen. Sie könnten darauf abheben, dass die Rechtsnatur elektronischen Geldes ungeklärt ist. Mit anderen Worten: Ich stehe morgens am Flughafen, möchte mir mein Last-Minute-Ticket nach Mallorca abholen und stelle fest, dass der Rechtsbeistand der Reiseagentur den Vollzug des Kaufes bestreitet. Die Argumentation wäre etwa so: Als Bankkunde habe seine Mandantin lediglich einen Haufen Bits und Bytes erhalten. Natürlich nimmt sie am Feldtest der XYZ-Bank teil, aber leider war die Internet-Verbindung zur Bank gestört, so dass weder die Verifikation der Münze noch die Feststellung einer Fälschung aufgedeckt werden konnte. Ohne jede Rahmenvereinbarung über die Handhabung solcher Fälle ist wahrscheinlich niemandem richtig klar, welche Rechtssituation hier vorliegt. Folglich verschafft dies wiederum anderen Kollegen des Rechtsanwalts neue Betätigungsfelder, nämlich die Ausarbeitung wasserdichter Rahmenbedingungen, die dem oben genannten Abstreiten von vornherein vorbeugen. Der Kollege bei der Bank würde sich etwa auf Folgendes berufen: Was der Bankkunde eigentlich erhält, wenn er elektronisches Geld von seiner Bank abruft, ist eine »Aneinanderreihung von Daten, die ihren Wert in einer ›gespeicherten‹ Zahlungspflicht der emittierenden Banken haben« ([Esch97], S. 1180). Folglich sollte man von »Wertdaten« in Analogie zu Wertpapieren sprechen, deren Struktur der Inhaberschuldverschreibung nach § 793 BGB nicht unähnlich ist.

12.7 Billing-Verfahren

Die letzte Hoffnung
für den Micropayment-
Bereich

Ein Ansatz, der sich sowohl von bargeldorientierten als auch von Buchgeldsystemen abgrenzt, ist die flexible Gestaltung von Verfahren zur Abrechnung und Rechnungslegung. Das grundlegende Prinzip basiert auf einer Trennung der Bezahlung in zwei Ebenen:

- Auf der Ebene des Buchungssystems führt eine Bezahlung lediglich zur Kontenbuchung bei einem Betreiber.
- Auf der Ebene der Bezahlung gleicht der Betreiber regelmäßig das Konto aller Teilnehmer aus, in dem eine Überweisung oder Abbuchung vorgenommen wird.

Billing-Systeme sind seit langem von Telekommunikationsprovidern bekannt: Telefoneinheiten werden auf einem Kundenkonto gebucht und einmal monatlich in Rechnung gestellt. Das Verbuchen auf dem

Server der Telekom kostet dabei nur minimalen Transaktionsaufwand. Folglich sollten diese Systeme sich als perfektes System zur Abrechnung von Mikrotransaktionen eignen.

Diese Verfahren vermeiden einerseits den hohen Verwaltungsaufwand beim Umgang mit Geldzahlungen, versuchen aber andererseits, die Eintrittsbarrieren in die geschlossene Benutzergruppe, die sich mit der Einrichtung von Teilnehmerkonten ergibt, zu reduzieren.

Die Vorteile von Inkassosystemen sind folgende: Es ist kein Aufladen von Geldbörsen, keine Kontostandskontrolle und kein Anschluss des Händlers an einen Zahlungssystem-Betreiber erforderlich. Dabei sind zwei zukünftige Entwicklungen denkbar: Erstens könnte ein Online-Dienst sein existierendes Inkassosystem für externe Internet-Händler anbieten oder zweitens eine Bank das Inkassosystem als Dienstleistung unabhängig von Online-Diensten betreiben (möglicherweise auch *für* diese).

Im Folgenden werden vor allem die Systeme Millicent, PayBox, FirstGate und Net900 (dem Nachfolger des T-Online-Billing) vorgestellt, die ganz unterschiedliche Abrechnungsverfahren implementieren.

MilliCent

Inkassosysteme werden heute international in Form der Produkte MilliCent (Digital) und MiniPay (IBM) angeboten. Ersteres ist dabei token- und letzteres kontenbasiert. Beide erfordern jedoch einen zentralen Billing-Server mit Schnittstelle zum Bankennetz (bei MilliCent »Broker« genannt). Im Prinzip ist MilliCent nichts anderes als ein Multikunden-Inkassosystem.

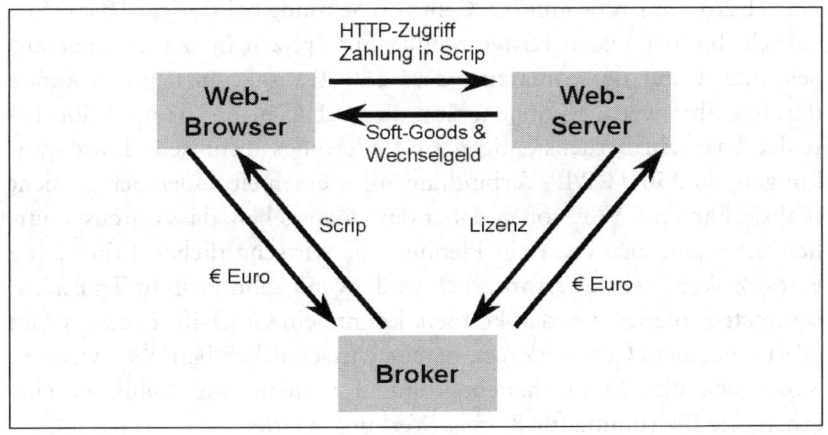

Abb. 12–10
Bezahlung mit Verrechnungseinheiten bei MilliCent

Scrip ist die Währung von MilliCent

MilliCent schaltet einen Zwischenhändler (Broker) zwischen die Geldbezahlung von Kunde und Händler. Anstatt also einen Euro an den Händler direkt zu entrichten, muss der Kunde zunächst Wertmarken in Höhe eines handhabbaren Betrags vom Broker kaufen (z.B. für 10 Euro). Diese Marken können dann flexibel und vor allem ohne Clearing durch Banken eingesetzt werden. Wenn der Händler einen größeren Betrag an Marken gesammelt hat, löst er diesen beim Broker wieder in Euro ein. MilliCent ist also ein Mechanismus, der die ansonsten hohen Transaktionskosten der Zahlung durch ein abgestuftes System aus Geldtransfers und leichtgewichtigen Zahlungen in *Scrip* – so der Name für die Händlermarken – reduzieren hilft.

Als »Scrip« wird ein MilliCent-Kupon bezeichnet, den man aufgrund kryptografischer Maßnahmen nicht doppelt ausgeben, fälschen oder stehlen kann (jedenfalls nicht »ökonomisch« erfolgreich). Scrip wird von jedem Händler »on the fly« mit niedrigem Overhead, ohne Netzwerkverbindung und ohne Datenbankzugriff validiert. Unterschieden wird Broker-Scrip und Händler-Scrip, zwischen denen getauscht werden kann.

Eine erste Rentabilitätsrechnung...

Im Hinblick auf die technischen Kosten der Bezahlung hat MilliCent in einem Rechenmodell nachgewiesen, dass selbst bei Transaktionsvolumen in Höhe von 0,5 Cent immer noch ein wirtschaftlicher Betrieb möglich ist. Ausgeschlossen werden hierbei jedoch Anlaufkosten sowie alle weiteren organisatorischen Kosten. Das Unternehmen Digital versucht, die Wirtschaftlichkeit des Verfahrens mit folgender Rechnung nachzuweisen:

... und eine etwas realistischere!

Die Betriebskosten des Computers werden mit 150.000 Dollar pro Jahr angesetzt. Ein Jahr hat 30 Millionen Sekunden; zur Deckung der Betriebskosten sind somit 0,5 Cent pro Sekunde bei stetiger Last erforderlich, bei der realen Lastverteilung mit Spitzen bis zu 25 Cent pro Sekunde. Unter der Annahme, dass 250 Transaktionen pro Sekunde durchgeführt werden können, sind dies 0,1 Cent pro Transaktion bei realer Last. Zu berücksichtigen sind allerdings technische Einschränkungen, da 250 TCP/IP-Verbindungen für einen einzelnen Server nicht realisierbar sind. Wir wollen daher davon ausgehen, dass durchschnittlich 0,5 Cent, also etwa ein Pfennig, zur wirtschaftlichen Erbringung eines Broker-Dienstes erforderlich sind. Wenn zehn Prozent Transaktionskosten toleriert werden können, könnte ein Geschäft, das Güter im Wert von einem Cent verkauft, bereits wirtschaftlich betrieben werden. Sollte sich dies bewahrheiten, könnten Systeme wie MilliCent eine ernsthafte Bedrohung für Banner-Werbung werden.

Durch die Verteilung der Fixkosten auf die einzelnen Transaktionen sollten sich also Transaktionen mit dem Volumen von einem Cent realisieren lassen. Nicht berücksichtigt wurden jedoch die zusätzlichen Personalkosten sowie die mit der Einrichtung des MilliCent-Servers verbundenen sonstigen Investitionskosten. Diese lassen sich nur decken, wenn ein immenses Volumen an Transaktionen bewältigt werden kann. Nehmen wir eine durchschnittliche »Gebühr« von einem Pfennig pro Transaktion an, also 1,25 Euro pro Sekunde bzw. 75 Euro pro Stunde und 1.800 Euro am Tag, dann deckt dies – grob geschätzt – die laufenden Kosten eines kleinen Büros mit 3-4 Mitarbeitern ab. Dabei sollte festgehalten werden, dass dieser Annahme 360.000 Zahlungstransaktionen (!) pro Tag und ca. 10 Millionen im Monat zugrunde liegen. Dies entspricht nach wie vor etwa den Spitzenreitern deutscher Online-Anbieter, hier allerdings gemessen in Page-Impressions, d.h., im letzteren Fall wird jede Seite gezählt.

MilliCent wird daher insbesondere für den Online-Kauf kleinpreisiger Inhalte wie z.B. Audioclips, Nachrichten, Suchmaschinenzugriffe etc. angeboten, die massenweise verkauft werden. Bisher wurde dazu lediglich ein Feldtest seitens Digital durchgeführt, jedoch noch nicht in Verbindung mit Banken.

Der MilliCent-Feldtest aus dem Jahre 1998 wurde laut Digital mit 10.000 Konsumenten und 45 Händlern durchgeführt. Dabei wurden über 100.000 Dollar und Scrip in Umlauf gebracht. Typische Artikel waren kleinpreisige Soft-Goods wie etwa Musikclips, Nachrichten, Bildschirmschoner, Fotografien, 3D-Puzzles etc. Es wird sogar erwähnt, dass einer der Händler (Oxford University Press) selbst Artikel zu einem Preis von 0,2 Cent noch profitabel verkaufen konnte.

Immerhin ein Feldtest!

Interessant ist auch, dass MilliCent den Druck der Notenbank nicht zu fürchten braucht, jedenfalls nicht in dem Maße, in dem dies bei eCash der Fall ist. Dies liegt daran, dass Scrip im Gegensatz zu eCash kein universell einsetzbares Geld darstellt, sondern nur Verrechnungseinheiten für einzelne Händler. Weitere Informationen zu MilliCent finden sich unter *www.millicent.digital.com*.

Net900 für T-Online

Net900 ist seit dem Jahr 2000 der Nachfolger des T-Online-Billing, welches in Deutschland das historisch bedeutendste System war, über das mehrere Millionen Teilnehmer seit Mitte der 80er Jahre in sehr einfacher Form Micropayments durchführen konnten. Im Mai 1999 wurde jedoch beschlossen, das gesamte Billing-System einzustellen, da es für die Deutsche Telekom AG nicht rentabel war. Der Grund lag vor allem in den Kosten, die die Abwicklung von Stornierungen oder Beschwerden verursachten. So wurde besonders gern im Bereich von

Net900 ist ein konvergenter Dienst

Erotikartikeln und -Diensten hinterher abgestritten, etwas gekauft oder angesehen zu haben. Der erforderliche Personaleinsatz überstieg die technischen Abwicklungskosten um ein Vielfaches: Wenn Käufe in Höhe von 2,50 Euro getätigt wurden, so lagen die Verbuchungskosten schätzungsweise bei 5–10 Cent. Sobald jedoch ein Mitarbeiter im Falle einer Stornierung involviert werden musste, kann man davon ausgehen, dass diese Kosten schnell auf 2,50–5 Euro und mehr ansteigen. Wenn diese Fälle zu häufig auftreten, mindern sie die Rentabilität des Gesamtsystems erheblich.

Als Ablösung des T-Online-Billing wurde mit Net900 ein neues Micropayment-System eingeführt. Der Trick liegt bei diesem Verfahren in der Anwahl einer 0190er-Nummer durch das Modem des Benutzers. Zu diesem Zweck werden neue Abrechnungsverfahren eingerichtet, die unabhängig von der Verbindungsdauer das Konto des Kunden mit einem festen Betrag belasten. Für das Abrechnungssystem des Providers erscheint dies wie ein regulärer Eintrag in der Gebührenabrechnung, so dass auch zwischen Providern über das Call-by-Call entsprechende Buchungen durchgeführt werden können. Diese Art der Bezahlung wird auch Kunden offen stehen, die nicht T-Online-Kunden sind. Inwieweit dies auch für Händler gilt, ist noch nicht abzusehen. Das Szenario wäre dabei folgendermaßen:

Beate Uhse AG
Der Betreiber eines Informationsdienstes registriert sich als Händler bei der Telekom und lässt sich drei Telefonnummern reservieren, bei denen ein Anruf jeweils 10 Cent, 50 Cent und 20 Euro kostet. Mit den ersten beiden Nummern werden einzelne Seitenabrufe durch anonyme Nutzer abgerechnet, während die dritte Nummer für Stammkunden zu Auffrischung des Abonnement-Kontos beim Händler dient. Der erste Händler, den die Telekom für das neue Verfahren gewinnen konnte, war übrigens die Beate Uhse AG ...

Die Telekom kann sich als Billing-Provider durch einfache Abrechnungsparameter auf den zukünftigen Wettbewerb einstellen:

▪ Heute kostet die Anwahl einer zweiten Telefonnummer immer noch die Trennung der ersten Verbindung, den Aufbau zur 0190er Nummer und schließlich den Wiederaufbau der alten Verbindung. Bei Analogverbindungen fallen dabei folglich Wiedereinwahlgebühren an. Diese lassen sich jedoch langfristig so steuern, dass die Verbindungsgebühren zum ISP im Sekundentakt abgerechnet werden. Nur bei ISDN kann eine zusätzliche, zweite Verbindung aufgebaut werden – das System ist also ein geschickter Schachzug zur Förderung von ISDN!

▓ Ein anderer Bereich, welcher der Politik des Abrechnungsproviders unterliegt, ist die Provision für die Nutzung der 0190er-Nummer. Diese lag bisher durchschnittlich bei 50%, dürfte sich jedoch in den nächsten Jahren aus Wettbewerbsgründen vermindern – insbesondere, wenn nur der Verbindungsaufbau und nicht die Dauer berechnet werden.

Ungeklärt war bisher die Art und Weise, wie Kunden bezahlen sollen, die sich über ein unternehmensinternes LAN in das Internet einwählen. Dort ist keine Modem-Karte im PC installiert. Das Gleiche gilt auch für ADSL-Kunden (siehe Kapitel 9.1.2 zu ADSL). Das System zielt folglich zunächst auf den Konsumenten mit Heim-PC ab. Erst mit der Einführung von *Kontopass Net900* wurde Abhilfe geschaffen. Hierbei erfolgt die Bezahlung per Bankeinzug. Dazu gibt der Kunde bei der Anmeldung zuerst seine Kontoverbindung ein. Anschließend überweist der Betreiber auf das Konto einen Betrag von 5 Cent zusammen mit einer PIN-Nummer, die im Feld »Verwendungszweck« der Überweisung eingetragen ist. Mit der PIN-Nummer lässt sich anschließend das Bezahlen per Lastschriftverfahren freischalten. Für jede Zahlungstransaktion ist zusätzlich die Eingabe von User-Namen und -Nummer erforderlich.

Kontopass Net900

Diese Erweiterung macht den Kunden unabhängig von den Einschränkungen des Net900-Standardverfahrens (kein Modem nötig), allerdings zeichnet es sich auch nicht durch besondere weitere Merkmale aus, welche die Leistung der SSL-Zahlung per Lastschriftverfahren übertreffen. Es ist aufgrund der Registrierung für den Händler etwas sicherer, aber für den Kunden sehr viel umständlicher, da er erst den Zahlungseingang für die PIN-Nummer abwarten muss.

PayBox

Dieses Verfahren steht seit Sommer 2000 zur Verfügung und erfreut sich reger Beteiligung: Bereits ca. 500 Internet-Händler unterstützten dieses Verfahren in der ersten Hälfte 2001und Anfang 2001 meldete der Betreiber bereits 120.000 Kundenregistrierungen.

PayBox kombiniert das Mobilfunknetz mit dem Internet. Beim Bezahlvorgang gibt der Kunde seine Handy-Nummer an, die der Händler zusammen mit den Transaktionsdaten an den PayBox-Betreiber sendet. Dieser ruft anschließend den Kunden an und nennt ihm Betrag und Verwendungszweck. Der Kunde antwortet (d.h. authentifiziert sich) mit seiner PayBox-PIN. Nun ist der PayBox-Betreiber autorisiert, den betreffenden Betrag zu einem vom Händler bestimmten Zeitpunkt vom Konto des Kunden abzubuchen und auf das Händlerkonto zu überwei-

Das erste Zahlungsverfahren für Handys

sen. Diesem bestätigt das Verfahren schließlich die erfolgreiche Abwicklung der Bezahlung, so dass er die Ware ausliefern kann.

Das Verfahren funktioniert natürlich auch ohne Internet, so dass an Tankstellen, an der Kinokasse oder im Supermarkt bezahlt werden kann. Insbesondere ist es möglich, zwischen zwei PayBox-Teilnehmern Zahlungen durchzuführen, die sich im Internet oder auf der Straße begegnen – man denke hier an den C2C-Commerce, online oder offline. Eine Erweiterung des Systems erlaubt schließlich sogar die Überweisung auf andere Konten als die der Teilnehmer. Für Online-Shops stehen Payment-Module zur Verfügung, die sich in die gängigen EC-Frameworks und Shop-Produkte integrieren lassen.

Kosten... Die Kosten belaufen sich auf 5 Euro pro Jahr für die Nutzung einer PayBox-PIN. Bereits nach der Registrierung kann man im Werte von 50 Euro online Einkäufe tätigen. Die Transaktionsgebühren liegen für den Händler bei drei bis fünf Prozent. Der minimale Warenwert liegt bei 5 Euro. Wenn PayBox-Teilnehmer untereinander Zahlungen durchführen, werden dem Zahlenden pro Transaktion 25 Cent je angefangener 25 Euro berechnet. Maximal dürfen PayBox-Teilnehmer zwischen 300 und 1000 Euro täglich ausgeben, je nach Bonität kann dieser Betrag später auch erhöht werden. PayBox übernimmt keine Zahlungsgarantie, beschäftigt jedoch nachgelagert Inkassounternehmen, die sich um säumige Zahler kümmern.

...und Nutzer Für Verfahren wie PayBox spricht die Zahl von über 50 Millionen Handys in Deutschland und auch andere Länder können inzwischen Durchdringungsraten von über 60 Prozent vorweisen. Damit sind kaum Kunden ausgeschlossen, die nicht gleichzeitig auch Internet-Nutzer sind. Durch die Kombination zweier Netze ist eine Authentifikation möglich, bei der das Betrugsrisiko gering ist – jedenfalls so gering wie das Ausplaudern oder »stehlen lassen« der PIN zusammen mit dem Handy und der Information, dass die PIN eine PayBox-PIN ist ...

Neben PayBox sind weitere Verfahren entwickelt worden, die in ähnlicher Form funktionieren. Als Beispiele lassen sich MobilPay und die Monkey Bank, die nach eigener Aussage seit 1997 ein Patent auf ein ähnliches Verfahren hält, aufführen.

Das Verhältnis von Handy-Besitzer zu Kreditkartenbesitzern ist in Deutschland etwa 5:1. Damit wird deutlich, wie viel besser ein solches System im Sinne der Durchdringung breiter Bevölkerungskreise für ein Internet-Zahlungsverfahren geeignet ist.

FirstGate

Auch die FirstGate AG bietet seit dem Jahr 2000 ein Billing-basiertes Zahlungsverfahren an. Der Kunde registriert sich dabei bei FirstGate, indem er dort Girokonten oder Kreditkartendaten hinterlegt und einen Benutzernamen mit Passwort eingibt. Um Betrug zu vermeiden, verfährt auch FirstGate ganz ähnlich dem Net900-Verfahren, indem dem Kunden ein Centbetrag überwiesen wird. Als Verwendungszweck enthält der Überweisungsträger eine PIN-Nummer, die beim Online-Kauf eingegeben wird.

Der Händler kann wiederum seine Produktseiten so konvertieren, dass anstelle eines Direktzugriffs auf Inhalte, dieser Zugriff über den FirstGate-Server umgeleitet wird, dieser agiert also als Proxy. Optisch ändert sich dabei auf der Webseite des Händlers allerdings nichts. Über die Händler-Schnittstelle des FirstGate-Servers kann der Händler Preise und Zeitfenster für den Download für jedes Produkt individuell konfigurieren. *Der Firstgate-Server ist ein Proxy*

Wenn es nun zu einem Kauf kommt, klickt der Kunde auf den Link des Händlers und landet auf einer Produktseite, die über Preis und Leistung informiert. Bei einem weiteren Klick auf das Produkt ist die PIN-Nummer einzugeben. Der FirstGate-Server registriert dies und belastet das Kundenkonto. Anschließend lädt er das Produkt (PDF-Dokument, MP3-Clip o.Ä.) vom Händler und liefert es an den Kunden aus. Dies erfolgt transparent, so dass der Kunde nur das Nötigste von der Zwischenschaltung des Zahlungssystems mitbekommt.

Die Kosten belaufen sich für Händler auf eine einmalige Anmeldegebühr von ca. 25 Euro sowie eine monatliche Gebühr von ca. 5 Euro. Die Umsatzprovision ist jedoch erheblich höher als bei PayBox oder Kartenzahlungen: Bei 50 Euro pro Monat liegen die Transaktionsgebühren bei 40%, bei 500 Euro sind es 33% und bei 5000 Euro 30%. Hier ist zu beachten, dass diese Zahlen sich auf den monatlichen Umsatz und nicht auf einzelne Transaktionen beziehen. Der Monatsumsatz kann sich folglich auch aus 10.000 Transaktionen à 50 Cent zusammensetzen, was wiederum konkurrenzfähig ist. Bei darüber hinausgehenden Umsätzen ist die Provision verhandelbar. Beide Seiten, Händler und Kunde, erhalten jeweils monatlich eine Gut- bzw. Lastschrift. *Kosten...*

FirstGate konnte bis März 2001 bereits über 1.500 Händler und über 30.000 Kunden begeistern, für einen Zeitraum von neun Monaten sind dies beeindruckende Zahlen – besonders im Vergleich zu eCash oder CyberCash. *...und Nutzer*

12.8 Wirtschaftlichkeit elektronischer Zahlungsverfahren

Die Pleiten der Betreiber sprechen für sich!

Eines der undurchsichtigsten Gebiete ist beim elektronischen Zahlungsverkehr die Ermittlung der tatsächlichen Kosten, die mit der Durchführung einer Zahlungstransaktion verbunden sind. Weder lässt sich dies heute für laufende Feldtests korrekt ermitteln noch für geplante Verfahren, deren Akzeptanz und Nutzungsweise zum heutigen Zeitpunkt noch gar nicht exakt prognostiziert werden kann. Es existieren keine Veröffentlichungen oder Hinweise der Feldtest-Betreiber, wie teuer es wirklich ist, CyberCash, eCash oder die Geldkarte zu betreiben. Insbesondere während der Einführungsphase dieser Systeme kann nicht davon ausgegangen werden, dass die Betriebs- und Transaktionskosten der Systeme durch die jeweiligen Gebühren gedeckt werden. Allerdings muss für eine Bank und insbesondere für ein Unternehmen, das im Wesentlichen von der Herausgabe elektronischen Geldes lebt, erkennbar sein, dass sich der Einsatz dieses Systems in der Zukunft rentieren wird.

Zur Abschätzung der Kosten ist es nützlich, sich das Preismodell der Mark-Twain-Bank für die Nutzung ihres eCashs anzusehen (entnommen aus [BöRi98], S. 83). Händler- und Kundenseite werden hier separat betrachtet: In die Rechnung des Kunden fließen eine einmalige Registrierungsgebühr, monatliche Kontoführungsgebühren sowie transaktionsbezogene Gebühren von 11 Prozent ein (angenommen werden 5 Käufe im Wert von 10 USD). Auf der Händlerseite fallen – je nach gewählter Gebührenstruktur – bei 250 Verkäufen im Monat von ebenfalls 10 USD je Transaktion 0,28 bis 0,40 USD bzw. 2,8 bis 4 Prozent an. Diese Rechnung kann ebenso für die FirstVirtual-Bank durchgeführt werden, dabei kommt man auf Transaktionsgebühren von 1,53 USD bzw. 15,3 Prozent für den Kunden und 0,50 USD bzw. 5 Prozent für den Händler.

Tab. 12–5
Gebührenvergleich eCash (Mark-Twain-Bank) und FirstVirtual

	eCash (Mark-Twain-Bank)		FirstVirtual	
	Kunde	**Händler**	**Kunde**	**Händler**
Annahmen	5 Einkäufe mit je 10 USD monatlich	250 Verkäufe mit je 10 USD monatlich	5 Einkäufe mit je 10 USD monatlich	250 Verkäufe mit je 10 USD monatlich
Gebühren pro Kauf	1,1 USD	0,28–0,40 USD	1,53 USD	0,50 USD
Anteil der Gebühren am Umsatz (Prozent)	11	2,8–4,0	15,3	4,95

Beide Banken mussten ihren Betrieb jedoch einstellen, da sich die Investoren der Banken aus dieser Geldanlage wegen mangelnder Rentabilität zurückziehen wollten. Diese wäre wahrscheinlich auf der Basis der genannten Gebühren erst bei einer sehr viel höheren Beteiligung erreicht worden.

Eine Studie von Booz-Allen & Hamilton konzentrierte sich auf die Kosten verschiedener Finanzdienstleistungs-Schnittstellen des Kunden. Dabei ist der Betrieb einer Filiale mit direkter Kundenbetreuung mit 1,07 USD pro Transaktion (Geld abheben, Überweisungen etc.) am teuersten. Beim Telefon-Banking fällt mit 0,52 USD etwa die Hälfte und mit Bargeldautomaten nur ein Viertel (0,27 USD) an. Beim PC-Banking und Internet-Banking fallen die Transaktionskosten drastisch auf 1,5 Cent bzw. 1 Cent.

Zugangsspezifische Kosten

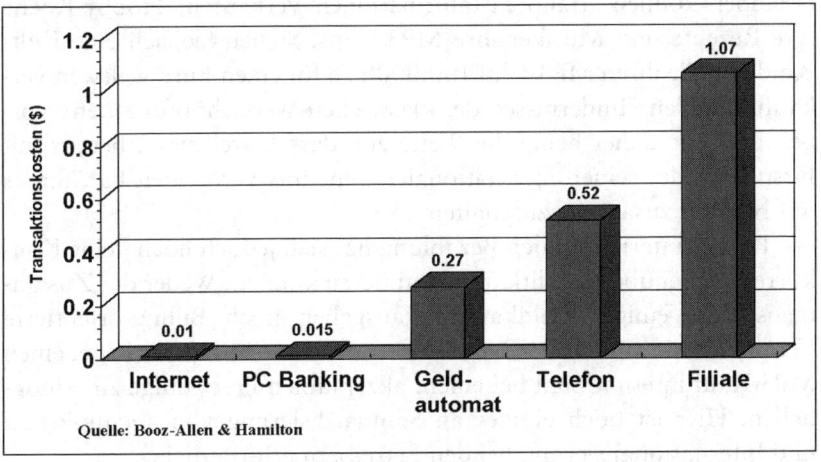

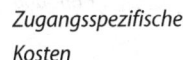

Abb. 12–11

Kosten bei Zahlungstransaktionen über unterschiedliche »Schnittstellen« einer Bank

In Deutschland kostet eine Kreditkartentransaktion den »Prozessor« (z.B. die GZS) ca. 0,50 DM. In den USA geht man von niedrigeren Kosten aus. Beim Electronic-Cash-Verfahren liegen die vom Händler zu zahlenden Gebühren durchschnittlich zwischen 0,05 Euro und 0,50 Euro bzw. 0,3 Prozent vom Umsatz und mindestens 0,08 Euro. Schließlich liegen diese Händlergebühren bei Kreditkarten am höchsten: zwischen 0,8 und 8 Prozent. Bei Zahlungen ohne persönliche Identifikation (Telefon-Order) liegt die Spanne sogar zwischen 4 und 10 Prozent.

Damit variieren die konventionellen Verfahren stark in ihren Gebühren. Lediglich bei Kreditkarten kann jedoch davon ausgegangen werden, dass das Verfahren für die Betreiber rentabel ist. Im Bereich Electronic Cash ist dies eher eine Mischkalkulation und im Bereich der elektronischen Verfahren scheinen die Gebühren eher durch die Vorgaben der klassischen determiniert zu sein als durch die tatsächlichen Kosten.

Was wird kommen?

Neue Dienste, neue Hoffnung

Täglich verzeichnen Dienste wie FirstGate oder PayBox hunderte neuer Teilnehmer. Nehmen wir also einmal an, dass ein solcher Dienst Ende 2002 eine kritische Masse von mehreren Millionen Teilnehmern erreicht und dass jetzt Micropayments bei Transaktionsgebühren von 20% rentabel abgewickelt werden können. Oder dass Privatpersonen Dokumente, MP3-Clips oder gar Filme anbieten können (ich mache mir tatsächlich im Augenblick Gedanken, mit dem Verlag ein Geschäftsmodell für den Verkauf dieses Buches auszuhandeln ...).

Die Zahl an »Microproducts« nimmt zu

Dann steht der Volkswirtschaft endlich die »Enabling Technology« zur Verfügung, die unendliches Transaktionspotenzial erschließt: Profi-Urlauber können Mallorca-Informationen verkaufen, Hobby-Köche ihre Rezepte und Musiker ihre MP3-Clips. Stellen Sie sich eine Kult-Band vor, die ihren MP3-Clip 100.000fach für einen Euro weltweit verkauft, an allen Hindernissen der klassischen Wertschöpfungskette vorbei. Ich gehe daher heute die Wette ein, dass Bertelsmann bereits mit FirstGate oder seinen internationalen Pendants verhandelt hat, um es mit Napster zusammenzuschalten ...

Bei der internationalen Bezahlung hat sich jedoch noch keine Konkurrenz gegenüber Kreditkarten etablieren können. Weder der Zusammenschluss einiger Geldkartenherausgeber, noch Billing-orientierte Verfahren, die auf 0190er-Nummern aufbauen, sind in der Lage, einen MP3-Kauf international bei einem akzeptablen Preisgefüge zu ermöglichen. Hier ist noch einiges an Standardisierung von Technologien und Internationalisierung bei den Betreibern erforderlich.

12.9 Zusammenfassung

Im Folgenden sind die untersuchten Systeme grob zusammengefasst. Hier ist festzustellen, dass nur eCash uneingeschränkte Anonymität des Käufers sicherstellt. Bei allen anderen Verfahren besteht entweder eingeschränkte Anonymität durch Pseudonyme oder keine, da einzelne Teilnehmer am Zahlungsverkehr (oder mehrere im Zusammenschluss) Transaktionen eines Teilnehmers vollständig nachvollziehen können.

System	Beträge	Authentifizierung	Anonymität	Bargeld oder Konto?
CyberCash	Medium-Macro	Online	Nein	Konto
CyberCoin	Micro-Medium	Online	Nein	Konto*
eCash	Micro-Medium	Online	Ja	Bargeld
FirstGate	Micro-Medium	Online	Nein	Konto
FirstVirtual	Medium-Macro	Out-of-Band	Nein (Pseudonym)	Konto
Geldkarte	Micro-Medium	Online	Nein	Konto*
MilliCent	Micro-Medium	Online	Nein	Konto
MiniPay	»Nano«-Micro	Offline	Nein	Konto
Mondex	Micro-Medium	Offline	Nein	Bargeld
Net900	Micro-Medium	Offline / Online	Nein	Konto
PayBox	Micro-Medium	Online	Nein	Konto
SET	Medium-Macro	Online	Nein	Konto

*) Auch wenn diese Verfahren als »Bargeld-Verfahren« charakterisiert werden, basieren sie de facto jedoch auf Buchgeld, da immer auf Schattenkonten zurückgegriffen wird.

Tab. 12–6

Klassifikation von Zahlungsverfahren

Als Resümee der Untersuchung verschiedener Zahlungsverfahren kann festgehalten werden, dass sich für größere Beträge voraussichtlich die traditionellen Systeme »Kreditkarte« und »Lastschriftverfahren« in Verbindung mit der Geldkarte durchsetzen werden (abgesehen natürlich von der Banner-Werbung). Für kleine bis mittlere Beträge ist die Szene durch Net900, PayBox und FirstGate wieder in Bewegung gekommen, hier ergeben sich interessante Perspektiven für die nächsten Jahre. Vor allem werden weitere Anbieter recht schnell in den nächsten Jahren auf den Markt kommen.

Der eigentliche Grund liegt bei allen erfolgreichen Verfahren nicht in der besseren Effizienz dieser Systeme (dort liegt MilliCent beispielsweise im Vorteil), sondern in der vereinfachten Transition vom klassischen Verfahren in die Umgebung des Internets.

Eine Chance besteht für Systeme wie MilliCent und eCash – wenn überhaupt – nur langfristig. Sind die erforderlichen Vertrauenstechnologien gegeben, ist durchaus denkbar, dass eine (Offshore-)Bank mit minimalen Betriebskosten in der Lage ist, auf der Basis von eCash ein flexibles, wirklich anonymes und originäres Internet-Zahlungsmittel in Umlauf zu bringen. Es sieht im Augenblick jedoch nicht danach aus ...

13 Profile und abgeleitete Daten

Die Verwaltung von Benutzerprofilen durch Portalbetreiber ist eines der umstrittensten Themen im Internet: Einerseits sind Profilinformationen nützlich, um dem Teilnehmer Informationen herauszufiltern, die ihn interessieren, andererseits stellt diese Information eine reichhaltige Quelle für Marktforscher und Vertriebsabteilungen dar, die ihre Kampagnen auf der Basis von Profildaten sehr viel konzentrierter durchführen können. Schlimmer noch: Selbst wenn ein Unternehmen in den USA sein Versprechen einhält, keine Benutzerdaten weiterzugeben, kann diese Information als Anlagegut betrachtet und im Falle eines Konkurses veräußert werden. Dies ist in den USA nach dem Start-up-Sterben Ende 2000 bereits mehrfach praktiziert worden. In Deutschland würde allerdings das Datenschutzgesetz diese Praxis verbieten.

Profildaten als Anlagegut

Während in der einen Situation Profildaten sogar zwingend erforderlich sind – denken Sie an das Enterprise Portal, bei dem Zugriffsrechte als Teil des Profils zur Generierung von Webseiten herangezogen werden müssen –, so lebt inzwischen andererseits ein kleiner Wirtschaftszweig vom Schutz des Verbrauchers vor Profilräubern. In den folgenden Kapiteln schauen wir uns daher erst einmal an, wie Profildaten strukturiert und wie sie repräsentiert sind. Danach folgen einige Fallbeispiele für Geschäftsmodelle im Bereich der Internet-Profile.

13.1 Warum Profile?

Profilinformation bezieht sich auf Eigenschaften, Präferenzen oder Verhaltensweisen eines Teilnehmers, die entweder von ihm selbst definiert und damit in einheitlicher Form anderen freiwillig zur Verfügung gestellt wurden oder als Ergebnis von Online-Sitzungen abgeleitet sind. Profile lassen sich ebenso für Angebote, Ressourcen oder die Fähigkeiten und Erfahrungen eines Call-Center-Agenten definieren.

Profile sind neben der Abrechenbarkeit von Online-Transaktionen eine weitere grundlegende Technologie, die ein Online-Anbieter beherrschen muss, wenn er das Automatisierungspotenzial eines Online-Shops nutzen will.

Auch auf der Kundenseite helfen Profile, redundante Interaktionen zur Dateneingabe zu vermeiden: Wenn sich ein Teilnehmer bei einem Dienst registrieren lässt, werden immer wieder die gleichen Daten abgefragt – Name, Adresse, E-Mail etc. Profile können hierbei helfen, diese Information in standardisierter Weise zu übertragen, so dass das Ausfüllen endloser Formulare vermieden werden kann.

Datenschutz und -missbrauch

Unabhängig von der Festlegung von Profilinformationen geht es beim Datenschutz um die Vermeidung einer missbräuchlichen Verarbeitung dieser Information. Dieses Kundeninteresse steht jedoch dem des Online-Anbieters diametral gegenüber: Für ihn stellen Profilinformationen eine wertvolle Quelle der Markt- und Kundeninformation dar. Sowohl das Verhalten und die Präferenzen eines jeden Einzelnen als auch die der aggregierten Gesamtnachfrage kann mit bisher unerreichter Präzision gemessen werden. Eine Marktanalyse konnte ohne das WWW bisher nur von vagen Annahmen hinsichtlich der Wahrnehmung und des Interesses der Konsumenten ausgehen. Mit dem Online-Profiling steht hingegen ein Instrument zur Verfügung, das in seiner Präzision weit über statistische Methoden hinausgeht. Online-Profiling liefert u.a. folgende Informationen zur zeitlichen Verteilung der Nutzung eines Online-Angebots im 24-Stunden- oder Wochenrhythmus. Dazu zählen vor allem

- Informationen aus Besuchsdaten,
- Informationen aus Kommunikationsaktivitäten und
- Transaktionsdaten.

Zudem kann Profilinformation klassifiziert werden nach der Qualität der anfallenden Daten. In dieser Dimension unterscheidet man:

- *Anonyme Daten.* Unter diese Kategorie fallen alle Informationen, die aus dem Bewegungsprofil des Benutzers abgeleitet werden können, ohne seine Identität zu kennen.
- *Kundendaten mit niedriger Verbindlichkeit.* Hierbei gibt sich der Benutzer zu erkennen, indem er ein Formular ausfüllt oder eine E-Mail sendet. Mangels der Verwendung einer Zertifizierungsinfrastruktur besteht hierbei jedoch keine Möglichkeit, die Aussagen des Benutzers zu authentifizieren. Damit haben diese Informationen eine niedrigere Qualität als die im nächsten Punkt besprochenen.

▓ *Kundendaten mit hoher Verbindlichkeit.* Diesen Daten liegt eine Authentisierung zugrunde, die unmittelbar ihre Präzision und Zurechenbarkeit erhöht. Wenn ein Kunde sich für einen Kauf entschließt und dafür seine Kreditkarte einsetzt, bedeutet dies, dass er nicht nur Interesse am Produkt bekundet, sondern dieses auch in einen Online-Kauf umsetzt.

Transaktionsdaten eignen sich folglich zur Modellierung des individuellen Kunden, so dass ihm eine Umgebung bereitgestellt werden kann, die seinen Präferenzen entgegenkommt, z.B. indem individuell passende Angebote eingeblendet werden. Transaktionsdaten fallen im Vergleich zu anonymen Daten in weitaus geringerem Volumen an, jedoch bei erheblich höherer Präzision. Umgekehrt eignen sich anonyme Daten eher zur abstrakteren Marktanalyse und damit zur Modifikation des Gesamtangebots eines Online-Shops.

Arten von Profildaten

Beide Formen von Profildaten lassen sich für den Betreiber in unterschiedlicher Weise kommerzialisieren: Während Transaktionsdaten eher den Adressenlisten entsprechen, die einschlägige Händler an Versicherungen, Banken oder andere Interessenten vermitteln, geht es bei anonymen Daten eher um Marktanalysen, wie sie früher nur mit sehr hohem Aufwand von spezialisierten Unternehmen wie etwa Nielsen, Forrester Research oder Ovum erstellt werden konnten.

Marktdaten lassen sich aus den kombinierten Profilinformationen mehrerer Anbieter destillieren; dazu ist es jedoch erforderlich, die zugrunde liegende Information zu standardisieren. Abbildung 13-1 zeigt den Zusammenhang zwischen dem Grad an Anonymität und der Qualität der Profildaten auf.

Abb. 13–1
Qualität und Anonymität von Benutzerprofilen

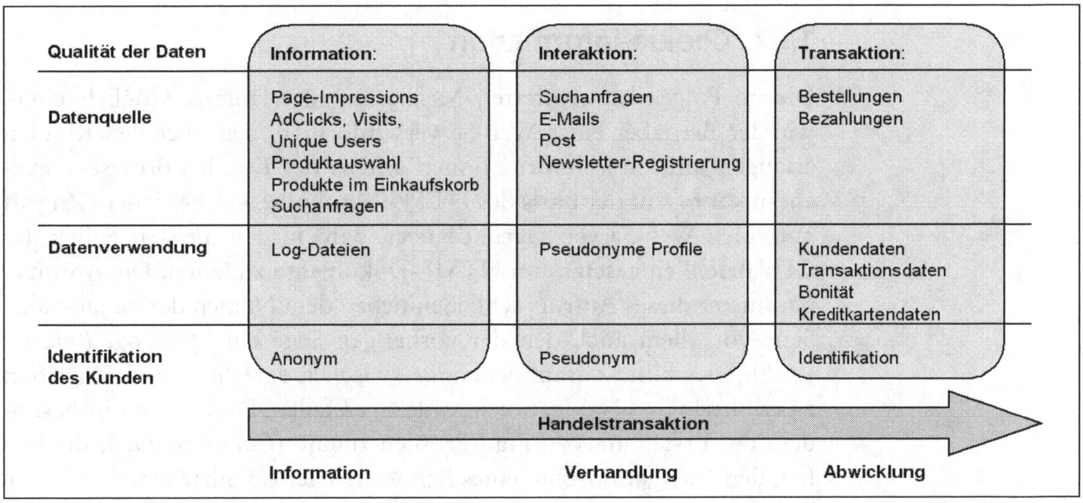

Qualität der Daten	Information:	Interaktion:	Transaktion:
Datenquelle	Page-Impressions AdClicks, Visits, Unique Users Produktauswahl Produkte im Einkaufskorb Suchanfragen	Suchanfragen E-Mails Post Newsletter-Registrierung	Bestellungen Bezahlungen
Datenverwendung	Log-Dateien	Pseudonyme Profile	Kundendaten Transaktionsdaten Bonität Kreditkartendaten
Identifikation des Kunden	Anonym	Pseudonym	Identifikation
Handelstransaktion ⟶			
Information	Verhandlung	Abwicklung	

Ein Online-Anbieter verfolgt mit Profilen folgendes Interesse:

- *Präzisere Platzierung von Werbebannern.* Hierbei werden sowohl Kundenprofile als auch Banner-Profile verwendet, um eine sinnvolle Zuordnung zu erreichen.
- Zur Anbieterplattform zugeschaltete *Content-Provider* können besser unterstützt werden in einer effizienteren Organisation ihrer Inhalte. So lassen sich URLs von Spielzeugketten oder Informationen über Walt-Disney-Filme einblenden, wenn am Profil erkannt wird, dass der Kunde jünger als 15 Jahre ist. Letztendlich ist die Profilbildung Grundlage aller *Portale*, die dem Benutzer einen individualisierten Zugang zum Web-Server bieten.
- *Effizientere Gestaltung langwieriger Registrierungsprozeduren.* Wenn das gesamte Benutzerprofil auf der Seite des Servers abgespeichert ist, so reicht eine Nutzer-ID, um diese Information abzurufen. Dies hilft, unnötig komplizierte Formulare auszufüllen. Wir kennen dies vom One-Click-Buying bei Amazon.
- Mit Hilfe *standardisierter Profilinformationen* auf der Basis von OPS (Open Profiling Standard) oder P3P (Platform for Privacy Preferences Project) besteht zusätzlich die Möglichkeit, auf aufwendige Analyse und Bewertungsprozeduren zu verzichten, da das erforderliche Instrumentarium ebenfalls als Standardprodukt erworben werden kann.
- *Probleme mit Cookies* können umgangen werden. Content-Providern eines Online-Dienstes steht damit ein verlässlicherer Analysemechanismus zur Verfügung, als es bei Cookies oder der Beobachtung des IP-Verkehrs der Fall wäre.

13.2 Cookie-Information

Die im Folgenden erörterten Mechanismen erläutern Möglichkeiten, wie der Betreiber eines Web-Servers Informationen über den Kunden erlangen und diese Informationen seitens des Kunden-Browsers speichern kann. Auf der Basis des HTTP-Protokolls, welches jedem Zugriff auf einen Web-Server zugrunde liegt, wird in den meisten Fällen der GET-Befehl eingesetzt, um HTML-Dokumente zu laden. Die Anfrageparameter dieses Aufrufs schließen neben dem Namen der zu ladenden Seite vor allem auch den der vorherigen Seite ein (den sog. *Referer-Link*). Dies hilft, Zusammenhänge zwischen einzelnen Web-Zugriffen zu ermitteln und Navigationsprofile zu erstellen. Dies kommt insbesondere der Erstellung von Pfad-Profilen zugute (*Click-Streams*), die helfen, den Navigationspfad eines Benutzers nachzuvollziehen.

Cookies

Mit dem Navigator 2.0 führte Netscape die Spezifikation der *Cookies* ein. Ursprüngliche Aufgabe der Cookies war die Sitzungsverfolgung eines Benutzers, der über das zustandslose HTTP-Protokoll auf einen Web-Server zugreift.

Cookies werden im Hauptspeicher des Browsers gehalten und – wenn sie persistent sind – in einer eigenen Datei gespeichert (»cookies.txt«). Weitere Zustandsinformationen wie Präferenzen bezüglich der Portalgestaltung oder präferierte Zahlungsmodalitäten können auf diese Weise für spätere Sessions wiederverwendet werden. Ein Cookie wird bei jedem HTTP-Befehl an den Server gesendet. Über serverseitige Programmierschnittstellen wird der Cookie an nachgelagerte Server weitergereicht. Er kann damit auch von anwendungsspezifischen Erweiterungen des Web-Servers verarbeitet werden.

Cookies liegen auf der Festplatte des Kunden

Insbesondere für Shopping-Anwendungen bieten sich Cookies an, da sie durch die Definition einer Session-ID als Bestandteil des Cookies zustandsbehaftete Sitzungen realisieren helfen. Ein elektronischer Einkaufswagen kann dabei dem Benutzer bei Übertragung der Session-ID dargestellt und aktualisiert werden. Dabei muss nicht die gesamte Information des Einkaufswagens im Cookie gespeichert werden, es reicht, ihn über eine Session-ID eindeutig zu identifizieren, so dass seitens des Servers alle weiteren Bestandteile in der Datenbank gehalten werden können.

Cookies zum Identifizieren von Sitzungen

Cookies werden vom Web-Server an den Browser vor dem eigentlichen HTML-Dokument gesendet. »SetCookie« definiert einen Cookie. Dabei werden Attribute als Name/Wert-Paare gesetzt. Beispiel für eine Set-Cookie-Message:

```
set-cookie: interessen=chemie+physik+informatik;
            domain=.learning.de; path=/learning/;
```

Einige Attribute sind standardisiert:

```
Expires=<Zeit>
```

spezifiziert beispielsweise den Zeitpunkt, zu dem der Cookie verfällt.

```
domain=...
```

spezifiziert, zu welchen Web-Servern der Cookie gesendet wird. Normalerweise ist dies nur der eine Rechner, von dem er empfangen wurde. Wenn jedoch eine große Website wie beispielsweise Yahoo eine ganze Serverfarm betreibt, ist es wichtig, ihre gemeinsame Internet-Domäne zu adressieren.

```
path=...
```

legt fest, welche URLs den Cookie auslösen. Wenn kein Pfad angegeben ist, wird er bei allen HTTP-Zugriffen versendet, ansonsten nur an Seiten unterhalb des Pfads.

Mit Hilfe von Cookies können somit Benutzerprofile erstellt und gezielt personalisierte Werbe-Images eingestreut werden. Auch die Verzweigung zu den Werbeseiten kann verfolgt werden, so dass für den Werbekunden eine detaillierte Zugriffsstatistik erstellt werden kann. Content-Providern kann auf diese Weise Information vermittelt werden, zu welchem Zeitpunkt welche Webseiten bzw. Produkte besucht wurden.

Die Definition für Cookies [RFC2109] legt jedoch fest, dass der Benutzer sie jederzeit mit Hilfe seines Browsers ausschalten kann, um seine Anonymität zu wahren. Dieser Fall ist bei der Gestaltung eines Online-Shops zu berücksichtigen. Die meisten Shop-Systeme umgehen daher von vornherein die Nutzung von Cookies.

Internet-Visitenkarten

Der Austausch persönlicher Daten erfolgt immer, wenn zwei oder mehr Personen kommunizieren – egal ob dies per E-Mail, per Telefon oder vis-a-vis geschieht. Dabei werden immer wieder Adressen und andere Kontaktmöglichkeiten wie Telefonnummern oder Homepages ausgetauscht. Der Austausch dieser Daten erfolgt heute unstrukturiert, d.h. ohne Standardisierung von Syntax und Semantik dieser Daten. Daher ist es eine Bestrebung der Entwickler von Browsern und Internet-Werkzeugen, diese Information so interoperabel zu machen, dass sie bei Bedarf übergeben werden kann.

Der vCard-Standard wurde daher vom Internet Mail Consortium entwickelt, um diese Information – möglicherweise ergänzt um weitere Multimedia-Daten – zu standardisieren. vCard-Daten können Informationen über Personen oder Ressourcen beinhalten und als E-Mail-Attachment, per Datenaustausch oder als Datei im Verzeichnis übergeben werden. Zudem hilft ein solcher Standard, Medienbrüche zu vermeiden. Im Folgenden ist ein Beispiel gezeigt, das Informationen über Namen, Adresse, Telefon- und Internet-Verbindungen etc. eines Benutzers in der vCard-Syntax zeigt:

```
BEGIN:vCard
  VERSION:3.0
  FN:Fred Weizenkeim
  ORG:Non Existing Corporation
  ADR;TYPE=WORK,POSTAL,PARCEL:;;1234 NoStreet
    ;Raleigh;NC;27613-3502;U.S.A.
  TEL;TYPE=VOICE,MSG,WORK:+1-234-567-9515
  TEL;TYPE=FAX,WORK:+1-234-567-9564
  EMAIL;TYPE=INTERNET,PREF:Fred@noexco.com
  EMAIL;TYPE=INTERNET:Fred@earthlink.net
  URL:http://home.earthlink.net/~fred
END:vCard
```

Explizite Teilnehmerprofile

Explizite Teilnehmerprofile werden vom Benutzer bewusst bereitgestellt. Diese Information hilft, wiederholten Konfigurationsaufwand zu vermeiden und nur in Ausnahmesituationen den Benutzer zu involvieren. Derartige Teilnehmerprofile beziehen sich auf folgende Informationen:

- *Persönliche Daten.* Hierbei handelt es sich um Adressinformation, Kontaktinformation im Internet, Angaben zur Person (Geschlecht, Alter etc.).
- *Sicherheitsprofile.* Bei dieser Art von Profilen definiert ein Teilnehmer Sicherheitskomponenten, die er für die Kommunikation als erforderlich erachtet. Dabei stehen vor allem Anforderungen der Verschlüsselung, der Nachrichten- und Benutzerauthentisierung, der Integrität sowie der Nichtabstreitbarkeit im Vordergrund.
- *Präferenzen.* Diese Profilinformation ist weniger standardisierbar, sie hängt zumeist vom Angebot eines Online-Dienstes ab. Präferenzen umfassen dabei Interessengebiete, die sich durch die Auswahl von Informationskanälen, Nachrichtentypen, Literatur etc. niederschlagen.
- *Kommunikationsparameter.* Auch die Konfiguration einer Kommunikationsverbindung (wie z.B. die Bandbreite bei Modem-Verbindungen oder spezielle Parameter für unterschiedliche Upstream/Downstream-Bandbreiten bei ADSL) wird als Teil des Benutzerprofils verwaltet.

Abgeleitete Profile

Abgeleitete Profile entstehen ohne ausdrückliche Bereitstellung durch den Teilnehmer. Sie fallen an aufgrund der getroffenen Seitenauswahl, der getätigten Online-Käufe oder aus der Kombination solcher Informationen von unterschiedlichen Benutzern. Beispiele für derartige Informationen sind:

- *Sitzungsdauer.* Hierbei wird gemessen, wie lange ein Teilnehmer welche Information einsieht.
- *Transaktionsdaten.* Kaufinformationen (Artikel, Anzahl, Uhrzeit, Kundendaten etc.) werden nur beim Abschluss eines Online-Geschäfts anfallen. Sie haben allerdings die höchste Ausdrucksfähigkeit bzw. Qualität.
- Produkte, die in *elektronische Einkaufskörbe* gelegt wurden. Auch hier unterstützen Online-Shopping-Systeme persistente Einkaufskörbe, die es erlauben, auch anonyme Teilnehmer hinsichtlich ihrer Produktauswahl zu verfolgen. Im Gegensatz zu den vom Kunden angeschauten Katalogeinträgen, haben in den Einkaufskorb gelegte Artikel höhere Aussagequalität über Kundenpräferenzen.
- *Produktauswahl und -kombination.* Neben seinem Inhalt ist auch die Kombination von Produkten im Warenkorb interessant für das Bündeln von Warenangeboten. So können häufig nachgefragte Kombinationen an herausragender Stelle auf einer Portalseite platziert oder ein entsprechender Auszug aus dem Online-Angebot als Paket angeboten werden.
- *Hits.* Mit dieser Kennzahl werden alle HTTP-Zugriffe, also auch auf einzelne Bitmaps, Frames etc., erfasst.
- *Page-Impressions.* Hierbei wird erfasst, wie oft welche Webseiten angesehen wurden. Bewegungsprofile lassen sich zwischen den Seiten eines einzelnen Anbieters, aber auch zwischen mehreren Servern feststellen – zumindest woher der Teilnehmer kam.
- *Click-Streams.* Dieser in den USA häufiger verwendete Begriff steht für die »Trampelpfade« eines Benutzers durch die Webseiten des Anbieters. Click-Streams sind besonders aussagekräftig im Hinblick auf nachgefragte Produktkombinationen, Verweilzeiten und zur Beurteilung der Anzahl an Page-Impressions, bis ein Kunde eine Ware kauft.
- *AdClicks.* Hierbei wird gezählt, wie oft ein Werbebanner vom Benutzer angeklickt wurde. Diese Information ist relevant für die Abrechnung von Banner-Werbung, da dies häufig (neben einem Fixum) nachfragebasiert erfolgt.
- *Automatische Anfragen, Queries.* Oft wird eine Kataloganfrage anhand von Einträgen in Web-Formulare vom Web-Server generiert, so dass häufige Anfrageausdrücke erkannt werden können und das Ergebnis anstelle einer erneuten Auswertung bereits aus dem Cache geliefert werden kann. Suchmaschinen verwalten intern

semantische Netze, um Anfragen für Volltextrecherchen nicht nur nach Suchbegriffen, sondern auch nach semantisch »benachbarten« Begriffen durchzuführen.

Verdichtete Profilinformation

Schließlich kann detaillierte Profilinformation zu aggregierten Aussagen verdichtet werden. Dies hilft, Nutzungsstatistiken zu erstellen, Muster zu erkennen und Zusammenhänge herauszufiltern, die sich erst anhand einer hinreichend großen Grundgesamtheit an Daten ermitteln lässt. OLAP- (Online Analytical Processing, siehe weiter unten) und Data-Mining-Werkzeuge dienen hier zur Automatisierung eines solchen Vorgehens.

13.3 1:1-Marketing

Niemals in der Vor-Web-Ära bestand für Unternehmen wie Banken, Versicherungen oder den Handel die Chance, einen Kunden individuell zu adressieren, wie es heute im Internet möglich ist: Es wurde das Publikum der Massenmedien »mit der Gießkanne« durch Werbespots berieselt, ohne wirklich zuverlässige Informationen über deren Aufmerksamkeit beim Empfänger zu erlangen. In den gängigen Medien müssen 30-Sekunden-Slots zu astronomischen Preisen erworben werden. Für den Preis eines einzigen 30-Sekunden-Werbespots zur Prime Time bei einem größeren Fernsehsender (bis zu 50.000 Euro) kann sich ein Unternehmen heute eine 2-MBit/s-Standleitung für drei Jahre leisten. Wenn es auch noch das Budget für wenige weitere Spots gegen die Entwicklung einer attraktiven Homepage mit Banner-Werbung und Customer-Profiling eintauscht, adressiert es nicht nur eine weltweite Klientel, sondern verfügt auch über präzise Information über diese Kunden. Einige Unternehmen beginnen bereits, diese Profilinformation zu kommerzialisieren, indem sie Statistiken, verdichtete Daten oder den Zugang zu ihrer Profildatenbank Dritten anbieten.

Personalisierung statt Gießkanne

Eine wichtige Voraussetzung für die individuelle Ansprache des einzelnen Kunden durch Banner-Werbung liegt in den Mechanismen zur Erstellung, Verwaltung und Anwendung von Kundenprofilen. Denn nur, wenn Daten über seine Person, sein Verhalten, den Referer-Link sowie Bewegungs- und Kaufprofile vorliegen, kann ein qualifiziertes Angebot in Form vorgeschlagener Inhalte erstellt werden.

Neben diesen Daten, die der Betreiber des Web-Servers selbst generieren kann, lassen sich weitere Informationen berücksichtigen, wie z.B. Bonitätsinformationen, Online-Telefonverzeichnisse oder auch demographische und geographische Statistiken zum Einkommensniveau etc. Wie weiter vorne schon erwähnt, führen große Online-Shops und Malls zusätzlich auch Sperrlisten, damit bei Namen wie Mickey Mouse oder Donald Duck keine Lieferung der Ware nach Entenhausen erfolgen muss.

Recommendation Engines

Produktempfehlungen, die auf der Webseite des Kunden erscheinen sollen, sind besonders flüchtig und individualisiert – sie hängen von Kunden- und Produktprofil, von der Historie bisher gekaufter oder betrachteter Produkte sowie von allgemeinen Vorlieben für bestimmte Produktkombinationen ab, die sich aus der Masse von Visits und Page-Impressions ergeben haben. Diese Informationen lassen sich aufgrund der Massen nicht mehr manuell durch Mitarbeiter auswerten und in entsprechende Konfigurationen von Webseiten umsetzen. Zur Bewältigung dieser Komplexität werden heute ebenfalls Produkte angeboten, die automatisch aus den genannten Input-Informationen in Echtzeit oder über mehrstufige Analyseschritte die »semantische Nähe« zwischen Produkten ermitteln.

Empfehlungen durch Gruppieren und Klasssifizieren

Eines der ersten und bekanntesten Beispiele ist (mal wieder) Amazon mit dem Service, Alternativen zum aktuell selektierten Buch anzubieten, die andere Kunden zusammen mit diesem Buch bereits bestellt haben. Als Grundlage setzt Amazon für diesen Mechanismus die Transaktionsdaten der bereits durchgeführten Bestellungen ein. Über Kunden-IDs und Transaktions-IDs lässt sich damit der Bezug zwischen verschiedenen Produkten herleiten. Wenn nun zufälligerweise das Buch »Elektronische Dienstemärkte« [Merz99] von einigen Kunden bestellt wurde, die auch gleichzeitig »Die Firma« von Grisham orderten, so macht dies wenig Sinn, wenn der aktuelle Kunde sich für das erste Buch interessiert. Folglich ist auch noch die Produktklassifikation der Bücher zu berücksichtigen: Hier lässt sich feststellen, dass die semantische Distanz zwischen Merz und Grisham zu groß ist, um »Die Firma« zu empfehlen.

Schließlich muss ein solches Empfehlungssystem berücksichtigen, dass sich Geschmäcker und Produkte im Laufe der Zeit ändern. Folglich ist auch das Transaktionsdatum zurückliegender Käufe ein wichtiger Einflussfaktor, um Empfehlungen mit der Aktualität ihrer Datenbasis zu gewichten.

Ein häufig verwendetes Produkt ist in diesem Bereich die Recommendation Engine von *NetPerceptions*, die bei Amazon und anderen Online-Buchgeschäften eingesetzt wird. Zunehmend findet sich dieses

System auch bei deutschen Shop-Systemen, beispielsweise wird eVita, die Online-Mall der Post AG, dieses System einsetzen (*www.evita.de*). Weitere Anbieter solcher Empfehlungsmechanismen sind FireFly und Autonomy (*www.firefly.com* sowie *www.automony.com*).

Autonomys Agenten

Das Produkt »Agentware« der englischen Firma *Autonomy* hilft, aus gegebenen Begriffen auf Inhalte zu schließen, die sich per Stichwortsuche nicht direkt über die Begriffe ermitteln lassen. Als Beispiel stelle man sich ein Dokument vor, das die Begriffe »Katastrophe«, »Qualifikation« und »Zukunft« enthält. Gäbe man dieses Dokument als »Suchbegriff« vor, so würde die KI-Technologie von Autonomy möglicherweise einen Bericht zum Fachkräftemangel oder auch einen über die Aussichten der Fußball-Nationalmannschaft liefern. In beiden Fällen waren im ursprünglichen Dokument keine themenspezifischen Hinweise gegeben.

Agenten suchen Inhalte

Der Trick liegt in der Bayes'schen Statistik: Thomas Bayes, ein englischer Priester aus dem 18. Jahrhundert, untersuchte die Zusammenhänge mehrerer Variablen und Möglichkeiten, in ihrer gegenseitigen Beeinflussung Muster zu erkennen. Mit Hilfe der Rechengeschwindigkeit heutiger Computer ist es mit einem Standard-PC möglich, diese Zusammenhänge nicht nur zwischen zwei, sondern zehntausenden von Dokumenten zu erkennen. Das Problem ist nur, dass eine große Zahl unrelevanter Dokumente gefunden wird, wenn das System alle signifikanten Begriffsausprägungen nutzt. Aus diesem Grund ist für jedes Thema eine Trainingsphase erforderlich, in der Benutzer Feedback liefern. Durch schlichtes Auswählen relevanter Dokumente aus einer Resultatmenge lernt das System die relevanten Begriffe. Welche dies exakt sind und in welcher Gewichtung sie auftreten, bleibt dem Anwender jedoch verborgen.

Der Trick: Bayes'sche Statistik

Autonomy bietet daher die Möglichkeit, *Agenten* (Concept Agents) für bestimmte Themen zu erzeugen und zu trainieren. Diese spezialisieren sich auf die Klassifikation von Dokumenten. Die Software lässt sich damit auch als automatischer Kategorisierer einsetzen, der Dokumente einer Reihe von Kategorien zuordnet.

Concept Agents

Während also Recommendation Engines im Extremfall bei der Kategorisierung vollautomatisch ablaufen (sie haben allerdings auch nur einen begrenzten Raum an Möglichkeiten zu berücksichtigen), müssen die Agenten von Autonomy trainiert werden, um ausreichende Präzision zu erlangen. Im ersten Fall sind also Suchmaschinen denkbar, die Anwender miteinander bekannt machen, welche die gleichen Suchbegriffe verwenden. Im zweiten Fall lassen sich unter minimaler Einbindung des Menschen beliebige Dokumente herausfiltern. Die Stichworte ermittelt das System dabei selbst, während der Mensch nur Feedback zur Relevanz der Ergebnisse liefert.

Data Warehouses

Aufgrund der überwältigenden Flut an Daten, die durch Profilinformationen und Online-Transaktionen anfallen, sind es heute nicht nur Großunternehmen wie Fluggesellschaften oder Handelshäuser, die an Kunden- und Nachfrageprofilen interessiert sind, sondern alle Anbieter von Online-Informationen.

Drill-down   Data Warehousing ist ein Verfahren, die dabei anfallenden großen Datenmengen so zu organisieren, dass sie in integrierter, sachbezogener und einfach analysierbarer Form vorliegen. Ein Data Warehouse – das sich am besten mit »Datenlager« übersetzen lässt – wird in regelmäßigen Abständen vollständig aktualisiert und dazwischen nur für lesende Zugriffe genutzt. Das Data Warehouse unterstützt Entscheidungsträger bei der Verdichtung der Rohdaten zu aussagekräftigen Kennzahlen. Hierzu werden üblicherweise Zeitreiheninformationen, nach geographischen oder organisatorischen Kriterien verdichtete Informationen oder auch Informationen unterschiedlicher Verdichtungsstufen verwaltet. Da diese Datenkategorien jeweils unabhängig sind, kann man sich das Data Warehouse als einen mehrdimensionalen Würfel vorstellen, den man aus unterschiedlichen Perspektiven zerlegen kann. Der so genannte »*Drill-down*« stellt dabei einen Abstieg von hochverdichteten Kennzahlen bis hin zu operativen Rohdaten dar. Durch die »Würfelform« ist das Datenvolumen erheblich höher als die redundanzärmere Repräsentation von Unternehmensdaten in normalisierter Form, wie sie in der Datenbank vorliegen. Das Optimierungsziel dieser Organisation liegt folglich in einer effizienten Unterstützung von Analyseabfragen.

Online Analytical Processing

Der Begriff des Online Analytical Processing (OLAP) steht dabei für die technische Unterstützung dieses Analysevorgangs. Eine besondere Herausforderung des OLAP liegt in der Kombination von strukturierten und unstrukturierten Daten. Hier können in einem größeren Unternehmen unterschiedliche Kodierungen, Datenmodelle und Kommunikationsprotokolle vorliegen, die zur Gewinnung eines konsistenten Warehouses zu vereinheitlichen sind. Die Rohdaten müssen daher ermittelt, bereinigt, zentralisiert und umorganisiert werden, bevor sie in das Data Warehouse einfließen:

- *Datenermittlung* (data acquisition). Dieser Prozess setzt die Schaffung eines einheitlichen Zugriffsprotokolls voraus, wie es z.B. durch ODBC oder JDBC im Falle relationaler Datenbanken gegeben ist. Falls Daten semistrukturiert vorliegen (z.B. als XML-Dokumente), ist ein entsprechender Transformationsprozess erforderlich.
- *Datenbereinigung.* Hierbei werden mehrere Verfahren unterschieden: Zunächst sind redundante Bezeichnungen zu vereinheitlichen. Dabei kann es z.B. vorkommen, dass gleiche Artikel in internationalen Filialen unterschiedlich benannt werden. Gleiches gilt für Preise unterschiedlicher Währungen oder uneinheitlicher Wechselkurse. Hier ist die Transformation in eine einheitliche Bezeichnung nötig. Buchungen können doppelt vorliegen, insbesondere, wenn Stornierungen sich von regulären Buchungen nur durch eine spezielle Kennung unterscheiden. Außerdem kann die Integrität der Daten verletzt werden, wenn entsprechende Umbenennungen bei der Datenbereinigung erfolgen. Aus diesem Grunde bieten Hersteller Werkzeuge an, mit deren Hilfe der Ausgangs- und der Zielzustand der Daten modelliert und somit die Transformationsfunktion automatisch generiert werden kann. Monitoring-Systeme sind dabei innerhalb enger Grenzen in der Lage, diesen Prozess zu überwachen und »verdächtige« Konstellationen zu melden. Solche Systeme stehen z.B. von den Anbietern *Trillum* und *Integrity* zur Verfügung.
- *Daten laden und aktualisieren.* Die Übernahme der Daten in das Data Warehouse erfordert weitere Schritte der Verarbeitung wie Integritätschecks, Sortierungen, Neunummerierungen, Aggregationen, Partitionierungen und die Erstellung von Indexinformationen.

Ist das Data Warehouse einmal mit »sinnvollen« Daten gefüllt, gilt es im nächsten Schritt, ihm sinnvolle Informationen zu entlocken. Dies erfolgt durch den Drill-down nach unterschiedlichen Verfahren:

Wie beim Metzger: Schneiden und Würfeln

- Der *Roll-up* liefert eine Aggregation innerhalb einer oder mehrerer ausgewählter Dimensionen. So können etwa Tagesumsätze zu Quartalsumsätzen verdichtet werden oder einzelne Filialen zu Regionen.
- Beim *Slicing* geht die Analyse vom Schnitt entlang einer Dimension des Würfels aus: Wie setzt sich der Umsatz aller Filialen bezüglich aller Produkte am 30.6.1999 zusammen? Hierbei wurde der Wür-

fel quer zur Zeitachse zerschnitten. Informix nennt Add-on-Funktionen zur Datenanalyse folglich auch »Datenklingen« (*Data Blades*). Das Slicing kann unabhängig von der Dimension durchgeführt werden, so dass sich der Anwender schrittweise an Details herantasten kann.

- Das *Dicing* erlaubt im Gegensatz zum Slicing die Definition von Bereichen, so dass als Resultat ein Sub-Würfel geliefert wird.
- Schließlich erlauben *Pivot-Tabellen* (bzw. das *Pivoting*) eine selektive Aggregation entlang mehrerer Dimensionen.

Diese Analyseverfahren lassen sich in unterschiedlicher Form durch die Datenbank unterstützen:

- Beim *MOLAP* (*Multidimensional OLAP*) liegt für jeden potenziellen Wert, der sich aus den Schnittpunkten der multidimensionalen Ausprägungen in der Datenbank ergibt, tatsächlich ein Speicherplatz vor. Dieser muss jedoch nicht notwendigerweise immer durch einen gültigen Wert belegt sein. Folglich kann die Gesamtgröße der Datenbank häufig auf mehrere Terabyte ansteigen. Andererseits werden Abfragen entsprechend schnell beantwortet.
- Beim *ROLAP* (*Relational OLAP*) werden die operativen Daten in einer Rohdatentabelle (fact table) belassen und um eine Dimensionstabelle ergänzt. Diese enthält Meta- und Aggregationsinformationen (Produktinformationen, geographische Lokationen).

Auf diese Profilinformationen lassen sich nun Data-Mining-Verfahren anwenden, mit deren Hilfe nach unterschiedlichen Dimensionen Kunden-, Transaktions- und Produktprofile analysiert werden können. Per Data Mining kann z.B. ein Unternehmen feststellen, welche Kundengruppen in welcher Region zu einer bestimmten Uhrzeit Bücher kaufen.

Ein Online-Angebot kann in entsprechender Weise konfiguriert werden, so dass Angebote für Produkte, deren Profil »passt«, den ermittelten Kunden auf ihre Portalseite projiziert werden können.

Electronic Customer Relationship Management

Steht der verfeinerte Apparat zur Profilbindung und -analyse einmal zur Verfügung, liegt der nächste Schritt in der automatisierten und individualisierten Kundenbetreuung, amerikanisch-euphemistisch auch Customer Relationship Management (CRM) genannt. Dieses seit einigen Jahren aktuelle Thema im Bereich der Informationstechnik verspricht, mit chirurgisch exaktem Instrumentarium Kundenprofile, Marktanalysen und die eigene Produktpalette so zu schneidern, dass neue Marktnischen und Geschäftspotenziale erschlossen werden können [StSE01].

Der Schlüssel zum CRM liegt dabei in der Ermittlung des Kundenverhaltens und der unmittelbaren Umsetzung dieses Wissens in eine Produktpalette, die dem individuellen Kunden direkt angeboten werden kann. Der Einsatz einer Internet-gerechten IT-Infrastruktur, die in der Lage ist, das Kundenverhalten vorherzusagen, soll Unternehmen gegenüber dem Wettbewerb einen erheblichen Service- und Effizienzvorsprung verschaffen.

Da »CRM« streng genommen nicht notwendigerweise etwas mit dem Internet zu tun hat, bildete sich zusätzlich der Begriff des eCRM heraus (Electronic Customer Relationship Management), bei dem die Verarbeitung von Kundeninformation vollständig auf elektronischem Wege erfolgt. Für einen effizienten Einsatz ist jedoch zusätzlich eine Standardisierung der verwendeten Datenstrukturen sowie der Verarbeitungsprozesse erforderlich. Erst aus dieser Entwicklung kann dann schließlich ein anbieter- und betreiberunabhängiges Verfahren zur Kundensegmentierung sowie für das Generieren von Empfehlungen erstellt werden.

eCRM

Beispiele sind auch hier wiederum Empfehlungsmechanismen wie die Recommendation Engine von NetPerceptions (eingesetzt z.B. bei Amazon) oder das anfangs erwähnte Grippemittel, dessen Auslieferung der Ausbreitung einer Grippewelle vorweg eilt. Als Wissensbasis für derartige Prognosen werden Zeitreihen historischer Absatzentwicklungen eingesetzt. Dazu muss dem System bekannt sein, welchen Verlauf eine Grippewelle üblicherweise nimmt, wie viele Bewohner in den betroffenen Gebieten leben usw. Diese Daten sind Unternehmen heute teilweise bekannt. Wenn sie sich zu verträglichen Kosten operationalisieren lassen, sind folglich neue Geschäftsmodelle möglich: Mit Endkunden könnte beispielsweise per »Service-Vertrag« vereinbart werden, dass ein Medikament pauschal nach Hause geliefert wird, wenn die Wahrscheinlichkeit einer Infektion am größten ist. Ist der Kunde nicht betroffen, kann er es wieder zurücksenden. Im anderen Fall braucht er sich jedoch nicht zur Apotheke zu begeben. Sicherlich wird es Kunden geben, denen dieser Service möglicherweise sogar einen Aufpreis für die Lieferung ins Haus wert ist.

Empfehlungsmechanismen

Auch bei diesem Beispiel des eCRM spielen wieder einige der ökonomischen Parameter des Electronic Commerce – die Atomisierung von Informationen, Preisen und Mengen und die Verkürzung der Vertriebskette – eine wichtige Rolle. Andere Beispiele des eCRM könnten zu einer Personalisierung des elektronischen Einkaufskorbs führen: Wenn ein Kunde regelmäßig einen Kasten Wasser pro Woche beim Online-Supermarkt bestellt, könnte dieser beim nächsten Besuch automatisch den Einkaufskorb mit dem entsprechenden Eintrag füllen. Das

Kundenbedürfnis wird auch hier direkt aus dem Verhaltensprofil entnommen.

Andere Beispiele, die auf einer verfeinerten Profilbildung für Produkte und Kunden aufsetzen, sind proaktive »elektronische Verkaufsagenten«, die einem Kunden neue Musikclips vorschlagen, die zu ihm »passen«, oder ihm aus der verwirrenden Vielfalt des Internet-Angebots ein multimediales Abendprogramm filtern, das sich aus Musik-, Film- und Print-Elementen zusammensetzt. Einem weniger ADSL-orientierten Kunden könnte ein solches System ein Abendprogramm in der Großstadt schneidern – mit Vorschlägen für Abendessen, Kino, Clubs und einem Katerbrunch am nächsten Morgen ...

Profiljäger und Profilkläger

Zumindest in den USA ist zu erwarten, dass jedes konkrete oder abstrakte Objekt klassifiziert und profiliert werden wird, um einen automatisierten »Match-on-Demand« zu unterstützen. Manchmal fragt sich dabei der kritische Beobachter, ob das Individuum angesichts dieser Automatisierung noch Informationen über sein eigenes gespeichertes Profil erhalten kann? Datenschützer erwarten bereits die nächste Konfliktwelle im Bereich des Profiling: Was passiert, wenn eine zu große Anzahl Kunden aufgrund von Schutzmechanismen wie P3P (siehe Abschnitt 13.5.3) das Weiterverarbeiten von Profildaten untersagt, so dass das Instrumentarium eCRM abstumpft? Werden Anbieter dann auf die erwartete Goldgrube verzichten? Besonders interessant sind Profildaten ja eigentlich erst, wenn sie in standardisierter Form zwischen Unternehmen ausgetauscht werden können. Dann können auch Nichtkunden in die Profilbildung und Marktanalyse einbezogen werden. Es könnte vielleicht sogar passieren, dass sich »horizontale Allianzen« von Unternehmen herausbilden, die nicht im Wettbewerb stehen und sich daher gegenseitig mit Profilinformation versorgen können. Eine solche Allianz könnte sich beispielsweise aus einer Bank, einem Kfz-Hersteller, einer Handelskette und einer Fluggesellschaft zusammensetzen. Folglich besteht in Zukunft erstmalig die Möglichkeit, die gesamte Bevölkerung detailliert zu erfassen. Eine restriktive Datenschutzgesetzgebung stünde dem nur im Wege.

Das Save-Harbour-Prinzip

Wer im Save Habour sitzt, kann dessen Recht einfordern

Hier kommt es also auf die Rechtssprechung im jeweils betroffenen Land an. In der EU ist diese vor allem durch Richtlinien der EU-Kommission geregelt, während beispielsweise in den USA Datenschutzfragen bisher stark vernachlässigt wurden. Aus diesem Grund hat sich in den letzten Jahren der Begriff des *Save-Harbour*-Prinzips herausgebildet: Mit Save Harbour ist eine Zone mit rechtlich eindeutig geregelter

Datenschutzbestimmung gemeint, innerhalb derer sich ein Konsument (aber in anderen Zusammenhängen auch Unternehmen) auf diese rechtliche Grundlage verlassen können. Dies gilt jedoch nicht nur für Anbieter, die innerhalb des Save Harbours ansässig sind, sondern bei weiter gehender Auslegung auch für solche, die in der Region anbieten. Bei Online-Anbieter sind dies per Definition also alle Online-Shops, auch wenn sie in den USA oder auf den Cayman-Islands eingetragen sind.

Wer also als US-Unternehmen (z.B. Amazon) eine Ware an einen europäischen Kunden verkauft, macht sich in diesem Sinne strafbar, wenn europäische Datenschutzbestimmungen nicht eingehalten werden. Diese internationale »Erziehungsmaßnahme« sorgte natürlich in den Jahren 1999 und 2000 für internationale Aufregung, so dass man von dieser grundsätzlichen Regelung wieder Abstand nahm.

eCRM und Virtual Communities

Einerseits zielt eCRM auf den individuellen Kunden ab, andererseits kann sich die entsprechende Software des Anbieters nicht um jedes Individuum isoliert kümmern. Durch die Bildung von Kategorien für Benutzer und Inhalte bzw. Produkte lassen sich ähnlich gestaltete Bedarfe zentral bedienen. So könnte die Ankündigung eines neuen Buches über ein entsprechendes System an all die Kunden propagiert werden, die als potenzielle Käufer in Frage kommen. Wenn ein Anbieter nun bereits über diese Information verfügt, liegt ein konsequenter Schritt im gegenseitigen »Bekanntmachen« der Personen, da sie aufgrund ihrer Interessenverwandschaft bereits die Grundlage für eine Virtual Community besitzen. Eine selbsttragende Kunden-Community bietet neben dem Produkt des Anbieters als eigentlichem Inhalt die Möglichkeit, eine selbsttragende Aktivität zu entfalten, die den Anbieter in die Rolle des Moderators bzw. Betreibers schlüpfen lässt. Er profitiert dabei – ganz nebenbei – durch eine kostenlos verstärkte Sichtbarkeit bei weiteren Kunden. Wenn ich mich für ein Buch zum Thema Electronic Commerce interessiere, gehe ich häufig zu Amazon, um dort Kritiken zu lesen. Auch wenn es interessant ist – ich kaufe es nicht immer, aber oftmals entdeckt man bei dieser Gelegenheit Neues, das man möglicherweise entgegen der ursprünglichen Absicht kauft. Genau dies ist *Virtual Community Management*.

Virtual Community Management

Das MIT-Projekt *GroupLens* diente in den neunziger Jahren dem Finden von Gemeinsamkeiten zwischen Community-Mitgliedern auf der Basis gemeinsam verwendeter Begriffe. Aus der dort entwickelten Software entstand schließlich die bereits erwähnte Recommendation Engine.

Group Lens

Kritischer Einwurf: Nutzung von Kundendaten bei US-Banken

Wie in Abschnitt 5.2.19 erwähnt, lassen sich verschiedene Grundlagen für ein EC-Geschäftsmodell finden. Eine davon liegt in der Auswertung von Profilinformation und anschließend in der Konzentration auf die lukrativsten Kunden. In den USA, wo kaum regulatorische Rahmenbedingungen den freien Handel beeinträchtigen, kann eine Bank einen unerwünschten Kunden, der ein Konto eröffnen möchte, ablehnen. Heute kann sie allerdings noch nicht vollständig erkennen, ob ein Kunde profitabel ist oder nicht – lediglich anhand von Bonitätsauskünften ist eine grobe Klassifikation möglich. Ob ein Neukunde jedoch die Bank mit vielen kleinpreisigen Transaktionen quälen wird oder sein Kontostand unprofitabel ist, kann nur von seiner vorherigen Bank, nicht jedoch von der neuen eingesehen werden. Wenn in Zukunft Profildaten beliebiger Präzision frei gehandelt werden können, besteht für eine Bank, bei der ein Neukunde ein Konto einrichten möchte, ein Instrument, um unprofitable Kunden auszusortieren.

Personalisierung oder Diskriminierung?

Electronic Commerce kann hier folglich zu einer Diskriminierung der Bürger in Abhängigkeit von ihrem Einkommen führen. Da man heute ein Girokonto zum Mindeststandard einer bürgerlichen Existenz zählen kann, treffen hier die zwei Grundansätze des Gesetzgebers aufeinander: Regulation versus Laissez-faire.

»In the brave new banking world, the ›unprofitable‹ customer will find that bankers don't want you – or your money...« [Bankrate99]. So heißt es in einer Publikation der US-Bankenindustrie. Der Artikel berichtet über den Einsatz von Profiling- und Customer-Relationship-Software, der für viele Kunden das Aus bedeuten kann. Auf einem Symposium amerikanischer Großbanken in Las Vegas wurde im Dezember 1998 beraten, auf welche Weise der Übergang in eine Welt des »gläsernen Kunden« geschaffen werden kann – ohne eine Rebellion der Kunden heraufzubeschwören.

Big Banker is Watching You...

Im »Bank Rate Monitor« erschien im Januar 1999 ein Artikel mit dem Titel »Big Banker is Watching You«. Hier wird der zukünftige Einsatz von CRM-Software erläutert. In dem Artikel wird über die CRM-Software der Epsilon Software Development Company berichtet, die »die Interaktion mit der Bank ändern wird – oder ob man überhaupt interagiert.«[1]

Natürlich werden persönliche Daten offiziell nur freiwillig eingefordert, stehen sie jedoch nicht zur Verfügung, wird mit einem niedrigeren Service-Niveau reagiert. Der Executive Vice President der First

---

1. Im Original: The Software will »change how you interact with your bank – or whether you interact at all.«

Manhattan Consulting Group's, Seamus McMahon, wird zitiert mit den Worten »you charge them higher fees because you don't want them – make them know they're not welcome.« Und weiter unten: »Unprofitable customers will pay an additional price in terms of service. Each time a customer calls or E-Mails a bank, the sales rep need only type his name to view his CRM profile. ›You answer the cash cows first,‹ said McMahon. ›The losers can wait 20 minutes if they call in a question. The losers will just make you drown.‹«

Customer Relationship Management bedeutet, dass Bankangestellte benachrichtigt werden, wenn eine profitable Kundin ein Kind bekommen hat. Als Teil des Services wird unmittelbar ein Werbegeschenk verschickt – zusammen mit Hypothekenangeboten für Umbaumaßnahmen im Hause. Verpackt wird dies mit Informationen über Kindergärten und Tagesmütter. Oder die Software generiert Angebote für Kleindarlehen, wenn es gilt, das Begräbnis eines frisch Verstorbenen zu finanzieren.

Wieviel ist nützlich, was ist zuviel?

Die Liste der Kundendaten kann beliebig fortgesetzt werden: Andere Anbieter schlagen vor, auch »psychographische Daten« über Hobbys, die politische Einstellung, abonnierte Zeitschriften und »Aktivitäten« wie Club-Mitgliedschaften, kürzliche Käufe und frequentierte Modeboutiquen zu sammeln. Diese Information wird von Auskunftsdiensten wie z.B. dem amerikanischen *Debit Bureau* zur Verfügung gestellt. Dieses wiederum strebt an, die Granularität demographischer und geographischer Daten auf einzelne Haushalte herunterzubrechen. Damit kann das Einkommensniveau einzelner Straßenzüge und Wohngebiete nicht nur statistisch, sondern erstmals auch aufgrund empirischer Daten von Einwohnern bestimmt werden. Diese Information ist Gold wert – nicht nur für Banken. Wenn nun die Bankfiliale über diese Informationen verfügt, kann sie unerwünschte Kunden bereits am Eingang durch Verwendung biographischer Authentisierungstechniken ermitteln und abweisen. Viele US-Banken begannen bereits vor Jahren mit der Einführung von Fingerabdruck-Lesegeräten als ersten Schritt – auch um unerwünschte Personen fernzuhalten.

13.4 Personalisierungssoftware

Zusammenfassend kann also gesagt werden, dass Profildaten für eine große Anzahl an Ressourcen (Personen, Inhalte, Banner, Produkte, Communities) und für eine ebenso große Anzahl an Aufgaben eingesetzt werden (Produkt-Promotion, individuelle Nachrichten, abteilungsspezifische Menüführung, Online-Marktanalyse, Konfiguration von Online-Diensten nach eigenen Vorlieben).

Abb. 13–2

Abläufe bei der Personalisierung von Inhalten

Wir finden beim Umgang mit Profilen einen zyklischen Informationsfluss, der zum einen ein Profil erzeugt, präzisiert und vervollständigt, zum anderen dient das Profil als Steuerparameter bei der Zusammenstellung von Inhalten. Abbildung 13-2 zeigt einige der an diesem Prozess beteiligten Systeme und die Datenflüsse zwischen ihnen.

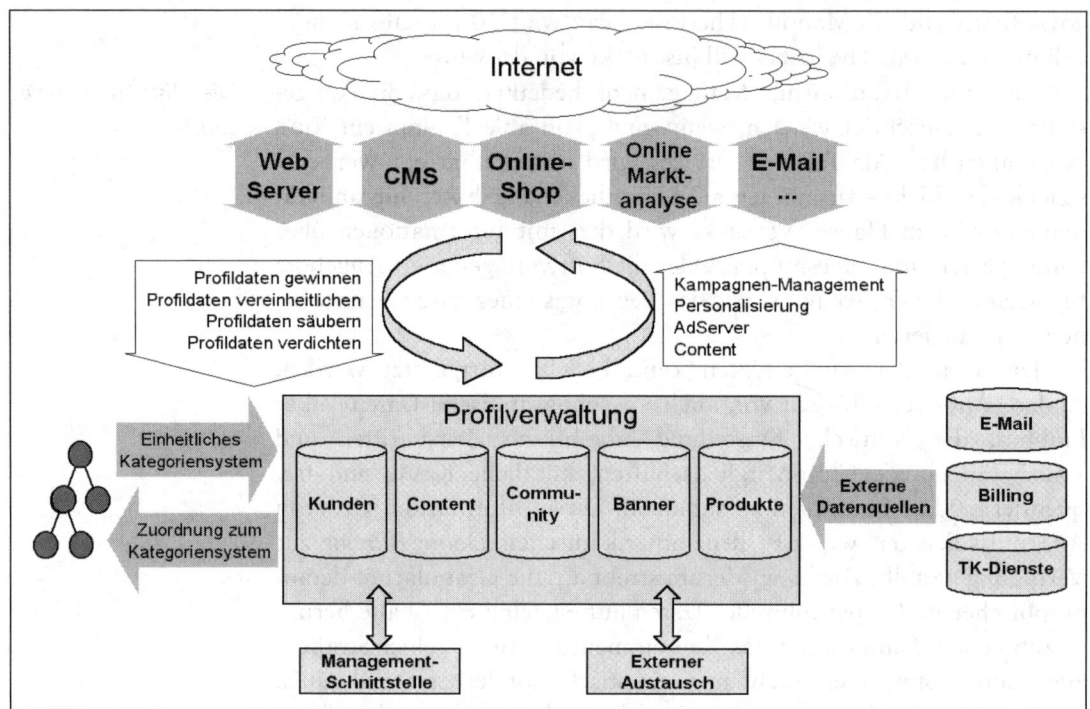

ATG Dynamo

Diese Personalisierungssoftware basiert auf einem eigenen Application Server, den das Unternehmen *Art Technology Group* (ATG) entwickelt hat. Er folgt dem Programmiermodell eines J2EE-Application-Servers. Durch ein objektorientiertes Framework an Basisklassen kann der Programmierer die Software in vielerlei Hinsicht an seine Anforderungen anpassen.

Droplets erzeugen Content-Elemente

Dynamo erweitert das J2EE-Servlet-Modell durch so genannte *Droplets*. Dies sind parametrisierbare Servlets, die HTML-Bereiche einbinden, andere Servlets aufrufen und HTML-Formular-Input in einer Property-Datei ablegen. Dies ermöglicht die Nutzung von HTML-Formularen ohne Browser-seitige Skripterweiterungen. Dynamo hat eine eigene XML-Erweiterung definiert, die in Ergänzung zu JSP-Elementen von den Droplets verarbeitet wird.

Durch die Entkopplung von Anwendungslogik (als EJBs) und der dahinter liegenden Datenbank, lässt sich der Sitzungszustand auch bei Ausfall der Datenbankverbindung aufrechterhalten. Zusätzlich wird mit der Software eine Entwicklungsumgebung für E-Commerce-Anwendungen geliefert. Diese erlaubt beispielsweise die Einbindung von Katalogen, Shopping-Baskets, Payment-Modulen etc.

Mit Hilfe eines Komponenteneditors (Dynamo Control Center) besteht sogar die Möglichkeit, alle Eigenschaften der beteiligten Module über Property-Dateien zu konfigurieren. Da diese Dateien voneinander unabhängig sind, lassen sich die einen Komponenten von Web-Anwendungen dynamisch konfigurieren, während die anderen weiter ausgeführt werden.

Der Dynamo-Personalisation-Server basiert auf dieser Plattform. *Profilobjekte* Er erlaubt es, explizite Benutzerdaten bzw. Kundendaten mit dynamischen Verhaltensinformationen zu kombinieren. Aufgrund von Regeln werden dann Droplets ausgewählt. Benutzerprofile speichert die Software entweder in der SQL-Datenbank oder in einem LDAP-Verzeichnis. Diese Profile wachsen mit der Zeit: Zunächst kann das System nur eine Sitzung identifizieren, die ein anonymer Kunde initiiert. Ein Profilobjekt steht von nun an im Rahmen der Sitzung zur Verfügung. Sobald sich der Benutzer jedoch authentifiziert, wird das Profilobjekt um die gespeicherten Daten erweitert. Mit Hilfe der Geschäftsregeln, die zuvor definiert wurden, erfolgt nun eine Segmentierung der Kundin: Ist sie vermögend, im besten Alter, ein Comic-Fan oder hat sie heute Geburtstag? Hat sie sich bereits länger als 10 Minuten im System aufgehalten? Hat sie sich für Kfz-Versicherungen interessiert? Ist der Warenwert in ihrem Shopping-Basket größer 100 Euro? Falls eine Regel für diese Bedingungen konstruiert wurde, greift sie, sobald die Bedingungen zutreffen. Das Ergebnis der Regel könnte beispielsweise eine zusätzliche CD als Beigabe sein. Es könnten aber auch andere Contents zur Anzeige gebracht werden (weitere Versicherungen, der neue »Asterix«...).

Die Unterstützung der J2EE bietet somit eine flexible Erweiterung des Systems: So lassen sich Recommendation Engines oder Ad-Server integrieren, wenn sie J2EE-konform als EJBs implementiert sind. Schließlich lassen sich auch andere Medien jenseits des Web-Browsers integrieren: z.B. personalisierte E-Mails oder WAP-Seiten.

Standard-Frameworks auch bei der Personalisierung

Die wichtigste Konsequenz aus der Betrachtung einiger erfolgreicher Softwaresysteme ist der deutliche Trend in Richtung von Standard-Plattformen wie EJB und XML. Dies wiederum erhöht die Transparenz des Marktes, da einzelne Produkte zunehmend »pluggable« und kombinierbar werden. Während sehr viele Anbieter heute noch einen vollständigen Application Server als Ausführungsumgebung für das eigene Produkt entwickeln, ist für den Zeitraum bis 2003 wahrscheinlich eine weitere Aufteilung des Marktes in Plattform- und Anwendungsentwickler zu erwarten. Wenn zudem auch noch Suns Deploya-thon (siehe Kapitel 8.3) zügig zur Portabilität zwischen J2EE-Plattformen führt, dann wird dieser Zeithorizont sicherlich noch kürzer sein.

Personalisierung –
Fluch oder Segen?

Der Austausch von Profilinformation zwischen Anwendungen erfordert also eine Standardisierung von Formaten und Vokabularen – zum Segen (Personalisierung) und zum Fluch (»Datenraub«) der Anwender. Verschiedene solcher Standards sind in den folgenden Kapiteln beschrieben.

Profilbildung und Personalisierung im E-Commerce ist ein sehr komplexes und häufig von den Initiatoren stark unterschätztes Thema. Im Vordergrund der Diskussion stehen oft die technischen Aspekte, die sicherlich ein sehr interessantes Untersuchungsgebiet darstellen. Oftmals sind sich jedoch die zukünftigen Betreiber einer solchen Lösung nicht bewusst, welcher zusätzliche organisatorische Aufwand hierfür geleistet werden muss. Die Erstellung und Aufbereitung von Inhalten für eine personalisierte Website sowie die Pflege des entsprechenden Regelwerks stellen eine andauernde Tätigkeit im täglichen Betrieb dar, die Ressourcen in Anspruch nimmt. Nur selten kann dieser Aufwand wirtschaftlich getragen werden.

13.5   Datenschutztechnologien für Kundenprofile

Die Verarbeitung von Kundenprofilen ist ein zweischneidiges Schwert: Zum einen hilft sie, durch Personalisierung und Automatisierung den Benutzerkomfort zu steigern. Das Profil dient hierbei als Informationsfilter für den individuellen Kunden, aber auch für den Anbieter, der z.B. automatisch Sonderangebote für »Ladenhüter« generieren kann.

Die Kehrseite der Medaille liegt im Datenschutz, denn bereits heute ist der Bestand an Kundenadressen bei Handelsunternehmen ein wichtiges Kapital, das unter anderem auch über Adressenhändler extern kommerzialisierbar ist. Kundenprofile bieten im Zeitalter von

Online-Shops neben Adressen noch ein Vielfaches mehr an Marketinginformation. Folglich ist es ein natürliches Bestreben der Anbieter, diese Informationen für eigene Zwecke oder als Produkt einzusetzen.

An dieser Stelle erfolgt daher eine Aufarbeitung und Darstellung aktueller Standards für das Profilmanagement. Neben konzeptionellen und technologischen Aspekten werden auch Status und Perspektiven dieser Standards aus Markt- und Produktsicht dargestellt. Dass dabei die gegenläufigen Interessen »Datenschutz vs. Profiling« nicht notwendigerweise im Widerspruch stehen müssen, soll anhand des P3P-Standards vom W3C gezeigt werden. Dabei werden zunächst einige aktuelle Profil- und Datenschutztechnologien untersucht. Anschließend lassen sich diese im Hinblick auf ihre Umsetzbarkeit in der Internet-Ökonomie bewerten.

13.5.1   Die Perspektive des Verbrauchers: Datenschutz vs. Data Mining

Bisher haben wir uns eher mit der händlerseitigen Perspektive gegenüber dem Profiling beschäftigt. Natürlich ist es ein Anliegen des Händlers, aus diesen Rohdaten so viel Information wie möglich zu gewinnen, damit Marketing und Vertrieb möglichst in Echtzeit auf den tatsächlichen Bedarf zugeschnitten werden können. Die Standardisierung von Profilinformation bietet hier vielfältige Chancen, Zusatzgeschäfte durch Weitergabe der Profildaten zu generieren.

Aber diese Rechnung wird häufig ohne den Wirt und auch ohne den Gesetzgeber gemacht: Ist es überhaupt im Interesse des Benutzers, dass Daten weitergereicht werden? Welche Information besitzt der Kunde über die Art und Weise, in der seine Daten verarbeitet werden? In welchem Verhältnis steht die Weitergabe von Profildaten zur aktuellen Datenschutzgesetzgebung? Möglichen Befürchtungen könnte man durch restriktive gesetzliche Maßnahmen begegnen, die pauschal eine Verarbeitung von Profildaten untersagen. Dies würde jedoch die Händlerseite sehr schmerzhaft treffen. Gleichzeitig dürfte sich auch nicht jeder Kunde in jeder Geschäftsbeziehung sofort durchleuchtet fühlen.

Somit ergibt sich dann die Frage, wie diese gegenläufigen Anforderungen so auf der technischen Plattform des Internets erfüllt werden können, dass der erforderliche Mehraufwand für den Datenschutz einfach und effizient zu handhaben ist.

13.5.2   OPS – Open Profiling Standard

Der Open Profiling Standard (OPS) legt Datenformate und Übertragungsverfahren fest, die die Online-Registrierung vereinfachen und nebenbei das Problem der ungeschützten Ablage von Profilinformationen lösen sollen. Bis heute steht kein Standardformat zur Verfügung, das die wiederholte Eingabe identischer Informationen bei verschiedenen Diensteanbietern überflüssig macht und eine kontrollierte, geschützte Abgabe der Informationen ermöglicht.

Hinter OPS und P3P steht das W3C

Der OPS-Standard wurde von Netscape, Firefly (ein Spezialist für Management- und Benutzerprofile) und VeriSign, der führenden Zertifizierungsautorität in den USA, ins Leben gerufen [Netscape98a]. Neben einer Vielzahl weiterer Firmen, darunter IBM, Hewlett-Packard, Sun und Oracle, hat sich mittlerweile auch Microsoft dazu bereit erklärt, diesen Standard zukünftig in seinen Produkten zu unterstützen. OPS liegt dem World Wide Web Consortium (W3C) im Rahmen des P3-Projekts zur Rezension vor und wird in die P3P-Entwicklung einfließen.

Die ursprüngliche Idee: Strukturierte Cookies

Eine automatisierte Benutzeridentifizierung im Web war bisher nur mit *Cookies* möglich. Sie sind jedoch nicht standardisiert und nur in relativ wenigen Internet-Werkzeugen implementiert; eine umfangreiche Nutzung findet nicht statt. Außerdem ist die Cookie-Technik von Diskussionen über mangelnde Sicherheit und fehlende Privatsphäre begleitet, daher ist eine unverdeckte Handhabung von Benutzerdaten empfehlenswerter, die über HTML-Formulare freiwillig bekannt gegeben werden. Zu den wesentlichen Nachteilen von Cookies zählen beispielsweise das Fehlen eines Zugriffsschutzes auf einzelne Attributwerte oder die ungeschützte Datenhaltung auf der Benutzerseite, die ein freies Manipulieren durch andere Benutzer zulässt; dies gilt insbesondere, wenn sich mehrere Benutzer einen PC teilen oder ein gemeinsames (Netzwerk-)Verzeichnis zur Ablage der Cookies verwendet wird.

Im Gegensatz zu Cookies soll OPS den Anwendern einen flexibleren Einsatz ihrer Benutzerprofile und eine wesentlich bessere Kontrolle der darin enthaltenen Informationen ermöglichen. OPS stützt sich neben dem Kommunikationsprotokoll HTTP auf zwei weitere Industriestandards: Erstens auf vCard, einer Spezifikation des Internet Mail Consortium (IMC) zum Austausch von »elektronischen Visitenkarten«, unabhängig von der verwendeten Applikation oder vom Netz, zweitens auf digitale Zertifikate, also auf den Einsatz von Public-Key-Kryptografie zur Verifikation der Identität. In diesem Zusammenhang wäre auch der Einsatz des X.509-basierten Zertifikatsmanagements denkbar.

Terminologie

▨ *Profil*: Eine hierarchische Ansammlung persönlicher Profilinformationen mit Eigenschaften und Daten, die einen Endbenutzer beschreiben. Siehe auch das Beispiel weiter unten.

▨ *Profilattribut*: Ein elementares Datum, das eine Eigenschaft des Benutzers beschreibt.

▨ *Profilsektion*: Eine Gruppierung von Attributen und/oder untergeordneten Sektionen innerhalb eines Profils.

▨ *Top-Level-Profilsektion*: Eine Sektion, die keiner übergeordneten angehört. Top-Level-Sektionen besitzen dedizierte *Top-Level-Authorities*.

▨ *Permissions*: Das Recht, welches anderen gewährt wird, Profilattribute oder -sektionen entweder zu lesen oder zu schreiben.

▨ *Credentials*: Zusicherungen seitens Dritter im Hinblick auf die Identität, Berechtigung und Praxis eines Dienstanbieters.

▨ *Profile Request Object*: Ein Datenobjekt, welches an einen User Agent gesendet wird, um Profilattribute zu lesen. Es beinhaltet die Identität des Senders (Dienstanbieter) sowie Informationen über den Kontext, in dem dieses Objekt übertragen wird (z.B. Sitzungsnummer).

▨ *Profile Write Object*: Ein Datenobjekt, welches an einen User Agent gesendet wird, um Profilattribute zu schreiben.

▨ *Terms of Exchange*: Ein Text, der die beabsichtigte Verwendung der Profildaten beschreibt. Beispiel: »Der Betreiber des XYZ-Shops wird die Profilinformation nutzen, um eine bessere Personalisierung der XYZ-Portalseite zu erreichen.«

Folgende Parteien und Rollen sind dabei im Szenario der Profilherausgabe und -nutzung beteiligt:

▨ *Endbenutzer*: Individuelle Benutzer, die ihre Profilinformation verwalten.

▨ *User Agents*: Software auf der Client-Seite, mit deren Hilfe Profile durch den Endbenutzer verwaltet, mit Dienstanbietern verhandelt und durch Leser oder Schreiber zugegriffen werden. Der User Agent abstrahiert von der Komplexität des konkreten Profils, um damit seine Verwaltung zu vereinfachen.

▨ *Dienstanbieter*: Profil-Leser oder -Schreiber, z.B. Web-Anbieter, die personalisierte Nachrichten, Börseninformationen etc. zusammenstellen.

▨ *Profil-Leser*: Eine Partei (Dienstanbieter), die auf einen Teil des Profils zugreifen will und im Gegenzug einen Dienst anbietet.

■ *Profil-Schreiber*: Eine Partei, die Profilinformation hinzufügt oder modifiziert.

■ *Section Authority*: Ein Profil-Leser, der spezielle Rechte zur Vergabe von Zugriffsberechtigungen für eine Sektion durch andere besitzt.

■ *Access Providers*: Die Partei, die physikalischen Zugang zum Profil bietet. Dies kann der lokale Rechner des Benutzers sein oder auch ein Profilmanagementsystem seitens eines Online-Dienstes.

■ *Certificate Authorities*: Vertrauenswürdige Dritte, die die Authentizität eines Benutzers (Profil-Leser oder -Schreiber) anhand von Zertifikaten zusichern.

■ *Auditors*: Vertrauenswürdige Dritte, welche die Praktiken eines Profil-Lesers oder -Schreibers verifizieren und dies durch entsprechende Zertifikate bescheinigen.

OPS-Nutzung in Verbindung mit HTTP

Lesen und Schreiben von Profilelementen

Profilübertragungen finden via HTTP im Wesentlichen durch zwei Operationen statt: *Profile Write* und *Profile Read*. Ein *Profile Write* fügt den SetProfile-Header, ähnlich dem SetCookie-Header, dem HTTP-Datenstrom hinzu. Empfängt der Browser sowohl ein *Profile Read* (GetProfile-Header) als auch *Profile Write*, wird Letzteres zuerst ausgeführt – eine einfache, aber wirkungsvolle Transaktionssicherung, da das anschließende Profile Read den zuvor beschriebenen Teil des Benutzerprofils verifizieren kann. Würde beim Schreiben von Profilinformationen nur der SetProfile-Header gesendet werden, wäre ungewiss, ob die Information auch tatsächlich beim Anwender gespeichert wurde.

Abb. 13–3
Kommunikation zwischen
Web-Server und Browser

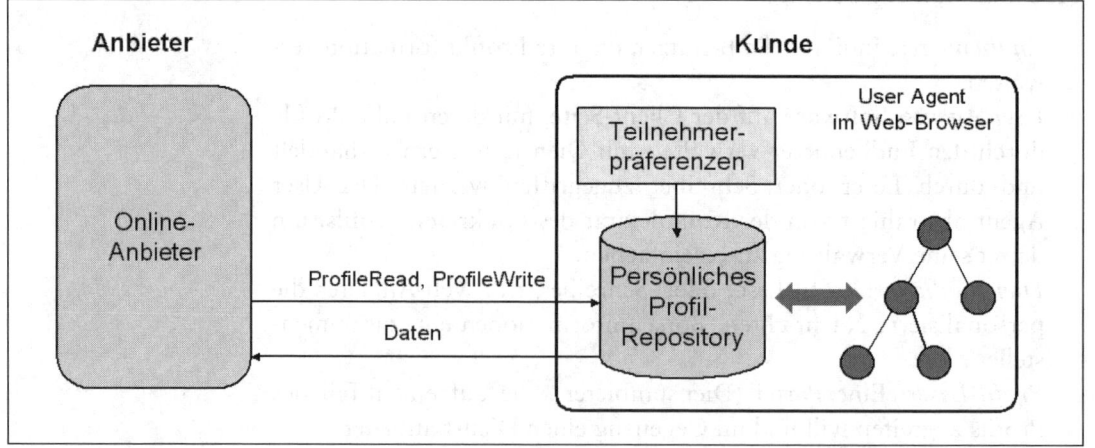

Das *Profile Read* ist im Gegensatz zum Profile Write ein zweistufiger Prozess: Zunächst muss der Server, der dem Client einen GetProfile-Header sendet, genau wissen, welche Profilelemente er erhalten möchte. Bevor die angefragten Daten übermittelt werden, verifiziert der Client den Request und wartet auf das O.K. seitens des Anwenders. Hat er der Übermittlung zugestimmt, prüft auch die Server-Seite die Client-Angaben. Erst jetzt wird die gewünschte Information (etwa eine individuelle Internet-Zeitung) dem Benutzer in Form einer weiteren HTML-Seite zur Verfügung gestellt. Der gesamte Vorgang soll nach der derzeitigen Spezifikation unter Zuhilfenahme des SSL-Protokolls (Secure Socket Layer) erfolgen, das Kennwörter oder auch persönliche Informationen gesichert über das Netz transportiert.

Der Zugriff auf Profildaten erfolgt in geschützter Form

Der angestrebte Standard wird sicherlich dazu beitragen, das Internet für kommerzielle Zwecke attraktiver zu gestalten. Anbieter können individualisierte Kundenbeziehungen über das Internet pflegen. Die Einbeziehung etablierter Internet-Standards wie HTTP, SSL oder auch digitaler Zertifikate erlaubt die Nutzung vorhandener Verfahren.

Derzeitige Mechanismen zur Benutzerauthentifizierung durch Cookies könnten durch das OPS-System ersetzt werden. Dennoch verschwinden Cookies vermutlich nicht vollständig – insbesondere bei Ad-hoc-Zugriffen, wie sie bei Online-Malls üblich sind. Diese stellen heute die Grundlage zur Zustandsverwaltung von Sitzungen dar, z.B. für virtuelle Einkaufswagen.

OPS-Beispielprofil

Der Open Profiling Standard definiert ein Profil als hierarchisierte Ansammlung von Attributen mit Name/Wert-Paaren, die in Sektionen und Subsektionen organisiert sind. So genannte Top-Level-Sektionen gehören keiner anderen an. Alle darin enthaltenen Informationen, die nur für eine definierte Domain bestimmt sind, sind Benutzern anderer Sektionen nicht zugänglich. So könnte etwa die Sektion <Demographic> im Beispiel unten so gesperrt werden, dass die Verwalter anderer Domänen wie z.B. <Contact> kein Zugriffsrecht besitzen.

Eine Ausnahmeregelung kann der Benutzer jedoch explizit vorsehen. Die Profildaten sind durch einen MIME-Container repräsentiert, der dem MIME-Typ text/directory entspricht. Andere Kodierungsformate, die beispielsweise durch individuelle OPS-fähige Applikationen genutzt werden könnten, sollten allerdings mindestens OPS-kompatibel zum so genannten vCard-Encoding sein. Microsoft hat darüber hinaus im Rahmen der OPS-Standardisierung unter anderem ein Austauschformat auf Basis einer XML-Instanz festgelegt. Demnach könnte ein Profil beispielsweise folgende Gestalt haben:

```
<?XML version=¹1.0¹?>
<PersonalData>
    <Contact>
        <UserID>Merz4711</UserID>
        <Email>merz@ponton-consulting.de</Email>
        <CommonName>Michael Merz</CommonName>
        <GivenName>Michael</GivenName>
        <FamilyName>Merz</FamilyName>
        <Address>
            <Line1>Internetweg 2</Line1>
            <City>Hamburg</City>
            <State>HH</State>
            <PostalCode>22765</PostalCode>
            <Country>Germany</Country>
        </Address>
    </Contact>
    <Demographic>
        <Birthday>19640318</Birthday>
        <Gender>M</Gender>
        <LevelOfEducation>14</LevelOfEducation>
    </Demographic>
    <Payment>
        <Method>eCash</Method>
        <Currency>DM-DeutscheBank</Currency>
        <WalletVersion>0.8</WalletVersion >
    </Payment>
    <OrgData>
        <School>Einstein Gymnasium</School>
        <Grade>8</Grade>
    </OrgData>
</PersonalData>
```

13.5.3   P3P – Platform for Privacy Preferences Project

P3P (*Platform for Privacy Preferences Project*) ist eine Standardisierungsbemühung, die dem einheitlichen Umgang mit Profilinformationen dient und vom World Wide Web Consortium (W3C) durchgeführt wird (siehe *www.w3.org/p3p*). Erste Standards der P3P-Gruppe wurden im Jahr 2000 verabschiedet. Eine weite Verbreitung des Standards ist jedoch nicht vor dem Jahr 2002 zu erwarten. P3P wird zum Teil in den aktuellsten Browser-Generationen von Netscape und Microsoft eingesetzt. Dabei wird sich dieser Einsatz wahrscheinlich noch nicht auf alle Bereiche erstrecken, die vom P3P-Standard abgedeckt werden.

Für Aufgaben des Datenaustauschs (insb. für Profile und deren Verhandlungsprotokolle) wird XML als Repräsentation der Protokolldateneinheiten verwendet. Die P3P-Familie setzt sich aus verschiedenen Teilstandards zusammen, die zur vollständigen, einheitlichen Aushandlung von Profildaten und Verarbeitungspraktiken erforderlich sind:

P3P und Microsofts Passport – zwei Seiten einer Medaille

- *P3P-Syntax-Spezifikation.* Hier wird die Dokumententypdefinition für Dateneinheiten, die bei einer P3P-Verhandlung ausgetauscht werden, festgelegt.
- Einheitliches *Vokabular* für Profile und Datenschutzpraktiken (*Harmonized Vocabulary*). Um sich in einheitlicher Weise über Datenschutzfragen zu verständigen, sind verschiedene Bedeutungen zu standardisieren. Dazu zählen z.B. die Daten, die der Online-Dienst verarbeitet, sowie die Maßnahmen, die er aufgrund der Daten ergreift.
- *Festlegung von Verhandlungsprotokollen.* Hierbei wird die Abfolge von Dateneinheiten festgelegt sowie ihre Bedeutung im Zusammenhang mit einer Konversation zwischen Client und Server.
- *APPEL* (A P3P Preference Exchange Language). Eine Regel oder Menge von Regeln für Präferenzen, die ein Benutzer mit Hilfe seines User Agent definiert, um seine Interessen gegenüber Servern zu formulieren.
- *XML* (Extended Markup Language) und *XML-Namensräume* (siehe Kapitel 7).

P3P dient zur Unterstützung von vertrauensvollen und informierten Online-Interaktionen zwischen Dienstanbietern und -nachfragern. Ziel von P3P ist es, WWW-Benutzer auf der Client- und Server-Seite zu befähigen, Präferenzen hinsichtlich ihrer Datenschutzvorstellungen auszutauschen und Einigung darüber zu erzielen. Teilnehmer werden damit in Kenntnis gesetzt, welche Datenschutzpraktiken auf der Server-Seite zum Einsatz kommen.

Die Aufgabe dieser Technologie besteht darin, Teilnehmern Gewissheit bezüglich der Weiterverarbeitung privater Daten zu geben, sie Einfluss auf diese Verfahren nehmen zu lassen und somit den gesetzlichen Regulierungsbestrebungen gerecht zu werden, ohne gleichzeitig die Verwertung von Profildaten vollständig zu unterbinden.

Ferner wird das Web-Angebot dann nicht nur hinsichtlich inhaltlicher und ökonomischer Aspekte transparenter, sondern auch hinsichtlich der Verarbeitung persönlicher Daten. Eine Kopplung dieser Aspekte kann dabei durchaus auftreten, indem etwa ein Dienst seinen

Kunden Rabatte einräumt, wenn sie ihm mehr Daten zur Verfügung stellen oder ihm erlauben, diese Daten auch an Dritte weiterzugeben.

Überblick

P3P ist ein Verhandlungsprotokoll

P3P wurde entwickelt, um *WWW-Benutzer* und *Dienstanbieter* bei der Einigung auf das Profiling zu unterstützen. Dazu wurde ein Protokoll definiert, welches in seiner einfachsten Form aus einem *Angebot* (Proposal) und einer *Annahme* (Acceptance) besteht, die als HTTP-Nachricht eine *Einigung* (Agreement) beinhaltet. Im Rahmen der P3P-Aktivitäten werden zurzeit Variationen dieses Basisprotokolls entwickelt, um den beteiligten Softwarekomponenten mehr Möglichkeiten zur Aushandlung von Profilen zu geben.

Haben sich Benutzer und Dienstanbieter auf ein Verfahren geeinigt, werden die betreffenden Informationen unter der entsprechenden Agreement-ID gespeichert. Der Ort der Speicherung kann bei den beteiligten Parteien, aber auch bei einem vertrauenswürdigen Dritten liegen.

Ein Angebot bezieht sich auf einen *Bereich* (Realm), für den die erklärten Praktiken gelten werden. Dieser Bereich ist üblicherweise die Website des Anbieters und wird durch einen oder mehrere URIs identifiziert. Das Angebot besteht aus Erklärungen, welche Daten gesammelt werden, dem Zweck dieser Sammlung, mit wem die Daten ausgetauscht und ob die Daten auf eine bestimmte Weise genutzt werden. Zusätzlich kann das Angebot weitere Informationen enthalten wie

- einen *elektronischen Notar* (Assuring Party), der die korrekte Verarbeitung der Daten zertifiziert, oder
- Informationen über das Verfügbarmachen bzw. Zurückhalten von Daten gegenüber dem Kunden (*Disclosures*).

Um den Benutzer vom »manuellen« Aushandeln der Datenschutzpraktiken zu entlasten, werden Agenten (*User Agents*) eingesetzt. Diese lassen sich über eine grafische Benutzerschnittstelle konfigurieren und treten für den Benutzer erst wieder in Erscheinung, wenn es Probleme beim Aushandeln der Praktiken gibt.

Anspruchsvolle P3P-Implementierungen werden *Repositories* unterstützen, in denen Benutzer für individuelle Anbieter entsprechende Konfigurationen ablegen können, d.h. welche Daten an welche Anbieter herausgegeben werden können. Im Repository liegt damit auch die vollständige Profilinformation vor. Wenn eine Einigung erzielt wurde, können die betreffenden Informationen direkt aus dem Repository geladen werden. Gleiches gilt für Dienstanbieter: Auch sie möchten u.U. Daten im Repository des Benutzers ablegen. Dabei entspricht das Repository der Funktion der Cookie-Datei, jedoch in für den Benutzer besser kontrollierbarer Weise. Diese Nutzung ist unabhängig von der herausgegebenen Profilinformation: Ein anonymer Benutzer könnte beispielsweise keine persönlichen Daten herausgeben, jedoch dem Anbieter erlauben, persistente Sitzungsinformationen abzulegen, um bei nachfolgenden Verbindungen eine individuelle Umgebung, wie z.B. einen Einkaufskorb, zu rekonstruieren. Auch solche Präferenzen werden im Zuge des P3P-Protokolls zwischen beiden Parteien ausgehandelt. Wenn die P3P-*Trust-Engine* seitens des Kunden der Herausgabe von Daten zustimmt (möglicherweise in Verbindung mit dem Benutzer) und diese Daten auch im Repository vorliegen, werden sie an den Online-Dienst herausgegeben.

Trust Engine

Neben diesen Kommunikationsbeziehungen sieht P3P weitere Vertrauensbeziehungen zwischen den Akteuren vor: Der Online-Dienst lässt sich vom *Rating-Service* (also z.B. *www.truste.com*) die Einhaltung seiner Datenschutz-Policies zertifizieren. Nur dann vertraut auch der Kunde dem Anbieter, wenn für ihn erkennbar ist, dass eine entsprechende Vertrauensbeziehung besteht. Eine solche Zertifizierung kann heute nur informell dargestellt werden, indem beispielsweise der Online-Dienst das Logo des Rating-Service auf seiner Homepage

Rating Services

Abb. 13–4

Akteure und Software-komponenten beim P3P

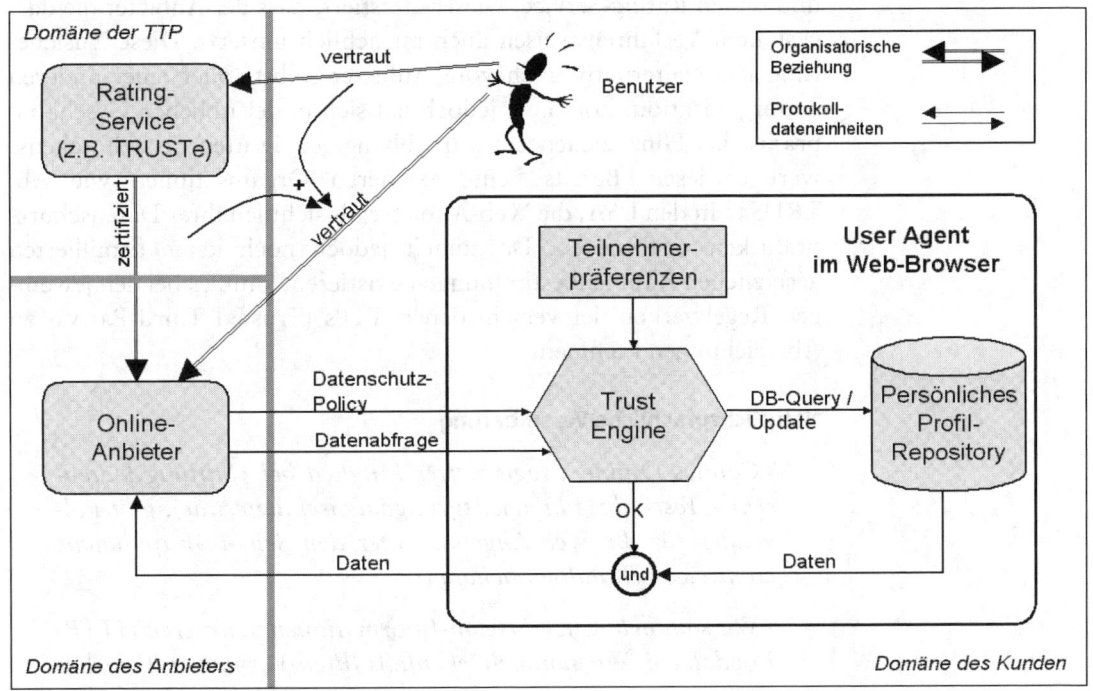

anzeigt. P3P soll nun helfen, insbesondere im Hinblick auf Datenschutzfragen ein solches Zertifikat zu automatisieren.

Abstrakt betrachtet (d.h. auf der Kommunikationsebene), ist P3P ein Protokoll, das es erlaubt, anhand von HTTP strukturierte Daten auszutauschen. Etwas anwendungsnäher (d.h. auf der Repräsentations- bzw. Darstellungsebene) wird *XML* zur Spezifikation der Syntax von Protokolldateneinheiten eingesetzt (mit Hilfe spezieller Datentypdefinitionen für P3P) sowie zur einheitlichen Kennung von Datenelementen in den Protokolldateneinheiten. Eine weitere Ebene höher (Anwendungsebene) finden wir die Festlegung der P3P-*Semantik*. Hierzu ist eine einheitliche Ontologie (Begriffsapparat) erforderlich, um die P3P-spezifischen Konzepte in interoperabler Form zu benennen.

P3P-Syntax und Ontologie

P3P wurde so entworfen, dass Anwendungen auf ganz unterschiedlichen Client-Geräten unterstützt werden können – einschließlich solcher, die nur über beschränkte Speicherkapazität verfügen oder nur schmalbandig kommunizieren können.

Nachfolgend ist ein Beispiel für den Vorschlag einer Datenschutzvereinbarung gemäß dem P3P-Angebot aus Abbildung 13-5 (Seite 553) unten gegeben, der zunächst als natürlichsprachlicher Text und anschließend in P3P-Syntax formuliert ist. Dieser Vorschlag zählt die Datenelemente auf, die der Anbieter zu sammeln gedenkt, und erklärt, wie diese verwendet werden. Er identifiziert außerdem den Anbieter und seinen Rating-Service. Dieser attestiert, dass der Anbieter die dargestellten Verfahrensweisen auch tatsächlich umsetzt. Diese Zusicherung kann alternativ auch vom Anbieter selbst (oder einer anderen Teilorganisation) kommen, jedoch hat sich in der üblichen Geschäftspraxis das Hinzuziehen eines unabhängigen Dritten als wünschenswert erwiesen. Bereits heute existieren Organisationen wie z.B. TRUSTe in den USA, die Web-Anbieter hinsichtlich ihrer Datenschutzpraktiken zertifizieren. Da zurzeit jedoch noch keine detaillierten gesetzlichen Rahmenbestimmungen existieren, kann es bei den jeweiligen Regelwerken der verschiedenen TTPs (Trusted Third Partys) zu Abweichungen kommen.

Natürlichsprachliche Vereinbarung

»Comics Online«, registriertes Mitglied bei »Stiftung DatenschutzTest« (http://www.stiftungdatenschutztest.de), gibt Folgendes für ihr Web-Angebot unter den Seiten »http://www. comics.com/Katalog« bekannt:

» Wir sammeln Click-Stream-Informationen in unseren HTTP-Logdateien. Wir sammeln ebenfalls Ihren Vornamen, Ihr Alter

und Geschlecht, um unser Web-Angebot speziell für Sie aufbe-
reiten zu können. Außerdem verwenden wir diese Information
für unsere interne Marktforschung und Produktentwicklung.
Wir benutzen diese Daten nur in anonymer, nicht personali-
sierter Form. Wir geben diese Daten nicht kommerziell oder
aus anderen Gründen an Dritte weiter. Niemandem außerhalb
unseres Unternehmens wird Einsichtnahme in die Profil-
information geboten, auch Ihnen nicht. Es bestehen jedoch
Möglichkeiten der Einspruchnahme, die Sie unserer Daten-
schutzinformation unter http://www.comics.com/PrivacyPrac-
tise.html entnehmen können.«

Dass ein solcher Text aus einer Liste von Stichworten automatisch
generiert werden kann, zeigt das Beispiel eines P3P-Proposal-Genera-
tors, der von AT&T entwickelt wurde.[2] Im Folgenden ist ein solcher
Output in XML wiedergegeben:

P3P-Version

```
<PROP realm="http://www.comics.com/Katalog "
      entity="Katalog" agreeID="38f28d2d24a77"
      assurance="http://www.stiftungdatenschutztest.de">
   <USES>
      <STATEMENT purpose="1" recipient="0" id="0">
         <REF name="Web.Abstract.ClientClickStream"/>
      </STATEMENT>
   </USES>

   <USES>
      <STATEMENTpurpose="2,3" recipient="0" id="0"
              consequence="Ein URL-Angebot, das Ihnen gefällt">
         <WITH>
            <PREFIX name="User.">
               <REF name="Name.First"/>
               <REF name="Bdate.Year" OPTIONAL="1"/>
               <REF name="Gender"/>
            </PREFIX>
         </WITH>
      </STATEMENT>
   </USES>

   <DISCLOSURE discURI="http://www.comics.com/PrivacyPractice.html"
               access="3" other="0,1"/>
</PROP>
```

2. Die Software kann von der Adresse *http://www.research.att.com/projects/*
   p3p/ geladen werden.

Anhand dieses Beispiels kann man erkennen, welche Merkmale einen P3P-Vorschlag ausmachen:

▪ Zunächst werden Profilinformationen standardisiert, damit jeder Server und jeder Browser in der Welt ihre Inhalte »verstehen«. Zu diesem Zweck ist im Beispiel das hierarchische Schema zu erkennen, das der Profilinformation zugrunde liegt. »Name« setzt sich aus »First« und »Last« zusammen, Web-Server-Profile werden unterteilt nach »Abstract« (anonyme Daten), die als Bestandteil wieder Click-Streams – also die Spur von Page-Impressions beim Server – enthalten können.

▪ Ferner wird über das Element <USES> deklariert, welche Informationen (<WITH>) für welche Zwecke verwendet werden (Attribut »purpose«). Hier lässt sich auf extrem feiner Ebene die Verarbeitung von Profilinformation beschreiben und aushandeln.

▪ Schließlich dienen Referenzen auf weitere Webseiten als Hinweis zum Datenschutzverfahren bzw. zu einer Trusted Third Party der weiteren Information des Benutzers. Die TTP wird als vertrauenssichernde Maßnahme genannt, da davon ausgegangen wird, dass der Kunde dem Anbieter eher traut, wenn eine solche Instanz die Einhaltung von Datenschutzrichtlinien überwacht.

P3P-Datenkategorien

Beim P3P werden folgende Kategorien von Daten unterschieden:

▪ *Physical Contact Information.* Informationen, die es erlauben, eine Person in der physischen Welt zu kontaktieren – also Telefonnummern, Adressen etc.

▪ *Online Contact Information.* Informationen, die es erlauben, eine Person online zu kontaktieren, also vor allem die E-Mail-Adresse. Diese Information ist zumeist unabhängig vom verwendeten Computer, siehe Computer Information.

▪ *Unique Identifiers.* Nichtfinanzielle Informationen, um eine Person eindeutig zu identifizieren, also Personalausweisnummer oder Homepage.

▪ *Financial Account Identifiers.* Identifikatoren, die eine Person mit einem bestimmten Zahlungsinstrument wie Kreditkarte oder Lastschriftverfahren (Kontonummer) in Zusammenhang bringen.

▪ *Computer Information.* Information über den Rechner, mit dem eine Person auf das Netz zugreift, z.B. IP-Adresse, Domäne, Typ des Browsers oder des Betriebssystems.

- *Navigation and Click-Stream Data.* Daten, die passiv beim Blättern im Web-Angebot anfallen – also Page-Impressions, Visits, Sitzungsdauer etc.
- *Transaction Data.* Transaktionsdaten, die aktiv vom Benutzer generiert wurden und zu einer expliziten Interaktion zwischen Anbieter und Benutzer führen. Dies sind Suchanfragen, Käufe oder das Einloggen als autorisierter Benutzer.
- *Demographic and Socio-economic Data.* Hierzu zählen Geschlecht, Alter und Einkommen.
- *Preference Data.* Individuelle Vorlieben des Benutzers, z.B. bevorzugte Farbpaletten oder der Musikgeschmack.
- *Content.* Inhalte, die eine Person austauscht, also E-Mails, Chat- oder News-Beiträge.

Einigung erzielen

Die Idee des P3P-Agreements geht weit über eine »klassische« Vereinbarung per Fax oder schriftlicher Korrespondenz hinaus: Agreements binden vereinbarte Daten des Benutzers an Datenschutzpraktiken des Anbieters und ordnen diese wiederum individuellen URIs (Uniform Resource Identifiers) zu. Ein Agreement wird immer vom Anbieter vorgeschlagen und vom Teilnehmer abgelehnt, bestätigt oder in modifizierter Form als Gegenvorschlag zurückgeliefert. Es enthält Informationen zur Identifizierung des Anbieters und sollte alle relevanten Datenelemente zur Spezifikation der Verarbeitung privater Daten umfassen. Wenn ein Anbieter Daten des Teilnehmers sammelt, muss er dies über das Agreement mitteilen.

Proposals sind auf der Basis des Datenmodells des RDF-Standards (Resource Description Framework) kodiert. RDF erlaubt dabei, Metainformationen zu Web-Ressourcen – also auch zu Online-Diensten – in XML-Dokumente einzubetten. Der P3P-Standard ist dabei eine RDF-Anwendung, welche die Syntax eines P3P-Proposal festlegt – also z.B. die *Struktur* des oben gezeigten Proposals. Ein zusätzlicher Standard der P3P-Familie, das *Harmonized Vocabulary*, ist wiederum ein XML/RDF-Schema, welches spezifische Ausdrücke und Konstanten festlegt, die konform sind zur P3P-Grammatik.

Keine Einigung ohne standardisierte Vokabulare

Beispielsweise legt die P3P-Grammatik fest, dass der Zweck benannt ist, zu dem Daten gesammelt werden. Das Vokabular hingegen definiert die zulässigen Ausprägungen als Liste von sechs spezifischen Zwecken. Diese »purposes« im oben gezeigten Beispiel beziehen sich beispielsweise auf die Verwendung des Namens und Alters zu Zwecken der Marktforschung und Produktentwicklung. Neben dem

Standard des »Harmonized Vocabulary« besteht die Möglichkeit, P3P für individuelle Vokabulare einzusetzen, die dann natürlich nicht mehr konform zum P3P-Standard sein können und damit auch nicht von standardkonformer P3P-Software verarbeitet werden können.

Für national unterschiedliche Gesetzgebungen und Regulierungen kann das Vokabular jedoch erweitert werden. Dabei kommen die Möglichkeit des XML-Namensraums zur Geltung, mit deren Hilfe XML-Dokumententypdefinitionen (so auch die eines P3P-Statements) dynamisch erweitert werden können.

Kommunikation

P3P-Interaktionen beginnen üblicherweise, wenn ein Browser eine Webseite des Anbieters abrufen will. Als Antwort sendet der Server ein P3P-Proposal. Der User Agent des Browsers vergleicht nun das Proposal mit den Präferenzen des Teilnehmers. Bei Inkonsistenzen zwischen diesen Daten hängt das weitere Vorgehen von der Konfiguration des User Agent ab: Er kann diesen Sachverhalt durch ein Dialogfenster dem Benutzer melden, die Kommunikation abbrechen (durch das Senden eines »Reject«) oder einen oder mehrere Gegenvorschläge machen. Auch weiterführende Erklärungen der Konsequenzen einer Sammlung von Benutzerdaten können vom Betreiber an den Benutzer gesendet werden, um den Hintergrund der Datensammlung näher zu erläutern.

Agreements als elektronische Verträge
Akzeptiert der Benutzer (oder sein Agent) das Proposal, sendet er einen elektronischen Fingerabdruck (d.h. einen Hash-Wert) an den Betreiber zurück. Diese Information heißt Agreement-ID. Steht genügend lokaler Speicher zur Verfügung, können Agreements auf der Client-Seite abgelegt werden mit der Agreement-ID als Hash-Wert.

Wurde Einigung erzielt, sendet der User Agent alle erforderlichen bzw. vereinbarten Daten an den Server. Diese können entweder aus dem Repository des Benutzers oder über die Benutzerschnittstelle erlangt werden. Natürlich können auch Agreements erzielt werden, bei denen überhaupt keine Daten herausgegeben werden müssen.

Nachdem eine Sitzung beendet wurde, kann die bereits existierende Agreement-ID für spätere Sitzungen wiederverwendet werden. Dadurch wird erstens bekannt, dass bereits eine frühere Sitzung unter einem bestimmten Agreement stattgefunden hat, zweitens wird nochmals festgelegt, unter welchen Datenschutzvorgaben diese Sitzung durchgeführt wird und drittens werden dadurch automatisch jene Datenelemente nachgefragt, deren Agreements festgelegt wurden. Darauf kann der User Agent mit einer direkten Antwort reagieren (Übergabe der Datenelemente) oder erneut den »vollen Wortlaut« des Agreements anfordern, wenn beispielsweise kein Repository zur Ablage von Agreements zur Verfügung stand.

Es sollte noch darauf hingewiesen werden, dass User Agents in unterschiedlicher Form zur Verfügung stehen können. Sie können als fester Bestandteil des Web-Browsers, als Plug-in, als Proxy-Server oder auf der Seite eines ISPs realisiert sein. Sie können sich damit auf dem Rechner des Teilnehmers oder eines Servers befinden. Schließlich können sie mit oder ohne Repository implementiert sein. In jedem Fall agieren sie jedoch allein im Auftrage des Teilnehmers.

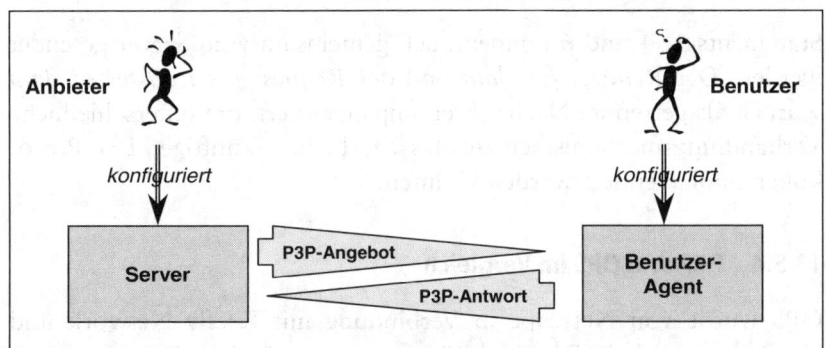

Abb. 13–5
Verhandlungsprotokoll von P3P

P3P-Statements und -Requests

Es gibt acht verschiedene Typen für Statements und Requests, die über P3P abgewickelt werden können. Die Form dieser Dateneinheiten wurde erst kürzlich standardisiert:

1. *Request for data* – Ein Server fragt Daten vom User Agent ab.
2. *Request for practice.* Ein User Agent eröffnet eine Kommunikation, indem er Praktiken des Servers abfragt.
3. *Request for preferences.* Ein Server (Suchmaschine oder vertrauenswürdiger Proxy) fragt Präferenzinformationen des User Agent ab.
4. *Transfer of practice.* Mit dieser Dateneinheit überträgt der Server eine Erklärung, welche die Datenschutzpraktiken des Servers bezüglich spezieller Datenelemente des Benutzers erläutert. Im Rahmen des P3P-Vokabulars wird die Bedeutung dieser Statements standardisiert.
5. *Transfer of preferences.* Als Antwort auf die vorherige Erklärung, kann der User Agent seine Präferenzen an einen vertrauenswürdigen Mittler übertragen.

6. *Request for transfer of data.* Hiermit fragt der Server konkrete Daten beim User Agent ab. Diese Nachricht kann mit dem »Transfer-of-Practise«-Statement kombiniert sein.

7. *Agreement.* Diese Nachricht sendet der User Agent an den Server, wenn er mit dessen Erklärung einverstanden ist, d.h., wenn es zu keinem Konflikt beim Matching der beiden Policies kam. Anderenfalls kann die Antwort auch eine vorläufige oder endgültige Ablehnung sein, je nachdem, ob der User Agent eine Verhandlung zulässt oder nicht.

8. *Transfer der Daten.* Dies kann in Verbindung mit dem »Agreement«-Statement erfolgen.

Statements 1, 4 und 6 können auch gemeinsam vom Server gesendet werden. Der *Request for data* und der *Request for transfer of data* wurden als getrennte Nachrichten implementiert, um unterschiedliche Verhandlungsmechanismen zuzulassen, die in zukünftigen P3P-Protokollen implementiert werden könnten.

13.5.4   P3P und OPS im Vergleich

OPS wurde von Netscape in Verbindung mit Firefly Network und VeriSign entwickelt. Es erlaubt Benutzern, persönliche Daten auf dem PC zu speichern und über ihre Herausgabe individuell nach Web-Anbietern zu entscheiden. Das Profil kann sich aus Namen, Adresse, Geschlecht, Familienstand, Telefonnummer, E-Mail-Adresse, persönlichen Hobbys, Produktkategorien etc. zusammensetzen.

Datenschutz- und Verbraucherschutzorganisationen geht diese Maßnahme jedoch noch nicht weit genug, da sie nur die Anwenderseite adressiert: Über Verarbeitungspraktiken des Anbieters wird bei der Festlegung der freizugebenden Daten nichts ausgesagt. Gerade diese Information ist jedoch für den Kunden relevant, wenn er Verfahrensregeln definieren will, die zu den unterschiedlichen Verarbeitungspraktiken die »passende« Freigabepraktik festlegt.

Als Folge dieser Inflexibilität wurde die Gefahr gesehen, dass Kunden aus Bequemlichkeit eher mehr als weniger Information preisgeben, um Konflikte mit angebotenen und nachgefragten Profilen zu vermeiden. Dies erlaubt Web-Anbietern, die Freigabe von Profilinformationen – z.B. zur Registrierung – abzufordern. Benutzer können sich zwar weigern, jedoch müssen sie dann in Kauf nehmen, sämtliche Daten selbst einzugeben.

Der OPS-Standard wird bereits von mehr als 100 Technologie-Unternehmen unterstützt. Die Verwendung von OPS entspricht der

US-Politik, Datenschutzfragen der Industrie in Form freiwilliger Selbstregulierung zu überlassen.

In ähnlicher Weise arbeitet P3P, nur dass Anbieter hier ihre Praktiken offen legen müssen. Dabei wird das Vokabular zur Festlegung von Verarbeitungs- und Weiterleitungsmöglichkeiten einheitlich standardisiert. Jedoch besteht damit noch keine Handhabe, die erklärten Praktiken auch tatsächlich umzusetzen. Beide Verfahren beruhen heute noch auf einer freiwilligen Selbstkontrolle auf der Anbieterseite. P3P strebt an, durch Verbraucherschutzorganisationen Schablonen entwickeln zu lassen, die als Konfiguration vom Benutzer übernommen werden können.

Freiwillige Selbstkontrolle der Anbieter

P3P ist dabei eine Standardisierungsbestrebung, die auf die regulatorischen Bedingungen der USA abzielt. Es ist damit ein sehr liberaler Ansatz, um Datenschutz-Policies zu beschreiben und einzuhalten. Grundsätzlich wird in den USA fast jede Information frei gehandelt, die im Rahmen geschäftlicher Transaktionen anfällt. Ob sich daher US-Online-Anbieter mit der Verwendung von P3P anfreunden, ist bereits fraglich, da dies einen Rückschritt bedeuten kann. Ob sie darüber hinaus auch die deklarierten Verfahrensweisen einhalten, ist noch fraglicher. Ein bekannt gewordenes Beispiel ist Microsoft, das sich von TRUSTe seine Datenschutz-Policies hat zertifizieren lassen. Im Frühjahr 1999 ist jedoch aufgedeckt worden, dass Informationen über Benutzer und deren PCs im Rahmen der Installation von Windows 98 sowie als Bestandteil von Office-Dokumenten verdeckt vorliegen und prinzipiell online ausgewertet werden können [CT0399]. Damit standen die offiziell bekundete und die tatsächlich praktizierte Datenschutz-Policy im Widerspruch. Auch für TRUSTe kann eine solche Aufdeckung zum Vertrauensverlust seitens der Benutzer führen.

In Europa wurde hingegen der Ansatz eines verordneten Mindeststandards für den Datenschutz gewählt (EU-Richtlinie 95/46/EG). Hierbei ist wiederum fraglich, inwieweit sich P3P an die hiesige Umgebung anpassen lässt. Im Idealfall sollte es über das Ersetzen des *Harmonized Vocabulary* erfolgen können. Zu befürchten ist jedoch, dass weitere europäische Anforderungen, wie z.B. die Bestimmung eines Datenschutzbeauftragten beim Online-Anbieter und die Einhaltung seiner Aufgaben, nicht direkt durch aktuelle P3P-Standards unterstützt werden können. Hier besteht also noch viel Raum zur weiteren Entwicklung passender Technologie. Grundsätzlich kann man sich jedoch vorstellen, dass sich ein Standard wie P3P aufgrund der restriktiveren Anforderungen in Europa eher durchsetzen könnte. *Wenn* nämlich ein Benutzer einwilligt, können seine Daten auch gehandelt werden – genau diesen Prozess hilft P3P zu legalisieren und erheblich zu beschleunigen, wie wir im nächsten Kapitel sehen werden.

P3P und die Datenschutz-Gesetzgebung

Microsofts Passport als
»missbrauchtes P3P«?

Berüchtigt ist seit Sommer 2001 Microsofts *Passport-Technologie:* Er ist ebenfalls Bestandteil neuerer Versionen von MS Windows (früher bekannt als das MS-Wallet, u.a. für SET-Zahlungen). Ähnlich der P3P-Technologie werden Profildaten des Kunden verwaltet. Bei P3P wird jedoch angenommen, dass sich die Profildatenbank in der Vertrauensdomäne des Kunden befindet und nicht bei einem Dritten. Mit Hilfe von Passport ist Microsoft daher in der Lage, Profilinformationen aller Windows-Nutzer zu verwalten, welche die Passport-Funktion aktiviert haben. Trotz des Versprechens, diese Information nicht zu missbrauchen, kann jedoch ein böswilliger Mitarbeiter mit den nötigen Rechten auf diese sensiblen Daten zugreifen. Die Software basiert übrigens auf der gleichnamigen Software, die bis 1998 vom Unternehmen Firefly entwickelt wurde, einem MIT-Start-up, das sich schon sehr früh mit der Verwaltung von Profilinformationen auf der Basis von OPS beschäftigte.

Atomisierung und »Blur«

Aus der Perspektive des Electronic Commerce ist es besonders interessant festzustellen, dass auch im Datenschutzbereich die anfangs erwähnten »Blur-Effekte« der Rollenumkehr, der Atomisierung und der Standardisierung eintreten: Kunden werden Verkäufer persönlicher Daten (gegen Rabatte), kleinste Einheiten werden handelbar und durch die Vereinheitlichung wird die automatische Verarbeitung von Benutzerdaten gleichzeitig noch attraktiver für die Anbieter.

Warum soll man also einem Monopolisten dieses Geschäft überlassen? Kann man nicht Technologien schaffen, die es erlauben, den Nutzen aus dem Profilhandel gerecht zwischen Profileigentümer und -verwerter aufzuteilen?

13.6 Profilmanagement mit COCUS

Das Hamburger Softwareunternehmen COCUS (»Company for Customers«) war der erste europäische Anbieter von Personalisierungsdiensten. Mit dem Softwaremodul COCUS eRM (electronic Relationship Management) und dem Teilnehmer-Portal *www.iFAY.com* bietet COCUS ein Internet-basiertes Kundenbindungs- und -gewinnungsinstrument an. Die Geschäftsfelder von COCUS sind dabei vielfältig:

Transparenter Adressenhandel im Internet

Online-Fragebögen für
Profildaten

Normalerweise haftet dem Adressenhandel der Ruch des Datenmissbrauchs an – wir alle bekommen wöchentlich Post an unsere Privatadresse von Unternehmen, denen wir niemals unsere Anschrift mitgeteilt haben. Der Ansatz von COCUS ist hier anders und damit auch kon-

form zum Datenschutzgesetz: Ein Konsument trägt seine Profilinforma-
tion in die Datenbank des Unternehmens ein und behält jederzeit
Zugriff darauf. »Daten« können einfache Profile sein wie Adressen,
Alter etc., aber auch Fragebögen, die online ausgefüllt werden. Deren
Themengebiete sind sehr viel spezieller, beispielsweise zu Themen wie
»Fußball«, »Reisen« oder zum Konsumverhalten. Für das Ausfüllen
der Online-Fragebögen erhält der Teilnehmer Geld – je nach Bedeutung
der Daten kann der Betrag zwischen 1 und ca. 10 Euro liegen.

Mit der Zeit füllt sich also die Datenbank mit immer mehr Profilen *Handel mit Profildaten*
und Details – zurzeit sind es über 30.000. Das Interessante am Geschäftsmodell ist jedoch die Nutzung der Netzwerkökonomie: Was einen Reise-
veranstalter interessiert, kann auch für den Betreiber einer Kino-Kette
interessant sein, z.B. wie Jugendliche ihre Freizeit verbringen. Also ist der
nächste Schritt in der Profil-Wertschöpfungskette die Aggregation oder
Selektion von Profildaten. Interessante Zusammenhänge lassen sich
sowohl durch Data-Warehousing-Systeme als auch durch Systeme wie
Suchmaschinen oder Kategorisierern entdecken und zu »Clustern«
zusammenfassen. Einen solchen Cluster (Häufung zusammenhängender
Daten) bietet COCUS im nächsten Schritt seinen Geschäftskunden an,
die z.B. in Form von Auktionen diese Daten erwerben können.

Die Konformität mit dem Datenschutz entsteht durch die Einbe- *Datenschutzkonformität*
ziehung der Teilnehmer: Zum einen sind sie immer über die Empfänger
ihrer Daten informiert (dies fordert das Datenschutzgesetz), zum anderen sind sie auch finanziell beteiligt, und zwar in Höhe von einem Drittel des Umsatzes. Auch wenn dies nur ein paar Euro sind, so kann sich
der Umsatz je nach Bedeutung im Laufe eines Jahres deutlich erhöhen.

COCUS als Anbieter von Personalisierungsdiensten

Wenn Profildaten bei COCUS erfasst sind, lassen sich weitere
Geschäftsmodelle anschließen. Ein interessantes ist die Anonymisie-
rung von Kunden bei der Nutzung von Portalen und Online-Shops:
Hier wird jedem Kunden eine ID zugeordnet, die er anstelle seines
Namens bei der Nutzung eines Portals eingibt. Der Portalbetreiber
kann aus dieser ID nicht auf die Identität des Kunden schließen, da sie
nur zwischen COCUS und dem Kunden vereinbart wurde. Unter Nutzung der ID kann das Portal jedoch Profildaten von COCUS abrufen
und das Web-Angebot personalisieren.

Hosting/Vertrieb der eRM-Software

In diesem Geschäftsmodell nutzt der Geschäftskunde die eRM-Software von COCUS. Dies kann zeitlich befristet im Zuge von Online-Kampagnen erfolgen oder über eine langfristige Geschäftsbeziehung.

iFAY ist die »Internet-Fee«   Die COCUS AG ist seit Ende April 2000 über die Online-Marke *www.iFAY.com* aktiv. In diesem *iFAY Consumer Center* lassen sich Konsumenten registrieren, die Fragen zu Interessenmerkmalen beantworten und diese Antworten im transparenten und von ihnen autorisierten Datenhandel zur Verfügung stellen. Insgesamt verfügt das Consumer Center derzeit (März 2001) über ein handelbares Profilmerkmalsvolumen von mehreren Mio. Ausprägungen in über dreißigtausend Online-Profilen. Dieses Volumen bildet die Basis für den Personalisierungsservice. Registrierte Unternehmen haben die Möglichkeit, eine Nutzungslizenz an diesen Benutzerprofilen zu erwerben.

Im Folgenden schauen wir uns die Funktion der COCUS eRM-Software genauer an.

13.6.1   Ein ASP-Lösung zur Personalisierung

Das Produkt COCUS eRM ist eine Personalisierungssoftware, die Geschäftskunden als ASP-Anwendung mieten können. Der Einsatzbereich liegt in der proaktiven Personalisierung mit dem Ziel der Neukundengewinnung.

COCUS eRM verbindet dazu Profildaten (wie z.B. Hobbys, soziodemographische Daten, berufliche Interessen etc.) in einem intelligenten Matching-System mit den Eigenschaften von den Produkten eines Online-Shops. Das Ergebnis dieses Systems ist ein »Profilschlüssel« für Konsumenten, der entsprechend den Kerbungen eines Schlüssels den Code eines Interessenprofils enthält.

Dieser digitale Schlüssel kann vom Endkunden zu einem »1-Click-Personalize«-Shopping verwendet werden: Der Konsument loggt sich dazu mit seinem Profilschlüssel auf einer Portalseite ein und bekommt die Inhalte angezeigt, die seinem Interessenprofil entsprechen.

Durch die gemeinsame Nutzung des gleichen Schlüssels für mehrere Branchen bzw. Geschäftskunden besteht nun die Möglichkeit zu einem »personalisierten Cross-Selling«, da sich Profile vom ersten Besuch an auswerten lassen. Ein Geschäftspartner braucht dazu lediglich das Gegenstück zum Profilschlüssel (quasi ein »Schlüsselloch«) auf seiner Homepage installieren, so dass nach dem Einloggen auf die Profildaten zurückgegriffen werden kann.

Ein Profil ist dabei – ähnlich dem P3P-Profil – hierarchisch organisiert, so dass man zwischen einem allgemeinen Teil an der Wurzel
(Adresse, Geschlecht, Alter, Einkommen etc.) und vertikalen Spezialisierungen unterscheiden kann. Diese Daten lassen sich für ähnlich spezialisierte Anbieter individuell freigeben.

Abb. 13–6
Der Profilschlüssel zum
Kunden

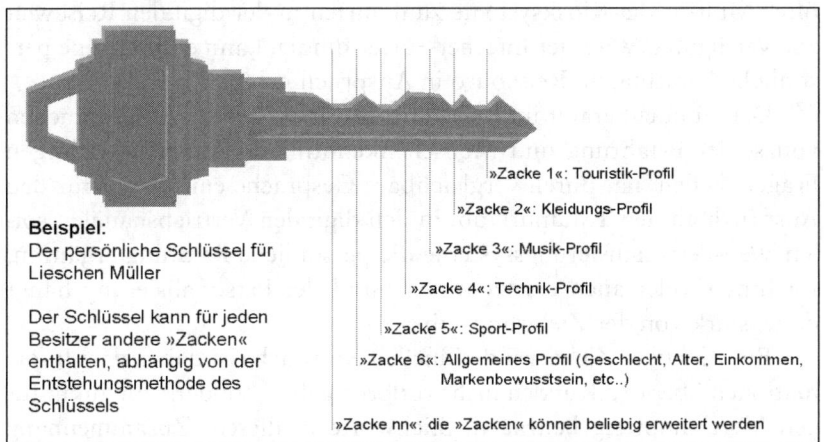

Schließlich ist noch eine mehrdimensionale Matrix erforderlich, um Produkte anhand von Scoring-Werten zuzuordnen. Im Ergebnis führt dies
zu einer präziseren Trefferquote bei Produktempfehlungen, ohne dass
der Anbieter das Profil selbst erstellen muss. Alle Anbieter teilen sich
also den Erstellungsaufwand für öffentliche Profile und nutzen sie individuell. Dieses Verfahren wird auch *Profile Sharing* genannt. Öffentliche
und geschützte private Bereiche des Schlüssels garantieren den einzelnen
Unternehmen einen sicheren Umgang mit den spezifischen Informationen. Den »Generalschlüssel« besitzt jedoch nur der Verbraucher.

Abb. 13–7
Der Profilschlüssel und
seine Interessenten

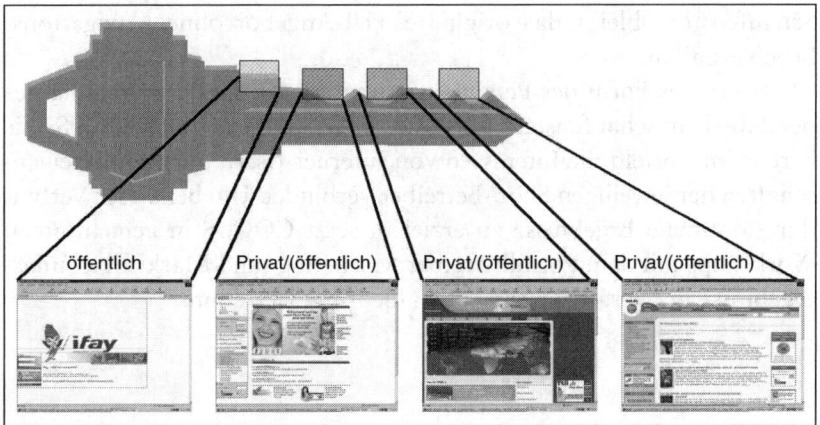

13.6.2   Eine Fallstudie zur Personalisierung: TUI.de

Die Touristikbranche ist eine der weltweiten Wachstumsmärkte im B2C-Commerce. Das Angebot reicht von virtuellen Spaziergängen in den angebotenen Hotels bis zu kompletten Reise-TVs mit integriertem Internet-Angebot. Selbst bei den stationären Reisebüros stehen immer öfter Multimedia-Kiosksysteme zum Surfen in der digitalen Reisewelt zur Verfügung. Wird der Internet-Surfer fündig, kann er dann eine persönliche Beratung im Reisebüro in Anspruch nehmen.

Der Kundenberater im Reisebüro profitiert bei seinen Gesprächen von seiner Erfahrung und Menschenkenntnis. Er kann die richtigen Fragen stellen, hat durch vergleichbare Gespräche ein Gespür für den Anspruch an den Traumurlaub. In den digitalen Vertriebskanälen sollen Web-Personalisierungssysteme die persönliche Beratung ergänzen, fortführen oder auch ersetzen. Der Grad der Personalisierung hängt dabei stark von der Zielgruppe ab.

Ein wichtiges Ziel der individuellen Ansprache ist dabei, dass Informationen über den Kunden nicht verloren gehen, sondern zur zukünftigen Wertschöpfung beitragen. Stichworte in diesem Zusammenhang sind Data Mining und zentrale Datenbanken für Kundenprofile.

Für den Online-Shop der TUI wird daher die eRM-Software von COCUS eingesetzt. Im Unterschied zu den bisherigen *reaktiven* Personalisierungssystemen, die nur auf dem Unternehmen bereits bekannte Teilnehmerinformationen aufsetzen, bringt beim *proaktiven* Personalisierungssystem der Internet-User sein persönliches Profil beim Betreten der Homepage gleich mit.

Besucher von TUI.de, die zuvor am Registrierungsprozess teilgenommen haben, erhalten dadurch bereits beim erstmaligen Betreten der virtuellen Reiseplattform ein individuelles, auf ihre persönlichen Interessen zugeschnittenes Angebot. Neben diesem »persönlichen Schaufenster« bleibt das originäre TUI-Angebot ohne Navigationsbruch erhalten.

Bei dieser Form der Personalisierung erfolgt die Bereitstellung des persönlichen Schaufensters über die eRM-Software von COCUS, die bereits im Vorfeld die Interessen von Internet-Usern mit Produkteigenschaften der jeweiligen Shop-Betreiber verbindet. Um bei dieser Verbindung optimale Ergebnisse zu erzielen, setzt COCUS in gemeinsamen Workshops mit dem Portalbetreiber Marketing- und Marktforschungsergebnisse in operative Kennzahlen (Scoring-Werte) um.

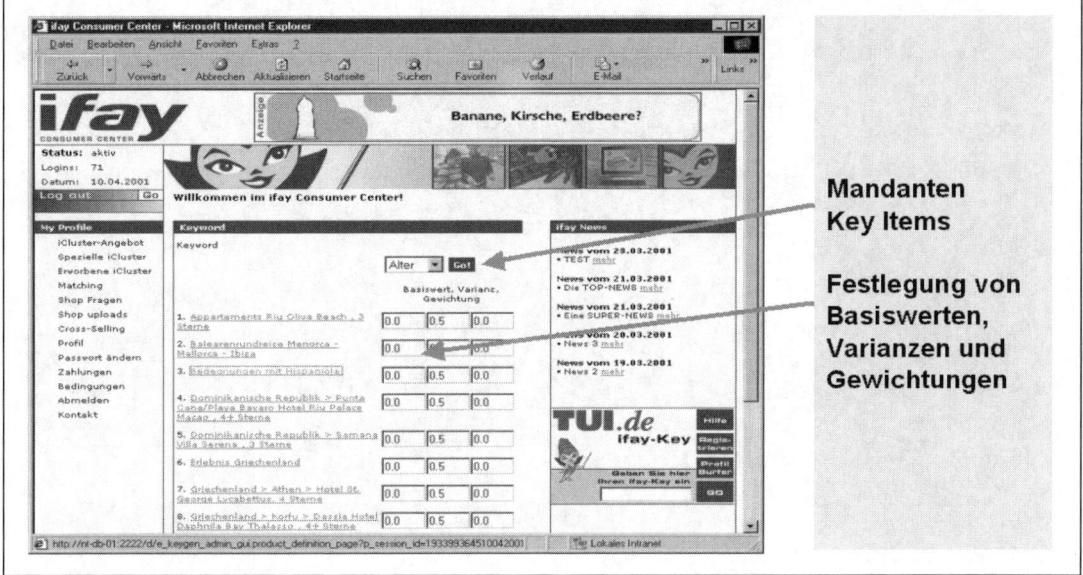

Mandanten Key Items

Festlegung von Basiswerten, Varianzen und Gewichtungen

Ein erster Test der Ergebnisse erfolgt dann über Bewertungs- und Feedback-Panels mit einer ausgewählten Zielgruppe von Internet-Usern, die ebenfalls vom ASP-Dienstleister zur Verfügung gestellt werden.

Die Abfrage spezieller Interessen zukünftiger TUI-Kunden übernimmt COCUS für die nachfolgend exklusive Nutzung durch die TUI. Die integrative Nutzung von Click-Stream-Analysen garantiert einen stets aktuellen Abgleich von expliziten Interessen und tatsächlichem Navigationsverhalten.

Im Rahmen der Personalisierung und individuellen Ansprache stellt sich für TUI.de nicht die Frage der Wahl zwischen proaktiver oder reaktiver Personalisierung, sondern nach einer sinnvollen Verzahnung beider Methoden.

Abb. 13–8
Feedback-Panel mit Scoring-Werten

14 Vom Shop zum Verkaufsnetzwerk

14.1 Meinungs- und Wissensportale

Keine einzelne Person kann mehr das Wissen dieser Welt vermitteln bzw. sich eine Meinung dazu bilden. Umgekehrt war es lange Zeit schwierig, im Internet zu ausgewählten Themen die Meinung anderer einzuholen. Entweder waren diese nicht über Suchmaschinen erreichbar (wonach soll man auch suchen, wenn man eine Expertise und keinen Marketing-Flyer finden will!) oder so sehr auf Newsgroups, Maillisten und .org-Sites verteilt, dass der Aufwand des Stöberns ebenfalls zu hoch war.

Meinungsportale bieten hier eine Lösung, die Güter »Wissen«, »Geld« und »Zeit« auf einander abzustimmen: Sie unterscheiden mindestens drei Rollen:

Die Ökonomie des Wissens

- Der *Experte* »verkauft« sein Wissen und erhält dafür in erster Linie Reputation, aber auch Geld. Sein Beitrag kann eine kurze Produktbeurteilung oder auch das Moderieren eines Forums sein. Der Begriff »Experte« wird hier natürlich nicht weiter hinterfragt – es kann schließlich jeder seine Meinung äußern. Wichtig ist also für ein Meinungsportal, die wahren Experten zu ermitteln und »im Boot« zu behalten und die vermeintlichen als solche zu kennzeichnen. Auch hier ist eine eigene Vertrauensökonomie erforderlich, die in unterschiedlicher Weise erreicht werden kann.
- Der *Teilnehmer* fragt Wissen ab, weil er sich beispielsweise eine Digitalkamera kaufen will oder einen Finanzier für seine Start-up-Idee sucht. Er bezahlt mit Aufmerksamkeit und gewinnt eine Reduzierung des Suchaufwands.
- Der *Betreiber* moderiert diese beiden Rollen, indem er den strukturellen Rahmen eines Informationsportals bietet. Er verdient zum einen an Werbe- und Affiliate-Partnern, zum anderen aber auch an der Nutzung seines Portals durch kommerzielle Kunden. Was

Cisco noch in eigener Regie entwickelte, lässt sich heute als Dienstleistung einkaufen, nämlich die Moderation und der technische Betrieb eines Kundenforums. Der Betreiber tritt auch als Regulator der Informationsökonomie auf, d.h., er definiert die Spielregeln, nach denen die Teilnehmer miteinander umgehen.

▨ *Werbe- und Affiliate-Kunden* stellen eine der Umsatzquellen des Betreibers dar. Wichtiger noch ist aber sicherlich die genannte Kooperation mit *Partnerunternehmen*, die Teile der Portalsoftware und -organisation für ihre Zwecke einkaufen.

Abb. 14–1
Informations- und Geldströme beim Meinungsportal

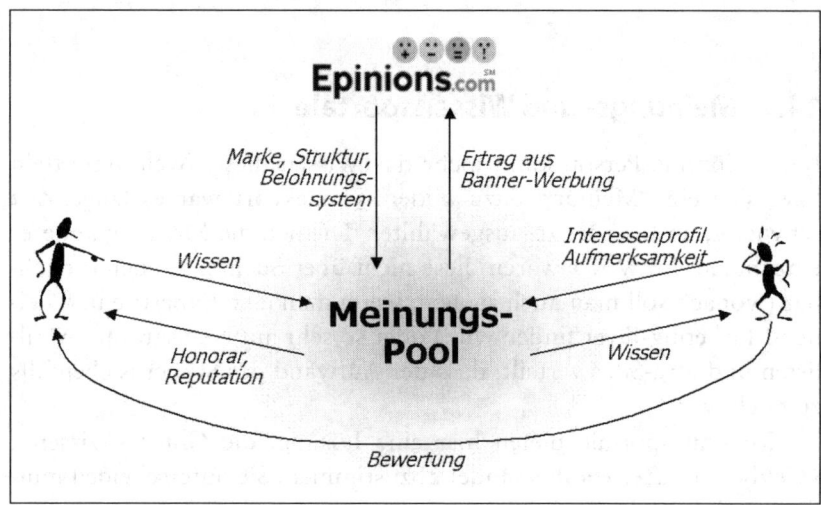

Wie kann man Experten von Scharlatanen unterscheiden?

Im Internet finden sich eine Reihe nationaler und internationaler Meinungsportale: Epinions ist der US-Vorreiter, während in Deutschland hauptsächliche Ciao, ClickFish und DooYoo zu finden sind. Die Grundstruktur ist bei allen sehr ähnlich: Über einen Themenkatalog gelangt man zu Wissensgebieten, die Foren mit Beiträgen der Experten enthalten. Eine solche Diskussion erfolgt durch das Einstellen von Bewertungen, Erfahrungen, Tipps oder anderen »Knowledge-Pieces«. Diese werden von anderen bewertet, befürwortet, kritisiert, korrigiert und verfeinert. Auch solche Entgegnungen lassen sich umgekehrt wieder bewerten – also zunächst ein ganz normales News-Forum. Die Besonderheit liegt in den angewendeten Vertrauensmechanismen: Wie werden Experten ausgewählt? Wie lassen sich Experten von »Scharlatanen« isolieren? Und wie lässt sich dieser Prozess automatisieren?

Sicherheit und Vertrauen

Kulturgeschichtlich haben sich Eigenschaften, Verhaltensweisen und Normen herausgebildet, die in der »Brick & Mortar-Gesellschaft« der letzten Jahrhunderte Vertrauen schufen: Eloquenz, persönlicher

Auftritt, Kleidung, Titel, Zugehörigkeit zu Zünften und Verbänden, Zertifikate von vertrauenswürdigen Dritten etc.

Online ist dies nur in der »wasserdichten Wirtschaft« möglich: Elektronische Zertifikate, Einsatz von Signaturen, Attribut-Zertifikate etc. würden jedoch jedes Portal bereits im Keim ersticken. Es bleibt also nur die Möglichkeit, neben einer Vorabprüfung, wie sie z.B. ClickFish im Hinblick auf Fachwissen und journalistische Kompetenz durchführt, a posteriori Expertisen nach ihrer Qualität zu bewerten. Im Falle der Meinungsportale hat sich hier in wenigen Monaten eine Ökonomie entwickelt, deren Spielregeln vom jeweiligen Betreiber definiert wurden. Bis auf seltene Ausnahmen führt dieser Mechanismus zu einer Verselbstständigung der inhaltlichen Aktivitäten, so dass die Betreiber sich im Extremfall auf den technischen Betrieb des Portals zurückziehen können. Geld wird im Wesentlichen »verbrannt«, um im Wettbewerb um den Teilnehmer sichtbarer zu sein und mehr Teilnehmer sowie Page-Impressions anzuziehen als die Konkurrenz.

ClickFish ...

Die »Gesetze der Meinungswirtschaft« sehen bei den unterschiedlichen Portalen folgendermaßen aus:

- *DooYoo* überwacht die Einstellung von Meinungsbeiträgen. Akzeptierte Meinungen werden mit WebMiles honoriert (1 WebMile enspricht ca. 0,03 Euro). Dieser Betrag wird auf einem Web-Miles-Konto gutgeschrieben. Die Registrierung verschafft einem neuen Teilnehmer 15 WebMiles. Eine veröffentlichte Meinung erhöht das Konto um 2 WebMiles. Wenn die Meinung von anderen gelesen wird, erhält der Experte jeweils eine WebMile. Geworbene Freunde schlagen jeweils mit 15 WebMiles zu Buche und deren publizierte Meinungen liefern dem Werbenden jeweils 2 WebMiles. Als besonders wertvoll erachtete Meinungen (hierzu gibt es ein Ranking auf der Basis von Bonuspunkten) werden mit weiteren 100 WebMiles honoriert. Schließlich werden journalistisch besonders wertvolle Meinungen von der Redaktion gesondert prämiert. Andere Teilnehmer bewerten die Meinung im Spektrum von »sehr hilfreich« bis »nicht hilfreich«. DooYoo konnte im Dezember 2000 580.000 Mitglieder, 1,75 Mio. Beiträge, 600.000 Produktinformationen und 30 Mio. Page-Impressions aufweisen.

DooYoo ...

- Das Geben und Nehmen bei *Ciao* ist sehr ähnlich: Als Währung wird die DM verwendet. Dabei unterscheidet Ciao verschiedene Kategorien, in denen 2, 4 oder 6 Pfennig pro Lesezugriff gutgeschrieben werden. Ein monatlicher Betrag von 25.000 DM wird an die Autoren der besten Beiträge ausgeschüttet. Ähnlich wie bei ClickFish kann ein Teilnehmer bei Ciao auch eine aktive Rolle

und Ciao

übernehmen, indem er Produktanalysen durchführt, Produktproben anfordert etc. Das Werben von Freunden wird ebenfalls honoriert mit 1 DM pro Person und 50% seines »Umsatzes« im ersten halben Jahr. Insbesondere forciert dies ein Schneeballsystem zum Freundewerben. Mitglieder können untereinander ihr Vertrauen ausdrücken, was auch für die Öffentlichkeit sichtbar ist. Damit lassen sich ganze Vertrauensnetze verfolgen. Dieses System wurde im Wesentlichen vom US-Original Epinions übernommen. Ciao verfügte Anfang 2001 über 550.000 Mitglieder, die über 2 Mio. Meinungen publizierten. Diese wiederum beziehen sich auf über 200.000 Produkte. Ciao konnte im Januar 2001 ebenfalls 30 Mio. Page-Impressions verzeichnen.

Guter Rat ist teuer, aber...

Im Vergleich sind beide Portale also im Anreizsystem sehr ähnlich gestaltet. Es lässt sich allerdings auch erkennen, dass sich das »Wissen« der Beitragenden vor allem auf Erfahrungswissen beschränkt: Welche Mängel hat die Digitalkamera ABC des Herstellers XYZ? In welcher Finca kann man auf Mallorca übernachten? Zu wie viel Prozent konnte ein Hypothekenkredit abgeschlossen werden? Schwieriger wird es bei Fragen, bei denen wirkliches Expertenwissen erforderlich ist: Verstößt ein Portal gegen das Datenschutzgesetz? Welche EJB-Plattform eignet sich am besten für ein Portalprojekt? Etc.

...»fast«-Expertenwissen ist heute kostenlos

Interessant ist also auch hier eine gewisse »Wissens-Commoditization«: Wissen, das aufgrund von Erfahrung erworben werden kann, steht der Menschheit binnen Sekunden und hochtransparent zur Verfügung. Nur die ersten hundert Finca-Empfehler werden noch wahrgenommen, alle weiteren, welche die gleiche Finca empfehlen, sinken bereits in ihrer Signifikanz. Schließlich verliert der Tipp beim Tausendsten, der die Finca »Son Net« empfiehlt, vollständig an Wert. Wissensportale leben also besonders von »volatilen Wissensmärkten«, bei denen sich der Gegenstand mit hoher Rate ändert (Clubs, Videokameras, Computerspiele etc.). Im Bereich der komplex spezifizierbaren Wissengüter wie juristischen Expertisen, IT-Architekturen oder Unternehmensberatung ist jedoch häufig ein hoher Personalisierungsaufwand erforderlich, der über das Medium »Wissensportal« kaum geleistet werden kann.

14.2 Zertifizierer, Treuhänder, Vertrauensspender ...

Seitdem Online-Shop-Betreiber einmal vergaßen, Ware zu liefern, die bereits bezahlt wurde, bzw. nicht liefern konnten oder in mangelhafter Qualität, hat sich das Thema »Vertrauen im Internet« zu einem konkreten Geschäftsmodell entwickelt. Wie auch in anderen Bereichen der »New Economy« entstanden nur wenige professionelle Vertrauensspender vor dem Jahr 2000: Beispielsweise TRUSTe als Zertifizierer von Datenschutzmaßnahmen oder verschiedene TÜVs in Deutschland, die zu dieser Zeit noch keine Online-Marke entwickelt hatten. Ein weiteres Unternehmen aus dem Jahre 1999 war ClickSure, das einen äußerst umfangreichen Katalog von Qualitätsmerkmalen entwickelt hat. Die Sparkasse Pfullendorf betreibt ebenfalls seit 1999 das Treuhänderprotokoll S-ITT. Im Laufe des Jahres 2000 kamen dann immer weitere Zertifizierer hinzu, teilweise mit ganz unterschiedlicher Herkunft und unterschiedlichem Geschäftsmodell.

Vertrauenswürdige Dritte, Vierte und Fünfte

Im Folgenden wollen wir nur einen kurzen Blick auf einige dieser vertrauenswürdigen Dritten, Vierten, Fünften etc. werfen.

Shop.de

Mit zunehmender Anzahl an Shops verliert der Online-Markt an Transparenz. Analog zur Suchmaschine als »Neuer Intermediär« bilden sich Online-Shopping-Führer heraus, die über ihr eigenes Katalogsystem Referenzen auf Shops verwalten. *www.shop.de* ist mit über 15.000 Einträgen das bekannteste Beispiel für solche Mehrwertdienste. Neben der reinen Sammlung von Referenzen wird die nächste Stufe in der Bewertung von Shops nach Qualitätsmerkmalen liegen. Shop.de erlaubt dabei die Bewertung des Shops nach einem Pauschalkriterium mit den Ausprägungen 1 (sehr gut) bis 5 (mangelhaft).

Schulnoten für Online-Shops

BizRate

In den USA sind solche Rating-Services bereits heute schon Realität (siehe z.B. *www.bizrate.com*) und werden kontinuierlich verbessert. Ähnlich wie bei Amazon Kunden angeregt werden, Rezensionen zu einem Produkt beizutragen, verwaltet BizRate Erfahrungsberichte von Shopping-Kunden. Dabei werden Rating-Kategorien vorgeschlagen, nach denen der Kunde den Shop bewertet. Als Resultat generiert BizRate eine Top-Ten-Liste sowie zu jedem Anbieter eine ausführliche Darstellung von Liefermodalitäten, Zahlungsbedingungen, Datenschutz-Policies usw. Insgesamt sind dies zehn Qualitätsattribute:

Schulnoten in zehn Kategorien

- Preis
- Umfang des Produktangebots
- Produktinformationen
- Produktauswahl
- Gestaltung des Web-Angebots
- Navigation im Web
- Rückgabemöglichkeiten
- Auslieferung bzw. Qualität des Fulfilment
- Beratung der Kunden
- Kundenbindung

Das Geschäftsmodell von BizRate beruht übrigens nicht auf Werbeeinnahmen durch das Schalten von Banner, sondern wird von *Binary Compass Enterprise* betrieben, einem Unternehmen, das ein Verfahren zur Messung der Kundenzufriedenheit im Internet entwickelt hat und entsprechende Analysen durchführt. Zur Zertifizierung der Qualität von Online-Shops finden sich in Kapitel 15 weitere Beispiele und Geschäftsmodelle.

S-ITT – Das Treuhänderprotokoll der Sparkasse Pfullendorf

Das Online-Auktionshaus Ricardo.de nimmt traditionell die Rolle des Mittlers ein, der einen Geschäftsabschluss zwischen Dritten fördert. Seine Funktion endet jedoch vor der Abwicklung der Zahlung bzw. der Lieferung zwischen den Parteien. Stellen Sie sich vor, jemand hat ein Fahrrad bei einer Auktion für 300 Euro ersteigert und zweifelt, ob er per Vorkasse zahlen sollte – der Verkäufer ist ihm ja gänzlich unbekannt! Gleiches gilt jedoch auch für den Verkäufer: Er mag sein Fahrrad ebenfalls nicht hergeben, bevor die Zahlung eingegangen ist.

Die Lösung liegt in der Einbindung eines Treuhänders: Die Sparkasse nimmt dazu die Zahlung vom Käufer entgegen und meldet dies dem Verkäufer. Dieser ist nun an der Reihe, das Fahrrad an den Kunden zu liefern. Wenn es in dem vereinbarten Zustand eingetroffen ist, meldet der Käufer dies dem Treuhänder, so dass letzterer schließlich den Betrag an den Verkäufer auszahlen kann. Dieses Verfahren entspricht genau den Prozeduren der Kaufabwicklung unter Nutzung eines Notar-Anderkontos beim Immobilienkauf.

Gegenseitiger Schutz der Transaktionsparteien

In diesem Fall schützt der Treuhänder die Transaktionspartner gegenseitig. Dies ist besonders beim C2C-Commerce erforderlich, da keiner der beiden Zugriff auf Informations- oder Scoring-Dienste hat (wie z.B. Schufa-Anfragen über den Transaktionspartner).

Die Nutzung von S-ITT kostet den Käufer 1% des Transaktionsvolumens. Geht man davon aus, dass dieses bei Online-Auktionen im

C2C-Bereich nur bei durchschnittlich einigen hundert Euro liegt, bleibt der Sparkasse nur wenig Umsatz. Obwohl sich der Prozess für den Normalfall vollständig automatisieren lässt, ist doch zu vermuten, dass Ausnahmefälle so viel Aufwand verursachen, dass das Verfahren wahrscheinlich bei 1% Gebühr für die Sparkasse nicht rentabel ist.

TrustedShops

Der Gerling-Konzern ist seit Anfang 2000 mit einem Service auf dem Markt, der Online-Shops zertifiziert und Kunden gegen Restrisiken bei diesem Shop absichert. Dabei führt das Versicherungsunternehmen eine ausführliche Untersuchung von Shop und Betreiber durch, indem diese gegen einen Katalog von Qualitätskriterien geprüft werden. Werden diese Kriterien eingehalten, erhält der Shop das Siegel »Trusted-Shop«. In der Dreiecksbeziehung »Kunde – Shop – Versicherung« fließen dabei folgende Werte: Der Kunde vertraut der Versicherung, die einen guten Ruf zu verlieren hat. Diese sichert die Risiken des Kunden ab (Untergang des Shops oder der Lieferung). Die Versicherung vertraut dem Shop, da sie sich selbst vergewissert hat, dass das Restrisiko gering genug ist, um den Kunden abzusichern. Der Shop-Betreiber bezahlt dafür Geld. Schließlich wickeln Kunde und Shop die üblichen Transaktionen ab.

Absicherung des Lieferrisikos

Wenn die Werte »Sicherheit des Shops« und »Zahlungsbetrag« zwischen Shop und Versicherer zu weit auseinander klaffen, wird das Geschäft nicht zustande kommen. Die Bereitschaft, dass sich die Versicherung finanziell selbst bestraft, wenn sie das Risiko des Shops falsch einschätzt, lässt die gesamte Wertkonstellation als tragfähig erscheinen. Diese Abschätzung des Risikoträgers ist letztlich das Grundgeschäft eines Versicherers, da sich noch nicht allzu viele Versicherungen in diesem Geschäft tummeln, können wir also sicherlich noch weitere Anbieter auf diesem Markt erwarten.

Eine vollständige Liste aller Trusted Shops ist beim Anbieter unter *www.trustedshops.de* zu finden. Beispiele sind Max Bahr Baumärkte, Beate Uhse, BOL, Buch.de, whiskyworld.de oder der ZDF-Shop.

TÜVs & Co.

Die Technischen Überwachungsvereine, Stiftung Warentest und Verbraucherzentralen haben in den letzten Jahren das Geschäftsfeld, Vertrauen zu Verkaufen, ebenfalls für sich entdeckt. Hier steht die Neutralität der Marke im Vordergrund. Der Käufer muss sich darauf verlassen können, dass die Bewertung durch diese Institutionen das Restrisiko auf ein erträgliches Maß minimiert. Er erhält im Gegensatz zum Versicherungsmodell jedoch keine Ersatzleistung, wenn der Shop nicht oder nicht rechtzeitig liefern kann. Beispiele für TÜV-Siegel kann man unter *www.tuv-dataprotect.com* bzw. *www.tuv-secure-it.com* finden. Das Unternehmen kooperiert im Übrigen mit dem Gerling-Konzern bei der Vergabe von Qualitätssiegeln. Die Nordrheinwestfälische Verbraucherzentrale kann unter *www.vz-nrw.de* gefunden werden.

ClickSure

Lobenswerter Ansatz – aber schon pleite!

Schließlich sind weitere Zertifizierer als Start-ups entstanden und wieder vergangen, die einerseits erheblich schneller als »Brick & Mortar«-Institute dieses Feld betraten, andererseits letztlich am Sterben der Online-Shops und Portale wieder zugrunde gingen: Bereits Ende 1999 entwickelte das Unternehmen ClickSure seinen »Standard« – einen Katalog von über 100 Kriterien, die Betreiber von Online-Shops zu erfüllen haben. Ähnlich der ISO9000-Zertifizierung besuchen Gutachter von ClickSure den Shop und überprüfen Unternehmensdaten und Richtlinien der täglichen Arbeit. Im April 2001 war ClickSure jedoch wie viele seiner Kunden ebenfalls insolvent.

The Standard

Stellvertretend, auch für die vorgenannten Zertifizierer, sind im Folgenden einige Teile des »Standards« von ClickSure übersetzt. Die Hauptkriterien (»Principles«) sind dabei neun Schwerpunkte, die ihrerseits etliche Detailfragen enthalten können.

Der ClickSure-»Standard«

1. *Rechtlicher und finanzieller Status*: Registrierung bei einer lokalen Behörde, physische Adresse des Unternehmens, Bewertung durch eine finanzielle Rating-Agentur.
2. *Online-Information über das Unternehmen und seine Arbeitsweise.* Online- und postalische Kontaktinformation, vollständige Produktinformation einschließlich Rabatte, Lieferbedingungen, Steuern etc., Garantien und Gewährleistungen, AGBs, detaillierte Beschreibungen von Regeln und Prozessen bei Auktionen, Gruppenkäufen und ähnlichen Verfahren, vertragliche Bindungen zwischen Shop-Betreiber und Kunde bzw. zwischen Dritten und dem Kunden. Verfahren für den Fall der Rückgabe, einseitiger Vertragskündigung oder von Qualitätsmängeln.
3. *Transaktions-Management.* Austausch vollständiger Informationen mit dem Kunden, Plausibilitätsprüfung der eingegebenen Daten, Beschreibung von Prozeduren für den Fall, dass Waren nicht auf Lager sind, Prozessdefinitionen für die Lieferung und Entgegennahme von Rücksendungen etc.

---

4. *Persönliche Daten.* Welche Kundendaten werden gesammelt? Für welche Zwecke? Welche Daten werden an Dritte weitergegeben? Rechte der Benutzer, die Daten einzusehen oder zu ändern, Einsatz von Cookies mit Erläuterung etc.

5. *Datenschutz.* Persönliche Daten der Benutzer müssen in gesonderter Weise vor unberechtigtem Zugriff geschützt sein. Dies gilt auch für Auftragnehmer des Betreibers, diese dürfen nur die Daten erhalten, die zur Abwicklung ihres Geschäfts erforderlich sind, etc.

6. *Sicherheit.* Klare Zuweisung der Verantwortlichkeit für die Datensicherheit, Einsatz der erforderlichen technischen Instrumente wie Firewall, Viren-Checker, Zugangskontrolle, Authentifikation, Backup-Prozesse, Redundanz technischer Einrichtungen, Nutzung von Verschlüsselungsverfahren wie SSL, verwendete Schlüssellänge, gesicherter Umgang mit Zahlungsinformationen etc.

7. *Geschäftspraktiken.* Berücksichtigung regulatorischer Auflagen sowie eigener Qualitätsstandards des Unternehmens, Einhaltung ethischer Standards, Verzicht auf unerwünschte Werbe-E-Mails, besondere Berücksichtigung von Kindern bei der Gestaltung von Inhalten, Überwachung von Community-Prozessen etc.

8. *Qualitätsnachweise.* Das Shop-Unternehmen muss die vom »Standard« nachgefragten Prozesse und Daten auch dem Kunden gegenüber zugänglich machen, Praktiken und Prozeduren sind zu dokumentieren, etc.

9. *Beschwerde-Management.* Verfahren zur Bearbeitung von Beschwerden, Antwortverhalten, Durchführung von Verbesserungsmaßnahmen, Kunden-Feedback etc.

Übernahme des Kreditrisikos gegen Provision: WireCard

WireCard ist ein Betreiber von Zahlungssystemen für die Abwicklung von Kreditkartentransaktionen. Als vertrauenswürdiger Dritter bietet WireCard vor allem für Shop-Betreiber eine Absicherung gegen Zahlungsausfälle an: Da beim Online-Bezahlen per Kreditkarte nur die Zahlungsfähigkeit des Kunden überprüft wird (Autorisierung), kann es vorkommen, dass diese beim Einzug des Betrags nicht mehr gegeben ist (Konto aufgelöst oder der Kontostand befindet sich am unteren Limit). Dieses Risiko sichern WireCard und ähnliche Anbieter ab, indem zur Absicherung potenzieller Ausfälle eine Gebühr von ca. 1% der Transaktionskosten verlangt wird.

Absicherung des Forderungsrisikos

Geld gegen Vertrauen

Abschließend lassen sich die unterschiedlichen Rollen und Verfahren in der Dreierbeziehung Kunde – vertrauenswürdiger Dritter – Shop untersuchen:

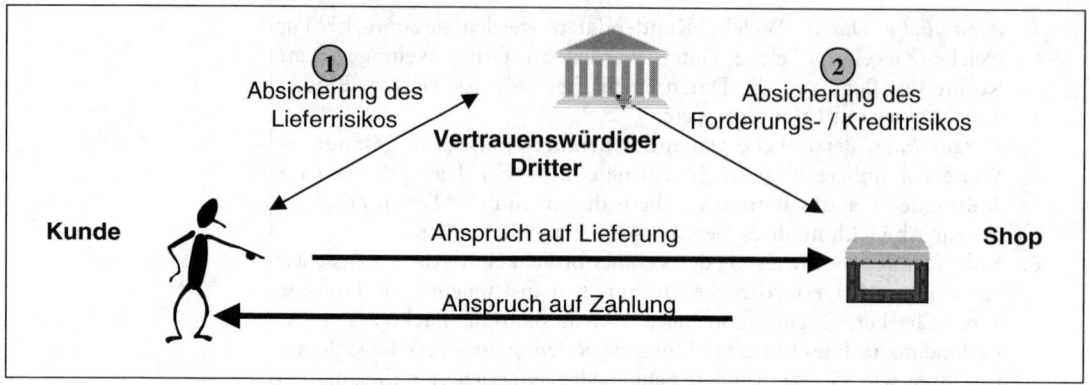

Abb. 14–2
Risikoabsicherung
des vertrauenswürdigen
Dritten

1. **Absicherung des Lieferrisikos**
   Risiko: Händler wird liefer- oder zahlungsunfähig
   Lösung: 1. Zertifizierung des Händlers hinsichtlich der Einhaltung von Qualitätsmerkmalen
   2. Bei Abweichung: Versicherung des Käufers gegen Lieferausfall und Zahlungsunfähigkeit des Händlers

2. **Absicherung des Zahlungsrisikos**
   Risiko: Trotz Bonitätsprüfung wird der Kunde zwischen Autorisierung und Kontenbelastung zahlungsunfähig
   Lösung: Versicherung sichert Ausfallrisiko ab

3. **Absicherung beider Risiken**
   Treuhänderische Koordination von Zahlung und Lieferung
   Risiko: Eine der Parteien erfüllt ihre Leistungsverpflichtung nicht
   Lösung: 1. Endkunde zahlt an S-ITT
   2. Händler liefert an Endkunden
   3. Endkunde prüft Qualität
   4. Wenn O.K. → Positive Nachricht an S-ITT
   5. Auszahlung des Betrags an den Händler

14.3 Andere B2C-Zusatzdienste

Neben den vorher genannten Diensten sind in der letzten Zeit weitere Geschäftsmodelle entstanden, die den Shop-Betreiber vom Zeitpunkt des Vertragsabschlusses an bei der Geschäftsabwicklung unterstützen.

Zentralisierte Koordination beim After-Sales-Support

Ein weiteres interessantes Geschäftsmodell verfolgt die *Tadoro AG* aus Berlin. Grundlage ist die Idee, dass Konsumenten in der Regel Informationen über Geräte, die sie einmal gekauft haben, verlieren und dann nicht mehr herausfinden, wie man beispielsweise den WAP-Zugang des Handys konfiguriert oder den Anrufbeantworter mit einem neuen Text bespricht – ganz abgesehen von Adressen für Reparaturbetriebe oder Vertragshändler in der Nähe.

Tadoro strebt an, diese Dienstleistungen über ein zentrales Betreuungsportal zu koordinieren, so dass Kunden an die erforderlichen Informationen gelangen, die Support-Abteilungen der unterschiedlichen Hersteller entlastet werden und das Unternehmen Tadoro Informationen über Personen und ihre elektronische Ausstattung erlangt. Dies beschränkt sich nicht nur auf den Online-Bereich, auch über ein Call-Center sollen Dienstleistungen für Kunden angeboten werden. Das Unternehmen dient also als »One Face to the Customer« für unterschiedliche Anbieter. Umsätze sollen im Wesentlichen aus Verträgen mit den Herstellern generiert werden. Interessant ist jedoch auch die Gewinnung von Profilinformationen *nach* dem Kauf. Was COCUS also mit der Analyse von Marktdaten *vor* dem Kauf leistet, kann Tadoro danach erfassen.

Outsourcing von Diensten der Abwicklungsphase

Affiliate-Programme

Die Erfahrungen in den USA, Großbritannien und Skandinavien zeigen, dass Vertriebspartnerschaften zu einer deutlichen Steigerung der Einnahmen von kommerziellen Websites führen. Laut Jupiter Communications gingen bereits 1998 in den USA 11 % der Online-Verkaufsgeschäfte aus Partnerprogrammen hervor.

Den meisten Erfolg versprechen hierbei Affiliate-Buttons, die im redaktionellen Bereich von Websites platziert werden. Durch den direkten inhaltlichen Zusammenhang zwischen Text und Produkt lassen sich sehr viel leichter Kunden zum Shop hinführen. Amazon praktiziert dies bereits seit Jahren mit ihrem Affiliate-Programm, das von privaten Homepages bis zu komplexen Portalen alle erdenklichen Teilnehmer als Vertriebskräfte nutzt. Der Affiliate-Partner erhält dabei für

Mehr Kunden gewinnen als mit Bannern

jeden Umsatz, der über ihn generiert wurde, eine Vertriebsprovision. Im Falle von Amazon liegt diese zwischen 5 und 15 Prozent des Nettowarenwerts und wird quartalsweise überwiesen.

Bei Amazon ist die Beziehung zwischen Shop und Vertriebspartnern noch 1:N. Nach diesem Modell müssten jedoch alle Shops ihr eigenes Affiliate-Programm einrichten und verwalten – für kleine und mittlere Shops ein untragbarer Zusatzaufwand. Also war die Online-Ökonomie wieder reif für ein weiteres Geschäftsmodell: Der Betrieb von Affiliate-Netzwerken, bei denen ein Betreiber eine große Zahl an Kunden, Vertriebspartnern und Shop-Betreibern betreut. Den Shop-Betreibern werden dazu Informationen zur Verfügung gestellt, die Affiliate-Links registrieren und bei einem Kauf den Rückschluss auf den Vertriebspartner erlauben, während Vertriebspartner Software zur Einrichtung von Affiliate-Buttons erhalten.

Im Extremfall lässt sich die Infrastruktur seitens der Vertriebspartner und der Shop-Betreiber auf das Modifizieren von Links und HTML-Seiten reduzieren, so dass die gesamte Logik für das Verfolgen von Affiliate-Klicks, die Zuordnung zu Online-Käufen und die Verwaltung und Abrechnung der Konten automatisch erfolgt.

Vom Affiliate-Partner zum Affiliate-Netzwerk

Betreiber solcher Affiliate-Infrastrukturen profitieren also von Effekten der Netzwerkökonomie: Jeweils einem Partner (Shop und Vertrieb) nutzt der Dienst wenig, hier wäre eine direkte Absprache der beiden auf jeden Fall effizienter. Aber tausende von Shops und hunderttausende von Vertriebspartnern, die gemeinsam zu einhundert Millionen Euro Gesamtumsatz führen, lassen dem Betreiber genug Provisionsmarge, um überleben zu können. Das Problem lautet jedoch auch hier wieder »1000:100:10:1«. Schauen Sie mal auf Ihrer Lieblings-Suchmaschine unter »affiliate program«! Ich habe am 7. August 2001 bereits (oder noch?) über zwanzig gefunden. Oder gehen Sie am besten gleich zu *www.webaffiliateprograms.com*, dort finden Sie hunderte! Ein cleverer Teilnehmer hat sich diese Situation also wieder für ein »Meta-Geschäftsmodell« zunutze gemacht. Im Folgenden werden nur zwei Systeme als kleine Auswahl der Affiliate-Programme vorgestellt.

TradeDoubler

TradeDoubler wurde im April 1999 in Stockholm gegründet, arbeitet mit über 300 Unternehmen zusammen und betreibt mit 230.000 Affiliate-Rates das größte europäische Netzwerk von Werbepartnern. Allein in Deutschland hat TradeDoubler bereits über dreißig Shop-Anbieter gewinnen können, unter anderem ClickFish, eBookers und die Sites von Primus Online. Neben Deutschland plant TradeDoubler seinen Service innerhalb der nächsten Monate auf alle europäischen Märkte auszuweiten und wurde für seine Expansion u.a. von Soros Private Equity Partners und Arctic Ventures unterstützt.

Das Unternehmen bietet seinen Kunden eine komplett verwaltete Lösung für Affiliate-Programme an. Dies ist eine leistungsabhängige Marketinglösung (»Affiliate Marketing«), bei der Portalanbieter und Shop-Betreiber nur dann zahlungspflichtig sind, wenn Klicks, Kontakte und/oder Kaufabschlüsse direkt auf die Werbung zurückgeführt werden können. Mit Hilfe der Affiliate-Plattform von TradeDoubler werden die einzelnen Nanosites miteinander verknüpft und auf dem gesamten Netzwerk von TradeDoubler platziert. Die Verwaltung der Werbepartner erfolgt online, so dass jederzeit eine umfassende Statistik eingesehen werden kann.

Provision nur bei Klicks

Unternehmen wie TradeDoubler konzentrieren sich auf die vollständige Verwaltung von der Software, das Hosting, die Abwicklung von Bezahlung bzw. Inkasso, bis zum Support, der Wartung und Berichterstattung über Affiliate-Statistiken. TradeDoubler bietet auch Provisionen an, die den lokalen steuerrechtlichen Bestimmungen entsprechen. Dabei kommen länderspezifische oder pan-europäische Varianten des Systems zum Einsatz. Für den Geschäftspartner entstehen erst Kosten in Form von Transaktionsgebühren, wenn durch Trade Doubler Besucher oder Kaufabschlüsse zustande kamen.

Vitrado

Dieser in München ansässige Betreiber von Affiliate-Netzen konzentriert sich unter anderem auf Hobby-Vertriebler, die nicht nur per Website, sondern auch per E-Mail oder Handy Online-Shops empfehlen. Dabei sind die Grenzen zwischen »Online« und »Offline« fließend: Werbematerial kann auch auf Papier angefordert werden, um es an seine besten Freunde zu verteilen ...

14.4   Syndication als Meta-Geschäftsmodell der Zukunft?

Während noch in den neunziger Jahren ein Online-Shop nicht mehr als bloß ein Katalog plus Zahlungsmodul war und dadurch maximal zwei Partner beteiligt waren, hat sich die Situation heute zu einem Geflecht von Mitspielern entwickelt. Die zuvor erwähnten Spieler bzw. ihre Rollen stellen nur noch einen Teil der Gesamtheit aller Beteiligten dar. Daraus resultiert aber auch, dass die Wertschöpfungsstruktur des

Online-Vertriebs sich erheblich verändert hat. Früher kaufte der Weinhändler seine Kartons beim Winzer, bot sie per Shop an und ließ sich das Produkt bezahlen. Bestenfalls war noch ein Spediteur beteiligt, der die Flaschen auslieferte. Folglich verblieb dem Händler ein wesentlicher Anteil der Handelsspanne als Gewinn.

Versuchen wir doch mal, die Rollen zu zählen, die heute beteiligt sind (ich mache dies tatsächlich in einem Brainstorming-Rutsch und werde die Anzahl hinterher nicht mehr verändern – versprochen!):

Das Netz der Akteure wird immer komplexer

Shop-Betreiber; Mall-Betreiber; Spediteur; Lagerbetrieb; Content-Syndicator für fachliche Inhalte; Affiliate-Partner, die auf den Shop verweisen; andere Shops, bei denen unserer Affiliate-Partner vertreten ist; Betreiber von Affiliate-Systemen; Betreiber von Internet-Zahlungssystemen; Inkassounternehmen; Factoring-Partner; Call-Center und Online-Betreuungsportale für Kunden; ein Wissenportal, das sein Wein-Forum unter der Marke des Händlers zur Verfügung stellt; vertrauenswürdige Dritte, die den Shop zertifizieren; Online-Versicherer, die das Zahlungsrisiko des Kunden reduzieren; Anbieter von virtuellen Agenten, die Auskunft zu Fragen der Kunden geben, und natürlich der ISP ...

Das waren ca. fünf Minuten, die »Medium time between new roles« stieg auf etwa 15 Sekunden. Was lernen wir daraus? Wie bereits anfangs im Buch erwähnt, unterstützt das Internet den Effekt der Atomisierung. Immer kleinere Dienstleistungsfragmente werden zu immer kleineren Beträgen gehandelt. Dass Start-ups dabei chronisch unrentabel sind, liegt jedoch nicht notwendigerweise am falschen Geschäftsmodell, sondern am Wettbewerbsdruck, der sie häufig zwingt, im Wettrennen der Atomisierung immer einen Schritt zu weit zu gehen.

Von der Wertschöpfungskette zum Wertschöpfungsnetz

Die EU-Kommission benutzt im Rahmen ihres Förderprogramms »Information Society Technology« den Begriff der »New Value Constellation«, die entsprechend des obigen Beispiels nicht mehr linear erfolgt, sondern ein Netz aus »Geben und Nehmen« darstellt. Diese Veränderung zeigt die Abbildung 14-3, bei der aus einem linearen Wertschöpfungsprozess ein Netz aus Wertschöpfungsbeziehungen entsteht.

Vom Endpreis eine Buches – sagen wir 59 Euro – teilen sich diesmal nicht Verlag, Autor und Handel den Umsatz, sondern über zwanzig Teilnehmer. Natürlich sind diese Teilnehmer häufig auch im linearen Modell beteiligt, jedoch zumeist indirekt (und teilweise über langfristige Verträge). Im Netzwerkmodell erhalten die vielen Teilnehmer jeweils nur einen kleinen Umsatzanteil, was dazu führt, dass die Teilnehmer ihr Angebot horizontal über diverse Produktgruppen und Anbieter verteilen müssen.

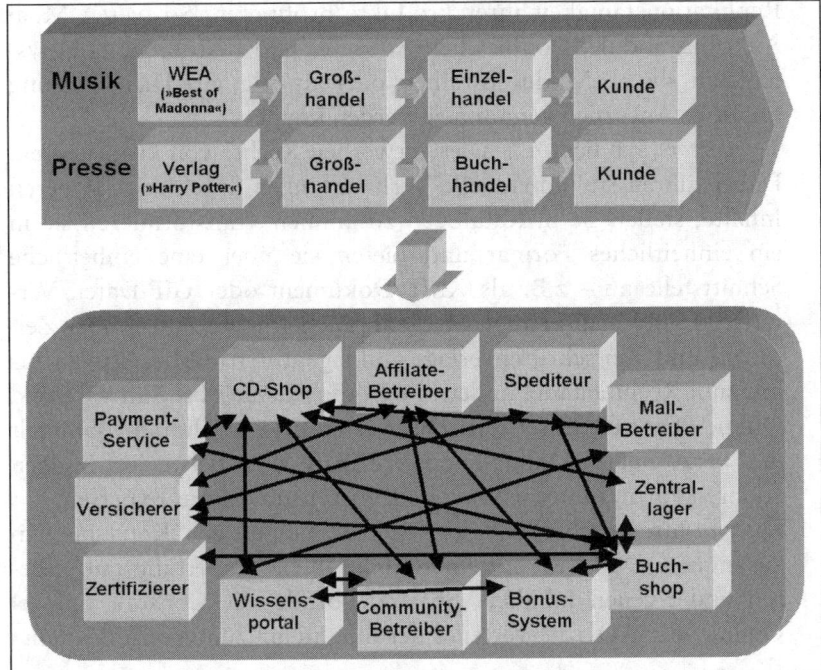

Abb. 14–3
Veränderung der Wertschöpfungskonstellation beim B2C-Commerce

Natürlich kann man immer noch lineare Wertschöpfungsbeziehungen identifizieren, wenn wir das Netz beim Rohstoff-Lieferanten und beim Endkunden anfassen und auseinander ziehen, dennoch hat es eher Netzwerkcharakter, da sich die Beziehungen über die Zeit schneller und vielfältiger verändern können. Die Änderung der linearen Struktur zum Netz geht einher mit dem zunehmenden Anteil an Information beim Wertschöpfungsprozess. Während ein Buch nicht fünfmal kreuz- und quer durch Europa verschickt werden kann, um anschließend zu einem erträglichen Preis verkauft zu werden, ist dies bei Informationen kein Problem. Das Angebot und die Produktspezifikation des Buches lässt sich hingegen als Information beliebig versenden und umformatieren.

Das Netzwerkmodell der Wertschöpfung erinnert daher stark an die Wertschöpfungsstrukturen im Publikationsbereich: Auch hier stehen sehr viele Hersteller von Information mit Aufwertern und schließlich Konsumenten in Beziehung. Das Stichwort lautet daher beim Handel mit Inhalten: »Syndication« (auf deutsch etwa: Rechteverwertung). Bei der Syndication werden drei Rollen unterschieden:

Rollen bei der Rechteverwertung

▨ *Produzenten* stellen originär einen Inhalt her. Dies kann eine Einzelperson wie Scott Adams sein, der Dilbert-Comics zeichnet, oder ein Verlag, der sich auf das Thema »Wein« spezialisiert hat. Es sind zunehmend jedoch auch Softwareanbieter, die von der beliebigen

Replikationsfähigkeit ihrer Produkte profitieren. So bieten Moai Auktionsmodule, DoubleClick AdServer und Inktomi Katalogsysteme an, die als Modul installiert oder als originäre Dienstleistung online in Anspruch genommen werden können.

- *Verwerter* (Syndicators). Diese erwerben Rechte von Produzenten. Dabei führen sie individuelle Verhandlungen durch, klassifizieren Inhalte, stellen sie in Katalogen zusammen, transformieren sie in ein einheitliches Format und bieten sie über eine einheitliche Schnittstelle an – z.B. als XML-Dokument oder GIF-Datei. Verwerter finden sich in allen Medienbranchen von Reuters über Zeitungs- und Zeitschriftenverlage, Bildagenturen und -archiven bis hin zum Rechtehandel in der Filmbranche. Auch bei Software und Online-Diensten lassen sich Verwerter finden: Shop.de sammelt und verzweigt zu Online-Shops, Affiliate-Dienstleister verzweigen zu ihren Partnerunternehmen und Wissensportale zu Experten.
- *Distributoren* stellen Inhalte für den endgültigen Konsumenten zusammen. Dabei erfolgt eine redaktionelle Einbettung mit anderen und eigenen Inhalten. So sind Portale wie Consors, Spiegel Online oder AOL die Verteiler der Inhalte hin zum Konsumenten.

Ämterhäufung bei den Akteuren

Natürlich können sich auch Rollen vermischen. Motley Fool, ein US-Anbieter von Finanzinformationen, nimmt beispielsweise alle drei Rollen ein: Experten schreiben Berichte und Aktienempfehlungen, die sie Geschäftskunden zur Verfügung stellen. Gleichzeitig agiert Motley Fool als Syndicator, der anderen Portalen wie Yahoo und SiliconValley.com Informationspakete anbietet, die sich aus eigenen Inhalten und zugekauften anderen zusammensetzen. Diese Inhalte stehen auch traditionellen Verlagen zur Verfügung: Über 150 Nachrichtenmagazine und Zeitungen sowie über 100 Radiostationen kaufen Finanzdaten bei Motley Fool ein, in Deutschland beispielsweise »Die Zeit«. Schließlich betreibt Motley Fool selbst ein Portal für Finanzinformationen, das auch Inhalte anderer Syndicators zeigt.

Was sich im Medienbereich bereits als feinverästeltes Wertschöpfungssystem etabliert hat, beginnt jetzt auch die Distribution physischer Produkte zu umspinnen. Die Medienbranche spielt hier den Vorreiter, da Produkte als Inhalte leicht transformier- und einbettbar sind und als Rechte flexibel gehandelt werden können. Mit der zunehmenden Standardisierung von Softwareplattformen (XML und Enterprise Java-Beans) wird sich dieser Prozess auch auf Online-Dienste und Softwarekomponenten auswirken. Ein ASP (Application Service Provider) kann dann als Syndicator für Softwarekomponenten verstanden werden. ASPs wie Shopping-Malls oder CMS-Hosting-Provider werden sich folglich zunehmend damit beschäftigen, Inhalte zusammenzustellen, die den Vertrieb von Produkten flankieren. Da Inhalte aufgrund ihrer Replikationsfähigkeit »pro verkauftem physischen Produkt« immer preiswerter werden und auch immer preiswerter vermittelt werden können, tritt das Produkt in der Wahrnehmung des Kunden gegenüber der Entertainment- und Informationsfunktion der Inhalte in den Hintergrund.

Dienen die dargestellten B2C-Zusatzdienste damit also bloß der Unterhaltung? Wer weiß ... Wenn dies so ist, werden sie jedoch kollektiv aus den Marketing-Budgets der Anbieter finanziert und damit als »New Ecomony« keine kurzatmige Begleiterscheinung bleiben.

14.5   ICE – Information and Content Exchange

Angesichts des zunehmenden Syndication-Geschäfts besteht im heutigen Internet ein besonderer Wert in der automatischen Versendung der richtigen Information an den richtigen Kunden. Großes Rationalisierungspotenzial liegt daher in der Automatisierung des Online-Redaktionsbetriebs. Wenn nämlich Inhalte bereits vom Sender einheitlich vorformatiert sind, kann ein Online-Redaktionssystem diese direkt in das lokale Format des Empfängers abbilden. Dazu ein Beispiel: Die Nachrichtenagentur Reuters versendet Wirtschaftsdaten, Sportnachrichten und aktuelle politische Informationen an alle Kunden, die diese Dienstleistung abonnieren. Dabei hängt es vom Profil des einzelnen Empfängers ab, welche dieser Inhalte er erhält. Ein Web-Server, der aktuelle Sportnachrichten in sein Sport-Portal einfließen lässt, würde beispielsweise nur das Sport-Kontingent abonnieren. Wenn diese Nachrichten nach einer standardisierten DTD formatiert sind, besteht für den Web-Server die Möglichkeit, die Sportinhalte direkt aus den Reuters-Nachrichten herauszufiltern und im lokalen Format auf dem Server abzulegen. Dies erspart erheblichen Programmieraufwand bei der Einrichtung des Servers.

Automatisierung der Syndication

Genau hier soll ICE helfen, Inhalte zwischen Geschäftspartnern zu repräsentieren und zu verteilen. Auch dabei dient XML als Metasprache zur Festlegung eines entsprechenden Standards für Nachrichtenformate und Kataloge.[1] Das ICE-Protokoll soll Unternehmen dabei unterstützen, Inhalte zu produzieren und diese effizient mit Geschäftspartnern auszutauschen. Um zu vermeiden, dass sich in diesem Bereich eine Vielzahl Ad-hoc-Lösungen durchsetzen, wurde frühzeitig ein Vorschlag für die ICE-DTD beim W3C eingereicht.

---

1. Informationen zu ICE finden sich unter: *http://www.w3.org/TR/NOTE-ice* bzw. *http://www.icestandard.org*.

Unter Inhalte-Anbietern kann man dabei Unternehmen wie Verlage und Nachrichtenagenturen verstehen, aber auch solche, die regelmäßige Geschäftsbeziehungen mit Kunden oder Zulieferern pflegen. Als ICE-Inhalte kann man sich folglich Nachrichten, Wetterkarten, Preislisten, Ausschreibungsinformationen, Bestellungen oder Modekataloge vorstellen. Auch im Intranet lässt sich ICE einsetzen, um innerhalb des Unternehmens publizierte Informationen an die richtigen Adressaten zu leiten.

Das ICE-Protokoll

Mit ICE wird ein XML-basiertes Protokoll für den Inter-Server-Datenaustausch vorgeschlagen, das einen allgemeinen Rahmen vorgibt, der für branchenspezifische Spezialisierungen erweitert werden kann. Dabei kann das ICE-Protokoll mit jeder beliebigen XML-DTD kombiniert werden – Format und Inhalt sind somit unabhängig. Als Grundlage des Protokolls wird HTTP eingesetzt.

Das Protokoll geht von einer Geschäftsbeziehung zwischen zwei Partnern aus, von denen einer als Anbieter bzw. Verteiler (engl. *Syndicator*) und der andere als Abonnent (*Subscriber*) von Inhalten agiert. Das Protokoll legt damit lediglich Regeln für den Datentransfer fest. Zur Einhaltung dieser Regeln wird bei beiden Partnern eine ICE-Software vorausgesetzt, die ICE-Nachrichten zwischen dem internen und dem externen Format konvertiert.

Heute würde ICE auf SOAP aufsetzen

Ein Schlüsselelement der Kommunikation ist hier das *Request/Response-Modell*: Jede Anfrage (Request) erfordert eine Antwort (Response), auch wenn dies nicht immer sinnvoll erscheinen mag. Ein Abonnement beginnt immer mit der Anfrage nach einem Angebotskatalog des Anbieters. Dabei ist die ICE-Software in der Lage, bestimmte Kommunikationsparameter wie z.B. Sicherheits- oder Transportmechanismen zu verhandeln.

Das Protokoll sieht folgende wesentliche Operationen vor:

- *Einrichten eines Abonnements.* Hier werden allgemeine Mechanismen für das Abonnement festgelegt: Beginn- und Endedatum, Zeitpunkte und Frequenzen der Nachrichtenübermittlung, Methode (Push vs. Pull) sowie alternative Lieferadressen. ICE sieht daher auch die Möglichkeit vor, Metadaten wie z.B. Copyright-Informationen oder Dringlichkeitsstufen der Lieferung zu beschreiben. Dabei obliegt die Verarbeitung dieser Informationen jedoch der ICE-Anwendung und nicht dem Kommunikationsmechanismus.
- *Datenlieferung.* Inhalte werden in Paketen ausgetauscht. Ähnlich EDI können mehrere Lieferungen in einem Paket übermittelt werden. Ebenso lassen sich inkrementelle Aktualisierungen übertra-

gen. Dabei kann der eigentliche Inhalt in den Datenstrom eingebettet sein oder per URL referenziert werden.

Von wesentlicher Bedeutung ist dabei die Abbildung des ICE-Protokolls auf HTTP. Hier wird insbesondere vom HTTP/Post Gebrauch gemacht – der Möglichkeit, größere Datenmengen per »Push« an den Server des Abonnenten zu übertragen. Dazu legt das ICE-Protokoll anhand von XML eine minimale Syntax zur Beschreibung der Protokolldateneinheiten fest:

- *ice-payload* definiert die »Nutzlast« eines ICE-Pakets. Der Inhalt ist nicht unmittelbar in ice-payload eingebettet; zunächst wird noch festgelegt, ob es sich bei der Nachricht um eine Anfrage oder Antwort handelt.
- *ice-request* legt fest, dass es sich um eine Anfrage an den Kommunikationspartner handelt.
- *ice-response* definiert eine Antwort auf eine zuvor erfolgte Anfrage. Evtl. erwartet der Sender dieses Nachrichtentyps eine Bestätigung (Confirmation). Dies wird durch ein XML-Element »Confirmation Required« signalisiert. Anschließend wird vom Anfrager die Übermittlung der entsprechenden Nachricht erwartet, die ihrerseits in ein ice-request eingebettet ist. Da bei ICE jede Anfrage zu beantworten ist, gilt dies auch für die Bestätigung, so dass insgesamt 4 Nachrichten zur Übermittlung eines Datenpakets ausgetauscht werden können.

Zusätzliche Optionen können verwendet werden, um das ICE-Protokoll weiter zu konfigurieren. Mit Hilfe von *Einschränkungen* (engl. *Constraints*) können Inhalte anhand von Ausdrücken auf bestimmte Formate festgelegt werden. Beispielsweise lassen sich Banner-Bitmaps auf ein vorgegebenes Format prüfen oder Nachrichtentexte auf eine maximale Länge begrenzen. Pakete, die diesem Format nicht entsprechen, werden nicht bearbeitet, und es wird eine Fehlermeldung generiert. Einschränkungen werden dabei als Web-Referenzen (URI) eingebunden.

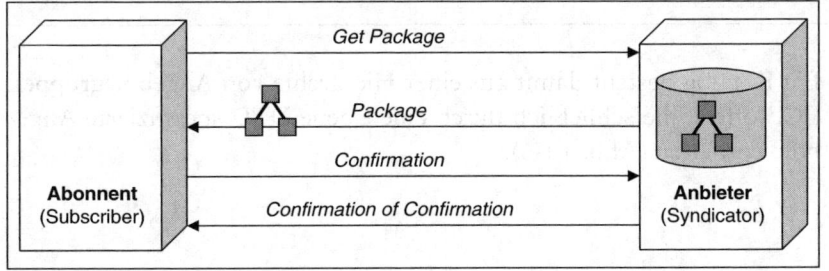

Abb. 14–4

Nachrichtenfluss beim ICE-Protokoll

Die Kommunikation auf der Basis von ICE kann frei kombiniert werden mit anderen Protokollen wie z.B. SSL oder Werkzeugen wie PGP. Zusätzlich besteht die Möglichkeit, in Verbindung mit ICE auch Datenschutzmechanismen zu integrieren, ähnlich denen, die beim P3P festgelegt wurden.

ICE stellt damit einen Schritt zur Automatisierung der Inhaltsverteilung über das Internet dar. Unternehmen wie etwa Verlage werden von ICE profitieren, da das Abonnieren von Nachrichten, Preisinformationen, Dossiers etc. dank der Integration von ICE-Software in die lokale Web-Server-Umgebung erheblich einfacher administrierbar wird: Es müssen nämlich nicht mehr die Inhalte selbst administriert werden (z.B. Preislisten), sondern lediglich ihr Datenfluss. Programmieren wird dabei zum Kanalisieren von Information. Nachdem wir einen kurzen Blick auf das ICE-Protokoll geworfen haben, soll nachfolgend kurz der ICE-Katalog dargestellt werden und die Zugriffsmöglichkeiten, die ein Abonnent besitzt.

Der ICE-Katalog

Abb. 14–5
XML-Schema eines
ICE-Katalogs

In einem ICE-konformen Katalog stellt der Syndicator Angebote für Abonnenten bereit. Dabei ist die Struktur des Katalogs durch eine ICE-Katalog-DTD definiert (Abb. 14-5).

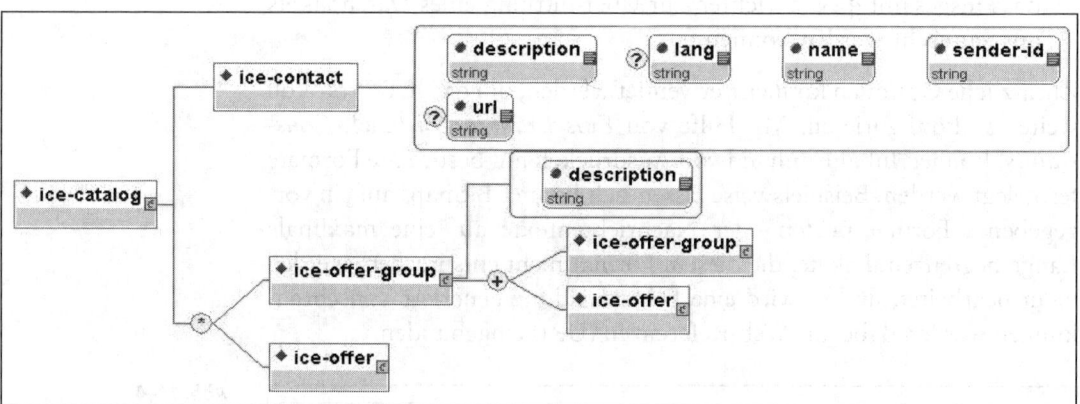

Ein Katalog besteht damit aus einer Hierarchie von Angebotsgruppen (ICE-offer), die schließlich durch eine eigene DTD spezifizierte Angebote enthalten (Abb. 14-6).

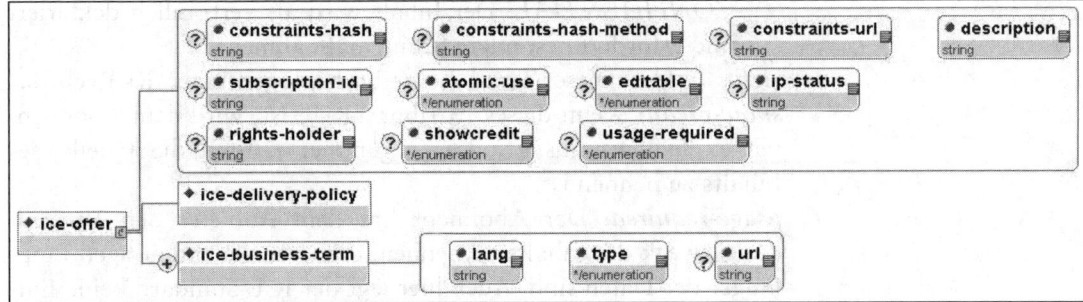

Das Angebot enthält einen Verweis auf die von beiden Parteien akzeptierten Einschränkungen (*constraints-url*). Damit die Konsistenz des Dokuments gewährleistet bleibt, liegt dem Angebot ein Hash-Wert bei, mit dessen Hilfe mögliche nachträgliche Änderungen festgestellt werden können.

Abb. 14–6

XML-Schema eines ICE-Angebots

- *atomic-use* gibt an, ob der Abonnent den Inhalt im Zusammenhang oder auch in Teilen verwenden darf. Dies kann ein Anbieter beispielsweise für Rabattstaffeln in Verbindung mit Preislisten festlegen. Wie bereits angedeutet, kann jedoch nicht von der ICE-Kommunikationssoftware die Einhaltung dieser Regel erwartet werden. Stattdessen könnte beispielsweise ein Redaktionswerkzeug diese Bedingung anzeigen.
- *editable* legt fest, ob der Inhalt vom Abonnenten modifiziert werden darf.
- *ip-status*: Ein Text, der geistige Eigentumsrechte (*Intellectual Properties*) am Inhalt beschreibt. Auch hier obliegt es der Anwendungssoftware des Abonnenten bzw. den Nutzern, entsprechende Vorkehrungen zur Wahrung dieser Rechte zu treffen. Diese können im Einzelnen durch folgende Informationen beschrieben werden:
  - *PUBLIC-DOMAIN*: Es bestehen keine Lizenzrestriktionen bezüglich des Inhalts.
  - *FREE-WITH-ACK*: Es bestehen keine Lizenzrestriktionen außer der Anforderung, die Quelle des Inhalts nachzuweisen.
  - *SEE-LICENSE*: Es wird angenommen, dass zuvor ein Lizenzabkommen zwischen Anbieter und Abonnent getroffen wurde. Dies ist ein Hinweis auf das betreffende Dokument. Diese Möglichkeit kann als Standardvariante angenommen werden.
  - *SEVERE-RESTRICTIONS*: Hier greifen besondere zusätzliche Restriktionen, die über etwaige Lizenzvereinbarungen hinausgehen. Eine Anwendungssoftware sollte dies durch eine entsprechende Markierung signalisieren.

- *CONFIDENTIAL*: Der Inhalt wird als vertraulich deklariert und erfordert besondere Schutzmaßnahmen.
- *rights-holder*: Dieser Text beschreibt den Eigentümer des Rechtes.
- *show-credit*: Wenn dieses Attribut TRUE ist, wird dem Abonnenten explizit signalisiert, dass gegenüber Dritten die Quelle des Inhalts zu nennen ist.
- *usage-required*: Der Abonnent hat dem Anbieter den Verwendungszweck des Inhalts zu nennen, d.h. wer die endgültigen Empfänger der Daten sind. Auch hier legt der ICE-Standard keine Entscheidung über weitere Details zur Realisierung fest.

ICE-Business-Terms

ICE ist ein standardisiertes XML-Vokabular

Ein ICE-Angebot kann neben den vorgenannten Attributen noch weitere Geschäftsbedingungen beider Partner umfassen. Einem Angebot ist dabei eine Liste von Klauseln beigefügt, die jeweils in der in Abbildung 14-6 gezeigten Grammatik definiert sind.

Dabei legt *lang* die verwendete Sprache fest. Alle Klauseln werden in vier Klassen unterschieden (credit, licensing, payment und reporting). Diese haben folgende Bedeutung:

- *Credit*: Weitere Vereinbarungen zur Nennung des Eigentümers bei der Verwendung der Inhalte.
- *Licensing*: Der Text eines evtl. getroffenen Lizenzabkommens.
- *Payment*: Legt die Zahlungsmodalitäten fest für anfallende Lizenzgebühren, die mit der Nutzung der Inhalte entstehen.
- *Reporting*: Beschreibt die vereinbarte Berichtsinformation an den Anbieter – z.B. über die Anzahl der Empfänger der betreffenden Inhalte.

Verhandlung von Abonnements

Zwischen Anbietern (Syndicators) und Abonnenten (Subscriber) können Angebote erstellt und verhandelt werden. Dabei steht eine Verhandlungssprache mit minimalem »Wortschatz« zur Verfügung. Der Wortschatz besteht aus den »Worten« *Offer, Sorry* und *Subscription*. Mit *Offer* wird eine vom Sender vertretbare Attributkombination an den Empfänger übermittelt. *Offer* kann jedoch auch als Antwort auf ein vorheriges Angebot erwidert werden. Mit *Sorry* erfolgt eine Ablehnung des Angebots ohne Gegenangebot. Schließlich wird eine Verhandlung erfolgreich beendet, wenn ein Angebot des Abonnenten mit einem Abonnement beantwortet wird. Der minimale Nachrichtenfluss nimmt damit folgenden Lauf:

1. Subscriber $\rightarrow$ Syndicator: ice-get-catalog
2. Subscriber $\leftarrow$ Syndicator: ice-catalog
3. Subscriber $\rightarrow$ Syndicator: ice-offer [Angebot des Katalogs aus Schritt 2]
4. Subscriber $\leftarrow$ Syndicator: ice-subscription

Falls eine Verhandlungsrunde erforderlich ist, in der beispielsweise der Abonnent das Angebot modifiziert, wird die Konversation etwas komplexer:

5. Subscriber $\rightarrow$ Syndicator: ice-get-catalog
6. Subscriber $\leftarrow$ Syndicator: ice-catalog
7. Subscriber $\rightarrow$ Syndicator: ice-offer [Modifiziertes Angebot des Katalogs aus Schritt 2]
8. Subscriber $\leftarrow$ Syndicator: Error 441, ice-offer [counter-offer]
9. Subscriber $\rightarrow$ Syndicator: ice-offer [Angebot des Katalogs aus Schritt 4]
10. Subscriber $\leftarrow$ Syndicator: ice-subscription

Zukünftiger Einsatz von ICE?

Für ein Unternehmen, das ICE unterstützt, kann man sich etwa folgenden Geschäftsprozess vorstellen: Mit einem Kunden wird zunächst ein Vertrag ausgehandelt, der festlegt, unter welchen Umständen das Abonnement der Online-Preisinformation erfolgt. Diese Regelungen schließen Sicherheitsmaßnahmen ein sowie eine Beschreibung der Häufigkeit von Aktualisierungen. Auch das gemeinsame Verständnis hinsichtlich Ausnahmefällen wie ausgefallenen Lieferungen etc. wird festgehalten. Nach Unterzeichnung des Vertrags werden die betreffenden Regeln und Optionen für den neuen Abonnenten festgelegt. Dabei wird ihm Zugang zum Angebots-Katalog verschafft. Metainformationen zum Datenformat der Preisliste (z.B. als XML-Schema) werden dem Abonnenten zur Verfügung gestellt. Anschließend richtet dieser seine ICE-Software so ein, dass das Preislistenformat des Anbieters in sein lokales konvertiert werden kann. Von nun an können die ICE-Operationen einsetzen und die regelmäßige Aktualisierung der Preisliste erfolgen.

ICE lohnt sich nur bei den großen Spielern

15 Weitere Beispiele für den B2C-Commerce

15.1 Virtueller Lebensmitteleinkauf

Ein aktueller Trend im B2C-Bereich sind virtuelle Supermärkte. Diese bestehen aus einem Zentrallager, einem Shop-Server sowie einem Lieferdienst. Erfolgreiche Online-Supermärkte setzen auf eine bestehende Infrastruktur auf und nutzen den Online-Shop nur als zusätzlichen Vertriebskanal. Erfolglose hingegen versuchen, jegliche Geschäftsfunktion neu zu etablieren (wie z.B. Webvan) und verlieren dadurch viel Geld. Im Folgenden nehmen wir an, dass bereits eine Gross- oder Einzelhandelsinfrastruktur besteht und dass der Online-Betrieb keine Teilauslastung von Ressourcen verursacht. Dennoch sind verschiedene technische und logistische Probleme zu lösen:

Wenn zwei das Gleiche tun...

Über den Shop-Server können Lebensmittel ausgewählt und bestellt werden. Nun sind Lebensmittel nicht immer gleich Lebensmittel – einige davon sind intensiv zu befühlen, bevor man sie in den realen Einkaufswagen legt. Folglich reduziert sich das Online-Angebot eher auf Katalogprodukte, also Güter mit minimalem Spezifikationsaufwand, z.B.

- Eier der Güteklasse A,
- einen Kasten Bier der Marke »Flensburger«,
- ein 400-Gramm-Glas Nutella etc.

Auch hierbei besteht noch kein wirklicher Vorteil des minutenlangen Shop-Surfens gegenüber der ebenfalls minutenlangen Hatz durch die Supermarktregale. Spannend wird es erst, wenn ein Prozess eingerichtet werden kann, der »persönliches Supply Chain Management« genannt werden könnte. Wie kann also ein solches privates Kanban-System (der richtige Artikel zum richtigen Zeitpunkt am richtigen Ort) installiert werden, das für alle Beteiligten vorteilhaft ist. Die wichtigsten Anforderungen sind dabei:

- reduzierte Lagerhaltung,
- Minimierung der Transportkosten,
- Minimierung der Anzahl an Lieferungen sowie
- keine zusätzlichen Umstände für den Käufer durch die Lieferung.

Supply Chain
Management im
Micropayment-Bereich
– geht das gut?

Man stelle sich vor: Die Eier sind im wöchentlichen Rhythmus, das Glas Nutella im monatlichen zu liefern. Während des zweiwöchigen Urlaubs ist keine Lieferung erforderlich, und wenn Freunde für eine Woche zu Besuch sind, erhöht sich der Bierkonsum. Weder will man die Ware selbst beim Supermarkt abholen (dann könnte man gleich die weiteren 10 Minuten für den Einkauf spendieren) noch sie sich um 11.30 nach Hause liefern lassen (dann sitzt man nämlich im Büro). Auch das Wochenende ist unpassend, da man ungern die persönliche Zeitplanung von der Nutella-Lieferung abhängig machen möchte. Schließlich möchte man nicht mehrmals wöchentlich von einem Lieferanten belästigt werden – es könnte ja sein, dass man auch einmal ins Kino gehen will. Wir stellen fest, dass wir uns auf widrigem Terrain bewegen, denn am Ende soll dieser Prozess ja für den Händler profitabel und für den Konsumenten in irgendeiner Form nutzbringend sein.

Einige Beispiele und
Konditionen

In der Schweiz gibt es beispielsweise einen Internet-Supermarkt »LeShop« (*www.leshop.ch*). Bezahlt wird mit der Kreditkarte, die Lieferung erfolgt für 9 Franken (ca. 5,50 Euro). In Deutschland entstehen ebenfalls diverse Lieferdienste: Das *Einkaufsnetz* ist unter *www.einkaufsnetz.de* zu erreichen. Geliefert wird überall im Stadtgebiet von Hamburg, solange die Bestellung zwischen 8.30 und 13 Uhr eingeht. Ab 16 Uhr wird die Ware nach Hause geliefert. Der Mindestbestellwert liegt bei 20 Euro zzgl. einer Pauschale von 2,50 Euro. Außerdem bietet in der Nähe von Hamburg eine Gemüsehändlerin ihre Naturkost online an: *www.naturkost-express.de*. Die Reichelt AG bietet in Berlin einen Service für den virtuellen Lebensmitteleinkauf an. Der Mindestbestellwert liegt bei 15 Euro. Zusätzlich fallen 5 Euro an Lieferkosten an. Diese entfallen bei einem Warenwert ab 75 Euro. Bezahlt wird in bar oder per Scheck bei der Lieferung vor Ort.

Auch der Otto-Versand betreibt seit Oktober 2000 einen Online-Supermarkt (*www.otto-supermarkt.de*). Die Lieferung erfolgt hier binnen 6–12 Stunden.

Es liegen keine Informationen vor, ob diese Betriebe rentabel sind. Einige sind jedoch bereits seit über drei Jahren online.

15.2 Automobilhandel

Der Automobilhandel geht dazu über, Autos als frei gestaltbares Produkt über das Web zur Verfügung zu stellen. Dies war natürlich bisher auch im Rahmen der Definition und Fertigung von Produktvarianten möglich, jedoch nicht über das Internet. So kann man sich einen Smart über den Web-Browser mit Java-Applet bzgl. der Farbgestaltung selbst konfigurieren. Der Kunde erhält ein sofortiges Feedback über den individuellen Gesamtpreis und kann in Ruhe, ohne der Verkaufssituation beim Händlers ausgesetzt zu sein, Lieblingsvarianten ausprobieren. Dieser Detailreichtum folgt dem EC-Prinzip der *Atomisierung*, da der Kunde vollständig in die Zusammenstellung eines Produkts eingreifen kann.

Das Prinzip der *Reintermediation* greift bei neueren Brokerage-Modellen, bei denen sich die Rolle des Händlers vom klassischen Vertriebspartner zum »neuen Intermediär« wandelt. Im klassischen Modell bestellt der Händler beim Hersteller erst dann, wenn ein Kunde ein neues Fahrzeug beauftragt hat. Evtl. könnten einige Fahrzeuge vorgehalten werden, jedoch nur im Rahmen dessen, was der Händler bereit ist, an finanziellen Mitteln zu binden. Der »neue Händler« könnte jedoch nach dem Modell des Gruppeneinkaufs folgendermaßen verfahren: Er bietet ein Kontingent an Fahrzeugen mit einem Ausstattungsvorschlag an. Dabei kauft er es jedoch nur, wenn er sich der garantierten Abnahmen gewiss sein kann. Dies könnten beispielsweise 200 Mercedes SLK sein, die als Kontingent für 25% Rabatt eingekauft werden. »Electronic Commerce« kommt ins Spiel, wenn diese Fahrzeuge über das Internet angeboten werden und ein Mechanismus genutzt wird, der Anfragen seitens der Kunden mit dem Angebot des Händlers so in Einklang bringt, dass am Ende eine Lieferung von 200 Fahrzeugen an 200 registrierte Käufer stattfindet. Als Vermittlungsinstrument ist hier ein Portal denkbar, das jedoch weit über die technischen Möglichkeiten einer Online-Mall à la Intershop hinausgeht. Ein solches Marktplatzsystem würde nicht nur den 1:1-Verkauf unterstützen, sondern grundsätzlich das Entstehen der skizzierten Einkaufs- oder Verkaufsgemeinschaften. Eine wichtige Voraussetzung ist hierfür jedoch eine technische Unterstützung, welche einen juristisch sicheren Geschäftsabschluss ermöglicht.

Gruppeneinkauf von Autos

Auch neue Formen der Transaktionsunterstützung eignen sich für den Verkauf von Autos über das Internet: Bereits seit Anfang 1999 versteigert das Unternehmen Sixt gebrauchte Fahrzeuge über das Internet. Dabei wird die holländische Auktion angewendet, bei der eine anfängliche Preisforderung alle 10 Sekunden um 125 Euro zurückgenommen

Autos versteigern

wird. Wer als erster kauft, erhält den Zuschlag. Einen anderen Ansatz wählte erstmals das Unternehmen Priceline (*www.priceline.com*), über das der Käufer einen Preis nennt, zu dem ein passendes Angebot ermittelt wird. Dieser Service stand ursprünglich für Autos, Flüge, Hotelzimmer und Hypothekenkredite zur Verfügung. Mit der Zeit wurden weitere Produkte in das Angebot aufgenommen.

Weitere Angebote, Marktplätze und Online-Dienste

Das Internet egalisiert große und kleine Anbieter, da jeder in gleicher Weise über den Browser sichtbar und erreichbar ist. Folglich haben sich bereits diverse Dienstleistungen herausgebildet, die von kleinen Unternehmen oder für diese angeboten werden. Im Folgenden ist der Auszug einer Liste von Beispielen aus Europa wiedergegeben, die vom Teleport Sachsen-Anhalt im Rahmen des KITE-Projekts (Knowledge and Information Transfer on Electronic Commerce) zusammengetragen und im Best Practise Newsletter veröffentlicht wurden (*kite.tsa.de*):

- *Dial-a-cab* (*www.dialacab.co.uk*) ist ein Reservierungsdienst für Taxis in London, der vom Owner Driver Radio Taxi Service (ODRTS) betrieben wird. Es ist ein Echtzeitdienst, der es Internet-Nutzern ermöglicht, eines der 2000 angeschlossenen Taxis zu ordern. Diese Buchung wird automatisch an den Taxifahrer gemeldet. Als Kunde kann man sogar feststellen, ob sich ein Taxi gerade in der Nähe befindet. Es ist zu erwarten, dass die jährlich 1,5 Millionen Anrufe in Zukunft vollautomatisch abgewickelt werden können.
- *IceCool* (*www.icecool.co.uk*) ist ein Service, der von *London Diamond Broker*, einem Rohdiamantenhändler, betrieben wird. Da dieser als B2B-Organisation keine Ladengeschäfte besitzt, erfolgt der Verkauf stattdessen über das Internet und die Auslieferung mit TNT an den Arbeitsplatz des Kunden. Das Warenangebot wird bewusst auf wenige Artikel beschränkt, um Kunden nicht durch zu viele Auswahlmöglichkeiten zu verwirren. Der Geschäftsvorteil liegt bei London Diamond Broker in dem bestehenden Netz von Zulieferern, so dass Kundenwünsche schnell erfüllt werden können. Auf diese Weise wird ein Produkt unter Umgehung des Betriebs kostspieliger Ladengeschäfte vertrieben. Der Dienst zielt momentan noch auf den britischen Markt ab und wird teilweise durch Banner-Werbung finanziert.
- *Buyonet* (*www.buyonet.com*) ist ein schwedischer Online-Händler für Software (über 2000 Produkte). Er verfügt über keinerlei Lager, sondern Buyonet hat mit den jeweiligen Softwareherstellern vereinbart, Kopien ihrer Software über das Internet auszuliefern. Verkaufs-

zahlen werden daher automatisch generiert und monatlich an die Hersteller übermittelt. Umgekehrt kann ein Hersteller auf das Extranet von Buyonet zugreifen und den aktuellen Verkaufsstand überprüfen.

▨ *BlueBox Bilddatenbank* (*www.pictures.de*) ist eine der ersten vollständig elektronischen Bildagenturen in Europa. Alle Bilder sind in einem hierarchischen Katalog abgelegt und können als »High-End-Trommel-Scans« online geordert werden. Die Bilder sind urheberrechtlich geschützt, vertrieben wird lediglich das Nutzungsrecht an ihnen. Der Kundenkreis setzt sich im Wesentlichen aus Verlagen, Werbeagenturen und unabhängigen Designern zusammen.

15.3 Film-Basare

Heute wird beim Fernsehen mit großen Zahlen kalkuliert: Sender kaufen Filmkontingente bei Filmhändlern für Milliardenbeträge ein, die dann im Laufe eines Jahres ausgestrahlt werden. Fernsehkanäle werden en bloc von Rundfunksendern angemietet und Werbetreibende zahlen 50.000 Euro für die Ausstrahlung einzelner Werbespots, die dann wiederum Millionen Zuschauer ansehen.

Heute: Große Kontingente, hohe Preise ...

Wie bereits anfangs erwähnt, liegt einer der Haupteffekte des Electronic Commerce in der Atomisierung und Personalisierung des Geschäftslebens. Im Rundfunkbereich bedeutet dies:

... nach der Konvergenz: Personalisierung und kleine Preise ...

▨ Adressierbarkeit der einzelnen Person (nicht nur des einzelnen Anschlusses!)
▨ Personalisierung des Angebots gemäß eines Nachfrageprofils
▨ Eingriff des einzelnen »Zuschauers« als Akteur
▨ Herunterbrechen von heute sehr umfangreichen und kostspieligen Kontingenten (Satellitenkanäle, Inhalte, Werbung) auf kleinpreisige Einheiten

Denkbar sind als Konsequenz elektronische Marktplätze für Fernsehsendungen. Hierbei rotten sich Tausende oder vielleicht Hunderttausende von Fernsehzuschauern zusammen und bilden eine virtuelle Einkaufsgemeinschaft. Jeder teilt dem Broker-System mit, zu welchem Preis er sich für welchen Film interessiert. Wenn für die Angebotsseite eine kritische Masse erreicht ist, übernimmt einer der Anbieter das Kontingent (natürlich in der Hoffnung, dass sich anschließend noch weitere Zuschauer registrieren). Video-on-Demand gewinnt damit den Charakter einer holländischen Auktion: Der Preis wird (in Form der Gesamtnachfrage) so lange erhöht, bis der erste Anbieter »zugreift«. Alle anderen Anbieter müssen sich nun nach einem anderen Kontingent

»Titanic« zum Ersten, zum Zweiten, ...

umsehen. Nach dieser Informations- und Verhandlungsphase tritt das System zum Sendezeitpunkt in die Abwicklung ein; dabei können Techniken genutzt werden, die bereits heute zur Verfügung stehen, etwa die Schlüsselverteilung per Set-Top-Box und die Ausstrahlung per DVB.

Ökonomisch betrachtet wird die drastische Kostenreduktion von Bandbreite zur weiteren Atomisierung des Fernsehbetriebs führen – von der Produktion über die Programmplanung bis zur Ausstrahlung. Kleine Nischenanbieter können sich möglicherweise besser gegenüber großen Sendern emanzipieren. Gleichzeitig wird Fernsehen zu einem aktiven Auswahlprozess, da sich die Anzahl der »Sender« drastisch erhöht. Im Bereich der elektronischen Programmauswahl werden somit zunehmend Mechanismen wie Suchmaschinen und Verzeichnisdienste erforderlich, die bereits heute zur Navigation im Internet genutzt werden. Am Ende wird die Vorstellung davon, was ein »Sender« ist, mit der des »Servers« verschmelzen.

15.4 Das Privatkundengeschäft der Bank im Internet

Die Bank als Buchungsmaschine

Mit etwas Abstraktion kann man eine Bank im Kern vor allem als eine Buchungsmaschine für Zahlungstransaktionen auffassen. Alle weiteren Funktionen stellen eine Schnittstelle zwischen diesem Kern und dem Kunden dar. Einzahlungen und Entnahmen wickelt sie über die Filiale oder das Internet ab. Interbankennetze stehen zur sicheren Abwicklung von Zahlungstransaktionen zur Verfügung. Der Aktienhandel umfasst Analyse- und Beratungsdienste, die in persönlicher oder automatisierter Form dem Kunden offeriert werden. Sie bietet Privat- und Firmenkunden Kredite an und zahlt oder tilgt diese wiederum über die zentrale Buchungsfunktion. Schließlich tritt die Bank als Akteur im Wertpapierhandel auf – im eigenen Namen oder im Namen ihrer Kunden. Diese Liste müsste noch beliebig verlängert werden, um alle Geschäftsfelder abzudecken, die eine heutige Großbank umfasst. Bis zur Mitte der neunziger Jahre war es das Bestreben der meisten Großbanken, zu diversifizieren und durch die Integration weiterer Geschäftsfelder alle denkbaren Finanzdienstleistungen anzubieten. Seit einigen Jahren treten jedoch neben die klassische Großbank viele hochspezialisierte Kleinanbieter, die sich auf nur wenige Kernprodukte beschränken.

Ein Online-Broker wie z.B. Consors in Deutschland oder Charles Schwab in den USA konzentriert sich im Wesentlichen auf die Abwicklung von Wertpapiertransaktionen der Kunden. Die Aktualität der Kursberichte sowie die geforderte Provision sind im Vergleich zu traditionellen Banken konkurrenzlos.

Kleine Privatbanken mit weniger als 100 Mitarbeitern würden ein Vielfaches ihrer heutigen Mitarbeiterzahl benötigen, wenn sie die vollständige Abwicklung von Zahlungstransaktionen mit einem eigenen Rechenzentrum durchführen müssten. Die Lösung liegt hier im Outsourcing, das hier nicht nur den Betrieb des Rechenzentrums betrifft, sondern das komplette Transaktionssystem. Ein Bankkunde mag dabei organisatorisch zwar immer noch der Bank gegenübertreten, wenn er sich über das Internet einloggt, de facto wird der gesamte Zahlungsverkehr jedoch vom Rechenzentrum einer anderen Bank abgewickelt.

Banken und der Wertpapierhandel

Bereits seit einigen Jahren unterstützen Banken die Kontoführung über Online-Dienste und neuerdings auch über das Internet. Hierbei lag der gemeinsame Nenner des Internet-Zugangs auf der Ebene des WWW bzw. einer eigenen Masken- und Interaktionsgestaltung, d.h., jede Bank konnte jeweils proprietäre Schnittstellen realisieren. Standards wie das HBCI (*Homebanking Computer Interface*) erlauben jedoch Interoperabilität zwischen beliebigen Clients und allen Banken, bei denen ein Kunde ein Konto eingerichtet hat. Eine zukünftige Entwicklung der Homebanking-Software könnte folglich zur Multibankenfähigkeit führen: Der Kunde nutzt die Software, um Anfragen an die Banken zu leiten und anschließend von allen Wettbewerbern Angebote einzuholen. Dabei könnte es sich um ein Anlagegeschäft, einen Hypothekenkredit oder die Eröffnung eines Kontos handeln. Auch hier würde sich dann der allgemeine Trend zur Atomisierung und Personalisierung widerspiegeln.

Einheitlicher Zugang zur Online-Kontoführung

Futurum I

Ähnliches gilt für den Investmentbereich: Discount-Broker, die wie z.B. Consors (*www.consors.de*), Charles Schwab (*www.schwab.com*) oder E*Trade (*www.e-trade.com*) nur noch per Internet, T-Online und Telefon kontaktiert werden, bieten ihre Dienste zu Provisionen an, die bei einem Bruchteil der bisherigen Bankprovision liegen. Wertpapiere lassen sich damit von Privatpersonen innerhalb einzelner Tage kaufen und wieder verkaufen. Als zentrale Schaltstelle tritt dabei immer noch die Wertpapierbörse auf. Stand der Technik ist heute, auch als Endkunde direkten Einblick in das Orderbuch zu erhalten (siehe auch Kapitel 18.3). Dieses wird vom Börsensystem verwaltet und listet anstehende Kauf- und Verkaufsaufträge auf. Als Teilnehmer hat man dabei keinen Informationsnachteil mehr gegenüber den früheren Händlern, die bei einer Präsenzbörse den exklusiven Kreis der »Eingeweihten« darstellten.

Aktienhandel durch das herausgebende Unternehmen

Aber auch für den Bereich der Online-Börse zeichnet sich bereits der nächste Schritt ab: Warum müssen Wertpapiere überhaupt an der Börse gehandelt werden? Es könnte doch das Aktien herausgebende Unternehmen selbst die Halter seiner Aktien verwalten – selbst wenn diese anonym bleiben wollen, eCash sei Dank!

Bisher war der zentralisierte Handel vorteilhaft, da die erforderliche Infrastruktur und der Marktzugang nur für wenige, permanent etablierte Teilnehmer wirtschaftlich war. Außerdem wäre die nötige Markttransparenz nicht gegeben, würden die Aktien eines Unternehmens direkt zwischen individuellen Käufern und Verkäufern gehandelt werden. Mit der zunehmenden Kostenreduktion bei Kommunikation und Transaktionen kann ein Unternehmen sich heute jedoch selbst um die Verwaltung seines Aktienbestands und seiner Aktionäre kümmern – oder zumindest einen Dienstleister beauftragen, der diese Aufgabe erledigt. Genau in diesem Bereich treten zurzeit Unternehmen wie beispielsweise NetIPO (*www.netipo.de*) auf, die – an der Wertpapierbörse vorbei – den Aktienhandel eines einzelnen Unternehmens betreiben. Auch Online-Broker wie Consors oder die Advance Bank werden in Zukunft einen Teil ihres Handelsvolumens intern abdecken, ohne dafür den Handelsplatz der »offiziellen« Börse bemühen zu müssen.

Im Wettlauf der wettbewerbsbedingt sinkenden Margen verwischen also die Rollen der Teilnehmer, Händler und Betreiber (man denke an den anfangs erwähnten »Blur-Effekt«). Einige dieser Modelle florierten bis zum Jahr 2000 aufgrund der übersteigerten Euphorie. Diese Experimentierphase eignete sich besonders, um neue Marktmodelle zu testen: Online-Dienste wie Virtual Wallstreet (*www.virtualwallstreet.com*) moderieren dabei beispielsweise Virtual Communities im Investmentbereich. Hier stehen Einzelpersonen als Investoren einzelnen Start-up-Unternehmen gegenüber, die ihrerseits Beteiligungen anbieten. Ein solcher Marktplatz spielt sich vollständig jenseits der Banken und Börsen ab.

Gründer und Investoren vermitteln

Bisher hing die IPO – Initial Public Offer – von einer Vielzahl Beteiligter wie Emissionsbanken, Wirtschaftsprüfungsgesellschaften und Rating-Agenturen ab. Die damit verbundenen Kosten waren nur tragbar, wenn das Unternehmen bereits eine gewisse Mindestgröße erlangt hat. Im Zeitalter des Electronic Commerce lassen sich jedoch *theoretisch* die Kosten der Aktienemission drastisch reduzieren. Im Prinzip könnte jedes Kleinunternehmen, das zukünftigen Investoren glaubhafte Expansionspläne darlegen kann, Aktien emittieren.

Regulatorisch hat der Gesetzgeber hier jedoch einige Riegel vorgeschoben: Zum einen muss das Unternehmen in der Rechtsform der Aktiengesellschaft firmieren, zum anderen ist eine behördliche Zulassung erforderlich, bevor der Börsengang erfolgt – dies ist nicht zu unterschätzen und hat sich angesichts des Start-up-Sterbens seit dem Jahr 2000 auch als wichtige Voraussetzung erwiesen!

Futurum II

Nach dem »Blur-Effekt« könnte der nächste Schritt des Online-Handels im Zuge einer fortschreitenden Atomisierung die Moderation von Privatinvestments sein: Wenn ein Bauherr ein Mehrfamilienhaus bauen möchte und dazu eine halbe Millionen Euro an Fremdkapital benötigt, so könnte er 100.000 Aktien im Werte von 5 Euro herausgeben. Beim so genannten *Direct IPO* würden sich Investoren registrieren lassen – zum Beispiel, indem sie 12 Euro je Aktie bieten, Angebot und Nachfrage sind hierbei gesteuert durch Faktoren wie Vertrauen, Fungibilität (Handelbarkeit) und erwartete Rendite. Entsprechend der Renditeerwartung durch Mieteinnahmen und Standort kann der Aktienwert anschließend steigen oder fallen. Wenn sich in der Zukunft zuverlässige Privathandelssysteme etabliert haben, die für derartige Mikroinvestments die gleiche Provision berechnen wie heute ein Online-Broker, dann lassen sich in dieser Branche alle wesentlichen Merkmale des Electronic Commerce nachvollziehen: Vertrauensökonomie, Sicherheits- und Zahlungsinfrastruktur, Aufmerksamkeitsökonomie, Atomisierung, Disintermediation, Reintermediation, Adhocracy usw. (siehe zu diesen Begriffen auch Kapitel 5.2). Diese Faktoren wirken sich im Wertpapierbereich als typische Soft-Good-Branche besonders drastisch aus.

Wo bleibt dabei das »Alleinstellungsmerkmal« der klassischen Bank, wenn man sich dieses Szenario im Kontext der Free-Economy vorstellt? Ist sie Vertrauensträger? Kaum, da jedes andere Markenunternehmen den gleichen Service anbieten könnte. Sogar ein nur im Stadtteil bekanntes Unternehmen könnte als Betreiber auftreten. Ist die Bank zur Abwicklung der Transaktionen erforderlich? Nein, denn in der Free-Economy ist keine Lizenz zur Herausgabe oder Verwaltung von Geld erforderlich. Höchstwahrscheinlich könnte die Bank in die Rolle der Rating-Agentur schlüpfen, da ihre Mitarbeiter in der Analyse von Finanzinformationen und Investitionsplänen erfahren sind. Aber ist dafür die gesamte Bank erforderlich oder nur einzelne Mitarbeiter? Von dieser Vision sind wir allerdings wohl noch Jahrzehnte entfernt, denn zurzeit gibt es ja Gesetze, die den Handlungsspielraum einschränken ...

Spezialbanken und Bankmodule

Ein drastisches Beispiel zum skizzierten Entwicklungstrend ist die *first-e-Bank*: In einem kleinen Büro in Dublin richteten vier ehemalige KPMG-Berater und Bankexperten mit der »first-e« die erste virtuelle europäische Bank ein. Von der Kontoeröffnung über den Aktienhandel

first-e

*Coopetition im
Finanzbereich*

und der Kreditvergabe zur Kontoauflösung erfolgt hier jede Transaktion ausschließlich über das Internet. Im Gegensatz zur traditionellen Bank werden sämtliche Finanzdienstleistungen auf Drittanbieter ausgelagert. Hierbei macht sich die first-e Überkapazitäten der Konkurrenz zunutze, um Aktienorders oder die Kontoführung abzuwickeln. Die Dienstleistungen, die first-e damit anbietet, erfordern keinen intensiven Personal- oder Kapitaleinsatz – lediglich die Anbindung leistungsfähiger Rechner an das Internet. Gleichzeitig skaliert dieses Konzept mit einer steigenden Kundenzahl, da aufgrund der vollständigen Automatisierung kaum zusätzliche Mitarbeiter erforderlich sind. Somit agiert die first-e als »Transaktionsportal« für Finanzdienstleistungen und lebt von der Integration ihrer Kunden mit den Diensten ihrer Kooperationspartner.

Neben der eigenen virtuellen Bank, werden die gleichen Dienstleistungen nach dem Mall-Konzept auch für Dritte angeboten. Die *first-e Bank* »hostet« damit als Mall-Betreiber andere virtuelle »Bank-Shops«. Wenn vielleicht noch nicht heute, so ist doch für die nächsten Jahre zu erwarten, dass ein Unternehmen, das eine Bank gründen möchte, dies quasi »per Knopfdruck« über die Mall der first-e leisten kann – es lebe also der Mietshop für Banken. Analog zur Abbildung 5-2 in Kapitel 5.2 (virtuelle Organisationen) auf Seite 117 stellt die virtuelle Bank in einem solchen System lediglich eine funktionale Einheit in einem Netz aus Bankdienstleistungen dar.

Abb. 15–1
*Die virtuelle Bank im
Netzwerk der
Finanzdienstleistungen*

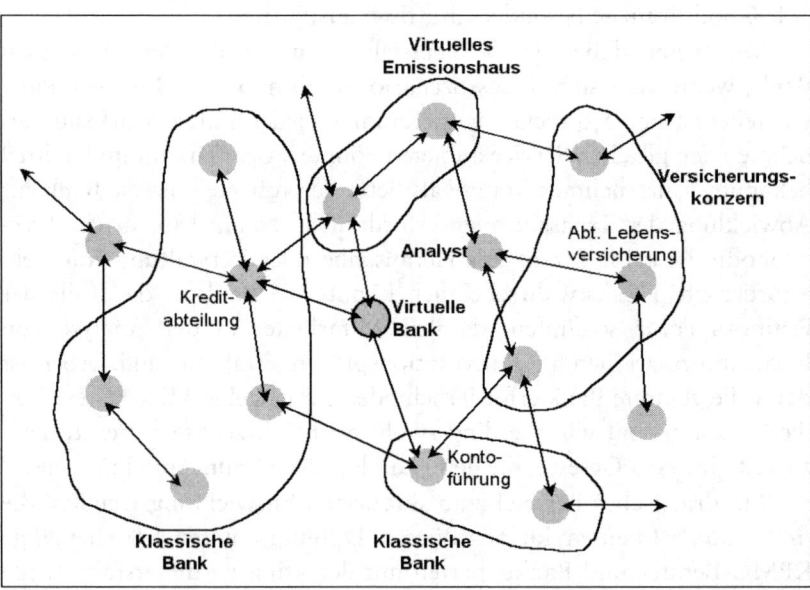

Andererseits hat das Unternehmen first-e heute jedoch (noch?) mit Akzeptanzproblemen zu kämpfen, da sich dieses Modell noch nicht über mehrere Jahre bewährt hat und »Vertrauen« wahrscheinlich immer noch eine physische Basis voraussetzt. Es wird sich zeigen, ob andere Ansätze für Finanzportale erfolgreicher sind. So wird sich erst nach einigen Jahren Anlaufzeit abzeichnen, wie sich etwa MoneyShelf der Deutschen Bank entwickelt. Vielleicht eignet sich hier die Nähe zur vertrauenswürdigen Marke besser, um Kunden zu gewinnen. Grundsätzlich gilt jedoch für alle innovativen Ansätze, dass meistens so viele Anbieter in den Markt eintreten, dass die Teilnahme für den Einzelnen gerade nicht mehr rentabel ist.

15.5 Zusammenfassung zum B2C-Commerce

An den Architekturbeispielen weniger Online-Shops und -Malls ist bereits zu erkennen, wie stark die Komplexität dieser Systeme in den letzten Jahren zugenommen hat. Neben dem eigentlichen Produkt – CDs, Bücher, Computer oder andere Güter – lassen sich zunehmend »Nebenschauplätze« identifizieren, auf denen weitere Produkte gehandelt werden: Werbeflächen, Profildaten und ganz allgemein Aufmerksamkeit. Viele Betreiber von Online-Diensten decken einen Teil ihrer Kosten durch Sponsoren, Kooperationspartner etc., denen sie eine entsprechende Sichtbarkeit auf den eigenen Webseiten einräumen. Bezahlt wird diese Sichtbarkeit entweder mit Geld oder ebenfalls mit Sichtbarkeit.

Nur wenige Unternehmen werden zukünftig in der Lage sein, die Kosten eines vollständigen Online-Shops selbst zu tragen, die bei einigen tausend Euro beginnen und ungefähr bei hundert Millionen enden, wenn – wie bei fast jedem Shop – auch Finanzbuchhaltung, Warenwirtschaft, Kundendienst und Lieferung hinter der Shop-Fassade angepasst werden müssen.

Zunehmend sind daher *Application Service Provider* (ASP) gefragt, die mit einem Portfolio an Dienstleistungen die Shop-Funktionalität für Kunden konfigurierbar machen. *www.stratos.de* und *www.mietshop.de* sind Beispiele hierfür. Sie erlauben es Händlern, mit wenigen »Handgriffen« einen Shop einzurichten, und entlasten ihn vom Betrieb des Rechners, des Internet-Zugangs und vom Erwerb kostspieliger Lizenzen für Zusatzdienste wie Empfehlungsmechanismen, Statistikfunktionen oder die Zahlungsabwicklung.

Application Service Provider

Die Dienstleistung der ASPs endet jedoch nicht mit dem Betrieb der Online-Mall. Neuerdings entstehen Dienstleister, an die sich die gesamte IT-Infrastruktur inklusive ihres Betriebs »outsourcen« lässt.

Dann werden auch das Bestellwesen, die Lagerverwaltung, die Finanzbuchhaltung und andere betriebliche Funktionen vom ASP erbracht. Der Händler gibt nur noch die Parameter vor, nach denen das für ihn eingesetzte System konfiguriert wird (in Kapitel 10 finden sich einige Beispiele).

Handel mit Kundenprofilen – gut oder schlecht?

Inwieweit sich der Handel mit Profilinformation in Deutschland durchsetzen wird, bleibt offen. Technologisch sind die Voraussetzungen für diesen Handel gegeben, die Frage ist nur, wie ein Konsument der hiesigen Mentalität den Tausch »gläserner Bürger« vs. »Komfort« bewertet. Immerhin, Standards wie OPS und P3P zeigen auf, wie Marktteilnehmern die Möglichkeit gegeben werden kann, für sich selbst zu entscheiden, ob sie im Sinne der Vollkasko-Wirtschaft (maximaler Datenschutz – höhere Preise) oder der Free-Economy (beliebige Datenweitergabe in Verbindung mit Rabatten) agieren wollen.

Die Zukunft: Marktplatzsysteme

Im Bereich der Flugreservierung fand über Jahrzehnte schrittweise eine Entwicklung von proprietären Buchungsterminals und -verfahren der einzelnen Fluggesellschaften hin zum Online-Marktplatz mit maximaler Transparenz statt. Sonderangebote und Linienflüge lassen sich nach Preisen »ranken« und über spezialisierte Suchfilter selektieren. Solche Marktplatzsysteme bzw. neutrale Produktkataloge setzen sich zunehmend auch in anderen Branchen durch. eBay und ähnliche Systeme sind erste Schritte hin zu dieser Transparenz, der Endpunkt ist jedoch erst mit einer vollständigen »Commoditization« erreicht. Dann stehen Angebote für CDs, Bücher oder vollständig spezifizierte Standard-PCs nebeneinander wie die Angebote der Fluggesellschaften. Dieser Zustand wird noch einige Zeit auf sich warten lassen, da Anbieter nur selten bereit sind, den ersten Schritt zu gehen. In Kapitel 18 sind hierzu einige Standardkatalogformate beschrieben, die in Zukunft zu höherer Angebotstransparenz führen werden.

Teil **IV**

E-Business

In diesem Teil des Buches wollen wir uns nun mit *E-Business* beschäftigen, also Marktmodellen, Anwendungen und Technologien, die der Kommunikation, Koordination und Kooperation zwischen Geschäftspartnern über alle Transaktionsphasen hinweg dienen.

Im E-Business steht folglich die Integration von Unternehmenseinheiten über automatisierte Austauschmechanismen im Vordergrund. Eine E-Business-Plattform unterstützt daher (in voller Ausbaustufe) Preisfindungsmechanismen nur nebenbei. Die weiteren Themen sind:

- *Charakteristika von Produkten, Transaktionen, Märkten und Marktplätzen* (Kapitel 16), welche die Ausgestaltung von Marktplatzsystemen und die Integration zwischen Unternehmen bzw. ihrer Software beeinflussen. *Beispiele für Marktplatzsysteme* und andere Formen der B2B-Integration sind ebenfalls Teil von Kapitel 16. Hier finden wir u.a. Covisint auf der Seite der Beschaffungssysteme, Efdex als Beispiel für ein gescheitertes Marktplatzsystem und papiNet als Beispiel für eine direkte (Peer-to-Peer-)Integration zwischen Geschäftspartnern entlang der Lieferkette.

- *Elektronischer Datenaustausch* (EDI) auf der Basis von XML. Beim EDI geht es um die direkte Kommunikation zwischen den ERP-Systemen der beteiligten Unternehmen. Im Idealfall sollte der Mensch hier nicht mehr eingreifen müssen, so dass E-Business-Anwendungen dieser Art auch »Silent Commerce« genannt werden (d.h. ohne bunte Bilder auf dem Web-Browser ;-). Kapitel 17 widmet sich diesem Thema ausführlich. Ebenfalls in Kapitel 17 finden wir Informationen zur *Automatisierung von Geschäftsprozessen über organisatorische Grenzen hinweg*. Hierbei steht neben dem Austausch von Daten und Dokumenten die prozessuale Organisation im Vordergrund: In welcher Reihenfolge sollen Bestellungen, Rechnungen, Lieferungen und Katalogdatenabrufe organisiert werden? Von einer flexiblen E-Business-Plattform muss man nicht nur erwarten können, diese individuell (d.h. für eigene Besonderheiten) zu definieren, sondern auch partnerspezifisch einzurichten, d.h. individuell für jede Geschäftsbeziehung. Schließlich werden *Zugriffsmöglichkeiten für Partnerunternehmen auf interne Daten über Extranets* in Kapitel 17 aufgezeigt. Über diese lässt sich der Zugang zu einem beliebigen Funktionsumfang vom Betreiber für ausgewählte Benutzergruppen freischalten: Es kann sich dabei um Zugangspunkte für das Zusenden von Nachrichten handeln, welche direkt mit internen Anwendungen kommunizieren, oder um externe Personen (der Partnerunternehmen), die per Browser auf interne Daten oder Funktionen zugreifen. Dazu gehört auch eine *Verzahnung interner Prozesse und Informationen mit externen Partnern.*

- Kapitel 18 ist Anwendungen zur B2B-Integration gewidmet. Neben dem *Austausch von Katalogdaten* finden wir weitere Informationen zu *Preisfindungsmechanismen* wie *Auktionssystemen, Börsen, Ausschreibungssystemen* und zur *Online-Unterstützung des direkten Verhandelns von elektronischen Verträgen.* Anwendungen wie *Beschaffungssysteme, Marktplatzsoftware und Prozessportale* werden anschließend vorgestellt.

- Zum Schluss richten wir in Kapitel 19 den Blick auf die *zukünftige Entwicklung von Standards, Marktplätzen und die Organisation der Softwareentwicklung.* Mit der Vision eines Open-Source-basierten Entwicklungsmodells für B2B-Software beenden wir diesen Teil – und anschließend auch das Buch.

16 E-Business

Vergleichen Sie die Begriffe »Commerce« (Handel) mit »Business« (Unternehmen bzw. Geschäft). Während der erste vor allem mit der Verhandlung und insbesondere der Preisfindung zu tun hat, erstreckt sich der zweite auf ganz allgemeine organisatorische und prozessuale Austauschbeziehungen zwischen Unternehmen, aber auch *innerhalb* ihrer Organisationen.

Wie bereits anfangs dargestellt, wollen wir das »innerhalb« nicht ganz wörtlich nehmen, indem wir von der Unterscheidung in »Unternehmen« und »Abteilung« durch den Begriff der »Zelle« abstrahieren. Es ist aus dieser Perspektive also unerheblich, ob die Produktionsabteilung sich über XML-Messaging mit dem Lager »kurzschließt« oder ob die Produktion ihr Material extern bei den Zulieferern beschafft. In jedem Fall können Prozesse zwischen organisatorischen Einheiten ablaufen, die sich kaum mehr von Prozessen zwischen Marktteilnehmern unterscheiden müssen. Der Schwerpunkt liegt dabei auf Mechanismen der

Beim E-Business verwischen das Innen und Außen

- *Kommunikation*, d.h., dem Austauschen von Daten auf der Basis eines technischen Protokolls.
- Die *Koordination* steuert die Teilnehmer in ihren Zugriffsrechten und Aktivitäten, um allgemein gewünschte Bedingungen aufrechtzuerhalten, die nicht unbedingt jeder Teilnehmer als individuelles Ziel anstrebt. Denken Sie an den Koordinationsmechanismus des Marktes, bei dem über spezifische Preisfindungsmechanismen Transaktionen zustande kommen. Jeder Teilnehmer würde am liebsten günstig einkaufen und ganz teuer verkaufen – der Markt koordiniert diese gegenläufigen Interessen ebenso wie dies eine Verkehrsampel leistet. In beiden Fällen ist erkennbar, dass Koordination immer Kommunikation voraussetzt.
- Die *Kooperation* (bzw. *Kollaboration*) ist noch anwendungsspezifischer und damit aufwendiger zu unterstützen als die Koordination:

Hier geht es darum, ein gemeinsames Ziel zu erreichen, also einen Vertrag zu verhandeln, gemeinsam Mengen und Termine für Warenlieferungen zu vereinbaren etc. Die Unterstützung von Kooperation bedient sich also der Koordination, um Prozesse in einem bestimmten Anwendungsbereich abzuwickeln.

Transaktionsphasen Die Informations- und Abwicklungsphase ist per Definition nicht von der Preisfindung betroffen. Hier mangelt es folglich am »E-Commerce«-Charakter – dennoch findet »E-Business« vor allem auch in diesen Phasen statt, in denen der Datenaustausch und die Kooperation zwischen den Unternehmen im Vordergrund steht. Kommunikation und Kooperation findet man also beim Katalogdatenaustausch, bei der Integration von Softwareanwendungen, beim Betrieb von Online-Verzeichnissen, beim Konvertieren von Nachrichtenformaten, bei der Abwicklung von Prozessen entlang der Lieferbeziehungen, beim gemeinsamen, kollaborativen Entwurf von Produkten und Spezifikationen, bei der Durchführung von Finanztransaktionen usw. Da natürlich umgekehrt während der Verhandlung auch die Koordination und Kooperation im Vordergrund stehen, schließt E-Business den E-Commerce hierbei ein. Die Endpunkte der Kooperation sind entweder Mitarbeiter der Unternehmen oder Softwareanwendungen, vor allem ERP-Systeme.

Um in den folgenden Kapiteln häufig verwendete Begriffe klar zu unterscheiden, sollen an dieser Stelle noch einige weitere Definitionen einfließen. Diese Begriffe werden dann im Kontext der jeweiligen Schwerpunkte weiter erläutert:

- Unter *B2B-Integration* verstehen wir nicht nur die technische Kopplung von Softwareanwendungen, sondern auch die von Prozessen, Organisationen und Regeln. Diese Kopplung ist nicht eingeschränkt auf den Bereich des »Kommerz«, denn auch vor und nach der Verhandlung ist die Interoperabilität der Systeme sicherzustellen. »B2B-Integration« ist also ähnlich allgemein wie der Begriff des E-Business.
- Der Begriff *Enterprise Application Integration* (EAI) kann unter der B2B-Integration subsumiert werden. EAI betrachtet allerdings die Datenbank- oder ERP-Kopplung auf der Basis von XML-Dokumenten, Messaging-Protokollen und entfernten Prozeduraufrufen vorwiegend aus der technischen Perspektive.
- Ein *Portal* bietet schließlich eine einheitliche Browser- bzw. Nachrichtenschnittstelle, über die Teilnehmer auf eine zentrale Anwendung zugreifen können (siehe auch die Definitionen in Kapitel 8.1).

▓ Ein *ASP-Provider* betreibt im engeren Sinne ein Portal, über welches unterschiedliche Softwarekomponenten zur individuellen Nutzung online bereitstehen. Dabei stellt die Koordination mehrerer Teilnehmer in einem Prozess eher die Ausnahme dar.

▓ Ein *Hub* (engl. für »Knotenpunkt«) ist ein Dienst, der Nachrichten von Teilnehmern entgegennimmt, in das Zielformat konvertiert und an den Empfänger weiterleitet. Er dient also im Wesentlichen der Kommunikation und weniger der Koordination bzw. Kooperation. Ein Hub bietet nicht zwangsläufig einen Browser-Zugang.

▓ Ein *elektronischer Marktplatz* (oder kurz »Marktplatz«) dient im engeren Sinne der Preisfindung bzw. der Verhandlung und dem Abschluss von Bestelltransaktionen. Da jedoch vor und nach der Verhandlung etliche weitere Anforderungen der Kommunikation, Koordination und Kooperation bestehen, fasst man den Begriff häufig sehr viel weiter und schließt alles ein, was unter den des E-Business fällt und durch eine zentrale Software für mehrere Marktteilnehmer erbracht werden kann.

Ein Marktplatz befindet sich also in der Schnittmenge aus »E-Business« und »Portal«. Kein Marktplatz ist daher: *Marktplätze und Portale*

▓ E-Business, aber ohne Portal. Dies wäre z.B. ein EDI-basiertes *Handelsnetz* mit direkter Kommunikation zwischen den Partnern.

▓ Portal, aber ohne E-Business: Dies könnte z.B. ein zentraler Server sein für Online-Spiele: Die Teilnehmer werden zwar beim Jagen von Monstern koordiniert, aber das Ganze hat keinen geschäftlichen Charakter ...

16.1 Klassifikation elektronischer B2B-Marktplätze

Elektronische Marktplätze waren bis auf wenige Ausnahmen lange Zeit lediglich ein Forschungsgegenstand. Mechanismen wie Beschaffungssysteme, Gruppeneinkäufe, ASPs oder Prozessportale wurden bis in die Mitte der 90er Jahre eher theoretisch diskutiert. Natürlich gab es erste Vorläufer, besonders dort, wo Commodities in großen Mengen gehandelt werden konnten, man denke an Börsen für Frachtkapazität oder Tulpen, die auf Großmärkten in Amsterdam versteigert wurden. Trotz allem galten elektronische Marktplätze für Güter oder Dienstleistungen als etwas, das breite Kreise an Beratern oder IT-Dienstleistern – zumindest noch im Jahre 1999 – als verstanden glaubten. Befand man sich jedoch einmal mitten in den Details der Branche, der Softwarearchitektur oder der Systemintegration war man (im schlimmsten Fall erst hinterher) mit Problemsituationen konfrontiert, die bei Beginn des Marktplatzprojekts noch nicht antizipiert wurden.

Die Komplexität von B2B-Marktplätzen wurde weit unterschätzt

So lässt es sich erklären, dass wahrscheinlich Hunderte, wenn nicht gar Tausende von Marktplatzprojekten von einer idealisierten Situation ausgegangen sind, die regelmäßig durch die Widrigkeiten der Realität widerlegt wurde. So gibt es Logistik-Marktplätze, die unter der Annahme als Einziger oder einer der ganz wenigen anzutreten, sich darauf verließen, dass die Marktteilnehmer – LKW-Fahrer und Auftraggeber für den Versand von Frachtladungen – sie einfach benutzen würden. Man kalkulierte mit Marktdurchdringungen von 20% und mehr! Nach einem Jahr Tätigkeit stellte sich jedoch heraus, dass der Marktplatz nicht genug Liquidität besaß. Dies lag nicht am überschätzten Marktvolumen (dies lässt sich in jeder Branchenstatistik nachlesen) und auch nicht an mangelnder Bekanntheit des Betreibers.

Henne-Ei-Problem

Die Gründe waren erstens der nicht erwartete Wettbewerb zwischen den Marktplätzen (denken Sie an die 1000:100:10:1-Regel) sowie die technische Hürde, die beim Eintragen eines Angebots oder einer Order zu überwinden war: Entweder mussten Trucker oder Auftraggeber per WAP-Handy oder PC die Leerkapazität oder den Auftrag manuell eingeben, was heute allgemein als aufwendig gilt und weniger Technik-affine Menschen immer noch abschreckt. Oder die Aufträge mussten automatisch per EDI-Nachricht übermittelt werden, was erheblichen Aufwand bei der IT-Integration verursacht. Dies wiederum führt zum anfangs diskutierten Henne-Ei-Problem.

Was ist ein Markt?

Für Outsider ist es nur sehr schwer verständlich, wie ein traditioneller Markt tatsächlich funktioniert, und zwar nicht nur ökonomisch, sondern auch technisch und psychologisch. Noch dazu ist es zumeist ein organisch gewachsener Markt, während Marktplatzprojekte immer eine schöpferische Zerstörung mit sich bringen. Was kostet der Marktplatz wirklich unter Berücksichtigung aller Einflussfaktoren? Wie flexibel ist der Marktplatz? Ist es eher ein Markt im klassischen Sinne (etwa vergleichbar mit einer Börse oder einem Wochenmarkt) oder ist es eher das Unternehmen Ford aus den 20er Jahren, jedoch entlang der Wertschöpfungsstufen zerlegt in juristisch abgegrenzte Unternehmen, die dennoch so eng verzahnt sind, dass der Wechsel zu anderen vor- oder nachgelagerten Partnern fast unmöglich ist (vgl. z.B. heute die Supply Chain in der Automobilindustrie)? Ist der elektronische Marktplatz also nicht immer nur ein Markt (d.h. mit Schwerpunkt auf Preisfindung), sondern eher auch ein »abstrakter Ort der Kommunikation und Kollaboration« (also die gemeinsame Grundlage der B2B-Integration)?

In dieser Klassifikation versuchen wir, den »elektronischen Markt-platz« auf der Basis möglichst vieler Einflussfaktoren zu erfassen. Dabei soll – rein qualitativ – ein Mechanismus entstehen, der benutzt werden kann, um zu einem gegebenen Markt das passende Markt-platzsystem zu finden. Dieses alles quantitativ durchzuführen wäre wahrscheinlich mindestens dissertationswürdig, wenn nicht nobel-preisverdächtig ;-).

Daher wollen wir uns – quasi als Nebenschauplatz dieses Teils – den Spaß machen, in diesem Sinne über eine *Meta-Marktplatzma-schine* (wir nennen sie im Folgenden auch »M3«) nachzudenken, die an einem Ende mit allen erdenklichen Parametern gefüttert wird und am anderen ein Marktplatzmodell herauswirft, das sich ideal als Grundlage der Plattform einsetzen lässt. Softwaremenschen denken natürlich noch weiter: Die M3 stellt ein Software-Framework dar, das bestehende Komponenten (Auktionssystem, XML-Messenger etc.) zusammenkonfiguriert und am besten das grafische Web-Design für das Portal gleich mitliefert. Auch wenn das Komponieren der Software irgendwann in der Zukunft vielleicht möglich sein mag – soweit möchte ich hier jedoch noch nicht gehen. Lieber sollte die M3 nur als Denkmodell verwendet werden, um für eine ausgewählte Branche die richtigen Mechanismen und Komponenten auszuwählen. Aber dazu gleich eine Warnung an die Eiligen: Wir werden noch mindestens 200 Seiten brauchen, bis wir über einige der erforderlichen Bausteine der M3 verfügen!

Die Meta-Marktplatzmaschine ist ein Abfallprodukt des E-Business-Teils

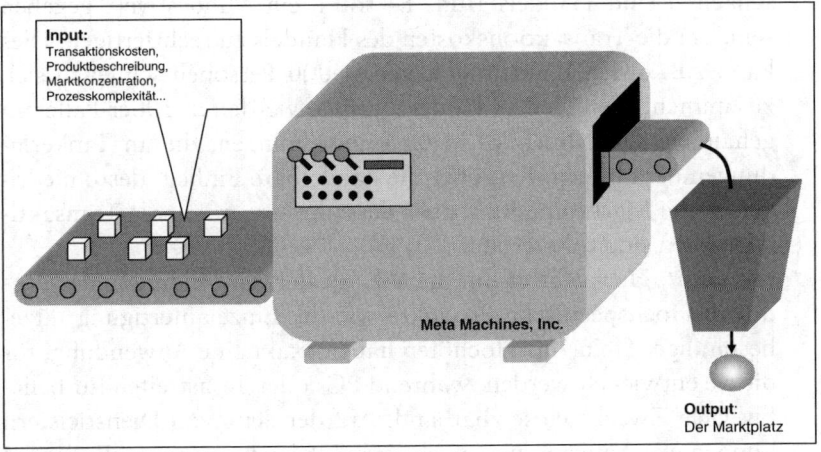

Abb. 16–1
Die Meta-Marktplatzmaschine

Nachdem uns dies hoffentlich gelungen ist, werden wir den Blick auf einige weitere Komplexe richten: Die tatsächlich gegebene IT-Infra-struktur heutiger Marktplatzsoftware, die prinzipiellen Möglichkeiten der Softwaretechnik sowie schließlich die Richtungen, in welche die Standardisierungen von XML-Datenstrukturen und Protokollen in Zukunft weisen werden. Dies alles zusammen wird uns wieder zurückführen zu Bob, dem Avatar-Designer – nur, dass wir wohl immer noch ca. zehn Jahre darauf warten müssen ...

Fangen wir an mit einer Bestandsaufnahme zu den Themen »gehandelte Produkte«, »Charakteristik von Transaktionen« und »Marktmodellen«, um anschließend zu betrachten, wie das Ganze mit Softwaresystemen korreliert.

16.1.1 Charakterisierung von Produkten

Was die Ausrichtung des Marktplatzes ganz besonders beeinflusst, ist die Charakteristik des gehandelten Produkts: Kann es leicht transportiert werden? Ist es einfach zu spezifizieren? Ist seine Qualität leicht messbar? Welche Kosten verursacht der Handel selbst, wie sind traditionelle Märkte für die Güter beschaffen? Uns allen ist klar, dass sich Mineralöl 1000-Barrel-weise online handeln lässt, Flugzeugträger dagegen weniger und schon gar nicht ihre Herstellung. Daher soll im Folgenden ausgelotet werden, wo die Grenzen der Handelbarkeit liegen und welche IT-Unterstützung sinnvoll oder erforderlich ist.

▪ *Handelbare Mengeneinheit des Produkts.* Hier ist zu unterscheiden zwischen der minimalen Menge eines Produkts und der gehandelten Einheit. Weder der Barrel Öl noch die einzelne Streichholzschachtel sind Handels-affin. Es sollte ein Mindestwert gegeben sein, um die Transaktionskosten des Handels zu rechtfertigen. Dies kann z.B. durch Bündeln erfolgen: 1.000 Personen schließen sich zusammen, Walkmen zu kaufen, Tulpen werden in 100er-Paletten gehandelt und Mineralöl in Größenordnungen, die an Tankerladungen heranragen. Je größer die handelbare Einheit, desto niedriger ist die Marktliquidität, aber desto höhere nominale Transaktionskosten sind tolerierbar.

▪ *Spezifität.* Hier geht es um die Vielfalt der Anwendung eines Produkts. Hochspezifische Produkte wie die Einzelanfertigung hitzebeständiger Steine für Hochöfen haben exakt eine Anwendung, für die sie entwickelt werden, während PCs oder Tesastreifen für beliebig viele Zwecke einsetzbar sind. Auf der Seite von Dienstleistern können wir Anbieter wie ungelernte Hilfskräfte an einem Ende und PL1-Programmierer oder Bekämpfer von Ölbohrturm-Bränden am anderen unterscheiden. Die Spezifität eines Produkts oder einer Dienstleistung hängt eng zusammen mit der Liquidität eines Marktes, d.h., wie viele Handelstransaktionen pro Zeiteinheit zu erwarten sind.

▨ *Komplexität der Produktbeschreibung.* Dieses Kontinuum beginnt am unteren Ende bei Commodities wie Telekom-Verbindungen (Flatrates) oder elektrischem Strom und endet ungefähr beim Flugzeugträger. Je komplexer die Produktbeschreibung, desto weniger ist das Gut für den automatisierten Handel geeignet. Denken Sie an einen Marktplatz für Gebrauchtwagen und die vielen Einstellungsmöglichkeiten, die sich hier ergeben (schauen Sie mal selbst nach unter *www.mobile.de*): Preis, Modell, Baujahr, Farbe, PS, besondere Ausstattungsmerkmale (Anzahl Türen, rechter Außenspiegel, Radio mit CD-Player, ...), Zustand, Standort des Verkäufers, Modalitäten der Kaufabwicklung (Vorkasse, Bar, ...), wer trägt die Kosten der Überführung – keine Chance für den automatisierten Handel auf einem Marktplatz. Selbst Strom wird künstlich in der Produktspezifikation so »verkompliziert« bzw. differenziert, dass er immer weniger handelbar wird (Strom aus Wasserkraftwerken, Windrädern, Atomstrom aus Frankreich, Strom zwischen 9.45 und 10.00 am Vormittag, Strom zwischen 01.00 und 05.00 nachts, Strom für zwei Jahre zu diesen Uhrzeiten, gelber Strom, grüner Strom etc.). Wir können aus einem technisch einfach spezifizierbaren Produkt (Wie viel Euro pro Kilowatt) marketingtechnisch ein hochkomplexes machen, genauso wie ein eigentlich hochkomplexes Produkt durch Normierung in seiner Spezifikation simplifiziert werden kann: »Auf unserem Marktplatz wird Rollenpapier für den Zeitungsdruck gehandelt, das der Qualität XYZ entspricht«. Jeder Branchenteilnehmer kennt die Marke 4711. Die Produktspezifikation würde sich folglich reduzieren auf »KEuro pro Tonne 4711«, ein Kinderspiel, den Handel vollautomatisch zu organisieren, wenn der Marktplatz genügend Liquidität hätte.

▨ *Preisstruktur* (Material, Service, Herstellkosten, Transport, Gewinnmarge). Hier variieren Produkte ganz extrem: Denken wir wieder erst einmal an Papier, so wird dies in der Regel nicht dort hergestellt, wo es verbraucht wird: Die Hersteller sitzen fast ausnahmslos in Skandinavien, USA, Kanada, China oder Südamerika, während die Kunden (Bauer, Burda, Springer, Gruner & Jahr, Giunti Montadiori, News Corp., Time, ...) sich weit entfernt von den Wäldern befinden. Die Tonne Rollenpapier kostet heute ca. 500 Euro, davon entfallen immerhin ca. 20% auf Lagerung und Transport. Wer Papier einkauft, zahlt folglich einen wesentlichen Teil des Preises an den Logistik-Dienstleister. Am anderen Ende des Spektrums befinden sich Güter wie Individualsoftware, bei denen der Anteil an Material- und Transportkosten vollständig ignoriert werden kann. Der Preis setzt sich im Wesentlichen aus Personalkosten und Gewinnmarge zusammen. Wenn einst elektronische Bücher online gehandelt werden, dürfte ebenfalls die Zusammensetzung des Preises etwa so aussehen (nehmen wir einmal dieses Buch als Kalkulationsgrundlage): 8 Euro Autorenhonorar, 15 Euro für Satz und Produktion sowie Marketing und Kosten des Online-Direktvertriebs sowie vielleicht 5 Euro Gewinn. Dies würde den Gesamtbuchpreis um fast 50% gegenüber dem klassischen Vertrieb reduzieren.

▪ *Strategische Bedeutung des Produkts für den Käufer.* Einige Produkte kauft ein Unternehmen langfristig ein, indem für einen größeren Zeitraum Abnahmeverträge geschlossen werden, und andere werden wiederum »just in time« beschafft. Diese Varianten lassen

Kontrakt oder Spot   sich als *Kontrakt-* bzw. *Spot*-Geschäft charakterisieren. Je strategischer die Bedeutung eines Produkts ist, desto langfristiger ist der Zeitrahmen, für den die Versorgung sicherzustellen ist.

▪ *Wertschöpfungsbeitrag eines Produkts bzw. direkte vs. indirekte*
A- und C-Güter   *Produkte.* Hier unterscheidet man üblicherweise zwischen A- und C-Gütern: Erstere sind Einstandsgüter für die Produktion, also Baukomponenten der Autofertigung, Papierrollen beim Zeitungsdruck etc., während C-Güter nicht wertschöpfenden Charakter haben, also nur indirekt in die Produktion einfließen (Betriebsstoffe): Bleistifte, Leasing-Wagen, Schreibtische, Handys etc. Dies ist natürlich immer abhängig vom Kunden: Die Werbeagentur wird Papier und Bleistiften eine andere Bedeutung beimessen als eine Versicherungsverwaltung. Wenn bei der Agentur die Versorgung mit Schreibmaterial ausfällt, steht der Betrieb genauso still wie die Produktion von Autos, wenn am anderen Ende des Kontinents gestreikt wird und keine Türschlösser mehr ausgeliefert werden.

16.1.2 Charakterisierung von Transaktionen

E-Commerce bedeutet »Handel« und Handel basiert auf Transaktionen, die den Austausch von Geld, Gütern, Dienstleistungen oder Rechten darstellen. Was sich abstrakt zum simplen Tausch »Ware gegen Geld« reduzieren lässt, findet in der Praxis in einem hochkomplexen Kontext statt, der durch eine Vielzahl von Einflussfaktoren bestimmt ist. Wollen wir unsere Meta-Marktplatzmaschine so füttern, dass wir am Ende eine passende Marktplattform produzieren, dann sind mindestens folgende Faktoren zu berücksichtigen:

▓ *Transaktionsphasen.* Wie schon ganz am Anfang erwähnt, lassen sich Transaktionen grob unterscheiden in die Phasen Information, Verhandlung und Abwicklung. Dabei kann ein Marktplatz im weitläufigen Sinne einzelne, aber auch Kombinationen von Phasen und Phasenübergängen abdecken. Die meisten existierenden »Marktplätze« dienen nach wie vor der Information, d.h., es werden Teilnehmerlisten und Angebote verwaltet, die Transaktion selbst erfolgt jedoch offline. Eine Unterstützung der Verhandlungsphase finden wir bei Systemen, die Ausschreibungen oder Auktionen abwickeln. Den Kaufabschluss zu unterstützen bedeutet, Zahlungsmodule zu integrieren (bei Online-Shops) bzw. in der B2B-Welt Aufträge online über EDI-Nachrichten zu erteilen. Auch die Abwicklungsphase kann in vielfältiger Weise online erfolgen, indem Lieferungen, Lieferstati (=Tracking & Tracing), Rechnungen etc. zwischen den Transaktionspartnern ausgetauscht werden. Es hängt ganz wesentlich von der Charakteristik des Produkts ab, welche Transaktionsphasen unterstützt werden. Bestellt der Kunde ein Buch bei Amazon, so ist die Lieferung recht einfach und ohne individuelle Besonderheiten. Eine Verhandlung wird dabei nicht unterstützt. Bei komplexeren Produkten wie dem Armaturenbrett eines neuen S-Klasse-Modells findet online ein komplexer Prozess der gemeinsamen Planung, Spezifikation, Ausschreibung, Verhandlung sowie Abwicklung statt. Teile der Spezifikation sind nicht nur das technische Produkt, sondern auch Qualitätsmerkmale wie Liefergenauigkeit, Mengen und Frequenzen der Einzellieferungen, Transportgeräte und -behälter, Konventionalstrafen im Falle der Nichteinhaltung von Terminen oder technischen Toleranzwerten. Ähnlich komplex ist die Spezifikation von Bauleistungen, dem Druck von Werbematerial, der Entwicklung von Individualsoftware etc. Bei diesen Transaktionen finden wir einen recht schematischen Teil zur Durchführung der Informations- und Verhandlungsphase und einen weiteren Teil, in den die Zulieferung der Ware unter Berücksichtigung aller logistischen Dienstleistungen erfolgt. Hierbei liegt die Kunst in der möglichst vollständigen Spezifikation der Zulieferung sowie in der IT-Integration der beteiligten Unternehmen.

▓ *Gewichtung der Transaktionsphasen.* Wie aus dem ersten Punkt bereits erkennbar ist, fällt den verschiedenen Transaktionsphasen je nach Branche oder Produkt unterschiedliche Bedeutung zu. In vielen Situationen sind einzelne Phasen ganz ohne Bedeutung, während in anderen nur die vollständige Integration von der Informations- bis zur Abwicklungsphase lohnend ist.

Informationsphase

Kaufabschluss

Fulfilment

Komplexe Produkte erfordern lange Informations- und Verhandlungsphasen

Die Transaktionsdauer
kann zwischen Sekunden
und Jahren liegen

Dauer der Transaktion. Wenn wir bei Amazon als Kunde registiert sind, kann die »Verhandlungsphase« nur einen Mausklick dauern. Gleiches gilt für den Wertpapierhandel: Der »Match« erfolgt im Handelssystem in Sekundenbruchteilen. Geht es jedoch um den Bau einer Industrieanlage, so sind mit der Verhandlung Monate bis Jahre verbunden, denken sie hier an den Airbus A380, dessen Planung fast ein Jahrzehnt dauert, bis die erste Maschine die Montagehalle verlässt. Auch hier wird mit Zulieferern verhandelt, wobei selbst die rein »juristische« Verhandlung bereits Monate dauern kann (Aufsetzen von Verträgen, juristische Gutachten, Feilschen um Klauseln, Workflow-Management der Dokumente etc.), ganz abgesehen von der Einigung auf die technische Spezifikation von Bauteilen.

Match vs. Prozess

Wir können folglich unterscheiden zwischen dem *Match* und dem *Prozess*. Im ersten Fall liegt ein Standardkontext von Parametern vor, die für die »Verhandlung« feststehen (z.B. dass die Kosten der Zulieferung vom Online-Buchhändler getragen werden). Im zweiten Fall sind diese Rahmenbedingungen selbst Gegenstand der Verhandlung, dann ist die gesamte Transaktion um Größenordnungen komplexer. Die Krux liegt jedoch gerade darin, dass die Verhandlungspartner im Festlegen der Rahmenbedingungen, die die Verhandlung selbst, aber auch die Abwicklungsphase »regieren«, die besten Möglichkeiten zur Abgrenzung gegenüber dem Wettbewerb finden: Was nützt die Einhaltung der Qualitätsmerkmale des Produkts, wenn die des Transports ungenügend sind? Ein Softwareunternehmen, das sich am Wagnis der Portalentwicklung beteiligt (höherer Anteil am Unternehmen gegen reduzierte Entwicklungskosten), kann sich anders positionieren als ein Unternehmen, das bzgl. seiner Tagessätze unflexibel bleibt.

Dauer einzelner Phasen. Etwas abstrakter formuliert, können sich einzelne Transaktionsphasen in ihrer Dauer unterscheiden. Man denke an das Airbus-Beispiel und vergleiche dies mit einem Auftrag an eine Druckerei, 5.000 Exemplare einer Unternehmensbroschüre zu drucken. Sowohl in der Verhandlungsphase als auch in der Abwicklung stehen hier Jahre auf der einen Seite Tagen auf der anderen gegenüber.

Dauerhaftigkeit der
Vertragsbedingungen

Eine interessante Eigenschaft von Transaktionen, die bei unzureichender Berücksichtigung das ganze B2B-Spiel verderben kann, ist die *Dauerhaftigkeit der Vertragsbedingungen*: In vielen Branchen ist es üblich, dass Vereinbarungen nachträglich verworfen, ergänzt oder verfeinert werden. Ein Auftrag entspricht dabei häufig einem »Gentleman's Agreement«, bei dem das gegenseitige Vertrauen so hoch ist, dass man sogar bereit ist, einen Auftrag rückabzuwickeln, wenn die Langfristigkeit der Geschäftsbeziehung dies erlaubt. Die Kontinuität der Geschäftsbeziehung ist für beide Seiten so sehr von Bedeutung, dass die eine Seite der anderen mehr als nur einen marginalen Gewinn lässt, dafür aber die Bereitschaft erwartet, unvorhersehbare Situationen gemeinsam zu meistern. Konkret bedeutet dies zweierlei: erstens das nachträgliche Abweichen von eigentlich rechtsverbindlichen Verträgen und zweitens das schrittweise Präzisieren von Mengen, Terminen und Preisen. Dazu ein Beispiel: Im Januar eines Jahres wird die Jahresproduktion von Möbeln geplant und mit dem Zulieferer von Stoffen ein Abnahmevertrag über eine Menge von 1000 Tonnen roten und 1000 Tonnen gelben Stoffes vereinbart. Die ökonomischen und geschmacklichen Rahmenbedingungen lassen jedoch bereits im März erkennen, dass der rote Stoff stärker en vouge ist als der gelbe und sich die gesamte Abnahmemenge auf nur 1.800 Tonnen reduziert. Während anfangs pro Monat eine Abrufmenge von 165 Tonnen vereinbart wurde, erfolgen im März, April und Mai nur Abrufmengen von 150, 140 und 130 Tonnen. Wir finden also drei Ebenen der Vereinbarung (Rahmenvertrag, Auftrag, Abrufe), zwischen denen Veränderungen der Mengen, Termine und Preise stattfinden und deren Bedingungen auf der betreffenden Ebene selbst korrigiert werden können. Die anglophile Welt der Geschäftsprozessmodellierer nennt dies *Amendments* (Korrekturen von Bestellungen), Gleiches gilt für den *Call-off*, den Abruf von Waren, z.B. aus dem Lager des Herstellers.

Schrittweises Verfeinern von Terminen, Mengen und Qualitäten

▪ *Transaktionskosten.* Auch dies ist ein Kriterium mit besonderer Bedeutung für die Durchführbarkeit einer erfolgreichen B2B-Integration. Transaktionskosten sind solche Kosten, die durch die Transaktion selbst und nicht durch das Produkt verursacht werden, also Suchkosten, Kosten der vertraglichen Fixierung, Kosten der Wechselkurssicherung, Versicherungen etc. Transaktionskosten können von weniger als einem Prozent bis zu über 50% variieren. Denken Sie an den PC, den Sie für 1.000 Euro beim Großhändler kaufen, in bar bezahlen und selbst nach Hause transportieren, nachdem Sie spontan die Anzeige mit dem besonders günstigen Preis auf einem Plakat gesehen haben. Das Bezahlen und Transportieren kostet wahrscheinlich weniger als 10 Euro. Jede Abweichung von dieser Idealsituation kann jedoch bereits die Transaktionskosten drastisch erhöhen: Langes Suchen nach dem richtigen Gerät kann Stunden bis Tage kosten, das Bezahlen per Kreditkarte kann den Händler 4-5 Prozent kosten und der Transport per Lieferservice nochmals 10-20 Euro – Sie liegen also rasch in einer

Größenordnung von 10-20 Prozent Transaktionskosten. Diese Zahlenmechanik ist beim Planen eines Marktplatzsystems genau zu analysieren, um sicherzustellen, ob die für den Marktplatz angenommene Konstellation für alle Beteiligten vorteilhaft ist.

Interne vs. externe Transaktionskosten. Wie bereits gesagt, Transaktionskosten können durch Dritte verursacht werden (z.B. die Kreditkartengesellschaft bei der Bezahlung) oder intern auf der Seite des Kunden bzw. Anbieters entstehen. Im Gegensatz zur Gewinnmargen mindernden Preisreduktion sind Anbieter *und* Kunden an der Reduktion der jeweiligen internen Transaktionskosten interessiert. Hier verfolgen sie gemeinsame Interessen, sie befinden sich daher in einer »Win-Win«-Situation, während Preisreduktionen zu einer »Win-Lose«-Situation führen. Häufig werden interne Transaktionskosten auch als *Prozesskosten* definiert. Der »Prozess« steht hier für die gesamte (personelle) Bearbeitung von Aufträgen – beim Kunden wie auch beim Zulieferer. In einschlägigen Publikationen sowie auch bei den Herstellern von Marktplatzsoftware kursieren hier Prozentsätze von 10%-80%, wenn es um die B2B-Integration zur Reduzierung von Prozesskosten geht. Realistisch ist sicherlich ein Wert nahe des unteren Endes, also 10-20% (wenn man einmal vom klassischen Bleistift im Werte von 0,2 Euro absieht, der für 100 Euro Prozesskosten bestellt wird). Dennoch, das Thema der Prozesskostenreduktion wird uns noch über viele Seiten beschäftigen und auch in den nächten Jahren ein riesiges Umsatzpotenzial für IT-Berater und Produktentwickler bergen ;-).

Prozesskosten

Gewinnmarge des Anbieters. Relativ unabhängig von den nominalen Transaktionskosten ist die Gewinnmarge des Anbieters. Nach der reinen Volkswirtschaftslehre ist zu erwarten, dass die Verzinsung des eingesetzten Kapitals langfristig gar nicht wesentlich von der Umlaufrendite nach oben abweichen wird. Wäre dies der Fall, würden tendenziell neue Wettbewerber in den Markt einsteigen und zu niedrigeren Preisen anbieten, gerade mit dem Ergebnis, dass der Wettbewerb am Ende zu einer entsprechenden Preisreduktion führt. Aber in der Realität finden wir unterschiedliche Zugangsblockaden und Intransparenzen. Generell korrelieren dabei natürlich Intransparenz und Höhe der Zutrittsbarriere mit der Gewinnmarge. Jetzt also die spannende Frage: Warum soll ein Anbieter, der sich in dieser glücklichen Situation befindet, denn einen elektronischen Marktplatz betreten? Um seine Gewinnmarge zu reduzieren? Wohl kaum. Transparenz – und damit auch elektronische Marktplätze – sind Gift für die Gewinnmarge des Anbieters. Marktplätze wirken im Wesentlichen durch die Preistransparenz gewinnmindernd und sind folglich so lange zu meiden, bis die Teilnahme daran als vorherrschender Transaktionsmechanismus unvermeidbar wird. »Marktplatz« im Sinne der Preisfindung eignet sich andererseits nur bei hoher (Preis-)Transparenz. Hier sind die Margen der Anbieter naturgemäß bereits sehr niedrig. Folglich können auch nur in sehr viel bescheidenerem Maße Transaktionsgebühren des Marktplatzbetreibers erhoben werden – also auch »Fehlanzeige«für den Marktplatzbetreiber: Dort, wo die Gewinnmarge hoch ist, mag sich kein Anbieter so richtig auf das Modell »E-Commerce« einlassen, während dort, wo die Margen niedrig sind, offensichtlich bereits so viele Transparenzmechanismen existieren, dass ein elektronischer Marktplatz nicht wirklich nötig ist (denken Sie an die Billigflüge, die in der Samstagsausgabe Ihrer lokalen Zeitung angeboten werden – für den Handel über einen elektronischen Marktplatz bleibt nur noch Spielraum für ganz wenige Euro Transaktionsgebühr ...).

16.1.3 Charakterisierung von Märkten

Nachdem wir nun Produkte und Transaktionen näher beleuchtet haben, soll das Augenmerk auf die Märkte selbst gerichtet werden, dabei immer noch unter weitgehender Vermeidung von E-Business-Unterstützung – es geht vielmehr um die Vervollständigung der Parameter für die Meta-Marktplatzmaschine.

▪ *Anzahl der Teilnehmer.* Märkte können auf der Käuferseite alle Konsumenten dieser Welt besitzen oder nur einen einzelnen, monopolistischen Kunden. Denken sie im zweiten Fall beispielsweise an Stahlunternehmen, die Hochöfen bauen. Durchschnittlich wird pro Jahr weltweit ungefähr ein Hochofen gebaut. Wer auf der Anbieterseite so spezialisiert ist, dass er beispielsweise nur feuerfeste Steine für Hochöfen produziert, befindet sich zusammen mit seinen vier weltweiten Wettbewerbern auf einem ziemlich schwierigen Markt. Die Automatisierung des Marktes ist hier eine recht brotlose Kunst, das eine Mal im Jahr kann man sich die Preisfindung auch per Telefon leisten. Sehr viel sinnvoller ist hier die Unterstützung aller Prozesse, die in der Verhandlungs- und Abwicklungsphase auftreten (z.B. Austausch von Entwürfen, Lieferpapieren, Bestellungen von Ersatzsteinen). Aber auch in anderen Szenarien kann die Anzahl der Marktteilnehmer weit hinter dem Potenzial zurückbleiben, z.B. wenn der Marktplatz mit anderen konkurriert, wenn der technische Zugang Teilnehmer abschreckt

oder wenn die Erwartung besteht, dass im nächsten Jahr alles auf
der Basis neuer Standards, Technologien und Anbieter einfacher,
billiger und Erfolg versprechender wird.

- *Konzentration.* Unabhängig von der Anzahl der Teilnehmer ist die
Konzentration der Anbieter bzw. Kunden: Wie wenige Teilnehmer
stellen 50 Prozent des Angebots oder der Nachfrage dar? Denken
Sie z.B. bei Logistik-Dienstleistern an den Transport eines 30-Kilo-
Pakets nach Paris. Hier gibt es vielleicht zehn Speditionen oder
Kurierdienste, die 80% des Marktvolumens repräsentieren. Anders
sieht es jedoch bei den tatsächlichen Fahrern aus, die meistens als
Selbstständige für die eine oder andere Spedition tätig sind, auf diesem Markt ist die Konzentration minimal (da ja jede Person mehr
oder weniger nur für ihren eigenen Umsatz steht). Folglich setzen
viele Marktplatz-Geschäftsmodelle auf die Überbrückung der Spedition in der Logistik-Wertschöpfungskette (»Disintermediation«).
Die Konzentration ist somit ein weiterer Parameter bei der Feststellung, für welche Geschäftsmodelle Marktplätze sinnvoll eingesetzt
werden können.

- *Globalisierung.* Ein Marktplatz für Übersetzungsdienstleistungen
ist per Definition global: Eine Übersetzung Deutsch → Englisch
kann in Deutschland, Großbritannien, USA, Kanada, Irland, Namibia oder Timbuktu geleistet werden, das Gut erfordert keinen physischen Transport und ist in keiner anderen Weise lokal gebunden.
Anders sieht es beim Hausbau oder bei Mineralwasser aus: Auch
wenn San Pellegrino aus den Dolomiten bis nach Skandinavien
transportiert wird, steht es im harten Wettbewerb mit der »Quelle
um die Ecke«. Bei San Pellegrino dürfte der Transport mindestens
70% des Preises ausmachen. Bei diesem Beispiel gibt das Produkt
aufgrund seines niedrigen spezifischen Preises, seiner wenig strategischen Bedeutung (bis auf einige italienische Restaurants ;-) und fehlenden »Alleinstellungsmerkmalen« (Scusi!) wenig her, um überre-
gional gehandelt zu werden. Gleiches gilt für den Bau eines
Einfamilienhauses – weder die Handwerker noch die Lieferanten
von Gerät oder Materialien sind bereit, am anderen Ende des Kontinents zu bauen, wenn diese Distanz nicht in die Preiskalkulation
einfließt. Regionalisierung muss folglich in vielen Fällen explizit
berücksichtigt werden. Dies bedeutet, dass bei der Suche oder Verhandlung von Angeboten der Standort einbezogen wird oder der
Marktplatz ohnehin nur auf die lokale Region beschränkt ist.

- *Machtverteilung im Markt.* Lange wurde die tatsächliche Verteilung der Macht bei einem existierenden Markt von Start-up-Betrei-
bern mit Marktplatz-Ambitionen ignoriert. Denken Sie an die

Automobilindustrie, bei der die Kundenseite definiert, wie Lieferketten, technische Produktspezifikationen und Preiskonditionen auszusehen haben. Ein Start-up, der dieses Gefüge nicht beachtet und seine Rechnung ohne den Wirt (oder den Gast) macht, hat bereits verloren. Dies mag altklug klingen, ist aber einem großen Teil der Start-ups widerfahren.

▪ *Zusammensetzung des Marktvolumens.* Das Marktvolumen kann sich aus sehr vielen, niedrigpreisigen Transaktionen oder sehr wenigen hochpreisigen zusammensetzen, es wäre dennoch in beiden Fällen gleich. Für unsere Meta-Marktplatzmaschine ist es jedoch von Bedeutung, ob z.B. gebrauchte Office-Software oder feuerfeste Steine für Hochöfen gehandelt werden, da die Preis- und Wettbewerbsstruktur genauso variiert wie die Charakteristik der Transaktion.

▪ *Transparenz.* Dieser Punkt ist fast nicht mehr unabhängig von den vorgenannten, da sich die Transparenz aus Transaktionsvolumen, Produktspezifität, Regionalisierung und Machtverteilung ergeben kann. Es ist jedoch ein erheblicher Unterschied zu wissen, dass der Transport von fünf Möbelwagenmeter von Hamburg nach Mallorca 2.000 Euro kostet, und auf der anderen Seite zu wissen, wer dies anbietet und wie man mit ihm zu verhandeln hat. Elektronische Marktplätze sorgen immer für Transparenz – bzgl. der Marktteilnehmer, bzgl. der Preise und machmal auch bzgl. der Qualität. Letzteres vor allem, wenn der Marktplatz mit einer Community-Plattform wie ePinions kombiniert ist.

▪ *Angrenzende/komplementäre Märkte.* Dieser Aspekt wird mit dem Begriff »M2M-Commerce« umschrieben: Was nützt nämlich ein Marktplatz, auf dem Chemikalien gehandelt werden, wenn Transport und Lagerung offline verhandelt und koordiniert werden. Dann fallen Transaktionskosten der Verhandlung sowohl offline als auch online an. Alle erforderlichen Stammdaten des Chemie- bzw. des Logistik-Kontrakts werden damit sowohl online als auch offline mitgeführt, macht es da nicht Sinn, Märkte zu kombinieren? Hierbei unterscheiden wir folgende Varianten:

M2M-Commerce

- *Märkte für Unterstützungsfunktionen*: Die typische Integration findet hier zwischen der Logistik-Dienstleistung und dem vertikalen Markt statt: Für den Papier- oder den Möbeltransport ist ein Spediteur zu wählen, dies gilt selbst für das bei eBay erstandene Fahrrad. Eine ähnliche Funktion spielt der Markt für Versicherungen (Transporte, Immobilien, Haftung etc.).

- *Angrenzende Märkte in der Wertschöpfungskette*: Wenn wir uns nur auf die Logistik konzentrieren, finden wir etliche Dienstleister, die in Kombination den Transport unserers Fahrrads von Hamburg nach New York durchführen: Diese »Door-to-Door-Dienstleistung« setzt sich zusammen aus Abholung, Lagerung, Transport zum Container-Terminal, Lagerung, Transport, Entladung des Containers, Lagerung, Auslieferung. Eine vollständige Integration dieser Logistikkette ist bereits seit Jahren das Nirvana all derer, die sich mit der Prozessoptimierung in dieser Branche auseinander setzen. Aber auch entlang der Wertschöpfungsketten für Papier, Chemieprodukte, Baukomponenten der Automobilindustrie etc. würde eine Integration der jeweiligen »Supply Chain« eine große Zahl an Softwaresystemen auf eine einheitliche Basis (»Prozessportal«) stellen.

Wir haben jetzt eine überwältigende Zahl an Einflussfaktoren kennen gelernt, die zusammen die Auswahl der »richtigen« Marktplattform beeinflussen. Häufig kommt es dabei zu Situationen, in denen eine Automatisierung heute noch nicht sinnvoll ist, da zu komplexe Prozesse durch zu unflexible Software abgewickelt werden müssten. Dies gilt selbst schon für ganz banale, nachvollziehbare Situationen. Der Leiter der Einkaufsabteilung eines größeren Handelskonzerns schilderte einmal folgende Situation: »Auktionen? Ich brauche keine Auktionssysteme! Ich führe täglich Auktionen mit meinen Lieferanten durch. Dies sind meistens nicht mehr als drei, vier oder fünf, die ich anrufen kann. Es kostet mich eine Stunde an Telefonaten, dann habe ich einen Preis, den ich auch über eine Auktion nicht mehr verbessern könnte.« Dies ist korrekt, wenn man die Umstände berücksichtigt: Es mag sich um das Drucken eines Katalogs handeln. Dieser Auftrag ist relevant für wenige Großdruckereien, mit denen man schon erfolgreich gearbeitet hat. Beide Seiten kennen ungefähr das Kostengefüge der jeweils anderen Seite, so dass mit einer Stunde »Einkaufsleiter« (die vielleicht 200 Euro kosten mag) eine Verhandlungssituation erreicht werden kann, die vielleicht 10.000 Euro abweicht von der maximal erreichbaren Reduktion.

Wie viel würde hingegen das Durchführen einer Auktion kosten? Klar, bei Ricardo sind es im B2C-Fall ein paar Handgriffe, dann wird der Prozess gestartet und läuft automatisch. Im B2B-Fall sieht die Situation häufig anders aus: Viele der oben erwähnten Charakteristika müssen berücksichtigt werden. Die richtigen Anbieter müssen identifiziert und eingeladen werden. Das Auktionsmodell ist in passender Weise zu parametrisieren und schließlich sind die Beteiligten möglicherweise noch zu trainieren. Dieser gesamte Prozess kostet einige Tage an Aufwand, so dass aus der Auktion schnell ein eigenständiges Projekt wird, dass wiederum signifikant weniger als 10.000 Euro kosten soll. Der Aufwand schwankt also zwischen drei Personentagen McKinsey-Berater bzw. fünfzehn Personentagen an internen Ressourcen.

Offensichtlich konnte das Versprechen, durch E-Business diese Situation des Einkaufsleiters im Allgemeinen zu verbessern, bisher nicht gehalten werden. Die erforderliche Infrastruktur ist häufig nicht kundengerecht, nicht standardisiert oder einfach zu teuer.

16.1.4   Einflussfaktoren auf die Form der B2B-Integration

Nachdem bisher die Charakteristika traditioneller Marktplätze untersucht wurden, konzentrieren wir uns im Folgenden auf Rahmenbedingungen und Optionen für die *Realisierung* von Marktplatzsystemen. Wichtige Einflussgrößen sind hier

- der Mechanismus der Preisfindung,
- die Kosten- und Erlösbetrachtung des Marktplatzbetreibers,
- der Nutzen, den der elektronische Marktplatz seinen Teilnehmern bietet (»Value Proposition«),
- die Zusammensetzung der Initiatoren bzw. Betreiber,
- die organisatorische Ausrichtung des Marktplatzbetreibers,
- seine personelle Besetzung,
- seine Ausrichtung auf horizontale oder vertikale Anwendungen sowie schließlich
- seine technische Infrastruktur.

Mechanismen der Preisfindung

Je nach Ausprägung der bisher genannten Parameter, lassen sich Mechanismen der Preisfindung mehr oder weniger passend einsetzen. Diese Mechanismen sind:

- *Katalogangebot*. Katalogangebote nennen in der Regel nur die Produktspezifikation und den Preis, ohne die Verhandlungsphase abzudecken. Das Produkt darf nicht zu komplex sein, da sonst die Darstellung im Katalog nicht mehr sinnvoll ist. Bei zu vielen Varianten fällt zudem die Darstellung und die Festlegung von Listenpreisen schwer.
- *Börsen* (engl. *Exchanges*). Hierbei entscheidet ein »Match« zwischen zwei Spezifikationen über das Zustandekommen einer Transaktion. Die Spezifikation muss dabei für eine vollständige Automatisierung ausreichen. Die Verhandlungsphase kommt hier nicht zum Tragen und auch der Zeitpunkt der Transaktion kann von kei-

nem der Partner festgelegt werden. Dieser Mechanismus funktioniert am besten, wenn Commodities bei hoher Marktliquidität gehandelt werden. Wichtig ist dabei auch, dass der Börsenhandel keinen Prozesscharakter hat. Das heißt, alle Formen der Transaktionsunterstützung, die sich über mehr als das Ausführen von Order-Transaktionen erstrecken, sind nicht für Börsen geeignet.

- *Gruppeneinkauf* (»Power-Shopping«). Dies macht im B2B-Commerce Sinn, wenn mit Wettbewerbern beim Einkauf kooperiert werden kann. Dies ist etwa dann zweckmäßig, wenn man sich nicht im regionalen Wettbewerb befindet oder das Produkt nicht wettbewerbsrelevant ist (also z.B. ein C-Gut). Folglich ist es denkbar, dass Verlage eine Einkaufsgemeinschaft bilden, um Büromaterial gemeinsam zu beschaffen. Alle Verlage sparen dabei Prozesskosten und können die Preise senken. Aufgrund der besseren Verhandlungsposition lässt sich diese Preisreduktion auch durchsetzen.

- *Auktion.* Auktionen sind sinnvoll, wenn es sich bei den Produkten um komplexe Güter handelt, gleichzeitig jedoch eine kenntnisreiche Bietergemeinschaft existiert. Dann lässt sich die Verhandlung auf die eine Dimension des Preises reduzieren. Wenn die Spezifikation des zu handelnden Guts weit genug reicht, kommen auch Softwareagenten als Handelspartner in Frage.

- *Ausschreibung.* Längerfristige *Prozesse* wie Ausschreibungen oder individuelles Verhandeln lassen sich kaum mehr durch ein zentrales Portal abwickeln, jedenfalls nicht direkt im Sinne der Preisfindung, sondern nur indirekt durch die Unterstützung von Kooperationsprozessen, die der Preisfindung dienen. Man denke hier an Produktkonfiguratoren, die helfen, ein ausgeschriebenes Produkt zu spezifizieren, oder an Anbieterverzeichnisse, aus denen Empfänger der Ausschreibung ausgewählt werden. Schließlich ist die Abwicklung von Kommunikations- und Kollaborationsprozessen ein weiterer Bereich, in dem Prozessportale zum Einsatz kommen.

- *Individuelle Verhandlung mit Einzelanfertigung.* Hierbei ist alles offen. Über das Verfahren der Ausschreibung hinaus kann sogar der Verhandlungsprozess individuell festgelegt werden. Individuelle Verhandlungen stellen an sich bereits hohe Transaktionskosten dar und eignen sich somit nur für hochpreisige oder Spezialgüter (denken Sie an den Hochofen oder an das Möbelstück auf dem Flohmarkt). Mit zunehmender Intransparenz bleibt nur noch das individuelle Aushandeln von Preisen und Qualitäten.

Häufig stellt sich die Frage, ob eine Preisfindung online überhaupt unterstützt werden soll. Fast jeder B2B-Marktplatz, der bisher gescheitert ist, hat auf einen Preisfindungsmechanismus gesetzt, der ökonomisch inkompatibel war mit dem Wollen und Können der Teilnehmer (z.B. Paper-X, Efdex oder auch die Portal AG). Neben der Preisfindung könnte ein Marktplatz in seiner erweiterten Definition schließlich auch die Informationsphase (Katalog) oder die Abwicklung (Prozessportal) unterstützen.

Betrachtung der Kostenstruktur für die Marktplatzteilnehmer

▨ *Abschreibung von Investitionen.* Wie viel kostet ein B2B-Portal? Die Investition kann sich von einer halben Million bis zu mehreren hundert Millionen Euro erstrecken. In dieser Größenordnung liegt beispielsweise Covisint, der Beschaffungsmarktplatz der Autoindustrie. Wenn in einem einfacheren Beispiel (Beschaffungsportal) die Kosten in nur fünf Jahren abzuschreiben sind, und man in einer Milchmädchenrechnung davon ausgeht, dass die Investition in Höhe von 5 Mio. Euro liegen und realistisch täglich 30 Transaktionen abgewickelt werden, so sind dies pro Transaktion bereits ca. 100 Euro(!!!), wenn sie 1:1 als Transaktionsgebühr umgelegt werden sollen. Unter der Annahme, dass die Transaktionskosten für Online-Abschlüsse bei 1% des Transaktionsvolumens liegen dürfen, so muss dieses bereits bei 10.000 Euro liegen, wenn nur die Abschreibung der Investition in Betracht gezogen würde. Zusätzlich kann man davon ausgehen, dass auch in den Folgejahren weitere Investitionen anfallen, so dass der Betrag eher höher liegt (nehmen wir weitere 100 Euro an Transaktionsgebühr an).

B2B-Portale kosten zwischen 500.000 Euro und (über) 100 Mio. Euro

▨ *Betriebskosten.* Auch hier fällt es schwer zu pauschalisieren. Nehmen wir konservativ an, ein Betreiber beschäftigt 30 Mitarbeiter, die durchschnittliche 50.000 Euro, also insgesamt 1,5 Mio Euro jährlich, kosten. Pro Transaktion wären dies weitere 150 Euro. In der Euphoriephase der Start-up-Entwicklung markierten 30 Mitarbeiter eher das untere Ende der Skala. Das erhebliche Marketingbudget, das sich ein Betreiber genehmigt (oder genehmigen muss, da nach der 1000:100:10:1-Regel bereits zehn Wettbewerber ein Portal betreiben), ist hierbei nicht kalkuliert.[1] Nehmen wir also für die gesamten laufenden Kosten 3 Mio. Euro an bzw. 300 Euro pro Transaktion.

▨ *Zugangskosten.* Was muss ein Marktteilnehmer leisten, um ein Portal zu nutzen? Er muss »die neue Technologie« verstehen, er muss den »richtigen« Marktplatz aussuchen, er muss den richtigen Zeitpunkt abpassen, er muss sich organisatorisch auf die Prozesse einrichten, die der Marktplatz unterstützt, er muss etliche Soft-

---

1. Das Marketingbudget dürfte – empirisch betrachtet – bei 20–25% der gesamten Investitionssumme liegen.

wareentwurfs- oder Auswahlprozesse duchlaufen, er muss diese Software lokal und mit dem Marktplatz integrieren, er muss Testläufe durchführen und schließlich anderen Marktteilnehmern kommunizieren, dass er nun endlich auch zur aktiven Teilnahme bereit ist. Dies kann durchaus ein Jahr dauern. Der Marktteilnehmer bezahlt also eine große Menge Geld dafür, dass er am Ende auch noch für Transaktionen weitere Gebühren entrichten soll. Übrigens: Bezogen auf den Marktplatzbetreiber bedeutet dies, dass er einerseits bereits zur Stunde null operativ sein muss (damit er glaubwürdig erscheint), aber noch 1–2 Jahre zu warten hat, bis Transaktionsprovisionen in bedeutendem Maße einlaufen. Dies streckt jeden Grüne-Wiese-Start-up nieder, wenn er nicht strategisch von Branchenteilnehmern unterstützt wird. Nehmen wir also 250.000 Euro als Investition des Teilnehmers zur Integration mit dem Marktplatz an (tendenziell eher noch höher), die ebenfalls über 5 Jahre abgeschrieben werden. Diese internen Transaktionskosten der Teilnehmer werden wir der Einfachheit halber jedoch nicht weiter betrachten.

Die Integration mit dem Marktplatz ist häufig kostspieliger als erwartet

▢ *Switching Costs, Lock-in.* Angesichts des Wettbewerbs zwischen den heutigen Betreibern und vor allem des Wettbewerbs der heutigen Betreiber mit potenziellen zukünftigen, ist das Teilnehmen am Marktplatz aufgrund der möglichen Wechselkosten wiederum noch ein wenig kostspieliger. Wenn auch dank eines gewissen Lerneffekts der Zugang zum zweiten Marktplatz günstiger wird, so verteilt sich andererseits das Online-Volumen des betrachteten Teilnehmers nun auf zwei Portale. Dies kann spätestens bei Dritten oder Vierten unrentabel werden.

▢ *Transaktionskosten.* Aus der Perspektive des Marktteilnehmers liegen die Transaktionskosten natürlich noch höher als beim Betreiber, da dessen Gewinn zu berücksichtigen ist. Und dieser muss recht hoch sein, damit das Wagnis der Investoren honoriert wird. Nehmen wir einfach einmal eine Gewinnmarge von 20% an, dann können wir nun unsere Milchmädchenrechnung abschließen:

> 200 Euro als jährliche Abschreibung der Investition des Marktplatzbetreibers
> 300 Euro zur Deckung seiner laufenden Kosten
> 100 Euro Gewinnmarge (= 20% von 500 Euro)
> *Summe*: 600 Euro externe Transaktionskosten

Marktplätze sind häufig zu teuer und damit unrentabel

Wenn der Betrag von 600 Euro als Provision 1% des Transaktionsvolumens entsprechen soll, so muss letzteres durchschnittlich bei 60.000 Euro liegen und das jährliche Transaktionsvolumen bei 600 Millionen

Euro (10.000 Transaktionen pro Jahr). Bei 5 Kunden sind dies bereits 3 Mrd. Euro. Wenn Branchen oder Konsortien diese Größenordnungen nicht erreichen, würde sich der Betrieb des Marktplatzes nach der gegebenen Kalkulation nicht mehr lohnen.

Die »Value Proposition« des Marktplatzes

Ich habe oben die Idee des B2B-Portals recht bewusst drastisch »verrissen«. Dies war durchaus beabsichtigt, um einen Kontrapunkt gegenüber den eher euphorischen Preisungen der Anfangskapitel zu setzen. Auf jeden Fall hat das B2B-Portal natürlich seine Berechtigung. Wichtig ist nur, rechtzeitig seine Rentabilität nachweisen zu können. Häufig ist dies ganz einfach durch eine Streckung des Projekts entlang der Zeitachse möglich. Vorausgesetzt, dass die Teilnehmer willens sind, diesen langen Weg zu gehen (z.B. indem sie selbst beteiligt sind), kann der Aufbau des Portals durchaus mehrere Jahre dauern. Dann bleibt mehr Zeit, unter ruhigen Bedingungen zu planen, Software auszuwählen, zu verhandeln und sich als Erstes auf die Komponenten zu konzentrieren, die leicht mit Teilnehmern integrierbar sind und hohen Nutzen versprechen. Aus dem kontinuierlich stattfindenden Lernprozess fließt die erforderliche Information zurück, um Prozesse und Datenformate zu verbessern und Tools zu entwickeln, die die Anbindung der Teilnehmer vereinfachen. Auch das Marketingbudget kann dabei stark reduziert werden.

Die künstliche Verlangsamung erlaubt es gleichzeitig den Teilnehmern, die erforderlichen Lernprozesse zu durchlaufen, sich organisatorisch auf das Portal einzustellen und sich allgemein mit der Portalentwicklung zu synchronisieren. Wiederholen wir also unsere Milchmädchenrechnung unter dem Licht einer »Tugend der Langsamkeit«:

Es geht auch anders:
»Entschleunigung«

Marketingbudget:	0
IT-Entwicklung des MP-Betreibers:	1 Mio. Euro jährlich[2]
Reduzierte Betriebskosten:	1 Mio. Euro jährlich (Koordination, Betrieb)
Gewinn des MP-Betreibers entfällt:	0
Summe Kosten durch den MP-Betreiber:	2 Mio. Euro jährlich
Anzahl Transaktionen je Teilnehmer:	10.000 jährlich
Transaktionskosten je Teilnehmer:	200 Euro

---

2. Dies ist ein Durchschnittswert: Es besteht heute bereits die Möglichkeit, mit Hilfe von Open-Source-Komponenten eine Entwicklung zu niedrigeren Preisen durchzuführen, mit steigender Komplexität der Prozesse und mit tieferer Verzahnung der Teilnehmer können sich die Kosten jedoch auch auf ein Vielfaches erhöhen.

Halbierung der
Transaktionskosten

An dieser Kalkulation darf durchaus kritisiert werden (zu wenig Personal, Prinzip der Verlangsamung ist zu blauäugig, Vollkostenrechnungen werden heute nicht mehr durchgeführt etc.). Dennoch kann man wahrscheinlich mindestens von einer Halbierung der Transaktionskosten ausgehen. Dies wiederum würde jedoch bei Annahme von 1% Transaktionskosten die Anwendbarkeit des Prinzips »B2B-Portal« erheblich erweitern – auch auf andere Branchen, für die es sich vorher nicht rechnete. Jetzt darf das Transaktionsvolumen bei 20.000 Euro liegen, das Marktvolumen entsprechend unserer vorherigen Kalkulation bei 1 Mrd. Euro. Dies erscheint noch nicht hoch, aber sicherlich wird sich dieses Kostengefüge im Zuge der Standardisierung und der Verfügbarkeit preiswerter Softwarekomponenten in Zukunft noch weiter reduzieren lassen.

Reduzierung der
Prozesskosten

Die Argumentation für das Geschäftsmodell des B2B-Portals sollte natürlich auch den bisher vernachlässigten Kostensenkungseffekt seitens der Teilnehmer berücksichtigen: Wenn diese nämlich pro Transaktion auch nur 12 Stunden Bearbeitungszeit vermeiden, kann diese Reduktion der Prozesskosten bereits die Nutzung des Start-up-getriebenen Portals zur rentablen Veranstaltung werden lassen (siehe auch Kapitel 19.1)!

Ferner stellt sich die Frage, inwieweit die »Selbstwegrationalisierung« der Informatiker zur Reduktion der IT-Investitionskosten beitragen kann. Entsprechend der Vermutung Mitte der Neunziger, dass die Nachfrage nach IT-Personal deswegen sank, weil sie sich selbst überflüssig machten, kann die Entwicklung von Open-Source-Software, austauschbarer Componentware, Interoperabilitätstechnologien wie SOAP oder allgemein akzeptierte XML-Standards dazu führen, dass im Jahre 2010 ein B2B-Portal möglicherweise über eine visuelle Schnittstelle zusammenkomponiert werden kann – und dies ganz ohne Lizenzkosten ...

Diese Ausschweifungen sollen lediglich zeigen, dass es zu jedem Zeitpunkt immer wieder neue Wertschöpfungskonstellationen geben kann, die alle Beteiligten befriedigen können. Für die »Value Proposition« des Betreibers ist es nur wichtig, die richtigen Faktoren organisatorisch und technisch zu kombinieren. In der Tat werden wir uns am Ende dieses E-Business-Teils noch mit der Fragestellung beschäftigen, nach welchem Geschäftsmodell in Zukunft B2B-Software – volkswirtschaftlich betrachtet – effizient entwickelt und genutzt werden kann (diesen Faden werden wir am Ende des E-Business-Teils wieder aufgreifen, zwischendurch müssen wir jedoch noch einiges über die erforderlichen Softwarekomponenten lernen!).

Betreiber / Initiatoren

Natürlicherweise besitzt ein klassischer Markt keinen »Betreiber«: Er kommt zustande über Informationskanäle wie Anzeigenmagazine, Wissen um Kontaktadressen – vor allem eben durch das Punkt-zu-Punkt-Besuchen von Geschäftspartnern. Immer dann, wenn ein Markt eine zentrale Organisation erfordert, tritt ein Betreiber auf den Plan, der Wochenmärkte organisiert, Wertpapierbörsen betreibt oder den Online-Energiehandel organisiert. Meistens ist der Organisator neutral, d.h., keiner der Anteilseigner tritt durch einen besonders hohen Anteil hervor – so sind die Eigentümer der Deutschen Börse AG beispielsweise alle relevanten Banken. Man sollte annehmen, dass dieses Prinzip der Neutralität auch für andere Branchen gilt, aber hier finden sich alle denkbaren Mischformen:

Kunden, Anbieter oder Dritte?

- *Neutraler Betreiber.* Fast jeder Start-up, der bis zum Jahr 1999 im B2B-Bereich einen Marktplatz initiierte, war neutral, d.h., weder Anbieter noch Nachfrager hielten signifikante Anteile am Unternehmen. In der Regel lag die Ursache in der vergleichsweise hohen Geschwindigkeit, mit der Start-ups das Unternehmen und den Web-Auftritt organisieren konnten. In diesem Sinne waren sie den Marktteilnehmern 1-2 Jahre voraus. Andererseits ist jedoch bei vielen Branchen in Frage zu stellen, ob eine neutrale Plattform von den Marktteilnehmern akzeptiert wird. Dem Vorteil der hohen Flexibilität stehen schließlich gravierende Nachteile gegenüber: Die Betreiber sind branchenunerfahren, sie besitzen weniger Einfluss je intransparenter der Markt ist und je enger die organisatorische und technische Integration entlang der Wertschöpfungskette ist. Schließlich ist sogar fraglich, ob der neutral betriebene Marktplatz für die Teilnehmer überhaupt günstiger ist: Denn wie bei jedem anderen Start-up auch, sind Investoren involviert, die eine überdurchschnittliche Kapitalrentabilität erwarten, d.h., der Betreiber muss hochprofitabel sein, und dies bedeutet wiederum, dass die Nutzungsgebühren signifikant höher sein müssen als die Deckung der Betriebskosten. Schließlich muss ein neutraler Betreiber hohe Summen für Bereiche wie Marketing und Werbung ausgeben, um überhaupt in der Branche wahrgenommen zu werden. Auch diese Kosten schlagen sich letztlich in den Gebühren nieder. Neutrale Betreiber sind also immer dann sinnvoll, wenn von Marktteilnehmerseite her keine Initiative erwartet werden kann, die Betreiberrolle zu übernehmen. Dies liegt in der Regel an einer sehr niedrigen Konzentration auf Anbieter- oder Kundenseite (z.B. Gebrauchtwagen oder Immobilien).

▨ *Anbieterkonsortium.* Wird ein Marktplatz von der Anbieterseite erfolgreich betrieben, so deutet dies in der Regel darauf hin, dass diese Seite »am längeren Hebel« sitzt: Sie kann es sich erlauben, von der individuellen Verhandlung zum Marktmechanismus zu wechseln, da sie als Betreiber die Regeln des Marktes kontrollieren können. Anbieterbetriebene Marktplätze finden wir beispielsweise in der Chemiebranche (Elemica) oder beim Papierhandel (Expresso).

▨ *Kundenkonsortium.* Für Kundenkonsortien gilt genau die gleiche Situation wie für Anbieter, nur unter anderem Vorzeichen. Beispiele sind hier: Covisint in der Automobil- oder CPGMarket.com in der Verpackungsindustrie. Wenn die Konzentration in Teilbereichen solche Ausmaße annimmt wie bei Covisint (bis zu 50% der Gesamtnachfrage wird über das gleiche Portal organisiert), dann treten die Kartellbehörden auf den Plan. In diesem Zusammenhang stellte jedoch Covisint auch für das Kartellamt eine besondere Herausforderung dar, den noch nie zuvor musste es sich mit E-Business bzw. E-Marktplätzen auseinander setzten. Covisint unterstützt insbesondere auch das Pooling der Nachfrage über Gruppeneinkäufe, was zum eigentlichen Problem führt: Wenn mehr als 50% aller Automobilhersteller als Einheit verhandeln, kann nicht mehr vom »Marktplatz« die Rede sein. Es handelt sich lediglich um ein gemeinsam betriebenes Beschaffungssystem. Folglich sind die Grenzen fließend, man muss nicht nur darauf achten, wer als Betreiber agiert, sondern auch nach welchen Mechanismen der Betrieb organisiert ist. Grundsätzlich haftet einseitig betriebenen Marktplätzen der Ruf an, dass es zu Wettbewerbsverzerrungen kommen kann, da nicht alle Interessen der Teilnehmer vertreten sind.

▨ *Gemischtes Konsortium.* Hier bestehen sicherlich keine kartellrechtlichen Probleme, da der Marktplatz von Anbietern und Nachfragern gemeinsam betrieben wird. Die wesentliche Hürde ist eher organisatorischer Natur: Wie lange benötigen die Teilnehmer, sich auf die Richtlinien für den Betrieb zu einigen? Welche Produkte sollen überhaupt gehandelt werden? Alle oder nur jene, bei denen die Nutzung des transparenten Marktes keine existierenden Machtpositionen angreift? Außerdem stellt sich die Frage, ob der Markt genug Liquidität aufweisen kann. Denn es ist ein Unterschied, ob z.B. Chemieunternehmen alle hergestellten Produkte über einen Marktplatz handeln oder nur wenige Produkte mit spezifischen Kunden, z.B. Enteisungsflüssigkeiten für Flughafenbetreiber. Je größer und heterogener also der Kreis der Teilnehmer, desto spezieller der Marktplatz und desto niedriger die Liquidität.

▨ *Einzelne Anbieter / Kunden*. Steht ein einzelnes Unternehmen auf der Anbieter- oder Nachfragerseite, haben wir es nicht mehr mit einem Marktplatz zu tun, sondern mit einem Beschaffungssystem bzw. Online-Katalog (oder -Shop). Auch die Beteiligungsstruktur liegt meist zu 100% seitens des Kunden bzw. Anbieters. Ein Beispiel für ein Beschaffungssystem ist *Click2Procure.com*, das von Siemens betrieben wird. Es basiert auf der BuySide-Software von Commerce One und erlaubt auch Dritten, über das System einzukaufen. Siemens spielt also als Betreiber und Kunde eine Doppelrolle.

Organisatorische Infrastruktur und Prozessintegration

Unabhängig von der Frage, *wer* das Portal betreibt, ist die der organisatorischen Umsetzung. Dies betrifft vor allem die Rechtsform der Unternehmens und die Zusammenarbeit mit Dritten.

▨ *Rechtlicher Rahmen, Gesellschaftsform*. Soll der Betreiber ein Verein, eine AG, eine GmbH oder etwas anderes sein? Diese Frage ist vor dem Hintergrund vieler Einflussfaktoren zu klären: Handelt es sich um einen internationalen Marktplatz (die Rechtsform ist auch abhängig von der Standortfrage)? Wie häufig kommt es zu Veränderungen in der Beteiligungsstruktur, welcher Steuergesetzgebung ist der Betreiber unterworfen, wie hoch sind die Kosten der Rechtsform?

▨ *Integration mit Dritten*. Neben den Anbietern und Kunden sind weitere Parteien direkt oder indirekt in das Portal integriert. Hier einige Beispiele:

   • *Logistik*: Kaum eine Transaktion erfolgt ohne physische Lagerung und Auslieferung durch einen Spediteur. Wenn sich ein Marktplatz durch das effiziente Abwickeln von Transaktionen auszeichnen will, so darf er den hohen Durchsatz nicht durch Verzögerungen im Logistik-Bereich behindern. Hier liegt jedoch eine konzeptionell harte Nuss verborgen: Während traditionell starre Geschäftsbeziehungen im Supply-Chain-Bereich den Vorteil bieten, ebenso starre (will heißen: langfristige und zuverlässige) Geschäftsbeziehungen zu Logistik-Dienstleistern aufbauen zu können, finden wir bei B2B-Marktplätzen einen Bruch vor: Der Kontrakt mit dem Hersteller mag zwar schnell geschlossen sein, wie aber soll man »auf die Schnelle« den Transport organisieren, wenn besondere Transportausrüstung, besonderes

Verpackungsmaterial oder spezialisierte Container erforderlich sind? Die Integration »Vertikaler Marktplatz ← → Logistik« kann also nur funktionieren, wenn ein Logistik-Marktplatz die gleiche Transaktionsgeschwindigkeit und Liquidität wie der vertikale Marktplatz bietet. Zu diesem Thema ist weiter unten unter dem Stichwort »M2M-Commerce« mehr zu finden.

- *Versicherung.* Transportversicherungen, Absicherungen zur Haftungsbeschränkung etc. stellen einen ähnlichen Nebenschauplatz dar. Je vielfältiger nämlich die Charakteristika der gehandelten Produkte, desto weniger kann der Marktplatzbetreiber einheitliche Zusatzdienstleistungen wie beispielsweise Versicherungen bieten. Im Gegensatz zum Logistik-Bereich kann für Versicherungen als Soft-Goods davon ausgegangen werden, dass dieser Marktplatz zu keinen wesentlichen Verzögerungen führt: Aus dem Vorvertrag des vertikalen Marktplatzes werden alle relevanten Daten extrahiert und als Ausschreibung den Versicherern vorgelegt. Der günstigste oder schnellste Anbieter erhält dabei den Zuschlag. Ein solcher Mechanismus sollte sich bzgl. der Kommunikationsprozesse weitgehend automatisieren lassen.

- *Dritte Geschäftspartner.* Im Sinne des Wertschöpfungsnetzes treffen nicht mehr nur zwei Seiten, sondern beliebig viele über das Portal aufeinander: Denken Sie an einen Verlag, der die Redaktion für einen Katalog wie den von Ikea oder dem Otto-Versand übernimmt. Dieser kooperiert über das Portal mit dem Kunden, seinem beauftragten Drucker, einem Papierhersteller sowie evtl. noch den bereits erwähnten Partnern.

Prozesse. Ein Marktplatz bzw. B2B-Portal steht an der Schnittstelle diverser Unternehmen, die bereits historisch miteinander verwoben sind. Gleichzeitig nimmt ein Portal standardisierenden Einfluss auf diese Prozesse, d.h., es wird nicht nur das »Business as usual« vieler bilateraler Geschäftsbeziehungen online fortgesetzt, sondern bis zu einem gewissen Grad vereinheitlicht. Dies ist nicht nur kostspielig und langwierig, es erfordert auch vom Portalbetreiber die Unterstützung vieler unterschiedlicher Prozessvarianten. So mag ein Unternehmen Rechnungen vor der Lieferung stellen, während das andere mehrere Lieferungen mit einer Rechnung zusammenfasst. Ein Portal muss dafür hochflexibel und konfigurierbar sein. Zudem sind portalspezifische Prozesse zu definieren, die sich auf rechtliche, organisatorische und technische Fragen, wie z.B. die Anbindung von Teilnehmern, erstrecken können.

Die Infrastruktur eines B2B-Portals muss folglich so generisch sein, dass beliebig viele Teilnehmer in einen gemeinsamen Prozess eingebunden werden können. Gleichzeitig darf jedoch das Einbinden im Idealfall nicht mehr erfordern als ein paar »Mausklicks«. Dies ist allerdings nur durch Standards erreichbar, die sich gerade erst in der Entwicklung befinden.

Personelle Besetzung

Nicht zu unterschätzen ist die Qualifikation des Personals: In der Zeit personeller Engpässe in den Jahren 1999 und 2000 führte dies sehr oft zum Scheitern von Marktplatzprojekten.

- *Fähigkeiten des Betreibers.* Sicherlich ist der Aufbau eines B2B-Portals eine unternehmerische Leistung. Dies betrifft nicht nur die strategische Konzeption, sondern auch die Kommunikation mit Investoren und Marktteilnehmern, aber auch den internen Aufbau der Unternehmensorganisation. Folgerichtig fanden sich hier in der Vergangenheit vor allem die BCG- und McKinsey-Berater dieser Welt wieder. Allerdings sind auch IT-Kenntnisse für einen B2B-Portalbetreiber überlebenswichtig, um eine realistische Einschätzung der Komplexität technischer Abläufe zu bekommen. Häufig wurde jedoch die IT-Entwicklung ausgelagert und führte damit zu extrem hohen Kosten bzw. Schwierigkeiten bei der Steuerung von Entwicklungs- und Softwareanpassungsprozessen.
- *Fähigkeiten der Teilnehmer.* Auch hier muss man beachten, dass Technologien wie Java, XML, Application Server und PKIs für die meisten Unternehmen absolutes Neuland darstellen. Die Integration zwischen Marktteilnehmern und Portalbetreibern, so wie sie in den folgenden Kapiteln dargestellt ist, erfordert ein langfristiges Training der Mitarbeiter, um überhaupt qualifiziert die technischen Prozesse der Marktplatz-Integration leisten zu können. Folglich muss der Marktplatzbetreiber davon ausgehen, dass möglicherweise nur 10-20 Prozent der ursprünglich geplanten Teilnehmer überhaupt in der Lage sind, die Integration innerhalb der geplanten Frist durchzuführen.

Daher haben viele Portal-Start-ups neben der »Evangelisierung« der Führungskräfte häufig das Budget für das Training der IT-Abteilungen übersehen. Und dieses Budget ist doppelt zu bemessen, zum einen für die tatsächlichen Ausbildungsmaßnahmen (diese tragen natürlich eher die Marktteilnehmer), zum anderen jedoch auch die Kosten der Verzögerung und diese gehen angesichts hoher Cash-Burn-Rates erheblich zu Lasten der Betreiber.

Vertikal vs. horizontal

Diese Klassifikation geht einher mit der Bedeutung des Produkts für das Unternehmen: Ist es ein direktes Produkt, das unmittelbar in die Produktion einfließt wie z.B. Papier bei Druckereien, Armaturenbretter bei Automobilherstellern oder der Skin-Designer bei Bob, dem freiberuflichen Avatar-Designer im Prolog des Buches. Indirekte Produkte lassen sich nicht über eine Stücklistenauflösung aus der hergestellten Ware ableiten. Es sind in den meisten Fällen auch branchenunabhängige Güter wie Handys, Mietwagen, Kopierpapier oder der Reinigungsdienst.

A-Güter für die Produktion ...

Vertikale Marktplätze oder Portale handeln folglich Chemikalien, Autoersatzteile, Hafenkräne oder Avatar-Designer, während sich horizontale auf indirekte Güter konzentrieren. Man unterscheidet in der Industrie auch in A- bzw. C-Güter.

... C-Güter für den Betrieb

Im Falle eines Marktplatzes für indirekte Güter ist der Wettbewerb der Käuferseite meistens gering: Wenn zwei Verlage bei der Beschaffung von Firmenwagen oder Druckmaschinen kooperieren, verlieren sie nicht an Wettbewerbsfähigkeit, gewinnen aber durch die gemeinsame Senkung der Beschaffungskosten. Wenn sie jedoch Redaktions- oder Archivmanagement-Software einkaufen würden, berührt dies bereits ihr Geschäftsmodell und damit ihre Wettbewerbsfähigkeit. Horizontale Marktplätze sind also vor allem auf die Optimierung der Beschaffungskonditionen für indirekte Güter auf der Basis gemeinsam genutzter Organisationen, Prozesse und Technologien ausgerichtet.

Strategische vs. kurzfristige Beschaffung

Entlang der Lieferkette dominiert die strategische Beschaffung

Wenn der Gruppeneinkauf bei vertikalen Marktplätzen nicht angestrebt wird, was bleibt dann in diesem Bereich noch als Marktmodell? Zur Beantwortung ist meist festzustellen, dass in der Industrie hinsichtlich der Transaktionen ein Verhältnis von ca. 10:1 vorherrscht zwischen zwei Formen der Beschaffung:

- Bei der *strategischen Beschaffung* werden langfristige Rahmenverträge geschlossen, die über Zeiträume von Monaten bis zu Jahrzehnten Konditionen wie Liefermenge, Preise und Transportmodalitäten regeln. Man stelle sich ein Energieunternehmen vor, das eine Förderanlage für Erdgas errichtet und eine Pipeline zum Abnehmer verlegen muss. Diese Investition lohnt sich nur, wenn rechtzeitig eine kontinuierliche Abnahme gesichert wird. Ein Rahmenvertrag kann in dieser Branche eine Geschäftsbeziehung definieren, die sich über dreißig Jahre erstreckt.

Bei der *Beschaffung über Spot-Märkte* versuchen beide Seiten, Überschüsse oder Bedarfe von direkten Gütern durch Ad-hoc-Mechanismen zu überbrücken. So ist in den Jahren 1999 und 2000 der Bedarf an Papier im Bereich des Zeitungs- und Magazindrucks stark angestiegen, da sich der Umfang der Publikationen durch Jobanzeigen unerwartet vergrößerte. Zudem sind eine Reihe neuer Zeitschriften entstanden, die den Papierbedarf weiter erhöhten. Solche Bedarfe lassen sich über Spot-Märkte abwickeln. Bekannt sind die Spot-Märkte für Mineralöl und zunehmend auch für Strom und Erdgas.

Für ein Unternehmen auf der Kundenseite einer B2B-Beziehung ist die Aufrechterhaltung der Produktion und damit die zeitgerechte Belieferung von sehr viel größerem Interesse als die Aushandlung der letzten Zehntel Prozent an Preisreduktion. Aus diesem Grund dominiert in einer industriellen Geschäftsbeziehung die strategische Beschaffung gegenüber der Spot-Beschaffung. Es liegt dabei in der Verantwortung des Zulieferers, die richtigen Menge des richtigen Gutes zum richtigen Zeitpunkt vorzuhalten.

Neben der Unsicherheit, ob die erforderliche Menge in Zukunft überwiegend per Ad-hoc-Beschaffung auf dem Spot-Markt eingekauft werden kann, sind es vor allen Dingen die physischen Eigenschaften eines Produkts, die einen erheblichen Planungsaufwand verursachen. Marmorfliesen liegen eben nicht per Mausklick auf der Baustelle. Sie müssen Tausende von Kilometern mit speziellen Vorrichtungen transportiert und in unterschiedlichen Lagern vorgehalten werden. Sie sind daher lange Zeit im Voraus zu bestellen und die begleitende Buchungsinformation ist bei allen beteiligten Unternehmen – Herstellern, Importeuren, Fachhändlern, Logistikunternehmen und Kunden – zu verarbeiten. Alles also Dinge, die nicht gerade nach »Spot« klingen ...

Eine nette Charakterisierung dieser Situation stammt von einem Vertriebsmitarbeiter eines Papierherstellers: »Demnächst wird der Förster in Finnland Bäume pflanzen müssen, wenn in London eine Knappheit von IT-Arbeitsplätzen zu mehr Job-Anzeigen führt.« Wie auch weiter unten genauer untersucht, ist tatsächlich der Handel mit Information über Bedarfsschwankungen »downstream« der Wertschöpfungskette zunehmend bedeutend für Lieferanten auf der »Upstream-Seite«.

Vom Baum zur Jobanzeige ;-)

Interessant bleibt jedoch die Frage, ob nicht die global zunehmende Markttransparenz sowie die in Zukunft zu erwartende Vereinheitlichung der IT-Infrastrukturen und Produktspezifikationen langfristig doch zu einer Situation führt, in der das Standardprodukt

» *30 x 30 cm Marmorfliese, Modell ›Carrara Schneeweiß‹,
Güteklasse A, im Hunderter-Pack, Transport international
über 500-2000 km innerhalb von 5 Tagen* «

auf Marktplätzen gehandelt werden kann. Dann ließe sich dieser Artikel über einen Code »4711« referenzieren – genauso wie Wertpapiere heute. Die Gegenargumente liegen zum einen in der Liquidität des Marktplatzes: Wie viele Marktteilnehmer sind auf beiden Seiten zum jetzigen Zeitpunkt daran interessiert, das spezifizierte Produkt zu handeln? Wahrscheinlich weitaus weniger als das Wertpapier mit dem niedrigsten Handelsvolumen an der Nasdaq. Zum anderen erscheint die Spezifikation für den Fachhandel immer noch als unprofessionell. Es sollte möglicherweise noch die Schnitt-Technik einbezogen werden sowie die Stärke der Fliesen. Außerdem unterscheidet man Materialeigenschaften wie Oberflächenstruktur, Einschlüsse, Abriebbeständigkeit etc. Wenn diese alle einbezogen werden, bleibt dem Marktplatzanbieter nur noch die Flucht in ein anderes Modell der B2B-Kooperation, wie z.B. ein Prozessportal, eine Ausschreibungsplattform oder das Betreiben eines Online-Katalogs.

Technische Infrastruktur

Die Entscheidung über die IT-Infrastruktur eines Marktplatzes oder Portals ist häufig fatal: Wenn Entwicklungskosten in der Größenordnung von 10-20 Millionen Euro falsch allokiert werden, ist häufig der gesamte Unternehmenserfolg in Frage gestellt. Wesentliche Fragen der technischen Infrastruktur beziehen sich auf den Einsatz der richtigen Standards, Produkte und IT-Entwicklungspartner:

- *Standards.* IT-Standards beziehen sich im Portalbereich auf Datenaustauschformate, Schnittstellen und Software-Frameworks (siehe auch betreffende Abschnitte in Kapitel 8). In allen Bereichen finden wir jedoch eine kontinuierliche Entwicklung vor, die innerhalb weniger Monate neue Vorschläge und Formate hervorbringt. Es erfordert daher besonderes Fingerspitzengefühl, die technologische Generation abzupassen, die den besten Kompromiss aus Umsetzbarkeit für die Marktteilnehmer, Gestaltungspotenzial für den Betreiber, Langlebigkeit der Standards und Kosten darstellt.

- *Produkte.* Commerce One, Ariba, Microsoft, Oracle, I2 und viele andere mehr gelten als Anbieter von Marktplatz- oder Portalsoftware. Keine zwei von ihnen sind bisher jedoch interoperabel oder portabel, so dass sich Commerce Ones MarketSite mit Aribas Portal zusammenschließen lassen oder ein Teilnehmer über eine standardisierte Schnittstelle sowohl an der Ariba- als auch der Commerce-One-Welt teilnehmen kann. Diesen Missstand versuchen andere, wie z.B. POET mit seiner »eCatalogue Suite«, zu überbrücken, was den Marktteilnehmern jedoch wieder zusätzliches Budget kostet. Darüber hinaus ist zu beachten, dass Anbieter von Portalsoftware in der Regel selbst Start-ups sind. Dies führt zu dem Zwang, schnell den Break-even-Point zu erreichen, um den Shareholder-Value zu steigern. Am anderen Ende führt dies jedoch zu sehr hohen Lizenzkosten, die die Marktplatzsoftware für die meisten Teilnehmer oder Betreiber prohibitiv teuer werden lässt. Am Ende erstellen viele Marktplatzbetreiber die Software als Individualentwicklung, was wiederum die »Balkanisierung« von Portal-Schnittstellen erhöht. Dennoch wird in den meisten Fällen die Variante der Individualsoftware dem Produkt vorgezogen, da die Lizenzkosten für letzteres bis in den Bereich einiger Millionen Euro reichen können.

Entwicklungspartner. Ferner hängt der Erfolg des Portals ganz wesentlich vom Entwicklungspartner ab: Ist es eine internationale Organisation wie Oracle oder IBM, dann kann davon ausgegangen werden, dass jede Expertise irgendwo im Konzern garantiert für das Projekt rekrutiert werden kann. Andererseits sind die Kosten (Tagessätze und organisatorischer Overhead) in der Regel erheblich höher. Kleine IT-Dienstleister sind hingegen sehr viel flexibler und relativ preiswerter, jedoch fehlt ihnen häufig der internationale Überblick bzgl. der Standard- und Produktlandschaft.

Zwischenbemerkung

Wir sehen also, dass aus den Bereichen der Produkt-, Markt- und Transaktionscharakteristik sowie bei der Ausgestaltung von Portalen und Marktplätzen eine verwirrende Kombinierbarkeit von Parametern entsteht. Bevor wir versuchen, unsere Meta-Marktplatzmaschine zu bauen, wollen wir uns daher einmal anschauen, in welchen Bereichen die bisherigen B2B-Marktplätze erfolgreich waren und in welchen Bereichen sie bisher scheiterten.

Sehr viele Parameter für die Meta-Marktplatzmaschine

16.2   Bisherige Erfahrungen mit B2B-Marktplätzen

Heute verfügen wir über eine Reihe Erfahrungen über mehr oder weniger erfolgreiche Marktplatzprojekte. Wir können empirisch analysieren, warum viele Marktplätze scheiterten. Hoffentlich können wir daraus auch die Lehren ableiten, die für die Entwicklung »zukunftssicherer« Geschäfts- und Technologiemodelle erforderlich sind.

16.2.1   Covisint – Eine Supply-Chain-Plattform für die Automobilindustrie

Der Anspruch von Covisint ist es, eine technologische Plattform bereitzustellen, über die das »Build-to-Order«-Fahrzeug realisiert werden kann. Gemeint ist hiermit die durchgängige Unterstützung des Gesamtprozesses von einem Auftrag (»Order«) hin zur Produktion (»Build«). Zu diesem Zweck stellt Covisint Funktionen zum *Beschaffungsmanagement*, zur *Supply Chain Integration* und zur *Produktentwicklung* bereit. Ziel ist es, durch die Integration aller Partner entlang der Supply Chain in der Automobilindustrie die Produktentwicklungszyklen auf ca. 12 bis 18 Monate zu verkürzen. Der räumliche Wirkungskreis von Covisint ist dabei nicht beschränkt, die Plattform soll die Automobilindustrie weltweit in den genannten Feldern unterstützen.

Ford, DaimlerChrysler, GM, Renault und Nissan

Initiiert und getragen wird die Plattform von weltweit führenden Automobilherstellern wie DaimlerChrysler, Ford Motor Company, General Motors (GM) und Renault / Nissan. DaimlerChrysler erwirtschaftete 1999 einen weltweiten Umsatz von 150 Mrd. Euro, Ford Motor Company einen von 151 Mrd. Euro und GM einen von 148 Mrd. Euro. Dies veranschaulicht eindrucksvoll, wie schlagkräftig die Gründungspartner von Covisint sind. Zu den vier genannten Gründungspartnern gesellen sich noch Commerce One als Spezialist für Marktplatzsoftware und Oracle als einer der Marktführer im Bereich Datenbanken- und E-Commerce-Software.

An dem neugegründeten Unternehmen sind DaimlerChrysler, Ford Motor Company und GM mit jeweils 27% beteiligt. Renault / Nissan hält 5% der Anteile während Commerce One und Oracle jeweils 2% halten. Die restlichen 10% sind für das Management und die Mitarbeiter sowie potenzielle weitere Investoren vorgesehen.

Neben Autos auch andere Branchen

Seit Sommer 2001 ist Covisint dabei, sich in Form einer Holding zu reorganisieren. Das soll es erleichtern, zukünftig neben der Autoindustrie auch andere Industriesektoren zu bedienen, indem Beteiligungen an entsprechenden vertikalen Portalen eingegangen werden. Im Sommer 2001 besaß der Marktplatz 1.700 registrierte Unternehmen und konnte den Wert seiner Online-Auktionen im zweiten Quartal 2001 auf 35 Mrd. US-Dollar steigern.

Aufsehen in der Automobilindustrie und in der Presse erregte Covisint insbesondere deshalb, weil die Plattform von führenden Unternehmen getragen werden soll. Dies brachte auch die Kartellbehörden auf den Plan. Nach intensiver Prüfung des Vorhabens gaben sowohl die Federal Trade Commission, die Kartellbehörde der USA, als auch das Bundeskartellamt im September 2000 grünes Licht für das Vorhaben. Dies war jedoch nur möglich, da sich die beteiligten Automobilhersteller auf klare wettbewerbserhaltende Regelungen einigten. So wurde beispielsweise vereinbart, dass es in der Beschaffung zu keinem Pooling der Nachfrage kommen wird. Ferner wurde zugesichert, dass Covisint zu einer offenen, weltweiten Plattform entwickelt werden wird, die sowohl Automobilherstellern als auch Zulieferern gleichermaßen freien Zugang gewährt. Ebenso wurden umfangreiche Zusagen im Bereich der Datensicherheit gemacht. Damit konnten im Wesentlichen Bedenken von Nicht-Gründungspartnern aus dem Weg geräumt werden, dass Daten von den Gründungspartnern unrechtmäßig weiterverwertet werden könnten. Die Gründungspartner mussten auch zusichern, keine Wettbewerbsklauseln (z.B. Verbot der Beteiligung an anderen konkurrierenden Plattformen) bei einer Mitgliedschaft bei Covisint in die Verträge aufzunehmen.

Grünes Licht von den Kartellbehörden

Nach dem deutschen Bundeskartellamt und den US-Behörden hat auch im Juli 2001 die Brüsseler EU-Kommission das System gebilligt. Da Covisint allen Unternehmen der Autobranche offen steht, sei deshalb das Joint Venture wettbewerbsrechtlich unbedenklich. Die Anteilseigner könnten auch andere B2B-Marktplätze nutzen. Die Konzerne kontrollierten das Gemeinschaftsunternehmen »weder allein noch gemeinsam«, es stelle auch keinen Zusammenschluss der Konzerne oder einzelner ihrer Abteilungen dar. Die Kommission interessierte sich besonders dafür, ob möglicherweise bestimmte Gruppen der Branche diskriminiert oder vom Markt ausgeschlossen werden. Dies sei bei Covisint jedoch nicht der Fall.

Kartellrechtlich darf Covisint keine Einkaufsgemeinschaft bilden

Als technologische Basis für die Plattform dienen Softwareprodukte von Commerce One und Oracle. Beide Unternehmen untermauerten ihr Engagement, wie oben bereits erwähnt, durch eine finanzielle Beteiligung an Covisint. Als Teil der kartellrechtlichen Auflagen akzeptierte Covisint umfangreiche Regelungen zur organisatorischen und technologischen Gewährleistung der Datensicherheit auf der Plattform und bei der Kommunikation mit der Plattform. So sagte man bereits frühzeitig zu, allgemeine Standards in den Bereichen Firewall und Verschlüsselung anzuwenden. Ferner wurden umfangreiche

Zusagen in den Bereichen User Authentication (»Single-Sign-on«), Application Access Control, Security Administration und Security Audits gemacht. Die Security Audits werden auch, so sehen es die Statuten vor, von unabhängigen Dritten durchgeführt. Seitens Covisint setzt man im Bereich der Connectivity auf offene Schnittstellenstandards, nicht zuletzt, um den freien Zugang für andere Marktteilnehmer auch technologisch sicherzustellen.

Finanzierung durch monatliche und Transaktionsgebühren

Die Plattform sieht verschiedene Erlösquellen in ihrem Geschäftsmodell vor. So werden zum einen laufende (monatliche) Gebühren verlangt. Zum anderen werden in bestimmten Bereichen transaktionsabhängige Gebühren erhoben, wie dies im Bereich der Ausschreibungen der Fall ist.

Eine der Stärken von Covisint ist sicherlich die Bedeutung der Gründungspartner. Es ist davon auszugehen, dass dies nahezu ein Garant dafür ist, dass die Plattform zeitnah kritische Masse generieren kann. Kritische Masse wiederum kann als notwendig erachtet werden, Standards zu entwickeln und zu etablieren. Daneben hat Covisint das Potenzial, die Automobilindustrie effizienter zu gestalten, indem sie durch Integration Schnittstellen standardisiert und Reibungsverluste minimiert. Die Praxis wird jedoch erst zeigen müssen, ob Covisint auch von Nicht-Gründungspartnern akzeptiert wird. Diese werden insbesondere auch auf die Umsetzung und Einhaltung der formulierten Sicherheitsregeln achten.

16.2.2 Elemica.com – Ein Beispiel aus der Chemieindustrie

Handel von Chemikalien

Elemica ist eine Initiative in der Chemieindustrie, die eine elektronische Plattform zur Unterstützung bei dem Kauf und Verkauf von Chemikalien als Standard etablieren will. Der Fokus für die Startphase liegt dabei auf dem Kontraktgeschäft (im Gegensatz zum Spotgeschäft) zwischen Chemieunternehmen. Im Endausbau soll im Kontraktgeschäft der gesamte Prozess abgedeckt werden, von der Verhandlung bis hin zur laufenden Bedienung von Kontrakten. Elemica selbst formuliert seine Mission wie folgt:

> *»Elemica's mission is to reduce chemical industry supply chain costs for buyers and sellers of chemicals by standardizing and automating information exchange.«*
>
> (Quelle: http://www.elemica.com)

Der Ansatz von Elemica reicht jedoch über den reinen Informationsaustausch hinaus bis ins Fulfilment hinein. Das bedeutet, Elemica stellt nicht nur ein Portal zur Prozessunterstützung bereit, sondern bietet auch Dienstleistungen in der Abwicklung an, wie z.B. im Bereich der Logistik. Dies kann ggf. auch mit strategischen Partnern erfolgen.

Gegründet in den USA mit Hauptsitz in Philadelphia, verfolgt Elemica eine weltweite Strategie. Seit Ende 2000 bereitet Elemica den Rollout in Europa vor. Insgesamt 22 Unternehmen aus der Chemieindustrie sind an Elemica beteiligt. So sind reine Chemieunternehmen wie BASF, Celanese, Degussa Hüls, Dow oder Shell Chemicals beteiligt, aber auch Chemie-Logistikunternehmen wie die Brenntag (Stinnes Logistics) oder Royal Vopak sowie Pharmaunternehmen wie Bayer. Neben Cap Gemini Ernst & Young (CGE&Y) als strategischem Beratungspartner sind darüber hinaus noch ca. zehn weitere Softwarepartner verpflichtet worden. Besonders hervorzuheben ist hierbei Manugistics als einer der Marktführer für Softwarelösungen im Bereich des Supply Chain Managements.

22 Chemieunternehmen beteiligt

Ebenso beeindruckend wie die Anzahl der Gründungspartner ist das anfängliche Finanzierungsvolumen in Höhe von ca. 100 Mio. USD. Dieses Kapital soll bis zum Break-even ausreichen, der für 2005 angepeilt wird. Keiner der Gründungspartner hält mehr als 7,5% der Anteile, was Elemica von vorneherein ein gewisses Maß an Neutralität verleiht. Herzstück der Technologie von Elemica werden Komponenten aus der *NetWORKS^{TM} Supply Chain Suite* von Manugistics bilden, ein Softwarepaket zur Visualisierung und zum Management von Supply Chains. Daneben setzt Elemica auf offene Schnittstellenstandards wie XML und industriespezifische Standards wie den von CIDX.org entwickelten Dokumententypdefinitionen.

Das rasante Wachstum von Elemica seit seiner Gründung Mitte 2000 spiegelt sich in der Anzahl der Mitarbeiter wider. So waren es 12 Mitarbeiter am 16. August 2000, 45 am 1. Oktober und ca. 150 am 30. November 2000. Von diesen 150 Mitarbeitern waren ca. 60 von den entsprechenden Gründungsunternehmen temporär entsandt, was als Indikator für ein ausgeprägtes Commitment der Unternehmen gewertet werden kann.

Bis Anfang 2001 wurden auf der Plattform lediglich Pilottransaktionen durchgeführt. Die ersten Stufen des weltweiten Rollouts mit umfangreichen Funktionalitäten sind für den Jahresverlauf 2001 geplant.

Weltweiter Rollout im Jahr 2001

Die hohe Anzahl an führenden Unternehmen der Chemieindustrie, die von Anfang an Elemica unterstützen, lässt vermuten, dass die Plattform kritische Masse generieren wird und in dem definierten Geschäftsfeld zu einem der führenden Player aufzusteigen vermag. Unterstützend wirkt hierbei sicherlich auch das relative hohe Finanzierungsvolumen, das die Partner aufgebracht haben. So kann sich das

Unterschiede in der Chemielogistik überwinden

Management ganz auf den kontinuierlichen Aufbau und die strategische Weiterentwicklung der Plattform konzentrieren. Auch wenn diese Aussichten viel versprechend sein mögen, bleibt es dennoch abzuwarten, wie Elemica unvermeidliche Hürden nehmen wird, wie z.B. die Unterschiede im Bereich der Chemielogistik zwischen Europa und den USA. Die Chance besteht aber, dass Elemica mit dazu beitragen wird, elektronische Standards für die Chemieindustrie zu etablieren. Ebenso kann man erwarten, dass die Verlagerung von Geschäft auf elektronische Plattformen die Chemieindustrie als Ganzes effizienter machen wird. Bei geschätzten gesamten Supply-Chain-Kosten (Logistik, Lagerung etc.) von ca. 120 Mrd. USD allein in den USA, sind Ersparnisse von wenigen Prozentpunkten bereits ein großes Potenzial.

16.2.3   Weitere Beispiele

■ *Band-X* (*www.band-x.com*) ist ein Online-Marktplatz für Bandbreiten in der Telekommunikation, der seit 1997 in Großbritannien betrieben wird. Von beiden Seiten – Anbieter und Nachfrager – können Angebote anonym eingereicht werden. Dieser Dienst erstreckt sich jedoch nur auf die Informationsphase, da das Verhandeln und Abwickeln der Geschäfte offline erfolgt. 4500 Organisationen sind bei Band-X als Kunden oder Anbieter registriert. Damit kann Band-X Geschäfte zwischen Telekommunikationsunternehmen und Kunden weltweit vermitteln. Für die Zukunft sind neben den Bandbreiten auch Derivate geplant, so dass Rechte auf Bandbreiten für zukünftige Termine gehandelt werden können. Dann wird sich das System von einem herkömmlichen Handelsplatz für Wertpapiere kaum mehr unterscheiden.

■ *ETT bzw. ATEL (Stromhandel).* In Deutschland wie auch in anderen Ländern Europas gewinnt der Stromhandel aufgrund der Deregulierung, die in den letzten Jahren stattgefunden hat, zunehmend an Fahrt. Immer mehr Unternehmen wie ETT in Deutschland (*www.ett.de*) oder ATEL in der Schweiz (*www.atel.ch*) treten dabei als Makler oder Börse auf. Für diese Branche ist zu erwarten, dass im Laufe der nächsten Jahre die Energiekontingente, die online gehandelt werden, in ihrer Stückelung bei gleichzeitig drastisch steigendem Handelsvolumen rapide sinken werden. Wenn es sich heute noch um Größenordnungen handelt, die dem Jahresverbrauch eines kleinen Industriebetriebs entsprechen, so ist durchaus denkbar, dass auch private Haushalte in Zukunft monatlich ihren Strompreis verhandeln. Dies kann per Auktion, auf dem »Schnäppchenmarkt« oder durch den Erwerb von Optionen erfol-

gen. Man kann daher durchaus erwarten, dass auch der Energie-
handel ähnliche Formen annimmt wie der Wertpapierhandel heute.
Technologien wie Extranets, Trader und Auktionssysteme werden
dann von den Versorgungsunternehmen eingesetzt werden, um ihre
Produkte auf einem extrem transparenten Markt zu vertreiben.

■ Heracon (*www.heracon.de*) ist ein Marktplatz für Produktionskapazitäten und Ingenieursleistungen, über den Zeichnungsteile, Son-
derfertigungen, Aluminiumprofile und Produktionskapazitäten
nachgefragt oder aktiv vermarktet werden können. Als Basis dieser
Prozesse können Teilnehmer CAD-Entwürfe über das Web bearbeiten und als Grundlage für Ausschreibungen und Auktionen verwenden. Der Marktplatz ist bewusst nicht nur auf die Automatisierung von Preisfindungs- und Kollaborationsprozessen ausgerichtet,
sondern sieht die enge Verzahnung mit personeller Unterstützung
durch ein Serviceteam vor. Über dieses »gemanagte Netzwerk«,
wie Heracon sich auch bezeichnet, können Veredler automatisch
oder mit Hilfe des Online-Supports mit geeigneten Herstellern in
Kontakt treten. Der Schwerpunkt der Beratung liegt in der Auswahl von Fertigungsbetrieben für Aluminiumteile sowie in der
Bewertung ihrer Bonität und Solvenz. Welchen Grad an Komplexität die ausgeschriebenen Produkte haben, hängt von dem beauftra-
genden Unternehmen ab.

16.2.4   Efdex: Europas erster gescheiterter B2B-Marktplatz

Efdex war eine 1994 gegründete Online-Börse für Agrarprodukte und
Lebensmittel in Großbritannien. Es war Europas größte, früheste und
am höchsten finanzierte B2B-Börse, lange bevor der Begriff des E-
Marktplatzes allgemein geprägt wurde. Es war gleichzeitig Europas
erster Marktplatz dieser Größenordnung, der scheiterte. Der Misserfolg der B2B-Börse Edfex kostete die Investoren 65 Mio. Euro. Die
unmittelbare Ursache des Problems lag in Verzögerungen der letzten
Finanzierungsrunde, die nicht mehr zustande kam. Das Vertrauen in
den Erfolg war nicht mehr gegeben, so führte diese selbsterfüllende
Prophezeiung zum raschen Untergang.

   Obwohl Efdex die erforderliche technische Infrastruktur bereits
aufgebaut hatte, 200 Mitarbeiter beschäftigte und Kunden akquirieren
konnte, die das System genutzt hätten, konnte der eigentliche operative Betrieb nie erreicht werden. Dies geschah zu einer Zeit, als die ersten B2C-Portale mit extrem hohem Investment wie *Boo.com* oder
eToys vom Markt genommen werden mussten. Efdex zielte jedoch auf
den B2B-Bereich ab, dieses Geschäftsmodell galt im Jahre 2000 noch

*65 Mio. Euro für sechs
Jahre langes Lernen*

als stabiler und weniger gefährdet als das B2C-Segment. Es folgte dem klassischen Marktplatzmodell mit Schwerpunkt auf dem Preisbildungsmechanismus – Anbieter und Nachfrager von Lebensmittel stellen Angebote oder Anfragen ein und das System schließt im Falle eines Matches das Geschäft ab – also ein Börsensystem. Preise sollten in Echtzeit in das System eingebracht werden. Mit Satelliten-basierten Videoübertragungen sollte dieser Echtzeitprozess für Teilnehmer in aller Welt verfolgt werden können!

Zu alte Technologie   Das Hauptproblem lag bei Efdex im archaischen Alter von sechs Jahren, als das System im Jahre 2000 endlich online ging: Efdex bezahlte bereits seit 1994 insgesamt 25 Millionen Euro für den Aufbau der technischen Infrastruktur an IBM und eine Gruppe weiterer Partner, dennoch (oder vielleicht deswegen?) wurde das System schließlich erst im Jahre 2000 »live geschaltet«. Aufgrund dieser Verzögerung waren weite Teile der IT-Infrastruktur »Sunk Costs« – Kosten, die sich nicht mehr im Nachhinein zurücknehmen lassen, vor allem auch, weil die eingesetzte Technologie veraltet ist (kein XML, keine Portalstandards etc. wurden von Beginn an unterstützt). Interoperabilität zu immer wieder neu auftretenden Standards wurde mit jedem Jahr an Technologie-Alter zunehmend teurer. Daher begannen bereits 1995 die ersten Einführungsprobleme des Systems. Der Betrieb wurde über fünf Jahre immer wieder angekündigt und weiter verschoben, so dass von den 40.000 projektierten Marktteilnehmern erst im Jahr 2000 lediglich 1.500 erreicht werden konnten.

Als die Gründer im März 2000 nach Kapitalgebern für die nächste Finanzierungsrunde suchten, war die Bewertung solcher Start-ups bereits so zurückhaltend geworden, dass sich selbst der Mut der ursprünglichen Investoren binnen kurzer Zeit verflüchtigte. Angefacht wurde diese Haltung durch Studien wie z.B. die von Berlecom, denen zufolge die meisten aller B2B-Marktplätze bis 2002 dem Untergang geweiht waren. In dieser Situation, die Investoren um weitere 110 Millionen Euro zu bitten, wirkt fast schon vermessen – deren Entscheidung mutet aus heutiger Sicht auch völlig rational an.

Wer ist nun »Schuld« – die Gründer, die nicht effizient genug wirtschafteten, oder die Investoren, die sich trotz der anfänglichen Annahme, dass ohnehin nur etwa 20% ihrer Investments erfolgreich sein würden, am Ende panikartig von einer weiteren Kapitalerhöhung zurückzogen?

Verzögerungen treffen immer den Marktplatzbetreiber   Zunächst lernen wir, dass das B2B-Geschäft bisher nicht sehr viel rationaler war als im B2C-Bereich. Teilweise sind die Geschäftsmodelle sogar kühner, da die zugrunde liegende Technologie ein sehr viel höheres Maß an Fachwissen erfordert – im Bereich der IT wie auch im

Bereich der Branche. Schließlich wird häufig der Aufwand unterschätzt, existierende »Value Constellations«, also Wertschöpfungsketten oder -netze, zu durchbrechen. Selbst bei Interesse der potenziellen Teilnehmer besteht das Hauptproblem in ihrer technischen Trägheit. Ein Quartal Verzögerung kostet das Brick&Mortar-Unternehmen nicht viel, während es den Marktplatz-Start-up zum Untergang führen kann. Die Start-up-Gründer dürfen folglich nicht nur Visionäre und gute Projektmanager sein, sie müssen auch über Insider-Wissen und -Kontakte in der Branche verfügen sowie die jeweils aktuellen Technologieschübe im IT-Bereich verstehen und umzusetzen wissen. Der Gründer eines US-Marktplatzes bemerkte hierzu einmal: »Du kannst die B2B-Industrie nicht in dem Maße über's Ohr hauen, wie es beim B2C möglich ist ...«

16.2.5   Warum sind so viele B2B-Marktplätze gescheitert?

Mindestens 50 E-Marktplätze sind bereits vor dem Herbst 2000 gescheitert (die meisten davon in den USA, allerdings wurden dort auch die meisten gegründet). Die häufigsten Gründe sind:

▓ *Die Technologie ist weitaus komplizierter als erwartet.* Für das Verständnis des »Marktplatzes als Koordinationsmechanismus« war in den frühen Jahren der Marktplatzentwicklung eine gewisse Abstraktionsfähigkeit erforderlich, die häufig nicht innerhalb einer Branche, sondern eher seitens agiler IT- und Strategieberater vorlag. Diese waren es denn auch, die bis in das Jahr 2000 hinein vorwiegend auf der Gründerseite zu finden waren. Dies führte allerdings oftmals auch dazu, die IT »outzusourcen« und die Details der Realisierung anderen zu überlassen. Vor allem wurden viele Details zunächst gar nicht wahrgenommen. Das Kochrezept lautete: »Man nehme ein MarketSite von Commerce One, bezahle ein paar Millionen Euro für Customizing und Lizenzen und dann geht's los«. Leider wurde vernachlässigt, dass auch Commerce One und vergleichbare Anbieter nur mit Wasser kochten und sich häufig gar nicht als Werkzeug eigneten, das für die Gegebenheiten in der betreffenden Branche erforderlich ist. Und dabei denken wir noch gar nicht an die weiter hinten diskutierten Standardiserungsanforderungen, Softwareinfrastrukturen und Integrationaufwände bei den Teilnehmern. Zugegeben, alle Beteiligten haben diese Komplexität unterschätzt!
▓ *Die Kosten der IT-Infrastruktur wurden unterschätzt.* Aus dem ersten Punkt ergibt sich zwangsläufig dieser zweite. Wie bei Efdex

zu sehen, waren die letzten Jahre von erforderlichen und teilweise von Herstellern geschickt konstruierten Standardisierungswellen durchsetzt: Zuerst kamen CORBA, Java und Microsofts DCOM, dann OMG-Standards wie die BOCA[3] oder die eCo-Architektur von CommerceNet. Später traten Application-Server-Architekturen, EJBs und Marktplatzsysteme auf. Was früher auf CORBA basierte, war seit 1998 nicht mehr zeitgemäß, danach erst waren die De-facto-Standards der nächsten Runde reif wie z.B. XML, xCBL, BMEcat, *eCl@ss* und offizielle Standards wie UN/SPSC, EAN und ebXML in Softwarekomponenten zu finden. Seit der CeBIT 2000 (das überstandene Millenium-Problem benötigte einen Nachfolger) verwischte sich das technologische Bild durch Marketing-Nebel so sehr, dass die tatsächlichen und sinnvollen Entwicklungen kaum mehr identifizierbar waren. Jeder war ein Anbieter von Marktplatzsoftware und dank der Intransparenz zu teilweise prohibitiven Kosten. Natürlich war niemand in der Lage, diese Softwarekomponenten schnell zu integrieren und zu erweitern. All dies führte sowohl zu hohen Lizenzkosten als auch zu hohen Anpassungskosten. Ergo: Auch hier gilt Hofstadters Gesetz in Abwandlung: Ein Marktplatz ist immer doppelt so teuer wie angenommen – auch wenn man Hofstadters Gesetz berücksichtigt ... Seit dem Jahr 2001 schlug die Reaktion der Agonie auf der Kundenseite (keiner investierte mehr in »E-Business«) auf die Hersteller zurück und Entlassungswellen waren die Folge. Einige wesentliche Player erkannten diese Situation und wechselten die Strategie: Microsoft, IBM und Ariba schlossen sich zusammen und definierten Standards wie UDDI, SOAP, WSDL etc., die zusammen unter Begriffen wie »Web-Services« angeboten werden (siehe auch Kapitel 8.7 und 17.7). Man erkannte also, dass Standardisierung und günstige Lizenzkosten von besonderer Bedeutung waren für den langfristigen Absatz von Software zur B2B-Integration.

Das Projekt stockt aufgrund längerer Launch-Phasen. Dies wiederum ist nur zum Teil eine Folge der vorherigen Punkte: Vor allem die Eroberung des Marktes erwies sich für neutrale Dritte als schwierig. Zunächst musste man Aufmerksamkeit erregen und mit den Teilnehmern Kontakt aufnehmen. Diese waren zu überzeugen, dass ein Marktplatz vorteilhaft ist, was bei den Anbietern per Definition schwer fällt (Win-Lose-Situation). Außerdem sind die Teilnehmer zu überzeugen, hohe Kosten in Kauf zu nehmen, um mit bislang niemandem über den Marktplatz zu kommunizieren. Eine

---

3. Business Object Component Architecture, siehe auch Kapitel 8.12.

klassische Henne-Ei-Situation. Häufig übernahmen Marktplatzbetreiber dann die Kosten der Integration, was eine Verstärkung des
vorherigen Punkts darstellt.

- In den Geschäftsplänen wird zu häufig die *Komplexität der Prozesse* vernachlässigt. Schauen Sie sich mal die Dokumententypdefinitionen für Papierbestellungen an, die über *www.papinet.org* veröffentlicht sind, und vergleichen Sie diese mit der Spezifikation von
Angeboten und Anfragen gängiger Marktplätze. Abgesehen davon
bezogen sich die meisten B2B-Marktplätze bisher auf die Informa-
tions- und Verhandlungsphase. In der Abwicklungsphase liegt
jedoch häufig der Löwenanteil der Interaktion zwischen Anbieter
und Kunde in Bezug auf das Kommunikationsaufkommen. Allerdings ist dieser Supply-Chain-Bereich wesentlich komplexer und
erfordert ganz andere Standards als der Preisfindungsbereich. Dies
führt zu der Ankündigung einiger Marktplatzbetreiber, in Zukunft
sich dem ASP- oder Supply-Chain-Bereich zuzuwenden. Wieder
einmal war Geld für immer verloren (»Sunk Costs«) und die
nächste Finanzierungsrunde erfordert neues Geld für IT-Investitio-
nen, was eine weitere Rückkopplung zum zweiten Punkt verursacht.

- *Die Nutzung von Online-Mechanismen rechnet sich häufig nicht.*
Für Unternehmen, die nur sporadisch Transaktionen abschließen
oder sich hohe Investitionen in Marktplatzanbindungen nicht leisten können, reicht manchmal auch ein Fax, das manuell bearbeitet
wird. Dies mag 25-50 Euro an Bearbeitungsaufwand erfordern,
aber wenn eine B2B-Integration 100.000 Euro kostet, so ist der
Break-even erst nach 4.000 Transaktionen erreicht. Für viele kleine
Unternehmen liegt dies erst im übernächsten Jahr – und bis dahin
ist die Marktplatzanbindung sicherlich günstiger geworden ...

- Im Bereich etablierter Geschäftsbeziehungen ist die *Nutzung eines
Intermediärs häufig gar nicht erforderlich.* Hier kann papiNet als
Beispiel für ein »Nortal« – ein Non-Portal – erwähnt werden (mehr
Details weiter unten in Kapitel 16.3). Es ist nichts anderes als die
Fortsetzung des alten EDI auf der Basis von XML-Nachrichten –
also eine reine Peer-to-Peer-Kommunikation zwischen Organisationen, die keinen Intermediär erfordert. In der weltweiten Papierindustrie hat dies dazu geführt, dass seit Anfang 2001 ein Markt-
platzsterben einsetzte. Dies dürfte auch in anderen Branchen nicht
anders verlaufen, wenn dort erst einmal ein Dokumenten- und
Kommunikationsstandard allgemein akzeptiert ist.

- *Hochwertige Transaktionen oder hochspezialisierte Produkte
bedürfen keines Marktplatzes.* Einen Airbus-, Flugzeugträger- oder

Hochöfen-Marktplatz kann man sich schon aufgrund der recht komplexen, spezifischen und seltenen Produktbeschreibung nicht vorstellen, aber selbst wenn der Einkauf von 1.000 PCs ausgeschrieben wird, die Transaktion also ein Volumen von ca. 1 Mio. Euro besitzt, welche Kosten senkt der Marktplatz wirklich? Die Ausschreibungsinformation kann auch in Word erstellt und per E-Mail an die relevanten 20 Anbieter verschickt werden. Anschließend kommt es zur Auswertung der Angebote. Auch dies ist nicht immer automatisierbar. Wenn sich der Marktplatz also nur auf ein Anbieterverzeichnis mit E-Mail-Kontakten beschränkt, kann die Ausschreibung auch mit traditionellen Mitteln durchgeführt werden, ohne dass ein Online-Ausschreibungssystem wesentliche Vorteile bieten würde. Anders sieht es hingegen bei Auktionssystemen aus, bei denen jedoch der Auktionsprozess eher als Dienstleistungsprojekt durch Experten abgewickelt wird und weniger über immer den gleichen Marktplatzanbieter.

- *Das Henne-Ei-Problem beim Etablieren einer liquiden Marktstruktur wurde unterschätzt.* Für dieses Problem gibt es kein Patentrezept. Zu viele Hinderungsfaktoren erschweren zunächst einmal den Zugang zum Marktplatz, außerdem ist es extrem zeitaufwendig, in einer Branche einen Standard für Angebote und Anfragen zu entwickeln. Andererseits haben sich bei den Branchen, die bereits über solche Standards verfügen, auch schon Marktplätze sehr früh entwickelt: z.B. bei Flugbuchungen durch IATA-Standards, bei der Interbanken-Kommunikation durch SWIFT-Datenformate oder beim Spot-Markt für Rohöl. Das Dilemma für den Marktplatzanbieter liegt vor allem darin, dass mit der Einführung von Standards bei den nun erhöhten Chancen, das Henne-Ei-Problem zu überwinden, auch Wettbewerber sehr schnell als Betreiber einsteigen können. Auch wenn er sich zuvor aktiv an der Standardisierung beteiligt, bleibt ihm nur noch ein minimales Zeitfenster, um seinen Know-how-Vorsprung zu nutzen.

- *Realistische Transaktions- oder Teilnehmergebühren sind nicht hoch genug*, um Investitionen und laufende Kosten zu decken. Hier liegt ein weiterer innerer Widerspruch in den Businessplänen von Marktplatzbetreibern: Erträge werden durch die Berechnung von Transaktionsgebühren erzielt, und zwar bei jeder übertragenen Nachricht – so wie VAN-Provider beim guten alten EDI pro Kilobyte Gebühren berechnen. Diese Zeiten sind bald endgültig vorbei! VANs konnten noch eine gewisse Zeit als Oligopolisten nützlich sein und das Weiterleiten von Nachrichten in Rechnung stellen. Heute haben wir das Internet – und Kommunikation (fast) zum

Nulltarif. Unternehmen können Peer-to-Peer kommunizieren, ein Dritter wird dafür nicht mehr benötigt. Die wahre Dienstleistung, die man bereit ist, bei einem Dritten gegen Gebühr einzukaufen, ist jene, die nur zentralisiert angeboten werden kann. Dies sind vor allem Preisfindungsmechanismen (Auktion, Börse, auch einheitliche Kataloge). Das Problem der Marktplatzbetreiber liegt jedoch in der Berechnung von Dienstleistungen, die keiner braucht (Nachrichten weiterleiten), um andere Dienstleistungen zu finanzieren, die individuell berechnet werden könnten, jedoch im Wettbewerb bereits von anderen angeboten werden (z.B. Auktionen bei eBay oder Ricardo). Lufthansa versteigert z.B. Flugtickets in Kooperation mit Ricardo und die Dresdner Bank kauft Kopierpapier über Auktionsprojekte ein, die z.B. das Unternehmen Emporias zusammen mit der TU München organisiert. Wir stellen folglich auch im B2B-Bereich bereits heute ansatzweise die Atomisierung fest, die weiter vorne schon für den B2C-Bereich diskutiert wurde.

Der Wettbewerb zwischen Marktplätzen erweist sich als ruinös. Hier gilt das 1000:100:10:1-Prinzip in aller Härte: Nachdem das Prinzip »Marktplatz« einen Goldrausch auslöste, war die Grammatik des Businessplans einfach: Marktvolumen herausfinden, Marktdurchdringung raten, Kosten schätzen und Return-on-Investment ableiten. Dies taten je Branche ca. 10 Marktplätze, die auch tatsächlich sichtbar wurden; 100, die versuchten, mit dieser innovativen Idee Investoren zu finden, und 1000, die lediglich darüber nachdachten. Wenn jedoch selbst hochliquide Wertpapierbörsen langfristig darüber nachdenken zu fusionieren (denken Sie an die Bestrebung, Handelsplätze aus Deutschland und Großbritannien unter dem Namen »iX« zusammenzulegen), wie viele Marktplätze braucht dann eine Branche mit sehr viel weniger Transaktionen? Wenn zudem erwartet werden kann, dass sich Unternehmen nur an einem Marktplatz beteiligen, der einem allgemein gültigen Standard für Produktbeschreibungen und Geschäftsdokumente folgt, werden auch B2B-Marktplätze austauschbar. Das Paradebeispiel liegt wieder in der Papierindustrie: Hier tummelten sich im Jahre 2000 ca. 10-20 Marktplätze, die ganz unterschiedliche Produktbeschreibungen verwendeten. Mit dem Auftreten des papiNet-Standards einigten sich Papierhersteller und ihre Kunden auf eine einzige Form der Spezifikation, die dazu führte, dass alle noch existierenden Marktplatzbetreiber diese unterstützten. Die Folge davon ist, dass sie vergleichbarer werden und ihren Return-on-Investment im ruinösen Wettbewerb möglicherweise niemals erreichen.

Da ist es wieder: das 1000:100:10:1-Prinzip

- Das Management des Marktplatzbetreibers ist in der Zielbranche *zu unerfahren* bzw. *verfügt nicht über die erforderlichen Kontakte.* Was braucht man an personeller Besetzung, um einen Marktplatz zu betreiben? Schauen Sie weiter oben unter »Personelle Besetzung«. Es muss ein guter Mix aus Fachexperten, Strategieberatern, IT-Gurus, Web-Designern und Branchen-Insidern mit Kontakten zu Kunden und Anbietern sein.

- Die *Marktteilnehmer sind sich uneins bzgl. Standards und Anwendungssoftware.* Dieser Punkt führt zu einem Teufelskreis: Wenn bereits abzusehen ist, dass unterschiedliche Standards existieren werden, ist jeder Teilnehmer schon zögerlich, auch nur beim ersten Marktplatz mitzumachen. Das Gleiche gilt ebenfalls für die Vielfalt von Marktplatzsoftware und -betreiber. Teilweise verdienen sogar Dritte und Vierte noch an der Heterogenität der Marktplätze wie z.B. POET mit seiner eCatalogue Suite. Dies führt am Ende wieder zu hohen Anbindungs- und Wechselkosten für die Teilnehmer.

- Abweichungen vom Businessplan führen zu *Schwierigkeiten bei der Kapitalbeschaffung* in späteren Phasen, dies endet häufig in der selbsterfüllenden Prophezeiung des Untergangs. Alle vorgenannten Punkte führen in der Regel mindestens zu Verzögerungen bei der Erfüllung des Businessplans. Falls das Unternehmen sich jedoch auf der Kostenseite schon auf die nächste Phase eingestellt hat und das erforderliche Personal eingestellt wurde, laufen Aufwand und Erträge zu stark auseinander.

- *Unterschätzung der Vertriebskosten für einen Marktplatz*: Hier reicht es nicht, mit wenigen Webseiten über den Marktplatz zu informieren. Stattdessen war immer Vertriebspersonal erforderlich, das nicht nur bzgl. der Teilnehmerbranchen, sondern auch bzgl. der IT-Infrastruktur versiert sein musste. Denn auch bei elektronischen Marktplätzen ist ein »zwischenmenschlicher« Vertrieb erforderlich. Diese Fähigkeiten, gepaart mit Vertriebserfahrung, sind rar und teuer. In der Regel haben Businesspläne der Marktplatzbetreiber diesen Faktor bisher stark unterschätzt.

- Und schließlich ist der *Glaube an die vollständige Automatisierung von Marktplätzen* verhängnisvoll: Es existiert weder eine derart intelligente Software noch der ebenfalls erforderliche Standard, um Marktprozesse automatisch zu unterstützen. Es wird stattdessen immer qualifiziertes Personal für die Konfiguration und die Behandlung von Ausnahmen notwendig sein, so dass eine Kalkulation, die den Faktor »Personalaufwand« zu sehr vernachlässigt, zum Scheitern verurteilt ist.

Wenn man also heute einen neuen B2B-Marktplatz betreiben möchte, sollte man daher Folgendes beachten:

- Welche Mitspieler sitzen auf dem *Offline-Markt* am längeren Hebel? Gibt es deren Unterstützung für das Marktplatzprojekt? Gibt es traditionelle Gewohnheiten, wie z.B. zu Weihnachten die Flasche Champagner für den Leiter der Einkaufsabteilung? Diese Gewohnheiten sorgen für Bequemlichkeit, welche die Ersparnisse bei Einkaufskonditionen erheblich mindern kann.

- Sollte man auf *Preisfindung* setzen (Zentralisierung erforderlich) und/oder auf Prozessunterstützung (letztere ist komplexer, hat aber größere Chancen auf Akzeptanz)? Welches Preisfindungsmodell ist sinnvoll? Dies hängt von diversen Faktoren ab (siehe die oben aufgezählten Charakteristika).

- Gibt das *Geschäftsmodell* wirklich genug Transaktionsvolumen her, so dass damit ein rentabler Betrieb gewährleistet ist? In welchen Bereichen wird wirklich eine zentrale Unterstützung nötig sein? Oder ist es besser, das Peer-to-Peer-Modell zu verfolgen und die Software der Teilnehmer zu entwickeln bzw. anzupassen?

- Welche *Technologien und Standards* werden nicht heute, sondern in X Monaten (d.h. zum Launch-Termin) zu welchen Kosten für die Schlüsselfunktionen zur Verfügung stehen? Dies gilt vor allem für Technologien wie Application Server, XML-Schemata, Kommunikationsprotokolle, Java-Frameworks, Content-Management-Systeme und spezialisierte Marktplatzmodule.

- *Wettbewerb.* Wie viele andere mögen gerade jetzt darüber nachdenken, einen Marktplatz zu betreiben? Szenario: Sie haben in der Zeitschrift gelesen, dass dank des neuen XYZ-Standards die Integration von Anbieterverzeichnissen mit Marktplätzen erheblich vereinfacht und standardisiert wird. Überlegen Sie mal, wie viele andere den gleichen Gedanken haben. Ich schätze ungefähr 1000 ...

Jetzt haben wir uns mit den Einflussfaktoren auf das Marktmodell beschäftigt und uns einige erfolgreiche sowie erfolglose Umsetzungen angesehen. Dabei ist anzumerken, dass das zentralisierte Modell des Marktplatzes nicht der einzige gangbare Weg ist. Auch das dezentralisierte Peer-to-Peer-Modell eines Handelsnetzes (als Fortsetzung der EDI-Integration) kann erhebliche Kostenvorteile bringen, wenn die Nachrichtenformate standardisiert werden und die Software von einer Vielzahl an Unternehmen gemeinsam entwickelt wird. Diesen Ansatz schauen wir uns jetzt noch etwas genauer am Beispiel von papiNet an, da hier die Anforderungen und Lösungsmöglichkeiten einer dezentralen Architektur besonders gut gezeigt werden können.

Zentralisierte Marktplätze sind nicht der einzige Weg

16.3 B2B-Integration ohne Marktplätze: papiNet

*papiNet – ein Peer-to-
Peer-Netz für die
Papierindustrie*

Im Folgenden ist das Projekt papiNet beschrieben, das seit März 2000 bewusst den Ansatz einer Peer-to-Peer-Integration der Marktteilnehmer verfolgt. Dieses Kapitel dient dazu, die Komplexität von Geschäftsbeziehungen zu verdeutlichen, um dem Leser ein Gefühl dafür zu vermitteln, was alles von einem B2B-Portal geleistet werden muss, um die Kooperation zwischen Unternehmen entlang der Supply Chain zu unterstützen [Merz00].

*Standardisierung von
Dokumententypen und
Software*

papiNet ist eine Initiative zur *Standardisierung* von Nachrichten und Prozessen der Bestellung, Lieferung und Fakturierung von Papierprodukten. Insbesondere besteht das Anliegen von papiNet im Etablieren eines weltweiten, offenen Branchenstandards für die Datenformate der erforderlichen Nachrichten.

Der zweite Schwerpunkt liegt beim papiNet-Projekt in der Entwicklung einer *Kommunikationssoftware*, die allen Beteiligten auf der Kundenseite des Papiermarktes kostenlos zur Verfügung gestellt wird. Diese Software (auch als »Messenger« bekannt) integriert die folgenden Funktionen:

- Garantierte, verschlüsselte, elektronisch signierte und komprimierte Übertragung von Nachrichten,
- Verwendung von *XML* als Sprache zur Dokumententypdefinition und Dokumentenrepräsentation,
- einen *Generischen Adapter*, der als Schnittstelle zur Integration der Messaging-Software mit dem lokalen ERP-System der Marktteilnehmer dient und Konvertierungen in XML-Formate der jeweiligen Teilnehmer unterstützt, sowie
- eine *Administrationssoftware*, mit deren Hilfe der Stand der Versendung, Fehlerprotokolle, Nachrichteninhalte etc. eingesehen und manipuliert werden kann.

Ein zentraler Web-Server – *www.papinet.org* – dient dabei als Plattform für den Download der Software sowie zur Verbreitung von Informationen über das Projekt. Aktuelle Informationen zum Stand der Integration sind über *www.ponton-xp.com* bzw. *http://webg.ponton-hamburg.de/projects/PAPINET* verfügbar.

Im Gegensatz zu vielen anderen Branchen, bei denen die Einflussnahme einzelner Kunden oder Anbieter Dokumentenstandards häufig stark verzerrt und im Extremfall durch eine Vielzahl unternehmensindividueller Vorgaben uneffizient macht, liegt mit papiNet ein Konsortium vor, das einvernehmlich zwischen Anbietern und Kunden Dokumententypen erarbeitet hat. Dieser Zusammenschluss ergab sich aus der jahrelangen Erfahrung mit EDIFACT, speziell der branchenspezifischen Adaption EDIPAP, die aufgrund der hohen technischen Komplexität kaum unterstützt wurde. Im Standardisierungsgremium von papiNet sind anbieterseitig alle wesentlichen europäischen und nordamerikanischen Papierhersteller sowie auf der Kundenseite Verlage aus Europa und den USA vertreten.

Das folgende Beispiel zeigt typische Geschäftsprozesse und ihre Variationen, die zwischen Papierherstellern und ihren Kunden entlang der Lieferkette abgewickelt werden. Die hier gezeigten Beispiele lassen sich gedanklich auch auf andere Industrien übertragen, da die Grundelemente der Kommunikation und Kooperation – abgesehen von den gehandelten Produkten – im Wesentlichen die gleichen sind. Mit den hier beschriebenen Prozessen und Geschäftsregeln lassen sich jedoch die Anforderungen an zukünftige Marktplätze recht gut formulieren.

Organisatorischer Zusammenhang

Auf der Kundenseite finden sich im Rahmen der hier dargestellten Prozesse vor allem Großdruckereien der bekannten Verlage wie Bauer, Burda, Axel Springer, Gruner + Jahr, News Corp., AOL Time Warner etc. und auf der Anbieterseite die großen europäischen und nordamerikanischen Papierhersteller wie International Paper, Holmen Paper, MReal, Norske Skog, SCA, StoraEnso, UPM Kymmene und andere. Viele Papierhersteller setzen sich aus einer Vielzahl an Produktionsstätten zusammen, so verfügt StoraEnso beispielsweise über mehr als 40 Papiermühlen weltweit. Das gesamte europäische Marktvolumen für Papier liegt dabei bei ca. 80 Milliarden Euro, die sich auf Teilindustrien wie Feinpapier, Papier für den Zeitungs- und Magazindruck, Verpackungspapier, Hygienepapiere und andere aufteilen.

Kooperation von Herstellern und Kunden

Im Folgenden wollen wir uns nur auf den Pressebereich konzentrieren. Hier beherrschen auf beiden Seiten Produktionsstätten die Branche, die nur bei sehr hohen Investitionskosten zu errichten sind: Eine Papiermühle kostet beispielsweise zwischen 200 und 400 Millionen Euro. Eine Großdruckerei erreicht ähnliche Größenordnungen. Daher sind diese Maschinen möglichst permanent auszulasten, also 24 Stunden täglich und 365 Tage im Jahr. Dies wiederum erfordert eine enge Integration von Herstellern und Kunden, um zum richtigen Zeitpunkt die erforderliche Menge an Rollenpapier direkt vor die Druckmaschine zu liefern. Diese Integration lässt sich nur noch durch eine weitgehende Automatisierung der beteiligten Maschinen und Prozesse steigern. Dabei ist zu berücksichtigen, dass nicht nur auf der Kundenseite Dritte involviert sind (z.B. externe Druckereien), sondern auch

Hohe Fixkosten und hohe Auslastung

auf der Herstellerseite. Zudem ist die Integration der Papiermühlen innerhalb der Konzerne teilweise so autonom, dass diese organisatorisch als Zulieferer der Verkaufsbüros aufgefasst werden können.

Lange Transaktionsphasen Eine Geschäftstransaktion erstreckt sich in den betrachteten Industrien über einen langen Zeitraum, der regelmäßig mit Datenkommunikation ausgefüllt ist. Am Anfang steht dabei häufig ein Rahmenvertrag, über den Abnahmemengen, Rabatte und andere Rahmenbedingungen verhandelt werden. Eine Ebene konkreter wird die Spezifikation von Mengen, Terminen und Produkten erst mit dem Erteilen eines Auftrags, der vom Hersteller zu bestätigen ist. Zwischen Auftrag und Bestätigung erfolgt eine interne Produktionsplanung bzw. Prüfung, ob die Ware ab Lager geliefert werden kann. Nachdem die

Von der Bestellung ... Bestellung bestätigt werden konnte, erfolgt die Produktion und ggf. auch die Lieferung der Ware in das Auslieferungslager in der Nähe des Kunden. Dies geschieht durch einen internen Lieferauftrag des Herstellers an eine Spedition. Der Kunde erhält dazu eine sog. Gewichtsliste, in der die einzelnen Rollen mit Gewichten und Codes aufgelistet sind.

Mit zunehmender zeitlichen Nähe zur Lieferung wird für den Kunden immer planbarer, welche exakte Menge eines Produkts an welchem Standort und zu welchem Zeitpunkt genau gebraucht wird. Wenn dies der Fall ist, ruft er die erforderliche Menge aus dem Lager des Herstellers ab, indem er eine entsprechendes Dokument an den Hersteller sendet (Warenabruf, engl. »call-off«). Dieses Dokument bezieht sich auf die zuvor in den Gewichtslisten genannten Papierrollen, so dass diese genau im Warenabruf identifiziert werden können. Schließlich werden die betreffenden Lieferdokumente zum Zeitpunkt der Auslieferung der Waren an den Kunden übermittelt, welche zusätzliche Information über Verpackungsform und -material enthalten. Das

... bis zur Rechnung Ende dieses Prozesses bildet die Rechnung, die aufgrund der europäischen Richtlinie in Zukunft auch online übermittelt werden kann (siehe Kapitel 5.1 zum regulatorischen Rahmen).

Variationen

Der dargestellte Minimalprozess ist in der Realität in vielerlei Hinsicht noch weitaus komplexer. So sind bei allen Nachrichten Zusätze denkbar, die bereits versendete Nachrichten korrigieren, ergänzen oder stornieren. Chronologisch betrachtet, sind vor und nach den erwähnten Nachrichten weitere denkbar, die überhaupt erst die Bestellung einleiten (Katalogübermittlungen, Ausschreibungen, Bedarfsprognosen) oder nach der Lieferung versendet werden (Qualitätsberichte, Reklamationen, Verbrauchsmeldungen, Gutschriften, Lastschriften). Im Fol-

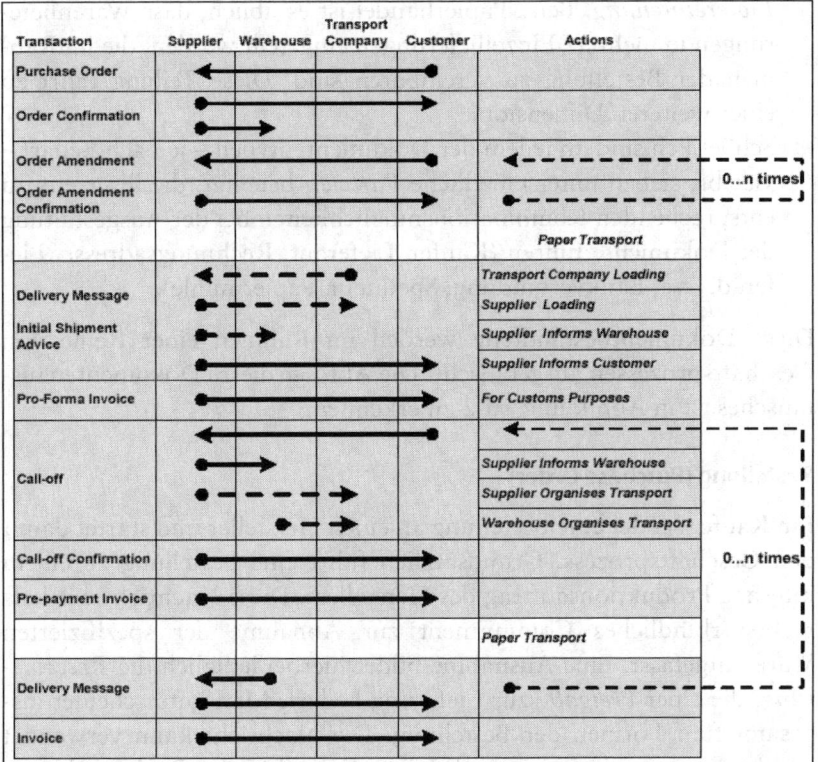

Abb. 16–2
Geschäftsprozesse
zwischen Papierher-
stellern und Verlagen

genden wollen wir uns lediglich das Zusammenspiel der Bestellung, ihrer Bestätigung, des Abrufs, der Lieferpapiere sowie der Rechnung anschauen.

16.3.1   Übliche Nachrichten

Eine papiNet-Nachricht bezieht sich immer auf eine Kombination unterschiedlicher Daten – unabhängig davon, ob es sich um eine Bestellung, eine Gewichtsliste oder andere Formate handelt. Üblicherweise sind folgende Bestandteile Inhalt jeder Nachricht:

Hauptkomponenten einer papiNet-Nachricht

- *Order-Informationen.* Dies gilt natürlich für jede Order selbst, aber auch in Abrufen, Gewichtslisten, Lieferpapieren und Rechnungen werden Daten zur Bezugnahme auf die ursprüngliche Order ausgetauscht.
- *Produkt-Informationen.* In jedem Dokumententyp erfolgt eine Unterscheidung nach dem Produkttyp, so dass sich hieraus eine weitere Dimension zur Unterteilung der Datenelemente ergibt.

▓ *Liefereinteilung.* Beim Papierhandel ist es üblich, dass Warenlieferungen in mehrere Einzellieferungen eingeteilt werden, die im Rahmen der Bestellung zu vereinbaren sind. Diese Teilung führt zu einer weiteren Dimension.

▓ Schließlich sind an jedem der Dokumententypen – je nach Bedarf – vier bis sieben unterschiedliche *Parteien* beteiligt, die ihrerseits zu entsprechenden Kombinationsmöglichkeiten bei der Ausgestaltung der Dokumente führen (Käufer, Lieferant, Rechnungsadresse, Lieferadresse, Bankverbindung, Spediteur, Papiermühle).

Diese Dokumentbestandteile werden im Rahmen einer Reihe von Geschäftsprozessen ausgetauscht. Die Abfolge dieses Dokumentenaustausches ist in Abbildung 16-2 zu erkennen.

Bestellung (Purchase Order)

Untertypen der Bestellung

Ein Käufer sendet eine Bestellung an einen Hersteller und startet damit den Geschäftsprozess. Grundsätzlich führt eine Bestellung zu einem internen Produktionsauftrag des Herstellers. Diese Nachricht wird als rechtsverbindliches Commitment zur Abnahme der spezifizierten Ware aufgefasst. Eine Ausnahme bildet hierbei lediglich die *Reservierung*, die einer *Freigabe* zur Lieferung bedarf. Man unterscheidet insgesamt fünf Formen der Bestellung: Die Nachricht kann verwendet werden, um regulär zu bestellen, um Kapazität der Papiermühle zu reservieren, diese freizugeben, Proben zu bestellen oder zuvor per Fax, Telefon oder E-Mail erfolgte Bestellungen zu bestätigen. In Nordamerika ist die Planung von Lieferterminen und -mengen immer auch Bestandteil der Bestellung, während in Europa die Verwendung von Abrufen (siehe unten) vorherrscht. Es ist ebenfalls üblich, Kapazität so lange zu reservieren, bis der Kunde einer Druckerei einen Auftrag endgültig erteilt hat. Entscheidungen am unteren Ende der Wertschöpfungskette lösen also eine Folge von (Datenbank-)Transaktionen über mehrere Stufen aus.

Status der Bestellung

Wenn ein Kunde dem Hersteller eine Bestellung sendet, besitzt diese den Zustand »Original« und alle Bestellzeilen sind als »Neu« gekennzeichnet. Einzelne Zeilen oder auch die gesamte Bestellung kann nachträglich storniert werden. Dazu wird der Nachrichtenstatus »Cancelled« verwendet. Eine andere Variante stellt die Ergänzung dar (bzw. Korrektur). Hierbei sendet der Kunde das gleiche Dokument im Status »Amended« (modifiziert), wobei einzelne Zeilen oder der Bestellkopf verändert wurden. Auch diese Nachricht ist vom Hersteller zu bestätigen. Umgekehrt kann jedoch auch der Hersteller eine Bestätigung ergänzen, z.B. wenn sich später herausstellt, dass Ware wegen Streiks von einer anderen Papiermühle geliefert werden muss.

Bestätigung (Order Confirmation)

Im Wesentlichen ist die Bestätigung der Bestellung sehr ähnlich. Es müssen lediglich Datenfelder vorhanden sein, die das Referenzieren der Bestellung, die eindeutige Kennzeichnung der Bestätigung sowie spezifische Statusinformationen enthalten. Je nach Situation kann eine Bestätigung den Status »Neu«, »Modifiziert« oder »Zurückgewiesen« besitzen.

Im Extremfall kann es dabei zwischen Kunde und Hersteller zu einem Ping-Pong-Effekt kommen, wenn keine Einigung auf eine bestimmte Konstellation aus Produkten, Mengen und Terminen erzielt werden kann. In der Regel findet diese Verhandlung jedoch »out-of-band« per Telefon oder E-Mail statt.

Verhandlung online oder offline

Gewichtsliste (Weight List)

Dieses Dokument zeigt dem Kunden an, welche Papierrollen im Auslieferungslager des Herstellers zur Verfügung stehen. Die Gewichtsliste ist die Basis für nachfolgende Abrufe. Sie ist strukturell identisch mit den Lieferpapieren.

Abruf (Call-off)

Ein Abruf legt die Liefereinteilung auf der Basis einer vorherigen Bestellung fest. Der Abruf kann dabei vom Kunden erfolgen (z.B. einem Verlag) oder direkt von der beauftragten Druckerei. Jede Zeile des Abrufs verweist dabei auf eine Rollen-ID, die aufgrund der Bestellung oder der Gewichtsliste bekannt ist, oder spezifiziert das Produkt anhand seiner Eigenschaften. Im Gegensatz zur Bestellung bezieht sich daher ein Abruf immer auf bereits produzierte Ware sowie auf eine Lieferadresse, an die die Ware zu befördern ist. Der Käufer sendet einen ersten Abruf an den Hersteller, der Status ist dabei »New«. Der Hersteller beantwortet das Dokument mit einer Abrufbestätigung. Falls erforderlich, kann der Kunde auch bei diesem Dokumententyp noch Korrekturen oder eine Stornierung vornehmen (Amendment bzw. Cancellation). Auch diese sind vom Hersteller zu bestätigen.

Der letzte Schritt vor der Lieferung

Lieferpapier (Delivery Message)

Diese Nachricht spezifiziert Details über die gelieferte Ware bzw. über Ware, die in naher Zukunft geliefert wird. Sie wird online vom Hersteller an den Kunden gesendet und gleichzeitig in Papierform vom Frachtführer zusammen mit der Ware abgeliefert. Da der Kunde zuvor diese Information erhalten hat, kann sein ERP-System dem Lagerarbeiter bereits die Liste der entgegenzunehmenden Papierrollen auflisten, so dass sie nur noch abgeglichen werden müssen. Dazu kann ein Web-Browser verwendet werden, über den flexibel von jedem Ort auf das ERP-System zugegriffen werden kann. Das Übermitteln der Lieferpapiere kann seitens des Herstellers wiederum das Erzeugen von Rechnungsdokumenten anstoßen.

Rechnung (Invoice)

Diese Nachricht wird vom Modul zur Finanzbuchhaltung des Herstellers generiert und an das betreffende ERP-Modul des Kunden gesendet. Die Rechnung kann sich dabei auf Produkte mehrerer Bestellungen beziehen, die möglicherweise durch mehrere Lieferungen an den Kunden gesendet wurde. Eine ganze Reihe von Rechnungstypen lassen sich auf der Basis eines einzelnen XML-Schemas ausdrücken: So besteht abweichend von der regulären Rechnung auch die Möglichkeit, eine Pro-Forma-Rechnung zu senden, die der Empfänger für Zollabwicklungen vor Empfang der Ware benötigt, oder lediglich Informationen zu schicken, die keine Zahlung erfordern. Der Zeitpunkt der Rechnung kann ebenfalls vor oder nach dem Versenden der Ware sein.

16.3.2   XML-Dokumententypen bei papiNet

Die XML-Spezifikationen der papiNet-Dokumente setzen diese Eigenschaften um, so dass entsprechend tiefe Schachtelungen bei den jeweiligen Dokumenten entstehen können.

Bei der Standardisierung der XML-Dokumente waren unterschiedliche Einflussfaktoren zu berücksichtigen:

■ *Konformität zu bestehenden EDI-Standards.* Seit Anfang der 90er Jahre wurde mit dem *EDIPAP*-Standard ein Sortiment von EDI-Dokumententypen entwickelt. Diese sind in der EDIFACT-Syntax definiert und lassen eine Vielzahl von Interpretationen durch sog. *Subsets* zu. Ein Subset ist dabei eine Auswahl von Datenelementen, die im allgemeinen Standard als optional definiert wurden. Zu viele optionale Bestandteile führen jedoch zu unterschiedlichen und teilweise inkompatiblen Nebenvereinbarungen (den sog. EDI-Subsets), die eine generelle Nutzung des Dokumentenformats innerhalb einer größeren Teilnehmerzahl konterkarieren. Da zudem im Laufe der letzten Jahre der EDIPAP-Standard aufgrund seiner Komplexität kaum eingesetzt wurde, ist seine Unterstützung bei der Festlegung der papiNet-DTDs niedrig priorisiert worden.

▨ *Berücksichtigung von Besonderheiten der Papierindustrie.* Kein allgemeiner Standard für Geschäftsdokumente kann den Besonderheiten einzelner Branchen oder Produkte gerecht werden, daher ist auch für papiNet eine Erweiterung der allgemeinen Dokumentenstrukturen erforderlich gewesen. Dies gilt vor allem für Produktspezifikationen und Dokumente wie etwa Gewichtslisten.

▨ *Konformität zu zukünftigen XML-basierten Dokumentenstandards.* Zurzeit besteht eine Vielzahl konkurrierender XML-Standards bzw. Vorschläge, die meistens von Anbietern wie Commerce One (*www.xcbl.org*), Microsoft (*www.BizTalk.org*), Ariba (*www. cXML.org/home*) etc. vorgeschlagen werden. Aufgrund seiner Vollständigkeit und Konformität zu EDI-Dokumentenformaten sind einige Bestandteile der papiNet-Dokumente dem Vorschlag von Commerce One entlehnt.

Nachrichtenformat für Bestellungen

Die papiNet-Nachrichten sind als XML-DTDs definiert. Der größte Teil der Elementtypen sind als »Reusables« – also wiederverwendbare Elementtypen – definiert und in einer gemeinsamen DTD-Datei abgelegt, die als externe Entity-Datei in die jeweiligen DTD-Dateien einbezogen wird. Folglich existieren fünf recht übersichtliche DTDs für die einzelnen Dokumententypen und eine sehr umfangreiche Reusable-Datei. Im Folgenden ist die DTD für Orders aufgelistet. Sie enthält zu Beginn die Entity-Referenz auf die Reusable-Datei, in der sich die untergeordneten Elemente befinden. Danach ist die Wurzelebene der Bestellung (*PurchaseOrder*) definiert. Die beiden Attribute enthalten Informationen über den Typ der Bestellung (reguläre Bestellung, Freigabe, Bestätigung etc.) sowie eine Statusinformation zum Dokument (Original, Stornierung oder Änderung):

Abb. 16–3

Wurzelelemente eines XML-Schemas für Bestellungen

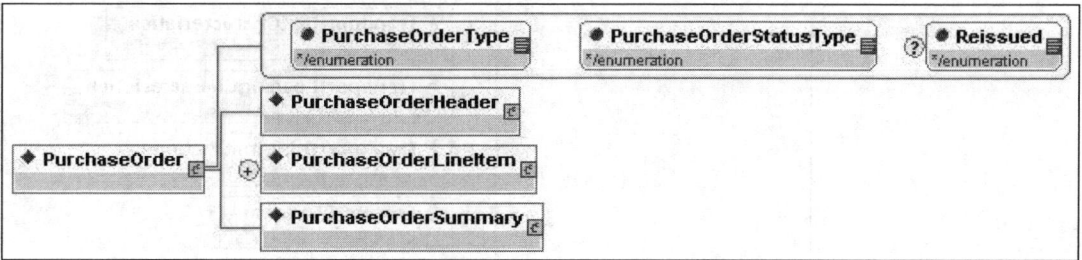

Bestellkopf

Die drei Subelemente *PurchaseOrderHeader*, *PurchaseOrderLineItem* und *PurchaseOrderSummary* enthalten die wesentlichen Merkmale einer Bestellung. Im Folgenden sind dies beim Bestellkopf die beteiligten Parteien (Kunde, Rechnungsadresse, Lieferant). Des Weiteren lassen sich über *OtherParty* andere Beteiligte definieren (z.B. Lager, Spediteure, Händler). Die *ShipTo*-Information enthält Lieferbedingungen sowie die Lieferadresse. Die unterschiedlichen Transportinformationen sind optional und können festlegen, auf welche Weise der Transport erfolgen soll, welches Transportmittel (z.B. Schiff, LKW oder Bahn) und welche Transportvorrichtungen zu verwenden sind (z.B. besondere Träger von Papierrollen). Schließlich kann anhand von

Abb. 16–4

Elemente des Bestellkopfes

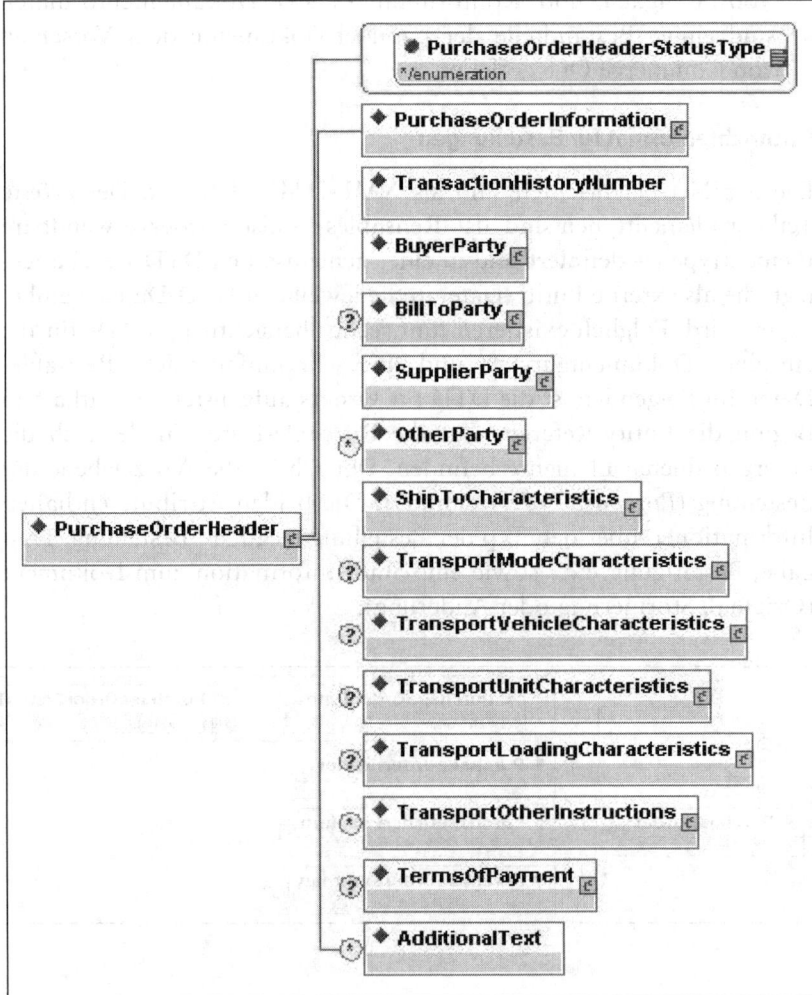

Ladevorschriften festgelegt werden, wie die Ware platziert sein soll. Dies ist wichtig für eine rasche Entladung beim Kundenterminal. Zahlungsvorschriften können sich auf Verträge beziehen, die entsprechende Modalitäten zuvor festgelegt haben, oder explizit definiert sein. Insbesondere in den USA sind mehrere unterschiedliche Steuern zu berücksichtigen. Schließlich besitzt der Bestellkopf noch eine Statusinformation, die kennzeichnet, ob in diesem Teil der Nachricht Informationen modifiziert wurden.

Diese Information des Bestellkopfes kann zu sehr einfachen Dokumenten führen, aber auch bis über einige hundert Zeilen XML-Code umfassen. Es erfordert eine Absprache aller Beteiligten, welche der optionalen Elemente bei der konkreten Geschäftsbeziehung zu unterstützen sind.

Bestellzeilen

Jede einzelne Bestellzeile beschreibt mindestens das bestellte Produkt und seine Menge. Dabei ist das Produkt branchenspezifisch und daher für den Bereich der Papierbranche im Detail dargestellt. Zusätzlich können Preisinformationen, Preiskorrekturen und Informationen über die Papiermühle als Produktionsstandort mitgeliefert werden. Falls das betreffende Produkt an eine andere als die im Kopf definierte Lieferadresse versendet werden soll, lassen sich die *ShipTo*- und Transportinformationen je Bestellzeile wiederholen. Mit der Liefereinteilung (*DeliverySchedule*) kann der Kunde zudem festlegen, welche Menge er zu welchem Termin erwartet. Ob eine Bestellung neu ist oder eine Stornierung einzelner Zeilen vorgenommen wird, kann durch die Statusinformation angezeigt werden (Abb. 16-5).

Bestellfuß

Schließlich besitzen alle papiNet-Dokumente als Abschluss eine Auflistung von Summen der unterschiedlichen Beträge und Mengen (Abb. 16-6).

Alle Dokumententypen entsprechen im Wesentlichen diesem Schema und greifen die für sie relevante Information auf. So steht beim Abruf die Liefereinteilung im Vordergrund, da bei dieser Substruktur ein größerer Bezug zum Liefertermin besteht und der Abruf gerade zur Feinjustierung von Mengen und Terminen verwendet wird. Ein Lieferschein verfügt hingegen über detaillierte Information zur Logistikkette, also den einzelnen Lieferabschnitten von der Beladung über den LKW-Transport zum Hafen, der Lagerung am Terminal über die Verladung und den Seetransport bis zur Entladung beim Kunden. Des Weiteren

Abb. 16–5

Elemente einer Bestellzeile

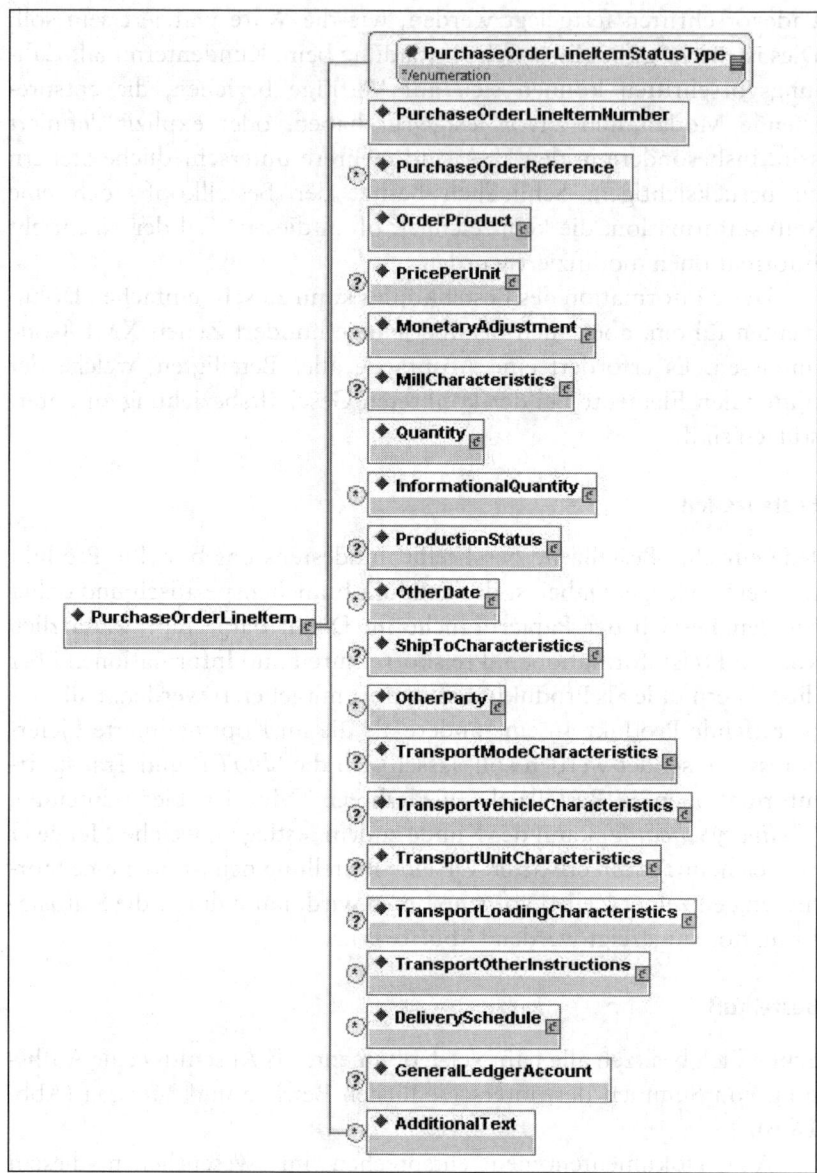

können im Lieferschein Verpackungsarten und -codes beschrieben sein. Die Rechnung enthält schließlich Bankverbindungen, Referenzen auf Bestellungen, Abrufe oder Lieferscheine sowie die Berechnung des Betrags einschließlich aller Zu- und Abschläge.

Im Folgenden ist noch ein Ausschnitt der Produktspezifikation dargestellt. Hierbei geht es weniger um Vollständigkeit, sondern darum, ein Gefühl für die Komplexität tatsächlicher Geschäftstransaktionen im B2B-Bereich zu vermitteln. Abbildung 16-7 zeigt dazu etwa ein Fünftel der vorhandenen Elementtypen.

Die Produktspezifikation kann sehr komplex werden

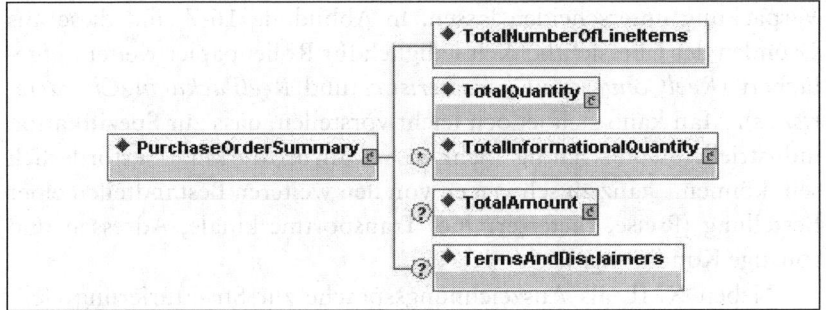

Abb. 16–6
Elemente des Bestellfußes

Abbildung 16-7 zeigt Klassifikationsmerkmale für Papier (Rollen- und Bogenpapier). Die Grafik soll lediglich eine Übersicht geben, damit nachvollziehbar wird, wie detailliert eine Produktbeschreibung sein müsste, damit ein Produkt z.B. für den Handel per Börse oder Auktion spezifizierbar ist. Im gezeigten Fall setzt sich die Produktspezifikation

Abb. 16–7
Ausschnitt der Produktspezifikation einer papiNet-Bestellung

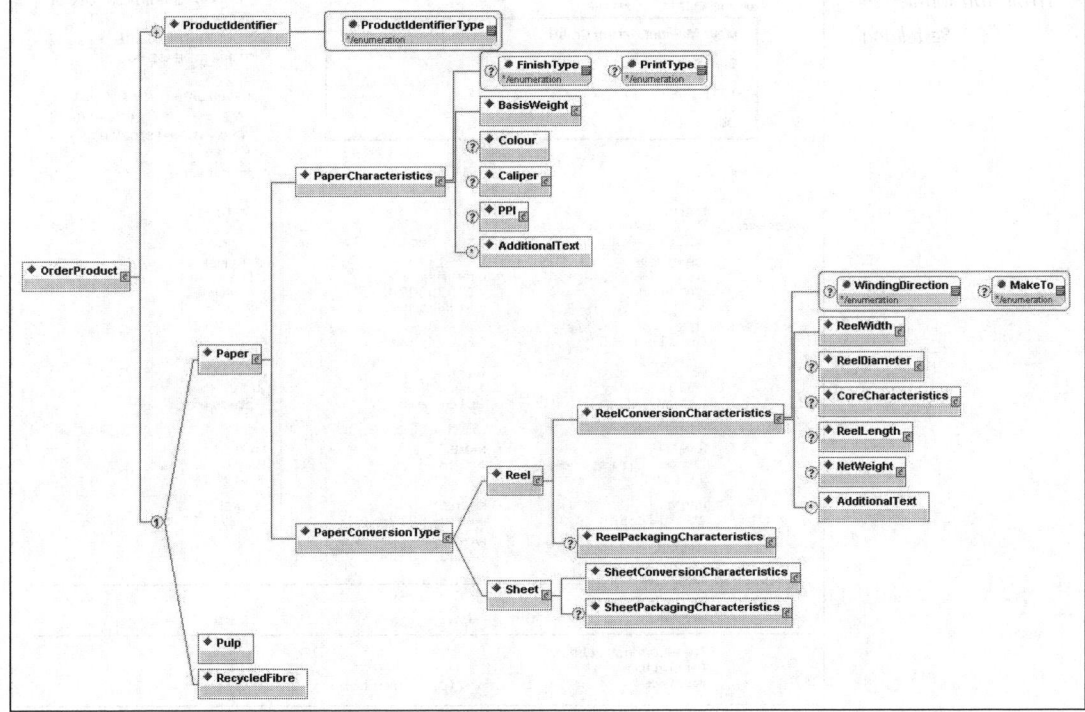

aus Materialeigenschaften (*ProductCharacteristics*) und seiner Verarbeitungsweise (*ProductConversionType*) zusammen. Im ersten Fall sind dies Merkmale, die generell für Papier gelten, also Farbe, Flächengewicht, Dicke etc. Im nächsten Verarbeitungsschritt wird das Papier entweder zu Rollen oder Bögen geschnitten. Bei beiden Varianten sind diverse Produkteigenschaften definiert, die sich nach Verarbeitung und Verpackung unterscheiden lassen. In Abbildung 16-7 sind diese aus Gründen der Übersichtlichkeit lediglich für Rollenpapier weiter aufgefächert (*ReelConversionCharacteristics* und *ReelPackagingCharacteristics*). Man kann sich jedoch leicht vorstellen, dass zur Spezifikation industrieller Güter häufig mehr als zwanzig Merkmale erforderlich sein können – ganz zu schweigen von den weiteren Bestandteilen einer Bestellung (Preise, Liefertermine, Transportmerkmale, Adressen und sonstige Konditionen).

Einheitliche Darstellung bei allen Partnern mit XSL

Neben XML als Auszeichnungssprache zur Strukturierung elektronischer Dokumente ist XSL – die Extensible Stylesheet Language – integriert (*www.w3.org/Style/XSL*). Mit Hilfe dieses Standards lassen sich XML-Dokumente auf der Server-Seite oder im Web-Browser in HTML konvertieren und anzeigen. Ferner erlaubt XSL eine direkte

Abb. 16–8
Ausschnitt einer in HTML transformierten Bestellung

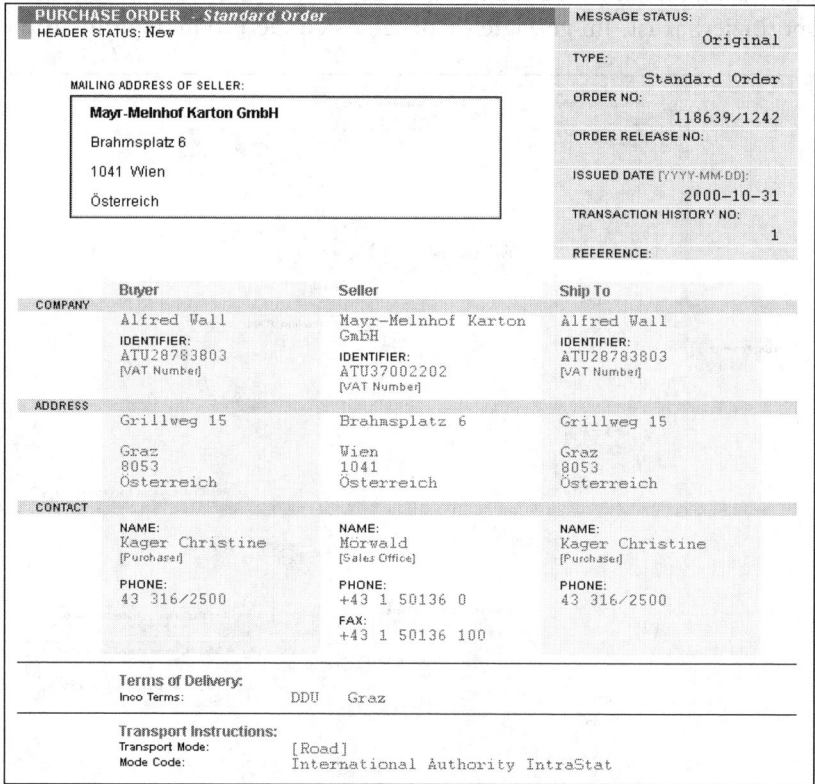

Transformation zwischen unterschiedlichen XML-Formaten, so dass beispielsweise Rechnungen, deren Formate nicht auf papiNet basieren, in das papiNet-Format konvertiert werden können. Dazu lassen sich spezielle Transformationsregeln in der papiNet-Software verankern, welche die erforderliche Konvertierung durchführen. Abbildung 16-8 zeigt die Visualisierung eines Beispieldokuments auf der Basis von XSL mit Hilfe eines Web-Browsers.

16.3.3   Prozesse und Geschäftsregeln

Die Integration zweier Geschäftspartner erfordert einen umfassenden Einigungsprozess, der unter anderem folgende Aspekte einschließt:

- Welche Parameter gelten für die *technische Kommunikation*? Welches Protokoll soll für den Nachrichtentransport verwendet werden? Welche Portadressen stehen zur Verfügung?
- Welche *Subsets* sollen von den jeweiligen Parteien unterstützt werden? Soll beispielsweise die TransportUnit-Struktur verwendet werden?
- Welche *Dokumententypen* sollen verwendet werden? Unterstützen die Parteien Warenabrufe oder nicht?
- Welche *Geschäftsprozesse* werden unterstützt und welche *Rolle* spielt die jeweilige Partei in dem Prozess? Sind Abrufe zu bestätigen? Sollen Rechnungen vor der Lieferung beglichen werden?
- Welche *Einschränkungen und Regeln* gelten für Dokumente und Prozesse? Muss ein Dokument als »modifiziert« gelten, wenn einzelne Bestellzeilen modifiziert wurden? Sind individuelle Lieferadressen je Bestellzeile zulässig?

Diese Varianten sind Teil der Bedingungen, auf die sich Hersteller und Kunde einigen, bevor der erste Geschäftsprozess ablaufen kann. Hierzu existieren Regeln, die den Einigungsprozess sowie die Phase des Dokumentenaustausches betreffen.

Eine Bonitätsprüfung des Kunden kann beispielsweise die Erstellung von Vorab-Rechnungen erfordern (»pre-invoicing«). Diese Bedingung beeinflusst das Grundschema, welches dem Datenaustausch zugrunde liegt. Bei einem Kunden mit hoher Bonität kann eine Rechnungsstellung immer dann erfolgen, wenn ein bestimmter Warenwert ausgeliefert wurde. Diese Policy löst das Versenden der Rechnung während der Abwicklung von Transaktionen aus. Sie bezieht sich also auf die Abwicklungsphase. Ein Beispiel für Regeln, die sich auf die Dokumentenstruktur beziehen, ist die Unterstützung mehrerer Lieferadressen. Einige ERP-Systeme haben Schwierigkeiten, einzelne Bestell-

Variationen der Geschäftsprozesse

positionen individuellen Lieferadressen zuzuordnen: »Das 45-Gramm-Papier geht an die Druckerei in Sunderland, während das 60-Gramm-Papier nach East Fishkill geht«. Ist ein Geschäftspartner dazu nicht in der Lage (und ist er der mächtigere ...), werden sich die beiden auf die Einschränkung einigen müssen, dass nur eine Lieferadresse verwendet wird. Diese Regeln lassen sich für beliebige Bestandteile eines Dokuments anwenden, so mag es beispielsweise erforderlich sein, dass eine Warenlieferung nur 1:1 für Güter einer einzelnen Bestellung erfolgen kann.

Content-based Routing

Was sich zwischen den Organisationen über das Internet an Nachrichtenverkehr abspielt, findet sich häufig intern wieder: Ein Hersteller betreibt ein Intranet, das sämtliche Produktions- und Vertriebsstandorte verbindet. Ähnliche Strukturen findet man beim Kunden. Das Routing der Nachrichten erfolgt also über drei Netze: Intranet – Internet – Intranet. Erforderlich ist damit bei jedem Teilnehmer ein Mechanismus, der Nachrichten anhand ihres Inhalts (Produktspezifikation, Liefertermin, Standort des Kunden, Kunde) sowie anhand der Routing-Information (Dokumententyp, Verschlüsselung, Authentifikation, Ausgangs- und Zieladresse der Übertragung) richtig weiterleitet. Diese Technik wird Content-based Routing genannt, da Dokumente aufgrund von Inhalten der XML-Dokumente sowie dazu definierten Regeln an den betreffenden Adressaten gesendet werden.

Funktionen der papiNet-Software

Der papiNet-Messenger lässt sich hinsichtlich folgender Funktionen konfigurieren:

- *Garantierte Übermittlung der Nachricht.* Hier wird mit Hilfe von Datenbanktransaktionen protokolliert, ob eine Nachricht übertragen wurde. Wenn der Datenbankeintrag beim Empfänger erfolgreich abgeschlossen wurde, wird dem Sender dies übermittelt. Hat der Sender diese Information empfangen, kann er von einer garantierten Übertragung ausgehen. Falls eine solche Bestätigung oder die Nachricht selbst verloren gehen, versucht die Software die Nachricht so lange erneut zu übertragen, bis eine Bestätigung vom Empfänger geliefert wird.
- *Verschlüsselte Übertragung.* Durch den Einsatz von Paaren aus privaten und öffentlichen Schlüsseln können Nachrichten verschlüs-

selt und elektronisch signiert werden. Die dazu erforderlichen Zertifikate werden automatisch von der papiNet-Software verwaltet.

▨ Verwendung *elektronischer Signaturen*. Mit Hilfe elektronischer Signaturen lassen sich Dokumente authentisieren, d.h., ihnen haftet der Nachweis an, dass das Dokument nur von dem genannten Sender stammen kann.

▨ *Validierung der XML-Dokumente*. Hierbei werden elektronische papiNet-Dokumente automatisch auf Gültigkeit gegenüber der papiNet-DTD geprüft, so dass Abweichungen bereits auf der Ebene des Messengers erkannt und Fehlermeldungen an den Sender zurückgereicht werden können.

▨ *Kompression*. XML-Nachrichten sind häufig 50-100 KB groß. Durch Kompression lassen sich diese aufgrund der hohen Redundanz von XML-Dokumenten auf weniger als 10% reduzieren, so dass die Verschlüsselung und Datenübertragung erheblich beschleunigt wird.

▨ *Archivierung*. Neben der Verwendung von Inbox- und Outbox-Ordnern kann zusätzlich ein Verzeichnis zur Archivierung aller relevanten Daten definiert werden.

▨ *Visualisierung und Verwaltung von Nachrichten über ein Administrationswerkzeug*. Hierbei wird über eine Servlet-Schnittstelle auf die Log-Datenbank des Systems sowie auf Nachrichtendokumente zugegriffen. Auf diese Weise erfolgt die Visualisierung der Dokumente serverseitig, so dass lediglich ein HTML-Browser auf dem PC des Benutzers erforderlich ist.

Die Softwarearchitektur ist in Abbildung 16-9 dargestellt.

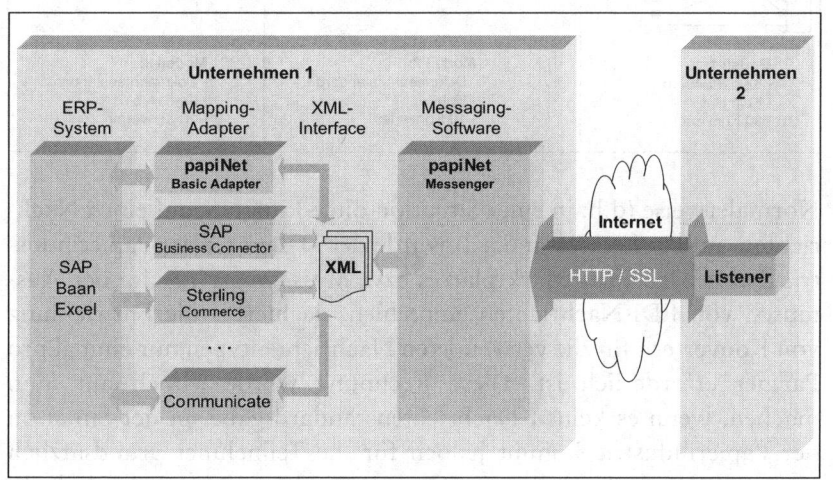

Abb. 16–9
Architektur der papiNet-Software

Erste Erfahrungen mit den Pilot-Teilnehmern

Die papiNet-Software lässt sich von einem Web-Administrator innerhalb kurzer Zeit inkl. des Web-Servers, des Java Development Kit, der Servlet-Umgebung sowie der Erzeugung eines RSA-Schlüsselpaares und der Publikation des öffentlichen Schlüssels installieren. Zurzeit (August 2001) setzen weltweit etwa fünfzig Unternehmen die Software ein.

Schnell und plattformunabhängig

Die Übertragung einer 25 KB umfassenden Nachricht erfordert 0,5 Sekunden. Sie wurde innerhalb eines lokalen Netzes zwischen zwei Windows-NT-PCs gemessen. Verschlüsselung, elektronische Signatur und Kompression sind dabei bereits hinzugeschaltet. Daher ist das System performant genug, um bis zu 2.000 Nachrichten pro Stunde auszutauschen. Große Unternehmen haben einen täglichen Durchsatz von bis zu 2.000 Nachrichten zu bewältigen. Nur in ganz seltenen Fällen (vielleicht wenige tausend Unternehmen weltweit) wird dieser Durchsatz noch übertroffen.

Zentral vs. dezentral

Abb. 16–10
Varianten der
B2B-Integration

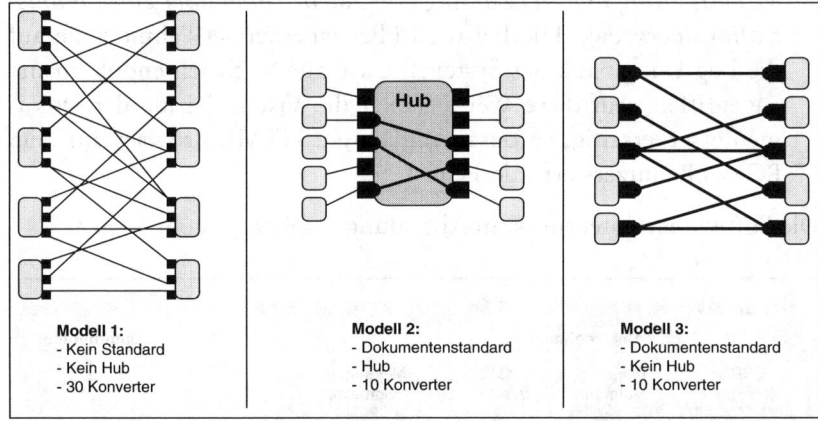

Modell 1:
- Kein Standard
- Kein Hub
- 30 Konverter

Modell 2:
- Dokumentenstandard
- Hub
- 10 Konverter

Modell 3:
- Dokumentenstandard
- Kein Hub
- 10 Konverter

Wichtig ist die Standardisierung von Software und Dokumententypen

Normalerweise (d.h. in einer Situation ohne Einigung auf einen Nachrichten- und Softwarestandard) würde der IT-Berater der Papierindustrie den Betrieb eines Marktplatzes bzw. *Messaging-Hubs* für den Austausch von EDI-Nachrichten empfehlen, da hierbei die Entwicklung von Konvertern für die verwendeten Nachrichtentypen nur einmal pro Partner erforderlich ist. Diese Rechnung würde jedoch nur Sinn machen, wenn es keinen Nachrichtenstandard gäbe. In der Situation der Papierindustrie kommt jedoch für die Teilnehmer grundsätzlich auch ein dezentraler Ansatz in Frage: Dabei konvertiert jeder Teilnehmer die Nachricht in das neutrale Format und steht somit nicht schlechter da als im zentralisierten Fall, nur dass die Konvertierung lokal vorgenommen wird. Üblicherweise wird meistens jedoch die Zentralisierung favorisiert, da ein Marktplatz hinsichtlich Investition und Betrieb günstiger ist als die dezentrale Variante. Bei papiNet liegt jedoch ein anderes Geschäftsmodell vor: Die Papierindustrie hat branchenweit die Messenger-Software entwickeln lassen und hält somit alle Verwertungsrechte für die eigene Branche sowie für angrenzende Branchen entlang der Wertschöpfungskette. Durch diese »konzertierte Aktion« sind die anteiligen Kosten eines jeden Marktteilnehmers marginal, so dass sich die dezentrale Variante am Ende sehr viel besser »rechnet« als ein zentralisierter Hub.

Die gemeinschaftliche Entwicklung der B2B-Software rechnet sich

Gegen Ende des E-Business-Teils kommen wir noch einmal auf die interessante Frage nach einem effizienten Geschäftsmodell für die Entwicklung von B2B-Software zurück. Es wird dabei insbesondere auch um die Abwägung »zentral« vs. »dezentral« gehen.

Zusammenfassung und Ausblick

Mit der papiNet-Software sowie der korrespondierenden Standardisierung von XML-Nachrichtenformaten konnten wertvolle Erfahrungen gesammelt werden, auf welche Weise der elektronische Datenaustausch zwischen Unternehmen effizient unterstützt werden kann. *Effizient* bedeutet hierbei zum einen bei niedrigen Investitionen (beliebig viele Teilnehmer einer gesamten Branche teilen sich die Kosten) und zum anderen bei ebenfalls niedrigen Transaktionskosten (es ist kein Vertical Hub für das Weiterleiten der Nachrichten erforderlich). Natürlich muss dieser Zustand auch in akzeptabler Zeit erreicht werden. Im Falle der Papierindustrie hat dies immerhin über ein Jahr gedauert.

Die Argumentation, dass die Rolle eines Vertical Hubs als Zentralstelle für den Nachrichtenverkehr vor allem durch das Konvertieren verschiedener Teilnehmerformate gerechtfertigt ist, kann dadurch widerlegt werden, dass bei jeder Form von Kommunikation dennoch *irgendein* Austauschformat unterstützt werden muss. Durch die Mapping-Funktion des Generic Adapters besteht jedoch genau diese Möglichkeit. Diese Entwicklung lässt ahnen, dass die klassische Funktion des Value-Added-Networking-Anbieters, der sich im Wesentlichen auf die Weiterleitung von Nachrichten konzentriert, im Internet keine Gültigkeit mehr besitzt.

Folglich ist zu erwarten, dass B2B-Portal-Anbieter in Zukunft ihre »raison d'etre« entweder in der Unterstützung von Preisfindungsmechanismen oder in der Koordination komplexer Projekte im Sinne der Kollaborationsportale und Application Service Provider finden werden. Sicherlich sind damit die Businesspläne einer Reihe von Portal- und Marktplatzbetreiber zu überprüfen, wenn diese einen Großteil ihres angestrebten Umsatzes aus der Kommunikationsunterstützung zu generieren planen.

Warum dies alles?

Warum diese detaillierte Aufzählung von Dokumententypen und Prozessen? Es soll ein Gefühl vermitteln für die Komplexität der ausgetauschten Daten und Prozesse entlang der Wertschöpfungskette. Und im Falle der Papierlieferung handelt es sich beim spezifizierten Produkt lediglich um ein physisches Gut und nicht um eine Dienstleistung, bei der zusätzlich noch ganze Prozesse und Interaktionen als Teil der Produktspezifikation beschrieben werden müssen. Wandern wir die Wertschöpfungskette vom Papier eine Stufe weiter in Richtung Konsument: Dort finden wir ein Dreiecksverhältnis aus Kunden (Werbeagenturen, Ikea oder Otto-Versand), Druckereien und Papierhändler, die sich in einem komplexen Verhandlungsprozess auf einen genauso komplexen Abwicklungsprozess einigen müssen: Wann liefert wer was an wen? Welche Aktivitäten führen die Teilnehmer dann mit welchen denkbaren Ergebnissen aus? Welche Folgeprozesse stoßen die jeweiligen Resultate an? Was passiert, wenn aus dem definierten Prozess ausgebrochen werden muss (Ad-hoc-Workflow) und wie ist dies technisch möglich? Dies ist nicht nur organisatorisch komplex, sondern durch die Selbstbezüglichkeit erst recht auch auf der technischen Ebene: Wir benötigen Prozesse, die ihrerseits Prozesse definieren und stoßen dabei in technisches Neuland vor, das noch kein IT-Anbieter dieser Welt jemals zuvor betreten hat ... ;-)

E-Business ist vor allem Kooperation

Wenn wir solche Märkte, ihre Produkte und Prozesse betrachten, können wir für die Supply-Chain-Management-Unterstützung folgende Betreibermodelle aus der Liste streichen: Börsen, Auktionen, Shops und Malls. Einzig Prozessportale oder Peer-to-Peer-Ansätze können hier helfen. Wichtig ist eine fließende Unterstützung von Verhandlungs- und Abwicklungsphase. Denken Sie an die Abfolge von Volumenverträgen über Bestellungen zu Abrufen in der Papierindustrie: Über Monate erst lassen sich grobe Planungen in konkrete, verbindliche Bestellungen verfeinern. Denken Sie auch an das Electronic-Contracting-Modell in Kapitel 18.9, bei dem vertragliche Vereinbarungen schrittweise zu einer Liste von Konditionen verengt werden, die alle Parteien zu unterzeichnen bereit sind. Dieser Verengungsprozess kann sich also tief in die Abwicklungsphase hinein erstrecken. Denken Sie auch an Kollaborationsprozesse beim Bau von Kreuzfahrtschiffen: An der gemeinsamen Planung von Konstruktion und Ausstattung sind die Werft, der Kunde, diverse Zulieferer und Konstruktionsbüros gemeinsam beteiligt. Bei Kreuzfahrtschiffen gleicht kaum ein Schiff dem anderen, d.h., jedes besitzt ganz individuelle Produkteigenschaften, so dass ein Projekt immer wieder von Beginn an starten muss und keine Resultate früherer Projekte übernommen werden können. Wie sehen nun die Phasen aus bei der Durchführung von Projekten? Sie lassen sich nicht mehr trennen: Während ein Zulieferer vor Ort an der Konstruktion mitwirkt, um aufgrund der Pläne im Anschluss zügig die erforderlichen Komponenten liefern zu können, muss er selbst seinen Zulieferern eine grobe Planung für die erforderliche Ausrüstung übermitteln können. Wenn sich nun an der Konstruktion des Schiffes grobe Elemente ändern, so wirkt sich das sehr fundamental auf die vorherige Bedarfsmeldung aus. Im Extremfall besteht plötzlich ein Bedarf für vollständig andere Komponenten. Aus diesem Grunde ist die Einbindung von Zulieferern der zweiten Ebene in den zentralen Entwurf sinnvoll, damit diese unmittelbar den Konstruktionsprozess verfolgen und sogar auf ihn einwirken können.

Kurz gesagt, E-Business erfordert ein hohes Maß an *Kooperation,* während bei der Preisfindung im Wesentlichen *Koordination* erwartet wird. Manchmal ist dies traditionell bereits ganz normal (Schiffbau), manchmal müssen Marktteilnehmer sich erst noch an die engere Integration mit Lieferanten und Kunden gewöhnen.

Kooperation und Koordination

Warum also dies alles? Der Exkurs in die Papierindustrie hat uns gezeigt, inwiefern E-Business ein weiteres Spektrum umfasst als E-Commerce: Es ist eine prozessuale Kooperation, die in vielen Fällen die zeitpunktorientierte Preisfindung in vielen Industrien an Bedeutung übertrifft. Es hängt also sehr stark von den anfangs erwähnten Markt-, Produkt- und Transaktionscharakteristika ab, durch welchen Mix von E-Business-Systemen ein Markt betrieben werden kann.

Unsere Meta-Marktplatzmaschine wäre jedoch zu primitiv, wenn sie folgendermaßen funktionieren würde:

Ach ja, die Meta-Marktplatzmaschine ...

- Wenn Preisfindung das Ziel des Portals ist → Auktionssystem oder Börse oder Ausschreibungssystem
- Wenn Kooperation das Ziel ist → Prozessportal

Beide Varianten implizieren eine Zentralisierung der Kommunikation und Koordination, auch wenn die Partner organisatorisch und geographisch getrennt sind. Zu klären ist vielmehr, ob und wann von der zentralisierten Variante abgewichen werden kann und ob es nicht Situationen gibt, in denen die dezentralisierte Kooperation im Sinne der Peer-to-Peer-Kommunikation gegenüber einem Portal vorteilhaft wäre.

Während *Kooperation* zwischen Organisationseinheiten stattfindet, die zumeist räumlich getrennt sind, ist also im nächsten Schritt zu klären, wie die *Kommunikation* zwischen diesen erfolgt. Sie kann am besten von der technischen Ebene her beantwortet werden. Des Weiteren bleibt die Frage offen, wer dabei die Koordination übernimmt. Dies kann zentral durch einen Betreiber oder dezentral durch die Teilnehmer selbst erfolgen. Daher müssen wir uns mit der Konstruktion der Meta-Marktplatzmaschine weiterhin gedulden, bis wir gelernt haben, auf welche Weise Unternehmen technisch kommunizieren und wann eine zentrale und wann eine dezentrale Kommunikation wünschenswert ist.

... kann jetzt noch nicht konstruiert werden

Um den nächsten Schritt zu gehen, schauen wir uns jetzt an, *was* unsere M3 eigentlich produzieren bzw. konfigurieren soll. Wir haben bisher nur die Einflussfaktoren für Online-Marktplätze betrachtet sowie einige der Regeln, mit der wir die Maschine füttern wollen. Was noch fehlt, ist ihr *Output*. Welche Technologien sollte die Maschine für uns kombinieren, um zur gegebenen Situation den jeweils richtigen Marktplatz zu ermitteln?

Zu diesem Zweck wenden wir uns jetzt einer Vielzahl von Technologien zu, die für den Bereich der B2B-Integration von großer Bedeutung sind.

17 Ausgewählte Technologien zur B2B-Integration

Elektronische Marktplatzsysteme, Vertical Hubs, B2B-Portale, ASP-Plattformen, Prozessportale, Web-Services, Enterprise Application Integration – die Liste der Buzzwords wird im Zuge eines sich weiter verfeinernden Verständnisses für E-Business-Architekturen immer länger. Je nach Kriterienausprägung bei Marktform, Produkten und Transaktionen sind ganz unterschiedliche Formen der traditionellen Geschäftsabwicklung denkbar und diese finden ihre Entsprechung in den jeweiligen Ausprägungen von Portalen und Dienstleistungen im E-Business:

- *Peer-to-Peer-Kommunikation* (P2P) *zur Unternehmensintegration.* »P2P« bedeutet hier nicht, dass Personen im Sinne von »Napster« direkt miteinander Daten austauschen, aber zumindest Organisationseinheiten bzw. Anwendungen. P2P ist also so definiert, dass für die jeweilige Anwendung (Kataloge, Ausschreibungen etc.) kein Dritter – z.B. als Portalbetreiber oder Messaging Hub – erforderlich ist. Mit P2P assoziiert man zwei Entwicklungsschritte:
  - *EDI – Elektronischer Austausch von Daten* (Electronic Data Interchange). Hier liegt traditionell das Augenmerk auf der Syntax und Semantik von Dokumenten. Wie und zwischen wem diese ausgetauscht werden, ist dabei kein Gegenstand der Betrachtung.
  - *EAI – Enterprise Application Integration* (auf der Basis von XML-Nachrichten). Hier steht die vollständige Kommunikation zwischen den Endpunkten – also üblicherweise ERP-Systemen – im Vordergrund. Neben dem Dokumententyp ist also auch das Kommunikationsprotokoll, die Konvertierung der Daten, die Bedienung von ERP-Schnittstellen und die gesamte Sicherung der Kommunikation zu berücksichtigen.

▨ *Extranets*. Diese konzentrieren sich auf die Bereitstellung eines Zugangs zu Ressourcen (Dokumenten, Anwendungen) eines Teilnehmers. Extranets stellen selbst jedoch keine Anwendung dar.

▨ *Informationsportale*. Dies ist eine Anwendung, die einseitige Kommunikation unterstützt (kein Hochladen von Dokumenten oder Interaktionen mit dem Server). Beispielsweise lassen sich Dokumente und redaktionelle Beiträge kombinieren mit Anwendungen, die Auskunft über den Lieferstatus oder die Verfügbarkeit von Waren geben.

▨ *Online-Kataloge*. Hier geht es um eine Funktion, die bei unterschiedlichen Teilnehmern lokalisiert sein kann: Entweder stellt der Anbieter den Katalog als Bestandteil seines Portals zur Verfügung oder er überträgt die Katalogdaten an den Kunden, der sich selbst um den Betrieb kümmert.

▨ *Ausschreibungs- und Beschaffungssysteme*. Diese Anwendungen bilden traditionelle Verfahren auf das Internet ab unter Vermeidung von Medienbrüchen sowie unter Nutzung zusätzlicher Vorteile des Internets (Verschlüsselung, Authentifikation, Web-Front-Ends). Im Gegensatz zu den vorherigen Systemen sind nicht nur zwei Parteien an einem Prozess beteiligt, sondern beliebig viele (ein Kunde, mehrere Bieter).

▨ *Marktplätze und Hubs*. Der Unterschied zwischen diesen Systemen besteht in der Konzentration auf unterschiedliche Transaktionsphasen: Während der Marktplatz seinen Schwerpunkt bei der Preisfindung hat, ist es Aufgabe des Hubs, den Austausch von Nachrichten und Dokumenten zwischen den Unternehmen abzuwickeln.

   ◦ *Börsen und Auktionssysteme*. Diese Systeme sind die einzigen, die aufgrund der zentralen Preisfindung auch eine Zentralisierung der Anwendung erfordern.

   ◦ *Hubs*. Bei einem Hub ist insbesondere das Konvertieren und Weiterleiten von Dokumenten zentralisiert. Ein Vertical Hub wird für die speziellen Belange einer Branche eingesetzt. Dabei unterscheidet sich die Technik kaum – für einen Konverter ist es nicht relevant, ob er Bestellungen der Bauindustrie oder der Chemieindustrie verarbeitet. Eher entsteht die Vertikalisierung durch die Einbettung des Hubs über ein Informationsportal sowie die Integration mit branchenspezifischen Anwendungen und Marktplatzfunktionen.

▨ *Kollaborationsportale bzw. Prozessportale*. Erst hier steht die Koordination eines Prozesses im Vordergrund, der die Arbeit mehrerer Teilnehmer synchronisiert. Denken Sie an Anwendungen in

Concurrent Engineering, bei der Ingenieure weltweit an einer Produktentwicklung mitarbeiten, oder an Bauportale, welche den aktuellen Projektstand zentral vorhalten und durch die Projektpartner aktualisiert werden können.

- *ASPs – Application Service Providers.* »Traditionell« helfen ASPs, Anwendungen auf einen Dritten auszulagern. Diese Anwendungen können Office-Tools oder Branchenapplikationen sein. In den meisten Fällen bieten ASPs heute lediglich Anwendungen als »entfernte Einzelplatzsysteme« an, also kaum kollaborative Anwendungen, bei denen mehrere Benutzer einer einzelnen Anwendung zu synchronisieren sind.

Kommunikation und Koordination

Die Reihenfolge der obigen Aufzählung ist nicht zufällig gewählt: Während bei der Peer-to-Peer-Kommunikation meistens nur zwei Unternehmen ihre IT-Systeme verbinden (1:1) und bei Extranets, Portalen, Katalogen und Beschaffungssystemen vor allem ein Unternehmen mehreren anderen Zugang verschafft (1:N), so stehen am Ende der Liste Marktplätze und Prozessportale, die mehrere Teilnehmer auf der Kunden- und Anbieterseite verbinden (N:M). Anders sieht es aus bei der *Koordination*: Hier geht es um die Beteiligung in einem Prozess, der komplexer ist als das Austauschen von Dokumenten.

Abb. 17–1

Mögliche Varianten zur B2B-Integration

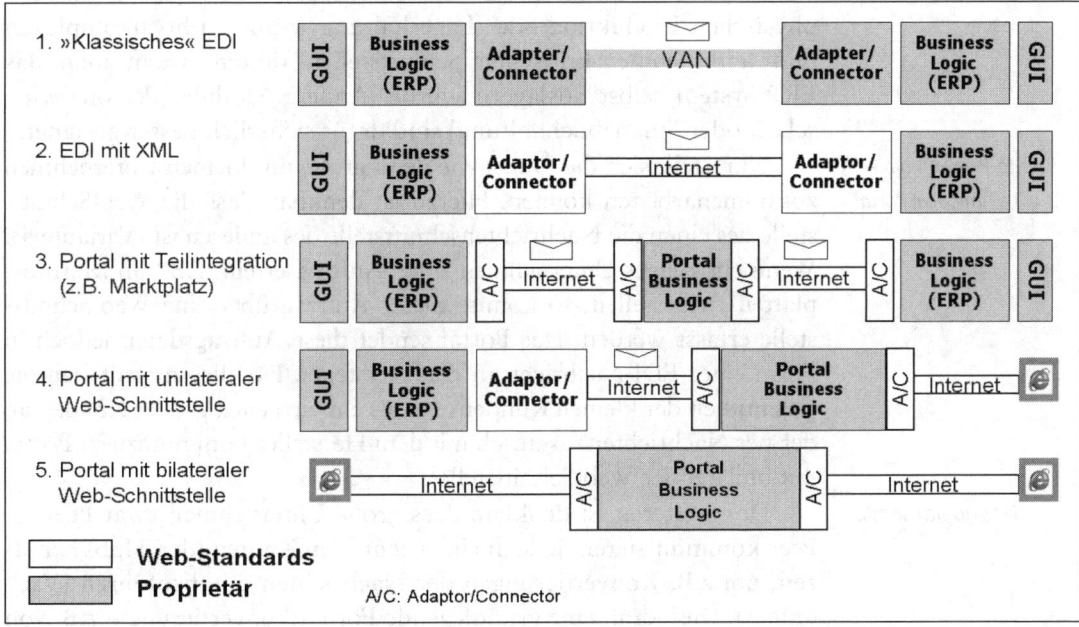

Die Abbildung 17-1 zeigt dazu unterschiedliche Varianten der B2B-Integration. Beim Peer-to-Peer-Modell ist nur das Internet als Kommunikationsmedium erforderlich. Jegliche Anwendungslogik liegt auf der Seite der Teilnehmer. Das andere Extrem ist beispielsweise ein Prozessportal, das kleine Unternehmen bei der Aushandlung von Vertragsbedingungen oder bei der Abwicklung von Handelstransaktionen koordiniert. Die Variante 1 unterscheidet sich von Variante 2 lediglich durch die Nutzung von Internet-Protokollen gegenüber den beim EDI traditionell vorherrschenden VANs (Value-Added Networks).

Das zentrale Portal (Variante 5) lässt sich immer dann einsetzen, wenn kleine Teilnehmer gemeinsam einen Auftrag abwickeln. Als Schnittstelle dient dazu der Web-Browser. Für kleine Unternehmen wäre die lokale Einrichtung der erforderlichen Anwendungslogik im Sinne der Peer-to-Peer-Variante zu kostspielig. Man stelle sich beispielsweise kleine Werbeagenturen und Druckereien vor, bei denen einzelne Personen individuell Aufträge verhandeln und abwickeln. Diese könnten ein zentrales Portal der Variante 5 in Abbildung 17-1 nutzen, indem sie ihre heutige, lokale Produktionsplanung in Form von Merkzetteln auf das Portal als »virtuellen Schreibtisch« auslagern.

Große Unternehmen verfügen hingegen über umfangreiche ERP-Systeme, die in großen Mengen mit EDI- oder XML-Dokumenten versorgt werden. Diese könnten ihre Geschäftslogik folglich gar nicht vollständig auf das zentrale Portal auslagern, da am Ende immer das eigene ERP-System zu integrieren wäre. Auch die Integration mit der physischen Produktion oder Lagerhaltung würde zu hochkomplexen und unternehmenskritischen Schnittstellen führen, wenn man das ERP-System selbst auslagern würde. Andere Module (Personalwirtschaft oder Finanzbuchhaltung) sind dafür sicherlich besser geeignet.

Nun stellt sich die Frage, wie denn große mit kleinen Unternehmen zusammenarbeiten können. Hierzu ist denkbar, dass die Web-Schnittstelle des einen die Nachrichtenschnittstelle des anderen ist (Variante 4): Wenn ein kleines Unternehmen einen Auftrag erteilt, z.B. um Marmorplatten zu bestellen, so könnte dieser Auftrag über eine Web-Schnittstelle erfasst werden. Das Portal sendet diese Auftragsdaten jedoch in Form einer EDI-Nachricht an den Hersteller. Für diesen stellt sich die Gesamtheit der kleinen Kunden also als ein virtueller, großer Kunde dar, der per Nachrichtenaustausch mit dem Hersteller kommuniziert (Portal mit unilateraler Web-Schnittstelle).

Des Weiteren ist denkbar, dass große Unternehmen zwar Peer-to-Peer kommunizieren, jedoch einen zentralen Knoten (den Hub) benutzen, um z.B. Konvertierungen der Nachrichten durchzuführen (Variante 3). Dies kann eine grundlegende Formatkonvertierung – z.B. von

XML nach EDIFACT – sein oder aber auch die Konvertierung einzelner Datenelemente: Wenn der Kunde einen Artikel »Walkman« beispielsweise mit »4711« identifiziert, der Hersteller ihn jedoch nur unter »0815« kennt, so sind die Vokabulare der beiden aufeinander abzubilden. Für diese und ähnliche Verarbeitungsfunktionen ist eine Zentralisierung denkbar.

Vom Draht zur Dienstleistung

In Abbildung 17-1 ist erkennbar, dass mit jedem weiteren Schritt zwischen Variante 2 und Variante 5 zusätzliche Anwendungslogik erforderlich ist: Zunächst agiert der Hub »unsichtbar«, da er lediglich die ERP-Systeme der Teilnehmer verbindet und ein wenig Anwendungslogik hinzufügt. Mit weitergehender Zentralisierung konzentrieren sich immer mehr Anwendungskomponenten auf dem Portal, bis es sich schließlich in der Variante 5 vollständig von seinen Teilnehmern abnabelt: Es besteht nur noch ein leichtgewichtiger, flexibler Zugang über den Browser.

Diese Betrachtung gilt für ganz unterschiedliche Anwendungsgebiete:

- *Concurrent Engineering.* Hier tauschen Ingenieure Produktdaten oder CAD-Entwürfe als Dokumente aus (Variante 2) oder benutzen den Browser, um alle erforderlichen Anwendungen entfernt zu nutzen (bzw. um die Software als Plug-in herunterzuladen).
- *Projektabwicklung.* Auch hier könnten Daten zur Projektplanung ausgetauscht werden (Variante 1) oder sich alle Beteiligten über einen zentralen Server koordinieren.
- *Supply Chain Management.* Hierbei erfolgt die gemeinsame, schrittweise Verfeinerung von Liefermengen, -terminen und -orten auf dem Portal. Während im papiNet-Beispiel die dafür erforderliche Logik auf die Teilnehmer verteilt ist (Variante 2), kann ein SCM-Portal diese als externe Dienstleistung für alle Beteiligten inkl. des Logistik-Partners anbieten (Variante 5).
- *B2B-Commerce.* Auch hier reicht das Kontinuum von Variante 2 bis 5. Im Folgenden wollen wir uns vor allem mit Fragen des B2B-Commerce beschäftigen.

Entlang der Varianten 1–5 werden wir uns nun also den Datenaustausch per EDIFACT und auf der Basis von XML anschauen sowie im Anschluss daran Modelle zur zentralen Durchführung von Handelstransaktionen untersuchen. Wir beginnen dazu mit der eCo-Architektur, die uns helfen soll, Architekturkomponenten für Marktplätze zu klassifizieren.

17.1 Die eCo-Architektur

eCo: Von CORBA zur XML

Die eCo-Architektur wurde vom CommerceNet, einem US-Industrieverband, zwischen den Jahren 1994 und 1999 entwickelt. Hierbei ging es um eine Referenzarchitektur, die helfen sollte, elektronische Marktplätze besser zu modellieren und existierende Architekturen auf diese gemeinsame Basis abzubilden. Sie repräsentiert recht gut die Moden und »Hypes« der letzten sieben Jahre, da sie anfänglich auf einem reinen CORBA-Ansatz basierte. Man nahm an, dass sich binnen weniger Jahre die Anwendungen von Geschäftspartnern über IIOP integrieren ließen und standardisierte Schnittstellen mit Hilfe der IDL (CORBA Interface Definition Language) spezifiziert würden. Später kam dann noch die Unterstützung durch Java hinzu, insbesondere auf der Client-Seite (vor 1998 favorisierte man dies noch ...). Mit der zunehmenden Verbreitung von XML im Jahre 1998 fand die Architektur wiederum eine neue Wendung: Jetzt löste man sich vom Paradigma des entfernten Prozeduraufrufs und wechselte über zum Lager derer, die MOM – Messaging-oriented Middleware – favorisieren: XML wurde jetzt zur Definition von Nachrichtenformaten verwendet, die Nachrichten selbst sollten nun über Protokolle wie HTTP oder FTP ausgetauscht werden.

Eine Referenzarchitektur mit 7 Ebenen

Zur Ehrenrettung der eCo-Architektur sollte man allerdings anerkennen, dass es sich eben um eine *Referenz*architektur handelt und dass die neunziger Jahre recht schnelllebigen Moden unterworfen waren. Im Zusammenhang dieses Buches macht die eCo-Architektur dennoch Sinn, da sie als »Blaupause« verwendet werden kann für Aspekte, die jeder Marktplatzarchitekt zu berücksichtigen hat, nämlich die Integration von Märkten, Unternehmen, Dienstleistungen und Dokumententypen in einer einheitlichen Weise.

Die Architektur besteht aus drei Hauptkomponenten:

- Einem *Sieben-Ebenen-Modell*.[1] Hierbei werden unterschiedliche Aspekte elektronischer Marktplätze anhand der verschiedenen Ebenen unterschieden. Auf jeder Ebene befinden sich dabei Objekte, die über den Austausch von XML-Nachrichten aufgerufen werden können.
- *Type-Registries* für ausgetauschte Daten. Hier liegen Typinformationen für alle Objekte der eCo-Architektur vor.
- *Beziehungen innerhalb der eCo-Architektur*. Obwohl keine Prozesse definiert sind, lassen sich aus den Methoden der eCo-Objekte

---

1. Entwarnung für die Informatiker unter Ihnen: Es hat nichts mit ISO/OSI zu tun ...

Navigationspfade ableiten, über die das Durchstöbern bzw. Abfragen von Informationen zu Marktplätzen möglich ist, so dass man beispielsweise vom Marktplatz über einen Anbieter zum Web-Service »Bestellen« gelangen kann.

Das Ziel der Architektur besteht darin, mögliche Abläufe und Schnittstellen zu definieren, über die Unternehmen miteinander Kontakt aufnehmen und miteinander interagieren können. Ob dies möglich ist, sollen die Geschäftspartner mit Hilfe der eCo-Architektur anhand ihrer Schnittstellen- und Prozessbeschreibungen weitgehend automatisch herausfinden.

Die sieben Ebenen

In der Abbildung 17-2 ist die eCo-Architektur als Ebenenmodell mit sieben Schichten dargestellt. Diese Schichten sollen alle Aspekte abdecken, die erforderlich sind, um eine Geschäftsbeziehung zwischen zwei Unternehmen aufzubauen. Dabei besteht zwischen zwei angrenzenden Schichten immer der Zusammenhang, dass sie Informationen über die darüber- oder darunter liegende Schicht vorhalten. Neben der Navigation durch die Schichten stehen jeweils Metainformationen zur Verfügung, die in sog. *Type Registries* gehalten werden. Die sieben Schichten haben jeweils folgenden Schwerpunkt:

- *Network*. Diese Ebene fasst als Netzwerk mehrere Marktplätze zusammen. Ein Netzwerk stellt also ein Objekt dar, das Marktplätze aggregiert. Es kann über seine Schittstelle befragt werden: »Netzwerk, gib mir bitte eine Liste von Marktplätzen, die dir angeschlossen sind.« Ein solches Resultat enthält eine Liste von Referenzen auf Marktplatzobjekte. Ein Beispiel für ein Netzwerk ist das Commerce One Trading Network, die zentrale Stelle, die die Marktplätze zusammenfasst, die von MarketSite.net aus erreichbar sind. Ähnlich kann man sich MySAP.com vorstellen, als Verteiler hin zu branchenspezifischen Marktplätzen.
- *Market*. Auf dieser Ebene sind die Marktplatzobjekte zusammengefasst. Ein solches Objekt kann ebenfalls befragt werden: »Gib mir Informationen über die Unternehmen, die als Teilnehmer registriert sind.« Oder »Marktplatz, welche Produkte werden bei dir gehandelt?« Durch die Verkettung »nach oben« lässt sich ebenfalls feststellen, in welchen Netzwerken dieser Marktplatz vertreten ist.
- *Business* steht hier für Unternehmen. Die Rolle kann sowohl die des Anbieters als auch die des Nachfragers sein – oder auch die einer dritten Partei, also ein Spediteur, eine Bank oder eine Versi-

cherung. Auch ein Unternehmen implementiert eine einheitliche Schnittstelle, über die Informationen abgefragt oder zu angrenzenden Ebenen verzweigt werden kann.

▨ *Service*. Dies sind Dienste, die ein Unternehmen anbietet, also zum Beispiel »Katalog abrufen«, »Bestellen«, »Lieferstatus anzeigen«, »Reklamieren« etc. Jeder der Dienste kann sich aus einem mehr oder weniger komplexen Prozess zusammensetzen. So ist etwa das Bestellen nicht nur das Wechselspiel aus »Order« und »OrderConfirmation«, sondern potenziell ein beliebig langes Ping-Pong-Spiel, bei dem Bestellungen, Korrekturen, Freigaben, Stornierungen, Bestätigungen und so weiter in vielfältiger Reihenfolge auftreten können. Die Verkettung »nach oben« erlaubt Anfragen wie »Service, sag mir, welche Businesses dich anbieten«. Services können sich wiederum aus Subservices zusammensetzen, die am Ende immer aus Einzelschritten bestehen. Jeder dieser Einzelschritte ist eine *Interaktion* der nächsten Ebene.

▨ *Interaction* (in anderen Kontexten auch als Transaktion bezeichnet). Eine Interaktion setzt sich zusammen aus drei Dokumenten: der eigentlichen Geschäftsnachricht, also z.B. der Bestellung, ihrer (positiven) Eingangsbestätigung bzw. einer Fehlermeldung. Die erste Nachricht enthält also als Nutzlast ein oder mehrere Geschäftsdokumente, die Antwort die entsprechenden positiven oder negativen Quittungen. Dabei liegen dieser Quittung lediglich Korrektheitsprüfungen zugrunde. Die Bestätigung der Bestellung auf geschäftlicher Ebene ist hingegen wieder eine weitere Interaktion.

▨ *Document*. Ein Dokument ist die Nutzlast der Nachrichten, die im Zuge einer Interaktion ausgetauscht werden. Es ist also eine vollständige Bestellung, Stornierung etc. Wie jedes XML- oder EDI-Dokument kann auch dieses in Bestandteile – Data Elements – zerlegt werden: Adressen, Produktbeschreibungen, Liefer- und Zahlungsbedingungen etc.

▨ *Data Element*. Diese sind die Bausteine, aus denen Dokumente zusammengesetzt werden. Ähnlich der xCBL von Commerce One handelt es sich dabei um Datenelemente, die sich in vielfältiger Form zu komplexen Nachrichten zusammenfügen lassen.

Navigieren über Ebenen hinweg   Über Aufrufe von Methoden wie *ServiceGetBusinesses(...)* oder *MarketGetBusinesses(...)* kann der Teilnehmer dieses Netz von Objekten durchstöbern. Ein Service wie z.B. die Teilnahme an einer Ausschreibung kann als Ausgangsbasis verwendet werden, um zu sehen, welches Unternehmen diesen Service anbietet. Dies ist für Beschaffungssysteme

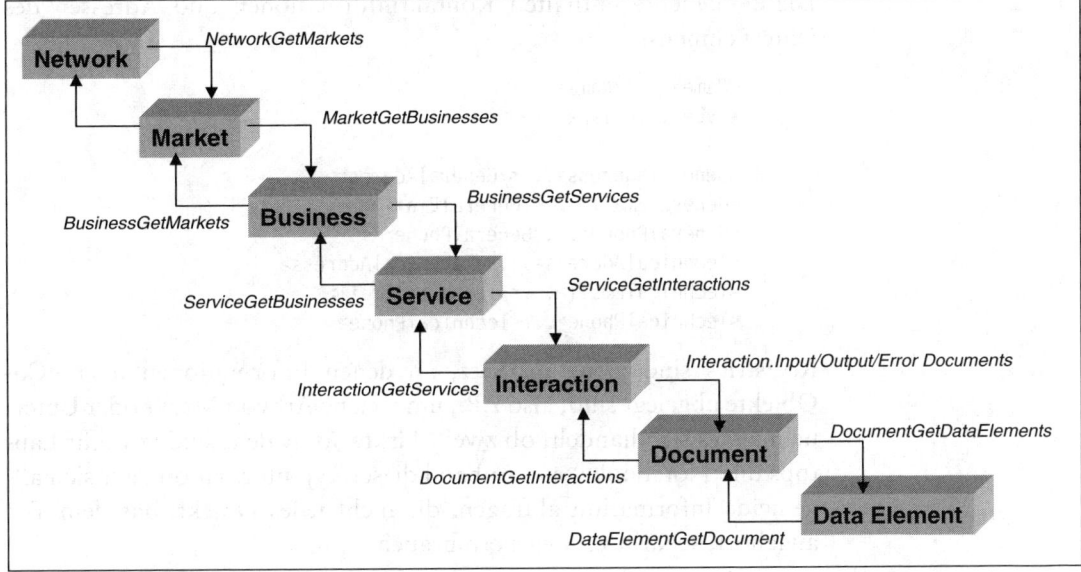

Abb. 17–2
Die sieben Ebenen der eCo-Referenzarchitektur

interessant, die automatisch alle Anbieter herausfiltern möchten, die zur Teilnahme nach einem Standardverfahren in der Lage sind. Umgekehrt findet die Software des Teilnehmers heraus, welche Unternehmen an einem Markt vertreten sind: Wer sind die Anbieter, wer die Kunden, wer spielt eine unterstützende Rolle?

Auch zu den einzelnen Objekten der verschiedenen Ebenen stehen im Rahmen der eCo-Architektur definierte Methoden zur Verfügung: Um ein Business-Objekt nach Details zu befragen, kann der Teilnehmer über *BusinessGetProperties* Auskünfte über das Unternehmen erhalten. Um Informationen über einen Markt zu erlangen, lautet die Anfrage entsprechend: *MarketGetProperties*. Als Ergebnis liefert das Business-Objekt im ersten Fall ein Dokument des Typs *BusinessPropertySheet* zurück.

Austausch von XML-Dokumenten

Der erste Teil der Information gibt Auskunft, wer das Dokument verfasste und unter welcher ID es referenziert werden kann.

```
<BusinessPropertySheet xmlns = "http://www.commerce.net/eco">
    <Head>
        <Identifier>http://www.whoever.com/...</Identifier>
        <Creator>http://www.whoever.com/~bob</Creator> ...
    </Head>
    <BusinessPropertySheetIdentifier>...</BusinessPropertySheetIdentifier>
    <Description>...</Description>
```

Diese Elemente enthalten Kontaktinformationen und Adressen des Unternehmens:

```
<Name>...</Name>
<Type>...</Type>
...
<GeneralAddress>...</GeneralAddress>
<GeneralEmail>...</GeneralEmail>
<GeneralPhone>...<GeneralPhone>
<TechnicalAddress>...</TechnicalAddress>
<TechnicalEmail>...</TechnicalEmail>
<TechnicalPhone>...<TechnicalPhone>
```

Registries sind Orte im Netz, an denen Informationen über eCo-Objekte abgelegt sind, also z.B., um welche Art von Markt oder Unternehmen es sich handelt, ob zwei Märkte äquivalent sind (z.B. für Laptops und Notebooks) etc. Anhand dieser Typinformation lässt sich allgemeine Information abfragen, die nicht jedes Objekt, das dem Typ angehört, separat zu speichern braucht.

```
<ServiceRegistryLocation>...</ServiceRegistryLocation>
<BusinessRegistryLocation>...</BusinessRegistryLocation>
<DocumentRegistryLocation>...</DocumentRegistryLocation>
<DataElementRegistryLocation>...</DataElementRegistryLocation>
```

Hier lassen sich Referenzen auf AGBs sowie auf Zertifikate beifügen. Diese Dokumente können ihrerseits wieder in XML vorliegen. Ein Zertifikat kann auch über die Authentifikation des öffentlichen Schlüssels hinausgehen, es lassen sich beispielsweise Berichte von Wirtschaftsprüfern oder ISO9000-Zertifikate beilegen.

```
<TermsAndConditions>...</TermsAndConditions>
<Credentials>....</Credentials>
```

Auch Prozesse lassen sich definieren

Die Prozessdefinition beschreibt die Abfolgen von Ereignissen und Interaktionen zwischen dem Unternehmen und seinen Geschäftspartnern. Dies kann in einer unter *ProcessDefinitionLanguage* festgelegten Prozessdefinitionssprache erfolgen. Auf diese Weise kann ein Partnerunternehmen die Schnittstelle des Unternehmens sowie die angebotenen Interaktionen werkzeuggestützt analysieren und im Idealfall mit der eigenen Software integrieren.

```
<ProcessDefinitionLanguage>
...
</ProcessDefinitionLanguage>
<ProcessDefinition>...</ProcessDefinition>
```

Diese letzten Eigenschaften sind entweder für das individuelle Unternehmen definiert (*BusinessSpecificProperties*) oder es werden Eigenschaften referenziert, die mit dem Netzwerk oder dem Markt zusammenhängen:

```
<NetworkSpecificProperties>
    <foo:xxx>...</foo:xxx>
</NetworkSpecificProperties>
<MarketSpecificProperties>
    <foo:xxx>...</foo:xxx>
</MarketSpecificProperties>
<BusinessSpecificProperties>
    <foo:xxx>...</foo:xxx>
</BusinessSpecificProperties>
</BusinessPropertySheet>
```

Repositories

Wenn eine Software auf ein Objekt vom Typ »Business« zugreift, kann sie nicht von vorneherein »wissen«, von welchem Typ dieses Objekt ist. Aus diesem Grund kann von der Instanz des Unternehmens zum Typ »Business« geschlossen werden. Alle Unternehmen sind dazu in einem Registry abgelegt. Zu jeder Ebene der eCo-Architektur stehen spezialisierte Registries zur Verfügung, also *NetworkRegistries*, *MarketRegistries* usw. Neben dieser Verzahnung aus Objekten und Typinformationen wurden Registries ursprünglich zur Verwaltung unterschiedlicher Vokabulare geplant. Ein Vokabular ist ein Begriffsapparat[2], der für den Bezug auf Objekte wie Unternehmen, Dienste oder Märkte eingesetzt wird, also etwa die deutsche oder englische Sprache. Je nach Branche werden in Fachkreisen allerdings spezifische Vokabulare verwendet, die mit Hilfe von Registries aufeinander abgebildet werden sollen. So entspricht die »Faktura« oder »Liquidation« der einen Branche einer »Rechnung« in anderen. Die Verwendung unterschiedlicher Begriffsapparate erstreckt sich bis in die Zweierbeziehung von Unternehmen hinein: Während ein Artikel beim Lieferanten »Waschmittel Ultraweiß« genannt wird mit der Artikelnummer »4711«, heißt es beim Kunden »Waschmittel, BW einfach« mit der Nummer »0815«.

Es ist jedoch zu befürchten, dass die Grenzen der Automatisierung im Bereich der Vokabulare schnell erreicht sind. Was ist z.B., wenn es doch leichte Unterschiede zwischen der »Liquidation« und der »Rechnung« gibt? Diese können möglicherweise nur in den Geschäftsregeln und Usancen der Unternehmen verborgen sein, die sich nicht vollständig formalisieren lassen. Es ist also immer neben der Automatisierung

Repositories für Vokabulare

---

2.   Auch als *Onthologie* bezeichnet.

von Geschäftsprozessen eine Standardisierung von Vokabularen unabdingbar.

Ein Szenario

Publish/Subscribe – von der Java-Klasse bis zum E-Business

Eine der größten Hürden der B2B-Integration ist die Aufgabe, Informationen und Prozesse des einen Unternehmens mit jenen des anderen so zu verzahnen, dass Ereignisse des einen Unternehmens Aktivitäten des anderen mit allen erforderlichen Parametern anstoßen. Dies klingt einfach: Man nehme eine Java-Klasse hier, implementiere das Muster des »Publishers«, der Ereignisse auslöst, und eine zweite Klasse dort, die solche Ereignisse abonniert (siehe Kapitel 8.2 zum Publish/Subscribe-Muster). Dann stößt das Objekt der ersten Klasse einfach eine Methode der zweiten Klasse an und überträgt die erforderlichen Daten. Die Realität ist jedoch sehr viel komplexer:

- Wie können Sender und Empfänger festlegen, wann ein Ereignis eintritt?
- Wie sollten die unterschiedlichen Schnittstellen der ERP-Systeme bei Sender und Empfänger technisch aufeinander abgebildet werden? Hier liegen jeweils herstellerspezifische Schnittstellen, Programmiersprachen und Datenformate vor.
- Nicht jeder Teilnehmer ist in der Lage, alle Dokumentenbestandteile des anderen zu unterstützen. Verfügt der Sender über alle Informationen, die der Empfänger benötigt und umgekehrt? Wie kann dies sichergestellt werden?
- In welcher Repräsentation liegen die Daten bei Sender und Empfänger vor? Wie können Daten zwischen diesen transformiert werden? Wenn der Sender »4711« sendet und damit die MwSt-Nummer des Spediteurs meint, wie können beide – Sender und Empfänger – sicherstellen, dass letzterer diesen Wert nicht als Nummer der Handelsregistereintragung interpretiert?
- Und schließlich: Wenn diese Daten innerhalb einer technischen Konversation zwischen beiden Geschäftspartnern ausgetauscht werden, wie können beide vereinbaren, welches Protokoll für diesen Austausch gelten soll?

Ein Beispiel soll diese Fragestellungen verdeutlichen. Dabei soll vor allem gezeigt werden, welche Konventionen erforderlich sind, um die Abstimmung zwischen den Geschäftspartnern schrittweise durchführen zu können: Nehmen wie an, wir haben es mit einem Chemieunternehmen zu tun, das seine Mitarbeiter mit Laptops ausstatten möchte. Dazu schauen wir erst einmal auf den Beginn der Geschäftstransaktion, bei dem ein Mitarbeiter der Einkaufsabteilung den Prozess mit Hilfe seiner eCo-basierten Beschaffungssoftware in die Wege leiten will. Diese kann auf zwei Weisen benutzt werden: interaktiv mit Hilfe des Browsers oder automatisch. Im Folgenden gehen wir von der manuellen Bedienung aus.

Der Einkäufer wendet sich zunächst an einen Meta-Marktplatz (eCo: Network) und sucht das Verzeichnis nach »Laptops« ab. Es werden vier Marktplätze genannt, die unter anderem mit Laptops handeln. Der Mitarbeiter fragt eine Liste der Eigenschaften dieser Marktplätze ab. Je nach Marktplatz stehen ganz unterschiedliche Informationen zur Verfügung: Der erste ist ein System für Gruppeneinkäufe und richtet sich speziell an kleine Unternehmen oder Privatpersonen. Der zweite und dritte bieten Auktionen, Ausschreibungen und Börsen als Preisfindungsmechanismus an, während der vierte Überschussproduktionen per Auktion versteigert. Unser Chemieunternehmen möchte jedoch mit *einem* Anbieter einen langfristigen Vertrag über die Lieferung und Wartung von Laptops schließen, daher scheidet der vierte Marktplatz aus – hier werden heute Dells und morgen Toshibas versteigert.

Strategische Beschaffung von Laptops

Also bleiben nur noch Marktplatz 2 und 3: Nr. 2 ist ein MRO-Hub für Abnahmekontrakte, während über Marktplatz 3 Einzelgeräte angeboten werden. Der Einkäufer steigt also in den Marktplatz Nr. 2 ein. Hier findet er neben Markenanbieter (eCo: Business) wie IBM, Dell, Toshiba, Sony und Compaq auch diverse No-Names. Das Ausschreibungssystem (eCo: Service) des Marktplatzes findet besonderes Interesse beim Einkäufer, da er ein Volumen von über 1.000 Laptops im Jahr in Verbindung mit weiteren Bedingungen zur Wartung, Gewährleistung und Ausstattung anstrebt. Gleichzeitig variieren die Konditionen der Anbieter so sehr, dass er aufgrund seiner komplexen Produktspezifikation gerne verschiedene Angebote vergleichen möchte. Außerdem will er sich die Arbeit ersparen, seine Einkaufskonditionen bis ins Detail zu spezifizieren – lieber sollen die Anbieter kreativ werden und sich überzeugende Konditionen einfallen lassen. Der passendste erhält abschließend den Zuschlag. Der Einkäufer aktiviert also die Ausschreibungsfunktion von Marktplatz 2. Hier findet er folgende Möglichkeiten (eCo: Interaction):

Wer liefert was?

- *Freie Definition von Produkten und Konditionen.* Der Einkäufer erstellt in dieser Variante eine Ausschreibung von Beginn an. Das heißt, er muss alle relevanten Informationen über die Produkte und Konditionen eintragen.
- *Definition auf der Basis des Herstellerkatalogs.* Hier bestehen erheblich weniger Freiheitsgrade: Aufgrund der Produktkataloge

ist vorgegeben, dass die Farbe des Laptops nur anthrazit oder silber sein kann und dass ein Vor-Ort-Reparaturservice nur innerhalb von minimal 4 Stunden möglich ist – so wie im Katalog spezifiziert.

Geld verdienen durch
Wiederverwendung

▪ *Übernahme der existierenden Ausschreibung eines anderen Kunden.* Eventuell hat ein anderes Unternehmen bereits einen Kontrakt über Laptops ausgeschrieben, warum also diesen nicht übernehmen. Dies spart sehr viel Zeit und man kann bereits prüfen, wer den Zuschlag unter welchen Konditionen erhalten hat. Diese Variante ist die einfachste, kostet aber Geld! Der Handel mit Information ist dabei eine der wichtigsten Einnahmequellen des Marktplatzbetreibers neben den Transaktionskosten. Die Nutzung der vorgefertigten Ausschreibung kostet 1.000 Euro. Als Zugabe erhält er die drei besten Angebote der Hersteller.

Der Einkäufer wählt die letzte Variante, lädt die Ausschreibung vom Marktplatz herunter (eCo: Interaction) und passt die Ausschreibung an seine Verhältnisse an. Er fügt noch einen No-Name-Anbieter zur Bieterliste hinzu und sendet das Dokument an die Hersteller (eCo: Interaction). Nach zwei Wochen läuft die Gebotsfrist ab und es liegen vier Angebote vor (eCo: Interaction). Wir wollen uns hier nicht mit der weiteren Verhandlung (eCo: Interaction) beschäftigen und nehmen daher an, dass zwischen dem Chemieunternehmen und einem der Markenanbieter ein Liefervertrag zustande gekommen ist. Im Folgenden ist daher die Abwicklungsphase zu gestalten, insbesondere der Austausch von Katalog-, Bestell- und Reklamationsnachrichten zwischen den ERP-Systemen beider Seiten (eCo: Service). Dabei ist es Aufgabe des Anbieters, regelmäßig Katalog-Updates zu Produkten und Preisen zu liefern. Bestellungen sind vom Mitarbeiter zu initiieren und vom Einkauf an den Hersteller weiterzuleiten, dieser bestätigt die Bestellung (eCo: Document) und sendet zusammen mit der Ware einen elektronischen Lieferschein und eine URL auf die Rechnung (eCo: Document), die online abgerufen werden kann (eCo: Interaction). Während der Nutzung des Laptops kann es zu Nachbestellungen oder Reklamationen kommen, auch für diese Prozesse sind geeignete Nachrichten auszutauschen.

Bewertung eCo-Architektur

eCo hilft, konkrete
Marktplätze einzuordnen

Wie bereits erwähnt, hat die eCo-Architektur lediglich Referenzcharakter. Man kann durch die »eCo-Brille« Marktplätze betrachten und mit Hilfe der eCo-Begriffe (*Business, Service, Interaction* etc.) identifizieren. Die Art, wie Geschäftspartner miteinander Beziehungen aufbauen und abwickeln, kann man auf den sehr allgemeinen Nenner der eCo-Architektur reduzieren. Da die meisten Marktplatzsysteme »hartkodiert« sind, werden wir jedoch nirgendwo die Flexibilität und durchgängige Navigierbarkeit der eCo-Architektur finden.

Dennoch lassen sich Technologien und Standards, die wir an anderer Stelle untersuchen (UDDI, WSDL, SOAP, ...) in der Tat recht elegant den Ebenen der eCo-Architektur zuordnen. Damit behält die eCo-Architektur ihren Wert auch über technologische Moden hinaus.

17.2   Hürden der B2B-Integration

Was im Beispiel der eCo-Architektur elegant als Einigungsprozess beschrieben wurde, ist die eigentlich harte Nuss beim gesamten E-Business: Beide Seiten müssen sich auf eine lange Liste von Vereinbarungen einigen und dazu eine Art »technischen Rahmenvertrag« schließen, der für die zukünftige Kooperation gültig ist – nicht nur im Sinne der Juristen, sondern vor allem im Sinne der beteiligten Softwarekomponenten. Dieser Vertrag hat unter anderem folgende technische Details zum Gegenstand:

Viele »ToDos«, bevor man Daten austauschen kann

- Fragen der *Verschlüsselung*, der *Authentifikation* sowie sonstiger *Übertragungsparameter* der Nachrichten.
- Klärung des *Zugangs* einer Nachricht: Wann geht die Verantwortung zur Weiterverarbeitung vom Sender an den Empfänger über?
- Klärung der *unterstützten Transaktionen*. Zum Beispiel sind dies die Katalogdaten, Bestellungen und die Reklamationen.
- Klärung des Zusammenspiels einzelner Transaktionen innerhalb eines *Geschäftsprozesses*: Können Bestellungen storniert werden? Wenn ja, bis zu welchem Zeitpunkt? Können sie korrigiert werden? Diese Vereinbarungen beziehen sich nur auf die Nachrichten selbst, d.h. nicht auf weitere Details innerhalb der Dokumente.
- Einigung auf *Subsets* (eCo: Data Element). Sollen z.B. individuelle Lieferadressen pro Produkt oder nur eine je Bestellung verwendet werden? Soll im Rahmen der Bestellung auch die Form der Lieferung festgelegt werden? Oder wird vom Kunden ein bestimmtes Verpackungsmaterial vorgeschrieben?
- *Kodierung und Ontologien*: Schließlich stellt sich die Frage, welche Bedeutung einzelne Datenobjekte innerhalb der Dokumente haben können: Welchen Artikelcode verwendet die Einkaufsabteilung zur Identifikation der Ware? Seinen eigenen oder den des Herstellers? Welche Währung soll der Bestellung zugrunde liegen – Dollar oder Euro? Welche Feldlängen können Kunde und Hersteller für Produktnamen verwenden und so weiter.

Idealerweise möchte jedoch der Einkäufer in unserem Szenario den Rahmenvertrag, den er mit dem Lieferanten ausgehandelt hat, an die IT-Abteilung übergeben, so dass dort das »Zusammenstöpseln« der beteiligten Unternehmenssysteme, je nach Entwicklungsstand, automatisch oder manuell vorgenommen werden kann.

Zur weiteren Vorgehensweise

Abb. 17–3

Der beschwerliche Weg vom XML-Standard zum Prozessportal

Am Ende dieses E-Business-Teils werden wir hoffentlich eine vage Vorstellung haben, was noch alles zu standardisieren und zu entwickeln ist, um ein »eCo-kompatibles« B2B-Portal zu erhalten. Der Weg dahin wird uns jedoch noch über viele Etappen führen (Schritte 1 bis 6 in Abb. 17-3).

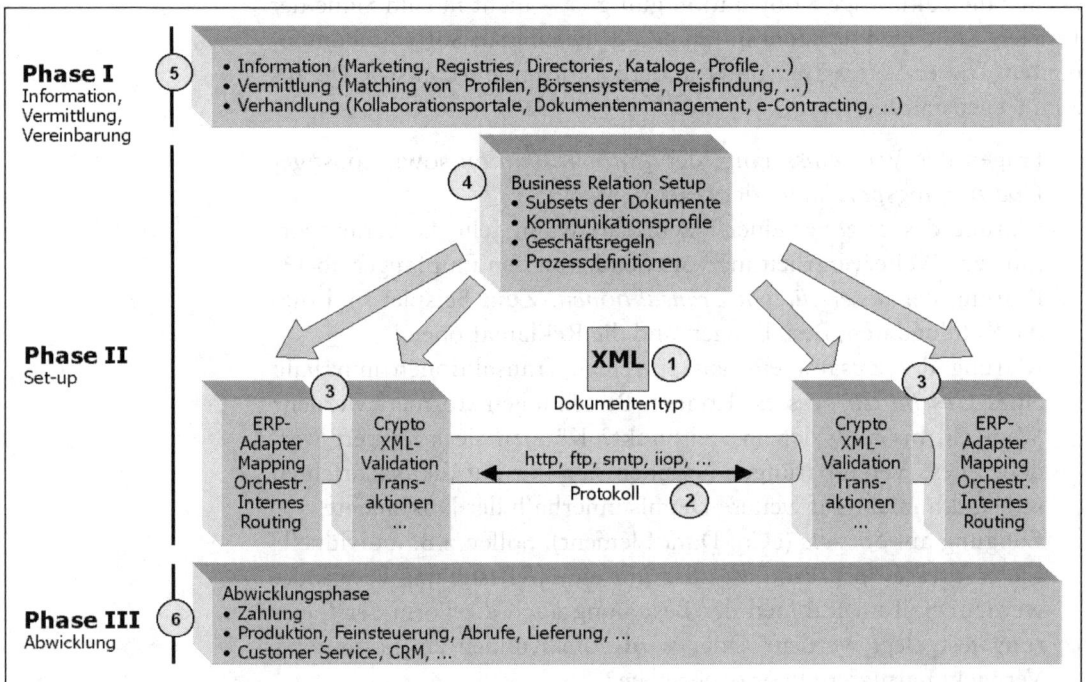

Abbildung 17-3 verdeutlicht die relevanten Aspekte der B2B-Integration:

Am Anfang steht das *Dokument* (1), nicht nur historisch im Sinne der EDI-Entwicklung, sondern auch im Verständnis der Unternehmen, die miteinander kooperieren. Hier besteht bereits eine riesige Auswahl an Standards, Vorschlägen und Ad-hoc-Resultaten, die sich ergeben, wenn Unternehmen sich bilateral auf Dokumentenformate einigen.

Die *Integration der Unternehmen über Standardprotokolle* (2) wie http, smtp oder andere fällt in den Bereich der Extranets, die in Kapitel 17.4 beschrieben sind.

Fragen der direkten Kommunikation zwischen Anwendungssystemen, also der *Enterprise Application Integration* (3), beziehen sich auf die Verarbeitung der Nachrichten und werden in Kapitel 17.4 behandelt.

Für die Einrichtung von Geschäftsbeziehungen (4) ist eine Festlegung ihrer Parameter erforderlich, d.h., es sind die in der Liste oben genannten Vereinbarungen nicht nur zu ermitteln, sondern auch so zu repräsentieren, dass die B2B-Kommunikation automatisch eingerichtet werden kann. Mit solchen Fragestellungen befassen sich Systeme wie BizTalk, ebXML, RosettaNet etc., die in den nachfolgenden Kapiteln beschrieben werden.

Vor der technischen Einrichtung der Kommunikation sind gemäß des Phasenmodells ggf. die Informations- und Verhandlungsphase (5) zu durchlaufen. Anwendungen wie Kataloge, Börsen, Auktions- und Beschaffungssysteme sowie Marktplatzsoftware werden in den entsprechenden Kapiteln behandelt.

Wenn es schließlich um die Abwicklungsphase (6) geht, stehen Prozessportale und Hubs zur Verfügung, die zentralisiert die Steuerung von Fulfilment- und Zahlungstransaktionen unterstützen. Auch dieses Thema wird im anschließenden Kapitel behandelt.

Abschließend wollen wir die zukünftige Entwicklung von B2B-Systemen erörtern. Dazu betrachten wir zunächst einige Weiterentwicklungen aktueller Tendenzen (neue Geschäftsmodelle im Zusammenhang mit Marktplätzen und Börsen), wollen aber auch die Stolpersteine der Entwicklung identifizieren.

Ganz zum Schluss möchte ich natürlich noch meine Vision der Open-Source-basierten Entwicklung von B2B-Software »an den Leser bringen«! Schließlich bin ich überzeugt, dass – volkswirtschaftlich gesehen – die Entwicklung freier, standardkonformer Software den Unternehmen eine preiswerte Perspektive bietet, die für viele überhaupt erst das Thema der B2B-Integration diskutabel macht.

Beginnen wir also mit dem ersten Schritt – der Standardisierung von Dokumententypen.

17.3   Elektronischer Datenaustausch

Wenn traditionell Handel betrieben wird, so ist damit ein reger Austausch von Daten verbunden: Ausschreibungsinformationen, Angebote, Aufträge, Lieferscheine, Rechnungen, Versandavise, Frachtpapiere, Stornierungen, Zahlungen und Bestätigungsschreiben. Traditionell erfolgte diese Kommunikation per Post und auf Papier. Da jedoch diese Dokumente der jeweiligen Unternehmen nur geringfügig voneinander abweichen, war es mit der Einführung von Datennetzen grundsätzlich möglich, sie auch auf elektronischem Wege auszutauschen. Dies war die Geburtsstunde für EDI – dem elektronischen Datenaustausch (*Electronic Data Interchange*). Am Anfang der EDI-Entwicklung lag das generelle Ziel in der höheren Automatisierung des Handelsbetriebs sowie in der Vermeidung unnötiger Papierdokumente, die auch in elektronischer Form ausgetauscht werden konnten. Erst später war mit der EDI-Standardisierung die Schaffung eines einheitlichen Bestands an Datenelementen mit einheitlicher Bedeutung für alle international beteiligten Unternehmen geplant. Sowohl in den USA als auch in Europa stellten EDI-Nutzer schnell fest, dass der internationale Datenaustausch eine internationale Organisation zur Moderation eines entsprechenden Standardisierungsvorhabens erforderte, um die jeweiligen Vereinbarungen international durchzusetzen. Dies waren im Falle von EDI die Vereinten Nationen.

17.3.1   Vergangenheit und Zukunft des EDI

EDI und EDIFACT

EDI begann 1975 mit einer Publikation des Transportation Data Coordinating Committee (TDCC), die Angaben darüber enthielt, welche Transaktionsdaten in verschiedenen Handelsabläufen in der Praxis genutzt werden. Anhand dieses Arbeitsmaterials wurde schließlich bis 1983 die Version 1 des EDI-Standards von der ANSI, der US-Standardisierungsorganisation, verabschiedet. Damit wurden erstmalig generische Formate für den Datenaustausch im Handel im Bereich der USA festgelegt. Die internationale Standardisierung begann 1985 mit der Entwicklung von UN/EDIFACT (*EDI For Administration, Commerce and Transport*) durch das UN/TRADE-Komitee, um den Handel zu vereinfachen. Das Resultat ist als Standard ISO 9735 festgelegt.

EDIFACT

Was EDIFACT in Europa, ist ANSI X.12 in den USA

Gegenüber dem generellen Gedanken des »EDI« lassen sich bei EDIFACT diverse Spezialisierungen finden: Während sich EDI grundsätzlich dem standardisierten Datenaustausch zwischen Geschäftspartnern widmet, schreibt EDIFACT bestimmte Nachrichtenformate und deren Semantik konkret vor. EDIFACT findet seine größte Akzeptanz in Europa, während in den USA der ANSI-X.12-Standard das mit EDIFACT nicht interoperable Gegenstück darstellt. Darüber hinaus wurden von der UN sog. Standardnachrichten (UNSM – United Nations Standard Messages) festgelegt, die branchenunabhängig universell einsetzbar sein sollen. Das in diesen Nachrichten ausgedrückte Wissen um Geschäftsbeziehungen und die dazu erforderlichen Datenformate stellen ein besonderes Gut für die Realisierung von Electronic-Commerce-Systemen dar. Aus diesem (und nur aus diesem) Grunde sollte EDI besondere Aufmerksamkeit geschenkt werden.

Struktur von EDIFACT-Dokumenten

Das grundlegende Strukturierungsmittel ist bei EDI das *Datenelement*. Datenelemente können zu *Datenelementgruppen* und diese wiederum miteinander oder auch mit einzelnen Datenelementen zu *Segmenten* zusammengefasst werden. Eine Rechnung würde beispielsweise die Produktnummer, Menge und Einzelpreis in Rechnungspositionen jeweils als Datenelemente enthalten. Die einzelnen Rechnungspositionen würden als Datenelementgruppen in das Segment der Artikelliste eingehen. Eine *EDI-Nachricht* besteht aus mehreren Segmenten. Schließlich können selbst Nachrichten innerhalb einer *Verbindung* weiter zu *Übertragungsdateien* zusammengefasst werden (siehe Abb. 17-4). Eine Rechnung besteht folglich aus mehreren Segmenten (mit Rechnungsadresse, Kontoverbindung, Artikelliste etc.) und kann zusammen mit anderen Rechnungen versendet werden.

Von der Datei zum Datenelement

EDIFACT-Standards definieren über EDI hinausgehend, welche Datenelemente notwendig, optional oder bedingt sind, und legen fest, ob, wie oft und in welcher Reihenfolge bestimmte Datensegmente wiederholt werden können [ISO93]. Für jede EDI-Nachricht wird eine Felddefinitionstabelle geführt. Die Felddefinitionstabelle eines jeden Datensegments legt wiederum das Schlüsselfeld fest. Damit sind folgende Vereinbarungen möglich:

- Datentyp
- Struktur von Datensätzen variabler Länge
- Datenfelder und Gruppen von Datenfeldern
- Datentypen
- Wertebelegung
- Zeichensätze
- Schlüsselwörter und Trennzeichen
- Nutzungsindikatoren

Abb. 17–4
Schema von EDI-Nachrichten

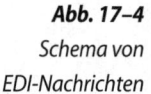

Verbindungsaufbau
Verbindung
Verbindungsabbau
Übertragungsdatei
Übertragungsdatei
Übertragungsdatei
UNA
UNB
'
Entweder funktionelle Gruppen
oder nur Nachrichten
UNZ
'
UNG
'
Nachricht
Nachricht
Nachricht
UNE
'
UNH
'
Segment
Segment
Segment
UNT
'
Tag
+
Daten-element
+
Wiederhol-bares DE
+
Datenelement-gruppe
+
Wiederhol-bare DEG
'
Daten-element
*
Daten-element
Datenelement-gruppe
*
Datenelement-gruppe
Gruppen-datenelement
:
Gruppen-datenelement
Wert

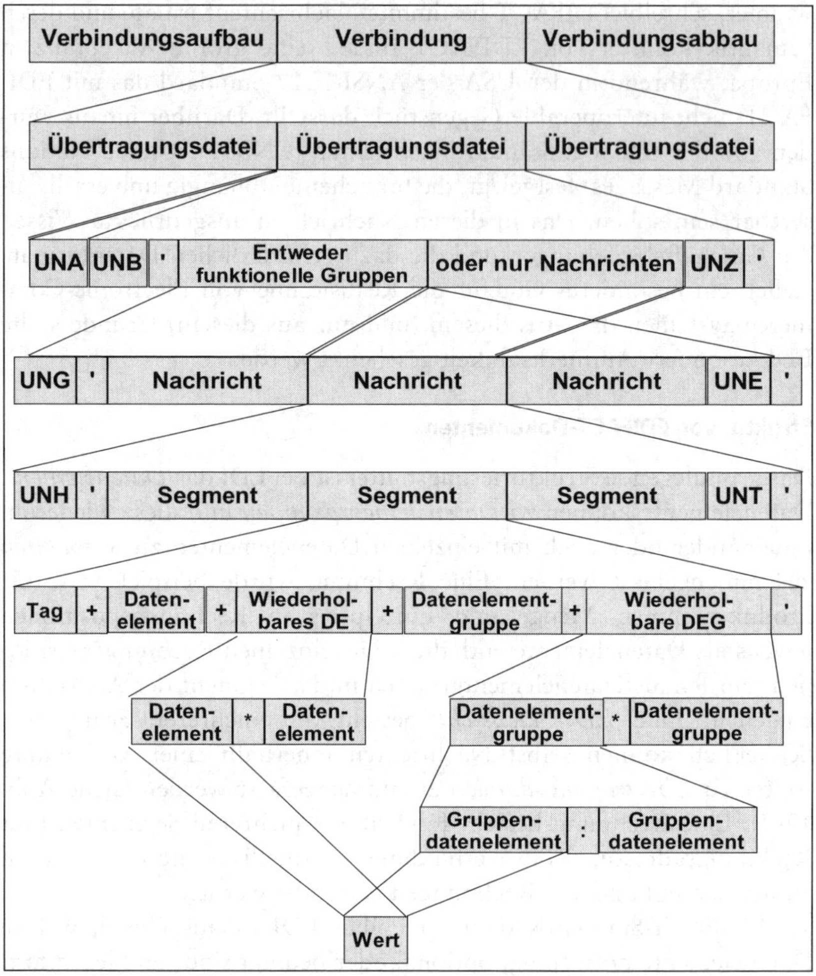

- Wiederholungsregeln
- Auslassungsregeln

Abbildung 17-5 zeigt einen exemplarischen Geschäftsprozess, der vier Rollen umfasst, die je nach konkreter Instanziierung von unterschiedlichen Unternehmen eingenommen werden können. Jeder einzelne Datentransfer entspricht dabei einer EDI-Nachricht. Hierbei ist deutlich erkennbar, dass die tatsächliche Organisation des vollständigen Prozesses weit über die Definition einzelner Nachrichtentypen hinausgeht: Das Beziehungsgeflecht der Akteure kann dabei beliebig komplex sein, einzelne Nachrichten sind optional, während andere in Abhängigkeit von bestimmten Regeln mehrfach auftreten können.

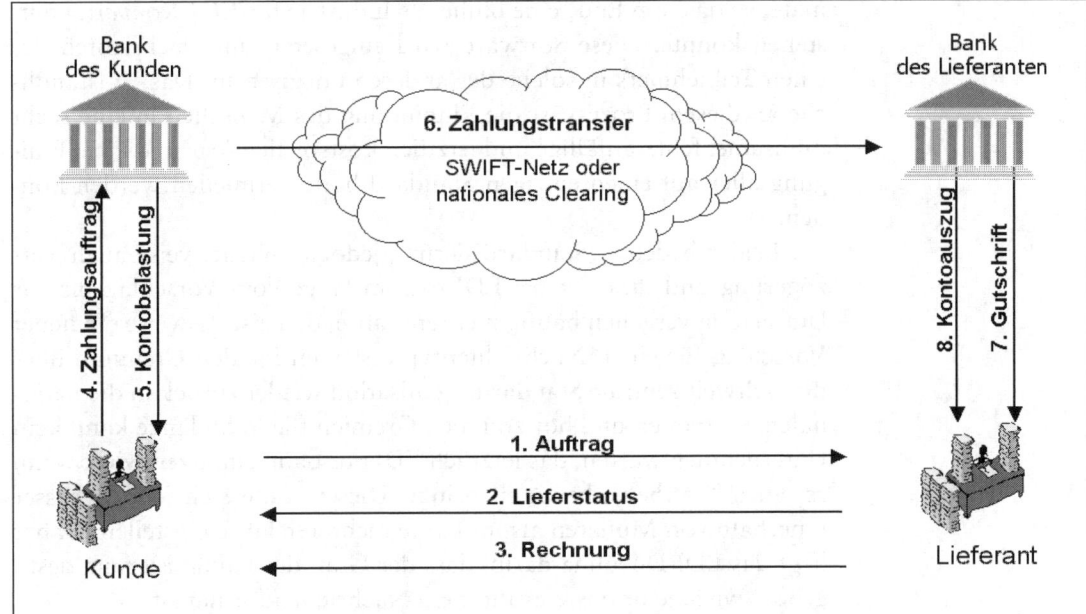

Abb. 17–5
Vollständiger Geschäftsprozess und beteiligte EDI-Nachrichten

EDI wurde ursprünglich für den Datenaustausch mit Hilfe von Telex-Geräten entwickelt. Daher liegen Nachrichten in einem Zeichenformat vor, das kaum die Einbettung von Binärdaten oder Datenobjekten anderer Anwendungen erlaubt.

EDI als Sackgasse?

Leider wurde eine Standardisierung von Dokumentenformaten und der Bedeutung ihrer Inhalte nur bedingt erreicht. Obwohl EDI heute mehr denn je eingesetzt wird, sind dies zumeist nur Insellösungen, die sich um einen dominanten Spieler ranken. Die Deutsche Bahn AG betreibt beispielsweise ein EDI-gestütztes System zur Übermittlung von Transportaufträgen. Es lässt einen Durchsatz von bis zu 150.000 EDI-Nachrichten pro Stunde zu und dient der besseren Integration des Frachtbereichs der Bahn AG mit ihren Kunden. Allerdings ist zu berücksichtigen, dass es sich hierbei nicht immer um *Standard*nachrichten handelt. Und genau dort liegt das Problem heutiger EDI-Systeme: Die Standardisierung von EDI erfolgt in der Praxis nach dem Machtprinzip und nicht nach einem Konsens (Projekte wie z.B. papiNet können als Ausnahme betrachtet werden). Der mächtigere Auftraggeber oder Kunde diktiert den kleineren Zulieferern oder Abnehmern sein Nachrichtenformat und Vokabular. Dies führte in den letzten zehn Jahren zu einer »Balkanisierung« der Nachrichtenfor-

Eine umfassende Standardisierung kam nicht zustande

mate, so dass am Ende eine blühende Industrie für *EDI-Konverter* entstehen konnte. Diese Software wird eingesetzt, um Nachrichten des einen Teilnehmers in solche des anderen umzusetzen. Das Umständliche an diesem Prozess ist die Einbindung des Menschen in eine recht mühsame, fehleranfällige und letztlich kostspielige Arbeit, die bei Einigung aller auf einen einzigen Standard hätte vermieden werden können.

Leider bedeutet Standardisierung jedoch üblicherweise auch Verzögerung und diese ist bei EDI extrem lang: Vom Vorschlag bis zur Umsetzung vergehen häufig mehrere Jahre, da beispielsweise ein neuer Vorschlag für einen Nachrichtentyp erst vom lokalen Gremium über die weltweit zentrale Standardorganisation wieder zurück in die nationalen, vertikalen und horizontalen Gremien fließt. So lange kann kein Unternehmen warten, das letztlich EDI nur dann einsetzen wird, wenn es einen Wettbewerbsvorteil bringt. Dieser sollte sich jedoch besser innerhalb von Monaten als im Laufe mehrerer Jahre einstellen. Daher liegt das EDI-Dilemma darin, dass der Grad der Balkanisierung desto größer wird, je praxisrelevanter ein Nachrichtenformat ist.

EDI erhöht für einige Partner sogar die Kosten

Insbesondere für kleine Unternehmen kann der Einsatz von EDI eher höhere Kosten mit sich bringen als eine Kostensenkung: Falls sie nicht den von mächtigen Abnehmern diktierten Nachrichtenformaten gerecht werden, drohen diese, von weiteren Folgeaufträgen abzusehen. Da das Unternehmen häufig mehrere Abnehmer beliefert, kann es sein, dass dieses Anpassungsproblem in vielfältiger Form vorliegt. Will sich das kleine Unternehmen nicht zu sehr an einen Kunden binden, droht es, in der Flut von Spezialformaten unterzugehen. Während der Anpassungsaufwand für den größeren Kunden marginal und auch im Falle eines einzigen Kunden für das kleine Unternehmen noch akzeptabel wäre, rechnet sich der jeweils erneut gegebene Anpassungsaufwand häufig bei zunehmender Kundenzahl nicht mehr. Für kleine und mittlere Unternehmen ist EDI damit sogar häufig kontraproduktiv.

Abhilfe kann daher nur eine Hinwendung zu flexibleren Technologien schaffen. Hier sind als »Stufe I« das Internet und insbesondere als »Stufe II« das WWW zu nennen. Beim Internet würde zunächst die EDI-Nachricht in ihrem Originalformat z.B. per E-Mail übertragen werden. Obwohl dies banal klingen mag, ist es jedoch eine erhebliche Innovation gegenüber der heutigen Situation, in der VAN-Provider (Value-Added Network) über Standleitungen und X.25-Protokolle oder X.400-Mail-Services ein proprietäres Netz speziell für den Austausch von EDI-Nachrichten betreiben. Für dieses Netz sind zumeist recht hohe Subskriptionsgebühren oder auch Gebühren auf Nachrichten- oder Volumenbasis zu bezahlen. Obwohl hier die Preise tendenziell fallen, gibt es noch Provider, die 20-30 Cent pro Kilobyte (!) berechnen – und dies sowohl dem Sender als auch dem Empfänger! Einige Anbieter berechnen sogar mehrere Euro für den Transfer einer einzelnen EDI-Nachricht.

Obwohl nach wie vor einige Verfechter des VAN-basierten EDI stets die Nachteile des Internets ins Gefecht führen, setzt sich dieses zunehmend als technologisch beherrschbares, preiswertes, sicheres und zuverlässiges Medium durch. Daher seien hier kurz die wesentlichen Anti-Internet-Argumente genannt – und jeweils das Mittel zur Lösung der angeführten Problematik:

- *Mangelnde Vertraulichkeit.* Dieser Punkt ist bereits gelöst durch die in Kapitel 6 erwähnten kryptografischen Methoden.
- *Unkalkulierbarer Durchsatz.* Dies ist gerade bei EDI unproblematisch, da es keine Echtzeitanforderungen an das Kommunikationsnetz stellt. E-Mails können heute zuverlässig übermittelt werden.
- *Möglichkeit des »Spoofing« (Maskerade).* Gelöst durch Authentisierungsmechanismen, siehe Kapitel 6.
- *Keine direkte EDI-Unterstützung.* Standards zur MIME-Einbettung sind vorgeschlagen oder befinden sich in der Umsetzung. Dabei ist insbesondere [RFC1767] zu nennen, der das MIME-Applikationsformat für die EDI-Standards EDIFACT und X12 festlegt.
- *Keine Verarbeitungsfunktionen für kryptografische Funktionen.* Auch diese sind heute fester Bestandteil von Browsern oder E-Mail-Tools. Zudem lässt sich Software wie z.B. PGP und die JCE (Java Cryptograpy Extension) leicht auf Anwendungsebene integrieren.
- *Problematische Verbindungen zwischen VANs und dem Internet.* VANs werden gar nicht erst benötigt. Stattdessen erfolgt die Kommunikation über das Extranet, also den Bereich des Unternehmensnetzes, den sich Geschäftspartner gegenseitig zugänglich machen.

Um EDI von seinen weiteren Mankos, insbesondere der Beschränkung seiner Modellierung beim Austausch von *Textdateien*, zu befreien, wurden – historisch betrachtet – verschiedene Versuche unternommen, EDI um weitere Aspekte der interorganisationalen Kooperation zu ergänzen. Folgende Beispiele sind dabei relativ bekannt und werden anschließend kurz erläutert:

- Open EDI
- Interaktives EDI bzw. Web-EDI

▓ Universal EDI

▓ XML/EDI

17.3.2 Open EDI

Open EDI kann als Vision der Standardisierungsorganisationen ISO und IEC für die Zukunft angesehen werden. Das Open-EDI-Referenzmodell [ISO-OEDI, ISO94] nutzt UML als Sprache zur Modellierung organisatorischer Zusammenhänge und Objekte.

Open EDI ist ein generischer Ansatz, der Unternehmen in der kurzfristigen und effizienteren Etablierung von Geschäftsbeziehungen unterstützen soll. Durch die Nutzung von Standardszenarien für den Handel sollen Eintrittsbarrieren für Unternehmen, die am elektronischen Datenaustausch partizipieren wollen, reduziert werden. Für diese Standardszenarien werden Werkzeuge und Dienste zur Verfügung stehen, die eine rasche Implementierung unterstützen. Die Open-EDI-Vision sieht vor, dass zwischen Partnerunternehmen, die sich auf ein Szenario geeinigt haben, dessen Implementierung standardkonform ist, keine weiteren Vereinbarungen getroffen werden müssen.

Open EDI soll zwischen beliebigen und beliebig vielen Organisationen innerhalb einer Branche, aber auch über Branchen hinweg eingesetzt werden können. Die ausgetauschten Daten sind nicht auf Standardtypen beschränkt, sondern können auch Binärdaten umfassen. Das Open-EDI-Referenzmodell wird dabei unabhängig von Inhalten, unternehmensspezifischen Prozeduren oder technischen Infrastrukturen entwickelt.

Nicht nur Dokumente, sondern auch Prozesse

Im Gegensatz zum »klassischen« EDI erweitert sich die Sichtweise beim Open EDI von der Festlegung von Datenformaten zur Spezifikation von Geschäftsprozessen [BLWW94]. Folglich steht neben der Definition von Datenobjekten jetzt auch die der Geschäftslogik selbst im Vordergrund – soweit dies überhaupt standardisierbar und formalisierbar ist. Die Verbindung mehrerer EDI-Nachrichten zu Sequenzen, die Definition von Prozessen und Regeln sowie die Festlegung von Rollen innerhalb komplexer Kommunikationsbeziehungen sind die wesentlichen neuen Aufgaben des Open EDI.

Geschäftsprozesse lassen sich in ihre Basisprozesse zerlegen oder umgekehrt zu komplexeren zusammensetzen (denken Sie an die Interactions und Services der eCo-Architektur). Die Sprache UML (Unified Modeling Language) wird dabei benutzt, um Geschäftsprozesse hinsichtlich ihrer Anforderungen, Use Cases, Klassendiagramme sowie Aktivitäts- und Zustandsdiagramme zu modellieren. Für den Datentransfer werden XML-Dokumente verwendet. Dabei nutzt die EDI-Software Repositories, in denen XML-DTDs verwaltet werden.

Die Hoffnung besteht beim Open EDI darin, dass durch die Verwendung von UML als objektorientierte Modellierungssprache eine wesentlich formalere und präzisere Beschreibung von Geschäftsprozessen möglich sein wird und damit Softwarebausteine für die EDI-Kommunikation als »Fertigprodukte« zur Verfügung gestellt werden können.

Es wird angestrebt, durch die Entwicklung von Standard-Geschäftsszenarien wählbare Schablonen bereitzustellen, für deren Benutzung die Geschäftspartner im Rahmen einer Handelstransaktion keinen speziellen Rahmenvertrag mehr abschließen müssen (»Trading Partner Agreements«) [Wrig91].

Dabei werden zwei Sichtweisen hervorgehoben:

- Die *Business Operational View* (BOV) legt die Semantik von Datenobjekten und Nachrichten fest und bestimmt Regeln für Geschäftstransaktionen. Diese umfassen Vereinbarungen und gegenseitige Verpflichtungen, die mit einer Transaktion verbunden sind. Bezogen auf den Geschäftsprozess in Abbildung 17-6 würde nach dem Open EDI eine Schablone für das verwendete Ablaufmodell zur Verfügung stehen, die den beteiligten Akteuren Rollen zuweist und den Ablauf koordiniert. Die BOV wird also von Geschäftsprozessmodellierern festgelegt.
- Die *Functional Service View* (FSV) hebt unterstützende Dienste hervor, indem sie sich eher auf softwaretechnische Fragen bezieht. Hier ist von Protokollen für den Nachrichtentransport die Rede (http, smtp etc.), Schnittstellen und URIs für die Kontaktaufnahme zwischen den Unternehmen, Möglichkeiten zur Auslösung, Durchführung und Protokollierung von Transaktionen sowie schließlich

Abb. 17–6

Die Integration zweier Geschäftspartner über Open EDI

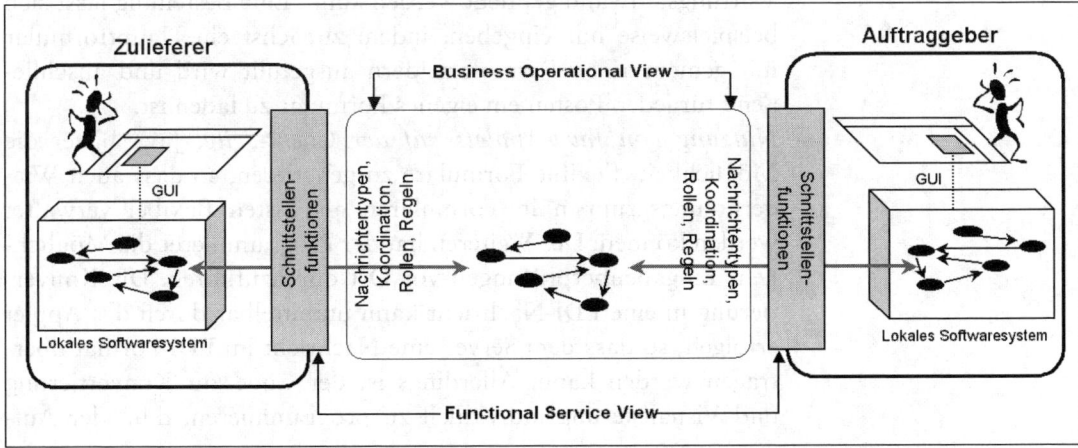

Sicherheitsmechanismen, die für den Nachrichtentransport angewendet werden sollen. Dabei soll Open EDI abwärtskompatibel zum »klassischen« EDI bleiben.

Open EDI stellt die Grundlage für seine Weiterentwicklung dar: ebXML (Electronic Business XML), das in Kapitel 17.6 ausführlicher beschrieben ist.

17.3.3   Interaktives EDI bzw. Web-EDI

EDI-Formulare manuell ausfüllen

Heute lohnt sich EDI nur bei hohen »Economies of Scale«, d.h. bei einer intensiven Nutzung, die die hohen Investitionen für beide Seiten rechtfertigt. Seit Jahren gibt es jedoch verschiedene Projekte und Standardisierungsbestrebungen, bei denen versucht wird, eine EDI-Nachricht mit Hilfe eines Web-Browsers zu visualisieren (als sog. *E-Forms*). Dies gilt sowohl für eingehende als auch für zu versendende Nachrichten. Es können drei verschiedene Ansätze unterschieden werden, um dies zu erreichen:

- *Nutzung dynamischer HTML-Dokumente auf der Server-Seite.* Hierbei kann eine Nachricht an den Benutzer eines Browsers gesendet werden, indem sie serverseitig mit Hilfe von Skripten generiert und vom Benutzer geladen wird. Diesem bleibt nur die Möglichkeit, die Seite zu sichern oder auszudrucken. Umgekehrt kann ein Benutzer über den Browser und ein HTML-Formular EDI-Nachrichten mit Werten füllen und absenden. Dabei sind die HTML-Formulare jedoch statisch in der Weise, dass Wiederholungsgruppen nicht hinzugefügt werden können. Dies kann nur über Folgeseiten realisiert werden, so dass die gesamte Web-Programmierung schnell unübersichtlich wird und nur mit hohem Wartungsaufwand gepflegt werden kann. Eine Bestellung lässt sich beispielsweise nur eingeben, indem zunächst ein Hauptformular mit gemeinsamen Formularfeldern ausgefüllt wird und anschließend für jeden Posten ein eigenes Formular zu laden ist.
- *Nutzung von Java-Applets auf der Client-Seite.* Java bietet die Möglichkeit, flexible Formulare zu generieren, so dass auch Wiederholungsgruppen in Formularen als Listen flexibel verwaltet werden können. Des Weiteren hat der Programmierer die Möglichkeit, Eingabeüberprüfungen vor Ort durchzuführen. Die Konvertierung in eine EDI-Nachricht kann unmittelbar durch das Applet erfolgen, so dass dem Server eine Nachricht im EDI-Format übertragen werden kann. Allerdings ist der Code zur Konvertierung und Visualisierung individuell zu programmieren, d.h., der Auf-

wand ist noch wesentlich höher als bei den dynamischen HTML-Seiten.

- *Nutzung von XSL (Extensible Stylesheet Language).* Schließlich bietet sich die Möglichkeit, Informationen zur Visualisierung einer EDI-Nachricht an eine XML-DTD zu koppeln, so dass man beim Laden der Nachricht als XML-Datenstruktur automatisch einen Verweis auf die betreffenden XSL-Regeln erhält. Diese XSL-Definition ist für jeden Nachrichtentyp standardisiert und könnte im Internet zentral verfügbar gemacht werden. Hier wäre nur einmal eine generische Java-Software zu entwickeln, die für beliebige EDI-Nachrichtentypen die Transformation in XML spezifiziert. Alles Weitere würde über die DTD gesteuert werden.

Auch wenn durch Web-Integration EDI-Nachrichten ad hoc empfangen oder versendet werden können, ist damit noch keine Integration zwischen Softwaresystemen gegeben. Weder die Konvertierung der ausgetauschten Nachricht in das lokale Format noch die Einbettung in komplexe Geschäftsprozesse ist damit gelöst. Hierin besteht jedoch das eigentliche EDI-Problem, so dass die Frage nach dem Datenaustausch zwischen der lokalen Anwendungssoftware und dem Java-Applet im Web-Browser noch offen bleibt.

Interaktives EDI kann also nur zur zusätzlichen Einbindung von Personen in den Dokumentenfluss eingesetzt werden. Hier fragt man sich jedoch berechtigterweise, warum dann überhaupt EDI über das Internet erforderlich ist, wenn doch über das Web und in Verbindung mit Server-Side-Scripting die Datenein- und -ausgabe direkt auf der Datenbank des Anbieters erfolgen kann.

Mit der allgemeinen Nutzung von XML und XSLT zur Transformation in HTML haben sich alle Hersteller auf diese Standardtechnologie eingelassen. Die anderen Optionen haben dabei nur noch marginale Bedeutung.

Web-EDI macht also nur in zwei Situationen Sinn: Erstens, wenn ein Benutzer sich ein Dokument, das zwischen zwei Softwareanwendungen übertragen wird, anzeigen lassen möchte, oder wenn ein Teilnehmer so klein ist oder nur so selten mit dem Geschäftspartner kommuniziert, dass eine Softwareintegration zu kostspielig wäre. In diesem Fall ist allerdings mehr erforderlich als lediglich die Datenein- und -ausgabe über den Browser. Denken Sie an die papiNet-Dokumente: Hier wie auch in anderen Branchen wäre kein Teilnehmer bereit, den vollen Datenumfang interaktiv einzugeben. Stattdessen sind Auftragserfassungssysteme erforderlich, welche immer wieder verwendete Stammdaten (Adressen, Produktbeschreibungen) zwischenspeichern.

Wann macht Web-EDI Sinn?

17.3.4   Die B2B-Integration mit Universal EDI

Vier Schritte von den
Regeln zu den
Dokumenten

Universal EDI ist eine weitere Bestrebung, die versucht, über die Standardisierung von Nachrichtenformaten hinauszugehen, um vollständige Geschäftsprozesse definieren zu können. Unterschieden werden hierbei technische und logische Aspekte der Kommunikation und Kooperation zwischen Geschäftspartnern. Bei Universal EDI gibt es daher vier Kommunikationsebenen:

- *Geschäftsregeln.* Auf dieser obersten Ebene legen Unternehmen Regeln zur Interaktion mit anderen Geschäftspartnern fest. Beispielsweise zählt dazu, wann eine Bestellung beim Lieferanten erfolgt oder wann eine Rechnung generiert wird. Die Ereignisse, die zur Durchführung einer Interaktion nötig sind, werden auf dieser Ebene beschrieben. Gleiches gilt auch für die erforderlichen Geschäftsprozesse.

- *Geschäftsprozesse.* Hier werden Abfolgen von Ereignissen und Datentransfers festgelegt, die zur Durchführung eines Geschäftsprozesses erforderlich sind. Grundlegende Zusammenhänge zwischen Datentypen und auszuführenden Aktivitäten seitens der Partner sind durch den Geschäftsprozess beschrieben, also die Klärung der Frage, auf welche Datenelemente sich zwei Geschäftspartner für ihre Kommunikation einigen.

- *Informationsmodell.* Diese Ebene entspricht dem klassischen EDI. Es wird hier die Struktur und Bedeutung ausgetauschter Daten festgelegt. Grundlage sind Syntaxregeln, Feldlängen, Datentypen.

- *Technologie.* Unterstützende Dienste zur Übertragung, Verarbeitung und Speicherung der ausgetauschten Daten werden auf dieser Ebene definiert. Es kann beispielsweise eine CAD-Anwendung festgelegt werden, die vom Geschäftspartner empfangene Nachrichten verarbeitet, wenn es sich um den Austausch technischer Produktbeschreibungen handelt. Wichtig ist bei dieser Ebene vor allem auch die Einigung auf ein Übertragungsprotokoll.

Diese vier Ebenen sind erforderlich, um alle Details einer Kooperation zwischen Unternehmen zu beschreiben. Um beispielsweise eine Flugreservierung durchzuführen, muss zunächst bekannt sein, wer als Dienstleister in Frage kommt (in der eCo-Architektur wäre dies die *Business*-Ebene) und welche Optionen das Geschäftsmodell vorsieht (eCo: Service). Erst dann können auf der nächsten Ebene die Schritte des Reservierungsprozesses durchlaufen werden (eCo: Interaction). Eine Ebene tiefer werden dann Dokumente (eCo: Document) und Formulare (eCo: Data Element) eingesetzt, die sich aus den Spezifikationen des Geschäftsprozesses ergeben. Am Ende selektiert die Universal-EDI-Software die Technologie zur Übertragung oder Verarbeitung der Daten – also beispielsweise E-Mail, HTTP oder X.400.

Wollen zwei Unternehmen miteinander in Verbindung treten, führen ihre Universal-EDI-Systeme eine Art »Handshake« durch, ähnlich der Art und Weise wie Modems die Übertragungsparameter zur Kommunikation verhandeln. Während Modems beispielsweise feststellen, welches die höchste gemeinsame Übertragungsrate ist, versuchen die EDI-Systeme abzustimmen, auf welchen Ebenen und auf der Basis welcher Geschäftsprozesse sie sich in Verbindung setzen können. Dabei versucht Universal EDI, die Interoperabilität der Partner zu verbessern, ohne gleichzeitig die Wettbewerbsfähigkeit der Unternehmen durch zu starke Nivellierung einzuschränken. Universal EDI ist folglich der Versuch, Standardisierung inkrementell und »top down« durchzuführen: Dort, wo die Notwendigkeit der Interoperabilität zwischen Unternehmen gegenüber ihren jeweiligen Alleinstellungsmerkmalen klar dominiert, kann eine freiwillige Kooperation erwartet werden.

Handshake-Protokoll zwischen Unternehmen

Die Entwicklung von Universal EDI

Universal-EDI-Standards sollten in zwei Phasen, der *Geschäftsanalyse* und der eigentlichen *Entwicklung von Standards,* festgelegt werden. In der ersten Phase werden alle Informationen gesammelt, die zur Festlegung des Standards erforderlich sind:

- Identifikation der Teilnehmer
- Definition von Rollen
- Rahmenbedingungen der Kooperation in Form von Regeln
- Informationen, die lokal vorliegen (in den ERP-Systemen oder an anderen Orten in den Unternehmen)
- Informationen, die in Dialogen ausgetauscht werden (die eigentlichen Nachrichten)

Als Ergebnis liegt dann eine Spezifikation der Komponenten vor, deren Kommunikation sich anschließend simulieren lässt. Danach werden Prozess- und Datenmodelle eingesetzt, um die Kommunikation zu strukturieren. Beispielsweise könnte sich ein Prozessmodell für die Reservierung aus Einzelaktivitäten vom Typ *Vakanzprüfung* und *Reservierung* zusammensetzen, wobei erstere beliebig oft durchgeführt werden kann, bevor eine Reservierung erfolgt. Das Datenmodell legt dabei die Datenobjekte fest, die im Prozess ausgetauscht werden. Nachdem das Daten- und Prozessmodell definiert wurde, wird es in einem Repository abgelegt.

Anschließend erfolgt nach dem Universal-EDI-Modell die Entwicklung des Dokumentenstandards. Hierbei werden semantische Dateneinheiten definiert, die zunächst das abstrakte Verständnis spezieller Geschäftsdaten reflektieren. So könnte beispielsweise »Stückliste« eine semantische Dateneinheit sein, die in Branchen wie Industrie, Tourismus oder Dienstleistung auf unterschiedliche Weise verfeinert wird. Mit Hilfe von Metainformationen können zudem weitere Optionen oder Bedingungen festgelegt werden, welche die Integration dieser Informationen mit anderen Einheiten steuern.

Neben einer Strukturierung von Datenobjekten werden auf der Ebene von Prozessen und Nachrichten auch Alternativen festgelegt, auf die sich die Universal-EDI-Software zur Kooperation ebenfalls per »Handshake« einlassen könnte. Einige weitere Elemente, die einen Universal-EDI-Standard ausmachen, schließen die Entwicklung des Standards ab. Das Resultat soll damit am Ende

- eine eindeutige Spezifikation des Standards,
- die Eliminierung weiterer Anforderungen für Implementationsrichtlinien,
- wiederverwendbare Standardkomponenten sowie
- eine flexible Unterstützung des Nachrichtenaustauschs

liefern. Insbesondere soll Universal EDI virtuellen Unternehmen damit den erforderlichen »Kitt« zur flexiblen Integration ihrer Geschäftsprozesse – auch über Branchengrenzen hinweg – liefern. Universal EDI versucht also – ähnlich dem Open EDI – durch detaillierte Geschäftsanalysen diesen Prozess vollständig zu erfassen, um in einer anschließenden Phase daraus Standards abzuleiten.

Universal EDI kann also als informelle Richtlinie zur Entwicklung von Standards sowie zur Integration zwischen Unternehmen aufgefasst werden, jedoch nicht als bestehende Softwarelösung, die den gesamten Prozess unterstützt.

Bemerkungen zu EDI

Das Problem ist komplex und die Standardisierung träge

EDI wurde immer ein Trägheitsproblem vorgeworfen: Es zielt auf die allgemein gültige Standardisierung von Prozessen und Informationen ab, die auf bilateraler Ebene mit einem Bruchteil des Zeitaufwands vereinbart werden könnten. Die Zeit, die jedoch für einen globalen Standard erforderlich ist, liegt, wie bereits gesagt, bei mehreren Jahren. Selbst wenn die gesamte Industrie heute noch einmal auf der grünen Wiese ihr Geschäft aufnehmen könnte, würden viele Experten behaupten, dass sich kein einheitlicher Standard in der erforderlichen Kürze der Zeit in allen Wirtschaftsbereichen durchsetzen könnte. Dies liegt weniger an der Beschränkung von EDI auf Datenstrukturen, sondern vielmehr an der Ökonomie der Standardisierung selbst. Sie erfordert zu viel »Overhead« für das einzelne Unternehmen. Außerdem ist die Identifikation wiederverwendbarer Bausteine und Nachrichtentypen ein langwieriger Filterprozess, der sich praktisch nur im Zyklus aus Vorschlag-Einigung-Test-Bewertung-Verbesserung-Vorschlag entwickeln kann. Die EDI-Standardisierung ist also immer mit dem Dilemma konfrontiert, schnell einen allgemein akzeptierten Standard zu schaffen, was jedoch auf globaler Ebene sehr schwierig ist. Der dadurch zu erwartende Geschwindigkeitsverlust führt jedoch wiederum zur Ad-hoc-Einigung auf proprietäre Lösungen. Folglich dürfte die Harmonisierung von EDI auch die nächsten Jahrzehnte andauern, wenn sie in der bisherigen Weise fortgeführt werden würde.

Viele der oben erwähnten Vorschläge zur »Dynamisierung« von EDI sowie die Forderungen nach mehr Ganzheitlichkeit stammen aus der Zeit um 1996 oder früher. In der Zwischenzeit hat sich jedoch im Bereich des WWW eine explosive Verbreitung neuer Standards ergeben, die möglicherweise besser helfen können, das skizzierte Dilemma der EDI-Standardisierung in den Griff zu bekommen. Eine Chance zur Besserung versprach seit einigen Jahren XML. Es bietet in einigen Bereichen weitaus flexiblere Möglichkeiten zur feinkörnigen Definition von Nachrichtenobjekten. Dennoch kann auch XML nur ein Teilschritt hin zur erforderlichen Flexibilisierung sein: Gemäß dem Vorgehensmodell beim Universal EDI ist die Festlegung von Dokumenten- und Datentypen erst der dritte Schritt. Üblicherweise sind die meisten Branchen nicht in der Lage, auch nur die ersten beiden Stufen (Geschäftsregeln- und Prozesse) zu identifizieren bzw. umzusetzen – insbesondere, wenn die Branchen durch kleine und mittlere Unternehmen geprägt sind.

Anstelle des EDI-Formats jetzt XML

17.3.5 Elektronischer Datenaustausch mit XML

Im Hinblick auf den B2B-Commerce auf der Basis von EDI ist jetzt erkennbar, welche Beiträge XML in diesem Zusammenhang leisten kann und welche nicht. Dies haben auch die Entwickler neuerer EDI-Standards wie beispielsweise Open EDI erkannt, so dass sich nach einer gewissen Phase des Experimentierens die Integration objektorientierter Softwaretechnologien (Open EDI, Universal EDI und Ähnliche werden hier zu *objektorientiertem EDI* zusammengefasst) mit XML realisieren lässt. Wenn dies auch noch nicht zwangsläufig zur

Tab. 17–1

Vergleich von XML/EDI und objektorientiertem EDI

Vereinheitlichung von Semantik im Sinne der EDIFACT-Nachrichten führt, so ist doch das mit XML gegebene Werkzeug etwas mächtiger als die zuvor verwendeten Syntaxen.

	EDI auf der Basis von XML	Objektorientiertes EDI (OO-EDI)
Schlüssel-merkmale	Einfache Implementierbarkeit Preiswerte Werkzeuge sind verfügbar, um strukturierte, Web-basierte Dokumente zu erstellen und auszutauschen.	Einfache standardisierte Implementier-barkeit Vereinfachter Handel auf der Basis von Open-EDI-Szenarien
Infrastruktur	Preiswert und allgemein verfügbar Visuelle Werkzeuge zur Nachrichten-definition (DTD-Editoren) und -verarbeitung (XML-Parser) stehen zur Verfügung. Existierende Web-Server/Firewalls erfüllen Sicherheitsanforderungen.	Spezialisiert und noch nicht verfügbar Verteilte, objektorientierte Anwendungen als Kommunikationsinfrastruktur für B2B besitzen noch keine Produktreife. Sicherheitsinfrastruktur durch SSL und Firewalls gegeben
Industrie-unterstützung	Gegeben durch IBM, Microsoft, Netscape, Sun sowie alle Anbieter von EDI- oder Datenbank-Software sowie XML-Werk-zeugen	Erst mit der Spezifikation von ebXML als Nachfolger von Open EDI bekennen sich erste Anbieter zur Umsetzung dieses Standards.
Marktbreite	Sehr groß Dokumente des XML-EDI können integriert werden mit denen anderer Anwendungen: Dokumentenmanagement, Content Management, Autorensysteme etc.	Sehr groß, insbesondere bei der Kombination von EDI mit Workflow-Management-Systemen
Standardisierungs-ansatz	Konkurrierende Industriestandards (Defacto-Standards) XML legt nur das Auszeichnungsformat fest, nicht jedoch die Sprache der Nachrichten. Damit ist bzgl. der »Balkanisierung« kein Vorteil gegenüber dem »klassischen« EDI gegeben.	Monolitischer De-jure-Standard Alle standardisierten Daten- und Nach-richtenformate müssen von EDIFACT/X12 zentral anerkannt werden.
Entwickler (Anzahl, Anforderungen)	Diverse Entwickler aus der Internet-Gemeinde, allerdings ohne tiefe Praxis-erfahrung mit dem EDI	Noch wenig Entwickler, da Standards noch nicht vollständig verabschiedet worden sind
Electronic-Commerce-Produkte	Zunehmend vollständige B2B-Integrations-systeme verfügbar Mittlere und große Anbieter: webMethods, Commerce One, Ariba, DataJunction, Mercator, Seeburger, Microsoft.	OO-EDI-Standards sind noch nicht vollständig verabschiedet. Noch keine Produkte auf der Basis des OO-EDI verfügbar, die Breite des Standards und seine Neutralität sind jedoch attraktiv für »Neueinsteiger« und Altanbieter.

Worin liegt der Vorteil von XML gegenüber dem EDIFACT-Format?

Ähnlich HTML sind auch bei EDIFACT-Nachrichten Semantik *und* Syntax fest verdrahtet. Analog zum HTML-Standard ist folglich eine präzise Festlegung des Nachrichtenformats und der Bedeutung seiner Elemente erforderlich, um einen plattformübergreifenden Datenaustausch und die maschinelle Verarbeitbarkeit der Daten sicherzustellen.

Ein XML-Dokument hingegen ist dank des referenzierten Schemas sowie aussagekräftiger Elementbezeichner selbstbeschreibend, so dass nicht erwartet werden muss, dass die zur Interpretation erforderlichen Informationen beim Konverter vorliegen.

Im Folgenden ist zur Veranschaulichung dieser Unterschiede das gleiche Nachrichtendokument nach »EDI-Manier« und als XML-Instanz dargestellt. Dabei wurden die EDI-Datenelemente 1:1 in XML-Elemente transformiert.

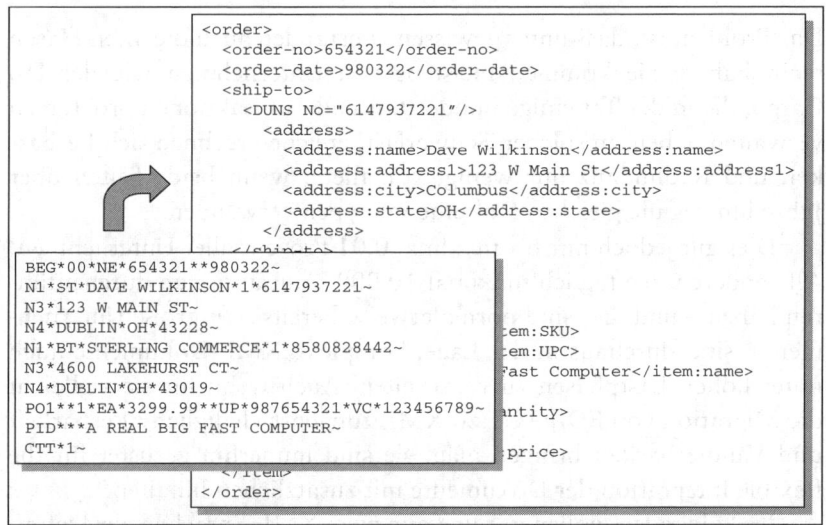

Abb. 17–7
EDI- und XML-basierte Syntax im Vergleich

Ohne auf die Details der Nachrichtenelemente einzugehen, ist unschwer zu erkennen, dass EDI ursprünglich vor allem auf die Reduzierung der Nachrichtenlänge ausgelegt war (schließlich wurden früher auch Telex-Geräte zur Übertragung eingesetzt). Die Syntax der Nachricht ist kaum aus dem Dokument abzuleiten, daher kann es leicht zu Fehlinterpretationen kommen.

XML ist hingegen sehr viel redundanter, was es auch im Speicherbedarf vergrößert. Redundanz ist jedoch in diesem Fall vorteilhaft, da eine Anwendung bzw. ein Parser dadurch überprüfen kann, ob ein Dokument wohlgeformt oder gültig ist.

XML besitzt Vorteile, aber
auch Nachteile

Wenn man in Seminaren XML mit EDIFACT vergleicht, dann finden sich bei den Teilnehmern meisten zwei extreme Positionen:

- Auf der einen Seite sitzen die »alten EDI-Hasen«, die sich nichts vormachen lassen bzgl. der XML-Eigenschaften – sie sind grundsätzlich gegen XML, da es die Verarbeitungsgeschwindigkeit reduziert, die Lesbarkeit eines Dokuments sowieso niemandem nütze, da es ja zwischen Anwendungen ausgetauscht wird, und im Übrigen laufe ja ohnehin alles, warum also das Rad neu erfinden?
- Auf der anderen Seite sitzen die »Modernisierer«, die keine Lust mehr haben, kryptische, fehleranfällige und kostspielige Integrationen immer wieder manuell durchzuführen. Sie schwören auf höhere Flexibilität, standardisierte Repräsentationen durch XML und die Möglichkeit, Dokumenteninstanzen mit Substrukturen unterschiedlicher Herkunft zu verzahnen – denken Sie an die Einbettung von Artikeln, Bitmaps etc. in Katalogdaten.

Das Problem ist, dass unter gewissen Umständen auch die alten Hasen recht haben: Sie kommen meistens von Unternehmen wie der DB Cargo, die in der Tat einige hunderttausend Transaktionen pro Tag zu verwalten haben. In solchen Schwerlastbereichen rechnen sich Lesbarkeit und Redundanz nur wenig, vor allem, wenn beide Seiten über Jahre hinweg die gleichen Dokumententypen verwenden.

Für 99,99% aller
Unternehmen überwiegen
die Vorteile von XML

Dies gilt jedoch nur für maximal 0,01 Prozent aller Unternehmen! Alle anderen, die täglich maximal 10.000 Transaktionen durchzuführen haben – und dies sind normalerweise bereits *sehr* große Unternehmen –, sind durchaus in der Lage, komplexe XML-Dokumente auch unter hohen Lastphasen zu verarbeiten. Auch wenn für sie vielleicht die Migration von EDIFACT zu XML zunächst »lediglich« Lesbarkeit und Validierbarkeit bringen mag, sie sind immerhin gerüstet für die flexible Integration der Dokumente mit zusätzlichen Inhalten.

Im Folgenden wollen wir uns nun zwei XML-Sprachen zur Definition von EDI-Dokumententypen ansehen.

Commerce XML

cXML ist spezialisiert auf
die Abwicklung von
Bestellungen

Commerce XML (*www.cxml.org*) ist eine weitere Bestrebung, EDI-Nachrichten auf der Basis von XML zu standardisieren. cXML wird unterstützt durch Anbieter von B2B- und Beschaffungssystemen wie beispielsweise Ariba, Intershop und Vignette. Hierbei steht die flexible Erweiterbarkeit von Basis-DTDs der Nachrichten im Vordergrund, d.h., der Standard geht über das zuvor dargestellte, schlichte Abbilden von EDI-Nachrichtentypen in XML-DTDs hinaus. Am Beispiel einer

Anfrage (OrderRequest) lässt sich dies einfach darstellen. Ein Anfrage-Element setzt sich dabei aus einem Kopf (*OrderRequestHeader*) und einer Liste von Positionen zusammen:

```
<OrderRequest>
    <OrderRequestHeader … >

            …
    </OrderRequestHeader>
    <ItemOut … >

            …
    </ItemOut>
    <ItemOut … >

            …
    </ItemOut>
</OrderRequest>
```

Am Beispiel der Position (*ItemOut*) kann man erkennen, wie skalierbar die Repräsentation hinsichtlich der Daten ist, die ein Unternehmen in die Nachricht einbetten will. Zunächst die minimale Fassung eines ItemOut-Elements, das bezüglich der Order-Request-DTD gültig ist:

```
<ItemOut quantity="1" requestedDeliveryDate="1999-08-09">
    <ItemID>
            <SupplierPartID>4711</SupplierPartID>
    </ItemID>
</ItemOut>
```

In der einfachsten Form ist nur die Artikelnummer erforderlich. Im nächsten Beispiel werden einige optionale Subelemente eingebettet, die zusätzliche Informationen zu jeder einzelnen Bestellposition umfassen:

```
<ItemOut quantity="1" requestedDeliveryDate="1999-08-09">
        <ItemID>
                <SupplierPartID>987654</SupplierPartID>
        </ItemID>
        <ItemDetail>
                <UnitPrice>
                        <Money currency="EUR">100.00</Money>
                </UnitPrice>
                <Description xml:lang="de">Hallo</Description>
                <UnitOfMeasure>M2</UnitOfMeasure>
                <Classification domain="ABCD">4711</Classification>
                <ManufacturerPartID>666</ManufacturerPartID>
                <ManufacturerName>CarParts</ManufacturerName>
                <ManufacturerURL>www.CarParts.com</ManufacturerURL>
                <SupplierURL>www.CarPartTrade.com</SupplierURL>
        </ItemDetail>
        <ShipTo>
                <Address>
                        <Name xml:lang="de">Käufer AG</Name>
```

```
                    <PostalAddress name="Käufer AG">
                        <Street>Kaufstraße</Street>
                        <City>Kaufhausen</City>
                        <PostalCode>47111</PostalCode>
                        <Country>DE</Country>
                    </PostalAddress>
                </Address>
            </ShipTo>
            <Shipping>
                <Money currency="EUR">19.50</Money>
                <Description xml:lang="de ">FedEx</Description>
            </Shipping>
            <Tax>
                <Money currency="EUR">5.00</Money>
                <Description xml:lang="de">MwSt</Description>
            </Tax>
            <Distribution>
                ...
            </Distribution>
            <Comments>beliebige wohlgefomte Elemente</Comments>
        </ItemOut>
```

Mit dieser detaillierten Bestellung kann ein Kunde sehr genau festlegen, welches Produkt mit welchem Lieferdienst an welche Lieferadresse versendet werden soll. Diese Nachricht könnte in einem Ausschreibungskatalog abgelegt werden, so dass Anbieter, die diesen Katalog abonnieren, automatisch benachrichtigt werden. Jeder sendet dann dem Kunden ein Angebot, in dem die vorgegebenen Daten berücksichtigt sind und ggf. durch angebotsspezifische Ergänzungen erweitert wurden.

Jedoch ist cXML nur eine *Grundlage*, auf der Nutzer aufsetzen können. Alle anfangs erwähnten Einigungsschritte sind auch bei Verwendung von cXML noch zu durchlaufen. Erst durch einheitliche Softwareanwendungen lassen sich die erforderlichen Integrationen vornehmen. Diese Softwareanwendung bietet Ariba mit seinen E-Procurement- und Marktplatzprodukten an. Nutzen also beide Seiten die Software von Ariba, brauchen sie sich »nur noch« auf die Dokumententypen, Prozesse und Kommunikationsparameter einigen. In der Realität ist die Lage jedoch weitaus komplexer, da natürlich nicht jeder diese Software einsetzt.

17.3.6 xCBL

Ein weiterer Vorschlag zur Repräsentation von EDI-Nachrichten in XML ist die xCBL (Common Business Library) von Commerce One (*www.xcbl.org*): Hier wurde eine umfangreiche Bibliothek von XML-Modulen zur Verfügung gestellt, aus denen komplexe Nachrichtentypen komponiert werden können.

Commerce One ist neben Ariba der relevanteste Mitspieler im Bereich der B2B-Marktplatzsoftware. Im Rahmen der Produktpalette von Commerce One spielt XML eine bedeutende Rolle, da sich die Marktplatzsoftware MarketSite und die Einkaufssoftware BuyerSite auf der Basis von xCBL-Dokumenten miteinander »unterhalten«. Gleiches gilt natürlich auch für die Anbieterseite sowie für alle, die direkt mit dem Marktplatz kommunizieren wollen. Während die Marktplatzsoftware von Commerce One in Kapitel 18.11 näher erläutert wird, wollen wir uns an dieser Stelle mit xCBL, der zurzeit umfangreichsten XML-Bibliothek für Geschäftsnachrichten, beschäftigen (Download der Dokumentation ist von *www.xcbl.org* möglich). Dabei ist zu berücksichtigen, dass xCBL im Wesentlichen auf der US-Norm ANSI X.12 basiert, aber auch Aspekte der europäischen EDIFACT-Norm berücksichtigt.

Ein Baukasten für Nachrichtentypen

xCBL ist ein Baukastensystem zur Definition von XML-Nachrichtentypen. Es war ursprünglich auf der Basis von SOX (Schema for Object-oriented XML) definiert, hat aber neuerdings den W3C-Standard *XML-Schema* zur Elementtypdefinition übernommen. xCBL ist stark modularisiert, so dass von einfachen Datenelementen bis hin zu vollständigen Dokumententypen komplexe Strukturen konstruiert werden können. Jedes der Module liegt dabei in einer separaten Schema-Datei vor.

Vom Datenelement zum Dokument

Abbildung 17-8 zeigt exemplarisch, auf welche Weise Basisbausteine wie Time-Codes, Währungs- und Länderschlüssel, Adressstrukturen über höher aggregierte Strukturen wie die Beschreibung des Anbieters oder des Produkts schließlich zu einem Dokumententyp für Bestellungen (*PurchaseOrder*) zusammengesetzt werden können.

Als Teil der xCBL sind bereits einige Dokumententypen vordefiniert. Nicht zufällig sind dies gerade solche Dokumente, die Commerce One für die Marktplatzfunktionen der eigenen Plattform »MarketSite« benötigt:

- *AuctionCreate* und *AuctionResult* sind Dokumententypen, die zum Einrichten und Durchführen von Auktionen erforderlich sind.
- *TradingPartnerOrganizationInformation* und *TradingPartnerUserInformation* werden verwendet, um ein Unternehmen bzw. einen

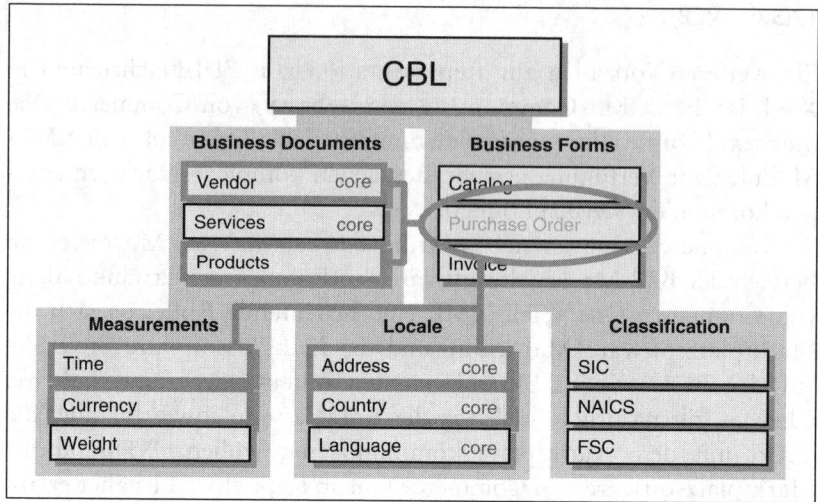

Mitarbeiter als Marktplatzteilnehmer zu registrieren. Denken Sie an unsere eCo-Klassifikation: Wir haben es hier mit *Business* zu tun.

- *AvailabilityCheckRequest* dient zur Abfrage von Verfügbarkeiten am Lager des Anbieters (eCo: Interaction, gilt auch für die folgenden Transaktionen).
- *AdvanceShipmentNotice.* Der elektronische Frachtbrief, der die physische Lieferung ankündigt bzw. parallel zur Lieferung übermittelt wird.
- *Order* und *OrderStatusRequest* sind Dokumententypen im Zusammenhang mit Bestellungen.
- *ProductCatalog* enthält Produktdaten, die vom Anbieter an den Kunden übertragen werden.
- *ShippingSchedule / ShippingScheduleResponse* enthält eine Liefereinteilung, also genaue Anweisungen, welches Produkt in welcher Menge an welche Adresse vom Lieferanten zu befördern ist.
- *Invoice* ist der Dokumententyp für Rechnungen.

Wenn man sich diese Transaktionen vor Augen führt, die ein Marktplatzbetreiber anbietet (siehe Kapitel 18.10), dann schließt sich der Kreis aus Softwarekomponenten und XML-Dokumententypen: Ein Commerce-One-Auktionsdienst wird mit Dokumenten wie *AuctionCreate*, *AuctionResult* bedient, der Teilnehmer-Katalog des Marktplatzes wird mit *TradingPartnerOrganizationInformation* aktualisiert und so weiter.

Wie zu erkennen ist, lassen sich aus diesen Dokumenten Prozesse definieren, die in der einen Variante beispielsweise eine Rechnung (und Bezahlung) zum Abschluss und in der anderen vor der Lieferung erfordern können. Auf der »Makroebene« der Dokumente besteht bereits reichlich kompositorische Freiheit der Prozessmodellierung. Im Folgenden wollen wir uns allerdings xCBL im Detail auf der Ebene der Substrukturen einzelner Dokumente ansehen.

Insgesamt sind 38 solcher Dokumententypen in der xCBL vordefiniert. Hier nun einige Ausschnitte, um ein Gefühl für Umfang und Struktur der möglichen, resultierenden Dokumente zu bekommen. Zunächst das Wurzelelement einer Bestellung (*Order*), definiert in SOX. Es besitzt die drei Substrukturen *OrderHeader*, *OrderDetail* und *OrderSummary*:

Eine große Zahl an Dokumententypen ist vordefiniert

```
<?FILENAME Order.sox ?>
SYSTEM "urn:x-commerceone:document:com:commerceone:xdk:xml:schema.dtd$1.0">
<schema uri="urn:x-commerceone:document:com:commerceone:XCBL30:XCBL30.sox$1.0"
                                            soxlang-version="V0.2.2">
    <elementtype name="Order">
        <model>
            <sequence>
                <element type="OrderHeader"/>
                <element type="OrderDetail" occurs="?"/>
                <element type="OrderSummary" occurs="?"/>
            </sequence>
        </model>
    </elementtype>
</schema>
```

Wir wollen jetzt in den Bestellkopf eintauchen. Dieser setzt sich aus einer Vielzahl möglicher Elementtypen zusammen, von denen jedoch die meisten optional sind. Die erforderlichen Typen sind lediglich die Auftragsnummer, das Datum, der Zweck der Bestellung, Währung und Sprache sowie die an der Bestellung beteiligten Parteien (*OrderParty*).

```
<?FILENAME OrderHeader.mod ?>
 SYSTEM "urn:x-commerceone:document:com:commerceone:xdk:xml:schema.dtd$1.0">
  <schema uri="urn:x-commerceone:document:com:commerceone:XCBL30:XCBL30.sox$1.0"
                                            soxlang-version="V0.2.2">
     <elementtype name="OrderHeader">
        <model>
            <sequence>
                <element type="OrderNumber"/>
                <element type="datetime" name="OrderIssueDate"/>
                <element type="OrderReferences" occurs="?"/>
                <element type="string" name="ReleaseNumber" occurs="?"/>
                <element type="Purpose"/>
                <element type="RequestedResponse" occurs="?"/>
                <element type="OrderType" occurs="?"/>
                <element type="Currency" name="OrderCurrency"/>
```

```
<element type="Language" name="OrderLanguage"/>
<element type="TaxReference" name="OrderTaxReference" occurs="?"/>
<element type="OrderInvoiceMediumTypeCode"
           name="OrderInvoiceMediumTypeCoded" occurs="?"/>
<element type="string"
           name="OrderInvoiceMediumTypeCodedOther" occurs="?"/>
<element type="OrderDates" occurs="?"/>
<element type="OrderParty"/>
<element type="string" name="PartLocation" occurs="?"/>
<element type="ListOfTransport" occurs="?"/>
<element type="TermsOfDelivery" name="OrderTermsOfDelivery" occurs="?"/>
<element type="ListOfPrice" name="OrderHeaderPrice" occurs="?"/>
<element type="PaymentInstructions" name="OrderPaymentInstructions"
           occurs="?"/>
<element type="ListOfAllowOrCharge" name="OrderAllowancesOrCharges"
           occurs="?"/>
<element type="string" name="OrderHeaderNote" occurs="?"/>
<element type="ListOfStructuredNote" occurs="?"/>
<element type="ListOfAttachment" name="OrderHeaderAttachments"
           occurs="?"/>
      </sequence>
    </model>
  </elementtype>
  ...
</schema>
```

Im nächsten Schritt verfolgen wir die Nachrichtenstruktur weiter in
Richtung der beteiligten Parteien (*OrderParty*). Mindestens erforder-
lich sind der Käufer (*BuyerParty*) sowie der Verkäufer (*SellerParty*).
Optional lassen sich des Weiteren die Lieferadresse (*ShipToParty*),
Rechnungsadresse (*BillToParty*), Zahlungsempfänger (*RemitToParty*),
LagerAdresse (*WarehouseParty*) etc. angeben. Jede dieser Adressen
basiert auf dem gleichen Schema »Party«.

```
<?FILENAME OrderParty.mod ?>
  SYSTEM "urn:x-commerceone:document:com:commerceone:xdk:xml:schema.dtd$1.0">
    <schema uri="urn:x-commerceone:document:com:commerceone:XCBL30:XCBL30.sox$1.0"
                                          soxlang-version="V0.2.2">
      <elementtype name="OrderParty">
        <model>
          <sequence>
            <element type="Party" name="BuyerParty"/>
            <element type="PartyTaxInformation" name="BuyerTaxInformation"
                                          occurs="?"/>
            <element type="Party" name="SellerParty"/>
            <element type="PartyTaxInformation" name="SellerTaxInformation"
                                          occurs="?"/>
            <element type="Party" name="ShipToParty" occurs="?"/>
```

```
            <element type="Party" name="BillToParty" occurs="?"/>
            <element type="Party" name="RemitToParty" occurs="?"/>
            <element type="Party" name="ShipFromParty" occurs="?"/>
            <element type="Party" name="WarehouseParty" occurs="?"/>
            <element type="Party" name="SoldToParty" occurs="?"/>
            <element type="Party" name="ManufacturingToParty" occurs="?"/>
            <element type="Party" name="MaterialIssuer" occurs="?"/>
            <element type="ListOfPartyCoded" occurs="?"/>
        </sequence>
      </model>
    </elementtype>
  </schema>
```

Das Schema »Party« ist im Folgenden angezeigt. Bis auf die PartyID sind alle Informationen optional, auch Adressen und Kontaktinformationen, die auf Ansprechpartner verweisen. Der Grund liegt in der vielfältigen Einsatzweise des Elementtyps *Party*: Während in der einen Form eine Partei initial benannt werden muss, da ein Kunde zum ersten Mal diese Information überträgt, kann im anderen Fall bereits ein Code zwischen Kunde und Lieferant vereinbart worden sein, der die Partei identifiziert. Dann würden beide beispielsweise unter »4711« die Lieferadresse des Kunden verstehen. Insbesondere bei Portalanwendungen, die bereits Teilnehmerprofile über Nachrichten wie *TradingPartnerOrganizationInformation* erhalten haben, wäre das erneute Mitliefern dieser Daten redundant.

```
<?FILENAME Party.mod ?>
    SYSTEM "urn:x-commerceone:document:com:commerceone:xdk:xml:schema.dtd$1.0">
        <schema uri="urn:x-commerceone:document:com:commerceone:XCBL30:XCBL30.sox$1.0"
                                                soxlang-version="V0.2.2">
        <elementtype name="Party">
          <model>
            <sequence>
              <element type="Identifier" name="PartyID"/>
              <element type="ListOfIdentifier" occurs="?"/>
              <element type="boolean" name="MDFBusiness" occurs="?"/>
              <element type="NameAddress" occurs="?"/>
              <element type="Contact" name="OrderContact" occurs="?"/>
              <element type="Contact" name="ReceivingContact" occurs="?"/>
              <element type="Contact" name="ShippingContact" occurs="?"/>
              <element type="ListOfContact" name="OtherContacts" occurs="?"/>
              <element type="Language" name="CorrespondenceLanguage" occurs="?"/>
            </sequence>
          </model>
        </elementtype>
  </schema>
```

xCBL-Dokumente können
sehr umfangreich werden

An dieser Stelle wollen wir den »Drill-down« in die xCBL-Elementtyp-definitionen abbrechen. Hinter *NameAddress* und *Contact* verbergen sich nur die üblichen Adress- und Kontaktinformationen. Wir haben bisher nur einen kleinen Pfad innerhalb *einer* Dokumententypdefinition verfolgt. Man kann sich allerdings vorstellen, wie komplex ein solches Dokument werden kann, wenn alle optionalen Elemente genutzt werden. Bereits einfache Beispieldokumente mit einer Bestell-zeile erreichen dabei Längen von mehreren hundert Zeilen und etwa 50 Kilobyte Größe. Aus diesem Grund ist nachvollziehbar, warum eine manuelle Bearbeitung an dieser Stelle nicht mehr produktiv sein kann. Es ist aber gleichzeitig auch erkennbar, mit wie viel Aufwand selbst bei Tool-Unterstützung zu rechnen ist: Das konkret zu verwendende XML-Schema muss zunächst (möglichst einvernehmlich mit anderen Marktteilnehmern) definiert werden. Dann ist die Erzeugung einer XML-Instanz aus dem ERP-System heraus sowie umgekehrt das Importieren des Dokuments auf der Empfängerseite technisch zu bewältigen. Nicht zu vernachlässigen ist hierbei auch der Aufwand für Konverter- und Kommunikationstests.

xCBL klammert die Einbindung des XML-Dokuments in einen Transportmechanismus, den sog. *Envelope*, aus. Das heißt, es ist Auf-gabe eines jeden Marktplatzbetreibers bzw. Entwicklers von Peer-to-Peer-Lösungen, wie das XML-Dokument zwischen zwei Partnern aus-getauscht wird. Natürlich bietet Commerce One mit dem XML Com-merce Connector eine solche Komponente an, nur ist diese nicht not-wendigerweise interoperabel mit dem Business Connector von SAP, dem BizTalk-Server von Microsoft oder Produkten anderer Hersteller.

Das Subset-Problem

Ein weiteres Problem ist aufgrund der vielen optionalen Struktu-ren erkennbar: Welche Optionen unterstützen beide Seiten? Welches ist also der gemeinsame *Subset*, auf den sie sich einigen können? Dieses Subset-Problem ist nicht nur bilateral gegeben, sondern auch bran-chenweit und regional: Worauf sich die Chemieindustrie mit ihren Kunden in der Mineralölbranche in Deutschland einigt, könnte etwas ganz anderes sein als bei Anbietern von Marmor in Italien. Den Pro-zess der Subset-Einigung zu beschleunigen ist Ziel vieler Bestrebungen, beginnend mit Universal und Open EDI über Marktplätze, die Nach-richten ihrer Teilnehmer so konvertieren, dass die Anforderungen des Empfängers befriedigt sind, bis zu neueren Entwicklungen im Umfeld von ebXML, bei dem Online-Registries aus den Teilnehmerprofilen ableiten sollen, welcher Subset für zwei Parteien passend ist.

Kombination aus
horizontalen und
vertikalen Standards

Noch komplexer wird die Situation, wenn ganz unterschiedliche Industrien miteinander zu tun haben, so z.B. die Chemie- und die Papierindustrie auf der einen Seite und die Transportbranche auf der anderen: Jetzt gilt es zudem noch, neben den optionalen Subsets auch noch alternative »Plug-ins« zur Produktbeschreibung zuzulassen ...

Es ist also schnell zu erkennen, dass allein die Peer-to-Peer-Kommunikation zwischen einem Teilnehmer und seinem Marktplatz erheblichen Installationsaufwand erfordert. Da dieser manuell kaum geleistet werden kann, gibt es zwei Auswege: Entweder ist eine Softwareunterstützung bei allen Teilnehmern eines Peer-to-Peer-Kommunikationsnetzes erforderlich oder die Kooperation erfolgt über einen zentralen Hub. Die Übertragung von EDI-Dokumenten über das Internet – unabhängig von ihrer Repräsentation in XML oder als EDIFACT-Dokument – erfordert im Falle der Peer-to-Peer-Kommunikation vor allem eine Integration zwischen den Anwendungssystemen aller beteiligten Geschäftspartner. Bisher haben wir uns noch nicht mit den Details dieser technischen Integration beschäftigt. Es sind dazu vor allem folgende Hürden zu überwinden:

▪ Bereitstellung eines *Extranet-Zugangs* für Geschäftspartner, um Dokumente mit Hilfe eines begrenzten Zugangs abliefern zu können.

▪ Verwendung von *B2B-Integrationssoftware*, um ein Dokument vom ERP-System des Senders zum ERP-System des Empfängers durchleiten zu können. Hier werden vor allem Systeme zur gesicherten Nachrichtenübertragung, sog. MOM (*Message-oriented Middleware*), verwendet. Dieser Anwendungsbereich wird auch *Enterprise Application Integration* genannt, da es gilt, ERP-Systeme möglichst direkt und flexibel zu verbinden. Da Unternehmensgrenzen fließend sind, kann diese Integration auch innerhalb eines Unternehmens erfolgen.

17.3.7 Zusammenfassung zum elektronischen Datenaustausch

Softwareentwicklungen für den elektronischen Datenaustausch waren lange Zeit beschränkt auf das Konvertieren von EDIFACT-Nachrichten. Diese Tätigkeit war fehlerbehaftet und kostspielig und musste bei einer neuen Geschäftsbeziehung immer wieder aufs Neue geleistet werden. Mit der intensiven Nutzung des Internets entstanden jedoch neue Möglichkeiten der Datenkommunikation und der XML-Repräsentation von Nachrichten. Auch wenn sich dabei der Inhalt der EDI-Nachrichten nicht notwendigerweise ändert, so kann eine XML-basierte Nachricht

Mit XML sind nicht alle Probleme gelöst

▪ automatisch auf Korrektheit überprüft werden (d.h., ob sie gültig bezüglich einer DTD ist), aufgrund der standardisierten Repräsentation von XML-Dateien von diversen Softwareprodukten (von denen einige sogar kostenlos sind) verarbeitet werden und

mit Hilfe von XSL sogar einheitlich visualisiert werden.

Für die Zukunft ist zu erwarten, dass XSLT-Werkzeuge entwickelt werden, die die Konvertierung von XML/EDI-Nachrichten auf das Festlegen von Transformationsregeln reduzieren. Und selbst dies ist eine Funktion, die nicht einmal auf XML/EDI spezialisiert ist, sondern für generelle XML-Transformationen eingesetzt werden kann. Es ist folglich zu erwarten, dass auch ein solches Transformationswerkzeug sehr bald kostenlos zur Verfügung stehen wird.

Es wird sicherlich noch dauern, bis EDI-Standards auf der Basis von XML nicht mehr als seltene Ausnahme wie z.B. papiNet betrachtet werden. Diese Zeit wird vielen zu lang sein, so dass in der Zwischenzeit wieder auf bilateraler Ebene proprietäre Nachrichten-Schemata entwickelt werden, aber deren Verarbeitung und Konvertierung wird sehr viel leichter fallen, wenn wenige Grundregeln beim Design der Schemata berücksichtigt werden.

Außerdem lässt sich dies bereits bei der von EDIFACT geforderten Ablage von Nachrichtendefinitionen in Repositories im Zuge von XML kostenlos erreichen: Für ein XML-Schema ist es nur natürlich, dass es als Dokument im Web bereitgestellt wird.

Auch die längste Reise beginnt mit dem ersten Schritt

Was haben wir also bis jetzt erreicht auf unserem steinigen Weg durch die Kapitel der B2B-Integration? Wir wissen lediglich ein wenig Bescheid über die Repräsentation von XML-Dokumenten und einige Vokabulare für diesen Zweck (Abb. 17-9).

Abb. 17–9
Am Anfang war das Vokabular ...

Gehen wir also davon aus, dass sich in den nächsten Jahren erste XML/EDI-Standards etablieren, dann bedeutet dies, dass Unternehmen auf der Ebene des Vokabulars und der Kommunikation ad hoc entscheiden können, mit welchem anderen sie ihr Softwaresystem zusammenschalten wollen, da die vorher prohibitiven Anpassungskosten verschwinden. Dies ist jedoch lediglich nur *ein* weiterer Schritt in Richtung der vollständigen Integration.

Wie die neueren EDI-Ansätze (wie beispielsweise Open EDI) zeigen, ist mit der Möglichkeit, Daten austauschen zu können, noch nicht genug erreicht. Erst wenn die Softwaresysteme der beteiligten Unternehmen in der Lage sind, auch den *Ablauf* interorganisationaler Geschäftsprozesse flexibel nachzubilden und schließlich auf *flexibel konfigurierbarer Softwaretechnologie* basieren, erst dann kann ein Unternehmen sich auch auf der technischen Ebene kurzfristig mit anderen im Sinne des virtuellen Unternehmens zusammenschließen.

17.4   Enterprise Application Integration über Extranets

Internet- und im besonderen Web-basierte Protokolle lassen sich heute in jeder Netzwerkumgebung finden. Wenn dies unternehmensintern ohne öffentlichen Zugriff erfolgt, dann sprechen wir vom *Intranet*. Allerdings endet das Intranet nicht bei dem LAN des Unternehmens: Wenn die Organisation mehrere Zweigstellen umfasst oder Mitarbeitern von außen Zugriff gewährt werden muss, damit sie z.B. ihre E-Mails lesen können, so hat die Architektur des Intranets dies zu berücksichtigen. Sie ist also viel mehr an der *Organisation* des Unternehmens orientiert als an der physikalischen Topologie eines lokalen Netzes.

Von besonderer Bedeutung ist die Absicherung des Intranets durch *Firewalls* gegen externe Angreifer. Das Problem liegt darin, einerseits Mitarbeitern, die sich auf Reisen oder zu Hause befinden, Zugang zum Intranet zu gewähren, andere Teilnehmer jedoch nicht über den öffentlichen Bereich hinaus auf interne Informationen durchdringen zu lassen. Smart-Card-basierte Authentisierungsverfahren oder Systeme zur Generierung dynamischer Passwörter bieten hier eine Token-basierte Lösung des Sicherheitsproblems.

Firewalls überwinden

Das *Internet* ist – wiederum organisatorisch betrachtet – der öffentliche Raum zwischen den Unternehmen. Hier greifen keine Verfahrensregeln einzelner Teilnehmer. Jeder kann aktiv z.B. mit einem Web-Server oder passiv mit einem Web-Browser diese Infrastruktur nutzen. Niemand kann dabei jedoch Kontrolle über das Gesamtnetz oder auch nur den logischen Kommunikationskanal zwischen Geschäftspartnern besitzen. Aus diesem Grund sind beim Intranet, das sich das Internet für den Zusammenschluss von Organisationseinheiten zunutze macht, für jeden Teilnehmer besondere Schutzmaßnahmen zu ergreifen, um Vertraulichkeit, Integrität, Authentizität und Zurechenbarkeit aufrechtzuerhalten.

Internet, Extranet, Intranet

Schließlich nimmt das *Extranet* die Rolle eines »kontrollierten« Internets ein: Es gewährt autorisierten Geschäftspartnern Zugriff auf

Daten und Services eines Unternehmens, die einigen Nutzergruppen gezielt zur Verfügung gestellt werden. Dabei können sogar einzelne Personen desselben Partnerunternehmens unterschiedliche Zugriffsrechte besitzen. Das Extranet ist somit beim externen Zugriff auf Unternehmensdaten ähnlich restriktiv wie das Intranet – auch hier muss sich jeder Teilnehmer authentifizieren. Im Kern unterscheidet es sich vom Intranet letztlich wieder nur organisatorisch: Während das Intranet nur ausgewählten Mitarbeitern zugänglich ist, wird das Extranet bewusst für Außenstehende eingerichtet. Damit könnte das Extranet auch als *Intranet für kooperierende Unternehmen* definiert werden.

Das Extranet als Intranet für kooperierende Unternehmen

EDI ist als traditioneller Kommunikationsmechanismus zwischen Geschäftspartnern somit ein Vorläufer der Extranet-Anwendungen aus der »Vor-Internet-Zeit«. Hier hat sich eine mehr oder weniger reife Technologie etabliert, mit deren Hilfe die Integrationen der unterschiedlichen Unternehmens-IT vorangetrieben wurde. Daher liegt heute erhebliches Potenzial in der Integration des elektronischen Datenaustausches mit Extranets als Kommunikationsgrundlage.

Der geschäftliche Einsatz von Inter-, Intra- und Extranets lässt sich am besten anhand einiger Beispiele verdeutlichen:

- Beim *Internet* stehen Informationen für anonyme Besucher eines Portals oder einer Website im Vordergrund: Marketinginformationen, Produktinformationen, Preislisten, Ankündigungen, Dienste zur Unterstützung von Online-Communities (Maillisten, Chat-Gruppen etc.). Üblicherweise wird für anonyme Besucher meistens eine Möglichkeit vorgesehen, sich zu identifizieren, um beispielsweise gezielte Werbeinformation anzufordern oder um eine Online-Bestellung durchzuführen. Diese Teilnehmer treten spontan in Erscheinung und sind meistens Privatpersonen.

- Im *Intranet* werden interne Informationen und Dienste wie etwa Terminkalender, Adressdatenbanken, Raumbelegungspläne, Mitarbeiterinformationen, Projektinformationen oder auch technische Informationen und Dokumente verwaltet. Als Dienste stehen zudem die üblichen Internet-Dienste wie E-Mail, WWW und FTP zur Verfügung. Auch hier besteht der zusätzliche Nutzen des Intranets in der Verwendung von Web-Technologien bei der Aufbereitung, Archivierung und Unterstützung der Volltextsuche nach internen Daten. Beim Intranet haben grundsätzlich alle Mitarbeiter Zugang zum Netz und zu einigen allgemeinen Diensten. Jedoch ist es üblich, dass einzelne Abteilungen Dienste anbieten, für die nicht jeder Mitarbeiter autorisiert ist. Mit Hilfe moderner Enterprise

Portale lassen sich für Mitarbeiter personalisierte Zugänge zu Intranet-Funktionen schaffen.

▪ Das *Extranet* dient der engeren Kopplung kooperierender Unternehmen. Entlang der Wertschöpfungskette eines Unternehmens sind es vor allem Vertriebspartner und Zulieferer, die Extranet-Teilnehmer sind. Vertriebspartner erhalten Zugriff auf interne Produktinformationen, Ankündigungen, Marktanalysen und andere Marketinginformationen. Zulieferer werden in die Lage versetzt, an Ausschreibungsverfahren teilzunehmen, Angebote einzureichen oder durch einen Zugriff auf Funktionen der internen Geschäftsanwendung Einkaufspreise des Kunden zu aktualisieren. Extranet-Teilnehmer treten nicht spontan in Erscheinung, sondern sind wohlbekannt und in ihrer Anzahl je nach Komplexität eines Unternehmens stark begrenzt. Ähnlich einem Intranet werden Extranet-Teilnehmer hinsichtlich ihrer Zugangsberechtigung individuell verwaltet. Kunden wird der Zugang zum Extranet gewährt, um einen individuellen Support in Anspruch nehmen zu können oder um Dienste im Rahmen der Kundenbetreuung zu nutzen. Auch unterstützende Dienstleister wie Banken, Steuerberater oder auch das Finanzamt könnten ein Extranet installieren, um Kunden, Klienten oder Steuerzahlern Dienste für den Datenträgeraustausch, Homebanking oder zur Ermittlung der Konditionen zur Kreditvergabe, für die Einreichung von Buchungsdaten oder für die Steuererklärung bereitzustellen.

In jeder dieser Extranet-Anwendungen wird der Geschäftspartner individuell verwaltet und besitzt individuelle Zugriffsrechte. Wächst die Anzahl der verwalteten Partner, nehmen damit (meistens) die Varianten der Zugangsberechtigung sowie die Komplexität ihrer Verwaltungsdaten ab. Am anderen Ende dieser Skala befinden wir uns wieder in der Situation »Online-Shop im Internet«: Viele Kunden (vorwiegend Privatpersonen) besitzen die gleiche Zugangsberechtigung (entweder keine oder eine allgemeine z.B. zur Aktualisierung zuvor erworbener Produkte) und ihre Verwaltungsdaten sind homogen (Transaktionsdaten). Tabelle 17-2 fasst die bisherigen Feststellungen zusammen.

Zugang zum Unternehmen über:	Internet	Intranet	Extranet
Vorwiegende Nutzung für:	Anonyme Öffentlichkeit	Mitarbeiter	Kunden, Lieferanten, andere Geschäftspartner
Sicherheits- maßnahmen	Schutz vor Manipulation, Authentisierung, Zurechen- barkeit. Tunneln von Kommunikation durch IPSec oder VPN-Verbin- dungen. Kein Zugang zur DMZ	Zugangsschutz durch Firewall, Autorisierung für Nutzung von Diensten Zugang zum sicheren Bereich für Mitarbeiter	Zugangsschutz durch Firewall, Autorisierung für Nutzung von Diensten, Authentisierung, Zurechen- barkeit. Zugang nur zur DMZ der Firewall
Benutzergruppen	Keine bis wenige	Viele	Wenige
Unterstützung von Benutzergruppen durch:	Maillisten, Mail-Archive, Chat zwischen Kunden, Suchmaschinen	Maillisten, Groupware, Workflow-Systeme, Knowledge Bases	Maillisten, Mail-Archive, interorganisationale Workflow-Systeme
Datenaustausch	Marketinginformation, Produktinformationen	Mitarbeiter- / Telefonlisten, Dokumentenrepositories, Verwaltungsdaten, Geschäftsdokumente	Marktinformationen, Ausschreibungen, Preislisten, Produkt- und Vertriebsinformationen, XML/EDI-Zugang

Tab. 17–2
Kommunikationsbe-
ziehungen über Internet,
Intranet und Extranet

Möglichkeiten der
Kommunikation zwischen
Unternehmen

Sein Extranet wird von jedem Unternehmen selbst verwaltet, es ist quasi ein Vorgarten mit Wächtern an der Gartenpforte und einem weiteren Wächter am Hauseingang. Vor der Gartenpforte befindet sich das Internet und im Hause das Intranet.

Die möglichen Kommunikationsbeziehungen über Internet, Intranet und Extranet sind in Abbildung 17-10 aufgelistet:

1. Anonymer Zugriff eines Benutzers auf den öffentlichen Teil eines Web-Servers des Partnerunternehmens.
2. Zugriff eines Benutzers auf eine Anwendung des Partnerunternehmens über dessen Extranet.
3. Kommunikation eines Benutzers mit dem eines Partnerunternehmens. Dies erfolgt hierbei über das öffentliche Internet, es kann allerdings auch über die beiderseitigen Extranets erfolgen, z.B. bei einem Videokonferenzsystem, bei dem sich beide Parteien gegenseitigen Zugang verschaffen.
4. Datenaustausch oder Client/Server-Kommunikation zwischen zwei Anwendungen über die jeweiligen Extranets.
5. Zugriff eines Mitarbeiters auf eine Anwendung über das Intranet seines Unternehmens.
6. Kommunikation zweier Mitarbeiter über ihr Intranet.
7. Kommunikation zweier Anwendungen über das Intranet ihres Unternehmens.

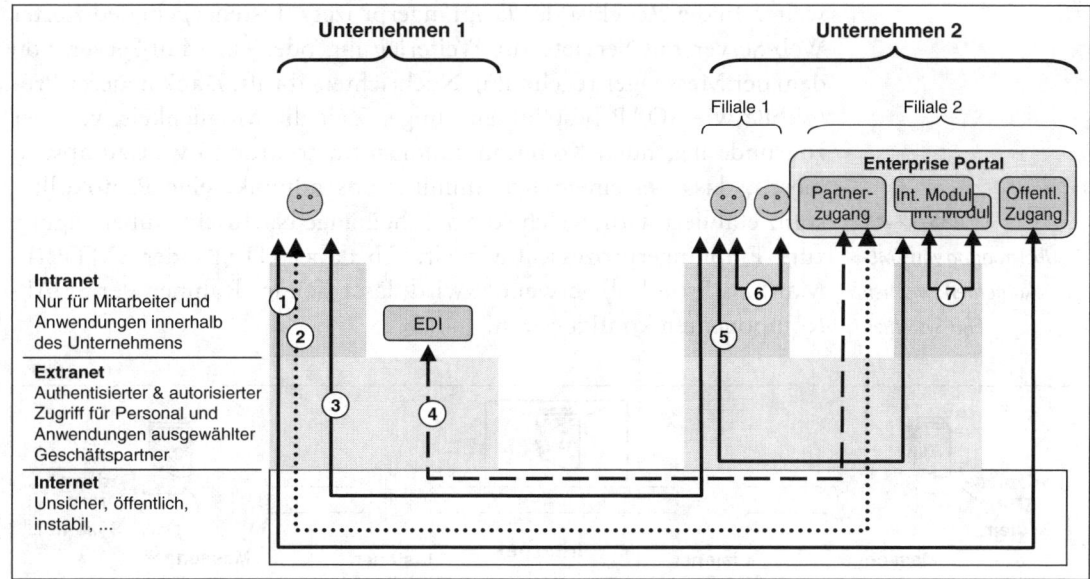

Abb. 17–10
Kommunikations-beziehungen über Internet, Intranet und Extranet

Um die Wächterfunktion wahrzunehmen, ist für die B2B-Integration eine flexible Integration mit der Firewall-Konfiguration eines Unternehmens besonders wichtig: In der Regel steht bei Firewalls eine sog. *Demilitarisierte Zone* (DMZ) zur Verfügung, auf deren Services externe Teilnehmer beschränkten Zugriff haben. Beispielsweise laufen hier der Web-Server, E-Mail-Server und auch Anwendungen, welche für bestimmte Protokolle zur Verfügung stehen. Die Firewall ist durch ein Gateway vom öffentlichen Internet getrennt. Hier ist mit Hilfe von Paketfiltern konfigurierbar, welche Teilnehmer (z.B. Geschäftspartner) über welches Protokoll (z.B. HTTP) auf welche Portnummer zugreifen können. Dies schränkt die Möglichkeit der Intrusion für Gelegenheits-Hacker bereits stark ein. Die Unternehmensintegration kann nun beispielsweise mit Hilfe von Anwendungs-Proxies realisiert werden, welche eingehende Nachrichten in die sichere Zone des Intranets weiterleiten. Dabei ist es aus der Perspektive der sicheren Zone nur bestimmten Prozessen auf bestimmten Rechnern erlaubt, mit vordefinierten Diensten zu kommunizieren. Selbst wenn also ein Hacker in der Lage ist, Prozesse in der DMZ zu blockieren (Denial-of-Service-Attacke), ist der Schritt, in die sichere Zone einzudringen, noch erheblich schwieriger (allerdings nicht unmöglich, es gibt keine 100% Sicherheit).

Die Integration von B2B-Komponenten erfordert also eine Überbrückung der Firewall, indem ein Empfängerprozess in der DMZ installiert wird, der von berechtigten Partnern Übertragungen entgegennehmen kann (siehe Abb. 17-11). Die empfangenen Dokumente leitet er anschließend an den Messenger innerhalb der sicheren Zone

Lauscher in der entmilitarisierten Zone

Abb. 17–11
Übertragung von XML-
Dokumenten zwischen
ERP-Systemen

weiter. In der Regel ist der Empfängerprozess (Listener) ein dedizierter Web-Server mit Servlets zur Weiterleitung oder ein Mail-Server, von dem der Messenger regelmäßig Nachrichten abruft. Dank neuerer Protokolle wie SOAP besteht seit einiger Zeit die Möglichkeit, von der zugrunde liegenden Kommunikationsinfrastruktur so weit zu abstrahieren, dass bei einem Kommunikationsendpunkt eine Protokollinstanz etabliert wird, welche die durchgängige Nachrichtenübertragung zum Empfängerprozess abwickelt. Ob dabei HTTP oder SMTP (E-Mail) als Protokoll verwendet wird, lässt sich im Rahmen der SOAP-Komponenten konfigurieren.

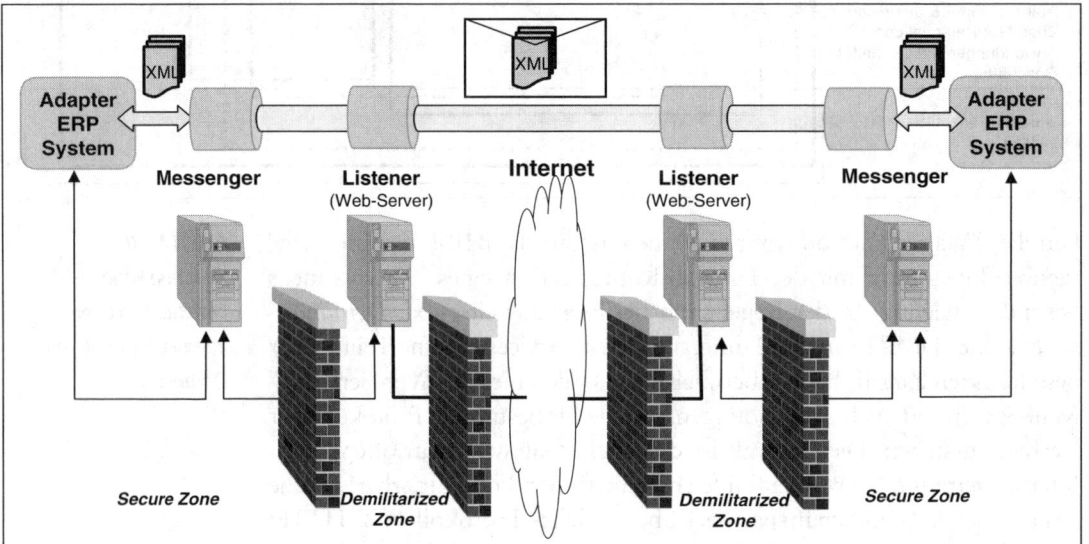

Beispiel: Cisco

Automatisierung von
Extranet-Diensten

Cisco ist ein Unternehmen, das 80% seiner Produkte (Netzwerkkomponenten wie Router und Switches) über das Internet verkauft. Der Umsatz betrug im Geschäftsjahr 2000 über 18 Milliarden Dollar, nach 10 Millarden im Vorjahr. Eine wesentliche Ursache für dieses Wachstum lag – neben dem generellen Boom im Netzwerkbereich – in der konsequenten Verfolgung einer Extranet-Strategie: Sowohl Kunden als auch Zulieferer besitzen Zugang zum Extranet von Cisco. Bestellungen werden dort direkt eingetragen und können ebenfalls vom Zulieferer beobachtet werden.[3] Diese verfolgen damit aktiv die Bedarfssitua-

---

3.   Nichtsdestotrotz musste allerdings auch Cisco in 2001 massiv abschreiben, weil Lagerbestände unverkäuflich waren.

tion bei Cisco und reagieren, sobald Komponenten erforderlich sind. Dieses »Supply Chain Management« stellt jedoch nur den nach außen sichtbaren Teil der Internet-Strategie dar: Intern kommunizieren Mitarbeiter konsequent über den Web-Browser mit den Kollegen und mit dem Server. Jede in Frage kommende Information und Dokumentation wird online verwaltet und möglichst auch Geschäftspartnern zur Verfügung gestellt. Dies gilt insbesondere für komplexe Produkte wie Netzwerkkomponenten, bei denen ein hoher Aufwand für den Kundensupport erforderlich ist. Cisco hat dieses Problem durch die aktive Unterstützung einer Online-Community gelöst: Kunden beantworten sich gegenseitig Fragen, technische Dokumente werden online zur Verfügung gestellt, so dass der größte Teil aller Probleme und Anfragen automatisch beantwortet werden kann.

Früher war ein Drittel aller Bestellungen problematisch, da sie unpräzise formuliert oder durch Fehler im Katalog oder falsche Produktkombinationen sinnlos waren. Auch hier hat Cisco seine Automatisierungpolitik konsequent durchgesetzt, so dass heute über die Hälfte aller Aufträge vollautomatisch bearbeitet werden.

Auch im Intranet wurde weiter automatisiert und dezentralisiert: Reisekosten der Mitarbeiter werden über Web-Formulare eingetragen und binnen zwei Tagen erstattet. Jede nur denkbare Geschäftsfunktion wurde mit Hilfe von Web-Technologie automatisiert – Beschaffung, Personalplanung, das Kommunizieren mit Mitarbeitern, sogar die Verwaltung von Aktien, die Mitarbeiter am Unternehmen halten.

Der Effekt dieser Maßnahmen lag laut Cisco bereits im Jahre 1999 in einer Kostenreduktion von über 500 Millionen Dollar. Zudem kann das Topmanagement jederzeit die betriebliche Situation des Unternehmens verfolgen: Umsätze, Kosten, Mitarbeiterinformationen, Beschaffungspläne etc. stehen in Echtzeit zur Verfügung. Durch diese Maßnahmen ist das Management jederzeit in der Lage, binnen zwei Tagen einen Geschäftsabschluss durchzuführen (früher waren dazu mindestens 10 Tage notwendig). Genau diese Voraussetzung schafft die Möglichkeit zum »Echtzeit«-Controlling.

Kostenreduktionen und Echtzeit-Controlling

Nach diesem Beispiel wollen wir uns die einzelnen Komponenten genauer ansehen, die zur nachrichtenbasierten Integration zwischen Unternehmen erforderlich sind.

Enterprise Application Integration

Während das Augenmerk bisher eher auf dem Datenaustausch und Dokumentenformaten lag, wollen wir nun sehen, wie die Integration der Anwendungen beider Seiten erfolgt. Hier endet die Betrachtung

Die Verbindung zwischen den ERP-Systemen

nicht beim Versenden und Empfangen der Dokumente, sondern das Exportieren aus und Importieren in ein Anwendungssystem soll die Lücke zur vollständigen Unternehmensintegration schließen. Wir gehen davon aus, dass die Kommunikation per XML-Datenaustausch erfolgt, also in Form asynchroner Nachrichten, die aus dem ERP-System extrahiert und über das Internet versendet werden. Dazu lässt sich Abbildung 17-12 als grundlegendes Schema verwenden: Im Wesentlichen sind zwei Funktionen bei jedem beteiligten Unternehmen zu unterstützen:

▪ Erstens gilt es, mit Hilfe von *Adaptoren* aus der Vielfalt von Anwendungssystemen das XML-Dokument zu extrahieren. Dabei kann entweder ein direkter Datenbankzugriff erfolgen (unter Einsatz von XML/DBMS-Mappern) oder die Datenelemente werden über Funktionsaufrufe aus dem ERP-System extrahiert. Dies kann als Ergebnis entweder ein Dokument liefern (wie z.B. IDOCs im Falle von SAP), das in XML zu transformieren ist, oder einzelne Datenwerte, die von der Adaptersoftware selbst zu einem XML-Dokument zusammengefügt werden müssen.

▪ Zweitens gilt es, das XML-Dokument mit Hilfe von *Messengern* garantiert, vollständig, validiert und – wenn gewünscht – verschlüsselt, signiert, komprimiert und archiviert zum Empfänger zu transportieren.

Abb. 17–12
Schematischer Aufbau einer B2B-Integration

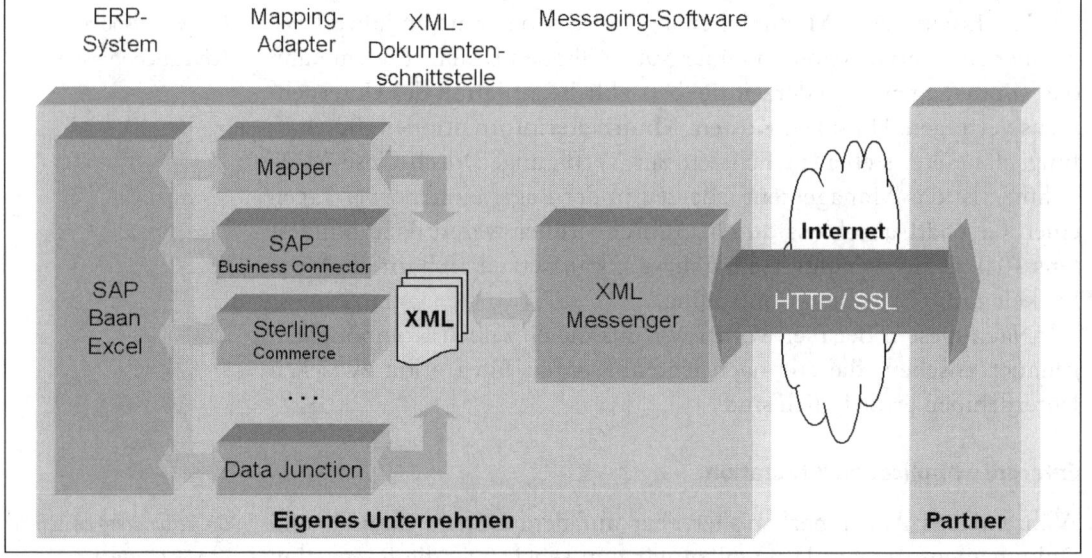

Der Aufbau aus Abbildung 17-12 findet sich spiegelbildlich beim Empfänger wieder. Wichtig ist es dabei, flexibel bzgl. unterschiedlicher Anbieter von Adaptoren und Messengern zu sein, da diese von verschiedenen Herstellern wie Data Junction, Neon, Seeburger, Mercator, webMethods etc. angeboten werden. *Adaptoren und Messenger*

Im Idealfall würde die B2B-Integration einen synchronen Aufruf vom ERP-System des einen Unternehmens zu dem des Empfängers erlauben, um als Quittung eine positive oder negative Bestätigung direkt zu erhalten. Tatsächlich befinden sich jedoch zwischen den Systemen sehr viele und sehr »lockere« Übergabepunkte der Dokumente, die einen synchronen Aufruf nicht immer zulassen. So ist die übliche Integration zwischen Adaptoren und Messengern heute in den meisten Fällen immer noch eine Übergabe als Datei, die in einen »Hot Folder« gelegt wird, auf den die nächste Komponente (Messenger bei ausgehender, Adapter bei eingehender Nachricht) regelmäßig zugreift und die Datei einliest.

Die Realität ist also eine asynchrone Kommunikation. Dies liegt des Weiteren auch an der großen Anzahl an »Hops«, die eine Nachricht zwischen den ERP-Systemen zu durchwandern hat: So können bei beiden Adaptoren langwierige Konvertierprozesse stattfinden, welche die Übertragungsdauer bis in den Minutenbereich verzögern. Wenn jetzt auch noch Zertifikate für die Verifikation von Signaturen abgerufen werden müssen und für das Konvertieren zusätzliche Datenbankabfragen erforderlich sein sollten, wird die gesamte Nachrichtenlaufzeit kaum mehr kalkulierbar. Aus der daher erforderlichen asynchronen Kommunikation folgt die Notwendigkeit, Quittungen zu erfolgreichen Übertragungen auszutauschen. Wenn diese bei einer Teilübertragung nicht eintreffen, ist eine Fehlermeldung an den sendenden Prozess zu schicken, so dass die Übertragung entweder wiederholt wird oder im Falle der maximalen Eskalation ein Administrator benachrichtigt wird. *Vorwiegend asynchrone Kommunikation*

Quittungen lassen sich dabei auf drei Ebenen unterscheiden: *Quittungen auf drei Ebenen*

- *Je Übertragungsabschnitt.* Diese Quittung bestätigt die Entgegennahme des Dokuments, jedoch noch nicht die erfolgreiche Weitergabe an die Empfänger-Applikation. Eine solche Quittung kann folglich vom Adapter an das ERP-System, vom Messenger an den Adapter, vom empfangenden Messenger an den sendenden usw. geliefert werden. Kann das Dokument nicht innerhalb der Timeout-Phase übertragen werden, wird die Nachricht ein zweites Mal gesendet. Erst wenn nach N erfolglosen Sendungen eine Übertragung nicht zustande kommt, erfolgt die Meldung an den Administrator.

▨ *Zwischen den Endpunkten der Verbindung.* Diese Quittung ist selbst ein XML-Dokument, das die technisch erfolgreiche Übertragung zwischen zwei Applikationen meldet. Auf dieser Ebene können wiederum zwei Formen der Bestätigung unterschieden werden:

Well Received und Well Processed

• *Well Received.* Dies bedeutet, dass die Nachricht auf der Empfängerseite korrekt empfangen und gespeichert wurde.

• *Well Processed.* Erst hier hat die empfangende Anwendung die Nachricht verarbeitet, also beispielsweise eine Bestellung im ERP-System erfasst.

▨ *Auf Anwendungsebene.* Schließlich bedeutet die Entgegennahme der Nachricht duch das ERP-System des Empfängers noch keine Akzeptanz auf Geschäftsprozessebene. So mag zwar die Bestellung erfasst worden sein, jedoch kann das Produkt möglicherweise zum gewünschten Termin nicht geliefert werden. In diesem Fall wird in umgekehrter Richtung ein zweites Geschäftsdokument übertragen (Ablehnung der Bestellung). Nach unserer eCo-Klassifikation ist eine Quittung auf Anwendungsebene erst ein *Document.* Alle unteren Ebenen werden folglich »wegabstrahiert«.

Ein Taxonomie für Komponenten der Messaging-Dienste

Messaging-Dienste werden heute in unterschiedlichsten Varianten und Kombinationen angeboten. Im Folgenden sollen die dabei genutzten Module kurz definiert werden:

▨ *Der Messenger.* Diese Komponente kommuniziert direkt mit der Gegenstelle im Partnerunternehmen. Dabei kann das Kommunikationsprotokoll auf HTTP, FTP, SMTP (E-Mail) oder proprietären Transportmechanismen aufsetzen, wichtig ist jedoch in jedem Fall, dass eine garantierte Ablieferung der Nachricht beim Empfänger erfolgt und dies für beide Seiten nachvollziehbar ist. Wir haben es also immer mit einer transaktionalen Datenbankapplikation zu tun, bei der auf beiden Seiten der Zustand der Kommunikation protokolliert wird. Stand der Technik ist hierbei die asynchrone Kommunikation, d.h., jedes System in der Kette ERP-Messenger-Messenger-ERP weiß, dass die Nachricht erfolgreich an den direkten Nachfolger übergeben wurde oder nicht. Bleibt die Nachricht etwa zwischen den Messengern hängen, so ist es Aufgabe des Administrators, den möglichen Fehler abzustellen (z.B. Freischaltung der Firewall).

▓ *Adaptoren* (bzw. Konnektoren). Ein Adaptor stellt den Übergang zwischen dem ERP-System und der Nachrichtenvermittlung dar. Seine Hauptaufgabe liegt in der Anpassung der ERP-Schnittstelle an die des Messengers. Er wird durch ein Ereignis aktiviert, das entweder aus dem Bereich des ERP-Systems oder dem des Messengers herrührt. Die Integration kann programmatisch erfolgen oder über Dateischnittstellen, die ihrerseits unterschiedlichste Formate unterstützen. Modern sind hierbei Technologien wie XML-Transformation oder XML-Validationen, aber auch die Unterstützung von Flat-File-Formaten ist für die Anbindung älterer Systeme unverzichtbar. Adaptoren werden entweder von ERP-Herstellern angeboten (z.B. der Business Connector von SAP bzw. webMethods), von Entwicklern von Messaging-Systemen (z.B. Seeburger, Data Junction oder Mercator) oder von Spezialanbietern (z.B. Impress). Als eine Standardentwicklung ist die Java Connector Architecture zu nennen, die den Zugriff auf unterschiedliche ERP-Systeme kapselt. So würden beispielsweise SAP BAPIs oder RFCs durch den Aufruf einer Connector-Methode gekapselt werden.

▓ *Mapper, Konverter, Transformatoren.* In der Praxis gleicht kein Format dem anderen, einige Unternehmen bevorzugen Flat-File-Formate wie z.B. CSV (Comma-Separated Values), andere XML – aber auf Basis immer wieder unterschiedlicher Vokabulare –, während andere EDIFACT oder ANSI X.12 vorziehen. Schließlich steht für SAP noch das eigene IDOC-Format zur Verfügung, welches nicht weniger kryptisch ist als der Datenaustausch per Flat File. Fast immer ist folglich die Umsetzung von Dokumentensyntax und Vokabularen erforderlich. Üblicherweise verwendet man dazu eine Mapping-Tabelle, die den Feldern des Ausgangsdokuments solche des Zieldokuments zuweist. Zunehmend wird auch je Mapping-Definition individueller Code generiert, der direkt ausgeführt wird und häufig schneller ist als ein Interpreter der Mapping-Tabelle. Der Zugriff über Programmierschnittstellen erlaubt es zudem bei vielen Produkten, komplexe Mapping-Regeln als Programmcode zu hinterlegen.

▓ *Messaging-Entwicklungsumgebungen.* Diese Komponente steht bei umfangreichen Softwareprodukten zur individuellen Erweiterung des Systems zur Verfügung. Im Wesentlichen zielen Entwicklungsumgebungen auf die folgenden Bereiche ab: ERP-Schnittstellen, Mapper-Tools und Workflow-Definitionen. Je nach ERP-System oder Spezialisierung der Entwicklungsumgebung lassen sich Funktionsaufrufe oder Datenbankzugriffe definieren und bei Abfragen die Transformation der Resultate in Datenfelder des

Zieldokuments festlegen. Umgekehrt kann der Entwickler eingehende Dokumente »zerlegen« und ihre Bestandteile über APIs oder Datenbankaufrufe an das ERP-System übertragen.

- *Workflow*. Auch im Bereich der Nachrichtenvermittlung spricht man vom Workflow – auch wenn diese Bezeichnung verwirrend ist, da eigentlich keine Arbeitsprozesse von Personen zu koordinieren sind. Dennoch sieht eine Messaging-Workflow-Definition ganz ähnlich aus: In der Regel stellen die betreffenden Hersteller ein Modellierungswerkzeug zur Verfügung, das Aktivitäten, Entscheidungen, Schleifen und Ausnahmen zwischen diesen Elementen je nach Art und Weise der Nachrichtenerstellung bzw. -verarbeitung verbindet. Nur in den seltensten Fällen ist ein Teilnehmer nämlich in der Lage, die Nachricht »am Stück« aus dem ERP-System zu gewinnen, meistens ist dies sehr viel komplizierter: Neben der Übernahme eines Grundgerüsts sind diverse Codes, Adressen, Kommunikationsdaten etc. noch individuell aus Datenbanken, Abbildungstabellen oder anderen Diensten zu entnehmen, so dass das tatsächlich versendete Dokument am Ende einer länglichen Verarbeitungs-Pipeline steht.

- *Metadaten-Verzeichnis*. Die zentrale Aufgabe der Nachrichtenvermittlung liegt in der Integration von ERP-Systemen. Diese sind jedoch zumeist unterschiedlichen Verwaltungsdomänen eines oder verschiedener Unternehmen zugeordnet, so dass jeweils »Benennungsautonomie« für alle denkbaren Datenstrukturen gilt. Zur Überbrückung dieser Domänen ist es daher erforderlich, dem einen System mitzuteilen, dass der »Name1« des Senders beim Empfänger auf »Vorname« abzubilden ist. Auch Formatierungsinformation (z.B. »CCC[0-9]*2-CC«) und Syntaxregeln bzw. Datentypdefinitionen können als Teil des Verzeichnisses vorliegen. Metadaten werden sowohl zum Zeitpunkt des Mapping-Designs eingesetzt als auch bei der tatsächlichen Nachrichtenübertragung. In beiden Fällen kann der Automatisierungsgrad erheblich gesteigert werden. So ist z.B. denkbar, dass beide Geschäftspartner ihre Nachrichtensyntaxen, Typdefinitionen, Geschäftsprozesse und weitere fachliche Information spezifizieren und dass Mapper-Tools die erforderliche Abbildung im Rahmen des technisch Möglichen automatisch ableiten. Heute wäre es allerdings bereits oft von Vorteil, wenn eine korrekte Dokumentation von Format und Semantik wenigstens in Papierform vorläge ...

- *Nachrichtenverwaltung*. Die Übertragung einer Nachricht wird bereits aus Gründen der Transaktionalität in einer Datenbank protokolliert, warum also nicht diese Anbindung nutzen, um weitere

Informationen abzuspeichern – einschließlich der Nachricht selbst. In diesem Augenblick erlangt die Nachrichtenverwaltung Archivfunktion, so dass der Nachrichtenverkehr auch für Revisionszwecke separat protokolliert werden kann. Aus diesen Gründen kann es erforderlich sein, authentisierte Nachrichten zusammen mit Zertifikaten und Signaturen zu speichern, so dass zu einem späteren Zeitpunkt diese Authentizität überprüft werden kann.

Das Mapping

Wie bereits erwähnt, ist die Konvertierung zwischen Datenformaten eine der Standardaufgaben bei der B2B-Integration. Hierbei stehen ganz unterschiedliche Formate wie XML, EDI, CSV (Comma-Separated Value), IDOC (SAP-spezifische Formate) zur Verfügung. Auch branchenspezifische Formate wie ODETTE (Automobil-Bereich), SWIFT (Interbanken-Kommunikation) etc. sind bei einigen Konvertern vordefiniert. Es hängt von der Mächtigkeit des Konverters ab, welche Transformationen möglich sind. Üblicherweise bestehen folgende Anforderungen:

Komplizierte Formate: EDI, IDOC, CSV, XML

- *Organisation der Datenelemente.* Hier geht es um die Transformation der Baumstruktur, ohne das Datenelement selbst zu modifizieren. Dies entspricht dem Prozess einer XSL-Transformation, nur dass er hier auf beliebige Dokumentenformate anzuwenden ist.
- *String-Operationen* wie das Zusammenfügen oder Trennen von Elementinhalten.
- Auswertung *arithmetisch-logischer Ausdrücke* auf Datenelemente, um eine Auswahl treffen zu können.
- *Erweiterung der Konverter-Logik* durch Skriptsprachen, um beliebige Berechnungen durchführen zu können. Hierbei basieren Spracherweiterungen häufig auf JavaScript, Java oder Visual Basic. Die meisten Konverter verfügen mindestens über eine proprietäre Skriptsprache.
- Schließlich wurden für die meisten Konverter *Standardfunktionen* entwickelt, um häufige Operationen wie beispielsweise Datenbankabfragen mit wenig Aufwand durchführen zu können. Dies ist immer dann erforderlich, wenn Codes aus dem Vokabular des Senders in das des Empfängers zu transformieren sind.

Abbildung 17-13 zeigt ein visuelles Werkzeug zum Definieren von Transformationen. Der Benutzer kann durch »Drag & Drop« Datenelemente vom linken zum rechten Fenster ziehen. Aus der Map-Definition generiert das Werkzeug anschließend Java-Klassen, die die Trans-

Transformieren bedeutet manchmal auch Programmieren

formation realisieren. Das abgebildete Werkzeug stammt von dem Unternehmen Data Junction, andere Hersteller wie webMethods, Seeburger oder Mercator bieten ähnliche Editoren an.

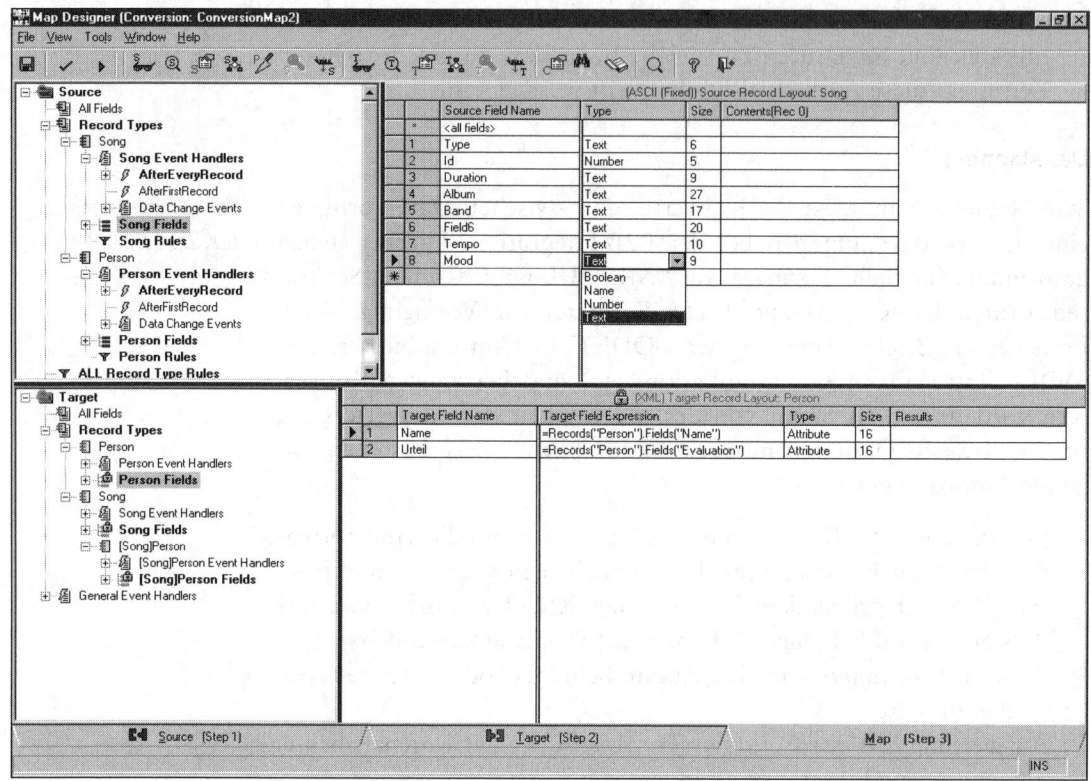

Abb. 17–13

Beispiel für eine Definition von Dokumententransformationen (Map Designer von Data Junction)

Messaging ist der zweite, EAI der dritte Schritt auf unserer Reise

Mit der unternehmensübergreifenden Integration von Anwendungen (EAI) haben wir die zweite und dritte Stufe der B2B-Integration – entsprechend dem Schema aus Abbildung 17-14 – erreicht. Wir können jetzt ein Gefühl dafür entwickeln, wie viele Vereinbarungen zwischen den Partnerunternehmen zu treffen sind, um auch nur ein Dokument erfolgreich auszutauschen. Der Kommunikationskanal dafür mag individuell konfiguriert bzw. programmiert sein (der Regelfall) oder für die Kommunikation mag eine Integrationsplattform eingesetzt worden sein, rein *technisch* sind dazu die dargestellten Komponenten erforderlich.

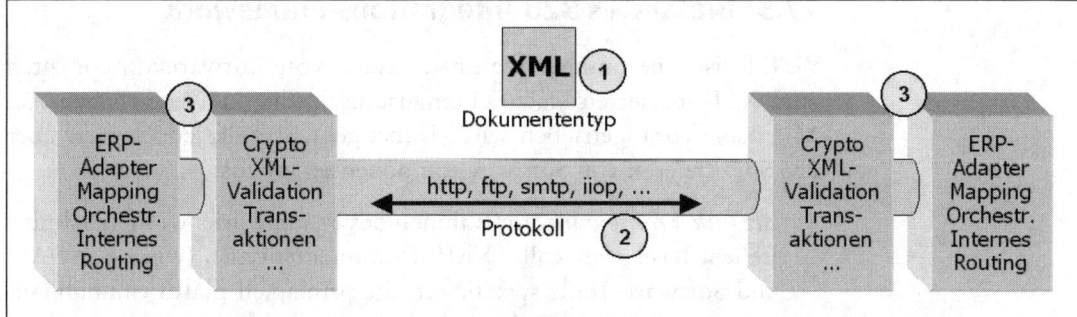

Das Hauptproblem ist auch hier wieder die mangelnde Standardisierung. Während sich die großen Player im Bereich der Telekommunikation auf Protokolle einigen können, die es uns Sterblichen erlauben, beliebig zwischen GSM-Betreibernetzen zu »roamen«, sind Hersteller von EDI-Integrationskomponenten bisher nicht in der Lage gewesen, einen einheitlichen Standard zu entwickeln: Weder lassen sich Systeme von webMethods mit denen von BizTalk in Einklang bringen noch diese beiden mit dritten, vierten oder fünften. Dann könnte wenigstens eine verschlüsselte, authentisierte und garantierte Übermittlung von Dokumenten möglich werden.

Abb. 17–14
Die Stufe 3 auf dem Wege zur B2B-Integration ist heute kaum ohne »Handarbeit« erreichbar

Es wird argumentiert, dass durch die Verwendung von XML und XSLT eine Transformation zwischen Dokumentenformaten möglich ist. Aber was nützt uns dies, wenn es (noch) keinen Standard für die Repräsentation von Signaturen, Zertifikaten oder verschlüsselten Elementen als Teil von XML-Dokumenten gibt? Hier kann man nur hoffen, dass die in Kapitel 7.8 beschriebenen IETF- und W3C-Standards zur elektronischen Signatur auf der Basis von XML bald ihren Abschluss finden. Dann muss auch trotz BizTalk und webMethods manuell konvertiert und programmiert werden. Erst recht problematisch ist die Integration, wenn die Softwareplattformen proprietäre Transaktionsprotokolle zur garantierten Übermittlung der Nachrichten einsetzen. Dann ist eine herstellerübergreifende Kommunikation ebenfalls nicht realistisch.

Standardisieren – die einen können's, die anderen nicht ...

Erforderlich ist also ein *Standard*, der neben transaktionalen Übertragungsprotokollen auch eine einheitliche Repräsentation von Steuerinformationen verwendet, also gerade der Daten, die sich im Envelope (Umschlag) einer Nachricht befinden. Hier gibt es mit BizTalk und ebXML jeweils ein herstellerspezifisches und ein Standardformat.

Ein Standard-Framework ist der vierte Schritt auf unserer Reise

17.5 BizTalk als B2B-Integrations-Framework

BizTalk ist eine umfassende Entwicklung von Softwarekomponenten zum XML-basierten Nachrichtenaustausch, die im Wesentlichen von Microsoft vorangetrieben wird. Dabei geht BizTalk jedoch weit über das Spezifizieren von Softwarekomponenten hinaus:

- *BizTalk-Framework*. Im Rahmen des Frameworks werden Schnittstellen, Basisprotokolle, XML-Dokumententypen (wie z.B. SOAP) und Software-Tools spezifiziert, die prinzipiell plattformunabhängig implementiert werden können.
- *www.BizTalk.org*. Dieses Portal bietet nicht nur aktuelle Informationen zur Standardisierung an, sondern dient vor allem als Repository zur Ablage von Schemata beliebiger Anwendungsbereiche.
- *BizTalk-Server*. Dies ist Microsofts Implementierung des BizTalk-Frameworks, natürlich z.T. basierend auf eigenen Technologien (COM, SQL-Server, MS-Entwicklungswerkzeuge etc.), jedoch besteht durch die Nutzung beispielsweise von SOAP dennoch die Möglichkeit der plattformübergreifenden Integration mit Geschäftspartnern, die andere Technologien einsetzen.

Neben Microsoft ist eine große Anzahl an Standardisierungsgruppen, Softwareunternehmen und internationalen Unternehmen an der BizTalk Steering Group beteiligt: American Petroleum Institute, Ariba, Baan, Boeing, Clarus, Commerce One, Compaq, Concur, Data Interchange Standards Association (DISA), Dell, EXE, Extensibility, Extricity, Ford, GE Information Systems (GEIS), Harbinger, I2, Intelisys, JD Edwards, Merrill Lynch, Microsoft, Neon, Open Applications Group, PeopleSoft, Pivotal, Reuters, SAP, Siebel, Sterling Commerce, UPS, U.S. Department of Defense und webMethods.

Das BizTalk-Framework

Das BizTalk-Framework definiert eine Reihe von Basiskomponenten für den Austausch von XML-basierten EDI-Nachrichten. Die dafür erforderlichen Bausteine sind zentraler Bestandteil dieser Architektur:

- *Prozessmodellierer*. Hier werden einzelne XML-Nachrichten bzw. damit verbundene SOAP-Aufrufe im zeitlichen und kausalen Zusammenhang entworfen. Vor allem der Ablauf zur Komposition oder Verarbeitung einer Nachricht wird mit Hilfe des sog. Orchestration Designers festgelegt. Diese Komponente basiert auf der Software des Herstellers Visio, den Microsoft im Jahre 2000 übernommen hat.

■ *Softwareintegration.* Dieses Werkzeug ergänzt den Prozessmodellierer durch Integration der Nachrichten mit lokalen Softwarekomponenten. Diese Daten dienen zusammen mit dem Prozessmodell als Grundlage der Orchestration Engine, einer Workflow-Komponente, die das Zusammenspiel interner Softwarekomponenten mit denen der Geschäftspartner durch den Austausch von Nachrichten überwacht.

■ *Mapping-Editor.* Falls eine Konvertierung zwischen dem internen Format und dem des Empfängers erforderlich ist, erfolgt dies auf der Basis von XSLT bzw. durch Konvertierung in andere Formate (SAP IDOCs, EDIFACT, »Flat File« etc.). Die erforderlichen Konvertierregeln werden im Mapping-Editor visuell definiert.

■ *Mapper.* Diese Komponente wertet die Mapping-Regeln aus und wird bei Bedarf von der Messaging Engine aktiviert.

■ *Messaging Engine* für den Nachrichtenaustausch. Diese Komponente setzt auf Protokolle wie HTTP und SMTP auf, um mittels SOAP Dokumente zu versenden.

■ *Server-Verwaltung.* Diese Administrationssoftware dient der Verwaltung von Server, Nachrichten und Steuerinformationen.

Spezielle Nachrichtentypen wie Kataloge oder Bestellungen sind nicht Gegenstand von BizTalk, hierzu lassen sich beispielsweise die unter xCBL definierten Formate einsetzen. Auch rechtliche Fragen eines EDI-Rahmenvertrags zur Interpretation der Nachrichten bzw. des Zugangs sind nicht abgedeckt, hier hat eher ebXML einen Schwerpunkt, insbesondere im Bereich des Trading Partner Agreements.

BizTalk für die EAI, nicht für die Inhalte

Abbildung 17-15 zeigt die drei Ebenen der BizTalk-Architektur. Dabei stehen auf der untersten Ebene verschiedene Transportmechanismen wie HTTP, SMTP, EDI, Message-Queueing-Dienste wie MQ

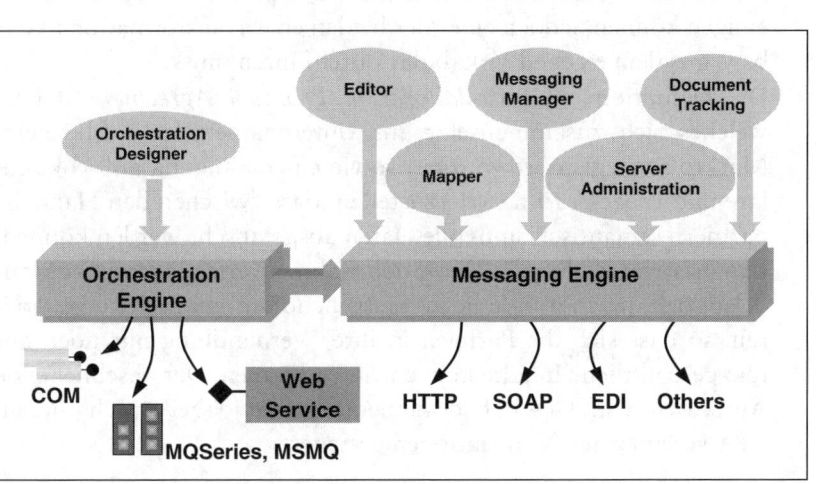

Abb. 17–15

Softwarekomponenten der BizTalk-Architektur

Series von IBM oder MSMQ von Microsoft. Als wesentliche Middle-
ware-Komponente dient die *Messaging Engine*, welche den Nachrichtenaustausch operativ steuert. Anwendungen, die über Datenbankzugriffe oder Funktionsaufrufe angebunden sind, stellen die dritte Ebene
dar. In der Entwurfsphase dienen die oben genannten Werkzeuge zur
Festlegung von Datenformaten, Protokollen und Softwareintegratio-
nen.

17.6 ebXML als B2B-Integrationsstandard

ebXML ist eine eher neue Aktivität (seit Ende 1999), die vor allem von
der OASIS und der UN/CEFACT getragen wird. Es geht hierbei nicht
um die Standardisierung eines speziellen Vokabulars für Geschäftsdokumente (so wie bei xCBL), sondern um die Vereinheitlichung von
Dokumenten und Prozessen zwischen Geschäftspartnern, die durch
folgende Punkte erreicht werden soll:

- Die Schaffung einer umfassenden *Referenzarchitektur* für Softwarekomponenten, Schnittstellen, Prozesse und Dokumentenformate. Die ebXML-Architektur lehnt sich dabei an die ISO Open
  EDI-Standardisierung an. Dies wird besonders deutlich im verwendeten Vokabular (z.B. »Functional Service View« bzw. »Business
  Operation View«).
- Die Schaffung von *Interoperabilität über Vokabulare hinweg*, so
  dass eine »AdvanceShipmentNotice« aus xCBL auf ein »Ver-
  sandAvis« abgebildet werden kann. Zu diesem Zweck soll ein
  Online-Registry eingesetzt werden, mit dessen Hilfe diese Übersetzung durchgeführt werden kann, so dass sich Sender und Empfänger auf ein Nachrichtenformat (zum Zeitpunkt der Übertragung)
  einigen können, jedoch einer der beiden eine Transformation in das
  bzw. aus dem eigenen Vokabular durchführen muss.

CPA-Collaboration
Protocol Agreement
- Die Definition eines *Collaboration Protocol Agreement* (CPA),
  welches sich zusammensetzt aus Unternehmensdaten (die beim
  Marktplatz registriert wurden) sowie einer Einigung auf Vokabulare und Prozesse, um sicherzustellen, dass zwischen den Handelspartnern semantisch sinnvolle Daten ausgetauscht werden können.
  Langfristiges Ziel des CPA ist, den Rahmenvertrag, der einer Handelsbeziehung zugrunde liegt, weitgehend automatisch zu generieren, so dass sich die Parteien in ihrer Verhandlung nur noch auf
  rein geschäftliche Inhalte konzentrieren können. Der anschließende
  Austausch von Geschäftsdokumenten wird dabei durch die im
  CPA vereinbarten Konventionen gesteuert.

▨ Die Festlegung eines *Envelope-Formats für XML-Dokumente* sowie eine *einheitliche Messenger-Komponente*. Dabei konkurriert diese Aktivität mit dem BizTalk-Framework von Microsoft und ist mit ihr zurzeit noch nicht interoperabel, andererseits aber auch sehr viel umfangreicher. Der Umschlag trägt die anwendungsunabhängige Routing-Information, die erforderlich ist, um das Dokument zwischen zwei Partnern auszutauschen.

Die ebXML-Standardisierung setzt also frühere EDI-basierte Aktivitäten zum Open-EDI-Referenzmodell fort. Dies ist kein Wunder, da hinter ebXML fast die gleichen Spieler stehen, insbesondere die UN. Ähnlich Open EDI soll ebXML dabei ebenso durch Neutralität und den offiziellen Charakter eines De-jure-Standards Vorteile gegenüber proprietären Vorschlägen bieten. Insbesondere wird ebXML oft als Gegenposition zu Microsofts BizTalk aufgefasst. Zwischen beiden Lagern sind daher bereits 2001 erste Schlammschlachten ausgebrochen: Microsoft nennt die Standardisierer von ebXML »Mitarbeiter von Sun Microsystems und einige Bürokraten«. Das heißt, man nimmt den Standard ernst ...

ebXML setzt die Open-EDI-Entwicklung fort

  ebXML setzt sich aus einer Reihe von Komponenten zusammen, die in ihrem Zusammenspiel die Dokumente und Prozesse vereinheitlichen, die zwischen Geschäftspartnern ausgetauscht bzw. abgewickelt werden. Hierbei sind vor allem zwei Phasen zu unterscheiden: Zunächst müssen die Geschäftspartner zueinander finden, indem sie sich auf die Dokumententypen, deren Bestandteile (Subsets), die Interpretation von Daten (was für ein Artikelcode liegt vor?), das zu verwendende Kommunikationsprotokoll sowie den Ablauf der Geschäftsprozesse einigen. Zu diesem Zweck ist ein Registry erforderlich, das Profilinformationen der Unternehmen zu diesen Bereichen enthält. Durch die Brille der eCo-Architektur betrachtet, finden wir also die folgenden Ebenen:

▨ *Business*. Mit Hilfe eines Registry werden Informationen über Unternehmen verwaltet. Dort werden Profile abgelegt, die detaillierte Daten der Teilnehmer enthalten. Ein derartiges CPP (Collaboration Partner Profile) ist vergleichbar mit dem *BusinessPropertySheet*, das im Kapitel zur eCo-Architektur vorgestellt wurde.

▨ *Service*. Zu den im Registry verwalteten Informationen zählen auch Dienste, die ein Unternehmen anbietet bzw. in Anspruch nehmen kann. Das CPP enthält dazu Komponenten zur Spezifikation der Web-Services, der darauf definierten Prozesse sowie der Rollen, die das betreffenden Unternehmen innerhalb der Prozesse spielen kann.

- *Interaction.* Hier werden die beteiligten Dokumententypen eines Nachrichtenaustauschs und deren Reihenfolge festgelegt.
- *Document und Data Element.* Hier beschreiben Unternehmen die von ihnen unterstützten Subsets eines Dokumententyps.

ebXML für den Aufbau einer elektronischen Geschäftsbeziehung

Abbildung 17-16 beschreibt das prinzipielle Zusammenspiel zweier Geschäftspartner beim Aufbau einer Datenaustauschbeziehung: In der ersten Phase einigen sie sich auf eine gemeinsame Konfiguration ihrer Systeme, dann tauschen sie Nachrichten aus. Diese 1:1-Beziehung zwischen den Partnern stellt nur eine der möglichen Konfigurationen dar, es sollen mit Hilfe des ebXML-Standards auch multilaterale Netze von Parteien aufgebaut werden können. Die Abbildung zeigt den schrittweisen Ablauf der Geschäftsintegration in Form von sieben Bereichen, bei denen eine standardisierte Infrastruktur erforderlich ist:

- *Registry für Standardmodelle von Geschäftsprozessen* (1). Manchmal ist eine einheitliche Modellierung von Prozessen und dem damit verbundenen Datenmodell möglich. Diese Information kann zentral im *Registry* zur Verfügung gestellt werden, einem Standardmechanismus zur Registrierung und Speicherung von Geschäftsprozessen, Schemata und Partnerprofilen, die ausgetauscht und von anderen Unternehmen verarbeitet werden können.
- Ablage der relevanten Profilinformationen eines Teilnehmers im *Registry* als *Collaboration Protocol Profile (CPP)* (2). Hier ist die Schnittstelle zum Registry zu vereinheitlichen sowie das Datenmodell des Registries selbst. Das Ziel der Registry-Nutzung besteht in der Verarbeitung von Geschäftsprozessmodellen sowie Informationen über die verfügbaren Schnittstellen eines Unternehmens. Ebenso sind die Nachrichtenformate (Typen und Subsets) und Informationen über die Protokollanforderungen zu finden (z.B. Kodierregeln, Sicherheitsmechanismen und Transportprotokolle).
- *Abfrage des CPP* (3) aus dem Registry (*Business Profile Information*) und entsprechende Konfiguration der Kommunikationssoftware.
- *Erzeugen eines Collaboration Protocol Agreements (CPA)* (4). Das CPA extrahiert die Grundlage der Kommunikation aus den Profildaten der beteiligten Unternehmen. Es wird bis zu einem gewissen Grad automatisch generiert, kann aber anschließend noch manuell korrigiert bzw. verfeinert werden.
- *Vereinbarung eines Rahmenabkommens für den Dokumentenaustausch* (5). Diese ebXML-kompatible Software lässt sich durch die Daten über den Geschäftspartner weitgehend automatisch konfigurieren, indem jeweils der »gemeinsame Nenner« ermittelt wird:

Welche Geschäftsprozesse lassen sich gemeinsam durchlaufen? Welche Dokumente »verstehen« beide Seiten? Welche besonderen Details sollten in die Dokumente einbezogen werden und welche nicht? Welches Vokabular ist zur Identifikation von Artikeln, Organisationen, Lokationen etc. zu verwenden? Das CPA dient im Anschluss als »Konfigurationsdatei« für die Messenger der beteiligten Unternehmen.

Als Letztes erfolgt der *Datenaustausch* (6 und 7) in der laufenden Geschäftsbeziehung. Wenn Dokumente das System des Senders verlassen und wenn sie beim Empfänger ankommen, werden sie von der lokalen ebXML-Software auf Konformität überprüft (Prozesse, Dokumententypen, Daten und Codes). Ziel ist dabei, dass sich die Geschäftspartner weitgehend auf die Korrektheit der Daten verlassen können, wenn die Kommunikationssoftware ein empfangenes Dokument an das ERP-System übergibt. Eine empfangene Nachricht enthält dazu im Envelope einen Verweis auf das für sie gültige CPA, so dass der Empfänger in der Lage ist, seinen Messenger für diese Verbindung entsprechend zu konfigurieren.

Abb. 17–16

Einrichtung und Ablauf einer Geschäftsbeziehung auf der Basis von ebXML

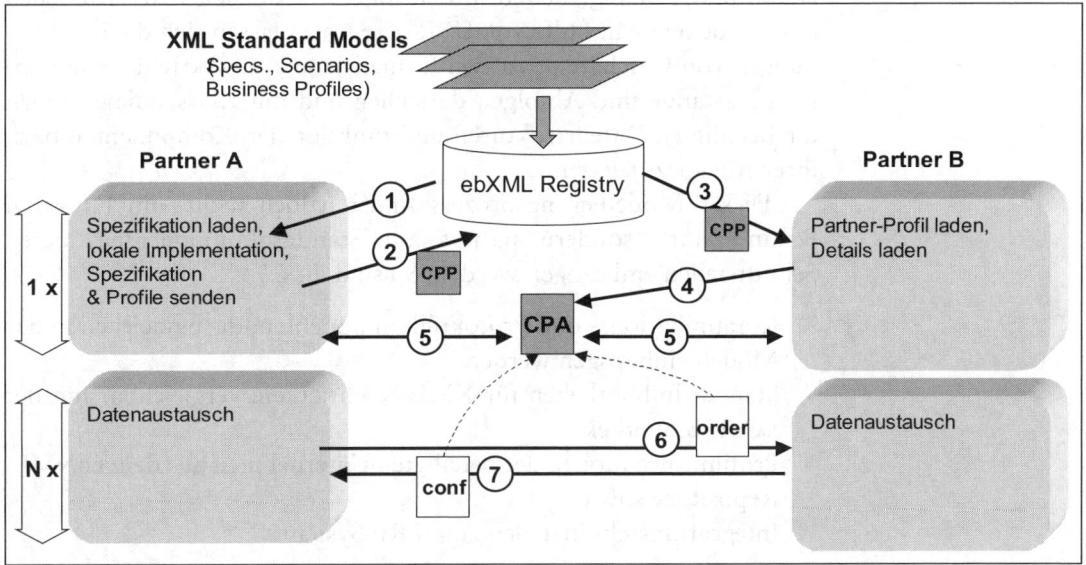

Zur Modellierung von Geschäftsbeziehungen setzt ebXML die UMM (UN/CEFACT Modeling Methodology) ein – ziemlich genau das, was bereits in den 90er Jahren als Grundmuster für Open EDI diente. In der ebXML-Welt ist die Trennung in *Business Operational View* (BOV) und *Functional Service View* (FSV) immer noch gültig:

- Die BOV konzentriert sich auf geschäftliche Aspekte der Kooperation, also die Semantik von Daten und Dokumenten, gegenseitige Anforderungen und Verpflichtungen, den daraus resultierenden Geschäftsprozess sowie schließlich Vereinbarungen und Verträge.
- Im Gegensatz dazu stehen bei der FSV technische Schnittstellen und Funktionen im Vordergrund. Dies sind vor allem Protokolle und Messaging-Middleware, APIs der Softwarekomponenten, Funktionen wie Mapper oder Validatoren sowie die einheitliche Integration von ERP-Schnittstellen.

Die ebXML Business Operational View

Denken Sie an den papiNet-Standard: Eine große Anzahl möglicher Kombinationen aus Geschäftstransaktionen führt zu sehr unterschiedlichen Geschäftsprozessen, die sich anhand von Szenarien und Use Cases beschreiben lassen. Bei mangelnder Werkzeug-Unterstützung kann diese Beschreibung jedoch nur informell erfolgen.

Vom Anwendungsfall zum Dokumententyp

Mit der UML steht heute jedoch ein einheitliches Modellierungs-Framework zur Verfügung, das hilft, die beteiligten Nachrichten, Daten und Abhängigkeiten in den unterschiedlichen UML-Modellen auszudrücken: Mit Hilfe von UML Use Cases lassen sich die Beschreibungen von Geschäftsprozessen formalisieren, mit Aktivitätsdiagrammen Zustände und Abfolgen darstellen und mit Klassendiagrammen die beteiligten Datenstrukturen und funktionalen Komponenten bzgl. ihrer API spezifizieren.

Dieser Modellierungsprozess findet jedoch nicht »im luftleeren Raum« statt, sondern basiert auf Standardkomponenten, deren Schnittstellen einbezogen werden. So sind dies:

- Komunikations- und Protokollkomponenten, die einheitlich in das Modell einbezogen werden,
- Standardbibliotheken für XML-Nachrichten, vergleichbar mit der xCBL-Bibliothek,
- Profilinformationen der beteiligten Unternehmen aus dem ebXML-Repository sowie
- Integrationsschnittstellen zum ERP-System.

Die Modellierung einer Geschäftsbeziehung ist also von vorneherein durch diese Komponenten eingeschränkt. Die BOV besteht daher im Wesentlichen aus einem Metamodell, d.h. Vorschriften, wie mit den Komponenten beim Entwurf eines konkreten Modells umzugehen ist. So ist vor allem ein Modellierungsprozess vorgesehen, der anfängliches Expertenwissen über unterschiedliche Diagramme schrittweise in kon-

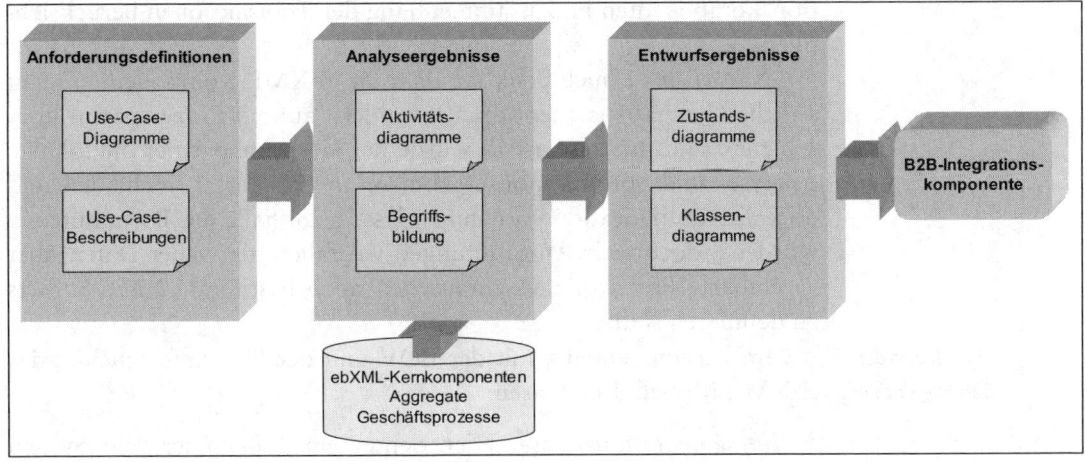

Abb. 17–17

UMM-Modellierungs-
prozess bei ebXML

kreten, ablauffähigen Code transformiert. Beim papiNet-Projekt
würde dies bedeuten, dass zum einen die vereinbarten XML-Elemente
und Gruppen, zum anderen die Use Cases und Partnerprofile als
Grundlage der Modellierung dienen. Eine ebXML-Modellierungssoft-
ware lässt sich nun einsetzen, um die Messenger-Software, die Prozesskontrolle, Adapter-, Transformations- und Validationsfunktionen aller
beteiligten Parteien als Rahmen zu nutzen, um am Ende Software und
Metadaten zu generieren, die den Austausch von XML-Dokumenten
abwickeln und auf Korrektheit kontrollieren. Das ebXML-Meta-
modell bildet damit den Rahmen, in dem individuelle Kooperationen
zwischen Unternehmen definiert werden können.

Die ebXML Functional Service View

Nachdem eine B2B-Integrationskomponente vom Designer als Klas-
sengerüst generiert wurde, setzt sie der Entwickler zu einer voll funkti-
onsfähigen Komponente um. Dies kann beispielsweise ein nachträgli-
ches Erweitern von Validierungsinformation sein oder die Ergänzung
um EJB-Klassen, mit deren Hilfe eine Einbettung in EJB-Container
möglich wird.

In Anlehnung an Abbildung 17-17 kann man sich den Prozess
folgendermaßen vorstellen: Zunächst werden die Modelle der BOV in
Form von XML-Dokumenten an das Repository übergeben und
stehen damit allen Geschäftspartnern zur Verfügung. Diese setzen
ebXML-konforme Software ein (also Produkte »von der Stange« oder
Eigenentwicklungen) und verwerten die Information aus dem Registry.
Mit der Erzeugung eines CPA werden bilateral vereinbarte Funktionen, Policies und Datenstrukturen fixiert, welche die B2B-Koopera-

tionskomponenten im Zusammenhang der Transaktionen berücksichtigen.

Natürlich ist auch denkbar, dass die ebXML-Komponenten nicht auf die Geschäftspartner verteilt, sondern auf ein Prozessportal konzentriert sind. In diesem Fall würde der Geschäftspartner die lokalen Analyse- und Spezifikationsergebnisse an das Portal hochladen und dort die Konfiguration vornehmen lassen. Im Falle der Portalnutzung würden jedoch viele Anforderungen wegfallen, da weder Daten über vereinbarte Protokolle auszutauschen noch bestimmte XML-Subsets zu definieren sind.

Drei Phasen der B2B-Integration

Im Zusammenhang mit der BOV und der FSV unterscheidet das ebXML-Modell drei Phasen:

- *Implementationsphase.* Hier richtet ein Teilnehmer sein System ein, indem er die genannten Modelle erzeugt und mit seiner ebXML-Basissoftware kombiniert. Das Collaboration Partner Profile speichert er schließlich im Registry. Nach dieser Phase ist ein Teilnehmer bereit, sich mit anderen zu integrieren, d.h., er ist in der Lage, Dokumente der verwendeten Typen zu senden oder zu empfangen.
- *Informationsphase.* Hier greift ein zukünftiger Geschäftspartner auf das CPP zu und analysiert es. Als Ergebnis generieren die beiden Partner aus ihren CPPs ein CPA, das die zukünftige Kommunikation parametrisiert. Nach dieser Phase besteht Einigkeit beider Parteien, so dass Daten operativ ausgetauscht werden können.
- *Datenaustausch.* In dieser Phase sollte die zuvor erstellte Konfiguration dazu führen, dass ein vollautomatischer Austausch von XML-Nachrichten möglich ist.

Profile und Verträge

Collaboration Partner Profiles

Ein CPP bezieht sich auf einen einzelnen Teilnehmer. Es beschreibt die *Fähigkeiten* dieses Teilnehmers im Sinne von Dokumenten-Subsets, Transaktionen, Prozessen etc. Diese Fähigkeiten stellen eine Untermenge der *Möglichkeiten* dar – so kann ein Teilnehmer beispielsweise nicht mehrere Lieferadressen in einer Bestellung kombinieren oder erwartet keine Bestätigungsmeldung als Antwort auf seinen Warenabruf. Generell *möglich* sind diese Informationen und Prozesse im Kontext der jeweiligen Branche – jedoch nicht für das betreffende Unternehmen. Das Partnerunternehmen mag nun anderen Einschränkungen unterliegen, z.B. einem Verbot der Nachrichtenverschlüsselung. Beide Unternehmen liegen mit ihren gemeinsamen Fähigkeiten also irgendwo zwischen null und dem maximal Möglichen.

Es ist nun Verhandlungssache, ob das eine Unternehmen dem anderen eine Eigenschaft aufzwingen kann oder ob sich beide auf einen gemeinsamen Nenner einigen können. Diese Verhandlung kann Tool-gestützt erfolgen und führt schließlich zum CPA, das die Rolle eines Rahmenvertrags für den Datenaustausch einnimmt. Das CPA ist schließlich eine *Vereinbarung*, die wiederum eine Untermenge der Fähigkeiten beider Parteien darstellt.

Vereinbarung von CPAs

Dem ebXML-Standard zufolge ist das CPA erweiterbar, d.h., nicht nur ebXML-spezifische Vereinbarungen, sondern beliebige weitere können hier vorliegen. Beispiele wären generelle Liefer- und Zahlungsbedingungen oder Referenzen auf die AGBs der Parteien (siehe hierzu auch Kapitel 18.9 über elektronische Verträge).

Die Funktionalität des ebXML Messaging Service

Die Parameter des CPA werden benutzt, um Kommunikationsverbindungen zu konfigurieren. Dies erfolgt über das *Messaging Service Interface* (siehe Abbildung 17-18). Die Anwendung kann dabei unterschiedliche Policies und Parameter wählen:

- *Wahl des Transportprotokolls.* Üblicherweise wird heute HTTP zwischen zwei Partnern eingesetzt, in Extremfällen lässt die Firewall des Empfängers jedoch keine Proxy-Aufrufe in die sichere Zone hindurch, hier wäre z.B. SMTP (E-Mail) eine bessere Wahl.
- *Wahl des Transportmodus* zwischen »unidirektional« (es wird nur eine asynchrone Nachricht versendet) oder »bidirektional« (Nachricht und Empfangsbestätigung werden synchron oder asynchron versendet).
- *Sequencing.* Hierbei werden Nachrichten gemäß ihrer Reihenfolge versendet (die Reihenfolge ist durch Sequenznummern festgelegt).
- *Konfiguration von Zusatzfunktionen.* Die Module des Messaging Service lassen sich selektiv hinzuschalten (Identifikation, Authentifikation, Autorisierung, Verschlüsselung, Integritätsprüfung, Nichtabstreitbarkeit, Logging etc.).
- *Notifikation.* Hier lassen sich Aktionen konfigurieren, die in vordefinierten Situationen wie Nachrichtenversand und -empfang, Fehlersituationen oder Time-outs ausgelöst werden (z.B. das Versenden einer E-Mail an den Administrator).

Gemäß der ebXML-Spezifikation soll auch die Komunikation mit dem Registry sowie mit allen ebXML-kompatiblen Anwendungen über den Messaging Service erfolgen. Der Service schränkt dabei den Dokumententyp der Nutzlast in keiner Weise ein.

Abb. 17–18
Komponenten des ebXML
Messaging Service

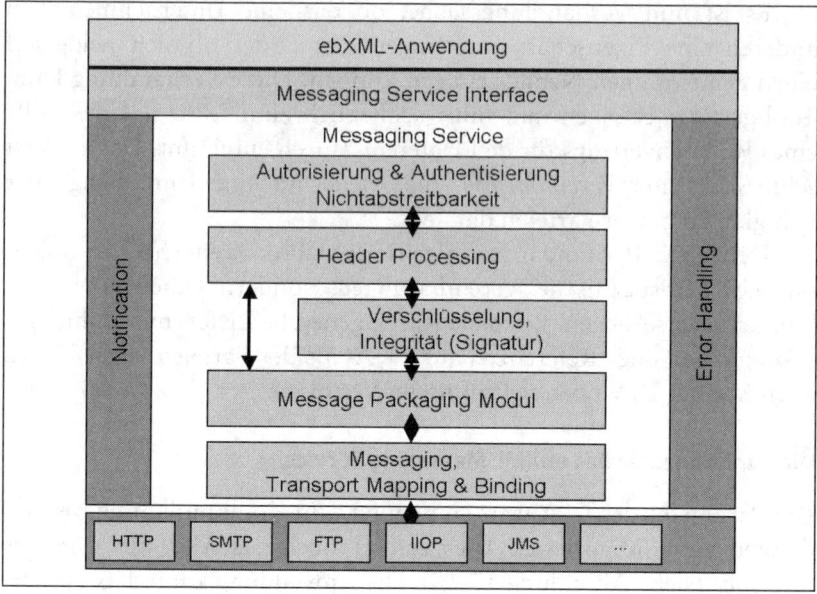

Struktur einer
ebXML-Nachricht

Eine ebXML-Nachricht, die über das Internet versendet wird, ist also beispielsweise in einen HTTP-Aufruf als MIME-Attachment eingebunden. Dabei kann sie mehrere Dokumente als Nutzlast tragen. Zur Unterscheidung zwischen Nutzlast und Steuerinformation besitzt der äußere Umschlag zwei XML-Dokumente, den *Header-Envelope* und den *Payload Envelope*. Der erste enthält das *Manifest* – eine Art Lieferschein mit Informationen über die eigentliche Nutzlast. Hier liegen Informationen vor über die beteiligten Parteien, das CPA sowie Routing-Informationen für das Transportprotokoll. Zu jedem Dokument

Abb. 17–19
Struktur des
ebXML-Envelope

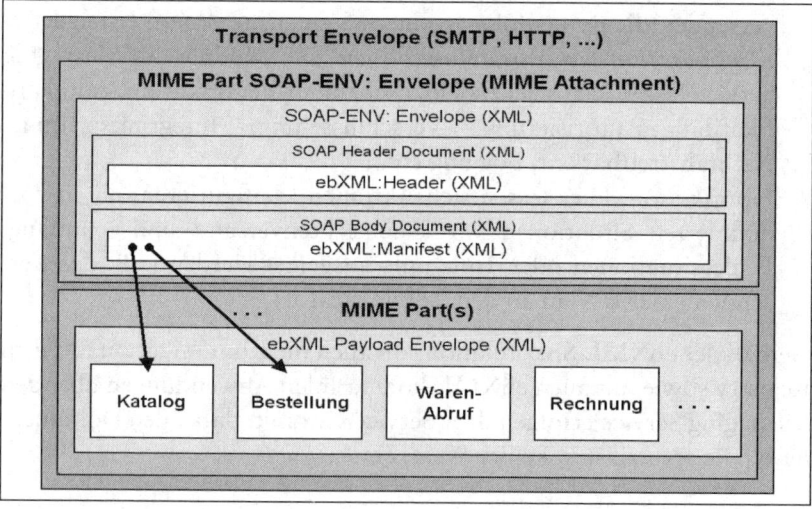

der Nutzlast ist ein Manifest im Header-Envelope vorhanden. Der Payload-Envelope ist seinerseits offen bzgl. des tatsächlichen Inhalts. Hier finden wir also unsere eigentliche Bestellung, Rechnung oder Registry-Anfrage wieder. Auch Anhänge in binärer Form oder anderen Nicht-XML-Formaten können hier enthalten sein. Abbildung 17-19 zeigt die Schachtelung dieser Strukturen.

ebXML oder BizTalk?

Die beiden Standards unterscheiden sich vor allem in der Herkunft ihrer Promotoren: BizTalk ist in seiner bestehenden Implementierung eng verzahnt mit Microsoft-spezifischen Anwendungen und Diensten wie Visual Basic, SQL Server, MS Message Queueing usw. Obwohl darauf hingewiesen wird, dass Microsoft den BizTalk-Vorschlag implementiert und andere es somit ebenfalls auf der Basis ihrer Technologie machen können, ist jedoch der Vorsprung durch die enge Verzahnung aus Standardvorschlag und Umsetzung recht hoch.

Im Gegensatz zu diesem »Straight-forward«-Ansatz ist ebXML in der Tat erheblich träger, da konsensgetrieben (Sun, IBM, Commerce One, OASIS, UN/CEFACT und sehr viele andere). Außerdem kann es sein, dass sich ebXML durch seine Policy des »Niemanden-ausgrenzen-Wollen« im Hinblick auf die erforderliche Geschwindigkeit möglicherweise selbst ein Bein stellen kann. Andererseits zielt es auf eine sehr viel mächtigere Funktionalität ab. Jedem, der im Bereich der B2B-Integration tätig ist, ist klar, dass in erheblichem Umfang durchgängige Modelle für Geschäftsprozesse nötig sind sowie Metamodelle, die die Menge der Möglichkeiten bei der Modellierung sinnvoll einengen.

Schnell oder gründlich?

ebXML sollte idealerweise von der Open-Source-Gemeinde aufgegriffen werden, bzw. es sollten sich potente Sponsoren vereinigen, um die erforderlichen Komponenten zu entwickeln. Dies würde zwar viele Anbieter von B2B-Integrationssoftware verärgern, jedoch den Anwendern endlich die Chance bieten, *einen* Implementationsstandard einzusetzen. Langfristig dürfte dies volkswirtschaftlich von größtem Vorteil sein. Dazu mehr im »Abspann« zum E-Business-Teil (Kapitel 19)!

17.7 Web-Services

Der eCo-Referenzarchitektur folgend, werden wir uns in diesem Kapitel zunächst mit Diensten für die Vermittlung und den Verbindungsaufbau zwischen zwei Unternehmen beschäftigen. Wenn auf diesem Wege für beide Unternehmen abgeleitet werden kann, wie Nachrichten ausgetauscht werden können, finden wir uns anschließend bei der Einrichtung und dem Betrieb dieser Austauschbeziehungen wieder – also dem Inhalt des vorherigen Kapitels. Jetzt geht es jedoch um die Dienste, die diesen Prozess in der Informationsphase unterstützen. Diese sind im Wesentlichen:

- Zentrale *Registries*, die Informationen über Marktplätze und deren Teilnehmer halten (eCo: Market bzw. Business). Diese Informationen sind zum einen Anbieter- bzw. Teilnehmerverzeichnisse, zum anderen Schnittstellenbeschreibungen dieser Unternehmen (eCo: Service und Interaction).
- *Kataloge*, die für Kunden bereitgestellt und vom Kunden abgerufen werden können.

Seit einiger Zeit sind diese Technologien als *Web-Services* bekannt. Darunter ist eine Kombination von Protokollen, Diensten und Standards zu verstehen, die gemeinsam den Aufbau einer Geschäftsbeziehung durchzuführen helfen. Im Wesentlichen sind diese Technologien: SOAP, UDDI und WSDL. Da wir SOAP und WSDL schon aus den Kapiteln 7 und 8 kennen, werden wir uns hier nur noch auf UDDI konzentrieren.

Teilnehmerverzeichnisse auf der Basis von UDDI

UDDI steht für *Universal Description, Discovery and Integration*. Es soll Schnittstellen für Unternehmensprofile, deren Datenstruktur sowie die Interoperabilität zwischen Verzeichnissen sicherstellen, die diese Information tragen. UDDI deckt also vor allem die Business- und Service-Ebenen in der eCo-Architektur ab und ist vergleichbar mit Teilen der Registry-Architektur von ebXML sowie deren CPP (Collaboration Partner Profile).

Ariba, Microsoft und IBM   Die wesentlichen Treiber von UDDI sind Ariba, IBM und Microsoft. Diese drei verbinden ganz unterschiedliche Interessen: Ariba und IBM sind beide Anbieter von B2B-Software, z.B. Marktplätze, Application Server oder Business Frameworks wie IBMs San Francisco. IBM und Microsoft verbinden gemeinsame Interessen bei der Durchsetzung von XML-basierten Standards wie SOAP oder XML-basierten Signaturen. Schließlich finden Ariba und Microsoft Gemeinsamkeiten beim Einsatz von BizTalk und cXML.

Die Argumentation für UDDI ist die mangelnde Integrationsfähigkeit heutiger elektronischer Marktplätze, also auch im Bereich des M2M-Commerce. Wenn nämlich Ariba, Commerce One und alle anderen Hersteller eigene Formate for Teilnehmerinformationen verwenden, ändert sich im Vergleich zur Kostensituation des guten alten

EDI im Grunde genommen nichts: Während früher ein Unternehmen
bei der Integration eines neuen Geschäftspartners hohe »Switching
Costs« zu tragen hatte, sieht die Situation angesichts unterschiedlicher
Marktplätze fast identisch aus. Nur dass jetzt die Swichting Costs
beim Andocken an immer wieder neue Marktplätze mit ihren immer
wieder unterschiedlichen Schnittstellen entstehen.

UDDI basiert daher konsequent auf neutralen Plattformen und   *UDDI Business Registry*
Protokollen: Ein *UDDI Business Registry* steht auf der Basis von
SOAP online zur Verfügung. Zurzeit betreiben die drei UDDI-Promo-
toren jeweils eines dieser Registries, die untereinander verbunden sind.
UDDI legt lediglich ein Metamodell fest, das Standardisierern zur Verfügung steht, um auf dieser Basis spezifische Datenmodelle für Profilinformation und Schnittstellenbeschreibungen festzulegen. Man kann
sich also folgenden Ablauf vorstellen:

▓ Zunächst standardisiert eine Branche Unternehmens- und Produktinformation. Dazu kann man auf bestehende Standards wie *eCl@ss*
  oder UN/SPSC zurückgreifen (siehe weiter unten).
▓ Im nächsten Schritt wird das UDDI-Registry um dieses Datenmodell erweitert, so dass Unternehmen ihre Profile dort ablegen können. UDDI ist in diesem Augenblick eine Art »Gelbe-Seiten-Ser-
  vice«, der mit Hilfe von Web-Browsern durchwandert werden
  kann.
▓ Neben direkten Geschäftspartnern durchsuchen auch Marktplätze,
  Suchmaschinen und andere Verzeichnisdienste das UDDI-Registry
  und stellen diese Information auf ihre Weise zur Verfügung.
▓ Schließlich können an diese Systeme angeschlossene Unternehmen
  die Verzeichnisinformation auch indirekt und im marktplatzspezi-
  fisch konvertierten Format lesen.

UDDI fördert also auch die Informationsvermittlung nach dem Prinzip
der Syndication, das wir bereits im B2C-Kapitel kennen gelernt haben,
für den Bereich der Unternehmensdaten. Langfristig wird dies auch im
B2B-Bereich zu einem Verwertungsnetz von Information führen.

Mit Hilfe von drei Standardtaxonomien begann der Betrieb erster
UDDI-Registries im Jahre 2001. Diese sind:

▓ NAICS-Codes – ein US-Standard zur Klassifikation von Unterneh-
  men nach Branchen
▓ UN/SPSC – ein Standard zur Klassifikation von Produkten und
  Dienstleistungen
▓ Eine geographische Taxonomie

Während diese Information hilft, z.B. einen passenden Lieferanten als Bieter im Rahmen einer Ausschreibung zu identifizieren, dienen technische Beschreibungen zur Spezifikation von Schnittstellen. Im Wesentlichen sind dies:

▦ *Geschäftsprozesse.* Hier kann das Unternehmen Informationen über unterstützte Geschäftsprozesse ablegen. Dies sind kurzfristig nur die tatsächlich unterstützten Transaktionen wie z.B. Katalogabfrage, Bestellung oder Abrufe. Langfristig besteht für ein Unternehmen jedoch auch die Möglichkeit, ganze Workflows im Registry abzulegen.

▦ *Dienst-Spezifikationen.* Hierbei geht es um die auszutauschenden Daten, die das Unternehmen sendet oder empfängt. Erforderlich ist vor allem die Definition verwendeter Codes sowie die XML-Subsets der jeweiligen Dokumententypen. Diese Information liegt allerdings jenseits der UDDI-Ebene, sie ist von den Standardisierten selbst festzulegen. UDDI muss lediglich die Flexibilität bieten, um das der Information zugrunde liegende Datenmodell definieren zu können.

▦ *Bindungsinformationen.* Diese technischen Daten zur Kommunikation beziehen sich auf URIs, Protokolle, SOAP-Parameter etc.

Abb. 17–20
Metamodell von
UDDI-Einträgen

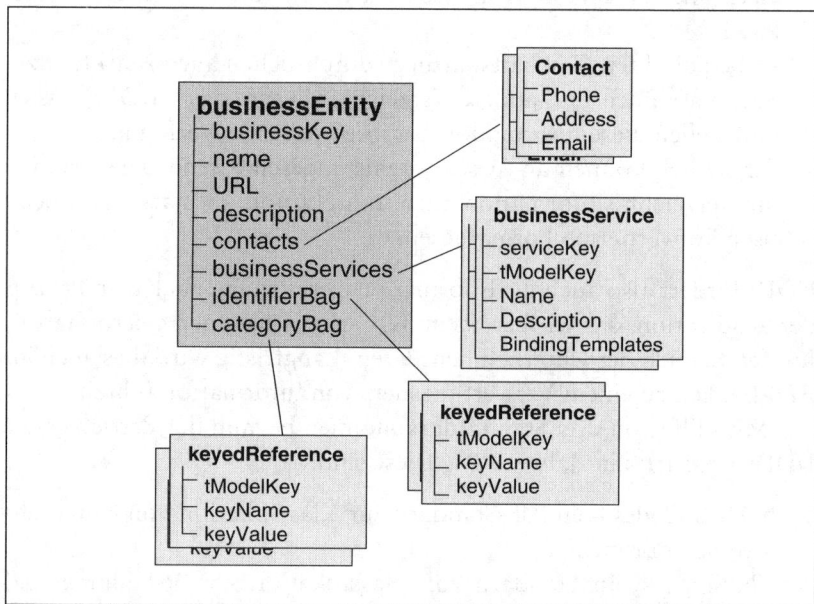

Abbildung 17-20 zeigt das Datenmodell eines UDDI-Eintrags im Business Registry: Im Kern besteht es aus Unternehmensdaten, die sich aus allgemeiner Information zzgl. mehrerer möglicher Kontakte zusammensetzen. Einzelne Dienste sind durch *businessService*-Daten beschrieben. Die Klassifikation des Unternehmens sowie mögliche Referenzen sind über Listen weiterer Name/Wert-Paare repräsentiert.

Auffallend sind die *tModelKeys*, die sich bei Referenzen und Dienstbeschreibungen finden. Sie identifizieren beim Registry hinterlegte Metainformationen, die für einen Code-Typ stehen (wie z.B. »EAN« zur Klassifikation von Artikeln oder »VAT« für die Mehrwertsteuernummer eines Unternehmens). Oder sie legen einen Diensttyp fest, wie z.B. »papiNet-Invoice«. In diesem Fall könnte man beispielsweise im Registry speichern, dass die Verwendung dieses Typs bedeutet, dass der vollständige Nachrichtenumfang einer papiNet-Rechnung gemeint ist. Das korrespondierende tModel ist jedoch keine formale Spezifikation des Nachrichtentyps (also ein XML-Schema), sondern lediglich seine ID. Als Option kann im Zuge der Beschreibung weitere Information über das tModel hinterlegt werden, dies ist jedoch bei UDDI (noch) nicht definiert. Falls also beispielsweise ein Subset definiert wird, sagen wir mal papiNet_European_Invoice, der auf einige Teile des vollständigen Dokumententyps verzichten würde, so wäre dafür ein weiteres tModel zu definieren. Diese stehen jedoch in keinem Zusammenhang, sie repräsentieren als IDs, die um Beschreibungen ergänzt sind, lediglich den Subset.

Metamodell für UDDI-Verzeichnisse

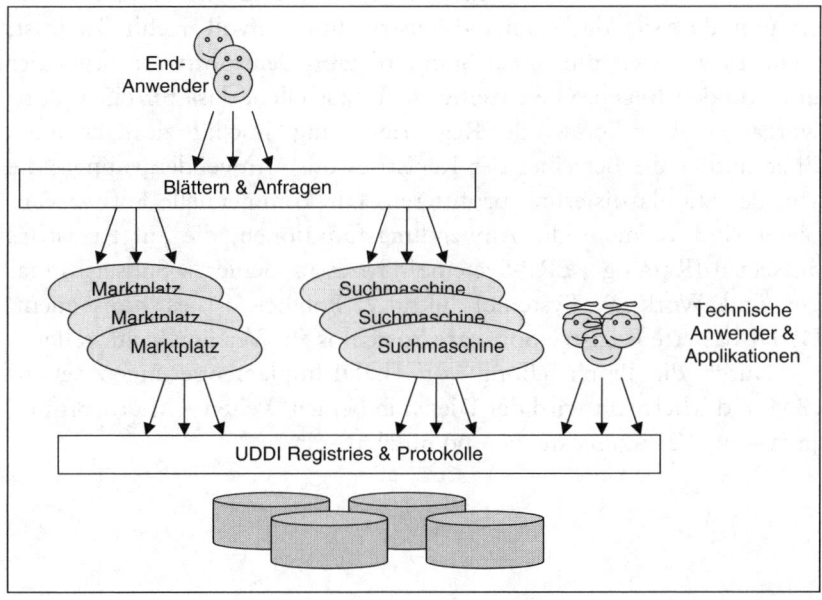

Abb. 17–21
Nutzung von UDDI-Registries

Schließlich definiert UDDI eine Reihe von Schnittstellen, über die Daten beim Registry abgelegt oder von ihm abgerufen werden können. Diese Daten sind Unternehmensinformationen, Dienstbeschreibungen, Bindungsinformationen sowie tModels. Abbildung 17-21 zeigt, wie ein UDDI-Registry genutzt werden kann: Entweder direkt durch Softwareanwendungen, die per SOAP-Schnittstelle Daten abfragen, oder indirekt durch Benutzer, die über Suchmaschinen und Marktplätze zugreifen.

UDDI – Kritisch gesehen ...

Ein alter Hut ...   UDDI ist nichts grundsätzlich Neues. xCBL, ebXML, eCo, Open EDI und viele weitere Standards für Metadaten beschäftigen sich mit diesem Thema seit langem, jedoch immer wieder auf der Basis neuer Beschreibungssprachen, Dokumentenformate und Konsortien. UDDI ist sogar ein Rückschritt, da nur Subsets allgemein anerkannter Beschreibungsformate verwendet werden. Auch die Möglichkeit, beliebige Datenobjekte in einem zentralen Verzeichnisdienst abzulegen, ist ein alter Hut: X.500 gibt es als Standard seit den achtziger Jahren und benutzbare Implementierungen mit LDAP seit Mitte der neunziger Jahre. Zertifizierungsautoritäten nutzen X.500 zur Ablage von Zertifikaten und im Intranet dient LDAP zur Verwaltung von Benutzerdaten. Zudem gibt es Überlappungen zum Co-Standard WSDL (siehe Kapitel 8). Warum also UDDI?

... aber diesmal mit der erforderlichen Aufmerksamkeit   Wieder mal ist der Weg das Ziel: UDDI entsteht aus einer Koalition aus Wettbewerbern – Microsoft, IBM und Ariba. Alle haben erkannt, dass sich das Thema »Registry« nur sinnvoll erschließen lässt, wenn es weltweit nur *einen* Standard gibt, dem Softwareentwickler und Kunden folgen. Gleichzeitig ist festzustellen, dass für einen Softwareanbieter im Bereich der Registries wenig Geschäft zu machen ist: Eher sind es die Betreiber der Registries oder Anwendergruppen, die von der Standardisierung profitieren. Für kommerzielle Softwareanbieter sind vielmehr die Anwendungsfunktionen, die auf Registries aufsetzen (Kataloge, ERP-Systeme, Prozessmodellierer, Subset-Manager und Workflow-Systeme) lukrativ. Folglich ist es konsequent, UDDI-basierte Registry-Software kostenlos zur Verfügung zu stellen.

Durch die Bereitstellung von UDDI-Implementierungen seitens IBM und Microsoft wird der Dienst in beiden Welten – Microsoft und Java – zur Verfügung stehen und nutzbar sein.

17.8   RosettaNet

RosettaNet ist ein weiterer »Klassiker« unter den Frameworks zur XML-basierten Unternehmensintegration. Es entstand zum einen als Konsortium und zum anderen als Methode aus der Notwendigkeit heraus, Lieferbeziehungen zwischen IT-Unternehmen in den USA zu optimieren. Aufgrund kurzer Produktlebenszyklen und schnelllebiger Geschäftsbeziehungen war eine Methode erforderlich, die den Prozess der Integration verkürzte. RosettaNet ist damit vor allem *prozessorientiert*: Wie können zwei Unternehmen möglichst einfach, schnell und systematisch eine Integration ihrer Prozesse durch den Austausch von XML-Nachrichten erreichen?

RosettaNet entstand in der IT-Industrie in den USA

Die Anwort von RosettaNet heißt PIP – *Partner Interface Process*. PIPs spezifizieren, wie vernetzte Anwendungen zusammenarbeiten, um kollaborative Geschäftsprozesse entlang der Lieferkette in der IT-Industrie abzuwickeln. Teil dieser Spezifikation sind Dictionaries (Wörterbücher) für technische Spezifikationen und organisatorische Eigenschaften sowie deren zulässige Datenwerte. Ein weiterer Teil dieser Spezifikation besteht aus einer Sammlung vorgefertigter Protokolle, die zwischen RosettaNet-konformen Anwendungen abgewickelt werden können.

PIP – Partner Interface Process

PIPs werden in einem vierstufigen Prozess entsprechend Abbildung 17-22 entwickelt:

- Im ersten Schritte erfolgt die *Analyse des bestehenden Geschäftsmodells* zwischen Herstellern, Vertrieb, Händlern, Kunden, Spediteuren, Finanzinstituten etc. Das Ergebnis dieses Schritts hat Dokumentationswert und erleichtert die Planung des Übergangs zum Soll-Prozess.
- Der *Soll-Prozess* definiert im zweiten Schritt, auf welche Weise Partner in Zukunft E-Business treiben wollen. Auch hier liegt noch ein informelles Modell vor.
- Im dritten Schritt wird ein *PIP für den Soll-Prozess* erstellt. Er umfasst Partnerrollen wie Käufer, Verkäufer, Fertigung, Kataloghersteller usw. PIPs definieren vor allem die Interaktionen zwischen diesen Rollen. Dieser Entwurf nennt sich *PIP-Blueprint*. Er wird von den beteiligten Unternehmen gemeinsam erstellt und verabschiedet. Auf der Ebene des Blueprints ist noch keine Implementierungsvorschrift fixiert, dies wird der IT-Abteilung eines jeden Unternehmens überlassen.

Abb. 17–22

Methodik zur Entwicklung
von RosettaNet PIPs

Aus dem Blueprint wird ein *PIP-Protokoll* erzeugt. Es legt fest, wie die Kommunikationsanwendungen zusammenarbeiten müssen, um den Prozess auszuführen. Die PIP-Spezifikation dient den Softwareentwicklern der beteiligten Unternehmen als Implementationsvorschrift.

	Prozessmodell	Domäne	Austausch	
1	Ist-Prozesse	Organisationen und Partner	Geschäftsdaten in beliebigem Format	
2	Soll-Prozesse	Organisationstyp in der Lieferkette	Geschäftsdaten Datenelemente	
3	PIP	Organisatorische Rollen In der Lieferkette	Geschäftsdaten Datenelemente	**Blueprint**
4	Kommunikations-prozesse	Softwarekomponenten in Kommunikations-netzen	Elektronische Nachrichten	**Protokolle**

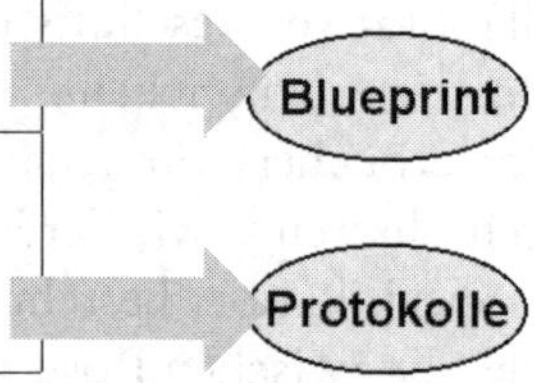

Als Teil des Entwicklungs-Frameworks enthält RosettaNet zwei Verzeichnisse: Das erste umfasst technische Spezifikationen für Datenelemente und Elementgruppen, die zwischen den Partnern ausgetauscht werden. Diese sind den XML-Komponenten der xCBL ähnlich. Das zweite enthält Geschäftsdaten (Business Properties), die zur Konstruktion von PIP-Blueprints erforderlich sind. Schließlich steht mit eigenen Softwarekomponenten eine Umgebung zur Verfügung, über die RosettaNet-Prozesse gemeinsam ausgeführt werden können.

Entwurfsprozess   Der gesamte Entwurfsprozess dient somit dem Ziel, systematisch von der Analyse über die Spezifikation bis zur Implementierung die B2B-Integration zu unterstützen. Dabei ist ein stufenweiser Einigungsprozess vom »Handschlag der Chefs« bis zum Austausch von XML-Nachrichten vorgesehen. Die folgende Liste zählt diese Einigungsschritte auf:

- Kooperationsvereinbarung zwischen Geschäftspartnern (Partner Business Agreement)
- Vereinbarung von Geschäftsszenarien (Business Scenario Agreement)
- PIP-Szenario-Vereinbarung (PIP Scenario Agreement)
- Vereinbarung von PIP-Service-Konfigurationen

■ Vereinbarung von PIP-Protokollen, -Sicherheitslevels, -Steuerungen und -Überwachungen

Die Schritte 1-4 werden als PIP-Konfiguration bezeichnet und der letzte als PIP-Implementation. Die ersten Vereinbarungen erfolgen zwischen Anwendern, die in die betreffenden Prozesse involviert sind (Vertriebsleute, Einkäufer etc.), während sich Entwickler auf die Vereinbarungen in Stufe 5 einigen. Als Übergabedokument dient dabei der PIP-Blueprint.

RosettaNet basiert im Wesentlichen auf UML zur Modellierung und XML beim Datenaustausch. Es greift nicht allzu sehr in die technische Realisierung der Kommunikation ein, um den Partnern hier Autonomie zu gewähren. Ähnlichkeiten zu ebXML und BizTalk finden sich vor allem im Bereich der Vereinbarungen, die bei den anderen beiden Architekturen noch stärker formalisiert wurden.

Im Vergleich zum Universal EDI ist die Vorgehensweise bei RosettaNet ganz ähnlich: Schrittweise erfolgt ein Top-down-Abstieg von Prozessmodellen hin zur technischen Integration. Auch die Integration mit den Modellen, Schnittstellen und Schemata von ebXML ist denkbar.

Abschließendes zu den B2B-Frameworks

Auch wenn es noch unterschiedliche Beschreibungssprachen, Schnittstellen und Protokolle bei den B2B-Frameworks gibt, ist dennoch zu erkennen, wie die Entwicklung zunehmend über die Spezifikation von Partnerprofilen und Vereinbarungen auch Fragen der Rollen- und Prozessdefinition mit einschließt. Entsprechend sind wir jetzt bei der vierten Stufe der Integration angelangt – einer technischen Unterstützung bei der Einrichtung von Geschäftsbeziehungen über das Internet.

Abb. 17–23

B2B-Integration mit Unterstützung des Aufbaus von Kommunikationsbeziehungen

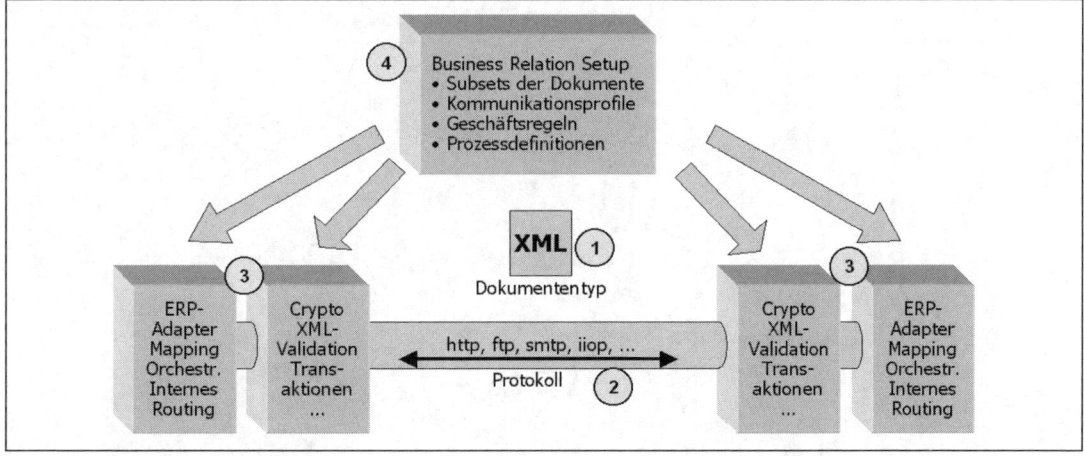

Der nächste Schritt besteht nun in der Einbeziehung von Anwendungs-komponenten und -diensten, welche die Integration zwischen Unternehmen weiter unterstützen. In diesem Zusammenhang unterscheiden wir zwischen relativ spezialisierten Komponenten wie beispielsweise Katalogen und eher allgemeinen Plattformen wie z.B. Informations-portalen oder die Marktplatzsysteme von Herstellern wie Commerce One oder Ariba.

18 Anwendungen zur B2B-Integration

In diesem Kapitel werden wir uns mit Informationsportalen, Produkt-katalogen, Börsen-, Auktions- und Ausschreibungssystemen sowie mit elektronischen Verträgen beschäftigen – alles Anwendungen, die auf eines der zuvor beschriebenen oder auf proprietäre Frameworks zur B2B-Integration aufsetzen.

18.1 Informationsportale

Die am häufigsten anzutreffenden, gleichzeitig aber auch die Leichtge-wichte unter den Portalen sind Informationsportale, die sich größten-teils auf redaktionelle Inhalte konzentrieren (z.B. *Industrie.de* oder *Industrieportal.at*). Hier stehen Brancheninformationen, generelle Wirtschaftsnachrichten, Statistiken und ähnliche Reports im Vorder-grund. Informationsportale unterstützen keine Handelstransaktionen und auch keine anderen zwischenbetrieblichen Prozesse. Häufig mar-kieren Informationsportale strategische Einstiegspunkte in die Welt der B2B-Portale, um zunächst zu lernen und spätere Phasen umfang-reicherer B2B-Unterstützung vorzubereiten. Dabei kann festgestellt werden, dass viele Portale noch aus den Jahren 1999/2000 herrühren und mehrheitlich unprofitabel sind.

Viele »Marktplätze« sind lediglich Informationsportale

Nicht selten basieren Informationsportale auf dem bereits beste-henden Informationsfundus und Redaktionsprozess von Zeitungs- und Zeitschriftenverlagen (z.B. der Konradin-Verlag bei *Industrie.de*). Somit ist der Einstieg in den Portalbetrieb vergleichsweise einfach. Umsätze werden daher nur angestrebt durch Banner-Werbung sowie das Listen von Herstelleradressen. Erst im zweiten Schritt ist dabei die Veröffentlichung von Produktkatalogen vorgesehen. Dennoch ist zu erwarten, dass sich Hersteller von A-Gütern im B2B-Bereich nicht auf den Betrieb eines Shops als Teil einer Mall einlassen werden, da bei A-Gütern die Bindung zwischen Anbieter und Kunde entlang der Liefer-

Informationsportale werden oft von Verlagen betrieben

kette sehr viel stärker ist als etwa beim personalisierten Online-Shopping.

Der Betrieb eines öffentlich zugänglichen Online-Katalogs ist beim B2B meistens dort angebracht, wo C-Güter verkauft werden bzw. wo keine wesentlichen Unterschiede zwischen Geschäfts- und Privatkunden bestehen. Beispiele sind Buchhändler, Anbieter von Mietwagen, Büroartikeln oder sonstigen Gütern, die eher sporadisch gekauft werden.

18.2 Austausch von Katalogdaten

Im Gegensatz zum B2C-Commerce werden Katalogdaten beim B2B-Commerce zu Beginn einer Geschäftsbeziehung vom Anbieter an den Kunden ausgeliefert. In der Regel liegt dann die Katalogsoftware auf dem Web-Server des Kunden vor. Daher kann die Bereitstellung des Katalogs und seine Nutzung sehr viel komplexer sein als das Stöbern nach Büchern bei Amazon.

Bestellen, nicht bezahlen   Ein weiterer Unterschied ist die Entkopplung vom Bestellmodul eines klassischen Online-Shops. Im B2B-Umfeld reicht es für den Anbieter häufig, den Katalog lediglich als Informationsträger einzusetzen und nicht als Softwarekomponente im Online-Shop. Damit entfällt auch die direkte Kopplung mit den Bestell- und Zahlungsmodulen.

Der technische Transfer von Katalogdaten ist abstrakt zu verstehen, d.h. unabhängig von der Frage, wer Kataloge austauscht, welche Informationen ausgetauscht werden, wann die Informationen gesendet werden usw. Diese Unterscheidung entspricht gerade der Trennung in Functional Service View (Transfer, Protokolle) und Business Operational View (wer, was, wann?). In der Regel sind es Anbieter, die die Katalogdaten zum Kunden senden. Dabei können dies Endkunden sein, also die Unternehmen, die anschließend auch bestellen werden, oder Portale, welche die Kataloginformation integrieren mit der anderer Anbieter. Umgekehrt sind auch auf der Anbieterseite Portale denkbar, die Katalogdaten sammeln, integrieren und in dieser Form an ihre Kunden weiterleiten. Alle Konstellationen der Abbildungen 18-1 und 18-2 sind somit denkbar.

B2E-Commerce   Schließlich ist ferner zu klären, wer die Katalogdaten auf welche Weise benutzt. Beim Empfänger sind hier die Einkaufsabteilung und die Mitarbeiter zu unterscheiden (»B2E-Commerce«). Die Beschaffungsabteilung nutzt die Daten zur Aktualisierung ihres internen Katalogs, der im Intranet für die Mitarbeiter zugänglich ist. Dabei sind verschiedene Fragestellungen zu berücksichtigen: Welcher Mitarbeiter soll welche Produkte bestellen können? Welche Produkte sind daher intern anzuzeigen – beispielsweise nur das preiswerteste einer Kategorie oder alle? Ist eine Bestellung automatisch an den Anbieter zu leiten oder muss sie erst von der Einkaufsabteilung genehmigt werden? Wo sind die Grenzen zwischen diesen Verfahren zu setzen? Diese Fragen zum E-Procurement werden weiter unten in Kapitel 18.7 behandelt.

Ein Katalog ist im Gegensatz zur allgemeinen Nutzungsform beim B2C-Commerce nicht als Online-Service zu verstehen, sondern eher im Sinne der papiernen Preisliste als Dokument. Sie wird auch heute in vielen Branchen noch auf CD-ROM ausgetauscht, da der Artikeldatenbestand vieler Anbieter durchaus CD-füllend sein kann. Dieses Dokument kann diverse Informationen enthalten: Wer wem etwas anbietet, auf welchen Zeitraum dieses Angebot befristet ist, Nutzungseinschränkungen bzgl. der Katalogdaten – er darf z.B. nicht an Dritte weitergegeben werden – sowie eine Liste der Artikel. Diese wiederum enthält Produktattribute, Preise und Preisstaffeln sowie Referenzen zu anderen Artikeln desselben Katalogs oder sogar denen anderer Hersteller.

Die Katalogsoftware lässt üblicherweise unterschiedliche Suchverfahren zu, um zum gewünschten Artikel zu gelangen:

▨ Die *Stichwortsuche* entspricht der Nutzung einer Suchmaschine, es werden Begriffe oder Kombinationen daraus eingegeben. Natürlich kann auf diese Weise kein Papier mit einem Flächengewicht von <= 40 g gefunden werden.

▨ Das *Blättern* erfordert eine vorgegebene Hierarchie auf der Basis einer Artikelgruppenbildung. Dieser Vorgang ist dann sinnvoll, wenn der Nutzer noch nicht weiß, nach welchen Kriterien er suchen kann und zunächst einen allgemeinen Einstieg benötigt. Das Blättern kann jedoch sehr zeitaufwendig werden, wenn eine große Zahl Kategorien auf diese Weise durchforstet wird.

▨ *Parametrische Suche*: Hier schränkt der Nutzer durch vorgegebene Wertebereiche (z.B. "<=40 g") die Resultatmenge ein. Der FontExplorer (Kapitel 10.4) oder *www.Mobile.de* sind typische Beispiele für diese Vorgehensweise.

Ein Standard-Katalogformat sollte dabei folgende Aspekte einschließen:

▨ *Artikelbeschreibung.* Diese kann in natürlicher Sprache erfolgen oder anhand von Attributen. Bei den Attributen ist zu beachten, dass sie kategorienspezifisch sein müssen – d.h., die Schrifttype besitzt Attribute wie Serifenform, Anmutung oder historische Einordnung, während das Rollenoffset-Papier Attribute wie Flächengewicht, Hülsendurchmesser, Beschichtung oder Lauflänge hat. Es ist damit klar, dass das Gremium, welches ein generelles Katalogformat definiert, sich nicht auch noch mit den fachlichen Details sämtlicher Branchen zur Attributstandardisierung beschäftigen kann. Der Übergang vom Allgemeinen zum Speziellen lässt sich jedoch durch das »Ad-hoc«-Referenzieren von XML-Schemata technisch recht einfach bewältigen (siehe Kapitel 7 zum Thema XML). Weiter unten finden wir mit BMEcat und xCBL gängige Beispiele für Artikelbeschreibungen im Rahmen der betreffenden Katalogschemata.

- *Artikelkodierung.* Auch wenn wir jetzt »Rollenpapier« mit eigenen Attributtypen versehen haben, müssen wir es häufig als anbieterunabhängiges Produkt identifizieren können. Wir benötigen also einen einheitlichen Artikelcode, z.B. »24-14-02-02« für Papierrollen. Zu diesem Zweck ist ebenfalls ein Standard erforderlich, der eine umfassende Klassifikation von Produkten leistet. Dies erst führt dazu, dass ein Empfänger einer Nachricht »Rollenpapier« versteht, wenn der Sender »24-14-02-02« sagt. EAN, *eCl@ss* und UN/SPCS sind Beispiele für Artikelkodierungen.
- *Artikelgruppenbildung.* Schließlich kann ein individueller Hersteller seine eigene Bildung von Artikelgruppen vornehmen, indem er – jenseits der Artikelcodes – seinem Artikelstamm ein weiteres Klassifikationssystem »überstülpt«.

Artikel selbst können dabei in unterschiedlichsten Beziehungen zueinander stehen: Sie können sich ersetzen, ergänzen, ablösen. Sie können als Ergänzung erforderlich bzw. optional oder als ein Artikel aus einer Auswahl zulässiger erforderlich sein. Individuelle Artikel können Referenzen zu externen Dokumenten über URLs besitzen (z.B. zu technischen Spezifikationen, Abbildungen oder »Thumbnails« im Rahmen der Katalogdarstellung) oder sich auf Attachments der Katalognachricht beziehen.

Entsprechend der allgemeinen Definition sind es im B2B-Bereich vor allem Computer, die Daten austauschen, und nicht Personen, die mit dem Browser im Internet surfen. Folglich werden Kataloge üblicherweise als EDI-Nachrichten versendet.

Pflege von Katalogen   Kataloge erfordern auf allen Ebenen eine permanente Pflege. Da häufig mehrere tausend Artikel auf dem aktuellen Stand zu halten sind, ist neben der manuellen Aktualisierung auch der Austausch von Daten mit anderen Softwaresystemen erforderlich. Hierbei werden beispielsweise Produktdaten aus der Artikeldatenbank des Unternehmens extrahiert. Gleiches gilt für Preise und Lagerbestände. Ein

Online-Katalog sollte direkt mit der Warenwirtschaft des Unternehmens integriert sein, damit jederzeit für den Kunden erkennbar ist, ob ausreichend Ware für seine Bestellung am Lager ist, und damit gleichzeitig das Auslieferungslager informiert werden kann, wenn ein Kunde online eine Bestellung aufgegeben hat.

Abb. 18–1

Anbieter- und Nachfragerkataloge auf dem elektronischen Markt

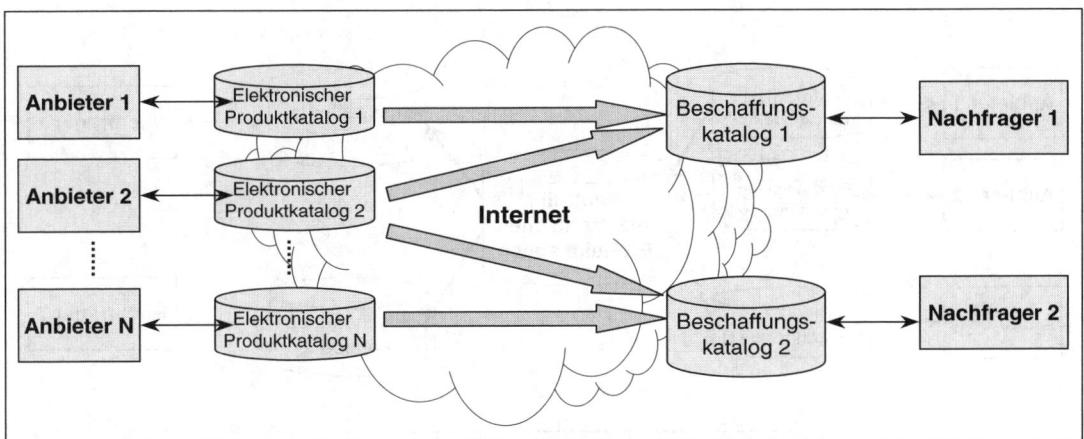

Abbildung 18-1 zeigt schematisch, wie sich heute isolierte Kataloge der Anbieter und Nachfrager auf dem elektronischen Marktplatz gegenüberstehen. Ein Nachfragerkatalog ist dabei ähnlich organisiert wie der eines Anbieters, nur mit dem Unterschied, dass Artikel im Intranet »veröffentlicht« werden, welche die Beschaffungsabteilung vom Anbieter übernimmt.

Bis auf wenige Branchen wie etwa die Tourismusindustrie mit ihren anbieterneutralen Reservierungssystemen ist der Markt heute gekennzeichnet durch herstellerspezifische Kataloge. Dies führt zu einer Vielzahl heterogener Online-Shops, die sich jeweils durch unterschiedliche Angebotstaxonomien, Bezeichnungen, Datentypen und Web-Schnittstellen unterscheiden. Diese Spezialisierung erlaubt zum einen die Darstellung des eigenen Angebots nach individuellen technischen Maßgaben und der Corporate Identity des Unternehmens. Zum anderen erschwert diese Intransparenz gleichzeitig den direkten Vergleich konkurrierender Angebote. Diese Intransparenz gilt sowohl für Kunden als auch für Softwareagenten, die zwar effizienter Preise vergleichen können, dies jedoch nur bei einer homogenen Repräsentation der Produkte.

Kaum neutrale Katalogsysteme

Für die nächsten Jahre ist jedoch zu erwarten, dass sich die Spezifikation für Standardprodukte aufgrund der schon erwähnten »Commoditization« weiter vereinheitlichen wird. Dies kann dann zur Domi-

Mit der Commoditization von Produkten kommen die Standardformate

Abb. 18–2

Die Rolle des neutralen elektronischen Produktkatalogs

nanz neutraler Kataloge führen, die nicht einfach nur auf die unterschiedlichen Web-Angebote der Hersteller verweisen (wie heute etwa Yahoo oder Web.de), sondern über standardisierte Artikeleigenschaften eine herstellerübergreifende parametrische Suche unterstützen.

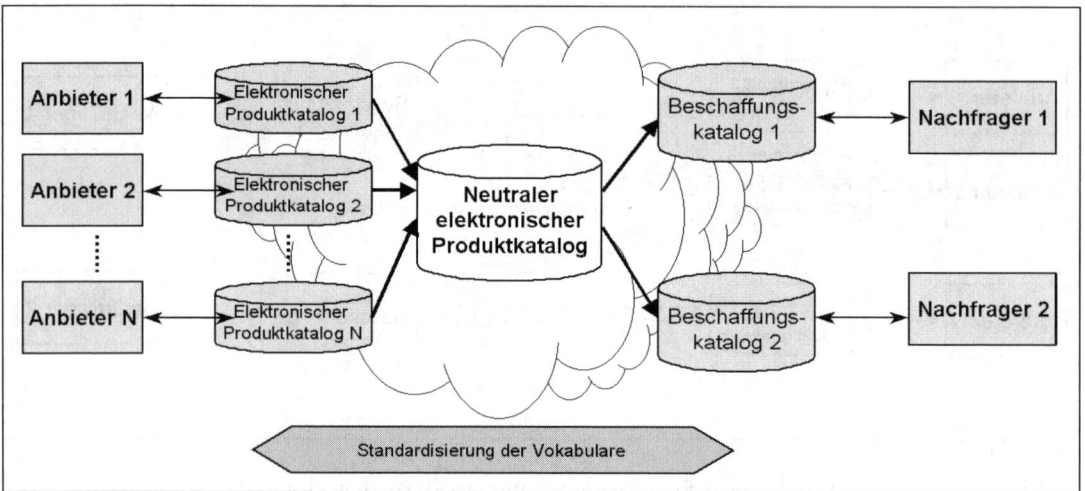

Eine einheitliche Referenzausstattung des VW-Golf würde dann beispielsweise über den Preis der vertretenen Händler sortierbar sein. Derart integrierte Produktkataloge sind jedoch nicht kurzfristig für beliebige Produkte zu erwarten, da hier die wesentliche Hürde im Integrationsaufwand der Angebote liegt: Entweder ist eine N:1-Konvertierung der verschiedenen Anbieter zur Darstellung des Katalogs erforderlich oder die Anbieter standardisieren eine einheitliche Darstellung, die sie jeweils intern verwenden. Die Abbildung der jeweiligen Vokabulare bzw. Ontologien dürfte hierbei jedoch das größte Problem darstellen. Solche Standardisierungsprozesse können Jahre erfordern, wie die Erfahrungen im Bereich des elektronischen Datenaustauschs zeigen. Weiter unten sehen wir einige Bestrebungen zur Vereinheitlichung von Katalogvokabularen.

Katalognachrichten bei EDIFACT

Je nachdem wie strikt die Trennung in Artikeldaten und Preisdaten ist, lassen sich Kataloge auf diese Bestandteile einschränken. Ähnliches findet man beim EDIFACT-Standard, der zwischen Nachrichten wie PRICAT (Price Catalog) und PROCAT (Product Catalog) unterscheidet, bzw. xCBL (ProductCatalog mit den DatenElementgruppen »Price« bzw. »ObjectAttribute«).

Die Zeitpunkte der Übertragung unterschiedlicher Bestandteile der Katalogdaten können weit auseinander fallen: Während die Produktinformation in großen Abständen aktualisiert wird, kann dies bei Preisdaten sogar täglich erforderlich sein – denken Sie z.B. an Preise für PCs oder deren Komponenten.

Im Folgenden wollen wir uns zwei gängige XML-Schemata für Kataloge genauer ansehen, der erste – BMEcat – wurde in Deutschland entwickelt, der zweite ist Bestandteil der xCBL (Common Business Library) von Commerce One. Beide liegen in XML vor, BMEcat ist mit Hilfe einer XML-DTD, xCBL mit SOX (Schema for Object-oriented XML) definiert worden.

18.2.1 Beispiel für ein Standard-Katalogformat: BMEcat

BME steht für »Bundesverband Materialwirtschaft, Einkauf und Logistik e.V.«, eine Organisation, die sich u.a. mit der Optimierung von Beschaffungsprozessen großer Mitgliedsunternehmen beschäftigt. An der Standardisierung haben u.a. BMW, Bayer, Höchst, Deutsche Telekom und Siemens teilgenommen. Die Spezifikation BMEcat ist von der Fraunhofer-Gesellschaft sowie der Universität Essen in Verbindung mit dem BME entwickelt worden und steht im Internet unter *www.bmecat.org* zur Verfügung.

Im Rahmen der BMEcat-Spezifikation werden drei verschiedene Transaktionen (also Nachrichtentypen) unterschieden:

Katalogtransaktionen ...

- *T_NEW_CATALOG*, die Übertragung eines neuen Katalogs, der ggf. vorherige Versionen ersetzt.
- *T_UPDATE_PRODUCTS*, die Aktualisierung von Produktdaten zu einem bereits eingespielten Katalog.
- *T_UPDATE_PRICES*, die Aktualisierung von Artikelpreisen, ebenfalls zu einem eingespielten Katalog.

Allen drei Nachrichtentypen liegt ein gemeinsames *Header-Format* zugrunde. Die wesentlichen Elemente sind hier:

... und -datenformate

- *Parteien.* Ein Katalog wird von einem Anbieter an einen Kunden geliefert. Deren Adressen und Kontaktinformationen befinden sich gemeinsam im <HEADER> des Dokuments.
- *Allgemeine Informationen* wie die Währung, die Sprache, die Version des Katalogs, der territoriale Gültigkeitsbereich sind ebenfalls als Teil des <HEADER> abgelegt.
- Zusätzliche *Preisinformationen* (Preise sind brutto/netto, inkl./exkl. Lieferung etc. darstellbar).

- Ein Katalog kann sich auf mehrere <AGREEMENTS> beziehen, d.h., *Rahmenverträge*, denen zufolge Preise für die nachfolgenden Artikel zustande kamen.

- Der <HEADER> kann unter dem Element <USER_DEFINED_ EXTENSIONS> beliebig erweitert werden. Im Sinne von XML besteht hier die »Hintertür« des Datentyps »ANY«, um anwenderspezifische Substrukturen einzubetten.

Alle drei Nachrichtentypen besitzen neben dem Header eine *Liste von Artikeldaten*. Diese Daten umfassen unter anderem:

- *Artikeldetails.* Hierunter sind Kurz- und Langbeschreibung, Hersteller, Herstellernummer, EAN-Code, Artikelnummer des Anbieters, Kunden und Herstellers, Warengruppen-IDs in den ERP-Systemen des Lieferanten und Kunden, Lieferzeit in Tagen, Schlagworte, Einordnung des Artikels in Katalogsegmente und weitere Datenfelder zu verstehen.

- *Artikeleigenschaften.* Da nicht alle Eigenschaften eines Artikels mit Hilfe der Standardattribute beschrieben (geschweige denn formal spezifiziert) werden können, benötigt der Anbieter einen flexiblen Mechanismus, weitere Produktattribute in eine Name/Wert-Liste einzubetten. Diesem Zweck dient das Element <ARTICLE_FEATURES>, in das mehrere <FEATURE>-Elemente eingebettet sein können.

- *Bestellkonditionen.* Je nach Artikel können ganz unterschiedliche Bestell-, Mengen- und Verpackungseinheiten definiert werden. Mindestbestellmengen und Mengenstaffeln legen fest, in welcher Menge die Bestelleinheit orderbar ist.

- *Preisinformationen.* Hier legt der Anbieter den Artikelpreis, die Preisart (brutto/netto, Listen-/Kundenpreis), eine abweichende Währung, Mehrwertsteuersatz, Rabatt und andere Details fest.

- *Multimediale Zusatzdaten.* Fotos, Grafiken und technische Dokumentationen lassen sich als MIME-Extension an den Katalog bzw. die E-Mail hinzufügen. Diese können im JPEG-, GIF-, PDF- oder anderen Formaten vorliegen. Aus dem Katalog heraus referenziert man die Dokumente über das Element <MIME_INFO> und seine Subelemente.

- *Benutzerdefinierte Erweiterungen.* Auch hier kann der Anbieter eigene Elementtypen unter <USER_DEFINED_EXTENSIONS> einfügen.

- *Artikelreferenzen.* Wie bereits oben beschrieben, dient dieser Bereich zur Verzahnung des Artikels mit anderen Artikeln über Referenztypen wie »Ersatzteil«, »Ähnliches Produkt«, »Nachfol-

ger«, »Notwendiges Zusatzprodukt«, »Notwendige Auswahlpro-
dukte« oder andere.

Bei sehr umfangreichen Katalogen ist es sinnvoll, die enthaltenen Artikel zu strukturieren, indem Artikelgruppen und Untergruppen definiert werden. Dabei nimmt der Katalog eine hierarchische Struktur aus
Knoten an. Diese Knoten lassen sich in XML als lineare Liste definieren, wobei jeder Knoten eine eindeutige ID besitzt sowie einen Verweis
auf die ID des Vater-Knotens. Anwendungssoftware wie ein Online-
Shop ist dadurch in der Lage, die Hierarchie nach Empfang der Kno-
tenliste wieder herzustellen. Wenn Artikelgruppen verwendet werden,
müssen die einzelnen Artikel-Datenelemente die ID der betreffenden
Artikelgruppe referenzieren. Dies erfolgt über eine N:M-Verknüpfung,
die durch eine Liste von <ARTICLE_TO_CATALOGGROUP_MAP>-
Elemente geleistet wird.

*Flexible Kombination von
Produktinformationen*

Der Empfänger des Katalogs kann also zunächst von seiner Katalogsoftware die Hierarchie von Artikelgruppen aufbauen lassen, dann
alle Artikel laden und abschließend die Zuordnung der Artikel anhand
dieser Tabelle durchführen.

Bei umfangreichen Katalogen können verschiedene Artikel mit
Hilfe der gleichen Artikeleigenschaften spezifiziert werden. Dazu lassen sich für diese Merkmalsgruppen Templates definieren, die eine
Liste zulässiger Ausprägungen der Einzelmerkmale vorgeben. Man
stelle sich vor, ein Auto zu bestellen, dann würde man beispielsweise
eine <FEATURE_GROUP> namens »TechnischeDaten« festlegen, die
zwei <FEATURE_TEMPLATE> definiert: »Höchstgeschwindigkeit«
und »Verbrauch«. Unter »Höchstgeschwindigkeit« wäre als zulässiges
Maß »km/h« definiert und unter »Verbrauch« »Liter« usw.:

*Features und
Feature Groups*

```
<FEATURE_GROUP>
    <FEATURE_GROUP_ID>123</FEATURE_GROUP_ID>
    <FEATURE_GROUP_NAME>TechnischeDaten</FEATURE_GROUP_NAME>
    <FEATURE_TEMPLATE type="free_entry">
        <FT_NAME>H%ouml;chstgeschwindigkeit</FT_NAME>
        <FT_UNIT>kmh</FT_UNIT>
        <FT_ORDER>1</FT_ORDER>
    </FEATURE_TEMPLATE>
    <FEATURE_TEMPLATE type="defaults">
        <FT_NAME>Verbrauch</FT_NAME>
        <FT_UNIT>l</FT_UNIT>
        <FT_ORDER>2</FT_ORDER>
    </FEATURE_TEMPLATE>
</FEATURE_GROUP>
```

Abb. 18–3

XML-Schema des
BMEcat-Katalogs

Entsprechend der skizzierten Struktur von Katalogen ist das Schema organisiert. In Abbildung 18-3 sehen wir lediglich den Wurzelbereich von »NEW_CATALOG«. Insbesondere unter T_NEW_CATALOG kann man die oben beschriebenen Hauptgruppen erkennen.

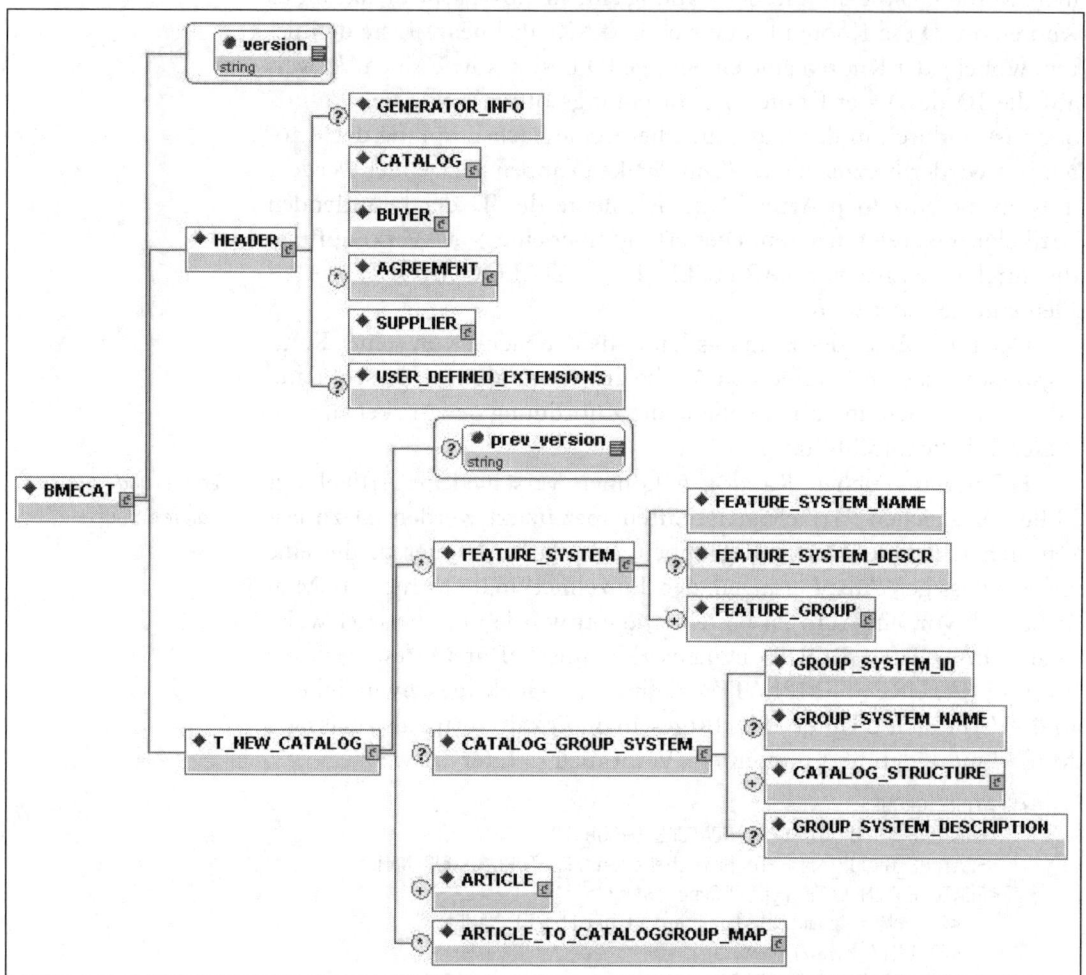

18.2.2 Beispiel für ein Katalogformat auf der Basis von xCBL

xCBL beschränkt sich als Baukasten aus Dokumentenbestandteilen nicht nur auf Katalogdaten, sondern schließt eine Vielzahl weiterer Transaktionen ein (siehe hierzu auch Kapitel 17.3). Im Folgenden sehen wir uns also nur einen Ausschnitt der xCBL an, der Katalognachrichten definiert. Der <ProductCatalog> umfasst – wie BMEcat – sowohl Produkt- als auch Preisinformationen. Auf ganz ähnliche

Weise lassen sich Artikel zudem einer Gruppenstruktur zuordnen sowie mit Hilfe frei wählbarer Feature-Listen erweitern.

Allen möglichen Substrukturen dient dabei <ProductCatalog> als Wurzelelement. Die direkt untergeordneten Elemente sind

- *CatalogHeader.* Hier liegen ebenfalls administrative Daten zum Anbieter, Kunden und ggf. zu anderen relevanten Teilnehmern (z.B. dem Auslieferungslager) vor. Währung, Sprache, Version, zeitliche Gültigkeitsbeschränkungen entsprechen im Wesentlichen der BMEcat-Spezifikation. Durch die Möglichkeit, z.B. mehrere Anbieter zu einem Katalog zusammenzufassen, übersteigt xCBL sogar noch die Ausdrucksfähigkeit des BMEcat – gerade dies ist ja auch im Interesse eines Anbieters von Marktplatzsoftware wie Commerce One!

- *CatalogSchema* liefert zusätzliche Informationen zur Art der Strukturierung von Kataloginhalten. Hier ist beispielsweise festgelegt, ob der Katalog dem UN/SPSC oder *eCl@ss*-Schema folgt. Darüber hinaus kann ein Kategorienschema definiert werden (siehe unten).

- *CatalogData* beinhaltet die Artikeldaten des Katalogs. Hierbei greift die Katalogdefinition von xCBL auf eine Produktdefinition zurück, die Artikelcodes, Beschreibungen, Gültigkeitsfristen, Preis- und Bestellinformationen, Beziehungen zu anderen Produkten sowie anwenderspezifische Attribute umfassen.

Als Entsprechung der Artikelgruppendefinition beim BMEcat lassen sich SchemaCategory-Elemente verwenden, die durch Referenzen auf die Vater-Kategorie ebenfalls eine hierarchische Struktur etablieren. Zusätzlich zum BMEcat erlaubt xCBL, je Kategorie eine Liste von Attributtypen (CategoryAttribute) zu definieren. Dies ermöglicht, ausgehend von der Wurzel hin zur Blatt-Kategorie, immer spezialisiertere Attribute zu definieren. So kann man beispielsweise auf Wurzelebene »Gewicht« als Attribut definieren, wenn jeder Artikel darüber verfügen soll. Ein Attribut wie »Rotationsgeschwindigkeit« würde man hingegen weiter unten in der Hierarchie definieren für alle untergeordneten Produkte.

Vererben von Attributtypen

Vergleich von BMEcat und xCBL

Im Vergleich kann man sagen, dass xCBL und BMEcat trotz unterschiedlicher Vokabulare ähnlich mächtig in der Ausdrucksweise sind: Beide können Artikelgruppen hierarchisch definieren, beide können Templates für die Ausprägung von Attributen vorgeben sowie vielfältige Detaildaten zum Katalog selbst (Header) bzw. zu den Artikeln und

xCBL ist besser verzahnbar mit anderen Dokumententypen

ihren Preiskonditionen vorhalten. Während ein Vorteil von BMEcat in der katalogübergreifenden Referenzierung von Artikeln liegt, besteht der Vorteil von xCBL in seiner Integration in ein weitaus umfangreicheres Universum von Dokumentbausteinen.

18.2.3   Standards für Produktcodes

Die tägliche Arbeit vieler EDI-Programmierer

Mit der zunehmenden Vereinheitlichung von Softwaresystemen, speziell im Internet- und ERP-Bereich, lassen sich Anwendungen aufgrund des Standardisierungseffekts erheblich leichter integrieren als früher. Entsprechend der im XML-Kapitel eingeführten drei Ebenen zur Repräsentation von Dokumenten lässt sich beispielsweise »XML« der Repräsentationsebene und BMEcat der Anwendungssprache zuordnen. Was jedoch noch offen bleibt, ist die genaue Festlegung der *Bedeutungen* einzelner Datenwerte: Wir können zwar mit Hilfe von XML-Schema festlegen, welchen Datentyp »ProductCode« haben soll und wie dieser formatiert ist, aber was der Wert »4711« genau bedeutet, ist nicht aus dem Schema ableitbar. Genauso können wir ohne weiteres nicht wissen, was »4711« beim Hersteller X bedeutet bzw. bei Y.

Es wird erwartet, dass eine Standardisierung von Produktcodes am Ende zu einer ähnlichen Effizienzsteigerung führt wie die Nutzung einheitlicher Datenformate. Dies gilt natürlich insbesondere für alle Daten, die zwischen Unternehmen ausgetauscht werden.

Codes zur Identifikation und zur Klassifikation

Allgemein kann unterschieden werden zwischen Identifikations- und Klassifikationscodes:

- *Indentifikationscodes* werden verwendet, um ein Objekt eindeutig zu benennen. Es existiert also eine 1:1-Beziehung zwischen dem Code und dem Objekt. Dies gilt z.B. für den Barcode auf dem IBM-Laptop, eine Containernummer oder die eingestanzte Fahrgestellnummer.
- *Klassifikationscodes* werden zur Gruppierung individueller Objekte zu einer Kategorie verwendet. Durch die Klassifikation sind diese Objekte Mitglied einer Klasse. Diese wiederum können zu allgemeineren Klassen zusammengefasst werden, ganz im objektorientierten Sinne. Klassifikationscodes und ihre Beziehungen untereinander dienen im Zusammenhang von Katalogen der Navigation und Aggregation.

Klassifikationssysteme für Produkte zu erstellen ist ein langwieriges Unternehmen: So setzt sich z.B. das *eCl@ss-System* aus über 14.000 Kategorien zusammen. Wenn dann auch noch kategorienspezifische Attributtypen (Feature Types und Feature Sets) hinzukommen, kann abgeschätzt werden, welche Komplexität eine industrieweite Standardisierung annehmen kann.

UN/SPSC

Dun & Bradstreet ist ein Unternehmen, das sich seit 150 Jahren mit der Entwicklung von Standards für Informations- und Finanzdienstleister beschäftigt. In Verbindung mit der UN sowie mit anderen Partnern konzentrierte man sich seit den siebziger Jahren auf die Ausweitung dieser Aktivitäten auch auf Produkt- und Dienstleistungscodes. Dieser Standard lautet UN/SPSC – Standard Product and Services Classification Code – und basiert auf verschiedenen zuvor verwendeten Codes der beteiligten Organisationen, d.h.

- dem *United Nation's Common Coding System* (UNCCS), das selbst wiederum auf dem United Nations Common Procurement Code (CPC) basiert, sowie
- dem Dun & Bradstreet's *Standard Product and Services Classification Code* (SPSC).

UN/SPSC ist eine hierarchische Klassifikation mit fünf Ebenen. Jede Ebene besteht aus einem zweistelligen Nummernschlüssel und einem Beschreibungstext:

Fünf Ebenen zur Klassifikation

- Ebene 1: »Segment«. Die logische Aggregation von Familien für Auswertungszwecke.
- Ebene 2: »Family«. Eine Gruppe von miteinander in Beziehung stehenden Produktkategorien.
- Ebene 3: »Class«. Eine Produktgruppe für einen gemeinsamen Verwendungszweck oder eine Funktion.
- Ebene 4: »Commodity«. Eine Gruppe austauschbar einsetzbarer Produkte oder Dienstleitungen.
- Ebene 5: »Business Function«. Die Funktion, die eine Organisation im Hinblick auf das Produkt beiträgt.

Beispiel einer Produktkategorie

Als Beispiel soll das Produkt »Nachfüllpatrone« (»pen refill«) klassifiziert werden. Dazu wird die Hierarchie zunächst vom Segment »Office Equipment, Accessories, and Supplies«, über »Office Supplies« und »Ink and lead refills« bis zur Kategorie »Pen refills« heruntergebrochen.

```
Hierarchie    Kategorienummer und -name
Segment       44 Office Equipment, Accessories, and Supplies
Family           10 Office Machines and their Supplies and Accessories
                 11 Office and desk accessories
                 12 Office Supplies
Class               15 Mailing supplies
                    16 Office supplies
                    17 Writing instruments
                    18 Correction media
                    19 Ink and lead refills
Commodity              01 India ink
                       02 Lead refills
                       03 Pen refills
```

Nachfüllpatronen erhalten damit die Nummer »44-12-19-03«. Da die »Business Function« optional ist, wurde im Beispiel auf sie verzichtet.

EAN-Codes

EAN – die IP-Adresse für Artikel

Der European Article Number (EAN) Code ist ein typischer Vertreter eines Klassifikationscodes für Artikel, d.h., er kann nicht zur hierarchischen Klassifikation verwendet werden. »Artikel« bedeutet also nicht »Instanz«, sondern »Artikeltyp«, d.h., alle Tintenpatronen eines Herstellers tragen die gleiche EAN-Nummer. Auch sein Namensraum ist hierarchisch aufgebaut, um die Verwaltung der Zuordnung von Codes zu Artikeln zu dezentralisieren. Entsprechend ist er als Nummernraum organisiert, der sich vom Produkttyp über den Hersteller bis zu dessen Artikelcode erstreckt. Es ist quasi eine *IP-Adresse für Artikel*.

Beispielsweise steht der Code »0-39800-08252-7« für den Produkttyp »0«, den Hersteller »39800« sowie die vom Hersteller vergebene Artikelnummer »08252«. Die »7« ist eine Prüfziffer am Ende des Codes.

eCl@ss

Klassifikationsstandard für Artikel

Das Klassifizierungssystem *eCl@ss* hat das Institut der deutschen Wirtschaft in Zusammenarbeit mit führenden nationalen Industrieunternehmen entwickelt. Als Standardsprache für den B2B-Handel soll eCl@ss dabei vor allem Suchmaschinen und Online-Katalogen eine eindeutige Produktidentifikation ermöglichen. eCl@ss ist gekennzeichnet durch einen vierstufigen, hierarchischen Klassifikationsschlüssel für ein aus 14.000 Begriffen bestehendes Schlagwortregister. Somit wird eine detaillierte Suche nach Produkten und Warengruppen für Anbieter und Kunden ermöglicht.

26-07-00-00	Kälte, Eis	Refrigeration, ice
26-07-01-00	Kälte	Refrigeration
26-07-01-00	Tiefkälte	Deep freeze
26-07-01-00	Mittelkälte	Medium cold
26-07-03-00	Trockeneis	Dry ice
26-08-00-00	Kernbrennstoff	Reactor fuel
26-08-01-00	Brennelement	Reactor element
26-08-02-00	Konversion Uran	Conversion uranium
26-08-03-00	Natururan	Natural uranium
26-08-04-00	Urananreicherung	Uranium enrichment
32-11-18-01	Bakterienstamm	Bacterial strain
32-11-18-01	Bakterie	Bacterium
32-11-18-02	Labortier	Lab animal
32-11-18-02	Fisch (Labortier)	Fish (lab animal)
32-11-18-02	Kaninchen (Labortier)	Rabbit (lab animal)
32-11-18-02	Reptil (Labortier)	Reptile (lab animal)
32-11-18-02	Nagetier (Labortier)	Rodent (lab animal)
32-11-18-03	Versorgung (Labortier)	Care (lab animal)
32-11-19-00	Edelmetall (Labor)	Noble metal (lab)
32-11-19-00	Gold (Labor)	Gold (lab)

...

Neben dieser Klassifikation bestand die Arbeit des *eCl@ss-Konsortiums* ferner in der Festlegung von Standardattributen für Produktkategorien (sog. »Merkmalleisten«), so dass ein Artikel »Handtuch« nicht nur anhand seiner Kategorie, sondern auch unter Verwendung von Attributen wie »Material«, »Farbe«, »Größe«, »Gewicht« etc. gesucht werden kann – ganz in der Art des FontExplorers aus Kapitel 10.4. Diese *Merkmale* und *Merkmalleisten* werden für die unterschiedlichsten Materialien und Warengruppen erarbeitet, in einer Datenbank erfasst und gepflegt. Endziel ist es, möglichst zu jedem Klassifizierungsendpunkt von achtstelligen eCl@ss-Nummern eine Merkmalleiste anzufügen. Diese ist charakterisiert als Zusammenstellung einzelner Merkmale, die das zugehörige Material oder die Warengruppe beschreiben (vgl. Abbildung 18-4).

Merkmalleisten

Sobald Merkmalleisten geprüft und freigegeben sind, stehen sie in der Klassifikation eCl@ss zur Verfügung. Man kann sich vorstellen, welcher Arbeitsaufwand damit verbunden ist, wenn bereits die Klassifikation von 6.000 Schrifttypen eine Person über Jahre auslastet ...

Merkmalleisten entsprechen den Feature Groups bei BMECat

Zur Gewährleistung einer allgemein gültigen Beschreibungsform müssen international anerkannte Standards als Grundlage berücksichtigt werden. eCl@ss basiert auf solchen internationalen Normen. Als Basisstandards werden beispielsweise die Arbeiten der ISO 13584 (Industrial Automation Systems and Integration-Parts Library) und die DIN EN 61360 (IEC 1360 Standard Data Element Types with Associated Classification Scheme for Electric Components) sowie die IEC

65B/349/CD (Terms and Structures of Measurement Equipment) eingesetzt. Diese Normen befassen sich ausschließlich mit strukturierter Datenbeschreibung.

Schließlich ist es Anliegen des eCl@ss-Konsortiums, Stichwörter für die erfassten Kategorien zu definieren, so dass am Ende nach den drei oben beschriebenen Suchverfahren – Blättern, Stichwortsuche und parametrische Suche – auf Artikel zugegriffen werden kann.

eCl@ss-Merkmale werden durch Attribute beschrieben, die teilweise durch den Katalogstandard vorgegeben, teilweise kategorienspezifisch zu definieren sind. Die Attribute der Merkmale lassen sich in folgende Gruppen unterteilen:

Abb. 18–4

Merkmalleiste zur Kategorie »Funktelefon«

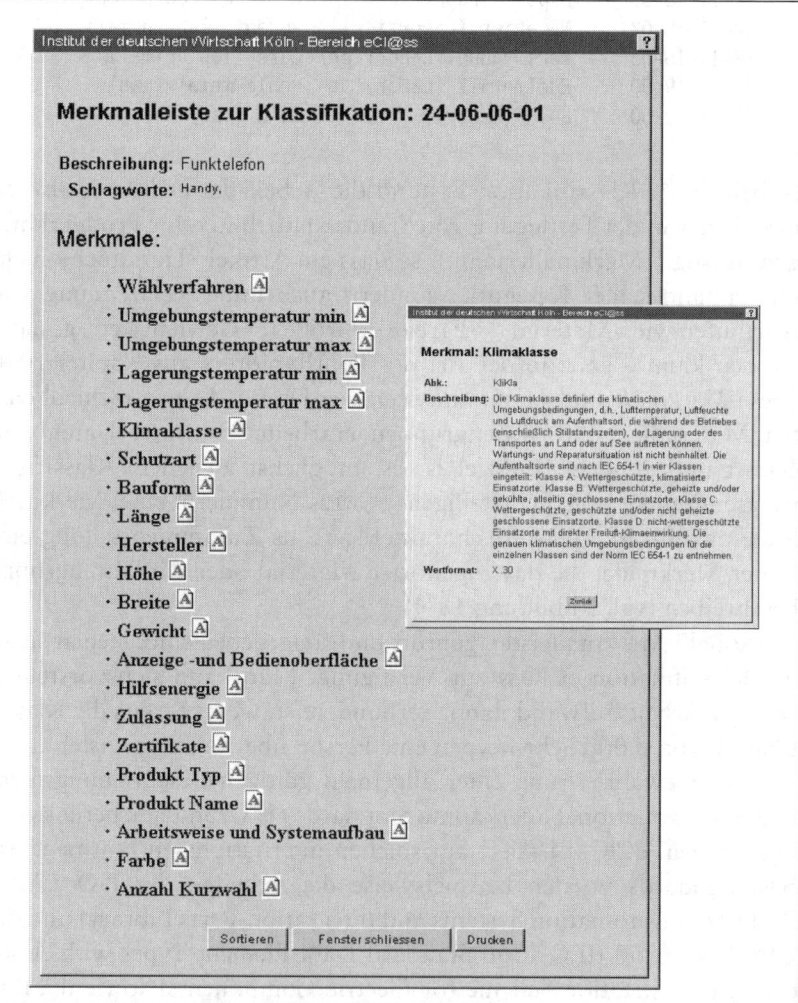

- *Identifizierende Attribute.* Merkmale müssen durch Kennungen und Namen identifiziert werden.
- *Semantische Attribute.* Semantische Attribute beziehen sich auf die inhaltliche Festlegung der Bedeutung eines Merkmals.
- *Attribute der Datenwerte.* Festlegung der Art und Darstellung eines Wertes.
- *Relationale Attribute.* Beziehung der Merkmale zueinander durch Klasse und Zuordnung.

Zusammenfassung

Hinter der Kombination von Identifikationscodes für Artikel sowie Klassifikationscodes zur Einordnung verbirgt sich ein mächtiges Potenzial zur Schaffung höchster, herstellerübergreifender Transparenz. Wenn das Klassifikationssystem zudem erlaubt, Artikel nach Standardmerkmalen im Sinne von eCl@ss zu klassifizieren, so wird der Trend zur Commoditization noch einen erheblichen Schritt weiter getrieben. Möglicherweise ist dann tatsächlich ein Börsenhandel für Schrauben oder Scheinwerfer in vielen Jahren möglich, wenn nur die Liquidität des Marktes es zulässt. Auf jeden Fall herrscht dann auf den jeweiligen Produkt- oder Dienstleistungsmärkten weitaus höhere Preistransparenz, was zunächst die Kundenseite begünstigt.

Erst wenn alle die Standards benutzen ...

Zu beachten ist aber auch, dass andere Qualitätsmerkmale wie Gewährleistungsfrist, Support, Lieferfähigkeit etc. in die Spezifikation einer Ausschreibung eingeschlossen werden, da sich das Gesamtbild sonst zu einseitig in Richtung »billiger Produktion« verschieben würde. Die Frage ist dabei also, inwieweit Qualitätsmerkmale ebenfalls standardisiert werden können. Dabei ist diese Dimension der Qualitätsmerkmale unabhängig von der technischen Spezifikation des Produkts. Ein Beschaffungssystem muss also die drei Dimensionen »Qualität«, »technische Spezifikation« und »Preis« für ein Produkt kombinieren und anschließend im Vergleich bewerten können, um den Beschaffungsprozess weitgehend zu automatisieren.

Von dieser Situation sind wir sicherlich noch mindestens zehn Jahre entfernt! Auch hier gibt es also noch etliche Aufgaben zu bewältigen, bevor ein Marktplatzsystem im Sinne der Online-Börse wirklich »funktioniert«. Dennoch wollen wir diesen Zeitsprung wagen und uns im Folgenden mit Marktplatzsystemen beschäftigen.

... können wir automatisieren!

18.3 Online-Börsen

Wesentliches Merkmal des Börsensystems ist das Matching, d.h. das automatische Zuordnen von passenden Angeboten und Anfragen (bzw. Kauf- und Verkaufsorders). Man stelle sich dazu die Börse als eine Datenbank vor, bei der regelmäßig eine Anfrage wiederholt wird:

```
"Gib mir alle Einträge der Tabelle 'Angebote' sowie alle der Tabelle
'Anfragen', bei denen gilt, dass
    'Nachfrage.Preis' >= 'Angebot.Preis' ist
    und für alle technischen bzw. Qualitätsattribute X gilt:
        'Nachfrage.Attribut X' ist von niedrigerer oder gleicher
        Qualität wie 'Angebot.Attribut X' ".
```

Minimale Transaktionskosten, maximaler Durchsatz

Bei elektronischen Wertpapierbörsen (bzw. *Computerbörsen*) als Ort zur Abwicklung von Finanztransaktionen wurde die Rolle des Menschen im Rahmen der Kursermittlung und -aushandlung im Gegensatz zum Präsenzmarkt durch eine automatisierte Orderverarbeitung und Matching-Funktion vollständig ersetzt. Aus diesem Grunde erfordert eine Computerbörse für den Wertpapierhandel die Normierung verschiedener Prozeduren und Verfahrensweisen. Der hohe Effizienzgrad von Verfahren des börslichen Kassageschäfts hat absolut zu sehr niedrigen Transaktionskosten geführt. Bezogen auf den Transaktionswert liegen sie maximal im Bereich einiger Promille. Die Transaktionskostenunterschiede, die ein Börsenstandort gegenüber Wettbewerbern im In- und Ausland erlangen kann, belaufen sich wiederum auf Bruchteile dieser Werte.

Abbildung 18-5 illustriert schematisch die Orderverarbeitung, bei der von Händlern der angeschlossenen Banken Kauf- oder Verkaufsorders zunächst im *elektronischen Orderbuch* eingetragen werden. Dabei erfolgt eine Gruppierung nach Wertpapierkennnummern und innerhalb dieser eine Sortierung nach ihren Kauf- bzw. Verkaufslimits sowie dem Zeitpunkt ihrer Erfassung.

*Abb. 18–5
Orderverarbeitung bei
Wertpapierbörsen*

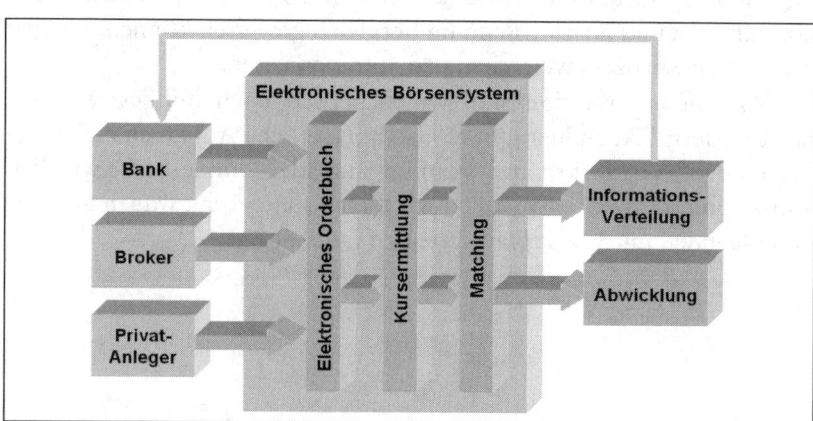

Abgesehen von normierten Daten wie Wertpapierkennnummer und Limit (dem Kurs, von dem an ein Kauf bzw. Verkauf durchzuführen ist) lassen sich z.B. folgende Verfahrensregeln für den automatisierten Wertpapierhandel spezifizieren:

- *Zum Marktpreis.* Der Order wird der Eröffnungskurs zum Handelsbeginn zugeordnet.
- *Stopp.* Hier wird ein Limit angegeben, bei dem die Order aktiviert wird, sobald es überschritten wird.
- *Limitspezifikation.* Durch Angabe eines zweiten Limits wird eine »Spanne« definiert, innerhalb derer eine Order ausgeführt werden soll. Diese Policy soll das System dahingehend steuern, die Marktentwicklung hinsichtlich günstigerer Kurse weiter abzuwarten, wenn ein Limit überschritten wurde.

Weitere Bearbeitungsmodi sind normiert, so etwa die Möglichkeit »vorsichtig« oder »versteckt«, bei der eine Order in mehreren Schritten ausgeführt wird, um eine Verzerrung der Marktverhältnisse zu vermeiden bzw. um eine größere Transaktion durch Stückelung nicht erkennbar zu machen. Im Rahmen der zentralen Funktion der *Kursermittlung* erfolgt bei einer Computerbörse eine algorithmische Abbildung der Vorgehensweise im Präsenshandel. Die Orderausführung *(Matching)* erfüllt die ausführbaren Orders nach ihren Prioritäten und auf dem Markt vorhandenen Quantitäten. Analog der Bearbeitungsmodi bestehen normierte Ausführungs*policies* für diese Phase: »alles oder nichts« definiert eine Order als vollständig oder gar nicht ausführbar; »vollständig ausführen oder zu annullieren« fordert eine Annullierung der Order aus dem Orderbuch, wenn sie nicht ausführbar ist. Die Gesamtheit dieser Modi ist seitens der Computerbörse sowie der Handelsabteilung der zugeschalteten Banken semantisch und syntaktisch standardisiert. Eine Anpassung dieser Softwareinfrastruktur z.B. an die Anforderungen von Fracht- oder Tourismusbörsen war bisher nicht ohne erhebliche Investitionen durchführbar. Aufgrund dieser Spezialisierung beteiligter Softwaresysteme war die Beteiligung am Börsengeschehen nur profitabel für Banken, die mit erheblichen hohen Umsätzen die Investitionen in die Software- und Netzwerkumgebung rechtfertigen konnten.

Kursermittlung und Ausführungspolicies

Heute jedoch drängen Anleger aller Größenordnungen als »Endkunden« immer näher an das Börsensystem heran. Online-Handel mit direkter Einsicht in das Orderbuch über den Heim-PC ist bereits Stand der Technik. Auch die Nutzung eines Börsensystems ist für andere Handelsgüter – technisch betrachtet – möglich. Hier scheitert die Nutzung vor allem an der Liquidität des Marktes (keine genügende, regel-

Disintermediation beim Börsenhandel

mäßige »Zufuhr« von Anfragen und Angeboten, so dass Matches mit hinreichender Verzögerung zustande kommen).

Transportbörsen

Logistik-Dienstleistungen können so komplex sein, dass ein Matching passender Order unwahrscheinlich und technisch auch nicht praktikabel ist. Dennoch lassen sich Segmente identifizieren wie z.B. den KEP-Bereich (Kurier-, Express- und Paketversand bis zu 31 kg), in dem lediglich der Verladetermin, die Transportdauer, der Verlade- und Zielort sowie evtl. Gewicht und Abmessungen festzulegen sind. KEP-Transporte gelten im Logistikbereich als Commodity-Dienstleistungen (im Gegensatz zur Kontraktlogistik für den Transport von Industriegütern).

Selbst die Spezifikation eines KEP-Transports ist komplex

Ein Beispiel für ein solches System ist der skandinavische Logistik-Marktplatz *Delego.com*. Hier können Fernfahrer ihre Leerfahrten eintragen und Kunden nach freien Kapazitäten suchen. Was also normalerweise über langfristige Kontraktbeziehungen zwischen einem Kunden und »seinem« Logistikpartner vereinbart wird, reduziert sich hier auf einen Match. Folglich lässt sich eine solche Börse bis auf weiteres nicht auf die reguläre Versorgung von Kunden mit A-Gütern einsetzen (das Risiko, keinen LKW zu finden, ist zu groß), aber für die restlichen, nicht langfristig planbaren Transporte kann sich ein Börsensystem eignen.

Die bei Frachtbörsen einzugebenden Parameter sind unter anderem:

- Fahrzeugtyp (Lieferwagen, Dreiachser, Vierachser, ..., Lastzug, etc.)
- Zulässiges Ladegewicht
- Palettenfläche
- Länge / Breite / Höhe der Ladefläche
- Ausstattung (Hecklift, Kran, Tiefkühleinrichtung etc.)
- Verladeort, von dem aus die Leerfahrt beginnt
- Zielort der Leerfahrt
- Abfahrtszeit
- Ankunftszeit etc.

Mehrstufiges Filtern von Matches

Im Gegensatz zum Wertpapierhandel sehen wir hier bereits eine erheblich höhere Anzahl an Attributen. Stellen Sie sich vor, in der Datenbank des Börsensystems sind 100.000 Anfragen und Angebote abgelegt (also jeweils 50.000), dann sind insgesamt 2,5 Mrd. potenzielle Matches möglich. Dies kann nicht mehr »auf einen Schlag« erfolgen, insbesondere, wenn sich der Anfrageausdruck aus mehreren Kriterien zusammensetzt. An dieser Stelle muss also Anwendungswissen einfließen, um das Matching zu optimieren. Üblicherweise lässt sich dies recht einfach bewerkstelligen, wenn bekannt ist, bei welchen Kriterien die höchste Selektivität gegeben ist. Im Beispiel des Logistik-Marktplatzes ist dies beispielsweise über die Abfahrts- und Ankunftszeiten erreichbar. Diese Maßnahme kann den Gesamtbestand der »matchbaren« Daten bereits auf unter ein Prozent reduzieren. Im nächsten Schritt kann über den Abfahrts- und Zielort eine weitere Reduktion erreicht werden. Drückt man diese durch eine Verortungstabelle aus, welche die Ost/West- und Nord/Süd-Distanz der angebotenen bzw. angefragten Orte vergleicht, kann davon ausgegangen werden, dass sich die verbleibenden Einträge auf wenige Hundert reduzieren. Schließlich können die restlichen Kriterien zum Einsatz kommen.

Eine solche Matching-Runde lässt sich in regelmäßigen Abständen organisieren – z.B. einmal pro Stunde – oder immer dann, wenn ein neuer Eintrag in der Orderliste eintrifft. Letzteres würde die Komplexität der Match-Anfrage erheblich verringern, gleichzeitig jedoch auch die Anzahl der Abfragen drastisch erhöhen.

Matching-Runden in größeren Abständen

Genau hier liegt auch ein wesentlicher Unterschied zum Wertpapierhandel – während dieser eine fast kontinuierliche Kursermittlung durchführt, reicht der stündliche oder nur tägliche Match bei vielen B2B-Szenarien.

18.4 Broker und Trader

Zunehmend sind so genannte »Vertical Hubs« im Gespräch, die als zentrale Anlaufstelle für alle Unternehmen einer Branche Handelstransaktionen unterstützen. Dies kann sich auf die Informationsphase beschränken, indem z.B. Anbieterlisten oder andere Firmeninformationen online angeboten werden. Die Kontaktanbahnung kann dann über Anbieterverzeichnisse und Produktkataloge erfolgen, die nach spezifizierten Anbieter- oder Kundenprofilen passende Geschäftspartner vermitteln, bis hin zur Unterstützung des gesamten Transaktionsprozesses inkl. Zahlung und Lieferung der Güter.

18.4.1 Broker

Eine etwas andere Funktion als das Beschaffungssystem nimmt der *Broker* wahr. Das Beschaffungssystem dient eher einseitig auf der Käuferseite dazu, die Transaktionskosten des Einkaufs zu reduzieren. Die Frage, welcher Anbieter dabei der günstigste ist, bleibt dabei jedoch offen – im Zweifelsfall ist der Verkäufer bereits bekannt. Wenn dies nicht der Fall ist, tritt der Broker in Erscheinung und hilft, Anbieter und Nachfrager so zu vermitteln, dass Produktspezifikationen für beide Seiten erfüllt werden.

Partnervermittlung   Nach der Transaktionsphasen-Klassifikation ist der Broker also beim Übergang von der Informationsphase in die Verhandlungsphase zu lokalisieren. Er sorgt für ein gegenseitiges Bekanntwerden »passender« Transaktionspartner. Es ist nicht Aufgabe des Brokers, vollständige Transaktionen in dem Sinne zu unterstützen, dass auch nachfolgende Phasen der Verhandlung, der Unterzeichnung und der Abwicklung durch ihn moderiert werden. Diese Funktionen werden durch Verhandlungssysteme und Prozessportale unterstützt, die u.U. organisatorisch vom Broker vollständig unabhängig sind.

Ein zweiseitiges   Da der Broker ebenfalls über Angebots- oder Produktspezifikatio-
Ausschreibungssystem   nen der Marktteilnehmer verfügen muss, um eine Vermittlung durchzuführen, agiert er als *zweiseitiges* Ausschreibungssystem: Der Nachfrager spezifiziert das gewünschte Produkt und evtl. einen Preis, den er zu zahlen bereit ist. Gleiches gilt für den Anbieter. Die Bedeutung von Rollen wie »Anbieter« und »Nachfrager« verwischen dabei, da der Preis nur noch als ein Attribut von vielen verstanden werden kann. Damit dient der Broker in seiner abstraktesten Form als Vermittler von Teilnehmern bzw. Produkten. Er könnte also auch Tennispartner oder Reisebegleitungen vermitteln. Sein Einsatz im kommerziellen Bereich ist also nur eine von vielen Ausprägungen.

Im Folgenden wird daher von einem neutralen Broker ausgegangen, der für keinen speziellen Marktteilnehmer tätig ist. Ein solcher Broker bietet jedem Teilnehmer eine Schnittstelle, über die Produktspezifikationen veröffentlicht werden können. Im Gegensatz zum Ausschreibungssystem wird keine festgelegte Gemeinschaft von Geschäftspartnern benachrichtigt, sondern nur eine Funktion des Brokers selbst, die prüft, ob ein passendes Gegenangebot existiert. Ist dies der Fall, kommt es zum »Match« und zwischen den beiden Teilnehmern wird eine Verbindung hergestellt. Im anderen Fall kann der Broker die Spezifikation vormerken und bei weiteren Registrierungen anwenden. Sobald eine Spezifikation eingetragen wird, die kompatibel ist, wird schließlich die Verbindung hergestellt. Grundsätzlich gilt also, dass unter einem Broker ein Börsensystem verstanden werden kann, das bei niedrigerer Marktliquidität komplexere Angebote vermitteln kann als es bei traditionellen Börsen der Fall ist.

Ein sehr gutes Beispiel für einen Matching-Service ist *www.abebooks.com* für antiquarische Bücher. Produkte werden hier über die üblichen Attribute wie Autor, Werk, Erscheinungsjahr, aber auch »Art der Bindung«, Erstauflage, signiert usw. spezifiziert.

Mehrparteien-Broker

Interessante Varianten sind Mehrparteien-Broker. Hierbei werden Spezifikationen für mehrere Dienstleistungen oder Produkte registriert, die als Kombination zu liefern sind. Im Beispiel des virtuellen Unternehmens (Kapitel 5.2) würde der Publikationsagent einen solchen Mehrparteien-Broker benutzen, um für die definierten Rollen »Titelbild-Design«, »Korrekturlesen«, »Werbeagentur« etc. (siehe Abbildung 5-3 auf Seite 120) die erforderlichen Instanzen einzusetzen. Bei komplexen Spezifikationen wie etwa dem Publikationsagenten kann der Broker nur eine erste Verbindung auf der Basis einer groben Spezifikation herstellen. Diese Spezifikation könnte beispielsweise nur die Rolle vorsehen, in der sich ein Teilnehmer registriert. Jede weitere Verfeinerung der Spezifikation sollte sinnvollerweise im Anschluss, d.h. im Rahmen der Verhandlungsphase, durch die Teilnehmer selbst vorgenommen werden.

18.4.2 Trader

Die technologische Grundlage des Brokerage-Prozesses ist ein Dienst, der im Rahmen der ODP-Standardisierung (Open Distributed Processing) [ISO-ODP94] bereits seit Ende der 80er Jahre als *Trader* diskutiert wurde [ISO95, ISO97]. Nachträglich übernahm auch die OMG (Object Management Group) im Rahmen der Erweiterung von CORBA [OMG96-1, Sieg96] um zusätzliche Dienstleistungen entsprechende Konzepte des Trading. Ein kommerzielles Trader-Produkt bietet beispielsweise IONA mit dem OrbixTrader an (*www.iona.com*). Dabei wird unter »Trading« der Prozess der dynamischen (d.h. zur Laufzeit durchgeführten) Auswahl von passenden anbieterseitigen Softwarekomponenten zu einer vorgegebenen Anfrage verstanden. Diese Dienstanfrage basiert jedoch nicht nur auf einer Spezifikation von Attributnamen und -werten (z.B. "Kosten: 10.000; Jahr: 1995"), sondern auf der Möglichkeit, komplexe Optimierungskriterien und Randbedingungen auf Basis einer sog. Constraint-Sprache zu definieren ("Kosten < 10.000 AND Jahr >= 1995").

Das zugrunde liegende Modell des Trading geht davon aus, dass zunächst die Dienstanbieter ihre Softwareschnittstellen (bzw. Beschreibungen davon) an den Trader exportieren, daran anschließend importiert ein Dienstnachfrager vom Trader einen »passenden« Dienst zu

Formalisierung von Diensttypen

Trader als Vermittler von Web-Services

einer vorgegebenen Anfrage, woraufhin der Client abschließend eine direkte Bindung zu dem durch den Trader vermittelten Dienstanbieter eingeht. Ein solches System würde heute beispielsweise Web-Services vermitteln können. Wichtigste und komplizierteste Teilaufgabe innerhalb der vom Trader durchgeführten Dienstvermittlung ist die *Auswahl eines passenden Dienstangebots* für eine vorliegende und hinreichend »vollständig« spezifizierte Dienstnachfrage. Im Zuge der Standardisierung des Traders wurde der Begriff des *Diensttyps* stärker formalisiert. Er fasst folgende Aspekte zusammen: Einen eindeutigen *Typnamen*, der sich zusammensetzt aus einem *Schnittstellentyp* des Dienstes sowie einer Menge von *Dienstattributen*. Diese Dienstattribute sind ihrerseits Name/Wert-Paare.

Als Beispiel sei hier ein Druckdienst angeführt, dessen Diensttyp neben dem Typnamen und dem Schnittstellentyp noch weitere Attributtypen umfasst:

```
PapierGröße:          enum {A4,A5,Legal,US-Letter}
SeitenProMinute:      Int
LängeWarteschlange:   Int
Kategorie:            String
```

Abb. 18–6
Rollenverteilung und Kommunikationsbeziehungen beim Trader

Server (in der Rolle eines *Exporteurs*) stellen diese Information beim Dienstangebot dem Trader zur Verfügung, während Clients (in der Rolle des *Importeurs*) sie zur Spezifikation des gewünschten Servers nutzen. Die Aufgabe des Traders liegt dabei im *Matching* von Angebot und Nachfrage.

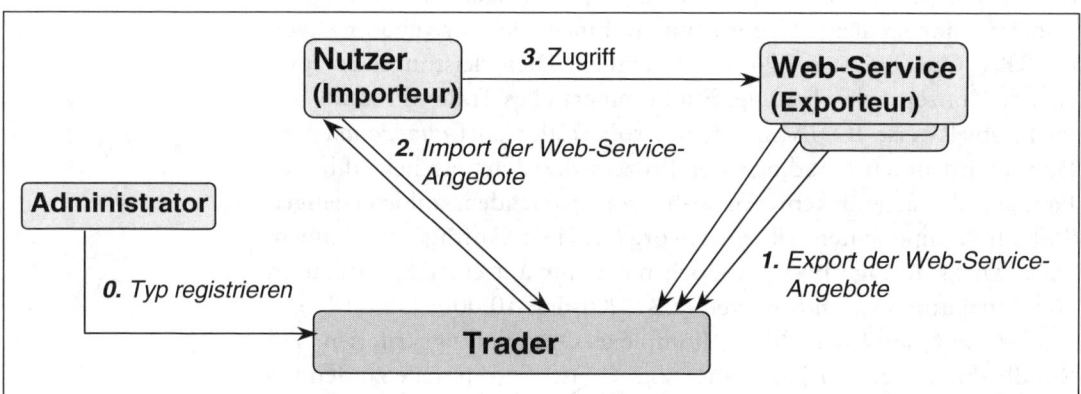

Der Prozess des Trading

Der Trader setzt nun dieses Klassifikationsprinzip systemtechnisch für die Vermittlung von Diensten um. Zu diesem Zweck bietet er Schnittstellen an für den Importeur, den Exporteur und den Trader-Administrator. Bevor für eine Anfrage des Importeurs eine erfolgreiche Dienst-vermittlung durchgeführt werden kann, ist zunächst der Diensttyp des Servers zu registrieren (Schritt 0 in Abbildung 18-6). Über die Verwaltungsschnittstelle des Traders können zu diesem Zweck Daten-, Schnittstellen- und Diensttypdefinitionen eingefügt oder gelöscht werden. Typdefinitionen sind somit Objekte, die vom Trader oder seinen Nutzern interpretiert werden können.

Nachdem alle erforderlichen Typinformationen registriert wurden, kann jetzt über die sog. *Dienstangebotsverwaltung* das Dienstangebot eines konkreten Anbieters an den Trader exportiert werden (Schritt 1). Hierbei erhält der Client den Diensttypnamen, die Werte verschiedener Dienstattribute sowie weitere Informationen über den Exporteur. Der exemplarische Druckdienst könnte über die Exportschnittstelle etwa folgendes Dienstangebot bereitstellen:

Dienstangebots-verwaltung

```
DienstTyp: PrintShop
    ( PapierGröße: A4;
      SeitenProMinute: 12;
      LängeWarteschlange: 5;
      Kategorie: "/DE/HH/Ponton/LaserJet" )

InterfaceReference = <http://www.ponton-hamburg.de/4711>
```

Jetzt kann die Dienstvermittlung an einen Importeur erfolgen (Schritt 2). Über die Importschnittstelle wird dem Trader dabei der Diensttyp des Anbieters zusammen mit erwünschten Attributwerten übergeben. Im Beispiel des Druckdienstes könnte folgende Dienstanforderung durch den Exporteur befriedigt werden:

```
DienstTyp: PrintShop
    ( PapierGröße: A4;
      SeitenProMinute: >4;
      Kategorie: "/DE/HH/Ponton/LaserJet"  )
```

Zusätzlich zu den Daten des Dienstangebots werden *Policies* wie z.B. PagesPerMinute>4 spezifiziert, die dem Trader eine Bewertung der verwalteten Dienstangebote erlauben. Weitere Parameter der Dienstanforderung können sich z.B. auf die Suchstrategie des Traders beziehen: Soll ein zufälliges Dienstangebot ausgewählt werden oder das am längsten nicht genutzte oder das erste innerhalb einer Ordnung etc.

Zusammenfassung

Der Vermittlungsmechanismus des Trading eignet sich insbesondere für elektronische Märkte mit klar definierter Produktspezifikation. Solche Commodity-Märkte sind durch *Börsensysteme,* wie z.B. Handelssysteme für Wertpapiere, Frachtkapazitäten, Reiseveranstaltungen oder auch Mitfahrzentralen, realisierbar. Für diesen Bereich hilft der Trader, sich dem Zustand der vollständigen Markttransparenz anzunähern. Für Anbieter, deren Service über die durch Dienstattribute erfassbare Leistung hinausreicht, besteht allerdings ein Nachteil, da diese Leistungseigenschaften nicht operabel beschrieben werden können. Ein Broker sollte daher sowohl die Vermittlung und Nutzung von einfach spezifizierbaren – und damit vom Trader vermittelbaren – Angeboten wie auch von komplexen in einheitlicher Form unterstützen. Es bleibt dann den Marktteilnehmern überlassen, sich in der einen oder anderen Form zu registrieren.

Auch der Trader ist ein alter Hut

Der Trader ist ein typisches Beispiel, wie sich technische Konzepte über Jahrzehnte nur träge weiterentwickeln, sich eigentlich qualitativ kaum ändern, aber immer wieder – etwa alle zwei bis drei Jahre – »overhyped« werden. Am Anfang der Geschichte war der Remote Procedure Call des Unix-Betriebssystems, der bereits einen rudimentären Trader (genauer »Portmapper«) benötigte. Dann stürzte sich die Verteilte-Systeme-Gemeinde auf das »Trading«, welches das Vermitteln von Ports lediglich um ein reichhaltigeres Typsystem erweiterte. Viele Dissertationen später (meine eigene eingeschlossen ;-) kam mit der E-Commerce-Welle das Konzept des Marktplatzes auf, der (unter anderem) wieder Schnittstellen vermittelte. Mit zunehmender Durchdringung der Welt durch XML erfinden wir den Trader wieder neu, nur dass die Schnittstellendefinitionssprachen der neunziger Jahre heute in XML bzw. WSDL vorliegen, SOAP das favorisierte Kommunikationsprotokoll für heutige *Web-Services* darstellt und die Vermittlung über UDDI-Verzeichnisse erfolgt ...

18.5 Online-Auktionsdienste

Wenn die Liquidität des Marktes zu niedrig ist für den Börsenhandel, würden eingestellte Orders nur in den seltensten Fällen bedient werden können. Außerdem ist ein Börsensystem ungeeignet, wenn die gehandelten Waren jeweils zu unterschiedlich spezifiziert sind. In solchen Fällen ist die Auktion ein geeignetes Verfahren, mit dessen Hilfe eine Ressourcenallokation – also die Zuordnung von Geld und Gütern zwischen Anbietern und Nachfragern – sehr viel effizienter durchgeführt werden kann.

Auktionen koordinieren einen formalen Verhandlungsprozess

Auktionssysteme sind überall dort einsetzbar, wo ein sporadischer Koordinationsprozess zur Preisfindung erforderlich ist. Dies gilt sogar auch für innerbetriebliche Koordinationsaufgaben: Abgesehen von einem prohibitiven Kostengefüge, könnte durchaus eine Fertigungsstufe bei der Automobilherstellung ihre erforderlichen Ressourcen (Mitarbeiter, Strom, Material) theoretisch für jedes einzelne Fahrzeug anhand einer Auktion beschaffen.

Nun ist die »klassische« Auktion, bei der eine physische Präsenz von Bietern und Anbietern erforderlich ist, als Koordinationsmechanismus in der Praxis zu teuer. Internet-Auktionen sind dagegen preiswerter in ihren Betriebskosten: Sie sind eine Portalanwendung, bei der davon ausgegangen werden kann, dass die Bieter dem System bekannt sind und eine entsprechende Sicherheitsinfrastruktur zur Verfügung steht. Das Auktionssystem greift also auf die existierende Portalinfrastruktur zurück (Benutzerverwaltung, Kommunikation etc.). Damit reduzieren sich die Hauptkomponenten des Systems auf folgende Module: *Hauptkomponenten des Auktionssystems*

- *Angebotsdatenbank*. Hier trägt ein Unternehmen das angebotene oder nachgefragte Produkt einschließlich seiner Spezifikation ein.
- *Bieterverwaltung*. Dieses System greift auf die Verwaltungsfunktionen des Extranets zurück, um Bieter, deren Angebote und Profile zu verwalten.
- *Auktionsprozess*. Dieses Modul legt Auktionstermin und -form fest, leitet den Prozess der Verhandlung ein und wickelt diese ab, indem über mehrere Iterationsstufen das beste Gebot herausgefiltert wird.
- *Transaktionsverwaltung*. Nach dem Zuschlag an einen Bieter sind die Transaktionsdaten (Angebot, Bieter, Gebot) festzuhalten und die Transaktion abzuwickeln.

Umgekehrt rechnet sich das Verfahren für alle Beteiligten erst bei einem gewissen Mindestpreis, vor allem auch dadurch, dass höhere Transaktionskosten als Provision für den Auktionator anfallen. Schließlich ist eine Auktion immer ein *Prozess* und kein einmaliger Match. Damit steigt auch ihr Verwaltungsaufwand.

Auktionsverfahren

Konkret sind verschiedene Auktionsverfahren bekannt, die auch in der Literatur bereits ausführlich diskutiert wurden [Cass79, Turb97, Lee98]:

- Die *Englische Auktion* (auch: *Open Cry Auction*) ist die allgemein bekannte Form des schrittweisen Überbietens zuvor genannter Gebotspreise. Sie findet offen statt, d.h., jeder Bieter kann das Verhalten der anderen Bieter beobachten. Zum Zuschlag kommt es, wenn nach einem festgesetzten Timeout kein weiteres Gebot eintrifft.

■ Die *Holländische Auktion* beginnt seitens des Anbieters mit einem für alle Bieter eindeutig zu hohen Preis, z.B. 50.000 Euro für einen 3er-BMW. Schrittweise wird dann dieser Preis reduziert, bis der erste Bieter »zuschlägt«. Diese Auktionsform wurde ursprünglich in Amsterdam zu Versteigerung von Tulpen eingesetzt – daher auch der Name. Heute werden Gebrauchtwagen z.B. bei e-Sixt (*www.e-sixt.de*) auf diese Weise versteigert. Der Preissprung liegt hier bei 125 Euro. Holländische Auktionen lassen sich häufig kombinieren mit Reverse Auctions, z.B. wenn Unternehmen von Aktionären Anteile zurückkaufen wollen. Dabei wird zunächst ein Angebotspreis festgelegt, der unter dem aktuellen Aktienkurs liegt, und anschließend schrittweise erhöht. Nach mehreren Preisschritten werden sich früher oder später Aktionäre melden, die eine bestimmte Anzahl verkaufen wollen. Es ist das Risiko des Aktionärs, dass das Unternehmen jederzeit die Auktion abbrechen kann, wenn sich das gewünschte Kontingent angesammelt hat. Der Vorteil dieses Verfahrens liegt im Fortsetzen der Auktion beim aktuellen Preis, auch wenn bereits Gebote bedient wurden. Allerdings muss dafür auch genügend Ware der gleichen Kategorie zur Verfügung stehen.

E-Sixt benutzt die holländische Auktion

■ Die *Sealed Auction* (geheime Auktion) erfolgt ohne Einsicht der Teilnehmer in die Gebotspreise der anderen, daher »sealed« (engl. für versiegelt, verschlossen). Über die Gebotsrunden hinweg kann nicht erkannt werden, wer das jeweils höchste Gebot eingereicht hat. Es ist auch auf der Basis nur einer einzigen Gebotsrunde (Single-Round Auction) möglich, bei der der zuerst am meisten Bietende sofort den Zuschlag erhält.

■ Eine *Single-Round Auction* erfordert offensichtlich weniger Zeitaufwand, kann aber nur in besonderen Situationen eingesetzt werden: Falls die potenzielle Preisspanne der Gebote zu weit auseinander klafft, sollte von der Single Auction abgesehen werden. Insbesondere, wenn der Gebotspreis sich aufgrund von »Liebhabern« vom anfänglichen Preis X schließlich auf das Zehnfache erhöht und gleichzeitig eine gewisse Fairness gegenüber anderen Bietern gefordert wird. Andererseits gibt es Konstellationen, bei denen das Wissen aller Beteiligten über Gebotsverlauf und -höhe a priori bereits so übereinstimmend ist, dass die gesamte Veranstaltung zeitlich optimiert werden kann: Wenn der Preis für Rohöl auf dem Spot-Markt gerade bei 20 $ liegt, wird niemand signifikant mehr als diesen Betrag bieten. Folglich wird der Anfangspreis auf 19,95 $ festgesetzt und schließlich bestimmt möglicherweise die dritte Nachkommastelle, wer den Zuschlag erhält. Ein weiterer

Verlauf zusätzlicher Gebotsrunden würde keinen weiteren Gewinn bringen.

▪ Die *Vickrey-Auction*[1] entspricht im Wesentlichen der Sealed Auction, nur dass der Meistbietende den zweithöchsten Gebotspreis zahlt. Dieses Verfahren ist dafür bekannt, dass es den Anreiz nimmt, spekulativ zu bieten. Es hilft zu vermeiden, dass ein Bieter »gewaltsam« das Produkt für sich ersteigert. Stattdessen forciert das Verfahren die Bieter, den Preis zu nennen, den sie tatsächlich zu zahlen bereit sind. Die Vickrey-Auction wird allgemein vorgeschlagen für die Preisfindung bei öffentlichen Dienstleistungsaufträgen.

▪ Die *Reverse Auction* (umgekehrte Auktion) ist kein grundsätzlich anderes Auktionsverfahren. Tauscht man den Begriff »Kaufgebot« durch »Verkaufsgebot« aus und mindern Bieter den Preis schrittweise anstatt ihn zu erhöhen, ist man bei der umgekehrten Auktion angekommen. Beispiele sind ähnlich den Ausschreibungsverfahren, bei denen Anbieter um einen Auftrag »buhlen«. Der Auftrag bzw. das Produkt ist vollständig spezifiziert und schrittweise erklären sich die Auftragnehmer bereit, zu einem immer niedrigeren Preis die Anfrage zu bedienen. Insbesondere im Beschaffungsbereich hilft die Reverse Auction, unterschiedliche Anbieter zu einem minimalen Preis zu drängen.

▪ Die *Double-Bid Auction* erlaubt das Einreichen von Geboten auf beiden Seiten. Ein Handel kommt entweder zustande, wenn ein Preisgebot eine bestehende Nachfrage unterbietet oder umgekehrt. Auch dieser Prozess kann ähnlich der Holländischen Auktion kontinuierlich fortgesetzt werden, so dass weitere Abschlüsse zustande kommen. Offensichtlich ist es jetzt nur noch ein kleiner Schritt von dieser Auktionsform hin zum Order-Matching des Börsensystems.

Online-Auktionen verfahren jeweils ähnlich, nur dass hier die Dauer erheblich länger ist als bei der Versteigerung von Porzellan bei Sotheby's. In der Regel sind Teilnehmer einer Online-Auktion nicht permanent am Netz, daher sollten sie die Chance haben, z.B. einmal täglich einen Gebotspreis abzugeben. Andererseits veranstalten Ricardo, eBay & Co. auch Live-Auktionen, bei denen Bieter innerhalb sehr viel kürzerer Zeit zum Ergebnis kommen. Allerdings ist dieses Thema juristisch immer noch heikel, da ein Bieter, der keinen Zuschlag erhalten hat, nachträglich behaupten kann, dass es wohl ein Fehler im Netzwerk des Veranstalters sein muss, der sein letztes Gebot nicht rechtzeitig zum Auktionsserver weitertransportierte ...

---

1. Nach William Vickrey benannt, dem Nobelpreisträger des Jahres 1996 im Bereich Wirtschaftswissenschaften.

Höhere
Transaktionskosten,
längere
Transaktionsdauer

Im Vergleich zum Börsensystem ist jedoch zu beachten, dass die Transaktionskosten um Größenordnungen höher sind und die Dauer der Transaktion länger ist. Wenn nun auch noch die Spezifikation unscharf ist oder von Produkt zu Produkt variiert, dann erfordert eine Auktion in der Praxis eine sehr viel stärkere Einbindung menschlicher Teilnehmer, was die Transaktionskosten drastisch erhöht. Folglich ist das Preisfindungsmodell der Auktion nur dann rentabel, wenn sie sporadisch und bei extrem hohen Transaktionsvolumina angewendet wird. Aus dieser Betrachtung ergeben sich zwei praktikable Konstellationen:

- *Automatisierte Auktion.* Hier werden alle Rahmenbedingungen der Auktion für alle Beteiligten soweit normiert, dass der Handel von Gütern automatisch erfolgen kann: So lassen sich 1.000 Kilowattstunden per Auktion automatisch verkaufen. Anbieter und Bieter setzen dabei ein Software-Tool ein (welches man auch als »Agenten« bezeichnen kann), dem gegenüber Bieter ihre jeweilige Schmerzgrenze in Form eines Höchstpreises eingeben sowie ihre jeweilige Gebots-Policy definieren. Die Gebots-Policy legt fest, in welcher Form erhöht wird oder wie auf Gegengebote reagiert werden soll. Die automatisierte Auktion kommt dem Börsensystem bereits sehr viel näher.
- Die *Auktion als Beratungsprojekt.* Die automatisierte Auktion erfordert vom Bieter eine Menge Fachwissen: Welche Policy soll angewendet werden, wie soll man mit der Auktionssoftware umgehen? Vom Anbieter wird sogar noch erwartet, dass er das richtige Auktionsmodell auswählt, passende Bieter einlädt, den korrekten Anfangspreis festsetzt, eine angemessene Zeit für den Auktionsverlauf vorgibt und vieles anderes mehr. Aufgrund des umfangreichen Fachwissens, das für eine im Sinne des Anbieters optimale Durchführung erforderlich ist, macht es häufig Sinn, die Auktion eher als Projekt aufzufassen, das einem spezialisierten Berater in Auftrag gegeben wird. Natürlich sind die Transaktionskosten solcher Projekte wiederum erheblich höher, führen allerdings auch je nach Markt und Bieterkonstellation zu Preisreduktionen zwischen zehn und über vierzig Prozent.

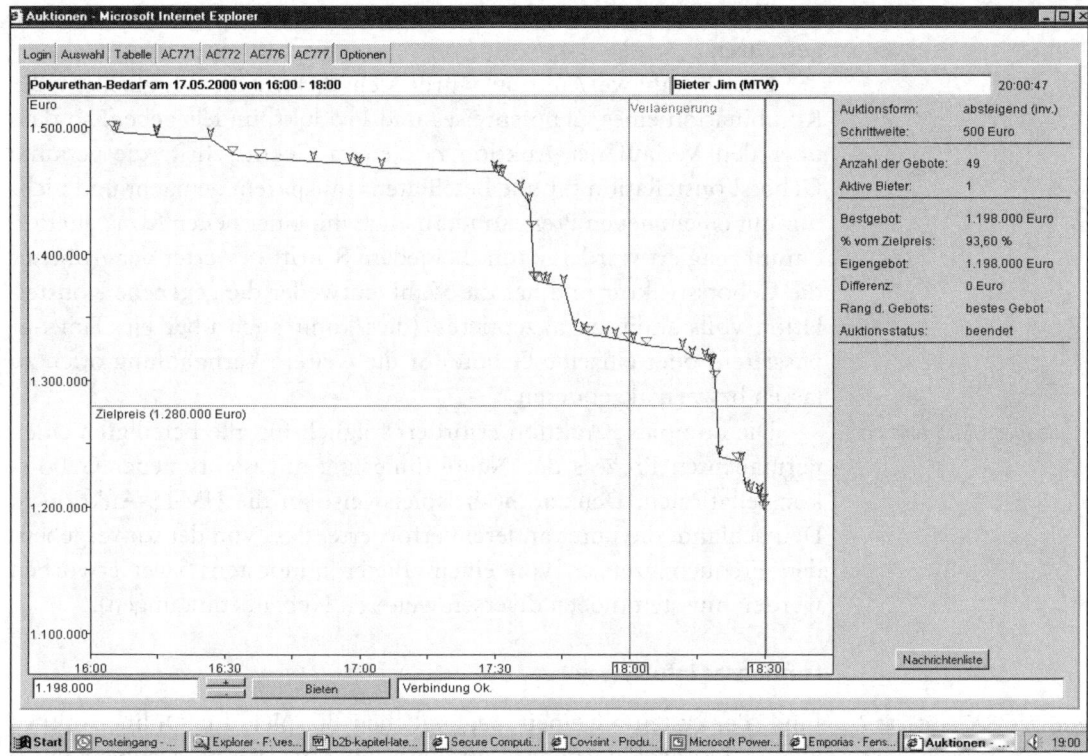

Abbildung 18-7 zeigt ein Beispiel für eine Online-Auktion, wie sie von Unternehmen wie Emporias (*www.emporias.de*) u.a. durchgeführt wird.

Abb. 18–7
Beispiel für eine Online-Auktion

Komplexe Varianten des Auktionsverfahrens

Häufig reicht der einfache, lineare Mechanismus der schrittweisen Anpassung des Gebotspreises nicht aus. Stellen Sie sich vor, ein Mietshaus mit 100 Wohnungen soll aufgeteilt und einzeln verkauft werden. Mit Hilfe eines Auktionssystems könnte man nun Wohnung für Wohnung einzeln verkaufen, der gesamte Prozess würde wahrscheinlich – wenn er sequenziell organisiert werden würde – einige Wochen dauern. Auch wenn die Wohnungen »technisch« identisch sind, so gibt es unterschiedliche Präferenzen, z.B. bzgl. des Stockwerks oder des Ausblicks. Darüber hinaus kann es Interessenten geben, die unbedingt zwei aneinander grenzende Wohnungen erwerben möchten, um sie anschließend zusammenzulegen, oder wiederum andere sind bereit, ungefähr zehn Wohnungen en bloc als Kapitalanlage zu kaufen. Im ersten Fall wird der Käufer möglicherweise etwas mehr für die benachbarten Wohnungen bezahlen, während im zweiten Fall der Verkäufer

Mehrfach attributierte Auktionen

gewillt ist, einen Preisnachlass für den Käufer von zehn Wohnungen zu gewähren.

Eine komplexe Auktion würde den Bietern die Möglichkeit der Kombination eines Gebotspreises und Produktbündels geben, so dass über den Verlauf der Auktion bei jedem Gebotsschritt die gesamte Gebotskonstellation für alle Beteiligten transparent gemacht und nicht nur mit einem neuen Preis, sondern auch mit einer neuen Konstellation darauf reagiert werden kann. Bei jedem Schritt bewertet der Anbieter die Gebotsstruktur und hat die Wahl, entweder die gegebene Konstellation vollständig zu akzeptieren (dies kann auch über ein Timeout passieren) oder einzelne Gebote für die weitere Verhandlung offen zu lassen bzw. zu akzeptieren.

Beispiel: UMTS-Auktion

Die komplexe Auktion erfordert folglich für alle Beteiligten einen permanenten Prozess der Neuoptimierung angesichts neuer Gebotskonstellationen. Denken Sie beispielsweise an die UMTS-Auktion in Deutschland, die unter anderem erforderte, dass von den zu vergebenden Frequenzlizenzen von einem Bieter mindestens zwei erworben werden mussten (neben diversen weiteren Nebenbedingungen).

Lufthansas InfoFlyway

B2B- oder B2C-Auktionen?
Ein fließender Übergang

Eines der ersten allgemein zugänglichen Beispiele für Online-Auktionen ist der InfoFlyway der Lufthansa. Hier werden vorgegebene Flüge versteigert. In der ersten Pilotphase war dieser Dienst für alle Internet-Teilnehmer zugänglich, anschließend musste man sich als Bieter mit seiner Miles&More-Nummer registrieren. Diese Maßnahme hatte zwei Gründe: Zum einen fördert sie die Kundenbindung durch Erwerb einer »Member-Karte«, zum anderen vereinfacht sie den Abrechnungsprozess – es ist nicht der beschwerliche Weg einer Payment-Gateway-Anbindung wie im Bereich des B2C-Commerce erforderlich. Stattdessen kann die Rechnungslegung über die bereits bestehende Finanzbuchhaltung erfolgen. Heute steht dieser Service allerdings wieder allen Internet-Nutzern zur Verfügung, da erkannt wurde, dass Miles&More-Kartenbesitzer nicht als ausschließliche Zielgruppe in Frage kommen können – sie nehmen sich nicht die Zeit, für einen bestimmten Flug zu einem festen Versteigerungstermin am Netz zu sitzen. Dies sind vielmehr die Verbraucher. Interessant ist hierbei also der Wandel von einer Internet-Anwendung über das Extranet (bzgl. des Bietens) wieder zurück zum Internet.

Der InfoFlyway ist 1998 mit einer eigenen Auktionssoftware gestartet. Heute ist die Lufthansa eine Kooperation mit Ricardo eingegangen, um den Auktionsbetrieb auszulagern. Auktionen werden hierbei von Ricardo-Personal moderiert, so dass nicht nur der technische Betrieb, sondern auch Redaktionelles bzw. Inhaltliches zugekauft wird. Damit finden wir hier ein weiteres Beispiel für das Prinzip der Syndication von Diensten.

18.6 Ausschreibungssysteme

Großunternehmen und die öffentliche Verwaltung vergeben Aufträge von einem Mindestvolumen an in Form einer öffentlichen Ausschreibung (Behörden sind sogar dazu verpflichtet). Dabei ist die grundlegende Prozedur einfach: In einem öffentlichen Journal wird die Ausschreibungsinformation publiziert. Diese umfasst eine erste Spezifikation der zu liefernden Produkte oder Dienstleistungen sowie weitere Informationen wie Fristen, Randbedingungen und eine Adresse, von der evtl. eine vollständige Spezifikation abgerufen werden kann.

Gebote werden zwischen der Veröffentlichung und dem Ablauf der Frist eingereicht. Die Entscheidung über den Zuschlag erfolgt anhand der Ausschreibungskriterien. Dies muss nicht notwendigerweise das Angebot mit dem niedrigsten Preis sein, da seine Qualität von einer Vielzahl Faktoren abhängt. So sollte sich ein Angebot mit 5-jähriger Gewährleistung und 24-Stunden-Austauschservice gegenüber einem wesentlich preiswerteren durchsetzen können, wenn es im Interesse des Auftraggebers liegt, einen kontinuierlichen Betrieb aufrechtzuerhalten. Hierbei ist es wichtig, dass es das Ausschreibungssystem erlaubt, Verfahrensregeln frei zu definieren, so dass nutzer- und auftragsspezifische Besonderheiten berücksichtigt werden können.

Der wesentliche Unterschied zwischen Auktions- und Ausschreibungssystemen liegt folglich in der Komplexität der Angebotsspezifikation. Bei Auktionen kann evtl. die Spezifikation des Gegenstands komplex sein (z.B. eine Eigentumswohnung), die des Gebots ist auf jeden Fall einfach – sie besteht lediglich im Preis. Bei der Ausschreibung sind üblicherweise Gegenstand *und* Angebot komplex, daher versagt hier eine automatische Unterstützung zur Ermittlung des besten Bieters. Während der Prozess der Auktion in passenden Situationen automatisierbar ist (der Bieter kann beispielsweise seinen Bietagenten vollständig parametrisieren), so ist dies bei Ausschreibungen unmöglich. Daher haben Ausschreibungen immer Projektcharakter, da der Prozess der Spezifikation, der Kommunikation mit Bietern sowie die Auswahl von Kandidaten und die Verhandlung mit ihnen immer personellen Einsatz erfordert.

Komplexe Produkte und Prozesse

Unvollständige Produktspezifikation

Ein Risiko liegt bei Ausschreibungen in der falschen oder unzureichenden Spezifikation des Gegenstands: Während sich in der Baubranche Projekte bis auf kleinste Standardleistungen herunterbrechen lassen und damit die Präzision der Ausschreibung vergleichsweise hoch ist, überlege man, wie etwa die Entwicklung eines Shopping-Portals auszuschreiben wäre! Hier ist ein großer Teil der Spezifikation bereits mit der Ausschreibung vorwegzunehmen, der eigentlich erst Teil des Auftrags ist. Ließe man diese jedoch fort, würden die Angebote beliebig variieren und nicht mehr vergleichbar sein. Zu bedenken ist hingegen auch, dass mit der Spezifikation möglicherweise Betriebsgeheimnisse ebenfalls offenbart werden. Charakteristisch ist damit für einige Ausschreibungen, dass die Spezifikation gar nicht vollständig sein *muss*. Stattdessen überlässt man es den Bietern, ihre Expertise unter Beweis zu stellen und ein schlüssiges und preiswertes Konzept zu erarbeiten.

Hohe Transaktionskosten

Die Transaktionskosten einer Ausschreibung sind ebenfalls sehr hoch: Man stelle sich vor, ein Beratungsunternehmen wird über 6 Monate involviert, um den Prozess der Ausschreibung zu begleiten. Folglich muss das Projektvolumen im Bereich mehrerer Millionen Euro liegen, um die Transaktionskosten auf Größenordnungen von etwa 10-15 Prozent zu limitieren.

Im Folgenden werden wir uns indirekt mit Beschaffungssystemen befassen, wenn wir Ausschreibungssysteme und Prozessportale betrachten.

18.7 Beschaffungssysteme

Wie viel kostet der Kugelschreiber – 1 Euro oder 100?

Wer jemals in komplexen Verwaltungsstrukturen wie z.B. beim öffentlichen Dienst tätig war, weiß ein Lied vom Missverhältnis zwischen Beschaffungsvolumen und -aufwand zu singen: Der berühmte Bleistift für 10 Cent verursacht mindestens das Hundertfache an Kosten, wenn er über eine reguläre Mittelbedarfsanforderung beschafft werden muss. Aber auch Kleinteile im Wert von bis zu 100 Euro erfordern immer noch einen viel zu hohen Beschaffungsaufwand. Hinzu kommen Kosten, die aus der unkoordinierten Beschaffung in größeren Verwaltungsstrukturen entstehen (im Englischen auch als *Maverick-Buying* bekannt). Mangels spezialisierter Systeme und einfacher Benutzungsschnittstellen war es bisher nicht möglich, das Beschaffungsvolumen eines Großunternehmens so zu zentralisieren, dass es sich lohnt, mit Hilfe von Ausschreibungssystemen oder einfach nur über Volumenrabatte Kostenreduktionen vorzunehmen [KSKG98]. Das Einkaufsvolumen beträgt bei größeren Banken und Versicherungen beispielsweise jährlich mehrere Milliarden Euro. Allein durch die zentrale Bündelung von Beschaffungsaufträgen ließen sich bereits Einsparungen im Bereich einiger zehn Millionen Euro lediglich durch Mengenrabatte realisieren.

Beschaffungssysteme sollen jedoch neben der Preisreduktion auch den Bestellprozess eines Unternehmens optimieren, d.h. Kosten senken, die Prozessdauer verkürzen, den Prozess flexibel an spezielle Bedürfnisse anpassbar machen und Transparenz schaffen hinsichtlich der angebotenen Produkte und ihrer Eigenschaften.

Schließlich lassen sich bei einer zentralisierten Beschaffung sehr *Zentralisiertes Reporting* viel präzisere Berichte erstellen, welche Mengen und Produkte über alle Abteilungen und Tochterunternehmen hinweg bei welchen Anbietern eingekauft wurden. Diese Information hilft wiederum, weitere Rabatte zu erzielen.

Beschaffungssysteme sind immer auf der Kundenseite installiert und lassen sich im Prinzip mit allen denkbaren Marktformen kombinieren: Börsen, Auktionen, Ausschreibungen, Gruppeneinkauf, bilaterale Verhandlung, spontaner Katalogkauf etc.

Direkte und indirekte Güter

Wenn man heute jedoch von Beschaffungs- oder Procurement-Systemen spricht, stehen in den meisten Fällen verschiedene Formen der bilateralen Vereinbarung zwischen Kunden und Anbietern im Vordergrund. »Beschaffung« bezieht sich dabei entweder auf indirekte Güter, die nicht in die Produktion einfließen, oder auf Einstandsgüter der Produktion, aus denen unmittelbar das Produkt oder die Dienstleistung des beschaffenden Unternehmens hergestellt wird. Aus diesem Grund werden Systeme für die indirekte Beschaffung auch *MRO-Systeme* genannt (aus dem Englischen: Maintenance, Repair and Operating Goods).

MRO-Güter sind eher Commodities, d.h. einfach zu beschreiben *Indirekte Güter* und zu bestellen. Denken Sie z.B. an Bürobedarf, Büromöbel, technische Ausstattung (PC, Kopierer, ...), Telekommunikationsaustattung, Netzwerk- und IT-Infrastruktur, Software, Werbegeschenke, Zeitschriften, Blumensträuße, Mietwagen, Ersatzteile für Maschinen, Schmiermittel, Werkzeuge. Dazu zählen aber auch Dienstleistungen wie Reisebuchungen, Wartungsservices, Taxis und Kuriere, Finanzdienstleistungen, Zeitarbeit, Beratungsdienstleistungen, Helpdesks und Hotlines, Reinigungs- und Sicherheitsdienste, Schulungen, Werbung und Agenturen, Recruiting etc.

Der Bedarf für indirekte Güter ist nicht an bestimmte Abteilungen gekoppelt – ein Reinigungsdienst wird beispielsweise überall gebraucht. Meistens sind indirekte Güter auch branchenunabhängig, so dass sie geeignet sind, auf horizontalen Marktplätzen gehandelt zu werden (*horizontale Marktplätze* sind im Prinzip ein Synonym für *MRO-Marktplätze* bzw. *MRO-Hubs*).

Es hängt schließlich von den Beschaffungsrichtlinien ab, wie oft welcher Mitarbeiter in welcher Rolle welche Produkte in welcher Menge bestellen darf. Das heißt, der MRO-Beschaffung kann ein Genehmigungs-Workflow zugrunde liegen, der die Einzelanforderung an Mitarbeiter der Beschaffungsabteilung zur Genehmigung weiterleitet.

Direkte Güter   Bei direkten Produkten sind die Rahmenbedingung in der Regel völlig anders: Wenn ihre Versorgung unterbrochen ist, steht die Produktion still. Daher ist ein weitaus komplexerer Planungsprozess in der Verhandlungs- und Abwicklungsphase erforderlich. Es muss eine kontinuierliche Versorgung sichergestellt werden, die sowohl das Ziel einer kontinuierlichen Produktion als auch das minimaler Lagerhaltungskosten erfüllen soll. Aus diesem Grund gehen Kunde und Anbieter intensive, strategische Partnerschaften ein, da angesichts der engen Integration der Wechsel zu einem alternativen Anbieter erhebliche Kosten verursachen würde, so dass dies nur alle paar Jahre sinnvoll wäre. Folglich ist die Verhandlung langfristiger Verträge über Produktspezifikationen, Liefermengen, Preise und Zusatzleistungen wie Support, Ersatzbestände oder die Einbindung von Logistikunternehmen von sehr großer Bedeutung.

Denken Sie an die Automobilindustrie, in der beispielsweise Armaturenbretter vom Hersteller in Zusammenarbeit mit den Teilelieferanten entworfen werden. Diesem Prozess folgt dann eine eng verzahnte, langfristige Kooperation bei der Produktion. Hier verschwimmen die Verhandlungs- und Informationsphase zu einem Kooperationsprozess, der im kleinen Rahmen des Entwurfs testet, wie gut oder schlecht die Zusammenarbeit in der Abwicklungsphase erfolgen wird. Hier kann kaum mehr von Phasenübergängen die Rede sein – auch wenn hier und dort tatsächlich einmal ein schriftlicher Vertrag unterzeichnet wird. De facto befindet sich die Geschäftsbeziehung in einem permanenten Fluss aus regelmäßig angepasster Produktspezifikation und Produktion.

Vendor Managed Inventory   Auch die Läger beider Seiten sind nahezu verschmolzen: Häufig ist es Aufgabe des Zulieferers, das Lager des Kunden zu überwachen und ggf. neue Ware zu liefern. Dieses Prinzip lautet *Vendor Managed Inventory* und erfordert eine intensive trilaterale Kommunikation zwischen Lieferant, Kunde und Spedition bzw. Logistikunternehmen (letzteres kann natürlich auch Teil des Lieferanten sein).

Während bei indirekten Gütern die Planung eher statistisch erfolgt (wie viel Putzpersonal ist für 5.000 m^2 Bürofläche erforderlich?), so ergibt sich der Bedarf an direkten Gütern aus der Auftrags- und Produktionsplanung: Hier wird über Stücklisten und Lagerbestände genau ermittelt, welcher Bedarf zu welchem Zeitpunkt an welchem Produkt besteht. Entsprechend sind diese »Just-in-Time« zu liefern. Während bei MRO-Gütern der Ausfall einer Katalognachricht tolerabel ist (dann werden eben die neuen Preise am nächsten Tage nachgesendet), ist der Ausfall einer Bestellung im Bereich der Produktion nicht akzeptabel, da jede Verzögerung der Lieferung im schlimmsten Fall zum Produktionsstillstand führen kann.

Aus diesem Grund ist bei direkten Gütern neben der Einkaufsabteilung (die sich eher in die Preisverhandlung involviert) vor allem die Produktionsplanung und -steuerung jene Abteilung, die mit der Lieferanteseite kommuniziert. Folglich ist natürlich auch kein Genehmigungsprozess zwischen Produktionsplanung und Beschaffung erforderlich.

Indirekte Produkte beschafft ein Unternehmen hingegen nicht für den Weiterverkauf oder die Weiterverarbeitung, sondern für den Verbrauch im Unternehmen. So ist z.B. der Java-Dozent für die IT-Abteilung ein MRO-Dienstleister. Falls der Kunde jedoch ein Seminarveranstalter ist, so wird die eingekaufte Dienstleistung an den Kunden weiterverkauft, hier fließt die Dienstleistung des Dozenten direkt in die Wertschöpfung ein.

Beteiligte Rollen

Organisatorisch sind bei einem Beschaffungssystem für MRO-Güter mindestens die folgenden Rollen beteiligt:

- *Der Kunde*. Wenn es sich auf der Kundenseite um ein Unternehmen mit hohem Beschaffungsvolumen handelt, sind am Prozess vor allem der Einkauf beteiligt und die Mitarbeiter des Unternehmens als Bedarfsträger. In diesem Fall ist auch vom B2E-Commerce die Rede (*Business to Employee*).
- *Der Anbieter* stellt über Kataloge Informationen bereit, die regelmäßig auf der Kundenseite aktualisiert werden. Ein Mitarbeiter des Kunden kann nun direkt über einen internen Katalog Ware auswählen und bestellen. Der Anbieter transformiert dabei seine Katalogdaten in das Format des Kunden und passt auch die Artikelpreise entsprechend der individuellen Vereinbarung an.
- Evtl. kann ein *Beschaffungsmarktplatz* die Rolle der Einkaufsabteilung teilweise übernehmen, indem langfristige Liefervereinba-

rungen, Bestellprozesse und der Katalogbetrieb hier zentral organisiert werden. Dieser Marktplatz kann seinerseits neutral oder durch ein Kundenkonsortium gebildet sein.

Im Falle der direkten Güter ist auf der Kundenseite der Produktionsplaner als Auslöser eines Warenabrufs beteiligt. Spiegelbildlich ist es auf der Anbieterseite dann auch nicht der Vertrieb, der diesen Abruf etwa verhandelt, sondern ebenfalls die Produktionsplanung bzw. die Warenwirtschaft, die das Produkt ab Lager liefert.

Kosten senken

Durchschnittliche Prozesskostenreduktion um 25%

Ein Beschaffungssystem dient vor allem dazu, Kosten zu senken. Für den Kunden sind dies hauptsächlich Produkt- und Prozesskosten. Prozesskosten lassen sich insbesondere durch die direkte Einbindung des Mitarbeiters, durch die nahtlose Integration der Katalogsysteme auf Kunden- und Anbieterseite sowie die Vereinheitlichung von Bestellprozessen erreichen. Die Lufthansa geht beispielsweise davon aus, dass über 60% aller indirekten Produkte über Kataloge abgewickelt werden können. Für solche Produkte geht man heute davon aus, dass die Kosten der Beschaffungsprozesse um durchschnittlich etwa 25 bis 35 Euro reduziert werden können. Dies gilt als Durchschnittswert also für Bleistifte genauso wie für Leasingfahrzeuge. Zudem lassen sich durch Beschaffungssysteme Lagerbestände auf der Kundenseite um etwa 25% reduzieren, so dass auch hier weitere Einsparungen vorgenommen werden können.

Prozesskostenreduktionen stellen für beide Seiten eine »Win-Win«-Situation dar, da die Automatisierung auch beim Anbieter zu Kostenreduktionen führt. Ganz anders sieht es hingegen bei Produktpreisreduktionen aus, die einseitig nur dem Kunden nutzen. Hier helfen MRO-Systeme auf unterschiedliche Weise:

Höhere Preistransparenz

Durch systematische Beschaffung sowie langfristige Volumenkontrakte lassen sich z.B. für Gruppen von Einkäufern bessere Rabattkonditionen aushandeln. Zum anderen sorgt die mit Katalogen einhergehende Produkt- und Preistransparenz für höheren Wettbewerbsdruck auf der Anbieterseite. Je nach Beschaffenheit des Produkts lassen sich auf diesem Wege Preisreduktionen zwischen zehn Prozent (z.B. für 10 Mio. Blatt Kopierpapier, die eine Bank per Reverse Auction einkauft) und mehr als 30 Prozent erzielen (wenn z.B. ein Mobilfunknetzbetreiber auf diese Weise Verträge für Tausende neuer Kunden schließen kann).

Phasen der Beschaffung

Meistens lassen sich im Beschaffungsbereich die Phasen »Information«, »Verhandlung« und »Abwicklung« recht gut identifizieren:

- *Information*. Hier ist es in der Regel die Aufgabe der Beschaffungsabteilung, neue Produkte und Anbieter zu sichten und zu beurteilen.
- Die *Verhandlung* erfolgt zwischen der Beschaffungsabteilung und dem Anbieter. Dabei werden Rahmenbedingungen, Volumen und Rabatte verhandelt sowie die technische Infrastruktur vereinbart, über die Beschaffungsprozesse in der Abwicklungsphase durchgeführt werden.
- *Abwicklungsphase*. Sobald die technischen und preislichen Rahmenbedingungen geschaffen wurden, können operative Beschaffungsprozesse ablaufen. Diese entsprechen wiederum Genehmigungs-Workflows, die für Produkte und Abteilungen angepasst sein können.

Der Unterschied zwischen direkten und MRO-Gütern liegt meist darin, dass im ersten Fall alle Produkte langfristig verhandelt und geplant werden, während operativ nur noch marginale Anpassungen vorgenommen werden. Im MRO-Fall kann die Informations- und Verhandlungsphase auch während einer individuellen Beschaffung auftreten. So lässt sich das Armaturenbrett eines Autos im Gegensatz zu Handys und Mietwagen nicht per Katalog bestellen. Wichtig ist also festzuhalten, dass es zwei wesentliche Phasen gibt – die der Konfiguration und die der Abwicklung. Die Unterscheidung zwischen der langfristigen Beschaffungsplanung (Lieferantenauswahl und Vereinbarung von Konditionen) und der operativen Bestellung schlägt sich im Englischen in den Begriffen E-Sourcing und E-Procurement nieder:

E-Sourcing und E-Procurement

- *E-Sourcing*. Hierbei verhandelt die Einkaufsabteilung mit Lieferanten über Abnahmemengen, Konditionen und Lieferpläne. Dies kann in Verbindung mit den Bedarfsträgern erfolgen, die eine qualitative Bewertung der Anbieter vornehmen. E-Sourcing ist also sehr verhandlungsintensiv, daher liegt solchen Systemen in der Regel eine Ausschreibungssoftware zugrunde, wenn die Verhandlung überhaupt online durchgeführt wird.
- *E-Procurement*. Hierbei geht es lediglich um die Abwicklung einer Bestellung, die als Prozess die Fachabteilung, den Einkauf, die Warenwirtschaft und die Finanzbuchhaltung einbinden kann.

E-Sourcing vs. E-Procurement

»Netzwerktopologien« bei Beschaffungssystemen

Beschaffungssysteme schlagen sich in ganz unterschiedlichen Netzwerkstrukturen nieder:

- Im Falle der *bilateralen Beziehung* öffnen zwei Unternehmen gegenseitig ihre Extranets, um sich EDI-Dokumente zusenden zu können. Dies entspricht im Wesentlichen dem papiNet-Projekt, bei dem alle Kunden und alle Anbieter direkt kommunizieren.
- Bei einem sog. *Hub-and-Spoke-System* existiert ein großer Teilnehmer, der viele kleine über Kommunikationsbrückenköpfe anbindet. Die Hauptlast der Verarbeitung und Pflege erfolgt dabei zentral, während dezentral Benutzungsschnittstellen zur Verfügung gestellt werden, über die Daten ein- und ausgegeben werden (heute also vor allem Web-Browser). Beispiele für Hub-and-Spoke-Systeme sind Online-Malls, durch mehrere Kunden zentralisierte Beschaffungssysteme, aber auch Marktplätze und Prozessportale.
- *Supply Chain Management.* Hier ist es Aufgabe eines Teilnehmers (es kann vor allem auch ein Dritter sein, etwa ein Logistikunternehmen), die Ver- und Entsorgung der Unternehmen entlang einer Wertschöpfungskette mit Produkten zu vereinheitlichen und zentral zu steuern. Ein Supply Chain Manager umschließt folglich die Produktionsstätten durch ein filigranes Netz aus Sensoren (die z.B. Lieferanforderungen entgegennehmen) und Aktoren (die z.B. Lieferungen durchführen). In der Sphäre zwischen den Produktionsstätten stehen Dienstleistungen bereit, die in einem permanenten Koordinationsprozess zugeteilt werden (Spediteure, einzelne Frachtführer, Lagerhäuser, Terminals etc.).

Mit zunehmender Integration der Unternehmen ist folglich ein ebenso zunehmender Kommunikations- und Kooperationsbedarf gegeben. Ein Beschaffungssystem ist daher kein unternehmensinternes Softwaremodul mehr, sondern das Medium, das beide Seiten technisch und organisatorisch verbindet. Dieses Medium kann organisatorisch in zwei Formen betrieben werden:

- *Als Handelsnetz bzw. Kooperationsnetz.* Hier werden minimale Anforderungen an das Kommunikationsmedium gestellt: Es reicht, wenn die am Handelsnetz Beteiligten Nachrichten (z.B. in XML und als E-Mail-Attachment) austauschen können. Während sich ein Handelsnetz auch auf die Preisfindung erstreckt, dient das Kooperationsnetz nur zur Integration von Unternehmen in der Abwicklungsphase. Jede Datenverarbeitung und Prozesskontrolle erfolgt dabei intern in den Unternehmen. Das Handelsnetz entspricht dabei in seiner Funktion dem Marktplatz und das Kooperationsnetz dem Hub, nur dass sie dezentral sind. Handels- oder Kooperationsnetze erfordern folglich auch nur eine minimale Verwaltung. Stattdessen sind Prozesse und Datenformate zu vereinheitlichen, damit die Switching Costs innerhalb des Netzes minimiert werden.

▨ *Als Prozessportal.* Hierbei wird die Verarbeitung und Steuerung auf einen zentralen Betreiber ausgelagert. Im Extremfall besitzen alle Beteiligten nur noch eine Web-Schnittstelle als Zugang zum System. Das Portal steuert dabei vor allem den Ablauf der Kooperation zwischen Anbieter und Kunde gemäß der Geschäftsprozessdefinition. Dies bezieht sich insbesondere auf Bestellvorgänge, Warenabrufe, Lieferinformationen und Rechnungen.

Aufteilung der Transaktionsphasen in die Beschaffungsplanung und -abwicklung

Generell liegt die Arbeitsteilung zwischen der Einkaufsabteilung und dem Bedarfsträger bei MRO-Gütern im Arrangement der Rahmenvereinbarung auf der einen und der Bestellung des individuellen Artikels auf der anderen Seite. Davon abweichend lassen sich unterschiedliche Varianten identifizieren (siehe Abbildung 18-8):

Arbeitsteilung zwischen Zentraleinkauf und Bedarfsträgern

▨ *Variante 1.* Der Einkauf hat in der ersten Phase alle Rahmenbedingungen verhandelt (Preise, Mengen, Konditionen). Sobald nun ein Bedarf entsteht (sei es für direkte Güter in der Produktion oder indirekte Güter), wird dieser in das System eingegeben und eine oder mehrere Bestellungen veranlasst. Dies kann ein Handy (MRO) sein oder auch eine Lieferung mehrerer Container mit Papierrollen. Die Lieferung erfolgt dabei »per Knopfdruck«, da alle Details bereits vordefiniert sind. Die Informations- und Verhandlungsphase liegen also exklusiv beim Einkauf und die Abwicklung beim Bedarfsträger.

Hier liegt die Arbeit beim Einkauf ...

▨ *Variante 2.* Mit unterschiedlichen Anbietern bestehen Kontrakte, die der Einkauf langfristig verhandelt hat. Die Informations- und Verhandlungsphase wird also vom Einkäufer abgedeckt. Nun können die zu beschaffenden Produkte jedoch so komplex sein, dass bei der individuellen Bestellung eine Auswahl des Herstellers sowie die detaillierte Spezifikation der Produktkonfiguration vorzunehmen ist. In diesem Fall wird die Informationsphase für die einzelne Bestellung verfeinert. Eine Verhandlung findet jedoch nicht statt, da die technische Konfiguration unabhängig von den Preisen und anderen Vereinbarungen ist.

■ *Variante 3.* Mit steigender Komplexität der Produktspezifikation ist es für individuelle Beschaffungsaufgaben nicht mehr möglich, auf der strategischen Ebene der Beschaffungsplanung vertragliche Rahmenbedingungen im Detail zu vereinbaren. Stattdessen erfolgt ein Teil der Informations- und Verhandlungstätigkeit vorab durch die Einkaufsabteilung und wird bei der eigentlichen Beschaffung vervollständigt. Denken Sie zum Beispiel an die Entwicklung von Individualsoftware: Hier erstellt der Einkauf eine generelle Anbieterliste und definiert einheitliche Prozeduren für die Beschaffungsmaßnahmen. Im Falle der Softwareentwicklung können beispielsweise auch Tagessatz- und Lizenzvereinbarungen getroffen werden. Auch Richtlinien zur Durchführung von Ausschreibungen können zentral definiert werden. Bei der Vergabe eines Entwicklungsauftrags werden diese Richtlinien angewendet, um das beste Angebot zu ermitteln. Dennoch liegt mit der Ausschreibung auch operativ ein zweiter Verhandlungsprozess vor.

... und hier liegt die Arbeit beim Bedarfsträger

■ *Variante 4.* Hier wird davon ausgegangen, dass der Einkauf keine Vorleistung erbringt und alle Phasen im Zusammenhang mit der operativen Bestellung durchlaufen werden. Der Grund kann zum Beispiel darin liegen, dass das Produkt erstmalig eingekauft wird (z.B. innovative Produkte wie Organizer oder hochspezialisierte wie ein Cargo-Lifter) oder dass es zu selten beschafft wird, so dass die Abstimmung von Rahmenbedingungen und das Einrichten von Prozessen zu aufwendig wäre.

Abb. 18–8
Varianten der Beschaffung

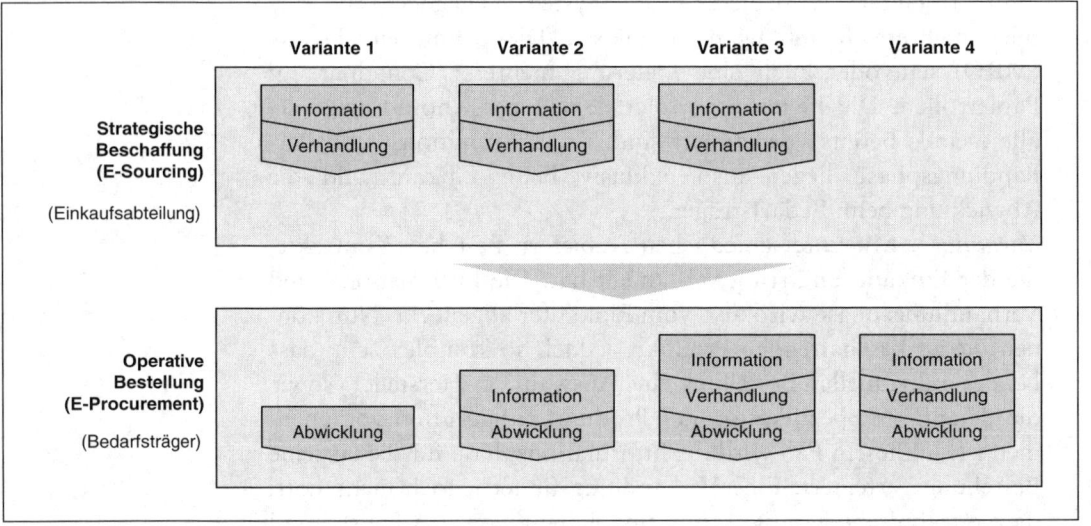

18.7.1 Beschaffungsmarktplätze

Kleinere und mittlere Unternehmen waren bisher nicht in der Lage, durch Bündelung signifikante Kostenreduktionen zu erzielen. Marktplatzsysteme können hier jedoch ein Ausweg sein: Wenn der Marktplatzbetreiber die Rolle der zentralen Beschaffung des Großunternehmens spielt und eine ausreichende Anzahl Unternehmen sich einem solchen Beschaffungsverbund anschließen, sind die gleichen Kostenreduktionen zu erwarten. Voraussetzung ist hier, dass die Beschaffungskosten der Marktplatzlösung mit der zentralisierten Variante vergleichbar sind.

Zentralisierte Kataloge und Prozesse

Die Funktion des *Beschaffungsmarktplatzes* ist die Verwaltung eines Katalogs, in den angeschlossene Unternehmen ihre Bedarfsmeldungen einspeisen [BiBS98]. Ein solches Beschaffungssystem erlaubt es beispielsweise Kliniken oder Zahnärzten, medizinische Großgeräte gemeinsam einzukaufen.

Letztlich kann sich die Beschaffungsoptimierung bis in den Konsumentenbereich fortsetzen. Warum sollen sich nicht Privatpersonen zusammenschließen können, um bessere Einkaufskonditionen zu erreichen? Heute ist noch nicht zu erkennen, bei welchem Volumen ein Automobilhersteller weich wird: Müssen sich zehn Käufer zusammenschließen, um direkt beim Hersteller »vom Fließband« einzukaufen, oder müssen es einhundert sein? Technisch steht die dafür notwendige Infrastruktur mit dem Internet bereits heute zur Verfügung, was nach wie vor noch fehlt, ist die erforderliche kommerzielle Organisation und Kultur. Für den Hersteller ist es noch ein zu großes Wagnis, diesen Vertriebsweg einzuschlagen – er würde sich sehr viel Ärger mit dem klassischen Händler- und Vertriebsnetz einhandeln. Die mangelnde Akzeptanz von Diensten wie *LetsBuyIt.com* und anderen Gruppeneinkaufsportalen zeigt, dass selbst von der Kundenseite eine Nutzung nur langfristig in Betracht gezogen wird.

Überschussproduktion ...

Dennoch stellt ein solcher Kontingentvertrieb von Autos eine typische Beschaffungsanwendung dar: Für das neue VW-Golf-Modell wird folgender Vorschlag veröffentlicht:

```
Motorisierung:                    100 PS,
Farbe:                            Schwarz,
Ausstattung:                      "Classic Line",
Fertigstellung der Produktion:    31.12.2001,
Ablauf der Registrierungsfrist:   01.11.2001,
Mindestanzahl Käufer:             1000,
Rabatt:                           20%,
Abholung:                         Fließband C-5, Wolfsburg,
<Informationen zur Fertigung von Varianten>,
<Kleingedrucktes>
```

... oder: Make-to-Order

Zu verwalten ist hier eine entsprechend große Anzahl an »Geschäftspartnern«. Die Anwendung könnte zudem auch umgekehrt funktionieren: Im Rahmen eines *Make-to-Order-Modells* legen Einkäufer die Spezifikation fest. Dies würde genauso aussehen wie das oben skizzierte Angebot des Herstellers, nur aus »umgekehrter Richtung«. Ein Preisagent könnte dabei die Rolle des Einkaufskoordinators übernehmen und das Anbieterkonsortium bei seiner Formierung moderieren.

Eine entsprechende Broker-Anwendung kann mit Phantasie in allen Bereichen des privaten oder geschäftlichen Handels eingeführt werden: Nachbarn organisieren sich für den Einkauf von Rotwein direkt beim Abfüller in Bordeaux, Werften organisieren den Einkauf von Hafenkränen, oder das Chartern von Flug- und Hotelkontingenten wird direkt vom Kegelclub organisiert ...

18.7.2 Ariba – Software für MRO-Hubs

Inzwischen stehen verschiedene Softwareprodukte bereit, die eingesetzt werden können, um den Einkauf für ein Unternehmen oder die komplette Kundenseite auf einem Marktplatz zu organisieren. Einer der bekanntesten Vertreter ist hierbei Ariba.

Ariba Network

Das Unternehmen wurde 1996 in Mountain View im Silicon Valley gegründet und wuchs schnell zu einem der bedeutendsten Anbieter von Katalog- und Marktplatzsoftware heran. Bereits im März 1999 hatte Ariba neben der Entwicklung der Software gleichzeitig den Betrieb eines MRO-Hubs, dem *Ariba Network*, aufgenommen. Diese Kombination aus Softwareentwickler- und Betreiberrolle hatte Ariba recht schnell in eine Schlüsselposition gebracht, da das Unternehmen bis heute ein Beschaffungsvolumen von mehr als einer Milliarde Dollar jährlich abwickelt.

Operating Resources Management System

Das zentrale Softwareprodukt heißt ORMS (*Operating Resources Management System*). Eine zentrale Bedeutung hat dabei der Begriff des *Business Objects* (BO). BOs repräsentieren beispielsweise Module des ERP-Systems, mit dem das ORMS kommuniziert. Dabei können BOs Ereignisse auslösen oder auf Ereignisse des ERP-Systems reagieren. Ansonsten kapselt ein BO alle Daten, die im ORMS von Bedeutung sind: Kataloge, Bestellungen sowie weitere Adaptoren, über die mit Systemen wie LDAP-Verzeichnisservern oder Reporting-Tools kommuniziert werden kann. BOs sind Java-Objekte, die über eine XML-Schnittstelle konfiguriert werden. Indem diese XML-Dokumente aktualisiert werden, lassen sich BOs auch zur Laufzeit umkonfigurieren.

Weitere Bestandteile des ORMS sind eine Suchmaschine, Messenger und Konverter für die Kommunikation von EDI- oder XML-Dokumenten, HTTP oder E-Mail sowie cXML als eigener XML-Dialekt für den Austausch von Katalogdaten und Bestellungen. Für den Mitarbeiter erfolgt der Zugriff auf die ORMS-Software über den Web-Browser. Sowohl über HTML-Formulare als auch über Applets lässt sich die Navigation im Katalog oder die Bestellung durchführen. Dabei verwaltet ein Application Server den Zustand dieser Prozesse in persistenter Form, so dass einmal verbuchte Prozessschritte nicht verloren gehen. *Bestandteile des ORMS*

Insbesondere die Workflow-Engine des Systems lässt sich flexibel konfigurieren, so dass sich unterschiedliche Abläufe und Richtlinien je nach Produkt/Abteilung/Volumen einrichten lassen. Vor allem der systematische Austausch von Dokumenten zwischen dem Besteller, der Einkaufsabteilung und dem Archiv ist für die nachträgliche Dokumentation dieser Vorgänge wichtig.

Organisatorisch lässt sich die ORMS-Software für externe Beschaffungen bei Lieferanten, aber auch für die Anforderung interner Dienste eines Unternehmens anpassen.

Das Ariba Network

Wie die meisten Marktplatzbetreiber bietet das Ariba Network einen Katalog an, Module zur Konvertierung von Nachrichtenformaten und zur Teilnehmerverwaltung sowie ein Content-Management-System, mit dessen Hilfe es als Portal genutzt werden kann. Wichtig ist die weitgehende Automatisierung des Marktplatzes für die beteiligten Anbieter und Kunden. Wenn ein Anbieter teilnehmen möchte, muss er seinen Katalog in einem Format wie cXML oder CIF (Catalog Interchange Format) hochladen. Dank der Verwendung standardisierter Artikelcodes – beispielsweise nach UN/SPSC – lassen sich die Artikel des Herstellers leicht zusammen mit anderen verwalten. Neben dieser Schnittstelle zur Registrierung einzelner Anbieter, steht mit ASL (Ariba Supplier Link) ein weiteres Netzwerk zur Verfügung, über das große Anbieter ihre Kataloginhalte in ein umfangreiches Netzwerk einspeisen können. *Standardformate und -codes*

Wenn der Besteller auf die Katalogdaten des Ariba Network zugreift, kann er zunächst durch die Kategorien des Gesamtkatalogs navigieren. Anschließend besteht die Möglichkeit, zum Katalog eines bestimmten Herstellers zu verzweigen, wenn mehrere Angebote je Kategorie vorliegen. Mit dem Durchgreifen auf den Online-Shop dieses Anbieters besteht schließlich die Möglichkeit, das Produkt zu konfigurieren und Verfügbarkeiten abzufragen. Nach der Konfiguration überträgt der Besteller die Daten in seinen Einkaufskorb und setzt den Einkauf fort. Dieser gesamte Prozess ist gleichzeitig eingebunden in den Bestellprozess des Workflow-Systems, so dass es von dessen Parametern abhängt, ob beispielsweise der Einkaufskorb noch vom Einkauf zu genehmigen ist.

Ariba hat im Laufe der letzten Jahre diverse Unternehmen hinzugekauft, die sich auf komplementäre Dienstleistungen wie Auktionen, Warenbörsen, Lagerverwaltung etc. spezialisiert haben. Die Entwicklung verläuft also in Richtung eines vollintegrierten Marktplatzsystems, das alle Handelsformen und -prozesse unterstützt.

Kundenliste   Kunden des Ariba Networks sind Unternehmen wie AMD, Chevron, Cisco, FedEx, General Motors, HP, Lucent Technologies, Philips und viele andere. Allein bei Cisco haben über 16.000 Mitarbeiter Zugriff zum ORMS und bestellen ihre Produkte direkt bei den Anbietern. Interessant ist dabei das Preismodell für die Nutzung der ORMS-Software: Hier erfolgt die Berechung von Transaktionsgebühren auf der Basis des Beschaffungsvolumens in einer Höhe, die einen Teil der gesparten Beschaffungskosten entspricht. Damit finanziert sich diese Dienstleistung aus ihrem eigenen Rationalisierungseffekt. Periodisch erfolgt dann die Rechnungslegung gegenüber den Nutzern. Als Basis wird der Stand eines »Gebührenzählers« verwendet, der bei jedem Kunden mitläuft.

Zusammenfassung

Es gibt noch viel zu tun ...   Im Bereich der Beschaffungskoordination liegt noch erhebliches organisatorisches Potenzial brach, das erst in den kommenden Jahren Schritt für Schritt genutzt werden wird. Wie bereits angedeutet, erscheint das klassische Vertriebsmodell dabei zunächst als Verlierer. Dennoch bedeutet dies nicht, dass Zwischenhändler in Zukunft nicht mehr existieren werden – es ändert sich lediglich ihre Rolle, d.h. ihre Einbindung in das Gefüge der Wertschöpfung. Auch wenn das Auto mit einem Rabatt von 20% direkt an den Kunden verkauft wird, sind hin und wieder Besuche in der Werkstatt erforderlich. Auch für Probefahrten ist der Händler unumgänglich, ein Hersteller kann es sich folglich nicht leisten, diese geographische Nähe zum Kunden zu verlieren. Der höhere Rabatt kann damit nur eine höhere Planungssicherheit ausgleichen.

Stichworte wie Commoditization, Disintermediation und Reintermediation aus Kapitel 5.2 werden immer wieder durch die genannten Beispiele widergespiegelt. Einem Beschaffungsmarktplatz kommt dabei eine zentrale Bedeutung als logischer Standort solcher Prozesse zu – unabhängig davon, ob es von einem der Geschäftspartner oder von einem neutralen Dritten betrieben wird.

18.8 Freies Verhandeln

Ein klassisches, sehr informelles Verfahren der Preisfindung ist das direkte Verhandeln zwischen zwei oder mehreren Parteien. Dieser Prozess kann unterschiedlich stark formalisiert werden: Im einfachsten Fall werden lediglich E-Mails als technische Grundlage verwendet (und »out of band« natürlich das Telefon). Bis auf ganz wenige Ausnahmen ist dies die vorherrschende Praxis. Allerdings sind bei entsprechender Standardisierung der Produktmerkmale und Prozesse sehr weitreichende Unterstützungsmechanismen möglich:

Online unterstütztes Offline-Verhandeln

- *Produktmerkmale.* In vielen Branchen wird über eine Auswahl von Merkmalsausprägungen verhandelt, die sich insgesamt einheitlich strukturieren lassen. So bieten unterschiedliche Portale für Druckaufträge (Noosh, Aprinto, PrintCafé) Formulare an, über die Druckanfragen und -angebote ausgetauscht werden können. Die Verhandlung besteht hier im schrittweisen Anpassen der Gesamtspezifikation an eine für alle Seiten akzeptable Konstellation. Ähnliches lässt sich auch im Baubereich finden, wo alle Standardleistungen und ihre entsprechenden Merkmale (Text, Material, Menge, Preis) systematisiert sind. In einer solchen Situation kann ein Verhandlungsserver wertvolle Dienste leisten: Spezifikationen lassen sich auf Konsistenz prüfen (»Die Druckmaschine kann nicht in sieben Farben drucken« oder »Die Anzahl Seiten ist nicht eingegeben worden«).
- *Prozesse.* Manchmal sind Verhandlungen schrittweise zu führen. Wir werden im Kapitel zu elektronischen Verträgen sehen, dass in bestimmten Szenarien zunächst die Verhandlung eines Vertrags abgeschlossen sein muss, bevor ein weiterer Vertrag verhandelt werden kann.
- *Juristische Aspekte.* Auch hier sind Szenarien denkbar, in denen in begrenztem Umfang durch das Verhandlungssystem juristische Expertise einfließen kann. So ist es bei der EDI-Integration sinnvoll, bestimmte Sachverhalte vorab festzuhalten, beispielsweise, wann eine Nachricht als zugegangen betrachtet wird, welche Partei mit welcher anderen über welches Protokoll kommuniziert (E-Mail oder ein Kollaborationsportal mit Web-Schnittstelle). Generelle Komponenten wie Wettbewerbsklauseln oder die Gerichtsstand-

vereinbarung lassen sich ebenfalls formalisieren und damit überprüfbar machen.

Abb. 18–9
Aktivitäten einer
Online-Verhandlung

Das freie Verhandeln kann über ein Portal unterstützt werden. Dabei
lässt sich der Verhandlungsprozess systematisieren, wie Abbildung 18-9
zeigt.

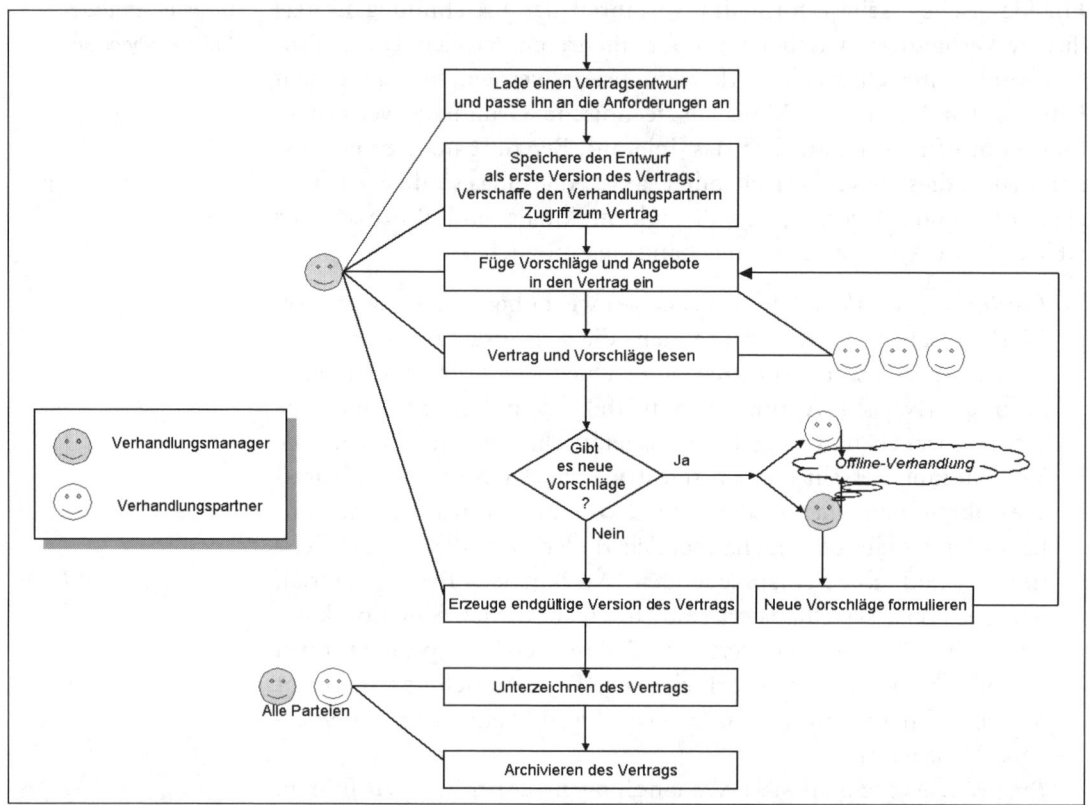

Der elektronische Vertrag
als Resultat der
Verhandlung

Ein Vertrag wird durch zwei oder mehrere Parteien verhandelt. Dabei
durchläuft dieser Prozess naturgemäß mehrere Zyklen der Einigung.
Wichtige Entscheidungen erfolgen dabei während der Offline-Ver-
handlung, so dass die Arbeit am Vertrag eher eine Aufgabe des Doku-
mentenmanagements ist. Dies bedeutet, dass der Verhandlungsserver
die beteiligten Parteien im Zugriff auf das Dokument koordiniert und
sich um Versionskontrolle und Archivierung kümmert.

In der Regel gibt es einen Initiator für den Vertrag, der als Ver-
tragsmanager die anderen Parteien einlädt und ihnen das Dokument
zur Bearbeitung freigibt. Weiter unten wird die Verwendung elektronischer Verträge als Grundlage des freien Verhandelns weiter vertieft.

Vergleich der Preisfindungsmechanismen

Wir haben uns nicht alle denkbaren Kombinationen von Preisfin-
dungs- und generell Allokationsmechanismen angesehen. Schließlich
ist auch der Verzicht auf jegliche Verhandlungen eine Option. Dies gilt
beispielsweise für den Katalogeinkauf, bei dem der Anbieter einen
Preis nennt, den der Kunde direkt akzeptiert.

Allerdings konnten wir bereits feststellen, dass sich diese Verfahren
unterschiedlich gut eignen, wenn wir die folgenden Parameter variieren:

- Transaktionskosten – Welche Höhe an Transaktionskosten erlaubt
die Verhandlung?
- Komplexität der Produktspezifikation – Wie viele Attribute sind
nötig, um das Produkt für den Verhandlungsmechanismus vollständig zu spezifizieren?
- Durchsatz an gleichartigen Transaktionen – Wie viele können z.B.
innerhalb einer Stunde oder eines Tages abgewickelt werden?
- Marktliquidität – Wie hoch ist die Wahrscheinlichkeit, dass ein
Kauf-/Verkaufswunsch erfüllt werden kann, bzw. wie lange dauert
es, bis es für eine Anfrage ein passendes Angebot gibt?
- Akzeptabler Zeitrahmen für die Verhandlung – Erfolgt die »Verhand-
lung« in Sekundenbruchteilen oder benötigt sie Tage bis Wochen?
- Technischer Einfluss auf die Optimierung des Verfahrens – Welche
Automatisierungsmöglichkeiten lassen sich nutzen?

Schauen wir uns noch einmal die unterschiedlichen Verfahren im
Lichte dieser Parameter an. Abbildung 18-10 zeigt dazu die Idealkon-
stellation der Parameter für den jeweiligen Preisfindungsmechanismus.

Abb. 18–10

*Ausprägungen unter-
schiedlicher Preisfin-
dungsmechanismen*

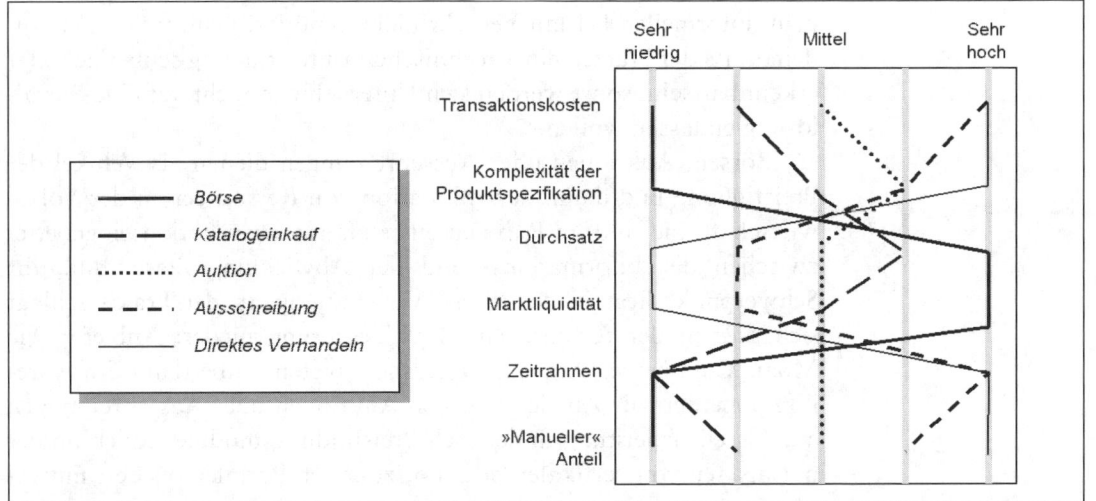

Das Spektrum reicht von der Börse bis zum freien Verhandeln

Man kann erkennen, dass Börsen vor allem beim Durchsatz, aber auch bei der Komplexität der Produktbeschreibung sowie bei der Marktliquidität eine Extremposition einnehmen. Sobald beispielsweise die Marktliquidität sinkt oder die Komplexität der Produktbeschreibung steigt, müssen wir vom Einsatz einer Börse absehen und stattdessen einen Katalog einsetzen bzw. auf Auktionen ausweichen. Am anderen Ende des Spektrums steht die direkte Verhandlung: Hier haben wir es mit einmaligen Prozessen zu tun, die nur selten in der gleichen Form und in Bezug auf den gleichen Gegenstand wiederholt werden. Wir müssen uns also hohe Transaktionskosten leisten können, da die Komplexität des Produkts üblicherweise hoch ist, während Marktliquidität und Durchsatz niedrig sind. Die Ausschreibung ist daher als Kompromiss aus Auktion und direkter Verhandlung anzusehen, da ihr Prozess einerseits ähnlich formalisiert ist wie die Auktion (und daher Kosten und Zeit sparen hilft), andererseits ist die Bewertung von Angeboten mehrdimensional: Es gilt die Zusammensetzung verschiedener Attribute über eine Bewertungsfunktion zu vergleichen. Bei Auktionen ist dies in der Regel nur der Preis.

Kombinationen von Mechanismen

In der Praxis finden wir vor allem auch eine Kombination aus Ausschreibung und freier Verhandlung vor: Zunächst müssen die Bieter im Rahmen der Ausschreibung unter Beweis stellen, dass sie ein qualifiziertes Angebot einreichen können. Anschließend erfolgt dann eine freie Verhandlung mit einer Auswahl von Bietern. Diese teilweise sehr informellen Prozesse lassen sich bisher eigentlich nur bei Börsen, beim Katalog und bei Auktionen technisch unterstützen. Bei Ausschreibungen kann die technische Unterstützung manchmal hinderlich werden: Wenn nur selten Ausschreibungen durchgeführt werden, sind sehr viele Zusatzinformation (z.B. Bieterprofile) einzugeben, die man sonst beim informellen E-Mail-Verkehr nicht benötigt. Beim freien Verhandeln muss der Nutzen einer technischen Unterstützung schließlich klar erkennbar sein, sonst werden sich Unternehmen nicht auf eine Portallösung einlassen wollen.

Börsen, Auktionen oder Ausschreibungen dienen als Vehikel der Preisfindung und damit zur Allokation von Ressourcen in der Volkswirtschaft. Sie sind im Rahmen einer Handelstransaktion eingebettet zwischen der Informations- und der Abwicklungsphase, d.h., ihr Schwerpunkt liegt in der (Preis-)Verhandlung. In der Praxis schlägt sich dies in der technischen Modularisierung nieder: Anbieter wie Moai, Commerce One oder Intershop bieten einbettbare Softwarekomponenten zur Abwicklung von Auktionen oder Ausschreibungen an. Als Dienstleistung finden sich Preisfindungsmodule jedoch immer nur als Teil von vertikalen oder horizontalen Portalen wieder: Entweder erweitern (horizontale) Auktionsdienste wie eBay oder Ricardo ihre Dienstleistung um Katalog- und Abwicklungsfunktionen oder vertikale Marktplätze wie Covisint oder Elemica betten entsprechende Module ein. Gleiches gilt für Ausschreibungssysteme.

Bevor wir uns schließlich mit Marktplätzen, Prozessportalen und der erforderlichen Software beschäftigen, wollen wir das Thema der »Preisfindung« noch mit dem *elektronischen Vertrag* zum Abschluss bringen.

18.9   Abschluss der Preisfindung durch elektronische Verträge

Wann immer wir per Katalog im Internet ein Buch kaufen, ein Ticket bei einer Auktion ersteigern oder mit Lieferanten Bestellmodi frei verhandeln, liegt dieser Handlung jeweils ein impliziter oder expliziter *Vertrag* zugrunde. Heute bestehen jedoch nur begrenzte Möglichkeiten, online vereinbarte Leistungen einzufordern, wenn die erforderliche Sicherheitsinfrastruktur fehlt, welche uns die nötigen Mittel gibt, um das Abstreiten vereinbarter Leistungen durch eine der Vertragsparteien zu verhindern. An wen kann man sich wenden, wenn das gelieferte Buch das falsche ist und der Händler abstreitet, dass jemals ein anderes bestellt wurde? An wen kann sich umgekehrt der Händler wenden, wenn eine vereinbarte Zahlung per Rechnung nicht durchgeführt wurde und keine Unterschrift des Kunden vorliegt? In dieser Situation handelt es sich um Willenserklärungen der beteiligten Parteien über größere Distanzen, die nur mittelbar über das Internet ausgesprochen werden. Keiner kann also ohne weiteres die Authentizität des Gegenüber feststellen und dessen Willenserklärung anschließend einfordern. Wir haben es folglich in der heutigen Situation mit einem immateriellen Vertrag zu tun, bei dem noch nicht einmal vollständige Sicherheit über die Authentizität der Willenserklärungen besteht. Auch ihre Übereinstimmung kann nicht so bewiesen werden, wie es bei einem schriftlichen Vertrag der Fall wäre. Schließlich besteht die Gefahr, dass Willenserklärungen nicht zugehen oder dass dies von einer der Parteien abgestritten wird.

Online-Austausch von Willenserklärungen

Elektronische Verträge sollen hier Abhilfe schaffen. Dabei decken sie prinzipiell alles ab, was auch durch »traditionelle« Verträge in Schriftform geregelt werden kann: Kaufverträge, Gesellschafterverträge, Eheverträge etc. An dieser Stelle wollen wir uns mit solchen beschäftigen, die für den B2B-Bereich relevant sind. Dies sind z.B. Kaufverträge, geschäftliche Vereinbarungen, Pflichtenhefte und rechtsverbindliche Projektpläne.

Elektronische Verträge
sind Dokumente

Elektronische Verträge liegen immer explizit vor, d.h., es existiert ein Dokument, aus dem die beteiligten Parteien, der Vertragsgegenstand, Bedingungen und Vereinbarungen sowie die geleisteten Signaturen hervorgehen. Dieses Dokument steht nach Vertragsschluss allen Beteiligten zur Verfügung, so dass Leistungsverpflichtungen nicht abgestritten werden können.

Authentizität und
Nichtabstreitbarkeit

Ein solcher Mechanismus garantiert Authentizität und Nichtabstreitbarkeit. Viele Web-Applikationen könnten von dieser Technologie profitieren, wenn sie sinnvoll in die Middleware des Internets (Web-Browser und -Server) integriert wäre. Beispielanwendungen sind Online-Banking, Reservierungsdienste, Shops, aber vor allem auch Ausschreibungs- und Auktionssysteme sowie freie Verhandlungen im B2B-Bereich, bei denen Geschäftspartner ad hoc in Verbindung treten.

Die Frage lautet nun, wie ein solcher Vertrag aufgesetzt und unterzeichnet werden kann. Wie soll also der Prozess der Vereinbarung und das Leisten der Unterschrift über das Internet realisiert werden? Schließlich stellt sich die Frage, ob sinnvollerweise die Daten eines Vertrags in der Abwicklungsphase wiederverwendet werden können, um zu kontrollieren, ob die Leistungen ohne Verzug erbracht werden. Diese und weitere Aufgaben zählen zum Bereich des Electronic Contracting und werden im Folgenden Schritt für Schritt erläutert.

18.9.1   Vertragsformen

Verträge werden in unterschiedlicher Form geschlossen. Grundsätzlich besteht Vertragsfreiheit, d.h., für die meisten Rechtsgeschäfte des täglichen Lebens existieren keine Formvorschriften, wie ein Vertrag gestaltet ist, auf welchem Medium er niedergeschrieben wird und welche Punkte explizit zu regeln sind.

Schriftliche und
mündliche Verträge

Unterschieden werden üblicherweise *schriftliche und mündliche Verträge*. Dabei steht bei schriftlichen Verträgen für alle Parteien ein Dokument zur Verfügung, aus dem erkennbar ist, dass die andere Partei sich zum Gegenstand bekennt. Ein mündlicher (oder auch immaterieller) Vertrag ist bei alltäglichen Geschäften wie dem Einkauf im Supermarkt gegeben. Dazu muss noch nicht einmal das Kaufinteresse verbal zum Ausdruck gebracht werden, wenn durch *konkludentes Handeln* signalisiert wird, dass ein Kauf beabsichtigt ist (z.B. das Ablegen der Ware auf dem Fließband der Kasse).

Personen und Vertretung

Die Anzahl der Vertragsparteien kann zwischen zwei und beliebig vielen variieren. Eine einzelne Person kann somit keinen Vertrag mit sich selbst schließen. Bei Gesellschafterverträgen oder Kooperationsvereinbarungen mehrerer Unternehmen kann die Liste der Parteien jedoch sehr umfangreich werden. Eine Partei ist dabei unmittelbar beteiligt oder durch eine oder mehrere andere vertreten. Parteien werden danach unterschieden, ob sie *juristische* oder *natürliche* Personen sind. Erstere sind beispielsweise GmbHs, Aktiengesellschaften oder eingetragene Vereine. Natürliche Personen können ausschließlich Menschen sein. Eine juristische Person muss immer durch mindestens eine natürliche vertreten werden. Dies ist etwa der Geschäftsführer einer GmbH oder eine Person, die ausdrücklich zur Vertretung der juristischen Person autorisiert ist. Die Autorisierungsbeziehung kann sich beliebig fortsetzen, d.h., der Geschäftsführer einer GmbH kann im Namen einer anderen GmbH zeichnen, die durch die erste vertreten wird. Oder ein Geschäftsführer kann eine zweite natürliche Person bevollmächtigen, um ihn selbst im Hinblick auf die Firma zu vertreten.

Juristische und natürliche Personen

Die Vertretungsvollmacht kann zudem qualifiziert erteilt werden. Hier handelt es sich üblicherweise um Einschränkungen im Transaktionswert (»Aufträge bis 100.000 Euro darf Herr Schulze erteilen«) oder mehrere Personen werden nur im Kollektiv bevollmächtigt (»Nur Herr Schulze und Frau Schröder zusammen dürfen Aufträge bis 200.000 Euro erteilen«). Die Bevollmächtigung kann schließlich zu einem komplexen logischen Ausdruck führen, der die Menge der bevollmächtigten Personenkonstellationen spezifiziert (»Zwei Mitarbeiter aus der Einkaufsabteilung in Verbindung mit Herrn Schröder sowie einem Vorstandsmitglied ...«).

Bedingte Vollmacht

Aufgrund gesetzlicher Auflagen sind Stellvertreterregelungen eines Unternehmens bei einigen Rechtsformen öffentlich bekannt zu geben. Diese Information ist im Handelsregister einsehbar und wird in Auszügen in einigen Tageszeitungen abgedruckt. Das Handelsregister kann dabei technisch als Zertifizierungsstelle aufgefasst werden, die Attribut-Zertifikate verwaltet. Im Gegensatz zum Trust-Center für öffentliche Schlüssel erteilt das Handelsregister die Vollmachtszertifikate jedoch nicht selbst, sondern sichert nur deren Authentizität zu. Vollmachtszertifikate werden vielmehr von den Unternehmen dezentral erteilt. Somit besteht ein wesentlicher qualitativer und organisatorischer Unterschied zum Trust-Center. Im Hinblick auf seine »Datenstruktur« kann jedoch das klassische X.500-Zertifikat in erweiterter Form übernommen werden.

Attribut-Zertifikate

Trotz der relativ einfachen technischen Realisierbarkeit eines solchen Systems mangelt es jedoch noch an der erforderlichen Standardisierung von Syntax und Semantik des verwendeten Vokabulars (ganz ähnlich dem EDI-Problem ...). Es ist schließlich eine internationale Interoperabilität dieser »elektronischen Handelsregistereinträge« notwendig, um automatisch verifizieren zu können, dass ein Unterzeichnender tatsächlich eine Vertragspartei vertritt.

Praktiker und Juristen, die insbesondere im Außenhandel tätig sind, weisen häufig darauf hin, dass ein erheblicher Teil aller Rechtsstreitigkeiten auf dem Abstreiten von Willenserklärungen beruht, die nicht autorisierte Personen vermeintlich im Namen des Unternehmens leisteten. Eine Vertrauensinfrastruktur würde somit Rechtsunsicherheit vermeiden helfen, die mit klassischen Methoden (Auskunftsdienste, Handelsregister) nur sehr ineffizient reduziert werden kann. Bereits hier zeichnet sich ab, in welchem Volumen Transaktionskosten einer »promiskuitiven« Netzökonomie vermieden werden könnten.

Komplexe Vertragswerke

Verträge können als Bindeglied zwischen mehreren Parteien eingesetzt werden, wenn ein komplexer Workflow zwischen diesen festzulegen ist. Damit lassen sich innerhalb eines Konsortiums komplexe Lieferbeziehungen zwischen einer größeren Anzahl Parteien definieren.

Vertragsnetzwerke in der Bauindustrie

Bei einem Bauprojekt kooperieren Personen in unterschiedlichen Rollen miteinander: Kunde, Bauunternehmer, Architekt, Statiker, Bauingenieur, Subauftragnehmer, Behörden etc. Dabei bestehen vertragliche Beziehungen in der Regel nur zwischen dem Kunden und den einzelnen Auftragnehmern, dennoch liegt diesem Bündel an Verträgen ein gemeinsames Projekt zugrunde, welches also auch entsprechend zu

Abb. 18–11

Vertragsbeziehungen bei einem Bauprojekt

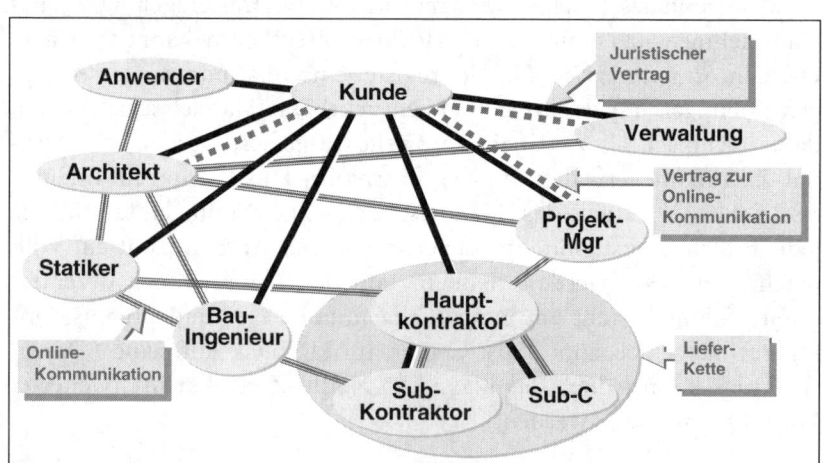

einem Komplex zusammengefasst werden sollte. Abbildung 18-11 zeigt, dass der Vertrag sogar nur einen Teil der gesamten Kooperation regelt (durchgezogene Linien), während bei der täglichen Kooperation zwischen den Rollen viele Annahmen implizit bleiben, z.B. über die Methode der Online-Kommunikation (doppelte Linien). Hier müsste festgelegt sein, welches Austauschformat für CAD-Entwürfe gemeinsam verwendet wird, auf der Basis welcher Protokolle oder Portale kommuniziert wird und wann ein Dokument als zugegangen gilt.

Die Bedeutung eines solchen Vertragswerkes liegt in einer Unterscheidung der Sichtbarkeits- und Vertrauensbeziehungen einerseits von der Atomarität des Gesamtwerkes andererseits: Die isolierte Beauftragung des Statikers macht genauso wenig Sinn wie die des Architekten, wenn keine Auftragsbeziehung mit dem Kunden vorliegt. Auch die Unterzeichnung des Vertrags mit dem Bauunternehmer erfordert häufig eine Vorallokation der zugekauften Dienstleistungen, um das Bauprojekt abzuwickeln. Folglich kann das Vertragswerk als eine Menge von Einzelaufgaben aufgefasst werden, deren gemeinsamer Nenner in einem einzigen transaktionalen Vertragsschluss liegt. Nur wenn alle Teilverträge geschlossen wurden, tritt das Vertragswerk in Kraft.

Als erschwerende Bedingung kommt jedoch hinzu, dass auch nachträglich noch Änderungen möglich sein müssen, wenn beispielsweise ein neuer Vertragspartner einsteigt oder sich der Vertragsgegenstand ändert. Verträge sind also immer nur eine Momentaufnahme innerhalb einer Sequenz von Veränderungen. Natürlich sind diese Veränderungen nur zulässig, wenn alle beteiligten Parteien zustimmen. Wir finden also während der Abwicklung eines Projekts parallel eine permanente Verhandlung um Modifikationen des Vertrags vor. Ein Vertrag ist damit also auch immer Teil eines komplexen Prozesses.

Alles ist im Fluss

Eine andere Form multilateraler Verträge fördert den Zusammenschluss homogener Vertragsparteien – wie bereits im Abschnitt zu »Brokern« (Kapitel 18.4) erläutert: 200 Privatpersonen schließen sich zu einer Einkaufsgemeinschaft zusammen, um jeweils einen Mercedes SLK zu kaufen. Sie erfüllen zweihundertfach die Rolle der Käuferpartei und willigen in einen Vertrag mit dem Broker ein, der einen Rabatt von 25% vorsieht. Jeder Teilnehmer verpflichtet sich, beim Zustandekommen eines Vertrags das spezifizierte Fahrzeug zu kaufen. Wenn sich 200 Interessenten gefunden haben, wird dem Hersteller die Abnahme der 200 Fahrzeuge angeboten. Daran kann sich noch eine weitere Verhandlung um Konditionen und Preise anschließen, die evtl. auch weitere Veränderungen des Einkaufskonsortiums bewirkt. Am Ende schließen jedoch alle noch beteiligten Parteien einen Vertrag zum

Multilaterale Verträge

ausgehandelten Rabatt. Dem Hersteller bieten solche Verträge ebenfalls Planungssicherheit sowie die Möglichkeit, Vertriebskosten zu vermeiden. Die Möglichkeiten des Internets bieten hierbei diverse Vorteile, einen derartigen »Deal« weitaus effizienter als in der klassischen
Ökonomie abzuschließen:

▪ Durch die elektronische Repräsentation können sich die Parteien
schneller einigen, als es per Brief oder Fax der Fall wäre,
▪ durch die globale Sichtbarkeit des Brokers können weit mehr Teilnehmer involviert werden, so dass die erforderliche Anzahl schneller erreicht wird, und
▪ durch den Einsatz eines *Electronic Contracting Service* als vertrauenswürdigen Dritten lässt sich der Vertragsschluss bei höherer
Rechtssicherheit erreichen.

Abb. 18–12
Zusammenschluss für den
Gruppeneinkauf

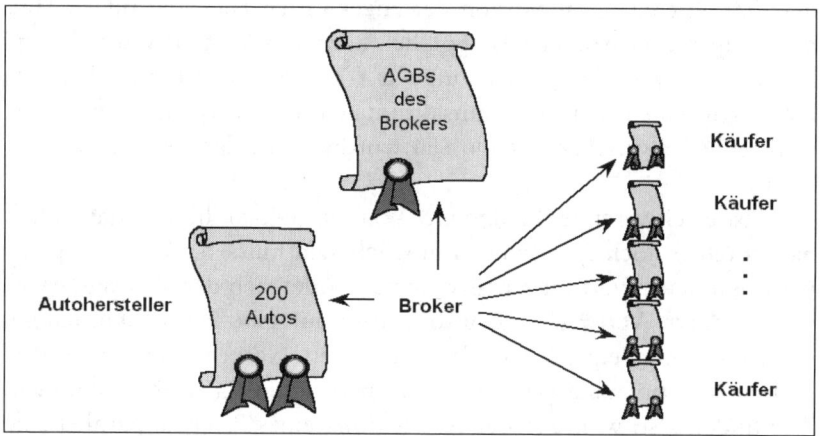

In der Praxis könnte ein Koordinator als vertrauenswürdiger Dritter
zur Steuerung der Verhandlung und des Unterzeichnungsprozesses eingesetzt werden. Auf diesem Wege lässt sich dann beispielsweise auch
der Zusammenhang zwischen den Bestandteilen eines Vertragswerkes
in Form von Rahmenverträgen zwischen dem Koordinator und den
Vertragsparteien herstellen, so dass der Electronic Contracting Service
allen Beteiligten zusichern kann, dass das Vertragswerk erst zustande
kommt, wenn alle Teilverträge geschlossen wurden. Dies gibt den Parteien Planungssicherheit und reduziert damit ihr unternehmerisches
Wagnis.

Weitere Vorteile elektronischer Verträge

Die Verwendung elektronischer Verträge hilft des Weiteren, die Ausarbeitung des Dokuments zu strukturieren. Dabei kann ein Dokumentenmanagementsystem verwendet werden, das es den Parteien erlaubt, gemeinsam den Vertrag zu editieren. Da dieser Vertrag naturgemäß ein strukturiertes Dokument ist, lässt sich das Editieren problemlos koordinieren, indem immer nur einer Partei Zugriff auf seine Klauseln gewährt wird. Zudem hilft ein entsprechender Online-Dienst, Redundanzen und Inkonsistenzen zu vermeiden, die auftreten, wenn Verträge zwischen mehreren Parteien z.B. als Word-Dokument zirkulieren. Bis zu einem gewissen Grad lässt sich auch der Vertragsinhalt automatisch validieren. Geht man von einem vorgegebenen Datenmodell (oder besser *Dokumentenmodell*) für Verträge aus, kann die Integrität des Vertrags festgestellt werden. Ist beispielsweise eine Partei beteiligt, für die keine der festgelegten Leistungen als Erbringer oder Empfänger definiert wurde, ist das System in der Lage, solche Situationen zu erkennen. Auf juristisch inkonsistente Zustände kann das System ebenso hinweisen wie auf In-sich-Geschäfte oder ökonomisch unsinnige Workflows.

Strukturierung und Standardisierung von Verträgen

Letztlich hilft ein Electronic-Contracting-System durch diese Maßnahmen sowie durch die schnellere Ausarbeitung und Unterzeichnung eines Vertrags, Transaktionskosten zu senken. Gerade unter der Anforderung an Unternehmen, sich schnell mit anderen zusammenschließen zu können, ist diese Eigenschaft von existenzieller Bedeutung.

18.9.2   Ein XML-Schema für elektronische Verträge

Das folgende Vertragsschema ist aus verschiedenen internationalen EU-Forschungsprojekten entstanden, die sich mit der Automatisierung von Verhandlungsprozessen auf der Basis elektronischer Verträge befassen (OCTANE – Open Contracting Transactions for the New Economy und eLEGAL – Legal Aspects of Information and Communication Technology).

OCTANE und eLEGAL

Die Bestandteile des Schemas werden im Folgenden nach ihren Schwerpunkten unterschieden:

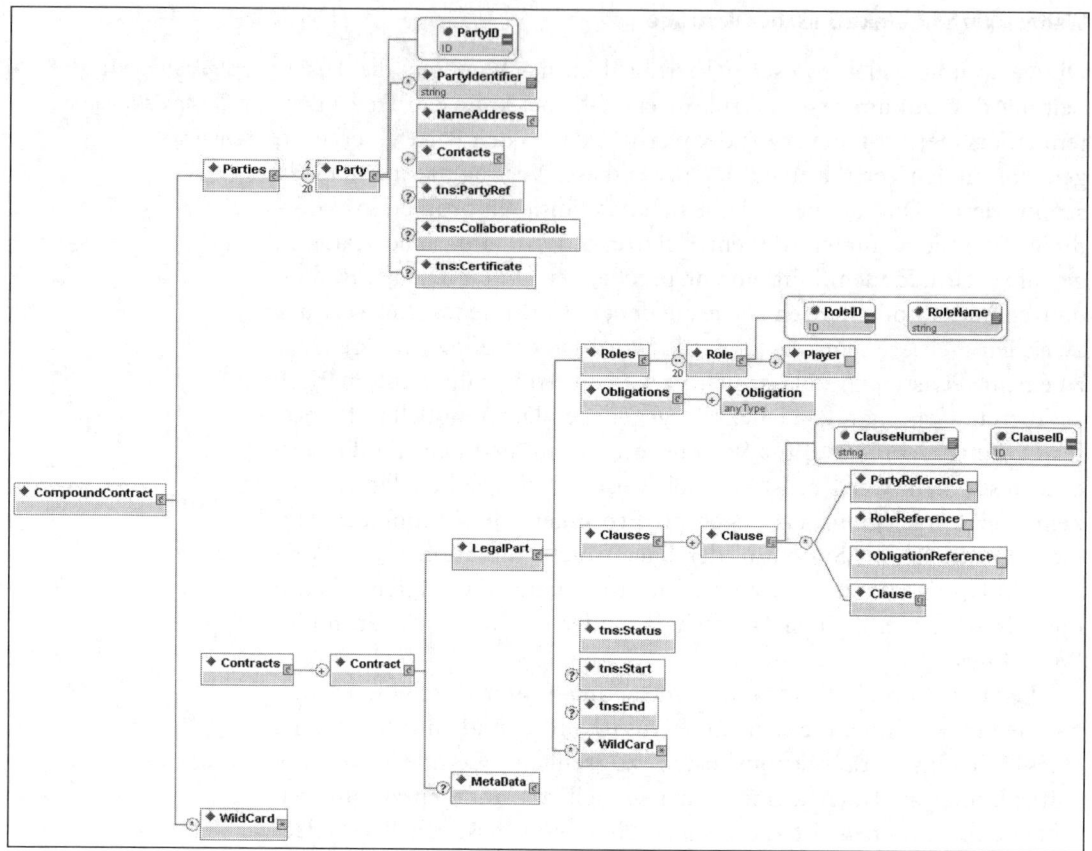

Abb. 18–13

XML-Schema für elektronische Verträge

Das Vertragswerk

▨ Ein *Vertragswerk* (engl. *Compound Contract*) ist ein Verbund mehrerer Einzelverträge. Dabei können diese jeweils in sich abgeschlossen sein oder untereinander Querbeziehungen besitzen. Das Vertragswerk setzt sich zusammen aus Verträgen und einer Liste von Parteien.

▨ *Vertrag (Contract)*. Ein Vertrag ist ein Objekt, welches sich aus dem zu unterzeichnenden juristischen Teil sowie einem Behälter für Metainformationen zum Vertrag zusammensetzt.

▨ Auf der Ebene der einzelnen Verträge werden *Metainformationen* verwaltet. Diese umfassen *Unterschriften* und *Statusinformationen*:

• *Unterschriften (Signatures)* werden von den Parteien für einen Vertrag geleistet. Befinden sich mehrere Verträge im Vertragswerk, so hat jede Partei alle Verträge zu unterschreiben, an denen sie als Partei beteiligt ist. Unterschriften sind in die

XML-Struktur des Dokuments eingebettet. Sie basieren auf dem XML Signature Standard des W3C.

* *Statusinformation.* Ein Vertrag kann sich in den Zuständen »Entwurf«, »Vorschlag«, »Angebot« »Unterschriftsreif«, »Unterschrieben«, »In Ausführung« oder »Archiviert« befinden.[2] Diese Information kann dem Vertragsobjekt über einen Methodenaufruf entnommen werden. Sie sollte aus der Zusammensetzung der Vertragsstruktur ableitbar sein, so dass keine explizite Repräsentation des Zustands (als Attribut) erforderlich ist.

Personen und Parteien

▨ *Partei (Party).* Organisatorisch wird ein *Vertrag* zwischen zwei oder mehreren Parteien geschlossen. Dabei qualifiziert der Begriff »Partei« einen *Markt*teilnehmer im Kontext des Vertrags als *Vertrags*beteiligten. Er legt jedoch weder die *Rolle* fest, in der die Partei agiert, noch die Person(en), die sie repräsentiert. Dabei können Personen als Partei in mehrere Verträge involviert sein. Eine Partei könnte folgendermaßen definiert sein:

```
<Party PartyID = "P001">
    <PartyIdentifier PartyIdentifierType = "VATIdentificationNumber">
        MM
    </PartyIdentifier>
    <NameAddress>
        <Name1>Ponton Group</Name1>
        <OrganisationUnit OrganisationUnitType = "Division">
            <OrganisationUnitName>Publishing &amp; Print
            </OrganisationUnitName>
            <OrganisationUnitCode>PP</OrganisationUnitCode>
        </OrganisationUnit>
        <Address1>Stresemannstr. 163</Address1>
        <Address2>5th floor</Address2>
        <City>Hamburg</City>
        <PostalCode>22769</PostalCode>
        <Country>Germany</Country>
    </NameAddress>
    <Contacts ContactType = "Other">
        <ContactName>Michael Merz</ContactName>
        <Telephone>+4940 43174 400</Telephone>
        <MobilePhone>+49 170 1234567</MobilePhone>
        <Email>merz@ponton.de</Email>
        <Fax>+4940 43174 499</Fax>
    </Contacts>
</Party>
```

---

2.   Die korrespondierenden englischen Begriffe sind hierzu: »Template«, »Proposal«, »Offer«, »Agreed«, »Signed«, »Under Execution« sowie »Archived«.

▨ *Rolle (Role)*. Eine *Partei* nimmt für einen individuellen *Vertrag* eine spezielle Rolle ein, z.B. »Verkäufer«, »Käufer«, »Aufsichtsratsmitglied« oder »Finanzier«. So können beispielsweise mehrere Personen in der Rolle des »Mieters« auftreten oder Aktionäre sich poolen, um ihre Stimmrechte zusammenzulegen. Sie treten dann gemeinsam in der Rolle des »Aktionärs« auf. Rollen fassen Vertragsparteien zusammen. In unserem Beispielvertrag sehen Rollen folgendermaßen aus:

```
<Role RoleID = "R002" RoleName = "Sponsor">
    <Player PartyIDRef = "P003"/>
</Role>
<Role RoleID = "R001" RoleName = "Drinker">
    <Player PartyIDRef = "P002"/>
    <Player PartyIDRef = "P001"/>
</Role>
```

Vertragsgegenstand

▨ Ein *Vertrag* besteht strukturell aus Klauseln. Diese sind im Wesentlichen den folgenden Bereichen zuzuordnen: Identifikation der Parteien (*Wer*), des Vertragsgegenstands (*Was*) sowie weiteren Bedingungen. Der juristische Teil eines XML-Vertrags besteht im Wesentlichen aus einer Menge von *Rollen (Roles), Klauseln (Clauses)* und *Leistungen (Obligations)*. Ein Vertrag liegt im juristischen Sinne erst vor, wenn alle *Parteien* diesen signiert haben. Ein Vertrag definiert immer mindestens zwei Leistungen, die jeweils von einer der Rollen erbracht werden.

▨ *Klausel (Clause)*. Hier besteht die Möglichkeit, Klauseln zu schachteln, wie es auch bei schriftlichen Verträgen der Fall ist. Prinzipiell werden Klauseln als Fließtext aufgefasst, der jedoch mit XML-Referenzen auf andere Vertragskomponenten, insbesondere Rollen und Leistungen, durchsetzt sein kann. So könnte etwa folgende Klausel definiert werden:

```
<Clause ClauseNumber = "1" ClauseID = "C001">
    For Friday, the 13th a party is planned.
    <RoleReference RoleIDRef = "R002"/>
    is expected to bring some boxes of beer, while
    <RoleReference RoleIDRef = "R001"/>
    are expected to drink the whole stuff.
    <ObligationReference ObligationIDRef = "O001"/>
    is fulfilled as soon as
    <RoleReference RoleIDRef = "R001"/>
    is not able to walk home.
</Clause>
```

▫ *Leistungen* (*Obligations*) können ebenfalls Fließtext sein. Dann werden sie informell beschrieben und können auch nur in Textdokumenten weiterverarbeitet werden. Nun besitzt der Elementtyp »Obligation« jedoch ANY als Inhaltsmodell: Es kann also Beliebiges eingebettet werden, vor allem Produkt- oder Dienstleistungsspezifikationen, die branchenspezifisch sind. So steht für den Baubereich beispielsweise ein Schema aecXML (Architecture, Engineering, Construction XML) zur Verfügung, das es erlaubt, Bauleistungen zu spezifizieren. Eine Leistung besitzt immer eine Rolle als Erbringer und eine als Empfänger. In unserem Beispiel ist die Leistung »DrinkTheBeer« folgendermaßen definiert:

```
<Obligation ObligationID="0001" ProviderRoleIDRef="R002" ReceiverRoleIDRef="R001">
   <DrinkTheBeer>One brings the beer, others drink it out</DrinkTheBeer>
</Obligation>
```

Das Beispiel ist hier noch einmal etwas vollständiger angegeben:

```
<?xml version = "1.0" encoding = "UTF-8"?>
<CompoundContract xmlns:xsi = "http://www.w3.org/2000/10/XMLSchema-instance"
                    xsi:noNamespaceSchemaLocation = "eContracting-0.1.xsd">
    <Parties>
        <Party PartyID = "P001">
            <PartyIdentifier
                PartyIdentifierType = "VATIdentificationNumber">MM
            </PartyIdentifier>
...
        </Party>
        <Party PartyID = "P002">
...
        </Party>
        <Party PartyID = "P003">
...
        </Party>
    </Parties>
    <Contracts>
        <Contract>
            <LegalPart>
                <Roles>
                    <Role RoleID = "R002" RoleName = "Sponsor">
                        <Player PartyIDRef = "P003"/>
                    </Role>
                    <Role RoleID = "R001" RoleName = "Drinker">
                        <Player PartyIDRef = "P002"/>
                        <Player PartyIDRef = "P001"/>
                    </Role>
...
```

```
            </Roles>
            <Obligations>
                <Obligation   ObligationID = "0001"
                              ProviderRoleIDRef = "R002"
                              ReceiverRoleIDRef = "R001">
                    <DrinkTheBeer>One brings the beer,
                    others drink it out</DrinkTheBeer>
                </Obligation>
...
            </Obligations>
            <Clauses>
                <Clause ClauseNumber = "1" ClauseID = "C001">
                For Friday, the 13th a party is planned.
                <RoleReference RoleIDRef = "R002"/>is expected to
                bring some boxes of beer, while<RoleReference
                RoleIDRef = "R001"/> are expected to drink
                the whole stuff. <ObligationReference ObligationIDRef
                = "0001"/> is fulfilled as soon as <RoleReference
                RoleIDRef = "R001"/> is not able to walk
                home.</Clause>
...
            </Clauses>
            <Status value = "UnderNegotiation"/>
            <Start>Friday, 13th</Start>
            <End>Saturday 14th</End>
        </LegalPart>
      </Contract>
    </Contracts>
  </CompoundContract>
```

Natürlich lässt sich ein solcher Vertrag auch mit Hilfe von XSLT und HTML visualisieren. Der Output ist in Abbildung 18-14 dargestellt.

Barbecue Party Contract 4711

Identifier: MM VATIdentificationNumber

Company

Ponton Group	Imens Business Service Abteilung für ganz große Projekte	NetCom

Address

Stresemannstr. 163 5th floor 22769 Hamburg Germany	Leopoldstr. 65 München 88888 D	Emil-Straße 86 44227 Dortmund Germany

Department

Identifier: Division		Identifier: Division
Publishing & Print PP		Internationale Projekte

Contact

Other	Other	Other
Michael Merz	Fred Weizenkeim	Doris Monimann-Junge
Telephone: +4940 43174 400 Mobil: +49 170 87654321 E-Mail: merz@ponton.de Fax: +4940 43174 499	Telephone: +89 (0)4321 1234 E-Mail: Fred.Weizenkeim@imens.de Fax: +44 (0)1509 223981	Telephone: 0231 759999 E-Mail: domo@netcom.de Fax: 0231 759999

Roles

Sponsor
NetCom
Drinker
Imens Business Service   Ponton Group
Singer
Imens Business Service
Listener
Ponton Group   NetCom
Barbeque Operateur
Ponton Group
Dinner Guest
Imens Business Service   NetCom

Obligations

Beverages
One brings the beer, others drink it out
Music
One sings a song - the other have to listen
Food
One prepares the food - the other eat it all

Clauses

1) For Friday, the 13th a party is planned. *Sponsor* is expected to bring some boxes of beer, while *Drinker* are expected to drink the whole stuff. *Beverages* is fulfilled as soon as *Drinker* is not able to walk home.

2) Additionally, German folk songs will be sung for 5 hours, as specified in *Music* .

3) Finally, the party will be catered by *Barbeque Operateur* . The others (i.e., *Dinner Guest*) will have to eat the food.

4) Exemptions
    4.a) If the weather forecast announces rain, *Barbeque Operateur* is authorised to cancel the catering. *Music* and *Food* will be organised under a bridge.
    4.b) If whisky is cheaper than beer, *Singer* is authorised to purchase some boxes of whisky.
    4.c) If *Singer* Has a bad cold, a CD player may be used to play the songs.

Abb. 18–14
Visualisierung eines elektronischen Vertrags

Im Rahmen der Projekte OCTANE und eLEGAL gilt es nun, ganz unterschiedliche Anwendungsfälle durch das Electronic-Contracting-System zu unterstützen. Im Folgenden sind daher einige Beispiele aus verschiedenen Anwendungskontexten genannt:

▪ Aufsetzen und unterzeichnen von *Ausbildungsverträgen*. Hierbei handelt es sich um sehr formalisierte Verträge, die in der Praxis 100.000-fach im Jahr zwischen den ausbildenden Unternehmen, dem Auszubildenden und der Handelskammer geschlossen werden. In dieser Variante ist eine große Anzahl Datenfelder auszufüllen, die Leistung lässt sich dabei immer wieder durch das gleiche XML-Schema spezifizieren. Eine »Verhandlung« findet nicht statt, vielmehr ist es für die Handelskammer wichtig zu prüfen, ob das Unternehmen ein Ausbildungsbetrieb ist und ob der Unterzeichnende dazu berechtigt ist.

Abb. 18–15
Ein Vertragswerk mit
drei Verträgen

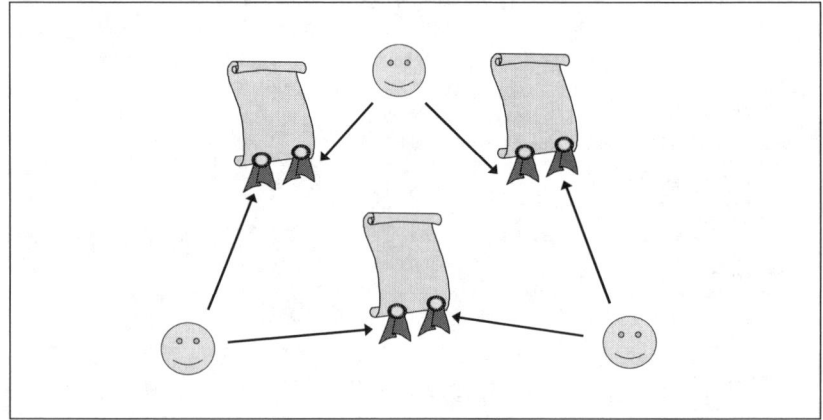

▪ Aufsetzen und unterzeichnen von Franchise- und Unterverträgen im Bereich der Bauplanung. Hierbei geht es um ein recht komplexes Vertragswerk, bei dem ein Franchise-Geber ein Bauprojekt für einen Kunden mit Hilfe verschiedener Unterauftragnehmer abwickelt. Dazu müssen die Unterauftragnehmer zunächst über einen Franchising-Vertrag ein Konsortium bilden. Danach schließt dieses Konsortium einen Vertrag mit dem Franchise-Geber, um unter dessen »Markenzeichen« und unter Einhaltung seiner Richtlinien das Projekt abzuwickeln. Zuletzt schließt der Franchise-Geber dann einen Vertrag mit dem Kunden, in dem die Beauftragung des Konsortiums erfolgt.

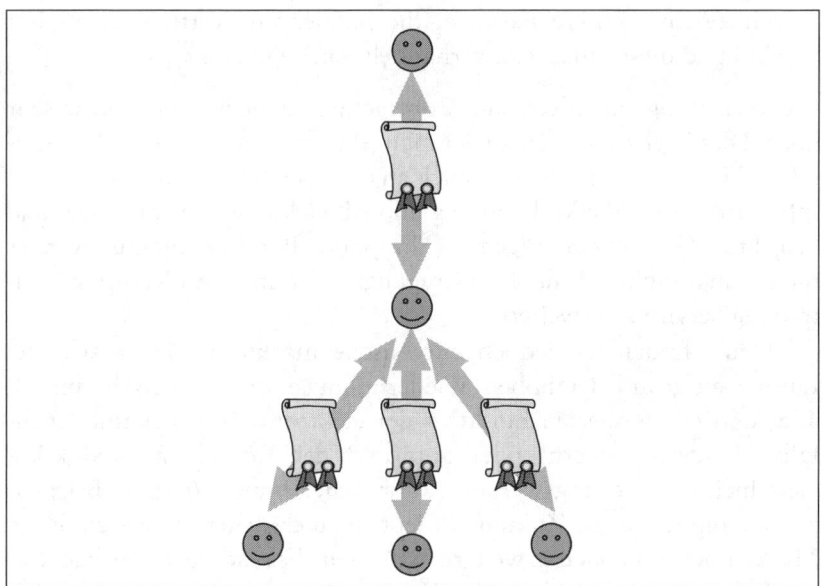

Abb. 18–16

*Ein Vertragswerk
über mehrere
Wertschöpfungsstufen*

■ Aufsetzen und verhandeln von Verträgen über den Import und Export von Textilien. Hier liegt der Vorteil elektronischer Verträge in der Transferierbarkeit der Leistungsklauseln zwischen zwei Verträgen: Ein Vertrag wird zunächst mit einem Kunden verhandelt, während gleichzeitig mit Zulieferern auf der Basis der Produktspezifikation eine zweite Verhandlung stattfindet. Dabei ist ein Contracting-System wertvoll, wenn es erlaubt, die Leistungsspezifikation für beide Verträge konsistent zu halten, ohne natürlich den jeweiligen Verhandlungspartnern Einblick in alle Verträge zu gewähren. Elektronisches Signieren ist in diesem Szenario (noch) nicht erforderlich, da im Zweifelsfall auch die XSLT-Resultate schriftlich unterzeichnet werden können.

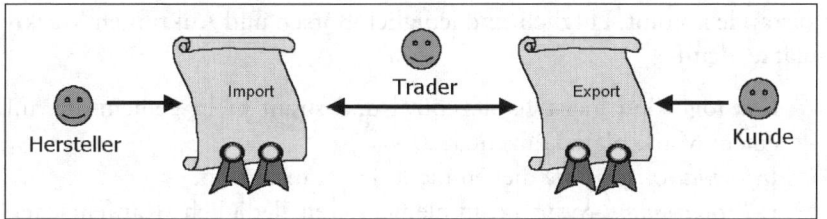

Abb. 18–17

*Import-/Export-
Vertragswerk*

■ Aufsetzen, verhandeln und unterzeichnen von Verträgen über den Einsatz von Informations- und Kommunikationstechnologie bei Bauprojekten (siehe Beispiel in Abbildung 18-11). Hier finden wir schließlich mehrere Parteien, die in mehrere Verträge involviert sind und diese aufsetzen, verhandeln und signieren.

Die Bedeutung des Electronic Contracting ist heute noch nicht sehr hoch. Dies liegt zum einen an der mangelnden Akzeptanz der elektronischen Signatur, vor allem aber auch an der noch fehlenden einheitlichen Infrastruktur für die Verhandlung und Abwicklung von Aufträgen und Projekten. Gäbe es eine allgemein akzeptierte Portalarchitektur, wäre es relativ unkompliziert, die Beauftragungsfunktion zum Electronic Contracting Service zu erweitern.

In Zukunft mehr elektronische Verträge

Heute finden wir jedoch nur Nischenmärkte, in denen sich der Einsatz aufgrund der hohen Wiederholungsrate (Handelskammern), aufgrund des forcierten Einsatzes der elektronischen Signatur (ebenfalls Handelskammern) oder aufgrund der Komplexitätsreduktion vielschichtiger Vertragswerke (Baubranche, Import-/Export-Beispiel) bereits lohnt. Für die Zukunft ist jedoch zu erwarten, dass sich dieser Markt noch erheblich erweitern wird – insbesondere wenn nachfolgend vom Portal auch Notar-Funktionen (Gegenzeichnen als Unparteiischer sowie Archivieren) übernommen werden.

18.10 Elektronische Marktplatzsysteme

Heutige Marktplätze sind Mischformen

Viele der Marktplätze, die wir heute im Internet finden, sind Mischformen ganz unterschiedlicher Komponenten. So finden wir bei Covisint die drei Schwerpunkte »E-Procurement«, »Produkt-Design« und »Supply Chain«. Einkaufsportale bieten hingegen Kombinationen aus Katalogen, E-Sourcing- und E-Procurement-Systemen.

In der Theorie ist der Markt der abstrakte Ort des Tausches von Gütern und Dienstleistungen aller Marktteilnehmer. Eng interpretiert, ist der Marktplatz der Ort, an dem die *Entscheidung* für den Tausch getroffen wird, also der Vertrag zwischen den beteiligten Parteien zustande kommt. Folglich sind lediglich Börsen und Auktionen Marktplätze, denn

- *Kataloge* sind meistens dezentral und somit nicht gemeinsam auf einem Marktplatz konzentriert,
- *Informationsportale* dienen nicht der Transaktion,
- *E-Procurement-Systeme* implementieren lediglich Kaufentscheidungen einzelner Kunden, die zuvor getroffen wurden,
- *Ausschreibungen* werden dezentral durchgeführt, da jeder Kunde seine Ausschreibung individuell durchführt, und
- *Supply-Chain-Systeme* befassen sich mit einer Optimierung der Zulieferung von Gütern entlang einer Wertschöpfungskette.

Auch wenn Aktivitäten in diesen Bereichen dezentral initiiert und abgewickelt werden, so sind sie dennoch alle Bestandteil eines Marktplatzes gemäß einer weiter gefassten Definition. Diese erweiterte Definition ist dann zulässig, wenn die *Aktivitäten* logisch nicht zentral durchgeführt werden, jedoch die *Werkzeuge* physisch zentral zur Verfügung stehen. Ein Markt*platz* ist also nicht nur das gemeinsame Pflaster (Internet), auf dem Verkaufsbuden aufgebaut werden (Web-Präsenzen), sondern auch die Werkzeugkiste (Hammer für die Auktion, Séparées zur individuellen, ungestörten Verhandlung etc.), die den Teilnehmern zur Verfügung gestellt wird, um Transaktionen durchzuführen.

Eine Marktplatzarchitektur sieht daher aus wie in Abbildung 18-18 schematisch dargestellt.

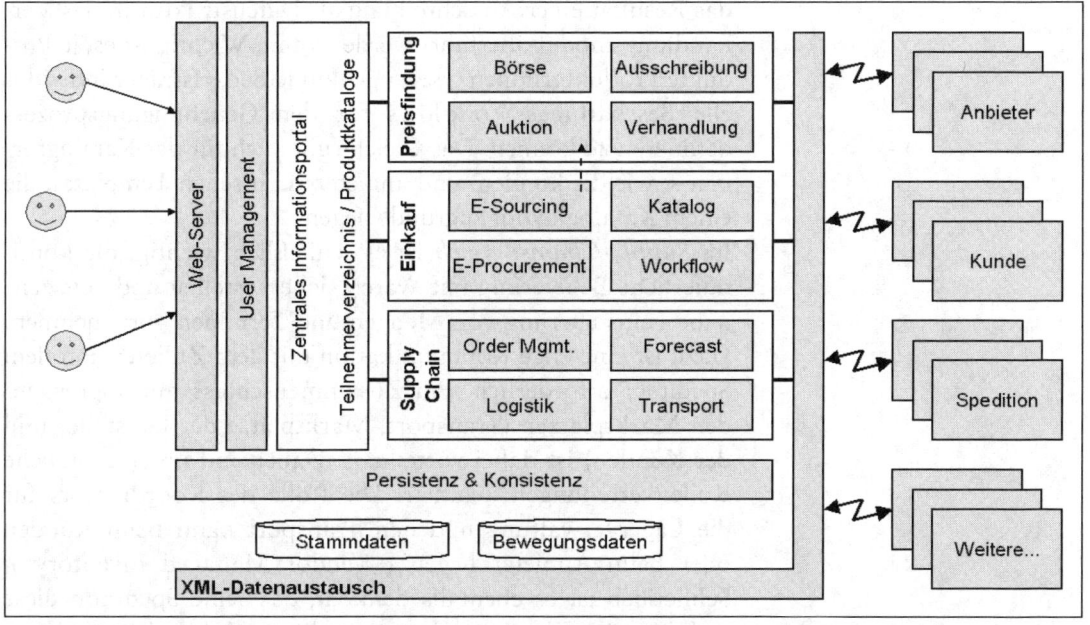

Ein allumfassender Marktplatz bedient also alle Anforderungen, die sich auf den Handel, die Bestellung und Lieferung von Produkten beziehen:

Abb. 18–18
Komponenten eines elektronischen

▨ Auf der einen Seite haben Teilnehmer personalisierten Zugriff auf die Marktplatzfunktionen über ein *Web-Portal*. Hier werden Brancheninformationen angeboten und Verzeichnisse für Händler und Produkte. Anbieter, Kunden und andere Teilnehmer sind also registrierte Benutzer des Portals.

▓ Auf der anderen Seite ist der Marktplatz über *Messaging-Schnitt-stellen* mit den Teilnehmern integriert. Hier findet die EAI-Integration zwischen den Marktplatzkomponenten und den ERP-Systemen der Teilnehmer statt.

▓ Die Kernfunktionen des Marktplatzes sind Preisfindung, Einkauf und Supply-Chain-Unterstützung:

   ● Im Bereich der *Preisfindung* stehen verschiedene Mechanismen zur Verfügung, die vom Betreiber – oder bei hoher Flexibilität des Systems auch vom Teilnehmer – konfiguriert werden können. So lassen sich Angebote wahlweise in einen Katalog einstellen oder über das Börsensystem bzw. per Auktion verkaufen.

   ● Im *Einkaufsbereich* kann der Kunde für das Sourcing eine Ausschreibungskomponente nutzen oder frei verhandeln. Ein idealer Marktplatz sollte diese Module interoperabel halten, so dass das Resultat einer Ausschreibung als Datenstruktur in das Verhandlungsmodul überführt werden kann. Wichtig ist es, je Produkte/Produktgruppen, je Kunde und je Bedarfsträger individuelle Beschaffungs-Workflows für den Genehmigungsprozess definieren zu können. Das Gleiche gilt auch für das Katalogformat sowie die kunden- und anbieterspezifischen Templates, die einem Kataloglayout zugrunde liegen.

   ● Im *Supply-Chain-Bereich* ist es schließlich wichtig, die kontinuierliche Belieferung mit Waren sicherzustellen und eine zeitnahe Feinsteuerung von Mengen und Terminen vorzunehmen. Dazu ist eine enge Kommunikation mit dem Zuliefer und dem Spediteur erforderlich. Ein Zusammenschluss mit angrenzenden Marktplätzen (Transport, Marktplätze der Hersteller und der Kunden) ist dabei vorteilhaft. Dabei sind unterschiedliche Rollenverteilungen denkbar: Die Rolle des Koordinators für die Lagerverwaltung und den Transport kann beim Kunden oder beim Anbieter liegen (»Vendor Managed Inventory«). Schließlich ist es ebenfalls denkbar, dass eine Spedition diese Rolle ausübt, dann entnimmt sie die Produkte des Anbieters aus der Produktion und kümmert sich um die rechtzeitige Beschickung der Produktion des Kunden.

▓ Schließlich muss der Marktplatz *Daten speichern und konsistent halten.* Der gegenseitige Zugriffsschutz ist dabei essenziell: Wenn die Einkaufskonditionen des einen Kunden anderen aufgrund eines technischen Fehlers bekannt werden, war der Marktplatz seine längste Zeit tätig ...

▓ Nicht in der Abbildung 18-18 erkennbar sind die *Administrationsfunktionen*: Hierbei geht es um die Berechtigungsverwaltung der

Benutzer, aber auch um die Komponenten, die ein Teilnehmer benutzen kann. Zudem ist es Sache des Teilnehmers, einen Teil der Konfiguration selbst zu übernehmen, beispielsweise im Bereich der Katalogverwaltung und der Workflow-Gestaltung.

■ Schließlich stehen dem Marktplatzbetreiber *weitere Funktionen* zur Verfügung, die es ermöglichen, zusätzliche Einnahmen zu generieren. Dies sind zum einen *Reporting*-Funktionen, über die Umsätze und Marktbeobachtungen aggregiert und an Interessenten verkauft werden können. Zum anderen sind Analyseergebnisse dieser Daten ein wichtiger Parameter für Entscheidungen der Teilnehmer. So lassen sich aus den aggregierten Transaktionsdaten *Prognosen* ableiten, die zu direktem Feedback beim Kaufverhalten der Kunden führen können. Denkbar ist dabei sogar ein *integrierter Derivatehandel*, über den sich Kunden oder Anbieter gegen zu erwartende Schwankungen im Transaktionsvolumen absichern können.

18.11 Die Marktplatzsoftware von Commerce One

Commerce One (C1) ist einer der bekanntesten Anbieter und Betreiber von B2B-Marktplatzsoftware. Sein Produkt *MarketSite* ist ein B2B-Portal, das ein umfangreiches Bündel an Dienstleistungen zur Verfügung stellt. Das Unternehmen hat sehr früh mit einigen der wichtigsten Telekommunikationsunternehmen (NTT, British Telecom, Deutsche Telekom etc.) strategische Allianzen geschlossen, um über diese rechtzeitig die nationalen Entwicklungen von Marktplatz-Infrastrukturen zu beeinflussen. Da sich MarketSite auf die Integration vieler Kunden und Anbieter auf ganz unterschiedlichen Märkten konzentriert, war diese Einflussnahme auf die Standardisierung von Dokumentenformaten, Schnittstellen und Prozessen besonders wichtig für die Durchsetzung der Software im Wettbewerb der Marktplatzsysteme.

C1 ist im Jahre 1994 als Anbieter von Produktkatalogen auf CD-ROM entstanden und entwickelte im Jahre 1996 die Beschaffungssoftware *BuySite*. Erst 1998 differenzierte das Unternehmen seine Produktpalette mit der Einführung von *MarketSite*, dem später sehr viel bekannteren Marktplatzprodukt. Dieses war aufgrund der Zusammenarbeit sehr stark durch die eCo-Architektur von CommerceNet beeinflusst. Wenn es heute um die symmetrische Integration von B2B-Marktteilnehmern geht, gilt MarketSite nach wie vor als eine der innovativsten Softwaresysteme.

Auch Commerce One begann mit Beschaffungssoftware

Die Geschäftsstrategie von C1 verfolgt drei Zielrichtungen:

- Erstellung und Distribution von *Schemata für EDI-Nachrichten* (die Sprache lautet hier xCBL und ist in SOX bzw. XML-Schema definiert). Hier wurden im Wesentlichen der ANSI-X.12-Standard sowie der EDIFACT-Standard in XML umgesetzt.
- Entwicklung der MarketSite-*Marktplatzsoftware*.
- Analog zum Ariba Network betreibt C1 das *Global Trading Web* – ein Verbund aller durch C1 betriebenen vertikalen Marktplätze weltweit. Das Portal *MarketSite.net* bietet dazu einen zentralen Zugang. Es kann daher mit dem »Network«, also der obersten Ebene der eCo-Architektur, verglichen werden.

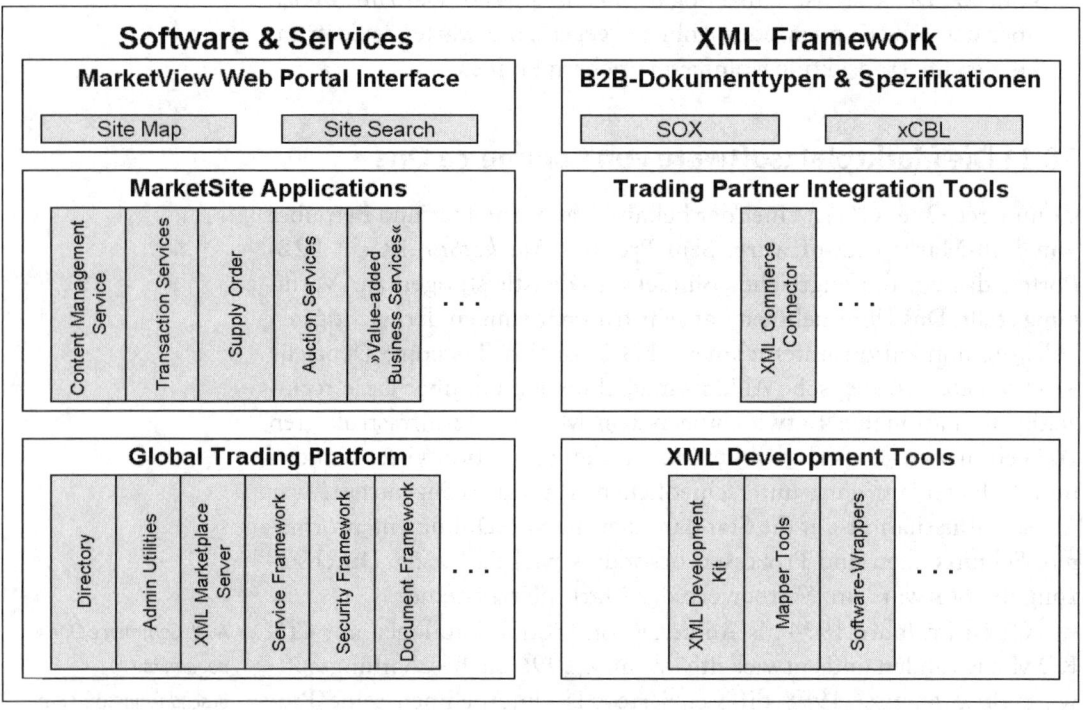

Abb. 18–19
Komponenten von
Commere Ones
MarketSite

Entsprechend der Abbildung 18-19 stehen mit dem MarketSite-Framework vier Hauptkomponenten zur Verfügung:

- Die Global Trading Platform kombiniert verschiedene Basisdienste zur Benutzerverwaltung, für Teilnehmerverzeichnisse, Dokumenten- und Sicherheitsdienste.

- Darauf aufsetzend, stehen Anwendungen zur Verfügung wie z.B. Auktionen oder Hubs zur Transformation und Weiterleitung von Nachrichten bzw. Systeme zur Auftragsbearbeitung.
- Ein weiterer Bestandteil ist die Definition von XML-Dokumententypen und die dafür erforderlichen Werkzeuge.
- Schließlich gibt es noch den XML Commerce Connector, den Teilnehmer installieren, um mit dem Marktplatz zu kommunizieren.

Einige dieser Komponenten sind im Folgenden näher beschrieben.

18.11.1 Anwendungsmodule der MarketSite

MarketSite setzt sich aus einer Vielzahl von Subkomponenten zusammen, die in Abbildung 18-19 dargestellt sind. Grob lassen sich die darauf aufbauenden Anwendungen zu zwei Bereichen zusammenfassen – *Content Services* und *Transaktionsdienste*.

Content Management Services

Unter »Content« sind hier vor allem Kataloginhalte zu verstehen. Diese werden über MarketSite den Kunden zugänglich gemacht, ganz ähnlich dem zentralen Katalog beim Ariba Network. Commerce One hat hier einen mehrstufigen Prozess zur Verarbeitung von Katalogdaten definiert, bevor diese in den Zentralkatalog einfließen: Dazu senden den Anbieter die Daten in ihrem »Hausformat« an das MarketSite-Portal. Dort transformiert ein weiterer Prozess diese Daten in das xCBL-Format von Commerce One. Dieser Prozess besteht aus der Bereinigung und Vereinheitlichung von Daten, so dass diese sich mit denen anderer Hersteller im zentralen Katalog zusammenführen lassen. Aus dieser sog. Referenzdatenbank werden im nächsten Schritt kundenspezifische Abzüge erstellt, die in einem eigenen Staging-Bereich der Datenbank abgelegt werden. Dieser Transformation liegen Filter- und Mapping-Regeln zugrunde, die für den einzelnen Kunden definiert sind. Während dieser Schritt noch vom Betreiber der Market-Site vorgenommen wird, ist der nächste Schritt Sache des Kunden: Hier geht es um die Abstimmung der Katalogdaten im Staging-Bereich mit dem internen Materialstamm im ERP-System.

Visualisieren von Kataloginhalten

Die Site-Map bietet einen Überblick über das Portal und zeigt die Organisation der Portalstruktur aus der Sicht des Nutzers. Sie ist dabei in einen öffentlichen und einen privaten Bereich unterteilt. Jede private Funktion erfordert ein entsprechendes Login des jeweiligen Benutzers. Es ist dabei Aufgabe des Markplatzbetreibers, die Zugangskonfiguration vorzunehmen.

Benutzerverwaltung

Ein Teilnehmer kann sich als Käufer (Buyer), Anbieter (Supplier) oder Gast einloggen. Die Profile dieser Teilnehmer werden zentral im sog. MarketSite Directory Server gespeichert. Im Zuge der Registrierung kann sich ein Teilnehmer für Commodity-Güter registrieren, die beim Login angezeigt werden, wenn ein passendes Angebot bzw. eine Anfrage dafür vorliegt.

Das Trading Partner Directory (eCo: Market) ist eine zentrale Marktplatzfunktion, die es allen Teilnehmern erlaubt,

- andere Handelspartner zu lokalisieren (eCo: Business),
- die Regeln anderer Unternehmen für die Aufnahme von Geschäftsbeziehungen zu untersuchen,
- neue Geschäftspartner in die eigene Liste zu übernehmen sowie
- selbst Güter und Dienstleistungen im Portal anzubieten (über eCo: Service).

Das Verzeichnis hilft Angebote mit Anbietern zu verbinden bzw. mit deren Profilen und Web-Adressen (hier ergibt sich wiederum eine Verbindung zu UDDI und WSDL). Sowohl Angebote als auch Anbieter können durch Navigation oder Suchanfragen ermittelt werden. Suchbegriffe sind dabei Namen, Branchen, Standard-Artikelnummern (EAN, SKU) bzw. UN/SPSC-Nummern.

Durch die Profilinformation lässt sich der Zugang zum MarketSite-Portal personalisieren. Damit können selbst ausgewählte Partner, Produkte und Angebote vorab angezeigt werden.

Je nach Rolle des Teilnehmers am Marktplatz lassen sich unterschiedliche Funktionen nutzen: Der Anbieter kann Unternehmensdaten, AGBs, Integrationsschnittstellen, Zahlungs- und Lieferbedingungen, FAQs usw. hinterlegen. Umgekehrt können auch Käufer diese Information bereitstellen.

RoundTrip Services

Direktzugriff auf den Katalog des Anbieters

Hinter »RoundTrip Services« verbirgt sich die bereits bei Ariba gezeigte Möglichkeit, als Besteller direkt auf den Online-Shop (bzw. -Katalog) des Anbieters zurückzugreifen, um dort die Produktauswahl mit Hilfe eines Konfigurators vorzunehmen. Auch bei Commerce One bleibt dieser Zugriff in den internen Beschaffungsprozess des Kunden eingebettet, d.h., nach Selektion des Produkts wird der Workflow definitionsgemäß abgearbeitet.

Mit Hilfe einer Online-Integration zwischen lokalen Katalogen der Anbieter und der MarketSite-Plattform besteht die Möglichkeit, eine Suchanfrage über alle Kataloge laufen zu lassen. Dieser Service ist bekannt unter dem Namen »Hosted Content Services«.

18.11.2 Transaktionsdienste

Hier bietet MarketSite zwei Varianten: Zum einen die Echtzeit-Integration zwischen Kunde und Lieferant, über die Bestellungen direkt durchgeleitet werden, und zum anderen das »Hosted Order Management«, bei dem Bestellungen im elektronischen Eingangskorb des Lieferanten bis zur Abholung verbleiben. Diese Transaktionen lassen sich unterschiedlich konfigurieren, indem Regeln festgelegt werden, wann Dokumente welchen Typs an welchen Empfänger weitergeleitet werden sollen.

Hub-Funktionen

Die Transaction Services sind der Dreh- und Angelpunkt der Marktplatzfunktionen. Sie erlauben den Austausch von Geschäftsdokumenten zwischen Marktteilnehmern. Die Dokumentenformate bzw. die individuellen Transaktionen (Bestellungen, Lieferpapiere etc.) können dabei branchenspezifisch oder individuell erweitert werden. Dabei dient xCBL als »Baukasten« zur Konstruktion der betreffenden Dokumente. Initial unterstützt das System die folgenden Dokumententypen:

- Purchase Order
- Purchase Order Acknowledgement
- Order Status Request
- Order Status Acknowledgement
- Availability Check Request
- Availability Check Acknowledgement
- Price Check Request
- Price Check Acknowledgement
- Invoice
- Product Catalog Description
- Product Catalog Pricing

Es ist zu erkennen, dass sich Commerce One zunächst auf die katalognahen, frühen Transaktionsphasen konzentriert und weniger auf die Abwicklungsphase. Neben der direkten Weiterleitung von Nachrichten lassen sie sich auch im Batch-Modus verarbeiten. Dabei nimmt der Server die Daten im Senderformat entgegen, konvertiert sie und sendet sie im Empfängerformat weiter.

Im Kern ist ein solcher Marktplatz also eine Zentralisierung der B2B-Integration, wie wir sie bereits im Kapitel zur Enterprise Application Integration kennen gelernt haben. Wir werden uns weiter unten genauer mit der erwarteten und tatsächlichen ökonomischen Bedeutung dieser Zentralisierung beschäftigen.

SupplyOrder: Softwarekomponenten für kleine Anbieter

Portalzugang für kleine Anbieter

Das Produkt »SupplyOrder« ist für kleine Anbieter vorgesehen, für die sich der Kauf von MarketSite-Integrationskomponenten aufgrund zu weniger Transaktionen nicht lohnt. SupplyOrder ist eine auf der MarketSite gehostete Anwendung, die es Anbietern ermöglicht, Aufträge anzuzeigen, lokal auszudrucken und Kataloginhalte interaktiv einzugeben und auf das Portal hochzuladen.

Ein eingegangener Auftrag lässt sich mit Hilfe von SupplyOrder bestätigen oder ablehnen. In beiden Fällen besteht die Möglichkeit, Anmerkungen an den Kunden zurückzusenden. Über Online-Formulare lässt sich zudem der Status von Aufträgen verfolgen und aktualisieren. Eine Konvertierfunktion erlaubt das Laden von Auftragsdaten in einem einfach verarbeitbaren Format wie z.B. CSV (Comma-Separated Values). Falls XML vom Anbieter verarbeitet werden kann, lassen sich Bestellungen auch im xCBL-Format laden. Auch bei Preis- oder Mengenanfragen seitens der Beschaffungssoftware lassen sich die Antworten direkt über die Web-Schnittstelle des Portals eingeben.

Auktionsmodul

Forward und Reverse Auctions

Die bekannten Auktionsformen lassen sich auch über den Marktplatz von Commerce One nutzen. Dieser Service lässt sich in den Web-Auftritt des Kunden einbinden, so dass die Auktion unter dem Markennamen des Einkäufers durchgeführt werden kann. Die Software unterstützt sowohl *Forward Auctions* (d.h. normale Auktionen, bei denen Käufer durch sukkzessives Erhöhen des Preises bieten) als auch *Reverse Auctions*. Dieser Mechanismus schließt Ausschreibungsprotokolle für Preisanfragen und zur Angebotseinholung ein. Forward Auctions stehen für den Verkauf von Restposten zur Verfügung oder bei Knappheit auf der Anbieterseite.

Mehrwertdienste für Partnerunternehmen

Diese »Value-Added Business Services« stehen online als Ergänzung zu den Kernkomponenten der MarketSite-Plattform zur Verfügung. Im Einzelnen sind dies:

- *Logistikdienste*. Hierbei geht es um die Einbindung von Kurieren und Speditionen zur Lieferung bestellter Güter. Anhand der Käufer-und Verkäuferprofile sowie der Produktcharakteristiken und Bestellmengen lässt sich eine Schätzung der Frachtkosten ermitteln. Im Idealfall steht dem Einkäufer dann der sog. »ShipMe«-Button zur Verfügung, hinter dem die gesamte Beauftragung der Lieferung

verborgen ist. Weitere Logistikdienste sind z.B. Tracking- und Tra-
cing-Informationen sowie die Anzeige geeigneter Transportrouten.

- *Zahlungsdienste.* Über Kundenkartensysteme und ihre Informationen, die beim MarketSite-Portal hinterlegt sind, lassen sich durch
den Käufer Zahlungen auslösen. Weitere Schnittstellen bestehen
darüber hinaus zu weiteren Payment-Gateways und Anbietern von
Zahlungsverfahren (im Wesentlichen jedoch Kreditkartenunternehmen).

18.11.3 Die Global Trading Platform

Das zentrale Verzeichnis (*Directory*) hält Informationen nicht nur über
Teilnehmer bereit, sondern auch Metainformationen über XML-Sche-
mata. Damit ist das Verzeichnis als zentrales Registry sehr eng an die
Ideen der eCo-Architektur von CommerceNet angelehnt. Aufgrund
der Mitarbeit an ebXML sowie der engen Anlehnung an Commerce-
Net ist zu erwarten, dass das Verzeichnis noch an Bedeutung gewinnen
wird, z.B. durch die Ablage von Prozessdefinitionen als erweiterte
Schnittstellendefinition eines Teilnehmers. Die Schnittstelle zum Ver-
zeichnis ist LDAP-konform. Auch hier ist jedoch eine Migration in
Richtung UDDI und WSDL zu erwarten.

Der XML Marketplace Server ist die Zentralstelle für den Austausch von XML-basierten Geschäftsdokumenten. Er setzt auf die verschiedenen Basisdienste der Security, Service und Document Frameworks auf. Insbesondere benutzt der Marketplace Server den *XML
Commerce Connector*, einen XML-Messenger, der den Austausch von
Dokumenten durchführt, und erweitert ihn um weitere Funktionen
wie zum Beispiel zusätzliche Routing-Möglichkeiten für Dokumente,
die Verwaltung von Attachments, die Möglichkeit, neue Dokumententypen zu definieren oder bestehende zu erweitern sowie Sicherheits-
funktionen (Verschlüsselung, Authentisierung) zu aktivieren.

XML-Messaging mit dem XCC

Das *Service Framework* besteht aus Funktionen zur Transformation von Dokumenten, zur Abbildung zwischen Codes bzw. Feldern
unterschiedlicher Dokumente sowie Kompatibilitätsfunktionen gegenüber älteren Softwareversionen. Das *Document Framework* besteht
aus verschiedenen Schnittstellen für den Zugriff auf Dokumente sowie
weitere Dienste, die dem Empfang, der Verarbeitung, Speicherung und
Versendung von Dokumenten dienen. Der *Document Router* ist ein
Prozess, der zwischen dem Empfang bzw. Versand von Dokumenten
und lokalen Anwendungen auf der MarketSite-Plattform angesiedelt
ist. Das *Security Framework* stellt schließlich Funktionen für die Nutzung von Verschlüsselungs-, Authentisierungs- und Zertifizierungsme-

Service Framework und Document Framework

chanismen zu Verfügung. Mit diesen Security-Funktionen lässt sich der XML Commerce Connector parametrisieren.

18.11.4 Entwicklungswerkzeuge für das MarketSite-Portal

Die Basis zur Verarbeitung von XML-Dokumenten ist bei Commerce One mit der Definition von SOX und der xCBL gelegt. Diese dienen zunächst einmal zur Definition von Dokumententypen.

- Im Gegensatz zu XML-DTDs erlaubt SOX eine wesentlich umfangreichere Spezifikation, die jedoch auch für den Standard *XML-Schema* übernommen wurde. Eigenschaften wie z.B. die Vererbung zwischen Elementtypen stammen ursprünglich von SOX.

- Mit der xCBL-Bibliothek hat Commerce One über die letzten Jahre einen reichhaltigen Baukasten von Elementtypen und XML-Strukturen bereitgestellt. Die xCBL-Bibliothek markiert den Ausgangspunkt für die Entwicklung branchenspezifischer Substandards. Viele Marktplatzsysteme verwenden xCBL, auch wenn sie nicht auf der C1-Software basieren. Dabei dient der Vererbungsmechanismus der Schemasprache zur Erweiterung der Dokumententypen. Wenn also in einer Branche zusätzliche Dokumententypen erforderlich sind, wie z.B. die Gewichtslisten in der Papierindustrie, so lassen sich diese ableiten, indem Teile der xCBL dafür zusammengefasst werden.

Neben diesen Bestandteilen, die öffentlich zur Verfügung stehen, besteht das XDK (XML Development Kit) aus einer Reihe weiterer Komponenten:

- *X2J* ist ein XML-zu-Java-Konverter, der es ermöglicht, XML-Dokumente als Java-Objekte zu repräsentieren und umgekehrt diese wiederum als XML-Dateien auszugeben. Dieses Werkzeug ist dem XML Class Generator von Oracle sehr ähnlich. Ähnliche Tools stehen heute im Internet auch als Open-Source-Software zur Verfügung (z.B. XMLc, *xmlc.enhydra.org/index.html*).

- Auch Tibcos *XML Authority* ist Teil des XDK. Diese Software wird eingesetzt, um XML-Schemata zu definieren.

- Der *XML Commerce Connector* (XCC) wurde bereits oben erwähnt. Er stellt die Messenger-Komponente in der MarketSite-Architektur dar.

Zusammenfassung und Bewertung von Commerce One

Die Tatsache, dass SAP im Sommer 2001 für über 200 Millionen USD einen Anteil von 20% an Commerce One erworben hat, sagt zweierlei Dinge: Zum einen liegt die Unternehmensbewertung nach wie vor vergleichsweise hoch angesichts der katastrophalen Situation vieler anderer Anbieter von B2B-Software. Zweitens werden wir in Zukunft eine engere Integration zwischen SAPs R3-Modulen und der MarketSite von Commerce One sehen. Angesichts der Marktdurchdringung von SAP kann dies für C1 den endgültigen Durchbruch als standardprägende Architektur bedeuten.

Der Kurs ist schlecht, aber die Perspektiven gut

Auch wenn C1s Marktplatzsoftware recht umfangreich wirkt, liegt ihr Schwerpunkt vor allem in der Beschaffung bzw. im Handel von MRO-Gütern. Hier sind die meisten Produkte katalogfähig, die Bestell- und Lieferprozesse sind nicht zu komplex und es ist eher die Ausnahme, dass Bestellungen mehrfach korrigiert und angepasst werden müssen.

Konzentration auf den MRO-Bereich

Auf den zweiten Blick stellen wir jedoch auch fest, dass die Software eigentlich nur ein Framework von Komponenten ist, die auch von anderer Stelle erworben werden können: Alle Komponenten zur EAI lassen sich bei klassischen Anbietern von XML-basierten EDI-Tools kaufen. Kataloge gibt es z.B. bei Intershop, aber auch bei preiswerteren Anbietern. Content-Management-Systeme lassen sich zu Preisen zwischen null und 100.000 Euro erwerben. Software zur Steuerung von EDI-Prozessen ist ebenfalls bei spezialisierten Herstellern zu bekommen.

Was ist also der Vorteil der C1-Lösung? Er liegt sicherlich in einer gewissen Abstimmung der Komponenten und Schnittstellen aufeinander, so dass vom Hersteller ein One-Stop-Support erwartet werden kann. Dennoch besteht ein Marktplatzprojekt zum größten Teil immer noch aus dem Customizing, da das System nur mit sehr hohem Aufwand bereitgestellt werden kann. Und die Kalkulationen der IT-Berater schließen dabei zumeist noch nicht einmal die Kosten der Integration bei den Marktplatzteilnehmern ein! Wieder muss ich Sie noch um ein paar Seiten vertrösten, dann werden wir analysieren, zu welchem Effekt dies führt.

One-Stop-Support für integrierte Marktplatzfunktionen

18.12 Collaborative Commerce und Prozessportale

Freies Verhandeln über Kollaborationsportale

Lassen sich Ausschreibungen im Internet vollständig automatisieren? Nein! Denn wenn das Projekt bzw. das Produkt vollständig spezifizierbar wäre, eignet sich der Mechanismus der Auktion besser. Wenn allerdings zur weitreichenden Spezifikation zusätzlich die Expertise des Anbieters erforderlich ist, befinden wir uns – wie bereits festgestellt – in der Situation der *freien Verhandlung*. Wie schon an anderer Stelle erwähnt, ist eine Verhandlung hier allerdings nicht als eindimensionales Feilschen um den Preis zu verstehen, sondern als ein Kooperationsprozess, bei dem der Preis nur eine der Randbedingungen darstellt. Die Kooperation im Rahmen der Verhandlung führt idealerweise zum Ziel, Aktivitäten den Teilnehmern so zuzuordnen, dass eine optimale Verteilung von Leistungen und Preisen vorliegt unter den Rahmenbedingungen von Know-how-Verteilung, Verfügbarkeit und Bereitschaft der Partner. Diese Verhandlung erscheint dabei nicht mehr so asymmetrisch wie andere Preisfindungsmechanismen, sondern eher als symmetrischer Kooperationsprozess.

Verhandeln als symmetrischer Kooperationsprozess

Kooperation online zu unterstützen ist komplex und in vielfältiger Form möglich, da sie sich aus unterschiedlichen Mechanismen zusammensetzt, die mit zunehmender Anwendungsnähe schwieriger zu unterstützen sind. Eine Online-Unterstützung lässt sich dabei in die schon anfangs erwähnten Ebenen der *Kommunikation*, *Koordination* und *Kooperation* zerlegen:

- *Kommunikation* könnte trivialerweise den Austausch einer E-Mail oder das Hoch- bzw. Runterladen von Dokumenten über ein Web-Portal bedeuten. Hierbei geht es lediglich um das Austauschen von Daten und nicht um deren Inhalte.

- *Koordination* steuert die Teilnehmer in ihren Zugriffsrechten und Aktivitäten, um allgemein gewünschte Bedingungen aufrechtzuerhalten, die nicht unbedingt jeder Teilnehmer als individuelles Ziel anstrebt. Sowohl der »Markt« als auch die Verkehrsampel sind Beispiele für Koordinationsmechanismen.

- *Kooperation* (bzw. *Kollaboration*) ist noch anwendungsspezifischer und damit aufwendiger zu unterstützen als Koordination: Hier geht es darum, ein gemeinsames Ziel zu erreichen, also einen Vertrag zu verhandeln, gemeinsam Mengen und Termine für Warenlieferungen zu vereinbaren etc.

Denken Sie beispielsweise an das »Online-Contracting« in Kapitel 18.9: Hier kooperieren Geschäftspartner beim gemeinsamen Definieren der Rahmenbedingungen, unter denen sie zukünftig zusammenarbeiten wollen. Diese Kooperation ist eingeschränkt auf das Ziel, gemeinsam einen juristischen Vertrag auszuarbeiten. In anderen Fällen kooperieren Logistikunternehmen, Kunden und Anbieter bei der Überwachung der Lieferung. »Tracking und Tracing« erfordert deren Zusammenarbeit, um für alle Beteiligten die nötige Information bereitzustellen. Mit Hilfe eines Portals kann diese Kooperation online unterstützt werden.

Collaborative Commerce steht also für die Unterstützung mehrerer Parteien beim Erreichen ihres gemeinsamen Ziels im Rahmen eines möglicherweise komplexen Prozesses. Wird diese Kollaboration über mehrere Schritte zentral unterstützt, handelt es sich um ein *Prozessportal*. Die Schritte können sich beliebig entlang der Transaktionsphasen verteilen.

Koordination von Geschäftsprozessen über Prozessportale

Prozessportale stellen sicherlich eine der aktuellsten Entwicklungen bei der B2B-Integration dar. Wie an der Bezeichnung zu erkennen, zielen diese Systeme auf die Unterstützung von Abläufen ab, die in der Verhandlungs- oder Abwicklungsphase mehrere Parteien in einen gemeinsamen Prozess einbinden. Die wesentlichen Einsatzbereiche sind hierfür:

- *Das Verhandeln von Aufträgen.* Stellen Sie sich vor, eine Werbeagentur und mehrere Druckereien verhandeln einen Auftrag. Zunächst beginnt die Agentur mit einer groben Spezifikation der Leistungen und leitet diese über ein Ausschreibungssystem an geeignete Druckereien weiter. Anschließend melden sich einige mit einem Angebot bzw. mit einem Gegenvorschlag. Dieser besteht in der Regel in einer Verfeinerung der Spezifikation, was Termine, Details und Preise betrifft. Eine solche Spezifikation kann als »Ping-Pong« über mehrere Stufen zwischen den Parteien ausgetauscht werden. Denkbar sind auch mehr als zwei Parteien – denken Sie an Bob, den Avatar-Designer, und seinen Kooperationspartner oder einfach an die Einbindung unterschiedlicher Zulieferer. So kann die Verhandlung auf einem Marktplatz für Chemiegüter die Einbindung eines Logistikunternehmens, eines Versicherers oder einer Bank einschließen. In jedem Fall ist es Aufgabe des Prozessportals, die Verhandlung so zu koordinieren, dass die Konsistenz der Spezifikation gewahrt bleibt und die Beteiligten genau die Sicht erhalten, die innerhalb ihrer Rollen zulässig ist.
- *Das Abwickeln von Aufträgen.* In dieser Phase ist genau die gleiche Koordinationsleistung erforderlich wie bei der Verhandlung:

Nachdem Mengen, Termine und Produkte definiert wurden, gilt es jetzt, Waren vom Lager des Herstellers abzurufen, Rechnungen dem Kunden zuzusenden etc. Diese Informationen würden beim Peer-to-Peer-Modell in Form von Nachrichten ausgetauscht werden. Im Falle des Prozessportals liegt diese Information jedoch zentral in einer gemeinsamen Datenbank vor, so dass sich alle Beteiligten als Nutzer über einen Web-Browser einloggen und durch die Portalanwendung in ihren Aktivitäten koordiniert werden.

Verhandeln als semiformaler Prozess

Was also im Falle der Peer-to-Peer-Kommunikation in Form hochredundanter Daten (80% der Nachrichteninhalte sind Stammdaten) mehrfach zwischen verteilten ERP-Systemen ausgetauscht wird, lässt sich in einer Portalanwendung redundanzfrei speichern: Stammdaten wie Adressen, Produkte oder Lieferkonditionen werden dann aus der jeweiligen Portalanwendung heraus referenziert. Der »Prozess« kommt dabei aus der Wiederverwendung von Stamm- und Bewegungsdaten zustande: Zunächst erfasst ein Kunde seinen Auftrag. Dabei greift er auf existierende Aufträge zurück, so dass im einfachsten Fall nur Liefertermine und Mengen zu aktualisieren sind. Die »Verhandlung« um Termine und Mengen erfolgt anschließend durch gegenseitiges Notifizieren der Beteiligten: Hat der Kunde seine Eingabe abgeschlossen, findet der Anbieter einen zusätzlichen Eintrag unter »Neue Aufträge«. Über ein ähnliches Formular fügt er Anmerkungen und Änderungen hinzu und speichert die Daten seinerseits. Umgekehrt wird nun der Kunde notifiziert. Solange beide Parteien nicht mit der aktuellen Spezifikation übereinstimmen, verbleibt der Auftrag im Zustand der Verhandlung. Erst mit dem Akzeptieren beider Seiten findet der Vertragsschluss statt.

Die gleiche Situation findet sich ggf. bei Warenabrufen wieder: Hier wünscht der Kunde eine abweichende Menge oder einen früheren Termin. Unter Bezug auf die Auftragsdaten trägt er seinen Abruf ein. Auch in diesem Bereich ist nun ein Ping-Pong zwischen beiden Seiten denkbar.

Architektur eines Prozessportals

Business Objects und Prozesse

Abbildung 18-20 zeigt den schematischen Aufbau eines Prozessportals. Von unten beginnend, liegen auf der Datenbankebene Stamm- und Bewegungsdaten vor. Diese lassen sich über eine objektrelationale Abbildung im System zunächst als Entity JavaBeans und auf abstrakterer Ebene als Business Objects bzw XML-Dokumentenfragmente repräsentieren. Diese Fragmente stellen den Gegenstand der Bearbeitung durch die Benutzer dar. Um die Konsistenz des Systems zu wahren, ist eine Koordination von Zugriffen nötig, die entweder auf Datenbank- oder auf Dokumentenebene erfolgen kann. Da die Teilnehmer eines Prozessportals im Wesentlichen Bewegungsdaten modifizieren, reicht eine Nebenläufigkeitskontrolle auf Dokumentenebene aus. Wenn das System lediglich eine Nebenläufigkeitskontrolle leistet, können Teilnehmer in beliebiger Folge Dokumente erfassen, ändern oder löschen. Häufig ergibt sich allerdings aus den realen Geschäftsprozessen eine Einschränkung dieser beliebigen Abfolge. Mit Hilfe von Prozessdefinitionssprachen kann dem System auf der nächsthöheren Ebene eine Prozesssteuerung auferlegt werden. Eine Workflow-Engine schaltet dann auf der Basis von Dokumentenzuständen oder dem Abarbeitungszustand des Workflows in einen Folgezustand. Dieser kann bedeuten, dass der nächste Teilnehmer (bzw. Rollenträger) Zugriff auf das Dokument hat oder dass ein Prozess aktiviert wird, der z.B. eine XML-Nachricht versendet.

Diese bisherigen Ebenen beziehen sich im Wesentlichen auf die Portalanwendung und dort hinterlegte Daten und Prozesse. Das Portal hat darüber hinaus noch zu steuern, welcher Benutzer über welches Medium und welches Kommunikationsprotokoll Zugang zum System hat. Mit Hilfe der Benutzerverwaltung sind daher Berechtigungsmodelle zu definieren, die über Personalisierungsfunktionen zu individuellen Inhalten beim Browser-Zugang führen. Ein Teilnehmer in der Rolle des Kunden kann folglich Bestellungen und Abrufe erfassen,

Wieder ein
Schichtenmodell

Abb. 18–20
Prinzipielle Architektur-
ebenen eines
Prozessportals

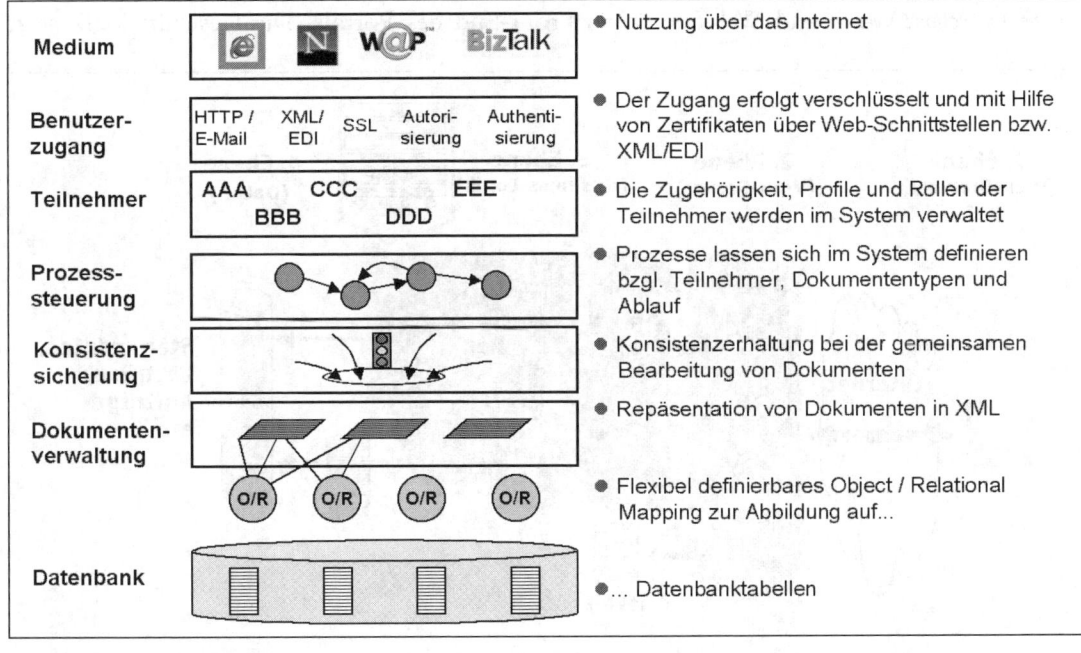

während ein Anbieter Bestellungen bestätigen oder Lieferpapiere / Rechnungen senden kann. Rechte stehen also im Zusammenhang mit *abstrakten* Sichten auf das System. Die abstrakte Sicht wird auf den nächsten beiden Ebenen bzgl. Zugangsprotokoll und Benutzerschnittstelle konkretisiert: So kann der Zugang über einen Web-Browser und HTTP erfolgen oder durch nachrichtenbasierte B2B-Integration. Unabhängig davon sind Fragen der Verschlüsselung oder Authentifikation der Nachrichten.

Aus Gründen der Performance kann man nun ein wenig optimieren, indem man die XML-Ebene fortlässt, d.h., Business-Objekte werden anhand von Servlets direkt in HTML konvertiert. Auch wenn dies die Flexibilität reduziert, so stellt es doch die heutige Vorgehensweise bei den meisten der Java-basierten Portale dar.

Einige Ebenen sind optional

Zu einer weiteren Steigerung der Performance führt der Wegfall des O/R-Mapping, d.h., Datenbankinhalte werden direkt per SQL und JDBC ausgelesen und in HTML konvertiert. Hier wird allerdings die Genze des »guten Stils« überschritten: Die Trennung in Model, View und Controller ist nicht mehr gegeben. Eine Änderung der Datenbank kann im schlimmsten Fall neben der Änderung des Business-Objekts auch zur Modifikation der Präsentationsebene führen.

Dieses Modell lässt sich entsprechend Abbildung 18-21 auf das 4-Ebenen-Modell für Portalanwendungen abbilden:

Abb. 18–21

Technische Integration der Prozess-Portalfunktion in einen Application Server

Die obersten beiden Ebenen der Portalarchitektur entsprechen den Ebenen 1 und 2: Thin-Client-Zugang mit Hilfe von Web-Browsern und Web-Server als Front-End des Portals. Die Geschäftslogik setzt

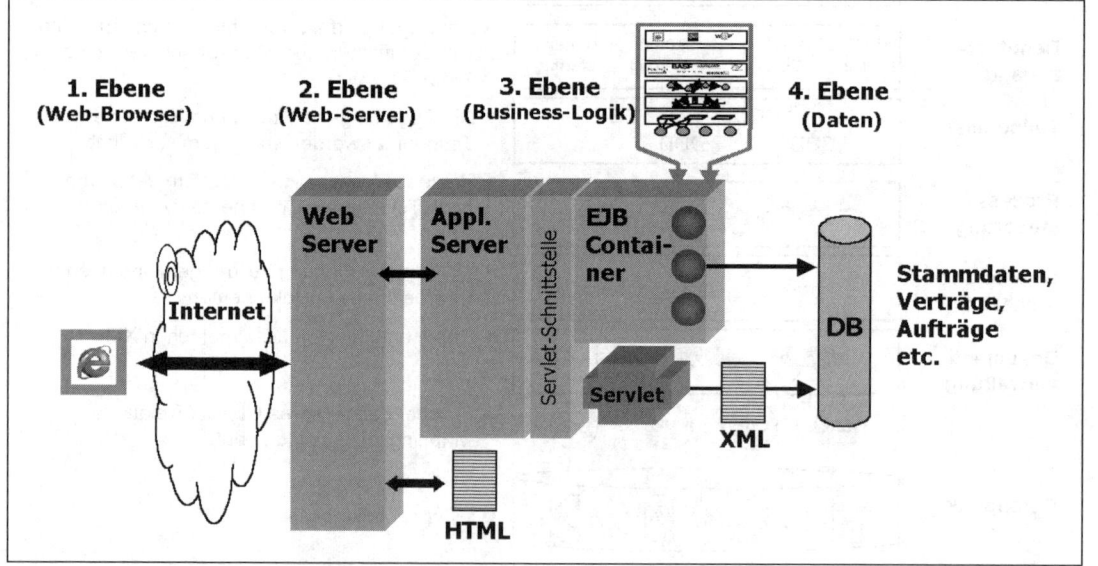

sich zusammen aus der Teilnehmerverwaltung und der Prozesssteuerung. Diese stehen bei unterschiedlichen Anbietern entweder als Basisdienste von Application Servern zur Verfügung (z.B. Verwaltung von Benutzern und Berechtigungen) oder sind vom Entwickler als Teil der Geschäftsanwendung zu realisieren. Das objektrelationale Mapping und vor allem der Datenbankserver selbst bilden die vierte Ebene der Datenhaltung.

Reale Prozessportale sind in der Regel »hartverdrahtet«: Hier lassen sich weder Workflow-Spezifikationen ad hoc anwenden, noch besteht eine Abstraktion bezüglich der Zugangstechnologie. Vor allem dominiert die Geschäftslogik, von der die Implementierung der Prozesssteuerung, der Nebenläufigkeitskontrolle, der Datenbankabstraktion etc. abgeleitet werden. Die Verwendung produktbasierter Frameworks wie z.B. I2s *TradeMatrix* bildet hier eher die Ausnahme. Es ist also noch eine Herausforderung für praxisorientierte Informatiker, ein entsprechendes Framework zu entwickeln!

Im Folgenden schauen wir uns kurz einige Beispiele für Prozessportale an. Dabei ist die Abgrenzung gegenüber Marktplätzen fließend.

18.12.1 Aprinto – Ein Beispiel aus der Druckindustrie

Das Hamburger Unternehmen PAUL AG entwickelte ein Prozessportal für Druckaufträge, die zwischen Agenturen und Druckereien abgewickelt werden. In dieser Branche ist eine Situation »kleine Kunden – kleine Anbieter« vorzufinden: Die meisten Druckereien haben weniger als 20 Mitarbeiter und das Gleiche gilt auch für Werbeagenturen. Die Argumentation für das Geschäftsmodell der PAUL AG ist also, die Anwendungslogik von Teilnehmern auf beiden Seiten auf das Portal auszulagern.

Abbildung 18-22 zeigt die verschiedenen Koordinationsfunktionen, die ein solches Prozessportal übernehmen kann. Zur Abgrenzung dieser Funktionen eignet sich die Trennung in Transaktionsphasen sehr gut:

Unterstützung aller Transaktionsphasen

- Während der *Informationsphase* registrieren sich Teilnehmer mit ihren Profilen beim System. Als Teil dieser Profile stehen Informationen über die technischen Möglichkeiten der Anbieter zur Verfügung – z.B. wie viele Farben ein Drucker mit seinen Maschinen gleichzeitig drucken kann.
- Im Rahmen der *Verhandlungsphase* erstellt der Kunde eine Spezifikation des Druckauftrags. Diese setzt sich zusammen aus techni-

schen Parametern wie z.B. die Seitengröße, Seitenanzahl, Farbdefinitionen und Materialeigenschaften sowie den gewünschten Produktionsprozessen: Im Druckbereich unterscheidet man die Druckvorstufe, den Druck sowie das Finishing. In der Vorstufe werden Proofs oder Probeandrucke angefertigt, beim Finishing erfolgt möglicherweise das Stanzen, Heften, Leimen, Parfümieren, Falten und Versenden der Druckergebnisse. Diese Teilschritte befinden sich in einem kausalen Zusammenhang, der mit Hilfe einer Prozessdefinition zu spezifizieren ist. Weiterer Teil der Verhandlung ist letztlich der Austausch der Spezifikation in Form von Kostenanfragen mit schrittweiser Präzisierung der Spezifikation.

Nach der *Auftragsvergabe* kann idealerweise die Spezifikation des *Produktionsablaufs* als Prozessdefinition für Druckmaschinen und weitere Bearbeitungsstufen eingesetzt werden. Das Portal kann dabei ebenfalls als Koordinationsinstrument dienen, welches die beteiligten Parteien über den aktuellen Bearbeitungsstand informiert. Die Koordination Dritter (Kuriere und Unterauftragnehmer) ist als weitere Funktion denkbar.

Abb. 18–22
Koordinationsfunktionen
eines Prozessportals für
Druckereien

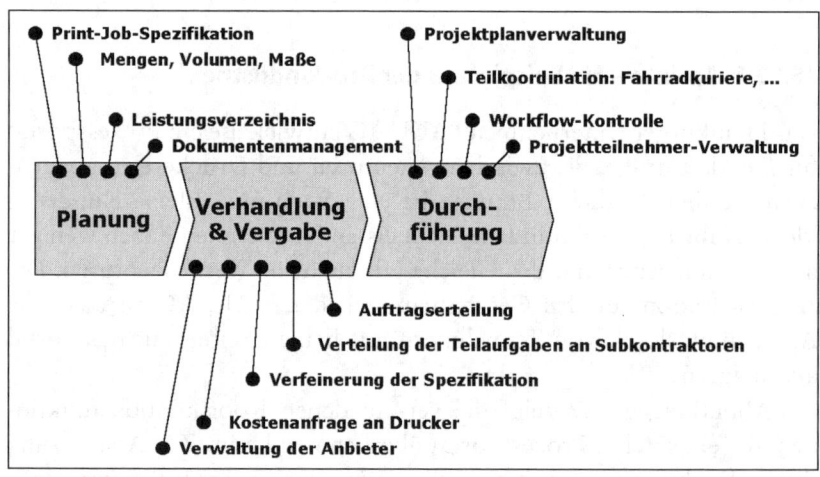

18.12.2 Prozessportale in der Bauindustrie

Speziell in der Bauindustrie orientieren sich Geschäftsaktivitäten an Projekten, in die eine Vielzahl von Teilnehmern aus unterschiedlichen Unternehmen involviert sind. Ein Prozessportal muss daher sehr unterschiedliche Anforderungen erfüllen.

Citadon

Citadon ist eines der größten Bauportale in den USA. Es ist Ende 2000 aus einer Fusion zweier Wettbewerber (Cephren und Bidcom) hervorgegangen. Sein Kundenkreis schließt Unternehmen wie American Airlines, General Motors und General Electric ein. Citadons Dienste werden in über 30 Ländern von über 30.000 aktiven Teilnehmern und für über 1.200 Bauprojekte eingesetzt.

Citadon ist das größte Prozessportal in der Baubranche

Aufgrund der Fusion kann das Unternehmen folgende Dienstleistungen anbieten:

- *Citadon Project Net* – Software für die Online-Kollaboration und Projektabwicklung sowie für das Dokumentenmanagement.
- *Citadon Project Net LT* – Basisfunktionen zur Zusammenarbeit für kurzfristige Projekte, hohen Kommunikationsbedarf und Projekte, die unterschiedliche Expertisen verbinden.
- *Citadon Project First* – Eine OEM-Lösung, die von Dritten für Dokumentenmanagement und Kollaborationsaufgaben eingesetzt werden kann.
- *Citadon Market Net* – Ein Modul zur Steuerung von Ausschreibungsprozessen.
- *Citadon Print Net* – Ein Modul für den Ausdruck von grafischen Unterlagen, z.B. Bauzeichnungen.
- *Citadon Financial Services* – Dieser Service integriert Dienstleistungen im Zusammenhang mit der Baufinanzierung. Teilnehmer sind hier Banken oder andere Finanziers, Bauherren, Kontraktoren etc. Auch das Verhandeln und Abschließen von Kreditverträgen lässt sich über Citadon Financial Services abwickeln.

Ähnlich der Funktion eines Prozessportals für Druckaufträge, findet sich bei Citadon ein einsprechendes Modul für die unterschiedlichen Phasen von Bauprojekten (Abbildung 18-23).

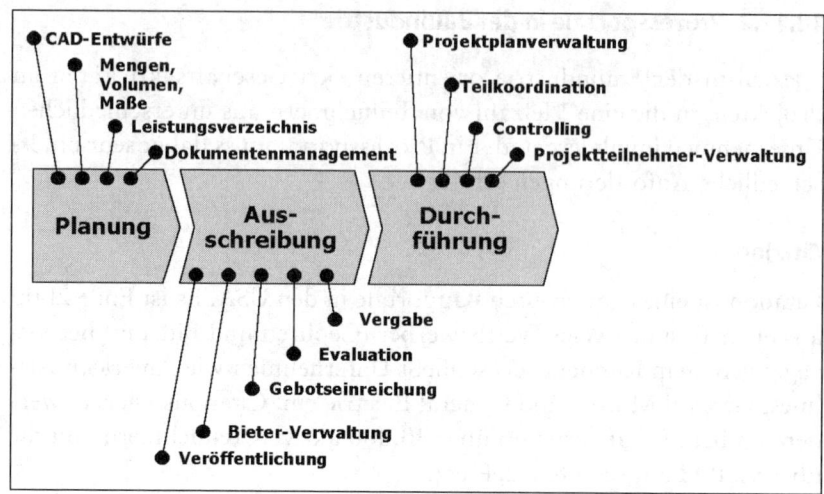

Abb. 18–23

*Koordinationsfunktionen
eines Prozessportals für
Bauprojekte*

CadWeb

*Austauschen von CAD-
Daten*

Das Unternehmen CadWeb Ltd. wurde 1995 in Großbritannien gegründet und hat sein erstes Produkt 1998 an den Markt gebracht. In Großbritannien gilt CadWeb als die meistgenutzte Software für Kollaborationsanwendungen auf der Basis von CAD-Entwürfen.

Der Kundenkreis setzt sich unter anderem aus Cisco Systems, Bovis Lend Lease, Mansell, Gleeds und Laing zusammen. Mansell, eines der größten englischen Bauunternehmen, setzt die Software beispielsweise für einen Auftrag für das Verteidigungsministerium im Wert von 100 Mio. £ ein.

*Nichtabstreitbarkeit und
Archivierung*

Das Produkt erlaubt eine sichere Kommunikation von Dokumenten und koordiniert deren Ablage und Zugriff auf dem Portal-Server. Ein Teilnehmer kann dabei Dokumente an andere Teilnehmer versenden, die von CadWeb protokolliert und ggf. archiviert werden. Auf diese Weise lassen sich Handlungen (oder Unterlassungen) auch zu einem späteren Zeitpunkt nachvollziehen. Diese »Datenspur« ist rechtlich abgesichert, so dass im Falle der Nichtbeachtung von Vereinbarungen der betreffende Teilnehmer im Nachhinein belangt werden kann.

Die Projektdateien werden in einer Datenbank verwaltet. Neben dokumentenbezogener Information sind auch Profilinformationen über die Teilnehmer abgelegt. Teilnehmer mit der erforderlichen Berechtigung können sich den Projektfortschritt grafisch anzeigen lassen. Zu diesem Zweck wurde eine Software *Autovue* entwickelt, mit der über 250 Datenformate – insbesondere CAD-, Grafik und Tabellenkalkulationsformate – visualisiert werden können.

Kollaborations- und Prozessportale helfen, eine gemeinsam genutzte Anwendung auszulagern, so dass alle Beteiligten über das Netz auf sie zugreifen können. Mit diesem Outsourcing von Anwendungen über das Internet sind wir beim Thema »ASP« angelangt, welches im folgenden Kapitel kurz beleuchtet werden soll.

18.13 ASP-Technologien

Die Tätigkeit eines *Application Service Providers* wird von vielen Seiten als zukunftsträchtiges Geschäftsmodell gelobt. Dabei ist der Begriff in seiner Definition recht breit gefasst: Ein ASP stellt Anwendungssoftware bereit, die Kunden gegen Bezahlung nutzen, also nach dem Modell »Pay-per-Use«. Diese Anwendungen lassen sich nach folgendem Schema aufteilen:

- *Horizontale vs. vertikale Anwendungen.* Branchenunabhängige Anwendungen wie MS Office oder Software für die Steuererklärung lassen sich von beliebigen Teilnehmern einsetzen, während spezielle Statikprogramme oder Software zur Erstellung von Leistungsverzeichnissen in der Baubranche nur von Experten der jeweiligen Branche nachgefragt werden.
- *Lokale Nutzung vs. Online-Nutzung.* Hier stellt sich die Frage, ob die Software oder Teile von ihr erst heruntergeladen werden müssen oder ob eine vollständige Online-Nutzung möglich ist. Denkbar ist beispielsweise das Herunterladen von MS Word mit lokaler Installation. Danach wird grundsätzlich offline gearbeitet, nur beim Start der Software ruft diese eine 0190er Nummer an und es wird ein Euro berechnet (wichtig ist lediglich die Existenz eines effizienten Micropayment-Verfahrens, siehe dazu auch Kapitel 12). Bei der Online-Nutzung lässt sich die Abrechnung anhand der gemessenen Minuten durchführen. Online-Anwendungen können beispielsweise Prozessportale sein. Weitere Beispiele für die Online-Nutzung von Software sind Shopping-Malls bzw. gehostete CMS-Systeme wie beispielsweise CM4all.
- *Individuelle vs. kooperative Nutzung.* Im Falle von Prozessportalen sind mehrere Nutzer in einen Prozess eingebunden, während beispielsweise eine Statikberechnung für einen individuellen Nutzer online erfolgen kann.
- *Abrechnungsmodell.* Für die Bezahlung der Nutzung von ASP-Anwendungen sind ebenfalls ganz unterschiedliche Modelle denkbar: Sie kann per Nutzung erfolgen, nach Nutzungsdauer oder auf der Basis einer festen Abonnementgebühr. Die Abrechnung kann

über die monatliche Telefonrechnung oder durch direkte Rechnungsstellung abgewickelt werden. Schließlich ist denkbar, dass ISPs die ASP-Funktionen zusätzlich anbieten und mit diesen Diensten einen höheren Minutenpreis erzielen können.

- *Ablage der Daten.* Wird die Anwendung über einen Terminal-Server genutzt, ist es nahe liegend, auch die Daten auf dem Server abzulegen. Ist jedoch die Software zuvor herunterzuladen, erfolgt die Ablage auf dem lokalen Rechner. Dennoch sind auch die jeweils anderen Varianten denkbar.

- *Zusatzdienstleistungen.* ASP-Anbieter werben damit, diverse Zusatzdienstleistungen zentral bereitzustellen, z.B. einen Web-Space zur freien Verfügung für den Nutzer, Virenscanner zur Online-Überprüfung der Dokumente, Update-Services auf die aktuelle Version der Anwendungssoftware, Verwaltung von Benutzerrechten, Datensicherung, ISP-Funktionen, Helpdesk und Online-Support-Funktionen.

Wann macht ein ASP Sinn?

»SAP aus der Steckdose«

ASPs sind für sporadische Nutzer sinnvoll, die sich nach einem klassischen Lizenzmodell den Erwerb der Software nicht leisten können oder wollen. Ökonomisch hängt es also vom Preisgefüge »Lizenz vs. Nutzungsgebühr« sowie vom individuellen Nutzungsverhalten der Kunden ab. Es gibt aber auch technische Einschränkungen bei der ASP-Nutzung: So werben einige IT-Dienstleister mit »SAP aus der Steckdose«, d.h. einer mandatenfähigen, zentralen Bereitstellung von ERP-Systemen, die über das Netz genutzt werden können. Dies mag sinnvoll sein bei kleinen Unternehmen, die sich im Wesentlichen auf Dienstleistungen konzentrieren und die Software z.B. nur im Bereich der Finanzbuchhaltung nutzen würden. Wenn jedoch bei physischen Lieferungen der Eingang von Ware im Lager zu erfassen ist, ein lokales Produktionsplanungssystem anzusteuern ist oder (bei Auslagerung desselben) letztlich Maschinen anzusteuern sind, ist immer eine Schnittstelle zwischen der zentralen Software und diesen lokalen Modulen erforderlich. Ein ASP würde dann nur Sinn machen,

- wenn die Software entweder zur Nutzung heruntergeladen wird, dabei müsste jedoch eine enge Integration mit den Datenbeständen aufrechterhalten bleiben,
- oder wenn eine Integration zwischen der Online-Applikation und dem lokalen System realisiert werden kann. In diesem Fall befinden wir uns in der Situation eines Marktplatzes, der beispielsweise eine nachrichtenbasierte Integration mit dem Teilnehmer vornimmt.

Am Ende lassen sich zwei Geschäftsmodelle herausfiltern:

- Individuell genutzte Software online zur Verfügung stellen und nach dem »Pay-per-Use«-Schema abrechnen oder
- Einrichtung eines Prozessportals mit teilnehmergerechten Zugangsschnittstellen: Browser-Zugang für kleine und Nachrichtenschnittstelle für große Unternehmen.

Aktuelle Systeme

Der ASP-Markt befindet sich heute noch in der Entstehungsphase. Auf der CeBIT 2001 haben bereits etliche Aussteller Systeme vorgestellt (siehe auch *www.asp-konsortium.de*). So bieten *EINSTEINet.de* und *tuul.de* Microsoft Office über das Netz an. Star Office liegt ebenfalls in einer Variante mit WWW-Zugang vor. Andere Lösungen basieren auf Terminal-Servern (z.B. von Citrix), die dem entfernten Benutzer einen kompletten Desktop anbieten. Damit werden auch Dokumente auf dem Server gespeichert. Anbieter von Archivsoftware (GFT Solutions, IXOS, FileNet) erlauben einen Web-Zugriff auf Archiv-Server, über die Unternehmensdokumente auf permanentem Speicher gesichert werden (CD-ROM, DVD oder andere optische Medien).

Anbieter und Preismodelle sind noch sehr heterogen

Branchenlösungen werden von Anbietern wie z.B. *tuul.de* angeboten. Hier bündelt der ASP-Betreiber Softwarekomponenten zu einem Warenwirtschaftssystem, das für ca. 100 Euro monatlich gemietet werden kann. MS Office-Pakete lassen sich für ca. 20 Euro im Monat mieten.

Nachteile von ASPs

Zwei Fragen drängen sich beim Gedanken an ASPs sofort auf: Wie sicher sind die Daten und wie stabil ist die Verbindung? Wenn persönliche Daten wie z.B. die eigene Steuererklärung auf einem Server abgelegt werden oder Daten der Finanzbuchhaltung, dann kann der ASP-Betreiber den Teilnehmer genauso gut finanziell durchleuchten wie ein Wirtschaftsprüfer seinen Klienten. Gleiches gilt für den Umgang mit Profildaten, die aus der Benutzung des Systems anfallen. Zum anderen ist ein Nutzer hinsichtlich der Verfügbarkeit stark vom ASP abhängig: Bei einem Netzwerkausfall steht der lokale Betrieb ebenfalls still.

Datenschutz und Vertrauen

Schließlich stellt sich die Frage, in welchem Maße ASPs dem Bereich E-Commerce überhaupt zuzuordnen sind. Eigentlich findet hier kein *Handel* statt, jedenfalls nicht zwangsläufig. Wenn wir mit »E-Business« die begriffliche Einschränkung etwas aufheben, mag man ASPs zwar in die Definition einschließen, aber nur mit »Bauchschmerzen«, denn eigentlich haben wir es nicht mit einer E-Business-Software, sondern lediglich mit einem Internet-basierten Geschäftsmodell zu tun. Es ist sicherlich ein wenig »E«, jedoch ohne Kommunikations-, Koordinations- oder Kollaborationsfunktionen anzubieten, die Marktteilnehmer für ihre Geschäftsprozesse nutzen.

19 Die zukünftige Entwicklung von E-Business-Infrastrukturen

Nachdem wir nun eine Fülle von Marktmodellen, Anwendungen und Technologien im Bereich des E-Business kennen gelernt haben, wollen wir den E-Business-Teil mit einem Kapitel abschließen, das die zukünftige »Entwicklung« von E-Business-Infrastrukturen auf ganz unterschiedliche Weisen beschreibt:

- Zuerst verstehen wir unter Entwicklung den *Prozess der Softwareerstellung*, hierbei handelt es sich natürlich um spezielle Software zur B2B-Integration. Dabei werden wir unterschiedliche Ansätze vergleichen und vor allem den Open-Source-Ansatz als einen Entwicklungsmechanismus beleuchten.
- Entwicklung steht jedoch auch für ein *Modell*, das von gegebenen Produkt-, Transaktions- und Marktcharakteristika zu einem Marktplatz- bzw. Preisfindungsmechanismus führt. Hierbei treffen wir unsere Meta-Marktplatzmaschine wieder, deren Entwicklung wir nun zum Abschluss bringen können.
- Schließlich befassen wir uns mit den *wirtschaftlichen Entwicklungen*, die E-Business-Systeme langfristig beeinflussen. Dazu lasse ich meiner Phantasie freien Lauf bezüglich der Situationen, zu denen der Einfluss von E-Business-Infrastrukturen führen kann.

19.1 Entwicklungsmodelle für E-Business-Software

Wie sieht es nun mit der Nutzung von E-Business-Technologien in der Praxis aus? Es gibt eine ganze Reihe von Branchen und Unternehmen, die bereits über EAI-Systeme eng miteinander verzahnt sind. Dies sind etwa die Automobilindustrie, die immer schon aufgrund der engen Supply-Chain-Integration mit ihren Zulieferern zusammenarbeiten musste, oder der Schiffbau, wo Werften und Zulieferer über alle Transaktionsphasen eine enge Kooperation eingehen.

Kann Open Source den B2B-Commerce beschleunigen?

Dennoch rechnete sich der Einsatz von E-Business-Systemen kaum. Dies gilt für Marktplätze, Messaging Hubs oder auch nur für die direkte ERP-Integration mit Geschäftspartnern. Es liegt vor allem an der Preiskalkulation der Anbieter, die den Nutzern kaum signifikante Vorteile gegenüber dem herkömmlichen Betrieb lassen: Wenn beispielsweise ein Beschaffungsmarktplatz auch heute noch im Preis zwischen fünf und zehn Millionen Euro liegt und seine Einrichtung in der gleichen Größenordnung, so verunsichert dies einen Einkaufsleiter so stark, dass er eher dazu neigt, die Investition auf das nächste Jahr zu verschieben.

Das Risiko einer Fehlinvestition

Für die gesamte Investition ist neben den Lizenz- und Einrichtungskosten vor allem auch noch das Risiko potenzieller Fehlinvestitionen zu berücksichtigen, also die Gefahr, in das falsche System, in den falschen Hersteller oder in den falschen Standard investiert zu haben. Die Bewertung des Risikos einer Fehlinvestition ist sogar potenziell höher als Lizenz- und Einrichtungskosten, wenn ein »Neuanfang« das Unternehmen um Jahre zurückwirft und später zu erheblichen Migrationskosten führt. Allein aus diesen Gründen sowie aus der Verunsicherung, ob ein Standard die nötige Reife hat, sind Unternehmen zögerlich in der Investition in E-Business-Anwendungen.

Zentral oder dezentral

Des Weiteren ist die Feststellung interessant, dass die Integration von Unternehmen auf ganz unterschiedliche Weise durchgeführt werden kann, beispielsweise *zentral* über einen Messaging Hub, der Funktionen von der Konvertierung bis zur Prozesssteuerung ganzer Geschäftsabläufe übernimmt, oder *dezentral*, wobei die Unternehmen wesentliche Komponenten zur Integration im Hause behalten und nur »Peer-to-Peer«, d.h. direkt durch den Austausch von XML-Dokumenten, kommunizieren.

In den meisten Fällen lässt sich die Integration technisch sowohl auf die eine als auch auf die andere Weise regeln. Allein fachliche, sachliche und technische Gründe sollten daher bestimmen, welcher Ansatz für das Unternehmen eher geeignet ist. Üblicherweise führt eine Ausprägung wie »Niedrige Transaktionsfrequenz, niedriges Transaktionsvolumen und hohe Produkt- oder Prozesskomplexität« zur Zentralisierung im Sinne eines Prozessportals. Umgekehrt sollte die Situation »Hohe Transaktionsfrequenz, großes Volumen und niedrige Komplexität« zu einer Peer-to-Peer-Lösung führen – denken Sie beispielsweise an die Verhandlung von Druckaufträgen auf der einen Seite und das internationale Netzwerk zur Interbankenkommunikation »SWIFT« auf der anderen.

19.1.1 Total Cost of Collaboration

Diese Betrachtung könnte hier enden, wenn heute die Entscheidung für die eine oder andere Seite ausschließlich auf der Basis der verfügbaren Technologie getroffen werden könnte. Jedoch ist sie, wie oben bereits angedeutet, häufig sehr intransparent: Selbst dort, wo eine Peer-to-Peer-Lösung vorteilhaft wäre, werden eher zentralisierte Lösungen angeboten, die am Ende aufgrund anderer Eigenschaften nachteilig sein können. Aus diesem Grunde wollen wir einen Indikator definieren, der die gesamten Kosten der Kooperation zwischen mehreren Unternehmen reflektiert. Diesen Indikator nennen wir *Total Cost of Collaboration* (TCC). Er setzt sich zusammen aus:

- Lizenzkosten für Integrationssoftware,
- Dienstleistungskosten für Beratung, Integration, Anpassung etc.,
- Betriebskosten sowie die
- Bewertung eines Risikozuschlags für den Fall, dass man in die falsche Technologie investiert hat.

In der Summe sind diese Kosten offensichtlich so hoch, dass seit 1999/2000 – den Hype-Jahren des E-Commerce – kaum ein Unternehmen mehr investiert, ohne vorher eine Rentabilitätsanalyse bei erhöhtem Risikozuschlag durchgeführt zu haben. Aufgrund der Höhe dieser Kosten erscheint es daher für viele Unternehmen oft unrentabel, das Thema »E-Business« kurzfristig weiterzuverfolgen.

Unternehmen sind mit Investitionen sehr zurückhaltend

19.1.2 Handlungsalternativen

Welche Handlungsoptionen hat nun ein Unternehmen, wenn es eine E-Business-Software einsetzen möchte?

- Es könnte erstens ein *herstellerspezifisches Produkt* einsetzen und dessen Anpassung durchführen.
- Es könnte zweitens die Software in *Eigenregie* entwickeln (»Do-it-yourself«).
- Es könnte sich drittens – denken Sie an das papiNet-Projekt – mit gleich gesinnten Unternehmen zusammenschließen und die Kosten der gemeinsamen Entwicklung teilen. Wir wollen dies eine *konzertierte Aktion* nennen. Sind dies drei Unternehmen, so kann bereits eine erhebliche Reduktion dieser Kosten vorgenommen werden. Sind dies einhundert, so überwiegen bereits die Koordinationskosten.
- Gleichzeitig kann aber auch überlegt werden, ob man sich die Kosten der Softwareentwicklung nicht »öffentlich« mit allen anderen

Unternehmen teilt, dies wäre als *Open-Source*-Variante die vierte Option.

Bewertung der Total Cost of Collaboration

Wir wollen nun diese Vorgehensweisen zunächst qualitativ und hinterher quantitativ untersuchen, um festzustellen, welche gesamtwirtschaftliche Strategie die Integration von Unternehmen *bei den niedrigsten TCC* beschleunigen kann. Dazu unterscheiden wir zunächst folgende Entscheidungsalternativen, die einem Unternehmen zur Verfügung stehen:

a)   Einsatz von herstellerspezifischen Produkten zur B2B-Integration

Dies bedeutet, Marktplatzsoftware oder EAI-Technologien der bekannten Hersteller (IBM, Oracle, Tibco, I2, Commerce One, Ariba, Intershop etc.) einzusetzen. Diese Produkte umfassen eine große Anzahl Komponenten, Werkzeuge und Schnittstellen. Gleichzeitig sind diese Komponenten und Schnittstellen proprietär, so dass eine elegante Integration nur bei Nutzung der gleichen Software auf der Seite des Geschäftspartners möglich ist. In allen anderen Fällen sind die TCC jedoch unverhältnismäßig hoch: Datenformate müssen angepasst und Protokolle integriert werden. Damit sind bereits die Dienstleistungskosten sehr hoch.

Kalkulation des Anbieters

Viele Anbieter von Softwaresystemen fühlen sich als Aktiengesellschaften einem zu maximierenden »Shareholder Value« verpflichtet. Dies führt konsequenterweise bei der Kalkulation einer Softwarelizenz zu so hohen Kosten, dass die Kunden nach Empfinden des Anbieters gerade einen minimalen Rentabilitätsvorteil gegenüber der herkömmlichen Lösung haben. Würde sich die Kalkulation unter sehr viel härteren Wettbewerbsbedingungen an den Herstellungskosten der Software orientieren, wäre der Kostenvorteil für einen Kunden in den meisten Fällen sicherlich so eindeutig gegeben, dass sich die Investition unmittelbar rechnen würde. In der Tabelle 19-1 auf Seite 843 sind die Ergebnisse dieser Betrachtung zusammengefasst.

Patt-Situation

Aus dieser Situation entsteht ein Patt, da weder der Anbieter sich veranlasst sieht, signifikant von seinem Preismodell nach unten abzuweichen, noch der Kunde bereit ist, ein möglicherweise unrentables Projekt durchzuführen. Ferner führt dieser Ansatz am ehesten zur Nutzung der Technologie bei Unternehmen mit hohem Transaktionsvolumen, also eher den großen und nicht bei den kleinen und mittleren.

Andererseits ist es auch das Anliegen der Anbieter, die Vertriebskosten zu begrenzen, indem sie sich auf große Kunden konzentrieren. Kleine und mittlere Kunden wären hier unrentabel.

b) »Do-it-yourself«

Die zweite Variante lautet »Do-it-yourself«: Ein großes Unternehmen kann es sich leisten, eine Marktplatz- oder B2B-Integrationssoftware in Eigenregie zu entwickeln. Die »Make-or-Buy«-Entscheidung fällt hier also in Richtung »Make«. Natürlich repräsentieren diese Unternehmen nur einen kleinen Teil der Volkswirtschaft und daher kann diese Variante gar nicht für die 99 % aller kleinen und mittleren Unternehmen mit weniger als 250 Mitarbeitern gelten.

Der Vorteil liegt bei diesem Ansatz natürlich in stark reduzierten Lizenzkosten: Außer einigen Basiskomponenten (Datenbank, CMS etc.) fallen keine weiteren Lizenzkosten an. Umgekehrt kann erwartet werden, dass der Entwicklungsaufwand tendenziell höher ist – in der Praxis aber nicht viel höher, da zum einen das Neuentwickeln nicht immer komplexer ist als das Anpassen, zum anderen benötigt ein Unternehmen nicht immer den vollen Funktionsumfang des Anbieters und kann sich auf die wesentlichen Komponenten konzentrieren. Wartungs- und Pflegekosten fallen in dieser Variante genauso an wie bei der ersten.

Reduzierter Lizenzkostenanteil

Gehen viele Unternehmen diesen Weg, liegt das Ergebnis häufig ebenfalls in sehr hohen TCC, wenn nämlich über Unternehmensgrenzen hinweg der jetzt immer wieder erforderliche Anpassungsaufwand steigt. Insbesondere sind viele Unternehmen nicht bereit, ihre Ergebnisse anderen zur Verfügung zu stellen. Die meisten Unternehmen sind sehr zurückhaltend, ihre Ergebnisse mit anderen zu teilen, selbst wenn der Nutzer aus einer völlig fremden Branche stammt und in keiner Weise im Wettbewerb steht.

Dennoch hohe TCC

Die interne Entwicklung ist damit ebenfalls besonders kostspielig – zumindest im Bereich der B2B-Integration.

c) Konzertierte Aktion innerhalb einer Branche

Hier kombinieren wir die erste oder zweite Variante mit einer branchenweiten Vereinheitlichung von Komponenten und Schnittstellen. Die Softwareentwicklung wird aus einem gemeinsamen Budget finanziert, so dass ein Teilnehmer auch nur einen geringen Teil der Entwicklungskosten zu tragen hat. Lizenz- und Entwicklungskosten werden dabei für den einzelnen Teilnehmer drastisch reduziert. Solche Initiativen sind daher nicht selten: RosettaNet stammt beispielsweise aus einem Konsortium der IT-Industrie, Covisint aus dem Bereich der Automobilindustrie und papiNet aus dem Bereich der Papierindustrie. In Falle von Covisint wurden im Wesentlichen die Softwarelizenzen von Anbietern wie Commerce One oder Oracle eingekauft und mit hohem Dienstleistungsaufwand integriert und erweitert.

Kosten teilen und Risiken senken

Bei papiNet liegt ein anderes Modell vor: Hier hat ein Konsortium der Papierindustrie die vollständige Entwicklung der Software in Auftrag gegeben. Im Gegenzug erwarb sie das Recht, die Software bei den Mitgliedern des Konsortiums zu nutzen, sie an andere Unternehmen der Papierindustrie und sogar entlang der Supply Chain an Händler, Drucker, Verlage oder andere Kunden abzugeben. Für eine so weit gefasste Lizenz lohnt es sich durchaus, die Software komplett neu zu entwickeln. Für jeden Beteiligten reduzieren sich damit sowohl Investitionen in Lizenzen und Dienstleistungen als auch Betriebskosten, da die Softwarekomponenten in den Unternehmen intern eingesetzt werden und kein zentraler Hub-Betreiber zu bezahlen ist.

Konzertierte Aktionen sind so lange sinnvoll, wie für das Konsortium eine »vertikale« Lösung entwickelt werden kann. Wenn es sich also um die Erweiterung eines CAD-Moduls für den Schiffbau handelt, macht es Sinn, dass sich für die Finanzierung Werften oder Ingenieurbüros zusammenschließen. Wie soll aber vorgegangen werden, wenn es sich um ein zweites »WinWord« oder um EDI-Software handelt, also um horizontale Technologien? Dann wäre ein vertikales Konsortium nicht immer repräsentativ. Wir finden daher trotz konzertierter Aktion gesamtwirtschaftlich eine ähnliche Situation wie beim »Do-it-yourself« wieder, nur dass es jetzt Eigenentwicklungen *je Branche* sind. Bei einer horizontalen Kooperation sind allerdings die Koordinationskosten der Zusammenarbeit zu hoch, so dass es hier bisher zu keinen Ergebnissen nach dem Modell der konzertierten Aktion gekommen ist.

d)   Open-Source-basierte Implementierung von Standards

In diesem Fall kann davon ausgegangen werden, dass das Risiko der Fehlinvestition stark vermindert wird. Wenn sich also beispielsweise ein Konsortium dazu entschließt, eine Software standardkonform nach dem Modell der konzertierten Aktion zu entwickeln, ist die Wahrscheinlichkeit der branchenübergreifenden Interoperabilität erheblich höher. Auch Lizenzen und Dienstleistungen sollten in dieser Situation preislich niedriger liegen. Dennoch steht häufig kein Standard zur Verfügung, wie z.B. beim XML-basierten Nachrichtenaustausch. Die »saubere« Standardlösung kann dann nicht mit der schnellen, pragmatischen Lösung konkurrieren. Es hängt also immer vom Reifegrad des Standards ab.

Schließlich spielt das Open-Source-Modell in dieser Variante eine wichtige Rolle. Da es etliche Lizenzvarianten in diesem Bereich gibt, wollen wir unserer Betrachtung konsequent die Variante freien Codes zugrunde legen, also Software die in allen Situationen ohne Einschränkung von Rechten genutzt werden kann.

Die erfolgreiche Entwicklung und der intensive Einsatz von Linux, Apache, jBoss, Star Office, Suns Net Beans, verschiedenen Datenbanksystemen und Entwicklungswerkzeugen zeigen, dass dieses Modell tragfähig ist und zu sehr zuverlässiger Software führen kann. Die Betrachtung der Lizenzkosten erübrigt sich und auch bei der Integration der Softwarekomponenten kann auf eine große Zahl Entwickler und Dienstleister zurückgegriffen werden. Da Open-Source-Software in der Regel konform zu Standards ist, ist auch das Risiko der Fehlinvestition reduziert. Allerdings muss sichergestellt sein, dass die Wartung der Software professionell vorgenommen wird, was sicherlich bei einigen Open-Source-Projekten ein Gegenargument ist.

Open Source liefert hochwertige Softwarelösungen

Es gibt jedoch für den Bereich der B2B-Integration kaum bedeutende Open-Source-Projekte, die es einem Unternehmen oder einem Konsortium erlauben, diese Variante zum heutigen Zeitpunkt in Betracht zu ziehen. Die Gründe versuchen wir weiter unten zu analysieren. Zuvor wollen wir in Tabelle 19-1 die wichtigsten Aspekte dieses Vergleichs gegenüberstellen.

Bei der B2B-Integration noch kaum Open-Source-Lösungen

Tab. 19–1

Qualitative Bewertung der gesamten Kollaborationskosten

Entwicklungs-ansatz	Lizenzkosten	Dienstleistungen	Betrieb	Risiko
a) **Produkte**	Sehr hoch, pro Partner zwischen einigen 100.000 und einigen Mio. Euro	Sehr hoch, Beratungs-Tagessätze im Bereich C1/I2/SAP liegen bei 1.500–2.500 Euro	Anbieter berechnen häufig Transaktionsgebühren in der Größenordnung von 10 Euro bis zu 3% des Transaktionsvolumens	Hoch: Proprietäre Technologie, die den Kunden an einen Anbieter bzw. Dienstleister bindet. Anforderungen und Lösung decken sich nicht immer
b) **Do-it-yourself**	Eher niedrig, nur für Basistechnologien (DBs, Application Server, CMS, ...)	Sehr hoch, da die Anwendungslogik vollständig neu zu entwickeln ist	Eher niedrig, da das Know-how intern vorliegt	Sehr hoch aufgrund einer proprietären Lösung, andererseits niedrig aufgrund der Anbieterunabhängigkeit
c) **Konzertierte Aktion**	Niedrig, wenn mit »Do-it-yourself« kombiniert. Generell niedrig, wenn Datenformate und Prozesse standardkonform sind	Mittel, nur die anteiligen Kosten müssen gedeckt werden. Bei großen Konsortien nimmt der Koordinationsaufwand zu	Niedrig, da auch Wartungskosten geteilt werden können. Dies ist ein Cost-Center-Ansatz im Gegensatz zum Profit-Center des Marktplatzbetreibers	Risiko ist reduziert aufgrund der Einigung im Konsortium
d) **Open Source**	Keine Lizenzkosten	Generell niedrig aufgrund der weiten und offenen Verbreitung von Wissen	Generell niedrig	Nur hoch, wenn Verzögerungen und mangelnde Koordination auftreten

Wir wollen nun aus dieser Erkenntnis folgende Thesen ableiten:

▪ Die Installation bzw. Nutzung von B2B-Software stagniert heute. Einer der Hauptgründe sind dafür die hohen Lizenzkosten, die einen signifikanten Teil der TCC ausmachen.

▪ Das Modell der konzertierten Aktion erlaubt eine signifikate Kostenreduktion im vertikalen Bereich. Im horizontalen Bereich jedoch nur, wenn eine effiziente Koordination sichergestellt ist.

▪ Der ideale Ansatz wäre die Kombination des Open-Source-Ansatzes mit der konzertierten Aktion auf der Basis von Standards. In diesem Fall ist die Entwicklung von einigen Protagonisten der Industrie zu finanzieren, genauso wie im Modell der konzertierten Aktion. Sponsor zu sein bedeutet also keinen Nachteil für ein Konsortialmitglied.

Im nächsten Schritt definieren wir jetzt einen hypothetischen Fall, um eine Grundlage zu schaffen für die Überprüfung der Aussagen und vor allem, um den Vergleich der Alternativen auch quantitativ durchführen zu können.

Ein hypothetischer Fall: E-Procurement-System bei mittelständischen Unternehmen

Nehmen wir einmal an, ein Unternehmen möchte ein E-Procurement-System einrichten. Dies soll folgende Funktionen umfassen:

▪ Einen Katalog, in dem Mitarbeiter nach Produkten suchen und direkt beim Lieferanten bestellen können,

▪ ein Modul zur ERP-Integration für die Finanzbuchhaltung und die Warenwirtschaft,

▪ ein Messenger-Modul, das XML-Dokumente sicher und authentifiziert mit dem Lieferanten austauscht, sowie schließlich

▪ ein Workflow-System, mit dem Bewilligungsworkflows definiert und abgewickelt werden können

Zielkorridor: jährliche Kosten von max. 400.000 Euro

Wir wollen uns jetzt Tabelle 19-1 noch einmal anschauen, allerdings mit einer quantitativen Verfeinerung. Wir nehmen dazu an, dass unser Unternehmen – so wie potenzielle Partner auch – ein MRO-Beschaffungsvolumen in der Größenordnung von 5-10 Mio. Euro besitzt und eine Kostenreduktion von 400.000 Euro jährlich erwartet. Damit haben wir es mit einem Unternehmen mittlerer Größe zu tun. Es erwartet, dass die Investition nach drei Jahren ihren Break-even erreichen soll. Verteilt man die Abschreibung der Investition auf drei Perioden, müssen also diese zusammen mit den Betriebskosten signifikant unter 400.000 Euro liegen.

19.1.3   Dezentral oder zentral?

Für den Fall der Kooperation mehrerer Unternehmen gehen wir von einem Konsortium mit zehn Partnern aus. Schließlich unterscheiden wir zwei unterschiedliche Ansätze bei der technischen Realisierung des Systems: Im zentralisierten Fall wird davon ausgegangen, dass alle erforderlichen Softwarekomponenten wenn möglich zentral betrieben werden sollen (Hub- bzw. Marktplatzmodell). Im zweiten Fall der Dezentralisierung gehen wir davon aus, dass die Komponenten in den Unternehmen lokalisiert sind (Peer-to-Peer-Modell).

Schließlich beziehen wir bei den Betriebskosten nur solche des zentralen Betriebs modellabhängig ein und nicht die intern anfallenden IT-Kosten der Teilnehmer. Diese IT-Kosten entstehen im zentralen wie im dezentralen Fall in gleicher Höhe. Sie werden für alle Teilnehmer durchschnittlich mit 100.000 Euro jährlich angenommen.

Dezentralisierter Ansatz

Zur Interpretation der Kostenkalkulation werden wir jetzt die vier Alternativen noch genauer spezifizieren:

- *Produktbasiert.* Hier gehen wir von einem verteilten E-Procurement-System aus, für das neben Lizenzkosten zusätzliche Dienstleistungen zur Integration erforderlich sind. Da jeder Partner seine Lizenzkosten selbst tragen muss, werden diese Kosten als doppelt so hoch angenommen im Vergleich zum Anteil von 1/10 der gemeinsamen getragenen Kosten im zentralen Fall.
- *Do-it-yourself.* Hier entwickelt jedes Unternehmen die Software komplett in Eigenregie. Die TCC sind in ihrer Höhe vergleichbar mit der produktbasierten Variante, da hier ein höherer Aufwand für die Dienstleistung die niedrigeren Lizenzkosten kompensiert.
- *Konzertierte Aktion.* Diese Variante kann nur für den dezentralisierten Fall betrachtet werden, da die Partner die Lizenz- und Entwicklungskosten der dezentral installierten Module teilen. Im zentralisierten Fall hingegen sind die Kosten des Hubs bzw. des Marktplatzes ohnehin gemeinsam zu tragen (also wird diese Alternative durch eine der ersten beiden abgedeckt). Bei der konzertierten Aktion gehen wir davon aus, dass 50% der Dienstleistung für die Entwicklung der Software und 50% für die lokale Integration aufgewendet werden. Da auch bei der zentralen Variante eine lokale Integration erforderlich ist, sind also nur für 50% der Kosten Einsparungseffekte zu erwarten.

■ *Open Source.* Hier nehmen wir an, dass »irgendjemand« die Entwicklungskosten deckt. Dadurch, dass diese Kosten unabhängig von der Anzahl der Nutzer jedoch nur einmal anfallen, haben wir es mit Kosten zu tun, die im Idealfall bei einer hohen Nutzerzahl gegen null tendieren. Aufgrund der Orientierung der Entwicklung an Standards ist auch zu erwarten, dass die anfallenden Dienstleistungen bei erheblich niedrigeren Kosten angeboten werden können.

Tab. 19–2
*Quantitative Kosten-
analyse für die dezentrale
E-Procurement-Lösung*

Dezentralisierte Lösung										
	Lizenz		Dienstlich		Zentraler Betrieb		Total Cost of Collaboration		Anteil der Lizenzkosten	
	von	bis	von	bis	von	bis	von	bis	von	bis
Produkt	200	500	300	750	0	0	**500**	**1.250**	40,00%	40,00%
Do-it-yourself	50	200	500	1000	0	0	**550**	**1.200**	9,09%	16,67%
Konzertierte Aktion (per Partner)	50	200	200	500	0	0	**250**	**700**	20,00%	28,57%
Open Source	0	0	100	250	0	0	**100**	**250**	0,00%	0,00%

*Drastisch unterschiedliche
TCC*

Die Kalkulation zeigt einen signifikanten Rückgang der Kosten im Falle der konzertierten Aktion um fast 50% gegenüber der produktbasierten Lösung. Speziell im Bereich der Lizenzkosten liegt dieser sogar bei 60%-75%. Dieser sehr starke Rückgang wird natürlich kompensiert durch einen moderaten Rückgang im Bereich der Dienstleistung.

*Die Open-Source-Lösung
ist am günstigsten*

Die Open-Source-Variante bietet das beste Ergebnis, vor allem aufgrund der vollständig vermiedenen Lizenzkosten. Des Weiteren führt die Verwendung von Standardkomponenten zu einer Reduzierung der Dienstleistungskosten um 66% bis 80% unter das Niveau der Produkt- oder Do-it-yourself-Variante.

Wir haben auch die Bewertung der Fehlinvestition bei dieser Kalkulation ausgeklammert. Auch ohne diese beiden Faktoren zu berücksichtigen, kann man erkennen, dass die Varianten »Produkt« und »Do-it-yourself« sich im Durchschnitt nur knapp über einen Zeitraum von drei Jahren rentieren. Dabei führen die maximalen Kosten von 1,25 Mio. Euro bzw. 1,2 Mio. Euro bei einem Abschreibungszeitraum von drei Jahren bereits nicht mehr zu einem positiven ROI (Return on Investment).

Beim dezentralisierten Ansatz fallen natürlich keine Kosten des zentralen Betriebs an, da er nicht erforderlich ist.

Die konzertierte Aktion und und die Open-Source-Variante lassen hingegen auch für die Risikokalkulation einer Fehlinvestition genug Luft: Hier liegt die jährliche Abschreibung bei 233.000 Euro bzw.

83.300 Euro (jeweils das Maximum der TCC, geteilt durch drei Jahre Abschreibung). Wenn wir jetzt die internen Betriebskosten in Höhe von 100.000 Euro wieder einbeziehen, dann erhöhen sich die TCCs der jeweiligen Varianten um 100.000 Euro auf 333.000 bzw. 183.300 Euro und liegen immer noch signifikant unter den 400.000 Euro.

Zentralisierter Ansatz

Für den zentralisierten Ansatz nehmen wir Folgendes an:

- *Produktbasiert.* Die Lizenzkosten liegen bei 50% der aggregierten Lizenzkosten aller Partner aus dem dezentralen Modell. Diese Kalkulation reflektiert den Netzwerkvorteil, den die Anbieter von Marktplatzsoftware versprechen. Für die Dienstleistung werden Kosten in Höhe von 75% des dezentralisierten Falls angenommen. Dies liegt daran, dass die zentralisierten Module nun nur von einem Team integriert und erweitert werden und nicht von zehn einzelnen. Nur in dieser Variante fallen zudem externe Betriebskosten an. Dies entspricht der Kalkulation eines Marktplatzbetreibers, einen Teil der Lizenzkosten über Transaktionsgebühren zu berechnen. Darüber hinaus sind die externen Betriebskosten besonders hoch, wenn der Betreiber ein Profit-Center bzw. ein externes Unternehmen (z.B. Start-up) ist.
- *Do-it-yourself* wird hier nicht verglichen, da diese Variante im zentralisierten Fall der konzertierten Aktion entspricht.
- *Konzertierte Aktion.* Die Lizenzkosten entsprechen exakt dem dezentralisierten Modell, da es sich für jedes Unternehmen lediglich um die Lizenzkosten für die interne Basisinfrastruktur handelt. Für den zentralen Bereich wird von einer vollständigen Eigenentwicklung ausgegangen. Zudem wird angenommen, dass der zentrale Betrieb gemeinsame Kosten von jährlich bis zu 500.000 Euro generiert.
- *Open Source.* Hier wird angenommen, dass die Software (Katalog, Messaging Hub etc.) kostenlos zur Verfügung steht. Es kann ebenfalls davon ausgegangen werden, dass Integrationskomponenten auf der Seite eines jeden Partners kostenlos sind. Daher sind lediglich zentrale Konfigurationsaufwände und dezentrale Integrationskosten zu decken. Die Betriebskosten ändern sich nicht im Vergleich zu den anderen Varianten.

Zentralisierter Ansatz							Anzahl Teilnehmer 10					
	Lizenz (1)		Dienstlich (2)		Zentraler Betrieb		Total Cost of Collaboration		Pro Partner		Anteil der Lizenzkosten	
	von	bis	von	bis	von	bis	von	bis	von	bis	von	bis
Produkt	1.000	2.500	2.250	5.625	200	500	**3.450**	**8.625**	345	862,5	30,77%	28,99%
Do-it-yourself (3)												
Konzertierte Aktion	500	2.000	1.500	3.750	200	500	**2.200**	**6.250**	220	625,0	25,00%	34,78%
Open Source	0	0	750	1.875	2000	500	**950**	**2.375**	95	237,5	0,00%	0,00%

Tab. 19–3
Quantitative Kostenanalyse für die zentralisierte E-Procurement-Lösung

(1) Incl. decentral licenses
(2) Incl. decental sevices
(3) Do-it-yourself equals »concerted action« in case of a centralised solution

Auch hier ist die Open-Source-Lösung am günstigsten

Im zentralisierten Fall ist die Kostenreduktion gegenüber dem jeweiligen dezentralisierten Fall bei der konzertierten Aktion (ca. 11%) und der Open-Source-Variante (ca. 5%) nicht mehr so hoch wie in der Produktvariante, die bei ca. 25%-30% liegt.[1] Dennoch liegt die Open-Source-Variante nominal immer noch an der Spitze mit einem Kostenvorteil von bis zu 75% gegenüber der zentralisierten und über 80% gegenüber der dezentralisierten, produktbasierten Lösung.

Des Weiteren kann festgestellt werden, dass die Kostenreduktion gegenüber dem dezentralisierten Fall mit 25%-40% gar nicht so drastisch hoch liegt, wie viele derer, die Zentralisierung favorisieren, vielleicht erwarten würden. Dies liegt vor allem daran, dass die Mengeneffekte nicht bei der Dienstleistung gelten: Jeder muss schließlich die Integration durchführen – unabhängig davon, ob ein oder einhundert Partner am anderen Ende der Leitung erreichbar sind – und die Integrationskosten dominieren nach wie vor.

Was stellen wir also fest, wenn wir uns diese Szenarien aus der Vogelperspektive ansehen? Zunächst einmal gilt das Argument der Software- und Serviceanbieter, wenn sie versprechen, dass sich der zentralisierte Ansatz für die beteiligten Unternehmen rechnet. Dies ist korrekt. Auch für unsere mittelständischen Unternehmen, die maximal 400.000 Euro an Einsparung erwarten, würde sich diese Kalkulation rechnen. Damit ist allerdings nur die halbe Wahrheit gesagt. Die sehr viel interessantere Frage ist letztlich folgende:

---

1.   Es wurden jeweils die maximalen TCCs der Varianten berücksichtigt.

Kann eine Konstellation erreicht werden, die es erlaubt, dem Open-Source-Modell zu folgen und für die Kunden eine noch viel effizientere Lösung zu finden? Wenn ja, kann man die zentralisierte Produktvariante zukünftig ignorieren, da sich die eigentlichen Kostenvorteile in ganz anderer Form realisieren lassen? Für unsere Unternehmen im Szenario würde sich die Investition bereits in ein bis zwei Jahren rentieren, während die anderen Varianten sich evtl. nur rechnen, wenn die Kosten nicht die jährliche Grenze von 400.000 Euro übersteigen.

Zentral oder dezentral – die Entscheidung muss beim Anwender liegen

Einschränkungen

Abschließend muss festgehalten werden, dass die vorherige Argumentation immer dann gilt, wenn der Lizenzkostenanteil signifikant ist in Bezug auf die TCC. Liegt er bei über 20%, sollte die dritte oder vierte Variante in Erwägung gezogen werden. Ebenso ist der Einfluss der Kosten für das produktbasierte Consulting: Liegt dies um 50%-100% über den allgemeinen Tagessätzen für Entwicklung und IT-Consulting, so sind die beiden Varianten ebenfalls vorzuziehen.

Schließlich gilt speziell für den Bereich der B2B-Integration, dass der Lizenzkostenanteil bei IT-Projekten so hoch liegt, wie für das Beispiel angenommen. Wenn dieser in anderen Anwendungsbereichen unter der oben genannten Schwelle von ca. 20% liegt, muss das dargestellte Modell nicht zwangsläufig zur Open-Source-Lösung führen. Und es kann natürlich ebenfalls passieren, dass in Zukunft auch Software-Produkte zur B2B-Integration erheblich preiswerter angeboten wird.

19.1.4   Die Ökonomie des Open Source für B2B-Software

MarketSite, BizTalk und andere B2B-Integrationssysteme muten als Sammelsurium von Bausteinen an, die teils locker gekoppelte Standardfunktionen darstellen, teils proprietäre Technologien. Keiner der Bausteine (Auktionsmodul, Katalog, XML-Werkzeuge, Transaktionsdienste etc.) stellt dabei ein so innovatives Novum dar, dass es nicht von anderen Herstellern auch schon implementiert wurde. Die Protagonisten des B2B-Commerce waren lediglich in den Jahren 1999 und 2000 führend in der Integration dieser Komponenten.

Wer heute allerdings daran denkt, einen Marktplatz zu betreiben, steht vor der Entscheidung, die hochpreisige MarketSite-Software als Lizenz einzukaufen oder die Marktkomponenten selbst zu entwickeln. Angesichts teilweise prohibitiver Lizenzpreise, die leicht im siebenstelligen Bereich liegen können, ist der Gedanke der Individualentwicklung tatsächlich verlockend – vor allem, wenn man berücksichtigt,

Prohibitive Lizenzpreise

Commoditization durch Componentware

dass das Customizing der Marktplatzsoftware ebenfalls einen ähnlich hohen Betrag kosten dürfte.

Wie gesagt, wir beobachten also eine ähnliche Situation, die sich bereits im B2C-Bereich verbreitet: Was früher als »All-in-Paket« für Online-Shops angeboten wurde (z.B. Intershop 4), wird heute im High-End-Bereich zunehmend durch Componentware abgelöst. Dies geht zum einen mit technischen Infrastrukturen einher, die zunehmend standardisiert sind (Application Server, J2EE, XML-Schema), zum anderen aber auch mit einem sich immer weiter verbreitenden Verständnis, was Marktplatzsoftware überhaupt ist.

Damit sind sowohl Kunden als auch Entwickler zunehmend informierter, was zu zwei wichtigen Entwicklungen führt: Erstens geraten Anbieter von Marktplatzsoftware zunehmend unter Rechtfertigungsdruck für ihre hohen Lizenzpreise. Sie sind aber andererseits zu hohen Preisen gezwungen, da sie angesichts ihrer Personalausstattung und den Erwartungen der Investoren schnell hohe Umsätze realisieren müssen (Shareholder Value). Gleichzeitig wird die Entwicklung von standardkonformen Komponenten mit dem fortlaufenden technischen Fortschritt sowie zunehmendem Verständnis der Prozesse immer rentabler.

So kann die Java Connector Architecture dazu führen, dass sich ERP-Systeme in den nächsten Jahren durch einheitliche Schnittstellen kapseln lassen, der Java Messaging Service hilft, den Datenaustausch zwischen Unternehmen einheitlicher zu realisieren. EAI-Integrationswerkzeuge (z.B. XML-zu-EDIFACT-Mapper Data Junction, Seeburger etc.), die heute noch einige Tausend Euro kosten, werden spätestens im Jahre 2003 als kostenlose Beigabe zur Verfügung stehen.

Volkswirtschaftliche Effizienz

Meine These lautet nun, dass produktorientierte Softwareentwicklung häufig volkswirtschaftlich ineffizienter ist als der Open-Source-Ansatz. Dies wird zu einer Verzögerung beim Erreichen der E-Business-Infrastruktur führen! Dies ist starker Tobak, aber hier folgt der Beweis in fünf Schritten (ansatzweise ...):

▪ *Kalkulation des Anbieters.* Ein Softwareanbieter bzw. IT-Consultant wird seine Kalkulation im Bereich der elektronischen Marktplätze immer am ROI seines Kunden orientieren: Spart der Kunde oder das Konsortium 30 Millionen Euro pro Jahr, dann wird die Software 30 Millionen Euro kosten, so dass der Break-even nach einem Jahr erreicht ist. Spart der Kunde nur 10 Millionen, kostet die Software 10 Millionen Euro. Oder der Betrag wird zusätzlich auch auf Transaktionsgebühren verteilt. Liegt das Einsparungspotenzial bei einer Million, ist der Kunde uninteressant – folglich stürzen sich alle Anbieter von Marktplatzsoftware auf die zahlungskräftigen »Global 2000«, der Markt wird also von der Spitze her aufgerollt – ein aus der Perspektive des Anbieters völlig konsequentes Handeln.

- *Infrastrukturkomponenten stehen zunehmend als Open-Source-Software zu Verfügung.* Eine ganze Reihe von Basisentwicklungen hat bis heute zur Verfügbarkeit von Web- und Application Servern, XML-Werkzeugen und Softwarekomponenten geführt, die als zuverlässige Arbeitstiere in den Systemlandschaften der Unternehmen eingesetzt werden. Open Source hat als organisatorischer Ansatz bewiesen, dass er zuverlässige Softwaresysteme produzieren kann.

- *E-Business-Infrastruktur ist horizontale Software.* Es handelt sich bei Softwarekomponenten zur B2B-Integration nicht um eine branchenspezifische Entwicklung mit maximal 10.000 Kunden, weltweit gibt es als potenzielle Nutzer um Größenordnungen mehr an Unternehmen mit mehr als zehn Mitarbeitern. Wir gehen im Folgenden konservativ von 500.000 »Kunden« aus.

- *Preisvorteil bei Open-Source-Entwicklungen.* Wenn sich die Kalkulation der Anbieter am ROI des Kunden orientiert, so schließt diese meistens nicht das Risiko der Fehlinvestition ein, die einige Seiten zuvor als Teil der *Total Cost of Collaboration* berücksichtigt wurden. Basiert die Kalkulation des Kunden auf diesen TCC, kann es sein, dass sich das Projekt als unrentabel herausstellt. Als Folge ergibt sich dann der traditionelle Preiskampf zwischen Vertrieblern und Einkäufern, der bei E-Business-Projekten häufig damit endet, dass der Kunde vom Projekt Abstand nimmt. Bei Open-Source-Entwicklungen ist dies ganz anders: Die Kosten der Softwareentwicklung fallen nur *einmal* an, und zwar international. Wenn also die (Weiter-)Entwicklung des Apache Web-Servers 10 Millionen Euro kosten mag[2], so verteilen diese sich auf ca. 20 Millionen Web-Server, d.h., jeder einzelne kostet pro Nutzer 50 Cent! Wenn die Entwicklung von Komponenten der E-Business-Infrastruktur 50 Millionen kostet und diese 500.000-fach genutzt wird, fallen pro Installation 100 Euro Kostenanteil an. Selbst bei 5.000 Nutzern sind dies immer noch 10.000 Euro, also etwa die Kosten für zwei Wochen SAP-Beratung, für eine vollständige Marktplatzsoftware immer noch lächerlich günstig. Die Open-Source-Entwicklung findet normalerweise nahezu kostenlos statt, d.h., 50 Millionen Euro an Sponsoren-Mittel charakterisiert eher das obere Ende der Skala. Volkswirtschaftlich betrachtet stellt die Open-Source-Entwicklung also eher einen Cost-Center als einen

---

2. Dieser Betrag ist aus der Luft gegriffen.

Profit-Center dar – seine Kosten bleiben kontant und er erzielt keinen Gewinn aus den zusätzlichen Installationen. Für den laufenden Betrieb der Softwarewartung und -pflege könnte man pro Jahr 15% der Erstellungskosten kalkulieren, das wären dann 7,5 Millionen Euro, also bei 5.000 Installation ca. 1.500 Euro jährlich.

▪ *Beschleunigung der Entwicklung durch einen qualitativen Kostenvorteil.* Abgesehen vom Preis führt das Open-Source-Modell in Verbindung mit Standardkonformität zu höherem Vertrauen in die Architektur und zu höherem Wettbewerb der Dienstleister, da ihre technische Basis transparent und öffentlich dokumentiert ist. Die TCC sinken damit in allen Aspekten, insgesamt jedoch um bis zu 75%. Eine derartige Reduktion führt zu zwei Effekten: Erstens fällt die Rentabilität der Investition auch bei höherem Risiko der Fehlinvestition sehr viel höher aus als im Falle der ROI-orientierten Kalkulation der Anbieter, zweitens rechnet sich die Investition auch für das mittelständische Unternehmen, das auch nur mit einigen 100.000 Euro Kostenreduktion als Kunde interessant wird.

Aus dieser Argumentation lässt sich ablesen, dass in nicht allzu ferner Zukunft der gesamte Bereich der B2B-Integration durch frei verfügbare Open-Source-Software abgedeckt sein dürfte. Was heute noch als komplex und »sophisticated« erscheint, dürfte spätestens im Jahre 2005 zum öffentlichen Gut geworden sein. Es gibt einfach zu viele Kunden, die nicht mehr bereit sind, hohe Beträge für Softwarefunktionen zu bezahlen, die von einer zu großen Anzahl an Entwicklern wohlverstanden sind ...

Koordination von Open-Source-Projekten im B2B-Bereich

Mehrere Köche koordinieren

Die eigentliche Frage, die in diesem Zusammenhang geklärt werden muss, ist die der *Koordination.* Während Linux, Apache und jBoss von wenigen Entwicklern kreiert, koordiniert, getestet und gepflegt werden, bei denen bzgl. dieser Rollen Personalunion besteht, gilt dies in keiner Weise für E-Business-Komponenten: Der Entwickler kann in der Regel nicht die Software spezifizieren, der Anwender kann sie nicht entwickeln und dem Tester fehlt höchtwahrscheinlich der »Spaß« – und stellen Sie sich schließlich vor, sie müssten dem Vorstandsvorsitzenden die Grundregeln der Open-Source-Community nahe bringen. Nein, industrielle Kunden wollen Spezifizierbarkeit, Verlässlichkeit, Beweisbarkeit und so weiter.

Die Komplexität der Koordination

Wahrscheinlich kennt es jeder von Ihnen: Wenn Sie ein Projekt (Softwareentwicklung, Hochzeit, ein Tag in Venedig) alleine durchführen, geht es so lange gut, bis Sie an die Kapazitätsgrenze Ihrer Koordinationsfähigkeit stoßen. Nimmt die Komplexität nur einen Deut zu, sind im Anschluss nicht nur 1 oder 2, sondern gleich drei Personen nötig, oder man schafft nur ein Drittel des Besichtigungsprogramms, da die Mitreisenden ständig aufeinander warten müssen. Eine Besichtigung von Venedig ist vor allem auch trivial, da alle Beteiligten die gleiche Rolle spielen und über das gleiche Vorwissen verfügen (jedenfalls bzgl. der Sight-Seeing-Planung). Wenn jedoch der eine nur testen kann, der andere nur entwickeln, weitere als Sponsor agieren oder Sponsoren werden und wiederum andere als Nutzer, dann springt die Komplexität automatisch von einer Person auf fünf, wenn die Kapazitätsgrenze überschritten ist.

Aus dem Entwicklungsprojekt am PC im heimeligen Keller in langen finnischen Winternächten wird somit ein Industrieprojekt, bei dem »Open Source« weniger als Geisteshaltung, sondern bloß als ökonomischer Vorteil verstanden wird. Dies mag für den einen Guru ernüchternd sein, während der andere es begrüßt, dass Ökonomie und Idealismus so nahe beieinander liegen. Dennoch bleibt die Frage offen, welche Rollen bei einem solchen Projekt zu besetzen sind, und wie ein ausgeglichenes Geben und Nehmen erreicht werden kann.

Wenn dieses Buch erschienen ist (so etwa im Herbst 2001), dann wird diese Entwicklung hoffentlich etwas vorangeschritten sein. Ich selbst habe beim Schreiben dieses Buches das papiNet-Projekt noch einmal aus der Perspektive des Geben-und-Nehmens analysiert und bin zum Schluss gekommen, dass es sich auf andere Branchen und Softwarekomponenten erweitern lässt und sich selbst dann noch rechnen würde, wenn überhaupt keine Lizenzpreise mehr gefordert werden könnten. Vielleicht wird in der Tat im Jahr 2002 dann ein Koordinationsprojekt existieren, das den Gedanken des »Sponsored Software Developments« für E-Business-Infrastrukturen vorantreibt. Vielleicht weitet auch IBM oder gar Microsoft sein Geschäftsmodell in diese Richtung aus. Ich verwette sogar eine Flasche Champagner darauf, dass eine solche Entwicklung bis Ende 2002 Fahrt aufgenommen haben wird. Der Koordinator möge sich bei mir melden!

Zukünftige B2B-Softwareentwicklung

An dieser Stelle möchte ich noch einmal auf das TRANSACT-Portal verweisen, auf dem ich verschiedene Dokumente und Analysen zu diesem Thema ablegen werde: *www.eu-commerce.org*. Dort wird auch zum Zeitpunkt der Publikation ein Dokument vorliegen, das den hier gesponnenen Faden der Open-Source-Ökonomie weiterverfolgt.

19.2 Einsatz der Meta-Marktplatzmaschine

Endlich: Wir bauen uns eine M3

An dieser Stelle schließt sich der Spannungsbogen, der am Anfang des E-Business-Teils aufgebaut wurde: Wie ist nun die Meta-Marktplatzmaschine (M3) beschaffen? Zunächst bitte keine Enttäuschung! Erstens: Wir haben das nötige Rüstzeug für die M3 im Prinzip weitgehend in den zurückliegenden Kapiteln kennen gelernt. Also wird es jetzt keine wirklichen Überraschungen mehr geben. Zweitens werden wir die Maschine nur qualitativ bauen, d.h., das nobelpreisverdächtige Rechenwerk, das Gradwanderungen zwischen »Auktion« und »Auschreibung« richtig zuordnet, steht noch zur Gewinnung desselben aus ...

Auswahl des passenden Preisfindungsmechanismus

Wir werden also lediglich checklistenartig vorgehen, den Einflussfaktoren Gewichte beimessen und den Output auf folgende Möglichkeiten der Preisfindung reduzieren, die sich teilweise natürlich auch kombinieren lassen:

1. Börsensystem
2. Auktion
3. Ausschreibung
4. Katalog (keine Verhandlung)
5. Individuelles Verhandeln

Die folgende Tabelle ordnet dazu verschiedene Preisfindungsmechanismen den unterschiedlichen Produkt-, Transaktions- und Marktcharakteristika zu. Im rechten Teil der Tabelle wird ein exemplarisches Produkt den Preisfindungsmechanismen zugeteilt. Eine Erläuterung der Ergebnisse erfolgt weiter unten.

Tabelle 19-4 dient als Hilfsmittel, um die verfügbaren Preisfindungsmechanismen am Beispiel einer konkreten Anforderung zu bewerten. Als Kriterien wurden verwendet:

- *Wert des Produkts.* Die Spanne reicht hier von wenigen Euro bis hin zu mehreren Millionen. Jenseits dieses Betrags macht eine automatisierte Preisfindung immer weniger Sinn, bzw. sie verliert an Nutzen. Bei extrem hohen Transaktionswerten ist das Optimierungspotenzial Automatisierung nicht mehr von Bedeutung.
- *Spezifität des Produkts.* Hiermit wird die Breite der möglichen Kundenbasis bzw. der Anwendungen zum Ausdruck gebracht. Powerpoint ist mit 100 Millionen potenziellen Anwendern sicherlich unspezifischer als eine Software zur Modellierung von Zahn-

kronen. Daher eignet sich hier nur das Ausschreiben oder individuelle Verhandeln von Konditionen.

- *Komplexität der Produktbeschreibung.* Wie viele Attribute werden benötigt, um ein Produkt hinreichend genau zu spezifizieren. An der Wertpapierbörse ist dies – neben der Wertpapier-Kennnummer – nur eines: der Preis. Die Beauftragung zur Fertigung eines Montageteils durch einen Automobilproduzenten kann Hunderte von Attributen erfordern, die auch Liefertermine, CAD-Pläne und Konventionalstrafen umfassen.

- *Klassifikation nach A- bzw. C-Gütern.* Hier wurde die Spanne von 1–10 künstlich für die Kategorien A, B und C genutzt.

- *Transaktionsdauer.* Manche Abschlüsse erfordern monatelange Vereinbarungsphasen und Spezifikationen, während das Wertpapier an der Börse in Sekundenschnelle verkauft ist.

- *Dauerhaftigkeit der Vertragsbedingungen.* Je mehr die Beschaffung im Bereich der A-Güter liegt, desto eher kann es zu Schwankungen im Bedarf kommen, die sich direkt aus den Absatzschwankungen ergeben. Den Bedarf an Laptops kann man beispielsweise sehr viel besser abschätzen als den für Stoffbahnen eines bestimmten Musters, wenn dieses wechselhaften Moden unterliegt.

- *Transaktionskosten* können zwischen weniger als einem Prozent (Börse, Katalog) und einem sehr hohen Anteil (zähe Verhandlungen, komplexe Spezifikation) liegen.

- *Marktliquidität.* Hiermit wird die »Match-Geschwindigkeit« des Marktes angezeigt, in unserem Fall gemessen an der durchschnittlichen Wartezeit auf einen Match. Börsen eigenen sich nur bei besonders flüssigen Märkten – dies hat den meisten Start-ups in den letzten Jahren Kopf und Kragen gekostet.

- *Markttransparenz.* Hier geht es um die Frage, wie schnell und wie vollständig eine Marktinformation (Preis, Angebote, Produktcharakteristika) den Teilnehmern zugeht.

	Gew.	Kodierung	Kommentar	Börse	Auk-tion	Aus-schrei-bung	Kata-log	Indiv. Verh.
Wert des Produkts		< 10 Euro: 1 11-100 Euro: 2 101-1000 Euro: 3 1001-10.000 Euro: 6 10-100 TEuro: 8 1 Mio Euro: 10	Wenn niedrig, eher Börse und Marktplatz, wenn hoch eher Prozessportal	1-2	2-10	6-10	1-8	6-10
Spezifität		Weltweit 100 Kunden: 1 1000 Kunden: 2 10.000 Kunden: 4 1 Mio Kunden: 7 100 Mio: 10	Hohe Spezifität führt zu niedriger Markt-liquidität, also eignen sich Börsen nicht	5-10	1-4	1-3	1-6	1-2
Komplexität der Produkt-beschrei-bung		< 3 Attribute: 2 4-10 Attribute: 4 11-50 Attribute: 6 >50 Attribute: 10	Wenn wenig Attribute: Börse oder Katalog, ansonsten Auktion, Ausschreibung oder direkte Verhandlung	1-2	2-6	4-8	4-6	8-10
A- / C-Güter		A = 1 B = 5 C = 10	A-Güter werden eher verhandelt als C-Güter	5-10	1-10	1-10	5-10	1-10
Trans-aktions-dauer		1 Sek.: 1 1 Min: 2 1 Std: 3 1 Tag: 5 1 Woche: 6 1 Monat: 8 1 Jahr: 10		1	3-6	6-8	2-3	8-10
Dauerhaftig-keit der Vertrags-bedingungen		Keine Verhandl.: 1 Korrekt. mögl.: 3 Korrekt. erwartet: 5 Änderungen übl.: 8 Kont. Abstimmungs-prozess: 10	Manche Systeme lassen keine nachträg-lichen Korrekturen zu, während im SCM-Bereich eine kontinu-ierliche Verfeinerung der Bedingungen nötig ist	1	1	1-5	1-3	5-10
Trans-aktions-kosten		< 1 %: 1 3 %: 5 10 %: 8 30 %: 10		1-3	3-5	3-8	1-3	3-10
Markt-liquidität		< 1 Sek: 1 1 Min: 3 1 Tag: 5 1 Monat: 8 Nie: 10	Theor. Wartezeit bis zum Match	1-5	4-8	7-10	1-10	3-10
Markt-transparenz		< 0,01: 1 0,1: 2 1: 4 10: 6 >100: 10	Aufwand zur Ermitt-lung von Preisen und Qualitäten aller Anbie-ter (Personentagen)	1-3	4-8	6-10	1-4	4-10

Wir ermitteln nun in der folgenden Tabelle 19-5 den Preisfindungsmechanismus für ein exemplarisches Produkt. Seine Charakterisitik ist folgendermaßen: Es ist hochwertig (über 10.000 Euro) und mit ca. 5.000 potenziellen Kunden ist das Produkt eher spezifisch. Seine Spezifikation erfordert unter 50 Attribute und es hat A-Charakter. Die Dauer der Transaktion liegt bei einem Monat (Information, Verhandlung, Entscheidung, Kauf, Lieferung), dabei kann es vorkommen, dass sich die Entscheidung noch ein paar Mal ändert. Die Transaktionskosten liegen bei ca. 5% und um ein passendes Angebot zu finden, müsste ein Kunde eher Monate als Tage warten (niedrige Liquidität). Schließlich ist die Markttransparenz eher niedrig: Ein Kunde müsste etwa zehn Personentage investieren, um sich einen Überblick zum Angebot zu verschaffen.

Was könnte dies nun für ein Produkt sein? Vielleicht ein Lieferwagen mit Spezialvorrichtungen, also ein Kranken- oder Leichenwagen? Oder ein Minenräumfahrzeug? Oder ein besonderer Walzentyp, der Präzisionsanforderungen genügt? Die meisten im B2B-Bereich gehandelten Güter und Geschäftsbeziehungen sind noch viel komplexer, so dass wir öfter die Verhandlungslösung als Resultat erhalten, als wir erwarten würden.

In Tabelle 19-5 werden diese Kriterien mit einem Gewichtungsfaktor versehen. Dieser ist im Beispiel willkürlich gewählt. Er dient einem »Fine-Tuning« der Kriterien im Kontext einer gegebenen Branche und sollte daher entsprechend angepasst werden. Im folgenden Beispiel wurde den Kriterien »Komplexität der Produktbeschreibung«, »Unterscheidung in A/C-Güter«, »Transaktionskosten« und »Marktliquidität« besonderes Gewicht beigemessen, während der Produktwert und die Produktspezifität von geringerer Bedeutung sind.

Der Marktplatzbetreiber wäre also schlecht beraten, wenn er dieses Produkt über eine Börse vermitteln wollte (was allerdings 1999-2000 häufig probiert wurde). Eine genauso schlechte Idee ist wahrscheinlich die Nutzung eines Katalogs für die Beschaffung: Ein Teil der Produkteigenschaften mag über den Katalog konfigurierbar sein, jedoch ist immer eine Vervollständigung seiner Spezifikation über das »Katalogisierbare« hinaus nötig. Eine Auktion erreicht immerhin die Punktzahl »5« bzw. 50% nach dem gewichteten Resultat. Wenn der Kunde das Produkt vollständig spezifizieren kann, so dass die Verhandlung ausschließlich über den Preis geführt werden kann, so mag dies sinnvoll sein. In der Regel wird man jedoch versuchen, die Entwicklung auszuschreiben und/oder mit wenigen Anbietern frei zu verhandeln (jeweils 8 Punkte). Nach den gewichteten Resultaten liegt sogar die direkte Verhandlung 5% vor der Ausschreibung. Dies liegt

Tab. 19–4
Checkliste zur Ermittlung des Preisfindungsmechanismus

Überlegen Sie sich doch selbst ein Produkt ...

Börsen sind oft eine schlechte Idee ...

	Gew.	Kodierung	Beispiel: Ausprägung (0-10)	Beispiel: Börse	Beispiel: Auktion	Beispiel: Ausschreibung	Beispiel: Katalog	Beispiel: Indiv. Verhandeln
Wert des Produkts	5,00%	< 10 Euro: 1 11-100 Euro: 2 101-1000 Euro: 3 1001-10.000 Euro: 6 10-100 TEuro: 8 1 Mio Euro: 10	8	0	1	1	1	1
Spezifität	5,00%	Weltweit 100 Kunden: 1 1000 Kunden: 2 10.000 Kunden: 4 1 Mio Kunden: 7 100 Mio: 10	3	1	1	1	1	0
Komplexität der Produktbeschreibung	15,00%	< 3 Attribute: 2 4-10 Attribute: 4 11-50 Attribute: 6 >50 Attribute: 10	6	0	1	1	1	1
A-/C-Güter	15,00%	A = 1 B = 5 C = 10	1	0	1	1	0	1
Transaktionsdauer	10,00%	1 Sek.: 1 1 Min: 2 1 Std: 3 1 Tag: 5 1 Woche: 6 1 Monat: 8 1 Jahr: 10	8	0	0	1	0	1
Dauerhaftigkeit der Vertragsbedingungen	10,00%	Keine Verh.: 1 Korrekt. mögl.: 3 Korrekt. erwartet: 5 Änderungen übl.: 8 Kont. Abstimmungs-Prozess: 10	8	0	0	0	0	1
Transaktionskosten	15,00%	< 1%: 1 3%: 5 10%: 8 30%: 10	6	0	0	1	0	1
Marktliquidität	15,00%	< 1 Sek: 1 1 Min: 3 1 Tag: 5 1 Monat: 8 Nie: 10	9	0	0	1	1	1
Markttransparenz	10,00%	< 0,01: 1 0,1: 2 1: 4 10: 6 >100: 10	6	0	1	1	0	1
Resultat:		*Ohne* Gewichtung		1	5	8	4	8
Resultat:		*Mit* Gewichtung		5%	50%	90%	40%	95%

daran, dass bei hoher Dauerhaftigkeit der Vertragsbindung nicht alle Vereinbarungen per Ausschreibung festgelegt bzw. verhandelt werden können. Für diese informelle Ebene ist auch ein Ausschreibungssystem nicht mehr geeignet.

Tab. 19–5
Ermittlung des Preis-findungsmechanismus für das Beispielprodukt

Die Form der Integration

Schließlich ist es unabhängig vom Preisfindungsmechanismus, wie die Abwicklung der Transaktion gestaltet wird: Sie kann innerhalb des Unternehmens unterstützt werden oder extern, z.B. durch einen vertikalen Hub, über den XML-Nachrichten ausgetauscht werden. Wenn dieser Hub von Marktteilnehmern betrieben wird, ist es ein *privater Hub*. Schließlich bieten auch Marktplatzsysteme, z.B. von C1 oder Ariba, Bausteine zur Abwicklung von Transaktionen an, denken Sie an die MarketSite von C1.

Preisfindung, Hub oder Peer-to-Peer?

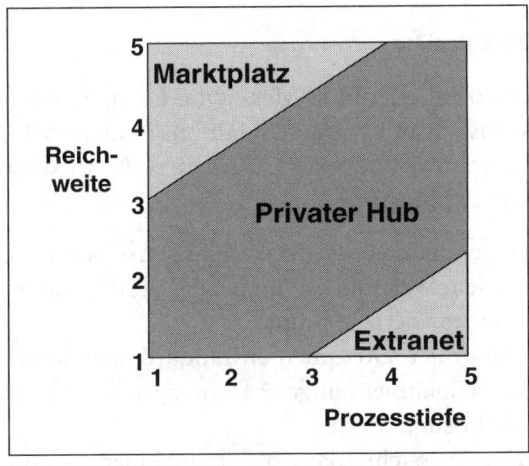

Abb. 19–1
Auswahl der Portal-variante

Quelle:
Forrester Research

Abbildung 19-1 stellt dar, wie die Entscheidung von den beiden Faktoren »Reichweite« und »Prozesstiefe« abhängig gemacht werden können. Dabei eignet sich ein von Dritten betriebener Marktplatz von einer bestimmten Prozesskomplexität an nicht mehr als Plattform. Umgekehrt liegen seine Vorteile bei einfachen Kauftransaktionen, die eine hohe Reichweite haben, die vor allem über den kleinen Kreis der traditionellen Zulieferer und Kunden hinausgeht. Bei sehr geringer Reichweite, wenn also nur einigen Geschäftspartnern Zugang zu internen Ressourcen verschafft werden soll, ist das Extranet viel hilfreicher. Denken Sie an eine Behörde, die Ausschreibungen durchführt, die Reichweite erstreckt sich möglicherweise nur auf potenziell fünfzig Bauunternehmen, der Prozess der Ausschreibung erfordert jedoch besondere

Reichweite und Prozesstiefe als Parameter

Sicherungsmaßnahmen wie die Nutzung elektronischer Signaturen, so dass die Behörde den Ausschreibungsserver inhouse betreibt.

Welche Portalfunktionen integrieren?
 Es hängt letztlich auch vom Integrationsgrad bzw. der angestrebten Vollständigkeit des Systems ab, welche der Ausprägungen in Abbildung 19-1 in den Marktplatz einbezogen werden sollen: Sind es Anbieterverzeichnisse, integrierte Produktkataloge, Preisfindungsmodule, die Integration von Logistikpartnern, dezentrales Messaging sowie Kooperationsanwendungen im Bereich der Lieferkette, die miteinander kombiniert werden sollen, so deckt das daraus entstehende »Super-Portal« alle Ausprägungen der Abbildung 19-1 ab. Hier besteht heute jedoch die Gefahr, dass sich die Betreiber rasch verzetteln. Covisint ist ein solches Super-Portal, das Sourcing- und E-Procurement-Module mit einem kollaborativen Produktentwurf und der Supply-Chain-Unterstützung bei der operativen Versorgung der Automobilfirmen mit Bauteilen kombiniert – mal abwarten, ob *das* klappt ...

Zentral oder Dezentral?

Egal, ob Super-Portal oder bloß Messaging-Lösung, wenn die funktionalen Module ausgewählt wurden, quält uns immer noch die Frage, ob zentral oder dezentral kooperiert werden soll. An dieser Stelle nur einige (qualitative) Hinweise:

- Besteht die Gefahr, dass der Marktplatzbetreiber mit den Transaktionsdaten nicht vertraulich umgehen wird? Dann spricht dies gegen eine zentralisierte Lösung.
- Kann ein neutraler Dokumentenstandard gefunden werden, auf den sich die Teilnehmer einigen? Dann spricht dies ebenfalls gegen eine zentrale Lösung.
- Besteht keine Aussicht, dass die Teilnehmer in absehbarer Zeit bereit sind, eine einheitliche Messaging-Software einzusetzen? Dann spricht dies für einen zentralisierten Marktplatz.
- Kann die Integration der Marktteilnehmer über eine Browser-Schnittstelle erfolgen (wie z.B. im Aprinto-Beispiel, siehe Kapitel 18.12)? Dann sollte ein Portal verwendet werden.
- Liegt der Anteil der Lizenzkosten prohibitiv hoch, sollten Teilnehmer überlegen, ob das Modell der »konzertierten Aktion« oder Open-Source-Software helfen. Da dies generell eine Kostenreduktion bewirkt, stellt der dezentralisierte Fall nur eine relativ geringfügige Verbesserung dar.

Wir könnten diese Klassifikationen noch beliebig fortsetzen, aber dann hätten wir ja die M3 vollständig gebaut und dies wollen wir doch lieber den Doktoranden im Bereich Wirtschaftsinformatik überlassen! Ich würde mich freuen, wenn sich jemand an diese Aufgabe heranwagen würde!

Stattdessen wollen wir uns auf den abschließenden Seiten zu diesem Kapitel anschauen, wie die zukünftige Entwicklung im Bereich des B2B-Commerce aussehen könnte.

19.3 Von Marktplätzen zu E-Business-Infrastrukturen

Wir nähern uns dem Ende des E-Business-Teils. Dabei haben wir uns ganz unterschiedliche Anforderungen, Geschäftsmodelle und technische Lösungen angesehen und fragen uns jetzt, wie es weiter geht. Dies kann natürlich niemand ganz genau sagen (siehe Kapitel 4 zu den berüchtigten E-Commerce-Statistiken). Daher möchte ich in den drei folgenden Kapiteln bei der Betrachtung der Zukunft ganz unterschiedliche Schwerpunkte setzen. Zunächst schauen wir uns aus der Vogelperspektive an, wie sich Marktplätze der Zukunft entwickeln werden. Dabei lösen wir uns von den schrecklichen täglichen Qualen, welchen die Ruderer der B2B-Galeeren bei ihrer täglichen Fahrt über die Weltmeere ausgesetzt sind und schwingen uns stattdessen auf zum Feldherrenhügel des Vorstandsvorsitzenden, für den die B2B-Integration lediglich durch eine Gruppe von Zellen in seiner Excel-Tabelle repräsentiert ist ...

Was wird kommen?

Die zukünftige Entwicklung von B2B-Marktplätzen

Was ist eigentlich eine Infrastruktur? Bezogen auf das betreffende Umfeld ist es die Summe aller Dienstleistungen und Produkte, die jeder »Bewohner« nutzen kann: Für Wohnungen sind dies die Wasser- und Stromversorgung, für den Transport das Straßennetz und die Versorgung mit Treibstoff und für Unternehmen ist es u.a. heute der Internet-Zugang.

Wenn wir versuchen, die möglichen Entwicklungen des E-Business zu Ende zu denken und als allgemein akzeptierten Standard annehmen, finden wir uns im Szenario vom Avatar-Designer Bob wieder: Die eCo-Architektur ist jetzt implementiert, Unternehmen können sich und ihre Produkte klassifizieren, sind über Standardschnittstellen kontaktierbar, über die Standardnachrichten im Rahmen von Standardprozessen ausgetauscht werden. Evtl. trennt sich sogar die technische Ebene vollständig von der organisatorischen ab: Die Geschäftslogik

Milk and Honey

des Unternehmens exisitiert nur noch im Web-Space des ASPs und ist über seine Außenkontakte (E-Mail, XML-Nachrichten, Web-Auftritt) für Partner wahrnehmbar. Jegliche physische Steuerung eventueller Produktionsmaschinen, Lagerhallen etc. geschieht entfernt vom ASP aus. Jegliche Kommunikation erfolgt dabei über Web-Protokolle; eine Presse in der Montagehalle des Autoherstellers ist dabei genauso über ihren eingebetteten Web-Server ansprechbar wie die Druckmaschine in der Druckerei um die Ecke.

Physisch oder als Koordinator

Der Trend ist also folgender: Während früher die physische Produktion noch ein physisches Unternehmen für das »Beschicken« der Maschinen erforderte, kann man sich vorstellen, dass in Zukunft eine Druckerei in ganz unterschiedlichen Erscheinungsformen auftritt:

- Entweder als *Fuhrparkbetreiber* für Druckmaschinen: Hier bietet das Unternehmen nur noch den Kernprozess des Druckens, Belichtens oder weiterer nachgelagerter Prozesse wie Stanzen, Falzen, Versenden an. Das Personal ist reduziert auf die Bedienung der Maschinen.
- Oder als *virtuelles Unternehmen*: Hier steht eine beliebig leistungsfähige Druckerei über einen Web-Auftritt zur Verfügung, berät den Kunden, nutzt ein Prozessportal für die Vereinbarung von Druckaufträgen, steuert den Prozess über verschiedene Produktionsstufen hinweg und steht mit dem Kunden in Verbindung, um ihn über den Fortschritt zu informieren.

Ohne Standards keine E-Business-Infrastruktur

Alles, was nicht zur physischen Produktion gehört, hat also der Fuhrparkbetreiber an die virtuelle Druckerei abgegeben. Selbst die Programmierung der Maschinen erfolgt entfernt über deren Web-Server. Dies bleibt jedoch nur Vision, solange die Standardisierung zur verlässlichen Ansteuerung beliebiger Maschinen über einheitliche Nachrichtenformate fehlt. Ohne Standardisierung also keine E-Business-Infrastruktur. Das Endziel dieser Entwicklung ist also tatsächlich eine Infrastruktur, die bei

- minimalen Gründungskosten (und Liquidationskosten),
- minimalen Einrichtungskosten (Rüstkosten),
- minimalen Wechselkosten (»Switching Costs«) und
- minimalen Transaktionskosten

Traum von der omnipräsenten E-Business-Infrastruktur

es minimalen Wirtschaftseinheiten erlaubt, nach Bedarf Geschäfte anzubahnen und durchzuführen. Den Zwischenraum füllen dann Infrastrukturdienste aus wie ASPs, Online-Notare, Online-Archive, CAs, Verzeichnisse, Marktplätze und Hubs, Finanzämter und Steuerberater etc. Vielleicht erinnern Sie sich noch an den Kapitel zur Syndi-

cation im B2C-Kapitel (siehe Kapitel 14.4)? Wir werden im B2B –
allerdings um ca. 10 Jahre zeitversetzt – eine ganz ähnliche Entwicklung vorfinden: Ein Online-Unternehmen kann mit sehr geringen
Investitionskosten, dafür aber bei sehr hohen Betriebs- und Transaktionskosten betrieben werden. Das Zukaufen von Infrastrukturdiensten
steht dem Unternehmer dann als Alternative im Sinne der »Make-or-
Buy«-Entscheidung gegenüber dem Selbstaufbau zur Verfügung.

Wie Perlen auf einem Samtkissen verteilen sich Unternehmen in
dieser Darstellung über die E-Business-Infrastruktur. Wir finden nun
also unseren heutigen Ausgangspunkt der Entwicklung und mit dem
eben Beschriebenen ihren Endpunkt vor. Offen bleibt jedoch die Frage,
auf welchem Weg man nun zum Ziel gelangt?

Forrester Research unterscheidet dabei zwei Alternativen: öffentliche und private Marktplätze. Demnach ist zu erwarten, dass sich für
liquide Marktsegmente in den nächsten Jahren börsenartige, *öffentliche* Marktplatzsysteme entwickeln, die anschließend zum *E-Business-
Netzwerk* zusammenwachsen. Auf diesen Marktplätzen werden eher
Commodities wie KEP-Transporte, Früchte oder Mallorca-Flüge
gehandelt. Sie werden im harten Wettbewerb zwischen den Betreibern
angeboten, die sich selbst aus Anbieterkonsortien oder neutralen
Betreibern zusammensetzen.

Die Wege nach Rom: Marktplatz oder Supply Chain

Der andere Weg ist charakterisiert durch Konzentration auf den
Supply-Chain-Bereich, wo komplexe Prozesse zu organisieren sind, die
eine regelmäßige Anpassung und Feinsteuerung zwischen den Unternehmen erfordern und bei denen sehr viel mehr Kollaborations-Know-
how erforderlich ist – sowohl auf Seiten der Teilnehmer als auch der
Portalbetreiber [KaSa00]. Hier stehen eher die Teilnehmer (häufig als

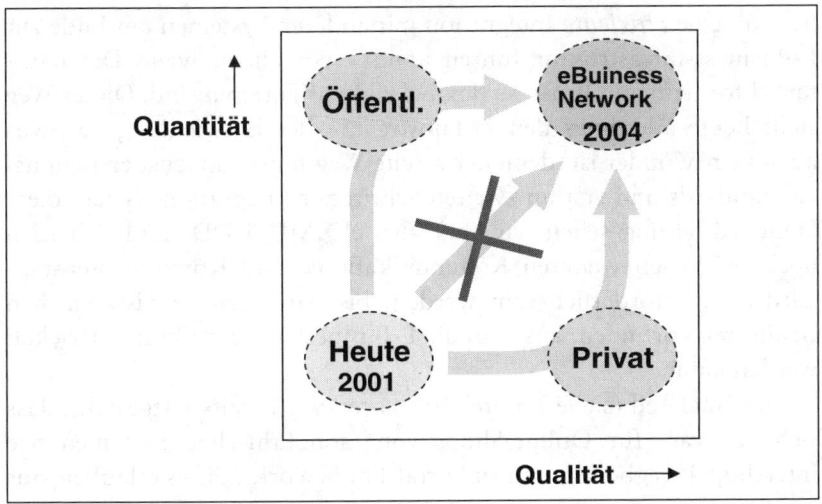

Abb. 19–2

Mögliche Wege zur E-Business-Infrastruktur nach Forrester Research

Anbieter/Kunden-Konsortien) als Betreiber im Vordergrund. Diese privaten Marktplätze legen besonders viel Wert auf Zuverlässigkeit und Schutz der Transaktionsdaten. Wie bereits weiter oben erwähnt, wäre der Handel mit Transaktionsdaten bei privaten Marktplätzen weitaus kritischer als bei öffentlichen: Eine Rabattvereinbarung zwischen dem Automobilhersteller und seinem Zulieferer ist weitaus geheimer als der Preis, der für einen Container Tulpen als Ergebnis einer Auktion zustande kommt.

Auf dem Wege zur E-Business-Infrastruktur kann also die getrennte Entwicklung von öffentlichen und privaten Marktplätzen als Zwischenstufe aufgefasst werden. Erst durch die Ergänzung dieser Marktplätze (öffentliche werden durch Prozessunterstützung erweitert und private durch Preisfindungsmechanismen) sowie deren Zusammenschluss entsteht das E-Business-Network von Forrester. Dieses fasst dabei Infrastruktur und Teilnehmer zusammen.

Noch zwei Wege nach Rom: Vertikal oder standardisiert

Eine ähnliche Betrachtung kann angestellt werden, wenn man die beiden Pfade »Standardisierung« und »Vertikalisierung« unterscheidet: Im ersten Fall findet erst eine Standardisierung von Protokollen, Vokabularen und Prozessen statt und anschließend entstehen auf dieser Basis Marktplätze, die sich qua Standard sofort zusammenschließen können zur E-Business-Infrastruktur. Der zweite Fall sieht ein »Drauflosentwickeln« von Marktplätzen vor, die sich erst im Nachhinein – nach Standardisierung der Integrationsschnittstellen – zusammenschließen können.

Abbildung 19-3 zeigt diese möglichen Alternativen: Der eine Weg führt zunächst zu proprietären branchenspezifischen Lösungen, die häufig sehr monolithisch sind und daher nach ihrer Entwicklung nur schwer an neue Situationen angepasst werden können. Hier ist fraglich, ob eine *effiziente* Integration mit anderen Systemen am Ende zur E-Business-Infrastruktur führen kann – vor allem, wenn Datenaustauschformate und Prozesse flexibel zu konfigurieren sind. Dieser Weg stellt heute allerdings den »Mainstream« der Entwicklung dar, was auch kein Wunder ist, denn der zweite Weg führt zunächst erst einmal zu Standards und erst im zweiten Schritt zur Integration. Genau diese Standardisierung sehen wir heute bei ebXML, UDDI und sicherlich noch bei vielen weiteren Kommunikations- und Komponentenstandards, die erforderlich sein werden, bis wir einen praxistauglichen Baukasten vorfinden, aus dem die E-Business-Infrastruktur entwickelt werden kann.

Vom Monolithen zum Framework

Im B2C-Teil (siehe Kapitel 10) hatten wir bereits festgestellt, dass sich Software für Online-Shops von monolithischen Systemen wie Intershop 4 wegbewegt hin zu Portal-Frameworks, die es erlauben, aus

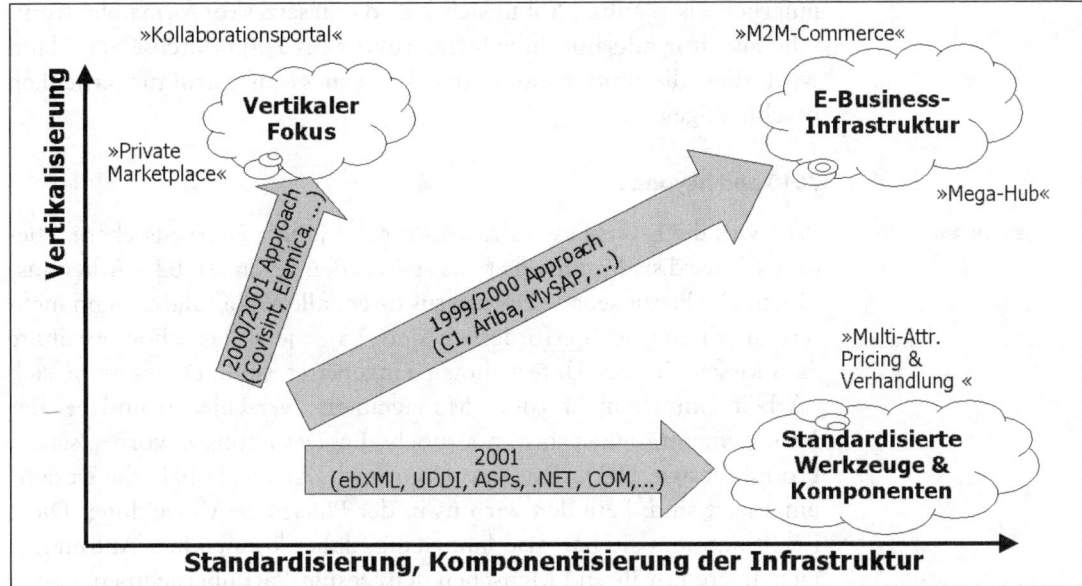

Abb. 19–3

Standardisierung vs. Vertikalisierung als alternative Wege zur E-Business-Infrastruktur

Standardkomponenten einen Shop zu »komponieren«. Diese Entwicklung dürfte im Jahre 2002 zu einer solchen Vereinfachung führen, dass sich ein Anwender seinen Shop in standardisierter Form konfigurieren kann. Nun ist die Komplexität eines Online-Shops vergleichsweise gering mit der einer E-Business-Infrastruktur, aber bei einer zeitlichen Verzögerung von ca. drei Jahren kann erwartet werden, dass sich ungefähr im Jahre 2004 die E-Business-Infrastruktur aus Standardkomponenten errichten lässt. Ein Schlüsselkriterium ist hierbei das Kapseln der bis dahin entstandenen proprietären Systeme, die dann als Standardkomponenten integrierbar sind.

Apropos »integrierbar«: Integrieren erfordert immer flexiblere Konfigurationsmechanismen, damit die gegebenen Unterschiede bei Prozessen und Protokollen Berücksichtigung finden. Schauen wir einmal, was in der E-Business-Infrastruktur alles konfiguriert werden muss: Produktbeschreibungen, Katalogstrukturen, Austauschformate für unterschiedliche Dokumente, Subsets, Abbildungen von Artikelcodes, Geschäftsbeziehungen im Sinne des CPAs, Integrationen mit dem ERP-System, Web-Front-Ends für Portale, Sicherheitsmechanismen, Verhandlungs- bzw. Preisfindungsmechanismen etc.

Das heißt, dass auch die Meta-Marktplatzmaschine (zumindest ihre Konfigurationskomponente) Teil der E-Business-Infrastruktur sein müsste. Es ist also kühn zu behaupten, dass die E-Business-Infrastruktur bereits 2004 Realität sein werde. Sehr viel realistischer ist eher 2006-2008, aber wie gesagt, Entwicklungen verlaufen eher diskontinuierlich als planbar. Sollte sich z.B. die gesetzeskonforme elektronische Signatur mitsamt ihrer Infrastruktur bis 2003 durchsetzen, dann wird dies die Entwicklung der E-Business-Infrastruktur erheblich beschleunigen.

2010 and beyond ...

Jetzt heben wir ab ...

Wie wird die E-Business-Infrastruktur des Jahres 2010 aussehen? Theoretisch wird sie (eventuell etwas später) den gesamten B2B-Äther ausfüllen: alle Prozesse, alle Datenstrukturen, alle Vokabulare, wenn mehrere überhaupt noch erforderlich sind. Es ist jetzt das schon erwähnte Samtkissen, in das Unternehmen eingebettet sind. Damit wird sich »Arbeit« immer mehr zum »Management« verschieben und bei der Managementtätigkeit fast nur noch die Designphase vorherrschen: Produktdesign, IT-Design, Kooperationsdesign etc. Sobald die Designs umgesetzt sind, befinden wir uns in der Phase der Abwicklung. Diese ist oft automatisierbar, also langweilig; daher können hier Automatismen agieren, während Menschen den Design-Part übernehmen.

Deklarative Volkswirtschaft

Ökonomie wird also *deklarativ*: Man beschreibt Schnittstellen, Abläufe, Policies, Meta-Policies und drückt danach den »Start-Button«. Preisfindungsmechanismen werden deklarativ: Man beschreibt ihre Produkt-, Transaktions- und Teilnehmercharakteristika, danach werden sie von den Policy-Managern des Betreibers genau dann aktiviert, wenn sie als der bestmögliche Mechanismus in der aktuellen Situation erscheinen. Deklaration bedeutet jedoch nichts anderes als Design, vielleicht wird die UML im Jahre 2010 auch auf ökonomische Prozesse erweitert. Wird dann aus dem »Rational Unified Process« als Methode ein Standardverfahren für den Entwurf betrieblicher Aufbau- und Ablauforganisationen hervorgehen?

ESPs – Economy Service Providers

Wird es also als Konsequenz ESPs geben – »Economy Service Providers«? Dienstleister, die eine vollständige Ökonomie unterstützen, automatisieren, abwickeln? Wird dies der Staat sein oder sind es Unternehmen im Wettbewerb? Sollte man als Unternehmen in mehreren Ökonomien parallel vertreten sein? Oder reicht eine zurzeit – die Schnittstellen zu den anderen sind ja ohnehin standardisiert. Oder lassen sich Ökonomien als ASP-Dienste benutzen? »Meine neue Weinhandung basiert auf *www.SozialeMarktwirtschaft.econ.*« »Meine Schuhfabrik ist über *www.Cayman.econ* angeschlossen.« Man stelle sich ein Drag&Drop für Unternehmen vor! »Ich bin mit cayman.econ nicht mehr zufrieden, ständig wird mir eCash gestohlen, auf die Dauer stört das. Ich ziehe besser um zu FelsenfesteWirtschaft.econ – ein sicherer Hafen für meine Firma.«

Gehen wir noch einen Schritt weiter: Wenn nur noch Design-Aufgaben verbleiben, was wird noch jenseits der Optimierung direkter Produktions- und Kollaborationsprozesse entworfen? Schauen wir auf die heute frisch als Wettbewerber geborenen Commodity-Anbieter: Telekoms und Energieerzeuger. Sie differenzieren ihre Preisstruktur. Grüner Strom, gelber Strom, blauer Strom. Strom zum Mittag, Strom am Abend. Das Gleiche gibt es jedoch an jeder Straßenecke. Jeder wird langfristig 10% grünen, 50% gelben und 40% blauen Strom anbieten. Wie wird dies mit Schrauben, Ziegelsteinen, Hafenkränen, Rollenpapier oder Einfamilienhäusern sein, wenn sie zu 100% spezifizierbar sind – so wie Strom? Wie lange können wir noch bei erträglichen Kosten der Optimierung optimieren? Bestimmt noch zwanzig bis fünfzig Jahre. Also, dem Schumpeter'schen Unternehmer stehen noch lange Tür und Tor offen. Aber was passiert, wenn sich das Optimieren nicht mehr lohnen sollte? Wenn jeder Gedanke daran bloß Verschwendung ist?

Wie lange kann noch optimiert werden?

Effekte des E-Business auf die Volkswirtschaft

Langfristig kann man sich vorstellen, dass Prozesse, Datenstrukturen und sogar Vokabulare vereinheitlicht sind – wir nehmen dies einfach einmal an für das Jahr 2010. Dies bedeutet, dass es auch einheitliche Werkzeuge gibt, mit denen sich Geschäftsbeziehungen konfigurieren lassen. Dabei lässt sich die Software flexibel an die jeweiligen Erfordernisse anpassen. Dies kann beispielsweise in einem Frage/Antwort-Spiel erfolgen: Wie viele Lieferadressen benötigst du pro Auftrag? Welchen Klassifikationsstandard unterstützt dein Unternehmen: eCl@ss oder UN/SPSC (wenn es überhaupt noch mehr als einen gibt)? Etc. Wir nehmen ferner an, dass sich die physische Produktion nahtlos mit dem B2B-Äther verzahnen lässt, d.h., Aktivitäten der einzelnen Wertschöpfungsstufen sind so sehr integriert, als ob sie »Tür an Tür« tätig wären. Preisfindungsmechanismen werden für Geschäftsbeziehungen nicht mehr statisch vorkonfiguriert, sondern je nach Parameterkombination von der Meta-Marktplatzmaschine ausgewählt. Es kann also dazu kommen, dass in der einen Konstellation die Preisfindung über eine Reverse Auction zustande kommt und in der anderen das gleiche Produkt bilateral ausgehandelt wird, nur weil es sich zwischenzeitlich verknappt hat. Das heißt, die Preisfindung ist nicht mehr nur vorausgewählter Mechanismus der Allokation, sondern vor allem Resultat eines automatisierten Entscheidungsprozesses.

In dieser »Instant Economy«, die sofort auf äußere Einflüsse reagiert, sind Anbieter letztlich stark von Nachfrageschwankungen der Konsumenten abhängig, die sich in immer schnellerer Weise entlang

Die Instant Economy

der Wertschöpfungskette zum Rohstoff bewegen. Schauen Sie auf die drohende Rezession in den USA (Stichtag: 18. März 2001)! Mit einer nie dagewesenen Geschwindigkeit führen Nachfragerückgänge zur Rezession. Kunden sind zurückhaltend bei Online-Käufen. Dies verhagelt die Bilanzen und Geschäftspläne der B2C-Start-ups. Daraus resultieren Nachfragerückgänge nach Personal und IT-Infrastruktur. Dies führt zu Entlassungen bei Intel und Rückgängen bei Rohstoffen. Plötzlich werden Laptops und PCs preiswerter, aber Unternehmen wollen sie aktuell nicht mehr haben. Die Stimmung kippt. Investoren ziehen ihr Geld zurück. Web-Agenturen entlassen Personal. Normale Werbeagenturen auch. Das Wired-Magazin hat nicht mehr 50 Anzeigen vor seinem Inhaltsverzeichnis, sondern nur noch sieben. Immobilienpreise im Silicon Valley sinken wieder. Teure Hypothekenkredite werden faul. Das Anzeigenaufkommen in den Zeitungen sinkt. Die Nachfrage nach Papier sinkt ebenfalls. Gleich danach die nach Zellstoff und Holz usw. Dies alles innerhalb von wenigen Monaten. Während in der nicht globalisierten Welt Rezessionen nach 1929 lokalen Charakter hatten, laufen sie heute mit höherer Frequenz und mit minimaler Verzögerung international synchron.

Konjunkturschwankungen innerhalb von Wochen?

Kann sich dieser Prozess, der 2001 noch Monate brauchte, im Jahre 2015 auf wenige Wochen oder gar Tage reduzieren? Vor allem, wenn die Wirtschaft noch weiter digitalisiert ist? Wie sieht es aus bei der Alternative »Kontrakt vs. Spot«? Wird es mehr Spot geben? Oder wird es »Spot« in der Rezession und »Kontrakt« beim Boom sein? Vielleicht wird es mehr Rahmenverträge der folgenden Form geben: »Alle im Folgenden geschlossenen Kontrakte gelten nur für den Fall gleicher oder wachsender Nachfrage. Im Zweifel können wir ansonsten einen Tag vor Lieferung die Bestellung stornieren und im Fall einer rückläufigen Konjunkturentwicklung auf das Spot-Modell ausweichen.« Wird eine solche Metaebene also auch bei den Geschäftsbeziehungen en vogue sein?

Produkt »on-demand«

Am Ende der Automatisierungsspirale steht der Mensch nur noch als kreativer Schöpfer und als Dienstleister. Daher treibe ich es jetzt auf die Spitze: Nehmen wir an, von uns spezifizierte Produkte generieren sich selbst: Die Kohle wird automatisch in Polen gefördert, automatisch nach Essen transportiert, der gekochte Stahl wird automatisch gewalzt und wandert nach Wolfsburg, wo die von uns entworfenen Autos automatisch aus ihm gepresst werden, denn nach dem CAD-Entwurf optimieren sich auch die Montageroboter automatisch selbst. Nehmen wir an, es werden bei den beteiligten Produktions- und Verwaltungsprozessen nur noch 10% der beteiligten Menschen benötigt (das Gleiche gilt für Banken, Versicherungen, Behörden etc.), was bleibt dann? Arbeitslosigkeit in Höhe von 50% und mehr? Beschäftigungsprogramme? Aber welche? Nein, das Einzige was bleibt, ist die Dienstleistung und insbesondere die Kreativität, denn einfache Dienstleistungsaufgaben lassen sich automatisieren (Service-Roboter). Wahrscheinlich wird es im Jahre 2050 Werkzeuge geben, mit denen ein 15-jähriger Schüler Fabriken konfigurieren und in Gang setzen kann. Wahrscheinlich muss er nicht einmal mehr UML lernen, sondern nur ein paar Fragen interaktiv beantworten. Er muss also deklarieren können, was die Fabrik produzieren soll. Um dies zu tun, gibt es zwei Möglichkeiten: Entweder kopiert er eine bestehende Deklaration und passt sie an oder er kreiert eine neue. Die Supply-Chain-Software streckt dann ihre Tentakeln aus in Richtung Zulieferer, automatisch erstellte Verhandlungsergebnisse sind zu beurteilen und abzunicken, die EAI erfordert nur in Ausnahmefällen eine Bestätigung der Formatkonvertierung durch den Planer.

Kreativität ist das Residuum, der letzte Rest an Tätigkeit, die der Mensch ausüben kann (zugegeben: eher 2050 als 2010). Wo finden wir also heute Kreativität: in der Wissenschaft, in der Kunst, bei der Programmierung, beim Spiel, in der Werbung, beim Entertainment. Die meisten erfordern eine überdurchschnittliche Begabung, zumindest, um das Interesse der anderen zu erwecken (mal abgesehen vom Sladkoismus ;-). Durch den Netzwerkeffekt reduziert sich jedoch auch der Bedarf an Kreativität. Wie hoch wird die »Design-Spanne« (ähnlich der Führungsspanne beim Management) im Jahre 2050 sein? Kann ein begabter Berater zehn Produkte pro Jahr entwickeln oder drei Produktionsstätten bauen?

Wenn ja, was machen also die 99,99% anderen? Fehlt ihnen zum Konsumieren das Geld? Wird eine hocheffiziente Syndication dazu führen, dass wir im Jahre 2050 vielleicht nur noch 1.000 wirklich begabte Kreative benötigen, um die Nation zu entertainen? Und nur noch 10.000 Unternehmer?

Wie viel Kreativität wird benötigt?

Kann man sich die Wirtschaft als eine Zahnpastatube vorstellen? Der Inhalt der Tube ist dabei der in einer Volkswirtschaft erzielte Gewinn. Am hinteren Ende beginnt die Wertschöpfungskette und der Verbraucher ist die Öffnung: Jede Form von Automatisierung und Steigerung der Produktivität generiert zunächst ein wenig mehr Gewinn, die Tube wird am Rohstoffende zusammengepresst und führt zu mehr Paste beim Stahlwerk. Natürlich weiß der Kunde des Stahlwerks, dass in schlechten Zeiten dem Zulieferer gegenüber eine Position der Stärke ausgenutzt werden kann, um Preisreduktionen durchzusetzen. Dieser Prozess setzt sich bis zum Verbraucher fort. Dieser kann also sehr viel günstiger seinen Videorecorder oder bei sehr viel höherer Qualität sein

Gewinn als Zahnpasta

Auto kaufen. Langfristig wird jedoch der Produktivitätsvorteil aus unserer Wirtschafts-Tube herausgedrückt, so dass jeder wieder von vorne zu optimieren beginnt. Jetzt kommt die interessanteste Frage: Was passiert mit der herausgedrückten Zahnpasta?

- Wird sie umverteilt in den Dienstleistungssektor? Dies sind nicht nur produktionsnahe Dienstleistungen, sondern vor allem »Luxusgüter« wie Fernsehserien, Kinofilme, Computerspiele oder Fernreisen. Um das Kreislaufmodell beizubehalten, wird die Zahnpasta also wieder an verschiedenen Stellen in die Tube injiziert, allerdings nicht am Rohstoffende.
- Oder wird die Öffnung der Tube immer enger: Die Schwierigkeit, Produkte zu vertreiben, wird tendenziell größer als geringer: Es herrscht zunehmende Preis- und Qualitätstransparenz, der Kunde ist informierter und wenige Euro Unterschied beeinflussen die Kaufentscheidung bei gleicher Qualität, dies gilt für DVD-Player genauso wie für Hypothekenkredite. Also werden die Marketing- und Vertriebsaufwände weiter steigen: die Urlaubsreise zum Auto, die Online-Welt zum Film etc. Auch der Akquisitionsaufwand wird sich immer weiter verschärfen: Drei vollständige Produktentwicklungen sind erforderlich, um die vierte verkaufen zu können. Denken Sie an Werbeagenturen: Fünf Unternehmen bewerben sich um das Budget eines Kunden und müssen den wesentlichen Teil ihrer Kreativität *vor* der Vertragsunterzeichnung preisgeben – aber nur einer kann den Auftrag gewinnen. Folglich ist die »Produkt/Kontrakt-Rate« hier 5:1.
- Oder wird es tatsächlich dazu kommen, dass sich der volkswirtschaftliche Gewinn reduzieren wird, d.h., keine Paste wieder zurückinjiziert zu werden braucht? Dies würde bedeuten, dass der technische Fortschritt langfristig fast alle Güter immer weiter verbilligt bzw. qualitativ steigert. Nur im Bereich knapper Luxusgüter kann Wohlstand demonstriert werden: ein Appartment in Monaco, der letzte Bissen Blauwal-Fleisch ...

Falls tatsächlich immer weniger Personal erforderlich ist, gleichzeitig jedoch jeder mit zunehmendem Lebensstandard ausgestattet ist, was bedeutet dies für den einzelnen Bürger? Im Sinne der anfangs erwähnten »Blur-Effekte« kann Freizeit zum Geschäft werden und Geschäft sich auf viele Einzelne verteilen. Dazu ein Beispiel:

Mit der zunehmenden Verfügbarkeit an Breitbandkommunikation wird deren Inhalte-Produktion nicht nur ein Geschäft, sondern vielleicht auch Beschäftigung für viele Millionen Menschen, die an der »klassischen« Produktion nicht mehr teilhaben können. Denn auch bei Einzelpersonen bestehen Möglichkeiten der Produktionsautomatisierung genauso wie beim Global Player: Die Ausstattung zur Produktion eines »Blair Witch Projekts« kostet heute weniger als 10.000 Euro: Dies schließt Kamera, Laptop und Schnittsoftware sowie Software für die Musikproduktion ein. Im Jahre 2010 dürfte diese Ausstattung nur noch 2.000 Euro kosten und für jeden erschwinglich sein. Hier kommt die E-Business-Infrastruktur auch dem Einzelnen zugute, wenn das Filmprojekt als Unternehmen »Asset-free«, also ohne Investitionskosten, etabliert werden kann. Wenn in hochinnovativen Bereichen die Begriffe »Unternehmen« und »Projekt« zum virtuellen Unternehmen verschmelzen, dann wird dieser Trend durch eine E-Business-Infrastruktur erheblich beschleunigt.

19.4 Zusammenfassung zum E-Business-Teil

Zunächst haben wir uns mit den Charakteristika von B2B-Transaktionen beschäftigt und einige Marktplatzsysteme bzw. das papiNet-Projekt als Beispiel für die XML-basierte B2B-Integration angesehen. Dies verschaffte uns ein wenig Praxiskenntnis, um anschließend »bottom-up« die erforderlichen Technologien zur B2B-Integration zu untersuchen. Zunächst verfolgten wir dazu die Entwicklung vom klassischen EDI über XML-basierte Dokumentenstandards und Austauschformate bis hin zu aktuellen EAI-Produkten.

Anschließend erweiterten wir unser Blickfeld, so dass auch die Einrichtung von Geschäftsbeziehungen sowie Aufgaben der Informationsphase sichtbar wurden. Dies betraf Standards wie ebXML und Vorgehensmodelle wie RosettaNet sowie den Bereich der Online-Kataloge, Verzeichnisse auf der Basis von UDDI oder die Beschreibung von Web-Services mit WSDL. Erst danach fiel der Blick auf B2B-Anwendungen wie Auktions-, Börsen- und Ausschreibungssysteme. Elektronische Verträge spielen eine wichtige Rolle in der bruchlosen Online-Kollaboration.

Das Blickfeld öffnete sich nun noch weiter hin zu den Portalen, die konkret als Beschaffungssysteme, Marktplätze oder Kollaborationsportale dargestellt wurden. Die anfangs geforderte Meta-Marktplatzmaschine konnte nun gebaut werden. Bezüglich der Marktmodelle, Anwendungen und Technologien hinter dem B2B-Commerce konnten wir hoffentlich einiges lernen und vor allem Zusammenhänge zwischen den Disziplinen, den Abstraktionsebenen, aber auch im historischen Verlauf der Entwicklung entdecken. Insbesondere die Möglichkeit der Open-Source-Methode als effiziente Grundlage zur Entwicklung von E-Business-Software sollte zum Abschluss noch einmal betont werden.

Zurück zum Prolog ...

Wenn wir die Effekte der Internet-Ökonomie und die soeben dargestellten technologischen Grundlagen des B2B-Commerce konsequent
extrapolieren, gelangen wir also wieder zum Szenario im Prolog, ganz
am Anfang des Buches:

E-Lancer schließen sich als Ein-Personen-Unternehmen über Prozessportale zu einem virtuellen Verbund zusammen, um gemeinsam
einen Auftrag abzuwickeln. Dieser Organisation liegt ein elektronischer Vertrag zugrunde. Nachrichten werden gemäß einem vorgegebenen Muster ausgetauscht, das Gleiche gilt für Zahlungen. Bob, der
Avatar-Designer, verwendet zur Erfüllung seiner Aufgabe als Koordinator ein mehrstufiges Unterauftrags-Framework, welches er an seine
persönlichen Anforderungen anpasst. Da Bobs Profil festlegt, dass er
Cayman-Cash bevorzugt, wird an der betreffenden Stelle, in der der
Workflow Zahlungen an oder von Bob vorsieht, die Infrastruktur in
die Lage versetzt, das allgemeine Framework durch ein spezielles Zahlungsmodul für Bob zu ergänzen. Ein elektronischer Notar, der nicht
mehr »an der Oberfläche« wahrnehmbar ist, hilft Bob und seinem
Auftraggeber sowie den jeweiligen Subauftragnehmern beim gemeinsamen Signieren des Vertrags.

Rating-Dienste und andere vertrauenswürdige Dritte helfen, durch
höhere Markttransparenz schneller und effizienter zu einem Abschluss
zu gelangen. Dieses ganze Bündel von Abschlüssen konnte für Bob in
einfacher Weise durch die E-Commerce-Infrastruktur vermittelt werden. Im Prolog finden wir folglich eine vollständige Unterstützung der
Transaktion von der Informationsphase über die Vermittlung, Verhandlung und Unterzeichnung bis zur Abwicklung vor.

Auch typische ökonomische Erscheinungen treten hierbei in den
Vordergrund. Insbesondere die Atomisierung führt im Szenario zur
Reduktion der Unternehmensgröße auf Einzelpersonen. Das Auftrags-
volumen liegt erheblich unter dem, was heute noch notwendig ist, um
Softwarekomponenten effizient zur Abwicklung eines Auftrags zusam-
menzuschließen. Erst mit der beschriebenen Technologie für Business
Objects und dem elektronischen Datenaustausch besteht die Chance,
B2B-Transaktionen auf der Ebene von Ein-Personen-Unternehmen zu
realisieren.

Fasst man also die bisherigen Kapitel zum B2B-Commerce zusammen, lässt sich quasi als »Message Digest« Folgendes sagen:

*Auf der technischen Ebene liegt die Zukunft des E-Business in
der Ad-hoc-Konfiguration komponentenbasierter Anwendungen, die auf elektronischem Wege spezifiziert, mit Hilfe stan-*

dardisierter EAI-Systeme integriert und über Workflow-Systeme zur Ausführung gebracht werden. Auf der Basis flexibler Austauschformate kommunizieren diese mit standardisierter Syntax und Semantik. Zur Absicherung können elektronische Verträge diese Situation ohne Medienbruch begleiten und die Zurechenbarkeit von Leistungen und Pflichten fixieren. Fragen der Zentralisierung (Marktplätze, Portale) bzw. Dezentralisierung (Extranets, Handelsnetze) betreffen in vielen Bereichen nur die Ebene der Implementierung bzw. der Konfiguration.

Für die Zukunft wäre es jedoch bereits ein großer Erfolg, wenn sich selbst die weniger kühnen der vorgestellten Entwicklungen innerhalb von fünf Jahren realisieren ließen ...

20 Zu guter Letzt ...

Jetzt sind wir – Sie und ich – am Ende des Buches angekommen und sind hoffentlich nicht nur »so klug als wie zuvor«. Mir hat das Schreiben (nach ein paar Wochen Abstand vom Hauptteil) sehr viel Spaß gemacht, und wenn nicht etliche Deadlines gebremst hätten, würde sich dieses Buch möglicherweise auf über 1000 Seiten erstrecken. Folglich habe ich es vorgezogen, einen Rundblick zu den Themen zu liefern, die genügend praxisrelevant sind und die sich im Zusammenhang mit den unterschiedlichen erwähnten Technologien und Geschäftsmodellen darstellen lassen.

Was fehlt?

Die Welt ist paradoxerweise fraktal – je weiter man sich in ein Thema vertieft, desto mehr Literatur, Entwicklungen und bereits Gesagtes findet man vor. Auch beim Thema »Electronic Commerce« gelangt man schnell zu der Erkenntnis, dass zu nahezu unendlich vielen Themen sich unendlich viele Personen bereits Gedanken gemacht haben. Dieses Buch könnte also mindestens noch um die folgenden Themen erweitert werden, die jedoch den Rahmen gesprengt hätten:

▪ *Intelligente Agenten.* Dies ist eine bereits seit einigen Jahren diskutierte Technologie, die helfen soll, komplexe Aufgaben vom Menschen auf Softwaresysteme zu übertragen. Ein Agent kann dabei in einem eingeschränkten Gebiet Wissen erwerben, Entscheidungen treffen und Aufgaben lösen. Er kann im Auftrage eines Benutzers Waren einkaufen oder verkaufen, d.h. Information suchen, Angebote verhandeln und einen Online-Kauf durchführen. Dies erfolgt zumeist mit anderen Agenten, welche die Rolle des Verkäufers spielen. So genannte Multiagentensysteme wurden entwickelt, um zu simulieren, wie sich Agenten verhalten, die sich als Marktteilnehmer gegenüberstehen und eigene Strategien zur Erreichung individueller Ziele verfolgen. Ein bekanntes Beispiel hierzu ist das Projekt *Kasbah* von Patty Maes am MIT [ChMa96]. Als Beispiel für Agenten, die einen automatischen Preisvergleich im Auftrage des Kunden durchführen, ist der *BargainFinder* von Andersen Consulting bekannt geworden (siehe z.B. [CSTAR96]). Innerhalb der letzten Jahre ist der Begriff des Agenten allerdings für fast jede funktional abgrenzbare Softwarekomponente missbraucht worden. So könnte man überspitzt die Batch-Datei, die als Icon auf dem Windows-Desktop liegt, genauso als Agenten bezeichnen wie die Suchmaschine, die aktiv im Netz nach neuen Ressourcen sucht, oder den Avatar, der nicht nur als synthetische Person dargestellt wird, sondern auch bezüglich seiner Interaktion und »Dialoge« automatisiert ist. Einen ersten Einstieg geben zu diesem Thema [CACM99] sowie [WoJe94].

Mobile Agenten. Diese Spezies hat zunächst – außer dem Namen – nicht viel mit intelligenten Agenten zu tun. Mobile Agenten sind Softwarekomponenten, die während ihrer Ausführung im Netz migrieren können, ohne den Stand ihrer Ausführung zurücksetzen zu müssen. Dies bedeutet, dass Code, Daten und Ausführungszustand von einem Rechner zum nächsten migrieren. Diese Steuerung erfolgt durch den Agenten selbst (daher der Name »Agent«). Für den Softwareentwickler sind mobile Agenten ein attraktives Programmiermodell, da er sich im Gegensatz zur verteilungstransparenten Programmierung der Kommunikation bzw. Wanderung des Agenten bewusst ist: Er streut an der Stelle, an der eine Migration erfolgen soll, ein Kommando »*go <ZielOrt>*« ein und der nachfolgende Befehl im Programm wird anschließend an dem Zielort ausgeführt. Bezogen auf den Electronic Commerce liegt die Vision mobiler Agenten in der Nutzung zur Informationsbeschaffung, in der Verbreitung von Angeboten oder in der Kontaktaufnahme mit anderen Agenten, z.B. um etwas zu verhandeln. Hier ist auch die Schnittstelle zwischen mobilen und intelligenten Agenten zu erkennen: Mobile Agenten sind ein Kommunikationsvehikel für intelligente Agenten, die das Anwendungsverhalten realisieren und Strategien und Ziele verfolgen. Ein weiterer Vorteil mobiler Agenten liegt in der Reduktion der Netzwerklast, da nur einmal der Transfer des Agenten erfolgen muss und nachfolgende Kommunikation zwischen dem Agenten und seinem »Kontaktmann« nicht mehr das Netz belasten. Mobile Agenten besitzen allerdings auch mindestens zwei gravierende Nachteile: Erstens ist ihre Ausführungsplattform sehr komplex. Sie muss allgegenwärtig vorinstalliert sein, damit ein Agent wandern kann. Es ist jedoch nicht zu erwarten, dass sich jeder Shopping-Konsument diese Umgebung installiert. Zweitens kann es zu einem Sicherheitsproblem führen, wenn ein Agent von der Agentenplattform, zu der er gerade gewandert ist, »durchleuchtet« wird – dies könnte er noch nicht einmal wahrnehmen. Der Betreiber der Plattform könnte dem Agenten dann Ressourcen wie Code, Daten oder Schlüssel stehlen. Weiterführende Informationen zu diesem Thema sind bei [CACM99, MeLL97, TGML98] zu finden.

Workflow Management versucht das Problem zu lösen, die richtige Ressource zum richtigen Zeitpunkt mit der richtigen Tätigkeit zu versorgen [JaBS97]. Dabei sind Workflows in der Realität recht schematische Prozesse (Reisekostenerstattung, Urlaubsantrag, Schadensbearbeitung etc.). Richtig interessant werden Workflows jedoch erst, wenn sie Unternehmensgrenzen überschreiten. Dann kann nämlich kein einzelner Gestalter die Beziehungen und Protokolle zwischen den Teilnehmern definieren, da sich diese zum Teil unter der Kontrolle eines anderen Unternehmens und somit anderer Verfahrensregeln befinden. Auch das EDI-Problem der Kohärenz tritt in dieser Situation wieder auf: Die Schadensmeldung, die ein Unternehmen an die Versicherung sendet, muss dort auch »verstanden« werden. Dies ist heute durch Einbindung von Personen leicht möglich. Wenn aber elektronische Agenten sich entfalten sollen, so ist die Lösung des Kohärenzproblems vorrangig. In Verbindung mit moderner Softwaretechnologie und Mechanismen zur Wissensrepräsentation sowie dem erforderlichen Maß an Standardisierung ließe sich dann die Vision des Universal EDI erfüllen, dass Unternehmen es weitgehend ihren Softwaresystemen überlassen, Protokolle und Workflows miteinander abzustimmen. Nur in Ausnahmefällen greift noch das Personal ein, z.B. wenn keine sinnvolle Integration wegen eines zu kleinen gemeinsamen Nenners an Konventionen erreicht werden kann.

Programmierung und APIs. Viele Leser möchten vielleicht gleich loslegen mit der Entwicklung von Online-Shops, Business Objects oder mobilen Agenten. Aus Platzgründen habe ich mich in diesem Buch jedoch auf die Darstellung von Konzepten beschränkt. Zu fast jedem behandelten technischen Thema sind jedoch beliebig viele Produkte und dazu jeweils meist mehrere Bücher zu finden. Empfehlenswert sind zum Thema »Componentware« das Buch von Frank Griffel [Grif98] und im Bereich »Distributed Java« das von Marko Boger [Boge99]. Was kryptografische APIs in Java betrifft, kann man sehr gut mit dem Buch von Knudson arbeiten [Knud98]. Wer Kryptoalgorithmen selbst programmieren will, sei auf Schneier [Schn95] verwiesen, der einige der Algorithmen im Anhang ausgedruckt hat. Auch zu fast allen bekannten Online-Shop-Systemen existieren mehr oder weniger komplexe Java- oder C++-Schnittstellen, die bislang noch nicht »literarisch bearbeitet« wurden.

Weitere Themen sind *Online-Auktionssysteme, Marktplatzmodelle* oder auch die Entwicklung ganzheitlicher *EC-Architekturen* (vgl. z.B. [MMMW97, OMG96, ISO-ODP94, CommerceNet99]). Eine Vielzahl an EC-Referenzarchitekturen wurde bereits entwickelt und wieder verworfen. Noch niemand hat bisher den Stein der Weisen gefunden, mit dem das recht chaotische Sammelsurium an EC-Technologien, -Geschäftsmodellen und -Produkten so eingeordnet werden konnte, dass die Architektur gleichzeitig die Möglichkeit zur systematischen Umsetzung *und* zur Evolution erkennen ließ. Ein interessanter Forschungsgegenstand ist somit nach wie vor, ein EC-Referenzmodell zu entwickeln, das einerseits offen genug ist für die Vielzahl an Entwicklungen und Konzepten, die täglich entstehen, aber gleichzeitig Regeln, Rollen und Beziehungen erkennen lässt, die unveränderlich bleiben und somit den langfristigen gemeinsamen Nenner der Architektur ausmachen – also die Grundlage für die Meta-Marktplatzmaschine.

Der gesamte Schmelztiegel aus EDI, Workflow Management, XML, virtuellen Unternehmen, dem Management vertraglicher Beziehungen sowie der softwaretechnischen Modellierung von Unternehmen über Business Objects bietet wahrscheinlich noch Forschungs- und Entwicklungspotenzial für das nächste Jahrzehnt. Was Internet-Interoperabilität im Bereich der *interpersonellen* Kooperation in den letzten Jahren an Katalysator-Wirkung geleistet hat, dürfte irgendwann als ähnlicher Quantensprung für den B2B-Commerce und somit für die Kooperation *zwischen Softwaresystemen* zu erwarten sein. Der Unterschied liegt hierbei in der Existenz von Altlasten, welche die Entwicklung der interpersonellen Kooperation im Internet nicht blockierten, jedoch im Bereich des B2B-Commerce wohl auch weiterhin für erhebliche Verzögerung sorgen können. Dies gilt ebenfalls für die langsamen Prozesse bei der Standardisierung von Inhalten.

Electronic Commerce – quo vadis?

Als Essenz des Buches lassen sich folgende wichtige Aufgaben, die für eine »Virtualisierung« des Handels zu lösen sind, für die nächsten Jahre identifizieren:

▨ Zunächst ist eine *Infrastruktur* erforderlich, die es Marktteilneh-mern ermöglicht, gegenseitiges *Vertrauen* über das Internet aufzu-bauen. Dies beruht im Wesentlichen auf einem Mix aus regulatori-schen Rahmenbedingungen, Traditionen und Markenwirkungen, technischen Lösungen zur Sicherung des Handels sowie der Stan-dardisierung des dazu erforderlichen Vokabulars.

▨ Wenn Vertrauen auf der Basis dieser Vorbedingungen etabliert werden kann, liegt der nächste Schritt in der Entwicklung und Inte-gration *standardisierter Rahmenwerke* für Geschäftsmodelle und die B2B-Integration. Auch hier liegt das Hauptproblem wiederum in der *Standardisierung* der entsprechenden EDI-Nachrichten bzw. des Geschäftsvokabulars, um die erforderliche *Interoperabilität* zu erreichen.

▨ Schließlich müssen die *Zugangskosten* zum elektronischen Markt weiter reduziert werden. Dies betrifft heute sehr viel weniger die Kommunikationskosten als die erforderlichen Investitionen. Die Entscheidung zur Teilnahme an einem Marktplatz oder zur Inte-gration mit einem Geschäftspartner ist heute immer noch prohibi-tiv kostspielig, keiner mag das Risiko einer Fehlinvestition tragen. Wenn jedoch einmal standardisierte Rahmenwerke zur Verfügung stehen, können auch mittelständische Unternehmen die E-Business-Infrastruktur nutzen. Freie Software nach dem Open-Source-Modell kann hierbei ein wesentlicher Erfolgsfaktor sein.

Erst wenn diese drei Voraussetzungen erfüllt sind, kann man sich E-Lancer wie Bob, den Avatar-Designer, vorstellen, die von einem belie-bigen Ort der Welt aus ihre Geschäfte abwickeln.

Gesellschaftliche Auswirkungen

Nehmen wir einmal an, das Szenario aus dem Prolog wird in zehn Jah-ren Realität, welche Auswirkungen sind zu diesem Zeitpunkt zu erwarten? In Verbindung mit der Standardisierung und Rationalisie-rung von Geschäftsprozessen und -beziehungen ist zu erwarten, dass sich nichtphysische Prozesse langfristig erheblich verbilligen. Dies bedeutet, dass der Preis, den ein Endkunde für ein Produkt zahlt, sehr stark durch den physischen Herstellungs- und Transportprozess beein-flusst ist. Tendenziell wird sich der Preis eines Schmuckstücks, der im

Wesentlichen auf Material-, Transport- und Personalkosten beruht, kaum ändern. Im Falle immaterieller Güter muss der Mehrwert jedoch besonders hoch sein, wenn diese noch gegen Bezahlung angeboten werden. Eine der grundlegenden gesellschaftlichen Auswirkungen des EC könnte eine *verstärkte Deflation* sein: Für »Güter« wie Bücher, Zeitschriften, Musik, Ausbildung, Arbeitsplätze, die heute noch mit Kosten der physischen Herstellung, zumindest aber des physischen Transports verbunden sind, kann man sich folgendes Szenario der Preisentwicklung in der Internet-Ökonomie vor Augen führen:

- Preise für *Bücher* sinken von heute 10-40 Euro auf vielleicht zehn Prozent und können in ein paar Jahren mit dem MyPad aus Kapitel 9.3 gelesen werden.
- *Zeitschriften* sind möglicherweise kostenlos, da vollständig werbefinanziert und mit Hilfe von Content-Management-Systemen halbautomatisch erstellt und online vertrieben. Auch der Redaktionsaufwand ist aufgrund fehlender Medienbrüche drastisch reduziert. Redaktionelle Inhalte werden von Lesern genauso wie von professionellen Redakteuren beigesteuert.
- *Musik.* Häufig liegt für den Künstler in der *Aufmerksamkeit* ein höherer Wert als in der Gage. Eine Fangemeinde in London hat möglicherweise mehr Wert als ein Distributionsvertrag. Folglich dürfte die kostenlose Herausgabe von Inhalten in diversen Nischen alltäglich werden. Dies gilt nicht nur für den Bereich der Pop-Musik, auch klassische Werke können von unbekannten Orchestern kostenlos als Werbemaßnahme herausgegeben werden. Dies wirkt sich deflationär auf das gesamte Preisgefüge der Branche aus.
- Die *Ausbildung* besucht den Lernenden: Anstatt kostspielige Transportmittel zu benutzen, ein Konferenzzimmer im Hotel anzumieten und teure Experten einfliegen zu lassen, kann ein Großteil der Information auch auf elektronischem Wege aufgesogen werden – von zu Hause oder am Arbeitsplatz. Der Preisunterschied dürfte wieder bei 90% liegen.
- Auch der »*Arbeitsplatz*« wird billiger: Ein Call-Center wird auf der grünen Wiese in Bremen oder Ostfriesland errichtet, da dort die Lebenshaltungskosten und Gehälter niedriger sind. Ein Telearbeiter kann von dort ebenfalls bei reduzierten Kosten an ein Hamburger Unternehmen angebunden sein. Hier werden langfristig die Telekommunikationskosten durch reduzierte Personalkosten kompensiert. Noch drastischer ist der Unterschied natürlich international. Im Rahmen der europäischen Integration wird die Kollaboration von Unternehmen und Einzelpersonen zunehmend auch durch

die gesetzlichen Rahmenbedingungen vereinfacht. Warum nicht für die Hälfte des Gehalts in Portugal leben und virtuell in Berlin arbeiten?

▪ *Handel.* Wie kaufte man noch traditionell (d.h. in den achtziger Jahren) einen PC? Man pendelte mit dem Auto zwischen verschiedenen Händlern, bis man sich für das beste Modell entschied. Heute reichen wenige Qualitätskriterien, um aus dem Online-Angebot das geeignete auszuwählen. Die ursprünglichen Suchkosten (Zeit, Benzin), die zur Identifikation des besten Angebots aufzuwenden waren, dürften höher gewesen sein, als die Frachtkosten, die heute durch den Postversand anfallen, nachdem der PC online bestellt wurde. Auch für den Händler mit großem Umsatzvolumen ist der Versand preiswerter, so dass die niedrigeren Preise an den Käufer weitergegeben werden. Vermutlich ist das Internet-Modell sogar unter Zugrundelegen einer ökologisch orientierten Bilanzierung kostengünstiger.

▪ Generell kann für jedes *Unternehmen* angenommen werden, dass die Verwaltungs- und Produktionskosten durch die Einführung von Inter-, Extra- und Intranets langfristig drastisch reduzierbar sind. Im Augenblick befinden wir uns noch in einer Übergangsphase, in der die Unternehmen experimentieren und die Einrichtung neuer Technologien kostspielig ist. Aber wie sieht es aus, wenn es »SAP für das Notebook« gibt, wenn entsprechende Business-Object-Frameworks standardisiert sind und als frei verfügbare Software zur Verfügung stehen und wenn das Wissen um ihre Installation und Verwendung Allgemeingut geworden ist? Wir können auch hier eine Effizienzsteigerung annehmen, welche die Produktpreise auf die Hälfte reduzieren hilft.

Was bedeutet angesichts dieser Situation noch *Wachstum*? Es kann sicherlich nicht nur in der Steigerung des Ausstoßes an Gütern und Dienstleistungen gemessen werden, wenn sich ihr monetärer Wert überproportional reduzieren sollte. Zudem könnte es sein, dass die Aufmerksamkeits- und Geldbudgets der Nachfrager begrenzt sind: Die Konsumfähigkeit ist schlicht zeitlich limitiert, eine Verbesserung des Produktionsprozesses kann folglich nur zur Preisreduzierung des Produkts führen, um im Verdrängungswettbewerb Marktanteile zu gewinnen. Und was schließlich für das Unternehmen intern gilt, wirkt sich entsprechend auf den Handel zwischen Unternehmen oder mit Verbrauchern aus.

Spätestens, wenn die heute etwa Zehnjährigen – nennen wir sie die »Generation Y« – aktive Teilnehmer der Internet-Ökonomie sind, werden E-Work, E-Business, E-Banking, E-Government, E-Home, E-Mobility, E-Entertainment und E-Commerce zur Normalität. Dabei führt der skizzierte Rationalisierungseffekt mit Sicherheit auch zu einer zunehmenden Freisetzung von Mitarbeitern. Folglich wird sich auch diese Entwicklung langfristig deflationär auswirken, wenn der Wettbewerb um Arbeit sich verschärft. Auch wenn das Lohnniveau nach unten relativ starr ist, dürfte der internationale Wettbewerb früher oder später eine Liberalisierung seitens des Gesetzgebers erfordern.

Diese Prognose muss jedoch nicht negativ ausfallen im Sinne steigender Arbeitslosenzahlen – wenn es gelingt, einer Deflationsspirale aus reduzierten Güterpreisen und Lohneinkommen so zu folgen, dass ein ausgeglichenes Verhältnis gewahrt werden kann, sollten sich Rationalisierungseffekte auf der einen Seite durch Nominallohnanpassungen auf der anderen so synchronisieren lassen, dass gleichzeitig kein Wohlstandsverlust hingenommen werden muss. Dabei ist jedoch zu berücksichtigen, dass im Wettbewerb der Gesetzgebungen und regulatorischen Rahmenwerke wirtschaftsliberalere Staaten wie beispielsweise die USA, Polen oder Singapur sich weiterhin auf der Überholspur befinden werden.

Der anschließende Epilog greift diesen Gedanken auf und liefert eine Antiutopie zu Bob, dem Avatar-Designer aus dem Prolog.

Wie geht es weiter mit dem Buch?

Abschließend nochmals die URL für Folgeaktivitäten zum Buch:

http://www.dpunkt.de/buch/ecommerce.html

Dieses EC-Forum dient als gemeinsame Wissensbasis zum Thema Electronic Commerce und wird von mir nach Kräften betreut.

Epilog im Jahre 2025

Pjotr ist Softwareentwickler. Er lebt mit seiner Familie in einer Drei-
zimmerwohnung in Danzig und arbeitet für GosInformator, einem
polnischen Verbund von Softwareentwicklern. Pjotr geht es vergleichsweise gut, sein Jahreseinkommen liegt bei 12.000 Euro. Alle paar
Jahre schafft es GosInformator, einen Entwicklungsauftrag zu bekommen, dies ist immer ein Grund zum Feiern. Die Aufträge liegen meistens bei 100.000 Euro. Für jeden Mitarbeiter ist dies der Lohn von
wochenlanger Tag- und Nachtarbeit. In den meisten Fällen war diese
Arbeit bisher vergebens, da bei der Vergabe der Aufträge vier, fünf,
manchmal sieben Wettbewerber beteiligt waren, aber nur einer gewinnen konnte. Entsprechend gut liegt GosInformator mit einer Trefferquote von immerhin dreißig Prozent.

Man hat sich oft überlegt, aus dem Softwaregeschäft auszusteigen
und stattdessen einen Altenpflegedienst oder eine Windsurfingschule
aufzumachen, aber man hat schließlich Softwareentwicklung gelernt
und es schwingt sehr viel Stolz in der Stimme, wenn Pjotr von besseren
Jahren berichtet: Direkt nach seinem Studium, als er noch fünfund-
zwanzig war, so um 2010, da konnte er seine Arbeitskraft noch versteigern! Tagesätze von bis zu 400 Euro waren möglich. Es war die Zeit
der großen Frameworks. Endlich war der große Durchbruch geschafft
bei der Vereinheitlichung von Application-Server-Plattformen und
transparenter Kommunikation, ebXML führte schließlich zu der jahr-
zehntelang erhofften, einheitlichen Sprache für Geschäftsdokumente.
Alles war plötzlich so einfach zu integrieren, die Wirtschaftswelt über-
schlug sich geradezu im Vernetzen.

Nach langem Zögern hatte sich 2008 das DotOrg-Framework
durchgesetzt: Eine kostenlose ERP- und Integrationssoftware, die eine
ganze Reihe von Standards vereinigte. Sie lief auf allen Plattformen
und war mit *Bali* entwickelt, einem Modellierungstool, welches das
Ausprogrammieren von Software überflüssig werden ließ. Fast zehn

Jahre lang zog sich dann die Umsetzung dieses Durchbruchs hin, man hatte diesen Schub verglichen mit der Einführung des Internets im letzen Jahrhundert oder auch mit der des Containers in der Logistik. Der Aufbau war ein Riesengeschäft, ein Goldrausch, aber als die wesentlichen Bereiche der Wirtschaft durchdrungen waren, war plötzlich kein Geld mehr zu verdienen. So wie die Telcos, die Ende der ersten Dekade unseres Jahrhunderts verstaatlicht werden mussten, da sie im ruinösen Wettbewerb nicht mehr handlungsfähig waren.

Und heute? Überall sieht man DotOrg. Ungefähr 10.000 indische Entwickler pflegen die Software und werden von einem internationalen Industriekonsortium gesponsert. Dies kostet zwanzig Millionen Euro im Jahr, ein lächerlicher Bruchteil im Vergleich zu dem, was Ende der Neunziger noch in B2B-Start-ups investiert wurde. Heute durchdringt DotOrg alles: die Produktentwicklung, Fertigung, Montage, Lagerhaltung, den Einkauf und Vertrieb, die Verwaltung und alle Außenbeziehungen der Unternehmen. DotOrg ist das Netzwerk, die Kommunikation, die Bank, der Terminkalender, DotOrg weiß, wo sich welches Schiff gerade befindet, und rechnet aus, um wie viel Tage verspätet ein VW Golf IIX ausgeliefert wird, wenn der Frachter mit Stahl wegen Sturms drei Tage später in Rotterdam einläuft.

Pjotr hatte Anfang der zwanziger Jahre noch eine riesige Liste von Ideen, z.B. wie eine Concurrent-Engineering-Lösung für die Danziger Werft aussehen müsste, aber jedes Mal machte ein anderer das Rennen. Ideen können halt nicht mehr auf der »grünen Wiese« entwickelt werden, sondern es muss eine lange Liste von Voraussetzungen erfüllt sein, bevor man als einzelner Mensch oder selbst als Team noch etwas wirklich Neues schaffen kann. Jedes Mal, wenn Pjotr eine neue Idee hatte, war bereits ein Team aus Indien oder China schneller. Am schlimmsten war es vor zwei Jahren, als GosInformator eine bislang noch nicht verfügbare Lösung für Meta-Broker entwickelt hat. Dies kann man sich als ein Börsensystem vorstellen, über das Broker für Marktplätze aller Art ihre Dienst anbieten. Nach intensiver Recherche und drei Monaten Arbeit wollte sein Team den Meta-Broker einigen Kunden präsentieren, da mussten sie feststellen, dass Commerce Nine aus dem Silicon Valley bereits vor zwei Monaten dem Kunden eine solche Lösung verkauft hat.

Es ist zum verzweifeln! Auf dem Server von GosInformator befinden sich mindestens dreißig solcher Glanzstücke der Softwareschmiedekunst und niemand außer den vierundzwanzig Mitgliedern hat sie jemals zu Gesicht bekommen. Nein! Softwareentwicklung lohnt sich nicht mehr. Aber eigentlich geht es Pjotr ja noch relativ gut. Er kommt mit seinen 1.000 Euro im Monat gut aus. Durch seinen Nebenjob als

Epilog im Jahre 2025

Kellner kann er sich noch an die 1.500 Euro dazu verdienen, die er braucht, um seine Familie zu ernähren. Viel schlimmer geht es seinen Kollegen aus Deutschland, sie verdienen zwar 2.000 Euro brutto im Monat, müssen aber teilweise in Heimen für Obdachlose übernachten, da allein eine Wohnung 1.000 Euro kosten würde.

Aber seinen Beruf – oder besser: seine Berufung – wechseln, das könnte Pjotr niemals. Es ist wie mit seinem Großvater, der nicht weit von Danzig entfernt, in Leba als Fischer arbeitete. In den Neunzigern war die Ostsee so überfischt und der Fischfang so industrialisiert, dass er mit fünfzig pensioniert werden musste. Dieses Schicksal will Pjotr seinem Sohn Pawel nicht zumuten. Software sei nicht das Richtige für ihn, das hätte keine Zukunft. Nein, *E-Historien*, das ist die Zukunft. Hier werden komplette Lebenserinnerungen synthetisch erzeugt. Jede ist individuell und jede weitere muss spannender sein als die vorherige. Es verspricht eine Boom-Branche zu werden, da die alternde Bevölkerung millionenfach zu Hause sitzt und sich langweilt.

Abkürzungsverzeichnis

A2A	Administration to Administration
A2C	Administration to Consumer
ACD	Automatic Call Distribution
ADSL	Asymmetric Digital Subscriber Line
aecXML	Architecture, Engineers, Construction XML
AES	Advanced Encryption Standard
AGBs	Allgemeine Geschäftsbedingungen
ANSI	American National Standards Institute
ANX	Automotive Network Exchange
API	Application Programming Interface
APPEL	A P3P Preference Exchange Language
ASL	Ariba Supplier Link
ASP	Active Server Pages
ASP	Application Service Provider
B2A	Business to Administration
B2B	Business to Business
B2C	Business to Consumer
B2E	Business to Employee
BAPI	Business Application Programming Interface
BME	Bundesverband für Materialwirtschaft, Einkauf und Logistik e.V.
BMP	Bean Managed Persistence
BO	Business Object
BOCA	Business Objects Component Architecture
BOF	Business Object Facility
BOL	Bertelsmann Online
BOV	Business Operational View
BSD	Business System Domain
BSI	Bundesamt für Sicherheit in der Informationstechnik
BTX	Bildschirmtext
C1	Commerce One
C2C	Consumer to Consumer
CA	Certificate Authority (Zertifizierungsautorität)
CBO	Common Business Object

CCI	Chambers of Commerce and Industry (Industrie- und Handelskammern)
CCI	Common Client Interface
CCITT	Comité Consultatif Internationale de Télégraphique et Téléphonique
CDL	Component Definition Language
CDSL	Consumer Digital Subscriber Line
CEPS	Committee for European Payment Systems
CERN	Conseil Européen pour la recherche nucléaire
CGI	Common Gateway Interface
CI	Common Interface
CIF	Catalog Interchange Format
CMP	Container Managed Persistence
CMS	Content Management System
COCUS	Company for Customers
CORBA	Common Object Request Broker Architecture
COSMOS	Common Open Service Market fOr SMEs
CPA	Collaboration Partner Agreement
CPC	Common Procurement Code
CPP	Collaboration Partner Profile
CRL	Certificate Revocation List
CRM	Customer Relationship Management
CSV	Comma-Separated Values
CXML	Commerce XML
DAB	Digital Audio Broadcasting
DAP	Directory Access Protocol
DSA	Digital Signature Algorithm
DBMS	Datenbank-Managementsystem
DCE	Digital Computing Environment
DECT	Digital Enhanced Cordless Telecommunications
DES	Data Encryption Standard
DFN	Deutsches Forschungsnetz
DFN-PCA	DFN-Policy Certification Authority
DHCP	Dynamic Host Configuration Protocol
DMZ	Demilitarisierte Zone
DOM	Document Object Model
DPA	Differential Power Analysis
DSL	Digital Subscriber Line
DSP	Directory Service Protocol
DSSSL	Document Style Semantics and Specification Language
DTA	Datenträger-Austausch
DTD	Document Type Definition
DVB	Digital Video Broadcasting
EAI	Enterprise Application Integration
EAN	European Article Number
ebXML	Electronic Business XML
EC	Electronic Commerce
ECBS	European Committee for Banking Standards

EDD	Electronic Direct Debit
EDGE	Enhanced Data Rates for GSM Evolution
EDI	Electronic Data Interchange
EDIFACT	EDI for Administration, Commerce and Transport
EITO	European Information Technology Observatory
EJB	Enterprise JavaBeans
ERP	Enterprise Resource Planning
ESP	Economy Service Provider
ESP	Extranet Service Provider
EZB	Europäische Zentralbank
F.U.N.	Free Universe Network
FOB	Free on Board
FSV	Functional Service View
FTP	File Transfer Protocol
GPRS	General Packet Radio Service
GSM	Global System for Mobile Communications
GZS	Gesellschaft für Zahlungssysteme
HBCI	Homebanking Computer Interface
HDSL	High data rate Digital Subscriber Line
HTML	Hypertext Markup Language
HTTP	Hypertext Transfer Protocol
ICANN	Internet Corporation for Assigned Names and Numbers
ICE	Information and Content Exchange
ICS	Internet Commerce Server (von Oracle)
ICX	Inter-Cartridge Exchange
IDEA	International Data Encryption Standard
IDL	Interface Definition Language
IDTV	Interactive Digital TV
IEC	International Electrotechnical Commission
IIOP	Internet Inter-ORB Protocol
IIS	Internet Information Server
IMC	Internet Mail Consortium
IPO	Initial Public Offer
IrDA	Infrared Data Association
ISDN	Integrated Services Digital Network
ISML	Intershop Markup Language
ISO	International Standards Organisation
ISP	Internet Service Provider
ISPO	Information Society Project Office
IuKDG	Informations- und Kommunikationsdienstegesetz
IVW	Informationsgemeinschaft zur Feststellung der Verbreitung von Werbeträgern e.V.
J2EE	Java 2 Enterprise Edition
JAR	Java Archive
JAXP	Java API for XML Processing
JCBC	JavaCard Bytecode
JCE	Java Cryptography Extension

JDBC	Java Database Connectivity
JMS	Java Messaging Service
JNDI	Java Naming and Directory Interface
JNDS	Java Naming and Directory Service
JRE	Java Runtime Environment
JSP	Java Server Pages
JTA	Java Transaction API
JVM	Java Virtual Machine
KEP	Kurier-, Express-, Paketdienst
KMU	Kleine und Mittlere Unternehmen
LAN	Local Area Network
LDAP	Lightweight Directory Access Protocol
LIR	Local Internet Registry
LSV	Lastschriftverfahren
M2M	Marketplace to Marketplace
MD5	Message Digest 5
MDStV	Mediendienste-Staatsvertrag
MIME	Multi-purpose Internet Mail Extension
MOF	Meta Object Facility
MOLAP	Multidimensional OLAP
MOM	Messaging-Oriented Middleware
MPEG	Moving Pictures Expert Group
MRO	Maintenance, Repair, and Operating (Goods)
MSN	Microsoft Network
NAICS	North American Industry Classification System
NCA	Network Computing Architecture
NGI	Next Generation Internet
NIST	National Institute of Standards and Technology
NSA	National Security Agency
OASIS	Organization for the Advancement of Structured Information Standards
OCI	Oracle Call Interface
OCL	Object Constraint Language
OCSP	Online Certificate Status Protocol
ODBC	Open Database Connectivity
ODL	Object Definition Language
ODMG	Object Database Management Group
ODP	Open Distributed Processing
OEM	Original Equipment Manufacturer
OFX	Open Financial Exchange
OLAP	Online Analytical Processing
OMA	Object Management Architecture
OMG	Object Management Group
OMT	Object Modeling Technique
OODB	Object-oriented Database
OOSE	Object-oriented Software Engineering
OPS	Open Profiling Standard

ORB	Object Request Broker
ORMS	Operating Resources Management System
OTP	Open Trading Protocol
P2P	Peer-to-Peer-Kommunikation
P3P	Platform for Privacy Preferences Project
PC/SC	PC Smart Card
PDA	Personal Digital Assistant
PDF	Portable Document Format
PGP	Pretty Good Privacy
PICS	Platform for Internet Content Selection
PIP	Partner Interface Process
PKCS	Public Key Cryptography Standard
PKI	Public Key Infrastructure
RADSL	Rate-Adaptive Digital Subscriber Line
RDBMS	Relationales Datenbankmanagementsystem
RDF	Resource Description Framework
RFC	Remote Function Calls
RIR	Regional Internet Registry
RMI	Remote Method Invocation
ROI	Return on Investment
ROLAP	Relational OLAP
RPC	Remote Procedure Call
RSA	Rivest Shamir Adleman
RTF	Rich Text Format
RUP	Rational Unified Process
SAX	Simple API for XML
SBO	Specific Business Object
SCI	Scientific Citation Index
SCM	Supply Chain Management
SCQL	Structured Card Query Language
SDSL	Symmetric Digital Subscriber Line
SDK	Software Development Kit
SET	Secure Electronic Transaction
SGML	Standard Generalised Markup Language
SHA	Secure Hash Algorithm
SigG	Signaturgesetzt
SKU	Stock-keeping Unit
SLDSL	Single Line Digital Subscriber Line
SME	Small and Medium Enterprises
SMS	Short Message Service
SMTP	Simple Mail Transfer Protocol
SOAP	Simple Object Access Protocol
SOX	Schema for Object-oriented XML
SQL	Structured Query Language
SQP	Shopping Query Protocol
SSL	Secure Socket Layer
TCC	Total Cost of Collaboration

TCP/IP	Transmission Control Protocol / Internet Protocol
TDCC	Transportation Data Coordinating Committee
TDG	Teledienstegesetz
TINA	Telecommunications Information Networking Architecture
TLE	Template Language Extension
TREC	Trends in Electronic Commerce
TTP	Trusted Third Party
UDDI	Universial Description, Discovery and Integration
UML	Unified Modeling Language
UMM	UN/CEFACT Modeling Methodology
UMTS	Universal Mobile Telecommunication System
UN/CEFACT	United Nations Centre for Trade Facilitation and Electronic Business
UN/SPSC	United Nations Standard Product and Services Classification Code
UNCCS	United Nation's Common Coding System
UNSM	United Nations Standard Messages
URI	Uniform Resource Identifier
URL	Uniform Resource Locator
USB	Universal Serial Bus
UUID	Universally unique ID
UWG	Gesetzes über unlauteren Wettbewerb
VAN	Value-Added Networks
VDSL	Very high Digital Subscriber Line
VO	Virtuelle Organisation
VPM	Visual Pipelet Manager
VPN	Virtual Private Network
VRML	Virtual Reality Markup Language
VU	Virtuelles Unternehmen
W3C	World Wide Web Consortium
WAP	Wireless Access Protocol
WKN	Wertpapier-Kennnummer
WLAN	Wireless LAN
WML	Wireless Markup Language
WSDL	Web Service Definition Language
xCBL	XML Common Business Library
XCC	XML Commerce Connector
XDK	XML Development Kit
XDR	XML Data Reduced
XHTML	Extensible HTML
XMI	Extensible Metadata Interchange
XML	Extensible Markup Language
XSL	Extensible Stylesheet Language
XSL-FO	XML-Formating Objects
XSLT	XSL Transformation
XSP	Extensible Server Pages
ZKA	Zentraler Kreditausschuss
ZPO	Zivilprozessordnung

Literaturverzeichnis

[ADGY98]   N. R. Adam, O. Dogramaci, A. Gangopadhyay, Y. Yesha: *Electronic Commerce: Technical, Business, and Legal Issues.* Prentice Hall, 1998.

[AFHS95   O. Arnold, W. Faisst, M. Härtling, P. Sieber: *Virtuelle Unternehmen als Unternehmenstyp der Zukunft?.* In: HMD – Praxis der Wirtschaftsinformatik, 32. Jg., Heft 185, 1995, S. 8-22.

[ApBe98]   W. Appel, R. Behr: *Towards the theory of Virtual Organisations: A description of their formation and figure.* In: virtual-organisation.net Newsletter, Vol 2(2), 1998.

[Bankrate99] Big Banker is Watching. *www.bankrate.com/brm/news/bank/19990122.asp,* 22.1.99.

[BeSe96]   C. Beam, A. Segev: *Electronic Catalogs and Negotiations.* University of California, Berkeley, The Fisher Center for Management and Information Technology (CITM), Publication 96-WP-1016, 1996.

[BiBS98]   M. Bichler, C. Beam, A. Segev: *A Broker-Centered Object Framework for Electronic Requisitioning.* In: W. Lamersdorf, M. Merz (Hrsg.): Proc. TREC'98 Intl. Conference on Trends in Distributed Systems for Electronic Commerce, LNCS 1402, Springer-Verlag, Berlin, Heidelberg, New York, LNCS 1402, S. 154-165.

[BLWW94]   R. Bons, R. Lee, R. Wagenaar, C. Wrigley: *Computer Aided Design of Interorganisational Trade Scenarios, A CASE for Open-EDI.* Report. no. WP 94.03.01, Erasmus University Research Institute for Decision and Information Systems (EURIDIS), March 1994.

[Boge99]   M. Boger: *Java in verteilten Systemen.* dpunkt.verlag, Heidelberg, 1999.

[BöIB97]   E. v. Böventer, G. Illing, A. Bauer: *Einführung in die Mikroökonomie.* Oldenbourg, München, 1997.

[BöRi98]   K. Böhle, U. Riehm: *Blütenträume – Über Zahlungssysteminnovationen und Internet-Handel in Deutschland.,* *http://www.itas.fzk.de/deu/PROJEKT/pez.htm*

[BTZZ01]   H. Büchner, D. Traub, R. Zahradka, O. Zschau: *Web Content Management – Websites professionell betreiben,* Galileo Press, 2001.

[ByBP93]   J. A. Byrne, R. Brandt, O. Port: *The Virtual Corporation*. In: Business Week, 8. Februar 1993, S. 36-40.

[CACM99]   Communications of the ACM, Spezialthema: *Multiagent Systems on the Net and Agents in E-Commerce*. Bd. 42, Nr. 3, März 1999.

[Cass79]   R. Cassady Jr.: *Auctions and Auctioneering*. Univ. California Press, Ont., 1979.

[CaST95]   L. J. Camp, M. Sirbu, J. D. Tygar: *Token and Notational Money in Electronic Commerce*. *http://www.cs.cmu.edu/ afs/cs.cmu.edu/user/jeanc/www.usenix.html*

[CCITT89]   Empfehlung X.509, *The Directory-Authentication Framework*, CCITT, Genf 1989.

[CePW98]   W. Cellary, W. Picard, W. Wieczerzycki: *Web-based Business-to-Business Negotiation Support*. In: W. Lamersdorf , F. Griffel, T. Tu (Hrsg.): Electronic Commerce. dpunkt.verlag, Heidelberg, 1998.

[Chau92]   D. Chaum: *Achieving Electronic Privacy*. In: Scientific American, 267(8), 1992, S. 96-101.

[ChMa96]   A. Chavez, P. Maes: *An Agent Marketplace for Buying and Selling Goods*. Proc. 1st Intl. Conference on the Practical Application of Intelligent Agents and Multi-Agent Technology (PAAM'96), London, UK, 1996.

[CommerceNet99]   CommerceNet: *eCo Framework Project*. *http://www. commerce.net/projects/currentprojects/ eco/index.htm*, 1999.

[COSMOS99]   COSMOS: Project Home Page. *http://www.ponton-hamburg.de/cosmos*, 1999.

[Crai97]   A. Craig: *SAP, Digital Try to Eliminate Empty Vending Machines*. Internet Week, November 1997. Auch: *http:// www.techweb.com/se/directlink.cgi? INW 19971103S0027*

[CSTAR96]   CSTAR (Andersen Consulting): *The BargainFinder agent: Comparison price shopping on the Internet*. In: J. Williams (ed.): Bots and Other Internet Beasties, SAMS.NET publishing, 1996. *http://www.ac.com/services/cstar/cstar_child/ ecagents_cn.html*

[CT0399]   c't Magazin: *Microsofts Panne wird immer größer*, Online-News vom 13.3.99. *http://www.heise.de/newsticker*

[DaMe98]   S. Davis, C. Meyer: »*Blur*«. Capstone, 1998.

[DrDu98]   S. Dresen, T. Dunne: *Fürs Netz geprägt*. iX 4/98, S. 110, 1998.

[Duec00]   G. Dueck: *Wild Duck*. Springer-Verlag, Berlin, Heidelberg, New York, 2000.

[Dyso97]   E. Dyson: Release 2.0: *A Design for Living in the Digital Age*. Broadway Books, 1997.

[EITO99]   European Information Technology Observatory – EITO: Jahrbuch 1999. ISBN 3-8163-0378-1.

[Esch97]   M. Escher: *Bankrechtsfragen des elektronischen Geldes im Internet*. WM Wertpapier-Mitteilungen. Zeitschrift für Wirtschafts- und Bankrecht 51(1997)25, S.1173-1220 bzw. *http://www.gassner.de/e-geld-txt.htm*

[EU98]   Europäische Kommission: *Vorschlag für die EU Direktive zum Elektronischen Handel*: COM(1998) 586.

[EZI-L]   Elektronische Zahlungsverfahren im Internet, Mailliste: *http://www.itas.fzk.de/deu/PROJEKT/Pez/ezin.htm*

[EZI-N,19&5]   Elektronische Zahlungsverfahren im Internet, Newsletter Nr. 19&5, 1998, EZI-Mailliste: *http://www.itas.fzk.de/deu/ PROJEKT/Pez/ezin.htm*

[FiMa99]   Fittkau & Maas, W3B-Studie. *http://www.w3b.de/*

[Flan99]   D. Flanagan: *Java Power Reference.* O'Reilly, 1999.

[Fran98]   Georg Franck: *Ökonomie der Aufmerksamkeit.* Hanser, München, 1998.

[FuWr96]   A. Furche, G. Wrightson: *Computer Money : A Systematic Overview of Electronic Payment Systems.* Morgan Kaufmann Publishers, 1996.

[Gent97]   Wolfgang Gentz: *Die elektronische Geldbörse in Deutschland: Funktionsweise, Kosten und Nutzen für die Beteiligten.* Diplomarbeit, Fachhochschule München, 1997.

[GiLi98]   O. Giarini, P. M. Liedtke: *Wie wir arbeiten werden.* Hoffmann und Campe, Hamburg, 1998.

[Gold98]   Michael H. Goldhaber: *Die Aufmerksamkeitsökonomie und das Netz* - Teil II. *http://www.heise.de/tp/deutsch/ inhalt/eco/6200/1.html*

[GoPr00]   C. Goldfarb, P. Prescod: *The XML Handbook.* Prentice Hall, 2000.

[Grif98]   F. Griffel: *Componentware – Konzepte und Techniken eines Softwareparadigmas.* dpunkt.verlag, Heidelberg, 1998.

[Gude00]   T. Gudehus: *Logistik.* Springer-Verlag, Berlin, Heidelberg, New York, 2000 (Band 1 und 2).

[HaAr97]   J. Hagel III, A. G. Armstrong: *NetGain – Profit im Netz.* Gabler, 1997.

[HaBi93]   V. Hammer, J. Bizer: *Beweiswert elektronisch signierter Dokumente.* In: Datenschutz und Datensicherung (DuD) 12/93, S.689-699.

[HaMe00]   E. R. Harold, W. S. Means: *XML in a Nutshell.* O'Reilly, 2000.

[Hofm01]   U. Hofmann: *Netzwerk-Ökonomie.* Physica-Verlag, Heidelberg, 2001.

[IBM998]   IBM: San Francisco Produktinformation. *http://www. ibm.com/Java/Sanfrancisco/technical.html*, 1998.

[ISO87]   ISO/IEC 7816, Identification Cards - Integrated Circuit(s) with Contacts. Teile 1-10.

[ISO93]   UN/EDIFACT (Electronic Data Interchange for Administration, Commerce and Transport), EDIFACT Syntax Rules (ISO 9735) and EDIFACT Data Element Directory (ISO 7372), 1993.

[ISO94]   ISO/IEC JTC/WG3, The Open-EDI Reference Model, Working Draft Document N255, 1994.

[ISO95]   ISO/IEC: Trading Function Specification. ISO-Dokument Nr. ISO/IEC 13235, 1995.

[ISO97]   ISO: ODP Trader Specification. ISO/IEC IS 13235-1, ITU/T Draft Rec X950-1, Part 1, 1997.

[ISO-ODP94]   ISO/IEC: Information Technology – Open Systems Inter-connection – Data Management and Open Distributed Processing – Basic Reference Model of Open Distributed Processing. ISO-Dokument Nr. ISO/IEC DIS 10746, 1994.

[ISO-OEDI]   ISO TC1 SC32 WG1: ISO/IEC-Standard Nr. 14662, Open EDI. Auch verfügbar auf *http://www.iso.ch unter JTC1/SC32/WG1*

[JaBS97]   S. Jablonski, M. Böhm, W. Schulze (Hrsg.): *Workflow-Management – Entwicklung von Anwendungen und Systemen.* dpunkt.verlag, Heidelberg, 1997.

[Jens92]   K. Jensen: *Coloured Petri Nets: Basic Concepts, Analysis Methods and Practical Use.* Springer-Verlag, Berlin, Heidelberg, New York, 1992.

[Karstadt]   Karstadt-Pressemitteilung zum Online-Shop MyWorld vom 26.8.98, *http://www.karstadt.de/wir*

[KaSa00]   S. Kaplan, M. Sawhney: E-Hubs: *The New B2B Marketplaces.* Harvard Business Review, May-June, 2000.

[KlMe02]   M. Klettke, H. Meyer: *XML & Datenbanken.* dpunkt.verlag, Heidelberg, 2002

[Knud98]   Jonathan Knudsen: *Java Cryptography.* O'Reilly, 1998.

[KSKG98]   S. Kerridge, A. Slade, S. Kerridge, K. Ginty: *Supplypoint: Electronic Procurement Using Virtual Supply Chains – an Overview.* In: B. Schmid, D. Selz, R. Sing (Hrsg.): »EM – Electronic Markets«, Vol. 8, Nr. 3, 10/1998.

[LaGT98]   W. Lamersdorf, F. Griffel, T. Tu (Hrsg.): *Electronic Commerce.* dpunkt.verlag, Heidelberg, 1998.

[LaMe98]   W. Lamersdorf, M. Merz (Hrsg.): *Trends in Distributed Systems for Electronic Commerce.* Lecture Notes in Computer Science, vol. 1402, Springer-Verlag, Berlin, Heidelberg, New York, 1998.

[Laug01]   B. Mc Laughlin: *Java und XML.* O'Reilly, 2001.

[Lee98]   H. G. Lee: *Do Electronic Market Marketplaces lower to the Price of Goods.* Comm. of the ACM, Vol. 41, No. 1, Jan. 1998, pp. 73-80.

[Linotype99]   Linotype FontExplorer@Web, *www.fontexplorer.de*

[MaSc96]   Hans-Peter Martin, Harald Schumann: *Die Globalisierungsfalle. Der Angriff auf Demokratie und Wohlstand.* Rowohlt, Reinbek, 1996.

[MaYB87]   T. W. Malone, J. Yates, R. I. Benjamin: *Electronic Markets and Electronic Hierarchies.* In: Communications of the ACM, 30(6), 1987, S. 484-497.

[MBBR95]   Z. Milosevic, A. Berry, A. Bond, K. Raymond: *Supporting Business Contracts in Open Distributed Systems.* Proc. 2nd International Workshop on Services in Distributed and Networked Environments (SDNE'95), Whistler, Canada, June 1995.

[MeLL97]   M. Merz, B. Liberman, W. Lamersdorf: *Using Mobile Agents to Support Interorganizational Workflow-Management.* In: International Journal on Applied Artificial Intelligence, 11(6), September 1997, S. 551ff.

[Merz96]   M. Merz: *Elektronische Märkte im Internet.* Thompson
                Publishing, 1996.

[Merz99]   M. Merz: *Elektronische Dienstemärkte: Modelle und
                Methoden des Electronic Commerce.* Springer-Verlag, Ber-
                lin, Heidelberg, New York, 1999.

[Merz00]   M. Merz: *PapiNET – Ein Best-Practice-Projekt zur B2B-
                Kommunikation in der Papierindustrie.* HMD – Praxis der
                Wirtschaftsinformatik, 37. Jg., Heft 215, Oktober 2000,
                Seite 87–98.

[MGBW+99]   M. Merz, F. Griffel, M. Boger, H. Weinreich, W. Lamers-
                dorf: *Electronic Contracting im Internet.* In: R. Steinmetz,
                L. Wolf (Hrsg.): GI/ITG-Konferenz »Kommunikation in
                Verteilten Systemen« (KiVS'99), Informatik-Aktuell, Sprin-
                ger-Verlag, 1999.

[MGTM+98]   M. Merz, F. Griffel, T. Tu, S. Müller-Wilken et al.: *Suppor-
                ting Electronic Commerce Transactions with Contracting
                Services.* In: International Journal on Cooperative Informa-
                tion Systems, 4(7), Dezember 1998, S. 1-25.

[MiAC96]   Z. Milosevic, D. Arnold, L. O'Connor: *Inter-enterprise
                Contract Architecture For Open Distributed Systems: Secu-
                rity Requirements.* WET ICE'96 Workshop on Enterprise
                Security, Stanford, USA, June 1996.

[MM99]   Manager-Magazin: Artikel über die Bank »first-e« ENBA-
                Bank, März 1999.

[MMMW97]   S. McConnell, M. Merz, L. Maesano, M. Witthaut: *An
                open architecture for electronic commerce.* OMG/ECDTF/
                OSM Response, 1997.

[MüML95a]   K. Müller-Jones, M. Merz, W. Lamersdorf: *Kooperations-
                anwendungen: Integrierte Vorgangskontrolle und Dienst-
                vermittlung in offenen verteilten Systemen.* In: F. Huber-
                Wäschle, H. Schauer, P. Widmayer (Hrsg.): GISI 95 – Her-
                ausforderungen eines globalen Informationsverbundes für
                die Informatik, Zürich, Springer-Verlag, Berlin, Heidelberg,
                New York, 1995, S. 518-525.

[MüML95b]   K. Müller-Jones, M. Merz, W. Lamersdorf: *The TRADEr
                Integrating Trading into DCE.* Iin: J. de Meer, B. Reynolds,
                J. Slonim (Hrsg.): Proc. ICODP, Chapman Hall 1995.

[MüML95c]   K. Müller-Jones, M. Merz, W. Lamersdorf: *Realisierung
                von Kooperationsanwendungen auf der Basis erweiterter
                Diensttypbeschreibungen.* In: H. Krumm (Hrsg.): Entwick-
                lung und Management verteilter Anwendungssysteme.
                Krehl Verlag, Münster, 1995.

[NBCA+99]   Nail, J.; Bass, B.; O'Connor, C.; Aldort, J.; Grimsditch, T.:
                The New Business Portals. The Forrester Report, February
                1999.

[Netscape98a]   Netscape, Firefly, Verisign: *Open Profiling Standard (OPS),*
                1998, http://developer.netscape.com/ops/ops. html, 1998.

[Netscape98b]   Netscape: *Secure Sockets Layer.* 1998, *http://www. nets-
                cape.com/products/security/ssl/index.html,* 1998.

[Netzmarkt]   Netzmarkt-Pressemitteilung, Februar 1999, *http://www.
                netzmarkt.de/presseclub/prc1054.htm*

[NextMag99]   NextMagazin, Januar 1999 (auf holländisch). *http://www. nextmagazine.nl/ecash.htm.* Eine englische Übersetzung findet sich in dem Beitrag von Ulrich Riehm zur EZI-Mailliste am 3.3.99, *http://www.itas.fzk.de/deu/PROJEKT/Pez/ezin.htm*

[OMG96]   Object Management Group: *Electronic Commerce DTF Reference Model.* OMG-Dokument ec/96-09-02. September, 1996.

[OMG96-1]   AT\&T, DSTC, DEC, HP, ICL, Nortel, and Novell: *Trading Object Service.* OMG Dokument Nr.: orbos/96-05-06, Version 1.0, 1996.

[OMG98]   Object Management Group: *CORBA BOCA – Business Object Component Architecture.* OMG-Dokument Nr. bom/98-01-07, 1998.

[OMPT97]   D. O'Mahony, M. Peirce, H. Tewari: *Electronic Payment Systems.* Artech House, 1997.

[OrHa97]   R. Orfali, D. Harkey: *Client/Server Programming with Java and CORBA.* John Wiley & Sons, 1997.

[OV99]   Ohne Vefasser: *Läden per Mausklick – Vergleich: Shopping-Systeme.* In: Internet Professionell 4/99 S. 46.

[Ovum98]   Ovum-Report Internet Market Forecasts: *Global Internet Growth* 1998-2005. Dez. 1998, *http://www. cyberatlas.com/big_picture/demographics/ovum.html*

[Ovum00]   Ovum-Studie »*Enterprise Portals: New Strategies for Information Delivery*«, Juni 2000, *http://www.ovum.com*

[P3P98]   World Wide Web Consortium: *Platform for Privacy Preferences (P3P) Project.* 1998, *http://www.w3.org/ P3P*, 1998.

[PfWa95]   B. Pfitzmann, M. Waidner: *Strong Loss Tolerance for Untraceable Electronic Coin Systems.* Hildesheimer Informatik-Berichte, Nr. 15/95, Institut für Informatik, Universität Hildesheim, Juni 1995.

[PICS99-1]   W3C: Rating Services and Rating Systems and Their Machine Readable Descriptions Version 1.1. W3C Recommendation, *http://www.w3.org/TR/REC-PICS-services*

[PICS99-2]   W3C: PICS Label Distribution Label Syntax and Communication Protocols Version 1.1. W3C, Recommendation, *http://www.w3.org/TR/REC-PICS-labels*

[Pont92]   Piazza Virtuale 1992, *http://www.ponton.de/archive/ archive_piazza.html.*

[Raep01]   M. Raepple: *Sicherheitskonzepte für das Internet.* dpunkt.verlag, Heidelberg, 2001.

[Raym99]   E. S. Raymond: *The Cathedral and the Bazaar.* 1999, *www. tuxedo.org/~esr/writings/cathedral-paper.html*

[RFC1767]   D. Crocker: *EDI/MIME, MIME Encapsulation of EDI Objects.* Internet Engineering Task Force, März 1995, *www.ietf.org/rfc/rfc1767.txt*

[RFC2109]   D. Kristol, L. Montulli: *Request for Comments Nr. 2109 – HTTP State Management Mechanism.* Internet Engineering Task Force, Februar 1997, *www.ietf.org/rfc/rfc2109.txt*

[ROMTEC99]   ROMTEC, Inc.: *E-commerce Market in Europe.* Februar 1999, *http://www.romtec.co.uk*

[Rötz97]   F. Rötzer: Artikel zum Bericht der Weltbank Rethinking the State. Telepolis 1997, *http://www.tp.de/special/eco/Rethinking the State.htm*

[ScFE97]   R. Schuster, J. Färber, M. Eberl: *DigitalCash*. Springer-Verlag, Berlin, Heidelberg, New York, 1997.

[Schm01]   K. Schmeh: *Kryptografie und Public-Key-Infrastrukturen im Internet*. dpunkt.verlag, Heidelberg, 2001.

[Schm+95]   B. Schmid et al.: Electronic Mall: *Banking und Shopping in globalen Netzen*. Teubner, Stuttgart, 1995.

[Schn95]   B. Schneier: Applied Cryptography: *Protocols, Algorithms, and Source Code in C*. John Wiley & Sons, 1995.

[Schu26]   J. A. Schumpeter: *Theorie der wirtschaftlichen Entwicklung*. Duncker & Humblot, Berlin, 1926.

[Schu98]   Lutz Schumacher: *Geldgeschäfte im Internet*. Internet World 5/98 S. 42 1998.

[ScSS97]   B. Schmid, D. Selz, R. Sing (Hrsg.): *Electronic Product Catalogs*. EM - Electronic Markets, Vol. 7, No. 3, 1997. *http://www.electronicmarkets.org/netacademy/publications.nsf/all_pk/717*, 1997.

[ScZi97]   B. Schmid, H.-D. Zimmermann: *Eine Architektur Elektronischer Märkte auf der Basis eines generischen Konzeptes für elektronische Produktkataloge*. White Paper, Information Multimedia Communications GmbH 4/97, November 1997.

[SDKL+94]   M. Stonebraker, R. Devine, M. Kornacker, W. Litwin, A. Pfeffer, A. Sah, C. Staelinet et al.: *An Economic Paradigm for Query Processing and Data Migration in Mariposa*. Sequoia 2000 Technical Report 94/49, University of California, Berkeley, CA, Apr. 1994. Auch erschienen in: Proceedings of 3rd International Conference on Parallel and Distributed Information Systems, Austin, TX, USA, 28-30 Sept. 1994. Los Alamitos, CA, USA: IEEE Comput. Soc. Press, 1994. p. 58-67.

[Seac97]   David Seachrist: *Hanging Out an Internet Shingle*. In: Byte, April 1997. S. 136.

[Sieb98]   P. Sieber: *Virtuelle Unternehmen in der IT-Branche*. Berner betriebswirtschaftliche Schriften, Band 19, Haupt Verlag, 1998.

[Sieg96]   J. Siegel: *CORBA – Fundamentals and Programming*. John Wiley & Sons, 1996.

[StSE01]   B. Stengl, R. Sommer, R. Ematinger: *CRM mit Methode – Intelligente Kundenbindung in Projekt und Praxis mit iCRM*, Galileo Press, 2001.

[TGML98]   T. Tu, F. Griffel, M. Merz, W. Lamersdorf: *A Plug-in Architecture Providing Dynamic Negotiation Capabilities for Mobile Agents*. In: Proc. 2. Intl. Workshop on Mobile Agents, MA'98, Stuttgart, 1998, LNCS, Springer-Verlag, Berlin, Heidelberg, New York, LNCS, S. 222-236.

[TINA95]   TINA Consortium. Overall Concepts and Principles of TINA. Version 1.0. February, 1995.

[TINA98]   The TINA Consortium: TINA-C technical library. *http://www.tinac.com*, 1998.

[Tolk00]   R. Tolksdorf: *Die Sprache des Web: HTML und XHTML*. dpunkt.verlag, 2000

[Tura01]   Turau, V.: *Java Server Pages*. dpunkt, 2001.

[Turb97]   E. Turban: *Auctions and Bidding on the Internet: An Assessment*. Int. Journal of Electronic Markets, Vd. 7, No. 4, 1997.

[TuSS01]   Turau, V.; Saleck, K.; Schmidt, M.: *Java Server Pages und J2EE*. dpunkt, 2001.

[Vari99]   Hal R. Varian: *Grundzüge der Mikroökonomik*. Oldenbourg, München, 1999.

[VS99]   Überblick zu virtuellen Supermärkten weltweit. *http://www.innovell.com/supermarkets/Virtual-supermarket-sites.html*

[Wasm97a]   Michael Wasmeier: *Shop in the box – Funktionsweise von Online-Shop-Komplettpaketen*. In: c't 7/97. S. 268.

[Wasm97b]   Michael Wasmeier: *Shop in the box – Komplettlösungen für Online-Shops von iCat, Intershop und Microsoft*. In: c't 11/97. S. 226.

[Wayn97]   P. Wayner: *Digital Cash: Commerce on the Net*. AP Professional, 1997.

[WeBa98]   D. van de Weyer, J. Bagger: *Am Cyber-Markt sind noch Läden frei*. In: c't 23/98 S. 152.

[Webe98]   R. Weber: *Chablis – Market Analysis of Digital Payment Systems*. Version 1.0. TU München, Technical Report TUM-I9819, 18. August 1998.

[Weltbank97] Weltbank-Report: *The State in a Changing World*. 1997, URL: *http://www.worldbank.org/html/extpb/ wdr97/english/wdr97con.htm*

[Wire98]   Wired Magazine: *The Encyclopedia of the New Economy*. Wired Magazine 6/8, 1998.

[WoJe94]   M. J. Wooldridge, N. R. Jennings: *Agent Theories, Architectures, and Languages: A Survey*. In: M. J. Wooldridge, N. R. Jennings (Hrsg.): Intelligent Agents. Springer-Verlag, Berlin, Heidelberg, New York, 1994, S. 1-39.

[Wrig91]   Wright B.: *The Law of Electronic Commerce, EDI, Fax and E-Mail: Technology, Proof, and Liability*. Little Brown and Company, 1991.

Index